新 版

民法演習

金 亨 培 著

新 潮 社

CIVIL LAW

Cases and Commentary

by

Hyung-Bae Kim

em. Professor of Civil Law
College of Law
Korea University, Seoul

SINJOSA
Seoul, Korea
2007

머 리 말

민법이 다른 과목에 비하여 상대적으로 중요시되고 있다는 것은 부인할 수 없는 사실이다. 민법은 그 내용이 방대하고 복잡하기 때문에 체계적인 학습과 논리적 사고, 논점에 대한 정확한 파악과 학설 및 판례에 대한 종합적 이해를 토대로 실제적 생활관계와 연관해서 공부를 해야 한다. 이와 같은 학습은 충분한 사례연습을 거치지 않고는 실현될 수 없을 것이다. 연습은 추상적 법률지식을 구체적 사안에 적용하여 법학의 실천적 목적을 달성하는 데 필요한 지식을 배우는 교과과정이기 때문이다. 그런 뜻에서 사례풀이가 법학교육과 국가시험의 대상이 된다는 것은 당연한 일이다.

이 책은 2003년에 출간되었던 민법연습을 전면적으로 다시 쓴 책이다. 저자는 다음과 같은 태도를 유지하면서 이 책을 집필하였다.

i) 민법총칙에서 친족·상속법에 이르기까지 중요시되는 문제들을 커버할 수 있도록 사례를 고루 선정하였다(총 59문제). 그리고 중요한 문제영역에 대해서는 [관련사례]를 추가하여 사례풀이를 익히는 데 충실을 기하였다(총 35문제).

ii) 이 책에서 다루어진 [사례]에는 여러 개의 법적 쟁점이 복수로 존재하는 경우가 대부분이다. 복합적인 쟁점이 얽혀있는 것이 일반적 사례의 유형이고, 효과적인 사례연습을 위해서는 그런 문제를 대상으로 해야 하기 때문이다. 따라서 체계적이고 순리적인 풀이를 위해서는 먼저 문제의 내용을 정확히 파악해야 하고, 이를 기초로 적절한 분류가 행하여져야 한다. 이런 점을 감안하여 저자는 '논점분석'과 함께 사례풀이 전체에 대하여 중요한 골격을 이루는 목차를 비교적 상세하게 분류하였다.

iii) 민법의 사례는 대부분 해당 당사자들 사이의 법률관계를 중심으로 이루어지기 때문에 구체적 당사자들과 그들 사이의 법적 분쟁 내지 권리·의무관계를 정확히 파악하는 것이 중요하다. 따라서 당사자들과 분쟁의 내용을 먼저 확인하고 이에 대한 법적 판단을 전개해야 한다. 저자는 학설과 판례를 당사자 사이의 분쟁에 대한 법적 해답을 구체적으로 논하는 곳에서 인용하는 설명방법을 취하였다.

iv) 학설이나 판례가 통일되어 있지 않은 곳에서는 통설 또는 판례를 기준으로 설명하였다. 그러나 중요한 학설의 대립 등에 관해서는 필요한 범위에서 각 학설과 판례의 다른 입장에 대하여 기본적인 설명을 가하였다. 견해의 일관성 유지에 도움이 되는 곳에서는 저자 자신의 견해를 밝히기도 하였다. 특히 판례에 대해서는 사례와 연관해서 학습하는 것이 효과적이기 때문에 사례풀이 뒤에 관련판례를 엄선하여 실었다. 인용된 판례들은 기억해 둘 것을 권하고 싶다.

v) 이 책에서 다루어진 사례들 속의 쟁점들에 관해서는 저자의 「민법학강의」와 연계해서 학습이 가능하도록 '事例에서 다루어진 論點'을 만들어 이 책 앞에 붙였다.

vi) 이 책의 목차 다음에 붙인 '解決方法'은 사례풀이를 위한 방법론을 제시한 것이므로 독자들은 한두 차례 정독하는 것이 바람직하다.

이 책을 쓰는 데는 예상보다 오랜 시간이 소요되었다. 재집필 작업이 완성되기까지 여러 분들의 도움이 있었으며, 특히 풀이방법이나 해답이 다를 수 있는 문제에 대하여 검토와 토론을 함께 해준 분들도 적지 않다. 친족·상속법에 대해서는 曺承鉉 박사(한국방송통신대 교수)가 도움을 주었다. 그 동안 원고의 교정과 판례의 재검색 등 까다로운 작업을 성실히 그리고 만족스럽게 마무리해 준 成大圭(고려대 법대 대학원 석사과정) 학사와 申多惠(한국외대 법대 졸업) 학사에게 감사한다. 그리고 이 책의 제작에 많은 힘을 써주신 新潮社 李明載 사장님과 편집을 맡아주신 宋逸根 주간님에게 감사의 말씀을 드린다.

2007년 5월 25일

仁壽峰이 보이는 연구실에서

金 亨 培

Hyung-Bae Kim

목 차

債 權 法

事例에서 다루어진 論點

* 논점별 차례는 김형배, 민법학강의[제6판(2007), 신조사]에 기초했다.
* 많은 사례에서 쟁점이 되고 있는 매매계약(제563조, 제568조), 채무불이행을 이유로 한 손해배상청구권(제390조), 불법행위를 이유로 한 손해배상청구권(제750조), 소유권에 기초한 물권적 청구권(제213조, 제214조) 및 부당이득반환청구권(제741조)은 일일이 밝히지 않았다.
* '* 숫자'는 이 책의 사례번호를 표시한다.

참고문헌

이 책에서는 원칙적으로 판례와 문헌을 비교적 자세히 소개한 저자의 민법학강의[제6판(2007), 신조사]를 참조하도록 하였다. 그 밖에 인용하거나 참고한 국내의 주석서, 교과서는 다음과 같다.

곽윤직, 민법총칙, 제7판(2002), 박영사
고상룡, 민법총칙, 전정판(1999), 법문사
김주수, 민법총칙, 제5판(2001), 삼영사
김증한·김학동, 민법총칙, 제9판(1996), 박영사
김상용, 민법총칙(2004), 법문사
이영준, 민법총칙[한국민법론 I], 2005, 박영사
이은영, 민법총칙, 제3판(2004), 박영사

곽윤직, 물권법, 제7판(2002), 박영사
김상용, 물권법, 전정판 증보(2003), 법문사
이영준, 새로운 체계에 의한 한국민법론[물권편], 2004, 박영사
이은영, 물권법, 개정신판(2002), 박영사

곽윤직, 채권총론, 제6판(2003), 박영사
김기선, 채권총론(1987), 법문사
김상용, 채권총론, 개정판(2000), 법문사
김주수, 채권총론, 제3판(1999), 삼영사
김형배, 채권총론, 제2판(1998), 박영사
이은영, 채권총론, 개정판(2000), 박영사
임정평, 채권총론(1989), 법지사

곽윤직, 채권각론, 제6판(2003), 박영사
김상용, 채권각론, 개정판(2003), 법문사
김주수, 채권각론, 제2판(1997), 삼영사
김형배, 채권각론[계약법], 신정판(2001), 박영사

김형배, 사무관리·부당이득[채권각론 Ⅱ], 2003, 박영사
이은영, 채권각론, 제4판(2004), 박영사

김주수, 친족·상속법, 제6전정판(2002), 법문사
박병호, 가족법(2003), 한국방송통신대학
이경희, 가족법(2006), 법원사

곽윤직(대표집필), 민법주해, 1992-1997, 박영사
박준서(대표집필), 주석민법, 제3판(1999-2003), 법문사

제1부

解決方法

1. 基本思考·方法

Ⅰ. 事例解法의 基本思考

(1) 민법사례는 법적 다툼이 있는 민법상의 사건을 뜻한다. 문제된 '사례'에는 (법률관계의) 당사자가 있으며, 당사자 사이에 권리·의무에 대하여 다툼이 있는 것이 기본적 유형이다. 그러나 사건은 사실적인 분쟁으로 나타나고 있으므로 그것이 어떤 내용의 법적 문제인지는 처음부터 명확히 드러나 있지 않다. 따라서 사례풀이에 있어서는 주어진 사건의 사실관계를 면밀하게 분석하여 그 사실들이 법적으로 어떤 문제를 가지고 있는지를 먼저 규명해야 한다. 이와 같은 일차적 작업이 정리된 다음에 그 사안에 대하여 적용될 규범(법률규정, 관습법, 당사자 사이의 계약, 사실인 관습)을 찾아야 한다. 사례에는 법적 다툼이 하나일 수도 있고 여러 개일 수도 있다. 따라서 어느 당사자들 사이에 어떤 다툼이 있는가를 확인한 다음 그 다툼에 대하여 '올바른' 법적 해답을 찾는 것이 사례해결의 올바른 길이다.

(2) 사실관계를 확인·분석하는 데 있어서는 주어진 구체적 사실을 법적 의미로 이해해야 하는 과정을 거쳐야 한다. 예컨대 자전차를 타고 가던 사람이 앞에서 주행하던 버스에 가려 신호등이 정지신호로 바뀐 것을 미처 보지 못하여 횡단보도에 들어선 보행자를 다치게 하였다고 하자. 주어진 사례가 가해자에 대한 손해배상청구를 내용으로 하는 불법행위 사건으로 생각되는 경우에는 사실관계로부터 불법행위 성립에 필요한 모든 요건이 확인되어야 한다. 이 요건들 중에서 자전차운전자의 '과실'이 인정될 수 있는지가 가장 중요한 문제이다. 어떤 구체적 교통상황에서 자전차운전자의 과실 인정 여부는 과실의 법적 의미와 구체적 해당 사실에 대한 해석을 통하여 결정된다. 자전차운전자의 과실이 인정되어 불법행위의 성립에 필요한 요건들이 모두 갖추어지게 되면 그 사안에 대해서 불법행위규범인 제750조가 '적용'되고, 그 효과로서 자전차운전자는 피해자에게 손해배상책임을 지게 된다. 그러나 주어진 사실관계에서 자전차운전

자의 과실이 인정될 수 없는 때에는 제750조는 적용될 수 없으므로 자전차운전자는 손해배상책임을 부담하지 않는다.

(3) 사례해결'방법'은 법적 다툼이 있는 사건에 대하여 올바른 해답을 찾기 위한 길이라고 할 수 있다. 올바른 해답은 목표이고 해결방법은 그 목표에 이르기 위한 수단이다.

(4) 민사사례에서는 특정당사자 사이의 청구권에 관한 다툼이 대부분을 차지하고 있다. 따라서 해당사건에 대한 올바른 해답을 찾는 일은 그와 같은 청구의 기초가 되는 규범의 존부를 확인하는 것이라고 할 수 있다.

다음에서는 청구권사례의 해결방법을 먼저 설명하고(2 참조), 물권·형성권사례의 해결방법에 관하여(3 참조) 살펴보기로 한다.

Ⅱ. 請求權構成을 위한 解決方法과 順序

(1) 위에서 설명한 바와 같이 사례는 분쟁해결이라는 법적 문제를 가지고 있는 사회적 생활사실이다. 즉 사례는 일정한 당사자들이 '무엇'을 요구하거나 청구하는 것을 내용으로 하는 사건으로 구성되어 있다(그러나 어떤 사례에 있어서는, 예컨대 권리의 존재에 대한 주장만이 문제되는 경우도 있다. 이에 대해서는 3 참조). 따라서 사안을 풀이하는 데 있어서는 (i) 먼저 당사자의 일방이 상대방에 대하여 요구·주장하는 것이 무엇인가를 사안의 검토를 통하여 확정하여야 하며, (ii) 다음으로 당사자의 요구와 주장(청구)에 대한 법적 기초를 검토하면서 그 사안에 해답을 줄 수 있는 (청구권)규범을 확정해야 하고, (iii) 끝으로 그 사안이 해당 규범의 구성요건들을 구비하고 있는지를 검토하여 쟁점에 관한 최후적 판단을 내려야 한다. 이와 같이 청구권을 중심으로 하는 분쟁에 있어서는 특정인이 특정인에 대하여 작위 또는 부작위를 요구하는 권리·의무가 문제되기 때문에 누가①, 누구에게②, 무엇을③, 어떤 근거에서④, 요구할 수 있는가(Wer① kann von wem② was③ woraus④ verlangen?) 하는 점들이 검토의 대상이 된다. 따라서 주어진 사안을 토대로 청구권에 대한 분쟁

* 이 책에서 법률명칭을 적시하지 않고 인용된 법률조문은 민법(법률 제471호)의 조항이다.

을 해결하는 해결방법은 다음과 같은 7개의 순서로 구분될 수 있다.

a) 사안(사실관계)에 대한 정확한 파악.

b) 당사자들의 사실적 요구의 확인.

c) 청구권규범의 탐색.

d) 청구권규범의 경합과 그 검토.

e) 청구권규범의 구성요건과 사안의 포섭.

f) 부인권 및 항변권의 검토와 사안의 포섭.

g) 청구권규범의 효과의 확정.

(2) 사례를 풀이하는 해답자는 주어진 사안을 토대로 위에 제시된 순서에 따른 여러 사항들을 검토하면서 논리적 답안을 구성하여야 한다.

2. 請求權事例 解決方法의 具體的 內容

청구권의 사례를 위에서 제시한 7개의 단계적 순서에 따라 그 내용을 설명하면 다음과 같다. 다만, 모든 사례에서 7개의 단계가 모두 고려되는 것은 아니다. 사례에 따라서는 청구권규범이 하나밖에 없거나 또는 부인권 및 항변권이 문제되지 않는 경우도 있을 수 있다.

Ⅰ. 事案에 대한 정확한 파악

성공적인 사례해결을 위하여 필수적으로 전제되는 것이 사안에 대한 정확한 파악이다. 주어진 사안을 잘못 이해하여 해석한다면 올바른 해답을 얻을 수 없기 때문이다. 틀린 해답을 내리게 되는 원인 중에는 해당법규를 잘못 적용하는 데서뿐만 아니라 사안을 올바로 파악하지 못하는 데서도 비롯된다는 점을 명심해야 한다. 사안에 대한 정확한 파악을 위해서는 다음의 사항들을 확인해야 한다.

(1) **먼저 권리주체(자연인, 법인, 기타 권리주체)가 누구이며, 1인인가**

數人인가, 누가 누구에게 어떤 권리 또는 청구권을 주장하는가를 확인한다

(2) **당사자가 多數인 경우에는 2인 당사자관계로 정리하여 파악한다**

〈예〉 시립도서관 A가 학생 B에게 책을 빌려주었는데 B는 그 책을 C에게 매각하였다. A, B 및 C 사이의 법률관계를 설명하라.

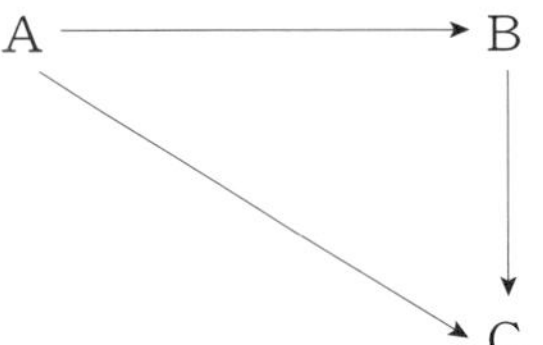

A와 B 사이의 법률관계: 사용대차계약관계, 부당이득반환청구, 손해배상청구
B와 C 사이의 법률관계: 매매계약관계, 선의취득, 담보책임
A와 C 사이의 법률관계: 물건의 반환청구

(3) **시간적 발생과정을 확인한다** 기한, 해지, 해제, 제척기간 또는 연속적 물권변동(예컨대 전매, 소유권의 이전과 저당권의 설정)이 문제가 될 때에는 시간적 경과를 확인해야 한다.

(4) **당사자의 주관적 견해 또는 주장에 구속되지 않아야 한다** 사례에서 제시된 당사자의 주장은 법적으로 부정확하거나 잘못된 것일 수도 있기 때문에 이로 인해 혼란을 일으켜서는 안 된다.

(5) **일상용어와 법률용어를 혼동하지 않아야 한다** 당사자가 사용하는 일상용어는 법률상의 전문용어와는 그 개념이 일치하지 않거나 부정확할 수 있다. 예컨대, 집을 '빌려준다'는 표현이 사용되었을 때 '빌려준다'는 일상용어는 법적으로 '사용대차'(제609조)를 한다는 것을 뜻한다. 그러나 돈을 '빌려준다'고 했을 때에는 금전'소비대차'(제518조)를 의미한다. 많은 법률용어가 그렇듯이 부당이득(제741조), 사무관리(제734조), 불법행위(제750조) 등의 용어는 일상용어와는 그 뜻이 다르다. 따라서 해답자는 사례에서 주어진 상황을 고려하여 당사자가 사용한 용어와 표현을 법률의 요건 개념에 부합하는 법률용어로 해석하여 이해해야 한다.

(6) **사안의 내용을 마음대로 바꾸지 않는다** 사안은 주어진 그대로 평가의 대상이 되어야 한다. 불확실한 점이 있을 때 그 사안의 여러 가능한 상황 중의 어느 하나에 한정하여 단정을 내려서는 안 된다.

사안의 내용을 자의로 설정하거나 확대 또는 축소하게 되면 결과적으로 올바른 해답을 얻을 수 없기 때문이다.

그러나, 예컨대 제109조 제2항과 관련하여 제3자의 선의 또는 악의가 분명하지 않거나 또는 제756조와 관련하여 사용자가 선임·감독상 주의의무를 다했는지가 불확실한 때에는, 전자의 제3자는 선의인 것으로 보아야 하고, 후자의 사용자는 선임·감독상의 주의의무를 다하지 않은 것으로 전제해야 한다. 왜냐하면 위의 경우에 그 반대의 사실(즉, 악의였다는 사실 또는 선임·감독상의 주의의무를 다했다는 사실)이 입증되지 않는 한, 제3자가 선의라는 것과 사용자가 선임·감독상의 주의의무를 다하지 않았다는 것을 번복할 수 없기 때문이다. 이렇게 해석하는 것이 입증책임의 원칙에 합치할 뿐만 아니라, 제109조 제2항의 거래안전의 보호와 제756조 제1항의 피해자보호의 관념에도 부합하는 것이다.

Ⅱ. 당사자들의 사실적 요구의 확인

해답자는 당사자들의 요구·주장을 사안 및 이와 관련하여 제기된 물음을 토대로 확인해야 한다. 즉, 누가 누구에게 '무엇을' 요구·주장하는가를 확정해야 한다.

(1) **문제의 소재를 구체적으로 확인한다** 문제는 하나의 사실적 요구, 하나의 청구의 목적(내용) 또는 하나의 법적 관계로 분석하여 확인해야 한다. 여러 개의 문제가 제기된 때에는 합리적 순서에 따라 각 문제를 배열해야 한다. 청구권의 문제는 누가 누구에게 무엇을 어떤 근거에 의해서 요구하는가 하는 방법에 따라 해결할 수 있고, 법적 관계의 존부확인의 문제(예컨대, 계약은 성립했는가? 고용관계는 소멸했는가?)는 이른바 시간적 발생순서에 따라 해결해야 할 것이다. 사실적 요구는 그것이 청구의 목적의 문제인지 또는 법적 관계의 존부확인의 문제인지를 정확히 검토해야 한다.

(2) **일반적 물음을 구체화하여 파악한다** 해결해야 할 물음은 사안의 마지막에서 제시되는 것이 보통이다. 그러나 물음의 내용은 사안에서 주어진 상황과 당사자의 주장을 면밀하게 검토함으로써 밝혀질 수

있다. 예컨대 사안에서 '누가 손해를 배상해야 하는가?' 또는 '법률관계를 설명하라'는 물음이 제기될 때가 있다. 이 경우에는 먼저 당사자들의 이해관계 또는 주장이 '법적으로 관철될 수 있는' 요구 또는 주장인지를 검토하는 문제로 파악해야 한다. 그리고 여러 가지 구제방법이 가능할 때에는 당사자의 이해관계를 고려하면서 가장 유리한 방법을 당사자의 주장내용으로 이해해야 한다.

(3) **당사자의 주장의 관철가능성을 고려한다** 물음의 확인에 있어서는 당사자의 요구·주장이 법적으로 관철가능한 것인가를 확인해야 한다. 이와 같은 확인 없이는 청구의 목적을 실현할 수 있는 청구권규범을 찾을 수 없다. 당사자의 요구·주장의 내용을 확인하는 데 있어서는 소송법상의 소의 형식, 즉 이행(급부)의 소, 확인의 소, 형성의 소를 함께 고려하는 것이 도움이 될 것이다.

(4) **당사자의 요구·주장을 분류한다** 당사자의 요구·주장이 여러 개가 있을 때에는 개개의 문제로 일정한 순서에 따라 분류해야 한다.

a) 별개의 사건은 독립된 청구의 목적으로 분류될 수 있는 것이 보통이다. 예컨대 호텔방을 예약했는데 그 방이 다른 사람에게 대여되어 있었으며, 미리 송부한 트렁크도 분실된 상황이었다고 하자. 이러한 사안에서는 호텔방에 대한 임대차계약의 불이행(제618조, 제390조)과 트렁크보관에 대한 임치계약의 불이행(제693조, 제309조)의 문제로 나누어 파악하는 것이 좋을 것이다. '호텔계약'이라는 혼합계약으로 구성한다 하더라도 임대차와 임치의 두 계약상의 관계는 구별하여 검토되어야 한다.

b) 당사자가 다수일 때에는 2인 당사자관계로 분류해야 한다. 특히 조합관계, 다수당사자의 채권관계는 대외적 관계와 대내적 관계를 구별해서 검토해야 한다. 예컨대, 연대채무관계에서 수인의 연대채무자와 채권자 사이의 관계는 일단 2인 당사자관계(채무자⇔채권자 관계)로 파악된다. 연대채무자 상호간의 대내적 구상관계는 각각 분리하여 파악해야 한다([사례 참고 41]). 그리고 채권양도에 있어서도 채무자·양도인·양수인의 관계를 2인 당사자관계로 분류해서 이해해야 한다([사례 참고 42]). 제3자를 위한 계약(요

약자, 낙약자, 수익자 사이의 법률관계를 생각하라)과 제3자에 의한 채권침해([사례 37] 참고)에 있어서도 마찬가지이다.

수인의 가해자(채무자)와 피해자가 있는 손해배상책임사안에 있어서는 책임영역에 따라 그 손해발생과 가장 밀접한 관계가 있는 가해자(채무자)에 대한 청구를 먼저 취급하는 것이 합리적이다. 그러나 피해자의 손해배상청구를 현실적으로 실현할 수 있는, 다시 말하면 자력있는 가해자(채무자)에 대한 관계를 부각시키는 것도 하나의 방법이 될 수 있다. 예컨대, 건물의 소유자 A가 난방기구수선업자 B에게 임차인 C가 거주하는 주택의 보일러수리를 의뢰하였고, 이에 B는 그의 보조인 D를 보내어 보수하게 하였는데, 보수하던 중 D의 잘못으로 보일러가 폭발하여 C가 부상을 당하였다고 하자. 이때 여러 개의 2인 당사자관계가 성립할 수 있다. 즉, A↔B관계, C↔D관계, B↔C관계 등이 그것이다. 손해를 직접 발생케 한 자는 D이기 때문에 D에 대한 C의 손해배상청구관계를 우선적으로 취급하면서 문제를 풀이할 수 있다(C→D: 제750조). 그러나 B의 보조인인 D는 자력이 없으므로 배상청구의 실현가능성이라는 점에서 사용자인 B에게 손해배상을 청구하는 관계, 즉 C→B관계(제576조) 또는 A→B관계(수리계약의 채무불이행과 이행보조자에 대한 책임: 제664조, 제390조, 제391조)를 먼저 다룰 수도 있다.

c) 2인 당사자관계 내에서도 주된 청구 이외에 병존하거나 보조적인 청구가 있을 수 있다. 채무자가 이행을 지체하는 경우에 채권자는 채무자에 대하여 i) 본래의 급부에 대한 이행청구와 동시에 ii) 이행지체로 인한 지연배상을 병존적으로 청구할 수 있다. 그리고 동산의 소유자는 절도자에게 그 물건의 반환을 청구할 수 있고(제213조, 제250조), 그 물건이 분실·파손되었을 때에는 보조적으로 손해배상을 청구할 수 있다(제750조).

(5) **사안에서의 사실확정을 법적 청구권과 연결시킨다** 사실관계의 확정단계에서는 적용법규를 자세히 검토할 필요가 없으나, 당사자의 요구·주장은 가능한 청구권의 기초와 밀접한 관련이 있음을 잊어서는 안된다. 당사자의 요구와 주장을 법적으로 근거짓는 청구권규범은 1개 또는 수개가 있을 수 있다. 따라서 이 단계에 이르러서는 누가 누구에게

무엇을 요구하는가 하는 문제는 이제 '어떤 법적 근거에서', 즉 '어떤 법적 기초=법적 원인에서'라는 문제로 넘어가게 된다.

Ⅲ. 청구권규범의 탐색

사례에 대한 법적 풀이작업은 해당 청구권규범을 탐색하는 것으로부터 시작한다. 즉 당사자가 요구·주장하는 내용(예컨대, 손해배상)에 해당하는 법률효과(손해배상의 의무)를 정한 법률규정(예컨대, 제390조(제610조), 제570조, 제750조, 제756조 등), 관습법, 기타 법원을 검토·탐색해야 한다(당사자 사이의 약정도 당사자 사이에서는 청구권의 기초가 될 수 있다).

(1) **청구권규범의 구조를 바로 이해한다** 청구권은 특정인에게 특정한 작위 또는 부작위를 요구할 수 있는 주관적 권리이다. 따라서 청구권규범이라 함은 그 규범의 수규자(예컨대, 불법행위에 있어서 가해자)에게 특정행위(급부: 손해배상), 부작위 또는 忍容을 명하는 법규를 말한다. 규범논리상 청구권규범은 'T라는 전제가 구비되면, R이라는 작위가 행하여지거나 또는 부작위가 유지되어야 한다'는 구조를 가지고 있다. 즉 청구권규범은 다른 규범과 마찬가지로 구성요건(T: Tatbestand)과 법률효과(R: Rechtsfolge)로 구성된다. 예컨대 제750조는 가해자의 침해행위에 동 규정이 정하고 있는 요건이 갖추어진 때에는 가해자로 하여금 피해자에게 손해를 배상해 줄 것(작위: 급부)을 명한다(이어지는 V 참조). 즉, 제750조는 일정한 요건이 갖추어진 경우에 손해를 배상해 줄 작위의무(급부의무)를 가해자에게 명하는 규범이다. 따라서 손해배상을 청구하는 피해자측에서 보면 제750조는 불법행위로 인한 손해의 배상을 청구하는 규범, 즉 청구권규범이다.

(2) **당사자의 요구와 청구권규범의 법률효과가 내용적으로 일치하는지를 확인한다** 탐색의 대상이 되는 청구권규범의 (추상적) 법률효과는 당사자의 (구체적) 요구에 합치되어야 한다. 당사자의 구체적 요구와 법규의 법률효과가 일치되면 일단 청구권의 기초가 발견된 것이다.

(3) **청구권의 발생을 위한 가능한 기초들은 모두 검토한다** 당

사자의 청구의 기초가 될 수 있는 가능한 청구권규범들을 모두 검토하여야 한다. 언뜻 머리에 떠오른 하나의 청구권규범만으로 만족해서는 안 된다. 사안의 검토 또는 입증과 관련해서 원고에게 가장 유리한 청구권규범을 찾아내는 것이 중요한 일이긴 하지만, 정답은 하나밖에 없다는 고정관념은 잘못된 것이다. 예컨대 반환청구가 문제되는 경우에 소유물반환청구권(제213조 본문), 점유자의 반환청구권(제204조 제1항), 수임인에 대한 위임인의 반환청구권(제684조 제1항), 관리자에 대한 본인의 반환청구권(제738조), 부당이득반환청구권(제741조) 등이 문제될 수 있다. 위의 어느 청구권이 적합한 것인가 하는 것은 사안을 검토함으로써 확정되어야 할 것이지만, 어느 경우에나 하나의 청구권규범만이 해당 사안에 적합한 것은 아니다.

(4) **해당되는 청구권규범을 탐색한다** 해당 청구권규범의 탐색은 우선 실체법(민법)의 편별을 고려하면서 체계적으로 행하져야 한다. 사법의 각 분야는 전형적 생활관계를 기초로 하여 이에 맞추어 법률관계와 청구관계를 규율하고 있다. 즉 매매·임대차·고용·위임·도급 등이 그것이다. 따라서 사례의 제시에 의해서 주어진 문제가 어떤 법률관계 또는 청구관계에 해당하는지를 검토해야 한다. 민사법의 문제는 민법과 기타 민사특별법(예컨대, 주택임대차보호법, 부동산등기법, 가등기담보등에관한법률, 근로기준법, 제조물책임법, 자동차손해배상보장법 등) 내에 규율되어 있음을 유의해야 하다.

해당 청구권규범을 탐색하는 작업을 용이하게 수행하기 위해서는 민법의 각 분야별로 청구권규범의 중요한 종류와 내용을 構圖化하는 것도 도움이 된다. 민법전 제1편에서 제3편까지의 체계적 구성을 기초로 중요한 청구권규범을 구도화하면 다음과 같다.

a) 법률행위에 의한 채권관계(약정채권관계)를 기초로 한 청구권

aa) 계약에 의한 청구권: 본래의 이행청구권(1차적 청구권＝예: 제554조 이하의 전형계약 및 기타 비전형계약에 기한 청구권), 급부장애로 인한 청구권(2차적 청구권＝예: 손해배상청구권).

bb) 단독행위에 의한 청구권: 현상광고(제675조)(드물다)

b) 계약과 유사한 채권관계를 기초로 한 청구권 무권대리인의 상대방에 의한 '계약'의 이행청구(제135조: 무권대리인과 그 상대방 사이에는 계약이 성립했다고 볼 수는 없으므로 상대방의 이행청구는 법률의 규정에 의한 것이라 할 수 있다), 목적이 불능인 계약시 상대방의 손해배상청구(제535조), 의사표시를 취소한 자

에 대한 신뢰이익의 배상청구(제109조 제1항 및 제110조 제1항의 취소시의 제535조의 유추 내지 확대적용의 문제)

c) 물권관계를 기초로 한 청구권

aa) 점유보호청구권(제204조, 제205조).

bb) 소유권에 기한 물권적 청구권(제213조, 제214조).

cc) 기타 제한물권에 기한 물권적 청구권(제290조, 제319조→제213조, 제214조).

d) 법률의 규정에 의한 채권관계(법정채권관계)를 기초로 한 청구권

aa) 사무관리를 기초로 한 청구권: 제734조, 제739조 제1항, 제739조 제2항(제688조 제2항), 제738조(제684조).

bb) 부당이득을 기초로 한 청구권: 제741조, 제743조 단서, 제746조 단시, 제747조, 제748조.

cc) 불법행위를 기초로 한 청구권: 제750조, 제751조, 제755조, 제756조, 제758조, 제759조, 제760조 등.

위의 구도는 하나의 지침으로서의 기능을 갖는다. 친족·상속법상의 청구권규범을 도외시하여서는 안 된다.

(5) **당사자의 요구를 청구권규범과 연결한다** 당사자에 의하여 주장되는 요구를 법적으로 근거짓는 청구권규범을 찾아서 연결하는 작업이 사례해결에 있어서 가장 중요한 부분이다. 이와 같은 일을 명확하고 성공적으로 수행하기 위해서는 제기된 당사자의 요구에 대하여 탐색의 대상이 되는 각 분야의 청구권규범을 검토해야 한다. 민법에서 중요시되는 청구의 내용을 분류하면 계약이행청구, 물건의 인도(또는 반환)청구, 계약에 의하여 급부한 것의 반환청구, 대상청구(Surrogation), 비용 또는 필요비·유익비의 상환청구, 내부관계에 있어서의 구상청구, 손해배상청구 등이다. 이에 관하여 분설한다.

a) 계약상의 급부 또는 이행청구 민법은 계약상의 채무이행과 관련해서 급부청구의 중요한 유형들을 채권각론에 규정하고 있으므로 계약의 내용이 이 규정에 합치할 때에는 청구권'규범'을 찾는 것이 어렵지 않다. 그러나 구체적 계약의 내용과 일치하는 민법의 규정이 없다고 해서 계약상의 청구권이 발생하지 않는 것은 아니다.

aa) 법률에 규정된 계약상 청구권규범: 예컨대, 매매계약의 경우에 있어서 매수인의 재산권이전청구와 매도인의 대금지급청구의 청구권규범은 제568조 제1항이다.

bb) 계약의 성질 결정: 당사자가 주장하는 청구의 목적을 법률의 어느 계약유형 속에 분류해야 할 것인가를 확정하기 어려운 경우가 있다. 예컨대, 매수인의 목적물인도청구와 도급인의 제작물공급청구가 다같이 청구권규범이 될 수 있는 경우(김형배, 채권각론[계약법], 662면 이하; 동, 민법학강의(제6판), 1451면 참고)에는 먼저 당사자의 의사해석을 통하여 계약의 내용을 확정하지 않으면 안 된다.

cc) 법률에 규정되지 않은 비전형계약과 청구권의 기초: 이 경우에는 계약상의 구체적 약정 자체가 청구권의 기초이다. 예컨대, 당사자들이 법률에 규정되어 있지 않은 보증계약을 체결한 경우에는 보증과 관련된 급부청구의 기초는 보증계약 자체이다. 계약이 법적 구속력을 가지는 것은 사적자치의 원리상 당연하다. 다만, 제103조, 제104조와 그 밖의 강행규정에 위배되어서는 안 된다.

b) 물건의 인도·명도청구 물건(동산·부동산)의 인도 또는 명도청구는 계약, 물권법, 부당이득과 관련해서 문제될 수 있다.

aa) 계약상 반환청구: 어떤 목적물을 점유할 채권이 종료한 경우 예컨대, 사용대차 또는 임대차가 종료하면 차주 또는 임차인은 목적물을 반환해야 한다. 따라서 대주 또는 임대인은 인도청구권을 갖는다(제609조, 제613조, 제615조, 제654조). 목적물반환이 불가능하게 되면, 대주 또는 임대인은 채무불이행(이행불능)으로 인한 손해배상(전보배상)을 청구할 수 있다(제390조).

bb) 물권법상 인도(반환)청구: 점유자는 점유물반환청구권(제204조)을 가지며, 소유자는 소유권에 기한 반환청구권(제213조)을 가진다. 따라서 점유자 또는 소유자는 점유침탈자 또는 점유한 자에 대하여 목적물반환청구권을 가진다. 그러나 점유자가 그 물건을 점유할 권리를 가지고 있을 때에는 소유자에게 반환을 거부할 수 있다(제213조 단서)(이 이외에 제250조, 제251조 참조).

cc) 부당이득법상의 반환청구: 법률상 원인없이 타인의 재산 또는 노무로 이익을 얻은 자에 대하여 손실자는 그 이익의 반환을 청구할 수 있다(제741조).

c) 손해배상청구

aa) 계약상의 손해배상청구권: 계약상의 손해배상은 약정에 의한 것과 법률의 규정을 기초로 한 것으로 구분될 수 있다. 전자의 손해배상의 내용은 당사자가 처음부터 손해배상의 종류와 내용을 합의한 때 이에 따라 발생하고(제398조 참조), 후자의 것은 계약상의 본래의 이행이 채무자의 귀책사유로 지체, 불능 또는 불완전이행이 되고 당사자 사이에 손해배상에 관한 약정이 존재하지 않는 경우에 제390조, 제393조의 규정에 의하여 발생된다. 손해배상은 본래의 급부를 제대로 이행하지 않는 경우에 문제가 되므로 계약에 따른 본래의 급부(예컨대, 특정물의 인도)에 대하여 보충적인 성질을 갖는다. 손해배상에는 지연배상과 전보배상이 있다. 보증계약에 의한 계약상의 손해배상은 채무자의 귀책사유와 관계없이 발생된다.

bb) 계약과 유사한 법률관계를 기초로 한 손해배상청구: 계약과 유사한 특수한 결합관계에서 손해배상책임이 발생될 수 있다.

i) 무권대리인의 상대방에 대한 손해배상책임: 제135조 제1항.

ii) 원시적 불능시의 신뢰이익에 대한 손해배상책임: 제535조.

iii) 착오시 취소자의 신뢰이익에 대한 손해배상책임: 제109조 및 제535조의 유추 내지 확대적용.

iv) 계약체결상의 과실: 제535조 및 동조의 유추 내지 확대적용.

cc) 점유자·소유자의 손해배상청구

i) 점유보호청구권을 기초로 한 경우: 제204조, 제205조(학설은 이 경우의 손해배상청구권을 불법행위에 의한 것으로 본다).

ii) 소유권에 기한 물권적 청구권을 기초로 한 경우: 제214조 참조.

dd) 불법행위로 인한 손해배상청구: 제750조 이하의 규정들은 손해배상청구의 청구권규범으로서 가장 기본적인 것이며 실제에 있어서 매우 중요한 의미를 가진다. 따라서 제750조 이하의 각 규정에 의한 불법행위와 손해배상청구의 성립요건을 면밀히 검토해 두어야 한다. 제750조, 제751조, 제752조, 제755조, 제756조, 제758조, 제759조, 제760조, 제761조, 제762조 등.

ee) 위험책임으로 인한 손해배상청구

i) 민법의 규정에 의한 위험책임: 제758조(통설은 공작물 등의 소유자의 책임을 무과실책임으로 본다).

ii) 특별법의 규정에 의한 위험책임: 광업법 제91조 이하, 원자력손해배상법 제3조 이하, 환경정책기본법 제31조, 자동차손해배상보장법 제3조 이하, 근로기준법 제78조 이하(업무상 재해에 대한 보상책임을 일종의 위험책임으로 보는 경우).

d) **부작위청구** 부작위청구권도 여러 가지 청구권규범으로부터 인정될 수 있다.

aa) 계약에 근거한 부작위의무: 부작위의무는 계약에 의하여 주 채무로서 발생될 수 있다(예컨대, 서로 경계선에 담을 쌓지 않을 부작위에 대한 의무). 부작위의무의 위반에 대해서는 민법 제398조 제2항이 적용되어 부작위상태의 실현을 강제할 수 있다. 부작위가 종된 의무인 경우 이에 대한 위반은 불완전이행이 되어 채권자에게 손해배상청구권을 발생케 한다.

bb) 점유와 소유권으로부터의 부작위청구: 방해배제·예방청구권의 행사에 있어서는 침해자의 고의·과실은 그 요건이 아니다.

i) 점유자는 점유를 방해하거나 방해할 우려가 있는 자에 대하여 제205조에 의하여 방해배제 및 방해예방청구권을 가진다.

ii) 소유권자도 제214조에 의하여 방해배제 및 예방청구권을 가진다. 방해배제 및 예방청구권은 지상권·전세권·지역권·저당권에도 준용된다(제290조, 제301조, 제319조, 제370조).

cc) 불법행위에 대한 부작위청구: 민법은 불법행위에 있어서 피해자에게 방해배제청구권을 규정하고 있지 않으나, 이를 인정해도 좋을 것이다. 왜냐하면 손해를 사후적으로 배상하기에 앞서 사전에 방지하는 것이 합리적이기 때문이다.

e) **원상회복에 의한 반환청구**

aa) 약정에 의한 해제권(제543조) 또는 채무불이행에 의한 해제권(제544조, 제545조, 제546조)의 행사로 당사자 사이에서는 해제 전에 지급한 급부를 반환해야 할 반환청산관계(Rückgewährschuldverhältnis)가 생긴다. 이것은 해제권의 행사가 있을 때까지 당사자 사이에 이루어졌던 급부를 원상으로 회복 내지 청산하는 관계이다. 이와 같은 반환채무관계를 기초로 해제권자와 그 상대방은 반환청구권을 가진다(제548조, 제549조). 직접효과설에 의하면 해제권의 행사로 채권관계는 소급해서 소멸하게 되므로 당사자가 급부한 것이 있으면 이를 부당이득으로 하여 그 반환을 청구할 수 있다고 한다.

bb) 매매의 담보책임에 있어서도 매수인에게 해제권이 발생하는 경우가 있으므로 해제권이 행사된 때에는 매수인은 매도인에게 매매대금의 반환을 청구할 수 있다(제570조, 제572조, 제576조, 제577조, 제578조, 제580조, 제581조). 도급에 있어서도 건물 기타 공작물의 경우를 제외하고 완성된 목적물의 하자로 인하여 계약의 목적을 달성할 수 없는 때에는 도급인은 계약을 해제할 수 있다(제668조). 해제의 효과로서 해당 당사자는 급부된 목적물 또는 가액 및 대금의 반환을 청구할 수 있다.

cc) 부당이득에 있어서도 원상회복을 위한 반환의무 내지 반환청구권이 생긴다(제741조, 제747조, 제748조).

f) 타인의 물건의 인도 또는 보상청구

aa) 수임인은 위임사무의 처리로 인하여 받은 금전 기타 물건 및 그 수취한 과실을 위임인에게 인도하여야 한다(제684조 제1항). 또한 수임인이 위임인을 위하여 자기 명의로 취득한 권리도 위임인에게 이전하여야 한다(제684조 제2항). 사무관리에 있어서도 관리인은 사무관리중 받은 금전 기타 물건 및 과실을 본인에게 인도하여야 하고, 자기의 명의로 취득한 권리가 있으면 이 또한 본인에게 이전하여야 한다(제738조, 제684조).

bb) 이른바 침해부당이득(예컨대, A가 소유하고 있는 가축이 B의 목장에 들어가 목초를 뜯어 먹은 경우)에 있어서 수익자는 손실자에게 그가 받은 이익을 보상(반환)해야 한다(제741조, 제747조).

g) 대상청구(代償請求) 대상청구라 함은 급부를 해야 할 본래의 목적물 대신에 채무자가 수령한 것을 채권자가 본래의 급부에 갈음하여 청구하는 것을 말한다.

aa) 물권법적 대상청구: 유실자는 잃어버린 물건의 반환을 청구할 수 있으나(제250조), 그 물건을 보관하는 경찰서장은 보관에 과다한 비용이나 불편이 수반되는 경우에 이를 매각할 수 있다(유실물법 제2조 제1항). 매각비용을 공제한 매각대금의 잔액은 습득물로 간주되므로(유실물법 제2조 제3항), 유실자는 유실물 대신에 매각대금의 잔액을 '대상'청구할 수 있다.

bb) 채권법상 대상청구: 채권법상 대상청구권은 '급부가 불능이 된 경우'에 채무자가 '그 배상으로 수취한 것'(배상물, Ersatz)의 인도, 또는 채무자가 취득한 '배상청구권'(Ersatzanspruch)의 양도를 청구할 수 있는 권리를 말한다. 즉 대상청구권의 '대상'(Surrogat)이라는 것은 배상물 또는 배상청구권을 말하고, '청구권'이라 함은 그 인도 또는 양도를 청구하는 권리를 뜻한다. 예컨대 매매목적물인 고가의 그림이 인도 전에 화재로 소실된 경우, 보험회사에 대한 매도인의 손해보험금청구권(대상)을 매수인(채권자)이 그림의 인도에 갈음하여 청구할 수 있는 권리를 말한다. 우리 민법은 대상청구권에 대한 규정을 두고 있지 않으나, 학설·판례는 독일민법 제281조의 규정을 본받아 해석상 이를 인정하고 있다(대판 1995. 5. 12, 92다4581; 대판 1995. 5. 22, 95다38080; 대판 2002. 2. 8, 99다23901)(김형배, 민법학강의(제6판), 955면 이하 참고).

h) 비용·필요비·유익비의 상환청구

aa) 계약관계를 근거로 한 비용상환청구권

i) 수임인의 비용상환청구권: 제688조.

ii) 채권자지체시의 채무자의 비용상환청구권: 제403조.

iii) 수치인의 비용상환청구권: 제701조, 제688조.

iv) 임차인의 필요비·유익비상환청구권: 제626조.

bb) 법률의 규정을 근거로 한 필요비·유익비상황청구권

i) 사무관리자의 필요비·유익비상황청구권: 제739조.

ii) 점유자의 필요비·유익비상환청구권: 제203조.

i) 내부(대내적) 관계에 있어서의 구상청구 채무자가 다수인 채무관계(불가분채무, 연대채무, 부진정연대채무, 보증채무)에 있어서 다른 채무자, 연대채무자 또는 보증인이 자신의 부담부분을 초과하여 또는 채무의 전부를 변제한 때에는 다른 채무자 또는 보증인에게 구상할 수 있다. 구상권을 행사하려면 먼저 자기의 부담부분이 확정되어야 한다. 불가분채무와 연대채무에 있어서는 부담부분이 균등한 것으로 추정된다(제411조, 제424조). 보증채무에 있어서 보증인이 1인인 때에는 다른 보증인과 관계된 부담부분이 있을 수 없다. 따라서 채권자는 주채무자에게 채무전액을 구상할 수 있다(제441조 이하). 그러나 여러 사람의 보증인이 있을 때에는 보증인은 다른 보증인에 대하여 민법 제444조 규정(부탁없는 보증인 구상권)에 의하여 구상할 수 있다(제448조). 공동보증인은

채권자에 대한 대외적 관계에서 분별의 이익을 가지므로(제439조, 제408조 참조) 공동보증인 중 1인이 그의 부담부분을 넘어 변제한 때에는 대내적으로 제448조에 따라 구상권을 행사할 수 있다. 공동불법행위자와 피해자 사이에는 부진정연대채무관계가 성립하고 공동불법행위자 사이의 부담부분은 각자의 고의나 과실, 위법성, 변제능력의 정도를 고려하여 정하여진다는 것이 판례의 태도(대판 1989. 9. 26, 88다카27232; 대판 2002. 9. 27, 2002다15917)이다.

(6) **고찰의 대상이 될 수 있는 청구권의 기초들을 열거한다** 청구권의 기초를 찾는 과정은 고찰의 대상이 되는 청구권의 기초를 열거함으로써 일단락된다. 청구권규범의 선정은 우선 잠정적·가설적으로 행하여지는 도리밖에 없고 그 규범이 청구권의 기초로서 확성되려면 포섭(Subsumtion: 문제된 사건을 일정한 법규정이 예정하고 있는 사안에 해당되는 것으로 판단하고 해당 법규를 적용함으로써 관계당사자에게 법률효과를 귀속시키기 위한 요건해당성의 검토작업. 다음의 Ⅳ 참조)과정을 거쳐야 한다. 따라서 해답자는 무엇보다도 먼저 사안의 요건사실, 당사자의 주장 및 법적 논점 등을 고찰의 대상이 되는 규범의 법률요건 및 효과와 대비·검토하는 훈련을 쌓아야 한다.

Ⅳ. 請求權의 競合과 그 검토

주어진 사안에서 문제될 수 있는 모든 청구권의 기초들을 검토하는데 있어서 순위의 원칙이 존재하지는 않는다. 하나의 사안에서도 여러 개의 요구와 주장이 복수로 존재할 수 있다. 즉, 문제된 사안에서 청구의 목적은 다수 존재할 수 있다. 이 경우에 청구의 목적(내용)을 어떤 순서에 따라 검토해야 할 것인가 하는 것은 일차적 청구의 목적이 이차적 청구의 목적에 우선한다는 원칙론(이미 기술한 Ⅱ 참조) 이외에는 다른 원칙이 있을 수 없고, 다만 합목적적 관점에 따라 처리해야 할 뿐이다. 이하에서는 이러한 합목적적 관점에 따라 청구권이 복수로 존재하는 경우들을 검토하기로 한다.

(1) **청구권의 경합** 청구의 목적이 복수로 존재하는 경우와, 하나의 동일한 주장이 복수의 청구권의 기초에 의하여 실현될 수 있는 경우는

구별되어야 한다. 즉 후자는 하나의 동일한 다툼이 여러 개의 상이한 법적 관점 하에 복수의 법규범에 의하여 해결될 수 있는 경우이다. 이 경우에 청구권의 경합이 생긴다. 하나의 동일한 주장에 대하여 복수로 존재하는 해당 청구권규범들이 어떤 경합관계에 서는가, 그리고 경합되는 청구권을 어떤 순서에 따라 검토해야 할 것인가 하는 문제는 결국 청구권경합에 대한 법이론적 학설에 따라 결정될 수밖에 없다. 이에 대해서는 청구권규범경합, 청구권양자택일 및 일청구권우선이라는 세 가지 가능성이 존재한다.

a) 청구권(규범)경합 청구권규범은 병존적(중첩적)으로 적용될 수 있다. 예컨대, 계약과 같은 개별적 결합관계에서 발생되는 법률관계에 대하여 일반사회의 공동생활의 안전을 목적으로 하는 법규범이 경합적으로 적용이 될 수 있다(계약규범과 불법행위규범의 경합). 통설과 판례는 이러한 견해를 취한다. 즉, 하나의 사안(택시승객이 운전기사의 과실로 부상을 입은 경우를 생각하라)에 대하여 계약위반(채무불이행: 제390조)과 불법행위(제750조)로 인한 청구권이 같은 무게를 가지고 적용될 수 있음을 인정하는 한, 두 개의 청구권규범이 경합하게 된다. 따라서 채무불이행의 한 유형인 불완전이행(적극적 채권침해)에 관한 제390조의 규정은 제750조의 적용을 배제하지 않는다. 왜냐하면 채무자가 계약상대방에 대하여 채무를 제대로 이행하지 않음으로써 채무불이행 책임을 지는 것과는 별도로 채무자는 일반인의 지위에서 타인(계약상대방)에게 불법행위를 해서는 안 될 일반적인 법적 주의의무를 부담하기 때문이다. 그러나 유력설로서 법조경합설과 청구권규범경합설이 대립하고 있음을 유의해야 한다(김형배, 채권총론, 200면 이하 참고). 판례(대판[전] 1983. 3. 22, 82다카1533 등)가 청구권경합설의 태도를 취하는 까닭에 이곳에서는 편의상 청구권경합설에 따라 설명하기로 한다.

위와 같이 청구권의 규범들이 경합하는 경우에 각 청구권의 기초를 완전하게 검토해야 한다. 청구권의 기초가 모두 성립하는 경우에 청구권자는 그의 손해배상에 관한 요구를 여러 개의 청구권의 기초를 가지고 청구할 수 있으나, 손해배상은 1회에 한하여 실현할 수 있음은 더 말할 나위가 없다. 따라서 하나의 청구권의 기초에 의하여 만족을 얻으면 다른 청구권의 기초도 소멸한다. 그러나 하나의 청구권규범을 가지고 청구하였으나 패소한 때에는 다른 청구권규범을 가지고 다시 청구할 수 있다.

여러 개의 청구권의 기초 중에서 청구자가 어느 청구권규범을 기초로 청구할 것인가 하는 것은 주로 규범의 법률효과(예컨대, 불법행위규범에 의한 위자료청구의 가능성(제751조, 제752조 참조)) 등을 고려하여 결정할 것이다.

b) 청구권의 양자택일(Anspruchsalternativität) 청구권의 기초들 중의 1개만이 성립할 수 있는 경우, 즉 서로 다른 청구권의 기초가 병존할 수 없을 때에 청구권은 양자택일관계에 서게 된다. 예컨대, 계약상의 급부장애가 발생한 경우에 급부불능과 급부지체는 결코 동시에 적용될 수 없다. 왜냐하면 급부불능에 관한 규정은 추완이 불가능한 급부장애를 대상으로 하는 데 반하여, 급부지체에 관한 규정은 일시적 장애가 있더라도 사후적으로 급부실현이 가능한 급부장애를 대상으로 하기 때문이다. 실제로 쌍무적 계약관계에서 채무불이행으로 인한 손해배상이 문제될 경우에 우선 이행불능(채무자의 귀책사유로 인한 급부불능)에 의한 손해배상청구를 먼저 검토하고, 다음에 이행지체를 살피는 것이 정당하다. 일단 이행불능에 해당하면 이행지체는 문제되지 않으므로 불능과 지체에 관한 청구권의 기초는 택일적으로 성립할 뿐이다.

c) 특별규정과의 경합(Anspruchsspezialität) 두 개의 청구권규범이 서로 배척관계에 서면서 그 중의 하나만이 적용되는 경우가 있다. 즉 특별규정이 일반규정을 배척하는 관계이다(lex specialis derogat legi generali). 일반규정에 대한 특별규정의 지위는 법문상 명백한 경우도 있으나, 법률의 체계상 일반적 해석원칙에 의하여 확인될 수도 있다. 예컨대 근로기준법 제23조는 민법 제660조에 대한 특별규정이다. 그리고 해제에 의한 원상회복의무에 관한 규정들(제543조 이하, 제548조 이하)은 부당이득에 관한 규정(제741조 이하)을 배척하면서 적용된다고 해석해야 한다. 그 이유는 해제제도는 채권관계의 청산을 목적으로 하는 것이고, 부당이득반환청구는 채권관계의 발생원인이 없는 경우를 전제로 하기 때문이다(반환청산관계설). 또한 하자담보에 관한 규정(제580조)은 착오에 관한 규정(제109조)에 대하여 배타적으로 적용된다.

(2) 청구권규범들의 검토의 순서 사안에서 주장되는 법률효과를 규정한 청구권규범들이 다수 존재하는 경우에 이 규범들에 대한 검토는

위에서 설명한 청구권의 경합에 대한 법칙에 따라 행하여진다. 이처럼 청구권규범들이 경합하는 경우에는 그 규범들의 검토를 합목적적 순서에 따라 진행해야 한다. 즉 첫째, 특별규정우선적용의 원칙에 따라 특별규정이 확인되면 그 이외의 일반규정은 적용될 여지가 없으므로 일반규정의 구성요건요소를 검토할 필요가 없다. 둘째, 청구권의 기초들이 양자택일적 관계에서 병존적으로 양립할 수 없는 경우에는 실체법상의 체계와 해당 규범의 구성요건의 내용에 따라 그 검토순위를 결정해야 한다. 셋째, 경합되는(양립이 가능한) 청구권의 기초들에 대한 검토의 순서는 합목적성의 관점에 의하여 정해질 수 있다. 즉, 계약상의 청구권, 계약과 유사한 청구권 그리고 법률의 규정에 의한 청구권의 순서로 검토하는 것이 합목적적이다. 이에 관하여 설명한다.

a) 계약상 청구권의 우선적 검토 모든 '비계약적'(außervertraglich) 청구권에 앞서서 계약에 기초한 청구권을 검토하는 것이 합리적이다. 왜냐하면 계약에 기초한 법률관계는 비계약적 법률관계(예컨대, 불법행위 또는 부당이득에 있어서의 법률관계)에서보다 당사자의 권리·의무의 내용, 범위 및 관철가능성 등에 관하여 한층 더 구체적으로 규정하고 있기 때문이다.

aa) 어떤 사안이 사무관리(의무없이 타인을 위하여 사무를 관리하는 자는 그 사무의 성질에 좇아 본인에게 가장 이익이 되도록 관리해야 하는 법률규정에 의한 법률관계)에 해당될 수 있더라도 위임계약이 존재하면, 계약관계를 먼저 검토해야 한다. 왜냐하면 계약상의 청구권은 사무관리에 기한 청구권에 앞서서 고려되기 때문이다.

bb) 제213조 및 제214조에 의한 물권적 청구권과 관련해서는 먼저 계약의 존부를 검토해야 한다. 물건의 점유자가 계약(예컨대, 임대차계약)에 의하여 점유할 권리(Recht zum Besitz)를 가지고 있는 경우에는 제213조 및 제214조에 의한 물권적 청구권을 행사할 수 없기 때문이다.

cc) 임차인이 임대차계약의 내용에 좇은 정상적 사용·수익행위에 의하여 임차물이 자연적으로 변경·훼손된 것이면(제654조, 제610조 참조), 임차인의 불법행위는 성립하지 않는다. 왜냐하면 임차인의 사용·수익행위는 정당한 행위로서 위법성이 없기 때문이다. 따라서 불법행위로 인한 손해배상청구권은 성립할 수 없다.

dd) 특히 부당이득반환청구권의 성립에 있어서 계약은 존재할 수 없다(제741조 참조). 계약이 존재하면 부당이득반환청구는 처음부터 문제되지 않기 때문이다.

b) 계약과 유사한 법률관계에 의한 청구권의 검토 예컨대 계약체결상의 과실에 의한 손해배상청구권은 계약상의 청구권 다음에, 그러나 불법행위로 인한 청구보다는 앞서서 검토하는 것이 바람직하다. 왜냐하면 계약체결상의 과실에 의한 책임은 불법행위책임에 비하여 보다 구체적으로 파악될 수 있기 때문이다.

c) 물권적 청구권의 검토 예컨대 제204조 내지 제206조의 규정은 불법행위로 인한 손해배상청구권에 대하여 특별규정으로서의 성질을 가진다. 또한 이 규정들은 부당이득(타인의 목적물을 법률상 원인없이 침탈·이용하여 얻은 이익. 이른바 침해부당이득)의 반환에 대한 특칙으로 고려될 수 있다. 따라서 제204조 이하의 규정은 제750조 및 제741조에 앞서서 검토되어야 한다.

d) 불법행위 및 부당이득반환청구권의 검토 불법행위청구권과 부당이득반환청구권은 서로 영향을 미치지 않기 때문에 이 두 청구권 사이에는 선후관계가 성립하지 않는다. 따라서 이 두 청구권의 검토에 있어서는 손해배상청구와 반환청구 중에서 먼저 문제되는 것부터 검토하면 될 것이다(A의 소들이 B의 목장에 들어가 목초를 뜯어먹음으로써 그 소들이 먹은 만큼의 이득의 범위에서 A의 부당이득반환의무가 발생한다. 소들의 관리에 대한 A의 과실이 없는 한 A의 불법행위는 문제되지 않는다. 또한 일부 공유자가 공유토지의 전부를 배타적으로 점유·사용한 경우에는 다른 공유자에 대하여 그 지분에 상응하는 부당이득의 반환의무를 부담한다(대판 2002.10.11, 2000다17803). 이때에 불법행위는 문제되지 않는다)(부당이득제도의 보충성에 관해서는 김형배, 사무관리·부당이득, 64면 이하 참고).

e) 대등한 청구권규범에 대한 합목적적 검토 대등한 청구권규범에 대해서는 그 청구권의 관철가능성 및 주장·입증책임의 정도를 고려하여 선후를 결정하는 것이 합리적이다. 특히 이러한 관점은 소송기술상 요청되는 것이다. 이 이외에 물권법에 있어서는 소유권에 기한 물권적 청구권에 앞서서 점유보호청구권을 먼저 검토하는 것이 용이한 경우가 있다. 왜냐하면 점유보호청구권의 성립을 위한 요건은 보다 단순하기 때문이다.

Ⅴ. 請求權規範의 構成要件과 事案의 包攝

당사자가 주장하는 법률효과(예컨대, 손해배상청구, 목적물의 반환청구 등)를 근거짓는 청구권규범이 발견되면, 그 규범의 구성요건들이 주어진 사안에 의해서 충족되는가를 검토하여야 한다. 법률에 규정된 구성요건들이 모두 갖추어진 경우에 그 청구권규범의 효과가 발생한다. 즉 그 규범은 그 사안에 해당하는 것이고, 그 사안에 적용되는 것이다(예컨대, 제756조의 요건이 갖추어지면 피해자는 사용자에 대해서 손해배상청구권(효과)을 가진다. 이와는 달리 피해자가 가해자인 피용자에 대해서 손해배상청구권(효과)을 행사할 수 있는 것은 피용자의 가해행위가 제750조의 요건을 갖춘 행위에 해당하기 때문이다).

법률적용의 1차적 단계는 청구권규범의 추상적 구성요건을 검토하는 데 있다. 즉 구성요건은 개념요소들(예컨대, 제750조: 고의·과실, 위법성, 손해, 행위와 손해 사이의 인과관계 등)로 분석되어야 한다. 2차적 단계는 사안을 청구권규범의 구성요건요소에 맞추어 넣는 포섭의 작업이다. 즉 구체적 사안 속의 사실들이 추상적 법규범의 요건요소에 해당되는지를 검토·확인하는 것이다.

(1) **구성요건의 종합적 이해** 청구권규범의 구성요건들은 법률에 의하여 정하여지지만 입법기술상 구성요건과 법률효과의 내용이 언제나 명료하게 규정되어 있는 것은 아니다. 따라서 청구권규범의 탐색은 해당 규정을 찾아냈다고 해서 그것으로 충분한 것이 아니라, 이 규정과 이에 관련된 定義規定(예: 제98조, 제99조, 제100조, 제141조 등)·補充規定(예: 제527조 이하의 규정들은 각종의 계약에 대한 보충규정이라고 할 수 있다)·對抗規定(예: 제213조의 청구권규범에 대하여 주택임대차보호법 제3조 제1항은 대항규정이다. 또한 점유할 권리는 일단 대항력을 가지므로 이 점유할 권리를 정한 규정은 대항규정이라고 볼 수 있다) 등을 종합적으로 검토하여야 한다.

특히 초학자들에게는 청구권규범과 보충규범 또는 대항규범을 체계적으로 정확하게 이해하는 것이 쉽지 않을 것이다. 즉, 보충규범 또는 대항규범을 청구권규범으로 혼동하는 경우가 있는가 하면, 청구권규범의 포섭작업에 앞서서 보충규범의 충족 여부를 먼저 검토하는 경우가 없지 않다. 예를 들면 이삿짐센터업주(운송업자)의 보조자들이 이삿짐을 옮기던 중에 이삿짐주인(운송계약의 위임인: 집주인인 임대인과의 관계에서는 임차인)과 집주인(임대인)의 물건들을 파손하였다고 하자. 이 경우에 운송업자가 집주인에게 손해배상책임을 져야 하는 규범을 제750조로 이해하고, 보조자의 과실을 운송업자에게 귀속시키기 위하여 제391조를 원용하는 것은 잘못된 구성이다. 제391조는 불법행위에 대해서는 적용될 수 없으며 채권관계가 있는 경우에 적용될 수 있을 뿐이다. 따라서 이 경우에는 제756조에 의하여 집주인은 운송업자에게 손해배상을 청구할 수 있다. 그러나 이삿짐주인은 운송업자와의 사이에 계약관계(운송계약을 위임계약으로 볼 경우: 제680조 참조)가 있으므로, 운송업자의 불완전이행으로 인한 채무불이행책임을 물을 수 있고 운송인의 이행보조자의 과실있는 행위로 손해를 입었을 경우에는 제391조를 원용하여 운송업자에게 손해배상을 청구할 수 있다.

(2) **구성요건요소의 검토순서** 청구권규범의 구성요건요소들을 검토하는 데 있어서는 규범논리와 체계상의 배려에서 특정의 법적 문제를 우선적으로 취급해야 할 경우가 있다. 예컨대, (i) 불법행위로 인한 손해배상청구권(제750조)에 있어서 행위자의 외적 행위의 측면이 내적 측면에 앞서서 검토되어야 한다. 제750조에 의하면 '고의 또는 과실로 인한 위법행위로 타인에게 손해를 가한 자는 …'이라는 순서로 요건요소가 열거되어 있으나, 가해자의 행위로 인한 법익침해 내지는 손해의 발생이 먼저 검토되어야 하고, 그 다음에 위법성 및 과책이 검토되어야 한다. 왜냐하면 규범논리상 위법성(의무위반)과 과책(비난가능성)은 '행위'를 전제로 하기 때문이다. 다시 말하면 위법성과 과책은 평가의 대상인 가해자의 행위 내지 행위에 의한 법익침해가 없으면 처음부터 문제되지 않기 때문이다. (ii) 부당이득(제741조)에 있어서도 법률상 원인의 부존재를 검토하기에 앞서 먼저 재산의 이전 내지 증가가 밝혀져야 한다. (iii) 후발적 불능으로 인한 손해배상에 있어서도 불능에 대한 채무자의 과책 문제를 먼저 검토하는 것은 옳지 않다. 왜냐하면 급부불능이 발생되기 전에 채무자가 이행지체에 빠져 있을 때에는 채무자는 급부불능이 채무자의 귀책사유에 의하여 발생한 것이 아닌 경우에도 손해배상책임을 져야 하기 때문이다(제392조). 이 경우에는 급부지체에 대한 채무자의 귀책사유를 검토하는 것으로 족하다. 다시 말하면 급부불능 자체에 대한 채무자의 귀책사유는 문제되지 않는다(김형배, 채권총론, 184면 이하 참조).

(3) **규범으로의 사안의 포섭** 청구권규범의 구성요건요소들이 확

정되면 그 다음 단계로서 사안을 개개의 구성요건요소 속에 포섭시키는 작업이 행하여진다. 포섭이라 함은 추상적 법규범 내에 제시되어 있는 구성요건요소에 맞추어 그에 해당하는 사실들이 존재하는가를 확인하는 작업이다.

a) 해석을 통한 포섭 포섭은 일차적으로 구성요건 전체에 대하여 총괄적으로 행하여지는 것이 아니라, 구성요건을 구성하고 있는 개개의 요소에 대하여 개별적으로 행하여진다. 그런데 이러한 구성요건요소들은 법개념들이기 때문에 그 법적 의미내용을 먼저 확정하지 않으면 안된다. 예컨대, 제750조의 불법행위의 구성요건요소로는 고의·과실·위법성·손해·인과관계들이 있는데, 그 법적 의미내용이 먼저 확정되지 않고서는 사안 내에 존재하는 요건사실들을 확인할 수 없다. 요건요소들은 법률 내에 규정되어 있는 정의규정에 의하여 그 내용이 확인될 수도 있으나 주로 해석을 통하여 확정된다. 또한 법률규정의 문언에 의하면 언뜻 그 내용이 명백한 것 같으나, 어느 구체적 사실이 법문의 요건요소의 내용에 해당하는 것인가는 명확하지 않은 경우가 있다. 이때에도 해석을 통하여 그 내용을 확정하지 않으면 안 된다. 법률의 해석은 법률의 규정이 정하고 있는 규범적 의미내용(normativer Sinngehalt), 즉 법률의 취지(ratio legis)를 정확하게 파악하는 것을 의미한다(곽윤직, 민법총칙, 39면 이하; 이영준, 한국민법론[총칙편], 25면 이하 참조). 예컨대, 제5조는 미성년자가 법률행위를 함에 있어서는 법정 대리인의 동의를 얻어야 하지만, 권리만을 얻거나 의무만을 면하는 행위를 할 때에는 그러하지 않다고 규정하고 있다. 여기서 권리만을 얻거나 의무만을 면하는 행위 속에 저당권이 설정된 부동산을 증여받는 것이 포함될 수 있는가 하는 것이 문제된다. 왜냐하면 부동산소유권을 증여에 의하여 취득하는 것은 권리를 얻는 것이지만, 저당권설정자의 지위를 승계하는 것은 부담(의무)을 의미하기 때문이다. 통설(해석적 견해)에 의하면, 부담있는 부동산은 법정대리인의 동의 없이 단독으로 취득행위를 하지 못한다고 한다.

b) 제750조에 의한 손해배상청구와 포섭의 실례 다음과 같은 구체적인 사안을 생각해 보기로 한다: 자전차를 타고 가던 A가 조망이 좋지 않은 길 위에서 신호등이 바뀐 것을 미처 보지 못하여 횡단보도를

건너가던 B와 충돌하게 되었다. B는 강에서 낚은 잉어를 가지고 귀가하는 중이었다. 이 사고로 B는 잉어를 땅에 떨어뜨리게 되었고, 뒤이어 오던 자동차에 치어 그 잉어는 가치를 잃었다. B는 A에 대하여 손해배상(2만원)을 요구한다. 이에 대하여 A는 자기에게 잘못이 없다고 주장한다. A는 교통혼잡으로 인해서 정신을 차릴 수가 없었고, 자기의 모든 주의력을 기울였음에도 불구하고 교통신호를 보지 못했다고 주장한다. 만약 자신에게 손해배상책임이 있다 하더라도 자기 자신이 낚시를 잘 하기 때문에 직접 잉어를 잡아 줄 것이며 금전으로는 배상하지 않겠다고 한다(Zippelius, Juristische Methodenlehre, 7. Aufl., 1999, S. 31; 김형배 역, 법학방법론, 삼영사, 1990, 52면 참조).

위의 경우 B는 A에 대하여 손해배상을 청구할 수 있는가, 그리고 그 배상을 금전으로 요구할 수 있는가 하는 것이 문제된다. 이것이 바로 법적 해결을 요구하는 구체적 사안이다. 따라서 이 사안에서는 A에 대한 B의 손해배상청구권의 성립과 내용(금전채권)을 밝히는 것이 주된 과제이다.

A는 자전차를 타고 가다가 B와 충돌하여 B의 잉어를 떨어뜨리게 하였고 이로 인해 그 잉어는 가치를 잃게 되었다. B는 A의 침해행위로 인하여 그의 재산(잉어)상의 손해를 입었기 때문에(법익침해) A에 대하여 B가 주장하는 권리는 불법행위에 의한 손해배상청구권이다. 그런데 불법행위에 의한 손해배상청구권이 성립하려면 제750조에 규정된 요건의 구성요소인 A의 가해행위에 있어서 고의 또는 과실과 위법성, B에 있어서의 손해의 발생, A의 가해행위와 B의 손해 사이의 인과관계가 있어야 한다. 우선 B의 손해(잉어가 가치를 잃음으로 해서 야기된 재산의 감소)가 인정되려면, B가 강에서 잡은 잉어가 B의 소유물인가를 검토하지 않으면 안 된다. B가 잡은 잉어는 무주물(제252조 제2항)이지만 선점(제252조 제1항)에 의해서 B가 소유권을 취득한 물건이다. 이에 따라 잉어가 B의 소유물이라는 사실이 밝혀지면 고의·과실, 위법성, 손해, 인과관계의 규범적 의미내용(법적 개념)을 확인한 다음 그와 같은 요건의 구성요소들이 이 사안에서 구체적으로 충족되어 있는가를 검토하여야 한다. 성립요건의 구성부분들을 사안에 비추어 구체적으로 검토하는 방법은 앞에서 살펴본 바와 같고, 도식에 따라 손해배상청구권의 성립 여부를 검토하면 다음과 같다(다음 페이지 도식 참조).

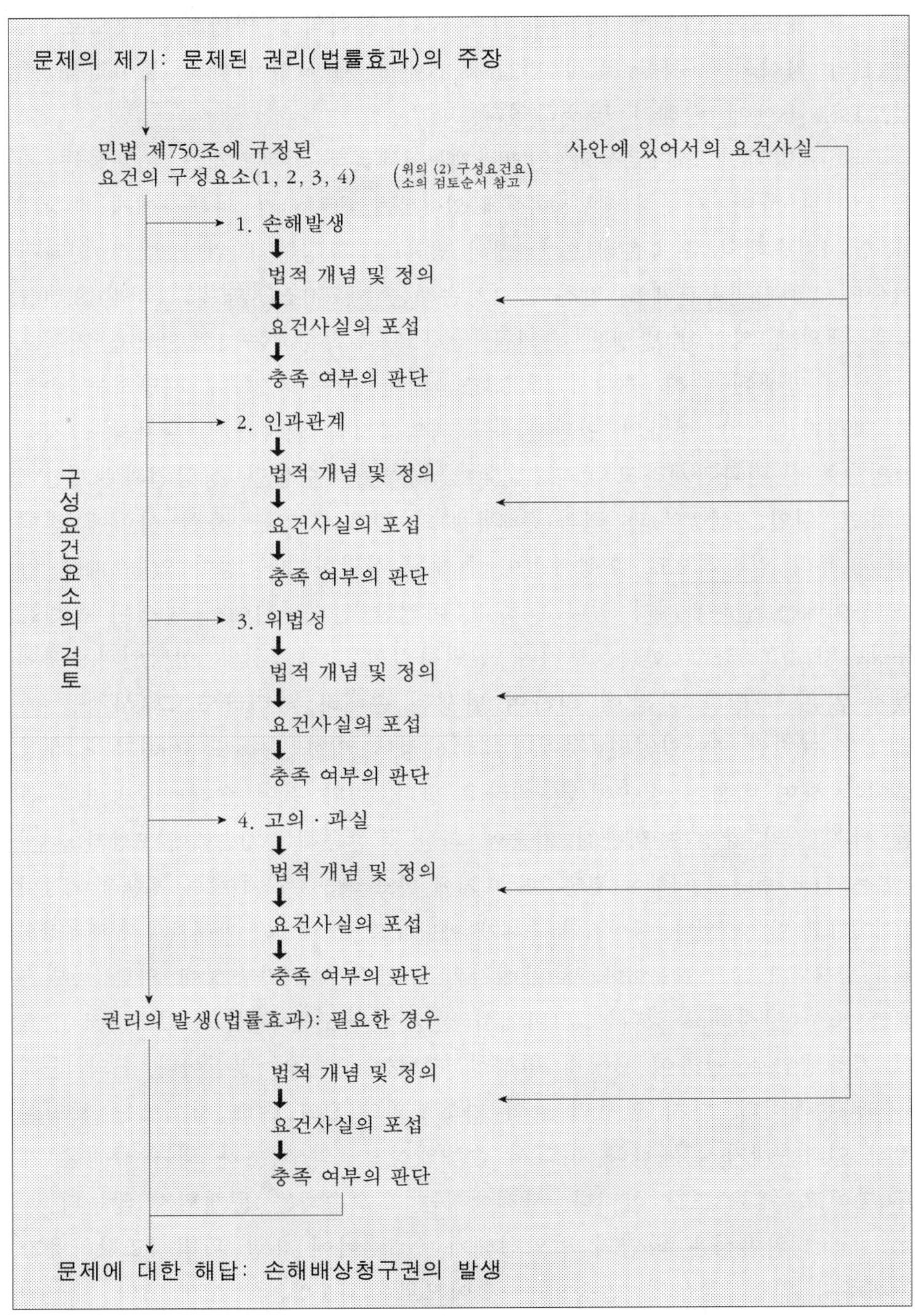
문제의 제기: 문제된 권리(법률효과)의 주장
민법 제750조에 규정된
요건의 구성요소(1, 2, 3, 4)
(위의 (2) 구성요건요소의 검토순서 참고)
사안에 있어서의 요건사실
1. 손해발생
법적 개념 및 정의
요건사실의 포섭
충족 여부의 판단
2. 인과관계
법적 개념 및 정의
요건사실의 포섭
충족 여부의 판단
3. 위법성
법적 개념 및 정의
요건사실의 포섭
충족 여부의 판단
4. 고의 · 과실
법적 개념 및 정의
요건사실의 포섭
충족 여부의 판단
구성요건요소의 검토
권리의 발생(법률효과): 필요한 경우
법적 개념 및 정의
요건사실의 포섭
충족 여부의 판단
문제에 대한 해답: 손해배상청구권의 발생

i) 손해는 법익에 대하여 입은 모든 불이익을 의미하는 것으로, A가 B의 잉어의 가치를 잃게 만들어 B에게 재산(잉어)상의 불이익을 주었으므로 B에게 손해가 발생하였다.

ii) 법적인 의미로서의 인과관계는 사실적 인과관계가 존재하는 것을 전제로 하여, 가해자(채무불이행에 있어서는 채무자)가 피해자에게 배상해야 할 1차손해와 후속손해(손해배상의 범위)를 확정하기 위한 법적 인과관계 또는 책임귀속관계를 말한다. 1차손해는 제750조(채무불이행에 있어서는 제390조)의 요건을 갖춘 행위에 의하여 발생된 손해를 말하고, 후속손해는 1차손해를 기점으로 하여 발생된 손해 중에서 제393조 제1항 또는 제2항에 해당하는 손해를 말한다(제763조 참조). 전자의 인과관계를 책임설정적 인과관계, 후자의 그것을 책임충족적 인과관계라고 한다(김형배, 민법학강의(제6판), 969면 참조). 다수설인 상당인과관계설에 의하면, 원인(가해행위)과 결과(손해발생)의 관계에 있는 사실 사이에 전행사실로부터 일반적으로 후행사실이 초래될 상당한 가능성이 있을 때에 양자 사이에는 인과관계가 있다고 하며, 이러한 인과관계에서 발생된 손해를 통상손해(제393조 제1항)라고 한다. 그러나 원인사실이 가해행위와 상당인과관계에 있지 않은 '특별한 사정'에 의하여 발생된 손해라 하더라도 그 사정을 가해자가 예견할 수 있었던 것이면 그 사정에 의한 손해도 가해자가 배상하여야 하며 이를 특별손해(제393조 제2항)라고 한다. 이와 같이 손해배상범위에 관한 제393조의 규정은 객관적 기준에 의한 통상손해(통상손해에 포함되느냐의 여부는 결국 법관에 의하여 결정되며 여기에 바로 제393조 제1항의 제한적 기능이 인정된다고 할 수 있다. 통상적인 손해가 아니라고 할 때에는 가해자의 손해배상의무가 발생되지 않기 때문이다)와 가해자의 주관적 예견가능성에 의한 특별손해를 모두 인정하고 있다는 의미에서 절충적 태도를 취하고 있다(통설). A의 가해행위로 인하여 B에게 발생한 손해는 잉어의 멸실이다. B의 손해는 1차손해이다. 다시 말하면 A의 가해행위와 B의 손해 사이에는 책임설정적 인과관계가 존재한다. 따라서 손해배상청구의 기초가 되는 규정은 제750조이고, 제393조가 아니다. 사례에서는 후속손해는 문제되지 않는다.

iii) 위법성은 타인의 법익침해가 있고 이에 대한 위법성조각사유가 존재하지 않는 경우에 인정되는 것이므로(결과불법론), A가 B의 재산인 잉어의 가치를 잃게 만든 것은 B의 소유권침해라는 위법한 침해행위라 할 수 있다. 교통신호준수의무를 위반한 A의 행위를 위법성의 내용으로 파악하는 행위불법론에 의하더라도 위법성의 요건은 마찬가지로 인정된다 (김형배, 민법학강의(제6판), 1575면 참조).

iv) 과실은 —통설에 의하면— 추상적 경과실을 말하는 것으로서 평균인 또는 직업상 일반인이 기울여야 할 주의의무를 다하지 않은 것을 의미하는데, A가 차도를 이용하는 자전차운전자로서 신호등이 바뀐 것을 미처 보지 못했다는 것은, 설령 신호등이 앞차에 가려서 제대로 보이지 않았다 하더라도 앞차에 가려 있는 동안 신호등이 바뀔 수도 있다는 것을 차도 운전자로서 마땅히 예측했어야 하는 것이므로 이러한 주의의무를 다하지 않은 A에게 과실이 있다고 인정된다.

위의 내용들을 종합해 보면, B의 잉어에 대한 A의 가해행위는 제750조의 구성요건들을 모두 충족하였으므로(요건의 충족) A는 B에 대하여 '그 손해를 배상할 책임이 있다'(효과의 발생)(제750조).

Ⅵ. 否認權 및 抗辯權과 事案의 包攝

(1) 서 론

a) 다툼이 있는 사안에 있어서 원고는 그의 청구권의 '성립'에 필요한 중요사실을 입증해야 한다. 이에 반해서 피고는 그 청구권이 성립하지 않았다는 사실 혹은 그 청구권이 소멸했다는 사실 혹은 그 청구권이 성립하기는 하였으나 이제는 주장될 수 없다는 사실을 입증해야 한다. 이와 같이 다툼이 있는 법률분쟁에 있어서 원고는 청구권이 성립했다는 사실, 그리고 피고는 그 청구권이 성립하지 않았다는 사실 또는 소멸했다는 사실을 증명해야 하고, 이러한 사실들이 확인된 후에 청구권 자체의 성립이 확정된다.

b) 청구권의 행사에 대하여 그 작용을 저지할 수 있는 효력을 가진 권리를 항변권이라고 한다. 권리의 행사에 대한 방어라는 의미에서 '반대권'이라고도 한다. 그런데 청구권의 행사에 대하여 항변 또는 반대할 수

있는 모습은 실체법상 그리고 민사소송법상 서로 다르게 나타난다는 점을 유의하지 않으면 안 된다. 실체법상의 항변은 어떤 권리의 행사에 대하여 이를 일시적 또는 영구적으로 저지 또는 부인할 수 있는 항변권자의 주관적 '권리'를 전제로 하는 데 반하여, 민사소송법상의 항변은 상대방의 권리행사의 배척을 구하기 위하여 다른 사항을 주장하는 것을 말한다. 따라서 실체법상의 항변권으로는, 예컨대 동시이행의 항변권(제536조), 보증인의 최고·검색의 항변권(제437조), 상속인의 한정승인의 항변권(제1028조) 등을 들 수 있으며, 소송법상의 항변은 예컨대 통정의 허위표시가 있었다는 사실(제108조), 의사표시의 착오가 있었다는 사실(제109조 참조) 등을 들어 상대방의 권리행사의 무효 또는 취소를 주장하는 경우에 인정될 수 있다.

c) 다툼이 없는 사안에 있어서는 주어진 사안이 모두 증명을 요하지 않는 진실한 것으로 전제되어 있지만, 현실적으로 그러한 사건은 거의 존재하지 않는다. 따라서 민법사례에 있어서는 어떤 요건사실의 존부가 불명(non liquet)인 경우에는 당사자 중의 일방이 입증책임을 부담한다.

d) 그런데 항변은 권리를 주장하는 원고(채권자)에 대하여 그 권리의 존립 자체를 부인하거나 또는 그 행사를 저지하는 것으로 보통 피고(채무자)에 의하여 행하여져야 하는데 여기서 피고의 항변은 3가지로 나타날 수 있다. 이 곳에서는 실체법상의 항변권과 소송법상의 항변의 개념을 모두 포괄하여 민법전의 규정을 중심으로 다음과 같이 구분하기로 한다.

aa) 권리발생저지적 항변: 이 항변은 청구권의 발생 자체를 저지하는 것이다. 예컨대 제107조 제1항 단서, 제108조 제1항, 제103조, 제104조, 제105조 등의 요건사실을 증명하여 항변할 때에는 청구권 자체가 성립할 수 없다.

bb) 권리소멸적 항변: 이 항변은 유효하게 성립한 청구권을 소멸시키는 효력을 가진다. 예컨대, 채무자가 채무를 이행했다는 사실(제460조, 제466조 본문, 제469조 제1항 본문 참조), 급부불능이 발생했다는 사실(제390조, 제392조 참조) 등을 입증한 때에는 이미 성립했던 청구권(급부불능시에는 원래의 일차적 급부에 대한 청구권이 소멸하는 것이고, 이차적 청구권인 손해배상청구권은 소멸하지 않을 수 있다)이라도 소멸한다.

cc) 실체법적 의미의 항변권: 이 항변권은 실체법상의 권리(이미 기술한 VI (1) b) 참조)로서 일시적 항변권과 영구적 항변권으로 구분되는데, 청구권 자체의 성립에는 영향을 주지 않으나 그 실현을 일시적 또는 영구적으로 저지하는 것이다. 그리고 이러한 저지적 효력은 항변권이 원용되는 경우에만 발생된다.

dd) 권리발생저지적 항변이나 권리소멸적 항변은 이에 대한 요건사실들이 당사자 일방의 주장을 통하여 소송에서 밝혀져 있는 한, 법관은 이를 직권으로 고려할 수 있다. 따라서 이러한 항변(Einwendung)의 인정에 대해서는 법원이 직권으로 판단한다. 이에 반해 항변권(Einrede)은 그러한 권리를 가진 당사자가 원용하지 않는 한 직권으로 고려할 수 없다.

(2) **항변(권)의 검토**

a) 항변(권)의 기초　우선 어떠한 사안들이 어떤 청구권 또는 어떤 청구권규범의 구성요소에 대하여 방어수단으로 제시될 수 있는가를 검토해야 한다. 청구권의 기초를 탐색하는 경우(위의 참조 III)와 마찬가지로 항변(권)의 기초도 법률과 기타의 원인에서 찾아야 한다. 예컨대 채무자가 현금으로 급부를 '현실제공'(변제)했다고 하면, 채권자의 청구권은 제460조 본문에 의하여 소멸했음을 항변할 수 있다. 기타의 원인으로는 사정변경에 의한 失權을 들 수 있다.

b) 항변의 내용과 효력의 검토　항변의 법적 기초가 발견되면 청구권에 대한 항변의 효력을 분석·검토하여야 한다. 즉, 그 항변이 청구권 자체에 대한 것인가 또는 청구권의 구성요소에 대한 것인가 그리고 그 효과는 어떤 것인가를 검토하여야 한다. 여기서 권리발생저지적 항변, 권리소멸적 항변, 실체법적 의미의 항변권을 구별해야 한다. 예컨대, A가 자신이 소유하고 있는 라디오를 B에게 10만원을 받고 팔기로 했다(매매계약의 체결)고 하자. A의 대금지급요구에 대하여 B는 계약체결시에 완전히 술에 취해 있었기 때문에 그 계약은 무효라고 하면서 대금지급을 할 수 없다고 항변한다. 이 경우에 B의 항변은 자신의 매수의 의사능력이 전혀 없는 상태에서 의사표시가 행하여진 것이므로 처음부터 계약은 유효하게 성립하지 않았다는 것이 된다. 다시 말하면 이때의 항변은 매수의 의사표시 자체의 성립에 대한 것이므로 권리발생저지적 효력을 가진다.

c) 항변(권)의 기초의 포섭 항변(권)의 기초가 되는 규범의 구성요소들이 사안에 의하여 구체적으로 갖추어져 있는가를 검토하여야 한다. 이를 위해서는 1차적으로 항변(권)이 사실상 원용 또는 제기되었는가를 확인해야 한다. 예컨대 계약상 청구에 대하여 계약상대방이 착오에 의한 취소권을 행사하였다고 하자. 이 경우에 그 항변의 기초는 취소된 의사표시를 '처음부터 무효인 것으로 보는' 제141조라는 점을 유의해야 한다. 제141조에 의한 소급적 효력이 발생하기 위해서는 취소의 의사표시가 있어야 하고(제111조 참조), 취소의 의사표시는 일정한 기간 내에 행하여야 하며(제146조), 또한 취소의 원인(제109조, 제110조 참조)이 있어야 한다. 따라서 제141조는 항변의 기초이긴 하지만 제111조, 제146조, 제109조, 제110조 등의 보충규범을 전제로 하는 것임을 알 수 있다.

d) 검토의 순서 항변(권)이 원용·제기된 때에는 다음의 순서에 따라 검토해야 한다.

① 어떤 사실을 가지고 항변하는가?

② 그 사실은 어떤 청구권 또는 청구권요소에 대하여 어떤 근거에서 주장되는가?

③ 법률 내에 항변(권)의 기초가 있는가? 그리고 어떤 청구권에 대하여 어떤 효력을 가지는가?

④ 항변(권)의 기초가 되는 규범의 구성요건요소는 어떤 것들이 있으며, 이 구성요건요소들이 사안에 의하여 충족되었는가?

⑤ 끝으로 항변의 효과를 확인하여야 한다. 즉, 항변이 중요하지 않거나 사안에서 확인될 수 없는 경우에는 청구권은 그대로 존속한다. 이에 반해서 항변에 의하여 청구권이 성립되지 않거나 또는 소멸하거나, 일시적 또는 영구적으로 저지되는 경우에는 청구권의 효력은 발생하지 않는다.

Ⅶ. 請求權規範의 效果의 確定

위에서 설명한 바와 같이 청구권의 기초와 항변(권)의 기초에 대한 검토를 통하여 청구권의 성립이 확정되면 청구권의 정확한 내용을 확인해야 한다(청구권규범 자체가 청구권의 내용=법률효과를 구체적으로 규정하는 경우도 있다)(예: 제204조 제1항). 소송에 있어서는 청구의 내용은 판결주문에 나타난다(이행소송 및 부작위소송에 있어서 판결주문은 강제집행의 효력을 가진다).

(1) **법률효과요건의 포섭** 청구의 범위를 확정하기 위해서 개개의 '법률효과요건'을 검토하여 사안에서 이를 포섭하는 과정을 거쳐야 한다. 즉, 법률효과의 측면에서 포섭이 행해지게 된다. 특히, 손해배상청구와 관련해서 손해배상의 종류와 범위가 제393조 이하의 규정에 의하여 정하여지는 경우가 이에 해당한다.

(2) **법률효과에 대한 항변** 법률효과의 측면에 있어서도 청구권의 효과의 종류와 범위에 대하여 항변이 제기될 수 있으며, 이에 대한 주장·증명은 채무자가 행하여야 한다. 법률효과요건과 항변규범에 의한 법률효과의 제한 사이의 상호관계를 손해배상사안의 예들 들어 설명하면 다음과 같다. 채권자는 손해의 종류와 범위, 책임설정적 사실과 손해 사이의 인과관계, 채무자의 손해귀책(예컨대, 제750조 참조)을 증명하여야 한다. 이에 반해서 채무자는 과실상계(제396조), 손익공제 등을 원용할 수 있고 이에 대한 주장·입증책임을 부담한다. 따라서 책임충족의 체계를 도식화하면 다음과 같다.

法律效果要件들
- i) 손해의 종류와 범위
- ii) 책임원인과 손해 사이의 인과관계
- iii) 손해의 귀책

抗辯可能性
- iv) 과실상계(제396조)
- v) 손익공제

3. 物權·形成權 事例의 解決方法

청구권구성을 위한 해결방법은 사안의 맨 마지막에 발생된 청구(=법률효과)에서 출발하여 다시 거슬러 올라가는 순서를 취한다(위의 1 Ⅲ (2) 참조). 그러나 물권적 권리상태의 확인과 형성권의 문제에 있어서는 시간적 발생과정의 순서에 따라 논술한다. 이러한 방법을 발생사적 구성방법이라고 한다. 예컨대, 누가 소유(권)자인가? 누가 상속자인가? 등기부상의 기재는 실질적 권리관계와 합치하는가? 고용관계는 종료된 상태인가? 하는 등의 문제에 있어서는 특정인에 대한 특정인의 청구가 법적인 쟁점이 아니다.

Ⅰ. 物權的 權利狀態에 관한 문제

(1) '누가 소유자인가?' 하는 물음에서 문제의 해결은 소유권의 권리변동을 시간적 순서에 따라 확인하는 과정을 거쳐 얻어지게 된다. 이와 같은 권리변동의 과정을 발생사적으로 추적하지 않고는 현재의 정당한 소유자를 밝혀낼 수 없기 때문이다. 그러나 물권적 권리상태를 확인하는 문제에 있어서도 사안에서 제시되고 있는 사실들을 모두 그대로 서술할 필요는 없으며, 문제로 제기된 법률효과를 밝히는 데 필요한 사실들만을 발생사적으로 검토하는 것으로 충분하다.

예컨대 A가 그의 라디오를 B에게 매도하고, 후에 A가 그의 착오를 이유로 B에 대한 그의 의사표시를 취소하였다고 하자. 여기서 현재의 소유자가 누구인가를 묻는 것이 문제라고 하면 문제풀이의 출발점은 A의 양도시점 전의 권리상태가 되어야 한다. 이 시점에서 A는 라디오의 소유자였다. 따라서 i) 먼저 A의 소유권이 매매(정확히는 매매에 의한 양도행위)에 의하여 A로부터 B에게 넘어갔는가를 검토하고(제563조, 제568조, 제188조), ii) 그 다음에 A의 착오로 인한 취소권의 행사에 의하여 그 소유권이 B로부터 A에게 복귀되었는가를 살펴야 한다(제109조 제1항). 그러나 A의 취소권행사 전에 B가 그 라디오를 C에게 다시 양도하였다면, A의 취소권행사에 앞서 C가 그 라디오의 소유권을 유효하게 취득했는가를 검토해야 하며, 그 다음에 A의 취소권의 행사와 C에 대한 취소권행사의 효력을 밝혀야 한다(제109조 제2항).

따라서 물권적 권리상태에 관한 문제에 있어서는, i) 권리자가 그 권리를 취득했는가? ii) 그가 그 권리를 후에 다시 상실했는가? iii) 그가 그 권리를 그후에 다시 취득했는가? 하는 순서에 따라 검토해야 한다.

(2) 청구권구성방법에 의한 사안에 있어서도 물권적 문제가 개재되어 있으면 이에 대해서는 발생사적 방법이 활용되어야 한다. 예컨대, 매도인 A가 매수인 B에게 라디오를 인도하기 전에 C가 그 라디오를 절취해 갔다고 하자. 이때 C에 대하여 반환을 청구하고 또한 그로 인한 손해배상을 청구할 수 있는 자가 누구인가? 이 경우에 A와 B 중 누가 소유자인가 하는 문제는 발생사적 순서에 따라 먼저 밝혀지지 않으면 안 된다. 즉, 라디오의 소유권이 B에게 이전되기 전에 C가 라디오를 절취했다면 A가 소유자이고, B에게 소유권이 이전하였으나 A가 점유를 계속하고 있는 상태(점유개정)였다면 C가 소유자이다. 이 경우에 누가 소유자인가를 확인하는 물권법적 문제는 누가 C에게 손해배상을 청구할 수 있는가 하는 채권법적 문제에 대한 선결문제이다.

Ⅱ. 形成權行使에 관한 문제

형성권행사에 있어서도 형성권자가 그의 권리를 어떤 근거에서 취득하였는가, 어떤 권리관계에 대하여 행사한 것인가, 그리고 형성권의 행사가 합목적적인가를 알기 위해서는 형성권발생 전의 권리관계를 발생사적으로 검토하여야 한다. 예컨대, 매도인 A가 목적물에 흠이 있다는 것을 알면서도 이를 매수인 B에게 알리지 아니하고 매도하였다고 하자. B는 A에 대하여 제110조 제1항에 의하여 사기를 이유로 그의 의사표시를 취소할 수도 있고, 제580조 제1항 및 제575조 제1항에 의하여 계약을 해제할 수도 있다. 이 경우에 B는 A에 대하여 계약을 해제하고, 손해가 있으면 그 배상을 청구할 수 있을 것이다. A에 대한 B의 취소권 또는 해제권의 행사는 B의 형성권행사 전의 법적 관계를 먼저 검토함으로써 그 상대방과 행사된 형성권의 내용을 알 수 있게 된다.

4. 答案作成의 要領

Ⅰ. 論述方法

(1) 답안작성을 위한 서술방법은 법원의 판결의 경우와 같이 결론(주문)을 먼저 내리고 그 다음에 이유를 붙이는 형식을 취해서는 안 된다. 사안에 대한 올바른 법적 해답을 구하는 문제의 풀이에 있어서는 먼저 주어진 법률요건에 대한 요건사실의 구비 여부를 검토한 다음 이에 대한 결론을 내려야 한다. 따라서 어느 경우에 있어서나 법적 해답인 결론부터 내려서는 안 된다. 사안에 대한 해답은 위에서 실명한 바와 같이 사안에 대해 정확한 파악을 기초로 그 사안에 적용될 법률요건이 그 사안 내에 요건사실로서 존재하고 있는가를 먼저 검토해야 한다. 법률요건을 설명할 때에 일반교과서에서와 같이 의의, 요건, 효과를 추상적으로 장황하게 기술할 필요는 없다. 그리고 서술은 간결하면서 반복됨이 없이 해야 하며, 자명한 사실이나 이미 알려져 있는 사실은 다시 언급할 필요가 없다.

(2) 사안의 해답에 있어서는 중요한 논점과 중요하지 않은 문제들이 있을 수 있다. 중요한 논점에 대해서는 이를 체계적으로 분류하여 언급하고, 학설의 대립이 있을 때에는 그 내용을 간결하게 설명하면서 판례의 태도를 소개하는 것이 바람직하다. 중요하지 않은 문제들에 대해서는 전체적인 서술이 연결될 수 있는 한도 내에서 간략하게 언급하는 것으로 족할 것이다. 견해의 대립이 있는 논점에 대해서 체계적 서술상 자신의 견해를 밝힐 필요가 있을 때에는 이를 명백히 해두는 것이 좋을 것이다.

(3) 표현은 법률적인 전문용어 이외에는 객관적이고 단순한 단어, 술어, 문장을 사용하는 것이 바람직하다. 미사여구나 연설식 표현을 쓴다거나 은어 또는 진부한 고풍적 어법을 사용하는 것은 개념의 정확성을 흐려 놓을 위험이 있다. 긴 문장이나 복잡한 복합문장은 피하는 것이 좋을 것이다.

(4) 특히 법전용어는 정확하게 써야 한다. 예컨대, 노무자라는 당사자명칭은 민법이 규정하고 있는 고용계약상의 채무자를 지칭하는 용어이며, 근로자는 특별법인 노동법의 적용을 받는 근로계약의 당사자명칭이다. 또한 수익자와 손실자는 부당이득관계의 당사자를 지칭하는 용어이다. 사무처리 내지 사무관리에 있어서 계약상의 의무를 부담하는 당사자의 명칭은 수임인이고, 의무없이 타인사무를 관리하는 자는 관리자라고 한다. 이와 같이 법전상의 용어는 법률이 규정한 계약관계, 법률관계의 당사자, 일정한 내용을 가진 권리·의무관계를 구체적으로 지시하는 지표(Index)라는 점을 유의하여 정확하게 사용하여야 한다.

Ⅱ. 法律條文의 記入

(1) 법률행위(특히 당사자 사이의 합의)는 강행법규에 반하지 않는 한 우선적 효력을 가지며, 당사자의 합의가 명확하지 않은 경우에는 사실인 관습이 당사자의 의사를 보충하게 된다(제106조 참조). 그러므로 법률행위에 의하여 권리·의무가 발생되는 경우에는 당사자의 의사내용을 확인하는 것이 가장 중요한 일이다. 다시 말하면 법률의 규정 자체는 법률행위의 효과발생의 직접적 근거가 아니다. 그러나 법률행위의 의사해석을 하는 과정에 있어서 특히 제107조 이하의 규정들이 문제되는 경우가 있을 것이다. 그리고 법률의 규정과 합치하는 의사표시를 한 경우 또는 법률의 규정이 보충적으로 적용되는 경우에는 법률조문을 기입하는 것이 바람직하다. 왜냐하면 법률조문을 제대로 기입한다는 것은 이해의 정확성에 대한 지표가 될 수 있기 때문이다.

(2) 특히 법률의 규정에 의하여 발생되는 청구권(예컨대 제734조 이하, 제741조 이하, 제750조 이하)의 경우에 있어서는 법률조문을 기입해 주는 것이 필요하다. 왜냐하면 이와 같은 청구권들은 당사자 사이의 법률행위(의사표시)에 의하여 발생하는 것이 아니라, 법률이 정한 요건사실이 존재하는 때에 성립하는 것이기 때문이다(법률의 규정에 의한 채권·채무의 발생). 물권법정주의가 지배하는 물권법에 있어서도 각종의 권리·의무에 관한 법조문을 기입하는 것이 좋을 것이다.

제2부

事　　例

事例 1

胎兒의 權利能力

≪설 문≫

A男과 B女는 혼인신고를 하지 못한 채 동거중이다. 어느 날 퇴근길에 횡단보도를 건너던 A는 바뀐 신호를 미처 못 본 운수회사 E 소속 택시차량(운전기사 D)에 치어 중상을 입고 병원으로 이송되어 치료를 받았으나 사흘 후 사망하였다. 사고 당시 B는 임신 6개월의 전업주부였으며, 달이 차자 B는 C를 낳았다.

A와 B 및 C 각각의 권리를 검토하시오.

목차제안

Ⅰ. 논점분석

Ⅱ. D와 E에 대한 亡人 A의 권리

1. D에 대한 A의 권리
   (1) 자배법에 따른 손해배상청구권
   (2) 제750조에 따른 불법행위에 기한 손해배상청구권
2. E에 대한 A의 권리
   (1) E의 운행자책임
   (2) E의 사용자책임
      1) 사용자책임의 성립요건
      2) 사안의 검토
3. D의 책임과 E의 책임의 상관관계

4. D 및 E에 대한 A의 손해배상청구권의 내용
(1) 문제점
(2) 재산상 손해의 배상청구권
(3) 위자료청구권
5. 소 결
Ⅲ. D와 E에 대한 B의 손해배상청구권
1. 사실상 배우자인 B의 법적 지위
(1) 사실상의 배우자
(2) 사안의 검토
2. D 또는 E에 대한 B 자신의 고유한 권리
3. 소 결
Ⅳ. D와 E에 대한 C의 손해배상청구권
1. C의 법적 지위
(1) 혼인외의 자로서의 법적 지위
(2) 태아로서의 법적 지위
1) 태아의 개별보호주의입법
2) '이미 출생한 것으로 본다'라는 법규정의 의미
2. D 또는 E에 대한 C 자신의 고유한 손해배상청구권
3. 소 결
Ⅴ. 설문에 대한 해답

풀이제안

Ⅰ. 논점분석

1) 운전기사 D의 부주의로 A가 사망하였으므로 우선 D의 불법행위책임(제750조)이 문제된다.

2) 운수회사 E에 있어서는 사용자책임(제756조)의 성립 여부를 검토하기에 앞서, 교통사고로 인한 死傷의 경우 특별법인 자동차손해배상보장법(이하 '자배법')의 우선적용을 검토해야 한다.

3) 이미 권리주체가 아닌 亡人 A의 권리를 먼저 확정하는 이유는 그

의 권리가 유족들에게 상속될 수 있는 가능성을 검토하기 위해서이다. 따라서 재산상의 손해에 관한 배상청구권과 비재산손해, 즉 위자료에 관한 배상청구권의 취득 여부와 상속 여부를 구별하여 검토해야 한다.

4) 유족 B와 C의 권리를 확정하기 위해서 B의 경우에는 사실상 배우자로서의 법적 지위가, C의 경우에는 아버지 A의 사망 당시 혼인외 子인 동시에 태아의 상태였기 때문에 그 법적 지위가 먼저 확정되어야 한다.

Ⅱ. D와 E에 대한 亡人 A의 권리

1. D에 대한 A의 권리

(1) 자배법에 따른 손해배상청구권

자배법 제3조에 따르면 자기를 위하여 자동차를 운행하는 자, 즉 자동차운행자는 자동차의 운행으로 타인의 생명 또는 신체를 침해한 때에는 동조 단서(제1호 내지 제2호)의 면책사유의 존재를 입증하지 못하는 한 승객 또는 승객 아닌 자에게 발생한 손해를 배상해야 한다.

그러나 D는 운수회사 E에 고용된 기사로서 운전자일 뿐이며, 자배법 제3조에 따른 손해배상책임의 주체인 운행자가 아니다. 따라서 D에 대하여 A는 자배법에 따른 손해배상청구권을 가질 수 없다.

(2) 제750조에 따른 불법행위에 기한 손해배상청구권

1) 제750조에 따른 불법행위책임은 (i) 손해의 발생, (ii) 가해행위와 손해 사이의 인과관계, (iii) 가해행위의 위법성, (iv) 가해자의 고의·과실 및 책임능력의 요건이 충족되면 성립하고, 이에 따라 피해자에 대한 가해자의 손해배상의무가 발생한다.

2) 책임무능력자가 아닌(제753조, 제754조 참조) 운전기사 D는 운전중 기울여야 할 주의의무를 다하지 못함으로써(요건 (iv)의 충족) 과실있는 행위로 A의 생명을 침해하는 결과를 초래하였다(요건 (i)및 (ii)의 충족). 또한 다수설인 결과불법론에 따르면 정당방위나 긴급피난과 같은 위법성조각사유가 없는 한 타인의 생명이라는 법익을 침해하여 손해를 발생시킨 행위는 위법하다고 판단된다(요건 (iii)의 충족). 이와 같이 D의 침해행위는 제750조에 따른 불법행위에 해당하

므로 亡人 A는 그에 대하여 손해배상청구권을 사고 즉시 취득한다.

2. E에 대한 A의 권리

(1) E의 운행자책임

1) 자배법 제3조에 따르면 자기를 위하여 자동차를 운행하는 자, 즉 자동차운행자는 자동차의 운행으로 타인의 생명 또는 신체를 침해한 때에는 동조 단서의 면책사유의 존재를 입증하지 못하는 한 승객 또는 승객 아닌 자에게 발생한 손해를 배상해야 한다.

2) 택시운수회사인 E는 자동차의 운행을 지배하면서 그 운행으로부터 나오는 이익을 향유하는 책임주체로서 자동차운행자에 해당함이 명백하다(대판 1990. 4. 25, 90다카3062; 대판 1998. 10. 27, 98다36382). 따라서 승객 아닌 A의 사망과 관련하여 자배법 제3조 단서의 면책사유 중 하나를 입증하지 못하는 한 E는 동 조항에 따른 책임을 면할 수 없다. A는 E에 대하여 자배법 제3조에 따른 손해배상청구권을 갖는다.

3) 자배법에 따른 E의 책임은 다음에서 살펴볼 제756조에 따른 사용자책임에 우선하여 적용된다. 그러나 자배법에 따른 운행자책임은 인적 손해에 국한되고 또한 그 범위는 책임보험금을 한도로 하고 있기 때문에(동법 제5조 참조) 물적 손해 또는 보험금의 한도를 넘는 인적 손해에 대해 여전히 E의 사용자책임이 문제된다(동법 제4조 참조).

(2) E의 사용자책임

1) **사용자책임의 성립요건** 제756조 1항에 따른 E의 사용자책임은 (i) 사용자와 가해자 사이의 사용관계의 존재, (ii) 가해행위의 사무집행관련성, (iii) 동 조항 단서에서 규정한 면책사유의 입증 실패, 그리고 학설 중 다수의견에 따를 경우 (iv) 피해자에 대한 피용자의 일반불법행위가 인정되는 때에 성립한다. 이 경우 A는 E에 대하여 손해배상청구권을 갖는다.

2) **사안의 검토** 사안의 경우 (i), (ii), (iv)의 요건은 명백히 갖추어진 것으로 보인다. 요건 (iii)과 관련하여 E는 D의 선임·감독에 관하여 상당한 주의를 다하였거나 이를 하였더라도 손해가 발생하였을 것이

라는 점을 스스로 주장 및 입증함으로써(대판 1998. 5. 15, 97다58538. 판례는 자동차회사에 대하여 운전기사의 선발 및 감독상의 의무를 고도의 주의의무를 기준으로 하여 판단하고 있다(대판 1967. 12. 26, 67다1430 등)) 책임을 면할 수 있지만, 사용자의 면책가능성을 사실상 봉쇄하고 있는 우리 법원의 태도에 따르면 E의 A에 대한 제756조 제1항에 따른 사용자책임은 긍정될 수 있을 것이다. 게다가 설문에서는 E가 면책을 주장할 만한 사실이 주어지지 않았다.

3. D의 책임과 E의 책임의 상관관계

민법 제750조에 따른 D의 손해배상의무와 자배법 제3조 내지 민법 제756조에 따른 E의 손해배상의무는 부진정연대채무관계에 있다고 해석되고 있다(예컨대, 대판 1999. 2. 26, 98다52469 참조).

4. D 및 E에 대한 A의 손해배상청구권의 내용

(1) 문 제 점

불법행위로 인한 생명침해의 경우에는 사망자 자신의 재산상의 손해배상청구권과 위자료청구권을 인정할 수 있는지, 이것이 인정되는 경우 그 권리가 상속될 수 있는지를 검토해야 한다.

(2) 재산상 손해의 배상청구권

1) 사망자에게 그의 고유한 재산상의 손해배상청구권을 인정할 근거(사망자는 이미 권리주체가 아니다)와 필요(유족에게 그들 고유의 배상청구권을 인정하고 있다)가 없음을 이유로 이를 부인하는 견해가 있다.

2) 그러나 판례와 다수설은 피해자가 사고 후 며칠 후에 사망한 경우는 물론 즉사한 경우에도 상해와 사망 사이에는 시간적 간격이 존재하므로 가해행위가 행하여진 순간 피해자에게 손해배상청구권이 발생하고 피해자가 사망한 때에 유족에게 상속된다고 한다.

3) 배상범위는 사망시까지의 병원비 및 장례비와 휴대했던 파손된 물건의 시가액 등 적극적 손해뿐만 아니라 사망으로 인하여 장래 얻을 수 있는 기대수익의 상실, 즉 일실이익 등으로 인한 소극적 손해를 포함한다. 특히 생명침해의 경우에 일실이익에는 사실상 부양적 성질을 갖는 손해가 포함된다고 하는 것이 판례와 다수설의 태도이다.

(3) 위자료청구권

1) 사망자의 의사표시와는 관계없이 위자료청구권은 일신전속적인 성질을 가지므로 상속될 수 없으며, 유족은 제752조에 따라 그 고유한 권리로서 위자료청구권을 가지므로 사망자의 위자료청구권은 인정할 수 없다는 견해가 있다.

2) 그러나 판례와 다수설은 사망자 자신의 의사표시 유무를 묻지 않고 원칙적으로 사망자의 위자료청구권은 인정되며 또한 상속된다는 견해를 취하고 있다(판례 참조 [1]).

5. 소 결

A는 D에 대하여는 제750조 및 제751조에 따라, E에 대하여는 자배법 제3조에 따라 혹은 ―책임보험으로 전보되지 않은 인적 손해와 물적 손해와 관련하여― 제756조 제1항에 따라 재산상의 손해배상청구권과 위자료청구권을 각각 취득한다. 원칙적으로 A는 D 또는 E 중 1인에게 또는 동시나 또는 순차로 2인 모두에게 손해배상채무의 전부나 일부의 이행을 청구할 수 있으나(제414조 참조), 이미 故人이 되었으므로 이러한 권리는 유족에게 상속될 수 있을 뿐이다.

Ⅲ. D와 E에 대한 B의 손해배상청구권

1. 사실상 배우자인 B의 법적 지위

(1) 사실상의 배우자

A가 B와 혼인의사를 가지고 동거하면서 부부관계의 실체를 형성하고 있더라도 법률이 규정한 혼인신고를 하지 않는 한(제812조 제1항) 그들의 결합은 그저 사실혼에 지나지 않는다. 이러한 사실혼을 법적으로 어떻게 취급할 것인가에 관하여, 혼인의 법률상의 효과 중 부부공동생활의 실체를 전제로 하여 인정되는 효과(예컨대, 특히 부양의무)에 있어서는 법률혼의 효과가 유추적용되지만, 혼인신고를 전제로 획일적으로 인정되는 효과는 사실혼에 유추적용될 수 없다는 것이 일반적 견해이다. 따라서 친족관계는 발생하

지 않으며, 子도 혼인중의 子가 되지 못한다(김형배, 민법학강의(제6판), 1779면 참조). 또한 사실상 부부 사이에도 상속권이 존재한다는 주장이 없는 것은 아니지만, 별단의 입법조치가 없는 한(예컨대, 공무원연금법 제3조 1항: 주택임대차보호법 제9조, 제12조 참조) 상속권을 부인할 수밖에 없다는 것이 학설의 다수의견이다(김형배, 민법학강의(제6판), 1779면 참조).

(2) 사안의 검토

B는 A의 권리를 상속할 수 없다. 따라서 D 또는 E에 대하여 행사할 수 있는 B 자신의 고유한 권리를 검토해야 한다.

2. D 또는 E에 대한 B 자신의 고유한 권리

제3자에 대한 관계에 있어서는 사실상의 부부도 혼인관계에 준하여 보호를 받는다.

A와 B는 사실상 부부로 상호 부양할 의무가 있으나, B는 임신중이었던 전업주부로 독자적인 생활능력이 없다고 판단된다. 따라서 B는 A에 대하여 출산 후 일정시점까지 부양청구권을 가지는바 D의 불법행위로 이 권리가 침해되었다고 볼 것이므로 이로 인한 손해의 배상을 제750조에 따라 D와 E에 대하여 청구할 수 있다. 만일 부양의무자로서 B가 A의 병원비와 장례비를 지불하였다면 이것 또한 D와 E가 배상해야 할 재산손해에 해당한다.

B는 D와 E에 대하여 제752조(판례에 따르면 제750조, 제751조)에 따라 A의 사망으로 인한 정신적 고통에 관한 위자료를 청구할 수 있다(판례 [2] 참조).

3. 소 결

학설 중 다수의견에 따르면 B는 A의 권리를 상속할 수는 없다. 그러나 B는 D와 E에 대하여 제750조에 따라 자신의 재산상의 손해에 관한 배상청구권과 제752조(판례에 따르면 제750조, 제751조)에 따라 자신의 정신적 고통에 관한 위자료청구권을 가진다(판례 [1] 참조).

Ⅳ. D와 E에 대한 C의 손해배상청구권

1. C의 법적 지위

(1) 혼인외의 자로서의 법적 지위

C는 A와 B가 사실상의 혼인중에 포태되었으므로 혼인중의 子라고 할 수 없다. 그러나 A가 사고 전에 C를 임의로 인지(제858조)하였다면(C는 父 A의 사망을 안 날로부터 2년(2005. 3. 31 개정) 내에 검사를 상대로 하여 인지청구의 소를 제기함으로써(제864조) 원칙적으로는 출생시에 소급하여(제860조) 혼인중의 자의 지위를 획득할 수도 있다) A와 C 사이에는 법적인 친생자관계가 발생한다(제855조, 제859조 제1항). 이러한 경우에 한하여 C는 A의 권리를 상속할 수 있다.

(2) 태아로서의 법적 지위

1) **태아의 개별보호주의입법** 민법은 태아는 원칙적으로 아직 사람이 아니므로 권리능력이 없다는 입법태도를 취하고 있다(제3조 참조. 출생은 모체로부터 전부 노출되어야 한다). 그러나 불법행위로 인한 손해배상청구권(제762조), 상속권(제1000조 제3항), 수유(제1064조), 피인지(제858조)에 관해서는 예외적으로 '이미 출생한 것으로 본다'고 규정함으로써 중요한 법률관계를 열거하여 태아의 권리능력을 인정하는 개별적 보호주의를 취하고 있다.

2) **'이미 출생한 것으로 본다'라는 법규정의 의미** 학설의 다수의견에 의하면 태아는 이미 권리능력이 있는 것으로 인정되지만 사산을 해제조건으로 조건이 성취되면 권리능력이 소급하여 소멸된다고 한다(해제조건설). 반면에 판례에 의하면 태아는 권리능력이 없지만 출생을 정지조건으로 하여 조건이 성취되면 소급하여 태아인 시점부터 권리능력이 인정된다고 한다(정지조건설)(판례 [3-1] 참조).

2. D 또는 E에 대한 C 자신의 고유한 손해배상청구권

C는 혼인외 자의 지위에서 제762조와 제752조(판례에 따르면 제750조, 제751조)에 따라 D와 E에 대하여 자신의 고유한 위자료청구권을 가진다(판례 [2-1] 참조).

3. 소 결

A가 사망 전에 C를 인지하였다면(위의 1 (1) 참조) 출생한 C는 아버지 A의

권리를 상속한다(제1000조 제3항). C가 출생 이후 아버지에 대하여 가지는 부양청구권이 C의 출생 전에 D의 불법행위로 침해되었지만 이는 C가 A의 손해배상청구권을 상속함으로써 전보될 수 있다. 다른 한편 C는 A의 직계비속으로서 제762조와 제752조에 따라 D와 E에 대하여 자신의 고유한 위자료청구권을 가진다(판례 [3-2] 참조).

A가 사망 전에 C를 인지하지 않았다면 C는 혼인외 子의 지위에서 제762조와 제752조(판례에 따르면 제750조, 제751조)에 따라 D와 E에 대하여 자신의 고유한 위자료청구권만을 가진다. 혼인외 자로서 C는 A에 대하여 부양청구권을 가질 수 없다.

V. 설문에 대한 해답

A는 D에 대하여는 제750조 및 제751조에 따라, E에 대하여는 자배법 제3조에 따라 혹은 ―책임보험으로 전보되지 않은 인적 손해와 물적 손해와 관련하여― 제756조 제1항에 따라 재산상의 손해배상청구권과 위자료청구권을 각각 취득한다. 이들 채권은 A의 다른 재산과 함께 상속재산을 이룬다.

그러나 B는 A의 권리를 상속할 수는 없다. 다만 B는 D와 E에 대하여 제750조에 따라 자신의 재산상의 손해에 관한 배상청구권과 제752조(판례에 따르면 제750조, 제751조)에 따라 자신의 정신적 고통에 관한 위자료청구권을 가진다.

A가 사망 전에 C를 인지하였다면 출생한 C는 아버지 A의 권리를 상속한다(제1000조 제3항). C는 A의 직계비속으로서 제762조와 제752조에 따라 D와 E에 대하여 자신의 고유한 위자료청구권을 가진다. 반면 A가 사망 전에 C를 인지하지 않았다면 C는 혼인외 子의 지위에서 제762조와 제752조(판례에 따르면 제750조, 제751조)에 따라 D와 E에 대하여 자신의 고유한 위자료청구권만을 가진다.

≪판 례≫

[1] 망인의 재산손해배상청구권 및 위자료청구권과 그 상속

[1-1] (대판 1969.10.23, 69다1380) 정신적 상해에 대한 위자료청구권은 피해자가 이것을 파기하거나 면제한 것으로 볼 수 있는 특별한 사정이 없는 한 생전에 망인이 그것을 청구하겠노라는 의사를 표시하지 아니하였더라도 그 상속인에게 상속되는 것이다.

[1-2] (대판 1969.4.15, 69다268) ① 정신적 고통에 대한 피해자의 위자료청구권도 재산상의 손해배상청구권과 구별하여 취급할 근거가 없는 바이므로 그 위자료청구권이 일신전속권이라 할 수 없고 피해자의 사망으로 인하여 상속된다 할 것이며, 피해자의 재산상속인이 제752조 소정의 유족인 경우라 하여도 그 유족이 제752조 소정 고유의 위자료청구권과 피해자로부터 상속받은 위자료청구권을 함께 행사할 수 있다. ② 피해자의 위자료청구권은 감각적인 고통에 대한 것뿐만 아니라 피해자가 불법행위로 인하여 상실한 정신적 이익을 비재산손해의 내용으로 할 수 있는 것이어서 피해자가 즉사한 경우라 하여도 피해자가 치명상을 받은 때와 사망과의 사이에는 이론상 시간적 간격이 인정될 수 있는 것이므로 피해자의 위자료청구권은 당연히 상속의 대상이 된다.

[2] 사실상의 친족관계 또는 사실상의 배우자

[2-1] (대판 1962.4.26, 62다72) 제752조 소정의 피해자와 직계존속 사이의 친족관계는 호적상의 친족관계는 물론 사실상의 친족관계가 있는 경우도 포함한다.

[2-2] (대판 1969.7.22, 69다684) 사실상의 혼인관계에 있는 배우자도 다른 배우자가 제3자의 불법행위로 인하여 상해를 입은 경우에는 자기가 받은 정신적 고통에 대한 위자료를 청구할 권리가 있다.

[3] 태아의 권리능력

[3-1] (대판 1976.9.14, 76다1365) 태아가 특정한 권리에 있어서 이미 태어난 것으로 본다는 것은 살아서 출생한 때에 출생시기가 문제의 사건의 시기까지 소급하여 그때에 태아가 출생한 것과 같이 법률상 보아준다고 해석하여야 상당하므로 그가 모체와 같이 사망하여 출생의 기회를 못 가진 이상 손해배상청구권을 논할 여지가 없다.

[3-2] (대판 1993.4.27, 93다4663) 태아도 손해배상청구권에 관하여는 이미 출생한 것으로 보는바, 부가 교통사고로 상해를 입을 당시 태아가 출생하지 아니하였다고 하더라도 그 뒤에 출생한 이상 부의 부상으로 인하여 입게 될 정신적 고통에 대한 위자료를 청구할 수 있다.

관련사례 1-1 태아의 사인수증

≪설 문≫

예전에 큰 신세를 진 친구의 딸 A가 임신했다는 소식을 듣고 C는 A를 만나 '자신의 死後에 그 소유의 (공시지가기준으로 합계 1억원 상당의) 甲토지와 乙임야를 A의 복중(腹中) 아이에게 증여하겠다'고 약속하였다. C가 아이의 출생을 보지 못하고 폐암으로 사망하자 C의 단독상속인 D는 문제의 토지와 임야를 7,000만원을 받고 E에게 매각하고 이전등기를 해주었다. 2개월 후 A는 건강한 B를 출산하였다.

D 또는 E에 대한 B의 권리를 검토하라.

풀이제안

Ⅰ. 논점분석

1) '증여'한다는 의사표시가 '유증'의 단독행위로 해석될 여지는 없는가의 문제,

2) 명문의 규정이 없더라도 일정한 경우에 태아의 권리능력을 인정할 수 있는가의 문제,

3) 끝으로 위 사안이 사인증여로 판단되면 제562조가 유증에 관한 규정을 사인증여에 준용하고, 제1064조가 다시 제1000조 제3항을 태아가 유증을 받는 경우에 준용하므로 사인증여의 경우 태아는 이미 출생한 것으로 본다는 명문규정이 있는 것으로 이해할 수는 없는가를 각각 검토해야 한다.

Ⅱ. D에 대한 B 또는 A의 권리

1. C의 의사표시에 관한 해석

無方式으로 유효하게 성립하는 증여의 의사표시가 요식행위(제1065조~제1072조)

인 유증의 단독행위로 해석될 수 없다.

C의 의사표시는 증여자인 C의 사망으로 그 효력이 발생하는 사인증여이며, 이는 유증과는 달리 방식이 요구되지 않는다(대판 1996.4.12, 94다37714·37721) 민법 제562조는 사인증여에 관하여는 유증에 관한 규정을 준용하고 있지만, 유증의 방식에 관한 민법 제1065조 내지 제1072조는 그것이 단독행위임을 전제로 하는 것이어서 계약인 사인증여에는 적용되지 아니한다). 이 역시 증여'계약'의 일종일 뿐이다.

2. 태아로서 B의 법적 지위

1) 정지조건설을 취하는 판례에 따르면 태아인 상태에서 B는 증여계약의 당사자가 될 수 없으며, 산모로서 A도 아직 권리주체가 아닌 태아의 법정대리인이 될 수 없으므로 문제의 증여계약을 대리하지 못한다.

2) 학설 중 다수의견인 해제조건설에 따르면 B는 태아인 상태에서도 이미 권리능력을 가지나, 의사를 표시할 수는 없으므로 법정대리인인 A의 승낙의 의사표시로 B와 C 사이에는 유효한 증여계약이 성립한다고 한다. C의 권리와 의무를 포괄승계한(제1005조) D는 아버지 C의 B에 대한 문제의 甲토지와 乙임야의 소유권이전채무를 이행해야 한다(제390조). 따라서 A는 이미 그 부동산을 매각한 때에는 매매대금 7,000만원과 채무이행기 이후의 법정이자의 지급을 청구할 수 있다. A가 E에게 문제의 甲토지와 乙임야의 소유권이전을 청구할 수 있는 법적 근거는 없다. B는 C에 대해서(C의 사망 후에는 D에 대해서) 소유권이전에 관한 채권만을 가지고 있었기 때문이다(즉, B는 甲토지 및 乙임야에 대해서 물권을 가지고 있지 않다).

《관련판례》

쌍방행위가 아닌 경우에 관한 태아의 출생의제를 쌍방행위에는 유추적용할 수 없다

(대판 1982.2.9, 81다534) 증여는 증여자와 수증자간의 계약으로서 수증자의 승낙을 요건으로 하는 것이므로 태아에 대한 증여에 있어서도 태아의 수증행위가 필요한 것인바, 개별적으로 태아의 권리능력이 인정되는 경우에도 그 권리능력은 태아인 동안에는 존재하지 않으며, 살아서 출생하는 경우에 비로소 문제된 사건의 시기까지 소급하여 그때에 출생한 것과 같이 법률상 간주되는 것이다. 그러므로 태아인 동안에는 법정대리인이 있을 수 없고, 따라서 법정대리인에 의한 수증행위도 불가능한 것이어서 증여와 같은 쌍방행위가 아닌 손해배상청구권의 취득이나 상속 또는 유증의 경우를 유추하여 태아의 수증능력을 인정할 수 없다.

事例 2

未成年者의 行爲能力

≪설 문≫

A는 지방에 사는 19세인 조카 B에게 자신을 대신하여 그 지역의 땅을 매입하고, 주택을 신축할 때까지 구입한 토지를 관리해 달라고 부탁하면서, 이에 대하여 상당한 보수를 지급하기로 약속하였다. 그후 B는 A의 대리인으로서 C로부터 甲토지를 5,500만원에 구입하기로 하는 계약을 체결하였다. 그 토지의 지리적 여건이 주변보다 열악하다는 점을 고려한다면 약정된 매매대금은 시세보다 10% 정도 비싼 편이었다. B는 A와 C에게 자신이 미성년자라는 사실을 숨기고 말하지 않았었다.

A가 매매계약의 구속에서 벗어날 수 있는 가능성을 중심으로 A, B 및 C 사이의 법률관계를 검토하시오.

목차제안

Ⅰ. 논점분석

Ⅱ. 매매관계 당사자인 A 및 C의 권리: 계약이행청구권

1. C에 대한 A의 권리
2. A에 대한 C의 권리

Ⅲ. B의 행위무능력을 이유로 하는 A와 C 사이의 매매계약의 실효

1. 대리행위의 하자존부 판단규준과 취소권의 귀속
2. 대리행위의 하자로서 대리인의 행위무능력

Ⅳ. A와 B의 위임계약의 실효를 이유로 하는 A와 C 사이의 매매계약관계의 실효

1. 문제점

풀이제안

Ⅰ. 논점분석

1) A는 미성년자 B와 위임계약을 체결하였다(제680조). 그리고 미성년자 B는 A를 대리하여 C와 甲토지에 관한 매매계약을 체결하였다(제563조). A와 B 사이의 위임계약과 A와 C 사이의 매매계약은 모두 미성년자 B가 관여한 법률행위이다.

2) A가 甲토지에 관한 매매계약의 구속에서 벗어날 가능성과 관련해서 사안에서 주어진 사실을 살펴보면 (i) 두 계약에 무효사유가 존재한다거나, (ii) 어느 계약 당사자의 채무불이행이 문제되어 타방 당사자에게

해제권이 귀속된다고는 할 수 없다. 따라서 여기서는 해당 계약들이 모두 무능력자가 실행한 법률행위라는 이유로 취소될 수 있는지를 검토해야 할 것이다.

3) 미성년자의 행위능력(제5조, 제140조)과 관련하여 우선 무능력자의 상대방의 보호의 문제(제15조 및 제17조), 그리고 B가 A의 대리인으로 C와 매매계약을 체결하였으므로 대리인의 행위능력(제117조), 대리행위의 하자(제116조)를 검토해야 한다. 또한 A와 B 사이의 위임계약이 B의 무능력을 이유로 취소된다면 이에 수반하여 행해진 대리권수여행위, 즉 授權行爲의 효력을 검토해야 한다. 여기서 수권행위의 獨自性과 無因性이 문제된다. 이에 대한 해답은 A 또는 B가 문제의 매매계약을 해소할 수 있는지와 관련된다.

4) C가 甲토지를 시가보다 '다소 비싸게 판' 사실이 매매계약의 효력에 영향을 미칠 수는 없으므로 이는 논외로 한다.

Ⅱ. 매매관계 당사자인 A 및 C의 권리: 계약이행청구권

1. C에 대한 A의 권리

대리인이 그 권한내에서 본인을 위한 것임을 표시한 의사표시는 직접 본인에 대하여 효력이 생긴다(제114조 1항). 매매계약(제563조)은 B가 체결하였으나, 그에 따른 '매매관계'(제568조)는 A와 C 사이에 성립한다. 매매계약의 효력이 문제되지 않는 한 C는 甲토지의 소유권을 이전할 의무를 A에게 부담한다. 시가의 10% 정도 상회하는 금액으로의 매매대금이 결정되었다 하여 어떤 영향을 미치지 않는다. 대리행위에도 사적자치가 지배하기 때문에 그 효력은 당연히 A에게 미친다.

2. A에 대한 C의 권리

A에 대하여 C는 자신의 재산권이전의무와 쌍무적 견련관계에 있는 5,500만원의 매매대금의 지급을 청구할 수 있는 권리(계약이행청구권)를 가진다.

Ⅲ. B의 행위무능력을 이유로 하는 A와 C 사이의 매매계약의 실효

1. 대리행위의 하자존부 판단규준과 취소권의 귀속

대리의 본질에 관하여 다수의견인 대리인행위설(대리인은 본인의 효과의사를 대리하는 것이 아니라, 자신의 효과의사에 기하여 본인의 이름으로 법률행위를 한다는 견해이다. 그 밖에도 행위와 규율의 분리설(법률행위의 행위측면과 규율측면을 분리하여 이해해야 한다는 견해)와 통합요건설(본인의 수권행위와 대리인의 대리행위가 통합하여 하나의 요건을 구성한다는 견해)이 있다. 자세한 것은 김형배, 민법학강의(제6판), 205면)에 따르면 대리에 있어서는 법률'행위'의 당사자는 어디까지나 대리인이므로 의사표시의 요건은 본인이 아니라 대리인을 표준으로 정하게 된다(판례참조 [1]). 따라서 대리행위에 하자가 있을 때에도 대리인을 표준으로 하여 그 효과를 정하여야 한다(제116조 제1항). 반면 대리행위의 하자에서 생기는 효과(취소권, 무효추장 등)는 본인에게 귀속된다. 따라서 수권행위 때에 대리행위의 하자가 있을 것을 예상하여 전권을 위임했다는 특별한 사정이 없는 한 대리인이 취소권 등을 행사하지 못한다(김형배, 민법학강의(제6판), 350면).

2. 대리행위의 하자로서 대리인의 행위무능력

대리인이 대리행위를 함에는 행위능력을 요하지 않는다(제117조). 따라서 본인은 얼마든지 자신의 위험으로 행위무능력자에게 대리권을 수여할 수 있다. 반면 그 무능력자가 대리행위를 하더라도 대리인에게 행위능력이 없음을 이유로 대리행위를 취소할 수는 없다.

Ⅳ. A와 B의 위임계약의 실효를 이유로 하는 A와 C 사이의 매매계약관계의 실효

1. 문 제 점

B가 C와 매매계약을 체결하기 전에 A가 B와의 위임계약 및 그에 수반한 것으로 보이는 대리권수여의 의사표시를 적법하게 취소하였다면, B는 대리권이 없이 A를 본인으로 하는 매매계약을 C와 체결한 것이 되므로 이른바 무권대리에 해당된다. 무권대리인이 한 대리행위는 본인의 추인이 없는 한 본인에 대하여 효력이 없기 때문에(제130조), A는 C에 대

하여 매매대금을 지급할 의무를 부담하지 않는다. 여기서는 무권대리인의 책임(제135조)만이 문제될 수 있을 뿐이다.

2. 수권행위의 독자성 문제

(1) 수권행위 개념의 독자성

일정한 사무를 위임하면서 '별도로' 수임인에게 대리권을 수여한다는 의사표시를 하지 않는 경우가 적지 않다. 그러나 판례(판례 [2] 참조)와 학설의 다수의견은 기초적 내부관계를 설정하는 법률행위 및 이에 따라 성립한 내부관계와는 독립된 수권행위(법률행위)의 개념을 긍정한다(자세한 것은 김형배, 민법학강의(제6판), 249면 이하 참조). 그렇다고 해서 반드시 '별도로' 또는 '명시적으로' 수권행위가 독립적으로 실행되어야 하는 것은 아니며, 이는 기초적 내부관계를 설정하는 법률행위의 해석문제로 다루어진다.

(2) 수권행위의 법적 성질

이러한 독자적인 수권행위의 법적 성질을 본인 내지 위임인(사안의 경우 A)의 단독행위로 파악하는 학설의 다수의견은 대리인에게 대외적인 자격이나 지위를 부여할 뿐이라고 한다. 즉, 수권행위는 대리인에게 대리행위를 할 권한을 주는 데 지나지 않으므로 대리인이 될 자의 승낙 또는 (그가 행위무능력자인 경우 그의) 법정대리인의 동의가 필요한 것은 아니라고 한다.

3. 수권행위의 유인성 여부

(1) 문제의 소재

1) 수권행위라는 법률행위가 기초적 내부관계를 설정하는 법률행위와 관념적으로, 즉 법률개념상 독립되어 있다는 문제와 후자가 효력을 상실하는 경우에 전자 역시 효력을 상실하게 되는지(그렇다면 수권행위의 유인성) 아니면 전자는 법률적 존속을 달리하는지(그렇다면 무인성)는 별개의 문제이다.

2) 제128조 제1문은 '법률행위에 의하여 수여된 대리권은 전조의 경우 외에 그 원인된 법률관계의 종료에 의하여 소멸한다'고 규정하고 있다. 따라서 기초적 내부관계가 예컨대, 기간의 만료로 장래를 향하여 소멸하는 때에는 대리권은 이를 소멸시키는 별단의 의사표시(다수설에 따를 경우 이도 역시

(단독행위가 된다)가 없더라도 ―대리권만을 존속시킨다는 명시적인 의사표시가 없는 한― 본 조항에 의하여 소멸한다. 대리권의 이러한 법정 소멸은 당연히 장래를 향한(ex nunc) 효력을 가질 뿐이다.

3) 그러나 수권행위의 유인성과 무인성 사이의 다툼은 기초적 내부관계가 처음부터 효력을 가지지 않는 경우에 수권행위의 효력을 어떻게 파악할 것인가의 문제이다. 특히 기초적 내부관계를 설정하는 법률행위가 취소됨으로써 소급하여 무효로 되는(제141조 본문) 경우에 취소의 의사표시가 있기 전에 실행된 대리행위가 소급하여 무권대리로 되는 것인지(그렇다면 유인성) 아니면 대리행위는 여전히 유효한 유권대리인지(그렇다면 무인성)를 명백히 해야 한다.

(2) 견해의 대립

(i) 기초적 내부법률관계가 무효, 취소 또는 해제되면 수권행위도 영향을 받아 그 효력이 상실된다고 하는 유인성설은 당사자 특히, 본인 의사의 존중을 그 기초로 한다. (ii) 기초적 내부법률관계가 무효, 취소 또는 해제되더라도 수권행위는 영향을 받지 않고 그대로 유효하다는 무인성설의 근거는 去來安全에 있다. (iii) 대리권수여에 있어서 수권을 대내외적으로 분리하는 견해는 내부적 수권은 유인으로, 외부적 수권은 무인으로 판단한다. 따라서 상대방이 내부적 수권의 결여, 즉 내부적 법률관계에 대한 관계에서 대리권이 정당성을 가지지 않는다는 사실을 대리행위의 상대방이 알 수 있었던 경우가 아니면 기초적 내부관계, 소멸 후의 대리인의 행위는 여전히 유효한 유권대리이다(이 견해는 표현대리를 유권대리의 아종(亞種:특별한 하위의 종류)으로 판단하는 입장과 결합되어 있다(이영준, 한국민법론, 447면 이하 참조)).

결과적으로 후자의 두 견해가 대리행위의 상대방을 보호함으로써 궁극적으로는 거래안전에 기여하는 해석론이라고 할 수 있다.

V. 사안의 검토

1. A가 A와 B 사이의 위임계약을 취소할 수 있는지의 여부

(1) B의 행위무능력을 이유로 하는 취소권

A가 B의 행위무능력을 이유로 그와의 위임계약을 취소할 수는

없다. 행위무능력이라는 취소원인은 A 자신에게 있는 것이 아니라, 상대방인 B에게 존재하기 때문이다. 이 경우에 A는 다만 무능력자 B의 상대방으로서 최고권과 철회권을 가질 뿐이다(제15조, 제16조 제1항). 즉, A는 B측에 대하여(B의 법정대리인에 대하여, 또는 B가 능력자로 된 때에는 B본인에 대하여) 1개월 이상의 유예기간을 정하여 취소할 수 있는 행위에 대한 추인 여부의 확답을 최고할 수 있다(제15조). 기간내에 확답을 받지 못하면 법률행위는 추인이 있는 것으로 의제되므로 A는 이 절차를 택하지 않을 것이다. 반면 A는 계약 당시 B가 무능력자임을 알지 못하였을 때(선의)에는 적극적으로 B측의 추인이 있기 전에 해당 위임계약에 관하여 자신의 의사표시를 철회(제16조 제1항)함으로써 또는 위임관계를 해지함으로써 법률행위의 효력발생을 막을 수 있을 것이다.

(2) B의 사기를 이유로 하는 취소권

B가 미성년자임을 감춘 것이 제110조에서 말하는 '사기'에 해당한다고 볼 수 있는가는 문제이다. 일정한 법률행위를 체결해줄 것을 내용으로 하는 위임계약의 경우에 ―비록 대리인은 행위무능력자이더라도 상관없다고는 하지만― 수임인의 행위능력의 유무가 중요한 의미를 갖는다는 것은 부인할 수 없다. 행위능력 유무는 위임인의 이해관계에 영향을 미칠 수 있기 때문이다. 행위능력에 관한 詐術이 거래내용에 관한 사기로 판단될 수 있는 사안의 경우에, A는 사기에 의한 의사표시였음을 이유로 B와의 위임계약을 취소할 수 있게 된다. 물론 이 경우에도 C는 선의의 제3자로 보호될 여지가 있다(제110조 제3항).

2. B 또는 B의 법정대리인이 A와 B 사이의 위임계약을 취소할 수 있는지의 여부

(1) 원 칙

B는 미성년자로서 법정대리인의 동의없이 A와 위임계약을 체결한 것으로 보인다. 위임계약은 수임인에게 선량한 관리자의 주의를 가지고 사무를 처리할 의무를 발생케 하므로(제680조, 제681조) 미성년자에게 부담을 준다. 따라서 미성년자 B 또는 그의 법정대리인은 무능력을 이유로 A와의 위임계약을 취소할 수 있다(제5조, 제140조). B측이 취소권을 행사하면 위임계약

은 처음부터 무효인 것으로 된다(제141조).

(2) 사술에 따른 취소권의 박탈 가능성

1) B가 A와 위임계약을 체결함에 있어서 '미성년자임을 감추었다'는 것이 민법 제17조의 '사술'에 해당하는가는 이때에 문제된다. 사술을 적극적인 기망수단에 국한된다는 판례(판례참조 [3])에 의하면 단순히 미성년자임을 감춘 것만으로는 사술을 쓴 것이라고 할 수 없다. 그러나 소극적인 기망수단도 사술의 범위에 포함시키는 학설 중 다수의견에 의하면 단순히 미성년자임을 감춘 것만으로도 사술을 썼다고 볼 수도 있다. 이 경우에 B는 무능력을 이유로 A와의 위임계약을 취소할 수 없게 된다(제17조).

2) 그러나 이 사안에서 B가 A의 조카임을 감안할 때 A는 B가 미성년자임을 알고 있었거나 알 수 있었던 것으로 보아야 하기 때문에 A에 대한 B의 사술은 문제될 수 없을 것이다. 따라서 '조카인' B쪽에서 부담을 느껴 미성년자임을 이유로 위임계약을 취소하는 것이 정상적인 경우가 될 것이다.

(3) 소 결

행위무능력을 이유로 위임계약을 B측이 취소하게 되면 그 소급효는 선의의 제3자에게조차도 대항할 수 있다. 제109조 제2항, 제110조 제3항 등에 견줄 법조가 결여되어 있기 때문이다.

3. 위임계약의 실효에 따른 매매계약의 소급적 무권대리화의 문제

(1) 기초적 내부관계의 소급적 소멸과 수권행위의 실효

A가 B측의 추인이 있기 전에 자신의 의사표시를 철회하든지 또는 B측이 B의 행위무능력을 이유로 의사표시를 취소하는 경우 A와 B 사이의 위임계약은 처음부터 효력이 없게 된다. 이때 그에 수반하여 행해진, 그러나 관념적으로는 독립된 수권행위의 효력도 원칙적으로는 소급적으로 소멸한다고 보아야 한다.

(2) 선의의 제3자보호의 문제

위 수권행위의 소급적 실효를 선의의 제3자에게도 대항할 수 있는지는 의문이다. 만일 이를 긍정한다면 B의 대리권은 소급적으로 소멸하게 되어 B가 그 사이 행한 모든 (유권)대리행위가 무권대리로 되며, 이는 대리제도의 사회적 신뢰를 훼손할 수도 있다. 따라서 결론적으로 A와 B 사이의 위임계약이 실효하더라도 B의 대리권은 장래에 향해서만, 그러나 별도의 수권행위를 철회함이 없이도 소멸한다고 판단하는 것이 타당하다(김형배, 민법학강의(제6판), 249면 이하 참조).

Ⅵ. 설문에 대한 해답

C가 매매계약의 유효를 다투지 않는 한, A가 매매계약의 효력을 다투거나 또는 B가 매매계약을 체결할 당시 무권대리였음을 주장할 근거는 없는 것으로 판단된다. 따라서 A는 C에게 매매대금 5,500만원을 지급해야 한다.

≪판 례≫

[1] 대리행위의 하자 유무의 판단규준은 대리인이다

(대판 1996.2.13, 95다41406) 매수인이 대리인을 통하여 매매계약을 체결한 경우 대리행위의 하자의 유무는 대리인을 표준으로 판단하여야 하므로, 대리인이 매도인과의 매매계약의 내용을 잘 알고 있었다고 인정되는 때에는 설사 매수인이 그 내용을 모른 채 대리인에게 대리권을 수여하여 매도인과의 사이에 그 매매계약을 체결하였다고 하더라도 매수인으로서는 그 자신의 착오를 이유로 매도인과의 매매계약을 취소할 수는 없다.

[2] 기초적 내부관계의 설정과 대리권의 수여는 별개의 독립된 행위이다＝수권행위의 독자성

(대판 1962.5.24, 4294민상251·252) 위임과 대리권수여는 별개의 독립된 행위로서 위임은 위임자와 수임자간의 내부적인 채권채무관계를 말하고 대리권은 대리인의 행위의 효과가 본인에게 미치는 대외적 자격을 말하는 것이므로 위임계약에 대리권수여가 수반되는 일은 있으나 위임계약만으로는 그 효력은 위임자와 수임자 이외에는 미치는 것이 아니므로 구민법 제655조(현행 제692조)의 취지는 위임종료의 사유는 이를 상대방에 통지하거나 상대방이 이를 안 때가 아니면 위임자와 수임자간에는 위임계약에 의한 권리의무관계가 존속한다는 취지에 불과하고 대리권관계와는 아무런 관계가 없는 것이다.

[3] 취소권박탈을 초래하는 행위무능력자의 사술의 정도 및 상대방의 입증책임

(대판 1971.12.14, 71다2045) ① 제17조에 이른바 '무능력자가 사술로써 능력자로 믿게 한 때'에 있어서의 사술을 쓴 것이라 함은 적극적으로 사기수단을 쓴 것을 말하는 것이고 단순히 자기가 능력자라 사언함은 사술을 쓴 것이라고 할 수 없다. ② 미성년자와 계약을 체결한 상대방이 미성년자의 취소권을 배제하기 위하여 제17조 소정의 미성년자가 사술을 썼다고 주장하는 때에는 그 주장자인 상대방측에 그에 대한 입증책임이 있다.

관련사례 2-1 한정치산자의 행위능력

≪설 문≫

평소에 돈이 생기면 앞뒤 가리지 않고 자선단체 등에 기부하는 습성이 있어 한정치산선고를 받은 A는 그의 통장에 들어 있는 돈을 인출하여 복권을 구입하였는데 그 복권이 당첨되어 1억원을 받았다. A는 후견인 妻 B의 동의없이 위 당첨금 중 5,000만원으로는 C 소유의 甲부동산을 샀고, 나머지 5,000만원은 사회복지법인에 기부하였다. 뒤늦게 이 사실을 안 B는 甲부동산을 D에게 전매한 후 C와 합의하여 甲부동산을 A 앞으로 이전등기하는 것을 생략하고 직접 D 앞으로 소유권이전등기를 하여 주었으며, 사회복지법인에는 A의 증여의사표시를 취소한다고 통지하였다.

이 사안의 민사적 법률관계를 논하라.

[사법시험 제39회 기출문제의 변형]

풀이제안

Ⅰ. 논점분석

1) '자신의 통장에 들어 있는 돈'은 법정대리인인 B가 범위를 정하

여 처분을 허락한 재산(제6조)에 해당한다고 볼 수 있는가의 문제,

2) A는 B의 동의없이도 거액의 당첨금을 수령할 수 있는가의 문제,

3) 당첨금의 처분행위는 허락된 재산처분(예금인출과 복권구입)의 연장선상에 있기 때문에 법정대리인의 동의없이도 확정적으로 유효한 법률행위로 볼 수 있는가의 문제,

4) 甲부동산을 전매하는 B의 행위는 임의추인 또는 법정추인으로 볼 수 있는가의 문제,

5) 그리고 중간생략등기가 유효할 수 있는가의 문제를 검토해야 한다.

Ⅱ. 설문에 대한 해답

1. A의 일련의 행위에 대한 법적 평가

자신의 통장에 들어 있는 돈을 인출하고 복권을 구입하는 A의 행위는 B가 범위를 정하여 허락한 재산의 처분으로 볼 수 있다. 당첨금의 수령행위는 ―변제수령행위를 일반론에 따라 準法律行爲로 보아 법률행위에 관한 규정을 유추적용하지 않는 한― 사실행위에 해당하므로 A가 단독으로 할 수 있다. 그러나 그 당첨금을 처분하는 법률행위는 B가 허락한 재산처분의 연장선상에 있다고 볼 수 없기 때문에 법정대리인인 B의 동의를 얻어야 한다. 따라서 B의 동의없이 A가 체결한 甲부동산에 대한 C와의 매매계약 및 사회복지법인과의 증여계약을 A 또는 B는(제140조) 취소할 수 있다(제5조 제2항).

2. B의 권리

(1) 사회복지법인에 대한 B의 권리

사회복지법인에 대하여 B가 증여계약상의 A의 의사표시를 취소하는 의사표시를 하였다(제142조 및 제111조). A가 이미 계약을 이행하였다면 B는 사회복지법인에 대하여 5,000만원을 보유할 법률상 원인이 없음을 이유로(제141조 본문) 부당이득의 반환을 청구할 수 있다(제741조, 제748조).

(2) C 및 D에 대한 B의 권리와 의무

1) **A와 C 사이의 매매계약** 甲부동산을 전매하는 B의 행위를 A·C 사이의 매매계약에 대한 묵시적 임의추인으로 볼 수는 없다. 추인 역시 취소권자가 상대방에 대한 의사표시로 이를 해야 하기 때문이다(제143조 제2항). 그러나 그러한 B의 행위는(제144조 제2항) C에 대하여 이의를 보류하지 않는 한 편면적 법정추인사유인 제145조 제5호를 충족한 것으로 판단된다. 따라서 A와 C 사이의 매매계약은 더 이상 취소할 수 없다.

2) **A와 D 사이의 전매계약** 부동산에 관한 권리의 득실변경을 목적으로 하는 법률행위를 후견인이 피후견인에 갈음하여 하는 때에는 먼저 친족회의 동의를 얻어야만 한다(제950조 제1항 제3호). 이러한 동의없는 법률행위는 A 또는 친족회가 취소할 수 있다(제950조 제2항). A 또는 친족회가 전매계약을 취소하면 A는 D에 대하여 더 이상 소유권이전의무를 부담하지 않으며, 오히려 D에 대하여 소유권이전청구권을 가진다(제213조 본문 또는 제741조).

반면에 A와 친족회가 전매계약의 취소를 원하지 않는다면 A는 능력을 회복한 후에 또는 그 전이라도 친족회가 전매계약을 추인함으로써 전매계약을 유효한 것으로 확정할 수 있다. 능력을 회복한 A가 D에게 전매대금의 지급을 청구하거나 중간생략등기에 합의하면 이는 법정추인사유에 해당한다(제145조 제2호 또는 제1호).

이 경우에 중간생략등기의 유효성 여부가 문제된다(이에 관해서 자세한 것은 [사례 17] 참조). 동시에 또는 순차적인 관계 당사자 사이의 중간생략등기의 합의가 없더라도 최후의 등기가 실체적 권리관계, 즉 특정한 물권(여기서는 甲부동산의 소유권)의 귀속관계에 부합하는 한도내에서 등기의 유효성을 인정하는 판례에 따르면(판례 [2] 참조) 설령 A, C 및 D 사이에 중간생략등기의 합의가 없더라도 유효한 전매계약으로 말미암아 D는 甲부동산의 소유권을 취득하며, 등기명의 또한 D이기 때문에 유효한 등기가 되므로 그 말소를 청구하는 소는 기각될 것이다.

능력자로 된 A 또는 친족회의 임의추인 또는 법정추인이 있기 전이라면 D는 추인최고권(제15조) 또는 계약철회권(제16조 1항 본문)을 가진다.

≪관련판례≫

[1] 한정 또는 금치산선고의 비소급효

(대판 1992.10.13, 92다6433) 표의자가 법률행위 당시 심신상실이나 심신미약 상태에 있어 금치산 또는 한정치산선고를 받을 만한 상태에 있었다고 하여도 그 당시 법원으로부터 금치산 또는 한정치산선고를 받은 사실이 없는 이상 그후 금치산 또는 한정치산선고가 있어 그의 법정대리인이 된 자는 금치산 또는 한정치산자의 행위능력규정을 들어 그 선고 이전의 법률행위를 취소할 수 없다.

[2] 전원합의에 기초한 중간생략등기청구권 및 전원합의는 없으나 이미 경료된 중간생략등기의 효력(유효)

(대판 1967.5.30, 67다588) 부동산의 소유권매매계약이 차례로 여러 사람들 사이에 전전 이루어진 경우에 그 최종매수인이 등기부상의 현 명의자로부터 직접 그 소유권명의를 넘겨오려면 소위 중간생략등기에 관한 합의가 관계당사자 전원들 사이에 있어야 하나 그러한 합의없이 그 방법이야 어찌되었든 이미 중간생략등기가 경유되어버린 경우에 있어서는 그 관계 매매 당사자들 사이에 매매계약이 적법하게 성립하여 이행된 이상 그 등기부상의 명의자가 중간생략등기의 합의가 없었다는 사유만으로는 그 소유권이전등기의 말소등기절차이행을 청구할 수 없다.

[民 法 總 則]

事例 3

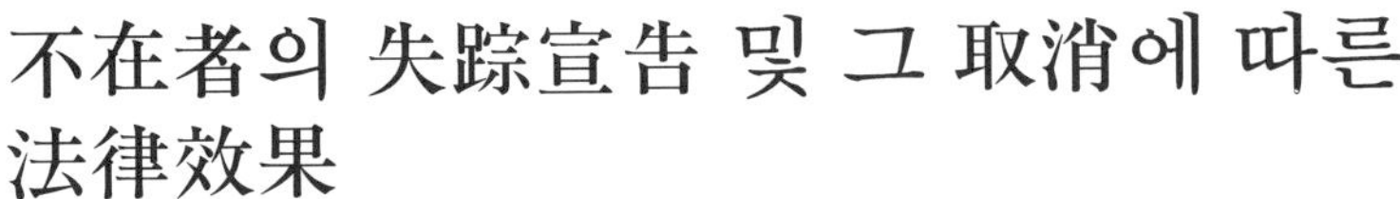

不在者의 失踪宣告 및 그 取消에 따른 法律效果

≪설 문≫

의사 A는 1995년 2월 22일 의료봉사활동을 위해 아프리카 케냐로 출국하였다. 도착 후 A는 오지 마을로 출장진료를 나갔으나, 그후로 연락이 두절되었다. 국내에 남아 있던 부인 B의 청구로 2001년 5월 22일 법원은 A에 대해 실종선고를 하였다. 6개월 후 B는 C와 재혼하였고, 곧이어 A의 소유명의로 되어 있던 아파트를 D에게 매매대금 1억원에 매각처분하였다. 그리고 A소유의 자동차는 명의를 B로 변경하여 B와 C가 그대로 타고 있었다. 그후 살아서 귀국한 A는 2002년 11월 22일자로 위의 실종선고를 취소하였다. A는 일단 모든 것을 원상회복하고 싶어한다.

A와 B, C 및 D 사이의 법률관계를 검토하시오.

목차제안

Ⅰ. 논점분석

Ⅱ. 실종선고와 실종선고의 취소

1. 실종선고
2. 실종선고의 취소

Ⅲ. A의 자동차에 대한 소유권이전청구권

1. 상속원인의 부재
2. B에 대한 A의 권리
   (1) 원물반환청구권

풀이제안

Ⅰ. 논점분석

사망한 것으로 간주된 A가 살아 돌아와 실종선고를 취소하였기 때문에 그의 사망을 전제로 형성된 법률관계의 효력을 검토해야 한다. 설문에서 나타난 것처럼 '일단 모든 것을 원상회복하고 싶다'는 A의 뜻을 관철할 수 있는지의 여부는 결국 제29조 제1항 단서 및 동조 제2항을 어떻게 이해할 것인지에 따라 달라진다.

Ⅱ. 실종선고와 실종선고의 취소

1. 실종선고

사람이 주소를 떠나서 용이하게 복귀할 가능성이 없거나 또는 생사불명인 경우 잔존배우자나 상속인을 보호하기 위하여 어떠한 조치를 취할 수 있도록 할 필요가 있다. 이에 민법은 제27조와 제28조에서 실종선고제도를 둠으로써 일정한 절차를 거쳐 사망의 개연성이 큰 不在者를 사망한 것으로 간주하여 부재자의 재산관계 및 신분관계를 확정하고 있다.

2. 실종선고의 취소

실종자가 생존한 사실 또는 실종기간의 만료점이 아닌 시점에 사망한 사실을 증명함으로써 실종선고를 취소할 수 있다. 公法的 행위인 실종선고의 취소에 대하여 사법적(私法的) 법률행위의 취소에 따른 소급적 무효(제141조 제1문)의 효력이 직접 인정될 수는 없을 것이다.

그러나 제29조 제1항 단서 및 동조 제2항이 실종선고 후에 법률관계를 형성한 사람들을 일정한 요건 아래 실종선고의 취소로부터 보호하고 있는 점에 비추어 보면 실종선고의 취소는 원칙적으로 소급효를 가진다고 판단할 수 있다. 따라서 실종선고의 취소로써 실종선고 및 그에 따른 효과인 부재자의 사망의제(제28조)는 처음부터 아무 효력이 없으며, 부재자의 사망에 기초하여 형성된 법률관계도 원칙적으로는 선고 전의 상태로 원상복구되어야 한다.

Ⅲ. A의 자동차에 대한 소유권이전청구권

1. 상속원인의 부재

실종선고의 취소로 A는 사망한 적이 없는 것이 되므로 B는 상속을 이유로 자동차의 소유권을 (포괄)승계하지 못한다(제997조, 제1005조 참조).

2. B에 대한 A의 권리

(1) 원물반환청구권

A는 소유권에 기초하여 자기 소유물의 반환을 B에게 청구할 수 있다(제213조 본문). B는 자동차를 원물로 반환할 의무를 부담하며, 그 반환범위는 B가 A의 생존사실에 대하여 선의인가 악의인가에 따라 정해진다(제29조 제2항).

(2) 가액상환청구권

제29조 제2항은 실종선고된 자와 실종선고를 직접원인으로 하여 재산을 취득한 자 사이의 법률관계를 규율한다. 즉, 동 조항은 재산을 전득한 자에 대해서는 적용되지 않는다(김형배, 민법학강의(제6판), 112면).

따라서 만일 B가 자동차를 제3자에게 매도함으로써 A가 그 제3자에게 자동차의 반환을 요구할 수 없는 경우라면(이에 관해서는 後술하는 Ⅳ 참조) B는 A에게 자동차의 가액(=매각대금)을 반환해야 하며, 그 반환범위 역시 B가 A의 생존사실에 대하여 선의인가 악의인가에 따라 정해진다.

Ⅳ. A의 아파트에 대한 소유권이전청구권

1. 상속원인의 부재

실종선고의 취소로 A는 사망한 적이 없는 것이 되므로 B는 상속을 이유로 아파트의 소유권을 (포괄)승계하지 못한다(제997조, 제1005조 참조). 따라서 B가 여전히 아파트를 점유하고 있다면 A는 소유권에 기초하여 자기 소유물의 반환을 B에게 청구할 수 있다(제213조 본문)(이에 관해서는 전술한 Ⅲ 참조). 그러나 B는 아파트를 이미 D에게 매각처분하였다.

2. D에 대한 A의 권리

(1) 제29조 제1항 단서의 문제

A가 D로부터 아파트소유권을 원상회복하는 문제와 관련해서 제29조 제1항 단서의 적용이 문제된다. 동 조항은 실종선고의 취소가 '실종선고 후 그 취소 전에 선의로 한 행위의 효력에는 영향을 미치지 아니한다'고 규정한다. 실종선고의 취소가 영향을 주지 못하는 '행위'는 재산행위만을 의미하는가 또는 신분행위도 포함되는가 하는 논의가 있으나(이에 관해서는 後술하는 Ⅴ 참조), 사안에서는 실종선고를 직접원인으로 재산을 취득한 자인 B와 그 재산을 전득한 자인 D 사이의 재산법적 법률행위, 즉 재산행위가 문제된다. 이처럼 '행위'에 참여한 당사자가 여러 명인 경우에 누구의 '선의'가 의미를 가지는가에 대한 이해가 갈리고 있다.

(2) '선의'에 관한 해석(김형배, 민법학강의(제6판), 111면 이하 참조)

1) **견해의 대립** 제29조 제1항 단서에서의 '선의'를 누구의 선의로 이해할 것인가와 관련해서 (i) B와 D 쌍방의 선의가 필요하다는 견해, (ii) B와 D 중 일방의 선의만으로 충분하다는 견해, (iii) B가 선의이면 D가 악의라도 무방하다는 견해, 그리고 (iv) D가 선의이면 충분하다는 견해가 주장되고 있다.

2) **검 토** 이러한 견해의 대립은 결국 실종자의 이익과 거래안전의 이익을 형량하여 어느 것에 우선시킬 것이냐에 따라 발생한다고 할 수 있다. 첫 번째 견해는 실종자의 이익을, 두 번째 견해는 거래안전의 이익을 두텁게 옹호하는 것이 되고, 세 번째 견해는 악의의 D가 '과' 보호되는 동시에 선의의 B는 현존이익만을 가액으로 반환하면 되므로(제29조 제2항) 실종자의 이익이 상대적으로 외면되고 있다고 판단된다. 따라서 선의의 D를 보호함으로써 거래안전의 이익도 보호하는 한편 악의의 B가 반환할 가액의 범위가 확대됨으로써 실종자의 이익도 어느 정도 고려할 수 있는 네 번째 견해가 타당하다고 판단된다.

3) **사안에의 적용** D가 선의인 경우, 즉 D가 A의 생존사실을 알지 못한 경우에 A는 D에 대하여 아파트의 점유이전 및 등기말소를 청구할 수 없게 된다. 따라서 실종선고의 취소가 B와 D 사이의 아파트 매매계약의 효력에 직접 영향을 미치지 못하며, 유효한 매매계약을 법률상 원인으로 하여 선의의 D는 아파트의 소유권을 취득한다.

3. B에 대한 A의 가액반환청구권

위의 경우, 즉 A가 D로부터 아파트를 찾아올 수 없는 경우 A는 B에 대하여 아파트의 가액(=매각대금 1억원)의 반환을 요구할 수 있을 뿐이다. 물론 B의 가액반환의 '범위'는 A의 생존사실에 대한 자신의 선의 또는 악의에 따라 좌우된다(제29조 제2항).

V. B와 C의 再婚에 대한 A의 간섭 가능성

1. 문 제 점

재혼과 같은 신분행위도 제29조 제1항 단서에서 말하는 선의의 '행위'에 해당한다고 볼 수 있는지에 관해서는 견해가 나뉜다.

2. 학설 중 소수의견

제29조 제1항 단서는 재산행위에만 적용되고 신분행위에는 적용되지 않는다고 한다. 따라서 실종선고의 취소로 A와 B 사이의 前婚은 부활하고 그 결과 B와 C 사이의 後婚은 당사자의 선의 또는 악의를 묻지 않고 언제나 重婚이 되며, 어느 혼인을 유지할 것인지는 당사자의 선택에 맡기고, 협의가 이루어지지 않을 경우 가사심판에 의해 해결할 것이라고 한다.

3. 학설 중 다수의견

제29조 제1항 단서는 신분행위도 포섭하는 것으로 전제하면서 쌍방, 즉 B와 C 모두 선의인 경우에 동 조항의 적용을 받아 그들의 혼인이 보호될 수 있다고 한다. 쌍방 모두 또는 일방이 악의인 경우에 대해서 일부 견해는 전혼이 부활하여 후혼은 중혼으로 취소사유(제810조)가 되고, 전혼은 이혼사유(제840조 제1호)가 된다고 주장하는 반면, 일부의 견해는 전혼이 부활하면 후혼은 무효가 된다고 한다.

4. 사안의 검토

사안에서는 B와 C가 모두 또는 그 중의 한 사람이라도 A의 생존사실을 알면서 재혼했는지를 확인할 수 없다. 그러나 어느 견해에 따르더라도 B와 C 모두가 A의 생존사실에 관하여 선의인 한, 실종선고의 취소는 이들의 혼인계약에 아무 영향을 미치지 못한다.

Ⅵ. 설문에 대한 해답

A는 B에 대하여 자동차의 반환을 청구할 수 있다. D가 선의인 한 A는 그에 대하여 아파트 소유권의 반환을 청구할 수 없다. 이 경우 A는 B에 대하여 아파트의 매각대금의 반환을 요구할 수 있다. B와 C가 모두 선의인 한 A는 B와의 혼인관계를 복구할 수 없다.

≪판 례≫

[1] 실종선고의 청구권자

(대결 1992.4.14, 92스4·5·6) ① 부재자에 대하여 실종선고를 청구할 수 있는 이해관계인은 그 실종선고로 인하여 일정한 권리를 얻고 의무를 면하는 등의 신분상 또는 재산상의 이해관계를 갖는 자에 한한다고 할 것이다. ② 부재자의 종손자로서, 부재자가 사망할 경우 제1순위의 상속인이 따로 있어 제2순위의 상속인에 불과한 청구인은 특별한 사정이 없는 한 위 부재자에 대하여 실종선고를 청구할 수 있는 신분상 또는 경제상의 이해관계를 가진 자라고 할 수 없다.

[2] 실종선고에 따른 사망시점의 실종기간 만료시점에로의 소급효

(대판 1982.9.14, 82다144) A가 1951년 7월 2일 사망하였으며, 그의 장남인 B는 1970년 1월 30일 서울가정법원의 실종선고에 의하여 A의 사망 전인 1950년 8월 1일 생사불명 기간만료로 사망간주된 사실이 인정되는 사안에 있어서 B는 A의 사망 이전에 사망한 것으로 간주되었으므로 A의 재산상속인이 될 수 없다고 한 원심의 판단은 실종선고로 인하여 사망으로 간주되는 시기에 관하여 실종기간 만료시를 취하는 우리 민법 하에서는 정당하다.

[3] 실종선고의 취소

[3-1] (대판 1994.9.27, 94다21542) 실종선고를 받은 자는 실종기간이 만료한 때에 사망한 것으로 간주되는 것이므로, 실종선고로 인하여 실종기간 만료시를 기준으로 하여 상속이 개시된 이상 설사 이후 실종선고가 취소되어야 할 사유가 생겼다고 하더라도 실제로 실종선고가 취소되지 아니하는 한, 임의로 실종기간이 만료하여 사망한 때로 간주되는 시점과는 달리 사망시점을 정하여 이미 개시된 상속을 부정하고 이와 다른 상속관계를 인정할 수는 없다.

[3-2] (대판 1995.2.17, 94다52751) 제28조는 '실종선고를 받은

자는 제27조 제1항 소정의 생사불명기간이 만료된 때에 사망한 것으로 본다'로 규정하고 있으므로 실종선고가 취소되지 않는 한 반증을 들어 실종선고의 효과를 다툴 수는 없다.

관련사례 3-1 부재자의 재산관리

≪설 문≫

30세의 회사원 A가 생사불명이 되자 A의 母 B는 A의 대리인이라며 A소유 부동산을 D에게 매도하고 계약금과 중도금을 수령하였다. 그후 A의 형 C의 청구로 법원은 C를 재산관리인으로 선임하였다. 선임 후 C는 소유권을 D에게 이전등기하기 위하여 자신 및 B의 인감증명서를 D에게 교부하였다. C는 부동산처분행위에 관한 법원의 허가를 차후에 받았다.

(1) A가 살아 돌아왔다(이해관계인의 청구로 A에 대한 실종선고가 있었고, A가 이를 취소한 경우와 이해상황이 동일하다). 미처 부동산의 소유권이전등기를 경료하지 못한 D는 A를 상대로 이를 요구하였다. A의 권리를 검토하시오.

(2) B와 D 사이의 매매계약이 체결되기 이전에 이미 A가 사망한 것으로(이해관계인의 청구로 A에 대한 실종선고가 있었고, 실종기간의 만료가 매매계약의 시점보다 이전인 경우와 이해상황이 동일하다) 확인되자, A의 아들 F와 처 G는 계약 당시 문제의 부동산을 자신이 상속하였음을 이유로 D에게 부동산의 반환을 요구한다. F와 G의 주장의 타당성을 검토하시오.

풀이제안

Ⅰ. 논점분석

1) 법원이 부재자의 재산관리인으로 선임한 자의 권한(제25조 제1문)의 문제,

2) 부재자 A의 재산을 대리인으로서 매각한 B의 無權代理行爲를 그 행위 후에 A의 재산관리인으로 선임된 C가 追認할 수 있는가의 문

제 및 이러한 추인의 대상이 부재자의 부동산매각이라는 처분행위임에도 불구하고 법원의 허가없이 유효한지의 문제,

3) 법원의 재산관리인에 대한 권한초과행위 허가결정의 효력이 이미 행해진 권한초과의 법률행위를 추인하는 것을 허용하는가의 문제,

4) 부재자의 확인된 사망시점 또는 부재자의 실종선고가 있는 경우 실종기간의 만료시점 이후에 행하여진 재산관리인의 법률행위의 효력은 어떠한가의 문제를 검토해야 한다.

Ⅱ. 사안의 해결

1. 설문(1): D의 소유권이전청구에 대한 A의 항변가능성

B는 A의 무권대리인으로서 D와 매매계약을 체결하였으나, A의 재산관리인인 C가 이를 추인하였다(제130조, 제133조). 인감증명서를 D에게 건네줄 당시 C는 그의 권한에 속하는 행위를 일탈하는 부재자 소유 부동산의 처분행위에 관한 법원의 허가를 받지 못하였으나(제25조 제1문), 그후에 허가를 받음으로써 그 하자는 치유될 수 있다(판례 참조 [2]).

따라서 A와 D 사이에는 유효한 매매계약이 체결되었다(제114조 제1항). 부동산 소유권이전등기의무가 이행되지 않는 경우, A는 D에 대하여 채무불이행책임을 진다(제390조).

2. 설문(2): 부재자의 사망 후 재산관리인이 행한 처분행위의 효력

판례에 따르면(판례 참조 [3]) 법원에 의해서 부재자의 재산관리인으로 선임된 자는 비록 그 부재자의 사망이 실제로 확인되었다 하더라도 재산관리인 선임결정이 취소되지 않는 한 재산관리인으로서의 권한을 상실하지 않게 된다. 즉, 부재자의 재산관리인이 선임되어 있는 경우 그 선임결정이 취소되기 전에 재산관리인이 법원으로부터 권한초과행위의 허가를 받고 그 권한에 기하여 한 행위에 관하여 판례는 부재자에 대한 실종선고기간이 만료된 뒤 이루어졌더라도 그 행위를 유효하다고 본다.

따라서 F와 G는 유효하게 부동산 소유권을 취득한 D에 대하여 그

반환을 청구할 수는 없다. 그러나 매매계약체결 전에 이미 A의 사망에 의해 F와 G가 상속인으로서 그 부동산에 관한 소유권을 취득하였으므로, B가 D로부터 받은 매매대금은 F 및 G에게 귀속된다고 보아야 할 것이다.

≪관련판례≫

[1] 법원이 선임한 부재자재산관리인의 법원 허가없는 관리재산처분행위의 효력(무효)

(대판 1960.4.21, 4292민상252) 부재자를 위하여 법원에서 선임한 재산관리인이 법원의 허가없이 그 관리재산을 매도한 행위는 무효이다.

[2] 사전동의 및 사후동의(추인)로서 법원의 권한초과행위허가결정

(대판 1982.12.14, 80다1872·1873) ① 부재자의 母 A가 적법한 권한없이 B와 사이에 부재자 C 소유 부동산에 관한 매매계약을 체결하였으나, 그후 소외 D가 부재자의 재산관리인으로 선임된 후에 위 매매계약에 기한 소유권이전등기를 위하여 자기의 인감증명서를 B에게 교부하였다면 위 매매계약을 추인한 것으로 볼 것이다. ② 부재자의 재산관리인에 의한 부재자 소유 부동산매각행위의 추인행위가 법원의 허가를 얻기 전이어서 권한없이 행하여진 것이라고 하더라도, 법원의 재산관리인의 초과행위 결정의 효력은 그 허가받은 재산에 대한 장래의 처분행위뿐만 아니라 기왕의 처분행위를 추인하는 행위로도 할 수 있는 것이므로 그후 법원의 허가를 얻어 소유권이전등기절차를 경료케 한 행위에 의하여 종전에 권한없이 한 처분행위를 추인한 것이라 할 것이다.

[3] 법원의 선임결정취소에 의한 부재자재산관리인 권한의 비소급적 소멸

[3-1] (대판 1970.1.27, 69다719) 법원에 의하여 일단 부재자의 재산관리인 선임결정이 있었던 이상, 가령 부재자가 그 이전에 사망하였음이 위 결정 후에 확실하여졌다 하더라도 법에 정하여진 절차에 의하여 결정이 취소되지 않는 한 선임된 부재자재산관리인의 권한이 당연히는 소멸되지 아니한다 함이 당원의 판례로 하는 견해이며 위 결정 이후에 이르러 취소된 경우에도 그 취소의 효력은 장래에 향하여서만 생기는 것이며 그간의 그 부재자재산관리인의 적법한 권한행사의 효과는 이미 사망한 그 부재자의 재산상속인에게 미친다 할 것이다.

[3-2] (대판 1981.7.28, 80다2668) 부재자재산관리인으로서 권한초과행위의 허가를 받고 그 선임결정이 취소되기 전에 위 권한에 의하여 이루어진 행위는 부재자에 대한 실종선고기간이 만료된 뒤에 이루어졌다고 하더라도 유효하다.

[民法總則]

事例 4

비법인사단의 行爲能力과 代表者의 處分行爲의 效力

≪설 문≫

B 등은 희귀야생식물의 보호를 목적으로 단체를 구성하고 그 실체를 갖추는 조직행위를 완료하였다. 이 단체가 아직 설립등기를 하지 않고 있던 1995년 봄, 한 독지가 D가 가칭 '사단 A'에 비무장지대에 인접한 지역에 위치한 甲토지를 기증하였다. 고무된 구성원들은 일단 모임에서 대표자로 선정된 사람들 중 B의 명의로 甲토지의 소유권을 등기하였다. 단체의 기금조성문제로 구성원들 사이에 의견이 분분하여 설립등기가 지연된 채 세월이 흘러가고 있던 중 1996년 9월경, B는 자신 명의의 甲토지를 C에게 매도하고 이전등기를 해주었다.

이 경우 '사단 A'와 C 사이의 법률관계를 검토하시오.

목차제안

Ⅰ. **논점분석**
Ⅱ. **비법인사단**
1. 비법인사단의 법적 지위
(1) 인정기준
(2) 적용규정
(3) 비법인사단의 소유형태와 등기능력
2. 사안의 검토

Ⅲ. C에 대한 A의 부동산소유권이전등기청구권
1. B가 대표자로 매도한 경우
(1) 명의신탁약정에 의한 등기와 실명전환의 문제
1) 법률규정
2) 문 제 점
3) 실명전환하지 않아도 된다는 견해
가) 내 용
나) 비 판
4) 소 결
(2) 사안에의 적용
1) 원 칙
2) 제 한
3) 소 결
2. B가 자기 것으로 매도한 경우
(1) 타인권리의 매매
(2) 진정한 의미의 신탁이 있었던 경우
Ⅳ. 설문에 대한 해답
Ⅴ. 여론(餘論): B에 대한 사단 A의 권리

풀이제안

Ⅰ. 논점분석

1) '실체를 갖추는 조직행위를 완료한' A(사단)라 하더라도 아직 설립등기(제33조)를 하지 않은 한 법인으로서의 법인격을 취득하지 못한다. 따라서 우선 사단 A에게 비법인사단으로서의 지위를 인정할 수 있는지를 검토해야 한다.

2) 비법인사단의 구성원이 총유로 소유하는 부동산도 비법인사단 명의(A)로 등기할 수 있는바, 사안의 경우 대표자 중 한 사람인 B의 명의로 등기함으로써 甲토지의 소유관계가 대내적으로는 사단구성원의 총유이면서, 대외적으로는 대표자 B의 단독소유인 것처럼 외관을 갖추었다.

따라서 이러한 사정을 알지 못하고 B로부터 토지소유권을 취득한 제3자 C와 사단 A와의 법률관계를 검토해야 한다.

Ⅱ. 비법인사단

1. 비법인사단의 법적 지위

(1) 인정기준

법인 아닌, 즉 비법인사단은 실질적으로는 사단이지만, 법인으로서 설립등기(제33조)를 마치지 않은 단체를 말한다. 즉 어떤 단체가 설립등기를 하지 않더라도, 첫째 고유의 목적을 가지고 사단적 성격을 가지는 규약을 만들어 이에 근거한 의사결정기관 및 집행기관인 대표자를 두는 등의 조직을 갖추고, 둘째 기관의 의결이나 업무집행방법이 다수결의 원칙에 의하여 행하여지며, 셋째 구성원의 가입·탈퇴 등으로 인한 변경에 관계없이 단체 그 자체가 존속되고, 넷째 그 조직에 의하여 대표의 방법, 총회나 이사회 등의 운영, 자본의 구성, 재산의 관리 기타 단체로서의 주요사항이 확정되어 있다면(판례 [1] 참조) 비법인사단으로 평가될 수 있다.

(2) 적용규정

비법인사단에 대해서는 법인격을 전제로 하지 않는, 사단법인에 관한 민법규정이 유추적용된다(관련판례 [2] 참조). 따라서 총회에 의하여 선임되는 대표자 내지 업무집행기관은 사단법인의 이사 내지 이사회의 지위에 준한다고 해석된다.

(3) 비법인사단의 소유형태와 등기능력

법인 아닌 사단의 구성원들은 집합체로서 물건을 총유로 소유하게 되며(제275조 제1항), 따라서 지분권을 가지지는 않는다. 총유물의 관리와 처분은 사원총회의 결의가 있어야 하지만(제276조 제1항), 비법인사단의 구성원들은 정관 기타 규약에 좇아 총유물을 사용·수익할 수 있다(제276조 제2항).

비법인사단 구성원이 총유로 소유하는 부동산도 비법인사단의 이름으로 등기할 수 있다. 즉 그 사단의 대표자가 정관 기타 규약, 대표자임을 증명하는 서면, 사원총회의 결의를 증명하는 서면 등을 첨부하여 사단의 명의로 등기를 신청하면 된다(부동산등기법 제30조 및 동 시행규칙 제56조 참조).

2. 사안의 검토

사안의 경우 '사단 A'가 위 (1)에서 열거한 요건을 충족시켰는지는 분명하지 않으나, '실체를 갖추는 조직행위를 완료하였다'는 사실에 미루어 A를 비법인사단으로 판단할 수 있다. 따라서 사단 A의 구성원들은 甲토지를 총유로 소유하고(제275조 제1항), 따라서 甲토지의 관리와 처분은 사원총회의 결의에 의하여야 하며(제276조 제1항), 정관 기타 규약에 좇아 甲토지를 사용·수익할 수 있게 된다(제267조 제2항).

비법인사단 A는 甲토지의 소유권을 자기의 명의로 등기할 수 있음에도 불구하고 대표자 중의 한 사람인 B의 명의로 등기하였다. 이는 B가 사단구성원들의 수탁자로서의 지위에서 개인 명의로 등기한 것이라고 해석된다.

Ⅲ. C에 대한 A의 부동산소유권이전등기청구권

1. B가 대표자로 매도한 경우

(1) 명의신탁약정에 의한 등기와 실명전환의 문제

1) **법률규정** '부동산실권리자명의등기에관한법률'(이하 '실명등기법') 제11조 제1항에 따르면 동법 시행(1995년 7월 1일) 전의 명의신탁약정에 의하여 부동산에 관한 물권을 명의수탁자의 명의로 등기하거나 등기하도록 한 명의신탁자는 동법 시행일로부터 1년 이내에 실명으로 전환하여 등기해야 한다. 이 유예기간이 경과한 이후에는 명의신탁약정과 이에 따라 행해진 부동산 물권변동은 무효로 된다(실명등기법 제12조 제1항; 동법 시행령 제4조). 다만 예외적으로 종교단체 및 향교 등이 조세포탈·강제집행면탈을 목적으로 하지 아니하고 명의신탁한 부동산으로서 종단과 소속종교단체간에 명의신탁한 부동산과 종교단체 및 향교 등이 그 고유목적을 위하여 사용하는 농지는 실명전환하지 않고 대표자나 종중원의 명의로 등기하여 두어도 무방하다(실명등기법 제11조 제1항; 동법 시행령 제5조).

2) **문 제 점** 사안에서처럼 비법인사단이 종교단체나 향교가 아

닌 경우에도 실명전환해야 하는지, 그렇다고 하면 실명전환하지 않은 상태에서 그 대표자가 행한 부동산처분행위의 효력은 어떠한지가 문제해결의 관건이다.

3) **실명전환하지 않아도 된다는 견해**(김형배, 민법학강의(제6판), 664면 이하 참조)

가) 내 용 비법인사단이 조세포탈·강제집행면탈을 목적으로 하지 않는 한, 이를 종교단체나 향교와 달리 취급할 이유가 없으므로 실명등기법 제11조 제1항을 유추적용하여 실명전환하지 않아도 된다는 견해가 있다.

이 견해에 따르면 사안에서 만약 B가 대표자로서 토지를 처분한 경우 이로 야기된 비법인사단 A와 제3자 C의 보호에 관한 문제는 명의신탁의 법리가 아닌, 대표권남용의 이론이나(이를 긍정하면 A가 보호될 여지가 있다) 또는 표현대리의 법리(특히 제125조의 표현대리를 긍정하면 선의·무과실의 C가 보호될 수 있다)에 따라 문제가 해결될 수 있다.

나) 비 판 그러나 이러한 해석론은 부동산투기를 억제하여 실수요자 중심으로 한 부동산거래의 정상화를 목적으로 하는 실명등기법의 입법취지(동법 제1조 참조)를 훼손할 수 있다. 즉, 명의신탁의 목적을 외부에서 쉽게 인식할 수 없는 것이 현실임에도 불구하고 명의신탁을 꾀하는 단체는 의도적으로 법인설립등기를 하지 않음으로써 실명전환을 모면할 수도 있다.

4) **소 결** 실명등기법이 정한 종교단체나 향교가 아닌 비법인사단이 명의신탁약정을 통하여 대표자의 명의로 등기한 경우 그 등기는 실명전환을 해야 하며, 이를 하지 않으면 명의신탁약정에 기초한 부동산물권변동은 무효로 판단해야 한다.

(2) 사안에의 적용

1) **원 칙** 비법인사단 A가 사원총회의 의결에 따라 대표자 중의 1인인 B와 명의신탁약정을 하였다면, 이러한 약정에 기초하여 이루어진 등기에 의한 B 명의로의 부동산물권변동은 무효이다(실명등기법 제4조 제2항 본문). 그 결과 비법인사단 A가 여전히 甲토지의 소유권자이다.

2) **제 한** 명의수탁자인 B가 비법인사단 A의 대표자로서 C에게 甲토지를 처분하였다 하더라도, 명의신탁자 A는 C에 대하여 위 부동산물권변동의 무효를 가지고 대항하지 못한다(실명등기법 제3조 제3항 본문). 즉, A는 명

의신탁의 무효를 주장하여 C 앞으로 이전된 등기가 실체적 권리관계에 부합하지 않기 때문에 무효라는 주장을 할 수 없다. 결국 이러한 반사적 효과로 C가 甲토지의 소유권을 취득하게 된다.

3) **소 결** 비법인사단 A는 C에 대하여 소유권말소등기 및 토지의 명도를 청구할 수 없다. 이 경우 C가, B는 단지 명의수탁자에 불과하고 실소유자가 아니라는 사실을 알고 있었는지의 여부는 문제되지 않는다. C는 선의·악의를 불문하고 보호를 받는다(김형배, 민법학강의(제6판), 668면 참조).

2. B가 자기 것으로 매도한 경우

(1) 타인권리의 매매

만일 B가 마치 甲토지의 소유권자인 양 이를 C에게 매도하였다면, '사단 A'의 구성원 전원이 총유적으로 소유하는 재산을 처분한 것이 되므로 타인권리의 매매(제569조)에 해당한다. 그러므로 B는 A로부터 甲토지에 대한 소유권을 취득하여, 이를 C에게 이전해야 한다. 따라서 사단 A가 총회로 B의 처분행위를 추인하면, 결과적으로 C는 위 소유권을 취득할 수 있고 이미 등기가 행해졌다면 그 등기는 실체관계에 합치하는 것이므로 유효하다.

반면 A가 B의 처분행위를 추인하지 않은 경우에는 B와 C 사이의 매매계약 자체는 유효하지만 C는 A에 대하여 소유권취득을 주장할 수 없으며, B에게 담보책임(제570조, 제571조)만을 추궁할 수 있을 뿐이다. 따라서 이 경우에 C가 토지소유권의 유효한 취득을 주장하려면 A와 B 사이에 신탁약정이 있음을 주장·입증해야 할 것이다.

(2) 진정한 의미의 신탁이 있었던 경우

명의신탁이 아닌, 진정한 신탁행위에 의한 담보신탁이나 관리신탁의 경우는 신탁자의 소유권이 완전히 수탁자에게 이전되고, 수탁자는 신탁목적범위내에서 소유권을 행사할 수 있다. 소유권이 전면적으로, 즉 대내외적으로 수탁자에게 이전되기 때문에 신탁목적에 위반한 수탁자의 소유권이전행위조차도 전적으로 유효하고, 다만 수탁자는 신탁자에 대하여 신탁계약위반에 따른 채무불이행책임을 부담하게 될 뿐이다.

이 사안을 살펴볼 때 사단 A가 B명의로 소유권을 이전할 때 이러한 담보신탁이나 관리신탁을 통하여 B 개인에게 목적부동산을 완전히 이전한 것은 아니라고 판단된다. 물론 B는 A의 대표자로서 대표권에 기하여 목적부동산을 포괄적으로 관리할 수는 있지만 이 경우는 대표권에 의한 것이지 신탁행위에 기한 명의신탁에 의한 것은 아니다.

Ⅳ. 설문에 대한 해답

B가 대표자로 매도한 경우에는 비법인사단 A가 C에 대하여 소유권말소등기 및 명도를 청구할 수 없다. B가 자기 것으로 매도한 경우에는 비법인사단 A가 그 처분행위를 추인하거나 C가 B와 A간에 명의신탁약정이 존재한다는 점을 입증해야만 甲토지에 대한 유효한 취득을 주장할 수 있다.

Ⅴ. 여론(餘論): B에 대한 '사단 A'의 권리

비법인사단에 대해서는 법인격을 전제로 하지 않는, 사단법인에 관한 민법규정이 유추적용되므로 사안의 경우 사단 A의 대표자 중의 한 사람인 B는 사단법인의 이사와 동일한 지위를 갖는다. 이처럼 B를 A의 대표기관으로 보든, 또는 A의 대리인으로 보는가에 관계없이 사단 A와 B 사이에는 위임관계가 존재하는 것으로 보아야 할 것이다. 그렇다면 B는 위임계약관계에 기초한 선량한 관리자의 주의로 업무를 수행할 의무를 부담한다(제61조, 제681조 참조).

사안에서처럼 대표자 또는 대리인 B가 그의 명의로 甲토지가 등기되어 있음을 기화로 사리를 꾀할 의도에서 사단 A, 보다 엄밀하게는 사단 A 구성원 전원의 재산을 매각한 행위는 위의 의무를 위반한 것이다. 이러한 B에 대하여 A는 채무불이행을 원인으로 한 손해배상을 청구할 수 있다(제390조, 제393조).

≪판 례≫

[1] 비법인사단의 사단성

(대판 1999.4.23, 99다4504) ① 민법상의 조합과 법인격은 없으나 사단성이 인정되는 비법인사단을 구별함에 있어서는 일반적으로 그 단체성의 강약을 기준으로 판단하여야 하는바, 조합은 2인 이상이 상호간에 금전 기타 재산 또는 노무를 출자하여 공동사업을 경영할 것을 약정하는 계약관계에 의하여 성립하므로 어느 정도 단체성에서 오는 제약을 받게 되는 것이지만 구성원의 개인성이 강하게 드러나는 인적 결합체인 데 비하여 비법인사단은 구성원의 개인성과는 별개로 권리·의무의 주체가 될 수 있는 독자적 존재로서의 단체적 조직을 가지는 특성이 있다 하겠는데, 어떤 단체가 고유의 목적을 가지고 사단적 성격을 가지는 규약을 만들어 이에 근거하여 의사결정기관 및 집행기관인 대표자를 두는 등의 조직을 갖추고 있고, 기관의 의결이나 업무집행방법이 다수결의 원칙에 의하여 행하여지며, 구성원의 가입·탈퇴 등으로 인한 변경에 관계없이 단체 그 자체가 존속되고, 그 조직에 의하여 대표의 방법, 총회나 이사회 등의 운영, 자본의 구성, 재산의 관리 기타 단체로서의 주요사항이 확정되어 있는 경우에는 비법인사단으로서의 실체를 가진다고 할 것이다. ② 민사소송법 제48조가 비법인의 당사자능력을 인정하는 것은 법인이 아닌 사단이나 재단이라도 사단 또는 재단으로서의 실체를 갖추고 대표자 또는 관리인을 통하여 사회적 활동이나 거래를 하는 경우에는, 그로 인하여 발생하는 분쟁은 그 단체의 이름으로 당사자가 되어 소송을 통하여 해결하게 하고자 함에 있다 할 것이므로 여기서 말하는 사단이라 함은 일정한 목적을 위하여 조직된 다수인의 결합체로서 대외적으로 사단을 대표할 기관에 관한 정함이 있는 단체를 말한다.

[2] 비법인사단에 유추적용되는 민법규정

(대판 1996.9.6, 94다18522) 비법인사단에 대하여는 사단법인에 관한 민법규정 가운데서 법인격을 전제로 하는 것을 제외하고는 이를 유추적용하여야 할 것인바, 제62조의 규정에 비추어 보면 비법인사단의 대표자는 정관 또는 총회의 결의로 금지하지 아니한 사항에 한하여 타인으로 하여금 특정한 행위를 대리하게 할 수 있을 뿐 비법인사단의 제반 업무처리를 포괄적으로 위임할 수는 없다 할 것이므로, 비법인사단 대표자가 행한 타인에 대한 업무의 포괄적 위임과 그에 따른 포괄적 수임인의 대행행위는 제62조의 규정에 위반된 것이어서 비법인사단에 대하여는 그 효력이 미치지 아니한다.

[3] 비법인사단의 소유 재산에 관한 대표자의 처분권

(대판 1996.8.20, 96다18656) ① 종중 소유의 재산은 종중원의 총

유에 속하는 것이므로 그 관리 및 처분에 관하여 먼저 종중규약에 정하는 바가 있으면 이에 따라야 하고, 그 점에 관한 종중규약이 없으면 종중총회의 결의에 의하여야 하므로, 비록 종중대표자에 의한 종중재산의 처분이라고 하더라도 그러한 절차를 거치지 아니한 채 한 행위는 무효이고, 이러한 법리는 종중이 타인에게 속하는 권리를 처분하는 경우에도 적용된다. ② 종중재산의 처분이 종중규약에 정한 바에 따라 이루어졌다거나 그에 관한 종중총회의 적법한 결의가 있었다는 점에 대한 입증은 종중총회결의서 등 그러한 사실을 직접적으로 증명할 수 있는 증거에 의하여서만 할 수 있는 것이 아니고, 그러한 종중총회의 결의가 있었다는 점 등을 추인할 수 있는 간접사실의 입증에 의하여도 할 수 있다.

관련사례 4-1 분열된 教會와 그 재산의 귀속관계

≪설 문≫

X교단에 속해 있던 Y교회의 일부 교인들(A) 100명은 종전의 소속교단에 계속 잔류하기를 희망하는 데 반해, 나머지 교인들(B) 350명은 교회의 소속교단을 변경하기로 결의하고 새로운 교단 Z에 가입하였다. B가 교회의 건물과 부지를 계속 사용하자 A는 이를 금지시키고자 한다.

교회재산을 둘러싼 A와 B 사이의 법률관계를 판례의 입장에 따라 검토하시오.

풀이제안

Ⅰ. 논점분석

1) 비법인사단으로서의 교회와 교회재산의 귀속관계와

2) 교회가 분열된 경우 교회재산의 귀속관계를 검토해야 한다.

Ⅱ. 설문에 대한 해답

1. 원 칙

비법인사단으로서 교회의 재산은 그 교인들의 총유에 속한다(판례 참조 [1]). 사안에서는 교회가 소속교단문제로 분열하였으며, 교인들 사이에 교회재산의 소유 내지 사용·수익에 관하여 분쟁이 발생하였다. 이에 관하여는 대법원은 1993년 전원합의체판결을 통하여 그 태도를 밝힌 바 있다(판례 참조 [2]).

2. 첫 번째 견해(다수의견)

교회의 건물과 부지를 비롯한 교회재산은 A와 B에게 총유로 귀속한다. 따라서 A 또는 B는 모두 상대방에 대하여 교회재산의 사용과 수익을 금지할 수 없다(제276조 제2항 참조). 후에 A 또는 B에 속하게 되는 교인들도 마찬가지로 사용수익권을 가진다(제277조).

이 태도에 따르면 총유물의 처분은 사원총회의 결의에 의하므로(제276조 제1항) 총교인의 4분의 3 이상에 해당하는 B가 총유물인 교회재산을 그들의 뜻대로 처분할 위험이 있다.

3. 두 번째 견해(한 반대의견)

하나의 총유단체인 교회가 두 개의 총유단체인 각 교회로 분열되면 종전 총유단체인 교회에 속한 재산은 분열 후의 두 개의 총유단체인 각 교회의 共有로 되고 각 교회의 공유지분은 총유의 형태로 각 교회 및 그 구성원에게 귀속된다고 보는 것이 타당하고, 이 경우에 있어서 각 교회의 공유지분비율은 분열 당시 총유재산에 대하여 개별적 사용수익권을 가진 교인의 각 교회별 비율, 즉 각 교회의 세례교인의 수에 의하여 결정하는 것이 가장 합리적이라고 한다.

이 태도에 따르면 교회재산은 A와 B에게 共有로 귀속된다. 공유지분은 A는 450분의 100, B는 450분의 350이며, 이러한 지분권이 A와 B에게 總有로 귀속된다. 따라서 A와 B는 그 지분을 각자의 교인총회의 결의로(제276조 제1항) 처분할 수 있으나(제263조 전단), 다른 공유자의 동의가 없으면 공유물인 교회재산을 처분할 수는 없다(제264조). A와 B는 지분의 비율에 따라 교회재산을 사용·수익할 수 있으며(제263조 후단), 다른 공유자에게 교회재산의 분할을 청구할 수 있다(제268조, 제269조).

4. 세 번째 견해(다른 반대의견)

교회가 사실상 분열된 경우에는 사단법인의 해산결의에 관한 민법 제78조를 유추적용하여 사단법인의 총회라 할 수 있는 지교회의 공동의회에서 재적회원의 4분의 3 이상의 찬성으로 교단변경을 결의할 수 있게 함이 타당하고, 이와 같이 교인들의 총의에 따라 소속교단을 적법하게 변경하게 되면 종전교회의 교인들의 총유에 속하였던 교회의 재산은 변경된 교회의 교인들의 총유로 귀속되며, 위와 같은 적법한 절차없이 교인들의 집단탈퇴로 새로운 교회가 생긴 것에 불과한 경우에는 종전교회의 교인들의 총유에 속하였던 모든 재산은 종전교회와 동일성을 유지하는 종전교회의 교인들의 총유로 계속하여 남는 것이고, 종전교회와 법적으로 무관한 새로운 교회 또는 그 교인들이 이에 대하여 어떤 형태이든 권리를 가질 수는 없다는 태도를 취한다.

이러한 태도에 따른다면 B가 그 인원이 총교인의 4분의 3 이상이라고는 하나, 적법한 절차에 따라 소속교단을 변경한 것인지 아니면 무단탈퇴를 한 것인지에 따라 교회재산의 귀속관계가 달라진다. 전자의 경우라면 교회재산은 B에게 총유로 귀속되며, 후자의 경우라면 교회재산은 A에게 총유로 귀속된다.

≪관련판례≫

[1] 교회재산의 귀속문제

(대판 1980.12.9, 80다2045) 교회에서 교인들의 연보, 헌금 기타 교회의 수입으로 이루어진 재산은 특별한 사정이 없는 한 그 교회소속 교인들의 총유에 속하는 것이므로 그 재산의 처분은 그 교회의 정관 기타 규약에 의하거나 그것이 없는 경우에는 그 교회소속 교인들에 의한 총회의 결의에 따라야 한다.

[2] 분열된 교회와 교회재산의 귀속문제

(대판[전] 1993.1.19, 91다1226) ① 동일교단에 소속되어 있던 교회의 일부 교인들이 종전의 소속교단에 계속 남아 있기로 하는 데 반하여 나머지 교인들이 교

회의 소속교단을 변경하기로 결의하여 새로운 교단에 가입한 경우 종전교회는 새로운 교단에 소속된 교회와 잔류교인들로 이루어진 종전교단에 소속된 교회의 2개로 분열되었다. ② 하나의 교회가 2개의 교회로 분열된 경우 교회의 장정 기타 일반적으로 승인된 규정에서 교회가 분열될 경우를 대비하여 미리 재산의 귀속에 관하여 정하여진 바가 없으면 교회의 법률적 성질이 권리능력없는 사단인 까닭으로 종전교회의 재산은 분열 당시 교인들의 총유에 속하고, 교인들은 각 교회활동의 목적범위 내에서 총유권의 대상인 교회재산을 사용, 수익할 수 있다 할 것이므로 교회재산 총유권자의 일부인 잔류교인들로써 이루어진 교회가 다른 총유권자들로써 이루어진 교회에 대하여 교회 건물의 명도를 구할 수 없고, 교회 건물의 등기명의가 한쪽 교회의 명의로 되어 있다고 하더라도 이는 위와 같은 총유재산임을 공시하는 한에서 유효하다. ③ 종전교회가 소속한 교단 헌법에 '교단의 교리나 법규를 준행하지 않거나 이탈한 자는 재산의 사용권을 가지지 못한다'고 규정되어 있는 경우, 교회와 소속교단과의 관계는 교회의 기본적 독립성이 인정되는 범위에서 정립되어야 하고 교회의 기본재산은 특별한 사정이 없는 한 교회의 교인들이 자기들을 위하여 소유, 사용할 의사를 가진 것이라고 보아야 하며 종교자유의 원칙상 교회의 교인들이 소속교단을 탈퇴하거나 변경할 수 있으며 교회에서 탈퇴하지 않는 이상 교회구성원의 지위를 상실하는 것은 아닌 점 등에 비추어 보면 위 규정이 종전교회의 교인들이 교회 자체를 탈퇴하여 교회구성원의 지위를 상실하는 경우가 아니라 다수교인들이 소속교단을 탈퇴하고 새로운 교단에 가입하여 별개의 교회를 결성함으로써 종전교회가 2개의 교회로 분열된 경우에까지 구속력을 가진다고 할 수 없다. ④ 교회의 구성원이 계속적으로 변경되어 가는 교회의 속성에 비추어 볼 때 분열된 각 교회는 새로운 교인들을 받아들일 수 있는 것이어서 분열 이후에는 반드시 분열 당시의 교인들에 한하여서만 종전교회의 재산에 대한 사용, 수익의 권한이 있는 것은 아니다.

[民 法 總 則]

事例 5

法人代表機關의 代表權濫用

≪설 문≫

비영리 사단법인 A의 대표이사 B는 법인의 시설확충을 위한 자금조달의 일환이라며, 평소 잘 알고 지내는 C에게 금 1,000만원을 차용하였다. 그러나 B는 처음부터 이 대출금을 자신의 처남 D가 운영하며, 자신도 일부 투자한 음식점의 인테리어교체를 위한 공사비용으로 쓸 계획이었으며, C도 이를 알고 있었다. 한편 확장개업 후 계속되는 불황으로 말미암아 D는 큰 빚만 진 채 식당 문을 닫아야 했다. 변제기가 되자 C는 법인 A에게 차용원리금 1,100만원의 반환을 청구하였다.

A, B 및 C 사이의 법률관계를 검토하시오.

목차제안

Ⅰ. 논점분석

Ⅱ. C에 대한 A의 책임

1. A에 대한 C의 차용원리금반환청구권
   - (1) 법인의 권리능력과 행위능력
   - (2) 정관 목적범위내의 법률행위
     - 1) 학 설
     - 2) 판 례
   - (3) 대표기관의 행위
   - (4) 소 결

2. 대표권이 남용된 법률행위의 구속에서 법인 A가 해방될 가능성
(1) 대표권남용의 의의
(2) 대표권(대리권)남용의 경우 원칙과 예외
1) 학 설
2) 판 례
(3) 평 가
Ⅲ. C에 대한 법인 A의 불법행위책임
1. 문제점
2. 제35조 제1항에 따른 법인에의 책임귀속
(1) 외형이론에 따라 판단되는 불법행위의 직무관련성
(2) 외형이론적용의 제한
3. 소 결
Ⅳ. 설문에 대한 해답
1. A와 C 사이의 법률관계
2. B와 C 사이의 법률관계

풀이제안

Ⅰ. 논점분석

1) 법인의 대표기관이 실행한 법률행위가 어떠한 요건 아래 법인에게 귀속되는지가 문제된다. 법인은 제34조에 따라 법률규정 및 '정관으로 정한 목적'의 범위내에서 권리능력을 가지기 때문에, B의 금전차용행위가 A법인의 정관에서 정한 목적범위내에 들어오는지를 먼저 검토해야 한다.

2) 대표기관이 '법인의 목적범위내에서' 자신에게 주어진 권한에 속하는 법률행위를 하였지만, 그 동기가 법인의 이익을 위해서가 아니라, 대표기관 자신 또는 법인 이외의 제3자의 이익을 위한 것이었을 경우, 즉 대표기관이 대표권을 남용한 경우에도 이러한 법률행위가 법인에게 귀속됨으로써 법인이 이에 대한 책임을 부담하는지를 검토해야 한다.

3) 만일 대표권남용의 법률행위가 법인에게 귀속되지 않는다고 하면

그 사실이 법률행위의 상대방에 대한 불법행위를 구성하게 됨으로써 다시금 그에 따른 불법행위책임이 법인에게 귀속되는지(제35조 제1항 본문)를 검토해야 한다.

Ⅱ. C에 대한 A의 책임

1. A에 대한 C의 차용원리금반환청구권

(1) 법인의 권리능력과 행위능력

제34조는 '법인은 법률의 규정에 좇아 정관으로 정한 목적범위내에서 권리와 의무의 주체가 될 수 있다'고 규정한다. 이처럼 민법은 법인의 권리능력에 대해서만 명문으로 규정할 뿐, 행위능력에 관하여 규정하고 있지 않다. 그러나 제34조는 법인의 권리능력에 대한 제한규정인 동시에 법인의 행위능력의 한계도 정하는 것으로 보는 것이 일반적 견해이다.

제34조를 법인의 행위능력만을 제한하는 것으로 보는 견해도 있다(예컨대 지원림, 민법강의, [2-119]). 이 견해는 제34조에 반하는 법률행위는 법인에 대하여 효력이 없으며, 법인이 추인할 수 없을 뿐만 아니라, 표현대리도 문제되지 않는다고 한다. 그러나 이러한 결론은 제34조를 법인의 권리능력과 동시에 행위능력을 제한하는 것으로 보는 견해와 실질적으로 다르지 않다.

(2) 정관 목적범위내의 법률행위

1) **학 설** 어떠한 법률행위가 정관에서 정한 목적의 범위내에 들어오는가의 문제와 관련하여 학설 중 일부는 ① 법인의 '목적달성에 필요하거나 적당한 범위내'로 이해하기도 하고 또는 ② 법인의 '목적에 위배되지 않는 범위내'라고 이해하기도 한다. ②의 견해가 법인의 권리능력 내지 행위능력을 보다 적극적으로 확장하고 있음을 쉽게 알 수 있다.

2) **판 례** 정관에 명시된 목적 자체에 국한되는 것이 아니고, 그 목적을 수행하는 데 있어 직접 또는 간접으로 필요한 행위는 모두 포함되며 목적수행에 필요한지의 여부도 행위의 객관적 성질에 따라 추상적으로 판단할 것이라고 한다(판례 참조 [1]). 판례는 목적수행에 직접적일 뿐만 아니라, 간접적인 행위도 포함한다고 함으로써 대립하는 학설을 절충하고

있다. 중요한 것은 한편에서는 목적수행에 필요한지의 여부를 행위자의 주관적 의도나 동기를 고려하지 않고 객관적으로 판단한다는 점이며, 다른 한편에서는 행위의 필요성 여부를 결과적 관점에서가 아니라 행위 당시를 기준으로 추상적으로 판단하여야 한다는 점이다.

(3) 대표기관의 행위

법인은 실제로 자연적 의사를 갖는 생활체가 아니라 관념적 존재이므로, 법인을 위한 행위는 대표기관인 자연인이 하지 않을 수 없다. 법인의 대표기관은 법인의 내부관계에서 정해지며 이사, 임시이사, 특별대리인 및 청산인이 이에 해당한다.

(4) 소 결

대표기관의 법률행위가 법인에게 귀속되기 위해서는 법인의 권리능력과 행위능력의 범위내에서(이를 '실질적 요건'이라 할 수 있다) 대표기관의 자격이 표시되면서(이를 '형식적 요건'이라 할 수 있다) 이루어져야 한다.

사안에서 사단법인의 이사 B는 포괄적인 대외적 업무집행권을 가진다(제59조 제1항 참조). 설문에 비추어 이러한 대표권 내지 그 행사가 법률이나 정관에 의하여 제한을 받고 있다고는 판단되지 않는다. 따라서 '법인의 사업확충을 위한' 그의 금전차용행위는 그 권한내에서 행해진 법인의 목적범위내의 법률행위로 볼 수 있다. 따라서 이사 B가 체결한 C와의 금전소비대차계약 내지 그 법률효과는 법인 A에 귀속된다. 그러므로 채권의 변제기가 도래한 때 C는 A에 대하여 차용원리금의 반환을 청구할 수 있다.

2. 대표권이 남용된 법률행위의 구속에서 법인 A가 해방될 가능성

(1) 대표권남용의 의의

이사 B는 법인 A의 목적범위내의 법률행위로 볼 수 있는 금전차용행위를 자신 및 제3자의 私利를 꾀할 목적에서 행하였으므로 이는 자신의 대표권한을 남용한 것이 된다.

이러한 행위는 우선 이사 B가 법인 A에 대하여 위임관계(제681조) 또는 이와 유사한 법률관계에 기초하여 부담하는 채무를 이행하지 않은 것이 된다(제390조). B는 법인의 이사로서 선량한 관리자로서 업무를 처리할 주의의무(제61조, 제681조)를 위반하였기 때문이다.

그러나 법인 A에 대한 보다 주요한 문제는 그 대표기관이 권한을 남용하여 실행한 법률행위에 따른 법률효과가 법인 A에게 귀속되어 그에 따른 의무, 즉 차용원리금반환의무를 C에게 이행하여야 하는지의 여부이다.

(2) 대표권(대리권)남용의 경우 원칙과 예외

대표권은 대리권과 유사하므로(제59조 제2항 참조), 대리권남용에 관한 법리가 대표권의 남용에도 그대로 반영되고 있다. 즉 대리권(대표권)이 남용된 경우에 대리행위(대표행위) 내지 그에 따른 법률효과는 본인(법인)에게 귀속되는 것이 원칙이다.

그러나 대리 내지 대표행위의 상대방이 대리권 내지 대표권의 남용사실에 관하여 악의이거나, 중과실인 경우에 대리 내지 대표행위의 효과가 본인 또는 법인에게 귀속되지 않는다는 것이 판례와 학설의 태도이지만, 그 이론구성에 있어서는 차이를 보이고 있다.

1) **학 설** 제1의 견해에 따르면 대리권남용은 비진의표시와 유사하므로 대리인의 배임사실을 상대방이 알았거나 알 수 있었던 때에는 제107조 제1항 단서를 유추하여 대리행위는 무효라고 한다(이른바 '민법 제107조 제1항 단서의 유추적용설')(예컨대 곽윤직, 민법총칙, 268면 이하). 제2의 견해에 따르면 대리권의 남용에 따른 위험은 원칙적으로 본인(또는 법인)이 부담하지만 상대방이 이를 알았거나 중대한 과실로 알지 못한 때에는 위험이 전가되어 상대방은 대리행위의 유효를 이유로 본인에 대하여 권리를 주장할 수 없다고 한다. 신의칙에 반하기 때문이라고 한다(이른바 '권리남용설', '신의칙위반설' 또는 '허용되지 않는 권리행변설')(예컨대 고상룡, 민법총칙, 511면 이하). 제3의 견해에 따르면 대리권은 본인이 대리권을 수여한 목적에 부합하는 한도내에서 내재적 한계를 가지므로 대리인의 배임사실을 상대방이 알았거나, 정당한 이유없이 알지 못한 때에는 무권대리가 된다고 한다(이른바 '대리권부인설', '대리권남용명백설' 또는 '무권대리설')(예컨대 이영준, 한국민법론, 468면 이하). 이 견해에 따르면 본인, 즉 (대표권남용의 경우) 법인이 추인하지 않는 한 대리행위는 법인에 대하여 아무 효력이 없다(제130조 본문).

2) **판 례** 위 제2의 견해를 따른 것으로 보이는 판례가 전혀 없는 것은 아니지만(판례 참조 [3-1]), 판례의 주류는 대체로 제1의 견해를 취하

는 것으로 판단된다(판례 참조 [3-2]). 근자에도 판례는 '대표이사의 대표권한 범위를 벗어난 행위라 하더라도 그것이 회사의 권리능력의 범위내에 속한 행위이기만 하면 대표권의 제한을 알지 못하는 제3자가 그 행위를 회사의 대표행위라고 믿은 신뢰는 보호되어야 하고, 대표이사가 대표권의 범위내에서 한 행위는 설사 대표이사가 회사의 영리목적과 관계없이 자기 또는 제3자의 이익을 도모할 목적으로 그 권한을 남용한 것이라 할지라도 일단 회사의 행위로서 유효하고, 다만 그 행위의 상대방이 대표이사의 진의를 알았거나 알 수 있었을 때에는 회사에 대하여 무효가 된다'고 판시한 바 있다(대판 2004.3.26, 2003다34045. 또한 대리권남용과 그에 따른 법률효과에 관한 대판 1987.7.7, 86다카1004도 참조).

(3) 평 가

판례는 제107조 제1항 단서를 '유추적용한다'는 표현을 썼지만, 엄밀하게 판단하면 대표권남용의 대표행위가 비진의표시는 아니다. 왜냐하면 사안의 경우에 이사 B는 금전소비대차계약이라는 법률행위의 효과를 의도하였고, 이러한 진의를 제대로 C에게 표시하였기 때문이다. 오히려 이를 법률행위체결의 동기가 '불순'한 경우로 보아 법률행위동기의 불법에 준하여 판단하는 것이 법리적으로는 보다 타당할 수 있을 것이다.

판례의 입장에 따라 사례를 판단한다면 C가 제기한 차용원리금반환청구소송에서 법인 A는 C의 악의 또는 선의에 과실있음을 입증함으로써 B가 체결한 금전소비대차계약의 구속으로부터 해방될 수 있다.

Ⅲ. C에 대한 법인 A의 불법행위책임

1. 문 제 점

법인 A가 이사 B의 대표권남용에 관한 C의 악의 내지 선의에 과실이 있음을 입증함으로써 B가 한 법률행위(금전소비대차계약에 따른 차용원리금반환의무)의 귀속을 면할 수는 있다고 하더라도, 대표기관의 대표행위가 법인에게 귀속되지 못함으로써 행위상대방에게 손해가 발생한 경우에는 이러한 B의 행위가 상대방 C에 대하여 불법행위에 해당할 수 있다. 따라서 대표기관 B의 불법행위가 법인 A에게 귀속되는지 여부가 다시 문제된다.

2. 제35조 제1항에 따른 법인에의 책임귀속

(1) 외형이론에 따라 판단되는 불법행위의 직무관련성

대표기관의 불법행위가 법인에 귀속되어 법인의 불법행위책임이 성립하기 위해서는(대표기관의 불법행위가 성립하기 위해서는 대표기관의 책임능력을 요구하는 것이 다수설이다. 현실적으로는 불가능할 것이나, 법인은 책임무능력자를 대표기관으로 임명하여 불법행위책임을 면할 수도 있다) 대표기관이 그 직무에 관하여 타인에게 손해를 가했어야 한다. 일반적 견해에 따르면 대표기관에 의한 불법행위의 직무관련성은 제756조에서 말하는 피용자의 '사무집행관련성'과 동일한 의미로 파악되며, 이른바 '외형이론'에 의하여 판단된다(판례참조 [4-1]). 따라서 대표기관의 주관적 동기나 목적과 상관없이, 또한 행위의 객관적 부당성 내지 불법성과는 상관없이 행위의 외형이 사회통념상 직무와의 밀접한 관련성이 있으면 설령 법인의 목적범위를 일탈하더라도 직무관련성이 긍정된다고 한다(판례참조 [4-2]).

사안의 경우 금전차용행위는 그 외형이 법인의 이사 B의 직무와 밀접한 관련성을 가지고 있다고 판단될 수 있다. 따라서 B는 '그 직무에 관한' 행위로 C에게 손해를 가한 것이라고 볼 수 있다. 따라서 C는 원칙적으로 제35조 제1항 본문을 원용함으로써 법인 A에 대하여 불법행위에 기한 손해배상을 청구할 수 있다.

(2) 외형이론적용의 제한

그러나 일찍이 판례는 대표기관이 직무와 관련된 행위를 그 자신의 개인적인 이익을 위해서 실행하였다는 사실을 알았던 자, 즉 악의의 상대방은 법인에 대하여 대표기관이 그 직무에 관하여 자신에게 손해를 가하였다는 사실을 주장할 수 없다고 판단함으로써 불법행위책임을 추궁할 수 없다고 판시한 바 있다(판례참조 [4-3]). 또한 근자에는 법인의 대표자의 행위가 직무에 관한 행위에 해당하지 아니함을 피해자 자신이 '중대한 과실로 인하여 알지 못한 경우'에도 법인에게 손해배상책임을 물을 수 없다고 판시함으로써(판례참조 [4-4]) 외형이론의 적용제한을 확대한 바 있다. 악의의 상대방을 보호한다는 것은 신뢰보호 및 외형이론의 일반원칙에 부합하지 않기 때문이다.

다만, 이러한 판례의 입장에 따르면 거래상대방 C가 B의 대표권남용을 알지 못한 데 대하여 경과실만이 있는 경우에는 법인 A의 불법행위책임이 성립할 수밖에 없다. 그러나 이 경우에도 과실상계의 규정(제396조)을 유추적용함으로써 법인 A가 배상할 손해액은 상당한 범위에서 감축될 수 있을 것이다.

3. 소 결

이사 B가 대표권을 남용한다는 사실을 알고 있었던 (즉, 악의의) C는 법인 A에 대하여 불법행위책임을 추궁할 수 없다.

Ⅳ. 설문에 대한 해답

1. A와 C 사이의 법률관계

이사 B가 법인의 목적범위내에서 법률행위를 한 경우에도 자신 또는 제3자의 이익을 꾀할 목적으로 행해진 대표권남용의 경우라면 법인 A는 그 대표행위의 상대방 C가 대표권남용을 알았거나 알 수 있었음(제107조 제1항 단서의 유추적용)을 입증함으로써 법률행위의 구속으로부터 벗어날 수 있다.

또한 B의 행위가 C에 대하여 불법행위를 구성하고 그 행위가 외형상의 직무관련성이 인정되는 경우 원칙적으로는 법인 A의 불법행위책임이 문제되겠지만, 이 경우에도 대표권남용에 관하여 악의인 C는 법인 A에 대하여 제35조 제1항 본문에 기초한 불법행위책임을 물을 수 없다(설문과는 달리 C가 대표권남용에 관하여 선의이거나 경과실만 있었다면 그는 법인 A에 대하여 제35조 제1항에 따라 손해배상을 청구할 수 있다. 이 손해를 배상한 법인 A는 이사 B에게 그 손해의 배상을 청구함으로써(제65조) 구상할 수 있다. 또 과실있는 C의 손해배상청구에 대하여 A는 과실상계를 주장할 수 있기 때문에 B에 대한 A의 배상청구도 비례해서 감축된다).

2. B와 C 사이의 법률관계

B와 C 사이의 금전소비대차계약은 법인 A에 대한 관계에서 무효이다. 그렇다고 하더라도 무권대리, 즉 대표권없는 자의 대표행위는 아니기 때문에 C는 B에 대하여 제135조에 따른 책임을 물을 수가 없다(제135조 제2항 전단의 유추적용).

차용원리금의 전부 또는 일부를 회수하기 위하여 C는 B에 대하여 불법행위에 기초한 손해배상청구권(제750조) 또는 부당이득반환청구권(제741조)을 원용할 수밖에 없다. B의 無資力에 따른 위험은 C가 부담한다.

≪판 례≫

[1] 법인의 권리능력 또는 행위능력

[1-1] (대판 1987.10.13, 86다카1522) 회사도 법인인 이상 그 권리능력이 정관으로 정한 목적에 의하여 제한됨은 당연하나 정관에 명시된 목적 자체에는 포함되지 않는 행위라 할지라도 목적수행에 필요한 행위는 회사의 목적범위내의 행위라 할 것이고 그 목적수행에 필요한 행위인가의 여부는 문제된 행위가 정관기재의 목적에 현실적으로 필요한 것이었는가를 기준으로 판단할 것이 아니라 그 행위의 객관적 성질에 비추어 추상적으로 판단할 것이다.

[1-2] (대판 1987.12.8, 86다카1230) 회사의 권리능력은 회사의 설립근거가 된 법률과 회사의 정관상의 목적에 의하여 제한되나 그 목적범위내의 행위라 함은 정관에 명시된 목적 자체에 국한되는 것이 아니라 그 목적을 수행하는 데 있어 직접 또는 간접으로 필요한 행위는 모두 포함되고 목적수행에 필요한지의 여부도 행위의 객관적 성질에 따라 추상적으로 판단할 것이지 행위자의 주관적·구체적 의사에 따라 판단할 것이 아니다.

[2] 대표권의 내부적 제한과 제3자의 신뢰보호

(대판 1997.8.29, 97다18059) 일반적으로 주식회사 대표이사는 회사의 권리능력의 범위내에서 재판상 또는 재판외의 일체의 행위를 할 수 있고, 이러한 대표권 그 자체는 성질상 제한될 수 없는 것이지만 대외적인 업무집행에 관한 결정권한으로서의 대표권은 법률의 규정에 의하여 제한될 뿐만 아니라 회사의 정관, 이사회의 결의 등의 내부적 절차 또는 내규 등에 의하여 내부적으로 제한될 수 있으며, 이렇게 대표권한이 내부적으로 제한된 경우에는 그 대표이사는 제한범위내에서만 대표권한이 있는 데 불과하게 되는 것이지만 그렇더라도 그 대표권한의 범위를 벗어난 행위, 다시 말하면 대표권의 제한을 위반한 행위라 하더라도 그것이 회사의 권리능력의 범위내에 속한 행위이기만 하다면 대표권의 제한을 알지 못하는 제3자는 그 행위를 회사의 대표행위라고 믿는 것이 당연하고 이러한 신뢰는 보호되어야 한다.

[3] 대표기관(대리인)의 대표권(대리권)남용과 대표행위(대리행위)의 법인(본인)에의 귀속 여부

[3-1] (대판 1987.10.13, 86다카1522) 주식회사의 대표이사가 그 대표권의 범위내에서 한 행위는 설사 대표이사가 회사의 영리목적과 관계

없이 자기 또는 제3자의 이익을 도모할 목적으로 그 권한을 남용한 것이라 할지라도 일응 회사의 행위로서 유효하고 다만 그 행위의 상대방이 그와 같은 정을 알았던 경우에는 그로 인하여 취득한 권리를 회사에 대하여 주장하는 것이 신의칙에 반하므로 회사는 상대방의 악의를 입증하여 그 행위의 효과를 부인할 수 있을 뿐이다.

[3-2] (대판 1997.8.29, 97다18059) 주식회사의 대표이사가 그 대표권의 범위내에서 한 행위는 설사 대표이사가 회사의 영리목적과 관계없이 자기 또는 제3자의 이익을 도모할 목적으로 그 권한을 남용한 것이라 할지라도 일단 회사의 행위로서 유효하고, 다만 그 행위의 상대방이 대표이사의 진의를 알았거나 알 수 있었을 때에는 회사에 대하여 무효가 되는 것이다.

[4] 대표기관의 불법행위에 따른 법인에의 책임귀속

[4-1] (대판 1974.5.28, 73다2014) 회사 甲의 대표이사 乙이 그 회사의 운영자금을 마련하기 위하여 자기가 또 전무이사로 있는 피고회사 丙 명의의 수표를 위조하여 丁에게 담보로 제공하고 그로부터 돈을 차용한 경우에 丙이 丁에게 책임을 지기 위해서는 위 채무담보행위가 丙의 통상의 업무행위에 속하거나 또는 통상적 업무행위와 밀접한 관련을 가지고 있는 외관상으로도 그 업무행위와 유사하여 업무행위의 범위에 속하는 것으로 보이는 경우에 한한다.

[4-2] (대판 2004.2.27, 2003다15280) 법인이 그 대표자의 불법행위로 인하여 손해배상의무를 지는 것은 그 대표자의 직무에 관한 행위로 인하여 손해가 발생한 것임을 요한다 할 것이나, 그 직무에 관한 것이라는 의미는 행위의 외형상 법인의 대표자의 직무행위라고 인정할 수 있는 것이라면 설사 그것이 대표자 개인의 사리를 도모하기 위한 것이었거나 혹은 법령의 규정에 위배된 것이었다 하더라도 위의 직무에 관한 행위에 해당한다고 보아야 한다.

[4-3] (대판 1968.1.31, 67다2785) 토지개량사업의 조합원이 토지개량사업법(폐지) 소정 절차를 밟지 않고 제3자로부터 차금한다 할지라도 이러한 행위는 그 직무에 관하여 한 행위라고 보는 것이 상당하고 다만 그 제3자가 조합장의 私用으로 하는 것임을 알고 있었다면 그 직무에 관하여 손해를 가하였다고 주장할 수 없다.

[4-4] (대판 2004.3.26, 2003다34045) 법인의 대표자의 행위가 직무에 관한 행위에 해당하지 아니함을 피해자 자신이 알았거나 또는 중대한 과실로 인하여 알지 못한 경우에는 법인에게 손해배상책임을 물을 수 없다고 할 것이고, 여기서 중대한 과실이라 함은 거래의 상대방이 조금만 주의를 기울였더라면 대표자의 행위가 그 직무권한내에서 적법하게 행하

여진 것이 아니라는 사정을 알 수 있었음에도 만연히 이를 직무권한내의 행위라고 믿음으로써 일반인에게 요구되는 주의의무에 현저히 위반하는 것으로 거의 고의에 가까운 정도의 주의를 결여하고, 공평의 관점에서 상대방을 구태여 보호할 필요가 없다고 봄이 상당하다고 인정되는 상태를 말한다(동지: 대판 2003.7.25, 2002다27088).

관련사례 5-1 代表權의 法定制限 또는 內部的 制限의 逸脫

≪설문 1≫

私立 초·중·고교를 운영하는 학교법인 A의 이사장 B는 공동으로 사용할 체육관을 신축하기 위하여 은행 C로부터 금 10억원을 차용하면서 초등학교 건물 및 그 부지에 C를 위한 저당권을 설정해주면서도 사전에 교육인적자원부의 허가를 받지 않았다. 주변의 권유로 B는 이 돈을 주식에 투자하였고, 증시불황으로 2억원의 큰 손실을 입게 되었다. 변제기가 되자 C는 법인 A에 원리금의 반환을 청구하였다.

A 및 B와 C 사이의 법률관계를 검토하시오.

◇참조조문◇

사립학교법 제28조(재산의 관리 및 보호)

① 학교법인이 그 기본재산을 매도·증여·교환 또는 용도변경하거나 담보에 제공하고자 할 때 또는 의무의 부담이나 권리의 포기를 하고자 할 때에는 관할청의 허가를 받아야 한다. 다만, 대통령령이 정하는 경미한 사항은 이를 관할청에 신고하여야 한다.

② 학교교육에 직접 사용되는 학교법인의 재산 중 대통령령이 정하는 것은 이를 매도하거나 담보에 제공할 수 없다.

≪설문 2≫

이사장 B의 아들 K도 재단법인 A의 이사이다. 그러나 재단이사회는 K가 동이사회 절대과반수의 동의가 없는 대표행위를 할 수 없도록 결의한 바 있다. K는 평소 서로 잘 알고 지내는 문구납품업자 T와 학교에 쓰일 각종 비품의 납품에 관한 계약(대금 1,000만원)을 법인 A를 위하여 체결하였다.

A 및 K와 T 사이의 법률관계를 검토하시오.

풀이제안

Ⅰ. 논점분석

1) 법인의 대표기관이 대표행위를 할 경우 일정한 절차를 거치도록 법률이 정한 경우 이러한 절차를 거치지 않은 대표기관의 법률행위의 효력은 어떠한지를 검토해야 한다.

2) 법률행위(또는 그 효과)가 법인에게 귀속되지 않는다고 할 때 그 법률'행위'가 상대방에 대한 불법행위로 되어 그 책임이 법인에게 귀속(제35조 제1항)하는지를 검토해야 한다.

Ⅱ. 문제점과 견해의 대립

법률이 일정한 절차를 거쳐 대표행위를 할 수 있도록 규정하고 있음에도 불구하고 이를 위반한 대표기관의 법률행위의 효력에 관해서는 견해가 나뉜다.

즉, ① 거래행위에 대해서는 그에 관한 법규인 제126조 표현대리를 적용해야 한다는 견해, ② 제126조의 적용의 여부를 우선적으로 검토하되 부정되는 경우 제35조 제1항이 적용된다는 견해, ③ 거래의 상대방은 제126조와 제35조 제1항의 적용을 선택할 수 있다는 견해 및 ④ 법률의 제한에 위반한 대표행위는 무효이므로 오로지 제35조 제1항의 적용만이 고려될 수 있다는 견해가 그것이다.

Ⅲ. ≪설문 1≫에 대한 해답

대표권의 행사절차를 규정한 법률규정은 원칙적으로 강행규정으로 이해해야 할 것이다. 비영리법인의 대표기관에게 일정한 대표행위를 못하게 하거나, 또는 허가를 받는 등 엄격한 절차를 거쳐야만 비로소 할 수 있도록 하는 법률규정은 거래질서의 확립보다는 비영리법인의 보존을 그 규범목적으로 하기 때문이다. 한편 강행규정에 위반한 법률행위는 대표기관이 스스로 하든 대리인이 하든 무효로 판단되며, 이의 유효를 신뢰한 제3자를 보호하기 위한 이론구성은 의미가 없다. 따라서 위에서 마지막으로 언급한 네 번째 견해가 타당하다. 이에 따라 사안을 판단하면 사립학교법에서 정한 절차에 위반한 학교법인 A의 대표자 B의 법률행위는 무효이다(판례참조 [1]).

판례에 따르면 법인 A에 그 효과가 귀속되지 않는 법률행위를 한 B의 행위는 貸主 C에 대하여 불법행위가 될 수 있다(판례참조 [2]). B가 그 직무에 관하여 C에게 손해를 주었다고 평가되면 법인 A는 제35조 제1항 본문에 따라 C에 대하여 불법행위책임을 진다. 그러나 C은행도 사립학교법이 정한 절차를 거쳤는지의 여부를 알아볼 생활상의 주의를 다하지 않은 '과실'이 인정되기 때문에 과실상계가 적용됨으로써 법인 A가 C에게 배상할 손해액은 C의 과실 정도에 비례하여 감축될 것이다. 법인 A로부터 전보되지 않는 차용원리금의 나머지를 회수하기 위하여 C는 B에 대하여 불법행위에 기한 손해배상청구권(제750조)을 가진다.

Ⅳ. ≪설문 2≫에 대한 해답

재단이사 K는 법률이 규정하는 대표권행사의 제한을 일탈한 것이 아니라, 재단이사회의 결의에 의하여 내부적으로 제한된 대표권행사의 제한을 일탈한 것이다. 그러나 이러한 내부적 제한은 외부에서 이를 인식할 수 없는 것이므로 등기하지 않으면 제3자에게 대항하지 못한다(제60조). 판례에 따르면 이때 제3자가 주관적으로 이러한 제한을 알고 있었는지 여부는 문제되지 않는다고 한다(판례 참조 [3]). 이러한 맥락에서 사안을 살펴보면 이사 K에 대한 대표권제한이 법인등기부에 기재되어 있지 않는 한, 설령 이러한 제한을 K와 평소 친분이 있는 T가 알고 있었다고 하더라도 A는 이러한 제한을 가지고 T에게 대항할 수 없으며, 그 결과 법인 A는 매도인 T에 대하여 비품대금을 지급할 의무를 부담한다. 법인 A는 이사 K를 상대로 선관주의의무(제61조)위반에 따른 채무불이행책임을 추궁할 수 있다(제390조, 제65조).

이사 K에 대한 대표권제한이 등기되어 있었다면 법인 A는 T에게 대항할 수 있으며, 따라서 이사회의 절대과반수 동의를 얻지 않고 행한 K의 매매계약 및 그 법률효과가 법인에게 귀속되지 않는다. 하지만 이 경우에도 T가 위에서 이미 살펴본 바와 같이, 법률규정에 의하여 대표권이 제한되는 경우와 마찬가지로 법인 A에게 제35조 제1항에 따른 책임을 추궁할 여지는 있다. 이때 강행법규가 아니라 임의적인 대표권의 제한이 등기된 것이므로, 거래안전을 이유로 제126조에 따른 표현대리책임의 성립만을 또는 이를 우선적으로 검토해야 할 것인지, 그렇지 않으면 거래상대방 T에게 제126조와 제35조 제1항 중 하나를 선택하게 할 것인지를 논의할 실익이 있는지는 의문이다. 왜냐하면 대표권의 제한이 등기되었다는 사실로 말미암아 거래상대방의 선의·무과실 내지는 신뢰의 정당한 사유의 존재를 부정할 수박에 없을 것이기 때문이다.

≪관련판례≫

[1] 법률규정에 위반한 대표행위의 효력=무효

(대판 1974. 5. 28, 74다244) 학교법인이 타인으로부터 금원을 차용하면서 사립학교법 제16조, 제28조의 규정에 의한 이사회의 결의와 감독청의 허가절차를 거치지 않았다면 그 차금행위는 무효이다.

[2] 무효인 대표행위가 그 상대방에 대하여 불법행위를 구성하는지 여부와 상대방의 과실

[2-1] (대판 1975. 8. 19, 75다666) 학교법인의 대표자가 교육시설의 확장 등 학교의 정상적인 유지·운영을 위하여 금원을 차용하고 수표를 발행하는 행위는 피고 법인대표자의 직무행위라 할 것이고 또 이는 법인의 사무집행에 관한 행위로서의 객관적인 외형을 갖추었다 할 것이므로 법인은 위 대표자가 타인으로부터 금원을

차용하고 수표를 발행함에 있어 사립학교법 제16조 및 제28조가 정하는 이사회의 결의를 거치지 아니하고 감독관청의 허가를 받지 않은 잘못으로 인하여 타인이 입은 손해를 불법행위자로서 배상할 의무가 있고 금원을 법인에 대여함에 있어서 사립학교법이 정하는 절차를 거쳤는지를 알아보지 아니한 과실이 있는 금원대여자는 과실책임을 진다.

[2-2] (대판 1964. 12. 29, 64다1321) 법인 자체에 대하여 불법행위상의 책임을 물을 수 있는 것은 법인 자체의 대표자가 그 직무에 관하여 타인에 대하여 불법행위를 가한 경우에만 한정한다는 것이 민법 제35조 제1항의 취지이며 구 농업협동조합법(1961. 7. 29. 법률 제670호) 제3조, 제2조, 제111조에 의하면 군 농업협동조합이라는 법인의 목적달성을 위한 사업 중에는 신용사업이 있으나 그 신용사업수행을 위한 자금은 반드시 농업협동조합 중앙회로부터만 차입함을 요하는 것으로 법률상 명백히 규정하고 있으니 자금차입에 관한 군 농업협동조합 자체의 불법행위책임은 그 조합의 대표권자가 위 중앙회로부터 자금차입을 하는 데 관하여 타인에게 불법행위를 가한 경우에만 한정된다 할 것인바 농업협동조합의 지소장이 그 개인적인 사업자금조달을 위하여 개인으로부터 자금을 차입하여 타인에게 손해를 가하였다 하더라도 이는 위 조합의 목적범위내에서 타인에게 불법행위를 가한 경우라고 볼 수 없어 위 조합 자체의 불법행위가 된다고 볼 수 없다.

[3] 대표권의 내부적 제한과 등기

(대판 1992. 2. 14, 91다24564) ① 재단법인의 대표자가 그 법인의 채무를 부담하는 계약을 함에 있어서 이사회의 결의를 거쳐 노회와 설립자의 승인을 얻고 주무관청의 인가를 받도록 정관에 규정되어 있다면 그와 같은 규정은 법인대표권의 제한에 관한 규정으로서 이러한 제한은 등기하지 아니하면 제3자에게 대항할 수 없다. ② 법인의 정관에 법인대표권의 제한에 관한 규정이 있으나 그와 같은 취지가 등기되어 있지 않다면 법인은 그와 같은 정관의 규정에 대하여 선의냐 악의냐에 관계없이 제3자에 대하여 대항할 수 없다.

事例 6

出捐財産의 財團法人에의 歸屬時期

≪설 문≫

B는 장애인들의 자활을 돕기 위한 목적으로 주무관청의 허가를 받아 재단법인을 설립하고, 그가 소유한 甲토지를 출연하였다. 법인설립등기를 마친 법인 A의 이사 F는 부동산을 현금화하여 재단사업을 추진할 목적으로 기부증서를 보여주어 토지가 사실상 법인의 재산이라는 것을 확인시킨 후 이를 5억원에 D에게 매각하는 계약을 체결하고, 부동산의 소유권이전등기는 편의상 B에서 D로 곧장 경료하기로 약정하였다. D가 이전등기를 경료하기 전에 연로한 B는 사망하였으며, 그의 유일한 자식 C가 B를 상속하였다. 평소 방탕한 생활을 일삼던 C가 상속재산이 적음에 불만을 품고 있던 차에 甲토지의 소유권명의가 여전히 선친의 명의로 되어 있음을 알고 이 토지를 E에게 시가보다 싼 4억원에 급히 매각하고 즉시 이전등기를 경료해주었다.

토지소유권의 귀속주체를 정하고 그에 따른 법률관계를 확정하시오.

목차제안

Ⅰ. **논점분석**

Ⅱ. **甲토지에 관한 소유권의 귀속주체**

1. 견해의 대립
   (1) 제1견해(제48조 적용긍정설)
   (2) 제2견해(제48조 적용부정설)

(3) 제3견해(대내외분리설)
2. 견해의 검토
3. 사안의 검토
Ⅲ. 각 견해에 의할 경우 관계당사자 사이의 법률관계
1. 제1견해에 의할 경우
(1) 법인 A에 대한 D의 토지소유권이전등기청구권
(2) C에 대한 법인 A의 손해배상청구권
(3) E에 대한 C의 담보책임
2. 제2견해에 의할 경우
(1) 법인 A에 대한 D의 토지소유권이전등기청구권
(2) C에 대한 법인 A의 손해배상청구권
3. 제3견해에 의할 경우
(1) 법인 A에 대한 D의 토지소유권이전등기청구권
(2) C에 대한 법인 A의 손해배상청구권
Ⅳ. 설문에 대한 해답

풀이제안

Ⅰ. 논점분석

甲토지의 소유권이 법인 A에 속하는지, 아니면 출연자인 B 또는 그의 사망 이후에는 상속인 C에게 귀속하는지를 검토해야 한다. '출연재산의 귀속시기'를 규정하는 제48조(제1항) 및 동 조항과 부동산물권변동에 있어서 성립요건주의를 천명한 제186조와의 상관관계에 대한 이해가 문제해결의 관건이다. 甲토지의 소유권자가 누구냐에 따라 A와 D, A와 E, A와 B 및 B와 E의 법률관계가 확정될 수 있다.

Ⅱ. 甲토지에 관한 소유권의 귀속주체

1. 견해의 대립

'생전처분으로 재단법인을 설립하는 때에는 출연재산은 법인이 성립된 때로부터 법인의 재산이 된다'고 규정하는 제48조 제1항에 대해서는 견해가 나뉜다(자세한 것은 김형배, 민법학강의(제6판), 128면 이하 참조).

(1) 제1견해(제48조 적용긍정설)

제48조 제1항을 제187조에서 말하는 '기타 법률의 규정'으로 파악함으로써 등기없이도 법인이 성립한 때, 즉 주된 사무소의 소재지에서 설립등기를 한 때(제33조)에 출연재산인 부동산의 소유권이 법인에 귀속한다고 한다(예컨대 곽윤직, 민법총직, 136면; 고상룡, 민법총칙, 198면).

이 견해에 따르면 일반적으로 출연자의 단독행위로 이해되는 '출연행위'는 그 법률행위의 효력에 의해서 소유권이 이전되는 것이 아니라, 공법상의 사실행위인 설립등기가 있는 때에 법률규정에 의하여 출연재산인 부동산에 관한 물권이 변동된다. 즉, 이때에 소유권의 귀속주체가 변경된다.

(2) 제2견해(제48조 적용부정설)

제48조 제1항에서 말하는 법인성립시에 법인은 이전등기청구권만을 가지며, 현실적으로 이전등기를 경료한 때에 비로소 부동산소유권을 취득하지만, 그 시기가 법인이 성립한 때로 소급한다고 한다(예컨대 이영준, 한국민법론, 802면; 이은영, 민법총칙, 266면).

이 견해에 따르면 출연행위는 장래 성립할 법인에 채권적 이전등기청구권을 취득하게 하는 상대방없는(경우에 따라서는 법인의 설립을 준비하는 자에게 이러한 뜻을 표현할 수도 있으나, 이 자를 출연행위의 상대방으로 파악할 수는 없다) 채권적 단독행위가 된다.

(3) 제3견해(대내외분리설)

제48조는 출연자와 법인과의 관계를 상대적으로 결정하는 기준에 불과하다고 한다. 따라서 출연재산이 부동산인 경우에도 출연자와 법인 사이에는 법인의 성립 외에 등기를 필요로 하는 것은 아니지만, 제3자에 대한 관계에 있어서 출연행위는 법률행위이므로 출연재산의 법인에의 귀속에는 부동산에 관한 권리일 경우 등기를 필요로 한다고 한다(판례의 태도, 판례 [1-1] 참조).

이 견해에 따르면 출연행위는 성립한 법인에 대한 관계에서는 물권적 단독행위이지만 제48조를 기초로 등기없이도 물권변동이 효력을 가진다. 그러나 제3자에 대한 관계에서는 성립한 법인에 대한 출연행위가 채권적 단독행위에 지나지 않기 때문에 등기를 필요로 하는 결과가 된다. 출연자의 상속인은 출연자의 포괄승계인이므로 여기서 말하는 제3자에 해당하지 않는다.

2. 견해의 검토

우선 판례의 견해인 제3견해는 과거 구민법에 따른 '의사주의' 내지 '대항요건주의'의 잔재라는 비판을 면하기 어렵다. 제2견해처럼 등기가 없으면 법인이 부동산소유권을 취득하지 못한다는 입장이 아니라, 출연자에 대한 관계에서만 취득한 소유권을 제3자에게 대항할 수 없다는 구성이기 때문이다. 실정법적 기초가 전혀 없이 제1견해와 제2견해를 절충한 것으로밖에는 볼 수 없다.

제1견해와 제2견해 중 어느 하나를 선택해야 한다면 전자가 보다 재단법인에 관한 법률규정의 취지에 부합한다고 판단된다. 재단법인은 모두 비영리법인으로서 그 재산은 대개 학술, 종교, 자선, 기예, 사교 등의 목적을 수행하기 위한 것(제32조 및 제39조 참조)이다. 이런 점을 고려할 때 제1견해에 따르는 경우, 제2견해에 의하는 때보다 출연재산의 재단법인에의 귀속시기를 앞당길 수 있기 때문이다.

3. 사안의 검토

제1견해에 따를 때 F와 D가 매매계약을 체결할 당시 법인 A는 이미 성립하고 있었으므로 토지소유권을 등기없이도 취득한다. 제2견해에 따르면 법인 A는 토지소유권을 취득하지 못하며, 제3견해에 따르면 법인 A는 B에 대해서는 토지소유권을 취득하였으나, 이를 B의 포괄승계인 C를 제외한 제3자에게는 대항할 수 없게 된다.

Ⅲ. 각 견해에 의할 경우 관계당사자 사이의 법률관계

1. 제1견해에 의할 경우

(1) 법인 A에 대한 D의 토지소유권이전등기청구권

제1견해에 따르면 법인 A는 D에 대한 소유권이전채무를 이행할 수 있는 지위에 있게 된다. 즉, 우선 법인 A는 E에 대하여 소유권에 기한 물권적 청구권을 행사함으로써 등기의 말소를 청구할 수 있다. 실체적 권리관계를 회복한 법인 A는 D에게 토지소유권이전등기를 경료해주고, 매매대금 5억원의 지급을 청구할 수 있다.

(2) C에 대한 법인 A의 손해배상청구권

제1견해에 따르면 甲토지는 상속재산이 아니라, 법인 A의 소유재산이다. 따라서 이를 E에게 처분한 C의 행위는 법인 A의 소유권을 침해하는 불법행위가 된다. 법인 A는 C에 대하여 불법행위에 기한 손해배상청구권을 가진다(제750조).

(3) E에 대한 C의 담보책임

제1견해에 따르면 E는 무권리자 C로부터 甲토지를 매수한 것이 되어, A가 소유권에 기한 물권적 청구권을 행사함으로써 甲토지에 대한 소유권을 잃게 된다. 따라서 C는 E에 대하여 담보책임을 부담해야 한다(제569조, 제570조).

2. 제2견해에 의할 경우

(1) 법인 A에 대한 D의 토지소유권이전등기청구권

제2견해에 따르면 법인 A는 D에 대하여 부담하는 토지소유권이전채무를 이행할 수 없게 된다. 법인 A는 타인(출연자 B)의 물건을 매매하였고, 소유권을 취득하여 D에게 이전할 수 없게 되었기 때문에 담보책임을 부담해야 한다(제569조, 제570조). 권리하자에 대한 담보책임도 물건하자의 경우와 마찬가지로 무과실책임으로 구성하는 한, 법인 A에 귀속하는 토지로 알고 매수한 D는 계약을 해제하고 손해배상을 함께 청구할 수 있다.

(2) C에 대한 법인 A의 손해배상청구권

제2견해에 따르면 법인성립으로 법인 A는 출연자 B에 대해서 토지소유권이전등기청구권만을 취득한다. C는 토지를 E에게 매각함으로써 B로부터 포괄승계한(제1005조 본문) 토지소유권이전채무를 A에게 더 이상 이행할 수 없게 되었다. 이러한 C에 대하여 법인 A는 채무불이행에 기한 손해배상청구권을 가진다(제390조). C가 배상해야 할 손해액은 E로부터 취득한 매각대금 4억원이 아닌, 토지의 시가상당액에 소유권이전등기를 경료해줌으로써 채무의 이행불능이 된 시점부터의 지연이자가 가산된 금액이 될 것이다.

3. 제3견해에 의할 경우

(1) 법인 A에 대한 D의 토지소유권이전등기청구권

제3견해에 따르면 법인 A는 D에 대하여 부담하는 토지소유권이전채무를 이행할 수 없게 된다. 법인 A는 타인의 물건이 아닌 자신의 물건을 매매하였기 때문에 타인물건의 매매에 따른 담보책임은 문제되지 않는다. 그러나 출연자 B에 대한 관계에서 취득한 소유권을, 토지소유권이전등기를 경료한 E에게 대항할 수 없기 때문에 법인 A의 D에 대한 소유권이전채무는 후발적 급부불능이 된다. 이러한 급부불능에 대하여 법인 A에 귀책사유가 있다고 보기는 어려우며 따라서 위험부담의 문제(제537조)로 귀착한다. 법인 A는 D에 대한 토지소유권이전채무를 면하지만, 반대급부인 매매대금의 지급을 청구하지도 못한다.

(2) C에 대한 법인 A의 손해배상청구권

제3견해에 따르면 —제1견해를 따를 때와 마찬가지로— 甲토지는 상속재산이 아니라, 법인 A의 소유재산이다. 따라서 이를 E에게 처분한 C의 행위는 법인 A의 소유권을 침해하는 불법행위가 된다. 법인 A는 C에게 불법행위에 기한 손해배상청구권을 가진다(제750조).

Ⅳ. 설문에 대한 해답

제48조 제1항에 관하여 제1견해에 따르지 않는 한 E는 취득한 토지소유권을 보유할 수 있다. 다른 견해에 따르더라도 법인 A는 출연된 토지 자체의 소유권을 취득할 수 없을 뿐이다. 결국 제2 및 제3의 견해에 따르면 출연재산이 부동산이고, 성립한 법인이 소유권이전등기를 출연자로부터 경료받지 않으면 법인은 그 부동산 자체를 보유할 수 없게 되는 경우가 있게 된다. 즉, 출연자 또는 그 상속인이 문제 부동산을 제3자에게 양도하고 이전등기를 경료해준 경우가 그러한데, 이때에도 법인은 출연자에 대해서는 채무불이행에 기한 손해배상청구권을, 또는 상속인에 대해서는 불법행위 또는 채무불이행에 기한 손해배상청구권을 취득하며, 따라서 부동산시가상당액에 지연이자를 가산한 현금을 법인재산으로 확보할 수 있다. 다만 출연자나 그 상속인이 無資力으로 되는 위험은 감수해야 할 것이다.

≪판 례≫

[1] 출연재산의 재단법인에의 귀속

[1-1] (대판[전] 1979.12.11, 78다481) 재단법인을 설립함에 있어서 출연재산은 그 법인이 설립된 때로부터 법인에 귀속된다는 제48조의 규정은 출연자와 법인과의 관계를 상대적으로 결정하는 기준에 불과하여 출연재산이 부동산인 경우에도 출연자와 법인 사이에는 법인의 성립 외에 등기를 필요로 하는 것은 아니지만, 제3자에 대한 관계에 있어서, 출연행위는 법률행위이므로 출연재산의 법인에의 귀속에는 부동산의 권리에 관한 것일 경우 등기를 필요로 한다(대판 1976.5.11, 75다1656: 재단법인의 설립자에게 기부한 부동산은 그 법인의 설립과 동시에 그 법인에게 귀속한다.[폐기]).

[1-2] (대판 1993.9.14, 93다8054) ① 제48조는 재단법인 성립에 있어서 재산출연자와 법인과의 관계에 있어서의 출연재산의 귀속에 관한 규정이고, 이 규정은 그 기능에 있어서 출연재산의 귀속에 관하여 출연자와 법인과의 관계를 상대적으로 결정함에 있어서의 기준이 되는 것에 불과하여, 출연재산은 출연자와 법인과의 관계에 있어서 그 출연행위에 터잡아 법인이 성립하면 그로써 출연재산은 위 조항에 의하여 법인성립

시에 법인에게 귀속되어 법인의 재산이 되는 것이고, 출연재산이 부동산인 경우에 있어서도 위 양 당사자간의 관계에 있어서는 위 요건(법인의 성립) 외에 등기를 필요로 하는 것이 아니나, 제3자에 대한 관계에 있어서는 출연행위가 법률행위이므로 출연재산의 법인에의 귀속에는 부동산의 권리에 관해서는 법인성립 외에 등기를 필요로 한다. ② 유언으로 재단법인을 설립하는 경우에도 제3자에 대한 관계에서는 출연재산이 부동산인 경우는 그 법인에의 귀속에는 법인의 설립 외에 등기를 필요로 하는 것이므로, 재단법인이 그와 같은 등기를 마치지 아니하였다면 유언자의 상속인의 한 사람으로부터 부동산의 지분을 취득하여 이전등기를 마친 선의의 제3자에 대하여 대항할 수 없다.

≪참고≫

민법개정가안(2002.12.2, 법무부 민법개정특별분과위원회)

제48조(출연재산의 귀속시기)

① (현행 조문과 동일)

② (현행 조문과 동일)

③ 제1항 및 제2항의 경우에 설립자의 사망 후에 재단법인이 성립된 때에는 설립자의 출연에 관하여는 그의 사망 전에 재단법인이 성립한 것으로 본다.

④ 제1항 및 제2항의 경우에 그 권리변동에 등기, 인도 등이 필요한 출연재산은 이를 갖추어야 법인의 재산이 된다.

事例 7

通情虛僞表示

≪설 문≫

자신의 채권자들이 압류할 것을 염려한 A가 자신 소유의 인쇄기를 친구인 B가 '매수한 것으로 하고' B의 창고에 보관시켰다. 일주일 후 B는 이 기계를 C에게 1,000만원에 팔고 인도해주었다. 한편 A도 인쇄기를 D에게 1,100만원에 팔기로 하는 매매계약을 체결하였다.

A와 C, A와 D 및 C와 D 사이의 법률관계를 검토하시오.

목차제안

풀이제안

Ⅰ. 논점분석

1) A는 B와 '통모하여' 마치 매매계약이 있는 것으로 하고, 그의 동산을 B에게 인도하였다. 이러한 가장의 매매계약은 통정한 허위의 의사표시(이하 허위표시)가 합치된 것으로 제108조 제1항에 따라 무효이다. 그러므로 인쇄기의 소유권자는 여전히 A이다. 그럼에도 불구하고 B는 인쇄기를 자신이 사실상 지배하고 있음을 기화로 마치 자신이 그 기계의 소유권자인 양 이를 C에게 매도하는 매매계약을 체결하였다. 이는 타인 물건의 매매에 해당하며(제569조), B는 C에 대하여 기계의 소유권을 이전할 채무를 부담한다(제568조 제1항). 허위표시를 기초로 새로운 법률관계를 맺은 제3자 C의 보호문제(제108조 제2항)를 검토해야 한다.

2) 인쇄기의 진정한 소유권자로서 A는 위 사실을 알지 못한 채 기계를 D에게 매도하는 매매계약을 체결하였다. 따라서 동일한 동산이 C와 D에게 이중으로 매각되는 결과가 초래되었다. 결국 가장양수인 B로부터 기계를 매수한 C와 진정한 소유권자 A로부터 같은 기계를 매수한 D 중 누가 궁극적으로 기계의 소유권을 취득할 수 있는지를 검토해야 한다.

Ⅱ. A와 C 사이의 법률관계

1. 문 제 점

B와 C 사이에 체결된 매매계약이 유효하면, B는 인쇄기의 소유권을 이전할 채무를 부담하며, C는 이에 상응하여 1,000만원의 매매대금을 지급할 채무를 부담한다(제563조). 사안에 따르면 B는 인쇄기를 C에게 현실인도함으로써(제188조 제1항 참조) 이미 자신의 채무를 이행하였다. 문제는 B가 인쇄기에 대한 소유권을 C에게 이전할 수 있는 법적인 지위(처분권)를 가지는 자, 즉 소유권자인가 하는 점이다. 소유권자가 아니라면 그가 행한 인쇄기의 현실인도는 원칙적으로 그 기계의 소유권귀속에 어떠한 영향도 미칠 수 없기 때문이다.

2. A와 B 사이의 가장매매의 효력

(1) 통정허위표시

A는 B와 통모하여 동산을 가장매매하였으므로 통정한 허위의 의사표시의 효력이 문제된다. 허위표시라 함은 표의자가 상대방과 통정하여(서로 모의하여) 행하는 허위의 의사표시로서 '내심의' 효과의사와 '표시로부터 추단되는 효과의사'가 일치하지 않는 경우이다.

(2) 허위표시의 성립요건

허위표시의 성립요건으로는 (i) 의사표시가 있을 것, (ii) 의사와 표시가 불일치할 것, (iii) 상대방과의 통정이 있을 것 등이 요구된다. 특히 (iii)의 요건과 관련해서 '통정', 즉 표의자가 진의 아닌 의사표시를 하면서 이 점에 관하여 서로 양해가 있다는 점에서 허위표시는 비진의표시(제107조 제1항)와 구별된다(판례 [1-1] 참조).

(3) 허위표시 당사자 사이의 효과

허위표시의 효력은 무효이므로(제108조 제1항) 이에 기한 채무가 아직 이행되지 않았으면 이행할 필요가 없고, 이미 이행되었으면 부당이득으로서 반환해야 한다(제741조).

(4) 사안의 검토

A와 B는 서로 '통모하여' 동산에 대한 점유를 이전하고 있다. 즉, A와 B 사이의 매매계약도 허위표시이며, 동산소유권이전의 물권적 합의도 허위표시로서 무효이다. 따라서 문제의 인쇄기 소유권은 여전히 A에게 있으며, B가 설령 그 기계를 점유하고 있다고 하더라도 동산의 소유권자가 될 수 없다.

3. C의 권리보호 가능성

(1) 제108조 제2항에 의한 보호

1) **문 제 점** C는 무권리자인 B로부터 목적동산을 매수한 자이다. 그러면 C는 B와의 매매계약에 기하여 목적동산의 소유권을 적법하게 취득할 수 있는가의 문제가 발생한다. 민법은 허위표시 등 의사표시에 흠이 있는 경우, 이 의사표시에 기초한 무권리자로부터 권리를 취득한 '선의'의 제3자에게 ──원칙적으로는 진정한── 권리자가 의사표시의 하자를 이유로 하는 의사표시의 무효나 취소를 가지고 대항할 수 없다고 규정한다(제107조 제2항, 제108조 제2항, 제109조 제2항, 제110조 제3항). 여기서 허위표시에 국한하여 살펴보면 우선 C는 선의의 제3자에 해당하는가가 문제된다.

2) **제108조 제2항의 의미**

가) 선의의 제3자의 범위 판례(판례 참조 [2])와 학설은 선의의 제3자를 허위표시의 당사자와 그의 포괄승계인을 제외한 자로서 허위표시의 외형을 신뢰하여 새로운 법률상의 이해관계를 맺은 자라고 해석하고 있다(예컨대 가장매매의 매수인으로부터 목적물을 매수한 자, 가장매매의 매수인으로부터 저당권을 설정받은 자, 가장매매의 매수인으로부터 가등기를 취득한 자, 가장저당권설정행위에 기한 저당권의 실행으로 경락받은 자, 가장매매의 매도인으로부터 매매대금채권을 양수한 자, 가장소비대차상의 채권을 貸主로부터 양수받은 자, 명의를 가장한 예금채권의 명의인으로부터 동 채권을 양수한 자 등은 제3자에 해당한다). 다시 말하면 허위표시의 양수인으로부터 다시 그 목적물을 양수받은 자, 가장양수인으로부터 저당권 기타 제한물권의 설정을 받은 자 등이 제3자이다.

한편 제3자의 보호는 허위표시에 의한 가장행위를 창출한 자(사안의 경우 A)에 대한 비난가능성이 있다는 것이 그 근거가 되지만, 제3자도 권리를 주장하기 위해서는 선의, 즉 허위표시 내지는 가장행위의 유효성에 대한 신뢰만으로는 족하다고 할 수 없다. 부동산의 경우에는 등기를 경료해야 하며,

동산의 경우에는 점유의 이전(인도)을 받은 제3자만이 보호될 수 있다.

나) '대항할 수 없다'의 의미 '허위표시의 무효를 가지고 대항하지 못한다' 함은 허위표시의 당사자 사이에서는 무효인 통정허위표시가 선의의 제3자에 대한 관계에서는 유효로 된다는 뜻이다(이른바 상대적 무효). 허위표시의 당사자는 물론 그 특별승계인도 선의의 제3자에게 대항할 수 없다(판례 [3] 참조).

한편 허위표시의 당사자가 허위표시를 철회할 수 있지만, 이러한 허위표시의 철회로 선의의 제3자에게 대항하기 위해서는 허위표시로 인한 외형을 제거해야 한다.

3) **사안의 검토** 사안의 경우 C는 A와 B 사이의 가장양도행위를 원인으로 작출된 외형을 신뢰하여 무권리자인 B로부터 문제의 인쇄기를 매수한 제3자이다. 만일 C가 이미 기계의 점유마저 이전을 받았고, A와 B 사이에 허위표시가 있었음을 몰랐을 경우에는 선의의 제3자로서 보호될 수 있을 것이다. 즉, A는 허위표시가 무효라는 이유로 기계의 소유권이 여전히 자기에게 있음을 C에 대하여 주장할 수 없다. 그러나 A는 B에 대한 관계에서는 여전히 그 기계의 소유권자이기 때문에 C에 대한 B의 매매계약의 이행으로 A가 동산소유권을 상실하게 되었다면 B에 대하여 불법행위(소유권 침해)로 인한 손해배상청구권(제750조) 또는 부당이득반환청구권(제741조, 제747조 제1항)을 갖는다.

반면 C가 기계의 점유를 이전받았다 하더라도 A와 B 사이에 허위표시가 있었음을 알고 있는 경우에는 보호되지 않는다. 즉, A는 C에 대하여 허위표시를 이유로 목적부동산의 소유권이 여전히 자기에게 있음을 주장할 수 있다.

(2) C가 선의취득자로서 보호받을 수 있는 가능성

유효한 매매계약을 전제로, C가 매도인 B에게 그 기계에 대한 진정한 소유권이 없음을 알지 못했고, 또한 알지 못한 데 과실이 없다면 그는 기계에 대한 점유를 이전받는 즉시 기계에 대한 소유권을 선의취득한다(제249조).

법률규정에 의한 소유권의 취득이므로 이 경우 A는 B에 대한 관계에서도 소유권을 상실한다. 물론 A는 B에 대하여 부당이득반환청구권(제741조) 또는 불법행위에 기한 손해배상청구권(제750조)을 취득하게 된다.

4. 소 결

B와의 매매계약에 기초하여 인쇄기를 인도받은 C가 A와 B 사이의 가장매매의 무효를 알지 못하였다면 그는 제108조 제2항에서 말하는 선의의 제3자로서 보호를 받는다. 즉, A와 B 사이의 허위표시로서의 가장매매는 C에 대한 관계에서는 유효한 것으로 다루어진다. 따라서 C는 인쇄기의 소유권을 취득할 수 있다.

B와의 매매계약이 유효하다는 전제 아래 인쇄기를 인도받은 C가 양도인 B는 권리자가 아니라는 것을 알지 못했고, 이에 과실이 없는 경우 ― A와 B 사이의 매매의 효력과는 상관없이 ― 법률규정에 의하여 동산소유권을 즉시 선의취득한다(제249조).

Ⅲ. A와 D 사이의 법률관계

1. 인쇄기에 관한 A의 處分權

A와 B 사이의 가장매매가 허위표시로서 무효이기 때문에 A와 B 사이의 관계에 있어서 인쇄기에 대한 소유권은 여전히 A에게 있다. 물건의 진정한 소유권자로서 A는 그 물건을 사용·수익하거나 처분할 권능을 갖는다(제211조). 인쇄기의 소유권자인 A와 유효한 매매계약을 체결한 D는 A에 대하여 기계소유권이전청구권을 가진다(제563조, 제568조).

2. D에 대한 A의 채무불이행책임

그러나 B가 A와 D 사이의 매매의 목적물인 인쇄기를 이미 C에게 인도하였고, C가 허위표시에 대하여 선의인 경우 또는 B가 무권리자라는 점에 대해 C가 선의이며 무과실인 경우 A는 D에 대해 부담하는 기계소유권이전채무를 이행할 수 없게 된다(이행불능). C에 대하여 A는 기계소유권을 주장할 수 없기 때문이다.

따라서 D에 대하여 A는 기계소유권이전채무의 이행불능에 따른 채무불이행책임을 부담해야 한다(제390조 또는 제546조 및 제551조).

Ⅳ. 설문에 대한 해답

A와 B 사이의 허위표시는 무효가 되고, 따라서 B가 무권리자라는 것을 알지 못하는 C는 인쇄기의 점유를 이전받음으로써 기계의 소유권자가 된다. 이 경우 D에 대한 A의 인쇄기소유권이전채무는 이행불능이 된다.

그러나 악의의 C는 기계의 점유를 이전받더라도 결코 기계의 소유권자가 될 수 없다. C의 악의에 대한 증명책임은 A가 부담한다. 이때 B는 C에 대한 관계에서 타인의 권리를 매도한 자가 되므로 그 동산의 소유권을 A로부터 취득하여 매수인 C에게 이전하거나(제569조), 그렇지 못할 경우에는 타인권리에 따른 담보책임을 부담하여야 한다(제570조).

≪판 례≫

[1] 통정허위표시

[1-1] (대판 1972.12.26, 72다1776) 제108조 제1항의 규정취지는 비진의의사표시를 한 자가 스스로 그 사정을 인식하면서 그 상대방과 비진의의사표시를 하는 데 대한 양해하에 한 의사표시는 그 표시된 바와 같은 효력을 발생할 수 없다는 것이다.

[1-2] (대판 1995.6.30, 94다52416) 취득시효가 완성된 부동산의 소유자가 그 부동산을 아들에게 증여하여 소유권이전등기를 넘겨준 사안에서, 그 증여행위는 시효취득자에 대한 소유권이전등기의무를 회피하기 위한 목적으로 한 것이고 수증자인 아들이 이에 적극 가담한 것으로서 아들 명의의 등기는 그 원인행위가 사회질서에 반하거나 통정허위표시에 의한 무효의 등기라고 추단할 여지가 있다.

[2] 제108조 제2항에서의 선의의 제3자

[2-1] (대판 1983.1.18, 82다594) 제108조 제2항에서 말하는 제3자는 허위표시의 당사자와 그의 포괄승계인 이외의 자 모두를 가리키는 것이 아니고 그 가운데서 허위표시행위를 기초로 하여 새로운 이해관계를 맺은 자를 한정해서 가리키는 것으로 새겨야 할 것이므로 이 사건 퇴직금채무자인 피고는 원채권자인 소외 甲이 소외 乙에게 퇴직금채권

을 양도했다고 하더라도 그 퇴직금을 양수인에게 지급하지 않고 있는 동안에 위 양도계약이 허위표시란 것이 밝혀진 이상 위 허위표시의 선의의 제3자임을 내세워 진정한 퇴직금 전부채권자인 원고에게 그 지급을 거절할 수 없다.

[2-2] (대판 2000.7.6, 99다51258) 상대방과 통정한 허위의 의사표시는 무효이고 누구든지 그 무효를 주장할 수 있는 것이 원칙이나, 허위표시의 당사자와 포괄승계인 이외의 자로서 허위표시에 의하여 외형상 형성된 법률관계를 토대로 실질적으로 새로운 법률상 이해관계를 맺은 선의의 제3자에 대하여는 허위표시의 당사자뿐만 아니라 그 누구도 허위표시의 무효를 대항하지 못하는 것인바, 허위표시를 선의의 제3자에게 대항하지 못하게 한 취지는 이를 기초로 하여 별개의 법률원인에 의하여 고유한 법률상의 이익을 갖는 법률관계에 들어간 자를 보호하기 위한 것이므로, 제3자의 범위는 권리관계에 기초하여 형식적으로만 파악할 것이 아니라 허위표시행위를 기초로 하여 새로운 법률상 이해관계를 맺었는지에 따라 실질적으로 파악하여야 한다.

[2-3] (대판 1978.12.26, 77다907) 통정허위표시에 의한 매수인으로부터 부동산의 권리를 취득한 제3자는 선의로 추정되므로 제3자가 악의라는 사실의 주장입증책임은 그 무효를 주장하는 자에게 있다.

[3] 선의의 제3자에게 대항할 수 없다는 의미

(대판 1996.4.26, 94다12074) 상대방과 통정한 허위의 의사표시는 무효이고 누구든지 그 무효를 주장할 수 있는 것이 원칙이나, 허위표시의 당사자 및 포괄승계인 이외의 자로서 허위표시에 의하여 외형상 형성된 법률관계를 토대로 실질적으로 새로운 법률상 이해관계를 맺은 선의의 제3자에 대하여는 허위표시의 당사자뿐만 아니라 그 누구도 허위표시의 무효를 대항하지 못하고, 따라서 선의의 제3자에 대한 관계에 있어서는 허위표시도 그 표시된 대로 효력이 있다.

[民 法 總 則]

事例 8

法律行爲를 한 動機의 錯誤, 賣渡人의 瑕疵擔保責任, 債權者代位權

≪설 문≫

아마추어 畵商이기도 한 A는 평소 가끔씩 들르던 그림수집가 C가 소장하고 있는 수채화 한 점을 보고는 유명한 K화백이 그린 것으로 스스로 판단하였고, 이를 통상 K화백 작품의 거래시가에 상당하는 500만원을 지불하고 이를 구입하였다. 그후 A는 B에게 그 그림을 'K화백의 그림'이 틀림없다고 하면서 550만원에 팔고 대금도 다 받았다. 그러나 그 그림은 無名 M화백이 그린 정교한 모조품으로 밝혀졌으며, 그 상품가치는 30만원 정도로 평가되었다.

A, B 및 C 사이의 법률관계를 검토하시오.

목차제안

Ⅰ. **논점분석**

Ⅱ. **A와 C 사이의 법률관계**

1. A와 C 사이의 매매계약
2. C의 하자담보책임
3. 동기의 착오를 이유로 하는 의사표시의 취소가능성
   (1) 문 제 점
   (2) 동기착오를 이유로 한 취소의 허용 여부

1) 학 설
가) 표시설
나) 표시 여부와 무관한 제109조 적용설
다) 제109조 유추적용설
2) 판 례
3) 평 가
가) 원 칙
나) 판례 및 학설 중 다수견해인 표시설의 문제점
다) 소 결
(3) 착오를 이유로 하는 취소의 일반적 요건
1) 의사표시의 내용에 관한 착오
2) 착오의 중요성
3) 착오자의 무중과실
4) 상대방의 예측가능성
(4) 소 결

Ⅲ. A와 B 사이의 법률관계
1. A와 B 사이의 매매계약
2. 착오취소 후 A에 대한 B의 부당이득반환청구권
(1) B의 취소권
(2) A에 대한 B의 부당이득반환청구권과 B에 대한 A의 소유물반환청구권
3. A의 하자담보책임
4. B의 채권자대위권
(1) 문제점
(2) A의 취소권
(3) A의 매매대금에 관한 부당이득반환청구권

Ⅳ. 설문에 대한 해답

풀이제안

Ⅰ. 논점분석

1) 사안에서 문제되는 두 개의 계약, 즉 첫번째 매매인 A와 C 사

이의 계약과 두 번째 매매인 A와 B 사이의 계약의 목적은 모두 'K화백의 작품'인 수채화를 매매하는 것이었다. 그러나 실제로 매매의 목적물은 모조품이었다. 이처럼 사실이 아닌 것을 사실로 착각하고 매매계약을 체결하였던 각각의 매수인이 각각의 매매계약을 착오를 이유로 취소하고(제109조 제1항) 지급한 매매대금을 되돌려 받을 수 있는지를 검토해야 한다.

2) 동시에 그림이 모조품임을 이유로 A와 C 사이의 법률관계에서는 A가 매도인 C에 대하여, A와 B 사이의 법률관계에서는 B가 매도인 A에 대하여 각각 하자담보책임을 추궁할 수 있는지도 검토한다. 하자담보책임을 긍정한다면 착오를 이유로 하는 취소권과 하자담보책임에서 발생한 해제권(제580조, 제575조 제1항)이 경합될 수도 있기 때문이다.

3) 부가적으로 B가 A에 대하여 권리를 보전하기 위하여 A가 C에 대하여 가지는 권리를 대위행사할 수 있는가를 검토할 수 있다.

Ⅱ. A와 C 사이의 법률관계

1. A와 C 사이의 매매계약

A와 C 사이에 체결된 매매계약의 목적물은 'C가 소장하고 있는 수채화'이며, 매매대금은 500만원이다. C는 그 그림을 A에게 인도함으로써(제188조 제1항) 재산권이전의무를 이행하였으며, A는 매매대금을 전부 지급하였다.

다만, A는 자신이 구입한 수채화가 'K화백이 그린 그림'이라고 오인한 상태에서 매매계약의 의사표시를 하였다.

2. C의 하자담보책임

A와 C는 특정물인 그림의 매매계약을 체결하였다. 그런데 이 그림은 위조품으로 판명되었으므로 물건의 성상의 하자로 인한 하자담보책임(제580조)이 문제될 수 있다. 하자담보책임이 성립하기 위해서는 A와 C의 매매계약의 체결 당시 바로 K화백의 '진품'그림을 목적물로 한다는 명시적 또는 묵시적 합의가 있거나 계약의 일반적 상황으로 보아 그러한 의사표시가 있었다고 인정될 만한 사실이 존재해야 한다. 왜냐하면 하자담보책

임은 양 당사자가 계약의 목적물로 정한 물건에 존재하는 하자를 이유로 발생하는 것이기 때문이다. 만일 A와 C가 매매계약을 체결할 때 K화백의 그림이 아닌, 단순한 그림(C가 소장하고 있던 그대로의 수채화)을 대상으로 한 경우라면 C의 담보책임은 문제가 되지 않는다. 사안의 경우 A에게 K화백의 진품 그림을 매수한다는 의사가 있었음은 분명하지만, C가 A에게 'K화백의 그림'을 매도하는 계약을 체결하였다고 볼 수만은 없다.

A와 C 사이의 매매계약의 목적물이 'K화백의 그림'이 아닌 단순한 '그 수채화'이었다고 판단한다면, 그 수채화는 그 그림 자체가 가진 하자가 문제되어야 한다. 위 사안에서 A와 C는 그 수채화가 'K화백의 그림'이라는 것을 계약의 내용으로 한 적이 없기 때문에, 그 수채화가 통상 가져야 할 성상을 결여하지 않는 이상 담보책임이 문제될 수 없다.

따라서 물건의 하자로 인한 매도인 C의 담보책임은 문제되지 않는다.

3. 동기의 착오를 이유로 한 의사표시의 취소가능성

(1) 문 제 점

사안에서 매매목적물인 수채화가 모조품임에도 불구하고 K화백의 작품이라고 믿고 A는 고가를 지불하고 이를 구입하였다. 즉, 매매계약의 법률효과의 귀속을 의욕하는 효과의사의 형성과정에서 착오가 발생한 것이다. 다시 말하면 내심의 효과의사를 결정하는 과정에서 A가 그 그림이 K화백의 그림이 아니라는 사실을 알았더라면 그와 같은 효과의사의 결정에 이르지 않았을지도 모른다.

이처럼 동기의 착오는 표의자 내심의 의사결정에 있어서 표의자의 인식과 사실 사이에 불일치가 발생하는 것을 말하기 때문에(판례 [1-1] 참조) 동기형성에 있어서의 인식 또는 표상의 잘못으로부터 발생하는 위험을 표의자가 상대방에게 전가시킨다면 이는 원칙적으로 私的自治의 기본정신에 어긋날 것이다. 이러한 맥락에서 동기에 관한 착오를 이유로 제109조 제1항에 따라 법률행위를 취소할 수 있는지 여부에 관하여는 견해가 나뉘고 있다(김형배, 민법학강의(제6판), 213면 이하 참조).

(2) 동기착오를 이유로 한 취소의 허용 여부

1) **학 설**

가) 표시설 학설 중 다수의견인 이른바 표시설에 따르면 동기가 표시되고 상대방이 이를 알고 있는 경우에는 그러한 범위내에서 '동기의 착오'는 법률행위 내용의 중요부분의 착오가 되어 표의자는 이를 취소할 수 있다고 한다. 이에 따르면 A가 C로부터 그림을 매수할 때에 그것이 K화백의 그림이기 때문에 매수한다는 것을 표시하고 C가 이를 알고 있으면 착오로 인한 취소의 요건이 구비된다. 그러나 A가 이를 표시하지 않고서 단순히 그 그림을 매수한 경우에는 법률행위 내용의 중요부분의 착오가 될 수 없어 착오로 인한 취소의 문제가 발생할 수 없다. 동기가 표시되지 않은 경우에는 의사표시의 효력에 대하여 어떤 영향을 미치지 않도록 하려는 것이 다수의견(예컨대 곽윤직, 237면)의 견해이며, 상대방을 보호하려는 태도이다.

나) 표시 여부와 무관한 제109조 적용설 동기가 표시되었는지의 여부를 묻지 않고 중요부분에 관한 동기의 착오는 제109조에 의하여 취소될 수 있다고 하는 견해(예컨대 고상룡, 민법총칙, 438면)도 있다. 위의 다수견해는 착오개념을 '표시에 의하여 추단되는 의사(표시상의 효과의사)와 진의(내심적 효과의사)가 일치하지 않으며 그 불일치를 표의자 자신이 알지 못하는 것'으로 이해하기 때문에 표시되지 않은 동기가 고려될 여지가 없다고 하는 데 반하여, 이 견해는 착오개념을 '표의자가 의사표시에 이르는 과정 또는 의사표시 자체에 있어서 사실과 일치하지 않는 인식 또는 판단을 한 것을 자각하지 못한 것'으로 이해하므로 동기의 표시 유무는 문제되지 않는다고 한다.

다) 제109조 유추적용설 동기의 착오 중 거래에 있어서 중요한 사항 또는 물건의 성질에 관한 착오 및 이에 준하는 착오는 표시착오나 내용착오와 동등한 평가를 받을 수 있기 때문에 이때에는 표시 유무를 묻지 않고(즉, 동기의 '표시'는 법률행위의 내용이 되었다고 인정할 수 있는 법률행위해석의 한 거점에 지나지 않는다) 제109조 제1항을 유추적용할 수 있다는 견해(예컨대 이영준, 347면)도 있다.

2) **판 례** 판례는 원칙적으로 다수견해와 마찬가지로 표시설의 태도를 취한다고 볼 수 있다(판례참조 [2-1]). 그러나 '동기가 상대방의 부정

한 방법에 의하여 유발된 경우' 또는 '동기가 상대방으로부터 제공된 경우(판례 참조 [2-2])'에는 동기가 表示되지 않았다 하더라도 동기의 착오에 의한 의사표시는 취소될 수 있다고 한다.

3) **평 가**

가) 원 칙 동기의 착오를 포함하여 착오가 무엇이냐 하는 착오에 관한 개념정의의 문제와 (동기착오를 포함하여) 착오에 의한 의사표시에 대해서 어떤 법적 평가를 내릴 것인가의 문제는 서로 구별해야 한다. 제109조의 문언을 보더라도 취소할 수 있는 착오와 취소할 수 없는 착오를 다 포함할 수 있는 '착오개념'이 전제되지 아니하고는 '착오취소의 가부'를 판단할 수 있는 법적 기준을 설정할 수 없을 것이다.

나) 판례 및 학설 중 다수견해인 표시설의 문제점 표시착오 또는 내용착오와 같은 유형과 달리 동기착오는 외부에 표시되지 않는 것이 일반적이다. 그러나 판례와 학설 중 다수견해는 동기착오가 외부에 표시되거나 상대방에게 알려지는 경우에만 이를 착오의 문제로 취급하면서 착오의 문제개념(즉, 사실의 문제)과 착오가 있는 의사표시에 대한 법적 평가의 문제를 구별하지 않고 있다.

다) 소 결 어떤 물건이 일정한 성질을 지니고 있기 때문에 이를 매수하려는 경우에 그러한 성상을 가진 목적물에 대한 매수의 의사표시는 법률행위의 내용을 구성한다. 그러므로 그 목적물이 그와 같은 성질을 지니고 있지 않음에도 불구하고 매수인이 잘못 인식하여 그 목적물을 매수하겠다는 의사표시를 하였다면 표의자는 법률행위의 내용에 대하여 착오에 빠진 것이 된다. 이를 상대방에게 표시하지 않았다고 해서 표의자에게 착오가 없는 것은 아니다.

착오의 개념을 '표의자가 의사표시에 이르는 과정 또는 의사표시 그 자체에 있어서 사실과 일치하지 않는 인식 또는 판단을 행한 것을 후에 발견한 상태'로 정의하면(판례 참조 [1-1]), 동기착오도 일단 착오개념 속에 포함될 수 있다. 동기착오를 포함하여 착오에 빠진 자에게 어떠한 요건 아래 취소권을 인정할 것인가 하는 착오에 대한 평가의 문제는 그후에 제기된다.

(3) 착오를 이유로 하는 취소의 일반적 요건

동기착오를 포함하여 착오를 이유로 착오자인 표의자에게 취소권을 부여하기 위한 요건은 다음과 같다.

1) **의사표시의 내용에 관한 착오** 착오는 의사표시의 내용에 관한 것이어야 한다(판례 [2-1] ① 참조). 어떤 물건이 일정한 성질을 지니고 있기 때문에 그 목적물을 매수하려는 경우에, 만일 매매목적물에 그러한 성상이 없음에도 있다고 착각하여 매수의 의사표시를 했다면 ―그 표시 여부와 상관없이― 그러한 매수의 의사표시는 내용에 관한 것이다.

2) **착오의 중요성** 그 착오는 표의자가 그것이 없었더라면 그러한 의사표시를 하지 않았으리라고 생각될 정도로 중요한 것이어야 하며(이른바 주관적 현저성) 동시에 통상인으로서도 표의자의 입장에 있었더라면 그러한 의사표시를 했을 것으로 생각될 정도로 중요한 것이어야(이른바 객관적 현저성) 한다(판례 [2-1] ① 참조).

3) **착오자의 무중과실** 표의자에게 '중대한 과실'이 없어야 한다(제109조 제1항 단서). 여기서 '중대한 과실'이라 함은 표의자의 직업, 행위의 종류, 목적 등에 비추어 보통 요구되는 주의를 현저히 결여하는 것을 의미한다(판례 [2-1] ② 참조). 이에 대한 입증책임은 상대방이 부담한다는 것이 일반적 견해이다.

4) **상대방의 예측가능성** 상대방이 표의자의 착오를 예견할 수 있어야 하는 것이 착오취소를 허용하기 위한 요건인가에 관해서는 다툼이 있다.

이를 요건으로 하는 것은 민법의 명문규정에 반할 뿐만 아니라, 사실상 착오취소를 봉쇄하는 결과가 되어 상대방을 과잉보호하는 것이라며 부정하는 견해(예컨대 이영준, 365면)가 있는 반면, 착오자의 내심적 동기의 착오를 예상할 수 없었던 상대방에 대해서까지 이러한 취소권이 행사될 수 있다면 이는 상대방에게 가혹할 뿐만 아니라 거래안전을 해칠 수 있다는 것을 이유로 상대방의 예견가능성을 긍정하는 견해(김주수, 민법총칙, 377면)도 있다. 상대방이 착오를 인식할 가능성이 없는 경우에도 경과실이 있는 표의자에게 의사표시를 취소할 수 있도록 허용한다면, 그에게 상대방에 대한 신뢰이익의 손해배상책임을 부담하도록 하는 것이 공평할 것이다(김형배, 민법학강의(제6판), 221면 이하 참조).

(4) 소 결

관례와 학설 중 다수견해에 따르면 A가 C로부터 그림을 매수할 때에 그것이 K화백의 그림이기 때문에 매수한다는 것을 표시하고 C가 이를 알고 있었다면 착오로 인한 취소의 요건이 구비되며, A가 이를 표시하지 않고서 단순히 그 그림을 매수한 경우에는 법률행위 내용의 중요부분의 착오가 될 수 없어 착오로 인한 취소의 문제가 발생할 수 없다.

그러나 표의자가 의사표시의 동기를 '표시할 것'을 요건으로 할 필요는 없다. 왜냐하면 표시의 유무는 상대방의 악의 또는 과실에 의한 부지를 인정할 수 있는 '하나'의 자료에 지나지 않는 것으로 보아야 할 것이기 때문이다. A가 자신이 매수한 그림을 K화백의 것으로 오신한 동기착오는 법률행위의 내용에 관한 것으로 볼 수 있다. 그리고 A가 그러한 착오에 빠지지 않았더라면 '그 그림'을 매수한다는 의사표시를 하지 않았을 것이며, 그러한 착오와 표시 사이의 인과관계는 통상인이 그러한 경우에 처했더라도 마찬가지였을 것이다. 또한 C는 A가 이와 같은 착오에 빠져 있다는 것을 —적어도 그림수집가로서 주의를 다하였다면— 알 수 있었을 것으로 판단된다. 다만, A에게 중대한 과실이 있는 경우, 다시 말하면 A가 착오에 빠진 데 대하여 통상인에게 기대되는 주의를 현저히 결여한 경우라면 A는 착오로 인한 취소를 주장할 수 없다. A의 중과실에 대한 입증책임은 상대방 C에게 있다.

Ⅲ. A와 B 사이의 법률관계

1. A와 B 사이의 매매계약

A와 B 사이에 체결된 매매계약의 목적물은 A가 C로부터 구입한 'K화백의 그림'이며, 매매대금은 550만원이다. A는 그 그림을 B에게 인도함으로써(제188조 제1항) 재산권이전의무를 이행하였으며, A는 매매대금을 전부 지급한 것으로 보인다.

다만, B는 A의 말을 믿고 매매목적물인 수채화가 'K화백이 그린 그림'이라고 오판한 상태에서 매매계약의 체결을 결정하였다.

2. 착오취소 후 A에 대한 B의 부당이득반환청구권

(1) B의 취소권

A와 B의 매매계약에 관해서도 앞에서 설명한 동기의 착오에 관한 설명이 그대로 적용된다. 즉, B는 A로부터 K화백의 그림이라고 하여 매수의 의사표시를 하였으므로 그 그림이 K화백의 것이 아니었다면 매수하지 않았을 것이다. 그리고 A도 B가 그 그림이 K화백의 진품이 아님을 알았더라면 이를 매수하지 않았을 것임을 예견할 수 있었다. 따라서 B는 착오를 이유로 매매계약을 취소할 수 있다(제109조 제1항 본문).

이와 같은 경우에 대해서 판례나 학설 중 다수견해에 의하더라도 B에게는 취소권이 인정될 수 있다. 왜냐하면 B의 동기는 표시되었으며, 이러한 B의 착오는 A에 의하여 유발된 것이기 때문이다.

(2) A에 대한 B의 부당이득반환청구권과 B에 대한 A의 소유물반환청구권

착오를 이유로 의사표시를 취소하면 A와 B 사이의 매매계약은 소급하여 무효가 되므로(제141조 본문) A가 보유한 매매대금 550만원은 법률상의 원인이 없이 B의 손실로 얻은 부당한 이득이 된다. B는 A에 대하여 부당이득반환청구권을 가진다(제741조).

반면 A는 B에 대하여 소유물반환청구권을 행사함으로써 그림의 점유를 회복하거나(제213조 본문), 또는 부당이득으로 점유의 반환을 요구할 수도 있다(제741조).

주의할 것은 이 경우에 법률행위의 착오가 법률행위의 객체인 물건의 하자와 관계되기 때문에 착오취소와 하자담보책임(제580조, 제575조 제1항: 해제)의 경합이 문제된다는 점이다.

3. A의 하자담보책임

A와 B 사이의 매매계약에 있어서 본래의 계약상의 목적물은 'K화백의 그림'이다. B가 A에게 K화백의 그림을 구입해줄 것을 의뢰했는지

는 명확하지 않지만, A와 B가 매매계약을 체결할 때 A는 그 그림이 K화백의 것이라고 하였으며, B도 그렇게 알고 매수하였기 때문이다. 따라서 그 그림이 위조품으로 판명된 때에는 그 그림에 하자가 있는 것이 명백하므로 B는 A에게 하자담보책임(제580조)을 물을 수 있다.

B는 A와의 매매계약을 착오를 이유로 취소할 수도 있지만(제109조), A에 대하여 하자를 이유로 담보책임을 물을 수 있으므로 양자의 경합이 문제된다. 그러나 담보책임에 관한 규정은 착오에 관한 규정에 대하여 특별규정이라 할 수 있고, 착오로 인한 취소를 하지 않아도 매수인은 담보책임에 의해 충분히 보호되므로 양자가 경합하는 경우에는 담보책임규정만이 적용된다는 것이 일반적 견해(예컨대 곽윤직, 민법총칙, 346면)이다. 이에 따르면 B는 A에 대해 하자담보책임만을 물을 수 있다. B는 처음부터 그 그림이 K화백이 그린 진품이라고 생각하고 있었으므로 그 그림이 K화백의 것이 아니라면 B는 매매계약의 목적을 달성할 수 없다. 따라서 B는 계약을 해제할 수 있다(제580조 제1항 본문, 제575조 제1항 본문). 계약해제 후 B는 A에 대하여 원상회복청구권(제548조 제1항 본문)의 내용으로서 매매대금 550만원에 법정이자를 가산한(제548조 제2항) 금액의 지급을 청구할 수 있다.

4. B의 채권자대위권

(1) 문 제 점

B가 매매계약을 해제하고 매매대금(550만원+α)에 관한 원상회복청구권을 취득한 후, B는 이 채권을 보전하기 위하여 A가 C에 대하여 가지고 있는 '권리'를 대위행사할 수 있는지도 문제된다.

채권자대위권의 행사요건과 관련하여 판례와(대판 1963.2.14, 62다884; 대판 1963.4.25, 63다122; 대판 1969.7.29, 69다835; 대판 1969.11.25, 69다1665; 대판 1972.4.28, 72다187; 대판 1976.7.13, 75다1086 등) 학설의 다수견해(예컨대 곽윤직, 채권총론, 170면 이하)는 B가 보전할 채권이 금전채권인 경우에는 A가 無資力이어야 한다고 한다. 하지만 채권자대위권의 법적 성질을 B가 자기의 채권을 보전하기 위하여 A의 책임재산 전체에 대해서 가지는 일종의 '포괄적 담보권'으로 이해하는 견해에 따르면 채권자대위권을 행사하기 위해서 반드시 A가 무자력일 필요는 없다(예컨대 김형배, 채권총론, 349면 이하).

B의 채권자대위권의 문제는 피대위권리를 두 가지 경우로 나누어 검토해야 한다.

(2) A의 취소권

B가 그의 채권을 보전하기 위하여 C에 대한 A의 착오를 이유로 하는 '취소권'을 대위행사할 수 있는가 하는 문제이다. 제404조 제1항 본문은 '채권자는 자기의 채권을 보전하기 위하여 채무자의 권리를 행사할 수 있다'고 규정하고 있는데 A가 C에 대하여 가지고 있는 취소권이 '채무자의 권리'에 해당한다면 B는 이를 대위행사할 수 있다고 보아야 할 것이다.

원래 착오를 이유로 취소를 인정하는 제109조는 표의자 본인의 보호를 목적으로 하는 것이므로 원칙적으로 표의자 자신이나 그의 승계인만이 이를 행사할 수 있다(제140조). 따라서 법률행위의 상대방이나 제3자는 이를 직접 행사할 수는 없다. 그러나 표의자에 대한 채권을 보전할 필요가 있는 경우에는 표의자가 그의 의사표시의 하자를 인정하고 있는 한, 표의자 자신이 취소권을 행사하지 않더라도 제3자인 채권자가 표의자의 의사표시를 취소할 수 있다고 보아야 한다(김형배, 민법학강의(제6판), 1002면 참조).

(3) A의 매매대금에 관한 부당이득반환청구권

A가 C에 대하여 이미 취소권을 행사하여 매매대금에 관한 부당이득반환청구권이 발생된 후 또는 B가 A의 취소권을 대위행사함으로써 A가 C에 대하여 동일한 권리를 취득한 후 B가 C에 대한 A의 이러한 '부당이득반환청구권'을 대위행사할 수 있는지도 문제된다.

판례와 학설 중 다수견해에 의하면 A가 무자력일 때 한하여(소수의견은 A의 무자력을 요구하지 않는다) B가 A에 대한 채권자로서 A의 재산을 보전하기 위하여 A가 C에 대해서 가지는 부당이득반환청구권(구체적으로 금전채권)을 대위행사할 수 있다. C가 A에게 인도할 대금을 B에게 인도하면 B는 이를 대위수령할 수 있으며, 이를 다시 A에게 인도할 채무와 자신이 A에 대하여 갖는 매매대금반환채권을 상계함으로써 사실상 우선변제를 받을 수 있게 된다.

Ⅳ. 설문에 대한 해답

사안에서 법률관계의 형성은 A와 C 사이의 매매계약, B와 A 사이의 매매계약의 순서로 이루어졌다. 그러나 법률문제는 최종매수인인 B가 자신이 매수한 그림이 K화백의 것이 아님을 이유로 하자담보책임규정에 따른 해제권을 행사함으로써 비로소 발생하게 되고, 이때 A는 C와의 매매계약에 대하여 착오에 의한 취소권의 행사 여부를 고려하게 된다. 따라서 B는 A와의 매매계약을 해제함으로써 '가짜 그림'을 A에게 돌려줄 의무를 부담하는 한편, 매매대금에 관한 원상회복청구권을 가진다. A는 C에 대하여 동기의 착오에 의한 취소권을 행사할 수 있다. 만일 A가 C에 대한 취소권을 행사하지 않는 경우 B는 A를 대위하여 1차적으로는 A와 C 사이의 매매계약에 관한 취소권을 행사할 수 있을 것이며, 그후 A가 C에 대하여 가지는 매매대금에 관한 부당이득반환청구권을 각각 행사할 수 있다.

《판 례》

[1] 착오의 개념

[1-1] (대판 1972.3.28, 71다2193) 의사표시에 착오가 있다고 하려면 법률행위를 할 당시에 실제로 없는 사실을 있는 사실 또는 실제로 있는 사실을 없는 것으로 잘못 생각하듯이 표의자의 인식과 대조사실이 어긋나는 경우이다.

[1-2] (대판 1985.4.23, 84다카890) 착오는 의사표시의 내용과 내심의 의사가 일치하지 않는 것을 표시자가 모르는 것이므로, 단순히 내심적 효과의사의 형성과정에 착오가 발생한 이른바 연유의 착오 또는 동기의 착오는 내심적 효과의사와 참뜻 사이에 착오가 있음에 그치고 이 내심적 효과의사와 표시와의 사이에는 그 불일치가 없다.

[2] 동기의 착오

[2-1] (대판 1998.2.10, 97다44737) ① 동기의 착오가 법률행위의 내용의 중요부분의 착오에 해당함을 이유로 표의자가 법률행위를 취소하려면 그 동기를 당해 의사표시의 내용으로 삼을 것을 상대방에게 표시하고 의사표시의 해석상 법률행위의 내용으로 되어 있다고 인정되면 충분하고 당사자들 사이에 별도로 그 동기를 의사표시의 내용으로 삼기로 하는 합

의까지 이루어질 필요는 없지만, 그 법률행위의 내용의 착오는 보통 일반인이 표의자의 입장에 섰더라면 그와 같은 의사표시를 하지 아니하였으리라고 여겨질 정도로 그 착오가 중요한 부분에 관한 것이어야 한다(동지: 대판 2000.5.12, 2000다12259). ② 동기의 착오가 표의자의 중대한 과실로 인한 때에는 취소하지 못하는데, 여기서 '중대한 과실'이라 함은 표의자의 직업, 행위의 종류, 목적 등에 비추어 보통 요구되는 주의를 현저히 결여하는 것을 의미한다(동지: 대판 2000.5.12, 99다64995).

[2-2] (대판 1978.7.11, 78다719) 이미 귀속해제된 토지인데도 귀속재산일 줄로 잘못 알고 국가에 증여한 경우 이러한 착오는 일종의 동기의 착오라 할 것이나 그 동기를 제공한 것이 국가 산하 관계공무원이었고 그러한 동기의 제공이 없었더라면 몇 십년 경작해온 상당한 가치의 토지를 선뜻 국가에 증여하지는 않았을 것인즉, 그 동기는 증여행위의 중요한 부분을 이룬다고 할 것이므로 증여자가 뒤늦게나마 그 착오를 알아차리고 증여계약을 취소한 이상 그 취소는 적법하다.

[3] 계약(법률행위)목적물의 시가에 관한 착오

[3-1] (대판 1992.10.23, 92다29337) 부동산매매에 있어서 시가에 관한 착오는 부동산을 매매하려는 의사를 결정함에 있어 동기의 착오에 불과할 뿐 법률행위의 중요부분에 관한 착오라고 할 수 없다.

[3-2] (대판 1998.2.10, 97다44737) 매매대금은 매매계약의 중요부분인 목적물의 성질에 대응하는 것이기는 하나 분량적으로 가분적인 데다가 시장경제하에서 가격은 늘 변동하는 것이어서, 설사 매매대금액 결정에 있어서 착오로 인하여 다소간의 차이가 나더라도 보통은 중요부분의 착오로 되지 않는다. 그러나 이 사건(토지들)은 정당한 평가액을 기준으로 무려 85%나 과다하게 평가된 경우로서 그 가격 차이의 정도가 현저할 뿐만 아니라, 원고(市)는 지방자치단체로서 법령의 규정에 따라 정당하게 평가된 금액을 기준으로 협의매수를 하고 또한 협의가 성립하지 않는 경우 수용 등의 절차를 거쳐 사업에 필요한 토지를 취득하도록 되어 있다. 이러한 사정들에 비추어 볼 때, 원고로서는 위와 같은 동기의 착오가 없었더라면 그처럼 과다하게 잘못 평가된 금액을 기준으로 협의매수계약을 체결하지 않았으리라는 점은 명백하다. 따라서 원고의 매수대금액 결정의 동기는 이 사건 협의매수계약 내용의 중요한 부분을 이루고 있다고 봄이 상당하다.

관련사례 8-1 錯誤와 一部取消

≪설 문≫

B市는 도시계획결정에 따라 X구역 일대를 공원지구로 지정하였다. 이 지역에 약 1,000평의 토지를 소유하고 있던 A는 공원에 휴게소를 설치하여 운영하고 싶어 관계공무원 C에게 이에 관한 문의를 하자 C는 1,000평의 토지와 휴게소 건물을 市에 기부채납하면 설치 및 운영허가를 내어줄 수 있다는 취지로 답변하였고, 이에 A는 소유토지 1,000평 전부와 휴게소건물을 증여하는 계약을 B와 체결하였다. 그러나 실제로는 사유지상에 공원시설물을 가지고 있더라도 기부의무가 없음이 일반적인 것으로 판명되었다.

A의 권리를 검토하시오.

풀이제안

Ⅰ. 논점분석

1) 상대방이 유발한 동기착오를 이유로 하는 의사표시의 취소가능성을 검토해야 한다.

2) 법률행위의 일부취소의 요건과 효력에 관한 판례이론을 설명하고 사안이 어느 경우에 해당하는지를 확정해야 한다.

Ⅱ. 동기착오를 이유로 하는 A의 취소권

A가 B에게 토지와 건물을 기부한 이유는 이것들을 기부채납하지 않으면 휴게소시설 설치허가를 받을 수 없다는 B市 소속담당공무원 C의 응답을 오인한 데서 기인한 것이다. A가 자신 소유의 토지와 건물을 기부하지 않고도 도시공원내에 공원시설을 설치하여 운영할 수 있다는 것을 알았었다면 토지 전부와 건물을 B에게 증여하지는 않았을 것이다. 즉 A의 이러한 동기의 착오는 상대방으로부터 유발된 경우로서 설사 그 동

기가 표시되지 않았다 하더라도 토지(1천평) 전부와 건물에 대한 기부의 의사표시는 취소될 수 있을 것이다(대판 1978. 7. 11, 78다719 참조).

그러나 휴게소부지로 지정된 토지와 그 지상에 설치될 휴게소시설을 기부채납하도록 한 부분은 비록 사유지상에 설치되는 공원시설을 기부채납하도록 한 것이 상례를 벗어난 것이고 또한 이러한 조건이 담당공무원 C의 법규오해에 기하여 붙여진 것이라 할지라도 B가 그 실질적인 대가로서 A에게 무상으로 일정기간 동안 이를 사용할 수 있도록 허가해주기로 한 이상, 그것이 공공목적을 위하여 공원지구내에 휴게소를 설치하여 운영한다는 행정목적에 비추어 보면 재량권의 범위를 일탈한 것이라고 볼 수 없다. 그리고 A가 휴게소시설에 대한 일정기간 동안의 사용권만 확보된다면 휴게소부지와 지상시설물을 기부하더라도 무방하다는 판단 아래 이를 증여하였다면, A의 증여행위 중 휴게소부지와 그 지상시설물에 관한 부분의 착오는 법률행위의 중요부분에 관한 착오라고 볼 수는 없다(이상은 판례 [1]의 판결이유 참조).

Ⅲ. 법률행위의 일부취소의 요건과 효력에 관한 판례이론

1. 전부무효(제137조 본문)의 법리와 궤를 같이하는 일부취소의 법리

예컨대 甲이 지능이 박약한 乙을 꾀어 돈을 빌려주어 유흥비로 쓰게 하고 실제로 준 돈의 두 배 가량을 채권최고액으로 하여 자기 처인 丙 앞으로 근저당권을 설정하게 한 사안에서, 근저당권설정계약은 독자적으로 존재하는 것이 아니라 금전소비대차계약과 결합하여 그 전체가 경제적·사실적으로 일체로서 행하여진 것이고 더욱이 근저당권설정계약의 체결원인이 되었던 甲의 기망행위는 금전소비대차계약에도 미쳤으므로 甲의 기망을 이유로 한 乙의 근저당권설정계약취소의 의사표시는 법률행위의 일부무효이론과 궤를 같이하는 법률행위의 일부취소의 법리에 따라 소비대차계약을 포함한 전체에 대하여 취소의 효력이 있다는 것이 판례의 태도이다(대판 1994. 9. 9, 93다31191 참조).

2. 잔존부분유효(제137조 단서)의 법리와 궤를 같이 하는 일부취소의 법리

하나의 법률행위의 일부분에만 취소사유가 있는 경우에 그 법률행위가 가분적이거나 그 목적물의 일부가 특정될 수 있다면, 그 나머지 부분이라도 이를 유지하려는 당사자의 가정적 의사가 인정되는 때에는 그 일부만의 취소도 가능하고 또 그 일부의 취소는 법률행위의 일부에 관하여 효력이 생긴다(판례 참조 [2]).

Ⅳ. 설문에 대한 해답

A가 기부채납한 토지 중 특정되어 있는 휴게소부지를 제외한 잔여토지에 관하여서만 그 의사표시의 중요한 부분에 착오가 있는 것으로 보아야 한다. 잔존부분유효의 법리와 궤를 같이하는 일부취소의 법리에 따라 A가 B와 체결한 증여계약을 취소한다는 의사표시는 휴게소부지로 지정된 토지와 그 지상에 설치될 휴게소시설을 제외한 잔여토지에 관하여서만 그 효력이 생긴다.

≪관련판례≫

[1] 상대방이 유발한 동기착오를 이유로 한 법률행위(의사표시)의 일부취소

(대판 1990.7.10, 90다카7460) 시로부터 공원휴게소 설치시행허가를 받음에 있어 담당공무원이 법규오해로 인하여 잘못 회시한 공문에 따라 동기의 착오를 일으켜 법률상 기부채납의무가 없는 휴게소부지의 16배나 되는 토지 전부와 휴게소건물을 시에 증여한 경우 휴게소부지와 그 지상시설물에 관한 부분을 제외한 나머지 토지에 관해서는 법률행위의 중요부분에 관한 착오이다.

[2] 잔부유효의 법리와 궤를 같이 하는 일부취소

[2-1] (대판 1998.2.10, 97다44737) 하나의 법률행위의 일부분에만 취소사유가 있다고 하더라도 그 법률행위가 가분적이거나 그 목적물의 일부가 특정될 수 있다면, 그 나머지 부분이라도 이를 유지하려는 당사자의 가정적 의사가 인정되는 경우 그 일부만의 취소도 가능하다 할 것이고, 그 일부의 취소는 법률행위의 일부에 관하여 효력이 생긴다.

[2-2] (대판 2002.9.10, 2002다21509) 채권자와 연대보증인 사이의 연대보증계약이 주채무자의 기망에 의하여 체결되어 적법하게 취소되었으나, 그 보증책임이 금전채무로서 채무의 성격상 가분적이고 연대보증인에게 보증한도를 일정금액으로 하는 보증의사가 있었으므로, 연대보증인의 연대보증계약의 취소는 그 일정금액을 초과하는 범위내에서만 효력이 생긴다.

[民 法 總 則]

事例 9

賣買契約의 取消에 따른 法律關係(소유권귀속 및 제3자보호)

≪설 문≫

A는 B를 속여 B소유의 甲토지를 헐값에 매수하고 소유권이전등기를 하였으나, B는 사기를 이유로 매매의 의사표시를 취소하였다. 그러나 A는 B의 의사표시의 취소가 있은 후에 甲토지의 소유권등기명의가 여전히 자신으로 되어 있음을 기화로 그 토지를 C에게 매도하고 소유권이전등기를 해주었다.

A, B 및 C사이의 법률관계를 검토하시오.

목차제안

Ⅰ. 논점분석

Ⅱ. 매매계약의 취소에 따른 소유권귀속의 문제

1. 문제점
2. 물권행위의 무인성 이론에 의할 때
   (1) 원 칙
   (2) 사안의 검토
3. 물권행위의 유인성 이론에 의할 때
   (1) 원 칙
   (2) 유인성 이론과 동일한 결론에 이르는 이론구성들
   (3) 사안의 검토

Ⅲ. **C에 대한 B의 소유권말소등기청구권**
1. 문제점
2. 취소권 행사 후의 제3자
(1) 원칙과 문제점
(2) 해결방안
1) 제110조 제3항의 확대해석
2) 제108조 제2항의 유추적용
3) 소 결
3. 제3자의 공시방법의 구비 여부
(1) 문제점
(2) 사안의 검토
Ⅳ. **여론(餘論): 물권행위의 엄격한 무인성 이론에 따를 경우 A 또는 C에 대한 B의 권리**
Ⅴ. **설문에 대한 해답**

풀이제안

Ⅰ. 논점분석

1) A는 B와 매매계약(제563조)을 체결하고 이전등기(제186조)를 경료하였으므로 甲토지의 소유권을 취득하였다. 그러나 B는 계약상대방 A의 사기를 이유로 매매의 의사표시를 취소하였다(제110조 제1항, 제140조). B가 매매계약을 취소하면 계약은 소급하여 처음부터 무효가 되므로(제141조 본문), 토지소유권의 귀속문제를 검토해야 한다. 이는 물권행위의 유인성·무인성 이론에 따라 그 결과를 달리할 수 있다.

2) A와 B 사이의 법률관계는 전득자 C가 궁극적으로 소유권을 취득할 수 있는지의 여부에 따라 달라질 수 있다. 취소의 의사표시가 있은 후 이해관계를 맺은 제3자 C가 제110조 제3항에서 말하는 선의의 제3자의 범위에 포함될 수 있는가를 검토해야 한다.

Ⅱ. 매매계약의 취소에 따른 소유권귀속의 문제

1. 문 제 점

매매라는 원인행위가 취소된 경우에 실효된 원인행위의 이행으로 행하여진 소유권변동(A·B 사이의 물권행위와 A로의 등기이전)은 다시 B에게로의 이전등기 또는 말소등기가 없더라도 효력을 상실하고 소유권이 당연히 B에게 '복귀'하는가(엄밀하게 말하면 토지소유권이 B에게로 '복귀' 하는 것이 아니라, B를 전혀 떠난 적이 없다고 해야 한다) 아니면 원상회복을 위한 이전등기 또는 말소등기를 해야만 비로소 복귀하는가 하는 문제가 있다. 원인행위로서의 채권행위(매매계약)에만 하자(사례에서는 사기에 의한 의사표시)가 있고 물권행위(소유권이전의 물권적 합의 및 등기)에는 하자가 없는 경우에는 물권행위의 무인성·유인성 이론에 따라 각각 경우를 나누어 고찰하여야 한다.

2. 물권행위의 무인성 이론에 의할 때

(1) 원 칙

등기의 공신력을 인정하지 않는 우리 민법하에서는 원인행위가 취소된 경우에 등기부상의 명의자가 대내외적으로 소유자가 될 수 없으나, 물권행위의 무인성을 인정하게 되면 원인행위를 취소한 경우 원소유자는 소유권(물권)을 당연히 회복하지는 못한다. 즉, 매매라는 원인행위가 취소되어도 물권행위는 여전히 유효하며, 등기가 적법하게 성립하고 있으면 그 물권변동은 그대로 유효하고, 다만 당사자 사이에는 부당이득의 문제가 발생하여 그 반환(원물반환: 제747조 제1항)을 위한 또 하나의 물권행위와 등기가 있는 때에 물권은 복귀한다.

(2) 사안의 검토

채권행위에 대한 물권행위의 엄격한 무인성 이론에 따르면 B가 매매계약을 취소하더라도 B에게로 소유권이전등기 또는 말소등기를 하지 않는 한 甲토지의 소유권은 A에게 있다. 물론 B는 A가 토지소유권을 취득할 법률상 원인이 없음을 이유로 토지소유권을 부당이득으로 반환청구할 수 있다(제741조, 제747조).

3. 물권행위의 유인성 이론에 의할 때

(1) 원 칙

채권행위에 대한 물권행위의 유인성 이론에 따르면 물권행위에는 전혀 하자가 없는 경우에도 채권행위가 실효하면 물권행위도 '자동적으로' 실효한다. 즉, 원인행위의 취소로 처음부터 물권변동은 없었던 것이 되므로 이전등기 또는 말소등기 없이도 물권은 당연히 원소유자에게 '복귀'하게 된다.

(2) 유인성 이론과 동일한 결론에 이르는 이론구성들

1) 원인행위로서의 채권행위에 무효원인·취소원인 또는 해제사유 등(이하 '실효원인')이 있음에도 불구하고 이에 이어지는 물권행위에는 그와 같은 원인이 없는 경우(예: 만 19세에 채권계약을 체결하고, 만 20세에 물권행위를 하는 경우)에는 실제 거래사회에 있어서 매우 드물다.

2) 사안처럼 B의 채권행위와 물권행위 모두에 취소원인(A의 사기에 의한 의사표시)이 존재한다면 세 가지 이론구성이 가능하다.

가) 실효원인이 채권행위와 물권행위의 양자 모두에 있는 이른바 하자동시성의 경우에는 물권행위는 채권행위에 대하여 유인성을 가진다고 구성할 수 있다(이른바 상대적 무인성설의 입장).

나) B는 '하나의' 취소의 의사표시로 채권행위와 물권행위를 모두 취소할 수 있다고 구성할 수 있다.

다) 판례가 채택한 이른바 일부취소의 법리를 원용할 수 있다. 즉, 채권행위와 물권행위가 사실적 및 경제적으로 일체를 이룬다고 보아 채권행위를 취소함으로써 일부무효의 법리와 궤를 같이하는 일부취소의 법리에 따라 이러한 일체의 법률행위 전부를 취소하는 것으로(이러한 일부취소의 법리와 관련하여서는 [관련사례 8-1] 참조, 여기서는 '전부무효의 법리'와 궤를 같이하는 일부취소의 법리가 문제된다) 구성할 수도 있다.

(3) 사안의 검토

채권행위와 물권행위 모두에 실효원인이 있는 경우에는 물권행위가 유인성을 가진다는 상대적 무인성 이론이나 또는 일반론으로서 채권행위에 대하여 물권행위는 유인성을 가진다는 이론에 따르면 매매계약의 취소로 甲토지의 소유권은 여전히 B에게 있게 된다. B는 소유권에 기초하여 실체적 권리관계에 부합하지 않는 A소유명의등기의 말소를 청구할 수 있다(제214조 제1문).

Ⅲ. C에 대한 B의 소유권말소등기청구권

1. 문 제 점

채권행위와 물권행위 모두에 실효원인이 있는 경우에는 물권행위가 유인성을 가진다는 상대적 무인성 이론이나, 일반론으로서 채권행위에 대하여 물권행위는 유인성을 가진다는 이론 또는 채권행위의 취소로 이와 물권행위를 포함하는 일체의 법률행위가 취소된다는 판례의 이론구성을 따르면 매매계약의 취소로 甲토지의 소유권은 B에게 그대로 귀속된 채로 있게 된다. 취소는 소급적 효력을 가지기 때문이다(제141조 본문). 실체적 권리관계에 부합하지 않는 A소유명의의 등기를 제3자인 C가 신뢰하였다고 하더라도 등기에 공신력이 없는 현행민법하에서 B가 취소한 후에는 A가 아무 권리(처분권)를 가지지 못하므로, C에게 이전등기를 하더라도 제3자가 물권을 취득할 수 없는 것이 물권법상의 원칙이다. 그러나 이렇게 되면 선의의 제3자는 뜻하지 않은 손해를 입게 될 뿐만 아니라 나아가 거래의 안전을 해치게 된다. 따라서 민법은 이러한 경우에 대비하여 특별규정(제107조 제2항, 제108조 제2항, 제109조 제2항, 제110조 제3항, 제548조 제1항 단서)을 두고 있다.

사안에서 A의 사기를 이유로 B가 제110조 제1항에 의하여 매매의 의사표시를 취소할 수 있으나, 그의 의사표시의 취소로 B는 제3자에게 대항하지 못한다(제110조 제3항). 여기서 제3자라 함은 취소의 의사표시가 있기 전에 새로운 이해관계를 맺은 자에 한정되는 것인지, 아니면 사안의 경우와 같이 취소권을 행사한 후에 이해관계를 맺은 자까지 포함하는 것인지 또한 이때 제3자는 등기까지 갖추어야 하는지가 문제된다.

2. 취소권 행사 후의 제3자

(1) 원칙과 문제점

1) 무권리자로부터는 그 누구도 권리를 취득할 수 없다. 즉, 현행민법은 등기의 공신력을 인정하지 않기 때문에 등기명의자이지만 무권리자인 A로부터 C는 '등기된' 권리를 취득할 수 없다. 채권행위의 취소로 원소유자는 당연히 물권을 회복한다는 이론구성에 따르면 제110조 제3항의 제3자의 범위는 논리적으로 '취소의 의사표시가 있기 전에 새로운 이해관계를 가지게 된 자'에 국한된다고 새겨야 한다. B가 취소권을 행사한 후, 즉 B가 소유권을 회복한 후에는 무권리자 A로부터 이전등기를 받더라도 제3자는 보호되지 않는다고 해야 한다.

2) 그러나 어떤 법률행위가 취소될 수 있는 것인지를 외부의 제3자가 알 수 없고, 취소의 의사표시가 있었다고 하더라도 이 또한 외부에서 알기 어렵다. 취소의 의사표시가 있었다는 사실만으로 그 시기를 기준으로 하여 제3자의 범위를 한정하는 것은 거래의 안전이라는 목적에 부합하지 않으며 제3자의 거래상의 이익을 크게 해치는 결과가 될 수 있다. 왜냐하면 A명의로 등기되어 있다는 사실을 기초로 A가 진정한 권리자라고 믿은 제3자 C의 선의는 C가 내부관계(A와 B 사이)에서 의사표시의 취소가 있었다는 사실을 모르고 있는 한 취소시점을 기준으로 차별화될 수 없기 때문이다.

(2) 해결방안

1) **제110조 제3항의 확대해석** '취소할 수 있는 법률행위임을 알지 못한 자'만을 보호하고, '취소의 의사표시가 있었음을 알지 못한 자'를 보호하지 않는다면 이는 거래의 안전에 반한다. 그러나 취소의 의사표시가 말소등기에 의하여 공시된 이후에는 제3자는 보호될 수 없음은 물론이다. 그리하여 판례(판례 참조 [1])와 학설 중 다수의견은 제110조 제3항의 '선의의 제3자'는 취소에 의한 말소등기가 행하여지는 시기를 기준으로 하여 그 시기까지 취소의 의사표시가 있었음을 알지 못하고 새로운 이해관계를 맺은 자를 뜻한다고 풀이한다. 이에 따르면 제110조 제3항은 취소 후에 새로운 이해관계를 맺은 제3자에게도 적용된다. 따라서 사안에서는

B의 취소의 의사표시가 있은 후에 말소등기가 행하여지지 않은 상태에서 A와 C 사이에 매매가 행하여졌으므로 C는 제110조 제3항의 선의의 제3자에 해당하게 되어 B는 C에게 취소를 이유로 대항할 수 없다.

2) **제108조 제2항의 유추적용** B가 취소의 의사표시를 한 후에도 A의 등기명의를 그대로 방치해 둔 것은 효력이 없는 허위표시의 외형을 그대로 두고 있는 것과 같고, 선의의 제3자와의 새로운 이해관계가 발생할 위험을 제거하지 않은 것이므로 B에게는 비난가능성이 인정된다고 할 수 있다. 이러한 관점에서 취소의 의사표시의 시점을 기준으로 하여 취소 전에는 제110조 제3항이 적용되고 그후에는 취소의 원인을 묻지 않고 제108조 제2항이 유추적용된다는 견해도 있다. 즉, 사기의 경우 취소 전에는 선의의 대상이 사기의 사실을 알지 못한 것이지만, 취소 후에는 그것보다 취소된 사실을 알지 못한 것과 취소권자가 실체관계에 맞지 않는 등기를 그대로 방치했다는 것이 더 중요하므로 적용조문을 구별해야 한다는 것이다.

3) **소 결** 위의 어느 입장을 따르더라도 비록 적용조문상의 차이는 있지만 선의의 C는 보호된다고 할 수 있다. C의 악의에 대한 입증책임은 악의를 주장하는 B가 부담해야 한다(판례참조 [2]). 그렇게 하는 것이 선의의 제3자를 보호하는 규정의 취지에 부합하기 때문이다.

3. 제3자의 공시방법의 구비 여부

(1) 문 제 점

제110조 제3항의 확대해석에 의하든, 제108조 제2항의 유추적용에 의하든 취소의 의사표시 후에 법률행위를 한 선의의 제3자가 보호된다고 할 때 그 제3자는 물권변동에 관한 공시방법, 즉 사안의 경우 등기를 구비해야 하는가의 문제이다. 또한 C가 등기를 미처 갖추지 못한 상태에서 B가 취소의 의사표시를 하는 경우 선의의 C가 A에 대하여 가지는 소유권이전등기청구권은 보호받을 수 없는가도 문제된다. 이들 문제에 대한 해답은 기본적으로 제110조 제3항에 의해서 보호를 받는 제3자의 권리에 채권도 포함될 수 있느냐는 물음에서 출발해야 한다. 왜냐하

면 판례와 학설이 '제3자'에 해당한다고 열거하고 있는 자([사례 7] 참조)들이 갖는 권리를 종합적으로 검토하여 보면 모두 일정한 공시방법을 갖춰야 하는 물권 내지 준물권행위에 기한 채권에 해당하는 것이기 때문이다.

(2) 사안의 검토

B가 A에 대하여 취소의 의사표시를 하면 A와 B 사이의 물권변동은 없었던 것으로 되어 말소등기없이도 B는 토지에 대한 소유권, 즉 '물권'을 회복한다. 한편 형식주의원칙을 채택하고 있는 현행물권법상 등기를 갖추지 않는 한, C는 A에 대하여 소유권이전을 청구할 수 있는 단순한 '채권'을 가지고 있을 뿐, 해당 부동산에 대한 소유권, 즉 '물권'을 취득할 수 없다. 결과적으로 B는 자신의 '물권'으로 C의 '채권'에 대항할 수 있게 된다(물권의 우선적 효력). 따라서 물권변동에 있어서 등기를 성립요건으로 하고 있는 현행민법에 있어서 제3자는 등기를 갖추지 않으면 물권을 회복한 원권리자(B)에게 대항할 수 없다.

또한 등기를 하지 않은 제3자까지 보호한다면 물권변동에 있어서 형식주의원칙이 붕괴되고, 취소권자의 이익을 과도하게 훼손하는 결과가 된다. 따라서 등기를 갖춘 자만이 제110조 제3항의 보호대상이 된다고 해야 할 것이다.

사안에서는 C가 이미 A로부터 이전등기를 경료하였다는 사실이 주어져 있으므로, 선의인 C에 대하여 B는 A와의 매매계약의 취소를 이유로 대항할 수 없다.

Ⅳ. 여론(餘論): 물권행위의 엄격한 무인성 이론에 따를 경우 A 또는 C에 대한 B의 권리

B가 부당이득반환청구권을 행사하여 소유권과 등기를 회복하지 않는 한 토지소유권은 A에게 귀속한다. 또한 A의 사기에 의하여 채권행위(매매계약)가 이루어졌다는 것을 B가 문제삼지 않기로 하고 물권행위를 한 경우에는 취소할 수 있는 채권행위를 취소하지 않기로 하는 '추인'이 있었다고 할 것이므로 A와 B 사이의 물권행위는 그 원인행위에 의하여 영향을 받

지 않는다. 따라서 A는 토지소유권을 취득할 수 있다.

이 경우에 소유권자인 A로부터 다시 토지를 취득하여 이전등기까지 경료한 C는 선의 또는 악의를 불문하고 甲토지에 대한 소유권을 취득한다. 따라서 B는 C에 대하여 아무 권리를 가지지 못한다.

V. 설문에 대한 해답

채권행위에 대한 물권행위의 유인성 이론 내지 동일한 결론에 이르는 이론구성을 따를 경우 B는 채권행위의 취소를 가지고 등기를 갖춘 선의의 C에 대하여 아무 권리를 가지지 못한다. 이 경우 B는 A에 대하여 부당이득반환청구권(제741조) 또는 불법행위에 기한 손해배상청구권(제750조)을 가질 뿐이다.

B가 C의 악의를 입증한다면 자신의 소유권에 기초한 소유권방해제거청구권(제214조 전단)을 행사함으로써 C에게 소유권말소등기를 청구할 수 있다. 이 경우 C는 A에 대하여 권리의 하자를 이유로 하는 담보책임을 추궁할 수 있다. 따라서 A가 다시 B로부터 토지소유권을 취득하여 C에게 이전할 수 없는 때에는 C는 매매계약을 해제할 수 있다(제570조 본문, 제573조). 그러나 계약 당시 이미 A와 B 사이의 매매계약의 취소사실에 대해 악의였던 C는 A에게 손해배상을 청구할 수 없다(제570조 단서).

채권행위에 대한 물권행위의 엄격한 무인성 이론에 따를 경우 B는 C에 대하여 ―채권행위의 취소에 대한 C의 선의 또는 악의를 불문하고― 아무 권리를 가지지 못한다. 이 경우 B는 A에 대하여 부당이득반환청구권 또는 불법행위에 기한 손해배상청구권을 가질 뿐이다.

≪판 례≫

[1] 제110조 제3항에서 말하는 제3자의 범위

[1-1] (대판 1975.12.23, 75다533) 사기에 의한 법률행위의 의사표시를 취소하면 취소의 소급효로 인하여 그 행위의 시초부터 무효인 것으로 되는 것이요 취소한 때에 비로소 무효로 되는 것이 아니므로 취소

를 주장하는 자와 양립되지 아니하는 법률관계를 가졌던 것이 취소 이전에 있었는지 이후에 있었는지를 가릴 필요없이 사기에 의한 의사표시 및 그 취소사실을 몰랐던 모든 제3자에 대하여는 그 의사표시의 취소를 대항하지 못한다고 보아야 할 것이고 이는 거래안전의 보호를 목적으로 하는 제110조 제3항의 취지에도 합당한 해석이 된다.

[1-2] (대판 1997.12.26, 96다44860) ① 사기를 이유로 한 법률행위의 취소로써 대항할 수 없는 민법 제110조 제3항 소정의 제3자라 함은 사기에 의한 의사표시의 당사자 및 포괄승계인 이외의 자로서 사기에 의한 의사표시를 기초로 하여 새로운 법률원인으로써 이해관계를 맺은 자를 의미한다. ② 부동산의 양도계약이 사기에 의한 의사표시에 해당하는 경우에 있어서는 공시방법인 소유권이전등기를 마친 기망행위자와 사이에 새로운 법률원인을 맺어 이해관계를 갖게 된 자만이 제110조 제3항 소정의 제3자에 해당한다고 할 수 없다.

[2] 제110조 제3항에서의 善意에 관한 입증책임

(대판 1970.11.24, 70다2155) 사기의 의사표시로 인한 매수인으로부터 부동산의 권리를 취득한 제3자는 특별한 사정이 없는 한 선의로 추정할 것이므로 사기로 인하여 의사표시를 한 부동산의 양도인이 제3자에 대하여 사기에 의한 의사표시의 취소를 주장하려면 제3자의 악의를 입증할 필요가 있다고 할 것이다.

[民 法 總 則]

事例 10

復代理와 表見代理

≪설 문≫

A는 C에게 A소유의 건물을 담보로 저당권을 설정하고 F에게 금전을 차용하라는 내용의 대리권을 수여하면서 C가 이 사무를 손수 처리할 것으로 믿고 '수임자' 란을 백지로 한 위임장을 교부하였다. 그런데 C는 이 사무를 D에게 다시 의뢰하면서 문제의 위임장을 재차 교부하였다. 그러나 D는 이를 이용하여 위 건물을 B에게 매각하고 등기를 경료해주었다.

A는 B에게 등기말소를 구할 수 있는가.

목차제안

Ⅰ. **논점분석**

Ⅱ. **D의 대리행위가 유효한지 여부**

1. A의 '복대리인'으로서의 유효 여부
   (1) D가 A의 복대리인인지의 여부
      1) 임의대리인의 복임권한
      2) 사안의 검토
      3) 소　결
   (2) 제126조에 의한 표현대리의 성립 여부
2. A의 '대리인'으로서의 유효 여부
   (1) 제125조에 의한 표현대리의 성립 여부
      1) 문제점

2) 제125조에 의한 표현대리를 긍정하는 견해
3) 비 판
4) 소 결
(2) 제126조에 의한 표현대리의 중첩적용 여부
1) D의 행위가 제125조에 의한 표현대리에 해당하는 경우
가) 문제점
나) 학 설
2) D의 행위에 대하여 제125조에 의한 표현대리에 해당하지 않는 경우

Ⅲ. 설문에 대한 해답

풀이제안

Ⅰ. 논점분석

1) A의 대리권수여에 의하여 C는 임의대리인이 되었다(제114조). 우선 C의 복임권한(제120조)의 유무에 따라 D의 (복)대리인의 지위 여부가 결정되므로 제120조에 있어서 부득이한 사유의 존부를 판단해야 한다. 또한 정당한 복임권의 행사에 의하여 D가 대리인이 된다고 하더라도 부동산 매각은 대리권의 범위를 일탈할 수 있으므로, 이 경우 다시 제126조 표현대리의 성립 여부를 검토해야 한다.

2) 반면 C에게 복임권한이 없다면 D가 복대리인으로서 A의 대리인이 될 수 없지만, A가 백지위임장을 교부하였고 이를 소지한 D가 수임자란에 그의 성명을 기입하고 대리행위를 했기 때문에, A가 '위임사항'란도 백지로 하였는지가 명확하지 않으므로 이를 명시한 경우와 백지로 둔 경우로 나누어 제125조 표현대리의 성부를 검토해야 한다. 제125조 대리권수여표시에 따른 표현대리가 성립한다는 것을 전제로 C가 금전을 차용하지 아니하고 부동산을 매각한 행위에 대해서 제126조 대리권한유월에 따른 표현대리를 중첩적으로 적용할 수 있는가를 검토해야 한다.

Ⅱ. D의 대리행위가 유효한지 여부

1. A의 '복대리인'으로서의 유효 여부

(1) D가 A의 복대리인인지의 여부

1) **임의대리인의 복임권한** 임의대리인은 본인의 승낙이 있거나 부득이한 사유가 있는 경우에 한하여 복대리인을 선임할 수 있는 복임권을 갖는다(제120조).

2) **사안의 검토** 사안의 경우 제120조의 복대리인 선임의 요건에 비추어 볼 때 우선 A의 수권행위에 의해 대리인이 되었으므로 일단 C가 본인 A의 승낙도 없이 D에게 백지위임장을 교부한 것은 정당한 복임권의 행사라 할 수 없다. 또한 임의대리인이 부득이한 사유로 복대리인을 선임하는 경우라도 이는 본인의 행방불명이나 중병 등으로 본인의 승낙을 얻을 수 없거나, 사임의 표시를 할 수 없는 사정이 있어야만 허용된다고 해석된다. 그러므로 C가 A의 행방불명이나 중병 등의 부득이한 사유가 없음에도 불구하고 D에게 수임자란 백지의 백지위임장을 교부한 것 역시 정당한 복임권의 행사로 볼 수 없다.

판례(판례참조 [1])는 복대리인의 선임을 위한 본인승낙의 요건을 상당히 완화시키고 있는 것으로 판단된다. 즉, 대리의 목적인 법률행위의 성질상 대리인 자신에 의한 처리가 필요하지 아니한 경우에는 본인이 복대리금지의 의사를 명시하지 아니하는 한 복대리인의 선임에 관하여 묵시적인 승낙이 있는 것으로 보고 있다. 그러나 사안의 경우 본인 A는 저당권설정을 통한 금전차용에 관하여 대주인 채권자를 F로 특정하였으며, 또한 이 법률행위를 C가 직접 처리해 줄 것을 전제로 수임자란을 백지로 한 위임장을 교부하였다. 이러한 정황으로 미루어 사안에서 문제된 법률행위는 이를 수행하는 주체가 누구인지가 ―적어도 본인 A에 대해서― 별로 중요하지 않은 경우라고 볼 수는 없다. 따라서 이러한 상황하에서는 판례의 입장을 따르더라도 C에게는 복임권한을 행사할 정당한 이유가 없다고 판단된다.

3) **소 결** 복임권한을 행사할 정당한 원인, 즉 본인의 명시

적·묵시적 승낙 또는 부득이한 사유없이 임의대리인 C는 자의적으로 D에게 위임장을 교부하였다. 이러한 행위로는 D가 A를 위한 복대리인이 될 수 없으므로, D는 제123조 제1항의 경우와 같이 본인인 A를 대리할 수 없다.

(2) 제126조에 의한 표현대리의 성립 여부

제126조에 따른 표현대리는 기본대리권이 있는 자가 그 권한 밖의 법률행위를 한 경우에 성립하는 것이므로 D가 저당권설정을 통한 금전차용의 범위를 넘어 부동산을 매각하였다 하더라도 그는 처음부터 적법한 A의 복대리인이 아니기 때문에 기본대리권이 없으므로 원칙적으로 제126조의 표현대리가 성립할 여지는 없다.

2. A의 '대리인'으로서의 유효 여부

(1) 제125조에 의한 표현대리의 성립 여부

1) **문 제 점** A가 '백지위임장을 교부하였다'는 사실은 제3자에 대하여 타인에게 대리권수여의 표시를 한 것으로 볼 수 있다는 점에서 제125조의 표현대리 성립 여부를 검토해 볼 수 있다.

2) **제125조에 의한 표현대리를 긍정하는 견해** A가 작성 교부한 백지위임장을 C가 D에게 교부하였고 D는 수임자란에 자기의 성명을 기입하여 B와 대리행위를 하였으므로 백지위임장의 성질에 따라 A는 B에 대하여 마치 D에게 대리권을 수여한 것과 같은 외관을 제공한 것이 된다고 볼 수도 있다. 표현대리가 성립하기 위해서는 본인을 비난할 수 있는 사유가 있어야 하는데, 바로 이러한 외관을 제공하였다는 사실, 즉 백지위임장을 교부하였다는 사실에서 A에게 비난가능성을 인정할 수 있다. 주관적 요건으로서 B가 선의·무과실인 경우에는 제125조에 의한 표현대리가 성립하여 B와 D 사이의 대리행위는 유효하고 그 법률효과가 A에게 귀속한다고 판단할 수도 있다.

3) **비 판**

가) 제125조를 적용하기 위해서는 '타인에게 대리권을 수여함을 표시'할 것이 요건이지만, 수임자란 백지의 위임장을 발행한 경우에는

구체적으로 존재하는 사정을 고려하여 대리권수여의 표시가 있었는가를 판단하지 않으면 안 된다. 따라서 객관적 사정으로부터 판단하여 수임자란 백지의 백지위임장이라고 하더라도 특별한 사정이 없는 한, 직접적인 피교부자에게만 대리권을 수여하였다고 인정되는 경우에는 그 자로부터 수임자란 백지의 백지위임장을 다시 교부받은 자에게는 본인으로부터의 대리권수여표시가 있었다고 볼 수 없다.

나) 사안에서는 수임자란의 백지만을 언급하고 있을 뿐 위임사항을 구체적으로 명시하였는지, 아니면 이것 또한 백지로 하였는지는 언급되어 있지 않다. 수임자란과 위임사항란을 모두 백지로 하였다면 여기서처럼 제125조에 의한 표현대리 성립 여부에 관하여 논란의 여지가 있을 수 있다. 그러나 수임자란을 백지로 하였으나 A가 위임사항란에 저당권설정을 통한 금전차용이라고 명시하였다면, 대리행위의 상대방인 B는 D에게 부동산처분행위에 관한 대리권이 없음을 알 수 있었으므로 그의 선의·무과실이 인정될 수 없기 때문에 제125조의 표현대리의 성립을 인정할 수 없게 된다.

4) **소 결** 사안에서 백지위임자의 직접 피교부자가 아닌 D가 권한을 남용하여 부동산을 매각한 경우 거래관계상 본인 A의 표현대리인이라고 보는 것은 타당하지 않다. 표현대리제도가 본인의 희생 아래 거래안전, 특히 표현대리인의 상대방을 보호하려는 데 있는 것이므로 표현대리의 성립은 본인의 보호(정적 안전)와 거래안전보호(동적 안전)의 조화라는 관점에서 제한되어야 하며, 사안에서처럼 거래관계상 객관적으로 전전유통될 것이 예정되어 있지 않은 백지위임장의 교부는 직접 피교부자에 대해서만 대리권이 수여되었을 뿐이라고 해석하는 것이 타당하기 때문이다.

피교부자가 아닌 D가 직접적인 피교부자인 C에게 수여된 대리권의 범위를 넘어 행한 대리행위와 관련하여 A에게는 C 아닌, 위임장의 소지인 D 또는 그 누구를 대리인으로 한다는 대리권수여의 표시가 있다고 볼 수 없기 때문에 오히려 본인의 보호라는 관점에서 제125조의 표현대리의 성립을 부정해야 한다(만일 D가 C에게 수여한 대리권의 범위내에서, 즉 저당권을 설정하고 금전을 차용하였다면 이러한 대리행위에 대해서는 —결과적으로 본인 A에게 아무 불이익이 없으므로— 거래안전보호라는 관점에서 제125조의 표현대리의 성립을 긍정하여도 무방할 것이다).

(2) 제126조에 의한 표현대리의 중첩적용 여부

1) D의 행위가 제125조에 의한 표현대리에 해당하는 경우

가) 문제점 백지위임장과 함께 D가 행한 대리행위에 관하여 제125조의 표현대리의 성립을 긍정하더라도 A가 백지위임장을 교부한 목적은 저당권설정을 통한 금전차용이었기 때문에 '표현대리인' D가 이 범위를 일탈하여 행한 부동산매각처분행위가 제126조에 표현대리에 해당할 수 있는지 여부를 다시 문제삼아야 한다.

나) 학 설 표시된 대리권의 범위(여기까지는 제125조의 문제이다)를 넘은 대리행위에 대하여 제126조가 중첩적으로 적용될 수 있는가 하는 문제에 대하여 학설은 대체로 이를 긍정한다.

이러한 학설의 태도는 다시 '제125조가 적용됨으로써 상대방에 대한 관계에 있어서는 법률상 대리권의 수여가 있었던 것으로 다루어지기 때문에 그러한 범위를 다시 넘는 경우에도 제126조는 적용된다'는 견해(예컨대 곽윤직, 민법총칙, 398면)와 '제125조의 경우에 내부적 수권은 존재하지 아니하나 외부적 수권은 존재하는바, 이 외부적 수권이 제126조에서 말하는 기본대리권이 되므로 이 범위를 넘는 경우에 다시 제126조 표현대리가 된다'는 견해(예컨대 이영준, 한국민법론, 537면)로 대별할 수 있다.

전자의 견해는 제125조의 표현대리가 성립하는 순간 무권대리인에게 법률규정, 즉 제125조에 의하여 대리권이 수여된다는 지극히 의제적인 구성이다. 반면 후자의 견해는 이미 이른바 외부적 수권만으로도 대리권이 수여되기 때문에 제125조, 제126조 및 제129조 표현대리 모두를 유권대리의 아종으로 파악하고 있다. 후자의 견해가 보편성을 지닐지는 의문이다. 어쨌든 제125조와 제126조의 중첩적용을 인정하는 견해에 따르면 D가 A의 부동산을 처분하는 대리행위를 하였다 하더라도 그 행위에 관한 대리권이 존재한다고 믿은 데 정당한 이유가 있는 한 그 법률효과는 본인 A에게 귀속한다.

2) D의 행위에 대하여 제125조에 의한 표현대리에 해당하지 않는 경우

D의 대리행위가 제125조의 표현대리도 성립시킬 수 없다는 태도를 지지하면 제125조를 기초로 하여 제126조가 중첩적으로 적용될

수 있는지의 문제를 검토할 여지가 없다.

Ⅲ. 설문에 대한 해답

D는 A의 복대리인이 될 수 없으며, 따라서 D의 행위는 제126조에 의한 표현대리에 해당하지 않는다. 또한 제125조에 의한 표현대리에 해당한다고도 볼 수 없다.

따라서 A가 D의 무권대리행위를 추인하지 않는 한(제130조), D의 행위에 따른 법률효과가 자신에게 귀속하는 것을 용인할 이유가 없다. 오히려 A는 B에 대하여 그의 소유명의로 되어 있는 소유권이전등기 내지는 소유권말소등기를 청구할 수 있다.

이 경우 B는 무권대리인 D에 대하여 제135조에 따라 책임을 추궁할 수 있다.

《판 례》

[1] 임의대리인의 복임권한

[1-1] (대판 1993. 8. 27, 93다21156) 甲이 채권자를 특정하지 아니한 채 부동산을 담보로 제공하여 금원을 차용해줄 것을 乙에게 위임하였고, 乙은 이를 다시 丙에게 위임하였으며, 丙은 丁에게 위 부동산을 담보로 제공하고 금원을 차용하여 乙에게 교부하였다면, 乙에게 위 사무를 위임한 甲의 의사에는 '복대리인 선임에 관한 승낙'이 포함되어 있다고 봄이 타당하다.

[1-2] (대판 1996. 1. 26, 94다30690) ① 대리의 목적인 법률행위의 성질상 대리인 자신에 의한 처리가 필요하지 아니한 경우에는 본인이 복대리금지의 의사를 명시하지 아니하는 한 복대리인의 선임에 관하여 묵시적인 승낙이 있는 것으로 보는 것이 타당하다. ② 오피스텔의 분양업무는 그 성질상 분양을 위임받은 대리인이 광고를 내거나 그 직원 또는 주변의 부동산중개인을 동원하여 분양사실을 널리 알리고, 분양사무실을 찾아온 사람들에게 오피스텔의 분양가격·교통 등 입지조건, 오피스텔의 용도, 관리방법 등 분양에 필요한 제반 사항을 설명하고 청약을 유인함으로써 분양계약을 성사시키는 것으로서 대리인의 능력에 따라 본인의 분양사업의 성공 여부가 결정되는 것이므로, 사무처리의 주체가 별로

중요하지 아니한 경우에 해당한다고 보기 어렵다.

[2] 제125조 대리권수여표시에 따른 표현대리

[2-1] (대판 1959.7.2, 4291민상329) 부동산처분에 관한 소요서류를 구비하여 타인에게 교부한 경우에 상대방을 특정치 않은 때는 타인에게 부동산처분에 관하여 대리권을 수여한 취지를 표시한 것이라 해석함이 타당하다.

[2-2] (대판 1978.6.27, 78다864) 타인간의 거래에 있어 단지 세무회계상의 필요로 자기의 납세번호증을 이용하게 한 사실만으로는 그 거래에 관한 대리권을 수여하였음을 표시하였거나 또는 자기의 명의(상호)를 대여하였다고 보기 어렵다.

[3] 대리권수여표시에 따른 표현대리(제125조)와 대리권한일탈에 따른 표현대리(제126조)의 관계

[3-1] (대판 1963.6.13, 63다191) 채무자로부터 그 소유의 부동산에 대한 매도증서와 그 처분을 쉽게 하기 위하여 그의 인감증명서 및 소유권이전등기절차를 이행하는 권한을 위임하는 내용의 위임장 등을 교부받은 채권자와 그 부동산에 대한 매매계약을 체결한 자가 그 채권자의 매매행위를 표현대리라고 주장하였을 경우에 제126조의 표현대리로만 해석하고 제125조의 표현대리의 점에 대하여 아무 심리판단이 없음은 심리미진과 표현대리에 관한 법리를 오해한 위법이 있다 할 것이다.

[3-2] (대판 1974.5.14, 73다148) 기본적인 어떠한 대리권이 없는 자에 대하여는 대리권한의 유월 또는 소멸 후의 표현대리관계는 성립할 여지가 없는 것이다.

관련사례 10-1 복대리와 표현대리

≪설 문≫

C에게 A는 자신 소유의 甲건물을 담보로 금전을 차용하라는 취지로 대리권을 수여하였다. 며칠 후 A는 C가 믿을 수 없는 사람이라는 판단이 섰고, 곧 대리권수여의 의사표시를 철회하였다. 그후 명예회복을 꾀하기 위해 C는 D에게 예전에 A에게 의뢰받았던 사무를 처리해 달라고 부탁하였다. 그러나 D는 이를

이용하여 위 건물을 B에게 매각하는 매매계약을 체결하였다.
A와 B 사이의 법률관계를 검토하시오.

풀이제안

Ⅰ. 논점분석

1) 대리권한이 소멸된 자가 선임한 복대리인을 통한 대리행위로 제129조에 의한 표현대리가 성립할 수 있는가의 문제를 검토해야 한다.

2) 제129조의 표현대리 성립 후 이를 기초로 제126조 표현대리가 중첩적으로 적용될 수 있는가의 문제를 검토해야 한다.

Ⅱ. 설문에 대한 해답

1. 판례의 태도

판례에 따르면 대리인이 대리권 소멸 후 복대리인을 선임하여 복대리인으로 하여금 상대방과의 사이에 대리행위를 하도록 한 경우에도, 상대방이 대리권 소멸사실을 알지 못하여 복대리인에게 적법한 대리권이 있는 것으로 믿었고 그와 같이 믿은 데 과실이 없다면 제129조에 의한 표현대리가 성립할 수 있으며(판례참조 [2]), 제129조에 의하여 표현대리로 인정되는 경우에 그 표현대리의 권한을 넘는 대리행위가 있을 때에는 제126조에 의한 표현대리가 성립할 수 있다고 한다(판례참조 [3]). 따라서 판례는 대리권이 소멸한 후에 (무권)대리인이 대리행위를 하거나 또는 복대리인을 선임하는 행위에 대하여 모두 제129조를 적용한다.

2. 판례에 대한 의문

1) 첫 번째 진술과 관련하여서는 복대리인을 선임할 수 있는 권한, 즉 복임권한은 대리권의 한 권능이기 때문에 대리권이 소멸된 자가 어떻

게 복임권한을 행사할 수 있는지 의문이다. 그가 선임한 자는 본인의 '복대리인'이 될 수가 없다고 판단되기 때문이다.

2) 두 번째 진술과 관련하여서 대리권소멸 후의 무권대리행위가 제129조에 의한 표현대리의 성립요건, 즉 대리권소멸에 대한 행위상대방의 선의·무과실이 충족되는(판례참조 [1]) 순간 표현대리인에게 대리권이 수여된다고 판단할 수 있는지가 의문이다. 소멸한 대리권의 원래 범위내에서 행하여진 무권대리행위에 대해서만 제한적으로 본인이 그에 따른 법률효과에 대하여 책임을 진다고 하는 것이 표현대리제도가 가지는 거래안전의 보호라는 기능과 본인의 보호라는 가치의 조화를 꾀하는 태도라고 판단되기 때문이다.

3. 판례의 입장에 따른 설문에 대한 해답

어쨌든 판례의 입장에 따른다면 사안은 다음과 같이 해결될 수 있다.

즉, B가 C의 대리권이 이미 소멸하였다는 사실 및 D가 C의 대리권에 기초한 A의 복대리인이라는 사실에 관하여 선의이고 무과실이면 우선 제129조에 의하여 대리권소멸에 따른 표현대리가 성립한다. 이렇게 근거지운 '표현대리권'은 다시 제126조에 의한 표현대리의 성립 여부를 평가하는 주요한 기준인 기본대리권으로 기능한다. D의 건물매각행위가 기본대리권의 범위내에 들어온다는 것을 B가 신뢰할 만한 정당한 이유가 있다고 평가되는 경우 제126조에 의한 대리권한유월에 따른 표현대리가 성립한다. 이 경우 A에 대하여 B는 건물소유권이전등기청구권을 가진다. 물론 A도 이에 상응하여 B에 대해 매매대금지급청구권을 가진다.

≪관련판례≫

[1] 제129조 대리권소멸에 따른 표현대리

(대판 1962.10.18, 62다535) 정당한 권원에 의하여 작성된 매도증서·위임장·인감증명서 등 등기신청에 필요한 모든 서류를 구비하여 소지하고 있다면 특별한 사유가 없는 한 대리권이 있다고 믿을 만한 정당한 사유가 있다 할 것이고 설사 대리권이 소멸되었다 하더라도 상대방이 선의의 제3자로서 과실이 없었다면 본인은 대리권의 소멸을 상대방에게 대항할 수 없다.

[2] 대리권소멸 후 선임된 복대리인에 의한 제129조 대리권소멸에 따른 표현대리

(대판 1998.5.29, 97다55317) 표현대리의 법리는 거래의 안전을 위하여 어떠한 외관적 사실을 야기한 데 원인을 준 자는 그 외관적 사실을 믿음에 정당한 사유가 있다고 인정되는 자에 대하여는 책임이 있다는 일반적인 권리외관이론에 그 기초를 두고 있는 것인 점에 비추어볼 때, 대리인이 대리권소멸 후 직접 상대방과의 사이에 대리행위를 하는 경우는 물론 대리인이 대리권소멸 후 복대리인을 선임하여 복대리인으로 하여금 상대방과의 사이에 대리행위를 하도록 한 경우에도, 상대방이 대리권소멸 사실을 알지 못하여 복대리인에게 적법한 대리권이 있는 것으로 믿었고 그와 같이 믿은 데 과실이 없다면 제129조에 의한 표현대리가 성립할 수 있다(동지: 대판 1998.3.27, 97다48982).

[3] 제129조에 따른 '표현대리권'을 기본대리권으로 하는 제126조 대리권한유월에 따른 표현대리

(대판 1979.3.27, 79다234) ① 제126조의 표현대리는 현재에 대리권을 가진 자가 그 권한을 넘는 경우에 성립되고, 과거에 가졌던 대리권을 넘는 경우에는 적용이 없다(이는 대리권이 소멸한 자의 대리행위는 우선 제129조 대리권소멸에 따른 표현대리의 성부가 검토되어야 한다는 취지로 볼 수 있다)(동지: 대판 1973.7.30, 72다1631). ② 제129조의 대리권소멸 후의 표현대리로 인정되는 경우에 그 표현대리의 권한을 넘는 대리행위가 있을 때에는 제126조의 표현대리가 성립될 수 있다(동지: 대판 1970.2.10, 69다2149).

事例 11

제126조 대리권한유월에 따른 表見代理 및 夫婦 사이의 代理

≪설 문≫

사채업자 C는 남편 A가 빌린 돈 1,000만원을 반환하라는 독촉을 그의 아내 B에게 하였다. 당시 A는 장기출장중이었다. B는 C와 대면하여 위 차용금을 10회에 걸쳐 나누어 변제하기로 하고, 그 지급을 담보하기 위하여 A소유의 甲토지로 C와 대물변제예약을 하면서, 보관하고 있던 등기서류 및 A의 實印을 사용하여 위 토지에 대해 소유권이전등기청구권 보전을 위한 가등기를 경료할 수 있도록 해주었다.

C와 A 사이의 법률관계를 검토하시오.

목차제안

Ⅰ. **논점분석**

Ⅱ. **B의 일상가사대리의 성립 여부**

1. 일상가사대리의 의의
2. 법적 성질
   (1) 학　설
   (2) 제832조와 연계한 이해
3. 일상가사대리권의 범위
   (1) 원칙과 문제점
   (2) 학설 중 일부견해

풀이제안

Ⅰ. 논점분석

1) 아내 B는 부재중인 남편(채무자) A를 대신해서 채권자 C와 대면하여 채무변제기를 연장하고 대물변제예약을 체결하였는데, 이러한 '채무변제기의 연장'과 '대물변제예약'이 일상가사의 범위에 속하는지를 먼저 검토해야 한다. A와 B는 부부로서 법률규정(제827조)에 의하여 서로에게 일상가사대리권을 가진다. 일상가사의 범위에 속하는 것으로 판단되면 (대리인인) 아내 B의 일상가사대리행위의 법률효과는 (본인인) 남편 A에게 귀속한다(제114조 제1항).

2) B의 변제기연장 및 특히 대물변제예약이 일상가사의 범위를 일탈한 것으로 판단되면 일상가사'대리권'을 기본대리권으로 제126조 대리권한유월에 따른 표현대리의 성부를 검토해야 한다.

Ⅱ. B의 일상가사대리의 성립 여부

1. 일상가사대리의 의의

일상가사란 가정생활상 상시 행하여지는 행위로서, 아내와 남편으로서의 동거생활을 유지하기 위하여 필요한 범위내의 법률행위를 말한다. 부부는 이러한 일상가사에 대하여 대리권을 가지며(제827조 제1항), 일방의 일상가사에 관한 법률행위에 대하여 타방은 연대책임을 부담한다(제832조 본문).

일상가사대리권 및 일상가사에 관한 법률행위의 부부연대책임은 부부의 본질적 평등성에 입각하여 혼인생활의 안정과 평온 및 거래의 편의, 거래의 상대방을 보호하기 위하여 인정된 제도라고 할 수 있다.

2. 법적 성질

(1) 학 설

(i) 일상가사대리권도 역시 '대리권'으로서 일종의 법정대리라고 하는 견해(예컨대 곽윤직, 민법총칙, 282면; 이영준, 한국민법론, 545면), (ii) 부부간에 상호 묵시적 수권행위가 있었음을 법률로 표현한 것에 지나지 않는다는 견해(예컨대 고상룡, 민법총칙, 593면), 그리고 (iii) 일상가사대리권을 일종의 법정대리라고 볼 수 있으나 그 행위의 효과가 귀속하는 효과측면에서 볼 때에 단순한 법정대리로는 보기 힘들므로, 일종의 '대표'로 보는 것이 좋겠다는 견해가 있다(예컨대 김주수, 민법총칙, 341면).

(2) 제832조와 연계한 이해

일상가사'대리'는 대리 그 자체뿐만 아니라, 제832조와 관련하여 이해되어야 한다. 즉, 부부 일방이 타방의 이름으로 법률행위(즉, 대리행위)를 하였는가, 혹은 자신의 이름으로 법률행위를 하였는가에 상관없이 가족공동생활체로서의 부부가 연대책임을 부담해야 하므로 일상가사'대리'는 대리행위에 따른 법률효과가 본인에게만 귀속하면서 대리인은 당해 법률관계에서 탈락하게 되는 엄격한 의미에서의 대리(제114조)와는 다르게 이해될 여지가 있다.

3. 일상가사대리권의 범위

(1) 원칙과 문제점

일상의 가사인지의 여부는 원래 개개 가족의 생활정도, 사회적 지위, 직업, 자산, 수입 등을 포함한 생활상태와 그 시점에 있어서 사회적 관습에 의하여 개별적으로 결정되어야 할 것이지만, 일반적으로는 혼인가족의 일상생활에 통상적으로 필요한 사무가 일상가사라고 볼 수 있다. 따라서 식료품의 구입, 의류나 가정용품의 구입, 광열비 지급, 보건·오락·양육·교육에 관한 사무 및 그 비용의 지출 등이 이에 해당한다.

그러나 사안과 같이 부부의 일방이 부재 또는 별거중에 일상가사와 관련해서 일방이 타방의 소유재산을 처분하는 것과 같은 법률행위(예컨대 대물변제예약, 담보설정행위)는 일반적으로 일상의 가사로 인정되지 않는다.

(2) 학설 중 일부견해

1) **행위목적을 고려한 유연한 일상가사 개념** 학설 중에는 다른 배우자의 재산을 처분하는 결과를 가져오는 법률행위라고 할지라도 기본적으로 그 배우자의 사정과 당해 행위를 행한 목적을 고려하여 신축적으로 일상가사의 범위를 결정해야 한다는 견해도 있다. 행위의 목적을 고려하여 일상가사의 범위를 탄력적으로 해석함으로써 사안의 경우 B가 C에게 A소유의 부동산에 대하여 대물변제의 예약을 한 것은 A가 C에 대하여 채무를 부담하고 있었기 때문이며 B는 C의 강제집행으로부터 A의 책임재산을 보존하기 위한 것으로 이해할 수 있다는 것이다. 동시에 이미 변제기에 있던 A의 채무에 대하여 B가 변제기를 연기하고 분할지급의 약정을 한 것도 A 자신에게 이익이 된다. 또한 B가 행한 대물변제예약 및 그에 수반한 가등기담보설정행위는 제607조 및 가등기담보법 제3조, 제4조의 적용에 의하여 A에게 불리하지 않기 때문에 B가 행한 처분행위는 일상가사의 범위내에 속한다고 판단할 수 있다는 것이다.

2) **비상가사 개념** 다른 소수의견은 부부의 일방에게 일상가사의 처리는 물론 비상의 가사를 처리해야 할 권한도 위탁된다고 풀이한다(예컨대 김주수, 친족상속법, 156면). 여기서 비상가사라 함은 부의 부재중에 자의 질병으로 인한 입원비나 치료비를 구하기 위해 배우자 명의의 재산을 처분하는 경우

와 같은 것으로서 사안처럼 B가 A에게 채무가 없다고 믿고 있었는데 갑자기 이행을 요구하는 채권자가 나타난 경우도 비상가사의 범위에 속한다고 한다. 그리하여 부의 장기간의 부재로 처에게 가사를 맡기는 경우에는 특별한 사정이 없는 한 부는 처에게 일상가사는 물론 비상가사의 처리도 위탁하고, 특히 부의 재산에 대하여도 관리를 위탁하는 것이 보통이기 때문에 처는 권한의 정함이 없는 대리인으로서 부의 재산에 대하여 관리행위를 할 수 있다고 한다. 따라서 사례의 경우 B의 담보목적을 위한 대물변제예약은 그 목적이 C의 강제집행에 대한 A의 재산보전을 위한 것이므로 관리행위로서 비상가사가 된다고 한다. 이러한 견해에 따르더라도 B의 행위는 일상가사의 범위에 속한다.

3) **추 론** 이상의 태도에 따르면 B가 행한 A의 재산처분행위는 '유연한 일상가사' 혹은 '비상가사'로서 일상가사의 범위 안에 들어오게 되므로(제827조 제1항), 그 법률효과는 본인 A에게 귀속한다(제114조). 따라서 B와 C 사이의 법률행위(대물변제예약이라는 채권행위 및 가등기담보설정이라는 물권행위)는 유효하고 A는 C에 대하여 B와 함께 연대책임을 부담한다(제832조). 이러한 결론 아래서는 B의 행위가 제126조의 표현대리에 해당할 수 있는지 여부를 검토할 필요가 없다.

4. 판 례

판례는 부부의 타방의 재산을 처분하는 행위를 추상적으로 파악하여 처분의 목적이 가족공동생활의 유지에 필요한 것이었는가에 관계없이 일상가사의 범위 외의 것이라고 한다(판례 [1] 및 [3] 참조). 따라서 판례에 의하면 사안의 경우 B가 대물변제예약을 체결함과 동시에 A의 재산을 담보로 제공한 행위는 가족공동생활의 유지와는 직접적 관련성이 없는 행위로서 일상가사의 범위에 속하지 않는다고 판단될 것이다.

5. 소 결

학설 중 일부견해를 따를 경우 B가 행한 대물변제예약의 채권행위 및 가등기담보권설정의 물권행위를 일상가사대리행위로 평가할 여지가 없는 것은 아니나, 판례나 학설의 다수의견에 따른다면 이는 일상가사의 범위내에 들어올 수 없다. 이러한 입장에 따라 아래서는 부부의 일상가사대리권을 기본대리권으로 한 제126조에 따른 표현대리의 성립 여부를 검토한다.

Ⅲ. 제126조에 의한 표현대리의 성립 여부

1. 일상가사대리권을 기본대리권으로 한 표현대리의 성립 여부

(1) 학설 중 소수의견: 제한긍정

일상가사대리권(제827조 제1항)을 기본대리권으로 하여 제126조를 적용할 수 있는지에 관하여(제126조 표현대리의 성립요건으로서의 기본대리권에 관하여는 판례 [2] 참조) 부부 일방이 일상가사에 관한 대리권의 범위를 넘어서 제3자와 법률행위를 한 때에는 ―특히 일방이 타방에게 대리권을 수여한 바가 없는 이상― 그 일상가사대리권을 기초로 하여 널리 제126조의 표현대리의 성립을 인정한다는 것은 부부재산의 독립(부부별산제)을 해칠 우려가 있으므로 타당하지 않으며, 사회통념에 기초한 일반적·추상적인 일상가사의 범위와 개별적·구체적인 일상가사의 범위가 어긋날 경우에 일반적인 일상가사의 범위내에서 상대방의 신뢰가 보호되는 데 그친다고 보아야 하므로 일반적·추상적 일상가사의 범위내에서만 표현대리의 규정이 유추적용되고, 그 밖의 행위에 대해서는 대리권의 수여가 있는 경우에 한하여 그것을 기초로 하여 제126조가 적용되어야 한다는 견해가 있다(예컨대 김주수, 친족상속법, 165면).

(2) 판 례

일상가사의 범위를 행위목적을 고려하여 탄력적으로 확정하지도 않으며, 비상가사의 개념을 인정하지도 않는 판례는 재산처분행위나 담보행위는 원칙적으로 일상가사가 될 수 없다는 전제 아래 일상가사대리권을 기본대리권이라고 하여 이 범위를 일탈하는 행위가 있는 경우 거래상대방의 보호를 위하여 제126조 표현대리의 적용을 검토하고 있다(판례 [3] 참조).

2. 제126조에서의 '정당한 이유'

제126조의 표현대리가 성립하기 위해서는 제3자인 C가 B에게 대리

권이 있다고 믿을 만한 정당한 이유가 있어야 한다.

(1) 학설 중 소수의견

'정당한 이유의 존재'는 이성인을 판단기준으로 하여 사실심의 변론종결시까지 존재한 일체의 사정, 예컨대 무권대리행위 후 무권대리인이 그가 수취한 반대급부를 본인을 위하여 사용했는지 또는 임의로 유용하였는지, 무권대리행위에 대한 본인의 기여도, 법률행위의 동기, 본인과 대리인의 관계 등을 고려하여 판단하여야 하는 것이므로 '객관적' 기준에 의해서 판단되는 것이며, 따라서 제125조 및 제129조의 '상대방이 믿은 데 과실이 없는 때'보다 좁은 개념이라고 하는 견해가 있다(이영준, 한국민법론 [총칙편], 549면). 제126조가 제125조 및 제129조와는 달리 표현대리의 성립요건으로서 '대리행위 상대방의 선의·무과실'이 아닌 '일정한 범위의 대리권에 대한 대리행위 상대방의 신뢰에 정당한 이유가 있을 것'으로 규정하고 있는 것은 보다 엄격한 요건 아래서 표현대리를 인정하려는 것이라고 판단할 수 있다고 한다.

(2) 판 례

그러나 판례(판례 참조 [4])는 '대리권이 있다고 믿을 만한 정당한 이유'를 보통인이면 대리권이 있는 것으로 믿는 것이 당연하다고 생각되는 것을 뜻하기 때문에 정당한 이유의 유무는 거래 당시의 사정으로부터 객관적으로 거래의 통념에 따라 판단되어야 하며, 상대방이 대리인에게 권한이 있다고 믿었더라도 이를 믿은 데 과실이 있으면 '정당한 이유'가 없는 것이라고 하여 '정당한 이유' 속에 대리행위 상대방의 무과실의 요소를 포함시키고 있다. 물론 구체적 사안에 있어서 판례는 '대리권을 주었다고 믿었음을 정당화할 만한 다른 객관적인 사정'(대판 1970. 3. 10, 69다2218; 대판 1971. 1. 29, 70다2738; 대판 1981. 8. 25, 80다3204), '대리행위에 의한 급부를 수령하여 어디에 지출하였는지'(대판 1970. 10. 30, 70다1812) 등을 기준으로 하고 있어서 개별적 사안에 따라 정당한 이유가 있었는가를 객관적으로 판단하여야 한다고도 한다.

(3) 사안의 검토

A가 B에게 자신의 채무가 있다는 사실을 알려주지 않았기 때문에 C로서도 A가 B에게 지급연기와 대물변제예약 및 이에 따른 부동산

처분행위에 관한 대리권을 수여하지는 않았으리라는 사실을 추단할 수 있고, B가 A의 실인과 등기서류를 가지고 있다는 사실만으로는 C가 B의 대리권의 존재를 믿을 만한 정당한 이유가 되지 않는다고 판단할 수도 있다.

그러나 B가 A의 실인과 등기서류를 임의로 사용하여 사리를 꾀하려고 한 것은 아니라는 사실, B의 행위는 A에게 이익이 된다는 사실(C가 강제집행한다면 A는 부동산소유권을 상실하며, 지급연기는 A에게도 유리할 것이므로), A자신이 직접 C로부터 이행최고를 받아도 B의 행위와 유사한 행위를 하였을 것이라는 사실, 남편이 ―아내의 私用을 위하여 자신의 재산을 담보로 제공할 수 있는 대리권을 수여한다는 것은 이례적인 것이지만― 자신의 이익을 위해서 직접 법률행위를 할 수 없는 경우에는 배우자에게 위임하는 것이 일반적이라는 점 등을 고려한다면 C는 B에게 대리권이 존재한다고 믿을 만한 정당한 이유가 있다고 판단할 수 있다.

따라서 B가 행한 대물변제예약의 채권행위 및 가등기담보권설정의 물권행위는 대리권한을, 즉 일상가사대리권을 유월한 제126조의 표현대리에 해당하며, 그 행위에 따른 법률효과는 A에게 귀속된다.

Ⅳ. 설문에 대한 해답

B가 행한 대물변제예약의 채권행위 및 가등기담보권설정의 물권행위가 일상가사대리로 평가될 수는 없지만(만일 일상가사대리로 평가될 수 있다면 B는 C에 대하여 A와 함께 연대책임을 부담한다(제827조 제1항과 제832조 본문의 중첩적용). 이때의 연대책임은 연대채무를 부담한다는 뜻이지만, 부부공동생활의 일체성에서 제413조 이하의 연대채무보다 더욱 밀접한 부담관계에 있게 된다. 따라서 부부는 동일한 내용의 채무를 병존적으로 부담하는 것이 되고 상대방에 대한 관계에서는 각자의 부담부분에 관한 규정(제418조 제2항, 제419조, 제421조)이 적용되지 않으므로, 일방은 타방의 채권을 가지고 무제한 상계할 수 있고, 면제의 효과도 전면적으로 발생하며 또 일방의 채무의 시효소멸은 다른 일방의 채무도 소멸시키게 된다), 일상가사대리권을 기본대리권으로 하여 제126조에 따른 표현대리가 성립한다고 볼 수 있다. 따라서 이 경우의 본인인 A만이 제126조에 의하여 C에게 책임을 부담하게 되므로, 대물변제예약 및 가등기담보권설정에 따른 의무를 C에 대하여 부담하며 경우에 따라서는 권리도 가진다.

한편 원칙적으로는 표현'대리인' B는 C와 아무 법률관계가 없게 된다고 볼 수도 있다. 그러나 부부공동생활은 일체성을 이루기 때문에 가사로 인한 채무에 대하여 부부의 연대책임을 규정한 제832조는 일상가사대리에 대해서뿐만 아니라, 표현대리가 성립하는 경우에도 중첩적용된다고 해석하는 것이 타당하다. 따라서 B도 C에 대하여 A와 함께 연대책임을 부담한다고 풀이해야 한다.

여론이지만, A와 B가 부부라 할지라도 B의 일상가사대리행위 혹은 표현대리행위로 인하여 A에게 손해가 발생하였다면 부부별산제(제830조 참조)를 채택하고 있는 한, 소유권침해에 따른 B의 불법행위책임(제750조)이 성립할 여지는 있다.

≪판 례≫

[1] 일상가사대리권

[1-1] (대판 1967. 8. 29, 67다1125) 남편이 처에게 저당권설정에 관한 권한을 수여한 사실이 없다 하더라도 부부 사이에는 일상의 가사에 관하여 대리권이 있으므로 본건 부동산에 관한 처의 저당권설정행위는 권한 밖의 법률행위를 한 경우에 해당한다.

[1-2] (대판 1985. 3. 26, 84다카1621) 제827조 제1항의 부부간의 가사대리권은 부부가 공동체로서 가정생활상 상시 행하여지는 행위에 한하는 것이라 할 것이므로 처가 자가용차를 구입하기 위하여 타인으로부터 금전을 차용하는 행위는 이에 속한다고 할 수 없다.

[1-3] (대판 1993. 9. 28, 93다16369) ① 제827조 제1항의 부부간의 일상가사대리권은 부부가 공동체로서 가정생활상 항시 행하여지는 행위에 한하는 것이므로, 처가 별거하여 외국에 체류중인 부의 재산을 처분한 행위를 부부간의 일상가사에 속하는 것이라 할 수는 없다. ② 부동산을 매수하는 자는 특별한 사정이 없는 한 매도인에게 그 부동산을 처분할 권한이 있는지의 여부를 조사하여 보아야 하고, 그 조사를 하였더라면 매도인에게 처분권이 없음을 알 수 있었을 것임에도 그와 같은 조사를 하지 아니하고 매수하였다면 부동산의 점유에 관하여 과실이 없다고 할 수 없다.

[2] 제126조 대리권한유월에 따른 표현대리의 성립요건으로서 기본대리권

[2-1] (대판 1963. 9. 19, 63다383) 권한을 넘은 표현대리에 있어서는 대리권이 있는 자가 그 권한을 넘어서 어떠한 행위를 하였을 경우에 적용되는 것이고 전연 아무 대리권이 없는 자가 한 행위에 대하여는 적

용할 수 없는 것이다.

[2-2] (대판 1990.10.23, 90다카13212) 건설회사직원이 회사로부터 공사현장에서 공사수행에 필요한 일반행정사무와 관리업무수행에 대한 대리권을 수여받고 대표이사의 직인을 보관하면서 위 업무를 처리하여 왔다면, 그 권한을 넘어서 토지의 처분행위를 한 경우, 당시 상대방으로서는 그에게 회사를 대리하여 토지를 처분할 권한이 있는 것으로 믿었고 이와 같이 믿은 데에 정당한 이유가 있었다고 할 것이므로, 위의 처분행위는 제126조의 표현대리로서의 회사에 대하여 그 효력이 있다.

[3] 일상가사대리권을 기본대리권으로 하는 제126조 대리권한유월에 따른 표현대리

[3-1] (대판 1975.3.11, 74다92) 부부는 일상의 가사에 관한 한 서로 대리할 권한을 가진다고 할 것이나 처가 부의 승낙없이 부의 부동산을 매도하거나 담보로 제공하는 경우에 제126조 소정의 표현대리가 되려면 상대방이 처가 부를 대리할 권한이 있다고 믿었음을 정당화할 만한 객관적인 사정이 있어야 한다.

[3-2] (대판 1981.6.23, 80다609) 일상가사에 관하여 남편을 대리할 권한이 있는 처가 남편 몰래 남편의 인감도장·인감증명서 등을 소지하고 그 대리인인 양 행세하여 금원을 차용하고 그 담보로 남편 소유의 부동산에 가등기를 경료하여 준 경우에 그 상대방이 위 처에게 그 남편을 대리할 권한이 있다고 믿음에 정당한 사유가 있다.

[3-3] (대판 1995.12.22, 94다45098) ① 일상가사대리권 외에 별도의 기본대리권이 있는 처가 근저당권설정등기에 필요한 각종서류를 소지하고 있는데다가 그 인감증명서가 본인인 남편이 발급받은 것이고, 남편이 스스로 처에게 인감을 보냈음을 추단할 수 있는 문서와 남편의 무인이 찍힌 위임장 및 주민등록증 등을 제시하는 등 남편이 처에게 대리권을 수여하였다고 믿게 할 특별한 사정까지 있었다면, 그 상대방으로서는 처가 남편을 대리할 적법한 권한이 있었다고 믿은 데 정당한 이유가 있다. ② 처가 타인으로부터 금원을 차용하면서 승낙없이 남편 소유 부동산에 근저당권을 설정한 것을 알게 된 남편이, 처의 채무변제에 갈음하여 아파트와 토지를 처가 금전을 차용한 자에게 이전하고 그 토지의 시가에 따라 사후에 정산하기로 합의한 후 그 합의가 결렬되어 이행되지 않았다고 하더라도, 일단 처가 차용한 사채를 책임지기로 한 이상 남편은 처의 근저당권설정 및 금원차용의 무권대리행위를 추인한 것이다.

[3-4] (대판 1997.4.8, 96다54942) 부부간에 서로 일상가사대리권이 있다고 하더라도, 일반적으로 처가 남편이 부담하는 사업상의 채무를 남편과 연대하여 부담하기 위하여 남편에게 채권자와의 채무부담약정에

관한 대리권을 수여한다는 것은 극히 이례적인 일이라 할 것이고, 채무자가 남편으로서 처의 도장을 쉽사리 입수할 수 있었으며 채권자도 이러한 사정을 쉽게 알 수 있었던 점에 비추어 보면, 채무자가 채권자를 자신의 집 부근으로 오게 한 후 처로부터 위임을 받았다고 하여 처 명의의 채무부담약정을 한 사실만으로는 채권자가 남편에게 처를 대리하여 채무부담약정을 할 대리권이 있다고 믿은 점을 정당화할 수 있는 객관적인 사정이 있다고 할 수 없다.

[3-5] (대판 1998.7.10, 98다18988) ① 타인의 채무에 대한 보증행위는 그 성질상 아무런 반대급부없이 오직 일방적으로 불이익만을 입는 것인 점에 비추어 볼 때, 남편이 처에게 타인의 채무를 보증함에 필요한 대리권을 수여한다는 것은 사회통념상 이례에 속하므로, 처가 특별한 수권없이 남편을 대리하여 위와 같은 행위를 하였을 경우에 그것이 제126조 소정의 표현대리가 되려면 처에게 일상가사대리권이 있었다는 것만이 아니라 상대방이 처에게 남편이 그 행위에 관한 대리의 권한을 주었다고 믿었음을 정당화할 만한 객관적인 사정이 있어야 한다. ② 처가 임의로 남편의 인감도장과 용도란에 아무런 기재 없이 대리방식으로 발급받은 인감증명서를 소지하고 남편을 대리하여 친정 오빠의 할부판매보증보험계약상의 채무를 연대보증한 경우 남편은 표현대리의 책임을 지지 않는다.

[3-6] (대판 2000.4.25, 2000다8267) ① 제832조에서 말하는 일상의 가사에 관한 법률행위라 함은 부부의 공동생활에서 필요로 하는 통상의 사무에 관한 법률행위를 말하는 것으로, 그 구체적인 범위는 부부공동체의 사회적 지위·재산·수입 능력 등 현실적 생활 상태뿐만 아니라 그 부부의 생활장소인 지역사회의 관습 등에 의하여 정하여지나, 당해 구체적인 법률행위가 일상의 가사에 관한 법률행위인지 여부를 판단함에 있어서는 그 법률행위를 한 부부공동체의 내부 사정이나 그 행위의 개별적인 목적만을 중시할 것이 아니라 그 법률행위의 객관적인 종류나 성질 등도 충분히 고려하여 판단하여야 한다. ② 처가 부담한 금 4,000만원의 계금채무는 혼인공동체의 통상의 사무에 포함되는 일상의 가사로 인한 채무라기보다 처 자신의 사업상의 필요에 의한 채무라고 보아야 한다.

[4] 제126조 대리권한유월에 따른 표현대리의 성립요건으로서 정당한 이유

[4-1] (대판 1954.3.16, 4286민상215) 제126조의 대리인이 그 권한 이외의 행위를 하였을 경우에 있어서 제3자가 그 권한이 있다고 믿을 만한 정당한 이유가 있는 때라 함은 제3자로 하여금 대리인이 본인을 위하여 그 거래를 할 권한이 있을 것이라는 관념을 야기시키기에 족한 사정이 있는 경우를 지칭하는 것으로서, 환언하면 제반사정에 비추어

보통의 주의력을 가진 사람의 행동거지로서 아무런 과실이 없는 경우를 말한다.

[4-2] (대판 1989.4.11, 88다카13219) 표현대리에 있어서 표현대리인이 대리권을 갖고 있다고 믿는 데 상대방의 과실이 있는지 여부는 계약성립 당시의 제반사정을 객관적으로 판단하여 결정하여야 하고 표현대리인의 주관적 사정을 고려하여서는 안 된다.

[4-3] (대판 1987.7.7, 86다카2475) 정당한 이유의 존부는 자칭대리인의 대리행위가 행하여질 때에 존재하는 제반사정을 객관적으로 관찰하여 판단하여야 하는 것이지 당해 법률행위가 이루어지고 난 훨씬 뒤의 사정을 고려하여 그 존부를 결정해야 하는 것은 아니다(동지: 대판 1997.6.27, 97다3828).

[民 法 總 則]

事例 12

他人名義의 法律行爲, 法律行爲의 解釋

≪설 문≫

전과가 많은 A는 B와 매매대금을 500만원으로 B소유의 도자기에 관하여 매매계약을 체결하면서 자신이 마치 'C'인 양 행세하였고, 계약서에도 매수인명의를 'C'로 기재하였다.

A, B, C 사이의 법률관계를 검토하시오.

목차제안

Ⅰ. 논점분석
Ⅱ. 법률행위의 해석과 당사자확정의 문제
Ⅲ. A 또는 C에 대한 B의 賣買代金支給請求權
1. A가 자신을 위한 法律行爲를 하면서 'C'의 名義를 任意로 사용한 경우
(1) A와 B가 일치하여 법률행위 당사자를 A로 생각한 경우
(2) B가 법률행위 당사자를 'C'로 생각한 경우
1) 문 제 점
2) 판례 및 해석상의 문제점과 검토
3) 소 결
2. C의 代理人 A가 자신을 위한 법률행위를 하면서 'C'의 名義를 사용한 경우
(1) 문 제 점
(2) 판 례
(3) 소 결

3. A가 C를 위한 法律行爲를 하면서 'C'의 名義를 任意로 사용한 경우
   (1) 문 제 점
   (2) A에게 C를 위한 대리권이 있는 때
      1) A가 대리권한의 범위내에서 행위한 때
      2) A가 대리권한의 범위를 유월한 때
   (3) A에게 C를 위한 대리권이 없는 때

Ⅳ. **설문에 대한 해답**

풀이제안

Ⅰ. 논점분석

타인의 명의를 임의로, 즉 無斷으로 사용하여(타인이 자신의 명의를 사용하도록 허용한 경우, 즉 명의대여에 따른 법률문제는 이어지는 [관련사례 12-1] 참조) 계약을 체결한 경우에는 실제 계약체결행위를 실행한 자(A)와 명의자(C) 중 누구를 법률행위의 당사자로 확정할 것인가가 문제된다. 이는 법률행위의 해석을 통하여 이루어진다.

Ⅱ. 법률행위의 해석과 당사자확정의 문제

법률행위의 해석이란 본래 법률행위의 구성요소인 의사표시의 규범적 의미내용을 탐구하는 것을 말하며(관례 [1-1] 참조)(김형배, 민법학강의(제6판), 74면 참조), 그 방법으로는 표의자의 실제의 의사를 밝히는 自然的 解釋, 의사표시 상대방의 시각에서 표의자의 가상적 의사, 즉 표시행위로부터 추단되는 표시상의 효과의사를 밝히는 規範的 解釋, 그리고 법률행위의 내용에 흠결이 있는 경우에는 補充的 解釋이 있다(주석민법 [총칙(2)], 김형배 집필 부분, 371면 이하 참조).

'타인의 이름을 임의로 사용하여 계약을 체결한 경우 행위자 또는 명의인 가운데 누구를 당사자로 할 것인지에 관하여 행위자와 상대방의 의사가 일치한 경우에는 그 일치하는 의사대로 행위자의 행위 또는 명의자

의 행위로서 확정하여야 할 것이지만, 그러한 일치된 의사를 확정할 수 없을 경우에는 계약의 성질, 내용, 체결경위 및 계약체결을 전후한 구체적인 제반사정을 토대로 상대방이 합리적인 사람이라면 행위자와 명의자 중 누구를 계약 당사자로 이해할 것인가에 의하여 당사자를 결정하고, 이에 터잡아 계약의 성립 여부와 효력을 판단함이 상당하다'(판례 참조 [1-2])는 이와 같은 판례의 태도는 전자의 경우에는 자연적 해석방법을, 후자의 경우에는 규범적 해석방법을 채택한 것이다.

사례에서는 A가 '자신을 위한' 법률행위를 의도하였는가, 아니면 'C를 위한' 법률행위를 의도하였는가의 여부에 따라 그 판단이 달라진다.

Ⅲ. A 또는 C에 대한 B의 賣買代金支給請求權

1. A가 자신을 위한 法律行爲를 하면서 'C'의 名義를 任意로 사용한 경우

(1) A와 B가 일치하여 법률행위 당사자를 A로 생각한 경우

A와 B가 직접 대화하고 이에 기초하여 계약을 체결하였다든지(예컨대 고용, 위임, 임대차, 조합계약) 또는 계약 당사자의 '이름'이 아무 의미가 없는 경우(예컨대 숙박계약)처럼 A와 B가 일치하여 A를 계약의 당사자로 생각한 때에는 계약 당사자의 명의를 C로 표시하더라도 그것은 잘못된 표시에 불과하여 誤記無害(falsa demonstratio non nocet)의 법리가 적용된다. 그러므로 당사자의 표시와는 관계없이 당사자가 서로 일치하여 이해하고 있는 내용대로 법률행위의 당사자 및 내용이 확정된다. 따라서 법률행위에 따른 효과는 당연히 A에게 귀속하며 B는 A에 대하여 매매대금지급청구권을, A는 B에 대하여 도자기의 소유권이전청구권을 가진다.

이러한 경우 C는 문제된 법률행위와 아무 관계가 없으며, 설령 이를 '추인'한다고 하더라도 그 법률효과를 자신에게 귀속시킬 수 없다. 처음부터 대리행위가 문제되지 않기 때문이다.

(2) B가 법률행위 당사자를 'C'로 생각한 경우

1) **문 제 점**　사안에서 A가 자신을 위한 법률행위를 하면서

'C'라는 이름을 무단으로 차용하였으나, B는 계약의 상대방이 C로 되어 있기 때문에 계약을 체결한 것이라면 법률행위의 당사자를 C로 확정할 수 있는가? 이는 규범적 해석에 의하더라도 의문이 아닐 수 없다. 특히 신용거래행위나 계속적 채권관계의 경우에서처럼 계약 상대방의 개성·신용·능력 등이 중요시되는 경우에는 명의인과 법률행위를 하는 것이 일반적 현실이고, 사실상 법률행위를 체결하는 자는 상대방에게 중요시되지 않지만, 이 사안은 그러한 경우와는 다르기 때문이다. A가 C의 명의를 사용하여 ── A 자신을 위한 것이든(C와 A 사이의 명의대여약정에 의하여 명의차용자로서 A가 자신의 법률행위를 한 경우 또는 C와 A 사이에 명의신탁약정에 의하여 명의수탁자로서 A가 자신을 위한 법률행위를 한 경우를 들 수 있다. 전자의 경우는 [관련사례 12-1]을, 후자의 경우는 판례 [3]을 각각 참조하라. 특히 후자의 경우 판례에 따르면 명의수탁자인 A의 '자신을 위한' 법률행위는 A에게 귀속된다), C를 위한 것이든(이 경우는 이어지는 2 참조) ── 법률행위를 할 수 있는 권한이 전혀 없는 경우에도 A와 B 사이의 법률행위에 대하여 B로서는 A가 실행한 법률관계의 당사자가 C라고 생각할 수밖에 없었던 사정만으로는 법률관계의 당사자를 B와 C로 확정할 수는 없을 것이다.

2) **판례 및 해석상의 문제점과 검토** 예컨대 금융부실거래자로 규제된 P가 자기의 이름으로는 금융기관의 대출이나 신용보증기금의 신용보증을 받을 수 없게 되었음을 알고, 동생(R)의 명의로 기업을 경영하면서 R의 주민등록증에 자기 사진을 붙이고 R명의의 인감도장과 인감증명서 및 사업자등록증을 소지하고 R로 행세하며 신용보증을 R명의로 신청하였다. 이에 Q보증기금은 R을 보증대상기업의 경영주로 오인하고 그에 대한 신용조사를 한 다음 신용보증을 하였다. 이 사례에서(관련판례 [2] 참조) 법원은 Q는 신용보증의 신청인이 (R이 아닌) P라는 사실을 알았더라면 신용보증계약을 체결하지 아니하였을 것이 명백하고, 또한 P(피보증인 명의인은 R)가 금융부실거래자가 아니라 신용있는 자로 착각하여 신용보증을 하게 되었으므로 이는 법률행위의 중요부분에 착오가 있는 경우에 해당한다고 판단하여 'R과 Q를 신용보증계약의 당사자로 확정하는 한 후에' Q의 중대한 과실을 인정할 수 없다고 판단함으로써 Q의 착오취소(제109조 제1항)를 허용하였다(판례 [2-2] 참조).

그러나 판례에서처럼 누군가 타인의 명의를 임의로(즉 무단으로) 사용한 경우에 법률행위의 상대방이 명의자를 법률행위의 주체로 생각할 수밖에 없는 규범적 해석이 가능하다고 해서 일단 무단으로 명의가 도용된 자를 그대로 계약 당사자로 확정될 수밖에 없다는 태도는 일반론으로서는 타당하지 않다고 생각된다. 누군가 타인의 명의를 임의로 사용하여 법률행위를 한 경우, 비록 행위의 상대방이 명의자를 법률행위의 주체로 생각했더라도 특별한 사정이 없는 한 명의자는 법률행위에 구속되지 않는다고 판단해야 하기 때문이다. 자신도 모르는 사이에 자신의 이름을 사용하여 누군가가 법률행위를 실행하였고, 그 행위의 상대방이 자신을 계약상대방으로 생각할 수밖에 없었다는 이유만으로 법률행위에 구속되어야 한다는 논리는 부당하기 때문이다. 따라서 타인의 명의로 계약을 체결하였으나, 계약 상대방이 명의자가 계약 당사자이기 때문에 계약을 체결하였다고 인정되는 경우에 타인의 명의가 임의로 사용되었다면 명의자와 계약 상대방 사이의 법률행위는 성립되지 않는다고 하거나 무효로 판단함이 타당하다(판례 참조 [1-2]).

3) **소 결** 사안의 경우 A는 C의 명의를 도용하여 B와 도자기 매매계약을 체결하였다. 계약 당사자가 바로 C이기 때문에 B가 계약을 체결하였다는 사실을 중요시하면 매매계약의 당사자는 A가 아닌 C가 될 수 있다. 그러나 B와 C 사이의 이러한 법률행위는 성립될 수 없다고 보아야 한다. C가 법률행위에 구속되어야 할 아무런 법적 근거가 없기 때문이다. 따라서 B는 C에 대해서는 물론 A에 대해서도 매매대금지급청구권을 가지지 못한다. 다만, B는 A에 대하여 계약체결상의 과실책임(제535조 참조)을 물을 수 있다. 만일 B가 A에게 도자기를 이미 인도하였다면 B는 A에 대하여 소유물반환청구권(제213조) 또는 부당이득반환청구권(제741조)을 행사하여 원물 또는 가액의 반환(제748조)을 요구할 수 있다.

2. C의 代理人 A가 자신을 위한 법률행위를 하면서 'C'의 名義를 사용한 경우

(1) 문 제 점

비록 A가 C의 대리인이라 하더라도 A가 자신을 위한 법률행위를 할 의사로 B와 매매계약을 체결한 경우에는 매매계약에 따른 법률효과가 C에게 귀속할 수 있는지도 의문이다.

(2) 판 례

판례에 따르면 대리인은 대리인임을 표시하지 않고 본인의 이름으로 대리행위를 할 수도 있다(판례 참조 [4-1])고 하면서 대리관계를 표시함이 없이 마치 자신이 본인인 양 행세하였다 하더라도 대리행위가 대리권의 범위 안에서 이루어졌다면 본인이 대리인에게 본인명의로 법률행위를 할 수 있는 권한을 부여하였는지의 여부와 '대리인으로서의 행위'인지를 법률행위의 상대방이 인식하였는지의 여부를 묻지 않고 법률행위에 따른 법률효과가 본인에게 직접 귀속한다(판례 참조 [4-2])고 한다(학설도 대리인이 자신의 이름을 표시하지 않고 마치 본인이 하는 것과 같은 외관으로 행위하는 경우에도 '대리인에게 대리의사가 있는 것으로 인정되는 한' 유효한 대리행위라고 판단한다).

(3) 소 결

위 판례에서의 판단은 어디까지나 대리인이 본인을 위한, 즉 대리의사를 가지고 법률행위를 하였을 때만 유효하다. 대리인의 모든 법률행위가 본인에게 귀속될 수는 없다. 따라서 이 경우는 위 1에서의 설명에 準하여 판단해야 할 것이다.

3. A가 C를 위한 法律行爲를 하면서 'C'의 名義를 任意로 사용한 경우

(1) 문 제 점

대리인이 본인을 위한 법률행위를 하면서 본인의 명의를 '임의로' 사용한 경우에는 그 법률행위에 따른 법률효과가 본인에게 귀속하는지도 문제이다. 왜냐하면 우리 민법은 민사대리에 관한 한 현명주의원칙을 채택하고 있는데(제114조 제1항), 대리인이 이 원칙을 준수하지 않을 때에는 대리의 효과가 발생하지 않는 것이 원칙이라고 보아야 하기 때문이다.

대리인이 본인을 위한 것임을 표시하지 않은 때에는 상대방이 대리인으로서 한 것임을 알았거나 알 수 있었던 경우가 아닌 한(제115조 단서) 그러한 의사표시는 대리인 자신을 위한 것으로 간주된다(제115조 제2항). 그러나 우리 판례와 다수설은 앞서 살펴본 바와 같이 현명주의원칙을 엄격하게 이해하지 않는다. 따라서 대리인에게 대리의사가 있고 대리행위가 대리권의 범위내에서 이루어지는 한 마치 본인인 양 행세하여 법률행위를 실행하더라도 본인명의의 사용이 허락되어 있는지의 여부를 불문하고, 또한 행위의 상대방이 대리행위임을 알았거나 알 수 있었는지의 여부(제115조 단서 참조)를 불문하고 법률행위에 따른 법률효과가 본인에게 귀속된다.

사안과 관련하여 남는 문제는 A가 C를 위하여 B와 매매계약을 체결하면서 실제 C의 대리권수여가 있었는지, 있었다 하더라도 권한의 범위내에서 행해진 것인지 하는 것이다. 다른 한편 아무리 대리의사를 가지고 법률행위를 하더라도 행위자에게 대리권이 없는 한 이는 무권대리의 문제가 될 뿐이다.

(2) A에게 C를 위한 대리권이 있는 때

1) **A가 대리권한의 범위내에서 행위한 때** A가 C의 유권대리인이고 B와의 도자기 매매계약의 체결이 또한 그의 대리권한의 범위내이면, A가 비록 현명주의원칙(제114조 제1항, 제115조 단서)을 준수하지 않았다 하더라도 매매계약에 따른 법률효과, 즉 도자기 소유권이전청구권과 매매대금지급의무는 C에게 귀속한다. B는 C에게 매매대금 500만원을 청구할 수 있다. 만일 A가 도자기를 이미 수령하고 자취를 감추었다면 C로서는 A를 찾아내어 기조적 내부관계에 따른 채무의 불이행책임을 추궁히든가, 적어도 소유물반환청구권 내지 부당이득반환청구권을 행사함으로써 도자기(원물) 또는 그 가액의 반환을 청구할 수 있을 뿐이다.

2) **A가 대리권한의 범위를 유월한 때** A가 C의 유권대리인이기는 하나, 도자기 매매계약의 체결이 그의 대리권한을 유월하는 때에는 제126조 표현대리의 성립을 검토해야 한다. 대리인이 본인명의를 임의로 사용하면서 행한 대리행위와 관련하여 판례는 제126조 표현대리의 성립을 부정한 적도 있지만(판례참조 [4-3]), 이를 긍정한 적도 있다(판례참조 [4-4]). 제126조 표현대리의 성립이 긍정되는 경우는 위 1의 경우에 준하여 판단할 것이지만, 이의 성립을 부정하는 경우에는 이하에서 살펴보게 될 무권대리인의 대리행위에 준하여 판단되어야 한다.

(3) A에게 C를 위한 대리권이 없는 때

대리권이 아예 없는 자가 타인(본인)을 위한 대리행위를 하는 경우 본인이 이를 추인하지 않으면 대리행위에 따른 법률효과가 본인에게 귀속될 수 없다(제130조).

사안에서 도자기를 이미 A에게 인도한 B의 추인최고에 대하여 C는 아무 대꾸도 하지 않음으로써(제131조) B의 매매대금지급요구를 거절할 수 있다. 이 경우 B는 A가 행위무능력자가 아닌 한, 그에게 이행책임 또는 손해배상책임을 추궁할 수 있을 뿐이다(제135조)(무권대리인의 상대방에 대한 책임의 문제는 다음의 [관련사례 13-1] 참조).

Ⅳ. 설문에 대한 해답

A가 자신을 위한 법률행위를 하면서 C의 명의를 임의로 사용한 경우 A와 B가 일치하여 법률행위 당사자를 A로 생각하였다면 당사자의 표시와 상관없이 당사자가 실제로 일치하여 이해하고 있는 내용대로 법률행위의 당사자 및 내용이 확정되기 때문에 법률행위에 따른 법률효과는 당연히 A에게 귀속한다. 이 경우 B는 A에 대하여 매매대금지급청구권을, A는 B에 대하여 도자기의 소유권이전청구권을 각각 가진다.

A가 자신을 위한 법률행위를 하면서 C의 명의를 임의로 사용하여 B가 법률행위 당사자를 C로 생각하고 있었던 경우라 하더라도 그러한 이유만으로는 A가 실행한 법률행위의 법률효과가 C에게 귀속되지 않는다. C에게 책임을 귀속시킬 아무 근거가 없기 때문이다. B는 A에게 계약체결상의 과실책임을 추궁할 수 있을 뿐이다.

A가 C를 위한 법률행위를 하면서 C의 명의를 임의로 사용한 경우 A가 C의 유권대리인이거나, 대리권한을 유월하여 제126조의 표현대리가 성립하는 한 B는 C에 대하여 매매대금지급청구권을 가진다. 그러나 유권대리인이 권한을 유월하였으나 제126조의 표현대리의 성립이 부정되거나, 처음부터 A가 무권대리인이었다면, C가 A의 대리행위를 추인하지 않는 한(제130조, 제133조 본문), B는 C에 대하여 매매대금지급청구권을 가지지 못한다.

≪판 례≫

[1] 계약당사자를 확정하는 법률행위해석

[1-1] (대판 1996. 10. 25, 96다16049) 법률행위의 해석은 당사자가

그 표시행위에 부여한 객관적인 의미를 명백하게 확정하는 것으로서, 서면에 사용된 문구에 구애받는 것은 아니지만 어디까지나 당사자의 내심적 의사의 여하에 관계없이 그 서면의 기재 내용에 의하여 당사자가 그 표시행위에 부여한 객관적 의미를 합리적으로 해석하여야 하는 것이고, 당사자가 표시한 문언에 의하여 그 객관적인 의미가 명확하게 드러나지 않는 경우에는 그 문언의 내용과 그 법률행위가 이루어진 동기 및 경위, 당사자가 그 법률행위에 의하여 달성하려는 목적과 진정한 의사, 거래의 관행 등을 종합적으로 고려하여 사회정의와 형평의 이념에 맞도록 논리와 경험의 법칙, 그리고 사회일반의 상식과 거래의 통념에 따라 합리적으로 해석하여야 한다.

[1-2] (대판 1995.9.29, 94다4912) ① 타인의 이름을 임의로 사용하여 계약을 체결한 경우에는 누가 그 계약의 당사자인가를 먼저 확정하여야 할 것으로서, 행위자 또는 명의인 가운데 누구를 당사자로 할 것인지에 관하여 행위자와 상대방의 의사가 일치한 경우에는 그 일치하는 의사대로 행위자의 행위 또는 명의자의 행위로서 확정하여야 할 것이지만, 그러한 일치하는 의사를 확정할 수 없을 경우에는 계약의 성질, 내용, 체결 경위 및 계약체결을 전후한 구체적인 제반사정을 토대로 상대방이 합리적인 인간이라면 행위자와 명의자 중 누구를 계약 당사자로 이해할 것인가에 의하여 당사자를 결정하고, 이에 터잡아 계약의 성립 여부와 효력을 판단함이 상당하다. ② 甲이 계속적 거래로 인한 丙에 대한 채무를 담보하기 위하여 乙의 명의를 도용하여 보험계약을 체결한 후 그 거래대금을 체불함으로써 보험자 丁이 丙에게 보험금을 지급하였더라도 그 보험계약은 무효이므로 보험자 丁은 丙에 대하여 부당이득반환을 청구할 수 있다.

[1-3] (대판 2003.9.5, 2001다32120) 어떤 사람이 타인을 통하여 부동산을 매수함에 있어 매수인명의 및 소유권이전등기명의를 그 타인명의로 하기로 하였다면 이와 같은 매수인 및 등기 명의의 신탁관계는 그들 사이의 내부적인 관계에 불과한 것이므로 특별한 사정이 없는 한 대외적으로는 그 타인을 매매 당사자로 보아야 한다.

[1-4] (대판 2003.12.12, 2003다44059) 일방 당사자가 대리인을 통하여 계약을 체결하는 경우에 있어서 계약의 상대방이 대리인을 통하여 본인과 사이에 계약을 체결하려는 데 의사가 일치하였다면 대리인의 대리권 존부 문제와는 무관하게 상대방과 본인이 그 계약의 당사자이다.

[2] 타인명의의 법률행위의 상대방의 취소권

[2-1] (대판 1993.10.22, 93다14912) 금융부실거래자로 규제되어 자기의 이름으로는 대출이나 신용보증을 받을 수 없게 된 甲이 동생인 乙 명의로 기업을 경영하면서 乙의 주민등록증에 자기 사진을 붙이고 乙명

의의 인감도장과 인감증명서 및 사업자등록증을 소지하여 乙로 행세하고, 나아가 신용보증을 신청할 때에도 乙명의로 신청하였으므로, 기술신용보증기금이 乙을 보증대상기업의 경영주로 오인하고 그에 대한 신용조사를 한 다음 신용보증을 하였다면 기술신용보증기금은 위 신용보증의 신청인이 甲이라는 사실을 알았더라면 신용보증을 체결하지 아니하였을 것이 명백하고, 甲이 금융부실거래자가 아니라 신용 있는 자로 착각하여 위 신용보증을 하게 된 것으로서, 이는 법률행위의 중요부분에 착오가 있는 경우에 해당한다.

[2-2] (대판 2005.5.12, 2005다6228) ① 신용보증기금법 제1조, 제6조, 제2조 제2항 및 같은 법 제24조에 기하여 작성된 신용보증기금의 업무방법서 제10조 제1항 제3호 등의 취지에 비추어 본다면, 신용보증기금의 신용보증에 있어서 기업의 신용 유무는 그 절대적인 전제사유로서 신용보증의사표시의 중요부분을 구성한다. ② 기업의 실질적 경영주가 '금융기관의 신용정보교환 및 관리규약'에 따라 금융부실거래자로 규제되어 있어서 자기의 이름으로는 금융기관의 대출이나 신용보증기금의 신용보증을 받을 수 없음을 알고 타인의 명의로 사업자등록을 한 후 그의 명의로 신용보증을 신청하고, 신용보증기금은 신청명의인을 보증대상기업의 경영주로 오인하고 그에 대한 신용조사를 하여 그에게 신용불량사유가 없음을 확인한 다음 신용보증을 한 경우, 신용보증기금이 보증대상기업의 실제 경영주가 신청명의인이 아니고 금융부실거래자로 규제되고 있는 자라는 사실을 알았더라면 위 신용보증을 체결하지 아니하였을 것이 분명하고, 신용보증기금은 위 기업의 경영주가 금융기관대출에 있어서 신용있는 자임을 착각하고 위 신용보증을 하게 된 것으로서 이는 법률행위의 중요부분에 착오가 있는 경우에 해당한다.

[3] 타인명의의 법률행위와 명의신탁

[3-1] (대판 1971.5.24, 71다512) 임야소유자(종중)가 그 임야를 甲 외 7인에게 신탁하여 사정받도록 한 것은 甲이 이를 위반하여 자기 단독명의로 사정을 받았다 하여도 임야소유자와 甲과의 신탁관계가 소멸되는 것은 아니므로 甲명의의 임야사정은 신탁을 원인하여 이루어진 것이다.

[3-2] (대판 1971.9.28, 71다1382) 타인의 명의로 한 전화가입청약을 전화관서가 승낙하지 아니한다는 전신전화규정이 있다 하여 전화가입권 명의신탁계약이 당연무효라고 할 것이 아니다.

[3-3] (대판 1989.11.14, 88다카19033) ① 토지분양계약상의 매수인명의를 신탁한 경우에는 신탁자가 수탁자와의 관계에서 명의신탁계약을 해지하였더라도 매도인과의 사이에 매수인(피분양계약자)명의를 변경하는 절차를 취하지 아니하는 이상 대외적인 관계에 있어서는 여전히 수탁

자가 분양계약상의 소유권이전등기청구권자라고 할 것이고 소유권이전등기청구권이 채권적 청구권이라고 하여 명의신탁의 해지로써 당연히 신탁자에게 귀속되는 것은 아니다. ② 토지분양계약상의 매수인의 지위를 양수하지 않은 이상 매수인으로부터 채권으로서의 소유권이전등기청구권을 양도받은 것만으로서는 양수인이 매도인에 대하여 그 토지의 매수인임을 주장할 수 없는 것이고, 이와 같은 매수인의 지위를 양수함에 있어서는 계약의 상대방인 매도인과의 합의(승낙)가 있어야 한다.

[4] 대리현명의 원칙

[4-1] (대판 1963.5.9, 63다67) 대리인은 대리인임을 표시하여 의사표시를 하여야 하는 것이 아니고 본인명의로도 할 수 있다.

[4-2] (대판 1987.6.23, 86다카1411) 甲이 부동산을 농업협동조합중앙회에 담보로 제공함에 있어 동업자인 乙에게 그에 관한 대리권을 주었다면 乙이 동 중앙회와의 사이에 그 부동산에 관하여 근저당권설정계약을 체결함에 있어 그 피담보채무를 동업관계의 채무로 특정하지 아니하고 또 대리관계를 표시함이 없이 마치 자신이 甲 본인인 양 행세하였다 하더라도 위 근저당권설정계약은 대리인인 乙이 그의 권한범위 안에서 한 것인 이상 그 효력은 본인인 甲에게 미친다.

[4-3] (대판 1974.4.9, 74다78) 제126조의 표현대리는 대리인이 본인을 위하여 한다는 사실을 명시 혹은 묵시적으로 표시하거나 대리의사를 가지고 권한 외의 행위를 하는 경우인 것을 요하며 사술을 써서 이와 같은 대리행위의 표시를 하지 않고 자기를 위하여 단지 본인의 성명을 모용하여 자기가 마치 본인인 것처럼 기망하여 본인명의로 직접 모든 법률행위를 한 경우에는 특별한 사정이 없는 한 위 제126조를 적용할 수 없다.

[4-4] (대판 1978.3.28, 77다1669) 본인 자신으로 가장하여 본인명의로 법률행위를 한 경우에는 선의의 제3자를 보호하기 위하여 대리권한이 없는 행위에 대하여 일정한 한도에서 본인에게 책임을 인정한 표현대리제도의 취지에 비추어 이를 유추적용할 수 있다(동지: 대판 1993.2.23, 92다52436).

관련사례 12-1 名義貸與者의 法律行爲責任 및 不法行爲責任

≪설 문≫

건달인 처남 B의 간곡한 부탁에 따라 A는 B에게 자신의 이름으로 청소대행업체나 운영하라고 하면서 필요한 자금은 은행에서 대출해서 쓰라고 한 뒤 자리를 모면하였다. B는 '청소회사'를 무허가로 운영하던 중 운용자금이 부족하자 D은행으로부터 신용대출을 받으면서, 신용불량자인 B는 '신용있는' A로 행세하였고, D은행은 B가 A인 줄로 알고 'A에게' 3,000만원을 대출해주었다. 같은 시간에 청소업무수행을 위해 E변호사의 사무실을 청소하던 B의 '동생' C는 고가의 도자기(시가 300만원 상당)를 떨어뜨려 파손시켰다.

A, B, C와 D 또는 E와의 법률관계를 검토하시오.

풀이제안

Ⅰ. 논점분석

D은행의 A 또는 B에 대한 대여원리금반환청구권, 변호사 E의 A 또는 B에 대한 채무불이행 또는 불법행위에 기한 손해배상청구권을 검토해야 한다. 즉,

1) 상법 제24조의 적용을 받지 않는 특히 민사거래의 영역(예컨대 사안의 경우 B가 상인이 아니거나, 상법 제24조의 구성요건을 충족시키지 못하는 때)에서 명의차용자(B)가 실행한 법률행위가 명의대여자(A)에게 귀속될 수 있는가를,

2) 명의차용자(B)의 被用者(C)가 E에게 가한 불법행위에 관하여 명의대여자(A)가 사용자책임(제756조)을 지는가를 검토해야 한다.

Ⅱ. 설문에 대한 해답

1. D은행의 대여원리금반환청구권의 상대방

타인명의의 법률행위는 해석을 통해 명의차용자(B)와 법률행위 상대방(D) 또는 명의대여자(A)와 법률행위 상대방(D) 사이에 법률행위적 구속이 있는지를 확정하게 된다(이에 관해서는 앞의 [사례 12] 참조).

(1) 규범적 해석에 따른 당사자확정

사안의 경우 D은행은 대출을 받는 자가 A인 줄로 알고 있었으므로 대출계약서상의 'A'라는 당사자표시는 '잘못된 표시(falsa demonstratio)'에 해당하지 않는다. 그러므로 대출계약의 당사자를 B와 D로 확정하는 결과를 가져오는 이른바 자연적 해석은 고려되지 않는다. 따라서 구체적인 경우에 제반사정에 비추어 법률행위의 상대방(D은행)이 합리적 인간으로서 행위자의 의사표시를 어떻게 이해했고 또한 이해했어야 하는가 하는 점을 법관이 규범적으로 판단하는 이른바 규범적 해석에 의한다면 사안의 경우 대출계약의 당사자는 A와 D로 확정될 것이다(판례 [1] 참조).

(2) 명의대여자 A에로의 법률효과귀속의 정당화근거

규범적 해석을 통해 법률행위의 당사자가 확정되더라도 실제 법률행위를 수행한 것은 명의차용자이므로 법률행위에 따른 법률효과가 명의대여자에게 귀속할 수 있도록 하는 법적 근거가 다시 요구된다. 예컨대, P가 'Q의 이름'으로 돈 1억원을 빌리고 貸主인 R은 P가 Q인 줄로 알 수밖에 없었다는 정황만으로 R이 Q에게 돈 1억원을 갚으라고 할 수는 없기 때문이다.

명의차용자가 실행한 법률행위에 따른 법률효과를 명의대여자에게 귀속시킬 수 있는 법리적 근거는 代理法이 될 수밖에 없다. 위의 사안에서 만일 A의 명의대여행위가 수권행위로 평가된다면 B는 A의 대리인으로서 D와 금전소비대차계약을 체결한 것이 되므로 그 법률효과는 본인인 A에게 귀속되어 A는 대출계약에 따른 권리를 취득하고 의무를 부담한다(제114조). 대리인이 언제나 대리인임을 밝힐 필요가 없을 뿐만 아니라, 본인의 이름으로 본인을 위한 대리행위를 할 수 있기 때문이다([사례 12]의 판례 [4-1] 참조).

만일 A가 B에게 명의만 빌려주었을 뿐, 대리권을 수여한 바가 없다고 강변하는 경우에는 제125조 표현대리의 성립 여부가 검토될 수 있다. 학설은 명의대여관계의 경우 '대리권수여의 대외적 표시'에 해당한다거나(예컨대 곽윤직, 민법총칙, 393면) 또는 '묵시적 수권행위'가 있는 것으로 판단한다(예컨대 이영준, 한국민법론, 528면). 전자의 견해에 따르면 명의차용자가 명의대용자의 이름으로 법률행위를 하는 경우 제125조의 표현대리가 성립하고, 후자의 견해에 따르면 제114조의 유권대리에 해당하게 된다. 어느 견해에 의하든 D는 A에 대하여 대출원리금반환청구권을 가진다.

(3) 거래상대방의 악의 내지 과실 부지

사안의 경우 D는 B가 A인 줄로 알았다. 그러나 만일 D가 은행으로서의 주의의무를 다했더라면 B는 A가 아니라는 것을 알 수 있었던 경우 A로서는 자신이 전혀 채무를 부담할 생각이 없었음에도 불구하고, 채무를 부담할 의사가 있다고 대리인에 의하여 표시되었으므로 이는 非眞意表示에 해당하고, 이를 D가 알 수 있었다는 이유로(제107조 제1항 단서) 대출계약은 무효라는 주장을 할 수 있는지는 문제된다. 판례는 이를 부정한다(판례 [2] 참조). 경제적 효과와 법률적 효과의 귀속은 분리된다고 하면서, 설령 신용불량자인 B가 대출금을 자신을 위한 용도로 사용할 것(법률행위에 따른 경제적 효과)을 A가 알더라도 대출금반환채무(법률행위에 따른 법률적 효과)는 자신(A)이 부담한다는 의사가 인정되기 때문이라고 한다. 그러나 이러한 판례의 논리전개는 대리인이 '본인의 의사'를 대신 표시만 하는 使者가 아니라, '대리인 자신의 의사'를 본인을 위하여 표시하는 자라는 점 때문에 의문이다.

반면 D은행과 B가 대출요건을 충족시키기 위해 공모하여 신용있는 A를 대출계약의 '형식적' 당사자로 표시한 경우라면 이는 B와 D의 통정허위표시에 해당하여 무효로 된다(제108조 제1항, 판례 [3] 참조). 따라서 이런 경우라면 D는 A에게 대출원리금의 반환을 요구할 수 없다.

2. 변호사 E의 손해배상청구권의 상대방

(1) 문제점

B의 종업원 C의 불법행위에 대하여 명의대여자 A가 사용자책

임을 부담하는가의 문제가 발생한다.

(2) 명의대여자 A의 사용자책임

원칙적으로 C는 B의 종업원이므로 C의 불법행위에 대해서는 그 요건, 즉 (i) B와 C 사이의 실질적 사용관계, (ii) 외관상 C 행위의 사무집행관련성 및 (iii) B의 선임·감독상의 주의의무위반이 인정되는 경우에는 B가 사용자책임을 부담한다(제756조)(이에 관해서는 우선 김형배, 민법학강의(제6판), 1609-1616면 및 [사례 53] 참조).

여기서 문제되는 것은 명의차용자가 내부적 관계에서는 명의대여자의 피용자는 아니지만, 대외적 관계에서 보면 명의대여행위는 명의차용자가 명의대여자의 피용자라는 것을 표시한 것과 다를 바 없기 때문에 명의대여자는 명의차용자의 불법행위에 대하여 사용자책임을 부담하는 것이 아닌가 하는 점이다. 이에 대하여 긍정하는 태도를 취하는 판례(판례참조 [4])의 맥락에서 보면, 종업원 C의 불법행위(제750조)에 대하여 그의 사용자로서 B가 사용자책임을 부담하고(제756조), 이러한 B의 불법행위책임에 대하여 명의대여자 A가 다시 그의 사용자로서 사용자책임을 부담한다고 판단해야 할 것이다.

Ⅲ. 설문에 대한 해답

D은행은 A에 대하여 대출원리금(3,000만원+이자)의 반환청구권을 가진다.

변호사 E는 C에 대하여 제750조에 따른 불법행위를 이유로, B와 A에 대하여는 제756조에 따른 불법행위를 이유로 손해배상청구권을 가진다(300만원+손해+지연이자). 후자의 경우 A와 B 및 C는 부진정연대채무의 관계에 있다고 보아야 한다.

≪관련판례≫

[1] 명의대여자의 법률행위책임과 불법행위책임

(대판 1964. 4. 7, 63다638) 타인에 대하여 어느 사업에 관하여 자기 사업을 자기 이름으로 대행할 것을 허용한 사람은 그 사업에 관하여 자기가 책임을 부담할 지위에 있음을 표시한 것이고 그 사업을 대행한 사람 또는 그 피용자가 그 사업에 관하여서 한 법률행위에 관하여 제3자에 대하여 그 책임이 있음은 물론이다. 이제 본건과 같은 불법행위의 경우에 보더라도 A는 소외 B에게 A 자기의 분뇨수거사업

을 자기 이름으로 대행할 것을 허락한 바에는 B나 그 피용자의 분뇨수거사업집행에 관한 가해행위에 대하여 A 자신이 사업주로서 책임을 져야 함은 위 법률행위에 관한 법리와 조금도 다름이 없다.

[2] 대리행위에 따른 경제적 효과와 법률적 효과의 분리

(대판 1997.7.25, 97다8403) 제3자가 채무자로 하여금 제3자를 대리하여 금융기관으로부터 대출을 받도록 하여 그 대출금을 채무자가 부동산의 매수자금으로 사용하는 것을 승낙하였을 뿐이라고 볼 수 있는 경우, 제3자의 의사는 특별한 사정이 없는 한 대출에 따른 경제적인 효과는 채무자에게 귀속시킬지라도 법률상의 효과는 자신에게 귀속시킴으로써 대출금채무에 대한 주채무자로서의 책임을 지겠다는 것으로 보아야 할 것이므로, 제3자가 대출을 받음에 있어서 한 표시행위의 의미가 제3자의 진의와는 다르다고 할 수 없고, 가사 제3자의 내심의 의사가 대출에 따른 법률상의 효과마저도 채무자에게 귀속시키고 자신은 책임을 지지 않을 의사였다고 하여도, 상대방인 금융기관이 제3자의 이와 같은 의사를 알았거나 알 수 있었을 경우라야 비로소 그 의사표시는 무효로 되는 것인데, 채무자의 금융기관에 대한 개인대출한도가 초과되어 채무자 명의로는 대출이 되지 않아 금융기관의 감사의 권유로 제3자의 명의로 대출신청을 하고 그 대출금은 제3자가 아니라 채무자가 사용하기로 하였다고 하여도 금융기관이 제3자의 내심의 의사마저 알았거나 알 수 있었다고 볼 수는 없다.

[3] 채권자의 양해 아래 채무자명의를 형식적으로 대여한 경우=통정허위표시

(대판 1999.3.12, 98다48989) 동일인에 대한 대출액 한도를 제한한 구 상호신용금고법(1995.1.5. 법률 제4867호로 개정되기 전의 것) 제12조의 적용을 회피하기 위하여 실질적인 주채무자가 실제 대출받고자 하는 채무액에 대하여 제3자를 형식상의 주채무자로 내세우고, 상호신용금고도 이를 양해하여 제3자에 대하여는 채무자로서의 책임을 지우지 않을 의도하에 제3자명의로 대출관계서류를 작성받은 경우, 제3자는 형식상의 명의만을 빌려준 자에 불과하고 그 대출계약의 실질적인 당사자는 상호신용금고와 실질적 주채무자이므로, 제3자명의로 되어 있는 대출약정은 상호신용금고의 양해하에 그에 따른 채무부담의 의사없이 형식적으로 이루어진 것에 불과하여 통정허위표시에 해당하는 무효의 법률행위이다.

[4] 명의차용자의 불법행위에 대한 명의대여자의 제750조에 따른 사용자책임

[4-1] (대판 1994.10.25, 94다24176) ① 타인에게 어떤 사업에 관하여 자기의 명의를 사용할 것을 허용한 경우에 그 사업이 내부관계에 있어서는 타인의 사업이고 명의자의 고용인이 아니라 하더라도 외부에 대한 관계에 있어서는 그 사업이 명의자의 사업이고, 또 그 타인은 명의자의 종업원임을 표명한 것과 다름이 없으므로 명의사용을 허가받은 사람이 업무수행을 함에 있어 고의 또는 과실로 다른 사람에게 손해를 끼쳤다면 명의사용을 허락한 사람은 제756조에 의하여 그 손해를 배상할 책임이 있다. ② 명의대여관계의 경우 제756조가 규정하고 있는 사용자책임의 요건으로서의 사용관계가 있느냐 여부는 실제적으로 지휘·감독을 하였느냐의 여부에

관계없이 객관적으로 보아 사용자가 그 불법행위자를 지휘·감독해야 할 지위에 있었느냐의 여부를 기준으로 결정하여야 한다(동지: 대판 2001.8.21, 2001다3658: 민간보육시설 설치신고자명의를 대여한 자에게 보육교사의 과실로 3세의 위탁아가 열차에 치어 사망한 사고에 대하여 사용자책임을 인정한 사례).

[4-2] (대판 2005.2.25, 2003다36133) ① 사용자책임이 면책되는 피해자의 중대한 과실이라 함은 거래의 상대방이 조금만 주의를 기울였더라면 피용자의 행위가 그 직무권한내에서 적법하게 행하여진 것이 아니라는 사정을 알 수 있었음에도 만연히 이를 직무권한내의 행위라고 믿음으로써 일반인에게 요구되는 주의의무에 현저히 위반하는 것으로 거의 고의에 가까운 정도의 주의를 결여하고, 공평의 관점에서 상대방을 구태여 보호할 필요가 없다고 봄이 상당하다고 인정되는 상태를 말한다. ② 일반적인 거래관행과 상이하다는 것을 잘 알고 있음에도 불구하고 명의사용자의 불법적 행위에 편승하여 계약을 체결한 거래의 상대방에게는 일반적으로 요구되는 주의의무를 현저히 위반한 중과실이 인정된다.

[民 法 總 則]

事例 13

流動的 無效인 賣買契約과 契約金의 返還請求

≪설 문≫

행정수도 후보지로 거론되면서 토지거래허가지역으로 지정된 충청남도에 소재하는 甲토지 500평에 관하여 소유권자인 B와 서울에 사는 은퇴한 공무원 A는 매매대금을 2,000만원으로 하는 매매계약을 체결하였다. A는 B에게 계약금으로 500만원을 지급하고 우선 땅의 점유를 이전받았으며, 잔금은 주무관청인 해당군수의 허가를 받은 후 지급하기로 약정하였다. 허가를 받는 절차가 지지부진하자 A는 '없던 일로 하자'며 B에게 계약금을 돌려달라고 요구한다.

A와 B 사이의 법률관계를 검토하시오.

목차제안

Ⅰ. 논점분석

Ⅱ. A와 B 사이의 매매계약의 효력

1. 허가구역내 토지거래계약의 효력
2. 소 결
   (1) A의 토지소유권이전등기청구권과 B의 매매대금지급청구권
   (2) A와 B 각각의 상대방에 대한 허가신청절차협력청구권

Ⅲ. B에 대한 A의 계약금반환청구권

1. 해약금에 기초한 해제
   (1) 원 칙
   (2) 사안의 검토

풀이제안

Ⅰ. 논점분석

1) 판례에서는 국토의계획및이용에관한법률(이하 '국토계획이용법'으로 줄임)상의 허가구역 내의 토지 등의 거래계약(이하 '허가구역내의 토지거래계약'으로 줄임)의 효력을(구 국토이용관리법 제21조의2 제1항에서는 '건설교통부장관은 토지의 투기적인 거래가 성행하거나 지가가 급격히 상승하는 지역과 그러한 우려가 있는 지역으로서 대통령령이 정하는 지역에 대하여는 5년 이내의 기간을 정하여 토지의 거래계약허가구역(이하 '허가구역'이라 한다)으로 지정할 수 있다'고 한 후, 제21조의3 제1항 본문은 '허가구역 안에 있는 토지에 관한 소유권·지상권(소유권·지상권의 취득을 목적으로 하는 권리를 포함한다)을 이전 또는 설정(대가를 받고 이전 또는 설정하는 경우에 한한다)하는 계약(예약을 포함한다. 이하 '토지거래계약'이라 한다)을 체결하고자 하는 당사자는 공동으로 대통령령이 정하는 바에 따라 시장·군수 또는 구청장의 허가를 받아야 한다'고 규정하였다. 동일한 내용이 2003년 1월 1일부터 시행되는 국토계획이용법 제117조 제1항, 제118조 제1항 본문 및 동조 제6항에 각각 규정되어 있다) '유동적 무효'로 판단한다. 어떤 법률행위가 현재로서는 그 효력이 없으나, 추후에 허가 내지 인가를 받거나, 추인을 얻거나, 정지조건이 성취되거나, 始期가 도래하면 소급적으로 또는 장래를 향하여 유효로 확정될 수 있지만 그렇지 않은 경우(허가 또는 인가를 받지 못하는 경우)에는 법률행위가 처음부터 무효인 것으로 확정되는 유동적 무효가 문제된다. 법률행위의 효력이 현재로서는 무효이나 유효로 될 여지가 있는 유동적인 상태에 놓여 있다는 뜻으로 '불확정적 무효'로 이해할 수 있으나, 그 이면에는 '잠재적 유효'로서의 성질을 겸유한다고도 볼 수 있다. 현재적 무효와 잠재적 유효를 겸유하는 법률행위의 당사자들 사이의 법률관계를 법률행위의 무효가 확정된 경우와 비교하여 검토해야 한다. 즉, 본래적 급부의 이행청구, 채무불이행을 이유로 한 손해배상청구, 수수된 계약금(이나 중도금) 또는

이전된 토지점유의 반환청구 등의 허용 여부를 검토해야 할 것이다.

2) 사안에서 A와 B가 체결한 허가구역내의 甲토지에 관한 매매계약은 관계기관(해당 군수)의 허가를 받지 않고 체결하였으므로 '그 효력을 발생하지 아니한다'(국토계획이용법 제118조 제6항). 이러한 매매계약에 따른 A와 B 사이의 법률관계의 내용을 우선 검토해야 한다.

3) A가 계약체결을 후회하고 계약의 구속으로부터 벗어나기 위하여 '없던 일로 하자'는 의사표시가 어떤 법률적 효력을 가질 수 있는지의 문제와 연계되어 지급한 계약금의 반환청구가 허용될 수 있는지를 검토해야 한다. 이 경우 B는 A에 대하여 토지의 반환을 요구할 것이므로 이러한 청구와 A의 계약금반환청구와의 상관관계를 검토하기로 한다. 이하에서는 허가구역내의 토지거래계약의 효력과 관련하여 축적된 판례이론에 입각하여 사례를 풀기로 한다.

Ⅱ. A와 B 사이의 매매계약의 효력

1. 허가구역내 토지거래계약의 효력

허가를 받지 않고 체결된 허가구역내의 토지거래계약을 무효라고 하였던(예컨대 대판 1991. 6. 14, 91다7620) 법원은 1991년 전원합의체판결을 통해 이러한 계약을 유동적 무효의 상태에 있는 것으로 판단하였다(특히 판례 [1] 참조). 이와 연계된 판례이론을 요약하면 다음과 같다.

첫째, 허가구역내의 토지거래계약은 관할관청의 허가를 받아야만 그 효력이 발생하고 허가를 받기 전에는 물권적 효력은 물론 채권적 효력도 발생하지 않는다. 따라서 권리의 이전 또는 설정에 관한 어떠한 내용의 이행청구도 할 수 없다. 다만, 일단 허가를 받으면 그 계약은 소급해서 유효가 되므로 허가 후에 새로이 거래계약을 체결할 필요는 없다.

둘째, 관할관청의 허가는 인가적 성질의 것이다.

셋째, 허가구역내의 토지거래계약을 체결한 당사자 사이에는 그 계약이 효력 있는 것으로 완성될 수 있도록 서로 협력할 의무가 있다. 계약의 쌍방 당사자는 공동으로 관할관청의 허가를 신청할 의무가 있고, 이러한 의무에 위배하여 허가신청절차에 협력하지 않는 당사자에 대하여 상대방은 협력의무의 이행을 소구할 이익이 있다. 또한 허가신청협력의무를 이행하지 않고 매수인이 매매계약을 일방적으로 철회함으로써 매도인이 손해를 입은 경우에 매수인은 협력의무의 불이행과 인과관계가 있는 손해를 배상할 의무가 있으며(판례 참조 [5-1]), 이에 관한 위약금약정도 유효하다(판례 참조 [5-2]). 반면 협력의무의 불이행을 이유로 일방적으로 유동적 무효의 상태에 있는 토지거래계약 자체를 해제할 수 없다(판례 참조 [5-3]).

넷째, 허가가 있을 것을 조건으로 한 장래이행의 소로서의 소유권이전등기절차이행청구는 할 수 없다.

다섯째, 허가구역내의 토지거래계약의 당사자는 허가받기 전의 상태에서 상대방의 거래계약상 채무불이행을 이유로 거래계약을 해제하거나 그로 인한 손해배상을 청구할 수 없다(판례 참조 [4]). 따라서 설령 선이행의 특약이 있더라도 매수인에게는 대금지급의무가 없기 때문에 매도인으로서는 그 대금지급이 없었음을 이유로 계약을 해제할 수 없다.

여섯째, 다만 유동적 무효상태인 매매계약에 있어서도 당사자 사이의 매매계약은 매도인이 계약금의 배액을 상환하고 계약을 해제함으로써 적법하게 해제된다(판례 참조 [6-1]).

일곱째, 유동적 무효상태의 매매계약을 체결하면서 매수인이 임의로 지급한 계약금은 그 계약이 유동적 무효상태로 있는 한 이를 부당이득으로 반환청구할 수 없으며, 유동적 무효상태가 확정적으로 무효가 되었을 때 비로소 부당이득으로 그 반환을 요구할 수 있다(판례 참조 [6-2]).

끝으로, 유동적 무효상태의 계약은 처음부터 허가를 배제하거나 잠탈하려는 내용인 때, 관할관청의 불허가처분이 확정된 때, 당사자 쌍방이 허가신청을 하지 않기로 의사표시를 명백히 한 때, 일방 채무의 이행불능이 명백하여 상대방이 계약의 존속을 더 이상 바라지 않을 때에 그 무효가 확정된다(판례 참조 [7]).

2. 소 결

(1) A의 토지소유권이전등기청구권과 B의 매매대금지급청구권

A는 B에 대하여 토지소유권이전등기청구권을 가지지 못하며, 관할관청의 허가를 받을 것을 조건으로 하여 이를 장래이행의 소로 청구할 수도 없다. B에 대한 A의 이러한 청구권은 관할관청의 허가가 있을 때 비로소 유효하다.

마찬가지로 B 또한 A에 대하여 매매대금지급청구권을 가지지 못한다. B가 채무를 선이행하기로 하는 특약이 있더라도 결과는 마찬가지이다.

따라서 A 또는 B에게는 상대방의 이러한 채무의 불이행을 이유로 하는 손해배상청구권이나 계약해제권이 주어질 수 없다.

(2) A와 B 각각의 상대방에 대한 허가신청절차협력청구권

A와 B는 모두 허가신청에 협력하여 '미완성의 법률행위'를 완성할 의무를 '당연히' 부담한다. 당사자는 모두 상대방에게 이러한 의무의 이행을 소구할 이익을 가지며, 의무의 불이행과 인과관계에 있는 손해의 배상을 청구할 수 있을 뿐만 아니라 미리 손해배상예정액의 약정을 할 수도 있다.

그러나 일방 당사자의 허가신청절차협력의무의 불이행을 이유로 상대방 당사자가 유동적 무효상태의 토지거래계약 자체를 해제할 수는 없다는 것이 판례의 태도이다(판례참조 [5-3]). 판례는 해제할 대상이 되는 계약상의 채무불이행이 문제되는 것은 아니라는 논리에 기초하는 것으로 짐작된다.

Ⅲ. B에 대한 A의 계약금반환청구권

1. 해약금에 기초한 해제

(1) 원 칙

계약금이 수수된 경우 이는 해약금으로 추정된다. 이는 해제권을 유보하는 약정(제565조 제1항)과 결합된 손해배상예정(제398조)의 합의(제565조 제2항)이다. 매매 당사자 일방이 계약 당시 상대방에게 계약금을 교부한 경우 당사자 사이에 다른 약정이 없는 한, 당사자 일방이 계약이행에 착수할 때까지 계약금 교부자는 이를 포기하고 계약을 해제할 수 있으며 그 상대방은 계약금의 배액을 상환하고 계약을 해제할 수 있다는 것이 계약 일반의 법리이다. 따라서 특별한 사정이 없는 한 국토이용관리법상의 토지거래허가를 받지 않아 유동적 무효상태에 있는 매매계약에 있어서도 당사자 사이의 매매계약은 매도인이 계약금의 배액을 상환하고 계약을 해제함으로써 적법하게 해제될 수 있다. 판례도 같은 견해이다(판례 참조 [6-1]).

(2) 사안의 검토

사안의 경우 A는 B에게 계약금을 교부하였기 때문에 유동적 무효상태인 계약의 구속으로부터 벗어날 수 있는 가능성은 있다. 만일 B와의 '계약을 없었던 것으로 하자'는 의사표시를 유보된 약정해제권을 행사하는 단독행위로 이해한다면 A와 B 사이의 매매계약에 따른 구속관계는 해소된다. 그러나 A가 B에게 계약금의 반환을 요구할 수 없음은 명백하다(제565조 제1항). 물론 B도 A에게 추가로 손해배상을 요구할 수는 없다(제565조 제2항, 제398조). 그 이외의 계약체결 후 계약내용의 이행을 완강히 거부하여서 이행할 뜻이 없음을 명백히 한 경우에도 해제권이 인정되어야 할 것이다(대판 2005. 8. 19, 2004다53173 참고).

2. 토지거래계약의 무효가 확정된 경우

(1) 판례이론에 따른 원칙

판례에 따르면 유동적 무효상태의 매매계약을 체결하면서 매수인이 임의로 매도인에게 지급한 계약금은 그 계약이 유동적 무효상태로 있는 한 이의 반환을 청구할 수 없지만, 유동적 무효상태가 확정적으로 무효가 되었을 때에는 부당이득으로 그 반환을 요구할 수 있다(판례 참조 [6-2]). 관할관청의 불허가처분이 확정되거나, 당사자 쌍방이 허가신청을 하지 않기로 의사표시를 명백히 하거나 또는 일방 채무의 이행불능이 명백하여 상대방이 계약의 존속을 더 이상 원하지 않는 때에 유동적 무효상태의 계약은 그 무효가 확정된다. 그러나 처음부터 허가를 배제하거나 잠탈하려는 내용의 계약인 경우에는 유동적 무효가 아니라 처음부터 그 계약은 아무 효력을 갖지 않는다(판례 참조 [7]).

(2) 사안의 검토

A와 B 사이의 토지매매계약이 처음부터 무효였다고 한다면, 이에 기초하여 A는 B에 대하여 토지소유권이전등기청구권을 갖지 못하며 B 또한 A에 대하여 매매대금지급청구권을 갖지 못한다. 그러므로 매매대금의 일부로 정산될 계약금을 B가 보유하는 것은 법률상 원인없는 부당이득이 된다(제741조). 따라서 A는 B에 대하여 계약금반환청구권을 가진다.

B가 반환하여야 할 부당이득의 범위는 원칙적으로 제747조 이하에 의하여 정해진다. 따라서 B가 선의이면 현존이익을 반환하면 되지만(제748조 제1항)((대판 1969.9.30, 69다1093) 금전상의 이득을 반환할 때에는 그 이득이 현존하는 것으로 추정된다(동지: 대판 1970.10.30, 70다1390)), 악의였다면 받은 이익에 이익을 수령한 날 이후의 법정이자(제379조)를 가산하여 반환하여야 한다(동조 제2항).

3. A에 대한 B의 토지점유반환청구권과의 관계

(1) 문 제 점

문제는 B도 A에 대하여 소유권에 기초한 토지의 반환청구권을 가진다는 점이다. 유동적 무효상태의 매매계약이 체결되고 A가 토지를 인도받은 시점부터 계약의 무효가 확정되고 토지를 현실적으로 반환하는 시점까지 운용 내지 사용한 경우에 B는 A에 대하여 부당이득의 반환을 요구할 수 있는가 하는 점도 문제이다.

(2) A에 대한 B의 부당이득반환청구권

두 번째 제기된 문제를 먼저 검토한다. 자신의 소유물을 점유하는 자에 대하여 소유권에 기초하여 물권적 청구권(제213조 본문)을 행사하는 경우에 점유자와 회복자의 법률관계에 관한 특칙인 제201조 내지 제203조가 적용된다. 이에 따르면 선의의 A는 과실수취권을 가진다(제201조 제1항). 이 경우 A는 B에게 토지의 사용이익을 반환하지 않아도 된다.

반면 A가 악의인 때에는 과실수취권(제201조 제2항 참조)이나 현존이익의 반환(제748조 제2항 참조)이 문제되지 않으며, 따라서 A는 토지의 사용이익을 B에게 지급해야 한다(제201조 제2항). 유동적 무효상태의 계약이 무효로 확정된 시점부터 A와 B는 악의의 점유자 또는 수익자로 판단될 수 있다.

(3) 계약금반환과 토지점유반환의 동시이행

판례에 따르면 쌍무계약이 무효로 되어 각 당사자가 서로 취득한 것을 반환하여야 하는 경우에도 동시이행관계가 있다고 보아 제536조를 준용하는 것이 정당하며, 이는 공평관념상 계약이 무효인 때의 원상회복의무의 이행과 계약해제 때의 그것을 구별하여야 할 이유가 없기 때문이라고 한다((대판 1993. 5. 14, 92다45025) 동시이행의 항변권을 규정한 제536조가 제549조에 의하여 계약해제의 경우 각 당사자의 원상회복의무에 준용되고 있는 점을 생각할 때 쌍무계약이 무효로 되어 각 당사자가 서로 취득한 것을 반환하여야 하는 경우에도 동시이행관계가 있다고 보아 제536조를 준용함이 옳다고 해석되는바, 이는 공평의 관념상 계약이 무효인 때의 원상회복의무이행과 계약해제 때의 그것을 구별하여야 할 이유가 없으며 계약무효의 경우라 하여 어느 일방의 당사자에게만 먼저 반환의무이행이 강제된다면 공평과 신의칙에 위배되기 때문이다).

따라서 B의 계약금반환의무와 A의 토지인도의무는 ― A가 계약무효사유에 관하여 악의인 경우 사용이익반환의무도 함께 ― 동시이행의 관계에 놓인다.

Ⅳ. 설문에 대한 해답

A는 B에게 지급한 계약금 500만원을 포기하고 A와 B 사이의 유동적 무효상태인 매매계약을 해제할 수 있다. 그러나 B의 허가신청절차 협력의무의 위반을 이유로 A가 유동적 무효상태인 매매계약 자체를 해제할 수는 없다.

유동적 무효상태인 매매계약의 무효가 확정되면 A는 B에 대하여 계약금을 부당이득으로 반환청구할 수 있다. B도 A에 대하여 토지소유권에 기초한 소유물반환청구권을 가지는바, 양자의 채무는 동시이행의 관계(제536조 유추적용)에 놓인다. 유동적 무효상태인 매매계약의 무효가 확정되는 시점부터 A는 토지에 관한 악의의 점유자가 되므로 토지의 사용이익(제747조)과 수취한 과실을 B에게 반환하여야 한다(제201조 제2항). 같은 시점부터 B는 계약금에 관한 악의의 수익자가 되므로 법정이자를 A에게 지급하여야 한다(제748조 제2항).

≪판 례≫

[1] 허가구역내의 토지거래계약의 효력(=유동적 무효)

(대판[전] 1991. 12. 24, 90다12243) ① 국토이용관리법상의 규제구역내의 '토지 등의 거래계약' 허가에 관한 관계규정의 내용과 그 입법취지에 비추어 볼 때 토지의 소유권 등 권리를 이전 또는 설정하는 내용의 거래계약은 관할관청의 허가를 받아야만 그 효력이 발생하고 허가를 받기 전에는 물권적 효력은 물론 채권적 효력도 발생하지 아니하여 무효라고 보아야 할 것인바, 다만 허가를 받기 전의 거래계약이 처음부터 허가를 배제하거나 잠탈하는 내용의 계약일 경우에는 확정적으로 무효로서 유효화될 여지가 없으나 이와 달리 허가받을 것을 전제로 한 거래계약(허가를 배제하거나 잠탈하는 내용의 계약이 아닌 계약은 여기에 해당하는 것으로 본다)일 경우에는 허가를 받을 때까지는 법률상 미완성의 법률행위로서 소유권 등 권리의 이전 또는 설정에 관한 거래의 효력이 전혀 발생하지 않음은 위의 확정적 무효의 경우와 다를 바 없지만, 일단 허가를 받으면 그 계약은 소급하여 유효한 계약이 되고 이와 달리 불허가가 된 때에는 무효로 확정되므로 허가를 받기까지는 유동적 무효의 상태에 있다고 보는 것이 타당하므로 허가받을 것을 전제로 한 거래계약은 허가받기 전의 상태에서는 거래계약의 채권적 효력도 전혀 발생하지 않으므로 권리의 이전 또는 설정에 관한 어떠한 내용의 이행청구도 할 수 없으나 일단 허가를 받으면 그 계약은 소급해서 유효화되므로 허가 후에 새로이 거래계약을 체결할 필요는 없다. ② 규제구역내에서도 토지거래의 자유가 인정되나 다만 위 같은 법 제21조의3 제1항 소정의 허가는 허가 전의 유동적 무효상태에 있는 법률행위의 효력을 완성시켜 주는 인가적 성질을 띤 것이라고 보는 것이 타당하다. ③ 규제구역내의 토지거래계약이 체결된 경우에 계약을 체결한 당사자 사이에 있어서는 그 계약이 효력 있는 것으로 완성될 수 있도록 서로 협력할 의무가 있음이 당연하므로, 계약의 쌍방 당사자는 공동으로 관할관청의 허가를 신청할 의무가 있고, 이러한 의무에 위배하여 허가신청절차에 협력하지 않는 당사자에 대하여 상대방은 협력의무의 이행을 소송으로써 구할 이익이 있다. ④ 규제지역내의 토지거래계약이 허가를 전제로 한 경우 원고의 청구 중 피고에 대하여 토지거래허가신청절차의 이행을 구하는 부분을 인용한 것은 정당하지만, 허가가 있을 것을 조건으로 하여 소유권이전등기절차의 이행을 구하는 청구까지도 인용한 것은 같은 법상의 토지거래허가와 거래계약의 효력에 관한 법리를 오해하여 위법을 저지른 것이다. ⑤ 위 ④의 계약을 체결한 경우에 있어 관할관청으로부터 토지거래허가를 받기까지는 계약이 그 계약내용대로의 효력이 있을 수 없는 것이어서 매수인으로서도 그 계약내

용에 따른 대금지급의무가 있다고 할 수 없으며, 설사 계약상 매수인의 대금지급의무가 매도인의 소유권이전등기의무에 선행하여 이행하기로 약정되어 있었다고 하더라도, 매수인에게 그 대금지급의무가 없음은 마찬가지여서 매도인으로서는 그 대금지급이 없었음을 이유로 계약을 해제할 수 없다.

[2] 허가구역내의 토지 및 지상건물에 관한 일괄계약의 효력

(대판 1992.10.13, 92다16836) 제137조는 법률행위의 일부분이 무효인 때에는 그 전부를 무효로 하되, 그 무효부분이 없더라도 법률행위를 하였을 것이라고 인정될 때에는 나머지 부분은 무효가 되지 아니한다고 규정하고 있는바, 국토이용관리법상의 규제구역내의 토지와 건물을 일괄하여 매매한 경우 일반적으로 토지와 그 지상의 건물은 법률적인 운명을 같이하는 것이 거래의 관행이고, 당사자의 의사나 경제의 관념에도 합치되는 것이므로, 토지에 관한 당국의 거래허가가 없으면 건물만이라도 매매하였을 것이라고 볼 수 있는 특별한 사정이 인정되는 경우에 한하여 토지에 대한 매매거래허가가 있기 전에 건물만의 소유권이전등기를 명할 수 있다고 보아야 할 것이고, 그렇지 않은 경우에는 토지에 대한 거래허가가 있어 그 매매계약의 전부가 유효한 것으로 확정된 후에 토지와 함께 이전등기를 명하는 것이 옳을 것이다.

[3] 허가구역의 지정고시 前의 토지거래계약 또는 토지거래계약 後 지정고시의 해제

[3-1] (대판 1992.5.12, 91다33872) 국토이용관리법상의 토지거래허가 규제구역내에 있는 토지에 관한 매매계약 체결일이 규제구역으로 지정고시되기 전인 때에는 그 매매계약은 관할관청의 허가를 받을 필요가 없는 것이고, 매수인명의로의 소유권이전등기절차를 위 규제구역 지정고시 이후에 경료하게 되었다 하여 위 원인행위에 대하여 허가를 받아야 하는 것은 아니다.

[3-2] (대판[전] 1999.6.17, 98다40459) [다수의견] 허가구역 지정기간중에 허가구역 안의 토지에 대하여 토지거래허가를 받지 아니하고 토지거래계약을 체결한 후 허가구역 지정해제 등이 된 때에는 그 토지거래계약이 허가구역 지정이 해제되기 전에 확정적으로 무효로 된 경우를 제외하고는, 더 이상 관할행정청으로부터 토지거래허가를 받을 필요가 없이 확정적으로 유효로 되어 거래 당사자는 그 계약에 기하여 바로 토지의 소유권 등 권리의 이전 또는 설정에 관한 이행청구를 할 수 있고, 상대방도 반대급부의 청구를 할 수 있다고 보아야 할 것이지, 여전히 그 계약이 유동적 무효상태에 있다고 볼 것은 아니다.

[4] 허가 전 토지거래계약 자체의 채무불이행을 이유로 한 해제 또는/및 손해배상청구(부정)

(대판 1997. 7. 25, 97다4357·4364) 규제지역내의 토지거래계약은 관할 시장·군수 또는 구청장의 허가를 받기 전의 상태에서는 거래계약의 채권적 효력도 전혀 발생하지 않으므로 권리의 이전 또는 설정에 관한 어떠한 내용의 이행청구도 할 수 없고, 그러한 거래계약의 당사자로서는 허가받기 전의 상태에서 상대방의 거래계약상 채무불이행을 이유로 거래계약을 해제하거나 그로 인한 손해배상을 청구할 수 없다(동지: 대판 2000.1.28, 99다40524).

[5] 허가신청절차협력의무의 불이행을 이유로 한 해제 또는/및 손해배상청구

[5-1] (대판 1995. 4. 28, 93다26397) 규제구역내의 토지매매계약 자체로서는 유동적 무효상태에 있는 것이나 유동적 무효상태에 있는 계약을 효력이 있는 것으로 완성하여야 할 협력의무를 부담하는 한도내에서의 당사자의 의사표시까지 무효상태에 있는 것이 아니므로, 이러한 유동적 무효상태에 있는 매매계약에 대하여 허가를 받을 수 있도록 허가신청을 하여야 할 협력의무를 이행하지 아니하고 매수인이 그 매매계약을 일방적으로 철회함으로써 매도인이 손해를 입은 경우에 매수인은 이 협력의무 불이행과 인과관계가 있는 손해는 이를 배상하여야 할 의무가 있다.

[5-2] (대판 1994.4.15, 93다39782) 유동적 무효상태에 있는 계약을 체결한 당사자는 쌍방 그 계약이 효력이 있는 것으로 완성될 수 있도록 협력할 의무가 있으므로 당사자 사이에 당사자 일방이 토지거래허가를 받기 위한 협력 자체를 이행하지 아니하거나 허가신청에 이르기 전에 매매계약을 철회하는 경우 상대방에게 일정한 손해액을 배상하기로 하는 약정을 유효하게 할 수 있다.

[5-3] (대판[전] 1999. 6. 17, 98다40459) 유동적 무효의 상태에 있는 거래계약의 당사자는 상대방이 그 거래계약의 효력이 완성되도록 협력할 의무를 이행하지 아니하였음을 들어 일방적으로 유동적 무효의 상태에 있는 거래계약 자체를 해제할 수 없다.

[6] 규제구역내의 토지거래계약상의 계약금

[6-1] (대판 1997.6.27, 97다9369) 특별한 사정이 없는 한 국토이용관리법상의 토지거래허가를 받지 않아 유동적 무효상태인 매매계약에 있어서도 당사자 사이의 매매계약은 매도인이 계약금의 배액을 상환하고 계약을 해제함으로써 적법하게 해제된다.

[6-2] (대판 1993.7.27, 91다33766) 허가를 배제하거나 잠탈하는 내용이 아닌 유동적 무효상태의 매매계약을 체결하고 매도인이 이에 기하여 임의로 지급한 계약금은 그 계약이 유동적 무효상태로 있는 한 이를

부당이득으로 반환을 구할 수는 없고 유동적 무효상태가 확정적으로 무효로 되었을 때 비로소 부당이득으로 그 반환을 구할 수 있다.

[7] 허가구역내의 토지거래계약의 확정적 무효

(대판 1997.7.25, 97다4357·4364) 국토이용관리법상 토지거래허가를 받지 않아 유동적 무효상태의 계약은 관할관청의 불허가처분이 있을 때뿐만 아니라 당사자 쌍방이 허가신청협력의무의 이행거절 의사를 명백히 표시한 경우에는 허가 전 거래계약관계, 즉 계약의 유동적 무효상태가 더 이상 지속된다고 볼 수 없으므로, 계약관계는 확정적으로 무효가 된다고 할 것이고, 그와 같은 법리는 거래계약상 일방의 채무가 이행불능임이 명백하고 나아가 상대방이 거래계약의 존속을 더 이상 바라지 않고 있는 경우에도 마찬가지라고 보아야 하며, 거래계약이 확정적으로 무효가 된 경우에는 거래계약이 확정적으로 무효로 됨에 있어서 귀책사유가 있는 자라고 하더라도 그 계약의 무효를 주장할 수 있다.

관련사례 13-1 無權代理行爲와 그 상대방의 權利

≪설 문≫

C는 아들 B에게 산악용 자전거를 사용하도록 빌려주었다. 용돈이 급했던 B는 '자신은 C의 대리인'이라고 하면서 그 자전거를 시가(15만원)보다 싼 13만원에 A에게 팔기로 하는 매매계약을 체결하였다.

B가 자전거의 진정한 주인이 아니라는 사실을 뒤늦게 알게 된 A와 C, B 사이의 법률관계를 검토하면서 아래의 정황을 고려한 설명을 각각 부언하시오.

(1) 결국 C소유의 자전거를 가질 수 없었던 A는 비슷한 수준의 중고 산악용 자전거를 時價에 구입할 수밖에 없었다.

(2) B는 만 19세 8개월이다.

(3) C가 교통사고로 급사하였고, B는 C의 유일한 상속인이다.

풀이제안

Ⅰ. 논점분석

1) A의 C에 대한 자전거 소유권이전청구권,

2) 대리권 없는 자의 대리행위의 효력과 본인의 추인(제130조, 제132조, 제133조),

3) 대리권 없는 자와 법률행위를 한 상대방의 본인에 대한 권리(제131조, 제134조),

4) 본인의 추인이 없는 경우 대리권 없는 자와 법률행위를 한 상대방의 무권대리인에 대한 권리(제135조 제1항),

5) 행위무능력자인 무권대리인의 보호(제135조 제2항),

6) 본인을 상속한 무권대리인이 무권대리행위의 추인을 거절할 수 있는가.

Ⅱ. A와 C 사이의 매매계약의 효력

1. B의 법적 지위

C와 B는 부자지간이지만, 산악용 자전거에 관한 한 C가 소유자이고, B는 사용차주이다(제609조). 사용차주는 차용물을 계약 또는 목적물의 성질에 따라 사용·수익할 수 있을 뿐, 사용대주의 승낙없이는 타인이 사용·수익하도록 할 수 없으며(제610조 제1항·제2항), 이의 처분권능이 없음은 자명하다. 사안으로 미루어 C가 B에게 자전거의 처분권능을 포함한 대리권 자체를 수여하였다고 볼 수 없다. 그럼에도 B가 'C의 대리인'이라 자칭하고 A와 자전거의 매매계약을 체결하였으므로 무권대리가 문제된다.

2. 무권대리에 따른 A와 C 사이의 법률관계

(1) 원 칙

무권대리는 본인인 C가 추인하지 않는 한 그 법률효과, 즉 자전거 소유권이전채무 및 매매대금지급청구권이 C에게 귀속되지 않는다(제130조).

따라서 '대리권이 없는 자가 대리의사를 가지고 한 법률행위'는 본인의 추인이 있을 때까지 '유동적 무효'상태에 있으며, 본인이 추인하면 이는 행위 당시로 소급하여 유효가 확정된다(제133조 본문, 판례 [1-1] 참조).

(2) 상대방 A의 권리

무권대리에 따른 불안정한 법률상태를 제거하기 위하여 무권대리의 상대방 A는 B가 무권대리인이라는 사실을 계약체결 당시에 알지 못했다면, C의 추인이 있기 전에 C 또는 B에 대하여 자전거 매매계약을 이루는 자신의 의사표시를 거두어들임(철회)으로써 매매계약의 효력이 발생하지 않도록 할 수 있다(제134조).

그러나 A가 여전히 자전거의 소유권을 취득하고 싶다면 상당한 기간을 정하여 C에게 추인 여부의 확답을 최고할 수도 있다. 그러나 이 기간내에 C가 확답 여부를 A에게 발송하지 않는다면 C가 추인을 거절한 것으로 의제된다(제131조). 물론 A는 C의 이러한 최고가 있기 전이라도 A에 대하여 추인거절의 의사표시를 할 수 있다(제132조 참조, 판례 [1-2] 참조).

추인거절의 의사표시가 있거나 또는 이러한 의사표시가 의제되면 무권대리인이 한 법률행위의 무효는 확정된다.

(3) 소 결

C가 A와 B 사이에 체결된 매매계약을 추인하지 않는 한, A에게는 C에 대한 자전거의 소유권이전청구권이 없다.

Ⅲ. 설문(1): B에 대한 A의 권리

1. 제135조 제1항에 따른 B의 책임

본인 C의 추인이 없는 경우 A로서는 무권대리인 B에 대해 제135조에 따라 그 책임을 추궁할 수 있다. 즉, 행위무능력자가 아닌, 무권대리인 B는 자신에게 대리권이 없음을 알 수 없었던 A에 대하여(제135조 제2항 참조) 자전거 매매계약의 이행 또는 손해배상의 책임을 져야 한다(제135조 제1항).

2. 책임의 법적 성질

무권대리인의 책임에 대한 학설 중 다수의견은 제135조에 의하여 발생한다는 점에서 법정책임이며, 그의 과실 유무와 상관없이 성립한다는 점에서 무과실책임이라고 한다. 반면 소수의견은 무권대리인이 스스로 대리인이라고 표시 내지 주장한 데 따른 법정의 표시책임이라는 견해와 이러한 무권대리인의 표시를 신뢰한 상대방을 보호하려는 신뢰책임이라는 견해가 있다(이상은 김형배, 민법학강의(제6판), 283-284면 참조).

다수의견은 책임의 내용을 설명한 것인 반면 소수의견들은 책임의 근거를 설명하고 있다는 점에서 그 대비가 적절하지는 않다. 적어도 무권대리인의 계약이행책임에 관한 한, 표시책임설이 ―오히려 그 명명과는 달리― 법률행위가 구속력을 갖는 근거에 관한 의사주의(의사표시에 근거를 둔다는 점에서)의 입장에서 출발한다고 볼 수 있는 반면, 신뢰책임설은 표시주의(표시내용을 믿는다는 근거에서)의 입장에 기초한다고 볼 수 있다.

3. A의 계약이행청구권

A가 B에게 계약이행책임을 묻겠다고 선택하면 A와 B 사이에는 C 소유의 물건을 목적물로 하는 매매관계가 법률의 규정에 의하여 성립한다.

만일 C 소유의 물건이 代替物로서 시장에서 쉽게 구할 수 있는 것이라면 A는 B에 대하여 종류물의 소유권이전청구권을 가지며, B는 A에 대하여 무권대리행위를 할 당시 확정된 매매대금의 지급청구권을 가진다. 그러나 사안에서처럼 매매목적물이 중고자전거로서 不代替物인 때에는 C의 무권대리행위의 추인을 얻어 그 특정물을 A에게 인도해야 할 것인데, C가 추인을 거절하면 B는 C로부터 소유권을 넘겨받을 수 없다(C와 B 사이에 매매관계가 성립하지 않기 때문). 이때에는 A는 C로부터 자전거를 양도받아 B에게 이전해 주어야 할 담보책임을 부담한다(제569조, 제570조 참조).

4. A의 손해배상청구권

A는 B에게 제135조 제1항에 따른 손해배상청구권을 행사할 수도 있다. 물론 무권대리의 상대방은 매매목적물의 代替性 여부를 불문하고

계약이행을 청구하는 대신에 곧바로 손해배상의 청구를 선택할 수도 있다. 어느 경우에나 손해배상청구권의 사정거리는 무권대리행위가 만일 유효하다면 본인(C)의 급부(자전거소유권의 이전)로 채권자(A)가 얻게 될 이행이익(시가 15만원 하는 자전거를 '잘 샀다')에까지 미친다.

A는 B에 대하여 2만원, 즉 C의 급부가 제대로 실현된 것과 같은 이익을 누리는 상태로 되기 위해 자신이 입은 손해에 상당하는 금액을 손해배상으로 청구할 수 있다.

Ⅳ. 설문(2): 행위무능력자인 무권대리인의 책임

입법자는 진정한 권리자 또는 진정한 의사의 보호라는 靜的 安定과 권리외관이나 표시를 신뢰한 상대방의 보호라는 動的 내지 去來安全의 긴장관계를 이익형량으로 파악하는 한편, 미성년자 등의 행위무능력자에 대한 보호는 이와는 다른 차원에서 접근하고 있다. 행위무능력자가 무권대리행위를 한 경우에도 마찬가지이다.

B가 19세 8개월로 무권대리행위를 할 당시에 民事成年이 되지 않았다면(제4조), 그는 제135조 제1항에 따른 책임을 지지 않는다(동조 제2항).

Ⅴ. 설문(3): 무권대리인이 본인을 상속한 경우의 법률관계

만일 무권대리인이 본인을 상속하였다면, 그는 피상속인의 권리와 의무를 포괄승계한다(제1025조). 따라서 C가 가진 추인권 및 추인거절권도 B가 상속하게 된다. 이 경우 B가 자신이 한 무권대리행위의 추인을 거절할 수 있는가가 문제된다.

판례에 따르면 (본인) B가 추인을 거절하게 되면 (무권대리인) B는 제135조 제1항에 따라 계약이행책임 또는 손해배상책임을 부담한다. 이때 A가 계약이행을 선택하게 되면, B는 그가 추인을 거절함으로써 그 실현을 거부한 급부를 이행해야 하므로 B의 추인거절은 금반언 내지 신의성실의 원칙에 위반되므로 허용되지 않는다고 한다(판례참조 [2]). 물론 이러한 금반언 내지 신의칙의 원칙은 B가 행위무능력자가 아닌 경우에만 적용되어야 할 것이다. 따라서 행위무능력자인 무권대리인이 본인을 상속한 경우에는 무권대리인의 추인거절은 허용되어야 한다. 행위무능력자는 제135조 제1항에 따른 무권대리인으로서의 책임을 지지 않기 때문이다.

B가 미성년자로 무권대리행위를 하고, 만일 성년이 되어 C를 상속하게 되었더라도 B는 자신이 한 무권대리행위의 추인을 거절할 수 있다고 해석해야 한다. 추인의 대상이 되는 행위는 B가 미성년인 때에 행하여진 법률행위이기 때문이다.

≪관련판례≫

[1] 무권대리행위에 대한 추인

[1-1] (대판 1995.11.14, 95다28090) 무권대리행위는 그 효력이 불확정상태에 있다가 본인의 추인 유무에 따라 본인에 대한 효력발생 여부가 결정되는 것인바, 그 추인은 무권대리행위가 있음을 알고 그 행위의 효과를 자기에게 귀속시키도록 하는 단독행위이다.

[1-2] (대판 1981.4.14, 80다2314) ① 무권대리행위의 추인에 특별한 방식이 요구되는 것이 아니므로 명시적인 방법만 아니라 묵시적인 방법으로도 할 수 있고, 그 추인은 무권대리인, 무권대리행위의 직접의 상대방 및 그 무권대리행위로 인한 권리 또는 법률관계의 승계인에 대하여도 할 수 있다. ② 제132조는 본인이 무권대리인에게 무권대리행위를 추인한 경우에 상대방이 이를 알지 못하는 동안에는 본인은 상대방에게 추인의 효과를 주장하지 못한다는 취지이므로 상대방은 그때까지 제134조에 의한 철회를 할 수 있고, 또 무권대리인에의 추인이 있었음을 주장할 수도 있다.

[1-3] (대판 2003.12.26, 2003다49542) 증권회사의 고객이 그 직원의 임의매매를 묵시적으로 추인하였다고 하기 위하여는 자신이 처한 법적 지위를 충분히 이해하고 진의에 기하여 당해 매매의 손실이 자기에게 귀속된다는 것을 승인하는 것으로 볼 만한 사정이 있어야 할 것이고, 나아가 임의매매를 사후에 추인한 것으로 보게 되면 그 법률효과는 모두 고객에게 귀속되고 그 임의매매행위가 불법행위를 구성하지 않게 되어 임의매매로 인한 손해배상청구도 할 수 없게 되므로, 임의매매의 추인, 특히 묵시적 추인을 인정하려면, 고객이 임의매매 사실을 알고도 이의를 제기하지 않고 방치하였는지 여부, 임의매수에 대해 항의하면서 곧바로 매도를 요구하였는지 아니면 직원의 설득을 받아들이는 등으로 주가가 상승하기를 기다렸는지, 임의매도로 계좌에 입금된 그 증권의 매도대금(예탁금)을 인출하였는지 또는 신용으로 임의매수한 경우 그에 따른 그 미수금을 이의없이 변제하거나, 미수금 변제독촉에 이의를 제기하지 않았는지 여부 등의 여러 사정을 종합적으로 검토하여

신중하게 판단하여야 할 것이다.

[2] 본인과 무권대리인의 지위혼동과 추인의 거절

(대판 1994.9.27, 94다20617) 甲이 대리권 없이 乙소유부동산을 丙에게 매도하여 부동산소유권이전등기등에관한특별조치법에 의하여 소유권이전등기를 마쳐주었다면 그 매매계약은 무효이고 이에 터잡은 이전등기 역시 무효가 되나, A는 B의 무권대리인으로서 민법 제135조 제1항의 규정에 의하여 매수인인 C에게 부동산에 대한 소유권이전등기를 이행할 의무가 있으므로 그러한 지위에 있는 A가 B로부터 부동산을 상속받아 그 소유자가 되어 소유권이전등기이행의무를 이행하는 것이 가능하게 된 시점에서 자신이 소유자라고 하여 자신으로부터 부동산을 전전매수한 D에게 원래 자신의 매매행위가 무권대리행위로서 무효였다는 이유로 D 앞으로 경료된 소유권이전등기가 무효의 등기라고 주장하여 그 등기의 말소를 청구하거나 부동산의 점유로 인한 부당이득금의 반환을 구하는 것은 금반언의 원칙이나 신의성실의 원칙에 반하여 허용될 수 없다.

[3] 무권대리인의 제135조 제1항 본문에 따른 책임

(대판 1965.8.24, 64다1156) 타인의 대리인으로 계약을 한 자가 그 대리권을 증명하지 못하고 또 본인의 추인을 얻지 못한 때에는 상대방의 선택에 좇아 계약의 이행 또는 손해배상의 책임이 있는 것인바 이 상대방이 가지는 계약이행 또는 손해배상청구권의 소멸시효는 그 선택권을 행사할 수 있는 때로부터 진행한다 할 것이고 또 선택권을 행사할 수 있는 때라고 함은 대리권의 증명 또는 본인의 추인을 얻지 못한 때라고 할 것이다.

[民法總則]

事例 14

無權代理, 消滅時效 등

≪설 문≫

A는 사업을 확장하기 위하여 B로부터 융자를 받으려 하나 적당한 담보물이 없어 자신을 절친한 친구인 C의 대리인이라 사칭하고, C 소유의 부동산 위에 피담보채권을 5,000만원으로 하는 저당권을 설정하였다. A는 과거에도 C의 대리인이라고 칭하고 C의 같은 부동산 위에 D를 위해서 저당권을 설정한 후 C가 이를 추인한 일이 있었다. A에 대한 B의 채권의 소멸시효가 완성된 후 A는 B에게 변제기일을 연장해달라고 일단 요청하고 B가 이를 수락하였으나, 무리한 사업확장과 경기침체로 파산하고 말았다. A로부터 대여원리금을 받지 못하게 된 B는 저당권을 실행하려고 한다.

C의 법적 대처방안을 논하시오.

목차제안

Ⅰ. **논점분석**
Ⅱ. **A에 대한 B의 대여금반환청구권**
1. 대여금반환채권의 소멸시효완성
2. 소멸시효완성의 효과와 시효이익의 포기에 관한 이해
(1) 절대적 소멸설
(2) 상대적 소멸설
3. 시효이익의 포기로서 지급연기신청

(1) 문제점
(2) 시효완성을 알지 못한 채무자의 지급연기신청
(3) 사안의 검토

Ⅲ. B의 저당권실행에 대한 C의 항변

1. A의 저당권설정계약 및 저당권설정행위의 무권대리
2. 표현대리의 성립을 인정하는 경우 물상보증인으로서 C의 책임
   (1) 표현대리를 긍정할 수 있는 논거
   (2) 물상보증인으로서 C의 시효완성의 항변권(판례) 내지 원용권
      1) 문제점
      2) 절대적 소멸설
      3) 상대적 소멸설
   (3) 소 결
3. 표현대리의 성립을 부정하는 경우 C의 책임
   (1) 표현대리를 부정할 수 있는 논거
   (2) 소 결

Ⅳ. 설문에 대한 해답

풀이제안

Ⅰ. 논점분석

1) A는 B와 소비대차계약을 체결하고 금전을 차용하였으나(제598조), B의 대여금반환채권의 소멸시효가 완성되었다. 그럼에도 불구하고 A가 지급연기신청을 하였기 때문에 이는 시효이익의 포기가 될 수 있다(제184조).

2) C가 과거에 A의 무권대리행위를 추인한 사실에 비추어 저당권설정에 관한 현재 A의 무권대리행위에 대하여 표현대리가 성립할 수 있는가 하는 점을 검토해야 한다. 표현대리의 성립을 긍정하면 A는 B에 대하여 저당권부 채무를 부담하고, C는 B에 대하여 물상보증인이 된다. 이에 따라 위 1)에서의 피담보채권의 소멸시효완성과 시효이익의 포기가 물상보증인인 C에게 어떤 영향을 미칠 수 있는지를 검토해야 한다.

3) 위 2)의 경우에 표현대리의 성립을 부정한다면 A의 저당권설정의 무권대리행위에 관하여 C는 이를 추인하지 않는 한, B에 대하여 아무 책임도 부담하지 않는다는 점을 확정해야 한다.

Ⅱ. A에 대한 B의 대여금반환청구권

1. 대여금반환채권의 소멸시효완성

A는 B와의 금전소비대차계약을 C의 대리인으로서가 아니라, 자신의 법률행위로 실행한 것으로 판단된다. A는 B와 소비대차계약을 체결하고 금전을 차용하였으나(제598조), B의 대여원리금반환채권의 소멸시효가 완성되었음에도 불구하고 A가 지급연기신청을 하였으므로 A는 마치 시효이익을 포기한 것처럼 보인다. 원래 시효의 이익은 미리 포기하지 못하지만(제184조 제1항), 소멸시효가 완성된 후에는 유효하게 포기할 수 있다(제184조 제1항의 반대추론). 사안의 경우 A의 지급연기신청을 시효이익의 포기로 볼 수 있는지가 문제된다.

2. 소멸시효완성의 효과와 시효이익의 포기에 관한 이해

(1) 절대적 소멸설

소멸시효완성에 따른 효과에 관한 절대적 소멸설에 의하면 시효의 완성에 의하여 권리는 절대적으로 소멸한다. 원칙적으로 학설 중 다수의견은 채무자의 원용을 별도로 요구하지 않는다. 한편, 판례는 변론주의에 입각하여 자신의 의무가 시효소멸하였다는 의무자의 항변이 없는 한 시효완성을 고려하지 않는다는 입장이다(판례 [1] 참조).

시효이익의 포기는 소멸시효완성으로 생기는 법률상의 이익을 받지 않겠다는 일방적 의사표시로 이해되고 있으며, 일반적으로 소멸시효완성 후의 채무자의 변제에 대하여 시효완성의 사실을 알면서 변제를 한 때에는 시효이익의 포기가 될 뿐만 아니라 부당이득법상으로도 결국 그 반환을 청구하지 못한다(제742조). 또한 시효완성의 사실을 알지 못하고 변제한 경우에도 이른바 '도의관념에 적합한 변제'가 되어 역시 반환을 청구하지 못한다(제744조).

(2) 상대적 소멸설

반면 상대적 소멸설에 따르면 시효완성으로 시효이익을 받을 자에게 시효완성의 원용권이 생길 뿐이라고 하며, 소멸시효로 인한 권리소멸의 효과는 소멸시효의 원용이 있음으로써 비로소 확정적으로 발생한다고 한다(학설 중 소수의견).

시효이익의 포기를 시효완성으로 생긴 원용권(권리부인권)의 포기로 이해하며, 일반적으로 소멸시효완성 후의 채무자의 변제에 대하여 채무자가 시효완성의 사실을 알았거나 또는 알지 못하였거나 원용이 없는 동안은 채권은 소멸하지 않은 것이 되므로 유효한 채무의 변제가 된다고 한다.

3. 시효이익의 포기로서 지급연기신청

(1) 문 제 점

채무자 A의 지급연기신청을 시효이익의 포기로 이해할 것인가는 검토를 요구한다. 특히 채무자가 시효완성의 사실을 모르고 지급연기를 신청한 경우에도 시효이익의 포기가 되는지(예컨대 독일민법 제214조 2항은 시효완성을 모르고 변제한 경우에도 급부의 반환을 청구할 수 없으며, 채무승인 및 담보제공을 한 때에도 마찬가지라고 규정하고 있다)가 문제된다. 소멸시효완성 후에 채무자가 시효완성의 사실을 모르고 예컨대 지급연기신청과 같은 채무승인이나 담보제공을 한 경우는 채무자가 변제를 한 경우와는 다르기 때문이다.

(2) 시효완성을 알지 못한 채무자의 지급연기신청

1) 채무자가 시효완성의 사실을 모르고 변제를 한 경우에 상대적 소멸설은 '유효한 변제'를 이유로, 절대적 소멸설은 '도의관념에 적합한 변제'를 이유로 반환청구를 부인하고 있다. 그러나 채무자가 시효완성의 사실을 모르고 채무승인을 한 경우에 대해서는 이러한 해석이 정당하다고 할 수 없다. 어느 견해에 의하건 시효완성의 사실을 모르고 채무승인을 한 경우, 시효완성을 알았더라면 그와 같은 의사표시를 하였을 것인가 하는 점을 간과할 수 없기 때문이다. 따라서 다음과 같이 판단해야 할 것이다.

2) 절대적 소멸설에 의할 경우 시효완성의 사실을 모르고 채무승인을 하는 명시적·묵시적 의사표시는 ―시효완성으로 채권이 절대적

으로 소멸하였기 때문에 — 그 대상이 없는 것이 되어 의사표시의 해석의 문제가 되며, 또한 채무자가 시효완성의 사실을 알았더라면 그러한 채무승인의 의사표시를 하지 않았을 것이라는 의미에서 착오에 의한 의사표시(제109조)가 검토될 수 있다(변제의 경우에는 비채변제가 될 수 있다: 제742조 참조).

3) 상대적 소멸설에 의하면 시효완성의 사실을 모르고 채무승인을 한 것은 착오에 의한 의사표시가 될 수 있다. 다시 말하면 채무자가 시효완성의 사실을 알았더라면 원용권을 행사할 수도 있었을 것이기 때문이다.

(3) 사안의 검토

사안의 경우 A가 시효완성의 사실을 알고 있었는지는 불확실하지만 지급연기신청을 하는 채무자는 시효가 완성되었다는 것을 알고 있었던 것으로 추정된다(판례 참조 [2-1]). 그러므로 시효완성 후에 채무자 A가 시효완성의 사실을 알면서 지급연기신청을 하는 것은 일종의 의사표시에 의하여 채무를 승인하는 행위이기 때문에 시효이익의 포기로 볼 수 있다(판례 참조 [2-2]). 따라서 이 경우 A와 B 사이의 채권관계는 채무자 A의 승인에 의하여 계속 존속하게 되며, A에 대하여 B는 여전히 대여금반환채무의 이행을 청구할 수 있다. 만일 A가 시효완성을 몰랐다고 한다면 A는 이를 입증하여 앞에서 언급한 문제들, 특히 착오에 의한 의사표시의 취소가능성을 다투어야 할 것이다.

Ⅲ. B의 저당권실행에 대한 C의 항변

1. A의 저당권설정계약 및 저당권설정행위의 무권대리

A가 무단으로 C의 대리인이라 칭하고 C 소유의 부동산 위에 저당권을 설정하였으므로 A는 대리권 없이 저당권설정계약을 체결한 것이 된다(제130조). 과거에 A의 무권대리행위에 대하여 C가 추인한 일이 있으므로, 이와 같은 전례를 기초로 표현대리의 성립(제125조와 제129조)을 인정할 수 있는가 하는 문제를 검토해야 한다.

2. 표현대리의 성립을 인정하는 경우 물상보증인으로서 C의 책임

(1) 표현대리를 긍정할 수 있는 논거

1) 우선 무권대리인이 과거에 행한 무권대리행위를 본인이 추인한 사실이 있고, 그후 이 무권대리인이 또 다른 무권대리행위를 하고 상대방이 그 행위에 대해서 대리인에게 권한이 있다고 믿을 만한 정당한 이유가 있을 경우에는 제125조와 제129조를 유추적용하여 표현대리가 성립한다고 구성할 수 있다. 또한 무권대리행위를 본인이 과거에 추인한 때에는 무권대리인에게 권한을 수여한 것과 같은 외관을 제3자에게 제공한 것이 되어 본인에게는 귀책사유가 인정된다고 볼 수도 있다.

2) 이러한 견해들에 따른다면 A는 과거에 무단으로 C의 부동산에 저당권을 설정하였지만 C의 추인에 의하여 유권대리인이 되었고, 그 후에 다시 무권대리행위를 한 경우에는 제125조와 제129조의 표현대리와 동일한 관계가 발생하였다고 할 수 있다. 이러한 표현대리에 기초하여 본인 C는 상대방 B에 대해 책임을 부담하므로 A의 저당권설정행위는 유효하고, A는 B에 대해 저당권부 채무를 부담하게 된다.

3) B가 저당권을 실행하면 물상보증인으로서 C에게는 이를 저지할 수단이 원칙적으로 없다.

(2) 물상보증인으로서 C의 시효완성의 항변권(판례) 내지 원용권

1) **문 제 점** B에 대한 A의 채무의 소멸시효가 완성된 경우 물상보증인 C가 A와 독립해서 시효완성을 주장할 수 있는가 하는 문제가 제기된다. 원래 물상보증인은 자신이 스스로 피담보채권의 채무를 부담하지는 않으므로 채권자가 물상보증인에 대하여 이행의 소를 제기하거나 그의 일반재산에 대하여 집행하지는 못한다. 물상보증인은 타인의 채무를 위하여 자기의 재산에 설정된 담보물권의 범위내에서만 책임을 부담하기 때문이다. 그런데 C가 물상보증인으로서 부담하는 책임은 담보물권의 부종성으로 인하여 피담보채권이 시효의 완성 기타 사유로 인하여 소멸한 때에는 B의 저당권도 소멸한다(제369조). 따라서 피담보채권의 채무에 대한 A의 시효이익의 포기의사와는 별도로 물상보증인 C가 A의 채무의 소멸시효의 완성으로 인한 저당권의 소멸을 주장할 수 있는가를

검토해야 한다.

2) **절대적 소멸설** 시효완성의 효과에 관한 절대적 소멸설에 따르면 물상보증인 C의 책임은 채무자 A의 채무승인에 의한 시효이익의 포기와는 관계없이 시효완성으로 이미 소멸하였다고 할 수 있고, 이에 따라 C는 B에게 아무런 책임도 부담하지 않는다.

3) **상대적 소멸설** 시효완성의 효과에 관한 상대적 소멸설에 따르면 시효의 원용권자는 직접적으로 이익을 받는 당사자에 한정되지 아니하고 연대채무자, 연대보증인, 보증인은 물론 물상보증인, 저당부동산의 제3취득자, 사해행위의 수익자를 포함하는 것이라고 해석하고 있으므로 물상보증인 C는 독자적으로 시효원용권을 행사함으로써 B의 저당권실행을 저지할 수 있다(김증한·김학동, 민법총칙, 554면; 김용한, 민법총칙, 490면).

(3) 소 결

물상보증인 C는 피담보채권의 시효완성 후 채무자가 시효이익의 포기를 하였는지 여부와 상관없이 채권 및 (부종성으로) 저당권이 소멸하였다거나(절대적 소멸설), 또는 독자적으로 시효완성을 항변하거나(판례의 입장) 또는 원용함으로써(상대적 소멸설) B의 저당권실행을 저지할 수 있다.

3. 표현대리의 성립을 부정하는 경우 C의 책임

(1) 표현대리를 부정할 수 있는 논거

1) 추인(제130조)은 원칙적으로 계약 당시로 소급하여 무효인 무권대리행위를 유효하게 하는 효력을 갖고 있지만(제133조), 그렇다고 처음부터 자칭대리인에게 대리권을 수여하고 있는 경우와 똑같은 효력을 줄 수는 없을 것이다. 추인은 자칭대리인이 행한 무권대리행위가 본인에게 유리한 경우에 본인의 이익을 고려하기 위하여, 또는 추인하지 않으면 자칭대리인이 제135조의 책임을 부담하기 때문에 이를 구제하기 위하여 행해지는 것이므로, 본인이 추인하였다고 하여 자칭대리인의 행위가 본인이 대리인을 신뢰하여 대리권을 수여한 유권대리와 동일하게 취급될 수는 없다. 즉, 추인으로 자칭대리인에게 기본대리권수여의 효과가 인정될 수 없다.

2) 이러한 풀이에 따른다면 A가 다시 무단으로 C의 부동산에

저당권을 설정한 행위는 과거에 동일한 무권대리행위에 대하여 본인의 추인이 있었다고 하더라도 일단은 무권대리행위에 지나지 않으며(제130조) 제125조와 제129조의 표현대리가 성립될 여지가 없다. A의 무권대리행위를 B가 추인하지 않는 한, B와 C 사이에는 어떠한 법률관계도 존재하지 않는다.

(2) 소 결

B에 대한 A의 무담보채무는 A의 시효이익의 포기를 통한 채무승인에 의하여 그대로 존속하게 되지만, C는 B에 대해서 아무런 책임도 부담하지 않는다. B는 저당권을 실행할 수 없으며, 오히려 C는 B에게 저당권말소등기를 청구할 수 있다.

Ⅳ. 설문에 대한 해답

C 소유의 부동산에 관하여 저당권을 설정한 A의 무권대리행위가 표현대리로 인정되어 그 효과가 C에게 귀속되더라도 피담보채권의 소멸시효가 일단 완성된 이상 ―소멸시효완성의 효과에 관한 절대적 소멸설에 따를 경우― 물상보증인 C의 책임은 채무자 A의 채무승인에 의한 시효이익의 포기와는 관계없이 시효완성한 때 피담보채권의 소멸에 따른 부종성으로 말미암아 이미 소멸하여 C는 B에 대하여 아무런 책임도 부담하지 않는다. 따라서 ―상대적 소멸설에 따르더라도― 물상보증인 C는 독자적으로 시효원용권을 행사함으로써 B의 저당권실행을 저지할 수 있다.

A의 무권대리행위가 표현대리로 평가되지 않는 경우 B가 이를 추인하지 않는 한 B와 C 사이에는 그 어떤 법률관계도 존재하지 않는다. 따라서 C는 B에 대해서 아무런 책임도 부담하지 않는다. B는 저당권을 실행할 수 없으며, 오히려 C는 B에게 저당권말소등기를 청구를 할 수 있다.

≪판 례≫

[1] 소멸시효완성의 효과 = 이른바 절대적 소멸설 + 변론주의원칙

(대판 1979. 2. 13, 78다2157) 신민법상은 당사자의 원용이 없어도

시효완성의 사실로서 채무는 당연히 소멸되는 것이고, 다만 변론주의의 원칙상 소멸시효의 이익을 받을 자가 그것을 포기하지 않고 실제 소송에 있어서 권리를 주장하는 자에 대항하여 시효소멸의 이익을 받겠다는 뜻을 항변하지 않는 이상 그 의사에 반하여 재판할 수 없을 뿐이고, 본건에서 피고는 소멸시효완성으로 직접 의무를 면하게 되는 당사자로서 그 소멸시효의 이익을 받겠다는 뜻을 항변할 수 있는 자이다(동지: 대판 1966.1.31, 65다2445; 대판 1968.8.30, 68다1089).

[2] 시효완성 후 시효이익의 포기와 그 추정

[2-1] (대판 1967.2.7, 66다2173) 시효완성 후에 채무를 승인한 때에는 시효완성의 사실을 알고 그 이익을 포기한 것이라고 추정할 수 있다.

[2-2] (대판 1965.12.28, 65다2133) 채권의 소멸시효가 완성된 후에 채무자가 그 기한의 유예를 요청하였다면 그때에 소멸시효의 이익을 포기한 것으로 보아야 한다.

[3] 시효완성을 주장할 수 있는 자

(대판 1997.12.26, 97다22676) 소멸시효가 완성된 경우 이를 주장할 수 있는 사람은 시효로 인하여 채무가 소멸되는 결과 직접적인 이익을 받는 사람에 한정되므로, 채무자에 대한 일반채권자는 자기의 채권을 보전하기 위하여 필요한 한도내에서 채무자를 대위하여 소멸시효 주장을 할 수 있을 뿐 채권자의 지위에서 독자적으로 소멸시효의 주장을 할 수 없다.

관련사례 14-1 消滅時效中斷事由로서의 應訴, 時效完成 후의 辨濟

≪설 문≫

1986년 3월 12일 A는 B로부터 변제기를 같은 해 12월 11일로 하여 4,000만원을 無利子로 빌리면서 자신 소유의 토지에 저당권을 설정해주었다. A는 1991년 8월 20일 B를 상대로 피담보채권인 대여금채권의 부존재를 이유로 저당권설정등기의 말소청구소송을 제기함에 따라 1991년 9월 10일 B가 이에 적극적으로 응소하여 A 청구기각의 판결을 구하고 위 대여금채권이 유효하게 성립된 것이어서 이를 피담보채권으로 하는 위 근저당권설정등기는 유효하다는 내용의 답변내용을 제출한 결과 1991년 12월 10일 제1심법원은 B의 주장을 받아들여 원고 A의 패소판결을 선고하였고, 이 판결은 1992년 12월 14일 대법원에서 그대로 확정되었다. 그러나 B는 그 이후에도 판결을 강제집행하지 않고 A가 자진해서 빚을 갚도록 설득하였다. A가 여전히 채무의 변제를 차일피일하자, B는 2002년 7월 10일 A에게 최후통첩을 한 바 있으며, 2002년 12월 22일 대여금지급청구소송을 다시 제기하였으나, 무슨 이유에서인지는 알 수 없으나, 이내 소를 취하하였다. B가 다시 2003년 3월 10일 대여금지급소송을 제기하자, A는 이때서야 비로소 대여금 4,000만원을 B에게 변제하였다.

A와 B의 법률관계를 검토하시오.

풀이제안

Ⅰ. 논점분석

1) A에 대한 B의 대여금반환채권의 소멸시효가 완성되었다면 A는 B에게 변제한 금원 4,000만원의 반환을 요구할 수 있는가를 검토해야 한다.

2) 채무자의 소제기에 채권자가 적극적으로 응소한 경우 이는 재판상의 청구(제168조 제1호, 제170조)에 해당하여 시효중단의 효력을 가지는가를 검토해야 한다.

3) 판결 등에 의하여 확정된 채권의 소멸시효기간(제165조),

4) 시효가 완성된 채무를 변제한 채무자의 급부반환청구의 가능성,

5) B에 대한 A의 저당권말소등기청구의 가능성을 검토해야 한다.

Ⅱ. 대여금반환채권의 소멸시효와 시효중단

1. 원　　칙

A에 대한 B의 대여금반환채권의 변제기가 1986년 12월 11일이므로 B는 이때부터 자신의 권리를 행사할 수 있다(제166조 제1항 참조). 따라서 그 다음

날부터(제157조 본문 참조) 채권의 일반소멸시효기간인 10년(제162조 제1항)이 진행된다. 그러나 시효의 기초가 되는 사실관계의 변동이 있으면 시효의 진행은 중단된다(판례 [1-1] 참조). 민법은 이러한 시효중단사유로 제168조에서 청구(제1호), 압류 또는 가압류·가처분(제2호) 및 채무승인(제3호)을 규정하는 한편, 동조 제1호의 '청구'는 재판상 청구(제170조), 파산절차참가(제171조), 지급명령(제172조), 화해를 위한 소환과 임의출석(제173조) 및 최고(제174조)를 예정하고 있다.

2. '재판상 청구'로서 응소

(1) 문 제 점

시효중단사유로서 '재판상의 청구'가 시효대상이 된 사권(私權)을 민사소송절차에서 주장하는 것, 즉 '권리자가 원고로서, 시효를 주장하는 자를 피고로 하여 소송물인 권리를 소의 형식으로 주장하는 것'을 의미한다는 점은 의심의 여지가 없다(판례 [1-2], [2-1] 참조). 그러나 채무자에 의하여 제기된 소송에 권리자가 응소(應訴)하는 경우도 이에 해당하는가 하는 점에 관하여 학설은 대립하나, 대체로 이를 긍정하고 있다.

(2) 판 례

반면 판례는 한동안 이를 부인하였다(대판 1971. 3. 23, 71다37). 그러던 중 1993년 전원합의체판결을 통하여 대법원은 '시효를 주장하는 자가 원고가 되어 소를 제기한 경우 피고로서 응소하여 그 소송에서 적극적으로 권리를 주장하고 그것이 받아들여진 경우도' 재판상의 청구에 해당한다고 함으로써 그 태도를 바꾸었다(판례 [2-1] 참조).

(3) 사안의 검토

이러한 판례와 통설에 따르면 A에 대한 B의 대여금반환채권은 1986년 12월 11일부터 10년의 소멸시효기간이 진행하던 중 A가 피담보채권의 부존재를 청구원인으로 한 근저당권말소등기청구소송을 제기하여 B가 답변서를 제출하여 적극적으로 응소한 결과 1991년 9월 10일 시효의 진행이 중단되었다. 재판상의 청구로 중단된 시효는 재판이 확정된 때로부터 새로이 진행되므로(제178조 제2항), '피고' B의 승소판결이 확정된 1992년 12월 14일의 다음 날로부터 다시 10년의 소멸시효기간(제165조 제1항)이 진행한다.

Ⅲ. 시효완성된 채무의 변제에 따른 법률효과

1. 수차례의 최고에 이은 재판상 청구와 판결로 확정된 대여금반환채권의 소멸시효

판결로 확정된 대여금반환채권을 강제집행하지 않은 채 B는 A에게 수차례 채무의 이행을 독려하였고, 이는 특별한 방식을 요구하지 않는 催告에 해당한다. 그러나 최고에 따른 시효중단은 최고 후 6개월내에 보다 강력한 조치(제170조 내지 제173조 및 제168조 제2호)를 취하지 않는 한, 그 효력이 없다(제174조). 수차례 최고를 하다가 재판상의 청구를 하는 경우 시효중단의 효력은 최초의 최고가 있었던 시점에 발생하는 것이 아니라, 재판상의 청구 등을 한 시점을 기준으로 하여 이로부터 소급하여 6개월 이내에 한 최고의 시점에 발생한다. 또한 재판상의 청구는 그 소송이 취하된 경우에는 그로부터 6개월내에 다시 재판상의 청구를 하지 않는 한 시효중단의 효력이 없고, 소송 외적인 최고로서의 효력만을 가진다(판례 [3] 참조).

B는 2003년 3월 10일 재판상의 청구를 하였고, 사안에 비추어 잠정적 시효중단사유로 인정될 수 있는 최고의 시점은, 곧 취하한 소송을 제기한 시점인 2002년 12월 22일이다. 그러나 이때는 이미 1992년 12월 15일부터 진행되기 시작한 (판결로 확정된) 대여금반환채권의 소멸시효가 완성된 2002년 12월 15일 0시(제162조 제2항) 이후이다.

2. 시효완성된 채무의 변제

A는 시효가 완성된 대여금반환채무를 B에게 변제하였다. 따라서 A가 B에게 '변제금'으로 지급한 4,000만원을 부당이득으로 반환청구를 할 수 있는지가 문제된다.

우선 소멸시효완성의 효과에 관한 절대적 소멸설에 따르면(이에 관해서는 [사례 14] 참조) A가 시효완성의 사실을 알고도 변제하였다면 이는 소멸시효의 이익을 포기한 것이기 때문에(제184조 제1항 반대해석) A는 더 이상 시효완성을 주장할 수 없다. 또한 소멸시효완성으로 존재하지 않는 채무임을 알면서 변제를 하는 것은 제742조에서 말하는 이른바 '악의의 비채변제'로 되어 그 반환을 청구할 수 없다. 만일 시효완성의 사실을 모르고 변제하였다 하더라도 이는 제744조에서 말하는 이른바 '도의관념에 적합한 비채변제'로 되어 마찬가지로 그 반환청구가 허용되지 않을 것이다.

소멸시효완성의 효과에 관한 상대적 소멸설에 따르면(이에 관해서도 [사례 14] 참조) 시효완성에 관한 채무자의 선의·악의를 불문하고 그가 시효완성을 원용하지 않는 한 유효한 변제를 한 것으로 된다. 따라서 소멸시효완성의 효과에 관한 태도의 차이와 상관없이 B에 대한 A의 부당이득반환청구권은 발생할 수 없다.

Ⅳ. B에 대한 A의 저당권말소등기청구권

1. 원　칙

시효완성의 효과에 관한 절대적 소멸설에 따를 경우 A에 대한 B의 대여금반환채권은 소멸하였기 때문에 ―주어진 사안과 달리― A가 B에게 차용금을 변제한 바 없다 하더라도 A는 시효완성으로 피담보채권이 소멸하였고, 저당권도 그 부종성(제369조)으로 말미암아 당연히 소멸하였다는 것을 이유로 B에게 저당권말소등기를 청구할 수 있다. 게다가 사안의 경우 A는 차용금채무를 '실질적으로 변제'하였기 때문에 B는 A에게 저당권말소등기절차에의 협력을 거부할 수 없다.

반면 상대적 소멸설에 따르면 ―주어진 사안과 달리― A가 B에게 차용금을 변제한 바 없다면 A는 피담보채권이 시효완성으로 소멸하였음을 원용하고, 따라서 저당권도 부종성으로 말미암아 소멸하였다는 것을 이유로 B에게 저당권말소등기를 청구할 수 있다. 물론 사안의 경우에는 A가 B에게 유효한 변제를 하였기 때문에 피담보채권의 소멸에 따라 저당권은 부종성으로 역시 소멸하였음을 이유로 저당권말소등기를 청구할 수 있을 것이다.

2. 사안에서의 문제점

저당권에 의하여 담보되는 피담보채권의 범위는 元本뿐만 아니라, 원본의 이행일 이후의 1년까지의 지연배상금도 포함한다(제360조). A가 약 16년이 흐른 후 비록 B에게 4,000만원을 변제하였다고는 하지만, A는 원래 채무변제기인 1986년 12월 11일 이후 대여금반환채무의 이행을 지체하고 있는 상태였다. 금전채무불이행에 관한 특칙(제397조)에 따라 A는 무과실 항변을 할 수 없으며, 지연이자의 약정이 없으면 법정이율(연 5%, 제379조)에 따른 지연배상금을 지급할 채무가 대여금반환채무에 추가된다.

시효로 채무가 소멸하였다는 것을 항변 내지 원용하지 않았다면 A에 대한 B의 채권은 여전히 유효하며, 따라서 원래 A는 B에게 2003년 3월 10일 원본 4,000만원과 함께 채무이행을 지체한 16년 3개월간의 지연배상금(4,000만원 × 0.0042 × 195개월 = 약 3,270만원)을 지급했어야만 했다. A가 여전히 B에게 이자를 추가로 지급해야 한다는 사실을 나중에 알게 되었다고 할 때, A가 원본 4,000만원을 변제할 당시 B의 채권의 시효완성을 알았는지 또는 알지 못했는지에 따라 법률상태가 달라진다.

만일 A가 변제 당시 선의였다면 A는 이자지급채무를 이행해야 한다는 것을 인지한 시점에 비로소 시효완성을 원용하게 될 것이다. 이때 A에 대한 B의 대여원본채권은 시효완성으로 소멸하고, 이행청구권을 기초로 이에 추가된 지연손해배상청구권도 소멸하게 된다. 이 경우 이미 지급한 4,000만원을 되돌려 받을 수는 없으나, 저당권말소등기를 청구할 수 있다.

반면에 A가 변제 당시 악의였고 시효완성을 원용할 의사가 없었다면 A는 시효완성의 원용권을 포기하였으므로 더 이상 시효완성을 원용할 수 없게 되며, 또한 A는 B에 대하여 지연배상금지급채무를 부담하지 않을 수 없다. 이 경우 이행일 이후 1년분에 해당하는 지연배상금지급채무는 원본채권을 피담보채권으로 하는 저당권에 의하여 담보되기 때문에 어느 경우에나 1년분의 지연배상금(200만원)을 A가 B에게 변제한 이후에 비로소 A는 B에 대하여 저당권말소등기를 청구할 수가 있다. 저당권이 말소되더라도 B는 A에 대하여 3,070만원 상당의 지연배상금지급채권을 보유한다. 물론 이는 무담보채권이다.

≪관련판례≫

[1] 시효의 제도적 취지 및 시효중단사유로서 재판상 청구

[1-1] (대판 1979.7.10, 79다569) 원래 시효는 법률이 권리 위에 잠자는 자의 보호를 거부하고 사회생활상 영속되는 사실상태를 존중하여 여기에 일정한 법적 효과를 부여하는 제도이기에 어떤 사실상의 상태가 계속중 그 사실상의 상태와 상용할 수 없는 사정이 발생할 때에는 그 사실상의 상태를 존중할 이유를 잃게 된다고 할 것이니 이미 진행한 시효기간의 효력을 상실케 하는 것이 이른바, 시효중단이다. 소유권의 시효취득에 준용되는 시효중단 사유인 제168조, 제170조에 규정된 재판상의 청구라 함은 시효취득의 대상인 목적물의 인도 내지는 소유권존부확인이나 소유권에 관한 등기청구소송은 말할 것도 없고 소유권 침해의 경우에 그 소유권을 기초로 하여 하는 방해배제 및 손해배상 혹은 부당이득반환 청구소송도 이에 포함된다고 해석함이 옳은 것이다. 왜냐하면 위와 같은 여러 경우는 권리자가 자기의 권리를 자각하여 재판상 그 권리를 행사하는 점에 있어 서로 다를 바 없고, 또 재판상의 청구를 기판력이 미치는 범위와 일치시켜 고찰할 필요가 없기 때문이다.

[1-2] (대판[전] 1992.3.31, 91다32053) 일반적으로 위법한 행정처분의 취소·변경을 구하는 행정소송은 사권을 행사하는 것으로 볼 수 없으므로 사권에 대한 시효중단사유가 되지 못하는 것이나, 다만 오납한 조세에 대한 부당이득반환청구권을 실현하기 위한 수단이 되는 과세처분의 취소 또는 무효확인을 구하는 소는 그 소송물이 객관적인 조세채무의 존부확인으로서 실질적으로 민사소송인 채무부존재확인의 소와 유사할 뿐 아니라, 과세처분의 유효 여부는 그 과세처분으로 납부한 조세에 대한 환급청구권의 존부와 표리관계에 있어 실질적으로 동일 당사자인 조세부과권자와 납세의무자 사이의 양면적 법률관계라고 볼 수 있으므로, 위와 같은 경우에는 과세처분의 취소 또는 무효확인청구의 소가 비록 행정소송이라고 할지라도 조세환급을 구하는 부당이득반환청구권의 소멸시효중단사유인 재판상 청구에 해당한다고 볼 수 있다.

[2] 원칙적인 시효중단사유로서 응소

[2-1] (대판[전] 1993.12.21, 92다47861) 제168조 제1호, 제170조 제1항에서 시효중단사유의 하나로 규정하고 있는 재판상의 청구라 함은, 통상적으로는 권리자가 원고로서 시효를 주장하는 자를 피고로 하여 소송물인 권리를 소의 형식으로 주장하는 경우를 가리키지만, 이와 반대로 시효를 주장하는 자가 원고가 되어 소를 제기한 데 대하여 피고로서 응소하여 그 소송에서 적극적으로 권리를 주장하고 그것이 받아들여진 경우도 마찬가지로 이에 포함되는 것으로 해석함이 타당하다.

[2-2] (대판 1997.12.12, 97다30288) 권리자가 시효를 주장하는 자로부터 제소당하여 직접 응소행위로서 상대방의 청구를 적극적으로 다투면서 자신의 권리를 주장하여 그것이 받아들여진 경우에는 민법 제247조 제2항에 의하여 취득시효기간에 준용되는 민법 제168조 제1호, 제170조 제1항에서 시효중단사유의 하나로 규정하고 있는 재판상의 청구에 포함되는 것으로 해석함이 상당하다 할 것이나, 점유자

가 소유자를 상대로 소유권이전등기청구소송을 제기하면서 그 청구원인으로 '취득시효완성' 아닌 '매매'를 주장함에 대하여, 소유자가 이에 응소하여 원고 청구기각의 판결을 구하면서 원고의 주장사실을 부인하는 경우에는, 이는 원고 주장의 매매사실을 부인하여 원고에게 그 매매로 인한 소유권이전등기청구권이 없음을 주장함에 불과한 것이고 소유자가 자신의 소유권을 적극적으로 주장한 것이라 볼 수 없으므로 시효중단사유의 하나인 재판상의 청구에 해당한다고 할 수 없다.

[2-3] (대판 2003.6.13, 2003다17927·17934) 시효를 주장하는 자가 원고가 되어 소를 제기한 경우에 있어서, 피고가 응소행위를 하였다고 하여 바로 시효중단의 효과가 발생하는 것은 아니고, 변론주의원칙상 시효중단의 효과를 원하는 피고로서는 당해 소송 또는 다른 소송에서의 응소행위로서 시효가 중단되었다고 주장하지 않으면 아니 되고, 피고가 변론에서 시효중단의 주장 또는 이러한 취지가 포함되었다고 볼 만한 주장을 하지 아니하는 한, 피고의 응소행위가 있었다는 사정만으로 당연히 시효중단의 효력이 발생한다고 할 수는 없는 것이나, 응소행위로 인한 시효중단의 주장은 취득시효가 완성된 후라도 사실심 변론종결 전에는 언제든지 할 수 있다.

[2-4] (대판 2004.1.16, 2003다30890) 타인의 채무를 담보하기 위하여 자기의 물건에 담보권을 설정한 물상보증인은 채권자에 대하여 물적 유한책임을 지고 있어 그 피담보채권의 소멸에 의하여 직접 이익을 받는 관계에 있으므로 소멸시효의 완성을 주장할 수 있는 것이지만, 채권자에 대하여는 아무런 채무도 부담하고 있지 아니하므로, 물상보증인이 그 피담보채무의 부존재 또는 소멸을 이유로 제기한 저당권설정등기 말소등기절차이행청구소송에서 채권자 겸 저당권자가 청구기각의 판결을 구하고 피담보채권의 존재를 주장하였다고 하더라도 이로써 직접 채무자에 대하여 재판상 청구를 한 것으로 볼 수는 없는 것이므로 피담보채권의 소멸시효에 관하여 규정한 제168조 제1호 소정의 '청구'에 해당하지 아니한다.

[3] 수차례의 최고에 이은 재판상 청구와 시효중단효력의 발생시점

(대판 1987.12.22, 87다카2337) 최고를 여러 번 거듭하다가 재판상 청구 등을 한 경우에 있어서의 시효중단의 효력은 항상 최초의 최고시에 발생하는 것이 아니라 재판상 청구 등을 한 시점을 기준으로 하여 이로부터 소급하여 6월 이내에 한 최고시에 발생한다.

事例 15

民法 제2조: 信義則과 權利濫用禁止

≪설 문≫

C소유의 甲토지 상공으로 한국전력공사(B)가 소유 및 관리하는 고압전류의 송전선이 통과하고 있다. 이 사실을 잘 알고 있는 A에게 C는 甲토지를 증여하고 소유권이전등기를 해주었다. 그로부터 약 13년의 세월이 흐른 후, 자금이 확보되어 甲토지 위에 건물을 축조하려던 A는 고압송전선과의 법정이격거리 때문에 甲토지에 일체 건물을 축조할 수 없음을 알게 되었다. 이에 A는 B에 대하여 송전선의 즉각적인 철거를 요구하였다.

아래 정황도 고려하여 이러한 A의 요구를 중심으로 한 A와 B 사이의 법률관계를 검토하시오.

㉮ B는 일제강점 때부터 있던 낡은 전선의 현대화작업을 수행하였다.

㉯ B는 송전선 설치 당시 C로부터 토지를 매수한다거나 기타 그 이용을 위한 권원을 취득한 바 없다.

㉰ B가 송전선을 설치할 당시는 물론 그후에도 C는 별다른 이의제기나 권리행사를 한 바 없다.

㉱ 재산적 가치는 별로 없이 세금만 부담한다는 생각에 甲토지를 A에게 증여하였던 C는 약 3년 후 인근지역의 개발과 함께 甲토지의 땅값이 상승하자, 증여가 서면에 의한 것이 아닐 뿐만 아니라, 자신의 재산상태가 지극히 악화되었다는 점을 이유로 증여계약을 해제한 바 있다.

목차제안

Ⅰ. **논점분석**
Ⅱ. **B에 대한 A의 권리**
1. A의 소유권에 기한 권리
(1) A의 甲토지에 관한 소유권의 취득 여부
(2) A의 소유권에 기한 물권적 청구권
2. B의 항변사유
(1) B가 토지의 점유에 관한 정당한 권원을 보유한다는 주장
(2) A의 소유권 내지 소유권에 기한 물권적 청구권이 시효소멸하였다는 주장
(3) A의 소유권이 실효했다는 주장
1) 실효원칙의 의의
2) 요 건
3) 효 과
4) 사안에의 적용
(4) A의 권리행사가 권리남용에 해당한다는 주장
1) 권리남용의 의의
2) 권리남용의 성립요건
가) 주관적 기준
나) 객관적 기준
다) 학 설
라) 판 례
마) 소 결
3) 효 과
4) 사안에의 적용
3. 소 결
Ⅲ. **B에 대한 A의 다른 권리들**
1. 불법행위를 원인으로 한 A의 손해배상청구권
2. A의 부당이득반환청구권
(1) B의 과실수취권
(2) B의 부당이득반환의무
3. 양 청구권 사이의 관계
Ⅳ. **설문에 대한 해답**

풀이제안

Ⅰ. 논점분석

만일 甲토지를 이용할 수 있는 정당한 權原이 없는 B가 C 소유 甲토지의 상공을 통과하는 송전선을 무단으로 설치하였다면 B는 일단 C의 소유권을 침해하였다고 볼 수 있다. 나아가 A가 유효한 증여계약을 법률상 원인으로 하여 C로부터 적법하게 소유권을 승계하였다면 B는 A의 소유권을 침해하고 있는 것이 된다. 그렇다면 A는 소유권에 기초한 물권적 청구권, 즉 소유권행사방해배제청구권(제214조 전문)에 기초하여 B에 대해 송전선의 철거를 요구함으로써 소유권불가침의 기본적 권리를 관철할 수 있다. 다만, 첫째 C가 송전선의 설치 당시는 물론 그후에도 별다른 이의제기나 권리행사를 한 바 없을 뿐만 아니라(정황 ㉰), A도 甲토지의 소유권을 승계한 후 약 13년간 송전선을 방치한 채 소유권에 기초한 권리행사를 한 적이 없으며, 둘째 만일 A의 청구가 인용되어 이미 설치되어 있는 송전선을 철거한다면 私益으로서 A의 토지소유권은 보호되지만, 송전선의 설치비용, 이전비용 및 그 공사기간 동안 전기공급중단에 따른 사회적 손실이 발생할 수 있다는 점이 고려되어야 한다. 따라서 첫째의 맥락에서 (i) A의 토지소유권의 소멸시효가 완성되는지 또는 (ii) 신의칙에 따라(제2조 제1항) 그 소유권이 失效하였는지를 검토해야 한다. 둘째의 맥락에서는 B의 불이익 및 그에 연계된 사회일반의 불이익에 비추어 A가 B에 대하여 소유권에 기한 송전선의 철거를 요구하는 것이 권리남용(제2조 제2항)에 해당하는지 여부를 검토해야 한다.

A가 소유권에 기한 물권적 청구권을 행사하여 송전선의 철거를 요구할 수 있는지의 문제와는 별개로 B의 이러한 사용행위가 불법행위를 구성하는지 내지는 B가 타인의 토지를 정당한 권원없이 사용함으로써 얻은 부당이득을 반환해야 하는지의 문제를 검토해야 한다.

Ⅱ. B에 대한 A의 권리

1. A의 소유권에 기한 권리

(1) A의 甲토지에 관한 소유권의 취득 여부

토지소유권은 정당한 이익이 있는 범위내에서 토지의 상하에 미친다(제212조). 송전선의 설치 당시 甲토지의 소유권이 C에게 귀속했었다는 점은 주어진 사실이므로, 甲토지의 이용을 정당화하는 사유가 B에게 없는 한 원칙적으로 B가 처음부터 C의 토지소유권을 침해하였다는 점에 대해서는 의심이 없다. 그러나 설문이 A와 B 사이의 법률관계를 검토할 것을 요구하고 있기 때문에 우선 A가 甲토지의 소유권을 C로부터 정당하게 승계취득하였는지 내지 여전히 그 토지의 소유권자인지의 여부를 검토해야 한다.

C와 A 사이에 체결된 증여계약은 계약무효사유, 즉 무효원인 또는 취소원인이 없으므로 유효하다. 다만 문제는 증여계약의 체결 후 3년이 지나 C가 계약이 서면에 의하지 않았다는 것을 이유로(제555조 참조) 또는 재산상태가 악화되었음을 이유로(제557조 참조) 증여계약을 해제하였다는 점이다. 이들은 모두 정당한 해제사유가 될 수도 있기 때문이다.

그러나 이러한 사유를 이유로 하는 계약의 해제는 제558조에 따라 이미 이행한 부분에 대해서는 영향을 미치지 않는다. 물론 부동산소유권에 관한 증여계약의 이행이 완료되었다고 하기 위해서 A는 甲토지에 관하여 소유권이전등기절차를 이미 완료했어야 한다(대판 1977. 12. 27, 77다834: 물권변동에 관하여 형식주의를 채택하고 있는 현행민법의 해석으로서는 부동산증여에 있어서 이행이 되었다고 함은 그 부동산의 인도만으로써는 부족하고 이에 대한 소유권이전등기절차까지 마친 것을 의미한다). 이 요건이 충족되었음은 사안에서 주어진 사실이므로 C의 계약해제의 의사표시는 A의 토지소유권취득에 아무 영향을 주지 않는다. 따라서 A는 甲토지의 적법한 소유권자이다.

(2) A의 소유권에 기한 물권적 청구권

C로부터 유효한 증여계약을 법률상 원인으로 하여 적법하게 甲토지의 소유권을 승계취득한 A는 소유권자로서 소유권에 기한 물권적 청구권, 즉 제213조 본문에 기초한 소유물반환청구권 또는 제214조 전문에

기초한 소유권행사방해배제청구권을 행사하여 B에게 송전선의 철거를 요구할 수 있다.

2. B의 抗辯事由

(1) B가 토지의 점유에 관한 정당한 권원을 보유한다는 주장

A의 소유권에 기한 물권적 청구권의 권리행사를 저지하기 위한 B의 방어수단으로는 우선 B에게 제213조 단서에서 말하는, A 소유의 甲토지를 점유할 권리, 즉 토지에 대한 정당한 점유권원을 주장하는 것이다.

그러나 주어진 사안에 비추어 볼 때는 B가 甲토지의 전 소유자인 C에 대해서는 물론 토지소유권의 승계인 A에 대해서도 토지(의 상공)를 점유하여 사용할 물권적 권리는 물론 채권적 권리를 취득한 적이 없다고 판단된다.

(2) A의 소유권 내지 소유권에 기한 물권적 청구권이 시효소멸하였다는 주장

B가 A의 소유권 또는 그에 기한 물권적 청구권이 시효로 소멸하였다고 주장할 수도 있다. 그러나 학설 중 다수의견은 소유권의 절대성과 恒久性으로부터 소유권은 물론, 소유권에 기한 물권적 청구권도 소멸시효에 걸리지 않는다는 입장이다. 또한 '물권적 청구권으로서 등기청구권의 소멸시효'와 관련하여 '채권담보의 목적으로 이루어지는 부동산양도담보의 경우에 피담보채무가 변제된 이후 양도담보권설정자가 행사하는 등기청구권은 양도담보권설정자의 실질적 소유권에 기한 물권적 청구권이므로 따로 시효소멸되지 않는다'는 판례가 있다(대판 1979. 2. 13, 78다2412; 대판 1993. 12. 21, 91다41170). 소유권에 기한 물권적 청구권의 시효소멸을 부정하는 이러한 판례는 소유권 자체의 시효소멸을 부정하는 입장에서 출발한다고 볼 수 있다.

소유권 자체는 아니라도 소유권에 기한 물권적 청구권만큼은 제162조 제2항이 규정하는 '채권 및 소유권 이외의 재산권'에 해당하므로 20년의 소멸시효에 걸린다고 하는 학설의 소수의견(이영준, 물권법 48-51면)을 따르더라도, A가 甲토지에 대한 소유권을 취득한 지 겨우 13년의 세월이 흘렀을 뿐이므로 A의 물권적 청구권이 시효로 소멸하였다는 B의 주장은 이유가 없다.

(3) A의 소유권이 실효했다는 주장

1) **실효원칙의 의의** 실효의 법리는 권리자가 권리를 상당기간 행사하지 않음으로써 그 권리에 상응하는 일정한 의무를 부담하는 상대방이 권리자가 더 이상 권리를 행사하지 않을 것이라는 신뢰를 갖게 된 상태에서 권리자가 새삼스레 권리를 행사하는 것을 제한하는 법원칙이다. 신의성실원칙의 파생원리인 금반언법리가 다른 모습으로 나타난 것이라고 볼 수 있다. 비교적 장기간으로 고정되어 있는 시효제도나 제척기간에 따른 문제점을 보완하기 위하여 학설 중 다수의견은 물론 근자에는 법원도 이의 적용을 고려하고 있다.

2) **요 건** 실효의 법리를 적용하기 위해서는, 첫째 상당기간 동안 행사하지 않던 권리를 권리자가 새삼스레 행사하여야 한다. 둘째 권리에 상응하는 의무를 부담하는 상대방이 권리가 더 이상 행사되지 않으리라고 신뢰하는 데 정당한 이유가 있어야 한다. 판례에 따르면 실효기간(권리를 행사하지 아니한 기간)의 길이와 의무자인 상대방이 권리가 행사되지 아니하리라고 신뢰할 만한 정당한 사유가 있었는지의 여부는 일률적으로 판단할 수 있는 것이 아니라, 구체적인 경우를 기초로 권리를 행사하지 아니한 기간의 장단과 함께 권리자와 상대방 쌍방의 사정 및 객관적으로 존재하는 사정 등을 모두 고려하여 사회통념에 따라 합리적으로 판단하여야 한다고 한다(판례 [3-1] ② 참조). 셋째 권리행사를 할 수 있는 현실적인 기회가 권리자에게 주어졌는지의 여부가 요건인가에 관해서는 견해의 대립이 있다. 이를 요구하지 않는 학계의 소수의견과는 달리 판례는 이를 요구한다(판례 [3-1] ① 참조). 즉, 판례는 실제로 권리를 행사할 수 있는 기회가 권리자에게 있었음에도 불구하고 권리를 행사하지 않음으로써 권리자가 더 이상 권리를 행사하지 않을 것이라고 상대방이 믿고 있는 경우에 그와 같은 신뢰는 정당하다고 판단하는 듯하다.

3) **효 과** 실효의 법리가 적용된다고 판단되면 그 효과는 권리남용의 경우와 동일하다. 따라서 권리 자체가 소멸하는 것이 아니라, 그 권리의 행사가 저지될 뿐이다. 즉, 법원은 권리자가 뜻하는 대로의 법률효과가 발생하는 것에 대한 협조를 거부하게 된다.

4) **사안에의 적용** 주어진 사안에 비추어 볼 때 A는 고압송전선과의 법정이격거리 때문에 甲토지 위에 일체 건물을 축조할 수 없음을 알게 된 후에야 비로소 B에게 송전선의 철거를 요구할 필요가 있다고 판단한 것으로 보인다. 또한 판례에 따르면 종전토지소유자 C가 자신의 권리를 행사하지 않았다는 사정은 그 토지의 소유권을 적법하게 취득한 새로운 권리자 A에게 실효의 원칙을 적용함에 있어서 승계되거나 고려되지 않는다(판례참조 [3-2]). 따라서 A의 소유권 및 그에 기한 물권적 청구권에 대하여 실효의 법리를 적용하기는 곤란하다고 판단된다.

(4) A의 권리행사가 권리남용에 해당한다는 주장

1) **권리남용의 의의** '권리남용'은 외형상 권리의 행사처럼 보이지만 그 행사가 권리의 사회성·공공성에 위배되어 실질적으로는 권리의 행사라고 볼 수 없는 경우에 인정된다. '권리남용의 금지'는 연혁적으로 볼 때 오직 타인을 해칠 목적으로 권리를 행사하지 못한다는 로마법상의 '시카네의 禁止'에서 기원하는 것이지만, 근대 초기의 개인주의적인 법률사조에서 벗어나 사회공동생활의 발전을 위하여 권리의 사회성·공공성이 강조됨에 따라 형성되기 시작한 법리이다(판례참조 [1]). 권리남용법리는 강제조정·권리명확화·권리축소화 등의 기능을 수행한다. 그 중에서도 특히 강제조정의 기능이 실제에 있어서 매우 중요시되고 있다. 즉, 사안에서 회사 B에 대한 A의 송전선철거요구가 권리남용에 해당하는 것으로 판단되는 경우 A는 결과적으로 불법행위 혹은 부당이득을 원인으로 하는 청구권을 행사하여 적정한 지료상당의 금액을 받는 것으로 만족하도록 조정될 수 있다.

2) **권리남용의 성립요건** 권리남용의 성립에 관한 일반적 기준으로는 주관적 기준과 객관적 기준이 문제된다.

가) 주관적 기준 권리자가 자기에게 정당한 이익이 없는데도 상대방을 해칠 목적으로 혹은 부당한 이익을 얻을 목적으로 권리를 행사한다는 의미에서 권리자의 가해의사 내지 가해목적을 요건으로 한다.

나) 객관적 기준 권리자와 상대방의 이익을 비교형량하도록 요구한다. 즉, 권리자의 권리행사의 필요성의 정도, 그 이익의 대소

등과 그 권리행사를 인정함으로써 상대방에게 발생할 손실, 사회에 미치는 영향 등을 비교형량하여 권리남용 여부를 객관적으로 판단한다. 연혁적으로는 주관적 기준이 중요한 역할을 하였으나, 오늘날에는 객관적 기준이 보다 중요한 척도가 되고 있다.

다) 학 설 통설은 권리남용의 성립을 객관적 기준에 의하여 판단하고 있으며, 주관적 기준은 구체적 사례에 따라 부차적으로 고려되고 있다.

라) 판 례 판례는 주관적 기준에 따라 판단하거나(판례 [4-1]), 주관적 기준 및 객관적 기준을 함께 요구하거나(판례 [4-2] 참조), 주관적 기준과 객관적 기준을 선택적으로 요구하거나(판례 [4-3] 참조) 또는 객관적 기준만으로 충분하다(판례 [4-4] 참조)고 하기도 한다. 또한 근자에는 '권리의 행사가 상대방에게 고통이나 손해를 주기 위한 것이라는 주관적 요건은 권리자의 정당한 이익을 결여한 권리행사로 보이는 객관적인 사정에 의하여 推認할 수 있다'고 함으로써(판례 [4-5]) 객관적 요건이 충족되면 반증이 없는 한, 주관적 요건도 충족하는 것으로 판단하는 경향을 엿볼 수 있다.

마) 소 결 결론적으로 주관적 또는 객관적으로 판단할 것이냐 하는 기준적용의 차이는 문제된 사안이 지니고 있는 성질에 따라 좌우된다고 볼 수 있다. 단지 권리자의 주관에만 집착하지 않고, 그것을 포함하는 모든 구체적 사정을 종합적으로 고찰해야 한다는 의미에서 객관적 기준을 기초로 판단하는 통설의 태도는 기본적으로 타당하다고 생각한다. 그러나 공공의 이익을 지나치게 강조한 나머지 私權을 침해하는 불법한 행위를 기정사실화하여 법적 보호를 부여하거나 또는 대기업의 횡포를 합법화함으로써 권리남용이론이 남용되지 않도록 경계해야 한다(일반조항으로의 도피에 대한 주의). 따라서 권리남용법리의 적용에 의하여 기대되는 현실적 기능을 유형화할 필요가 있다.

3) **효 과** 어떤 권리의 행사가 권리남용에 해당한다고 판단되었다고 해서 그 권리 자체가 법률적으로 소멸하는 것은 아니며, 다만 권리자가 원하는 방식대로 그 권리가 행사되는 것이 저지될 뿐이다. 즉, 법원은 권리자가 뜻하는 대로의 법률효과가 발생하는 것에 대한 협조를 거

부하게 된다.

4) **사안에의 적용** 원칙적으로 객관적 기준에 의하되 주관적 기준도 부차적으로 고려될 수 있다는 학설에 따르면 사안에서는 회사 B의 송전선으로 인하여 발생하는 사회일반의 이익(공공복리)과 A의 토지이용가치의 감소를 비교형량함으로써 권리남용의 成否를 판단할 수밖에 없다. B의 송전선의 철거요구를 인용한다면 A의 토지소유권은 온전히 보장될 수 있지만, 그로 인하여 발생하는 사회적 손실, 즉 철거 및 재시설비용과 그 기간 동안 전력공급의 차질에서 오는 일반대중의 불편 등이 문제될 수 있다.

그러나 우선 권리남용의 성립기준을 주관적 기준에 의하거나 주관적 기준과 객관적 기준을 모두 고려하는 견해에 따를 경우 A가 가해목적을 가지고 있었는지가 불분명하다. 또한 권리남용의 성립기준을 객관적 기준에 의할 경우 회사 B가 공익사업체로서 사전에 마땅히 공법상의 토지수용절차를 밟거나, C를 상대로 토지이용에 관한 채권적 또는 물권적 권리를 취득했어야 하나, 이를 행하지 않은 것은 A의 철거요구가 권리남용에 해당한다는 B의 주장을 정당화하기 어렵게 한다. 보다 본질적으로는 공공복리를 이유로 기업이익이나 국가이익이 일방적으로 옹호되어서는 안 된다는 점에서 권리남용의 성립을 인정함에는 신중을 기할 필요가 있다.

후자의 맥락에서 판례(판례 [4-2], [4-3] 참조)에 따라 사례를 판단한다면 A가 B에게 송전선의 철거를 요구하는 소유권에 기한 물권적 청구권의 행사는 권리남용에 해당한다고 보기 어렵다. 또한 A가 甲토지를 매수할 당시 이미 송전선의 존재를 알고 있었다는 사실도 문제가 되지 않는다.

3. 소 결

A가 소유권에 기한 물권적 청구권을 행사함으로써 B에게 고압송전선의 철거를 요구할 때 B로서는 이러한 권리행사를 저지할 수 있는 법적 근거를 가지지 못한다. 물권적 청구권의 행사가 문제될 때 물권에 대한 침해 내지는 방해상태의 제거에 따른 비용을 청구자와 피청구자 중 누가 부담할 것인가의 문제가 제기될 수 있다. 물권적 청구권을 행사하는

원고의 승소판결의 경우 피고에게 방해제거, 건물철거 또는 토지인도 등을 명하고 있는 판례의 태도에 비추어 이 판결에 기한 강제집행비용은 집행법의 원칙에 따라(민사집행법 제53조) 채무자인 피청구자가 부담하게 된다. 이에 따르면 B는 자신의 비용으로 송전선을 철거해야 한다.

Ⅲ. B에 대한 A의 다른 권리들

1. 불법행위를 원인으로 한 A의 손해배상청구권

그 밖에 불법행위의 성립요건이 충족되는 한, A는 B에 대하여 송전선의 철거 때까지의 B의 토지 불법점유에 따른 소유권침해를 이유로 불법행위를 원인으로 하는 손해배상청구권을 가진다(제750조).

2. A의 부당이득반환청구권

송전선을 철거할 때까지 B는 A의 토지를 권원없이 점유하고, 토지에 대한 아무 사용대가를 지불하지 않고 토지를 사용·수익함으로써 부당한 이득을 취하였다. 따라서 A는 B에게 그가 법률상 원인없이 취득한 수익의 반환을 요구할 수 있다.

(1) B의 과실수취권

점유자가 소유자에게 물건을 반환하여야 하는 경우에는 부당이득에 관한 특칙으로서 제201조 내지 제203조의 적용도 고려되므로 B가 선의의 점유자로서 과실수취권을 가지는지가 문제된다. 제201조 제1항에 의하여 과실수취권이 인정되는 선의의 점유자란 과실수취권을 포함하는 권원이 있다고 오신한 점유자를 말하고, 이러한 誤信에는 그럴 만한 정당한 근거가 있어야 한다. 이와 관련하여 판례는 보상관련법규가 존재한다는 사실만으로 구체적인 개개의 송전선 설치 당시 적정한 보상이 이루어졌다고 볼 수는 없으며, 또한 토지소유자들이 이의를 제기하지 않았다는 사정은 점유자가 그 토지를 사용할 권원이 있다고 오신한 데 정당한 근거가 될 수 없다는 태도를 취한다(판례 [5] ① 참조).

(2) B의 부당이득반환의무

A가 B에 대하여 토지의 사용대가를 청구함에 있어서 토지사용대가의 산정과 관련하여 甲토지 전체에 대한 사용대가를 청구할 수 있는지 아니면 송전선이 지나가는 상공에 해당하는 토지부분에 한해서만 그 사용대가를 청구할 수 있는지가 문제된다.

사안과 같은 경우에 대하여 판례는 타인의 토지 위에 정당한 권원없이 시설물을 설치·소유함으로써 나머지 토지 부분이 과소토지로 남게 되어 사실상 소유자가 그 과소토지 부분을 자신이 원하는 용도로 사용할 수 없게 된 경우, 그 토지소유자는 당해 토지 전부에 대한 사용불능으로 인하여 손해를 입은 것이므로 사회통념상 그 과소토지 부분도 당해 시설물을 설치·소유한 자가 사용·수익하고 있다고 풀이함이 부당이득제도의 이념인 공평의 원칙에도 부합한다고 한다. 따라서 타인의 토지 위에 정당한 권원없이 시설물을 설치·소유한 자는 사용이 불가능하게 된 그 과소토지 부분을 포함한 당해 토지 전부에 대한 임료 상당의 이득을 소유자에게 반환할 의무가 있다고 한다(판례 [5] ② 참조).

결국 B는 甲토지 전체에 대한, 송전선 철거시점까지의 임료 상당의 부당이득을 A에게 반환하여야 한다(제741조, 제747조 제1항).

3. 양 청구권 사이의 관계

부당이득반환청구권과 불법행위에 기한 손해배상청구권은 청구권경합의 관계에 놓여 있다(판례 [6] 참조).

Ⅳ. 설문에 대한 해답

A는 소유권에 기한 물권적 청구권을 행사함으로써 B에 대하여 그의 비용으로 송전선을 철거할 것을 요구할 수 있다. 더불어 A는 B가 송전선을 철거하고 A에게 토지를 명도하는 시점까지의 甲토지 전체에 대한 사용대가, 즉 시세에 따라 산정된 임료상당액을 내용으로 하는 부당이득의 반환을 요구할 수 있다. A에게 발생한 그 밖의 (송전전주를 세움

으로써 발생한) 손해는 특히 B의 토지소유권 침해에 대한 고의·과실이 입증되는 한, 불법행위를 이유로 그 배상을 요구할 수 있다.

≪판 례≫

[1] 민법 제2조 및 민사소송법 제1조의 규정취지

(대결 1992. 6. 9, 91마500) 사회적 공동생활에 있어서는 공동생활자 상호간에는 이해관계가 경합되므로 모든 권리행사에는 필연적으로 일정한 한계가 있어야 하기 때문에 민법 제2조 및 민사소송법 제1조의 규정은 권리의 사회성과 적법성을 명백히 하고 있는바, 형식적으로는 권리행사라 하여도 그것이 권리의 사회성과 적법성의 관념에 비추어 도저히 허용할 수 없는 정도의 것이라면 그 권리의 행사는 부인되어야 한다.

[2] 신의칙의 적용 여부에 관한 법원의 구체적 직권판단의 규준

[2-1] (대판 1991. 12. 10, 91다3802) 민법상의 신의성실의 원칙은, 법률관계의 당사자는 상대방의 이익을 배려하여 형평에 어긋나거나 신뢰를 저버리는 내용 또는 방법으로 권리를 행사하거나 의무를 이행하여서는 안 된다는 추상적 규범을 말하는 것으로서 신의성실의 원칙에 위배된다는 이유로 그 권리행사를 부정하기 위해서는 상대방에게 신의를 공여하였다거나, 객관적으로 보아 상대방이 신의를 가짐이 정당한 상태에 이르러야 하고 이와 같은 상대방의 신의에 반하여 권리를 행사하는 것이 정의관념에 비추어 용인될 수 없는 정도의 상태에 이르러야 한다.

[2-2] (대판 1995. 12. 22, 94다42129) 신의성실의 원칙에 반하는 것 또는 권리남용은 강행규정에 위배되는 것이므로 당사자의 주장이 없더라도 법원은 직권으로 판단할 수 있다.

[3] 실효의 원칙

[3-1] (대판 1992. 1. 21, 91다30118) ① 실제로 권리를 행사할 수 있는 기회가 있어서 권리자에게 기대가능성이 있었음에도 불구하고 상당한 기간이 경과하도록 권리를 행사하지 아니하여 의무자인 상대방이 이제는 권리자가 권리를 행사하지 아니할 것으로 신뢰할 만한 정당한 기대를 가지게 된 다음 새삼스럽게 그 권리를 행사하는 것이 법질서 전체를 지배하는 신의성실의 원칙에 위반하는 것으로 인정되는 결과가 될 때에는, 이른바 실효의 원칙에 따라 그 권리의 행사가 허용되지 않는다. ② 실효의 원칙이 적용되기 위한 필요요건으로서 실효기간(권리를 행사하지 아니한 기간)의 길이와 의무자인 상대방이 권리가 행사되지 아니하리라고 신뢰할 만한 정당한 사유가 있었는지의 여부는 일률적으로 판단할 수 있는 것이 아니라, 구체적인 경우마다 권리를 행사하지 아니한 기간의 장단과

함께 권리자측과 상대방측 쌍방의 사정 및 객관적으로 존재하는 사정 등을 모두 고려하여 사회통념에 따라 합리적으로 판단하여야 한다.

[3-2] (대판 1995.8.25, 94다27069) 종전토지소유자가 자신의 권리를 행사하지 않았다는 사정은 그 토지의 소유권을 적법하게 취득한 새로운 권리자에게 실효의 원칙을 적용함에 있어서 고려하여야 할 것은 아니다.

[4] 권리행사의 남용 여부에 관한 판단기준

[4-1] (대판 1980.5.27, 80다484) 원고소유 대지 위에 건립된 건물부분을 철거한다면 건물 전체가 붕괴될 위험이 있어 원고에게는 이득이 없으면서 오직 피고에게 손해만을 주기 위하여 소송에 이른 사정이 인정되는 경우에만 권리남용이 된다.

[4-2] (대판 1983.10.11, 83다카335) 권리의 행사가 정당한 이익없이 오직 상대방에게 고통이나 손해를 입힐 것을 목적으로 하는 것이거나, 권리의 사회적·경제적 목적에 위반한 것일 때는 권리남용으로서 허용되지 아니한다.

[4-3] (대판 1991.6.14, 90다10346) 권리행사가 권리의 남용에 해당한다고 할 수 있으려면 주관적으로 그 권리행사의 목적이 오직 상대방에게 고통을 주고 손해를 입히려는 데 있을 뿐 행사하는 사람에게 아무런 이익이 없을 경우이어야 하고, 객관적으로는 그 권리행사가 사회질서에 위반된다고 볼 수 있어야 하는 것이며, 이와 같은 경우에 해당하지 않는 한 비록 그 권리의 행사에 의하여 권리자가 얻는 이익보다 상대방이 잃을 손해가 현저히 크다 하여도 그러한 사정만으로는 이를 권리남용이라 할 수 없다.

[4-4] (대판 1959.9.10, 4292민상466) 권리의 행사가 남용이 되는가의 여부는 그 행위가 사회관념상 피해자가 인용할 정도를 초과하고 일반사회에 여하한 이해경향을 미치게 하는가를 표준으로 하여 결정할 문제이다.

[4-5] (대판 2003.11.27, 2003다40422) ① 권리의 행사가 주관적으로 오직 상대방에게 고통을 주고 손해를 입히려는 데 있을 뿐 이를 행사하는 사람에게는 아무런 이익이 없고, 객관적으로 사회질서에 위반된다고 볼 수 있으면, 그 권리의 행사는 권리남용으로서 허용되지 아니하고, 그 권리의 행사가 상대방에게 고통이나 손해를 주기 위한 것이라는 주관적 요건은 권리자의 정당한 이익을 결여한 권리행사로 보이는 객관적인 사정에 의하여 추인할 수 있으며, 어느 권리행사가 권리남용이 되는가의 여부는 개별적이고 구체적인 사안에 따라 판단되어야 한다(동지: 대판 1993.5.14, 93다4366). ② 송전선로철거소송에 이르게 된 과정, 계쟁토지가 51㎡에 불과한 점, 송전선을 철거하여 이설하기 위하여 막대한 비용과 손

실이 예상되는 반면 송전선이 철거되지 않더라도 토지를 이용함에 별다른 지장이 없는 점 등에 비추어 농로 위로 지나가는 송전선의 철거를 구하는 청구는 권리남용에 해당한다.

[5] 제201조 제1항과 제741조, 제748조

(대판 1995.8.25, 94다27069) ① 제201조 제1항에 의하여 과실수취권이 인정되는 선의의 점유자란 과실수취권을 포함하는 권원이 있다고 오신한 점유자를 말하고, 그와 같은 오신을 함에는 오신할 만한 정당한 근거가 있어야 한다. 보상관련법규가 존재한다는 사실만으로 구체적인 개개의 송전선 설치 당시 적정한 보상이 이루어졌다고 볼 수 없고, 또한 토지소유자들이 이의를 제기하지 않았다는 사정은 점유자가 그 토지를 사용할 권원이 있다고 오신한 데 정당한 근거가 될 수 없다. ② 타인의 토지 위에 정당한 권원없이 시설물을 설치·소유함으로써 그 시설물에 관련된 관련법규에 의하여 이격거리를 두어야 하고 이에 따라 나머지 토지 부분이 과소토지로 남게 되어 사실상 소유자가 그 과소토지 부분을 자신이 원하는 용도로 사용할 수 없게 된 경우에, 그 토지의 소유자는 당해 토지 전부에 대한 사용불능으로 인한 손해를 입게 되었다 할 것이고, 이와 같은 경우 토지소유자의 과소토지 부분에 대한 사용불능은 당해 시설물의 설치로 인하여 발생한 것이므로 사회통념상 그 과소토지 부분도 당해 시설물을 설치·소유한 자가 사용·수익하고 있다고 봄이 상당하고 이렇게 풀이하는 것이 부당이득제도의 이념인 공평의 원칙에도 부합하므로, 타인의 토지 위에 정당한 권원없이 시설물을 설치·소유한 자는 사용이 불가능하게 된 그 과소토지 부분을 포함한 당해 토지 전부에 대한 임료 상당의 이득을 소유자에게 반환할 의무가 있다.

[6] 부당이득반환청구권과 불법행위에 기한 손해배상청구권

(대판 1970.9.29, 70다1815) 피고가 법률상의 근거없이 원고의 토지를 점유·사용하였다면 원고는 피고를 상대로 불법행위를 내세워서 손해배상도 청구할 수 있을 뿐만 아니라 부당이득을 이유로 하여 그 이득금의 반환도 청구할 수 있는 지위에 있다.

관련사례 15-1 信義則의 派生原理로서 禁反言의 法理

≪설 문≫

A는 B소유 甲주택의 임차인이다. B가 위 주택을 담보로 H은행으로부터 대출을 받고자 한다. B는 甲주택의 담보가치를 높이기 위해, H은행측에서 사람이 나와 물어보면 'A는 B의 먼 친척으로 보증금 없이 건물에 입주하여 있으며, 실비만을 월세조로 내고 있다'고 말해 달라고 A에게 부탁하였다. 실제 H은행 직원이 甲주택을 방문하여 문의하였으며, A는 B가 부탁한 대로 말하면서 이를 확인하는 서약서까지 써 주었다. 후일 B는 H은행으로부터 융자받은 원리금을 갚을 수 없게 되고, 甲주택은 경매되어 K에게 매각되었다. A는 자신이 '임대차계약서상에 확정일자를 받은 임차인'임을 내세워 건물의 명도를 거부하는 한편, (H은행 측의) 저당권에 우선하여 경락대금으로부터 배당을 받을 권리가 있다고 주장한다.

이러한 A의 권리행사의 당부를 검토하시오.

풀이제안

Ⅰ. 논점분석

1) 甲주택의 임차인 A는 주택임대차보호법(이하 '주임보법')에 따른 임차권의 대항력을, 임차보증금반환채권에 관하여는 우선변제권을 주장하고 있다. 이러한 권리행사를 하기 위한 요건이 충족되었는지를 우선 검토해야 한다.

2) 설령 A가 위의 요건을 갖추었다 하더라도 甲주택에 저당권을 설정하려는 H은행측이 선순위권리자의 존부를 확인하기 위해 주택을 방문하였을 당시 A는 비록 집주인 B의 부탁이 있었기는 하지만, '자신은 보증금을 지급한 임차인이 아니다'라는 서약서를 H은행측에 써 주었는바, 이러한 행위가 A의 위 권리의 행사를 제한하는지 여부를 검토해 볼 필요가 있다.

Ⅱ. A 주장의 타당성

1. 주임보법에 따른 임차권의 대항력

임차권이 제3자에 대하여 대항력을 구비하려면 원칙적으로 전세권(제303조 참조)처럼 물권으로 성립하거나, 제621조에 기하여 등기를 경료하여야 한다. 그러나 주택임차권의 경우 등기가 없더라도 주택의 인도 및 주민등록(전입신고)이 있으면 그 익일부터 제3자에게 대항할 수 있다(주임보법 제3조 제1항)(상가건물의 경우 상가건물임대차보호법에 따라 건물의 인도 및 사업자등록신청이 있어야 한다(동법 제3조 제1항). 대항력은 마찬가지로 그 익일부터 발생한다). 주민등록에 의해 표상되는 점유관계가 임차권을 매개로 하는 점유임을 제3자가 인식할 수 있는 한도내에서 주택의 점유와 주민등록은 공시방법으로 기능한다(판례 [2-1] 참조). 또한 이러한 대항요건의 구비는 대항력을 유지하기 위한 존속요건이다(판례 [2-2] 참조).

주택임차인이 대항요건을 갖추면 임차인은 주택의 소유권을 새로 취득한 양수인(예컨대 매매 또는 경매에 의한 매수인)에 대하여 임차권으로 대항할 수 있다(주임보법 제3조 제2항). 따라서 임대차기간이 아직 존속하고 있다면 양수인은 그 기간을 보장해 주어야 하며, 임대차관계 종료 후에는 양수인이 임차보증금을 돌려줘야 한다(판례 [2-3] 참조). 임차보증금반환채무와 임차물명도의무는 동시이행관계에 있다(주임보법 제3조 제4항).

2. 주임보법에 따른 임차보증금반환채권의 우선변제권

임대인의 채권자에 의한 강제집행이나 담보권의 실행 또는 임대인의 국세체납으로 인하여 대지를 포함한 임차주택이 경매되는 경우, 주임보법 제3조 제1항에 따라 대항요건을 구비한 임차인이 임대차계약서에 확정일자까지 받았다면(민법 부칙 제3조 참조) 그는 후순위권리자 또는 일반채권자에 우선하여 환가대금으로부터 임차보증금반환채권을 변제받을 수 있다(주임보법 제3조의2 및 판례 [3] 참조).

3. 소 결

A가 甲주택을 점유하면서 주민등록을 마쳤다면 그는 우선 경매에 의한 매수인 K에게 대항할 수 있다(주임보법 제3조). 따라서 A는 K에 대하여 임

차권의 존속을 주장할 수 있으며, 임대차기간이 종료하였다면 임차보증금의 반환을 요구하면서 甲주택의 명도를 거절할 수 있다.

또한 A가 그의 주장처럼 임대차계약서에 확정일자를 받았다면 그 일자 이후 저당권을 취득한 후순위권리자 H은행에 대하여 우선변제권을 주장함으로써 대지를 포함한 甲주택의 환가대금으로부터 H에 우선하여 임차보증금을 배당받을 수 있게 된다(주임보법 제3조의2 참조).

Ⅲ. K(경매에 의한 매수인) 또는 H은행(저당권자)의 항변

1. K 또는 H의 금반언법리의 항변

모순행위금지(venire contra factum proprium)의 법리로도 불리는 금반언의 법리는 자신의 이전(以前) 행위와 모순이 되는 권리자의 권리행사는 허용되지 않는다는 법원칙으로 신의성실원칙으로부터 파생된 원리이다. 즉, 신의성실의 원칙에 위배된다는 이유로 그 권리행사를 부정하기 위해서는 상대방에게 신의를 공여하였다거나, 객관적으로 보아 상대방이 신의를 가짐이 정당한 상태에 이르러야 하고 이와 같은 상대방의 신의에 반하여 권리를 행사하는 것이 정의관념에 비추어 용인될 수 없는 정도의 상태에 이르러야 한다(판례 [1] 참조).

이러한 맥락에서 K 또는 H는 A가 일정한 이전 행위(자신은 보증금을 준 임차인이 아니라는 서약서를 써 준 사실)와 모순되는 권리행사를 하는 것이므로 법원은 신의칙위반을 이유로 이를 허용해서는 안 된다고 항변할 수 있다.

2. 사안의 경우

만일 경매절차와 무관하게 실시된 주택의 담보가치조사에서 A가 자신의 보증금 있는 임차권의 존재를 단순히 부인하는 것이였다면, A가 상대방인 H에 신뢰를 공여하였다거나 H가 신의를 가지는 것이 정당한 경우라고 보기 어려울 것이다. 게다가 경매절차를 진행하는 중 A의 임차권의 존재가 드러난 이상 A의 보증금 있는 임차권의 단순한 부인만으로는 H가 주택의 경매가격을 결정함에 있어서 임차권의 부재를 신뢰하였다는 것도 모순이다(판례 [4-1] 참조).

그러나 사안은 A가 H은행 직원의 담보가치조사 당시 자신의 보증금 있는 임차권의 존재를 부인하였고, 또한 그러한 권리가 존재하더라도 그 권리주장을 하지 않겠다는 취지의 확약서까지 작성해 줌으로써 H가 주택의 담보가치를 높게 평가하는 신뢰를 구축하게 된 경우이므로 A가 이러한 자신의 이전 행위에 모순되는 권리주장, 즉 임차권의 대항력(주임보법 제3조)이나 임차보증금반환채권의 우선변제권(동법 제3조의2) 및 경우에 따라서는 임차권의 대항력에 기초한 주택명도와의 동시이행의 항변권의 행사(동법 제3조 제4항) 등은 신의칙 내지 금반언의 원칙에 위반되는 것으로 평가되어 허용될 수 없다(판례 [4-2] 및 [4-3] 참조).

3. 금반언법리에 대한 강행법규의 우선적용의 문제

강행법규에 위반하는 법률행위를 그 정을 알면서 실행한 자가 후에 그 법률행위가 강행법규에 위반되어 무효라고 주장하는 경우에 신의칙에 위반된다는 이유로 이를 허용할 수 없는가? 판례는 이를 인정하게 되면 강행법규가 금지하려고 했던 것이 실현되는 결과가 되어 강행법규의 입법취지가 몰각된다고 하여 신의성실의 원칙, 즉 금반언법리의 적용을 거부하고 있다(판례 [5] 참조).

그러나 사안과 관련해서 언급한 판례 [4-2] 및 [4-3]은 A 스스로가 강행법규인 주임보법에 의하여 보장된 권리의 존재를 부인한 경우에 해당한다. 즉, 판례가 금반언원칙과 강행법규 중 그 적용에 있어 강행법규를 우선하는 사례(판례 [5-3] 참조)와는 구별되어야 하는 다른 범주의 사안인 것이다. 따라서 A 자신이 부인한 권리를 후에 다시 주장하는 것은 금반언원칙에 반한다고 할 수 있고, 이 경우에 동 원칙을 적용하더라도 주임보법의 강행법규로서의 효력이 일반적으로 부인되는 것이 아니며, 금반언원칙이 강행법규에 우선하는 것이라고 볼 수 없다.

Ⅳ. 설문에 대한 해답

사안의 경우 설령 A가 주임보법에 따라 임차권의 대항력을 취득하였고, 더 나아가 임차보증금반환채권에 관하여 우선변제권을 취득하였더라도, H의 저당권취득 당시 임차권의 존재를 적극적으로 부인한 임차인 A의 이러한 권리주장은 신의칙의 파생원리인 금반언법리가 적용됨으로써 허용될 수 없다.

≪관련판례≫

[1] 신의칙의 적용요건

(대판 1991. 12. 10, 91다3802) 민법상의 신의성실의 원칙에 위배된다는 이유로 그 권리행사를 부정하기 위해서는 상대방에게 신의를 공여하였다거나, 객관적으로 보아 상대방이 신의를 가짐이 정당한 상태에 이르러야 하고 이와 같은 상대방의 신의에 반하여 권리를 행사하는 것이 정의관념에 비추어 용인될 수 없는 정도의 상태에 이르러야 한다.

[2] 주임보법에 따른 임차권의 대항력과 임차보증금반환채권의 우선변제권

[2-1] (대판 2001. 1. 30, 2000다58026·58033) 주임보법 제3조 제1항에서 주택의 인도와 더불어 대항력의 요건으로 규정하고 있는 주민등록은 거래의 안전을 위하여 임차권의 존재를 제3자가 명백히 인식할 수 있게 하는 공시방법으로 마련된 것으로서, 주민등록이 어떤 임대차를 공시하는 효력이 있는가의 여부는 그 주민등록으로 제3자가 임차권의 존재를 인식할 수 있는가에 따라 결정된다고 할 것이므로, 주민등록이 대항력의 요건을 충족시킬 수 있는 공시방법이 되려면 단순히 형식적으로 주민등록이 되어 있다는 것만으로는 부족하고, 주민등록에 의하여 표상되는 점유관계가 임차권을 매개로 하는 점유임을 제3자가 인식할 수 있는 정도는 되어야 한다.

[2-2] (대판 1987. 2. 24, 86다카1695) 주임보법 제3조 제1항에서 주택임차인에게 주택의 인도와 주민등록을 요건으로 명시하여 등기된 물권에 버금가는 강력한 대항력을 부여하고 있는 취지에 비추어볼 때 달리 공시방법이 없는 주택임대차에서는 주택의 인도 및 주민등록이라는 대항요건은 그 대항력 취득시에만 구비하면 족한 것이 아니고, 그 대항력을 유지하기 위하여서도 계속 존속하고 있어야 한다.

[2-3] (대판 1987. 3. 10, 86다카1114) 주임보법상의 대항력을 갖춘 후 임대부동산의 소유권이 이전되어 그 양수인이 임대인의 지위를 승계하는 경우에는 임대차보증금반환채무도 부동산의 소유권과 결합하여 일체로서 이전하는 것이며 이에 따라 양도인의 보증금반환채무는 소멸한다.

[3] 주임보법에 따른 임차보증금반환채권의 우선변제권

[3-1] (대판 1998. 9. 8, 98다26002) 주임보법 제3조 제1항은, 임대차는 그 등기가 없는 경우에도 임차인이 주택의 인도와 주민등록을 마친 때에는 그 익일부터 제3자에 대하여 효력이 생긴다고 규정하고 있고, 같은 법 제3조의2 제1항은, 같은 법 제3조 제1항의 대항요건과 임대차계약증서상의 확정일자를 갖춘 임차인은 경매 등에 의한 환가대금에서 후순위권리자 기타 채권자보다 우선하여 보증금을 변제받을

권리가 있다고 규정하고 있는바, 주택의 임차인이 주택의 인도와 주민등록을 마친 당일 또는 그 이전에 임대차계약증서상에 확정일자를 갖춘 경우 같은 법 제3조의2 제1항에 의한 우선변제권은 같은 법 제3조 제1항에 의한 대항력과 마찬가지로 주택의 인도와 주민등록을 마친 다음날을 기준으로 발생한다.

[3-1] (대판 1999.6.11, 99다7992) 주임보법 제3조의2 제2항이 확정일자의 요건을 규정한 것은 임대인과 임차인 사이의 담합으로 임차보증금의 액수를 사후에 변경하는 것을 방지하고자 하는 취지일 뿐, 대항요건으로 규정된 주민등록과 같이 당해 임대차의 존재사실을 제3자에게 공시하고자 하는 것은 아니므로, 확정일자를 받은 임대차계약서가 당사자 사이에 체결된 당해 임대차계약에 관한 것으로서 진정하게 작성된 이상, 임대차계약서에 임대차 목적물을 표시하면서 아파트의 명칭과 그 전유 부분의 동·호수의 기재를 누락하였다는 사유만으로 주임보법 동 조항에 규정된 확정일자의 요건을 갖추지 못하였다고 볼 수는 없다.

[4] 위 [2] 및 [3]의 권리에 대한 금반언원칙의 적용 여부

[4-1] (대판 1987.1.20, 86다카1852) 은행직원이 근저당권실행의 경매절차와는 아무런 관련도 없이 행한 담보건물에 대한 임대차조사에서 임차인이 그 임차사실을 숨겼다고 하더라도 그후의 경매절차에서 임대차관계가 분명히 된 이상은 은행이 경매가격을 결정함에 있어서 신뢰를 준 것이라고는 할 수 없는 것이므로, 위와 같이 일시 임대차관계를 숨긴 사실만을 가지고서 은행의 건물명도청구에 대하여 임차인이 주택임대차보호법 제3조 소정의 임차권의 대항력에 기하여 하는 임차보증금 반환과의 동시이행의 항변이 신의성실의 원칙에 반하는 것이라고는 볼 수 없다.

[4-2] (대판 1987.5.12, 86다카2788) A가 B 소유의 건물을 보증금 1,500만원에 임차하여 입주하고 있던 중 B가 C를 위하여 은행에 위 건물을 물상담보로 제공함에 있어 B의 부탁으로 A가 은행직원에게 보증금 없이 입주하고 있다고 말하고 그 같은 내용의 확약서를 만들어 줌으로써 위 은행으로 하여금 위 건물에 대한 담보가치를 높게 평가하도록 하여 C에게 계속 대출하도록 하였다면 위 은행의 위 건물명도청구에 있어서 A가 이를 번복하면서 위 임차보증금의 반환을 내세워 그 명도를 거부하는 것은 금반언 및 신의칙에 위반된다.

[4-3] (대판 1997.6.27, 97다12211) 근저당권자가 담보로 제공된 건물에 대한 담보가치를 조사할 당시 대항력을 갖춘 임차인이 그 임대차 사실을 부인하고 임차보증금에 대한 권리주장을 않겠다는 내용의 확인서를 작성해준 경우, 그후 그 건물에 대한 경매절차에서 이를 번복하여 대항력 있는 임대차의 존재를 주장함과 아울러 근저당권자보다 우선적 지위를 가지는 확정일자부 임차인임을 주장하여 그 임차보증금반환채권에 대한 배당요구를 하는 것은 특별한 사정이 없는 한 금반언 및 신의칙에 위반되어 허용될 수 없다.

[5] 금반언원칙에 대한 강행법규의 우선적용

[5-1] (대판 1993.12.24, 93다44319·44326) 강행법규인 국토이용관리법 제21조의3 제1항, 제7항을 위반하였을 경우에 있어서 위반한 자 스스로가 무효를 주장함이 신의성실의 원칙에 위배되는 권리의 행사라는 이유로서 이를 배척한다면 투기거

래계약의 효력발생을 금지하려는 국토이용관리법의 입법취지를 완전히 몰각시키는 결과가 되므로, 거래당사자 사이의 약정내용과 취득목적대로 관할관청에 토지거래 허가신청을 하였을 경우에 그 신청이 국토이용관리법 소정의 허가기준에 적합하여 허가를 받을 수 있었으나 다른 급박한 사정으로 이러한 절차를 회피하였다고 볼 만한 특단의 사정이 엿보이지 아니하는 한, 그러한 주장이 신의성실의 원칙에 반한다고는 할 수 없다.

[5-2] (대판 1999. 3. 23, 99다4405) 강행법규에 위반하여 무효인 수익보장약정이 투자신탁회사가 먼저 고객에게 제의를 함으로써 체결된 것이라고 하더라도, 이러한 경우에 강행법규를 위반한 투자신탁회사 스스로가 그 약정의 무효를 주장함이 신의칙에 위반되는 권리의 행사라는 이유로 그 주장을 배척한다면, 이는 오히려 강행법규에 의하여 배제하려는 결과를 실현시키는 셈이 되어 입법취지를 완전히 몰각하게 되므로, 달리 특별한 사정이 없는 한 위와 같은 주장이 신의성실의 원칙에 반하는 것이라고 할 수 없다.

[5-3] (대판 2001. 5. 29, 2001다15422·15439) 노동조합및노동관계조정법 제31조 제1항이 단체협약은 서면으로 작성하여 당사자 쌍방이 서명·날인하여야 한다고 규정하고 있는 취지는 단체협약의 내용을 명확히 함으로써 장래 그 내용을 둘러싼 분쟁을 방지하고 아울러 체결당사자 및 그의 최종적 의사를 확인함으로써 단체협약의 진정성을 확보하기 위한 것이므로, 그 방식을 갖추지 아니하는 경우 단체협약은 효력을 가질 수 없다고 할 것인바, 강행규정인 위 규정에 위반된 단체협약의 무효를 주장하는 것이 신의칙에 위배되는 권리의 행사라는 이유로 이를 배척한다면 위와 같은 입법취지를 완전히 몰각시키는 결과가 될 것이므로 특별한 사정이 없는 한 그러한 주장이 신의칙에 위반된다고 볼 수 없다.

[物 權 法]

事例 16

無效인 債權契約에 기초한 物權的 合意의 效力

≪설 문≫

A는 자신 소유의 甲토지를 B에게 1억원에 매도하였고, B는 이를 다시 C에게 1억 2,000만원에 매도하였다. 소유권이전등기는 A→B→C로 순차적으로 행해졌다. 그러나 A와 B 사이의 매매계약은 처음부터 확정적 무효임이 판명되었고, A는 매매대금 중 잔금 5,000만원을 아직 받지 못한 상태이다.

물권법의 기초이론인 물권행위의 유인성 논쟁을 고려하면서 A, B 및 C 사이의 법률관계를 검토하시오.

목차제안

Ⅰ. 논점분석
Ⅱ. 채권행위에 대한 물권행위의 독자성과 무인성의 문제
Ⅲ. 물권행위의 무인성에 따를 때
  1. C에 대한 A의 소유권말소등기청구권
  2. A와 B 사이의 법률관계
Ⅳ. 물권행위의 유인성에 따를 때
  1. C에 대한 A의 소유권말소등기청구권
  2. 비진의표시 또는 통정허위표시에 있어서의 선의의 항변
    (1) 제107조 제2항 또는 제108조 제2항의 직접적용
    (2) 제108조 제2항의 유추적용가능성에 대한 검토
  3. 소유권취득의 반사적 효과에 따른 소유권취득의 항변

풀이제안

Ⅰ. 논점분석

설문은 A와 B 사이의 甲토지에 관한 매매계약이 처음부터 확정적 무효라고 전제한다. 만약 그 매매계약이 사법적 효력도 부인하는 강행법규(이른바 '효력규정') 또는 선량한 풍속 기타 사회질서에 위반(제103조)하였거나 현저히 불공정한 경우(제104조)라면 절대적 무효로서 원칙적으로는 누구도 그 무효로부터 보호받을 수 없다. 그러나 그 매매계약을 구성하는 의사표시가 상대방이 알 수 있었던 非眞意表示(제107조 제1항 단서) 또는 通情의 虛僞表示(제108조 제1항)라면 상대적 무효로서 적어도 무효사유에 관하여 善意인 제3자는 보호받을 수 있다(제107조 제2항, 제108조 제2항 참조).

이러한 무효사유로 인해 처음부터 무효인 매매계약이 '유효하다'는 전제 아래 A와 B 사이에서는 甲토지에 관한 소유권의 변동을 표상하는 소유권이전등기가 이루어졌다. 또한 이를 기초로 C는 B와 실체적으로 유효한 매매계약을 새로이 체결한 후, 甲토지의 소유권이전등기를 받았다. A와 B 사이의 매매계약이 효력이 없다면 B에게 토지의 소유권을 이전할 이유가 없었던 A와, 甲토지의 적법한 소유권자인 B로부터 토지소유권을 양수했다고 믿은 C 중 누구를 보호할 것인가의 문제가 제기된다. 이는 특히 부동산등기에 권리추정력만을 인정할 뿐, 공신력을 부정하는 현행민법에서 진정한 권리자의 보호와 거래안전의 보호는 긴장관계에 서게 된다.

이하에서는 C에 대한 A의 소유권이전등기말소청구권의 인용 여부를 중심으로 A, B 및 C 사이의 법률관계를 살펴보기로 한다. 설문의 요구대로 물권행위의 유인성 또는 무인성의 입장 차이를 기준으로 먼저 논의를 대별한다.

Ⅱ. 채권행위에 대한 물권행위의 독자성과 무인성의 문제

당사자 사이에 채권관계의 발생(예컨대 물건의 소유권이전채무의 부담)을 내용으로 하는 법률행위를 채권행위, 즉 대개는 채권계약이라고 한다. 이에 대하여 물권행위라 함은 당사자 사이에 직접 물권변동(예컨대 소유권이전, 저당권설정)을 내용으로 하는 법률행위로서 대개는 물권적 합의(또는 물권계약)를 뜻한다.

물권행위의 독자성이라 함은 물권행위를 그 원인된 채권행위와 독립된 별개의 행위로서 인정할 수 있을 것인가 하는 문제이다. 채권행위와 물권행위가 개념적으로 구별된다는 점에 대해서는 이견이 없는 것으로 보이나, 물권행위가 채권행위와 독립적으로 실행되어야 하는가 하는 문제와 관련하여서는 의견이 나뉜다. 이를 긍정하는 견해가 독자성을 인정하는 견해이며, 그 반대가 독자성을 부정하는 견해이다(이에 관하여 보다 자세한 내용은 김형배, 민법학강의(제6판), 448-52면 참조).

한편 채권행위에 대한 관계에서 물권행위의 무인성을 긍정하는 입장은 채권행위(여기서는 A와 B 사이의 매매계약)의 효력에 관계없이 물권행위(여기서는 A와 B 사이의 소유권이전의 물권적 합의와 이전등기)는 ―그 자체에 무효사유가 없는 한― 유효하다고 판단한다. 이러한 물권행위의 무인론은 거래안전의 보호에 이바지하는 것으로 이해되고 있다. 반면, 물권행위가 채권행위에 대하여 有因이라는 입장에 서면(판례 [1] 참조) 채권행위의 무효로 인하여 물권행위도 ―말하자면 자동적으로― 무효가 된다. 즉, A와 B 사이의 매매계약이 무효이면 A와 B 사이의 소유권이전의 합의도 자동적으로 무효가 되고, 따라서 B는 甲토지의 소유권을 취득한 바가 없게 되고, B명의로의 소유권이전등기도 결과적으로는 원인무효인 부실등기가 된다. 이때 무권리자인 B로부터 甲토지의 소유권을 양수하고 이전등기를 받은 C를 보호할 수 있는 법률규정이나 법이론이 없는지를 살펴보아야 한다.

Ⅲ. 물권행위의 무인성에 따를 때

1. C에 대한 A의 소유권말소등기청구권

등기의 공신력이 인정되지 않는 우리 민법의 결함을 보완함으로써 거래의 안전에 기여할 수 있다는 점을 근거로 물권행위의 무인성을 긍정하는 견해가 있다. 이에 따르면 A와 B 사이의 매매계약(채권행위)이 무효가 되더라도 A와 B 사이의 (아무 하자 없는) 물권행위는 영향을 받지 않는다. 따라서 A와 B 사이의 물권행위 자체에 별도의 무효사유가 존재하지 않는 한, B는 목적부동산의 소유권을 취득한다(제186조). 그 결과 C는 정당한 소유자인 B로부터 목적부동산의 소유권을 매수하여 이전등기까지 마쳤기 때문에 그의 '선의·악의를 불문하고' 목적부동산의 정당한 소유자로서 보호될 수 있다(제563조, 제186조). 따라서 A는 C에게 토지소유권말소등기를 청구할 수 없다.

2. A와 B 사이의 법률관계

A와 B는 무효인 매매계약을 법률상 원인으로 하여 서로 급부를 교환하였다. 그러나 그 법률상 원인이 부재하는 것으로 판명되었기 때문에 A와 B가 각각 수령한 급부는 이를 보유할 법률상 원인이 없는 부당이득이므로 반환되어야 한다(제741조). 그러나 물권행위의 무인성으로 인하여 B의 소유권취득은 유효하며, 그 소유권취득이 법률상의 원인이 없는 것에 그치므로 A는 소유권에 기한 甲토지의 반환청구를 할 수 없고, 다만 부당이득반환청구권(채권)을 가질 뿐이다.

甲토지가 제3자인 C에게로 유효하게 처분되어, 더 이상 토지소유권을 회복할 수 없게 된 A는 B에 대하여 가액배상을 요구할 수 있다(제747조 제1항 참조). 이때 그 가액은 B가 C에게 토지소유권을 넘겨줄 당시의 시가가 될 것이다. 또한 B는 A에 대하여 지급한 매매대금의 반환을 요구할 수 있다. 금전상의 이득은 현존하는 것으로 추정되기 때문에(대판 1969. 9. 30, 69다1093; 대판 1996. 12. 10, 96다32881) A는 B에게 5,000만원을 반환해야 할 것이다. 그러나 만일 A와 B가 매매계약의 확정적 무효에 관하여 악의였다면 받은 이익에 이자를 붙이고, 손해가 있으면 이를 배상하여야 한다(제748조 제2항).

한편 A가 B에게 이행한 급부가 선량한 풍속 기타 사회질서에 위반한 법률행위(제103조)를 기초로 부담한 불법원인급여에 해당하는 경우라면 A와 B는 상대방에 대하여 부당이득반환청구권을 가질 수 없다(제746조 본문).

Ⅳ. 물권행위의 유인성에 따를 때

1. C에 대한 A의 소유권말소등기청구권

물권행위의 무인성을 부정하고 유인성을 인정하게 되면 A와 B 사이의 매매계약(채권행위)이 무효가 됨으로 인하여 A와 B 사이의 ―비록 아무 하자가 없더라도― 물권행위도 무효로 되며, B를 토지의 소유권자로 믿고 거래한 C도 목적부동산의 소유권을 취득할 수 없다. 우리 민법상 등기의 공신력이 인정되지 않으며, 따라서 C는 무권리자로부터 토지를 매수하고 부실등기를 승계한 셈이 되기 때문이다. 즉, 등기명의에 관계없이 부동산의 소유권은 여전히 A에게 있다. 따라서 A는 원칙적으로 자신의 소유권에 기초하여 C를 상대로 무효등기의 말소등기청구권 또는 진정명의회복을 원인으로 한 이전등기청구권(두 청구권들 사이의 관계에 관해서는 [관련사례 16-1] 참조)을 행사할 수 있다(제214조 전단).

원칙적으로 허용되는 A의 이러한 청구를 저지할 수 있는 C의 항변사유를 검토하면 다음과 같다.

2. 비진의표시 또는 통정허위표시에 있어서의 선의의 항변

(1) 제107조 제2항 또는 제108조 제2항의 직접적용

A와 B 사이의 매매계약(내지 이를 구성하는 의사표시)이 상대방이 알 수 있었던 비진의표시(제107조 제1항 단서) 혹은 통정허위표시(제108조 제1항)로서 무효가 되는 경우에 C가 그 사실을 몰랐다면(선의면 충분하고, 무과실은 그 요건이 아니다), A와 B는 매매계약이 무효임을 C에게 주장하지 못한다(제107조 제2항, 제108조 제2항). 따라서 C는 善意인 경우에 한하여 목적부동산의 소유권을 취득한다. 이와 같은 결과를 인정하는 근거는 자기의 의사에 기하여 허위의 권리외관을 만들어낸 자가 다시 그러한 권리외

관이 진실한 것이 아니었다는 것을 선의의 제3자에 대하여 주장하는 것은 신의칙, 즉 금반언(禁反言: venire contra factum proprium)의 원칙에 반한다는 데 있다(제2조 제1항). 따라서 A는 C에 대하여 소유권말소등기청구권을 가지지 못한다.

(2) 제108조 제2항의 유추적용가능성에 대한 검토

엄밀하게는 통정허위표시의 경우에 해당하지 않더라도 이와 유사한 관계가 인정되면 제108조 제2항을 유추적용하자는 견해가 있다(이영준, 한국민법론[총칙편], 324면 이하 참조). 가령 매매계약이 제103조 또는 제104조에 따라 무효이기 때문에 매수인이 권리자가 될 수 없음을 매도인이 알았음에도 불구하고 매수인 명의의 등기를 그대로 방치하였을 경우에 이 등기를 믿고 거래한 제3자는 제108조 제2항에 의하여 보호되어야 한다는 견해이다. 그 밖에 피담보채권의 변제로 무효가 된 저당권등기를 그대로 방치한 결과 이를 유효한 것으로 믿고 양수한 경우에도 제108조 제2항의 유추적용을 생각할 수 있다. 다만 이 경우를 통정허위표시와 비교할 때 매도인에 대한 비난가능성이 적다고 할 것이므로 제3자에게 선의는 물론 무과실이 요구되고 등기도 경료해야 한다고 한다.

그러나 제108조 제2항이 선의만을 그 요건으로 하고 무과실을 요구하지 않을 뿐만 아니라, 동 규정이 부동산에 관한 법률행위에 국한하여 적용되는 것이 아니라는 점에서 제108조 제2항의 적용범위를 확대하는 문제와 등기의 공신력의 문제를 언제나 같은 차원에서 다룰 수는 없기 때문에 제108조 제2항의 유추 내지 확대적용에는 신중을 기할 필요가 있다고 판단된다. 대법원도 특히 권리외관창출에 진정한 권리자의 기여가 없는 경우에는 제108조 제2항의 유추적용을 명시적으로 거부한 바 있다(판례 참조 [2]).

3. 소유권취득의 반사적 효과에 따른 소유권취득의 항변

물권행위의 무인성을 부정하고 유인성을 긍정하는 경우 채권행위가 무효이면 물권행위도 무효가 되고, 따라서 A는 甲토지의 소유권을 이전하지 않은 것이 되어 (그 누구를 상대로든) 소유권에 기한 소유물반환청구권(제213조) 내지 소유권방해배제청구권(제214조 제1문)을 가진다. 다만, 채권행위가 '불법'으로, 즉 선량한 풍속 기타 사회질서에 위반하여 무효가 되더라도

A가 이러한 물권적 청구권을 행사하여 급부한 목적물의 반환을 청구할 수 있는지는 의문이다. 특히 판례에 따르면 제746조는 소유권에 기한 반환청구권에도 적용된다(판례참조 [3]). 즉, 제103조와 함께 私法의 기저를 이루는 하나의 큰 이상의 표현으로서의 제746조는 민법의 '채권'편에 규율되어 있는 부당이득에 관한 규정 중의 하나이지만, 사회적 타당성이 없는 행위를 한 사람 스스로가 그의 행위가 불법한 것이었음을 내세워 다시 그의 불법급여를 복구하려는 것은 그 형식 여하를 묻지 않고 봉쇄하는 규정이라고 이해해야 한다고 한다. 이러한 태도에 따르면 B는 토지의 소유권을 반사적으로 취득하게 되며, 따라서 C는 토지의 적법한 소유권자로부터 유효하게 토지소유권을 취득한 것이 된다.

따라서 이 경우 A는 C에 대하여 소유권말소등기청구권을 가지지 못한다.

4. 등기부취득시효의 항변

(1) 부동산소유권의 취득시효

부동산등기의 공신력을 인정하지 않으며, 부동산의 선의취득도 인정하지 않는 현행민법에서는 무권리자로부터 부동산을 양수한 자가 그 소유권을 취득하는 방법은 시효취득 이외에는 없다. 부동산의 시효취득에는 점유시효취득과 등기부시효취득이 있다(제245조). 사안에서는 부동산의 소유권이 C명의로 등기되어 있으므로 후자가 우선적으로 고려된다(부동산소유권의 점유취득시효에 관해서는 [사례 18] 참조).

(2) 무효인 등기에 기초한 등기부취득시효의 요건

우선, 등기부취득시효의 요건으로서 '소유자로서 등기한 자'라 함은 적법·유효한 등기를 마친 자일 필요는 없고 무효의 등기를 마친 자라도 무방하다(판례참조 [4-1]). 따라서 채권행위가 무효이고, 그로 인하여 물권행위도 무효여서 B가 甲토지의 소유권을 취득할 수 없다 하더라도, B로부터 소유권이전등기를 받은 C는 '그 무효인 등기'에 기초하여 등기부시효취득를 할 수 있다.

둘째, 부동산에 관하여 등기부상 소유명의가 있다 하더라도 이로써 그 부동산을 점유하는 것은 아니므로 시효취득을 주장하는 C는 점유사실을 주장하고 입증하여야 한다(판례 참조 [4-2]).

셋째, 선의·무과실은 등기에 관한 것이 아니고 점유취득에 관한 것이다. 선의는 제197조 제1항에 의해 추정되지만, 무과실은 추정하지 않는 것이 판례이다(대판 1981. 6. 23, 80다1642). 물론 선의·무과실은 점유개시 당시에 있는 것으로 충분하다(대판 1983. 10. 11, 83다카531).

(3) 등기승계의 문제

등기부취득시효에서는 특히 '부동산의 소유자로 등기된 기간과 부동산의 점유기간이 때를 같이하여 10년임을 요하는지'가 문제된다. 제245조 제2항 자체가 이미 '부동산의 소유자로 등기한 자가 …'로 규정하고 있으며, 시효취득제도가 진정한 권리자의 소유권상실 자체를 그 목적으로 하지 않고 점유자의 소유권취득에 따른 반사적 효과로서 진정한 권리자가 권리상실을 감수할 수밖에 없다는데 그 제도적 의의가 있기 때문에 C 명의의 등기기간은 점유기간과 때를 같이하여 10년이 되어야 하고 전점유자인 B명의의 등기기간을 승계할 수 없다는 견해가 있다(대판[전] 1985. 1. 29, 83다카1730(판례 [4-1] 참조); 이영준, 한국민법론[물권편], 469-70면 및 470면의 각주 2) 참조). 그러나 대법원은 1989년 전원합의체판결로 등기와 점유는 권리표상방법으로 같은 가치를 가지는 것이므로 점유승계의 규정(제199조)을 유추적용하는 것이 타당하다는 근거에서 시효취득자의 명의뿐만 아니라 앞 등기자의 명의까지 합쳐 10년간 소유자로 등기되어 있으면 그것으로 족하다는 태도로 선회하였다(판례 참조 [4-3]).

(4) 등기부취득시효에 따른 법률효과

부동산의 소유자로 등기한 자가 10년간 소유의 의사로 평온·공연하게 선의이며 과실없이 그 부동산을 점유한 때에는 제245조 제2항의 규정에 의하여 바로 그 부동산에 대한 소유권을 취득한다(대판 1999. 12. 10, 99다25785). 즉, 이미 소유자로 등기가 되어 있기 때문에 점유취득시효(제245조 제1항)의 경우와는 달리 원소유자에게 새삼스레 소유권이전등기를 요구할 이유가 없다.

만일 C가 甲토지의 소유권을 시효취득하였다면 C를 상대로 A가 소유권말소등기를 청구할 수 없음은 자명하다.

Ⅴ. 설문에 대한 해답

A와 B 사이의 매매계약이 처음부터 확정적 무효이더라도 물권행위의 무인성 입장에 기초하면, A와 B 사이의 소유권이전의 물권적 합의와 소유권이전등기는 유효하므로, B는 甲토지의 적법한 소유권자가 된다. 따라서 소유권자로부터 소유권을 양수한 C를 상대로 A는 토지소유권을 회복할 수 없다.

A와 B 사이의 매매계약이 처음부터 확정적 무효일 때 물권행위의 유인성 입장에 기초하면, A와 B 사이의 소유권이전의 물권적 합의도 무효이고, 소유권이전등기도 원인무효이다. 따라서 B는 甲토지의 소유권을 취득한 바가 없으며, 그의 명의로 된 등기는 실체적 권리관계에 부합하지 않는 부실(不實)등기이다. 따라서 원칙적으로 A는 소유권에 기초하여 C를 상대로 무효등기의 말소등기청구권 또는 진정명의회복을 원인으로 한 이전등기청구권을 행사할 수 있다. 그러나 이때에도 거래의 안전을 위하여 선의의 제3자로서 C가 보호되는 경우가 있다(제107조 제2항, 제108조 제2항). 무효인 채권행위를 기초로 이루어진 급부가 불법원인급여(제746조 본문)에 해당되는 경우에도 그 반사적 효과로서 제3자인 C는 보호될 수 있다. 끝으로 등기까지도 받은 제3자 C는 부동산을 등기부시효취득(제245조 제2항)함으로써 보호받을 수도 있다.

≪판 례≫

[1] 채권행위에 대한 물권행위의 무인성(소극) = 유인성

[1-1] (대판 1977.5.24, 75다1394) 계약에 따른 채무의 이행으로 이미 등기나 인도를 하고 있는 경우에 그 원인행위인 채권계약이 해제됨으로써 원상회복된다고 할 때 그 이론구성에 관하여 해제가 있더라도 이행행위 그 자체는 그대로 효력을 보유하고 다만 그 급부를 반환하여 원상회복할 채권·채무관계가 발생할 뿐이라는 소위 채권적 효과설과 이미 행하여진 이행행위와 등기나 인도로 물권변동이 발생하고 있더라도 원인행위인 채권계약이 해제되면 일단 이전하였던 물권은 당연히 복귀한다는 소위 물권적 효과설이 대립되어 있다. 우리의 법제가 물권행위의 독자성

과 무인성을 인정하고 있지 않는 점과 민법 제548조 제1항 단서가 거래 안정을 위한 특별규정이란 점을 생각할 때 계약이 해제되면 그 계약의 이행으로 변동이 생겼던 물권은 당연히 그 계약이 없었던 원상태로 복귀한다고 봄이 타당하다.

[1-2] (대판 1991. 11. 12, 91다9503) 채무자가 채권자의 승낙을 얻어 본래의 채무이행에 갈음하여 부동산으로 대물변제를 하였으나 본래의 채무가 존재하지 않았던 경우에는, 당사자가 특별한 의사표시를 하지 않은 한 대물변제는 무효로서 부동산의 소유권이 이전되는 효과가 발생하지 않는다.

[2] 자신의 물건인 양 본인 소유의 물건을 처분한 대리인의 행위에 대한 제108조 제2항의 유추적용 여부(소극)

[2-1] (대판 1981. 12. 22, 80다1475) A를 대리하여 다른 사람으로부터 금원을 차용하면서 본건 부동산에 관하여 담보권을 설정해도 좋다는 대리권을 수여받고 권리증, 인감증명서 등을 A로부터 교부받은 B가 자기 앞으로 소유권을 이전하여 자신의 이름으로 C에게 담보권을 설정하여 주고 금원을 차용하여 이를 유용한 경우 C는 B를 진실한 소유자로 믿고 그에게 금원을 대여하고 그 부동산에 담보권을 설정한 것이지 B를 A의 대리인이라고 믿고 한 것이 아니며, 또한 B가 그 명의로 소유권이 전등기함에 있어 A가 이를 통정·용인하였거나 이를 알고도 방치하였다고 할 수 없으므로 제126조, 제108조 제2항을 유추하여 C명의의 담보권을 유효하다고 할 수 없다.

[2-2] (대판 1991. 12. 27, 91다3208) A로부터 부동산에 관한 담보권 설정의 대리권만을 수여받은 B가 그 부동산에 관하여 자기 앞으로 소유권이전등기를 하고 이어서 C에게 그 소유권이전등기를 경료한 경우 C는 B를 A의 대리인으로 믿고서 등기의 원인행위를 한 것도 아니고, A도 B 명의의 소유권이전등기가 경료된 데 대하여 이를 통정·용인하였거나 이를 알면서 방치하였다고 볼 수 없다면 이에 제126조나 제108조 제2항을 유추할 수는 없다.

[3] 제746조 본문의 물권적 청구권(제213조, 제214조)에의 적용 여부(적극)

(대판[전] 1979. 11. 13, 79다483) 제746조는 제103조와 함께 사법의 기저를 이루는 하나의 큰 이상의 표현으로서 이것이 비록 민법 채권편 부당이득의 장에 규정되어 있기는 하나, 이는 일반적으로 사회적 타당성이 없는 행위의 복구가 부당이득의 반환청구라는 형식으로 주장되는 일이 많기 때문이고, 그 근본에 있어서는 단지 부당이득제도만을 제한하는 이론으로 그치는 것이 아니라, 보다 큰 사법의 기본이념으로 군림하여, 결국 사회적 타당성이 없는 행위를 한 사람은 그 스스로 불법한 행위를

주장하여, 복구를 그 형식 여하에 불구하고 소구할 수 없다는 이상을 표현하고 있는 것이라고 할 것이다. 따라서 급여를 한 사람은 그 원인행위가 법률상 무효라 하여 상대방에게 부당이득을 원인으로 한 반환청구를 할 수 없음은 물론, 그 원인행위가 무효이기 때문에 급여한 물건의 소유권은 여전히 자기에게 있다고 하여, 소유권에 기한 반환청구도 할 수 없는 것이고, 그리하여 그 반사적 효과로서 급여한 물건의 소유권은 급여를 받은 상대방에게 귀속하게 된다.

[비교참조] (위 판결로 폐기된 대판 1977. 6. 28, 77다728) 지급원인에 불법이 있다 하더라도 급여자는 부당이득반환채권이 아닌 물권적 청구권을 청구원인으로 하여 급여한 물건의 반환을 청구할 수 있으므로 반사회질서의 법률행위에 기한 채권의 담보로 가등기와 소유권이전등기를 경료한 경우에는 그 등기원인은 무효이고 따라서 원소유자는 소유권을 상실하지 아니하므로 소유권자로서 물권적 청구권에 의하여 가등기와 소유권이전등기의 말소를 구할 수 있다.

[4] 등기부취득시효의 요건충족을 위한 등기승계의 허용 여부(적극)

[4-1] (대판 1998. 1. 20, 96다48527) 등기부취득시효의 요건으로서의 소유자로 등기한 자라 함은 적법·유효한 등기를 마친 자일 필요는 없고 무효의 등기를 마친 자라도 상관없으며, 등기부취득시효에서의 선의·무과실은 등기에 관한 것이 아니고 점유취득에 관한 것이다.

[4-2] (대판 1965. 9. 21, 65다1282) 부동산에 관하여 등기부상 소유명의가 있다는 사실이 부동산을 점유하는 것은 아니므로 장기간 그 등기명의가 있다고 하더라도 소유권을 취득할 수는 없다.

[4-3] (대판[전] 1989. 12. 26, 87다카2176) [다수의견] 등기부취득시효에 관한 제245조 제2항의 규정에 의하여 소유권을 취득하는 자는 10년간 반드시 그의 명의로 등기되어 있어야 하는 것은 아니고 앞 사람의 등기까지 아울러 그 기간 동안 부동산의 소유자로 등기되어 있으면 된다.

[비교참조] (위 판결로 폐기된 대판[전] 1985. 1. 29, 83다카1730) [다수의견] 제245조 제2항은 '부동산의 소유자로서 등기한 자가 10년간 소유의 의사로 평온·공연하게 선의이며 과실없이 그 부동산을 점유한 때에는 소유권을 취득한다'라고 규정하고 있는바, 이는 부동산의 소유자로 등기된 기간과 점유기간이 때를 같이하여 다같이 10년임을 요한다는 취지이다.

관련사례 16-1 眞正名義回復을 원인으로 한 所有權移轉登記請求權

≪설 문≫

A는 자신 소유의 甲토지에 관하여 B와 서로 짜고 매매계약을 체결한 것처럼 위장한 후 그 소유명의를 B로 이전하였다. 이러한 사정을 알지 못하는 C는 B가 甲토지의 소유자인 줄로 믿고, 그에게 5,000만원을 대여하면서 그 토지 위에 저당권을 설정하였다.

A가 B로부터 甲토지에 관한 등기명의를 회복할 수 있는 방법을 강구하시오.

풀이제안

Ⅰ. 논점분석

1) 통정허위표시인 법률행위의 무효의 상대성(제108조 제2항)과

2) 무효인 채권계약에 기초하여 소유권이전이 이루어진 경우 원소유자가 소유권에 기초한 물권적 청구권을 행사함으로써 현 등기명의자에 대하여 소유권이전등기의 말소절차의 이행을 요구할 수 있는가의 문제,

3) 또한 이때 무효등기의 말소청구와 진정명의회복을 원인으로 한 소유권이전등기청구 사이의 실체법적·절차법적 상관관계를 각각 검토해야 한다.

Ⅱ. C에 대한 A의 저당권말소등기청구권

A와 B 사이의 甲토지에 관한 매매계약은 통정허위표시로서 무효이다(제108조 제1항). 그러나 소유명의가 B로 되어 있는 상태에서 이러한 사정을 알지 못하는 C가 B를 甲토지의 정당한 소유자인 줄로 알고 돈을 빌려주면서 그 토지 위에 저당권을 설정해주었다. 따라서 C는 제108조 제2항

에서 말하는 선의의 제3자이며, A와 B는 통정허위표시에 의한 무효인 매매계약을 가지고 C에게 대항할 수 없게 된다. 따라서 A는 C를 상대로 저당권등기의 말소절차의 이행을 청구할 수는 없다.

Ⅲ. B에 대한 A의 소유권이전등기말소등기청구권

한편 토지의 원소유자인 A가 소유권에 기초한 물권적 청구권(제214조 제1문)을 행사함으로써 현 등기명의자인 B에 대하여 소유권이전등기의 말소절차의 이행을 요구할 수 있다고 한다면 이는 물권행위의 유인성이론에서 출발하는 법률논리이다.

B를 상대로 A가 말소등기청구소송을 제기하여 승소판결을 받더라도 B명의의 소유권등기를 말소하려면 A는 '권리변경의 등기에 관하여 등기상 이해관계 있는 제3자'인 C의 승낙을 얻어야 한다(부동산등기법 제171조 전단). 실체법인 민법 제108조 제2항에 따라 보호받는 선의의 제3자 C는 이를 승낙할 의무가 없으며(만일 C가 A와 B의 매매계약의 무효에 관하여 악의였다면, 이 자는 이러한 승낙의무를 부담하며, A의 B에 대한 재판의 등본이 C의 승낙서에 갈음할 수 있었을 것이다(부동산등기법 제171조 후단)), 또한 현실적으로도 이를 승낙할 리 만무하다. 이를 승낙하여 B의 소유권이전등기가 말소되면 자신의 저당권도 법률상 당연히 말소되는 운명에 처하기 때문이다(부동산등기법 제172조 제2항 참조).

Ⅳ. B에 대한 A의 진정명의회복을 위한 소유권이전등기청구권

이러한 사안에 봉착한 A로서는 결국 B를 상대로 진정명의회복을 위한 소유권이전등기절차의 이행을 구하는 수밖에 없다. 이 재판에서 승소하게 되면 A는 비록 C의 저당권의 부담을 안게 되겠지만, 甲토지에 관한 소유권의 등기명의는 회복할 수 있다.

진정명의회복을 위한 소유권이전등기청구권을 순수하게 절차법적 성격을 가지는 권리로 파악하는 견해도 있으나(김황식, 진정명의회복을 위한 소유권이전등기 청구의 허부, 민사판례연구 제4권, 42면 이하), 판례는 이를 소유권에 기한 방해배제청구권으로서 '무효등기의 말소청구권'과 그 법적 근거와 성질이 동일하다고 판단하고 있다. 이러한 인식에 따라 판례는 비록 전자가 이전등기, 후자는 말소등기의 형식을 취하고 있다고 하더라도 그 소송물은 실질상 동일하기 때문에 소유권이전등기말소청구소송에서 패소확정판결을 받았다면 그 기판력은 그후 제기된 진정명의회복을 원인으로 한 소유권이전등기청구소송에도 미친다는 결론에 이른다(판례 [다수의견] 참조).

따라서 A는 B를 상대로 소송을 제기함에 있어 신중할 필요가 있게 된다. B를 상대로 한 무효등기말소청구소송에서 패소하면 더 이상 진정명의회복을 위한 소유권이전등기소송(부동산이 무효등기를 기초로 전전양도된 경우 원소유자는 각각의 전매수인을 상대로 이전등기의 말소를 청구하기보다는 최종양수인을 상대로 명의회복을 위한 이전등기청구를 하는 경우 또는 공유부동산에 관하여 공유자 1인의 단독명의로 등기된 때 다른 공유자가 단독명의의 등기를 말소하고 공유등기를 하기보다는 명의회복을 위한 지분이전등기청구를 하는 경우 등에서도 동일한 소송이 문제될 수 있다)도 제기할 수 없게 되기 때문이다.

Ⅴ. 설문에 대한 해답

A와 B 사이의 매매계약이 무효(제108조 제1항)라는 이유로 A는 C를 상대로 저당권말소등기청구를 할 수 없다(동조 제2항).

A와 B 사이의 매매계약이 무효(제108조 제1항)라는 이유로 A가 B를 상대로 무효인 소유권이전등기의 말소등기를 청구할 수 있으려면 이해관계 있는 제3자 C의 승낙이 있어야 한다(부동산등기법 제171조).

A는 B를 상대로 진정명의회복을 원인으로 한 소유권이전등기청구를 할 수 있다. 이 경우 A는 C의 저당권의 부담을 안은 채로 소유권을 회복하게 되며, B의 C에 대한 채무에 관하여 결과적으로 물상보증인의 지위에 놓이게 된다.

≪관련판례≫

[1] 진정명의회복을 원인으로 한 소유권이전등기청구권과 무효등기말소등기청구권의 실체법적·절차법적 상관관계

(대판[전] 2001. 9. 20, 99다37894) [다수의견] 진정한 등기명의의 회복을 위한 소유권이전등기청구는 이미 자기 앞으로 소유권을 표상하는 등기가 되어 있었거나 법률에 의하여 소유권을 취득한 자가 진정한 등기명의를 회복하기 위한 방법으로 현재의 등기명의인을 상대로 그 등기의 말소를 구하는 것에 갈음하여 허용되는 것

인데, 말소등기에 갈음하여 허용되는 진정명의회복을 원인으로 한 소유권이전등기청구권과 무효등기의 말소청구권은 어느 것이나 진정한 소유자의 등기명의를 회복하기 위한 것으로서 실질적으로 그 목적이 동일하고, 두 청구권 모두 소유권에 기한 방해배제청구권으로서 그 법적 근거와 성질이 동일하므로, 비록 전자는 이전등기, 후자는 말소등기의 형식을 취하고 있다고 하더라도 그 소송물은 실질상 동일한 것으로 보아야 하고, 따라서 소유권이전등기말소청구소송에서 패소확정판결을 받았다면 그 기판력은 그후 제기된 진정명의회복을 원인으로 한 소유권이전등기청구소송에도 미친다.

[별개의견] 전소인 소유권이전등기말소등기청구소송과 후소인 진정명의회복을 위한 소유권이전등기청구소송이 그 소송목적이나 법적 근거와 성질이 같아서 실질적으로 동일하다고 하더라도, 각기 그 청구취지와 청구원인이 서로 다른 이상, 위 2개의 소의 소송물은 다른 것이므로, 전소의 확정판결의 기판력은 후소에는 미치지 않는다고 보아야 할 것이고, 다만, 이미 전소에 관하여 확정판결이 있고 후소가 실질적으로 전소를 반복하는 것에 불과한 것이라면, 즉 전소와 후소를 통하여 당사자가 얻으려고 하는 목적이나 사실관계가 동일하고, 전소의 소송과정에서 이미 후소에서와 실질적으로 같은 청구나 주장을 하였거나 그렇게 하는 데 아무런 장애가 없었으며, 후소를 허용함으로써 분쟁이 이미 종결되었다는 상대방의 신뢰를 해치고 상대방의 법적 지위를 불안정하게 하는 경우에는 후소는 신의칙에 반하여 허용되지 않는다고 보아야 한다.

[반대의견] 기판력의 범위를 결정하는 소송물은 원고의 청구취지와 청구원인에 의하여 특정되는 것으로서, 사실관계나 법적 주장을 떠나서 청구취지가 다르다면 소송물이 같다고 할 수 없을 것인바, 소유권이전등기말소등기청구소송과 진정명의회복을 위한 소유권이전등기청구소송은 우선 그 청구취지가 다르므로, 이러한 법리의 적용을 배제할 만한 상당한 법적 근거가 없다면 각각의 소송물이 다르다고 보아야 한다. 이 두 소송에서 말소등기청구권과 이전등기청구권이 실질적으로는 동일한 목적을 달성하기 위한 것이라 하더라도 각각에 다른 법률효과를 인정하여 별개의 소송물로 취급하는 것도 가능하고, 실체법과 함께 등기절차법의 측면에서 보면 이들 청구권의 법적 근거가 반드시 동일하다고만 볼 수도 없는 것이며, 또한 실제적인 측면을 고려할 때, 소유권이전등기의 말소청구와 함께 진정명의의 회복을 원인으로 하는 소유권이전등기청구를 중첩적으로 허용함이 타당하다.

[物　權　法]

事例 17

中間省略登記請求權과 中間省略登記

≪설 문≫

甲토지는 A에게서 B로, 다시 C로 순차 매도되었다.

(1) 甲토지의 소유권에 관한 등기가 아직 A에게 남아 있을 때 C가 A를 상대로 직접 소유권이전등기를 요구할 수 있는지를 검토하시오.

(2) (1)의 요구가 적법한지 여부를 떠나, 甲토지의 소유권에 관한 등기가 A에게서 C로 직접 이전되었다고 할 때, C로부터 甲토지를 受贈하여 소유권이전등기를 경료한 D가 甲토지의 소유권을 취득할 수 있는지를 검토하시오.

목차제안

Ⅰ. 논점분석

Ⅱ. 중간생략등기의 문제점과 부동산등기특별조치법

1. 중간생략등기에 따른 문제점
2. 부동산등기특별조치법

Ⅲ. 최초양도인에 대한 최종양수인의 직접적 이전등기청구권의 허용 여부

1. 문 제 점
2. 학설의 현황
   (1) 원칙적으로 부정하는 학설
      1) 내　용
      2) 검　토
   (2) 원칙적으로 긍정하는 학설의 내용과 검토

풀이제안

Ⅰ. 논점분석

이른바 '중간생략등기'는 A(최초양도인)와 B(중간양수인) 사이에 甲토지 소유권의 변동에 관한 물권적 합의가 있었으나, B가 자신 명의로 이전등기를 하지 않고 다시 C(최종양수인)와 그 소유권의 이전을 위한 물권적 합의를 한 후, 이전등기는 A에서 곧바로, 즉 중간에 경유해야 할 B에의 등기를 생략하고 C로 경료됨으로써 마치 A에게서 C로 직접 부동산소유권이 이전된 것과 같은 외관을 가지게 하는 등기이전방식을 말한다.

이러한 중간생략등기와 관련하여 설문(1)에서는 최초양도인에 대한 최종양수인의 중간생략등기청구권을 허용할 수 있는지의 문제를, 설문(2)에서는 기왕에 경료된 중간생략등기의 효력 유무의 문제를 각각 묻고 있다. '중간생략등기청구권의 허용 여부'의 문제와 '이미 경료된 중간생략등기의 유효성'의 문제는 그 자체로 구별된다. 그러나 판례의 태도와는 달리 학설에서는 대개 동일한 논거가 두 가지 문제의 풀이에 기초가 되고 있다. 따라서 이하에서는 그 논거를 중심으로 설문에 대한 해답을 찾기로 한다.

Ⅱ. 중간생략등기의 문제점과 부동산등기특별조치법

1. 중간생략등기에 따른 문제점

현행법에는 중간생략등기를 인정하는 명문규정은 없다. 그러나 등록세·취득세 및 양도소득세 등의 조세부담을 회피 또는 경감할 수 있을 뿐만 아니라 복잡한 등기절차를 간편하면서 등기비용도 절감할 수 있다는 편이성으로 인하여 중간생략등기는 구법시대 이래 널리 관행되었다. 또한 현행법에 따르면 등기공무원은 등기신청서류에 대하여 형식적 심사권만을 가지므로 사실상 중간생략등기가 행하여질 수 있는 가능성이 존재하였다.

2. 부동산등기특별조치법

건전한 부동산거래질서를 확립하기 위하여 부동산거래에 대한 실체적 권리관계에 부합하는 등기를 신청하도록 하는 부동산등기특별조치법이 1990. 9. 1.부터 시행되고 있다. 이 법은 검인계약서의 사용(동법 제3조), 전매자의 등기강제(동법 제2조) 및 미등기전매의 처벌(동법 제8조)을 그 골자로 하여 중간생략등기를 금지한다. 그러나 동법의 시행에도 불구하고 여러 가지 탈법적 방법에 의해서 현실적으로 이루어진 중간생략등기의 유효성의 문제는 동법의 벌칙적용과는 관계없이 여전히 남게 된다. 즉, 동법 제2조 제2항에 따르면 부동산매수인이 잔금지급 후 그 부동산을 제3자에게 전매하려는 경우 계약체결 전에 먼저 체결한 계약에 따라 소유권이전등기를 신청해야 한다. 따라서 동법에 따르면 중간생략등기는 금지되고, 최초양도인에 대한 최종양수인의 직접적인 등기청구는 법률적으로 허용되지 않는다고 풀이해야 한다. 그러나 현실적으로는 최초양도인이 최종양수인의 성명과 주소를 매수인으로 기입한 인감증명 등의 서류를 관청에서 발급받아 최종양수인에게 교부한다면 이 자에 의한 등기신청이 불가능하지 않다.

이와 같은 경우에 부동산투기의 방지 내지 억제 및 조세정의를 현실적으로 어떻게 실현할 수 있는가 하는 문제와 중간생략등기청구권 및 이미 경료된 중간생략등기의 사법적 효력 유무의 법리적인 문제는 구별해서 고찰할 수 있다.

Ⅲ. 최초양도인에 대한 최종양수인의 직접적 이전등기청구권의 허용 여부

1. 문 제 점

최초매도인(A)은 자신의 채권자인 최초매수인(B)에 대해서 등기신청절차협력의무를 부담하며, 최종매수인(C)은 자신의 매도인(B)이 A에 대해서 갖는 이전등기청구권을 채권자대위권의 행사를 통하여(제404조) 순차적으로 등기를 경료·실현할 수는 있다. 문제는 C가 이러한 순차적 등기경료 대신에 직접 A에 대하여 자신에로의 이전등기를 청구할 수 있는가 하는 것이다. 또한 중간생략등기청구권이 허용되지 않는 상황에서 어떤 이유에서건 이미 경료되어진 중간생략등기의 효력을 어떻게 평가할 것인지가 문제된다. 이에 관한 학설과 판례의 입장을 차례로 살펴보기로 한다(보다 자세한 내용과 전거는 김형배, 민법학강의(제6판), 497-502면 참조).

2. 학설의 현황

(1) 원칙적으로 부정하는 학설

1) **내 용** 절대적 무효설에 따르면 물권변동에 관한 의사주의 입법에서(물권변동의 의사주의에 입각하면 A와 B 또는 B와 C 사이의 물권의 이전은 등기없이도 당사자 사이의 의사표시에 의하여 가능하므로, 중간생략등기는 진실한 '물권변동의 과정'을 공시하지는 못하지만 '현재의 권리상태'는 공시하는 것으로 평가될 수 있다)와는 달리, 형식주의입법에서 중간생략등기는 현재의 권리상태도 공시하지 못하기 때문에 그 유효성을 인정할 여지가 없으며, 중간자의 등기를 생략하는데 중간자의 동의가 있으면 유효하다는 것은 강행규정인 제186조를 임의규정으로 전락시키는 것이기 때문에 부당하다고 한다. 따라서 최종양수인이 법률행위의 직접당사자가 아닌 최초양도인에 대해 직접 자기에게 등기해 줄 것을 청구하는 것은 허용될 수 없다고 한다. 이른바 '잔금지급 후 권리양도형'의 중간생략등기는 부동산등기특별조치법의 정신에 반하는 반사회적 법률행위로 무효라는 견해도 같은 맥락이라고 볼 수 있다.

상대적 무효설에 따르면 사안의 설문(2)의 경우와 같이 중간생략등기를 이미 경료한 C명의의 등기를 기초로 하여 D에게 이전등기가 이루어진 경우에는 거래의 안전을 고려하여 무효인 중간생략등기라도 유효한 것으로 다뤄야 한다고 한다.

2) **검 토** 첫째, (절대적) 무효설이 A와 C 사이의 중간생략 등기는 그에 부합하는 원인행위가 없는 까닭에 무효이고 따라서 현재의 권리상태도 공시하지 못한다고 함은 부당하다. 왜냐하면 A와 B 사이에서는 이미 물권의 이전을 위한 물권적 합의가 있었고, 그러한 법적 상태를 C가 승계한다는 합의가 B와 C 사이에 행해짐으로써 그것이 등기의 원인행위를 형성하게 된다는 풀이가 불합리하지만은 않기 때문이다. 둘째, A, B, C 사이의 중간생략등기를 금지하는 것은 등기절차의 생략을 통한 탈세를 방지하려는 목적일 뿐, 실체관계에 부합하여 최종양수인 C가 소유권을 취득하는 것 자체를 막으려는 것은 아니라고 볼 수도 있다. 셋째, 중간생략등기를 무효로 하면 등기를 믿고 C로부터 부동산을 매수하여 등기를 경료한 D가 소유권을 취득할 수 없어 거래안전이 도외시 내지 경시되는 위험이 있다.

한편 상대적 무효설은 동일한 등기가 경우에 따라서 효력이 달라진다고 하는바, 이는 오히려 법률관계를 더욱 복잡하게 할 우려가 있으며, 轉買受人(여기서는 D)에 관하여서만 등기의 공신력을 인정하는 결과가 될 수 있다.

(2) 원칙적으로 긍정하는 학설의 내용과 검토

1) **물권적 기대권설** A와 B 사이에 물권적 합의가 있고 A가 등기에 필요한 일체의 서류를 B에게 교부하여 B가 단독으로 등기절차를 밟을 수 있는 상태가 되면 B에게 물권적 기대권이 인정된다고 하는 전제 아래, B와 C 사이의 물권적 합의에 의하여 B의 물권적 기대권이 C에게 양도되고 이 양도는 A에 대하여 아무런 대항요건을 필요로 하지 않는다고 한다. 따라서 C는 B로부터 취득한 물권적 기대권에 기초하여 직접 A에게 등기청구권을 행사할 수 있고, 이러한 등기청구권에 기하여 이루어진 A와 C 사이의 중간생략등기는 유효하다고 한다. 그리고 이 견해에 의하면 C가 중간자 B의 동의없이도 A에게 직접 등기청구권을 행사할 수 있는데, 그것은 C가 자기의 물권적 기대권에 기초하여, 누구에게나 주장할 수 있는 물권적 청구권으로서의 등기청구권을 가지기 때문이라고 한다.

그러나 이 견해는 물권적 기대권론을 원용하므로 그에 대한 비판이 그대로 가해질 수 있다. 또한 이 이론은 적어도 점유취득을 요건으로 하여 원용될 수 있는 여지가 있는바, 중간자의 점유취득이 없는 중간생략 등기에 이 이론을 적용하는 것이 난점으로 지적될 수 있다.

2) **처분권부여설** 무권리자의 처분은 그것이 권리자의 동의를 얻어서 행한 것이면 유효하다는 독일민법 제185조 제1항(권리자의 사전동의에 따라 행하여진 목적물에 관한 무권리자의 처분은 유효하다)에서 도출되는 법리를 원용하여, A와 B 사이의 물권적 합의는 B가 A의 부동산을 처분하는 것에 대한 동의를 포함하는 것으로 보고, B와 C 사이의 매매와 이에 포함되어 행해진 물권적 합의는 유효하다고 본다. 따라서 A와 B, B와 C 사이의 매매와 물권적 합의에 의하여 A와 C 사이에도 그와 같은 매매와 물권적 합의가 있었던 것으로 의제되어 A로부터 C에게 이전등기가 이루어지면 소유권도 유효하게 A로부터 C에게 이전된다고 본다. 그리고 A와 C 사이에 매매가 있는 것으로 의제되므로 C는 중간자 B의 동의없이도 직접 A에 대하여 채권적 성질의 등기청구권을 갖는다고 한다.

이 견해는 독일민법의 법리를 우리 민법에 그대로 유추적용하는 난점을 가진다. 게다가 독일민법 제185조는 타인물건을 '무단으로' 처분하는 경우에 적용되는 규정인바, 중간자를 그러한 무권리자와 동일하게 취급하는 것은 타당하지 않다.

3) **채권양도설** 물권변동에 관한 형식주의(성립요건주의)원칙 때문에 등기경료 전에 B는 A에 대하여 채권을 가질 뿐이며, 그는 이를 채권양도의 방식에 좇아(제450조) C에게 양도할 수 있고, C는 양도받은 채권에 기초하여 이제는 자신의 채무자인 A에게 (당연히) 직접 이전등기청구권을 행사할 수 있다는 견해이다. A에 대하여 C가 가지는 소유권이전청구권이 실현되어 경료된 등기는 유효하다.

이 견해의 난점은 B와 C 사이에 부동산소유권이전등기청구권의 양도행위가 있다고 해서 A는 이에 전혀 이의를 제기할 수 없는가 하는 것이다. 특히 판례는 이 경우 A의 동의가 있어야 한다고 하기 때문이다(판례 [2-1] 참조).

4) **전원합의설(=합의조건부 유효설)** '전원'합의설(여기서는 '3자'합의설)은 A, B 및 C 3자 사이에 합의가 있음을 조건으로 A에서 직접 C로 경료된 중간생략등기는 유효하다는 견해이다. A, B, C 3자의 합의 속에는 A와 C 사이의 물권적 합의도 포함되어 있다고 볼 수 있기 때문에, 결과적으로 이에 부합하는 A와 C 사이의 중간생략등기는 유효하다는 것이다. 이 견해에 따르면 A에 대한 C의 (중간생략)등기청구권도 마찬가지로 전원의 합의가 있음을 조건으로 하여 발생한다.

전원의 합의를 요구한다는 것이 난점이라고 볼 수도 있다. 그러나 중간자의 동의없이 이루어진 중간생략등기를 유효하다고 하면 중간자에게 불이익을 주면서 대금을 완납하지 않은 최종매수인을 과보호하는 결과가 될 수 있으며, 최초매도인의 동의없이 그에게 최종매수인인 중간생략등기청구권을 행사할 수 있도록 하는 것도 마찬가지로 전자의 희생 아래 후자를 과보호하는 결과가 될 수도 있다.

(3) 부동산등기특별조치법 제2조 제2항 및 제3항의 법적 성격

중간생략등기를 원칙적으로 유효하다고 보는 태도는 부동산등기특별조치법 제2조 제2항 및 제3항의 규정을 단속규정이라고 보는 것이고, 무효라는 태도는 동 규정을 효력규정이라고 봄으로써 동 법조항의 효력을 달리 파악하고 있다. 상대적 무효설은 동 규정이 원칙적으로 효력규정이지만, 전매로 제3자에게 소유권이전등기가 행하여진 때에는 단속규정으로서의 효력을 가지게 되는 모순된 결과를 가져온다.

위 규정들을 단속규정으로 봄으로써 중간생략등기의 사법상의 효력을 인정하는 유효설도 동 규정의 위반행위에 대하여 동법의 벌칙(제8조 이하 참고: 3년 이하의 징역 또는 1억원 이하의 벌금, 등록세액의 5배 이하에 상당하는 금액의 과태료)이 적용된다고 하는 데 있어서는 무효설과 다를 바 없다.

3. 판 례

(1) 중간생략등기청구권의 허용 여부

판례는 최초양도인에 대한 최종양수인의 중간생략등기청구권을 제한적으로 긍정하면서, 인정근거로 ―중간자의 동의만이 아니라― 전원의 합의가 필요하다고 함으로써(판례 [1-1], [1-2] 참조) 원칙적으로 전원합의설과 같은 입장이다. 물론 전원의 합의가 반드시 동시에 있어야 하는 것은 아니며, 순차적으로 행하여져도 무방하고, 묵시적 합의가 있어도 된다(판례 참조 [2]). 즉, 최종매수인의 최초매도인에 대한 등기청구에 관해서는 3자 합의의 존부를 기준으로 판단함으로써 이러한 합의가 없으면 C는 A에 대하여 직접 등기청구를 할 수 없다. 다만 A에 대한 B의 등기청구권을 대위행사하여(제404조) B에게 등기가 경료된 다음, B로부터 등기를 이전받을 수 있음은 물론이다(판례 참조 [1-1]).

그러나 중간생략등기의 합의가 있었다고 해서 중간매수인의 소유권이전등기청구권이 소멸된다거나 최초매도인의 그 매수인에 대한 소유권이전등기의무가 소멸되는 것은 아니라고 함으로써(판례 [1-3], [1-4] 참조) 채권양도설과는 분명한 거리를 두었다. 또한 마찬가지 이유에서 중간생략등기의 합의가 최초매도인의 자신의 (중간)매수인에 대한 매매대금지급청구권에 어떤 영향을 미치지도 않는다(판례 참조 [1-5]).

(2) 이미 경료된 중간생략등기의 유효성

한편 어떤 방법에 의하든 중간생략등기가 이미 경료되었다면, 그 중간생략등기에 관하여 중간자의 합의가 없었다는 이유만으로는 그 등기를 무효라 하여 말소청구할 수 없다고 한다(판례 참조 [4]). 부동산등기특별조치법이 시행된 이후에도 '동법에서 미등기전매를 형사처벌하도록 되어 있으나, 이로써 순차매도한 당사자 사이의 중간생략등기합의에 관한 사법상 효력까지 무효로 한다는 취지는 아니다'라고 판시함으로써(판례 참조 [3]) 이미 경료된 중간생략등기의 유효성을 부인하지 않는다.

Ⅳ. 설문(1) 및 (2)에 대한 해답

1. 무효설에 따를 경우

우선 법률행위에 의한 물권변동에 관하여 형식주의를 이론적으로 철저하게 관철하고자 하는 무효설에 의하면 A에 대하여 아무 권리(채권은 물론 물권)를 갖지 못하는 C는 A에게 토지소유권의 이전등기를 청구할 수 없다.

어떤 이유에서 경료되었다 하더라도 중간생략등기는 무효이므로 이를 기초로 C로부터 토지를 매수한 D도 등기의 공신력이 인정되지 않는 현행법 아래서는 비록 이전등기까지 마쳤다 하더라도 토지의 소유권을 취득할 수 없다.

그러나 무효인 중간생략등기를 기초로 제3자가 새로운 이해관계를 맺은 경우 이 제3자에 대한 관계에서 중간생략등기는 유효하다고 파악하는 상대적 무효설에 따르면 C로부터 토지를 수증하여 이전등기를 경료한 D는 甲토지에 대한 소유권을 취득할 수 있다.

2. 유효설에 따를 경우

물권적 기대권설에 의하면 C는 B로부터 양수한 물권적 기대권에 기하여 A에게 직접 중간생략등기를 청구할 수 있으며(제213조), 이러한 중간생략등기는 항상 유효하고, 이를 기초로 하여 등기를 이전받은 D가 甲토지의 소유권을 취득하는 것도 당연하다.

처분권부여설에 의하면 A와 B, B와 C 사이의 순차적인 매매로 A와 C 사이에도 그와 같은 매매가 있었다고 의제되므로 C는 직접 A에게 토지소유권이전등기를 청구할 수 있다(제568조). 그리고 A와 C 사이의 (중간생략)이전등기를 기초로, C로부터 토지를 수증하여 이전등기를 마친 D는 당연히 그 토지의 소유권을 취득한다.

채권양도설에 따르면 C는 B가 A에 대해서 가지는 소유권이전청구권이라는 채권을 양수하였으며, 이에 기초하여 경료된 A에서 C에로의 이전등기는 유효하다. C로부터 토지를 수증하여 이전등기를 마친 D는 당연히 그 소유권을 취득한다.

끝으로 전원합의설에 의하면 A, B와 C 3자의 합의가 있는 경우에만 C는 A에 대하여 직접 토지소유권의 이전등기를 청구할 수 있다. 이때 A, B, C 3자의 합의는 중간자 B의 동의로 가교되는 순차적 합의에 의하여 이루어지게 된다. 그러나 A, B, C 3자의 합의없이 이루어진 A와 C 사이의 중간생략등기는 무효인바, 이를 기초로 이루어진 D에로의 소유권이전등기도 무효가 되므로 D는 甲토지에 대한 소유권을 취득할 수 없다. 다만 당사자 사이에 적법한 원인행위가 성립되어 이행된 이상 3자 합의가 없었다는 이유만으로 이미 경료된 중간생략등기를 무효로 볼 수 없다는 판례에 따르면, A와 C 사이의 중간생략등기가 3자 합의없이 이루어진 경우에도 C로부터 이전등기를 받은 D는 甲토지의 소유권을 유효하게 취득한다.

≪판 례≫

[1] 최종양수인의 최초양도인에 대한 중간생략등기청구권(제한긍정)

[1-1] (대판 1969. 10. 28, 69다1351) 중간생략등기의 합의가 없다면 부동산의 전전매수인은 매도인을 대위하여 그 전매도인인 등기명의자에게 매도인 앞으로의 소유권이전등기를 구할 수는 있을지언정 직접 자기 앞으로의 소유권이전등기를 구할 수는 없다.

[1-2] (대판 1991. 4. 23, 91다5761) 부동산의 양도계약이 순차 이루어져 최종양수인이 중간생략등기의 합의를 이유로 최초양도인에게 직접 그 소유권이전등기청구권을 행사하기 위해서는 관계당사자 전원의 의사합치, 즉 중간생략등기에 대한 최초양도인과 중간자의 동의가 있는 외에 최초양도인과 최종양수인 사이에도 그 중간등기생략의 합의가 있었음이 요구된다.

[1-3] (대판 1995. 8. 22, 95다15575) 비록 최종양수인이 중간자로부터 소유권이전등기청구권을 양도받았다고 하더라도 최초양도인이 그 양도에 대하여 동의하지 않고 있다면 최종양수인은 최초양도인에 대하여 채권양도를 원인으로 하여 소유권이전등기절차의 이행을 청구할 수 없다.

[1-4] (대판 1991. 12. 13, 91다18316) 중간생략등기의 합의가 있었다 하더라도 이러한 합의는 중간등기를 생략하여도 당사자 사이에 이의가 없겠고 또 그 등기의 효력에 영향을 미치지 않겠다는 의미가 있을 뿐이지 그러한 합의가 있었다 하여 중간매수인의 소유권이전등기청구권이 소멸된다거나 첫 매도인의 그 매수인에 대한 소유권이전등기의무가 소멸되는 것은 아니라 할 것이다.

[1-5] (대판 2005. 4. 29, 2003다66431) 중간생략등기의 합의가 있다고 하여 최초매도인이 자신이 당사자가 된 매매계약상의 매수인인 중간자에 대하여 갖고 있는 매매대금청구권의 행사가 제한되는 것은 아니므로, 중간생략등기합의 후 최초매도인과 중간매수인간에 매매대금을 인상하는 약정이 체결된 경우, 최초매도인은 인상된 매매대금이 지급되지 않았음을 이유로 최종매수인 명의로의 소유권이전등기의무의 이행을 거절

할 수 있다.

[2] 중간생략등기합의가 긍정된 예

[2-1] (대판 1982.7.13, 81다254) 소유권이전등기 소요서류 등에 매수인欄을 백지로 교부한 경우에는 소유권이전등기에 있어 묵시적 그리고 순차적으로 중간등기생략의 합의가 있었다고 봄이 상당하다.

[2-2] (대판 1964.9.22, 64다587) 매수인성명을 공백으로 한 소유권이전등기 소요서류와 함께 부동산이 전전매도된 경우에는 중간등기생략에 합의한 것으로 볼 것이다.

[비교참조] (대판 1991.4.23, 91다5761) 최초양도인이 중간등기생략을 거부하고 있으면 매수인欄이 空欄으로 된 백지의 매도증서와 위임장 및 인감증명서를 교부한 것만으로는 중간등기생략에 관한 합의가 있었다고 할 수 없다.

[3] 중간생략등기합의의 사법적 효력(유효)

(대판 1993. 1. 26, 92다39112) 부동산등기특별조치법상 조세포탈과 부동산투기 등을 방지하기 위하여 위 법률 제2조 제2항 및 제8조 제1호에서 등기하지 아니하고 제3자에게 전매하는 행위를 일정 목적범위내에서 형사처벌하도록 되어 있으나 이로써 순차매도한 당사자 사이의 중간생략등기합의에 관한 사법상 효력까지 무효로 한다는 취지는 아니다.

[4] 이미 경료된 중간생략등기의 효력(유효)

(대판 1979.7.10, 79다847) 중간생략등기절차에 있어서 이미 중간생략등기가 이루어져 버린 경우에 있어서는, 그 관계 계약당사자 사이에 적법한 원인행위가 성립되어 이행된 이상, 다만 중간생략등기에 관한 합의가 없었다는 사유만으로는 그 등기를 무효라고 할 수는 없다.

관련사례 17-1 目的不動産을 占有하는 買受人의 所有權移轉登記請求權의 消滅時效

≪설 문≫

1962. 12. 29. A는 D郡 소유의 甲토지를 매입하였다. A는 매매대금을 치루고 토지의 점유를 이전받아 농사를 짓고 있었으나, 소유권이전등기는 미처 하지 못

했다. 그러던 차에 甲토지는 C市로 편입되었으며, '甲토지를 승계취득한' C市는 자신의 명의로 소유권이전등기를 경료하였다. 1975. 2. 26.에서야 A는 C에 대하여 소유권이전등기청구를 하였다.

(1) A와 C 사이의 법률관계를 검토하시오.

(2) 1974. 2. 26. A는 B에게 토지를 처분하고, 대금을 수령함과 동시에 甲토지의 점유를 B에게 이전하였다. 그 甲토지에서 농사짓던 B가 C를 상대로 같은 요구를 하였을 때 B와 C 사이의 법률관계를 부언하시오.

풀이제안

Ⅰ. 논점분석

설문(1)에서의 C에 대한 A의 소유권이전등기청구권과 설문(2)에서의 C에 대한 B의 소유권이전등기청구권의 허용 여부를 각각 검토하기 위하여

1) 법적 성질에 대한 이해와 결합하여 논의되는 등기청구권의 소멸시효의 문제를,

2) 등기없이 목적부동산을 인도받아 점유하는 부동산매수인 및 그 승계인의 특수한 법적 지위를 고려하여 검토해야 한다.

Ⅱ. 등기청구권의 법적 성질과 소멸시효

등기청구권이 소멸시효의 대상이 될 수 있는지에 관해서는 등기청구권의 법적 성질이 채권적인 것인가 아니면 물권적인 것인가에 따라 견해가 나뉜다. 즉, 등기청구권을 채권계약(즉, 주로 매매계약)으로부터 도출되는 채권적 성질의 것으로 파악하면 채권으로서 10년의 소멸시효에 걸리게 되며(제162조 제1항), 채권양도의 방법(제449조 이하)에 의하여 양도될 수 있다. 반면 등기청구권의 발생근거를 물권적 합의 내지는 물권적 기대권에서 찾음으로써 물권적 성질을 가지는 것으로 파악하면(예컨대 김주수, 민법총칙, 544면; 김상용, 민법총칙, 733면) 등기청구권이 제한물권

이 아닌 소유권에 기초하는 한 소멸시효에 걸리지 않으며, 등기청구권의 기초가 된 권리인 물권(소유권)이 양도될 수 있을 뿐, 물권과 분리된 등기청구권만의 양도는 상정할 수 없게 된다.

Ⅲ. 부동산의 점유를 이전받은 매수인의 매도인에 대한 소유권이전등기청구권

1. 문 제 점

유효한 매매계약을 체결하고, 매매목적의 부동산의 점유까지도 이전받은 부동산매수인이 매도인에 대하여 가지는 이전등기청구권을 물권적 성질의 것으로 이해하는 경우 소멸시효는 문제되지 않는다. 반면 채권적 성질의 것으로 이해하는 경우에는 원칙적으로 소멸시효가 문제되나, 이에 관하여 매매대금을 완불한 매수인의 매도인에 대한 소유권이전등기청구권도 채권적 성질을 가지는 것으로 이해하는 판례(판례참조 [1])는 1976년 전원합의체판결을 통하여 매수부동산을 점유하여 사용·수익하는 매수인의 매도인에 대한 소유권이전등기청구권은 소멸시효에 걸리지 않는다고 판시하였음(판례참조 [2-1])에 유의해야 한다.

2. 판례의 논거

위 전원합의체판결에서 다수의견의 논거는 다음과 같다. 첫째, 매매목적물은 부동산 자체이고 등기는 다만 부동산의 거래상황을 공시하기 위한 등기법상의 절차에 불과하므로 목적물을 인도받아 이를 사용·수익하고 있는 부동산매수인은 시효제도의 존재이유 중 하나인 '권리행사를 태만히 하는 자에 대한 제재'의 요건을 충족시킬 수 없다. 둘째, 매도인 명의로 잔존하고 있는 등기를 보호하기보다는 매수인의 사용·수익 상태를 더욱 보호해야 한다(이익교량의 사고). 셋째, 등기청구권이 소멸시효에 걸린다면 매도인의 등기이전의무가 소멸될 뿐 아니라, 경우에 따라서는 매도인이 '법적으로' 소유권이 자신에게 있음을 이유로 이에 기초하여 소유물반환청구권을 행사할 수 있으므로(제213조 본문), 이미 매수인에게 매도하여 인도까지 완료한 매매목적물이 매도인에게 환원되어야 하는 불합리한 결과가 도출된다(이러한 법원의 우려는 일종의 기우이다. 매매목적물을 인도받아 점유하는 매수인은 물론 그로부터 점유를 양수한 자도 제213조 단서에서 말하는 점유할 권리를 가지기 때문이다(김형배, 민법학강의(제6판), 504면 참조). 다만, 권리상태가 불안정한 것은 사실이다). 이에 대한 반대의견은 없으나 다른 별개의견들도 그 논거를 달리하였을 뿐(한 의견은 매도인이 매매목적물을 인도하였다면 이는 자신의 등기의무를 승인한 것이며, 채무승인으로 인한 소멸시효의 중단에 따른 효과는 매수인이 목적물을 점유하고 있는 한 계속된다는 입장이었으며, 다른 의견은 등기청구권의 발생근거를 매매계약이 아닌, (추측건대 목적부동산의 점유이전과 함께 이루어진) 물권적 합의에서 구하여, 등기청구권을 '다분히 물권적인 것에 가까운 것'으로 파악하고자 하였다), 결과적으로는 매매목적물을 점유하여 사용·수익하는 매수인의 매도인에 대한 소유권이전등기청구권이 시효에 걸리는 것에 반대하였다(매매목적부동산을 인도받아 점유하는 부동산매수인은 '점유이전'청구권을 행사하고 있는 상태일 뿐, '등기이전'청구권을 행사하고 있는 것이 아니므로 목적부동산의 인도 여부를 묻지 않고 채권적 등기청구권은 소멸시효에 걸린다는 견해로는 곽윤직, 민법총칙, 324면 참조).

3. 판례에 따른 결론과 다른 측면에서의 문제점

위 전원합의체판결에 따르면 D에 대한 A의 소유권이전등기청구권은 그 변제기 익일부터 소멸시효가 진행되기는 하지만(제166조 제1항, 제157조 제1항 참조), D로부터 甲토지의 점유를 이전받아 사용·수익하고 있었기 때문에 시효로 소멸하지는 않으며, 따라서 A는 D로부터 소유권이전등기채무도 승계한 C에 대하여 소유권이전등기청구권을 행사할 수 있으며, C는 이 권리가 시효로 소멸하였다는 항변을 하지 못한다는 것이다.

다만, 위 전원합의체판결은 'D로부터 소유권을 승계취득한 C는 A에 대하여 소유권이전등기절차에 협력할 의무가 있다고 전제한' 원심판결을 기초로 A의 등기청구권의 시효소멸 여부를 판단하였다. 그러나 소유권이라는 물권을 취득한 C가 A에 대한 D의 채무를 어떤 법적 근거에 의하여 승계하게 되는지는 알 수가 없다. A는 D에 대한 채권을 가지고 C의 소유권에 대항할 수 없기 때문이다.

Ⅳ. 점유를 자발적으로 상실한 부동산매수인의 매도인에 대한 소유권이전등기청구권

1. 등기청구권의 소멸시효와 관련된 문제점

한편 소유권이전등기를 경료하지 않은 A가 甲토지를 B에게 처분하고 점유를 이전한 경우에는 위의 판단이 그대로 타당하다고 할 수는 없다. 왜냐하면 매수부동산의 점유를 상실하면 등기청구권을 행사하고 있다고 판단하기 어렵기 때문이다.

그러나 판례는 이러한 경우에도 과거의 태도와는 달리 1999년 전원합의체판결로 위에서와 마찬가지로 일단 점유를 취득하여 사용·수익하고 있던 부동산매수인의 매도인에 대한 소유권이전등기청구권이 시효에 걸리지 않는다고 판단하였다. 부동산을 인도받아 이를 사용·수익하던 부동산매수인이 그 부동산에 대한 보다 적극적인 권리행사의 일환으로 다른 사람에게 그 부동산을 처분하고 그 점유를 승계하여 준 경우에도 그 이전등기청구권의 행사 여부에 관하여 그가 그 부동산을 스스로 계속 사용·수익만 하고 있는 경우와 특별히 다를 바 없다는 것을 논거로 제시하였다(판례 [3] 참조).

이에 따르면 A가 甲토지에 관한 점유를 B에게 어떤 처분행위에 기초하여 자발적으로 이전하였다고 하면 C에 대한 A의 소유권이전등기청구권은 시효로 소멸하지 않는다.

2. A의 처분행위의 법적 성격에 관한 문제점

법적으로는 아직 소유권을 취득하지 못한 A가 B에게 과연 어떠한 '처분행위'를 할 수 있는지는 문제이다.

우선 A가 C에 대해 가지는 소유권이전등기채권을 B에게 매도하고, 이러한 채권에 관한 매매계약을 기초로 A가 B에 대하여 부담하는 채권이전의무의 이행을 위해 A와 B가 채권양도의 준물권적 합의를 한 것으로 판단할 수 있다. 그러나 사안에 비추어 A가 이러한 채권양도에 대해 C의 승낙을 얻었다거나, C에게 이를 통지하였다고 할 수 없기 때문에 적어도 이러한 채권양도로써 C에게 대항할 수 없다는 이유에서 이러한 판단을 수긍하기는 곤란하다(제450조 참조).

반면에 A와 B가 甲토지에 관한 매매계약을 체결하였다고 한다면 B는 A에 대해서 甲토지의 소유권이전청구권을 가진다(제563조, 제568조). A로서는 타인(C)의 권리를 B에게 매도한 셈이지만(제569조 참조), A는 C에 대하여 소유권이전등기청구권을 가지므로 이를 행사하여 자신에게로 등기를 이전한 후,

B에게 다시 이전등기를 해줄 수 있기 때문에 A의 담보책임(제570조·제571조)이 문제될 여지는 없다. 물론 이 경우에 A, B, C 3자가 동시에 또는 순차적으로 합의에 이를 수 있다면 C→B에로의 중간생략등기도 가능할 것이다. 결과적이지만, 실체적 권리관계에 부합하기 때문이다(판례의 태도)(앞의 [사례 17] 참조). 중간생략등기의 합의가 없다면 B는 C에 대하여 소유권이전등기청구권을 가지지 못한다. 이 경우 B는 자신이 A에 대하여 가지는 소유권이전등기청구권을 보전하기 위하여, A가 C에 대하여 가지는 소유권이전등기청구권을 대위행사할 수 있을 뿐이다(제404조, 제405조 참조). 반면 중간생략등기의 3자 합의가 있는 경우라면 B는 C에 대하여 소유권이전등기청구권을 가진다. 그렇다고 해서 A가 C에 대하여 가지는 소유권이전등기청구권이 소멸하지는 않으며(대판 1991.12.13, 91다18316(앞의 [사례 17]의 판례 [1-4] 참조), 따라서 C는 A에 대하여 여전히 소유권이전등기의무를 부담한다.

≪관련판례≫

[1] 부동산매도인을 대위한 매수인의 제3 등기명의인에 대한 무효등기말소청구권(적극)

(대판 1965.2.16, 64다1630) 부동산을 정당히 매수하고 그 대금을 완불한 매수인은 현행민법상 그 이전등기를 받기 전에는 물권의 변동이 생기지 아니하나 등기청구권이라는 채권적 청구권에 의하여 소유자인 매도인을 대위하여 목적부동산에 관한 원인무효의 등기의 말소등기청구를 할 수 있다.

[2] 부동산매도인에 대한 매수인의 이전등기청구권의 시효소멸(소극)

(대판[전] 1976.11.6, 76다148) [다수의견] 시효제도는 일정기간 계속된 사회질서를 유지하고 시간의 경과로 인하여 곤란하게 되는 증거보전으로부터의 구제 내지는 자기 권리를 행사하지 않고 소위 권리 위에 잠자는 자는 법적 보호에서 이를 제외하기 위하여 규정된 제도라 할 것인바, 토지나 건물 등 부동산을 매수한 자가 아직 자기명의로 그 소유권이전등기를 경료하지 못하였으나, 그 매매목적물의 인도(명도)를 받아 이를 사용·수익하고 있는 경우에는 물권변동에 있어서 형식주의를 취하는 우리의 법제상으로 보아 매수인에게 법률상의 소유권은 이전된 것이 아니므로 매수인의 등기청구권은 채권적 청구권에 불과하여 소멸시효제도의 일반원칙에 따르면 매매목적물을 인도받은 매수인의 등기청구권도 소멸시효에 걸린다고 할 것이지만 부동산매매에 있어서 거래 당사자의 채권·채무의 내용은 다른 경우와 달라서 목적물의 인도와 등기이전이라는 두 가지 형태로 나누어져 있어서 비록 부동산거래의 공시방법을 여행(勵行)시킬 목적으로 규정된 법률상으로는 등기이전이 물권변동의 요건일 뿐 목적물의 인도는 그 요건이 아니라 할 것이니 매매의 목적물은 부동산 자체이고 등기는 다만 부동산의 거래상황을 공시하기 위한 등기법상의 절차

에 불과하므로 부동산의 매수인으로서 그 목적물을 인도받아서 이를 사용·수익하고 있는 경우에는 위 시효제도의 존재이유에 비추어 보아 그 매수인을 권리 위에 잠자는 것으로 볼 수도 없고, 또 매도인의 명의로 등기가 남아있는 상태와 매수인이 인도받아 이를 사용·수익하고 있는 상태를 비교하면 매도인명의로 잔존하고 있는 등기를 보호하기보다는 매수인의 사용·수익 상태를 더욱 보호하여야 할 것이며 만일 이러한 경우의 등기청구권도 다른 일반채권과 동일하게 소멸시효에 걸린다면 매도인의 등기이전의무가 소멸되는데 그치는 것이 아니고 더 나아가 매도하여 이미 매수인에게 인도까지 완료한 매매목적물이 매도인에게 환원되어야 하는 결과가 되어 비록 그 책임이 매수인의 등기청구권행사의 태만에 있다고는 할지라도 우리나라 부동산거래의 현실에 비추어 심히 불합리하다고 아니할 수 없다. 따라서 부동산을 매수한 자가 그 목적물을 인도받은 경우에는 그 매수인의 등기청구권은 다른 채권과는 달리 소멸시효에 걸리지 않는다고 해석함이 타당하다.

[별개의견 1] 우리 법제상 위와 같은 등기청구권이 매매목적물의 인도나 명도를 받은 경우와 받지 아니하고 있는 경우를 가려서 그와 같이 해석할 수 있는 법적 근거를 찾아볼 수 없으니 위 등기청구권은 그 인도나 명도를 받은 여부에 불구하고 채권적 권리로서 모두 소멸시효의 대상이 된다고 보아야 할 것이다. 다만 매수인이 그 매매계약의 이행으로서 목적물의 인도나 명도를 받고 있으면 달리 특별한 사유가 없는 한 매도인은 매수인에 대한 위 등기의무의 존재를 승인하였고, 그 승인의 상태는 계속하고 있다고 보아야 할 것이다. 그러므로 본건의 경우 매도인인 피고가 매수인인 원고에게 본건 토지를 의무의 이행으로서 인도하였고, 그 상태가 계속하고 있다면 달리 특별한 사유가 없는 한 피고는 원고에 대한 그 소유권이전등기의무의 존재를 승인하였고, 그 상태가 계속하고 있다고 보아야 할 것이니 위 인도시까지 위 등기청구권이 시효의 완성으로 이미 소멸된 것이 아니라면, 인도로써 그 청구권의 소멸시효는 중단되고 그 상태는 계속되어 있다고 보아야 할 것이다.

[별개의견 2] 부동산의 매매와 같은 법률행위에 의한 경우에 있어서 매수인이 매도인에 대하여 가지는 등기청구권은 그 원인행위인 채권행위로부터 발생한다고 볼 것이 아니라 당사자 사이에 그 목적부동산의 소유권을 이전한다는 합의 즉 이른바 물권적 합의가 있어 이 합의로부터 당연히 소유권 이전등기청구권이 발생한다고 봄이 상당할 것이고, 따라서 그 성질은 다분히 물권적인 것에 가깝다고 보아야 할 것이다. 이와 같이 등기청구권이 물권적 합의에 그 발생근거가 있다고 본다면 적어도 시효제도에 관한 한 등기청구권은 그 자체가 독립하여 소멸시효의 대상이 될 수 없는 것이라고 생각한다.

[3] 자발적으로 점유를 이전한 부동산매수인의 매도인에 대한 이전등기청구권의 시효소멸(소극)

(대판[전] 1999. 3. 18, 98다32175) [다수의견] 부동산의 매수인이 그 부동산을 인도받은 이상 이를 사용·수익하다가 그 부동산에 대한 보다 적극적인 권리행사의 일환으로 다른 사람에게 그 부동산을 처분하고 그 점유를 승계하여 준 경우에도 그 이전등기청구권의 행사 여부에 관하여 그가 그 부동산을 스스로 계속 사용·수익만

하고 있는 경우와 특별히 다를 바 없으므로 위 두 어느 경우에나 이전등기청구권의 소멸시효는 진행되지 않는다고 보아야 한다.

[보충의견] 부동산의 매수인의 매도인에 대한 소유권이전등기청구와 인도청구는 일반적으로 그 자체가 채권이라고 이해되고 있으나 그 법률적 성질은 소유권을 이전받을 매수인의 채권에 기한 채권적 권리행사인 것으로서 매수인이 이전등기청구를 하거나 또는 인도청구를 하는 것은 모두 매수채권을 행사하였다는 점에서 동일하고, 또한 매수인이 부동산을 인도받음으로써 인도에 관한 채권행사는 일단 완료된 것이고 그 이후 이를 점유·사용하는 것은 매수채권 행사 자체가 계속되는 것이 아니고 그 권리행사 결과의 상태가 유지되는 것뿐이므로 목적물을 매수인 본인이 점유·사용하든지 또는 제3자에 양도하여 점유·사용하게 하든지 매수인의 인도청구권행사의 결과에 따른 상태는 마찬가지로 유지되고 있어 권리행사의 상태가 관건이 되는 시효적용에서 이를 구별할 필요가 없다.

[반대의견] 부동산의 매수인이 매매목적물을 인도받아 이를 사용·수익하고 있는 동안에는 그 소유권이전등기청구권의 소멸시효가 진행하지 않는다고 보아야 할 것이나, 매수인이 목적물의 점유를 상실하여 더 이상 사용·수익하고 있는 상태가 아니라면, 매도인에 대한 관계에서 권리의 주장 내지 행사가 계속되고 있다고 볼 만한 사정이 없고, 비록 매수인이 그 부동산을 다른 사람에게 처분하고 인도하여 준 경우라고 하더라도 그 처분은 타인의 권리를 전매한 것에 불과할 뿐이고 그 소유권을 처분 내지 행사하였다고 볼 수는 없으며, 그 인도 또한 매수인이 새로운 매매계약에 따른 자신의 의무를 이행한 것에 지나지 아니할 뿐만 아니라 오히려 그 점유를 이전함으로써 목적물에 대한 사용·수익의 상태에서 벗어나게 된 것이어서 위 처분 내지 인도를 가리켜 매도인에 대한 관계에서 권리행사라고 볼 수도 없는 것이므로, 점유의 상실원인이 무엇이든지 간에 점유상실시점으로부터 그 이전등기청구권의 소멸시효가 진행한다고 봄이 상당하다.

[비교참조①] (위 판결로 폐기된 대판 1997.7.22, 95다17298) 부동산의 매수인이 매매목적물을 인도받아 사용·수익하고 있는 경우에는 매수인의 등기청구권은 소멸시효에 걸리지 아니하나 매수인이 목적물을 매도하고, 그 점유를 상실하여 더 이상 사용·수익하고 있는 상태가 아니라면 점유상실시점으로부터 매수인의 등기청구권에 관한 소멸시효가 진행한다.

[비교참조②] 위 전원합의체판결은 대판 1992.7.24, 91다40924를 폐기대상에서 제외하고 있음을 주의해야 한다. 동 판결의 요지: 매수인이 (점유를 침탈당함으로써) 그 목적물의 점유를 상실하여 더 이상 사용·수익하고 있는 상태가 아니라면 그 점유상실시점으로부터 매수인의 이전등기청구권에 관한 소멸시효는 진행한다.

[物　權　法]

事例　18

不動産所有權의 占有取得時效

≪설 문≫

A의 명의로 소유권이전등기가 되어 있는 甲임야를 B가 1985년 5월 말부터 점유하면서 이를 개간하고 묘목을 가꾸어 이를 내다 팔면서 생계를 영위하고 있다.

(1) 2006년 6월초 장기간 해외체류에서 돌아온 A가 B에게 임야를 명도해달라고 요구하자 B는 임야의 소유권을 취득하였다고 주장한다. A와 B 사이의 법률관계를 검토하시오.

(2) (1)의 경우 만일 B가 임야소유권을 취득할 정당한 이유가 없음을 잘 알면서도 이를 점유하였다고 한다면 A와 B의 법률관계가 다른 평가를 받을 수 있는지를 부언하시오.

(3) 위와는 달리, 2006년 6월초 B가 甲임야를 C에게 양도하였고, 같은 해 9월초 A가 C에게 임야를 명도해달라고 요구하였다고 할 때 A와 C 사이의 법률관계를 검토하시오.

(4) 위와는 달리, 2006년 6월초 장기간 해외체류에서 돌아온 A가 그의 대리인 X를 통해 甲임야를 D에게 매도하고 그 소유명의를 D에게 이전하였을 때 A와 B사이 및 B와 D사이의 법률관계를 검토하시오.

목차제안

Ⅰ. **논점분석**
Ⅱ. **설문(1): A에 대한 B의 부동산소유권이전등기청구권**

1. 부동산점유취득시효의 법률요건(요건사실)
   (1) 시효취득대상적격의 부동산
   (2) 20년의 점유기간
   (3) 공연·평온한 점유
   (4) 자주점유
      1) 자주점유의 의의와 판단규준
      2) 자주점유의 추정과 번복
      3) 사안의 경우
2. 부동산점유취득시효의 법률효과
3. 결 론

Ⅲ. 설문(2): A에 대한 악의의 무단점유자 B의 부동산소유권이전등기청구권

1. 악의의 무단점유자의 점유시효취득
2. 결 론

Ⅳ. 설문(3): A에 대한 C의 부동산소유권이전등기청구권

1. 시효완성자로부터 점유를 이전받은 자의 법적 지위
   (1) 문제점
   (2) 판 례
2. 결 론

Ⅴ. 설문(4): D에 대한 B의 부동산소유권이전등기청구권 및 A에 대한 B의 권리

1. D에 대한 B의 부동산소유권이전등기청구권
   (1) 원 칙
   (2) 예 외
2. A에 대한 B의 권리
   (1) 채무불이행을 원인으로 한 손해배상청구권
   (2) 불법행위를 원인으로 한 손해배상청구권
   (3) 대상청구권
3. 결 론

풀이제안

Ⅰ. 논점분석

부동산을 장기간 점유하여 취득시효를 완성하고 등기함으로써 점유자가 그 소유권을 취득하게 하는 제도로서 '부동산점유취득시효(제245조 제1항)'와 관련하여서는 부동산의 원소유자, 즉 등기부상 소유자(여기서는 A), 시효를 완성한 점유자, 즉 시효완성자(여기서는 B), 시효취득대상 부동산의 점유를 이전받은 자, 즉 부동산점유승계인(여기서는 C) 및 원소유자 A로부터 시효취득대상 부동산의 소유명의를 이전받은 자, 즉 소유명의승계인(여기서는 D) 사이의 법률관계가 각각 또는 그 모두가 동시에 또는 순차적으로 문제될 수 있다.

설문(1)에서는 시효완성한 점유자 B와 시효취득대상인 甲임야의 원소유자 A 사이의 법률관계가 문제되므로 부동산소유권 점유취득시효제도의 요건과 효과를 일반론으로 검토해야 한다. 설문(2)에서는 시효완성을 주장하는 B가 시효취득대상인 부동산을 점유할 당시 이를 점유할 권원이 없음을 잘 알고 있었다는 사실, 즉 이른바 악의의 無斷占有가 그의 부동산 시효취득에 장애가 될 수 있는지를 추가적으로 검토해야 한다. 설문(3)에서는 시효를 완성한 점유자 B로부터 ―그들 사이에서는 비록 부동산 '양도'계약을 체결하여 부동산소유권을 이전한다고 믿고 있다손 치더라도― 부동산의 점유를 이전받은 C가 원소유자 A에 대하여 시효완성자로서의 지위를 가질 수 있는지 여부를 검토해야 한다. 끝으로 설문(4)에서는 점유자 B의 시효완성 후의 시점에서 여전히 부동산의 등기명의자인 원소유자가 A가 부동산의 소유권을 제3자인 D에게 이전하고 등기도 경료해 준 경우 B와 D 사이 및 B와 A 사이의 법률관계를 각각 검토해야 한다.

Ⅱ. 설문(1): A에 대한 B의 부동산소유권이전등기청구권

1. 부동산점유취득시효의 법률요건(요건사실)

(1) 시효취득대상적격의 부동산

점유를 통하여 시효취득할 수 있는 부동산은 자기소유인 경우도 무방하고(취득시효는 누구의 소유인가를 묻지 않고 사실상태를 권리관계로 轉化하려는 제도이므로 취득시효의 객체가 되는 물건이 반드시 타인의 물건일 필요는 없다는 것이 일반적인 견해이다, 대판 1973.8.31, 73다387; 김형배, 민법학강의(제6판), 611면), 1필 토지의 일부라도 다른 부분과 구분되어 특정인의 점유에 속하였다는 것을 인식할 수 있는 객관적인 징표가 존재하면 충분하며(대판 1993.12.14, 93다5581. 공유지분의 일부에 대한 취득시효도 가능하지만, 이 경우에는 점유의 범위를 특정할 수 있는 객관적인 징표가 계속 존재하지 않아도 된다, 대판 1975.6.24, 74다1877), 국유의 부동산은 원칙적으로 시효취득의 대상이 되지 못하나, 국유잡종재산은 예외이다(헌재결 1991.5.13, 89헌가97. 다만 잡종재산인 부동산에 대한 점유취득시효가 완성한 후 잡종재산이 행정재산으로 되었다면 더 이상 국가를 상대로 소유권이전등기를 청구할 수 없다, 대판 1997.11.14, 96다10782).

사안의 경우는 별다른 특이한 언급이 없으므로 위 요건이 충족되었다고 판단할 수 있다.

(2) 20년의 점유기간

등기하지 않은 부동산소유권을 점유만을 통하여 취득하기 위한 시효기간은 20년이다. 점유개시의 기산점을 언제로 할 수 있는가에 관해서 판례(판례 참조 [1])와 통설에 따르면 시효취득대상인 부동산의 소유등기명의인의 변동이 없는 경우에는 시효이익을 누리려는 자가 임의의 한 시점을 선택할 수 있지만, 제3자가 대상부동산을 승계취득한 경우와 같이 소유명의의 변동이 있는 경우에는 시효취득의 기초가 된 최초의 점유를 개시한 시점이 기산점으로 된다. 이는 시효의 기산점을 임의로 선택할 수 있게 한다면 최초의 기산점을 기준으로 시효가 완성된 시점 이후에 제3자가 이해관계를 맺은 경우, 특히 소유권을 취득한 제3자의 지위가 불안해진다는 이유에서이다.

사안의 경우 B는 1985년 5월말부터 甲임야를 점유하였다. 시효취득의 기초가 된 최초의 점유개시를 동년 6월 1일 0시를 기산점으로 하면 B는 2005년 6월 1일 0시에 점유취득시효를 위한 시효기간이 완성되었다(제157조 본문, 제160조 2항 참조). 설문(4)의 경우 이 시점 이후인 2006년 6월초 A로부터 甲임야의 소유등기명의를 이전받은 D에 대한 관계에서 예컨대 2006년 7월초에도 임야를 여전히 점유하고 있던 B가 이 시점으로부터 逆算하여 임의로 1986년 6월말을 시효기간의 기산점으로 선택할 수는 없다. 이를 허용하면 B는 D에 대하여도 시효완성을 주장하여 D에게 소유권이전등기청구권을 행사할 수 있게 되므로 D의 법적 지위가 현저히 불안해지기 때문이다.

(3) 평온·공연한 점유

평온한 점유란 점유자가 그 점유를 취득 또는 보유하는 데 법률상 용인될 수 없는 强暴行爲를 쓰지 아니하는 점유이고, 공연한 점유란 隱秘한 점유가 아닌 점유를 말하는 것이므로, 그 점유가 불법이라고 주장하는 자로부터 이의를 받은 사실이 있거나 점유물의 소유권을 둘러싸고 당사자 사이에 법률상의 분쟁이 있었다는 사실만으로 곧 그 점유의 평온·공연성이 상실되지 않는다는 것이 판례이다(대판[전] 1982.9.28, 81사9; 대판 1993.5.25, 92다52764·52771; 대판 1994.12.9, 94다25025. 한편 강폭 또는 은비로 개시한 점유라도 치유될 수 있어 그때부터 시효기간이 진행한다는 견해(예컨대 이영준, 한국민법론[물권법], 463면)와 평온 또는 공연하게 개시하지 않은 점유로는 시효취득이 불가하다는 견해(예컨대 이은영, 물권법, 382면)가 대립한다).

사안의 경우 B의 점유개시 (또는 그 계속)의 평온성이나 공연성을 의심할 만한 사실관계가 주어져 있지 않다.

(4) 자주점유

1) **자주점유의 의의와 판단규준** 판례와 다수설에 따르면 자주점유란 '소유의 의사'로 하는 점유이고, 이는 소유자가 할 수 있는 것과 같은 배타적인 지배를 사실상 행사하려는 의사이며, 법률상 그러한 지배를 할 수 있는 권한, 즉 소유권을 가지고 있거나(점유권원으로서 소유권) 소유권이 있다고 믿고 있어야(오상점유권원으로서 소유권) 하는 것은 아니며 사실상 소유의사가 있는 것으로 충분하다고 한다. 이러한 맥락에서 무효 또는 취소되어 실효한 매매계약상의 매수인은 물론 절도범도 자주점유자에 해당한다고 한다. 특히 후자의 예에서 알 수 있듯이 소유의 의사는 점유자의 내심의 의사에 해당하지만, 다시 판례와 학설은 소유의사의 유무는 점유자의 (주관적) 내심의 의사가 아니라, 점유취득의 원인이 된 권원의 성질에 의하여 객관적으로 정해진다고 한다(절도범을 자주점유자로 인정할, '객관적인' 점유취득의 원인된 권원의 성질이 무엇인지 명백하지 않다)(권원의 성질에 관하여 예컨대 대판 1997.12.9, 97다18547 참고). 다만 근자의 판례(판례 참조 [2-2])에서는 점유권원의 객관적 성질 이외에

'점유와 관계있는 모든 사정에 의하여 외형적·객관적으로' 자주점유인지의 여부가 결정되어야 한다고 판시한다.

2) **자주점유의 추정과 번복** 제197조 제1항에 따라 점유자는 소유의 의사로 점유한 것으로 추정된다. 동 조항은 취득시효의 경우에도 적용되며 따라서 점유자의 부동산점유시효취득을 저지하려는 자가 점유자에게 소유의사가 부재함을 입증해야 한다. 판례(판례 참조 [2-2])에 따르면, 첫째 점유자가 성질상 소유의 의사가 없는 것으로 보이는 권원[즉, 타주점유권원]에 바탕을 두고 점유를 취득한 사실이 증명되었거나, 둘째 점유자가 타인의 소유권을 배제하여 자기의 소유물처럼 배타적 지배를 행사하는 의사를 가지고 점유하는 것으로 볼 수 없는 객관적 사정, 즉 점유자가 진정한 소유자라면 통상 취하지 아니할 태도를 나타내거나 소유자라면 당연히 취했을 것으로 보이는 행동을 취하지 아니한 경우 등 외형적·객관적으로 보아 점유자가 타인의 소유권을 배척하고 점유할 의사를 갖고 있지 아니하였던 것이라고 볼 만한 사정이 증명된 경우에 자주점유의 추정은 깨어진다고 한다.

3) **사안의 경우** 사안에서 B의 점유권원이 무엇인지 분명하지 않다. 따라서 원칙적으로는 B의 자주점유가 추정된다. 따라서 B가 소유의 의사가 없는 점유를 하였음을 A가 주장하고 증명해야 한다.

2. 부동산점유취득시효의 법률효과

일부 학설에 의하면 시효완성 점유자는 마치 등기부상 소유명의인과 소유권이전에 관한 물권적 합의가 있는 것처럼 물권적 기대권을 취득한다거나, '사실상 소유권'을 취득하고 등기는 소유권취득을 마무리하는 절차적인 의미만을 갖는다거나 또는 등기청구권을 행사함으로써 시효완성 점유자는 '내부적 소유권'을 취득한다는 견해가 있다(이은영, 물권법, 385면 이하 참고).

그러나 판례와 다수설에 따르면 소유권취득기간의 만료만으로는 소유권취득의 효력은 없지만, 시효를 완성한 점유자는 제245조 제1항에 의하여 점유부동산에 관하여 소유자에 대한 소유권이전등기청구권을 취득하며, 시효완성점유자가 취득시효완성으로 부동산소유권을 취득하기 위해서는 그로 인하여 소유권을 상실하게 되는 시효완성 당시의 소유자를 상대로 소유권이전등기청구를 하는 방법에 의하여야 한다(판례 [3-1], [3-2] 참조). 따라서 취득시효완성으로 인한 소유권이전등기청구권은 등기부상 소유자에 대한 채권적 권리이다.

3. 결 론

A 소유의 甲임야를 평온·공연하게, 소유의 의사로 점유한 B는 시효기간 20년을 도과하여 시효를 완성하면 법률규정(제245조 제1항)에 따라 임야의 등기부상 소유자인 A에 대하여 소유권이전등기청구권을 취득한다. 이 권리는 채권적 성질의 것으로 10년의 소멸시효에 걸린다(제162조 제1항)(이은영, 물권법, 385면 이하 참고).

한편 B는 점유개시한 때로부터 20년간 A의 부동산을 '점유할 권원' 없이 점유하여 사용·수익하였다. 그러나 제247조 제1항에 따라 시효완성 및 등기로 인한 소유권의 취득의 효력은 점유를 개시한 때에 소급하므로 B의 권원없던 20년간의 점유는 그 하자가 치유된다. 따라서 A는 B의 시효완성 전의 권원없는 점유를 문제삼아 B에 대하여 불법행위를 이유로 한 손해배상청구나 부당이득의 반환청구를 할 수 없다.

Ⅲ. 설문(2): A에 대한 악의의 무단점유자 B의 부동산소유권이전등기청구권

1. 악의의 무단점유자의 점유시효취득

악의의 무단점유라 함은 점유자가 점유개시 당시 소유권취득의 원인이 될 수 있는 법률행위 기타 법률요건이 존재하지 않는다는 사실을 잘 알면서 하는 점유를 말한다. 즉, 소유권취득의 원인이 될 수도 있는 법률행위나 법률규정의 근거를 매개하지 않고 하는 점유이다. 이러한 악의의 무단점유자에게도 자주점유의 추정규정이 적용되는 것으로 보아 이러한 자의 부동산소유권취득을 인정할 수 있는지가 문제이다.

악의의 무단점유를 타주점유 또는 자주점유로 판단하면서 법률상태의 혼란을 야기하였던 종래의 판례는 1997년 전원합의체판결(판례 [2-2] 참조)에 의하여 '점유자가 점유 개시 당시에 소유권취득의 원인이 될 수 있는 법률행위 기타 법률요건이 없이 그와 같은 법률요건이 없다는 사실을 잘 알면서 타인소유의 부동산을 무단점유한 것임이 입증된 경우, 특별한 사정이 없는 한 점유자는 타인의 소유권을 배척하고 점유할 의사를 갖고 있지 않다고 보아야 할 것이므로 이로써 소유의 의사가 있는 점유라는 추정은 깨진다'는 태도를 명백히 하였다. 판례는 악의의 무단점유자와 등기명의인인 부동산의 원소유자 사이의 이익형량을 통해 후자의 이익을 우선적으로 고려하는 가치평가를 한 것으로 보인다. 이에 따르면 악의의 무단점유자는 존재하지 않는 점유권원(소유권취득의 원인이 될 수도 있는 법률행위나 법률규정)을 증명할 도리가 없기 때문에(판례 [2-3] 참조) 부동산소유권을 시효취득할 수 없게 된다.

2. 결　론

악의의 무단점유자 B는 임야의 원소유자인 A에 대하여 부동산소유권이전등기청구권을 가지지 못한다. B의 점유는 악의의 무단점유이기 때문에 자주점유로 추정되지도 않으며, 실제로 점유취득의 원인이 될 권원을 입증할 수 없을 것이기 때문이다.

Ⅳ. 설문(3): A에 대한 C의 부동산소유권이전등기청구권

1. 시효완성자로부터 점유를 이전받은 자의 법적 지위

(1) 문 제 점

시효를 완성한 점유자는 시효취득대상 부동산의 소유권을 취득한 것이 아니라, 원소유자에 대한 소유권이전등기청구권을 취득한 것이다. 따라서 그는 부동산의 소유권을 제3자에게 양도할 수는 없다. 甲임야에 관한 '매매'계약은 원칙적으로 타인권리의 매매에 해당한다(제569조 참조). 이러한 매매계약에 기초하여 부동산의 점유를 이전받은 자가 원소유자를 상대로 시효완성을 이유로 하는 소유권이전등기를 청구할 수 있는지, 아니면 그저 매매계약상 자신의 채무자인 시효완성자를 상대로 한 부동산소유권이전청구권, 즉 이전등기절차이행청구권에 의존해야 하는지가 문제된다.

(2) 판 례

이 문제와 관련하여 판례는 1995년 전원합의체판결(판례 참조 [4])을 통하여 입장을 표명하였는바, 다수의견은 '제245조 제1항에 의하여 점유자가 취득시효기간의 만료로 일단 소유권이전등기청구권을 취득한 이상, 그 후 점유를 상실하였다고 하더라도 이를 시효이익의 포기로 볼 수 있는 경우가 아닌 한, 이미 취득한 소유권이전등기청구권은 소멸되지 않는다'는 전제 아래 '전 점유자의 점유를 승계한 자는 그 점유 자체와 하자만을 승계하는 것이지 그 점유로 인한 법률효과까지 승계하는 것은 아니므로 부동산을 취득시효기간 만료 당시의 점유자로부터 양수하여 점유를 승계한 현 점유자는 자신의 전 점유자에 대한 소유권이전등기청구권을 보전하기 위하여 전 점유자의 소유자에 대한 소유권이전등기청구권을 대위행사할 수 있을 뿐, 전 점유자의 취득시효완성의 효과를 주장하여 직접 자기에게 소유권이전등기를 청구할 권원은 없다' 판단하였다.

반면 같은 판결에서 반대의견은 '점유취득시효기간이 만료된 이후 부동산에 대한 점유를 상실한 사람은 그 상실원인이 무엇이든지 간에 등기부상 소유자를 상대로 시효취득을 주장하여 소유권이전등기를 청구할 수 없다'는 전제 아래 '취득시효기간 만료 후 부동산에 대한 점유승계가 이루어진 경우에는 점유를 승계한 현 점유자는, 제199조 제1항에 의하여 자기의 점유와 전 점유자의 점유를 아울러 주장할 수 있으므로, 승계한 점유의 시초부터 현재까지 자기가 점유를 계속한 경우와 동일하게 전 점유자를 대위할 필요없이, 등기부상 소유자에 대하여 직접 취득시효 완성을 원인으로 한 소유권이전등기를 청구할 수 있다'는 입장을 피력하였다.

2. 결 론

판례의 다수의견에 따르면 C는 유효한 매매계약을 이유로 B에 대하여 가지는 甲임야에 관한 소유권이전등기청구권을 보전하기 위하여 B가 A에 대하여 가지는 제245조 제1항에 따른 소유권이전등기청구권을 대위행사해야 한다. 물론 B도 여전히 A에 대하여 소유권이전등기청구권을 직접 행사할 수 있다. 반면 일부학설(예컨대 하경효, 점유취득시효 완성 후의 점유이전과 소유권이전등기청구권, 고시연구, 1996년 11월호, 57면 이하)의 지지를 받고 있는 판례의 반대의견에 따르면 C는 A에 대하여 직접 소유권이전등기청구권을 행사할 수 있다. 이 경우 B는 A에 대한 소유권이전등기청구권을 가지지 못한다.

V. 설문(4): D에 대한 B의 부동산소유권이전등기청구권 및 A에 대한 B의 권리

1. D에 대한 B의 부동산소유권이전등기청구권

(1) 원 칙

점유취득시효를 이유로 한 부동산의 소유권취득은 시효완성의 사실 자체가 아니라, 등기함으로써 비로소 이루어진다. 즉, 시효완성자 B는 등기부상 소유자 A를 상대로 한 '채권적' 소유권이전등기청구권만을 가질 뿐이다. 따라서 그보다 먼저 이전등기를 경료함으로써 소유권을 확정적으로 취득한 제3자 D에 대하여 B가 시효완성을 주장하면서, 채무자가 아닌 자에게 채권을 행사할 수는 없다. 이러한 법률관계는 마치 부동산소유자가 부동산을 이중으로 매매하여 제2매수인에게 먼저 소유권이전등기를 해준 경우와 동일하다고 할 수 있다(부동산의 이중매매와 관련하여서는 후술하는 [사례 40] 참조). 따라서 B가 시효완성 후 소유권이전등기 전에 A가 부동산소유권을 D에게 이전하였다면 B는 원칙적으로 D에 대하여는 소유권이전등기청구권을 가질 수 없다.

(2) 예 외

만일 A가 B의 시효완성 사실을 알고 D에게 부동산을 팔았고, D가 이에 적극 가담하였다면 그러한 A와 D 사이의 매매계약은 선량한 풍속 기타 사회질서에 반하는 법률행위로 평가되어 무효로 된다(제103조, 판례 [5-2] 참조). 이 경우 판례와 학설의 ―결론에 있어― 일치된 견해에 따르면 B는 A가 D에 대하여 가지는 소유권이전(내지 말소)등기청구권을 대위행사함으로써 그가 A에 대하여 가지는 소유권이전등기청구권을 보전할 수 있다.

한편 D가 甲임야의 소유권을 취득한 시점인 2006년 6월초부터 B가 그 부동산을 다시 20년 이상 점유하여 자신의 시효를 완성하였다면 B는 D에 대하여 직접 소유권이전등기청구권을 가진다(판례 [1-3] 참조).

2. A에 대한 B의 권리

(1) 채무불이행을 원인으로 한 손해배상청구권

판례(판례 참조 [5-3])에 따르면 '부동산점유자에게 시효취득으로 인한 소유권이전등기청구권이 있다고 하더라도 이로 인하여 부동산소유자와 시효취득자 사이에 계약상의 채권·채무관계가 성립하는 것은 아니므로, 그 부동산을 처분한 소유자에게 채무불이행책임을 물을 수 없다'고 한다.

그러나 불이행이 문제되는 채무가 법률행위에 기인한 것이든 법률규정에 기인한 것이든 이는 원칙적으로 문제가 되지 않는다. 제245조 제1항이 시효완성점유자에게 원소유자에 대한 채권적 소유권이전등기청구권을 취득하도록 규정하고 있다면, 시효완성자와 원소유자 사이에는 바로 이 법률규정에 의하여 채권관계가 성립하고, 이 채권관계의 한 당사자로서 원소유자는 시효완성자에 대하여 소유권이전등기'채무'를 부담한다. 물론 채무자인 원소유자의 채무불이행을 이유로 한 손해배상청구권을 채권자인 시효완성자가 행사할 수 있기 위해서는 채무불이행에 관하여 채무자에게 귀책사유(채무자 자신 또는 이행보조자의 고의·과실)가 있어야 한다(제390조, 제391조).

(2) 불법행위를 원인으로 한 손해배상청구권

판례에 따르면 부동산소유자가 자신의 부동산에 대하여 취득시효가 완성된 사실을 알고 이를 제3자에게 처분하여 소유권이전등기를 넘겨줌으로써 취득시효완성을 원인으로 한 소유권이전등기의무를 이행불능에 빠뜨려 시효취득을 주장하는 자에게 손해를 입혔다면 불법행위를 구성한다고 하면서(판례 참조 [5-2]), 다만 취득시효가 완성된 후 점유자가 그 취득시효를 주장하거나 이로 인한 소유권이전등기청구를 하기 이전에는, 특별한 사정이 없는 한 그 등기명의인인 부동산소유자로서는 그 시효취득 사실을 알 수 없는 것이므로, 이를 제3자에게 처분하였다고 하더라도 불법행위가 성립하지는 않는다고 한다(판례 참조 [5-3]).

이러한 판례의 인식은 (법정채권관계의) 채무자가 자신의 채무를 이행불능에 빠뜨림으로써 채권자가 부동산소유권을 취득하지 못하는 손해를 입었기 때문에 불법행위책임을 부담하지만, 채무자가 소유권이전등기채무의 존재를 인식할 수 없었다면 책임성립은 부정된다는 것이다. 그러나 채무자 아닌, 제3자가 채권을 침해하였다면 불법행위책임이 문제될 수도 있으나, 채무자가 자신의 채권자의 채권을 침해한 때는 채무불이행책임이 성립한다고 인식하는 것이 보다 순리일 것이다.

어쨌든 자신이 채무를 부담하고 있음을 인식하지 못한 채무자에게 — 불법행위 또는 채무불이행에 따른 손해배상책임의 성립을 위한 — 귀책사유를 인정하기는 어려울 것이다.

(3) 대상청구권

판례(판례참조 [5-4])에 따르면 시효완성자가 원소유자에 대하여 시효완성 후 시효취득대상 부동산의 소유권이전채무의 이행불능시 그 代償으로 원소유자가 취득한 물건이나 권리의 이전을 요구할 수 있는, 이른바 대상청구권을 행사할 수 있기 위해서는 이행불능 전에 등기명의자인 원소유자에 대하여 점유로 인한 부동산소유권 취득기간이 만료되었음을 이유로 그 권리를 주장하였거나 그 취득기간만료를 원인으로 한 등기청구권을 행사하였어야 하고, 그 이행불능 전에 그와 같은 권리의 주장이나 행사에 이르지 않았다면 대상청구권을 행사할 수 없다고 한다. 이에 따르면 사안에서 원소유자 A는 시효완성자 B의 시효완성 사실을 모르고 甲임야를 처분한 것으로 보이므로 B는 A에 대하여 대상청구권을 행사할 수 없다.

3. 결 론

D가 시효완성에 관하여 악의인 A의 부동산처분행위에 적극적으로 가담하지 않았다면 B는 D에 대하여 소유권이전등기청구권을 가질 수 없다.

이때 B가 A에 대하여 불법행위를 이유로 하든(제750조), 채무불이행을 이유로 하든(제390조) 손해배상청구권을 행사하기 위해서는 A가 시효완성 사실을 알고 있으면서(악의) 소유권이전채무의 이행불능에 관하여 고의 또는 적어도 과실이 있어야 할 것이다. 판례에 따르면 B가 A에 대하여 대상청구권을 행사할 수 있기 위해서는 마찬가지로 A가 시효완성 사실에 관하여 악의이어야 한다.

≪판 례≫

[1] 부동산 점유취득시효의 완성을 위한 20년 기간의 기산점의 원칙과 예외

[1-1] (대판 1989. 4. 25, 88다카3618) 취득시효는 그 기간 동안 등기명의자가 동일하고 취득자의 변동이 없는 경우가 아닌 한 그 기초되는 점유의 개시일로부터 기산하여야 하고 임의로 기산일을 정할 수 없다.

[1-2] (대판 1976. 6. 22, 76다487·488) 시효기간중 계속해서 등기명의자가 동일하고 그간에 취득자의 변동이 없는 경우에는 시효완성을 동명의자에 대해서 주장함에 있어서 시효기간의 기산점을 어디에 두든지 간에 시효의 완성을 주장할 수 있는 시점에서 보아 시효기간이 경과된 사실만 확정되면 그로써 부족함이 없다.

[1-3] (대판 1998. 5. 12, 97다34037) ① 취득시효의 기산점은 법률효과의 판단에 관하여 직접 필요한 주요사실이 아니고 간접사실에 불과하므로 법원으로서는 이에 관한 당사자의 주장에 구속되지 아니하고 소송자료에 의하여 점유의 始期를 인정할 수 있다. ② 취득시효기간중 계속해서 등기명의자가 동일한 경우에는 그 기산점을 어디에 두든지 간에 취득시효의 완성을 주장할 수 있는 시점에서 보아 그 기간이 경과한 사실만 확정되면 충분하므로, 전 점유자의 점유를 승계하여 자신의 점유기간과 통산하면 20년이 경과한 경우에 있어서도 전 점유자가 점유를 개시한 이후의 임의의 시점을 그 기산점으로 삼아 취득시효의 완성을 주장할 수 있고 이는 소유권에 변동이 있더라도 그 이후 계속해서 취득시효기간이 경과하도록 등기명의자가 동일하다면 그 소유권 변동 이후 전 점유자의 점유기간과 자신의 점유기간을 통산하여 20년이 경과한 경우에 있어서도 마찬가지이다.

[2] 부동산점유취득시효의 요건으로서 자주점유(소유의 의사로 하는 점유)

[2-1] (대판 1994. 4. 29, 93다18327·18334) 매수한 건물이 타인 소유인 대지 위에 무단히 건립된 것임을 알면서도 이를 매수한 후 증축하여 그 대지부분을 점유, 사용하여 왔다고 하더라도 이는 [점유]권원의 성질상 자주점유에 해당한다.

[2-2] (대판[전] 1997. 8. 21, 95다28625) ① 민법 제197조 제1항에 의하면 물건의 점유자는 소유의 의사로 점유한 것으로 추정되므로 점유자가 취득시효를 주장하는 경우에 있어서 스스로 소유의 의사를 입증할 책임은 없고, 오히려 그 점유자의 점유가 소유의 의사가 없는 점유임을 주장하여 점유자의 취득시효의 성립을 부정하는 자에게 그 입증책임이 있다. ② 점유자의 점유가 소유의 의사 있는 자주점유인지 아니면 소유의 의사 없는 타주점유인지의 여부는 점유자의 내심의 의사에 의하여 결정되는 것이 아니라 점유취득의 원인이 된 권원의 성질이나 점유와 관계가

있는 모든 사정에 의하여 외형적·객관적으로 결정되어야 하는 것이기 때문에 점유자가 성질상 소유의 의사가 없는 것으로 보이는 권원에 바탕을 두고 점유를 취득한 사실이 증명되었거나, 점유자가 타인의 소유권을 배제하여 자기의 소유물처럼 배타적 지배를 행사하는 의사를 가지고 점유하는 것으로 볼 수 없는 객관적 사정, 즉 점유자가 진정한 소유자라면 통상 취하지 아니할 태도를 나타내거나 소유자라면 당연히 취했을 것으로 보이는 행동을 취하지 아니한 경우 등 외형적·객관적으로 보아 점유자가 타인의 소유권을 배척하고 점유할 의사를 갖고 있지 아니하였던 것이라고 볼 만한 사정이 증명된 경우에도 그 추정은 깨어진다. ③ [다수의견] 점유자가 점유 개시 당시에 소유권취득의 원인이 될 수 있는 법률행위 기타 법률요건이 없이 그와 같은 법률요건이 없다는 사실을 잘 알면서 타인 소유의 부동산을 무단점유한 것임이 입증된 경우, 특별한 사정이 없는 한 점유자는 타인의 소유권을 배척하고 점유할 의사를 갖고 있지 않다고 보아야 할 것이므로 이로써 소유의 의사가 있는 점유라는 추정은 깨어졌다고 할 것이다.

[2-3] (대판 1998.3.13, 97다55447) 무허가건물을 매수할 당시에 이미 그 건물의 부지가 타인의 소유라는 사정을 잘 알면서도 건물만을 매수한 후 그 건물 부지에 대한 점유를 개시한 경우, 매수인이 그 건물 부지에 대한 점유를 개시할 당시에 성질상 소유권취득의 원인이 될 수 있는 법률행위 기타 법률요건이 없이 그와 같은 법률요건이 없다는 사정을 알면서 점유한 것이므로, 매수인이 그 건물 부지를 소유의 의사로 점유한 것이라는 추정은 깨어졌다고 보아야 하고, 달리 특별한 사정이 없는 한 그의 점유는 타주점유로 보아야 한다.

[3] 등기부상 소유자에 대한 시효완성점유자의 소유권이전등기청구권 및 그 소멸시효

[3-1] (대판 1992.12.11, 92다9968·9975) 취득시효기간이 만료된 토지의 점유자는 만료 당시의 토지소유자에 대하여 시효취득을 원인으로 하는 소유권이전등기청구권을 가짐에 그치고, 취득시효기간 만료 후에 새로이 토지의 소유권을 취득한 사람에 대하여는 시효취득으로 대항할 수 없다.

[3-2] (대판 1997.4.25, 96다53420) 취득시효완성으로 토지의 소유권을 취득하기 위해서는 그로 인하여 소유권을 상실하게 되는 시효완성 당시의 소유자를 상대로 소유권이전등기청구를 하는 방법에 의하여야 한다.

[3-3] (대판[전] 1995.3.28, 93다47745) [다수의견] 원래 취득시효제도는 일정한 기간 점유를 계속한 자를 보호하여 그에게 실체법상의 권리를 부여하는 제도이므로, 부동산을 20년간 소유의 의사로 평온·공연하게

점유한 자는 제245조 제1항에 의하여 점유부동산에 관하여 소유자에 대한 소유권이전등기청구권을 취득하게 되며, 점유자가 취득시효기간의 만료로 일단 소유권이전등기청구권을 취득한 이상, 그후 점유를 상실하였다고 하더라도 이를 시효이익의 포기로 볼 수 있는 경우가 아닌 한, 이미 취득한 소유권이전등기청구권은 소멸되지 아니한다.

[반대의견] 점유취득시효기간이 만료된 이후 부동산에 대한 점유를 상실한 사람은 그 상실원인이 무엇이든지 간에 등기부상 소유자를 상대로 시효취득을 주장하여 소유권이전등기를 청구할 수 없다.

[4] 취득시효완성한 점유자로부터 부동산점유를 승계한 자의 법적 지위

(대판[전] 1995. 3. 28, 93다47745) [다수의견] 전 점유자의 점유를 승계한 자는 그 점유 자체와 하자만을 승계하는 것이지 그 점유로 인한 법률효과까지 승계하는 것은 아니므로 부동산을 취득시효기간 만료 당시의 점유자로부터 양수하여 점유를 승계한 현 점유자는 자신의 전 점유자에 대한 소유권이전등기청구권을 보전하기 위하여 전 점유자의 소유자에 대한 소유권이전등기청구권을 대위행사할 수 있을 뿐, 전 점유자의 취득시효완성의 효과를 주장하여 직접 자기에게 소유권이전등기를 청구할 권원은 없다.

[반대의견] 취득시효기간 만료 후 부동산에 대한 점유승계가 이루어진 경우에는 점유를 승계한 현 점유자는, 제199조 제1항에 의하여 자기의 점유와 전 점유자의 점유를 아울러 주장할 수 있으므로, 승계한 점유의 시초부터 현재까지 자기가 점유를 계속한 경우와 동일하게 전 점유자를 대위할 필요없이, 등기부상 소유자에 대하여 직접 취득시효완성을 원인으로 한 소유권이전등기를 청구할 수 있다고 봄이 상당하다.

[5] 등기부상 소유자가 시효완성된 부동산을 제3자에게 처분한 경우의 법률관계

[5-1] (대판 1977. 8. 23, 77다785) 취득시효기간 완성 후 아직 그것을 원인으로 하여 소유권이전등기를 경료하지 아니한 자는 종전소유자로부터 그 부동산에 대한 등기부상 소유명의를 넘겨받은 제3자에 대하여 시효취득을 주장할 수 없으나, 취득시효기간 만료 전에 등기명의를 넘겨받은 경우에는 시효취득자는 그 취득시효기간 완성 당시의 등기명의자에 대하여 그 소유권취득을 주장할 수 있다.

[5-2] (대판 1995. 6. 30, 94다52416) 부동산소유자가 자신의 부동산에 대하여 취득시효가 완성된 사실을 알고 이를 제3자에게 처분하여 소유권이전등기를 넘겨줌으로써 취득시효완성을 원인으로 한 소유권이전등기의무를 이행불능에 빠뜨려 시효취득을 주장하는 자에게 손해를 입혔다면 불법행위를 구성하며, 이 경우 부동산을 취득한 제3자가 부동산소유

자의 이와 같은 불법행위에 적극 가담하였다면 이는 사회질서에 반하는 행위로서 무효이다.

[5-3] (대판 1995.7.11, 94다4509) ① 취득시효가 완성된 후 점유자가 그 취득시효를 주장하거나 이로 인한 소유권이전등기청구를 하기 이전에는, 특별한 사정이 없는 한 그 등기명의인인 부동산소유자로서는 그 시효취득 사실을 알 수 없는 것이므로, 이를 제3자에게 처분하였다고 하더라도 불법행위가 성립하는 것은 아니다. ② 부동산점유자에게 시효취득으로 인한 소유권이전등기청구권이 있다고 하더라도 이로 인하여 부동산소유자와 시효취득자 사이에 계약상의 채권·채무관계가 성립하는 것은 아니므로, 그 부동산을 처분한 소유자에게 채무불이행책임을 물을 수 없다.

[5-4] (대판 1996.12.10, 94다43825) 민법상 이행불능의 효과로서 채권자의 전보배상청구권과 계약해제권 외에 별도로 대상청구권을 규정하고 있지는 않으나 해석상 대상청구권을 부정할 이유는 없는 것이지만, 점유로 인한 부동산소유권 취득기간 만료를 원인으로 한 등기청구권이 이행불능으로 되었다고 하여 대상청구권을 행사하기 위해서는, 그 이행불능 전에 등기명의자에 대하여 점유로 인한 부동산소유권 취득기간이 만료되었음을 이유로 그 권리를 주장하였거나 그 취득기간 만료를 원인으로 한 등기청구권을 행사하였어야 하고, 그 이행불능 전에 그와 같은 권리의 주장이나 행사에 이르지 않았다면 대상청구권을 행사할 수 없다고 봄이 공평의 관념에 부합한다.

관련사례 18-1 通行地役權의 時效取得

≪설 문≫

무효인 매매계약에 기초하여 1985년 5월 말쯤부터 甲토지를 점유하고 있는 A는 公路로 진입할 수가 없자 곧 인근 乙토지를 관통하는 통로를 개설하고 이를 장기간 이용해 왔다. 乙토지를 포함한 그 일대가 신도시로 개발된다는 소식에 乙토지의 소유자 B가 오랫동안 방치하던 乙토지를 둘러보던 중 A가 자신의 땅을 허락도 없이 사용하고 있음을 알게 되었고, 그는 2005년 7월초 A에 대하여 더 이상 자신의 땅을 통로로 이용하지 말라고 엄중 경고하였다.

A와 B의 법률관계를 검토하시오.

풀이제안

Ⅰ. 논점분석

1) (통행)지역권의 의의(제291조 참조),

2) 통행지역권을 시효로 취득하기 위한 요건(제294조 및 제245조),

3) 요역지소유권을 시효취득한 자의 승역지에 관한 지역권의 시효취득,

4) 시효취득한 지역권의 사용의 대가로서 지료의 문제를 각각 검토해야 한다.

Ⅱ. 지역권의 의의

지역권은 일정한 목적을 위하여 타인의 토지를 자기의 토지의 편익에 이용하는 용익물권으로서 요역지(여기서는 甲토지)와 승역지(여기서는 乙토지) 사이의 권리관계에 터잡은 것이므로 어느 토지에 대하여 통행지역권을 주장하려면 그 토지의 통행으로 편익을 얻는 요역지가 있음을 주장·입증하여야 한다(판례 [1] 참조).

Ⅲ. 통행지역권의 시효취득을 위한 요건

1. 제245조에의 준용

지역권을 승역지소유자와의 설정계약이 아닌, 점유를 통한 시효취득을 하기 위해서는 '계속되고 표현된 지역권에 한하여 제245조를 준용'하도록 제294조가 규정한다. 따라서 A는 평온·공연하게 乙토지를 점유하여 통로로 사용했어야 한다. 다만 지역권을 행사한다는 의사는 '소유의 의사'가 아니며, 따라서 '자주점유'일 것을 요구하는 한도내에서는 제245조 제1항이 준용될 여지는 없다.

2. 계속되고 표현된 점유

제294조에서 요구하는 계속되고 표현된 점유와 관련하여 판례는 요

역지의 소유자가 통로를 개설하여 승역지를 항시 사용하고 있는 객관적인 상태가 20년간 계속되어야 한다고 한다(판례참조 [2-1]). 그렇다면 사안에서처럼 요역지의 소유자가 아닌, A가 승역지에 통로를 개설하고 이를 점유·사용하다가 요역지의 소유권을 시효취득한 경우 그 통로의 개설 역시 요역지의 소유자에 의한 것과 동일한 법적 취급을 할 수 있는지는 문제이다. 이에 대하여 판례는 요역지의 소유권을 점유시효취득하면 제247조에 따라 소유권취득의 효력이 점유 개시 당시로 소급하기 때문에 요역지의 시효취득자가 요역지 점유 개시 당시에 승역지 위에 통로를 개설하고 20년간 점유, 사용하였다면 이는 요역지의 '소유자로서' 행한 사실행위라고 판단한다(판례참조 [2-2]). 이에 따르면 A는 乙토지 위에 통행지역권을 시효취득할 수 있게 된다.

Ⅳ. 통행지역권의 시효취득에 따른 법률효과

제294조는 제245조를 준용하도록 지시하므로 지역권의 시효취득을 위한 요건을 충족한 승역지점유자도 '등기함으로써' 비로소 지역권을 취득하게 된다. 즉, 사안의 경우 A는 B에 대하여 '채권적'인 지역권설정등기청구권을 취득한다. 판례도 시효취득한 지역권을 등기하지 않은 채 지역권을 양도한 경우 그 양수인이 '승역지소유권의 양수인'을 상대로 지역권을 주장할 수 없다고 판단한 바 있다(판례참조 [3]).

≪관련판례≫

[1] 통행지역권의 의의

[1-1] (대판 1992. 12. 8, 92다22725) 지역권은 일정한 목적을 위하여 타인의 토지를 자기의 토지의 편익에 이용하는 용익물권으로서 요역지와 승역지 사이의 권리관계에 터잡은 것이므로 어느 토지에 대하여 통행지역권을 주장하려면 그 토지의 통행으로 편익을 얻는 요역지가 있음을 주장·입증하여야 한다.

[1-2] (대판 1976. 10. 29, 76다1694) 위요지통행권이나 통행지역권은 모두 인접한 토지의 상호이용의 조절에 기한 권리로서 토지의 소유자 또는 지상권자, 전세권자 등 토지사용권을 가진 자에게 인정되는 권리이므로, 이러한 권리자가 아닌 토지의 불법점유자는 토지소유권의 상린관계로서 위요지통행권의 주장이나 통행지역권의 시효취득 주장을 할 수 없다.

[2] 통행지역권의 시효취득을 위한 요건

[2-1] (대판 1966. 9. 6, 65다2305·2306) 통로의 개설이 없는 일정한 장소를 오랜 시일 통행한 사실이 있다거나 또는 토지의 소유자가 다만 이웃하여 사는 교분으로 통행을 묵인하여 온 사실이 있다고 하더라도 그러한 사실만으로는 지역권을 취득할 수 없고 제294조에 의하여 지역권을 시효취득함에 있어서는 요역지의 소유자가 승역지 위에 통로(도로)를 개설하여 승역지를 항시 사용하고 있는 객관적 상태가 제245조에 규정된 기간 계속한 사실이 있어야 한다(동지: 대판 1995. 6. 13, 95다1088, 95다1095).

[2-2] (대판 1991. 10. 22, 90다16283) 甲이 토지(다)를 점유함으로써 점유로 인한 부동산소유권의 취득기간이 만료되어 그 소유권을 취득하였다면, 제247조에 따라 그 소유권취득의 효력은 점유를 개시한 때에 소급하는 것이므로, 甲이 그 당시 토지(라) 위에 도로를 개설하거나 그후 20년간 토지(라)를 도로로 점유·사용한 것은 토지(다)의 소유자로서 행한 사실행위라고 보아야 할 것이다. 그렇다면 甲이 토지(다)의 점유를 개시할 당시 토지(라) 위에 도로를 개설하고 그때부터 20년간 계속하여 도로로 점유·사용하여 온 이상, 원심이 甲은 토지(라)를 점유하기 시작할 당시에 甲이 요역지라고 주장하는 토지(다)의 소유자가 아니었다는 이유만으로, 토지(라)에 관한 점유로 인한 통행지역권의 취득을 부정한 것은 점유로 인한 부동산소유권취득의 소급효에 관한 법리를 오해하였거나 간과한 위법을 저질렀다.

[3] 통행지역권의 시효취득에 따른 법률효과

(대판 1990. 10. 30, 90다카20395) 제249조에 의하여 지역권은 계속되고 표현된 것에 한하여 제245조의 규정을 준용하게 되어 있으므로 지역권을 시효취득한 자는 등기함으로써 그 지역권을 취득하는 것이라고 보아야 할 것인데, 시효취득자 甲이 지역권을 등기한 바 없고 그 대지를 취득시효기간이 지난 뒤에 丙이 소유자로부터 매수하여 소유권이전등기까지 경료하였다면 乙이 甲으로부터 지역권을 승계취득하였다고 하더라도 병에 대하여 이를 주장할 수 없다.

[物　權　法]

事例 19

動産所有權의 善意取得

≪설 문≫

C는 A소유의 노트북을 사용하고 있다. A가 자신의 秘標가 있는 노트북을 C가 소지하고 있음을 알게 되었고, C에게 자신의 물건을 돌려달라고 요구하였다.

다음의 각 경우에 이러한 A의 요구를 C가 거부할 수 있는지 여부를 검토하시오.

(1) A와 B 사이의 노트북에 관한 매매계약이 착오를 이유로 취소되었다. 그러나 이를 알지 못한 C는 B로부터 노트북을 매수하였고, 이를 현실인도받았다.

(2) A의 대리인이라고 자신을 소개하는 (실제로는 무권대리인인) B로부터 C는 이를 믿고서 노트북을 매수하였고, 이를 현실인도받았다.

(3) A는 B에게 노트북을 매각하였지만, 자신이 미성년자임에도 불구하고 부모의 동의를 받지 않았다는 것을 이유로 B와의 매매계약을 취소하였다. 그러나 노트북의 임자가 B라고 믿고 있던 C는 B로부터 노트북을 매수하였고, 이를 현실인도받았다.

(4) A로부터 노트북을 빌린 B는 이를 다시 C에게 빌려주었다. 노트북이 B의 소유라고 믿고 있었던 C는 이를 매수하고 간이인도를 마쳤다.

(5) 사실 B는 A의 노트북을 훔쳤다. 노트북이 B의 것이라 믿고 있는 C에게 이를 매각하고 현실인도하였다.

목차제안

풀이제안

Ⅰ. 논점분석

노트북, 즉 동산의 원소유자 A, 처분권한 없이 이를 처분한 자 B, B와의 매매계약을 원인으로 노트북의 소유권을 취득하였다고 믿는 C 사이의 법률관계가 문제된다. 동산의 원소유자 A는 소유권에 기초한 물권적 청구권(제213조 본문) 내지 적어도 부당이득반환청구권(제741조)을 행사함으로써 C에 대하여 노트북의 반환을 요구할 수 있다고 생각하기 때문에 만일 C가 노트북의 소유권을 취득할 수 있는 법제도가 있다면, 이를 기초로 C는 A의 요구에 응하지 않아도 된다. 따라서 C가 노트북소유권을 선의취득할 수 있는지의 여부를 검토해야 한다(설문(1)의 경우 착오를 이유로 한 취소의 효과는 상대적 무효이므로, 선의의 제3자 C는 제109조 제2항에 의하여 보호받을 수도 있다. 이 경우도 '결과적'으로는 C가 선의의 보호에 따른 반사적 효과로서 소유권을 취득하였다고 볼 수 있다).

원소유자인 A가 B에게 노트북의 점유를 자발적으로 이전한 경우에 해당하는 설문(1) 내지 설문(4)의 경우와는 달리 설문(5)의 경우는 A의 의사에 반하여 B가 노트북의 점유를 취득하였다. 따라서 이하에서는 노트북이 점유위탁물인 경우와 점유이탈물인 경우로 나누어 설문의 경우가 선의취득의 요건을 충족하는지의 여부를 중심으로 검토하기로 한다.

Ⅱ. C에 대한 A의 소유물반환청구권

1. 선의취득의 의의

선의취득이란 동산을 점유하고 있는 상대방을 권리자로 믿고 평온·공연·선의·무과실로 거래한 경우에는 비록 양도인이 정당한 권리자가 아니라 할지라도 양수인에게 그 동산에 대한 소유권(제249조) 또는 질권(제343조→제249조)의 취득을 인정하는 제도이다. 이는 동산거래의 안전을 확보하기 위하여 동산물권, 특히 소유권의 공시방법인 점유에 일종의 공신력을 부여하는 것과 같은 결과를 가지는 제도로써, 부동산물권, 특히 소유권의 공시방법인 등기에는 공신력을 인정하지 않는 것과 대조를 이룬다.

2. 선의취득의 요건

(1) 객체에 관한 요건

선의취득의 객체는 동산에 국한되고, 등기로 공시되는 부동산은 이에 포함되지 않는다. 등기에 의하여 공시되는 동산(선박 등), 명인방법에 의해 공시되는 물건(입도 등), 입목등기에 의해 공시되는 입목 등은 공시방법이 점유와는 무관하므로 선의취득의 객체로 되지 않는다. 그리고 유가증권은 유통이 빈번한 것이므로 특별규정(제514조, 제524조; 상법 제65조, 제359조; 수표법 제21조; 어음법 제16조)에 의하여 규율된다. 그러나 부동산등기에 의하여 공시되는 동산(공장저당법 제9조 제2항)(공장저당권의 효력이 미치는 공장설치동산은 그 공장에서 분리되어 제3취득자에게 인도되더라도 저당권의 효력은 미치지만, 그 분리된 개개의 동산은 선의취득의 대상이 된다)이나 증권에 의해 표상된 상품(상법 제128조 이하)(인도증권(창고증권, 화물상환증, 선하증권)에 의하여 양도되는 동산이라도 일단 증권에 의하지 않고 운송 내지 임치관계로부터 이탈하면 마찬가지로 선의취득의 대상이 된다) 등은 여전히 선의취득의 객체가 될 수 있다.

사안에서 거래의 객체는 노트북으로 동산이기 때문에 객체에 관한 요건을 충족한다.

(2) 처분자(양도인)에 관한 요건

1) **처분자가 목적물의 점유자일 것** 선의취득의 제도적 취지가 무권리자의 점유를 신뢰하여 이와 거래한 자를 보호하는 데 있으므로 처분자가 목적물의 점유자일 것이 요구된다. 여기서 점유라 함은 직접점유이든 간접점유이든 혹은 자주점유이든 타주점유이든 상관없다.

설문은 모두 처분자 B가 동산을 직접점유 내지 간접점유하고 있는 것으로 보이므로 본 항목의 요건을 충족하고 있다.

2) **처분자가 무권리자일 것** 처분자가 무권리자라 함은 '동산을 처분할 수 있는 권한'이 없는 자를 말한다. 가령 소유자로서 동산을 처분한 자가 실제로는 임차인, 수치인 등에 불과한 경우라든가, 타인의 동산을 자기 이름으로 처분할 권한을 가졌다고 자처하는 자(질권자, 위탁매매인, 집달관 등)가 실제로는 그러한 처분권한이 없는 경우가 이에 해당된다.

한편 대리인이 동산을 처분한 경우에 처분자가 무권리자인가의 여부는 본인을 기준으로 판단한다. 대리인에 의하여 거래가 이루어지는 때에도 처분자는 본인이기 때문이다(제114조 참조). 즉, 본인이 직접 처분하였더라면 선의취득이 적용될 수 있는 경우에 한하여 대리인이 처분하더라도 선의취득이 될 수 있다. 따라서 대리인이 본인소유가 아닌 동산을 처분한 경우에 이 요건이 충족된다고 보아야 한다.

설문(1), (3), (4) 및 (5)의 경우에서는 모두 동산의 소유권이 없는 B가 소유자로서 처분하고 있으므로 본 항목의 요건을 충족하고 있다. 반면 설문(2)의 경우에서는 B가 A의 대리인으로서 동산을 처분하고 있으므로 본인 A를 기준으로 처분권한의 유무를 판단하여야 한다. A는 정당한 소유자이므로 본 항목의 요건을 충족하지 않는다.

(3) 취득자(양수인)에 관한 요건

1) **평온·공연·선의·무과실일 것** 여기서 선의라 함은 처분자가 무권리자이었음을 알지 못한 것이고, 무과실이란 선의인 데 과실이 없음을 말한다. 평온·공연이란 거래의 과정에 관한 것이다.

일반적으로 점유자는 선의로 평온·공연하게 점유하는 것으로 추정되지만(제197조 제1항), 무과실도 추정되는지가 문제된다. 다수설은 제200조를 근거로 무과실도 역시 추정된다고 하나, 판례(판례 참조 [3])와 소수설은 선의취득을 주장하는 자에게 무과실의 입증책임이 있다고 한다.

설문은 모두 취득자 C가 평온·공연하게 동산의 점유를 개시하였고, 처분자 B를 소유자로 믿었으며(선의), 그렇게 믿은 데에 과실을 인정할 만한 특별한 사정이 언급된 바 없으므로 무과실이 인정된다.

2) **점유를 취득하였을 것** 거래에 의하여 취득자가 점유를 취득하게 된 방법은 반드시 현실인도(제188조 제1항)에만 국한되지는 않는다. 현실인도 이외에 간이인도(제188조 제2항, 판례 [2] 참조)나 반환청구권의 양도(제190조, 판례 [2-6] 참조)에 의하는 방법으로도 충분하다.

다만 점유개정(제189조)에 의하여 소유권을 취득하려 했던 경우에도 선의취득을 인정할 것인가에 관해서는 다툼이 있다. 이를 긍정하는 견해는 점유개정도 동산물권변동의 효력발생요건으로 명시하고 있는 이상, 점유개정에 의한 선의취득을 부정할 이유가 없다고 한다(김기선, 물권법, 220면. 김상용, 물권법, 227면에서는 선의취득의 요건으로서는 점유개정도 가능하지만, 소유권취득의 법률효과가 확정되기 위해서는 현실인도가 있어야 한다고 한다). 절충적인 입장은 점유개정에 의한 선의취득을 긍정하더라도 소유권의 취득은 아직 확정적인 것은 아니므로, 원소유자와 선의취득자 중에서 먼저 물건의 현실인도를 받은 사람이 확정적으로 권리를 보전하거나 취득한다고 한다(곽윤직, 물권법, 125면. 결론에 있어서 同旨: 이영준, 한국민법론[물권편], 251면). 그러나 점유개정은 관념적 점유이전방법 중에서 가장 불명확한 것이라는 점, 외부에서 거래행위의 존재를 전혀 인식할 수 없다는 점, 같은 사람에게 신뢰를 기초로 동산을 맡겨 놓은 진정한 권리자와 제3자 중에서는 전자가 우선적으로 보호되어야 한다는 점에서 점유개정에 의한 선의취득을 부정하는 판례(판례 [2-5] 참조)와 다수설의 견해가 타당하다고 생각된다.

설문(1), (2), (3) 및 (5)의 경우에서는 취득자 C가 현실인도를 받고 있으며, 설문(4)의 경우에서는 취득자 C가 이미 동산을 점유하고 있던 중 처분자 B의 의사표시에 의하여 간이인도를 받았으므로 모두 본 항목의 요건을 충족한다.

(4) 거래행위에 관한 요건

1) **동산물권에 관한 거래행위일 것** 동산물권이라고는 하지만 선의취득할 수 있는 권리는 소유권(제249조)과 질권(제343조→제249조)에 국한된다. 왜냐하면 유치권은 법정물권으로서 그 취득요건이 법정되어 있고, 점유권은 물건에 대한 사실적 지배관계로부터 당연히 발생하기 때문이다. 또한 동산물권에 국한되므로 동산에 관한 채권을 취득하는 행위에 대해서는 선의취득이 적용될 수 없다.

사안의 설문은 모두 동산의 소유권에 관한 거래행위로서 본 항목의 요건을 충족한다.

2) **법률행위에 의할 것** 선의취득은 거래안전을 보호하기 위하여 인정된 제도이므로 그 대상으로서 거래행위가 존재하여야 함은 당연하다. 거래행위라 함은 대표적으로 매매에 의한 처분행위와 같은 양도계약과 질권설정계약과 같은 처분행위를 말한다. 따라서 예컨대 타인의 유실물을 자신의 것으로 오인하여 습득한 경우 또는 타인의 산림을 자신의 것으로 오인하여 잡목을 벌채한 경우에는 선의취득이 성립하지 않는다. 또한 선의취득제도는 어디까지나 개별적인 거래를 보호하는 것이기 때문에 특정승계에 국한되며 상속, 회사의 합병과 같은 포괄승계의 경우에 있어서는 인정되지 않는다.

설문은 모두 처분자 B와 취득자 C의 거래행위가 동산의 '매매'에 해당하므로 본 항목의 요건을 충족한다.

3) **법률행위가 유효할 것** 선의취득의 제도적 취지는 거래안전의 보호에 있으므로 거래행위가 유효할 것을 전제로 함은 당연하다. 그러므로 거래당사자에게 무능력, 대리권의 흠결, 착오, 사기, 강박 등의 사유가 있어 거래행위 자체가 취소되거나 무효로 되는 경우에는 선의취득

이 적용될 여지가 없다. 가령 무능력자나 무권대리인으로부터 동산을 매수한 자가 상대방의 무능력이나 무권대리에 관해 선의·무과실이라 하더라도 선의취득은 성립될 여지가 없다. 다만 이러한 경우 거래의 안전은 무능력자의 상대방보호 또는 무권대리인의 상대방보호의 문제로서 선의취득과는 다른 차원에서 해결될 수 있다(제15조 이하, 제125조, 제126조, 제129조 또는 제135조, 제136조). 따라서 설문(2)의 경우에서는 취득자 C가 무권대리인 B와 거래를 함에 있어서 무권대리에 대해 선의·무과실이었다 하더라도 선의취득이 성립되지 않는다. 다만 C가 B를 정당한 대리인으로 믿은 데 대하여 본인 A에게 귀책사유가 있었다면 표현대리의 성립이 검토되어야 할 것이다. 설문(3)의 경우에는 B와의 매매계약이 원소유자 A의 무능력을 이유로 취소되었다. 이에 취득자 C의 선의취득이 미성년자의 보호라는 관점에서 문제될 수 있으나, 이러한 경우 선의취득이 적용될 수 없음은 이미 언급하였다. 따라서 C는 노트북을 선의취득할 수 없다. 그러나 제3자보호조항에 의하여 보호될 수는 있을 것이다.

설문(2)와 설문(3)을 제외한 나머지 경우에는 모두 처분자 B와 취득자 C 사이에 유효한 매매계약이 존재한다고 보이므로 본 항목의 요건도 충족한다고 판단할 수 있다.

3. 선의취득에 따른 법률효과

선의취득의 요건을 충족하면 양수인은 동산의 소유권(또는 질권)을 원시취득한다는 다수설에 따르면 원소유자의 물건 위에 설정되어 있던 제한물권은 선의취득과 함께 소멸한다. 반면 선의취득을 소급효를 갖는 특수한 승계취득으로 이해하는 소수설은(이영준, 한국민법론[물권편], 275-277면 참조) 선의취득자가 제한물권의 존재를 알았거나 알 수 있었던 경우에는 제한물권의 부담이 있는 소유권을 취득한다고 이해한다.

선의취득제도는 물권의 귀속만을 정하는 것이 아니라 선의취득자에게 이득을 보유케 함으로써 거래안전을 보호하려는 제도이므로 원소유자는 선의취득자에 대하여 부당이득반환청구권을 가질 수도 없다. 선의취득자는 법률의 규정(제249조)에 의하여 소유권을 적법하게 취득하고, 따라서 바로 그 법률규정이 제741조에서 말하는 법률상 원인이 된다. 물건의 소유권자는 더 이상 원소유자가 아니라, 선의취득자이다. 선의취득이 무상행위로 인한 경우에도 명문의 규정이 없는 한(예컨대 독일민법 제826조 제1항 제2문은 이를 긍정한다. 이에 관하여 자세한 것은 김형배, 사무관리·부당이득[채권각론 Ⅱ], 223면 이하 참조) 마찬가지로 이해해야 한다.

4. 결 론

설문(1) 및 (4)의 경우에는 C가 노트북의 소유권을 선의취득하며, 따라서 A는 C에 대하여 소유권에 기초한 물권적 청구권은 물론 부당이득반환청구권도 가지지 못한다. A는 B에 대하여 소유권침해에 따른 불법행위를 원인으로 한 손해배상청구권(제750조) 또는 부당이득반환청구권(제741조)을 행사할 수밖에 없다.

반면 설문(2)와 설문(3)의 경우는 선의취득의 요건을 충족하지 못하므로 선의취득이 성립하지 않는다. A는 소유권에 기초한 물권적 청구권을 행사함으로써 노트북을 되찾을 수 있다.

설문(5)의 경우는 거래의 객체인 동산이 도품이라는 점에서 별도의 검토를 요한다.

Ⅲ. 설문(5): 도품 등에 관한 특칙

1. 도품·유실물의 선의취득

(1) 원소유자의 무상의 물건반환청구권(제250조)

도품·유실물은 점유자의 의사에 기인하지 않고 그의 점유를 이탈한 물건이므로 상대방을 신뢰해서 점유를 준 경우와 달리 취급되어야 한다. 민법은 도품·유실물을 양수한 제3자가 선의취득의 요건을 갖추었다 하더라도, 피해자 또는 유실자는 도난 또는 유실한 날로부터 2년 내에 점유자에 대하여 무상으로 그 물건의 반환을 청구할 수 있도록 규정한다(제250조 본문). 반면 도품·유실물이 금전인 경우에는 반환을 청구할 수 없다(제250조 단서)(금전은 그 교환가치로서 파악되는 것이지 가치를 표상하고 있는 쇠붙이(동전) 또는 종이(지폐)가 동산으로서 문제되지 않기 때문이다. 따라서 금전이 예컨대 특정가방에 들어 있어 가방과 함께 일종의 集合物로 평가될 여지가 없는 한, 처음부터 선의취득의 객체가 될 수 없다). 이때 2년의 기간을 다수설은 물건반환청구권의 성질이 채권이라는 점에서 시효기간으로 이해하고 있으나, 제250조의 제도적 취지로 미루어 볼 때 시효중단을 인정하는 것은 타당하지 않다. 권리소멸을 법원이 직권으로 인정하는 것이 타당하므로 제척기간으로 파악하는 것이 타당하다(예컨대 이영준, 한국민법론[물권편], 284면).

이 기간 동안 동산의 소유권이 누구에게 귀속하느냐 하는 문제에 관하여 다수설은 취득과 동시에 일단 소유권은 제249조에 의하여 선의취득자에게 귀속된다고 본다. 따라서 제250조는 도난 내지 유실시 점유와 함께 상실한 본권관계를 회복하기 위한 반환청구권을 원소유자에게 부여하는 것을 목적으로 한다고 본다(김형배, 민법학강의(제6판), 523면 참조).

(2) 원소유자의 유상의 물건반환청구권(제251조)

한편 도품 또는 유실물이라는 사실을 알지 못하고 이를 공개시장 등에서 선의로 매수한 양수인에 대해서는 피해자 또는 유실자는 그 양수인이 지출한 대가를 변상하여야 반환을 청구할 수 있다(제251조).

제251조 문언상으로는 '선의'만이 요구되지만, 제251조는 앞선 제249조를 전제로 한 규정이기 때문에 대가변상을 요구하는 매수인은 선의임에 '무과실'이어야 한다는 것이 특히 판례의 태도이다(판례 [4-2] 참조). 그러나 제251조는 오히려 선의취득자의 무과실을 전제로, 이를 추정하는 규정으로 이해해야 한다. 따라서 과실의 존재에 대해서는 대가변상을 부정하는 자가 증명해야 한다.

대가변상의 권리를 대가변상이 없는 경우에 물건의 반환을 거부하는 항변권으로 볼 것이냐, 혹은 물건을 이미 반환했더라도 대가변상을 정당하게 요구할 수 있는 청구권으로 이해할 것이냐 하는 문제는 후자로 이해하는 데 이론이 없다(특히 판례 [4-3] 참조).

설문(5)의 경우 제251조는 적용될 여지가 없는 것으로 보인다.

2. 결 론

설문(5)의 경우 B가 노트북을 절취하여 C에게 매도하였고, 현재 절취시점으로부터 2년이 경과하였다면, A의 반환청구권은 제척기간이 도과하였으므로 C는 노트북을 확정적으로 선의취득하게 된다. 이는 B가 C에게 노트북을 매도한 시점이 언제인가와는 무관하다. 따라서 A는 C에 대하여 소유권을 주장하여 노트북의 반환을 청구할 수 없으며, 이를 부당이득으로 반환청구할 수도 없다. A는 B를 찾아내어 소유권침해에 따른 불법행위를 원인으로 한 손해배상청구권(제750조) 또는 부당이득반환청구권(제741조)을 행사할 수밖에 없다.

≪판 례≫

[1] 동산 선의취득제도의 취지 및 효과

[1-1] (대판 1998. 6. 12, 98다6800) 제249조의 동산 선의취득제도는 동산을 점유하는 자의 권리외관을 중시하여 이를 신뢰한 자의 소유권취득을 인정하고 진정한 소유자의 추급을 방지함으로써 거래의 안전을 확보하기 위하여 법이 마련한 제도이므로, 위 법조 소정의 요건이 구비되어 동산을 선의취득한 자는 권리를 취득하는 반면 종전소유자는 소유권을 상실하게 되는 법률효과가 법률의 규정에 의하여 발생되므로, 선의취득자가 임의로 이와 같은 선의취득 효과를 거부하고 종전소유자에게 동산을 반환받아 갈 것을 요구할 수 없다.

[1-2] (대판 1994. 10. 11, 94다16175) 동산에 관하여는 공부상 그 소유관계가 공시될 수 없으므로 명의신탁이 성립할 여지가 없고, 다만 동산을 점유하고 있다는 외관을 신뢰하고 그 점유자로부터 이를 매수하여 점유한 경우에는 동산의 선의취득이 문제될 뿐이다.

[1-3] (대판 1985. 12. 24, 84다카2428) 제249조의 선의취득은 점유인도를 물권변동의 요건으로 하는 동산의 소유권취득에 관한 규정으로서 (제343조에 의하여 동산질권에도 준용) 저당권의 취득에는 적용될 수 없다.

[2] 동산 선의취득의 요건

[2-1] (대판 1995. 6. 29, 94다22071) 동산의 선의취득은 양도인이 무권리자라고 하는 점을 제외하고는 아무런 흠이 없는 거래행위이어야 성립한다.

[2-2] (대판 1964. 9. 22, 64다406) 동산에 대한 선의취득에 있어서는 점유의 계속이 선의취득의 요건은 아니다.

[2-3] (대판 1981. 8. 20, 80다2530) 동산의 선의취득에 필요한 점유의 취득은 이미 현실적인 점유를 하고 있는 양수인에게는 간이인도에 의한 점유취득으로 그 요건은 충족된다.

[2-4] (대판 1978. 1. 17, 77다1872) 동산의 선의취득에 필요한 점유의 취득은 현실적 인도가 있어야 하고 점유개정에 의한 점유취득만으로

는 그 요건을 충족할 수 없다.

[2-5] (대판 1999. 1. 26, 97다48906) 양도인이 소유자로부터 보관을 위탁받은 동산을 제3자에게 보관시킨 경우에 양도인이 그 제3자에 대한 반환청구권을 양수인에게 양도하고 지명채권양도의 대항요건을 갖추었을 때에는 동산의 선의취득에 필요한 점유의 취득요건을 충족한다.

[2-6] (대판 1972. 11. 28, 72다945) 동산을 경락받고 집달리로부터 현실적으로 이를 인도받은 자는 그 동산에 대하여 선의·무과실로 평온·공연하게 점유를 개시하여 소유권을 취득하였다고 볼 것이다.

[3] 제249조의 선의·무과실의 기준시점 및 증명책임

[3-1] (대판 1959. 8. 27, 4291민상678) 동산의 선의취득자는 무과실의 입증책임이 있다.

[3-2] (대판 1991. 3. 22, 91다70) 제249조가 규정하는 선의, 무과실의 기준시점은 물권행위가 완성되는 때이므로 물권적 합의가 동산의 인도보다 먼저 행하여지면 인도된 때를, 인도가 물권적 합의보다 먼저 행하여지면 물권적 합의가 이루어진 때를 기준으로 해야 한다.

[3-3] (대판 2000. 9. 8, 99다58471) 주권의 취득이 악의 또는 중대한 과실로 인한 때에는 선의취득이 인정되지 않는바(상법 제359조; 수표법 제21조), 여기서 악의 또는 중대한 과실의 존부는 주권취득의 시기를 기준으로 결정하여야 하며, 중대한 과실이란 거래에서 필요로 하는 주의의무를 현저히 결여한 것을 말한다.

[4] 도품·유실물의 선의취득에 관한 제250조 및 제251조

[4-1] (대판 1957. 6. 22, 4289민상428) 타인소유 재산의 보관 및 관리의 업무에 종사하던 자가 그 직에서 해임당한 후로도 계속하여 그 재산을 보관·관리하던 중 이를 매각처분한 행위는 절도행위가 아니고 횡령행위이며 따라서 그 물건은 도품이 아니다.

[4-2] (대판 1991. 3. 22, 91다70) ① 제250조, 제251조 소정의 '도품, 유실물'이란 원권리자로부터 점유를 수탁한 사람이 적극적으로 제3자에게 부정처분한 경우와 같은 위탁물 횡령의 경우는 포함되지 아니하고, 또한 점유보조자 내지 소지기관의 횡령처럼 형사법상 절도죄가 되는 경우도 형사법과 민사법의 경우를 동일시해야 하는 것은 아닐 뿐만 아니라, 진정한 권리자와 선의의 거래상대방간의 이익형량의 필요성에 있어서 위탁물 횡령의 경우와 다를 바 없으므로, 이 역시 제250조의 도품, 유실물에 해당하지 않는다. ② 제251조는 제249조와 제250조를 전제로 하고 있는 규정이므로 무과실도 당연한 요건이라고 해석해야 한다.

[4-3] (대판 1972. 5. 23, 72다115) 제251조의 규정은 선의취득자에게 그가 지급한 대가의 변상을 받을 때까지는 그 물건의 반환청구를 거부할

수 있는 항변권만을 인정한 것이 아니고 피해자가 그 물건의 반환을 청구하거나 어떠한 원인으로 반환을 받은 경우에는 그 대가변상의 청구권이 있다는 취지이다.

관련사례 19-1 動産質權의 善意取得

≪설 문≫

A는 B로부터 돈을 빌리면서 자신의 자전거를 入質하였다. B는 휴가중 친구인 D에게 이 자전거를 맡겨 두었다. 이 사실을 알게 된 A가 D에게 자전거를 급히 사용할 일이 있으니 이틀 동안만 빌려 달라고 요구하자 D는 이에 응하였다. 그 후 A는 이를 D에게 반환하지 않고, C로부터 다시 돈을 빌리면서 같은 자전거에 질권을 설정하고 이를 C에게 인도하였다.

A, B 및 C 사이의 법률관계를 검토하시오.

풀이제안

I. 논점분석

A와 B 사이의 질권설정계약과 질물의 인도에 의하여 A는 질권설정자, B는 질권자가 된다(제329조, 제330조). A와 C 사이에도 동일한 법률관계가 발생한다. 이때

1) 질권에 기한 물권적 청구권의 인정 여부를,
2) 질권자의 의사에 反한 질물의 반환으로 질권이 소멸하는지 여부를,
3) 질권의 선의취득 가능성를 각각 검토해야 한다.

Ⅱ. 질권에 기한 물권적 청구권

동산질권은 동산의 점유를 그 내용으로 하는 물권이므로 점유가 침해되었을 때 질권자가 점유보호청구권(제204조 내지 제206조)을 행사할 수 있다는 데에는 이론이 있을 수 없다. 그러나 민법이 질권에 대해서만 제213조와 제214조를 준용하는 규정을 두지 않았기 때문에 질권자가 질권에 기한 물권적 청구권을 가지는가에 대해서는 다툼이 있다.

제213조와 제214조를 질권에 준용한다는 규정을 두지 않은 것은 입법자가 의도하지 않은 규율흠결로서 입법상의 부주의로 판단되므로 해석상으로는 질권자에게도 질권에 기한 물권적 청구권을 인정하는 다수설의 입장이 타당하다(반대의견으로서 양창수, 동산질권에 관한 약간의 문제, 민사법학 제7호(1988), 66면(특히 85면) 이하 참조).

Ⅲ. 질물점유의 상실과 질권의 소멸

B가 질권에 기한 각종의 청구권을 행사하기 위해서는 질권이 존속해야 하는바, 질물인 자전거가 결과적으로 질권설정자인 A에게 반환되었으므로 제332조에서 규정하고 있는 이른바 대리점유금지와 관련된 문제가 발생한다. 질권자가 질물을 설정자에게 반환하여 점유를 상실하는 경우 질권이 소멸한다고 이해하는 다수설은(곽윤직, 물권법, 405면; 이영준, 한국민법론[물권편], 746면) 제332조의 규범목적이 설정자의 질물에 대한 사용·수익을 박탈하여 질권자에게 질물을 유치(留置)케 한다는 유치적 효력을 확보하는 데 있으므로 질물을 설정자에게 반환하는 행위는 이러한 질권의 특성을 깨뜨린다고 한다. 또한 질물을 반환하면 당사자간에는 효력이 있으나, 제3자에게는 대항할 수 없는 질권으로 존속한다는 다른 견해는 민법체계에 반한다고도 지적한다. 다수설에 따르면 사안에서도 만일 B 스스로 또는 B의 지시에 의해 D가 자전거를 A에게 반환하였다면 질권은 소멸하게 되고, 따라서 질권에 기한 각종의 청구권도 행사할 수 없게 된다.

그러나 A가 D로부터 자전거를 반환받아 점유하게 된 것은 질권자 B의 의사와는 무관하다. 따라서 A가 자전거를 다시 점유하게 된 것은

제332조가 금지하고자 하는 점유개정에 의한 경우는 아니다. 질권자 B의 의사에 반하여 A에게 자전거가 인도되었고, 또한 A의 점유가 D의 의사에 기초한 A와 D 사이의 자전거사용대차계약에 의한 점유개정으로 볼 수도 없기 때문에 B의 질권은 소멸하지 않는다(담보권을 소멸시키려는 의도없이 질권자가 질물을 반환한 경우 질권은 동산양도담보권으로 전환된다는 견해(이은영, 물권법, 682면)에 따를 경우 B의 담보권이 소멸되지 않는다는 점에서는 여기서 채택한 다수설의 견해와 동일한 결론에 이르지만, 담보물의 점유를 그 권능으로 하지 않는 양도담보권의 속성상 담보권에 기한 담보물반환청구권 또는 점유회수청구권이 B에게 귀속될 수 없다는 점에서는 차이가 있다).

Ⅳ. B의 질권과 C의 질권의 우열관계 또는 C의 질권 선의취득

1. 문 제 점

B의 질권이 소멸하지 않는다고 하더라도 B가 C를 상대로 질물의 반환을 청구하기 위해서는 C는 권원없는 점유자이어야 한다(제213조 단서 참조). 만일 C가 유효하게 질권을 취득할 수 있다면, 시간적으로 먼저 질권을 취득한 B와 그후에 동일한 물건소유자(A)로부터 새로이 질권을 취득한 C 사이의 이익을 조정하는 문제가 발생한다.

이 문제는 다음과 같이 나뉜다. 첫째 B의 질권과 C의 질권이 병존할 수 있다면 두 질권 중 우선순위를 결정해야 하며, 이는 제333조의 문제이다. 둘째 C가 질권을 선의취득한다면, 이를 원시취득으로 이해하는 한, C는 선순위 질권의 부담이 없는 질권을 취득하게 되므로 질권충돌의 문제가 야기되지 않는다. 따라서 제343조의 준용에 의한 제249조 내지 제251조의 적용 여부를 검토해야 한다.

2. 질권들 사이의 우선순위(제333조의 문제)

'동산질권 상호간에 있어서의 순위는 그 설정의 선후에 의한다'는 제333조가 적용되는 경우는 현실적으로 매우 드물 것으로 보인다. 예컨대 P가 동산을 담보로 Q로부터 돈을 빌리면서 이를 현실인도하고 나서, 다시 같은 동산을 담보로 하여 R에게 돈을 빌리면서 동시에 Q를 R의 간접점유자로 하는 경우에 그 적용이 있을 수 있다. 이러한 경우는 현실적으로 발생하기 어렵다.

사안의 경우 B와 C 사이에 例示와 같은 간접점유관계가 성립하였다고 볼 수는 없다.

3. 질권의 선의취득(제343조→제249조 이하)

사안을 다른 시각에서 보면, A는 이미 B에게 질권을 설정한 상태에서 질물에 대한 점유를 취득하고 이를 담보로 다시 C에게 질권설정을 하였다. B는 자신의 의사에 반하여 질물(자전거)의 점유를 상실하였으나, 그 질물 위에 설정된 질권을 상실하지 않은 그는 A에 대하여 질권에 기초하여 질물의 반환을 요구할 수 있다. 이러한 한도내에서 A는 B에게 이미 질물로 제공한 동일한 자전거를 담보로 다시 제3자에게 질권을 설정할 처분권능을 갖고 있지 않다고 풀이할 수 있다. 즉, 위 2의 예시와 같은 경우가 아니라면 제2순위 질권의 설정은 허용되지 않는다.

비록 A가 그 자전거의 소유권자라 하더라도 C와 유효한 질권설정계약을 체결할 수 없다면 이때는 오히려 C의 질권에 대한 선의취득이 문제된다. 즉, C 자신을 위한 질권을 설정할 당시 '그 질권을 설정할 권능이 질물소유자인 A에게 없음'에 관하여 C가 선의이고 무과실이라면(질권의 선의취득에 관한 대법원의 한 판례(판례 [1] 참조)에 따르면 동산소유권 선의취득의 경우와는 달리, 동산질권자가 무과실뿐만 아니라, 선의도 스스로 증명해야 한다고 한다. 선의를 추정하는 제197조 제1항의 존재를 도외시한 판결이다) C는 질권을 선의취득하게 된다. 선의취득은 원시취득이라는 다수설에 따르면 C는 선순위 질권의 부담이 없는, 깨끗한 질권을 취득한다(제한물권의 부담을 알았거나 알 수 있었던 선의취득자는 제한물권의 부담을 승계한다는 소수설에 의하더라도([사례 19] Ⅱ 3 사안에서 C가 A의 질권의 존재를 알 수 있었다고 보이지는 않는다). 그에 따른 반사적 효과로서 질물 위에 설정되어 있던 B의 질권은 ―적어도 C에 대한 관계에서는― 소멸한다. 따라서 질권을 상실한 B가 C를 상대로 질권에 기한 질물반환청구권을 행사할 수 없음은 명백하다. 그러나 질권의 선의취득의 경우 제333조가 적용되지 않는가는 의문이다. 선의취득에 의하여 타물권의 부담없는 완전한 소유권을 취득한다고 할 때, 타물권은 유치권과 질권이다. 소유권에 있어 이러한 유치권과 질권의 제한을 받지 않도록 하는 것은 후에 유치권과 질권이 행사됨으로 인하여 소유권취득의 실효를 거둘 수 없게 되는 것을 막기 위한 것이다(이영준, 한국민법론[물권편], 260면 참고). 그렇다면 질권의 선의취득에 있어서는 C의 자전거에 대한 정당한 권리(점유할 권능)는 인정하되, 우선변제권과 관련하여서는 제333조가 적용되어 B가 우선변제받을 수 있도록 하는 것이 옳을 것이다.

A에 대한 C의 채권이 변제 등을 이유로 소멸하면 C의 질권도 담보물권의 피담보채권에의 부종성으로 말미암아 소멸한다. 이때 B가 A를 상대로 질권에 기한 질물반환청구권을 행사한다면, 이는 긍정해야 할 것이다. 진정한 (선순위) 권리자(B)의 희생 아래 거래안전(선의·무과실의 C의 질권취득 및 그 목적달성)을 도모하기 위한 선의취득의 제도적 취지가 전혀 훼손되지 않기 때문이다.

≪관련판례≫

동산질권의 선의취득

(대판 1981. 12. 22, 80다2910) 동산질권을 선의취득하기 위해서는 질권자가 평온, 공연하게 선의이며 과실없이 질권의 목적동산을 취득하여야 하고, 자신의 선의, 무과실은 스스로 입증해야 한다.

[物　權　法]

事例 20

占有者와 回復者의 法律關係

≪설 문≫

A는 전문영상기사이다. 사소한 고장을 수리할 목적으로 A는 B가 운영하는 서비스센터에 그의 '넘버원' 캠코더를 맡겼다. 캠코더는 곧 수리가 되었으며, A가 월요일에 찾아갈 수 있도록 잘 보관되어 있었다. 한편 애인과 등산을 가기로 예정한 C는 B센터의 技士로 일하는 친구 D에게 일요일에 '쓸 만한' 캠코더를 빌려 달라고 청하였고, D는 담배 10갑에 A의 '고급스러워 보이는' 캠코더를 '잘' 쓰도록 빌려주었다. 그러나 C는 등산 도중 부주의로 캠코더를 바위에 떨어뜨렸으며, 그 결과 캠코더의 렌즈가 파손되었다. 두려운 마음에 C는 캠코더도 반납하지 않은 채 두문불출중이다. 월요일 오전 캠코더를 찾으러 간 A와 이를 건네주려던 B는 그때서야 자초지종을 알게 되었다.

A와 B, C 및 D 사이의 법률관계를 검토하시오.

목차제안

Ⅰ. 논점분석

Ⅱ. A와 C 사이의 법률관계

1. C에 대한 A의 제202조에 기한 손해배상청구권
   - (1) C의 불법점유 여부
   - (2) C의 악의 여부와 손해배상의 범위
   - (3) 소 결

2. C에 대한 A의 점유보호청구권 및 손해배상청구권
   (1) 간접점유자의 점유보호청구권
   (2) 소 결
3. C에 대한 A의 불법행위에 기한 손해배상청구권

Ⅲ. A와 D 사이의 법률관계

1. D에 대한 A의 점유자·회복자관계에 기한 손해배상청구권
2. D에 대한 A의 불법행위를 원인으로 한 손해배상청구권
3. D에 대한 A의 부당이득반환청구권
4. 결 론

Ⅳ. A와 B 사이의 법률관계

1. B에 대한 A의 채무불이행을 원인으로 한 손해배상청구권
   (1) B의 보관의무위반에 따른 불완전이행
   (2) 이행보조자 D의 행위가 채무자 B에게 귀속되는지의 여부
      1) 이행보조자 개념
      2) 채무이행과의 실질적 관련성
      3) 소 결
2. B의 불법행위를 원인으로 한 A의 손해배상청구권(B의 사용자책임)
3. B의 채무불이행책임과 불법행위책임 상호간의 관계

풀이제안

Ⅰ. 논점분석

A와 C 사이에는 A가 그의 소유물인 캠코더의 회복자로서 그 물건의 점유자인 C에게 어떤 책임을 물을 수 있는지 여부(제202조)와 함께, C의 권원없는 불법점유로 야기된 캠코더의 파손에 대하여 불법행위책임(제750조)을 물을 수 있는지를 검토해야 한다.

A와 D 사이에서는 D가 점유자로서의 지위를 갖는가에 따라 점유자·회복자의 법률관계(제202조)와 점유침탈에 대한 간접점유자보호(제204조, 제207조, 제750조)가 각각 문제될 수 있다. 이때에 D가 A의 캠코더를 타인이 사용하도록 한 행위가 準사무관리로 평가될 수 있는가를 함께 검토해야 한다. 다른 한

편 D가 C로부터 받은 담배 10갑이 부당이득으로서 A에게 반환되어야 하는지도 문제될 수 있다(제741조 또는 제201조).

A와 B는 캠코더수리에 대한 도급계약을 체결하였다(제664조). B는 수리한 캠코더를 A에게 인도할 때까지 선량한 관리자의 주의로 이를 보관할 의무를 부담함에도(제374조 참조), 그의 이행보조자 D의 불법한 점유이전행위로 말미암아 캠코더의 렌즈가 파손되었다. 이러한 파손은 B가 A에 대하여 부담하는 캠코더수리의무(일의 완성의무)의 이행지체나 이행불능은 아니며, 특정물 보관의무의 불완전이행(내지 적극적 채권침해)이 될 수 있으므로, B가 그의 이행보조자로 볼 수 있는 D의 행위에 대하여 채무불이행책임(제391조, 제390조)을 져야 하는지를, 또한 그의 피용자로 볼 수 있는 D의 행위에 대하여 사용자책임(제756조)을 져야 하는지를 각각 검토해야 한다.

Ⅱ. A와 C 사이의 법률관계

1. C에 대한 A의 제202조에 기한 손해배상청구권

(1) C의 불법점유 여부

A와 C 사이에는 캠코더의 파손시점에서 소유자와 점유자의 관계가 인정된다. B의 종업원인 D의 'C에게로의 캠코더점유이전'은 적법한 것인가? 점유보조자인 D의 점유이전행위의 효력은 B에게 점유이전권한이 있느냐의 여부에 좌우된다. 왜냐하면 B에게 점유이전권한이 없는 한 D 역시 그와 같은 권한을 가질 수 없기 때문이다. A와 B 사이에 체결된 도급계약이라는 점유매개관계에 의하여 B는 캠코더에 대한 점유권을 갖게 되지만 제3자에게 점유를 이전할 권한은 B에게 인정되지 않는다. 따라서 B는 C에게 정당한 점유를 공여할 수 없으므로, 점유보조자 D의 점유양도의 의사표시도 C에 대해서 효력이 없다. 그러므로 캠코더가 파손된 시점에 C는 점유권을 가지고 있지 않으며, C의 점유는 권원없는 불법점유가 된다.

(2) C의 악의 여부와 손해배상의 범위

제202조는 점유취득시에 점유자가 악의일 때에는 손해의 전부를

배상해야 한다고 규정하고 있다. 이 경우 선의·악의의 판단에 있어서는 소유권 자체에 대한 점유자의 인식 여부가 문제되는 것이 아니라, 점유물에 대하여 점유할 권한을 갖고 있는가에 대한 인식이 문제된다. 따라서 점유자가 점유취득시에 상대방에게는 점유를 이전할 권한이 없다는 것을 알았거나 알 수 있었을 경우에는 악의가 인정된다. 사안의 경우 C는 그 캠코더가 B의 센터에 맡겨진 어느 고객의 캠코더라는 것을 알 수 있었기 때문에 C의 악의가 인정된다.

(3) 소 결

악의의 점유자는 자주점유 또는 타주점유를 불문하고 손해의 전부를 배상해야 한다. C는 그의 부주의로 캠코더의 렌즈를 파손시켰기 때문에 회복자인 A에 대해서 그 손해를 배상하여야 한다(제202조).

이때에 손해의 배상범위는 점유물 그 자체에 대한 것으로, 사안의 경우에는 파손된 렌즈의 교체비용(수리비용)이 될 것이다. 손해배상에 관하여 민법은 금전배상의 원칙(제394조)을 채택하고 있으므로 A는 C에 대해서 원칙적으로 렌즈의 원상회복을 청구할 수는 없으며, 렌즈의 교체비용에 해당하는 금액의 배상을 청구할 수 있을 뿐이다. 한편 캠코더사용에 따른 이익(예컨대 대여비용)까지도 제201조에 규정된 과실(果實)에 해당하므로, C는 A에게 그 대가를 보상하여야 한다(제201조 제2항).

2. C에 대한 A의 점유보호청구권 및 손해배상청구권

(1) 간접점유자의 점유보호청구권

물건에 대한 사실상의 지배가 있으면 우선 그 점유는 정당한 것으로 보호되며 이러한 점유가 침해된 때는 점유자는 그 침해의 배제를 청구할 수 있다. 점유보호청구권은 본권의 유무와는 상관없이 점유 그 자체의 보호를 위하여 인정되는 일종의 물권적 청구권이라는 것이 일반적인 견해이다. 점유자가 점유를 침탈당한 때에는 그 물건의 반환 및 손해배상을 청구할 수 있으며(제204조 제1항), 간접점유자도 이러한 권리를 행사할 수 있다(제207조). 이 경우에 간접점유자가 전자의 권리, 즉 물건의 반환청구권을 행사할 때에는 직접점유자가 반환을 받을 수 없거나 이를 원하지 않는 경우를 제외하고는 그 물건을 '직접' 점유자에게 반환하라고 청구할 수 있을 뿐이지만(제207조 제2항), 손해배상청구권은 스스로 행사할 수 있다고 해석하여야 한다. 또한 이 경우의 손해배상의 범위는 ―손해배상청구권을 직접 점유자가 행사하든지 간접점유자가 행사하든지 간에― 점유를 빼앗긴 것에 따른 손해의 배상이므로 물건의 가액 기타의 본권적 이익에 관한 것이 아니라 점유를 침탈당하지 아니했다면 점유자가 계속해서 점유물을 이용하여 얻을 수 있었던 사용이익을 기초로 하여 정하여진다는 것이 다수의 견해(곽윤직, 물권법, 162면; 김상용, 물권법, 303면; 이영준, 물권법, 365면; 이은영, 물권법, 356면)이다.

(2) 소 결

사안의 경우 우선 B는 캠코더의 직접점유자이고 A는 간접점유자에 해당한다. B는 C의 캠코더 이용요구에 대해서 전혀 알지 못하였고, 또한 C의 캠코더 이용을 위한 점유에 대해서 승낙의 의사표시를 한 적도 없다. D는 점유자가 아니라, 점유보조자(제195조)에 불과하므로 C의 캠코더 점유에 대한 D의 승낙의 의사표시는 직접점유자인 B의 승낙의 의사표시를 대신할 수 없으며, 따라서 아무 효력이 없다. 따라서 C는 B의 직접점유 및 A의 간접점유를 침탈한 것이 된다. 결국 캠코더의 간접점유자 A는 C에 대하여 캠코더를 B에게 반환할 것을 청구하면서, 점유침탈에 따른 손해배상을 청구할 수 있다. 따라서 C는 캠코더를 원칙적으로 B에게 반환함과 동시에, A에게는 캠코더를 다시 수리하는 기간 동안 이를 사용할 수 없게 됨으로써 입은 손해를 배상해야 한다(제207조, 제204조)(설문이 A의 B, C, D에 대한 권리만을 묻고 있으므로 C에 대한 B의 점유회수청구권에 관해서는 논외로 한다).

3. C에 대한 A의 불법행위에 기한 손해배상청구권

위의 1과 2에서 살펴보았듯이 A는 C에 대하여 1차손해(캠코더 자체에 대한 손해, 즉 렌즈 교체비용) 및 후속손해 중 통상손해(1차손해와 위험성관련이 있는 손해, 즉 캠코더 수리기간 동안 이를 사용하지 못함으로써 발생한 손해)의 배상을 청구할 수 있다(제750조, 제756조, 제393조)(김형배, 민법학강의(제6판), 970면 이하 참조).

이와 관련하여 제202조는 이른바 후속손해의 배상을 인정하고 있지 않으므로 동조에 의한 손해배상청구권과 병행하여 불법행위에 의한 손해배상청구권(제750조)을 행사할 수 없다고 하는 견해(김형배, 민법학강의(제6판), 563면; 양창수, 민법주해 Ⅳ, 407면; 이영준, 물권법,

350면; 이은영, 물권법, 365면)에 따르면 회복자(A)가 점유자(C)에 대하여 제202조에 기한 손해배상을 청구하는 경우 회복자는 후속손해에 대한 배상을 청구할 수 없으므로 제204조 제1항에 기한 손해배상청구권을 행사하여야 한다. 따라서 물권법상의 권리인 제202조 및 제204조 제1항의 손해배상청구권을 연계함으로써 C에 대하여 1차손해와 후속손해를 배상받는 결과로 된다.

반면에 제202조는 점유물 자체에 관하여 생긴 손해배상에 관한 것이므로 불법행위규정의 적용을 배제하지 않으며, 서로 경합한다고 하는 견해(김용한, 물권법, 204면; 장경학, 물권법, 330면)나 특히 양자를 선택적으로 행사할 수 있다고 하는 판례(판례 [1-2] 참조)에 따르면 점유물 자체에 대한 손해와 함께 후속손해가 발생한 경우에 회복자 A는 불법행위에 기한 손해배상청구권을 선택할 수 있다. 사안의 경우 C는 권한없는 D의 승낙을 얻어 캠코더를 점유하였기 때문에 이는 불법점유이며, 또한 C는 이러한 불법점유의 사실을 알고 있었기 때문에 유책하다. 따라서 C의 캠코더 렌즈의 파손이라는 손해야기행위는 불법행위를 구성한다(제750조). 결국 A는 캠코더 렌즈의 파손이라는 1차손해(파손된 렌즈의 교체비용) 및 수리기간 동안 캠코더를 사용할 수 없음으로 인한 후속손해(캠코더대여비용)(제763조, 제393조 제1항)의 배상을 C에게 청구할 수 있다.

Ⅲ. A와 D 사이의 법률관계

1. D에 대한 A의 점유자·회복자관계에 기한 손해배상청구권

A와 D 사이에 제202조를 적용하기 위해서는 A와 D 사이에 소유자와 점유자의 관계가 있어야 한다. D가 C로 하여금 캠코더의 이용을 허용한 것은 점유자로서의 행위인지 여부가 우선 문제된다. 사안에서 D는 B의 종업원으로서 영업상 B(점유자)의 지시를 받아 물건에 대한 사실상의 지배를 하는 자이므로 점유자가 아니라 점유보조자에 지나지 않는다(제195조). 그러므로 D가 캠코더를 사실상 지배하고 있다고 해서 점유권을 취득한 것은 아니며, 따라서 그가 C에게 캠코더의 이용을 허용한 것 역시 점유권의 양도가 될 수 없다(제192조, 제196조 참조). 결국 제192조와 제196조는 적용될 여지가 없으며, A와 D 사이에는 점유자와 회복자의 관계가 성립할 수 없

기 때문에 논리적으로 A는 D에 대하여 점유자와 회복자의 관계(제202조)에 기한 손해배상청구권을 가지지 못한다.

2. D에 대한 A의 불법행위를 원인으로 한 손해배상청구권

점유보조자로서 D가 C에게 캠코더의 이용을 허용하는 행위는 A에 대하여 불법행위를 구성한다. 즉, 점유보조자에 지나지 않는 D는 점유권을 양도할 권한이 없음에도 불구하고 C로 하여금 캠코더를 불법점유하게 함으로써 손해를 야기하였기 때문에 A의 소유권침해로 인한 불법행위책임을 부담해야 한다(제750조).

다만 D가 C에게 캠코더를 이용케 한 행위가 사무관리에 해당하는지 여부를 검토할 필요가 있다. 이를 인정하기 위해서는 D에게 A의 사무를 관리하고, A를 위하여 행하는 관리의사가 있어야 하지만, 사무의 관리를 해야 할 법률상의 의무는 없어야 하며, A에게 불리하거나 본인의 의사에 반한다는 것이 명백하지 않아야 한다(제734조)(사무관리 자체에 중점을 둔 사례풀이는 [사례 50] 참조). 그런데 D가 C에게 A의 캠코더의 이용을 허용한 행위는 A를 위한 것이 아니라 자신의 이익(담배의 취득)을 위한 고의적인 행위였으므로 D에게는 관리의사의 주관적 요건이 결여되어 있다. 따라서 D의 행위는 사무관리가 될 수 없고, 準사무관리 특히 불법관리만이 문제된다. 외국의 법제와는 달리(예컨대 독일 민법 제687조는 관리할 권리가 자기에게 없음을 알면서 타인의 사무를 자기사무로서 관리할 경우에 준사무관리 내지 부진정한 사무관리가 성립하고, 본인은 사무관리에 있어서의 본인의 권리를 행사할 수 있지만 관리자에게 부당이득의 규정에 의한 범위내에서 관리비용을 상환해야 한다고 규정한다) 불법관리로서의 준사무관리에 대하여 명문규정이 없는 우리나라에서는 이의 인정 여부를 두고 견해가 대립하고 있다. 불법관리의 경우는 대개 부당이득과 불법행위에 의하여 본인의 손실을 보상할 수 있으므로 특히 준사무관리를 인정할 필요는 없다는 견해가 통설이다. 이에 따라 사안을 판단한다면 A는 D에 대하여 제750조에 따라 불법행위에 기한 손해배상청구권을 가지는 것으로 충분할 것이다. 준사무관리를 인정하는 실익은 관리자가 불법관리를 통하여 얻은 이익을 반환받는 데 있기 때문이다(제738조, 제684조 참조). D가 뇌물로 취득한 담배를 인도받기 위해 준사무관리를 원용하는 것은 사안의 핵심을 벗어나는 것으로 생각된다(김형배, 사무관리·부당이득[채권각론 II], 2003, 54면 참고).

3. D에 대한 A의 부당이득반환청구권

물건의 사용에 따른 이익은 일종의 과실(제101조)이고, 물건의 양도로부터 나오는 반대급부도 간접적인 과실에 해당한다. 이러한 맥락에서 캠코더의 이용을 대가로 C가 D에게 제공한 담배도 과실에 해당한다. 따라서 D가 취득한 담배는 법률상 원인없이 취득한 부당이득에 해당되며, A는 D에게 이의 반환을 청구할 수 있다(제741조). D는 점유자가 아니므로 A와 D 사이에 소유자·점유자관계가 인정될 수 없기 때문에 제201조 제2항이 적용되거나, 또는 유추적용될 수 없다.

D는 악의의 수익자로 보이므로 받은 이익인 담배 10갑은 물론, 이론적으로는 그 사용이익도 반환해야 하며 손해가 있으면 이도 역시 배상해야 한다(제748조 제2항).

4. 결 론

A에 대하여 D는 C로부터 수령한 담배 10갑(및 그 이자)에 관하여 부당이득반환책임(제741조, 제748조 제2항)을 지는 한편, 캠코더 소유권침해에 따른 불법행위에 기한 손해배상책임(제750조)을 진다. 후자의 책임은 후술할 A에 대한 B의 사용자책임(제756조)과 부진정연대의 관계에 놓일 수 있다.

Ⅳ. A와 B 사이의 법률관계

1. B에 대한 A의 채무불이행을 원인으로 한 손해배상청구권

(1) B의 보관의무위반에 따른 불완전이행

A와 B 사이에는 캠코더수리를 내용으로 하는 도급계약이 체결되었다(제664조). 이러한 계약관계를 기초로 하여 B는 캠코더수리에 필요한 한도내에서 점유권과 이용권을 갖게 되지만, 제3자에 대하여 캠코더의 점유이전을 할 수 없음은 물론이다. 또한 B는 캠코더를 선량한 관리자의 주의로써 보관해야 하고 분실을 방지해야 할 부수적 의무를 부담한다(제374조). 이러한 부수적 의무위반의 결과로서 발생한 캠코더의 파손은 이행지체나 이행불능은 아니며, 또한 캠코더수리 자체의 하자(제667조)도 아니다. 캠코더의

파손은 수급인 B의 불완전이행(적극적 채권침해)에 해당한다고 볼 수 있다. 그러나 B의 불완전이행을 인정하기 위해서는 D가 C로 하여금 캠코더를 불법으로 사용케 한 행위가 이행보조자의 채무불이행에 해당되어야 한다(제391조). 즉 사안의 경우 B 자신이 이러한 부수적 의무의 위반행위를 직접 행한 것이 아니라, B의 종업원인 D가 C에게 캠코더의 이용을 허락함으로써 D가 이 의무를 위반하였으므로 D의 행위가 B의 계약이행행위에 관련되는지를 검토하여야 한다.

(2) 이행보조자 D의 행위가 채무자 B에게 귀속되는지의 여부

1) **이행보조자 개념** D의 행위가 보조행위로서 B의 계약상의 이행의무와 관련되는 것이라면 채무자 B는 이행보조자 D의 고의·과실에 대하여 책임을 부담해야 한다. 제391조에 따르면 채무자가 타인을 사용하여 이행하는 경우에 그 피용자의 고의나 과실은 채무자의 고의나 과실로 간주되며, 채무자는 이행보조자의 채무불이행에 대한 고의·과실에 대해서도 책임을 진다. 이때 이행보조자로서 피용자는 일반적으로 채무자의 의사관여 아래 그 채무의 이행행위에 속하는 활동을 하는 사람이면 충분하므로, 반드시 채무자의 지시나 감독을 받아야 하는 것은 아니며 채무자에의 종속성 여부도 문제되지 않는다(판례 참조 [3]).

2) **채무이행과의 실질적 관련성** 원래 채무자가 이행보조자의 고의·과실에 대하여 책임을 부담하는 것은 계약상의 채무의 이행과 관련된 고의·과실에 의한 손해야기행위에 국한된다. 따라서 이행보조자가 단순히 '보조행위의 기회를 이용하여' 행한 일탈행위를 함으로써 채권자에게 손해를 가한 때(예컨대 집수리를 하던 종업원이 그 집의 물건을 훔친 때)에는 채무자의 책임이 발생하지 않는 것으로 보아야 한다. 일반적으로는 보조자의 행위가 채무자에 의하여 지시된 활동범위내에 속하는 것인가 아니면 이러한 활동영역을 벗어난 것인가에 따라 채무자의 책임이 결정되어야 한다. 따라서 이행보조자의 행위는 채무자의 의무범주내에서 그의 의사에 따라서 행하여진 것뿐만 아니라 이행보조자에게 계약의 이행과 관련하여 지시된 이행행위와 내적·외적으로 실질적 관련성을 맺고 있는 경우에도 이행보조자의 과실은 채무자의 과실로 된다.

3) **소 결** 사안의 경우 A의 종업원인 기사 D도 B의 이행보조자로서 캠코더가 수리를 위한 보관중에 훼손되거나 분실되지 않도록 보관해야 할 의무를 부담한다. D는 이러한 의무에 위반하여 제3자인 C의 무단사용을 가능케 함으로써 손해를 야기하였다. D의 이와 같은 무단사용 허용행위는 채무이행에 위배되는 행위로서, 캠코더수리라는 채무이행과 실질적 관련성이 인정된다. 따라서 이행보조자인 D의 유책한 행위에 대하여 B는 채무자로서 책임을 부담해야 하고(제391조), A는 B에 대해서 채무불이행(불완전이행)에 기한 손해배상청구권을 가진다(제390조).

2. B의 불법행위를 원인으로 한 A의 손해배상청구권(B의 사용자책임)

D는 C에게 A의 캠코더를 불법으로 사용케 하였으므로 불법행위책임을 부담한다(제750조). D에 의한 불법행위에 있어서 D가 B의 사무집행을 위한 집행보조자로서 가해행위를 한 경우에는 B는 사용자책임을 부담한다(제756조 제1항). D는 B에게 고용된 피용자로서 B의 지시에 복종하는 자이므로 B와 D 사이에는 고용관계(제655조)가 존재한다고 볼 수 있고, D의 행위는 그의 직무의 집행행위 자체에 속하는 것은 아니지만 외형적으로 그의 집행행위와 관련이 있는 것이다. 즉, D의 행위는 일반적으로 그의 본래의 사무 또는 그와 관련된 것이라고 보이는 사무집행과의 상관관계를 가지고 있는 것이므로(피용자의 사무집행과 가해행위의 관계에 대한 구별기준에 관하여 판례 [4] 참조) B는 D의 불법행위에 대하여 사용자책임을 부담한다.

3. B의 채무불이행책임과 불법행위책임 상호간의 관계

A에 대하여 B는 채무자로서 이행보조자인 D의 불완전이행에 따른 채무불이행책임을 부담하는 한편, 사용자로서는 피용자인 D의 불법행위에 관한 불법행위책임을 진다. 이때 청구권경합설을 취하는 판례에 따르면(판례 참조 [5]) A는 채무불이행에 기한 손해배상청구권과 불법행위에 기한 손해배상청구권을 선택적으로 행사할 수 있다. 채무불이행책임의 경우에는 이를 면제하거나 감축하는 특약이 있을 수 있으나, 그러한 특약(약관)이 불법행위책임까지 당연히 배제하지는 않는다(판례 참조 [5-2]).

반면 법조경합설에 따르면 A와 B 사이에는 특별구속관계로서 구체적 도급계약관계가 이미 존재하므로 채무불이행책임을 묻는 것이 타당하다고 한다(학설의 대립에 관해서는 김형배, 채권총론, 200면 이하 참조).

≪판 례≫

[1] 점유자·회복자관계와 불법행위책임의 경합 여부

[1-1] 제201조(대판 1966.7.19, 66다994) 피고가 본건 토지의 선의의 점유자로 그 과실을 취득할 권리가 있어 경작한 농작물의 소유권을 취득할 수 있다 하더라도 법령의 부지로 상속인이 될 수 없는 사람을 상속인이라고 생각하여 본건 토지를 점유하였다면 피고에게 과실이 있다고 아니할 수 없고 따라서 피고의 본건 토지의 점유는 진정한 소유자에 대하여 불법행위를 구성하는 것이라 아니할 수 없는 것이고 피고에게는 그 불법행위로 인한 손해배상의 책임이 있는 것이며 선의의 점유자도 과실취득권이 있다 하여 불법행위로 인한 손해배상책임이 배제되는 것은 아니다.

[1-2] 제202조(대판 1961.6.29, 4293민상704) 타인의 점유물을 점유하는 자가 소유자로부터 인도청구의 소가 제기되었음에도 불구하고 이를 계속 점유하여 오다가 그 소에서 패소하였을 때에는 그 소가 제기된 때부터 악의의 점유자가 되는 것이고 한편 그러한 점유자의 위 제소 이후의 점유는 일면에 있어 소유자의 권리를 침해하는 불법행위를 구성하는 것이라고 해석되므로 소유자는 그 점유자에 대하여 그 선택에 따라 구민법 제190조 제1항(현행민법 제201조 제2항), 동법 제191조(현행민법 제202조) 소정의 보상 또는 배상을 구하거나 구민법 제709조(현행민법 제750조)에 의한 손해배상을 구할 수 있는 것이다.

[2] 회복자에 대한 점유자의 (통상)필요비청구권

[2-1] (대판 1964.7.14, 63다1119) 점유자가 점유물을 이용한 경우에는 제203조 제1항 후단 규정의 정신에 비추어 점유자는 회복자에 대하여 통상의 필요비를 청구하지 못한다.

[2-2] (대판 1996.7.12, 95다41161·41178) 기계의 점유자가 그 기계장치를 계속 사용함에 따라 마모되거나 손상된 부품을 교체하거나 수리하는 데에 소요된 비용은 통상의 필요비에 해당하고, 그러한 통상의 필요비는 점유자가 과실을 취득하면 회복자로부터 그 상환을 구할 수 없다.

[3] 제391조에서의 이행보조자 개념

(대판 2002.7.12, 2001다44338) 민법 제391조에서의 이행보조자로서의 피용자라 함은 일반적으로 채무자의 의사관여 아래 그 채무의 이행행

위에 속하는 활동을 하는 사람이면 족하고, 반드시 채무자의 지시 또는 감독을 받는 관계에 있어야 하는 것은 아니므로 채무자에 대하여 종속적인가 독립적인 지위에 있는가는 문제되지 않는다.

[4] 제756조에 따른 사용자책임과 사무집행관련성

[4-1] (대판 1969.7.22, 69다702) 피용자의 행위로 인하여 사용자의 사회적 활동은 확장되는 것이므로 사용자는 그 확장된 사회적 활동범위 내에서의 제3자에게 가한 손해는 역시 그 사용자가 부담하여야 한다는 것이 사용자책임에 관한 법리라 할 것이다.

[4-2] (대판 2003.12.26, 2003다49542) 민법 제756조의 사용자와 피용자의 관계는 반드시 유효한 고용관계가 있는 경우에 한하는 것이 아니고, 사실상 어떤 사람이 다른 사람을 위하여 그 지휘·감독 아래 그 의사에 따라 사업을 집행하는 관계에 있을 때에도 그 두 사람 사이에 사용자, 피용자의 관계가 있다고 할 수 있으며, 피용자의 불법행위가 외형상 객관적으로 사용자의 사업활동 내지 사무집행행위 또는 그와 관련된 것이라고 보일 때에는 행위자의 주관적 사정을 고려함이 없이 이를 사무집행에 관하여 한 행위로 볼 것이고, 외형상 객관적으로 사용자의 사무집행에 관련된 것인지의 여부는 피용자의 본래 직무와 불법행위와의 관련 정도 및 사용자에게 손해발생에 대한 위험 창출과 방지조치 결여의 책임이 어느 정도 있는지를 고려하여 판단하여야 한다.

[5] 채무불이행책임과 불법행위책임의 경합 여부

[5-1] (대판 1989.4.11, 88다카11428) 해상운송인이 화물운송중 자기나 사용인 등의 고의 또는 과실로 인하여 화물을 멸실 또는 훼손시킨 경우 화주는 운송인에 대하여 운송계약불이행으로 인한 손해배상과 불법행위로 인한 손해배상을 경합적으로 청구할 수 있다.

[5-2] (대판 2004.7.22, 2001다58269) 운송계약상의 채무불이행책임과 불법행위로 인한 손해배상책임은 병존하고, 운송계약상의 면책특약은 일반적으로 이를 불법행위책임에도 적용하기로 하는 명시적 또는 묵시적 합의가 없는 한 당연히 불법행위책임에 적용되지 않는다.

[物　權　法]

事例 21

相隣關係에 기한 物權的 請求權

≪설 문≫

D는 자신 소유의 1필의 나대지를 2개로 분필하고 도로에 접한 乙토지를 E에게, 도로에 접하지 않은 甲토지를 F에게 동시에 분양하였다. 그후 乙토지는 E로부터 B에게로, 甲토지는 F로부터 A에게로 각각 전매되었다. 토지의 분필로 인하여 甲토지에서는 乙토지를 통과하지 않고서는 公路로 출입할 수 없게 되었다. 한편, 甲토지에 건물을 신축하려는 A는 公路로 통행하기 위해 B소유 乙토지의 일부를 무상으로 사용하기를 원하는 한편, 전기 및 전화의 인입선 접속을 위해 이웃 C소유 丙토지의 상공을 이용할 수 있기를 바란다.

A, B 및 C 사이의 법률관계를 검토하시오.

목차제안

Ⅰ. **논점분석**

Ⅱ. **B에 대한 A의 주위토지통행권**

1. 상린관계에 기초한 주위토지통행권과 문제점
2. 주위토지통행권의 무상성 여부
   - (1) 원　칙
   - (2) 1필의 토지가 분필되어 동시에 모두 양도된 경우
   - (3) 해당 토지의 특정승계인(B)이 무상통행권의 부담을 승계하는지 여부
3. 결　론

풀이제안

Ⅰ. 논점분석

첫 번째로 토지의 상린관계에 있어서 주위토지통행권(제219조, 제220조)이 검토되어야 한다. 특히 B에 대한 관계에서 A에게 주위토지통행권이 인정된다고 할 경우에도 그 권리가 유상인지, 무상인지가 문제된다. 왜냐하면 甲토지(A의 소유)와 乙토지(B의 소유)는 본래 1필의 것이었으나, 그 당시 소유자 D에 의하여 분필 양도된 결과 甲토지가 공로로 통할 수 없게 되었기 때문이다(제220조 참조). B에 대한 무상의 주위토지통행권을 A에게 인정하기 위해서는, 첫째 동시에 분양된 경우에도 제220조가 적용될 수 있는가, 둘째 무상통행권의 부담은 당해 토지의 특별승계인에게 승계될 수 있는가 하는 문제를 먼저 검토해야 한다(이상은 이하 Ⅱ).

두 번째로 토지의 상린관계에 있어서 수도 등의 시설권(제218조)이 검토되어야 한다(이상은 이하 Ⅲ).

Ⅱ. B에 대한 A의 주위토지통행권

1. 상린관계에 기초한 주위토지통행권과 문제점

甲토지에서는 그와 인접하고 있는 乙토지를 통과하지 않고서 공로로 출입할 수 없는 까닭에 토지의 상린관계에 관한 원칙상 甲토지의 소유자 A는 乙토지의 소유자 B에게 주위토지통행권을 갖게 된다(제219조 제1항). 따라서 A는 B에게 건물의 신축에 필요한 통로의 개설을 요구할 수 있다.

주위토지통행권을 가지는 A가 乙토지상에 통행로 개설에 따른 손해를 토지소유자 B에게 보상해야 하는가(제219조 제2항 참조)의 문제가 제기된다. 왜냐하면 사안에서 甲토지와 乙토지는 D에 의해 분필되어 E와 F에게 양도되기 전에는 D의 단독소유에 속하는 1필의 토지였다는 점에서 무상의 통행권에 관한 제220조 제2항이 적용될 여지가 있기 때문이다.

2. 주위토지통행권의 무상성 여부

(1) 원 칙

무상의 주위토지통행권은 일반적으로 공유토지의 분할 또는 토지의 일반양도로 인하여 공로에 통하지 못한 토지가 생긴 경우에 당해 토지의 분할 또는 양도당사자 사이에 인정된다(제220조). 무상의 통행권을 인정하는 이유는 분할 또는 양도당사자가 분할 또는 일부양도로 인하여 자기의 토지가 통행될 것임을 예견할 수 있었기 때문이다. 그러나 이 사안에서는 1필의 토지가 그 소유자 D에 의하여 甲토지와 乙토지로 분할되어 각각 F와 E에게 양도되었고, 그것이 다시 각각 A와 B에게 전매되었다. 이와 같은 점들을 고려할 때 A에게 B에 대한 무상통행권을 인정하기 위해서는 다음과 같은 점을 검토해야 한다.

(2) 1필의 토지가 분필되어 동시에 모두 양도된 경우

이러한 경우에도 그들 양수인 사이에서도 무상통행권이 인정되는지는 문제이다. 이러한 문제가 제기되는 이유는 민법 제220조에 의하면 무상통행권이 공유토지의 직접분할자 상호간에 또는 일부양도의 당사자, 즉 본래 토지소유자(이 사안의 경우 D)와 일부양수인(이 사안의 경우 E '또는' F) 사이에서만 인정되는 것으로 해석될 소지가 있기 때문이다(판례 [1] 참조). 그러나 1필의 토지가 분필되어 동시에 양도된 경우에는 본래 1필의 토지였으므로 그 토지의 일부에 이미 통로가 확보되었을 것이라는 일방 양수인의 신뢰를 보호할 필요가 있고, 분필된 토지의 타방 양수인은 무상통행권의 부담을 고려하여 그 토지의 가격을 결정함이 일반적이기 때문에 1필의 토지가 분필되어 동시에 양도된 경우에 이러한 특정승계인 상호간(사례의 경우 E와 F 사이)에도 무상통행권과 그에 따른 부담을 인정하는 것이 오히려 제220조 제2항의 입법취지에 부합하는 해석이다.

(3) 해당 토지의 특정승계인(B)이 무상통행권의 부담을 승계하는지 여부

승계를 부정하는 견해는 해당 토지가 특정승계인에게 양도되면 무상통행권의 부담은 소멸하고 제219조의 일반원칙이 적용된다고 한다(판례참조 [1]). 이 견해에 따르면 양도라고 하는 우연한 사정에 의하여 지금까지 무상통행권을 가지고 있던 토지소유자(사안의 경우 F)의 이해상황이 현저하게 변화하는 결과로 된다. 한편 승계를 인정하는 견해에 의하더라도 무상통행권의 부담을 알 수 없는 통행지의 특정승계인(B)에게 예측할 수 없는 현저한 손해를 주게 되는 결과로 된다. 따라서 이들 견해의 난점을 피하기 위해서는 통행지의 특정승계인이 무상통행권의 부담을 알고 당해 토지의 가격을 정하였을 경우에만 무상통행권의 부담을 승계한다고 하는 견해가 타당하다(판례참조 [3])(김형배, 민법학강의(제6판), 594면).

3. 결 론

B가 乙토지에 무상통행권의 부담이 있음을 알고 구입한 경우에만 A는 B에 대하여 무상의 주위토지통행권을 갖게 되고(제220조 제2항), 그 밖의 경우에는 일반원칙에 의하여 유상의 주위토지통행권을 갖게 될 뿐이다(제219조).

어떤 경우이든지 A가 B의 乙토지에 개설할 수 있는 통행로는 손해가 가장 적은 장소와 방법을 택해야 한다(제219조 제1항 단서). 판례에 따르면 통행자가 주택에 출입하여 일상생활을 영위하는데 필요한 범위의 노폭까지는 인정되어야 하며, 경우에 따라서는 통행에 방해가 되는 담장과 같은 축조물이 乙토지에 위치한다면 이의 철거도 요구할 수 있다(판례참조 [3-1]).

Ⅲ. C에 대한 A의 수도 등의 시설권

도시생활에 필수불가결한 전기·전화·수도 등은 본선·본관에 접속되지 않으면 사용할 수 없다. 이러한 점에서 공로에 접하지 않은 토지에서 전기·전화·수도 등을 끌어들이기 위하여 주위토지를 이용할 권리를 보장할 필요가 있다. 민법은 토지소유자가 타인의 토지를 통과하지 아니하면 필요한 전선·수도·가스 등을 시설할 수 없거나 과다한 비용을 요하는 경우에 타인의 토지를 통과하여 이를 시설할 수 있도록 규정하고 있다(제218조).

따라서 자기의 건물에 전기·전화 등을 끌어오기 위하여 A는 C 소유 丙토지를 통과하여 전선·전화선을 시설할 수 있다(판례 참조 [5]). 다만 이때 A는 C에게 가장 손해가 적은 장소와 방법을 선택하여 전선 등을 시설하여야 하고, 그 손해는 보상하여야 한다(제218조 제1항). 물론 후에 사정의 변경이 있는 경우 C는 자신의 비용으로 A에 대하여 시설의 변경을 요구할 수도 있다(제218조 제2항).

Ⅳ. 설문에 대한 해답

A는 B소유 乙토지의 일부를 통행로로 사용할 수는 있으나, B가 乙토지에 무상통행권의 부담이 있음을 알고 구입한 경우에만 무상으로 사용할 수 있다. A는 C소유 丙토지의 상공을 이용할 수는 있으나, C에게 가장 손해가 적은 장소와 방법을 선택하여야 한다.

《판 례》

[1] 무상의 주위토지통행권의 승계 여부

[1-1] (대판 1991. 7. 23, 90다12670·12678) 분할 또는 토지의 일부양도로 인하여 공로에 통하지 못하는 토지가 생긴 경우, 그 포위된 토지를 위한 통행권은 분할 또는 일부양도 전의 종전토지에만 있고, 그 경우 통행에 대한 보상의 의무가 없다고 하는 제220조의 규정은 직접 분할자, 일부 양도의 당사자 사이에만 적용되고 포위된 토지 또는 피통행지의 특정승계인의 경우에는 주위토지통행권에 관한 민법 제219조의 일반원칙으로 돌아가 통행권의 유무를 가려야 한다(이미 대판 1965. 12. 28, 65다950·951).

[1-2] (대판 1998. 3. 10, 97다47118) 토지의 원소유자가 토지를 분할·매각함에 있어서 토지의 일부를 분할된 다른 토지의 통행로로 제공하여 독점적·배타적인 사용수익권을 포기하고 그에 따라 다른 분할토지의 소유자들이 그 토지를 무상으로 통행하게 된 후에 그 통행로 부분에 사용수익의 제한이라는 부담이 있다는 사정을 알면서 그 토지의 소유권을 승계취득한 자는, 다른 특별한 사정이 없는 한 원칙적으로 그 토지에 대한 독점적·배타적 사용수익을 주장할 만한 정당한 이익을 갖지 않는다할 것이어서 원소유자와 마찬가지로 분할토지의 소유자들의 무상통행을

수인하여야 할 의무를 진다.

[2] 주위토지통행권의 인정 여부와 그 범위

[2-1] (대판 2003. 8. 19, 2002다53469) 주위토지통행권은 어느 토지가 타인소유의 토지에 둘러싸여 공로에 통할 수 없는 경우뿐만 아니라, 이미 기존의 통로가 있더라도 그것이 당해 토지의 이용에 부적합하여 실제로 통로로서의 충분한 기능을 하지 못하고 있는 경우에도 인정된다.

[2-2] (대판 1991. 7. 23, 90다12670·12678) 민법 제219조에 정한 주위토지통행권의 범위는 사람이 겨우 통행할 수 있는 정도로 제한되는 것이 아니고 통행자가 주택에 출입하여 일상생활을 영위하는데 필요한 범위의 노폭까지는 인정되어야 한다.

[3] 주위토지통행권자 및 통행지소유자의 권리

[3-1] (대판 1990. 11. 13, 90다5238, 90다카27761) 주위토지통행권의 본래적 기능발휘를 위해서는 그 통행에 방해가 되는 담장과 같은 축조물도 통행권의 행사에 의하여 철거되어야 하며, 그 담장이 비록 당초에는 적법하게 설치되었더라도 그 철거의무에는 영향이 없다.

[3-2] (대판 2003. 8. 19, 2002다53469) ① 다른 사람의 소유토지에 대하여 상린관계로 인한 통행권을 가지고 있는 사람은 그 통행권의 범위내에서 그 토지를 사용할 수 있을 뿐이고 그 통행지에 대한 통행지소유자의 점유를 배제할 권능까지 있는 것은 아니므로 그 통행지소유자는 그 통행지를 전적으로 점유하고 있는 주위토지통행권자에 대하여 그 통행지의 인도를 구할 수 있다. ② [그러나] 주위토지통행권자는 필요한 경우에는 모래를 깔거나, 돌계단을 조성하거나, 장해가 되는 나무를 제거하는 등의 방법으로 통로를 개설할 수 있으며 통행지소유자의 이익을 해하지 않는다면 통로를 포장하는 것도 허용된다고 할 것이고, 주위토지통행권자가 통로를 개설하였다고 하더라도 그 통로에 대하여 통행지소유자의 점유를 배제할 정도의 배타적인 점유를 하고 있지 않다면 통행지소유자가 주위토지통행권자에 대하여 주위토지통행권이 미치는 범위내의 통로부분의 인도를 구하거나 그 통로에 설치된 시설물의 철거를 구할 수 없다.

[4] 주위토지통행권의 소멸

(대판 1998. 3. 10, 97다47118) 주위토지통행권은 어느 토지와 공로 사이에 그 토지의 용도에 필요한 통로가 없어서 주위의 토지를 통행하거나 통로를 개설하지 않고서는 공로에 출입할 수 없는 경우 또는 통로가 있더라도 당해 토지의 이용에 부적합하여 실제로 통로로서의 충분한 기능을 하지 못하는 경우에 인정되는 것이므로, 일단 주위토지통행권이 발생하였다고 하더라도 나중에 그 토지에 접하는 공로가 개설됨으로써 주위토지통행권을 인정할 필요성이 없어진 때에는 그 통행권은 소멸한다.

[5] 수도 등의 시설권

(대판 2003.8.19, 2002다53469) 토지소유자는 타인의 토지를 통과하지 아니하면 필요한 수도, 유수관, 가스관, 전선 등을 시설할 수 없거나 과다한 비용을 요하는 경우에는 타인의 토지를 통과하여 이를 시설할 수 있다고 할 것이므로 통행지소유자는 위와 같은 요건이 갖추어진 수도 등 시설에 대하여 그 철거를 구할 수 없다.

事例 22

共有에 따른 法律關係

≪설 문≫

A, B 및 C 3人은 甲임야 1,000평을 공유하고 있다. 서로 다른 사안을 전제로 하고 있는 다음 설문에 순서대로 답하시오.

(1) D는 甲임야를 매수한 후 전원주택부지로 조성하여 판매하고자 하나, A만이 이에 응할 용의를 가지고 있으며, B와 C는 그럴 생각이 없다. D가 취할 수 있는 법적 조치를 검토하시오.

(2) 甲임야의 소유등기명의가 제3자 E의 명의로 되어 있는 까닭에 A와 B의 주도하에 이 임야가 C를 포함한 자신들의 공유라고 주장하여 E를 피고로 소유권확인의 소를 제기하고자 한다. 반드시 C도 원고에 포함되어야 하는지의 문제를 검토하시오.

(3) A, B와 C의 지분은 각각 3/5, 1/5, 1/5이며, 甲임야를 타인에게 빌려준다면 주변의 시세에 따라 평당 1만원의 월 임대료를 받을 수 있다.

(3-1) A가 임야 전부를 1년째 農園으로 사용하고 있다. B 또는 C는 각자 혹은 둘이서 함께 A에 대하여 임야의 명도를 요구할 수 있는지를 검토하시오.

(3-2) B가 임야 전부를 1년째 農園으로 사용하고 있다. A 또는 C는 각자 혹은 둘이서 함께 B에 대하여 임야의 명도를 요구할 수 있는지를 검토하시오.

목차제안

Ⅰ. **논점분석**

풀이제안

Ⅰ. 논점분석

설문(1)의 논점은 D의 공유물분할청구권이다. 우선 D가 B와 C의 동의없이 임야매도에 찬성하는 공유자 A로부터 그의 지분만을 양도받을 수 있는지를 검토할 필요가 있다. 이것이 가능하다면 임야매도에 반대하는 B 및 C와 공유관계에 있게 된 D가 공유물의 분할을 청구할 수 있을 것이다. 분할방법에 대하여 협의가 성립되지 않을 때에 D는 법원에 분할을 청구할 수 있지만(제269조 제1항), D의 본래 목적은 전원주택용 부지를 조성하여 판매하고자 하는 것이므로 분할방법 중에서는 현물분할이 우선 검토된다.

설문(2)의 논점은 공유권의 대외적 주장이다. 공유자 전체로서의 공유관계의 주장에 공유자 전원의 공동소송이 필요한가, 단독으로 이를 행할 수 있는가가 문제의 핵심이다. 전원공동소송을 하여야 한다면, 전원이 아닌 A와 B만의 소제기가 지분권에 기한 확인의 소로서 적법한 것인가를 검토해야 한다.

설문(3-1)에서는 다수지분권자의 공유물에 관한 배타적 지배와 소수지분권자의 권리가, 설문(3-2)에서는 소수지분권자의 공유물에 관한 배타적 지배와 다수지분권자 또는 다른 소수지분권자의 권리가 각각 문제된다. 왜냐하면 공유관계에 있어서 공유자는 제263조에 따라 공유물 전부를 지분의 비율로 사용·수익할 수 있을 뿐이며, 제265조에 따라 공유물의 관리에 관한 사항을 공유자의 지분의 과반수로 결정해야 하지만 보존행위만큼은 각자가 할 수 있기 때문이다.

Ⅱ. 설문(1): B와 C에 대한 D의 공유물분할청구권

1. A에 대한 D의 공유지분이전청구권

공유자는 다른 공유자의 동의없이 공유물을 처분하거나 변경하지 못하며(제264조), 공유에 있어서 지분권은 다른 공유자에 의하여 침해될 수 없으므로 B와 C가 임야의 매매에 응하지 않은 한, 이들의 지분까지 포함하여 다른 공유자가 그 임야를 처분할 수 없다. 그러나 공유자는 자신의 지분을 양도하거나 담보에 제공하거나 또는 포기하는 등 자유로이 처분할 수 있으므로(제263조) 임야를 매도할 용의가 있는 공유자 A로서는 D에게 그 지분을 양도할 수 있다(제563조, 제568조).

따라서 D가 A로부터 그의 공유지분을 매수하거나 또는 수증하면 그에 대하여 공유지분이전청구권을 취득하게 되고, 지분이전등기를 넘겨받은 D는 B·C와 함께 甲임야를 공유한다.

2. B와 C에 대한 D의 공유물분할청구권

합유나 총유와는 달리 공유는 공유자 사이에 어떤 인적 결합관계가 존재하지 않는다. 공유는 어떤 사정으로 목적물을 개별적으로 소유할 수 없기 때문에 공동으로 소유하고 있는 것이며, 공유자 중의 누구라도 공유관계의 소멸을 희망하는 경우에는 언제든지 자유로이 공유물의 분할을 청구할 수 있다(제268조 제1항 본문). 임야를 전원주택부지로 조성하여 판매하려는 D의 의도에 비추어 그는 B 및 C에 대하여 분할을 청구할 수밖에 없다.

다수설은 공유자의 분할청구권은 형성권으로 파악한다(이견이 있다. ① 공유자의 분할청구권은 협의분할 또는 재판분할을 하기 위한 전제요건으로서 그 행사가 필요하다는 일종의 물권적 청구권이라고 하는 것이 타당하며 그것을 구태여 형성권으로 이해하여야 할 이유가 없다는 견해(김용한)가 있으며, ② 분할청구권을 형성권으로 보든 급부를 구하는 물권적 청구권으로 보든 결과에 있어서는 차이가 없으므로 논의의 실익이 없다고 하면서 분할청구권이 행사됨으로써 각 공유자 사이에 분할을 실현하여야 할 법률관계가 발생하고 이러한 법률관계로부터 각 공유자는 분할을 협의할 의무를 부담하는데 만약 이 협의가 성립하지 않을 때에는 법원에 그 분할의 실현을 소구할 수 있게 된다는 견해(이영준)도 있다). 이에 따르면 공유자 중 1인의 일방적 의사표시에 의하여 각 공유자 사이에는 구체적으로 분할을 실현할 법률관계가 발생한다.

3. 협의분할과 재판분할

공유물의 분할은 우선 합의에 의하여 행하여지는데(제268조 제1항, 제269조 제1항), 협의가 이루어지지 않을 경우에는 공유자는 법원에 그 분할을 청구할 수 있다(제269조 제1항). 협의가 성립하지 않는다는 것은 실제로 협의를 하였으나 분할방법에 관하여 합의를 하지 못한 경우뿐만 아니라, 협의에 응할 의사가 없음이 명백한 경우와 공유자 중 일부의 자가 협의에 응하지 않기 때문에 전원의 협의가 불가능한 경우도 포함한다. 따라서 B 및 C와 D 사이에 분할방법에 대하여 협의가 성립하지 않는 경우 D는 법원에 분할을 청구할 수 있다. 그러나 각 공유자는 공유물의 분할에 있어서는 모두가 당사자로서 직접적인 이해관계를 갖기 때문에 분할은 일부의 공유자만에 의해서는 불가능하고 언제나 공유자 전원이 분할절차에 참가해야 한다(필요적 공동소송). 따라서 D는 B와 C 중 어떤 자를 제외하고 분할절차를 진행할 수 없으며, 반드시 B 및 C(다른 공유자 전원)를 상대로 하여 분할을 청구하여야 한다.

4. 분할방법

공유물을 그대로 양적으로 분할하는 현물분할을 원칙으로 하되, 이밖에도 공유물을 매각하고 그 대금을 나누는 대금분할, 공유자의 한 사람이 다른 공유자들의 지분을 양수하여 그 가격을 지급하고 단독소유자가 되는 가액배상의 세 가지 방법이 예정되어 있다.

사안에 비추어 D가 임야를 전원주택부지로 조성하여 판매하고자 하는 목적을 달성하기 위해서는 현물분할과 가액배상의 방법이 고려될 수 있으나, 사안에서 임야매도에 부정적이었던 B 및 C의 태도에 비추어 볼 때 현물분할만이 고려될 수 있다.

각 공유자는 공유물의 전부에 관하여 지분을 가지고 있었던 것이므로, D는 자기에게 귀속하게 될 부분에 관하여는 B와 C로부터 그의 귀속예정지의 지분을 양도받는 한편 그들에게 귀속하게 될 부분에 관하여는 그 위에 가지고 있던 자기의 지분을 양도함으로써(결국 지분을 서로 교환함으로써), 분할에 의하여 취득한 부분에 관하여 완전한 단독소유권을 가지게 된다. 다만 이 경우 D는 분필등기를 거친 다음에 권리의 일부이전등기를 하여야 한다(판례 참조 [2-1]).

5. 결 론

D는 우선 임야매도에 찬성하는 A로부터 그의 지분을 양도받아야 한다. 그런 연후에 임야매도에 반대하는 B·C와 공유관계에 있게 된 D는 이들을 상대로 공유물의 분할을 청구할 수 있다. 분할방법에 대하여 협의가 성립되지 않을 때에 D는 법원에 분할을 청구할 수 있지만(제269조 제1항), 현물분할만이 전원주택부지를 조성하여 판매하고자 하는 D의 본래 목적에 부합할 것이다.

Ⅲ. 설문(2): E를 피고로 한 공유자 전원을 위한 A와 B의 소유권확인소송

1. 쟁 점

전체로서의 공유관계를 주장하여 소유권확인의 소를 구하는 경우에 공유자 전원이 공동으로 해야 하는지 또는 각 공유자가 단독으로도 이를 할 수 있는지가 문제된다.

원래 공유의 대외관계 문제는 각 공유자가 가지는 지분권에 기하여 대외적 주장을 하는 경우와 공유관계 그 자체, 즉 공유자 전원에 속하는 전체로서의 소유관계를 주장하는 두 가지의 경우가 있다. 전자에 있어서는 지분권확인의 소송 또는 지분권에 기하여 공유물의 반환청구나 방해배제청구의 소송을 하는 경우이고, 후자에 있어서는 공유자들이 제3자에 대하여 전체로서의 공유관계, 즉 동일한 물건을 공유하고 있는 것을 주장하여 그 확인을 구하거나(공유권확인소송), 등기청구 또는 시효중단을 하는 경우이다. 사안의 경우는 A와 B, 즉 공유자 일부가 등기명의자인 E에 대하여 공유자 전원에 속하는 소유권확인의 소를 구하고 있으므로 후자의 경우에 해당된다.

2. 학설의 전개

(1) 학설의 내용

공유권의 대외적 주장으로서 공유권확인소송의 당사자에 관해서는 학설이 대립한다. 다수인이 공유하고 있는 경우 일부의 공유자가 소제기에 반대하거나 또는 행방불명 등으로 공동행위를 할 수 없는 경우에 공유자의 일부는 전원을 위하여 공유관계를 주장할 수 있으며, 이 경우 판결의 기판력은 소송당사자에게만 미치므로 패소하더라도 다른 공유자는 다시 공유관계의 주장을 할 수 있다는 ①견해(전원공동소송불요설), 공유자의 1인이 단독으로 공유관계를 주장할 수 있고, 판결의 기판력은 승소하면 공유자 전원에 미치지만 패소하면 다른 공유자에 미치지 않는다고 하는 ②견해(절충설), 공유자 전원이 공동으로 원고가 되어야 한다는 ③견해(전원공동소송필요설, 다수설)가 있다. 사안의 경우 ①견해 또는 ②견해에 따르면 A, B 및 C 전원이 원고가 되지 않아도 A와 B는 소유권확인의 소를 구할 수 있지만, ③견해에 따르면 소가 각하된다.

(2) 비 판

①견해는 일부의 공유자가 소제기를 하려고 하지 않든가 또는 할 수 없는 경우에 공유자 중 일부가 전원을 위하여 공유관계를 주장하는 것을 인정하기 때문에 실제상의 편의를 고려하고 있다. 그러나 승소판결의 효력이 전원에 미치지 않으므로 소송의 실익이 없고, 패소의 경우에는 다른 공유자의 소송이 인정되어 판결이 통일되지 않을 우려가 있다는 문제를 가진다.

②견해는 법률관계가 소송의 결과에 의하여 좌우되는 것을 막지 못하며 지나치게 편의적이라는 것이 문제점으로 지적될 수 있다. 즉, 각 공유자가 자기의 지분의 범위를 넘어서 공유관계 전체를 주장하는 것은 다른 공유자의 권리를 마음대로 행사할 수 있다는 결과가 된다. 또한 공유자 사이에 불화가 생겨서 공동의 소송을 할 수 없는 경우라면 차라리 공유관계를 종료시켜야 할 것이다.

마지막으로 다수설인 ③견해에 따르면 A와 B, 즉 공유자의 일부가 전체로서의 공유관계를 주장할 수는 없고 반드시 공유자 전원의 공동을 요한다고 판단된다. 그러나 공유물의 보존행위에 관하여는 단독으로 소를 제기할 수 있다고 할 것이다(이어지는 3 참조).

3. 판례의 태도

과거 판례는 공유자측이 그 공유에 속함을 주장하며 제3자에 대하여 소유권확인을 구하는 소송은 공유자 전원이 원고가 되어야 할 필요적 공동소송이라 하였으나(대판 1953. 2. 19, 4285민상134), 그후 보존행위의 성질을 가지는 공유관계 확인의 청구는 각 공유자가 독립하여 제고 또는 취하할 수 있다고 하여 그 태도를 바꾸었다(판례 [3-1] 참조). 판례에 의하면 각 공유자는 보존행위로서 공유물 전부에 대한 철거 따위의 방해배제청구소송(대판 1962. 4. 12, 4294민상1242; 대판 1968. 9. 17, 68다1142·1143), 공유물의 인도·명도청구소송(대판 1966. 4. 19, 66다283; 대판 1968. 11. 26, 68다1675; 대판 1969. 3. 4, 69다21; 대판[전] 1994. 3. 22, 93다9392), 불법점거로 인한 손해배상청구소송(대판 1962. 4. 12, 4294민상1242), 원인무효등기의 말소청구소송을(대판 1966. 4. 19, 66다415; 대판 1993. 5. 11, 92다52870) 단독으로 제기할 수 있다고 하였다. 다시 말하면 지분권의 대외적 주장과 공유관계의 대외적 주장을 구별하지 않고 공유자 중의 1인의 청구가 보존행위에 관한 것인 때에는 단독으로 소를 제기하는 것을 인정하고, 그렇지 않은 경우 즉 관리·처분행위인 경우에만 공유자 전원이 소송을 제기하여야 한다는 태도를 취하였다(대판 2005. 9. 29, 2003다40651; 김형배, 민법학강의(제6판), 651면 참조).

판례의 태도에 따르면 공유자 중 일부인 A와 B가 등기명의자 E에 대하여 전체로서의 공유관계를 주장하는 공유권확인소송을 제기하더라도 이를 보존행위(제265조 단서)로 볼 수 있다면 그 소는 적법한 것으로 판단될 수 있다.

4. 결 론

다수설에 따르면 전체로서의 공유관계의 대외적 주장에는 공유자 전원의 공동소송이 요구되며, 따라서 전원이 아닌 A와 B만의 소제기는 지분권에 기한 확인의 소로서도 적법하지 않다. 그러나 판례에 따르면 등기명의자 E에 대한 A와 B의 소제기는 보존행위로 평가될 수 있을 것이고, 그러한 경우 소제기는 적법하다고 할 것이다. 판례의 태도가 타당하다고 생각된다.

Ⅳ. 설문(3): 공유자 사이의 공유물인도청구권

1. 설문(3-1): A에 대한 B 또는(및) C의 공유물인도청구권

지분이 3/5으로 과반수가 넘는 다수지분권자인 A가 공유물인 임야를 배타적으로 점유하여 농원으로 사용·수익하고 있다. 그러나 제265조가 공유물의 관리방법을 지분의 과반수로 정하고 있는 이상, 다수지분권자가 다른 공유자와 아무 협의없이 공유물 전부를 배타적으로 점유하여 사용·수익하더라도 이는 적법한 관리방법의 한 형태로 인정하여야 할 것이다(판례 [4-2], [4-3] 참조). 따라서 B(1/5) 또는 C(1/5) 또는 둘이 공동으로라도(2/5) 공유물의 명도를 청구할 수는 없다. 소수지분권자는 공유물을 공동으로 사용할 수 있도록 할 것 또는 지분비율에 따른 부당이득의 반환을 요구할 수밖에 없다(판례 참조 [4-4]). 따라서 B와 C는 A에 대하여 지분비율에 따른 임야의 공동사용을 요구하거나(또는 이와 동시에) A가 기왕에 취득한 부당이득, 즉 매월 각 200만원의 반환을 요구할 수 있다.

2. 설문(3-2): B에 대한 A 또는(및) C의 공유물인도청구권

지분이 1/5밖에 되지 않는 소수지분권자인 B가 공유물인 임야를 배타적으로 점유하여 농원으로 사용·수익을 하고 있다. 우선 다수지분권자인 A는 공유물의 관리방법의 일환으로서 다른 공유자(여기서는 C)와의 협의없이도 단독으로 A에 대하여 공유물의 명도를 요구할 수 있다고 풀이된다. 그러나 역시 소수지분권자인 C가 단독으로 B에 대하여 이러한 요구를 할 수 있는지에 대해서는 의문이다. 1994년 대법원 전원합의체판결에서는 다수의견으로 이를 긍정하였다(이하도 판례 [4-5] 참조). 가장 중요한 논거는 소수지분권자의 공유물의 배타적 지배는 부적법한 것이고, 이러한 위법상태를 시정하여 공유관계의 현상을 적절한 상태로 유지·보존하는 것은 제265조 단서에서 말하는 '각자 할 수 있는 보존행위'에 해당한다는 것이다. 그러나 이 판결에서는 반대의견 또한 경청할 만하다. 이 견해는 제3자가 공유물을 불법점유하고 있는 경우에는 설령 소수지분권자라 하더라도 이 자는 '각자 할 수 있는 보존행위'의 일환으로 공유물 전부의 명도를 청구할 수 있다는 점에는 의심을 품을 여지가 없으나, 다른 소수지분권자(여기서는 B)의 공유물의 배타적 지배와 관련하여서도 또 다른 소수지분권자(여기서는 C)의 공유물 전부에 대한 명도청구를 허용한다면 이는 B의 '지분비율 내에서의' 공유물의 사용·수익권을 부당하게 박탈하는 한편, C에게는 지분비율을 초과하는 범위에서의 공유물의 점유를 부당하게 허용하는 결과가 된다는 점을 지적한다. 물론 C의 이러한 요구가 공유자 전원의 이익을 예정하는 '각자 할 수 있는 보존행위' 에 해당하지 않는다는 점을 전제로 하고 있다. 후자의 견해에 따를 경우 C는 B에 대하여 ──설문(3)에서와 마찬가지로── 공유물의 공동사용(또는 이와 동시에), 부당이득의 반환 또는 손해의 배상을 청구할 수 있을 뿐이다.

≪판 례≫

[1] 공유관계

[1-1] (대판 1968. 9. 17, 68다1142·1143) 건물의 공유지분권자는 동 건물 전부에 대하여 보존행위로서 방해배제청구를 할 수 있다.

[1-2] (대판 1985. 9. 24, 85다카451·452) 공유자의 1인이 공유물 중 일부를 특정하여 타인에게 증여하였다면 이는 특단의 사정이 없는 한 권한없는 자의 처분행위에 지나지 않는다.

[1-3] (대판[전] 1994. 3. 22, 93다9392·9408) 지분을 소유하고 있는 공유자나 그 지분에 관한 소유권이전등기청구권을 가지고 있는 자라고 할지라도 다른 공유자와의 협의없이는 공유물을 배타적으로 점유하여 사용·수익할 수 없는 것이므로, 다른 공유권자는 자신이 소유하고 있는 지

분이 과반수에 미달되더라도 공유물을 점유하고 있는 자에 대하여 공유물의 보존행위로서 공유물의 인도나 명도를 청구할 수 있다.

[2] 공유물의 분할

[2-1] (대판 1964.12.29, 64다1320) 공유자의 한 사람이 자기 몫으로 협의분할된 토지의 일부를 다른 공유자에게 매도하고 인도한 경우에는 그 매매대금의 지급과 그 소유권이전등기절차이행의 의무 사이에는 특별한 약정이나 사정이 없는 한 동시이행관계에 있다고 볼 수 없다.

[2-2] (대결 1991.12.16, 91마239) 공유물분할판결에 기하여 공유물 전부를 경매에 붙여 그 매득금을 분배하기 위한 환가의 경우에는 공유물의 지분경매에 있어 다른 공유자에 대한 경매신청통지와 다른 공유자의 우선매수권을 규정한 민사소송법 제649조, 제650조는 적용이 없다.

[3] 공유권확인소송

[3-1] (대판 1965.2.24, 64다1401·1402·1403) 공동상속인은 그 상속재산에 대하여 공유관계에 있는 것이나 공동상속인 전원이 그 공유관계의 확인을 구하여야 할 관계에 있는 것은 아니므로 각 공유자는 각자 독립하여 위와 같은 소송을 제기 또는 취하할 수 있다.

[3-2] (대판 1994.11.11, 94다35008) ① 공유자의 지분은 다른 공유자의 지분에 의하여 일정한 비율로 제한을 받는 것을 제외하고는 독립한 소유권과 같은 것으로 공유자는 그 지분을 부인하는 제3자에 대하여 각자 그 지분권을 주장하여 지분의 확인을 소구하여야 하는 것이고, 공유자 일부가 제3자를 상대로 다른 공유자의 지분의 확인을 구하는 것은 타인의 권리관계의 확인을 구하는 소에 해당한다고 보아야 할 것이므로 그 타인 간의 권리관계가 자기의 권리관계에 영향을 미치는 경우에 한하여 확인의 이익이 있다고 할 것이며, 공유물 전체에 대한 소유관계 확인도 이를 다투는 제3자를 상대로 공유자 전원이 하여야 하는 것이지 공유자 일부만이 그 관계를 대외적으로 주장할 수 있는 것이 아니므로, 아무런 특별한 사정이 없이 다른 공유자의 지분의 확인을 구하는 것은 확인의 이익이 없다. ② 공유자가 다른 공유자의 지분권을 대외적으로 주장하는 것을 공유물의 멸실·훼손을 방지하고 공유물의 현상을 유지하는 사실적·법률적 행위인 공유물의 보존행위에 속한다고 할 수 없다.

[4] 공유물의 보존·관리행위

[4-1] (대판[전] 1994.3.22, 93다9392·9408) 보존행위는 당해 공유물의 멸실, 훼손을 방지하고 적절하게 유지·보존하기 위한 것이므로 이는 공유물의 관리 이전의 문제로서 공유지분의 많고 적음에 관계없이 할 수 있고 제3자에 대하여 할 수 있음은 물론이고 필요한 경우에는 다른 공유자에 대하여도 할 수 있을 것이며, 그 보존행위의 형태는 수선, 유지, 보

관 등 여러 가지가 있을 수 있으나 필요한 경우에는 인도나 명도도 청구할 수 있다. 다만, 공유자는 원래 당해 공유물 전부를 그 지분의 비율에 따라 사용·수익할 권리가 있는 것이므로 다른 공유자가 하고 있는 점유의 인도를 구하는 경우에는 일률적으로 보존행위에 해당한다 안 한다 말할 수 없고, 그 인도를 구하는 이유를 살펴서 이것이 보존행위에 해당하는지 여부를 판단하여야 한다.

[4-2] (대판 1966. 2. 28, 65다2348) 공유임야의 지분 과반수를 가진 공유자가 그 임야를 타인에게 임대한 행위는 달리 특별한 사정이 없는 한 공유물의 관리행위로서 적법하다.

[4-3] (대판 1991. 9. 24, 88다카33855) ① 부동산에 관하여 과반수 공유지분을 가진 자는 공유자 사이에 공유물의 관리방법에 관하여 협의가 미리 없었다 하더라도 공유물의 관리에 관한 사항을 단독으로 결정할 수 있으므로 공유토지에 관하여 과반수 지분권을 가진 자가 그 공유토지의 특정된 한 부분을 배타적으로 사용·수익할 것을 정하는 것은 공유물의 관리방법으로서 적법하다. ② 위 경우 비록 그 특정된 한 부분이 자기의 지분비율에 상당하는 면적의 범위내라 할지라도 다른 공유자들 중 지분은 있으나 사용·수익은 전혀 하고 있지 아니함으로써 손해를 입고 있는 자에 대하여는 과반수 지분권자를 포함한 모든 사용·수익을 하고 있는 공유자는 그 자의 지분에 상응하는 부당이득을 하고 있다고 보아야 할 것인바 이는 모든 공유자는 공유물 전부를 지분의 비율로 사용·수익할 수 있기 때문이다.

[4-4] (대판 2002. 10. 11, 2000다17803) 토지의 공유자는 각자의 지분 비율에 따라 토지 전체를 사용·수익할 수 있지만, 그 구체적인 사용·수익 방법에 관하여 공유자들 사이에 지분 과반수의 합의가 없는 이상, 1인이 그 전부를 배타적으로 점유·사용할 수 없는 것이므로, 공유자 중의 일부가 그 전부를 배타적으로 점유·사용하고 있다면, 다른 공유자들 중 지분은 있으나 사용·수익은 전혀 하지 않고 있는 자에 대하여는 그 자의 지분에 상응하는 부당이득을 하고 있다.

[4-5] (대판[전] 1994. 3. 22, 93다9392·9408) [다수의견] 지분을 소유하고 있는 공유자나 그 지분에 관한 소유권이전등기청구권을 가지고 있는 자라고 할지라도 다른 공유자와의 협의없이는 공유물을 배타적으로 점유하여 사용·수익할 수 없는 것이므로, 다른 공유권자는 자신이 소유하고 있는 지분이 과반수에 미달되더라도 공유물을 점유하고 있는 자에 대하여 공유물의 보존행위로서 공유물의 인도나 명도를 청구할 수 있다.

관련사례 22-1　合有持分의 相續

≪설　문≫

A, B, C 3人은 절친한 고향친구이다. 사업가로 성공한 A는 어린 시절 함께 놀던 야산 중턱의 땅 300평을 구입한 후 친구들과 함께 '이 땅을 영구히 보전하자'며 3인이 지분을 균분하고 이를 合有로 등기하였다. 몇 년이 흐른 후 A는 불의의 교통사고로 유명을 달리하였고, 유가족으로 부인 D와 외동딸 E가 있다.

토지 300평에 대한 소유관계를 설명하시오.

풀이제안

Ⅰ. 논점분석

1) 물건 또는 권리에 대한 소유권이 법률규정 또는 당사자약정에 의하여 수인에게 합유적으로 귀속하는 경우를 살펴본 후,

2) 합유지분이 상속될 수 있는지를 공유지분의 상속과 구별하여 검토하고,

3) 이른바 합유등기약정의 경우에 합유지분의 상속 여부를 검토해야 한다.

Ⅱ. 법률규정 또는 당사자약정에 의한 합유

합유란 법정(법률규정) 또는 약정(계약)으로 수인이 조합체로서 물건을 공동소유하는 형식이다(제271조 본문). 법률규정에 의한 예로는 신탁법 제45조에 따른 다수의 수탁인에 의한 신탁재산의 합유, 광업법 제19조에 따른 공동광업권자에 의한 광업권의 준합유를 들 수 있다. 당사자의 약정으로 성립하는 합유의 형태는 공동사업을 영위하지도 않고, 상호출자의무도 부담함이 없이 단순히 등기(부동산등기법 제44조)나 등록명의만을 합유로 하는, 이른바 '단

순한 합유등기약정'을 들 수 있다. 조합계약을 체결한 조합원에 의한 조합재산의 소유형태는 당사자의 약정이 불분명한 경우 법률규정이 이를 합유로 '한다'(제704조)(제704조의 규정은 간주규정('~으로 본다')이 아님을 유의할 필요가 있다. 이는 제271조 본문('조합체로서')과의 관련성 아래, 당사자의 의사가 명확하지 않은 경우를 예비한 해석규정(Auslegungsregel)이다).

Ⅲ. 합유지분과 공유지분의 상속

1. 합유지분

합유지분은 공유지분과 달리 합유자 전원의 동의가 없는 한 이를 처분할 수 없고(제273조 제1항), 조합체가 존재하는 한 합유자는 합유물의 분할을 청구할 수도 없다(제273조 제2항). 조합원의 합유지분은 조합체의 목적 및 그 단체성에 의해 제한을 받기 때문이다(판례 참조 [1]).

한편 추구해야 할 공동목적이나 상호출자의무를 필연적으로 전제하지 않는 이른바 합유등기약정은 오히려 이와 같이 합유물의 분할금지 또는 합유지분의 무단양도를 제한함으로써 합유부동산을 그 현상대로 존속시키려는 데 그 의의가 있다고 볼 수 있다. 이 경우 합유자의 지위는 합유물 및 합유지분에 대한 소유권의 법적 성질의 측면에만 초점이 맞춰져 있을 뿐이므로, 이러한 합유자의 재산권이 단체성이나 공동성을 이유로 제한되기는 곤란하다고 할 수 있다.

2. 합유지분의 상속

민법은 공유지분의 상속에 관해서는 간접적으로 이를 인정하고 있으나(제267조), 합유에 관해서는 이러한 규정이 결여되어 있다. 그러나 조합계약과 관련하여 민법은 조합원의 사망을 탈퇴사유(제717조 제1호)로 규정하는 한편, 탈퇴조합원에 대한 지분환급을 규정하고 있다(제719조). 이러한 규정의 맥락에 비추어 판례는 광업권이나 합유인 부동산의 상속을 부인하고 잔류 합유자에게 그 지분비율에 따라 분속되도록 하고 있다(판례 참조 [2]). 그 주된 논거로는 합유자 사이에 특별한 약정이 없는 한 합유하는 권리는 일신전속적인 성격을 가진다는 점이다. 판례는 조합이 조합원의 인적 신뢰를 바탕으로 공동목적의 수행을 위해 결합함으로써 그 단체이익에 무게중심이 놓인다는 인식에 기초하고 있다. 결국 합유는 조합체의 소유형태이므로 합유등기가 이루어지면 합유자 상호간에 조합체가 형성되고, 합유자의 법적 지위는 조합원으로서의 법적 지위이므로 그 상속이 인정될 수 없다는 논리가 된다.

문제는 단순한 합유등기약정의 경우에도 합유자의 지위를 조합원으로 파악하여 등기된 부동산소유권에 대한 합유지분의 상속을 부인할 것인가 하는 점이다. 사안의 경우 A가 단독으로 출연하여 문제 부동산 300평을 매입하고는 이 땅을 영구히 보전하자며 친구 B, C와 합유등기하기로 약정하였다. 이러한 A의 법률행위가 옛 친구 B, C와 함께 특정의 공동목적을 수행하면서 친구들에게 출자의무를 부담시키려는 의사에 기초한 것으로 보기는 어렵다. 오히려 단지 옛 추억이 어린 토지를 친구들과 함께 기억하며 행여 합유지분을 처분하거나, 땅을 분할하려는 행위를 막고자 하는 의사로 풀이하는 것이 타당하다.

Ⅳ. 결 론

합유재산은 모두 조합재산이며 따라서 상속이 부인된다고 하는 판례에 따르면 D와 E는 B 및 C에 대한 지분환급청구권만을 공동상속하게 되며(제1000조 제1항 제2호, 제1003조 제1항, 제1009조 제2항), 이는 채권이므로 일반채권의 소멸시효 10년(제162조 제1항)에 걸린다. 이 경우 A의 유가족이 이러한 땅의 존재를 한참 후에야 비로소 인지하게 되었다면 불합리한 결과를 초래할 수도 있다. 반면 '단순한 합유등기약정'의 경우에는 합유자 개개인의 재산권이 합유자 전원의 단체성과 공동목적성에 의하여 제한받을 이유가 없을 것이다. 따라서 합유지분의 상속을 인정하는 것도 가능할 것이며, 이에 따를 경우 D와 E는 A의 합유지분을 공동상속하게 된다. 비록 합유의 형태이기는 하나, 소유권은 소멸시효에 걸리지 않는다.

≪관련판례≫

[1] 합유지분

(대판 1997.9.9, 96다16896) ① 합유지분 포기가 적법하다면 그 포기된 합유지분은 나머지 잔존 합유지분권자들에게 균분으로 귀속하게 되지만 그와 같은 물권변동은 합유지분권의 포기라고 하는 법률행위에 의한 것이므로 등기하여야 효력이 있고 지분을 포기한 합유지분권자로부터 잔존 합유지분권자들에게 합유지분권이전등기가 이루어지지 아니하는 한 지분을 포기한 지분권자는 제3자에 대하여 여전히 합유지분권자로서의 지위를 가지고 있다고 보아야 한다. ② 합유물에 관하여 경료된 원인무효의 소유권이전등기의 말소를 구하는 소송은 합유물에 관한 보존행위로서 합유자 각자가 할 수 있다.

[2] 합유자 지위의 승계

[2-1] (대판 1981.7.28, 81다145) 공동광업권자의 1인이 사망한 때에는 공동광업권의 조합관계로부터 당연히 탈퇴되고, 특히 조합계약에서 사망한 공동광업권자의 지위를 그 상속인이 승계하기로 약정한 바가 없는 이상 사망한 공동광업권자의 지위는 일신전속적인 권리의무관계로서 상속인에게 승계되지 아니하고, 따라서 동망인이 제소한 공동광업권관계소송은 그의 사망으로 당연히 종료된다.

[2-2] (대판 1994.2.25, 93다39225) 부동산의 합유자 중 일부가 사망한 경우 합유자 사이에 특별한 약정이 없는 한 사망한 합유자의 상속인은 합유자로서의 지위를 승계하는 것이 아니므로 해당 부동산은 잔존합유자가 2인 이상일 경우에는 잔존합유자의 합유로 귀속되고 잔존합유자가 1인인 경우에는 잔존합유자의 단독소유로 귀속된다.

[物　權　法]

事例 23

名義信託

≪설 문≫

서로 무관한 다음 각 사안에서 관계당사자 사이의 법률관계를 판례이론 및 '부동산실권리자명의등기에관한법률'(1995. 7. 1.자 시행, 이하 '부동산실명법'으로 줄임)을 바탕으로 검토하시오.

(1) A는 사촌동생 B에게 매달 30만원의 용돈을 주기로 약속하고 자신 소유 甲토지를 B명의로 이전하였으며 그에게 그 토지의 관리도 부탁하였다. A는 B에게 토지소유명의를 다시 넘겨달라고 요구하였다.

(2) 1995. 7. 7. X는 Z와 매매대금 1억원에 甲토지에 관한 매매계약을 체결하였다. 잔금을 치루면서 매수인 X는 미리 Y와의 사이에 '실질적인 소유자는 X이지만, 소유명의를 Y로 하는 약정'을 체결하였다면서 Z에게 소유권이전등기를 Y 앞으로 경료해 줄 것을 요청하였고, Z는 이를 실행하였다(이 경우에는 Y가 甲토지를 그대로 보유하고 있는 경우와 이를 제3자에게 임의로 매각한 경우로 나누어 검토하시오).

목차제안

Ⅰ. **논점분석**

Ⅱ. **명의신탁**

1. 의　의
2. 명의신탁의 유효성에 관한 (과거)판례이론
   (1) 원칙적 유효
   (2) 대내적 관계(신탁자와 수탁자 사이의 관계)
   (3) 대외적 관계(제3자와의 관계)

풀이제안

Ⅰ. 논점분석

사안(1)과 (2)는 공통적으로 토지등기부상의 소유명의와 실체적 권리관계가 일치되지 않으므로 등기의 원인무효 여부의 문제가 제기된다. 이러한 등기도 실질적 소유권자의 의사에 기초한 것이기 때문에 원인무효로 볼 수 없다고 한다면, 실질적 소유권자와 등기부상의 소유명의자가 분리되는 현상이 발생한다. 이로 인하여 야기되는 복잡한 법률관계를 해결하기 위한 이론이 이른바 명의신탁에 관한 판례이론이었다. 한편 1995. 7. 1.부터 시행되고 있는 부동산실권리자 명의등기에 관한 법률(이하 '부동산실명법'으로 줄임)은 '명의신탁약정'과 이에 따라 행해진 등기에 기초한 부동산에 관한 물권변동을 무효로 규정하고 있다(동법 제4조). 따라서 명의신탁약정이 무효인 경우 명의수탁자와 거래한 제3자 C의 보호문제와 더불어 명의신탁의 내부관계에 있어서의 명의수탁자의 책임문제가 대두된다.

사안(1)에서는 좁은 의미의 명의신탁, 즉 2자간의 등기명의신탁(신탁자가 자기 소유부동산을 수탁자명의로 등기한 경우)이, 사안(2)에서는 3자간 등기명의신탁, 즉 중간생략형 등기명의신탁(신탁자가 제3자와 매매계약을 체결하고, 매도인이 수탁자에게 직접 등기이전한 경우)이 각각 문제되고 있으므로 이를 차례로 검토하기로 한다. 우선 명의신탁에 관한 일반적인 내용을 살펴본다.

Ⅱ. 명의신탁

1. 의 의

민법에는 명의신탁에 관한 명문규정이 없으나 판례에 의하면 명의신탁이란, '신탁자가 소유권을 유보하여 이를 관리·수익하면서, 公簿(여기서는 등기부)상의 소유명의만을 수탁자로 하여 두는 것'이라고 한다(판례 참조 [1]). 즉 신탁자와 수탁자 사이에 실체적인 거래관계가 없이, 예컨대 매매 등의 채권계약의 형식을 빌려 목적재산의 명의만을 수탁자 앞으로 이전해 두는 것을 말한다. 주로 문제되는 부동산의 명의신탁에서는 신탁자가 자신 소유의 부동산을 수탁자의 명의로 등기해 놓고, 그 부동산에 관한 사용·수익 및 처분권 등 실질적인 권한은 모두 신탁자 자신이 보유한다(대판 1985. 1. 29, 84다카1750: 일반적으로 부동산의 소유자명의만을 다른 사람에게 신탁한 경우에 등기권리증과 같은 권리관계를 증명하는 서류는 실질적 소유자인 명의신탁자가 소지하는 것이 상례라고 할 것이므로 명의수탁자가 이러한 권리관계서류를 소지하고 있다면 그 소지 경위에 관하여 납득할 만한 설명이 없는 한 명의신탁관계 인정에 방해가 된다고 보지 않을 수 없다). 따라서 등기부상의 소유자인 수탁자는 그 부동산의 관리·처분은 물론, 채권담보의 목적으로 재산권을 행사할 어떠한 권한도 보유하지 않는다.

2. 명의신탁의 유효성에 관한 (과거)판례이론

(1) 원칙적 유효

특히 부동산의 명의신탁에 관하여 판례는 명의신탁을 유효한 것으로 보았다. 구체적으로 (i) 재단법인의 설립을 목적으로 재산을 출연하는 때에 그 성립 전까지 발기인명의로 등기를 해 놓은 경우, (ii) 대지소유자명의로 건축허가를 받은 후 신축된 건물에 대해서 대지소유자명의로 보존등기를 하는 경우, (iii) 종중의 재산을 종가의 자손이나 대표자의 소유명의로 등기해 놓는 경우(부동산등기법 제30조 제1항은 종중명의로 등기하는 것을 인정한다), (iv) 미분할토지의 일부를 매수하고 그 전부에 대해서 등기한 경우(매수하지 않은 부분에 대한 명의신탁을 인정하는 것이다) 등이 그 예이다.

(2) 대내적 관계(신탁자와 수탁자 사이의 관계)

명의신탁을 설정하는 신탁계약의 기본적 내용은 신탁자가 수탁자에 대한 관계에서 목적물의 재산권을 보유한다는 데 있다(대판 1987. 5. 12, 86다카2653; 대판 1996. 5. 31, 94다35985). 즉 대내관계에서는 신탁자가 소유자이다.

따라서 신탁자는 수탁자에 대해 등기가 없어도 소유권을 주장할 수 있고(대판 1982. 11. 23, 81다372) 또한 부동산의 소유자로 등기된 수탁자는 점유권원의 성질상 자주점유를 할 수 없어 신탁부동산의 소유권을 시효취득할 수 없다(대판 1987. 11. 10, 85다카1644). 또한 명의신탁된 대지 위에 제3자가 신탁자의 승낙을 얻어 공작물을 설치한 경우 수탁자에게는 그 제3자에 대한 관계에서 물권적 청구권이 인정되지 않으므로 그 공작물의 철거를 청구할 수 없다(대판 1965. 8. 24, 65다1081). 그리고 명의신탁된 토지 위에 수탁자가 건물을 지어 소유하고 있다가 명의신탁이 해지된 경우에 관습법상의 법정지상권을 취득할 수도 없다. 왜냐하면 수탁자는 그 토지의 명의신탁이 되어 있던 기간에도 신탁자와의 대내적 관계에 있어서는 그 토지가 자신의 소유라고 할 수 없기 때문이다(대판 1986. 5. 27, 86다카62).

명의신탁해지를 원인으로 한 신탁자의 수탁자에 대한 등기청구권은 물권적 청구권이므로 소멸시효에 걸리지 않는다(대판 1976. 6. 22, 75다124). 수탁자는 신탁자에게 반환의무가 있으며, 수탁자가 명의신탁된 재산을 임의로 처분하면 횡령죄를 구성하게 된다(대판 2002. 2. 22, 2001도6209).

(3) 대외적 관계(제3자와의 관계)

수탁자는 대외적 관계에 있어서는 완전한 소유자로서의 지위를 가진다.

따라서 수탁자로부터 명의신탁된 부동산을 양수한 제3자는 그의 선의, 악의를 불문하고 소유권을 취득한다(대판 1963. 9. 19, 63다388. 다만, 이 경우 이중매매법리가 적용되어 제3자가 수탁자의 배임행위에 적극 가담한 경우에는 제3자와 수탁자 사이의 계약은 제103조에 의하여 무효가 될 수 있다). 또한 제3자가 목적부동산을 불법점거하거나 방해하는 경우에 수탁자만이 물권적 청구권을 행사할 수 있으며 신탁자는 수탁자를 대위해서만 반환청구 내지 방해배제청구나 손해배상청구를 할 수 있을 뿐이다(대판[전] 1979. 9. 25, 77다1079). 그리고 수탁자로부터 원인없이 소유자명의를 넘겨받은 제3자에 대한 관계에서 소유권회복을 위한 제소권은 수탁자에게만 있다(대판 1967. 12. 29, 67다2304). 즉, 명의신탁자는 수탁자의 이전 또는 말소등기청구권을 대위행사할 수 있을 뿐이다.

3. 부동산실명법에 따른 명의신탁의 효력

(1) 법률제정의 배경

신탁자가 내부적으로는 소유권을 보유한 채 등기명의상으로는 수탁자가 소유권을 갖는 명의신탁은 과거 주로 종중재산과 관련하여 형성되었으나, 근래에 와서 세금포탈, 투기, 재산은닉 등 탈법과 불법수단으로 이용되면서 사회적 물의를 일으키게 되었다. 따라서 이러한 부정행위를 규제하기 위하여 부동산실명법이 제정되었다. 다만, 명의신탁이 언제나 반사회적으로 이용되는 것만은 아니기 때문에 예컨대 종중재산과 부부재산에 관한 명의신탁(동법 제8조 참조)이나 상호명의신탁(동법 제2조 제1호 나목)과 같은 경우에는 동법의 적용을 부정하는 예외를 두고 있다.

어쨌든 동법의 제정·시행으로 부동산에 관한 소유권 기타 물권에 관한 명의신탁은 ──적어도 동법 시행일 이후에 체결되었다면── 동법의 적용을 받게 되므로, 그러한 한도내에서는 실정법의 해석론이 문제될 뿐, 종래 판례이론 및 학설의 대립은 그 의미를 상실하게 되었다.

(2) 명의신탁의 효력

동법에 따르면 명의신탁약정은(부동산실명법은 제2조 제1호에서 명의신탁약정을 '부동산에 관한 소유권 기타 물권을 보유한 자 또는 사실상 취득하거나 취득하려고 하는 자가 타인과의 사이에 대내적으로는 실권리자가 부동산에 관한 물권을 보유하거나 보유하기로 하고 그에 관한 등기(가등기를 포함한다)는 그 타인의 명의로 하기로 하는 약정(위임·위탁매매의 형식에 의하거나 추인에 의한 경우를 포함한다)'으로 정의한다) 무효이다(동법 제4조 제1항). 또한 이 약정에 따라 행하여진 등기에 의한 물권변동도 무효가 된다(동법 제4조 제2항 본문). 다만 이러한 무효는 제3자에게 대항하지 못한다(동법 제4조 제3항). 즉, 예컨대 제3자가 수탁자의 배임행위에 적극적으로 가담하지 않는 한, 명의신탁사실에 대한 선의·악의를 불문하고 그 제3자는 소유권을 취득한다.

이에 따라 강행규정으로서 부동산실명법은 명의신탁약정을 금지하는데 그치지 않고, 명의신탁약정의 효력과 이에 근거한 등기 등 사법적 효력도 무효화함으로써 명의신탁금지의 실효성을 확보하고자 하였다. 이는 종전 부동산등기특별조치법 제7조(종전의 부동산등기특별조치법 제7조(1995. 3. 30.자로 폐지)에서는 '조세부과를 면하려 하거나, 다른 시점간에 가격변동에 따른 이득을 얻으려 하거나, 소유권 등 권리변동을 규제하는 법령의 제한을 회피할 목적으로' 하는 명의신탁만을 금지하였다)가 명의신탁을 금지하고 있지만, 이를 단속규정으로 해석하고 명의신탁의 효력 자체는 부인하지 않던 예전 판례의 태도를 부정한 것이다.

명의신탁약정 및 그에 따른 등기에 의한 물권변동의 무효에 따른 법률관계는 명의신탁의 유형에 따라 다소 차이가 있으며, 이를 아래에서 구체적으로 검토한다.

Ⅲ. 사안(1): 2자간 등기명의신탁에 있어서 A와 B의 법률관계

1. 논점분석

사안(1)에서는 A와 B가 실체적 거래관계는 없이 단지 그들 사이의 약정에 따라 甲토지소유권의 등기명의만을 B에게로 이전해 놓았으므로, 이는 전형적인 2자간 명의신탁의 예에 해당한다고 볼 수 있다. 그러나 사안에서는 A가 B에 대하여 소유명의의 반환을 요구하고 있으므로, 이를 허용할 것인지의 여부와 허용할 경우 법적 근거를 검토해야 한다. 다만, A와 B 사이의 명의신탁약정의 체결시점이 불분명하므로 경우를 나누어 살펴보아야 한다.

2. 유효한 명의신탁에 있어서 소유명의의 회복

(1) 적용사안

첫째 A와 B의 명의신탁약정이 부동산실명법 시행(1995. 7. 1.) 전에 체결되었으며, 동법 시행 이전에 또는 동법 시행 후 실명전환 유예기간(원칙적으로 1996. 7. 1. 0시)내(동법 제11조 제1항)에 A가 소유명의를 회복하려 할 때 또는, 둘째 부동산물권에 관한 쟁송(판례 [2] 참조)의 확정판결 후 실명전환 유예기간내(동법 제11조 제4항 참조)에 A가 소유명의를 회복하려 할 때는 명의신탁약정이 유효하다는 전제 아래 당사자 사이의 법률관계를 확정해야 한다. 즉, 이 경우에는 명의신탁약정을 원칙적으로 유효하다고 판시한 과거 판례이론을 고려하여 A의 소유권회복의 문제를 검토해야 한다(또한 부동산실명법 시행 이후에 체결되었더라도 동법의 적용을 받지 않는 명의신탁(동법 제2조, 제8조 참조)의 경우 신탁자의 소유명의회복에 관하여도 동일한 법리가 적용되어야 할 것이다).

(2) 명의신탁약정의 해지와 소유명의의 반환

1) **A의 해지권** 유효한 명의신탁에서는 신탁자가 소유권을 보유하고 수탁자는 목적부동산에 대하여 어떠한 권한도 갖지 않으므로, 특별한 사정이 없는 한 신탁자는 언제든지 명의신탁관계의 원인인 명의신탁약정을 해지하고 소유명의의 반환(등기의 이전 내지 말소)을 청구할 수 있다(대판 1976. 6. 22, 75다124). 이러한 해지는 일방적 의사표시에 의하며 묵시적으로도 할 수 있다(대판 1975. 12. 23, 75다1466).

2) **해지의 효과** 명의신탁의 해지의 효과에 대해서는 견해가 대립하고 있다.

가) 학 설 채권적 효과설(물권행위의 무인성을 인정하는 견해가 취할 수 있는 태도이다)에 따르면 명의신탁계약의 해지로 소유권이 당연히 신탁자에게 복귀하는 것은 아니며, 수탁자가 그 소유권을 부ㅋ당이득으로서 신탁자에게 반환할 의무를

부담하는 데 지나지 않는다고 한다. 따라서 소유권의 반환에 관하여 새로운 물권적 합의와 이전등기가 있어야 비로소 그 소유권이 신탁자에게 반환된다. 명의신탁계약의 해지 후 여전히 소유명의가 수탁자에게 있는 동안 그로부터 소유권을 이전받은 제3자는 적법하게 소유권을 취득하며, 신탁자는 수탁자에 대하여 손해배상을 청구할 수 있을 뿐이라는 결론에 도달한다.

그러나 물권적 효과설(물권행위의 유인성을 인정하는 견해가 취할 수 있는 태도이다)에 따르면 명의신탁계약의 해지에 의하여 소유권은 당연히 신탁자에게 복귀하므로 신탁자는 수탁자에 대하여 소유권에 기한 말소등기를 청구할 수 있다고 한다. 따라서 명의신탁계약의 해지 후 등기명의가 아직 수탁자에게 남아 있는 동안 제3자가 수탁자로부터 목적물을 매수하여 소유권이전등기를 경료하더라도 부동산에 대한 소유권을 취득하지 못한다. 다만, 선의의 제3자는 제548조 제1항 단서의 유추적용에 의하여 보호받을 수 있을 뿐이다(곽윤직, 명의신탁해지의 효과, 민사판례연구(Ⅳ), 1982, 13면).

나) 판례의 태도 판례는 해지에 따른 소유명의의 회복에 대해서 상대적인 태도를 취하였다. 즉 신탁자와 수탁자 사이에서는 신탁자 명의로 등기가 회복되지 않더라도 신탁자의 소유이나, 제3자에 대한 관계에서는 신탁자명의로 등기를 해야만 비로소 소유권이 신탁자에게 복귀한다고 한다(판례 [3-1]. [3-2] 참조). 따라서 명의신탁자는 명의수탁자에 대하여 신탁해지를 하고 신탁관계의 종료만을 이유로 하여 소유명의의 이전등기절차의 이행을 청구할 수 있음은 물론, 신탁해지를 원인으로 하고 소유권에 기해서도 그와 같은 청구를 할 수 있으며, 양 청구는 청구원인을 달리하는 별개의 소송이라고 한다(판례 [3-3] 참조). 그러나 제3자에 대한 관계에서 명의신탁의 해지는 채권적 효력을 가질 뿐이므로, 등기명의가 신탁자에게 반환 또는 이전되기 전까지 외부적 소유권은 수탁자에게 있으며 수탁자로부터 부동산을 양수받아 등기한 제3자는 유효하게 소유권을 취득한다(판례 [3-4]. [3-5] 참조).

(3) 사안의 검토

판례이론에 따라 사안을 검토하면 다음과 같다.

먼저 A와 B 사이의 명의신탁약정은 유효하고, 대내적으로는(즉 A와 B 사이)

신탁자 A가, 대외적으로는(즉 제3자에 대한 관계) 수탁자 B가 소유자이다. 명의신탁약정은 해지의 자유가 인정되므로 A는 자유로이 해지할 수 있다. 따라서 소유권을 반환받기 위하여 A는 B에 대하여 명의신탁계약의 해지에 따른 원상회복청구권(제548조 제1항 본문)이라는 채권적 반환청구권을 가지는 한편, 내부적 소유권에 기한 물권적 반환청구권을(이때의 신탁자의 수탁자에 대한 등기청구권은 소멸시효의 대상이 아니다. 대판 1976. 6. 22, 75다124) 행사할 수도 있다. 그러므로 B는 A에게 소유명의 내지 (외부적) 소유권의 반환의무가 있으며, B가 이를 이행하지 않으면, A에 대하여 채무불이행책임을 질 수 있다(제390조). 만일 B가 甲토지를 임의로 처분하면 민사상으로 소유권침해에 따른 불법행위책임(제750조)을, 형사상으로는 횡령죄(형법 제355조 제1항)를 구성할 수 있다.

그러나 제3자에 대한 관계에서는 판례의 상대적인 이론구성에 따라 A는 명의를 등기이전하지 않는 한 소유권자가 아니며, 수탁자 B가 대외적 소유권자이다.

3. 무효인 명의신탁과 소유명의의 회복

(1) 적용사안

첫째 A와 B의 명의신탁약정이 부동산실명법 시행 이후에 체결되었음에도, 둘째 동법 시행 전에 체결되었지만 실명전환 유예기간(1996. 7. 1. 0시) 내(동법 제11조 제1항)에 실명전환이 없음에도(동법 제11조 제1항 및 제2항) 또는 부동산물권에 관한 쟁송의 확정판결 후 유예기간내(동법 제11조 제4항)에 실명전환이 없음에도 A가 소유명의를 회복하려 하는 때에는 명의신탁약정을 원칙적으로 유효하다고 판시한 과거 판례이론을 인정하지 아니하고, 이를 무효로 규정한 부동산실명법에 따라 당사자 사이의 법률관계를 확정해야 한다.

(2) 甲토지소유권의 귀속관계

위 첫째 적용사안의 경우, 부동산실명법 제4조 제1항 및 동조 제2항 본문에 따라 부동산실명법 시행 이후에 체결된 A와 B의 명의신탁약정은 물론 이에 따라 행하여진 등기에 의한 부동산에 관한 물권변동은 무효이다. 따라서 대내적 또는 대외적 관계를 불문하고 신탁자 A가 그대로 甲토지의 소유자이다.

위 둘째 적용사안의 경우, 부동산실명법 제11조 제1항 본문, 제12조 제1항, 제4조의 각 규정에 따라 부동산실명법 시행 전에 명의신탁약정을 원인으로 부동산에 관한 물권을 수탁자명의로 등기한 명의신탁자는 유예기간 이내에 실명등기 또는 매각처분 등을 하여 실명전환을 해야 하고, 이를 하지 않으면 유예기간이 경과한 날 이후부터 명의신탁약정은 무효가 되고, 이에 따라 행하여진 등기에 의한 부동산에 관한 물권변동도 무효로 된다(판례 참조 [4-1]). 따라서 유예기간 경과 후 甲토지의 소유권자는 A이다.

(3) 소유명의이전의 불법성 여부

A가 부동산실명법에 따라 무효인 명의신탁약정에 기초하여 B에게 토지소유명의 내지 소유권을 이전한 것이 제746조 본문에서 말하는 불법원인급여에 해당하지 않는가 하는 의문이 있다. 불법원인급여로 인정된다면 소유권 내지 소유명의를 회복하려는 A의 부당이득반환청구는 물론, 소유권에 기한 물권적 청구권도 인정될 수 없기 때문이다.

이 문제에 관하여 판례는 명의신탁약정은 그 자체로 선량한 풍속 기타 사회질서에 위반하는 경우에 해당한다고 단정할 수 없을 뿐만 아니라, 부동산실명법이 원칙적으로 명의신탁약정과 그 등기에 기한 물권변동만을 무효로 하고 명의신탁자가 다른 법률관계에 기하여 등기회복 등의 권리행사를 하는 것까지 금지하지는 않는 한편, 명의신탁자에 대하여 행정적 제재나 형벌을 부과함으로써 사적자치 및 재산권보장의 본질을 침해하지 않도록 규정하고 있기 때문에 무효인 명의신탁약정에 기하여 타인명의의 등기가 마쳐졌다는 이유만으로 그것이 당연히 불법원인급여에 해당한다고 볼 수 없다고 판시한 바 있다(판례 참조 [4-2]).

(4) 사안의 검토

甲토지의 소유권자로서 A는 소유권에 기한 방해배제청구권을 행사함으로써(제214조 제1문) B에 대하여 소유명의의 반환을 요구할 수 있다. 다만, 명의신탁약정은 무효이거나, 무효로 되었으므로 더 이상 해지할 대상으로서의 계약이 존재하지 않는다. 따라서 명의신탁약정의 해지를 이유로 하는, 예컨대 소유권이전등기청구권의 형식의 원상회복청구권은 인정할 수 없다(판례 ① 참조 [4-1]). 또한 A는 甲토지에 관하여 자기 명의로 소유권이전등기를 경료한 적이 있었으므로, B를 상대로 진정명의회복을 원인으로 한 이전등기를(이에 관하여 보다 자세한 것은 별도의 [관련사례 16-1] 참조) 청구할 수도 있다(판례 [4-3] 참조).

또한 A는 B에 대하여 부당이득을 이유로 甲토지의 소유명의의 반환을 청구할 수도 있다(제741조). 매달 주었던 용돈 30만원도 부당이득을 이유로 반환청구할 수 있는지는 의문이나, 이는 부정해야 할 것이다. 왜냐하면 A와 B는 (무효인 또는 무효로 된) 명의신탁약정 이외에 甲토지의 관리에 관한 위임계약(제680조)을 체결한 것으로 보이며, 이 약정부분은 그대로 유효하다고 보아야 할 것이기 때문이다. 따라서 B는 그 동안 수령한 용돈을 적법하게 보유할 수 있다.

4. 사안(1)에 대한 해답

첫 번째 적용사안의 경우(위 2), 즉 명의신탁약정이 여전히 유효한 것을 전제로 판단되어야 하는 사안의 경우에는 예전의 판례이론에 따라 다음과 같이 판단된다. A와 B 사이의 명의신탁약정은 유효하며, 대내적으로는 신탁자 A가, 대외적으로는 수탁자 B가 甲토지의 소유자이다. 따라서 명의신탁약정을 자유로이 해지한 A는 계약해지에 따른 원상회복청구권에 기초하여 또는 내부적 소유권에 기한 물권적 반환청구권에 기초하여 B에게 소유명의의 반환을 요구할 수 있다.

두 번째 적용사안의 경우(위 3), 즉 부동산실명법에 따라 명의신탁약정이 무효이거나 무효로 된 경우에는 부동산실명법의 규정에 따라 다음과 같이 판단된다. A와 B 사이의 명의신탁약정은 무효이며, 대내·외적으로 신탁자 A가 甲토지의 소유자이다. 따라서 A는 소유권에 기한 방해배제청구권에 기초하여 B에게 소유권말소등기를 청구할 수 있는 한편, 진정명의회복을 위한 소유권이전등기를 청구할 수도 있다. 또한 A는 부당이득반환청구권에 기초하여 甲토지의 소유명의의 반환을 청구할 수도 있지만, 이미 지급한 용돈에 대해서는 그 반환을 청구할 수 없다.

Ⅳ. 사안(2): 3자간 등기명의신탁에 있어서 X, Y 및 Z의 법률관계

1. 논점분석

사안(2)에서 X와 Z 사이에 甲토지에 관한 매매계약이 있었고, X는 Z에게 매매잔금을 지급하면서 甲토지의 소유권이전등기를 자신이 아닌 Y에게 해줄 것을 요구하였고, Z는 X의 요청에 따라 Y 앞으로 소유권이전등기를 경료해주었다. Z에 대한 X의 이러한 요청은 X와 Y 사이에 미리 체결된, '대내적으로는 X가 부동산에 관한 물권을 보유하기로 하고, 그에 관한 등기는 Y의 명의로 하기로 하는' 명의신탁약정에 기인한 것이므로 결국 중간생략형 명의신탁, 즉 3자간 등기명의신탁의 유효성 여부를 검토해야 한다(사안과는 달리 X가 Z로부터 甲토지를 구입하여 바로 Y에게 미등기전매를 기도하였다면, 이는 최초매도인 Z, 중간매수인 X, 그리고 최종매수인 Y 사이의 중간생략등기의 문제로 볼 수 있다. 이 문제에 관하여 자세한 것은 별도의 [사례 17] 참조). 다만, X와 Z 사이의 명의신탁약정이 부동산실명법 시행일자 이후에 체결되었기 때문에(부동산실명법 시행 이전에 명의신탁약정이 체결되고 유예기간내에 실명전환이 없는 경우에도 마찬가지이다) 그 약정의 효력은 전적으로 부동산실명법에 의하여 판단되어야 한다(사안과 달리 만일 X와 Y의 명의신탁약정이 부동산실명법 시행 이전에 체결되고, 유예기간내에 실명전환이 있는 경우에는 앞선 사안(1)의 2의 경우에 준하여 판단하면 될 것이다).

2. 3자간 등기명의신탁

3자간 등기명의신탁이란 신탁자가 매매계약의 당사자가 되어 매도인과 매매계약을 체결하되, 다만 수탁자와 명의신탁약정을 체결하고 등기를 매도인으로부터 수탁자 앞으로 직접 이전하는 경우를 말한다. 이러한 3자간 등기명의신탁의 특색은 신탁자와 수탁자간의 명의신탁약정과 신탁대상인 권리의 취득을 위한 신탁자와 원권리자 사이의 매매나 증여와 같은 원인관계만이 있을 뿐임에도, 신탁대상인 권리 및 그 등기변동이 원권리자로부터 직접 수탁자에게로 이루어진다는 점이다.

사안에서 X, Y, Z의 일련의 행위들을 고찰하면 X와 Y 사이에 명의신탁약정이, X와 Z 사이에는 신탁대상인 권리, 즉 甲토지소유권의 취득을 위한 매매계약이라는 원인관계가 있다. 이에 따라 甲토지의 소유권과 소유명의가 원권리자인 Z로부터 직접 명의수탁자인 Y에게로 이루어졌다. 따라서 X, Y 및 Z 사이에는 3자간 명의신탁이 문제된다.

3. 사안의 검토

(1) Y가 甲토지를 보유하고 있는 경우

1) **X와 Y의 법률관계** 부동산실명법 제4조 제1항에 따라 X와 Y 사이의 명의신탁약정은 무효이다.

따라서 X는 명의신탁약정의 해지에 기하여 Y에 대해서 직접 소유권이전등기를 청구할 수 없다. 또한 X는 甲토지에 관하여 어떤 형태의 소유권도 취득한 바 없기 때문에 소유권에 기한 어떠한 청구도 Y에게 할 수 없다. Y에 대한 X의 부당이득반환청구권(제741조)도 고려되지 않는다. Y가 X에 대한 관계에서는 법률상 원인없이 이득한 것은 없기 때문이다.

다만, 이 경우에도 Y가 임의로 X에게 소유권이전등기를 경료하였다면, 이는 결국 실체관계에 부합하기 때문에 유효하다는 것이 판례의 태도이다(판례 [5-1] 참조).

2) **Y와 Z의 법률관계** 부동산실명법 제4조 제2항 본문에 따라 Y명의의 소유권이전등기, 즉 Z에서 Y에로의 소유권의 변동도 무효이므로 甲토지의 소유권은 Z에게로 복귀한다(판례 [5-2] ① 참조).

따라서 Z는 그 소유권에 기한 물권적 청구권, 즉 방해배제청구권에 기하여 Y에게 소유권이전등기의 말소를 구하거나, 또는 진정명의회복을 원인으로 이전등기청구권을 행사할 수도 있다. 이러한 청구는 매매계약의 무효로 인한 원상회복청구가 아니기 때문에 Y는 Z가 매매대금을 X에게 반환할 때까지 말소 또는 이전등기의 이행을 거부하는 동시이행항변을 할 수 없다.

3) **X와 Z의 법률관계** 부동산실명법은 X와 Z 사이의 매매계약의 효력을 부정하는 규정을 두고 있지 않으므로 그들 사이의 매매계약은 여전히 유효하다(판례 [5-1], [5-2] ① 참조). 따라서 Z는 X에게 소유권이전등기의무를, X는 Z에게 매매대금지급의무를 부담한다. 그러나 X는 잔금까지 지급함으로써 자신의 채무를 이행하였지만, Z는 아직 채무를 이행하고 있지 않은 상태이다. 그렇다고 이를 Z의 채무불이행으로 보기도 어렵다. Z

는 매수인 X의 요청에 따라 자신의 채무를 Y에게 이미 이행하였기 때문이다.

따라서 X는 Z에 대한 소유권이전등기청구권을 보전하기 위하여 Z를 대위하여 Y에게 그 명의의 소유권이전등기의 말소 또는 Z 앞으로의 이전등기를 구할 수 있다(판례 [5-1], [5-3] 참조).

(2) Y가 甲토지를 제3자에게 매각한 경우

1) **제3자보호에 따른 문제** Y가 甲토지를 임의로 처분하더라도 부동산실명법 제4조 제3항에 따라 동법 제4조 제1항 및 제2항의 무효로 제3자에게 대항하지 못한다. 따라서 제3자는 유효하게 소유권을 취득할 수 있다. 이 때 제3자란 명의수탁자가 물권자임을 기초로 그와의 사이에 새로운 이해관계를 맺은 자를 말하며(대판 2004.8.30, 2002다48771: 부동산실명법 제4조 제3항의 입법취지 등을 고려해 볼 때, 여기에서 말하는 제3자라 함은 명의수탁자가 물권자임을 기초로 그와의 사이에 새로운 이해관계를 맺은 사람을 말한다고 할 것이고, 이와 달리 오로지 명의신탁자와 부동산에 관한 물권을 취득하기 위한 계약을 맺고 단지 등기명의만을 명의수탁자로부터 경료받은 것 같은 외관을 갖춘 자는 위 법률조항의 제3자에 해당되지 아니한다고 할 것이므로 이러한 자로서는 자신의 등기가 실체관계에 부합하여 유효라고 주장하는 것은 별론으로 하더라도 같은 법 제4조 제3항의 규정을 들어 무효인 명의신탁등기에 터잡아 경료된 자신의 등기의 유효를 주장할 수는 없다), 명의신탁약정에 관하여 악의여도 무방하다.

2) **X와 Z의 법률관계**

가) 문제점 이처럼 Y의 甲토지의 임의처분행위로 말미암아 매도인 Z의 신탁자 X에 대한 유효한 매매계약에 따른 소유권이전등기의무는 특별한 사정이 없는 한, 이행불능에 빠지게 되는바 Z가 이미 매매대금 전부를 수령하였기 때문에 그 반환 여부가 문제된다. 결국 Z의 소유권이전의무의 이행불능이 Z의 귀책사유에 의한 것인지(제390조의 문제), X의 귀책사유로 발생한 것인지(제538조의 문제), 아니면 그 누구에게도 귀책사유가 없는 것인지(제537조의 문제)를 밝히는 것이 관건이 될 것이다.

나) 긍정설 일부 견해는 매도인이 명의신탁약정이 있었음을 알았거나 과실로 알지 못한 경우에는 수탁자 앞으로의 소유권이전등기로써 자신의 매수인에 대한 채무가 적법하게 이행되지 않음을 알았거나 적어도 알 수 있었다고 보아야 하고, 또한 명의신탁약정의 존재를 안 매도인으로서는 강행법규에 의하여 금지된 무효인 소유권이전등기의 실현에 협력하여서는 아니 됨에도, 매수인의 요구에 응한 것 자체가 불법상태의 창출에 방조한 것이므로, 이 경우에는 매도인에게 귀책사유가 있다

고 보아야 하고, 결국 매도인은 신탁자에 대하여 채무불이행에 따른 손해배상책임을 지게 되고, 다만 공평의 원칙에 따른 과실상계의 법리에 의하여 매도인의 책임이 경감되거나, 개별적 사정에 따라서는 책임이 아예 부정될 수도 있다고 한다(양창수, 부동산실명법 제4조에 의한 명의신탁의 효력, 민법연구 제5권(1999), 127-9면). 즉, 이 견해에 따르면 Z는 X에게 수령한 매매대금의 일부를 반환하거나, 개별적 사정에 따라서는 전부를 반환하지 않아도 된다(이 견해에는 또한 Z가 명의신탁약정을 알지 못한 경우, 그의 소유권이전채무의 이행불능은 X의 귀책사유에 의한 것이므로 매매대금 전부를 반환하지 않아도 된다고 한다. 위의 글, 125-6면).

다) 판례의 태도 판례에 따르면 매도인이 명의신탁자의 요구에 따라 명의수탁자 앞으로 등기명의를 이전하여 주었다면, 매도인에게 매매계약의 체결이나 그 이행에 관하여 어떠한 귀책사유가 있다고 보기 어렵기 때문에 자신의 편의를 위하여 명의수탁자 앞으로의 등기이전을 요구한 명의신탁자가 매도인에 대하여 매매대금의 반환을 구하거나, 명의신탁자 앞으로 재차 소유권이전등기를 경료할 것을 요구하는 것은 신의칙상 허용되지 않는다고 판시한 바 있다(판례 [5-2] ② 참조)(위 판례가 비록 명의신탁약정이 부동산실명법 시행 이전에 체결되고, 실명전환 없이 유예기간이 도과한 사안에 대해서 판단한 것이지만, 그 기본취지는 명의신탁약정이 부동산실명법 시행 이후에 체결되어 그 약정 및 이에 따라 행해진 등기에 의한 부동산물권변동이 처음부터 무효인 사안에서도 달리 판단될 수는 없을 것으로 보인다).

라) 검 토 위 긍정설도 매도인의 매매대금반환의무를 전면적으로 긍정하지는 않으며, 경우에 따라서는 이를 전면적으로 부정해야 할 때가 있음을 인정하고 있다. 판례와 마찬가지로 매도인의 반환의무를 전면적으로 부정하는 것이 타당하다 할 것이다. 매수인 스스로 자초한, 즉 그의 지배영역에 놓인 이행불능으로 보아야 하기 때문이다. 즉, 매도인은 이행불능에도 불구하고 반대급부청구권을 가진다(제538조).

따라서 X는 Z에 대하여 지급한 매매대금의 반환을 요구할 수 없다.

3) **Y와 Z의 법률관계** Y가 甲토지를 제3자에게 임의로 처분했음에도 불구하고, Z가 X에 대하여 이미 수령한 매매대금을 반환할 의무가 없는 것으로 풀이하는 한, Z에게는 토지의 임의처분으로 발생한 손해가 없다(판례 [5-2] ②도 참조).

따라서 Z는 Y에 대하여 손해배상을 청구할 수 없다.

4) **X와 Y의 법률관계** X와 Y 사이의 명의신탁약정이 무효이

므로 채무불이행의 문제는 발생하지 않는다. 그러나 X는 매도인 Z에게 매매대금의 전부를 지급하였음에도 결국 그에 대한 반대급부를 청구할 수 없는 손해를 입게 되었다. 따라서 X가 어떻게 자신의 손해를 전보받을 수 있는가가가 문제된다.

Z에서 Y에로의 등기는 부동산실명법에 의하여 무효가 되고 소유권은 Z에게 복귀(귀속)한다. 그러나 Y가 제3자와 甲토지에 대한 유효한 양도행위를 함으로써 Z에로의 소유권 복귀는 불가능해지고, X는 Z에게 소유권이 복귀하였을 경우에 가지는 반환청구권(소유권이전등기청구권)을 행사할 수 없게 된다. 즉 Y의 제3자에 대한 甲토지의 유효한 매각행위는 Z에 대한 X의 채권을 침해하는 불법행위를 구성한다(제3자에 의한 채권침해)(이에 관한 보다 자세한 것은 별도의 [사례 37] 참조). 따라서 X는 Y에 대하여 불법행위를 원인으로 한 손해배상을 청구할 수 있다(제750조).

4. 사안(2)에 대한 해답

X와 Y 사이의 명의신탁약정은 무효이고, Y명의의 소유권이전등기에 의한 甲토지소유권의 변동도 무효로 된다. 따라서 X는 명의신탁약정의 해지에 기하여 Y에게 직접 소유권이전등기를 구할 수 없다. 반면 Z는 Y에게 자신의 소유권에 의한 방해배제청구권으로 소유권이전등기의 말소를 구할 수 있고, 진정등기명의회복청구권에 기하여 소유권이전등기를 구할 수도 있다.

X와 Z 사이의 매매계약은 유효하므로 Z는 X에 대하여 여전히 甲토지소유권의 이전의무를 부담한다. 따라서 X는 Z에 대한 소유권이전등기청구권을 보전하기 위하여 Z를 대위하여 Y에 대하여 그 명의의 소유권이전등기의 말소 또는 Z 앞으로의 이전등기를 청구할 수 있다.

다만, Y가 甲토지를 제3자에게 임의로 처분한 경우 그 제3자는 소유권을 유효하게 취득하므로 X에 대한 Z의 소유권이전의무는 이행불능이 된다. 이때에 X는 Z에게 이미 지급한 매매대금의 반환을 청구할 수 없으며, Y를 상대로 불법행위를 이유로 한 손해배상을 청구할 수 있을 뿐이다.

≪판 례≫

[1] 명의신탁의 의의

[1-1] (대판 1993.11.9, 92다31699) 부동산의 명의신탁이라 함은 당사자간의 신탁에 관한 채권계약에 의하여 신탁자가 실질적으로는 그의 소유에 속하는 부동산의 등기명의를 실체적인 거래관계가 없는 수탁자에게 매매 등의 형식으로 이전하여 두는 것을 일컫는다.

[1-2] (대판 1965.5.18, 65다312) 부동산의 명의신탁(대내적 관계에서는 신탁자가 소유권을 보유하여 이를 관리·수익하면서 공부상의 소유명의만을 수탁자로 하여둔 것)의 경우에 있어서도 대외적인 관계에서는 그 부동산의 소유권이 수탁자에게 이전되는 것이다.

[1-3] (대판 1997.10.10, 96다38896) 부동산을 명의신탁한 경우에는 소유권이 대외적으로 수탁자에게 귀속하므로 수탁자가 수탁부동산을 제3자에게 처분하였을 때에는 그 처분행위가 무효 또는 취소되는 등의 사유가 없는 한, 제3취득자는 신탁재산에 대한 소유권을 적법하게 취득하고 명의신탁관계는 소멸한다.

[2] 부동산실명법 제11조 제4항의 '부동산물권에 관한 쟁송'

[2-1] (대판 1998.11.10, 98다30827) 부동산실명법 제11조 제4항에서 말하는 '부동산물권에 관한 쟁송'이라 함은 명의신탁자가 당사자로서 해당 부동산에 관하여 자신이 실권리자임을 주장하여 이를 공적으로 확인받기 위한 쟁송이면 족하다.

[2-2] (대판 1998.6.26, 98다12874) 부동산실명법이 실명전환을 위한 유예기간을 규정하고 있는 취지는 오랜 기간 판례를 통하여 널리 그 효력이 인정되어 오던 부동산명의신탁을 부동산실명법이란 제정법의 시행으로 금지시킬 뿐만 아니라 명의신탁약정 및 이에 기초한 등기의 사법적 효력까지를 부정함으로 인하여 발생할 수 있는 사회적 혼란을 막고 당사자의 법적 안정성을 도모하기 위하여 기존 명의신탁약정에 관한 한 이를 한시적으로 유효한 것으로 인정함으로써 명의신탁자로 하여금 그 기간 안에 명의신탁해지 등의 방법으로 실명전환을 할 수 있는 기회를 보장하자는 데에 있다고 할 것이므로, 같은 법 제11조 제4항에서 말하는 '부동산물권에 관한 쟁송'에는 명의신탁자가 기존 명의신탁약정에 기하여 직접 쟁송을 제기한 경우뿐만 아니라 명의신탁자가 명의신탁관계를 부정당하여 제소당한 경우도 포함된다.

[3] 유효한 명의신탁과 해지에 따른 소유명의의 회복

[3-1] (대판 1982.8.24, 82다카416) 부동산의 명의신탁계약이 해지되더라도 그 해지의 효과는 소급하지 아니하고 장래에 향하여 효력이 있음에 불과하여 그 부동산의 소유권이 당연히 신탁자에게 복귀된다고 볼

수 없고 다만 수탁자가 신탁자에게 그 등기명의를 이전할 의무를 부담하게 됨에 불과하므로 그 의무이행으로 등기명의를 신탁자 앞으로 이전하기 전까지는 여전히 외부관계에 있어서 소유권은 수탁자에게 있다.

[3-2] (대판 1996. 5. 31, 94다35985) 명의신탁관계를 성립시키기 위한 신탁계약의 기본은 신탁자와 수탁자 사이의 내부관계에 있어서 그 목적물의 소유권은 언제나 신탁자가 보유하는 것이므로 그 목적물이 소유권과 관련되어 발생된 권리도 그들 내부관계에 있어서는 신탁자에게 귀속되는 것이므로, 신탁자가 그 신탁계약을 해지하면 수탁자는 그 권리를 신탁자에게 이전하여 줄 의무가 있고, 명의수탁자가 사망하면 그 명의신탁관계는 그 재산상속인과의 사이에 존속하게 된다.

[3-3] (대판[전] 1980. 12. 9, 79다634) 명의신탁자는 명의수탁자에 대하여 신탁해지를 하고 신탁관계의 종료 그것만을 이유로 하여 소유명의의 이전등기절차의 이행을 청구할 수 있음은 물론, 신탁해지를 원인으로 하고 소유권에 기해서도 그와 같은 청구를 할 수 있고(이 경우 양 청구는 청구원인을 달리하는 별개의 소송이다), 위와 같은 법리는 위 상호명의신탁의 지위를 승계한 자와의 관계에 있어서도 마찬가지로 적용된다.

[3-4] (대판 1982. 11. 23, 81다372) 부동산소유권을 명의신탁한 경우에 비록 그 명의신탁을 해지하더라도 수탁자로부터 신탁자로의 소유권이전등기를 하지 않고 있는 한, 수탁자가 사망한 경우에도 수탁자의 상속인은 외부관계에 있어서 그 소유권을 적법하게 상속 취득하여 이를 제3자에게 유효하게 처분할 수 있다.

[3-5] (대판 1991. 8. 27, 90다19848) 명의신탁계약해지의 효과는 소급하지 않고 장래에 향하여 효력이 있음에 불과하므로 수탁자가 신탁자 앞으로 등기명의를 이전하기 전에 수탁자로부터 부동산을 취득한 자는 그 취득행위에 무효 또는 취소사유가 없는 한 적법하게 소유권을 취득한다.

[3-6] (대판 1998. 4. 24, 97다44416) 명의신탁이 해지된 경우 신탁자는 수탁자에 대하여 소유권에 기하여 등기관계를 실체적 권리관계에 부합하도록 하기 위하여 수탁자명의의 등기말소를 청구할 수 있는 것이며, 반드시 소유권이전등기만을 청구할 수 있는 것은 아니다.

[4] 무효인 명의신탁과 소유명의의 회복

[4-1] (대결 1997. 5. 1, 97마384) ① 부동산실명법 제11조 제1항 본문, 제12조 제1항, 제4조의 각 규정에 따르면, 부동산실명법 시행 전에 명의신탁약정에 의하여 부동산에 관한 물권을 명의수탁자명의로 등기한 명의신탁자는 유예기간 이내에 실명등기 등을 하여야 하고, 유예기간 이내에 실명등기 등을 하지 아니한 경우에는 유예기간이 경과한 날 이후부터 명의신탁약정은 무효가 되고, 명의신탁약정에 따라 행하여진 등기에

의한 부동산에 관한 물권변동도 무효가 되므로, 유예기간이 경과한 후 명의신탁약정의 해지를 원인으로 한 명의신탁자의 소유권이전등기신청은 그 신청취지 자체에 의하여 법률상 허용될 수 없음이 명백한 경우로서 부동산등기법 제55조 제2호의 '사건이 등기할 것이 아닌 때'에 해당하여 등기공무원은 이를 각하하여야 한다. ② 부동산실명법 제6조 제1항이 과징금을 부과받은 명의신탁자에 대하여 지체없이 당해 부동산에 관한 물권을 '자기 명의로 등기하여야 한다'고 규정하고 있는 뜻은 명의신탁자에게 그와 같은 공법상의 의무를 부과하는 것에 불과하고, 그로써 기존의 명의신탁약정과 명의수탁자명의 등기가 무효로 되었음에도 불구하고, 명의신탁자에게 새삼스럽게 명의신탁약정을 원인으로 하여 직접 명의수탁자로부터 등기를 청구할 수 있도록 사법상의 권리를 창설하는 것이라고 볼 수 없다.

[4-2] (대판 2003.11.27, 2003다41722) 부동산실명법이 규정하는 명의신탁약정은 부동산에 관한 물권의 실권리자가 타인과의 사이에서 대내적으로는 실권리자가 부동산에 관한 물권을 보유하거나 보유하기로 하고 그에 관한 등기는 그 타인의 명의로 하기로 하는 약정을 말하는 것일 뿐이므로, 그 자체로 선량한 풍속 기타 사회질서에 위반하는 경우에 해당한다고 단정할 수 없을 뿐만 아니라, 위 법률은 원칙적으로 명의신탁약정과 그 등기에 기한 물권변동만을 무효로 하고 명의신탁자가 다른 법률관계에 기하여 등기회복 등의 권리행사를 하는 것까지 금지하지는 않는 대신, 명의신탁자에 대하여 행정적 제재나 형벌을 부과함으로써 사적자치 및 재산권보장의 본질을 침해하지 않도록 규정하고 있으므로, 위 법률이 비록 부동산등기제도를 악용한 투기·탈세·탈법행위 등 반사회적 행위를 방지하는 것 등을 목적으로 제정되었다고 하더라도, 무효인 명의신탁약정에 기하여 타인명의의 등기가 마쳐졌다는 이유만으로 그것이 당연히 불법원인급여에 해당한다고 볼 수 없다.

[4-3] (대판 2002.9.6, 2002다35157) 부동산실명법 제4조, 제11조, 제12조 등에 의하면, 동법 시행 전에 명의신탁약정에 의하여 부동산에 관한 물권을 명의수탁자의 명의로 등기하거나 하도록 한 명의신탁자는 법 시행일로부터 1년의 기간 이내에 실명등기를 하여야 하고, 그 기간 이내에 실명등기 또는 매각처분 등을 하지 아니하면 그 이후에는 명의신탁약정은 무효가 되고, 명의신탁약정에 따라 행하여진 등기에 의한 부동산의 물권변동도 무효가 된다고 규정하고 있으므로, 원칙적으로 일반 명의신탁의 명의신탁자는 명의수탁자를 상대로 원인무효를 이유로 그 등기의 말소를 구하여야 하는 것이기는 하나, 자기 명의로 소유권을 표상하는 등기가 되어 있었거나 법률에 의하여 소유권을 취득한 진정한 소유자는 그

등기명의를 회복하기 위한 방법으로 그 소유권에 기하여 현재의 원인무효인 등기명의인을 상대로 진정한 등기명의의 회복을 원인으로 한 소유권이전등기절차의 이행을 구할 수도 있으므로, 명의신탁대상 부동산에 관하여 자기 명의로 소유권이전등기를 경료한 적이 있었던 명의신탁자로서는 명의수탁자를 상대로 진정명의회복을 원인으로 한 이전등기를 구할 수도 있다.

[5] 3자간 등기명의신탁(=중간생략형 명의신탁)

[5-1] (대판 2004.6.25, 2004다6764) 명의신탁자가 소유자로부터 부동산을 양도받으면서 명의수탁자와 사이에 명의신탁약정을 하여 소유자로부터 바로 명의수탁자명의로 소유권이전등기를 하는 이른바 3자간 등기명의신탁에 있어서, 명의수탁자가 부동산실명법에서 정한 유예기간 경과 후에 자의로 명의신탁자에게 바로 소유권이전등기를 경료해준 경우, 같은 법에서 정한 유예기간의 경과로 기존 명의신탁약정과 그에 의한 명의수탁자명의의 등기가 모두 무효로 되고, 명의신탁자는 명의신탁약정의 당사자로서 같은 법 제4조 제3항의 제3자에 해당하지 아니하므로 명의신탁자명의의 소유권이전등기도 무효가 된다 할 것이지만, 한편 같은 법은 매도인과 명의신탁자 사이의 매매계약의 효력을 부정하는 규정을 두고 있지 아니하여 유예기간 경과 후로도 매도인과 명의신탁자 사이의 매매계약은 여전히 유효하므로, 명의신탁자는 매도인에 대하여 매매계약에 기한 소유권이전등기를 청구할 수 있고, 그 소유권이전등기청구권을 보전하기 위하여 매도인을 대위하여 명의수탁자에게 무효인 그 명의등기의 말소를 구할 수도 있으므로, 명의수탁자가 명의신탁자 앞으로 바로 경료해준 소유권이전등기는 결국 실체관계에 부합하는 등기로서 유효하다.

[5-2] (대판 2002.3.15, 2001다61654) ① 부동산실명법에 의하면, 이른바 3자간 등기명의신탁의 경우 같은 법에서 정한 유예기간 경과에 의하여 기존 명의신탁약정과 그에 의한 등기가 무효로 되고 그 결과 명의신탁된 부동산은 매도인소유로 복귀하므로, 매도인은 명의수탁자에게 무효인 그 명의등기의 말소를 구할 수 있게 되고, 한편 같은 법은 매도인과 명의신탁자 사이의 매매계약의 효력을 부정하는 규정을 두고 있지 아니하여 유예기간 경과 후로도 매도인과 명의신탁자 사이의 매매계약은 여전히 유효하므로, 명의신탁자는 매도인에 대하여 매매계약에 기한 소유권이전등기를 청구할 수 있고, 그 소유권이전등기청구권을 보전하기 위하여 매도인을 대위하여 명의수탁자에게 무효인 그 명의 등기의 말소를 구할 수도 있다. ② 명의수탁자가 신탁부동산을 임의로 매각처분한 경우, 특별한 사정이 없는 한 그 매수인은 유효하게 소유권을 취득하게 되는바, 명의신탁약정 및 이에 따라 행하여진 등기에 의한 부동산에 관한 물

권변동을 무효로 하는 부동산실명법이 시행되기 이전에 매도인이 명의신탁자의 요구에 따라 명의수탁자 앞으로 등기명의를 이전하여 주었다면, 매도인에게 매매계약의 체결이나 그 이행에 관하여 어떠한 귀책사유가 있다고 보기 어려우므로, 자신의 편의를 위하여 명의수탁자 앞으로의 등기이전을 요구한 명의신탁자가 자신의 귀책사유로 같은 법에서 정한 유예기간이 지나도록 실명등기를 하지 아니한 사정에 기인하여 매도인에 대하여 매매대금의 반환을 구하거나, 명의신탁자 앞으로 재차 소유권이전등기를 경료할 것을 요구하는 것은 신의칙상 허용되지 아니하고, 따라서 매도인으로서는 명의수탁자가 신탁부동산을 타에 처분하였다고 하더라도, 명의수탁자로부터 그 소유명의를 회복하기 전까지는 명의신탁자에 대하여 신의칙 내지 민법 제536조 제1항 본문의 규정에 의하여 이와 동시이행의 관계에 있는 매매대금반환채무의 이행을 거절할 수 있고, 한편 명의신탁자의 소유권이전등기청구도 허용되지 아니하므로, 결국 매도인으로서는 명의수탁자의 처분행위로 인하여 손해를 입은 바가 없다.

[5-3] (대판 2002. 11. 22, 2002다11496) A가 B와 직접 부동산에 관한 매매계약을 체결하고 그 대금을 모두 지급하였으나 C에게 명의를 신탁하여 그 앞으로 소유권이전등기를 경료한 경우, 부동산에 관하여 B로부터 C 앞으로 이루어진 소유권이전등기의 원인이 된 명의신탁약정은 명의신탁자인 A가 매매계약의 당사자로 되었으나 등기명의만을 명의수탁자인 C에게 신탁한 것으로서 명의수탁자가 계약당사자가 된 경우가 아니어서 부동산실명법 제4조 제2항 단서의 규정을 적용할 여지없이 무효라고 봄이 상당하고, A로서는 여전히 B에 대하여 부동산에 관한 소유권이전등기절차의 이행을 구할 수 있다고 할 것이므로, B를 대위하여 C에게 말소등기절차의 이행을 구할 수 있다.

[物　權　法]

事例 24

契約名義信託

≪설 문≫

1995. 7. 7. A는 B에게 자금 1억원을 주면서 B가 계약체결의 주체가 되어 C소유의 甲토지에 관한 매매계약을 체결하고, B명의로 소유권이전등기를 해두도록 부탁하였다. B로부터 잔금까지 받은 C는 B에게 소유권이전등기를 넘겨주었다.

관계당사자 사이의 법률관계를 판례이론 및 '부동산실권리자명의등기에관한법률'(1995. 7. 1.자 시행, 이하 '부동산실명법'으로 줄임)을 바탕으로 검토하시오.

목차제안

Ⅰ. 논점분석

Ⅱ. 계약명의신탁에 있어서 A, B 및 C의 법률관계

1. C가 명의신탁약정에 관하여 선의인 경우
    (1) B에로의 甲토지소유권변동의 효력
    (2) A와 C의 법률관계
    (3) A와 B의 법률관계
        1) 문제의 소재
        2) 견해의 대립
        3) 판례의 태도
        4) 사안의 검토

2. C가 명의신탁약정에 관하여 악의인 경우
(1) B에로의 토지소유권변동의 효력
(2) B와 C의 법률관계
(3) A와 B의 법률관계
(4) A와 C의 법률관계

Ⅲ. 설문에 대한 해답

풀이제안

Ⅰ. 논점분석

A와 체결한 명의신탁약정 및 매매계약체결위임약정에 따라 A로부터 대금 1억원을 교부받은 B는 C와 매매계약을 체결하였고, 매매대금을 전부 지급하면서 자기 앞으로 甲토지에 관한 소유권등기를 이전받았다. 즉, 주어진 사안은 명의수탁자가 직접 제3자와 부동산소유권의 이전을 목적으로 한 매매계약을 체결하고 매도인으로부터 직접 소유권을 이전받는 경우로서 이는 계약명의신탁에 해당한다. 계약명의신탁은 매매계약이 명의수탁자와 제3자간에 체결된다는 점에서 명의신탁자와 제3자간에 매매계약이 체결되는 3자간 등기명의신탁과 이론적으로 구별된다(판례 [1]. [3] 참조). 다만, A와 B 사이의 명의신탁약정이 부동산실명법 시행일자 이후에 체결되었기 때문에(부동산실명법 시행 이전에 명의신탁약정이 체결되고 유예기간내에 실명전환이 없는 경우에도 마찬가지이다) 그 약정의 효력은 전적으로 부동산실명법에 의하여 판단되어야 한다(사안과 달리 만일 A와 B의 명의신탁약정이 부동산실명법 시행 이전에 체결되고, 유예기간내에 실명전환이 있는 경우에는 앞선 [사례 23]의 Ⅲ 2의 경우에 준하여 판단하면 될 것이다).

따라서 이 사안에서는 매도인 C가 A와 B의 명의신탁약정에 관하여 선의인 경우와 악의인 경우로 대별한 후(부동산실명법 제4조 제2항 단서 참조), 첫째 B와 C 사이의 매매계약 및 B에로의 소유권변동의 유효 여부를 검토하고, 둘째 유효로 평가되는 경우 A가 B에게 甲토지소유권의 반환을 요구할 수 있는지 여부를 검토한 다음, 셋째 무효로 평가되는 경우 A, B 및 C 사이의 법률관계를 검토해야 한다.

Ⅱ. 계약명의신탁에 있어서 A, B 및 C의 법률관계

1. C가 명의신탁약정에 관하여 선의인 경우

(1) B에로의 甲토지소유권변동의 효력

명의신탁약정은 부동산실명법 제4조 제1항에 따라 무효이고, 이 약정에 따라 행하여진 등기에 의한 부동산물권변동도 동법 제4조 제2항 본문에 따라 무효이다. 그러나 부동산물권을 취득하기 위한 계약에서 명의수탁자가 일방당사자가 된 계약명의신탁의 경우 그 타방당사자가 명의신탁약정에 관하여 선의이면, 부동산실명법 제4조 제2항 본문은 그 적용이 없다(동 조항 단서). 따라서 C로부터 B에로의 토지소유권이전이 비록 A와 B 사이에서는 명의신탁약정에 따라 행해졌을지언정 C가 명의신탁약정에 관하여 선의인 한, 그러한 소유권이전은 무효가 아니다. 게다가 B와 C 사이의 매매계약에는 부동산실명법이 적용될 이유가 없으며, 다른 무효사유도 보이지 않으므로 B명의의 소유권이전등기는 유효하다(판례 참조 [2]).

이 경우 매매대금 1억원의 실제 출연자인 A에게 어떠한 구제수단이 있는지가 문제된다. 즉, C를 상대로 무엇을 청구할 수 있는지, 아니면 B를 상대로는 어떠한 청구를 할 수 있는지를 검토해야 한다.

(2) A와 C의 법률관계

A는 C와의 사이에 유효한 계약관계가 없으므로 C에 대하여 계약상의 어떠한 청구도 할 수 없다. 또한 명의신탁약정의 존재에 관하여 선의인 C가 자신의 계약상대방인 B에게 매매대금을 받고 甲토지의 소유권을 이전한 행위가 불법행위를 구성하지도 않는다.

따라서 A는 C에 대하여 아무런 청구도 할 수 없다.

(3) A와 B의 법률관계

1) **문제의 소재**　　A와 B 사이에는 계약명의신탁의 약정이 있었으나, 이는 법률규정에 따라 무효이다. 하지만 이 약정에 따라 A는 B에게 매수자금을 건넸으며, B 또한 이 약정 때문에 甲토지의 소유권자가 될 수 있었다.

따라서 계약명의신탁약정이 무효임을 이유로 A가 B에게 부당이득의 반환을 청구할 수 있는지 여부와 그것이 가능하다고 할 경우 그 내용과 범위가 어떠한지가 문제된다. 첫 번째 문제로서 명의신탁약정에 따라 행해진 급여가 언제나 불법원인급여에 해당하는 것은 아니므로 제746조 본문이 적용되지 않기 때문에 명의신탁자는 명의수탁자에게 무효인 명의신탁약정에 기해 급여한 것의 반환을 청구할 수 있다는 점에 대해서는 이미 기술하였다(앞선 [사례 23]의 Ⅲ 3 (3) 참조). 따라서 여기서는 부당이득의 반환청구가 가능하다는 전제 아래 두 번째 문제만을 다루기로 한다.

문제는 A가 B에게 甲토지소유권의 이전을 요구할 수 있는지, 아니면 지급한 매수자금의 반환을 요구할 수 있는지 하는 것이다.

2) **견해의 대립** A가 B에게 甲토지소유권의 이전을 요구할 수 있다고 하는 견해는(예컨대 배병일, 부동산실명법상의 명의신탁과 부당이득, 법률신문, 제3162호(2003. 4), 14면), 첫째 부동산실명법 제3조 및 제4조가 수탁자에게 소유권을 유지하도록 하는 취지이거나 신탁자에게 소유권이 귀속되는 것을 막는 취지는 아니고, 둘째 부동산의 소유권을 종국적으로 신탁자에게 귀속시킨다고 반드시 신탁자에게 이익을 주는 것은 아니며(예컨대, 땅값 등이 하락한 경우), 셋째 이를 허용하지 않는다면 사적자치의 원칙에 반하거나 과잉금지원칙에 반할 수 있을 뿐만 아니라, 넷째 실질적인 이전등기원인이 명의신탁약정이므로 명의신탁약정이 무효가 된 이상 신탁자에 대한 관계에서 부동산 자체도 부당이득이 된다는 점을 근거로 한다.

반면 A는 B에게 토지소유권의 이전을 요구할 수 없다는 견해는(예컨대 권오창, 인권과 정의, 제243호(1996년 11월호), 71면), 첫째 수탁자명의의 소유권이전등기는 유효한 매매계약에 기한 것이어서 법률상 원인이 있으며, 둘째 신탁자의 손해는 부동산과 아무런 관련이 없는 매매대금이며, 셋째 부당이득에서는 원물반환이 원칙인데, 신탁자와 수탁자 사이에 수수된 원물은 금전이며, 넷째 토지소유권의 이전청구를 허용하면 신탁자에게는 결국 과거와 달라진 점이 없어 부동산실명법의 실효성을 떨어뜨리고 범법행위를 한 신탁자를 보호하는 것이 된다는 점을 논거로 한다. 이 견해에 따르면 결국 A는 B에게 지급한 매수자금의 반환만을 요구할 수 있을 뿐이다.

3) **판례의 태도** 판례는 부동산실명법 시행 전에 계약명의신탁

약정이 체결되었으나, 실명전환 없이 유예기간이 도과하는 바람에 약정이 무효로 된 경우와 법 시행 후에 약정이 체결되어 처음부터 약정이 무효인 경우를 구별하여 달리 판단하고 있다. 즉, 전자의 경우에는 유예기간이 경과하기 전까지는 명의신탁자가 언제라도 명의신탁약정을 해지하고 당해 부동산에 관한 소유권을 취득할 수 있었으므로 명의수탁자는 부동산실명법 시행에 따라 당해 부동산에 관한 완전한 소유권을 취득함으로써 당해 부동산 자체를 부당이득하였다고 보아야 할 것이고, 부동산실명법 제3조 및 제4조가 명의신탁자에게 소유권이 귀속되는 것을 막는 취지의 규정은 아니므로 명의수탁자는 명의신탁자에게 자신이 취득한 당해 부동산을 부당이득으로 반환할 의무가 있다고 판시하였다(판례참조 [2-1]).

그러나 후자의 경우에 명의신탁자는 애초부터 당해 부동산의 소유권을 취득할 수 없었고, 따라서 명의신탁약정의 무효로 인하여 명의신탁자가 입은 손해는 당해 부동산 자체가 아니라 명의수탁자에게 제공한 매수자금이므로 명의수탁자는 당해 부동산 자체가 아니라 명의신탁자로부터 제공받은 매수자금을 부당이득하였다고 판시하였다(판례참조 [2-2]).

4) **사안의 검토** 사안에서 A와 B는 부동산실명법 시행 이후에 계약명의신탁약정을 체결하였으므로, 판례의 태도를 따른다면 A는 B에 대하여 부당이득반환청구로서(제741조) 甲토지소유권의 이전을 요구할 수는 없으며, 다만 지급한 매수자금의 반환을 요구할 수 있을 뿐이다(물론 B는 A에게 토지소유권으로 대물변제할 수도 있다). 다만, 부동산실명법 시행 이후의 명의수탁자는 악의의 수익자로 보아야 할 것이므로 B는 A에게 수령한 매수자금에 이자를 붙여 반환하여야 하고, 그래도 A에게 손해가 있는 경우에는 그 손해도 배상하여야 한다(제748조 제2항). 이러한 반환책임은 그 사이 설령 甲토지의 가격이 하락하였더라도 마찬가지이다.

2. C가 명의신탁약정에 관하여 악의인 경우

(1) B에로의 토지소유권변동의 효력

계약명의신탁약정에 관하여 매도인 C가 악의인 경우 C로부터 B에로의 소유권이전은 B가 외부적 소유권만을 취득하는 것을 목적으로 하는 것이 된다. 따라서 이는 부동산실명법 제4조 제2항 단서가 적용되지 않고 동 조항 본문이 적용되는 결과 무효로 된다. 그러므로 B는 甲토지의 소유권을 취득할 수 없다.

(2) B와 C의 법률관계

또한 B와 C 사이의 매매계약은 강행법규인 부동산실명법 제4조 제2항이 무효로 규정하고 있으므로 그 계약의 목적은 원시적으로 불능이기 때문에(제535조 참조) 또는, C는 진정한 매매계약의 당사자가 A임을, 적어도 B가 아님을 알면서도 B와 계약을 체결하였다는 점에서 통정허위표시이기 때문에(제108조 제1항 참조) 무효이다(판례 [3]도 참조). 그러므로 매매계약이 무효임에 따라 甲토지의 소유권은 C에게로 복귀한다(유인성의 입장).

따라서 C는 여전히 소유자이므로 물권적 청구권에 기하여 소유권이전등기말소청구 또는 진정명의회복을 이유로 한 소유권이전등기청구를 할 수 있다. 반면 B도 C에 대하여 매매대금 상당의 부당이득을 청구할 수 있다. 이 사안에서 매매계약은 부동산실명법 시행 이후에 체결되었기 때문에 C는 악의의 수익자로서 반환책임을 진다.

(3) A와 B의 법률관계

A와 B 사이의 명의신탁약정은 무효이므로 A가 B에게 지급한 매수자금 상당의 부당이득을 청구할 수 있음은 C가 선의인 경우에서와 같다. 물론 그 반환책임의 범위도 동일하다.

(4) A와 C의 법률관계

A는 B에게 부당이득반환청구권을 가지고 있고, B는 C에 대하여 부당이득반환청구권을 가지므로 A는 B를 대위하여 C에게 매매대금 상당액을 부당이득으로 반환청구할 수 있다(제404조 제1항). 이 경우 다수설에 따르면 A는 B의 무자력을 입증해야 한다(이에 관하여 보다 자세한 것은 별도의 [사례 38] 참조).

설령 A가 甲토지의 소유권을 취득하기를 원하더라도 A가 당연히 B의 지위를 승계할 수 있는 것은 아니라는 것이 판례의 태도이다. 즉, C가 B 대신 A가 매수인의 지위에 들어서는 것에 대하여 동의하는 경우에 비로소 A는 C에게 甲토지의 소유권이전등기를 청구할 수 있다(판례 [3] 참조).

Ⅲ. 설문에 대한 해답

C가 A와 B 사이의 계약명의신탁약정의 존재에 관하여 선의인 경우 B명의의 소유권등기는 유효하다. 부동산실명법 시행 이후에 계약명의신탁약정을 체결한 A는 그 약정은 무효이더라도(동법 제4조 제1항) B에 대하여 甲토지의 소유권이전을 부당이득으로 반환청구할 수는 없으며, 다만 지급한 매수자금의 반환 등만을 청구할 수 있다. B는 악의의 수익자로서 반환책임을 진다.

C가 A와 B 사이의 계약명의신탁약정의 존재에 관하여 악의인 경우 B명의의 소유권등기는 무효이다. B와 C 사이의 매매계약도 무효이므로 甲토지의 소유권자는 여전히 C이다. C는 B에 대하여 소유권에 기한 소유권이전등기말소청구나 진정명의회복을 이유로 한 소유권이전등기청구를 할 수 있다. B는 C에 대하여 매매대금 상당을 부당이득으로 반환청구할 수 있으며, C는 악의의 수익자로서의 반환책임을 진다. A는 B에 대하여 매수자금 상당액을 부당이득으로 반환청구할 수 있으며, C는 악의의 수익자로서의 반환책임을 진다. 이때 A는 C에 대하여 B의 부당이득반환청구권을 대위할 수 있다. 한편 A가 C에게 甲토지의 소유권이전을 청구할 수 있으려면 A에 의한 B의 매수인지위의 승계에 대하여 C의 동의가 있어야 한다.

≪판 례≫

[1] 계약명의신탁(=계약명의 및 등기명의신탁약정)의 당사자관계

(대판 2003.9.5, 2001다32120) 어떤 사람이 타인을 통하여 부동산을 매수함에 있어 매수인명의 및 소유권이전등기명의를 그 타인명의로 하기로 하였다면 이와 같은 매수인 및 등기명의의 신탁관계는 그들 사이의 내부적인 관계에 불과한 것이므로 특별한 사정이 없는 한 대외적으로는 그 타인을 매매당사자로 보아야 한다.

[2] 계약명의신탁과 부당이득

[2-1] (대판 2002.12.26, 2000다21123) 부동산실명법 제4조 제1항, 제2항의 규정에 의하면, 명의신탁자와 명의수탁자가 명의신탁약정을 맺

고, 이에 따라 명의수탁자가 당사자가 되어 명의신탁약정이 있다는 사실을 알지 못하는 소유자와의 사이에 부동산에 관한 매매계약을 체결한 후 그 매매계약에 기하여 당해 부동산의 소유권이전등기를 수탁자명의로 마친 경우에는 명의신탁자와 명의수탁자 사이의 명의신탁약정의 무효에도 불구하고 그 소유권이전등기에 의한 당해 부동산에 관한 물권변동 자체는 유효한 것으로 취급되어 명의수탁자는 당해 부동산의 완전한 소유권을 취득하게 되고, 부동산실명법 시행 전에 위와 같은 명의신탁약정과 그에 기한 물권변동이 이루어진 다음 부동산실명법 제11조에서 정한 유예기간내에 실명등기 등을 하지 않고 그 기간을 경과한 때에도 같은 법 제12조 제1항에 의하여 제4조의 적용을 받게 되어 위 법리가 그대로 적용되는 것인바, 이 경우 명의수탁자는 명의신탁약정에 따라 명의신탁자가 제공한 비용을 매매대금으로 지급하고 당해 부동산에 관한 소유명의를 취득한 것이고, 위 유예기간이 경과하기 전까지는 명의신탁자는 언제라도 명의신탁약정을 해지하고 당해 부동산에 관한 소유권을 취득할 수 있었던 것이므로, 명의수탁자는 부동산실명법 시행에 따라 당해 부동산에 관한 완전한 소유권을 취득함으로써 당해 부동산 자체를 부당이득하였다고 보아야 할 것이고, 부동산실명법 제3조 및 제4조가 명의신탁자에게 소유권이 귀속되는 것을 막는 취지의 규정은 아니므로 명의수탁자는 명의신탁자에게 자신이 취득한 당해 부동산을 부당이득으로 반환할 의무가 있다.

[2-2] (대판 2005.1.28, 2002다66922) 부동산실명법 제4조 제1항, 제2항에 의하면, 명의신탁자와 명의수탁자가 이른바 계약명의신탁약정을 맺고 명의수탁자가 당사자가 되어 명의신탁약정이 있다는 사실을 알지 못하는 소유자와의 사이에 부동산에 관한 매매계약을 체결한 후 그 매매계약에 따라 당해 부동산의 소유권이전등기를 수탁자명의로 마친 경우에는 명의신탁자와 명의수탁자 사이의 명의신탁약정의 무효에도 불구하고 그 명의수탁자는 당해 부동산의 완전한 소유권을 취득하게 되고, 다만 명의수탁자는 명의신탁자에 대하여 부당이득반환의무를 부담하게 될 뿐이라 할 것인데(앞의 [2-2] 판례 참조), 그 계약명의신탁약정이 위 법 시행 후인 경우에는 명의신탁자는 애초부터 당해 부동산의 소유권을 취득할 수 없었으므로 위 명의신탁약정의 무효로 인하여 명의신탁자가 입은 손해는 당해 부동산 자체가 아니라 명의수탁자에게 제공한 매수자금이라 할 것이고, 따라서 명의수탁자는 당해 부동산 자체가 아니라 명의신탁자로부터 제공받은 매수자금을 부당이득하였다고 할 것이다.

[3] 매수인 지위의 귀속 여부와 소유권이전등기청구권

(대판 2003.9.5, 2001다32120) 어떤 사람이 타인을 통하여 부동산을

매수함에 있어 매수인명의 및 소유권이전등기명의를 타인명의로 하기로 약정하였고 매도인도 그 사실을 알고 있어서 그 약정이 부동산실명법의 규정에 의하여 무효로 되고 이에 따라 매매계약도 무효로 되는 경우에, 매매계약상의 매수인의 지위가 당연히 명의신탁자에게 귀속되는 것은 아니지만, 그 무효사실이 밝혀진 후에 계약상대방인 매도인이 계약명의자인 명의수탁자 대신 명의신탁자가 그 계약의 매수인으로 되는 것에 대하여 동의 내지 승낙을 함으로써 부동산을 명의신탁자에게 양도할 의사를 표시하였다면, 명의신탁약정이 무효로 됨으로써 매수인의 지위를 상실한 명의수탁자의 의사에 관계없이 매도인과 명의신탁자 사이에는 종전의 매매계약과 같은 내용의 양도약정이 따로 체결된 것으로 봄이 상당하고, 따라서 이 경우 명의신탁자는 당초의 매수인이 아니라고 하더라도 매도인에 대하여 별도의 양도약정을 원인으로 하는 소유권이전등기청구를 할 수 있다.

[物　權　法]

事例 25

傳貰權의 無斷處分

≪설 문≫

A는 B와 B소유의 주택에 대해서 전세권설정계약을 체결하고 전세권을 등기하였다. 그후 A는 B의 동의없이 이 주택을 다시 C에게 전세를 놓고 다른 주택으로 이사하였다. 그러나 C는 그의 전세권을 아직 등기하지 않았다.

이 경우 다음의 법률관계를 설명하시오.

(1) B의 권리

(2) C의 과실로 주택이 훼손된 경우 B와 C 사이의 법률관계

(3) 제3자 D가 불법으로 주택을 점거한 경우 주택의 소유자 B의 구제수단

목차제안

Ⅰ. 논점분석

Ⅱ. 설문(1): A에 대한 B의 전세권소멸청구권

Ⅲ. 설문(2): C에 대한 B의 권리

1. C의 법적 지위

2. C에 대한 B의 손해배상청구권

(1) 채무불이행을 원인으로 한 손해배상청구권

(2) 불법행위를 원인으로 한 손해배상청구권

(3) 양자의 관계

풀이제안

Ⅰ. 논점분석

설문(1)에서 A는 전세권을 자유로이 처분할 수 있는가, 전세권자가 전세권을 처분한 경우 전세권설정자는 어떤 권리를 가지는가 하는 문제가, 설문(2)에서는 轉전세권을 등기하지 않은 轉전세권자 C의 법적 지위와 이를 기초로, 첫째 C의 목적물보관의무위반으로 인한 손해배상의무, 둘째 C의 불법행위로 인한 손해배상의무, 끝으로 B가 A에게 전세권소멸청구권을 행사함으로써 C의 전전세권을 소멸케 하고 주택에 대한 반환청구권을 행사할 수 있는가를 검토해야 한다. 설문(3)에서는 B의 소유권에 기한 물권적 청구권과 간접점유권에 기한 점유보호청구권, 불법행위로 인한 손해배상청구권의 문제를 검토해야 한다.

Ⅱ. 설문(1): A에 대한 B의 전세권소멸청구권

전세권자가 설정계약 또는 목적부동산의 성질에 의하여 정하여진 용법으로 이를 사용·수익하지 않았다면 전세권설정자는 전세권의 소멸을 청구할 수 있다(제311조 제1항).

A는 B와 전세권설정계약을 체결하고 이를 등기하였으므로(제186조) 전

세권을 유효하게 취득하였다. A가 취득한 전세권은 물권이므로 A는 그의 전세권을 양도하거나 담보로 제공할 수 있고, 또한 전세권의 존속기간내에서 그 목적물을 타인에게 전전세 또는 임대할 수 있다(제306조 본문). 따라서 전세권자 A는 전세권설정계약에 다른 약정이 없는 한(제306조 단서)(설정행위로 전세권의 처분을 제한하는 경우에 이를 등기해야만 제3자에게 대항할 수 있다(부동산등기법 제139조 제1항)) C에게 유효하게 전전세할 수 있다. A의 전전세의 설정에는 원전세권설정자 B의 동의는 필요치 않으므로 A의 전세권처분은 유효하다. 따라서 B는 A에 대하여 전세권의 소멸을 청구할 수 없다.

Ⅲ. 설문(2): C에 대한 B의 권리

1. C의 법적 지위

轉전세의 설정행위 역시 물권계약과 등기를 필요로 한다(제186조). A와 C 사이의 전전세설정은 B의 동의가 필요치 않으므로 C는 유효하게 전전세권을 취득할 수 있는 지위에 있다. 원래 (C의) 轉전세권이 설정되더라도 (A의) 原전세권은 소멸하지 않는다. 그러나 전세권자(전전세 설정자)는 전전세권에 의하여 제한되는 한도에서 스스로 목적부동산을 사용·수익하지 못한다. 즉, 전전세권자는 그의 권리의 범위내에서 목적부동산을 점유하여 사용·수익할 수 있을 뿐만 아니라 그 밖의 전세권자로서의 모든 권리를 갖는다.

그러나 전전세에 있어서 등기는 전세에 있어서의 등기와 마찬가지로 물권변동의 성립요건이므로 전전세권를 등기하지 않은 C는 전전세권이라는 물권을 취득할 수 없으며, 단지 채권적 전세권을 취득한 것에 지나지 않는다. 이 채권적 전세권은 그 실질에 있어 임차권이라고 할 수 있다. 따라서 C는 A에 대한 관계에서 임차인에 지나지 않는다.

2. C에 대한 B의 손해배상청구권

(1) 채무불이행을 원인으로 한 손해배상청구권

A와 C 사이에서 C의 지위는 임차인에 지나지 않는다. 그런데 전

세권자 A는 목적물의 점유를 통하여 사용·수익하는 권리가 있는 반면(제303조 제1항), 목적물의 현상을 유지하여야 할 의무가 있다(제309조). A가 부담하는 이 의무는 목적물을 이용할 수 있는 채권적 전세권자 C에게 그대로 승계된다. 원래 전세권자 A는 B의 동의없이 목적물을 자유로이 임대할 수 있으므로 A의 전전세설정행위는 마치 임차인이 임대인의 동의를 얻어 목적물을 제3자에게 轉貸한 경우와 유사하다. 따라서 이 경우에는 임대인의 동의를 얻은 전대의 효과가 유추적용되어야 할 것이다. 임대인의 동의 있는 전대차에 의하여 전차인은 임대인에 대하여 직접 의무를 부담한다(제630조 제1항 전단의 유추적용). 따라서 채권적 전전세권자 C(실질적으로는 임차인)는 B에 대하여 목적물의 현상유지의무를 부담한다(제630조 제1항 본문 참조). C는 과실로 주택을 훼손함으로써 이러한 채무를 위반하였으므로 B에게 그 손해를 배상해야 한다(제390조, 제630조 제1항). 따라서 B는 C에 대하여 채무불이행을 원인으로 한 손해배상청구권을 갖는다(제390조, 제393조).

(2) 불법행위를 원인으로 한 손해배상청구권

C는 B소유의 주택을 그의 과실로 인하여 훼손하였으므로 타인의 소유권침해에 따른 불법행위로 인한 손해를 배상해야 한다. 따라서 B는 C에 대하여 불법행위를 원인으로 한 손해배상청구권을 갖는다(제750조, 제763조→제393조).

(3) 양자의 관계

B에 대하여 C는 A의 의무를 승계한 채무자와 유사한 지위에서 채무불이행책임을 부담하며, 다른 한편으로는 불법행위책임을 진다. 이른바 청구권경합설을 취하는 판례에 따르면 B는 채무불이행을 원인으로 한 손해배상청구권과 불법행위를 원인으로 한 손해배상청구권을 선택적으로 행사할 수 있다.

3. C에 대한 B의 전세물명도청구권

(1) 쟁 점

전세권자가 설정계약 또는 목적부동산의 성질에 의하여 정하여진 용법으로 이를 사용·수익하지 않는 경우에는 전세권설정자는 전세권의 소멸을 청구할 수 있다(제311조 제1항). 또한 전세권자는 목적물보관의무로서 목적물의 현상을 유지하고 그 통상의 관리에 속한 수선을 하여야 할 의무가 있는바(제309조), 이 의무에 위반한 때에도 역시 용법에 따르지 않은 사용·수익이 된다고 해석된다. 그렇다면 전전세권자 C의 과실로 목적물이 훼손된 경우에도 B는 A에게 전세권의 소멸을 청구할 수 있는지 여부가 문제된다.

(2) 전전세권자의 과실로 인한 전세물 훼손의 경우 원전세권의 소멸청구

전전세권자의 과실로 목적물이 훼손된 경우에도 원전세권설정자는 원전세권자에 대하여 전세권의 소멸을 청구할 수 있다고 하면, B는 이를 행사함으로써 A의 전세권이 소멸한다. 따라서 A의 전세권을 근거로 하여 성립된 C의 전전세권이나 임차권도 소멸하게 되고 C는 주택을 B에게 반환해야 할 것이다(제213조).

문제는 타인의 과실을 이유로 물권인 전세권이 소멸하는 결과는 전세권자에게 가혹하다는 점이다. 그러나 민법은 원전세권설정자의 동의없이 전전세할 수 있는 권능을 전세권자에게 인정하는 한편, 전세권자는 전전세하지 않았더라면 면할 수 있었을 불가항력으로 인한 손해에 대해서 그 책임을 부담한다고(제308조) 규정한다. 하지만 전전세를 하더라도 목적물이 존재하는 장소에 변동이 생기는 것은 아니고 다만 목적부동산의 점유자가 변경될 뿐이므로, 전전세로 인하여 점유자가 변경되지 않았으면 면할 수 있었을 ―그러나 점유자가 변경되었기 때문에 일어난― 불가항력으로 인한 손해라는 것은 생각할 수 없다(예컨대 천재지변이라든가, 인근의 화재 등은 전전세를 하지 않았더라도 면하지 못했을 것이다). 그러므로 '전전세를 하지 아니하였으면 면할 수 있는 불가항력으로 인한 손해'에 대하여 책임을 진다고 하는 것은 그 손해가 전전세를 하지 않았더라도 일어났을 불가항력으로 인한 손해임을 증명하지 못하는 한, 손해발생이라는 사실만을 이유로 전세권자는 손해배상의 책임을 져야 한다는 뜻으로 해석하여야 한다. 다시 말하면 전세권자는 전전세 또는 임대를 하지 않았더라도 손해가 발생하였으리라는 사실을 입증한 경우에 면책될 수 있다고 보아야 한다.

이상의 점들을 고려할 때 A가 C에게 전전세 내지 임대를 하지 않았더라면 B의 주택은 훼손되지 않았을 것인데, 전세권자는 원래 불가항력에 대해서까지도 책임을 부담해야 하는 처지에서 전전세권자 내지 임차인의 과실로 인한 것이 분명한 주택의 훼손에 대해서는 전세권자가 마땅히 책임을 부담해야 한다. 또한 A와 C는 목적물보관의무에 관한 한 일체적으로 B에게 책임을 부담하는 자라고 해석된다. 따라서 A는 비록 C의 과실에 의한 것이지만 목적물보관의무자로서 목적물의 현상을 제대로 유지하지 못했다는 점에서도 책임을 져야 한다.

(3) 결 론

B는 A의 전세권의 소멸을 청구할 수 있고(제311조 제1항), 이에 따라 A의 전세권이 소멸하면 C의 (전전세권 내지) 임차권도 소멸한다. 따라서 C는 주택을 소유권자 B에게 반환해야 한다. 다만 A에 대한 B의 전세권 소멸청구권은 그 행사로 인하여 전세권이 당연히 소멸하는 형성권은 아니므로(다수설)(이와는 달리 ① 전세권소멸청구는 형성권의 행사이므로 말소등기 없이도 소멸의 효과가 발생한다고 하는 견해와 ② 형성권의 행사이지만 이는 물권적 단독행위로 등기하여야 효력이 발생한다는 견해도 있음을 유의하여야 한다) B로서는 그 밖에 전세권등기까지 말소하여 A의 전세권을 소멸시킨 후에 비로소 C에게 목적물의 반환을 청구할 수 있다.

Ⅳ. 설문(3): D에 대한 B의 권리

1. D에 대한 B의 전세물명도청구권

전세권설정자 B가 주택의 소유권자임은 명백하다. 따라서 소유권에 기한 각종의 물권적 청구권을 행사할 수 있음은 당연하다. 그러므로 B는 불법점유자 D에게 소유권에 기하여 소유물반환청구권을 행사할 수 있다(제213조, 제214조 전단).

2. D에 대한 B의 점유보호청구권

주택의 점유관계를 살펴보면 A와 B는 간접점유자, C는 직접점유자가 된다(제194조). 따라서 C가 주택을 점유하는 경우에도 간접점유자 B는 점유권을 행사할 수 있고, 점유회수(제204조) 등의 점유보호청구권을 갖는다(제207조 제1항). 물론 C가 주택을 완전히 침탈당한 경우라면 간접점유자인 B는 우선 D에 대하여 주택을 C에게 반환할 것을 청구할 수 있으며(제207조 제2항 전문), C가 주택의 반환을 받을 수 없거나 또는 거부하는 경우에는 직접 자신에게 반환할 것을 요구할 수 있다(제207조 제2항 후문).

3. D에 대한 B의 불법행위를 원인으로 한 손해배상청구권

D의 주택의 불법점거로 주택의 소유권자인 B에게 손해가 발생하였다면, B는 D에 대하여 소유권침해에 따른 불법행위를 이유로 한 손해배상청구권을 갖는다(제750조, 제763조→제393조).

≪판 례≫

전세권자의 전세물 관리 및 반환의무

(대판 1967.12.5, 67다2251) 전세권자는 전세물인 가옥을 선량한 관리자의 주의로써 보관할 의무가 있고 계약이 해지되면 전세물을 반환하여야 하는 채무를 지는 것이므로 전세권자의 실화로 인하여 가옥을 소실케 하여 그 반환의무를 이행할 수 없게 된 때에는 한편으로는 과실로 인하여 전세물에 대한 소유권을 침해한 것으로서 불법행위가 되는 동시에 한편으로는 과실로 인하여 채무를 이행할 수 없게 됨으로써 채무불이행이 되는 것이다.

관련사례 25-1 傳貰物의 讓渡, 賃借住宅의 讓渡

≪설 문≫

A는 B소유의 주택에 전세권설정등기를 하고 입주하였다(전세금 1억원). 약 6개월 후 B는 C에게 주택을 양도하고 소유권이전등기를 경료해주었다.

A가 B소유의 주택을 임차하여(임차보증금 1억원) 주거하면서 전입신고를 마친 경우와 대비하여 A와 C의 법률관계를 논하시오.

풀이제안

Ⅰ. 논점분석

1) C에 대한 A의 전세금 내지 임차보증금반환청구권이 문제되는 사안이므로 우선 전세권의 법적 성질을 살펴보고, 전세목적물의 양수인이 전세권설정자의 법적 지위, 특히 전세금반환채무를 승계하는지를 검토해야 하며,

2) A가 전세권자가 아닌, 주택임차인인 경우와의 비교·대비에 있어서는 주택임대차보호법에 따른 주택임차인의 보호요건을 살피면서 양수인이 임대인의 법적 지위, 특히 보증금반환채무를 승계하는지를 검토해야 한다.

Ⅱ. C에 대한 전세권자 A의 전세금반환청구권

1. 전세권과 그 법적 성질

전세권자는 전세금을 지급하고 타인의 부동산을 점유하여 그 부동산의 용도에 좇아 사용·수익하며, 그 부동산 전부에 대하여 후순위권리자 기타 채권자보다 전세금의 우선변제를 받을 권리가 있다(제303조 제1항).

전세권의 법적 성질과 관련하여서는 전세금을 지급하고 타인의 부동산을 점유하여 사용·수익한다는 점에서 용익물권인 동시에 전세권자의 경매청구권(제318조)과 우선변제권한(제303조 제1항 후단)을 근거로 담보물권으로서의 성격도 가진다고 파악하는 견해가 다수설이며(양자의 비중이 동일하다고 판단하는 견해와 담보물권으로서의 성격은 부차적인 것을 판단하는 견해로 나뉜다), 판례의 태도이다(판례 [1] 참조). 전세금반환채권은 전세권이 소멸되어야 비로소 성립하므로(제317조 참조) 그 채권의 만족을 위하여 경매청구권과 우선변제권이 인정되더라도 이미 소멸한 전세권이 담보물권으로 존속할 수는 없다는 이유에서 위의 이른바 兼有說에 반대하는 소수설이 있다(양창수, 고시계, 1992년 3월호, 95면 이하. 이 견해는 전세권이 담보물권으로서의 통유성인 부존성·수반성·물상대위성·불가분성을 가진다고 설명하는 것이 부당하다고 지적한다). 이에 대하여 다수설은 존속기간의 만료 또는 소멸청구 내지 소멸통고로 '용익물권으로서의 전세권'은 소멸하지만 '담보물권으로서의 전세권'은 전세금반환채권의 변제 때까지

존속한다고 대응한다.

2. 전세물양수인의 법적 지위

전세권의 존속중에 전세권설정자(B)가 전세목적물을 제3자(C)에게 양도한 경우 C는 B의 전세권설정자로서의 지위도 승계하는지, 그 결과 전세금반환채무를 부담하게 되는지가 문제된다. 민법상 명문의 규정이 없음에도 판례는 이를 긍정한다(판례 참조 [2]). 즉, 전세목적물의 소유권이 이전된 경우 민법이 전세권관계로부터 생기는 상환청구, 소멸청구, 갱신청구, 전세금증감청구, 원상회복청구, 매수청구 등의 법률관계의 당사자로 규정하고 있는 전세권설정자 또는 소유자는 목적물의 소유권을 취득한 신소유자로 '새길 수밖에 없다'고 한다. 이에 따르면 전세권은 전세권자와 목적물의 소유권을 취득한 신소유자 사이에서 계속 동일한 내용으로 존속하기 때문에 목적물의 신소유자는 구소유자와 전세권자 사이에 성립한 전세권의 내용에 따른 권리의무의 직접적인 당사자가 되어, 전세권이 소멸하는 때에 전세권자에 대하여 전세권설정자의 지위에서 전세금반환의무를 부담하는 한편, 구소유자는 전세권설정자의 지위를 상실하여 전세금반환의무를 면하게 된다(저당목적물을 양도함에 있어 피담보채무를 인수하는 등의 특별한 약정이 없는 경우 '저당부동산의 제3취득자'에 관한 규정을 적용하면 되므로 명문의 규정이 없음에도 전세목적물의 양수인이 전세금반환채무를 당연히 승계한다는 판례의 태도가 타당한지는 의문이다. 채무인수의 일반법리에 따라 전세권설정자(B)와 양수인(C)이 채무인수합의를 하지 않았거나, 설령 합의했더라도 전세권자(A)가 이를 승낙(제454조)하지 않았다면 전세금반환채무는 여전히 B가 부담하면서, C는 A의 용익물권 및 담보물권으로서의 전세권의 제한을 받는 소유권을 취득한다고 풀이할 것이다. 양수인 C가 양도인 B보다 자력이 열악한 경우를 상정할 때 이러한 구성은 보다 설득력을 가진다).

3. 결 론

판례에 따르면 A는 전세권이 소멸한 때 C에 대하여 전세금 1억원의 반환을 청구할 수 있다. 또한 전세목적물인 주택의 양도로 A에 대한 B의 전세금반환채무는 소멸한다.

Ⅲ. C에 대한 임차인 A의 임차보증금반환청구권

1. 제3자에 대한 대항력 있는 주택임차권

임대차관계는 채권적 성격을 가지므로 임대인이 임대목적물을 제3자에게 처분한 경우, 임차인은 임대인에게 채무불이행책임을 추궁할 수는 있지만, 임대목적물의 양수인의 물권(소유권)에 대하여 채권(임차권)을 가지고 대항할 수 없는 것이 원칙이다. 다만 주택임대차보호법(이하 '주임보법'이라 한다) 제3조 제2항에서는 임차인이 주임보법상의 대항력을 갖춘 후 임차주택이 양도되었다면 임차주택의 양수인(기타 임대할 권리를 승계한 자)은 임대인의 지위를 승계한 것으로 본다. 따라서 만일 A가 임차권을 등기하지 않더라도(제621조 참조) 주택의 점유를 이전받고 전입신고를 마침으로써(주임보법 제3조 제1항)(보증금반환채권에 관하여 우선변제권까지도 취득하기 위해서는 임차인이 '주택인도 및 전입신고'와 더불어 임대차계약서상에 확정일자를 갖추어야 한다. 주임보법 제3조의2 제2항) 그의 임차권에 대항력이 갖추어진 후에 임차주택이 양도되면 주임보법 제3조 제2항에 따라 종래의 임대인(B)과 임차인(A) 사이의 임대차관계는 동일성을 유지하면서 양수인(C)과 A 사이에 법률의 규정에 의하여 포괄적으로 이전된다. 즉, 채무인수 또는 계약인수 등의 법률행위가 존재하지 않더라도 임차주택의 양도사실만으로 임대차관계는 당연히 승계되는 것으로 간주된다(다만 B가 임대차관계에서 완전히 해방되고, C만이 보증금반환채무를 부담하게 되는가는 문제이다. C가 B보다 資力이 열악한 경우를 상정할 수 있기 때문이다. 주임보법 제3조 제2항의 당연승계를 판례는 보증금반환채무와 관련하여서는 면책적 채무인수로 이해하고 있다(판례 [3] 참조). 그러나 채무자의 변경으로 책임재산이 변경되는 경우 채권자가 채무인수에 간섭할 수 있는 여지를 두어야 한다. 특히 주임보법 제3조 제2항의 규범목적은 보증금반환과 관련하여 채권자인 주택임차인을 보호하는 데 있다. 따라서 A, B, C 3자의 합의나, A와 C의 합의(제453조 참조) 또는 B와 C가 합의한 보증금반환채무인수에 대한 A의 승낙(제454조 참조)이 있는 경우가 아니면 중첩적 채무인수로 판단해야 한다. 김형배, 채권각론[계약법], 496면 참조).

2. 결 론

주임보법에 따라 제3자에 대한 대항력 있는 임차권을 가진 A는 임차주택의 양수인인 C에 대하여 임차보증금 1억원의 반환을 청구할 수 있다. 판례에 따르면 주택의 양도로 A에 대한 B의 임차보증금반환채무는 소멸한다.

≪관련판례≫

[1] 전세권의 법적 성질

(대판 1995.2.10, 94다18508) ① 전세권이 용익물권적 성격과 담보물권적 성격을 겸비하고 있다는 점 및 목적물의 인도는 전세권의 성립요건이 아닌 점 등에 비추어 볼 때, 당사자가 주로 채권담보의 목적으로 전세권을 설정하였고, 그 설정과 동시에 목적물을 인도하지 아니한 경우라 하더라도, 장차 전세권자가 목적물을 사용·수익하는 것을 완전히 배제하는 것이 아니라면, 그 전세권의 효력을 부인할 수는 없다. ② 전세금의 지급은 전세권 성립의 요소가 되는 것이지만 그렇다고 하여

전세금의 지급이 반드시 현실적으로 수수되어야만 하는 것은 아니고 기존의 채권으로 전세금의 지급에 갈음할 수도 있다.

[2] 전세물양수인이 전세권설정자의 지위를 승계하는지 여부(적극)

(대판 2000. 6. 9, 99다15122) 전세권이 성립한 후 목적물의 소유권이 이전되는 경우에 있어서 전세권 관계가 전세권자와 전세권설정자인 종전소유자와 사이에 계속 존속되는 것인지 아니면 전세권자와 목적물의 소유권을 취득한 신소유자와 사이에 동일한 내용으로 존속되는지에 관하여 민법에 명시적인 규정은 없으나, 전세목적물의 소유권이 이전된 경우 민법이 전세권 관계로부터 생기는 상환청구, 소멸청구, 갱신청구, 전세금증감청구, 원상회복, 매수청구 등의 법률관계의 당사자로 규정하고 있는 전세권설정자 또는 소유자는 모두 목적물의 소유권을 취득한 신소유자로 새길 수밖에 없다고 할 것이므로, 전세권은 전세권자와 목적물의 소유권을 취득한 신소유자 사이에서 계속 동일한 내용으로 존속하게 된다고 보아야 할 것이고, 따라서 목적물의 신소유자는 구소유자와 전세권자 사이에 성립한 전세권의 내용에 따른 권리의무의 직접적인 당사자가 되어 전세권이 소멸하는 때에 전세권자에 대하여 전세권설정자의 지위에서 전세금반환의무를 부담하게 되고, 구소유자는 전세권설정자의 지위를 상실하여 전세금반환의무를 면하게 된다고 보아야 하고, 전세권이 전세금채권을 담보하는 담보물권적 성질을 가지고 있다고 하여도 전세권은 전세금이 존재하지 않으면 독립하여 존재할 수 없는 용익물권으로서 전세금은 전세권과 분리될 수 없는 요소이므로 전세권 관계로 생기는 위와 같은 법률관계가 신소유자에게 이전되었다고 보는 이상, 전세금채권 관계만이 따로 분리되어 전소유자와 사이에 남아 있다고 할 수는 없을 것이고, 당연히 신소유자에게 이전되었다고 보는 것이 옳다.

[3] 임차주택을 양도한 (원)임대인의 임차보증금반환채무의 소멸 여부(적극)

(대판 1996. 2. 27, 95다35616) ① 주임보법 제3조 제1항 및 제2항에 규정한 바에 의하면 임차인이 주택의 양수인에 대하여 대항력이 있는 임차인인 이상 양수인에게 임대인으로서의 지위가 당연히 승계된다 할 것이고, 임차인에 우선하는 권리자가 있다고 하여 그 지위의 승계에 임차인의 동의가 필요한 것으로 볼 수는 없다. ② 주택의 임차인이 제3자에 대한 대항력을 구비한 후 임차주택의 소유권이 양도되어 그 양수인이 임대인의 지위를 승계하는 경우에는 임대차보증금의 반환채무도 부동산의 소유권과 결합하여 일체로서 이전하는 것이고, 이에 따라 양도인의 임대인으로서의 지위나 보증금반환채무는 소멸하는 것이므로(대판 1987. 3. 10, 86다카1114 등 참조), 이러한 경우 양수인이 중첩적으로 채무를 인수한 것으로 볼 것이라는 소론 주장은 독자적인 견해에 불과하여 채용할 수 없다.

事例 26

法定地上權

≪설 문≫

2004년 3월 A는 자금을 융통하면서 자신 소유의 甲토지와 그 위의 乙-1건물에 대해 P은행에 저당권을 설정하였다. 2004년 9월 A는 공사업자 Y를 통해 乙-1건물을 증축하였는데, 2층 부분에 해당하는 乙-2건물은 기존 乙-1건물과 구조상 그 경계가 명확하고, 그 자체 전용부분이 있어 용도와 기능면에서 서로 구별되었다. 2층(乙-2)이 완공된 2005년 7월 A는 이를 보존등기한 후, Q은행에 저당권을 설정하고 다시 자금을 융통하였다.

한편 A가 변제기에 돈을 갚지 못하자, P은행은 2005년 1월 자신의 저당권을 실행하였고, B에게 매각되어, B가 甲토지와 乙-1건물 소유권을 취득하였다. 한편 Q은행은 2006년 1월에 저당권을 실행하였고, 乙-2건물은 C에게 매각되어 C가 그 소유권을 취득하였다. 2006년 4월 C는 자신의 명의로 이전등기한 후 이를 D에게 매도하고 소유권이전등기를 해주었다.

(1) B가 D에 대하여 乙-2건물의 명도 또는 철거를 요구할 수 있는지를 검토하시오.

(2) 만일 C가 2년 이상 지료의 지급을 연체하고 있었다면 B가 C에 대하여 지상권의 소멸을 청구할 수 있는지를 검토하시오.

목차제안

Ⅰ. 논점분석

Ⅱ. **설문(1): D에 대한 B의 乙-2건물의 명도청구권 또는 철거청구권**
1. D에 대한 B의 乙-2건물의 명도청구권
(1) 저당권의 효력이 미치는 범위
(2) 증축부분의 건물에의 부합 여부에 관한 판단기준
(3) 결 론
2. D에 대한 B의 乙-2건물철거청구권
(1) A의 甲토지에 관한 법정지상권 취득 여부
(2) C의 甲토지에 관한 법정지상권 취득 여부
(3) D에 대한 B의 乙-2건물의 철거청구권
1) D의 甲토지에 관한 법정지상권 취득 여부
2) D에 대한 B의 乙-2건물의 철거청구권
(4) 결 론
Ⅲ. **설문(2): C에 대한 B의 지상권소멸청구권**
1. 법정지상권자 C의 지료지급의무와 지료의 결정
2. 결 론

풀이제안

Ⅰ. 논점분석

甲토지와 乙-1건물을 P은행에 담보로 제공하고 자금을 융통한 A가 차용원리금을 제때 반환하지 못하자 저당권자인 P가 저당권을 실행하였고, 임의경매를 통해(민사집행법 제264조 이하) B에게 매각되었다. 매각대금을 다 낸 B는 甲토지와 乙-1건물의 소유권을 취득하였다(민사집행법 제268조→제135조).

설문(1)과 관련하여 우선은 甲토지와 乙-1건물의 전소유자인 A가 기존 乙-1건물에 2층을 올려 乙-2건물을 증축하였는바, 이 경우 일견 乙-2건물이 乙-1건물에 부합됨으로써 P의 저당권의 효력이 미치는지 여부가 문제될 수 있을 것으로 보인다. 그렇다고 한다면 B는 D에 대하여 소유권에 기초한 소유물반환청구권을 행사함으로써(제213조 본문) 乙-2건물의 점유반환을 요구할 수도 있다. 반면 그렇지 않다면 B는 D에 대하여 D소유의 乙-2건물이 자신의 甲토지 및 乙-1건물에 대한 소유권행사를 방해한다는 이유로 소유권에 기초한 방해배제청구권을 행사함으로써(제213조 전문) 乙-2건물의 철거를 요구할 수 있다. 이 문제에 대한 해답은 B소유의 甲토지에 대한 D의 점유·사용이 아무 권원없이 행해지는 것인지의 여부에 따라 달라진다. 즉, A가 乙-2건물에 관해 법정지상권을 취득하는지, 그리고 C와 D가 그 법정지상권을 승계하는지가 문제된다. 만일 D가 법정지상권을 취득하지 못하는 경우 B가 乙-2건물의 명도 내지 철거를 청구할 수 있는지가 문제된다.

설문(2)와 관련하여서는 지상권자의 지료체납에 따른 지상권설정자의 지상권소멸청구권을 규정한 제287조가 법정지상권의 경우에 어떤 내용으로 유추적용될 수 있는지가 문제된다.

Ⅱ. 설문(1): D에 대한 B의 乙-2건물의 명도청구권 또는 철거청구권

1. D에 대한 B의 乙-2건물의 명도청구권

(1) 저당권의 효력이 미치는 범위

제358조에 따르면 법률규정이나 당사자의 특약으로 달리 정한 바가 없는 한 저당권은 저당부동산에 부합된 물건과 종물에 그 효력이 미친다.

부합이란 소유자가 다른 여러 물건이 결합된 경우, 그 분리를 불허하는 한편 결합물의 소유권귀속을 정하기 위한 것인바, 사안의 경우 공사업자 Y의 동산이 도급인 A의 부동산에 결합된 경우라고 볼 수 있다. 이 경우 건물의 증축부분(乙-2)이 기존건물(乙-1)에의 부합에 해당한다면 증축부분을 포함한 건물은 1동의 건물을 의미하므로 저당권실행에 따른 매각의 효과는 건물의 2층부분(乙-2)에도 미치므로, B는 매각대금을 완납함으로써 건물의 2층부분(乙-2)에 대해서도 소유권을 취득한다. 이런 경우 B는 소유권에 기초한 소유물반환청구권을 행사함으로써 D에 대하여 乙-2건물의 점유반환을 요구할 수 있게 된다.

(2) 증축부분의 건물에의 부합 여부에 관한 판단기준

건물이 증축된 경우에 그 증축부분의 기존건물에의 부합 여부에 대하여 판례에서는 실정법규의 문면을 넘어서는 실질적인 규준을 제시하고 있다(판례 참조 [1]). 즉, 증축부분이 기존건물에 부착된 물리적 구조뿐만 아니라, 그 용도와 기능의 면에서 기존건물과 독립한 경제적 효용을 가지고 거래상 별개의 소유권의 객체가 될 수 있는지의 여부 및 증축하여 이를 소유하는 자의 의사 등을 종합하여 판단하여야 한다고 판시한다.

설문에 따르면 甲토지 및 乙-1건물의 원소유자였던 A는 乙-1건물을 증축하여 2층을 올리면서 이를 기존 乙-1건물과는 구조상 경계가 명확하고, 그 자체 전용부분이 있어 용도와 기능면에서 서로 구별되도록 하였다고 한다. 그렇다면 乙-2건물은 乙-1건물에 부합된 동산의 집합이 아니라, 별개의 부동산으로 판단해야 하며, 그 乙-2건물의 소유권은 원칙적으로 수급인인 공사업자 Y에게 원시적으로 귀속된다.

(3) 결 론

사안의 경우 甲토지와 乙-1건물이 B에게 매각될 당시 乙-2건물에 대하여 A가 이미 보존등기를 하고 있었으므로, 경매절차를 통해 乙-2건물을 매각받은 C는 乙-2건물의 적법한 소유권자이며, 이로부터 건물의 소유권을 양수받은 D 또한 적법한 소유권자이다. 따라서 D를 상대로 B는 乙-2건물의 명도청구를 할 수 없다.

2. D에 대한 B의 乙-2건물철거청구권

(1) A의 甲토지에 관한 법정지상권 취득 여부

甲토지와 乙-1건물 및 乙-2건물이 모두 A의 소유였다가 P은행의 저당권실행으로 甲토지와 乙-1건물은 경매로 인하여 B의 소유로 되었으나, 건물 2층에 해당하는 부분(乙-2)은 A의 소유로 남아 있게 되었다. 토지와 건물이 동일인의 소유였다가 저당권실행에 따른 경매로 말미암아 각각 또는 ―사례의 경우― 그 중 하나의 부동산소유권이 그 귀속주체를 달리하게 되면 제366조가 적용된다(판례 참조 [2]). 따라서 甲토지의 소유권자 B는 乙-2건물의 소유권자 A에 대하여 지상권을 설정한 것으로 의제된다.

乙-2건물의 소유자 A의 甲토지에 관한 (법정)지상권은 법률규정에 의한 물권의 취득이므로 등기하지 않아도 이를 취득할 수 있다(제187조 본문).

'기존1층의 건물옥상 위에 건물을 소유하기 위한 지상권설정계약은 그 건물의 대지에 지상권을 설정하기 위한 계약으로 보아 유효하다'고 판시한 판례로부터(대판 1978. 3. 14, 77다2379) 추단컨대 건물의 2층부분(乙-2)만을 위한 법정지상권의 성립은 긍정될 수 있다.

(2) C의 甲토지에 관한 법정지상권 취득 여부

乙-2건물에 대한 Q은행의 저당권실행에 따른 경매로 C는 乙-2건물에 대한 소유권을 취득하였는바, 이때 C는 A가 취득한 B에 대한 법정지상권도 동시에 취득할 수 있는지가 문제된다. 제358조 본문에 따르면 저당권의 효력은 저당물에 부합된 물건 이외에 종물에 대해서도 미친다고 하며, 또한 제100조 제2항에 따르면 종물은 주물의 처분에 따른다고 하기 때문에 A가 취득한 (乙-2건물의 소유를 위한 甲토지에 관한) 법정지상권이 저당물의 종물에 준하는 것으로 이해할 수 있는지의 여부가 문제된다.

이와 관련하여 판례(판례 참조 [3-4])는 저당권의 효력이 저당부동산에 부합된 물건과 종물에 미친다는 민법 제358조 본문을 유추하여 건물에 대한 저당권의 효력은 그 건물에 종된 권리인 건물의 소유를 목적으로 하는 지상권에도 미치게 되므로, 건물에 대한 저당권이 실행되어 경락인이 그 건물의 소유권을 취득하였다면 경락 후 건물을 철거한다는 등의 매각조건하에서 경매되었다는 등 특별한 사정이 없는 한, 경락인은 건물소유를 위한 지상권도 민법 제187조 본문의 규정에 따라 등기없이 당연히 취득한다고 판시한 바 있다(이른바 '제358조 종물법리의 종된 권리에의 유추적용'). 따라서 경매로 말미암아 C는 乙-2건물의 소유권을 소유권이전등기 없이 취득함과 동시에 저당권의 효력이 미치는 저당물 乙-2의 종된 권리인 법정지상권 역시 지상권설정등기 없이 취득하게 된다.

(3) D에 대한 B의 乙-2건물의 철거청구권

1) **D의 甲토지에 관한 법정지상권 취득 여부** 법정지상권이 붙은 건물을 경매를 통해 매수한 자는 등기없이도 건물소유권과 법정지상

권을 취득한다. 이 경우에 매수인(사례의 경우 C)이 건물소유권을 제3자(사례의 경우 D)에게 양도한 때에는 판례에 따르면(판례 참조 [3-4]) 특별한 사정이 없는 한 민법 제100조 제2항의 유추적용에 의하여 건물과 함께 종된 권리인 지상권도 양도하기로 한 것으로 본다('제100조 제2항 종물법리의 종된 권리에의 유추적용'). 그러나 건물소유권의 양도는 물론 제100조 제2항의 유추적용에 따른 법정지상권의 이전은 C와 D 사이의 법률행위에 의한 것이므로 제187조가 아닌, 제186조의 적용을 받아 건물소유권은 물론 법정지상권도 등기하여야 이를 취득할 수 있다(판례 참조 [3-3]). 설문으로 미루어 보아 D가 건물소유권의 이전등기를 경료한 것은 분명하나, C 스스로도 처분을 위한 등기(제187조 단서)를 했는지의 여부가 불분명한 상태에서 D가 법정지상권의 이전등기를 경료하였는지는 의심스럽다. 이를 하지 않았다면 건물소유권자는 D이나, 건물에 붙은 종된 권리인 법정지상권의 권리자는 여전히 C이다(판례 참조 [3-2]).

2) **D에 대한 B의 乙-2건물의 철거청구권** 위에서 살펴본 바와 같이 乙-2건물의 소유권자 D는 甲토지를 사용·수익할 수 있는 이른바 대지이용권을 취득한 바 없이 토지를 무단으로 사용하고 있다. 따라서 토지소유자 B는 원칙적으로 (형식논리상) 불법점유자인 D에 대하여 소유권에 기초한 소유물반환청구권(제213조) 내지 소유권행사방해배제청구권(제214조 전문)을 행사함으로써 乙-2건물의 철거를 요구할 수 있다고 판단할 수밖에 없다. 다만 이를 허용할 경우 채권적으로는 법정지상권을 취득하고 있는 D의 법적 지위가 현저히 불안해진다. D는 건물소유권의 양도인(C)에 대하여 법정지상권이전등기청구권을 가지고 있기 때문이다(판례 참조 [4-1]).

이와 관련하여 1985년 전원합의체판결(판례 참조 [4-2])(하철용, '신의칙위반·권리남용 등의 소송상의 주장', 「민사판례연구」[Ⅸ], 1987, 239면 이하 참고)에서는 다수의견으로 '법정지상권을 가진 건물소유자로부터 건물을 양수하면서 법정지상권까지 양도받기로 한 자는 채권자대위의 법리에 따라 전건물소유자 및 대지소유자에 대하여 차례로 지상권의 설정등기 및 이전등기절차 이행을 구할 수 있다 할 것이므로 이러한 법정지상권을 취득할 지위에 있는 자에 대하여 대지소유자가 소유권에 기하여 건물철거를 구함은 지상권의 부담을 용인하고 그 설정등기절차를 이행할 의무있는 자가 그 권리자를 상대로 한 청구라 할 것이어서 신의성실의 원칙상 허용될 수 없다'고 판시하였다. 이러한 판례에 따르면 B의 D에 대한 乙-2건물의 철거청구는 신의성실의 원칙에 반하는 것으로 허용되지 않는다고 할 것이다(이 전원합의체판결의 소수의견은 '토지소유자로서는 법정지상권을 가진 건물소유자로부터 건물을 양수하였을 뿐 아직 법정지상권을 취득하지 못하고 있는 건물양수인에 대하여 법정지상권의 승계취득에 협력할 의무를 부담하지 않고 있으며 그 의무는 법정지상권자에게 있을 뿐이므로 의무없는 토지소유자에게 그 승계취득에 관한 건물양수인의 이익을 배려하라고 요구할 수는 없고 이를 배려하지 아니한 행위를 형평에 어긋나거나 신뢰를 저버린 것이라 나무랄 수는 없어 대지소유자가 건물양수인에 대하여 하는 소유권에 기한 건물철거청구를 획일적으로 신의칙위반이라고 배척할 수는 없으며 건물양수인은 앞으로 법정지상권을 유효하게 취득함으로써 건물을 보호받을 수 있는 법적 수단을 가진 자이므로 이런 법적 수단을 갖춘 경우에만 토지소유자의 토지용익권에 우선할 수 있고 그렇지 않는 한 토지소유자의 철거청구에 대항할 수 없다고 보는 것이 토지이용관계의 조정상 공평하고 합리적인 해석이며, 또 현행부동산공시제도의 원칙에도 합당하다'는 의견을 개진한 바 있다).

(4) 결 론

저당물 乙-2에 대한 강제경매절차에 따른 매수인으로서 C는 乙-2건물에 관한 소유권을 등기하지 않고도 취득한다. 이때 C는 저당물에 붙은 종된 권리인 (A가 제366조에 따라 취득한) 법정지상권 역시 제358조 종물법리의 종된 권리에의 유추적용에 따라 등기하지 않고 이를 취득한다. C는 토지소유자 B에 대하여 (물권적인) 지상권설정등기청구권을 가진다.

한편 C로부터 적법하게 乙-2건물을 양수한 D는 등기함으로써 그 소유권을 취득한다. 건물의 양도는 제100조 제2항 종물법리의 종된 권리에의 유추적용에 따라 건물에 붙은 지상권의 양도를 수반한다. 다만 D는 지상권이전등기를 경료해야만 지상권을 취득할 수 있을 뿐이므로, D는 C를 대위하여 B에 대하여 지상권설정등기를 청구할 수 있으며, 이러한 등기청구권을 가지고 있는 한 D는 B의 건물철거에 대하여 대항할 수 있다. 왜냐하면 C의 지상권설정등기청구에 따른 그 이행절차에 협력할 의무를 부담하고 있는 B가 (바로 그 C에 대하여 지상권이전등기청구권을 가지는) D를 상대로 지상권이 붙은 乙-2건물의 철거를 요구하는 것은 신의성실의 원칙상 허용되지 않기 때문이다.

Ⅲ. 설문(2): C에 대한 B의 지상권소멸청구권

1. 법정지상권자 C의 지료지급의무와 지료의 결정

당사자 사이의 설정계약에 의하여 지상권이 설정되었다면 당사자 사이에서는 지료에 관한 약정이 있을 수도 있으나(그렇다고 지료가 지상권성립의 필수적 요소는 아니다. 제303조에 대비한 제

279조 참조), 법정지상권의 경우에는 이를 상정하기가 곤란하다. 따라서 제366조 단서에서는 법정지상권자와 법정지상권설정자 사이에 사후협의가 결렬된 경우 당사자의 청구에 의하여 법원이 지료를 결정하도록 규정한다.

만일 법원이 결정한 지료를 법정지상권자인 C가 2년 이상 체납하면 토지소유자이자 법정지상권설정자인 B는 이를 이유로 제287조에 따라 지상권의 소멸을 청구(실질적으로는 '형성권'의 행사)할 수 있다. 그러나 사례의 지문으로 미루어 보아 법원이 A 또는 C가 B에게 지급할 지료를 결정했다는 사실을 알 수 없다. 이러한 경우에 대하여 판례는 '법정지상권의 경우 당사자 사이에 지료에 관한 협의가 있었다거나 법원에 의하여 지료가 결정되었다는 아무런 입증이 없다면, 법정지상권자가 지료를 지급하지 않았다고 하더라도 지료지급을 지체한 것으로는 볼 수 없으므로 법정지상권자가 2년 이상의 지료를 지급하지 아니하였음을 이유로 하는 토지소유자의 지상권 소멸청구는 이유가 없다'고 판시한 바 있다(판례 참조 [5]).

2. 결 론

따라서 설문(2)에서 물은 B의 C에 대한 지료지급체납을 이유로 한 지상권소멸청구는 허용되지 않는다. 다만 B는 乙-2건물의 철거청구를 거부하는 D를 상대로 대지의 점유·사용에 따른 이득을 부당이득으로 반환청구할 수 있다(제741조, 제747조, 제748조 제2항). D는 아직 (지료의 정함이 없는) 법정지상권을 취득하지 못하였고, 따라서 그에게는 甲토지를 사용·수익할 법률상 원인이 없기 때문이다.

≪판 례≫

[1] 증축건물의 기존건물에의 부합 여부

(대판 2002. 10. 25, 2000다63110) 건물이 증축된 경우에 증축부분이 기존건물에 부합된 것으로 볼 것인가 아닌가 하는 점은 증축부분이 기존건물에 부착된 물리적 구조뿐만 아니라, 그 용도와 기능의 면에서 기존건물과 독립한 경제적 효용을 가지고 거래상 별개의 소유권 객체가 될 수 있는지의 여부 및 증축하여 이를 소유하는 자의 의사 등을 종합하여 판단하여야 한다.

[2] 제366조에 따른 법정지상권의 의의 및 취득요건

[2-1] (대판 2001.12.27, 2000다1976) 민법 제366조 소정의 법정지상권은 토지와 그 토지상의 건물이 같은 사람의 소유에 속하였다가 그 중의 하나가 경매 등으로 인하여 다른 사람의 소유에 속하게 된 경우에 그 건물의 유지, 존립을 위하여 특별히 인정된 권리이다.

[2-2] (대판 1966.11.29, 66다1213) 토지와 그 위의 가옥의 소유자가 각각 달리하고 있던 중 토지 또는 가옥만이 경매 기타 원인으로 다시 딴 사람에게 소유권이 이전된 경우에는 민법 제366조에 의한 법정지상권 또는 관습에 의한 법정지상권이 인정될 수 없다.

[2-3] (대판 1978.8.22, 78다630) 건물없는 토지에 대하여 저당권이 설정되었는데 그후에 설정자가 그 위에 건물을 건축한 경우에는 민법 제366조의 법정지상권이 생긴다고 할 수 없다.

[2-4] (대판 1990.7.10, 90다카6399) 저당권설정 당시 건물이 존재한 이상 그 이후 건물을 개축, 증축하는 경우는 물론이고 건물이 멸실되거나 철거된 후 재축, 신축하는 경우에도 민법 제366조 소정의 법정지상권이 성립한다 할 것이고, 이 경우 법정지상권의 내용인 존속기간, 범위 등은 구건물을 기준으로 하여 그 이용에 일반적으로 필요한 범위내로 제한되는 것이다.

[2-5] (대판 2004.2.13, 2003다29043) 토지에 관하여 저당권이 설정될 당시 토지소유자에 의하여 그 지상에 건물을 건축중이었던 경우 그것이 사회관념상 독립된 건물로 볼 수 있는 정도에 이르지 않았다 하더라도 건물의 규모, 종류가 외형상 예상할 수 있는 정도까지 건축이 진전되어 있었고, 그후 경매절차에서 매수인이 매각대금을 다 낸 때까지 최소한의 기둥과 지붕 그리고 주벽이 이루어지는 등 독립된 부동산으로서 건물의 요건을 갖추어야 민법 제366조의 법정지상권의 성립이 인정된다.

[3] 건물소유권과 그 건물을 위한 법정지상권의 관계

[3-1] (대판 2001.12.27, 2000다1976) 법정지상권이 건물의 소유에 부속되는 종속적인 권리는 아니며, 하나의 독립된 법률상의 물권으로서의 성격을 지니고 있는 것이기 때문에 건물의 소유자가 건물과 법정지상권 중 어느 하나만을 처분하는 것도 가능하다.

[3-2] (대판 1980.9.9, 78다52) 건물과 함께 미등기인 법정지상권을 가지고 있는 사람이 건물을 제3자에게 처분하고 그 명의의 소유권이전등기를 경료하면서도 법정지상권의 처분에 따른 이전등기 등을 하지 아니하였다면 그 법정지상권은 의연히 원래의 법정지상권자에게 유보되어 있는 것으로 보아야 한다.

[3-3] (대판 1965.7.6, 65다907) 법정지상권자가 그 지상권을 처분하려면 지상권취득의 등기를 하여야 하고 지상권 있는 건물을 특별승계

한 제3자도 그 지상권의 승계취득의 등기를 하지 않으면 그 효력이 생기지 않는다.

[3-4] (대판 1996. 4. 26, 95다52864) 저당권의 효력이 저당부동산에 부합된 물건과 종물에 미친다는 민법 제358조 본문을 유추하여 보면 건물에 대한 저당권의 효력은 그 건물에 종된 권리인 건물의 소유를 목적으로 하는 지상권에도 미치게 되므로, 건물에 대한 저당권이 실행되어 경락인이 그 건물의 소유권을 취득하였다면 경락 후 건물을 철거한다는 등의 매각조건에서 경매되었다는 등 특별한 사정이 없는 한, 경락인은 건물소유를 위한 지상권도 민법 제187조의 규정에 따라 등기없이 당연히 취득하게 되고, 한편 이 경우에 경락인이 건물을 제3자에게 양도한 때에는, 특별한 사정이 없는 한 민법 제100조 제2항의 유추적용에 의하여 건물과 함께 종된 권리인 지상권도 양도하기로 한 것으로 봄이 상당하다.

[4] 법정지상권과 결합된 건물의 양수인의 권리

[4-1] (대판 1981. 9. 8, 80다2873) 저당물의 경매로 인하여 토지와 그 지상건물이 소유자를 달리하게 되어 토지상에 법정지상권을 취득한 건물소유자가 법정지상권설정등기를 경료함이 없이 건물을 양도하는 경우에 특별한 사정이 없는 한 건물과 함께 지상권도 양도하기로 하는 채권적 계약이 있었다고 할 것이므로 지상권자는 지상권설정등기를 한 후에 건물양수인에게 이의 양도등기절차를 이행하여 줄 의무가 있다. 따라서 건물양수인은 건물양도인을 순차대위하여 토지소유자에 대하여 건물소유자였던 법정지상권자에의 법정지상권설정등기절차이행을 청구할 수 있다.

[4-2] (대판[전] 1985. 4. 9, 84다카1131·1132) [다수의견] 법정지상권을 가진 건물소유자로부터 건물을 양수하면서 법정지상권까지 양도받기로 한 자는 채권자대위의 법리에 따라 전건물소유자 및 대지소유자에 대하여 차례로 지상권의 설정등기 및 이전등기절차 이행을 구할 수 있다 할 것이므로 이러한 법정지상권을 취득할 지위에 있는 자에 대하여 대지소유자가 소유권에 기하여 건물철거를 구함은 지상권의 부담을 용인하고 그 설정등기절차를 이행할 의무있는 자가 그 권리자를 상대로 한 청구라 할 것이어서 신의성실의 원칙상 허용될 수 없다.

[5] 법정지상권자의 지료지급의무

[5-1] (대판 2001. 3. 13, 99다17142) 법정지상권의 경우 당사자 사이에 지료에 관한 협의가 있었다거나 법원에 의하여 지료가 결정되었다는 아무런 입증이 없다면, 법정지상권자가 지료를 지급하지 않았다고 하더라도 지료지급을 지체한 것으로는 볼 수 없으므로 법정지상권자가 2년 이상의 지료를 지급하지 아니하였음을 이유로 하는 토지소유자의 지상권

소멸청구는 이유가 없고, 지료액 또는 그 지급시기 등 지료에 관한 약정은 이를 등기하여야만 제3자에게 대항할 수 있는 것이고, 법원에 의한 지료의 결정은 당사자의 지료결정청구에 의하여 형식적 형성소송인 지료결정판결로 이루어져야 제3자에게도 그 효력이 미친다.

[5-2] (대판 1997.12.26, 96다34665) 법정지상권자라 할지라도 대지소유자에게 지료를 지급할 의무는 있는 것이고, 법정지상권이 있는 건물의 양수인으로서 장차 법정지상권을 취득할 지위에 있어 대지소유자의 건물철거나 대지인도청구를 거부할 수 있다 하더라도 그 대지를 점유·사용함으로 인하여 얻은 이득은 부당이득으로서 대지소유자에게 반환할 의무가 있다.

관련사례 26-1 慣習上의 法定地上權

≪설 문≫

D는 자신 소유의 甲토지 위에 乙건물도 소유하고 있다. D는 우선 乙건물을 C에게 매도하고 소유권이전등기를 해준 뒤, 곧이어 甲토지를 A에게 매도하고 소유권이전등기를 경료해주었다. 그후 C는 乙건물을 B에게 전매하고 소유권이전등기를 해주었다. 乙건물을 철거하고 고층건물을 신축하려고 마음먹은 A는 B에게 건물의 철거와 甲토지의 인도를 요구하였다.

이러한 청구가 인용될 수 있는지를 검토하시오.

풀이제안

Ⅰ. 논점분석

사안은 토지와 그 지상건물의 소유권이 동일인 D에게 귀속하였다가, 토지와 건물이 분리되어 매각됨으로써 토지의 소유권과 지상건물의 소유권이 각각 다른 권리주체인 A와 B에게 귀속된 경우에 대지소유권을 취득한 A가 건물소유권을 전득한 B에게 건물의 철거를 요구할 수 있는가의 문제이다. B가 건물부지인 甲토지를 점유하여 사용할 수 있는 권원이 있다면 A의 소유권에 기초한 이러한 요구는 허용되지 않기 때문이다(제213조). 따라서

1) 관습상의 법정지상권의 취득요건과 그 처분을 위한 요건을 살펴본 후,

2) 등기없는 관습상의 법정지상권과 결합된 지상건물소유권의 양수인이 지상건물소유권의 양도인 또는 건물부지소유권자에 대하여 가질 수 있는 권리를 검토해야 한다.

Ⅱ. 甲토지에 관한 B의 (또는 C의) 사용권: 관습상의 법정지상권의 성립 여부

설문으로부터 B가 토지소유자 A로부터 직접 이러한 토지이용에 관한 권리를 취득한 것으로 판단할 수 없기 때문에, 건물매도인 C가 이러한 토지이용권을 가지는지, 그렇다고 한다면 B가 C로부터 건물의 소유권과 함께 건물부지의 이용권도 승계할 수 있는지 여부가 문제된다.

판례는 일찍이 토지와 건물이 동일인에게 귀속하였다가 그 중 어느 하나가 매매 기타 원인으로(매매(판례 [1])는 물론 증여(대판 1963.5.9, 63아11), 대물변제(대판 1992.4.10, 91다45356·45363), 공유물분할(대판 1967.11.14, 67다1105), 강제경매(대판 1970.9.29, 70다1454), 국세징수법에 의한 공매(대판 1967.11.28, 67다1831)의 경우에도 관습상의 법정지상권이 인정된다) 각각 소유자를 달리하게 된 때에 그 건물을 철거한다는 특약이 없으면 건물소유자가 그 토지에 대해 당연히 지상권을 취득하는 것으로 인정하였으며, 이를 관습상의 법정지상권으로 이해한다(판례 [1-1] 참조). 우리나라에 실제로 이러한 관습이 존재하는지에 관한 실증적 연구조사가 수행되었는지는 알 수 없으나, 판례는 이러한 거듭된 관행으로 생성된 사회생활규범이 사회구성원의 법적 확신에까지 이르렀음을 승인하였고, 따라서 이 사회생활규범은 법적 확신이 생성된 시점부터는 제정법과 더불어(또는 그를 보충하는 의미에서) 민사법원(民事法源)으로서의 구속력을 가지는 것으로 되었다(김형배, 민법학강의(제6판), 18-20면).

사안의 경우 토지와 건물이 동일인인 D에게 귀속되어 있다가 이 자

로부터 건물만을 매수한 C는, 설령 묵시적이라도 건물철거의 특약이 없는 한, 관습상의 법정지상권을 취득한다. 이러한 용익물권의 취득은 법률규정에 의한 것이므로 등기없이도(제187조 본문) 토지소유자는 물론 토지소유권의 양수인에 대해서도 주장할 수 있다(판례 [1-1], [1-2] 참조). 그러나 지상권을 처분하려면 원칙적으로 등기하여야 한다(제187조 단서, 판례 [1-3] 참조). 따라서 관습상의 법정지상권과 결합된 건물소유권을 양도하려면 지상권을(지상권의 성립원인이 법률행위에 의한 것이든 법률규정에 의한 것이든 일단 성립한 후에는 약정지상권이니 법정지상권이니 하는 구별은 무의미하다. 지상권은 물권으로서 그 내용도 원칙적으로는 법정되어 있다(제185조)) 우선 甲토지의 토지등기부에 '설정'등기한 이후에 乙건물의 건물등기부상의 소유권이전등기를 할 때 토지등기부상의 지상권'이전'의 부기등기도 함께 하여야 한다. 이러한 지상권설정등기 없이 건물소유권의 이전등기만 실행된 경우 건물의 양수인은 토지소유자에게 지상권을 주장할 수가 없다(판례 [2-2] 참조). 만일 사안에서 C가 D에 대하여 법률규정에 의하여 취득한 지상권을 설정등기하지 않은 채 건물의 소유권이전등기만을 B에게 경료해주었다면 B는 이미 토지의 매도인인 D에 대해서조차 지상권을 주장할 수가 없다.

Ⅲ. B에 대한 A의 乙건물철거청구권

판례(판례 [2-3] 참조)는 지상권을 법률규정에 의하여 취득한 건물소유자(C)가 그 지상권을 토지등기부에 설정등기하지 않고 양도하면서 그 건물을 철거하기로 하는 특약을 맺지 않았다면 이는 건물과 함께 지상권도 양도하기로 하는 채권계약을 체결한 것으로 보고, 이 계약의 채무자인 C는 건물양수인(B)에 대하여 '지상권설정등기경료 후 지상권이전등기절차이행'의 채무를 부담한다는 논리구성을 취한다. 이에 따르면 B는 자신이 C에 대하여 가지는 지상권'이전'등기절차이행청구권을 보전하기 위하여 C가 A에 대하여 가지는 지상권'설정'등기절차이행청구권을 대위행사할 수 있게 된다(제404조, 제405조, 판례 [1-1] ② 참조). 이러한 논리에서 판례는 지상권설정등기 (및 그 이전등기) 없이 이루어진 지상권부 건물소유권의 양도의 경우 특별한 사정, 예컨대 건물의 양도인과 양수인 사이에 건물철거의 특약이 없는 한 지상권이 그 즉시 소멸하는 것이 아니라고 판단한다(판례 [2-1] 참조).

만일 甲토지의 전소유자인 D가, 지상권을 법률의 규정에 의하여 취득한 건물소유자 C로부터 건물을 양수하면서 지상권까지 양도받기로 한 B에 대하여 소유권에 기하여 건물철거 및 대지의 인도를 구하였다면 이는 지상권의 부담을 용인하고 그 설정등기절차를 이행할 의무있는 자가 그 권리자를 상대로 한 청구라 할 것이어서 신의성실의 원칙상 허용될 수 없는 것이다(판례참조 [2-3]). 마찬가지로 甲토지의 현소유자인 A가 B에 대하여 이러한 요구를 하더라도 그대로 적용될 것이다. C는 법률규정에 의하여 지상권을 취득하였으며, 이는 물권으로서 대세적 효력을 가지므로, C는 D에 대해서는 물론, 토지소유권의 양수인인 A에 대해서도 저당권설정등기절차이행청구권을 가진다. 따라서 B에 대한 A의 소유권에 기한 건물철거 및 대지인도의 청구는 인용될 수 없다.

≪관련판례≫

[1] 관습에 의한 법정지상권

[1-1] (대판 1988.9.27, 87다카279) ① 토지 또는 건물이 동일한 소유자에게 속하였다가 건물 또는 토지가 매매 기타 원인으로 인하여 양자의 소유자가 다르게 된 때에 그 건물을 철거하기로 하는 합의가 있었다는 등 특별한 사정이 없는 한 건물소유자는 토지소유자에 대하여 그 건물을 위한 관습상의 지상권을 취득하게 되고, 건물을 철거하기로 하는 합의가 있었다는 등의 특별한 사정의 존재에 관한 주장입증책임은 그러한 사정의 존재를 주장하는 쪽에 있다. ② 관습상의 지상권은 법률행위로 인한 물권의 취득이 아니고 관습법에 의한 부동산물권의 취득이므로 등기를 필요로 하지 아니하고 지상권취득의 효력이 발생하고 이 관습상의 법정지상권은 물권으로서의 효력에 의하여 이를 취득할 당시의 토지소유자나 이로부터 소유권을 전득한 제3자에게 대하여도 등기없이 위 지상권을 주장할 수 있다.

[1-2] (대판 1999.12.10, 98다58467) ① 건물 철거의 합의가 관습상의 법정지상권 발생의 소극적 요건이 되는 이유는 그러한 합의가 없을 때라야 토지와 건물의 소유자가 달라진 후에도 건물소유자로 하여금 그 건물의 소유를 위하여 토지를 계속 사용케 하려는 묵시적 합의가 있는 것으로 볼 수 있다는 데 있고, 한편 관습상의 법정지상권은 타인의 토지 위에 건물을 소유하는 것을 본질적 내용으로 하는 권리가 아니라, 건물의 소유를 위하여 타인의 토지를 사용하는 것을 본질적 내용으로 하는 권리여서, 위에서 말하는 '묵시적 합의'라는 당사자의 추정의사는 건물의 소유를 위하여 '토지를 계속 사용한다'는 데 중점이 있는 의사라 할 것이므로, 건물 철거의 합의에 위와 같은 묵시적 합의를 깨뜨리는 효력, 즉 관습상의 법정지상권의 발생을 배제하는 효력을 인정할 수 있기 위하여서는, 단지 형식적으로 건물을 철거한다는

내용만이 아니라 건물을 철거함으로써 토지의 계속 사용을 그만두고자 하는 당사자의 의사가 그 합의에 의하여 인정될 수 있어야 한다. ② 토지와 건물의 소유자가 토지만을 타인에게 증여한 후 구건물을 철거하되 그 지상에 자신의 이름으로 건물을 다시 신축하기로 합의한 경우, 그 건물 철거의 합의는 건물소유자가 토지의 계속 사용을 그만두고자 하는 내용의 합의로 볼 수 없어 관습상의 법정지상권의 발생을 배제하는 효력이 인정되지 않는다.

[1-3] (대판 1970. 6. 30, 70다809) 관습에 의한 법정지상권도 등기하지 아니하면 처분할 수 없다.

[2] 법정지상권을 취득한 건물소유자가 법정지상권설정등기 없이 건물을 양도하는 경우 건물양수인의 법적 지위

[2-1] (대판 1967. 11. 28, 67다1831) 동일인의 소유였던 대지와 지상건물이 공매에 의하여 다른 소유자에 속한 경우 건물소유자는 그 대지 위에 지상권을 취득한다 할 것인바 그 지상권자는 그 대지의 소유자가 변경되었을 때 그 지상권의 등기 없이도 그 대지의 신소유자에게 대하여 지상권을 주장할 수 있다 할 것이며 지상권의 등기가 없었다고 하여 건물의 양도가 있을 경우에 특별한 사정이 없는 한 곧 그 지상권이 소멸된 것이라 인정할 수 없다.

[2-2] (대판 1970. 7. 24, 70다729) 동일인 소유에 있던 대지와 그 지상건물 중 건물만을 양수한 사람은 다른 특별한 사정이 없는 한 대지소유자에 대하여 이른바 관습에 의한 법정지상권을 취득하고 그에 관한 등기가 없더라도 이를 주장할 수 있으나 그 건물의 전득자는 지상권에 관한 등기가 되어 있지 않는 한 이를 주장할 수 없다.

[2-3] (대판 1988. 9. 27, 87다카279) ① 법정지상권을 취득한 건물소유자가 법정지상권의 설정등기를 경료함이 없이 건물을 양도하는 경우에는 특별한 사정이 없는 한 건물과 함께 지상권도 양도하기로 하는 채권적 계약이 있었다고 할 것이므로 법정지상권자는 지상권설정등기를 한 후에 건물양수인에게 이의 양도등기절차를 이행하여 줄 의무가 있는 것이고 따라서 건물양수인은 건물양도인을 순차대위하여 토지소유자에 대하여 건물소유자였던 최초의 법정지상권자에의 법정지상권설정등기절차이행을 청구할 수 있다. ② 법정지상권을 가진 건물소유자로부터 건물을 양수하면서 지상권까지 양도받기로 한 사람에 대하여 대지소유자가 소유권에 기하여 건물철거 및 대지의 인도를 구하는 것은 지상권의 부담을 용인하고 그 설정등기절차를 이행할 의무있는 자가 그 권리자를 상대로 한 청구라 할 것이어서 신의성실의 원칙상 허용될 수 없다.

[物　權　法]

事例 27

抵當權과 不動産讓渡擔保權

≪설 문≫

A는 B에게 금전을 차용하면서 자기 소유의 甲건물에 저당권을 설정하고 등기하였다. 그후 A는 C에게도 금전을 차용하면서 양도담보를 등기원인으로 하여 甲건물에 관하여 소유권이전등기를 해주었다. 사업자금이 계속 필요하던 A는 B와 C의 승낙을 얻지 않은 채 甲건물을 D에게 임대하였고, D는 현재 그 건물에 살고 있다.

(1) B 또는 C는 D에게 甲건물의 명도를 요구할 수 있는지를 검토하시오.

(2) 만일 D의 실화로 건물이 소실되었을 경우 B와 C의 권리를 검토하시오.

목차제안

(1) D에 대한 B의 손해배상청구권
(2) D에 대한 C의 손해배상청구권
2. A에 대한 B의 권리
(1) 물상대위권
(2) 대담보청구권 내지 담보물보충청구권
(3) 즉시변제청구권
(4) 손해배상청구권
3. A에 대한 C의 권리

풀이제안

Ⅰ. 논점분석

A는 자기 소유의 건물에 대한 저당권설정자인 동시에 양도담보설정자이고, B는 선순위저당권자, C는 후순위양도담보권자, D는 임차인이다.

설문(1)에서는 A가 D에게 건물을 임대할 경우에 저당권자인 B와 양도담보권자인 C의 승낙을 얻어야 하는가, 즉 저당권설정자인 동시에 양도담보설정자인 A의 담보목적물의 이용·처분행위는 제한되는가가 문제된다. 그렇다고 하면 B 또는 C의 동의없이 A는 건물을 D에게 임대하였기 때문에 D가 건물을 점유할 권원이 있는지 여부가 문제된다.

설문(2)에서는 B와 C의 D에 대한 관계와 A에 대한 관계를 따로 고찰할 필요가 있다. 우선 D에 대한 관계에서는 D의 失火로 B의 저당권과 C의 양도담보권이 각각 침해되었기 때문에 D에 대한 B와 C의 불법행위를 원인으로 한 손해배상청구의 여부가 검토되어야 한다. 반면 A에 대한 관계에서 담보가치가 훼손 내지 소멸된 B와 C의 구제방법이 검토되어야 한다.

Ⅱ. 설문(1): D에 대한 B 또는 C의 건물명도청구권

1. D에 대한 B의 건물명도청구권

질권과 달리 저당권은 목적물의 이용(사용·수익)을 구속함이 없이 오로지 그 교환가치만을 파악하는 담보물권이다(제356조 참조). 즉, 소유자는 저당권의 설정 전후에 구애받음이 없이 그것이 실행될 때까지 목적물을 자유롭게 이용할 수 있다. 따라서 A가 건물을 D에게 임대하는 것은 그의 자유에 속하고 저당권자의 동의를 필요로 하지 않는다. 그러므로 B는 D에 대하여 건물의 명도를 청구할 수 없다.

2. D에 대한 C의 건물명도청구권

(1) 부동산양도담보권의 등기

A와 C 사이의 양도담보설정계약과 소유권이전등기에 의하여 등기명의는 C에게 이전되었다. 부동산등기법이 양도담보를 등기원인으로 하여 소유권이전등기를 할 수 있는가에 대해서는 규정하고 있지 않기 때문에 매매를 등기원인으로 하여 이전등기를 하는 것이 보통이다. 그러나 등기실무상으로는 양도담보계약을 등기원인으로 기재하는 것도 인정되고 있다.

(2) 양도담보설정자의 담보물이용권의 법적 성질

사안에서도 A가 건물을 점유하고 있음에서 알 수 있듯이, 양도담보목적물의 사용·수익권은 양도담보설정자인 A에게 있다. 즉, 양도담보권자는 채권액의 범위내에서 목적물의 담보가치를 지배할 뿐이고, 목적물의 이용권을 포함한 잔여가치는 그대로 담보설정자에게 귀속한다.

목적물의 소유권이 형식상 양도담보권자에게 이전되어 있으므로 이러한 목적물의 이용권의 법적 성질을 어떻게 보는가에 대해서는 다툼이 있다. 먼저 목적물의 이용관계를 사용대차(피담보채권인 담보설정자의 차용금채무가 이자부인 때) 내지 임대차(차용금채무가 무이자인 때)로 판단하는 다수설에 따르면(대표적으로 곽윤직, 물권법, 411-412면) 양도담보권자는 임대인이 되고, 담보설정자는 임차인의 지위에 있게 된다. 이에 따르면 사안에서 담보설정자 A가 제3자 D에게 건물을 임대하는 것은 전대가 되고, 임대인 C의 동의를 얻지 않을 때에는 무단전대가 되어 C는 임대차계약을 해지하고 건물의 명도를 청구할 수 있게 된다(제629조 참조). 반면 양도담보설정자는 양도담보권자에 대한 관계, 즉 내부관계에 있어서는 소유권이전등기가 경료된 후에도 여전히 소유자이므로 임대차 또는 사용대차라는 구성에 의하지 아니하고도 '당연히' 담보목적물을 점유·이용할 수 있다는 견해가 있다(대표적으로 이영준, 물권법, 908-909면; 김형배, 민법학강의(제6판), 867면 참고). 후자의 견해에 따르면 A가 D에게 양도담보목적물을 C의 동의없이 임대하더라도 이는 정당한 권리행사이므로 C가 건물의 명도를 청구할 수 없게 된다.

양도담보를 그 형식에 구애받지 아니하고 기능을 중심으로 파악한다면 비록 소유권이전등기가 양도담보권자에게 경료되더라도 실질적으로는 담보제도의 변형에 지나지 않는다. 또한 양도담보에 대해서도 가등기담보 등에 관한 법률(이하 '가담법'으로 줄임)이 적용되기 때문에 양도담보권의 실행이 있는 때에는 청산기간의 경과와 청산금의 지급이 있은 후에 비로소 실질적인 소유권이 이전된다(가담법 제4조). 따라서 양도담보권자는 저당권자와 유사한 지위를 가지고 있을 뿐이며, 결국 담보설정자는 담보목적물을 자유롭게 사용·수익할 수 있다(판례 [1] 참조). 따라서 담보설정자 A가 담보목적물인 건물을 D에게 임대하여도 C는 이에 관여할 수 없으며, C는 D에 대하여 건물의 명도를 청구할 수 없다.

(3) 결 론

C가 청산금을 A에게 지급하기 전까지 C는 저당권자와 유사한 지위를 가질 뿐이며, 점유를 수반하지 않는 양도담보권에 기초하여 C가 D에 대하여 건물의 명도를 청구할 수는 없다.

Ⅲ. 설문(2): D 및 A에 대한 B 및 C의 權利

1. D에 대한 B 및 C의 불법행위를 이유로 한 손해배상청구권

(1) D에 대한 B의 손해배상청구권

D의 실화로 인한 저당목적물의 멸실은 제3자에 의한 저당권의 침해에 해당된다. 저당권자가 저당권 자체의 침해를 이유로 침해자에 대하여 불법행위에 기한 손해배상을 청구할 수 있기 위해서는 그 침해행위

가 제750조의 요건을 충족해야 한다. 그런데 사안의 경우 D의 침해행위는 실화에 의한 것이므로 '실화책임에 관한 법률'(이하 '실화책임법')이 적용된다. 이 법률에 의하면 실화로 인한 불법행위는 중과실의 경우에만 성립한다. 저당권자가 제3자의 불법행위로 손해배상을 청구하기 위해서는 침해자의 불법행위로 인하여 저당권의 가치가 감소되어 저당권자가 그의 채권의 만족을 얻을 수 없게 되어야 한다. 다시 말하면 침해행위로 인하여 저당물의 가치는 감소되었으나 그 저당물에 의하여 저당권자가 채권의 만족을 얻는 데 부족함이 없을 때에는 저당권자에게 손해가 없는 것이 되고, 따라서 제3자의 불법행위도 성립하지 않는다. 사례의 경우에는 목적물인 건물 자체가 멸실되었으므로 저당권자 B가 채권의 만족을 얻을 수 없게 되었다. 즉, D의 불법행위로 인해서 B에게 손해가 발생한 것이다. 따라서 B는 D가 중과실인 경우에 불법행위에 기한 손해배상을 청구할 수 있다.

(2) D에 대한 C의 손해배상청구권

양도담보권자도 저당권자와 마찬가지로 목적물에 대한 담보권을 갖는다. 따라서 위 (1)의 경우와 마찬가지로 D가 중과실인 경우에 C는 담보권의 침해를 이유로 불법행위에 기한 손해배상을 청구할 수 있을 것이다. 이미 살펴본 바와 같이 가담법 시행 이후 소유권이 형식상 담보권자에게 이전하더라도 청산기간의 경과 후 청산금을 채무자 A에게 지급할 때까지는 C에게 양도담보권만이 인정되므로 C의 '소유권'침해로 인한 손해배상청구권은 고려될 수 없다. 따라서 훼손된 담보가치, 즉 피담보채권액의 범위내에서만 불법행위가 성립한다.

2. A에 대한 B의 권리

(1) 물상대위권

A와 D의 임대차계약에 의하여 D는 임차물을 A에게 반환할 때까지 선량한 관리자의 주의로써 보관할 의무를 부담한다(제654조, 제615조, 제374조). D는 이 의무에 위반하여 건물을 멸실케 하였으므로 A에게 채무불이행에 기한 손해배상책임을 진다. 여기서 D의 실화가 중과실에 의한 것인 때에는 A에 대한 불법행위책임(A가 실질적인 소유자이므로)도 문제될 수 있다. 그러나 실화에 의

한 채무불이행(계약상의 의무를 제대로 이행하지 않은 것)의 경우에는 실화책임법이 적용되지 않는다(판례 참조 [3]). 따라서 실화가 경과실로 인한 것이라도 D는 A에 대하여 채무불이행책임을 부담한다.

저당권자인 B는 저당목적물의 멸실, 훼손 또는 공용징수로 인하여 저당권설정자가 받은 금전 기타 물건에 대해서도 저당권을 행사할 수 있는 물상대위권(제370조, 제342조)을 가지고 있으므로 D에 대한 A의 손해배상청구권을 대위할 수 있다.

(2) 대담보청구권 내지 담보물보충청구권

저당권설정자의 귀책사유로, 저당물의 가액이 현저히 감소한 때에는 저당권자는 설정자에 대하여 원상회복 또는 그에 상당하는 담보제공을 청구할 수 있다(제362조).

우선 사안에서 문제되는 것은 제3자 D의 행위가 A의 귀책사유로 될 수 있는가 하는 것이다. A는 저당목적물을 자유롭게 사용·수익할 수 있지만, 목적물의 담보가치를 유지하여야 한다. 저당목적물이 멸실되면 저당권도 소멸하기 때문에 저당권설정자는 그러한 한도내에서 저당목적물보관의무를 부담한다. 다른 한편 A와 D의 임대차계약에 기초하여 임차인 D는 임차물보관의무를 부담한다(제654조, 제615조, 제374조). 물론 이 의무는 저당권자 B에 대한 것은 아니다. 따라서 D는 A에게, A는 B에게 각각 목적물보관의무를 부담하지만, B의 입장에서 보면 D는 A에 갈음하여 목적물보관의무를 이행해야 할 이행대행자라고 할 수 있다. 따라서 D의 과실은 A의 귀책사유가 된다(제391조).

다른 한편 담보물보충청구권은 명문상 저당목적물의 가치가 '감소'된 경우에 인정되므로, 형식논리로 판단하면 사안과 같이 목적물이 '멸실'된 때에는 동조가 적용될 수 없지 않는가 하는 의문이 있다. 즉, 저당목적물의 완전한 '멸실'의 경우에 저당권자 B에게는 담보물보충청구권이 인정되지 않으며, B는 다만 후술하는 즉시변제청구권 또는 손해배상청구권을 행사할 수밖에 없지 않는가 하는 것이다. 그러나 채무자 A가 멸실된 목적물에 대신하여 대담보물을 제공할 수 있다면 저당권설정관계를 그대로 존속시키는 것이 양 당사자의 본래의 의도에 합치할 것이다. 따라서 제362

조의 유추해석에 의하여 B에게 대담보청구권을 인정하고, A가 대담보물을 제공할 수 없는 경우에 한하여 즉시변제청구권과 손해배상청구권을 행사할 수 있도록 해야 할 것이다(이설 없음).

결론적으로 B는 A에게 대담보청구권(또는 담보물 보충청구권)을 행사할 수 있다.

(3) 즉시변제청구권

임차인 D의 실화에 의하여 채무자 A는 담보물을 멸실케 하였으므로 피담보채권에 관하여 기한의 이익을 상실한다(제388조 제1호). 따라서 B는 A에 대하여 담보물의 멸실에 의한 피담보채권의 기한 도래를 주장하며 즉시변제를 청구할 수 있다.

(4) 손해배상청구권

A는 B와의 계약관계에 의하여 저당권을 설정할 채무를 부담하고 있다. 그런데 건물의 소실로 인해서 불이행의 상태가 되었다. D는 앞에서 설명한 바와 같이 A의 목적물보관의무의 이행대행자이다. 따라서 A는 B에 대하여 채무불이행으로 인한 손해를 배상해야 한다(제391조, 제390조).

3. A에 대한 C의 권리

양도담보권의 법적 성질을 소유권이전등기의 형식이 아닌, 그 실질적 담보기능에 착안하여 파악하는 경우 담보권자 C의 지위는 저당권자의 그것과 다를 바 없다. 따라서 C에게는 앞서 기술한 A에게 인정되는 것과 동일한 권리가 인정된다.

≪판 례≫

[1] 양도담보의 목적인 부동산의 사용·수익권자

[1-1] (대판 2001. 12. 11, 2001다40213) 일반적으로 부동산을 채권담보의 목적으로 양도한 경우 특별한 사정이 없는 한 목적부동산에 대한 사용·수익권은 채무자인 양도담보설정자에게 있는 것이므로 설정자와 양도담보권자 사이에 양도담보권자가 목적물을 사용·수익하기로 하는 약정이 없는 이상 목적부동산을 임대할 권한은 양도담보설정자에게 있다.

[1-2] (대판 1988. 11. 22, 87다카2555) 일반적으로 부동산을 채권담보의 목적으로 양도한 경우 특별한 사정이 없는 한 목적부동산에 대한

사용·수익권은 채무자인 양도담보설정자에게 있는 것이므로 양도담보권자는 사용·수익할 수 있는 정당한 권한이 있는 채무자나 채무자로부터 그 사용·수익할 수 있는 권한을 승계한 자에 대하여는 사용·수익을 하지 못한 것을 이유로 임료상당의 손해배상이나 부당이득반환청구는 할 수 없다.

[2] 양도담보권의 실행

[2-1] (대판 1991.11.8, 91다21770) 채권담보를 위하여 소유권이전등기를 경료한 양도담보권자는 채무자가 변제기를 도과하여 피담보채무의 이행지체에 빠졌을 때에는 담보계약에 의하여 취득한 목적부동산의 처분권을 행사하기 위한 환가절차의 일환으로서 즉, 담보권의 실행으로서 채무자에 대하여 그 목적부동산의 인도를 구할 수 있고 제3자가 채무자로부터 적법하게 목적부동산의 점유를 이전받아 있는 경우에는 그 목적부동산의 인도청구를 할 수도 있다 할 것이나 직접 소유권에 기하여 그 인도를 구할 수는 없다.

[2-2] (대판 1998.4.10, 97다4005) ① 기존의 채무를 정리하는 방법으로 다른 재산권을 이전하기로 하면서 일정 기간내에 채무원리금을 변제할 때에는 그 재산을 반환받기로 하는 약정이 이루어졌다면, 다른 특별한 사정이 없는 한 당사자간에는 그 재산을 담보의 목적으로 이전하고 변제기내에 변제가 이루어지지 않으면 담보권행사에 의한 정산절차를 거쳐 원리금을 변제받기로 하는 약정이 이루어진 것으로 해석하여야 한다. ② 부동산에 관하여 정산절차를 예정한 약한 의미의 양도담보약정이 이루어졌다면 채권자는 채무의 변제기 후 반드시 담보권실행을 위한 정산절차를 거쳐야만 하는 것이고, 채무자로서는 채권자가 담보권을 실행하여 정산절차를 마치기 전에는 채무를 변제하고 부동산에 대한 채권자명의의 소유권이전등기의 말소를 구할 수 있다고 할 것인바, 이는 양도담보약정 당시 당해 부동산의 시가가 채권원리금에 미달한다 하더라도 마찬가지이다.

[2-3] (대판 1999.12.10, 99다14433) ① 채권의 담보목적으로 재산권을 채권자에게 이전한 경우에 그것이 어떤 형태의 담보계약인지는 개개의 사건마다 구체적으로 당사자의 의사에 의하여 확정하여야 할 문제이나, 다른 특약이 인정되지 아니하는 경우에는 당사자 사이에 정산절차를 요하는 약한 의미의 양도담보로 추정된다. ② 채권의 담보목적으로 양도된 주식에 관한 담보권이 귀속청산의 방법으로 실행되어 주식이 채권자에게 확정적으로 이전되기 위해서는, 채권자가 그 주식을 적정한 가격으로 평가한 후 그 가액으로 피담보채권의 원리금에 충당하고 그 잔액을 반환하거나, 평가액이 피담보채권액에 미달하는 경우에는 채무자에게 그

와 같은 내용의 통지를 하는 등 정산절차를 마쳐야만 하고, 그와 같은 정산절차를 마치지 않은 상태에서는 아직 그 피담보채권이 소멸되었다고 볼 수 없다.

[3] 실화책임법이 채무불이행의 경우에도 적용되는지 여부(소극)

[3-1] (대판 1967.10.23, 67다1919) 실화책임에 관한 법률은 창고업자의 失火로 인하여 임치물의 반환의무가 이행불능하게 된 경우의 책임까지 배척하는 것은 아니다.

[3-2] (대판 1987.12.8, 87다카898) 실화책임에 관한 법률은 실화자에게 중대한 과실이 없는 한 불법행위상의 손해배상책임의 부담을 시키지 아니한다는 데 불과하고, 채무불이행상의 손해배상청구의 경우에는 그 적용이 없다.

관련사례 27-1 物上保證人과 保證人

≪설 문≫

A는 B로부터 1억원을 차용하였다. 약속대로 담보를 제공하라는 B의 성화에 고민하고 있던 A에게 마침 친구 C가 그 소유의 甲토지에 관하여 매매를 원인으로 하는 소유권이전등기의무를 대신 이행해달라고 부탁하면서 백지위임장과 등기소요서류을 교부하였다. A는 이 서류들을 이용하여 C의 대리인인 것처럼 하여 B에게 甲토지에 저당권을 설정해주었다. 한편 A의 부탁을 받은, 다른 친구 D는 B와 계약을 체결하고 보증인이 되어 주었다.

A, B, C 및 D 사이의 법률관계를 설명하시오.

풀이제안

Ⅰ. 논점분석

표현대리에 의한 저당권설정이 인정될 수 있는지가 문제됨과 동시에 이를 인정할 경우 물상보증인과 (단순)보증인의 법적 지위 및 그들 상호간의 관계를 검토해야 한다.

Ⅱ. A와 B 사이의 법률관계

A는 차주로서 대주인 B에게 담보를 제공하기로 하고 금전소비대차계약(제598조)을 체결하였다. 따라서 A가 대금을 인도받은 후에도 B에게 담보를 제공하지 않거나 담보설정계약이 취소·무효가 되면, A는 제388조에 의하여 기한의 이익을 상실하므로 B는 즉시 차용금의 반환을 청구할 수 있게 된다.

Ⅲ. B와 C 사이의 법률관계

A는 위임장과 권리증을 가지고 저당권설정행위를 대리하였으므로, B는 A가 위임장과 권리증을 보유하고 있다는 사실로 미루어 A에 대한 C의 대리권수여가 있다고 믿을 수 있으므로(표시에 의한 권리외관) A와 B 사이에는 대리권수여의 표시에 의한 표현대리(제125조)가 성립할 수 있다(판례 참조). C소유의 토지 위에 A에 의한 저당권설정행위가 제125조의 표현대리행위에 해당하면 C는 B에 대하여 물상보증인으로서의 책임을 부담한다. C가 자신 소유의 토지 위의 저당권설정등기의 말소를 B에게 청구하려면 A와 B 사이의 저당권설정행위와 관련하여, C는 B가 A의 무권대리를 알았거나, 또는 알지 못한 데 과실이 있었다는 사실을 증명하여야 한다(제125조 단서 참조). 사례에서 B의 악의 또는 과실을 증명할 만한 사실이 존재하지 않으므로 C는 저당권설정등기의 말소를 청구할 수 없다.

저당권자인 B는 A가 채무를 변제하지 않은 경우에 채권의 변제를 위하여 저당권을 실행하여 C의 토지를 경매할 수 있다(제363조 제1항). 그러나 C는 A의 채무변제에 대하여 이해관계를 가진 제3자이므로 자신이 채무를 변제할 수 있으며(제469조 제2항), 변제에 의하여 당연히 채권자 B를 대위한다(제481조).

Ⅳ. A와 C 사이의 법률관계

B가 저당권을 행사하여 경매로 인해서 C가 토지소유권을 상실한 때에는 C는 A에 대하여 구상할 수 있다(제370조, 제341조, 제441조, 제425조).

한편 C는 A에게 매매를 원인으로 하는 소유권이전등기의 신청을 의뢰하는 내용의 사무의 처리를 위탁하고 A는 이를 승낙함으로써 위임계약(제680조)이 성립하였다. 그러나 A는 '백지'위임장을 이용하여 자신의 채무를 담보하기 위한 저당권설정행위를 했으므로 위임계약을 위반하여 채무를 불이행(불완전이행)하였다(제680조, 제681조). 따라서 A는 C에 대하여 채무불이행책임을 부담하여야 한다(제390조, 제393조). 또한 A는 권한없이 저당권을 설정하여 C의 토지소유권에 대하여 제한을 가했으므로 계약상의 책임과는 관계없이 소유권침해로 인한 A의 불법행위책임(제750조)이 문제될 수 있다. 판례와 다수설인 청구권경합설에 따르면 A의 채무불이행을 원인으로 한 C의 손해배상청구권과 A의 불법행위를 원인으로 한 C의 손해배상청구권은 선택적 경합관계에 있다.

Ⅴ. B와 D 사이의 법률관계

B에 대한 D의 보증채무는 A의 주채무와의 관계에서 부종성과 보충성을 가진다. 따라서 주채무자 A 또는 물상보증인 C가 채무를 변제하면 D의 채무는 소멸한다. 그러나 주채무자와 물상보증인이 있다고 하여 채권자(B)가 D에게 먼저 '청구'할 수 없는 것은 아니다. 다만 이 경우에 D는 보증채무의 보충성에 기하여 최고·검색의 항변을 할 수 있을 뿐이다(제437조). 물상보증인에게는 최고·검색의 항변권이 없다는 이유로 D는 B로 하여금 저당권을 실행하여 변제받을 것을 항변할 수 있을 것이다. 따라서 저당물인 토지의 경매가격에 의하여 B가 그의 채권을 충분히 변제받을 수 있을 때에는 D의 보증채무는 실질적으로 담보로서의 기능을 가지지 않는다. 그러나 저당물의 담보가치가 B의 채권액에 미치지 못하고 주채무자에게 변제자력이 없을 때에는 D는 나머지 채무를 변제하지 않으면 안 된다.

Ⅵ. A와 D 사이의 법률관계

D는 A의 부탁에 의하여 보증인이 되었으므로, D가 채무를 변제한 때에는 ──B의 청구에 자진해서 전부변제를 했든지 또는 저당물의 경매 후 B가 변제받지 못한 나머지 채무만을 변제했든지── A에 대하여 受託보증인으로서의 구상권을 가진다(제441조, 제425조 제2항). 그리고 수탁보증인 D는 일정한 경우 사전구상권을 가진다(제442조). D는 보증인으로서 변제 기타 자기의 출재로 주채무를 소멸시키기 전 또는 소멸시킨 후에 주채무자에게 그 사실을 통지해야 할 책무를 부담하는(제445조) 반면에, 주채무자 A는 그가 채무를 변제한 때에는 이를 D에게 통지해야 할 의무를 부담한다(제446조).

Ⅶ. C와 D 사이의 법률관계

물상보증인과 보증인 사이에서는 그 인원수에 비례하여 채권자를 대위하고(제482조 제2항 제5호 본문), 다만 물상보증인이 수인인 때에는 보증인의 부담부분을 제외하고 그 잔액에 대하여 각 담보물의 가액에 비례하여 대위한다(제482조 제2항 제5호 단서). 따라서 사안에서 물상보증인 C와 보증인 D 가운데 어느 일인의 변제로 인하여 채권자가 만족을 얻은 경우, 변제한 자는 다른 일방에 대하여 채권자가 가지는 권리를 대위행사할 수 있을 것이다(이는 채무자와의 관계에서도 마찬가지다).

≪관련판례≫

제125조의 표현대리

(대판 1966. 1. 25, 65다2210) 구민법상 토지의 매수인은 매매계약만에 의하여 그 소유권을 취득한다 할 것이나 그 소유권이전등기가 있기 전에는 아직 등기부상 소유자로 등재되어 있는 매도인에게 전연 처분권한이 없다거나 또는 그 처분을 당연무효라고는 할 수 없으므로 등기부상의 명의자인 매도인이 소유권이전등기에 관한 매도증서, 인감증명서, 위임장 등을 소외인에게 교부하였다면 이는 위 서류에 표시된 처분에 관한 표현대리의 기초가 된 대리권수여의 표시에 해당된다고 해석하여야 할 것이다.

事例 28

抵當權의 效力과 範圍

≪설 문≫

A는 자신 소유의 甲호텔건물에 대해서 채권자 B(대여원금 2억원)를 위하여 저당권을 설정하고 이를 등기하였다. 그후 A는 저당권설정 당시 건물 옥상에 설치되어 있던 낡은 냉난방기계를 신형으로 교체하였으며, 이를 C에게 양도담보로 제공하면서 금전을 차용하였다(대여원금 3,000만원). A가 변제기가 되어도 차용원리금반환채무를 이행하지 않자, C는 자신의 담보권을 실행하여 냉난방기계를 떼어 간 다음 이를 D에게 매각하였다.

A, B, C 및 D의 법률관계를 검토하시오.

목차제안

Ⅰ. **논점분석**

Ⅱ. **B의 저당권과 C의 양도담보권**

1. 교체된 새 냉난방기계에 B의 저당권의 효력이 미치는지의 여부
   (1) 저당권의 효력범위
   (2) 결 론
2. 새 냉난방기계를 목적물로 하는 A와 C 사이의 양도담보설정계약의 유효성 여부

Ⅲ. **C에 대한 B의 권리**

1. 저당권에 기초한 물권적 청구권
2. 분리·반출된 새 냉난방기계에 대한 저당권의 추급효
3. 불법행위를 원인으로 한 손해배상청구권

풀이제안

Ⅰ. 논점분석

A는 건물의 저당권설정자, B는 저당권자, C는 냉난방기계의 양도담보권자, D는 냉난방기계의 양수인이다.

첫째, 건물에 이미 설치된 냉난방기계가 건물의 종물(제100조)로서 이에 대해서도 저당권의 효력이 미친다는(제358조) 것은 명백하지만, 저당권이 설정된 후에 새로 설치된 종물(신형냉난방기계)에 대해서도 저당권의 효력이 미치는지는 문제이다. 그렇지 않다고 하면 A에 의한 새 냉난방기계로의 대체행위는 B에 대한 저당권침해가 될 수 있기 때문이다. 또한 A와 C 사이의 양도담보설정계약이 새로 설치된 냉난방기계를 대상으로 하고 있으므로 그 효력이 문제될 수 있다.

둘째, B와 C 사이에서 C에 의한 새 냉난방기계의 분리·반출행위가 B의 저당권의 내용의 실현을 방해하는 것이라고 할 때 B에게는 물권적 청구권이 인정될 수 있는지가 문제된다. 이를 부인할 경우 저당권침해로 인한 C의 불법행위가 성립할 수 있는지를 검토해야 한다.

셋째, 새 냉난방기계가 분리·반출되어 D에게 매도되었기 때문에 냉난방기계에 대하여 이른바 저당권의 '추급효'가 인정될 수 있는지도 문제된다. 분리·반출된 새 냉난방기계에 대해서 저당권의 효력이 미치지 않는다고 하면 냉난방기계에 대한 유효한 처분권한을 갖는 C로부터 새 냉난방기계를 매수한 D는 완전한 소유권을 취득한다.

Ⅱ. B의 저당권과 C의 양도담보권

1. 교체된 새 냉난방기계에 B의 저당권의 효력이 미치는지의 여부

(1) 저당권의 효력범위

저당권설정 당시에 이미 목적부동산에 설치되어 있던 부속기구는 종물로서(제100조) 이에 대해서도 저당권의 효력이 미친다(제358조). 그러나 저당권설정 이후에 설치된 새 기구에 대해서도 저당권의 효력이 미치는지는 문제이다.

저당권은 목적부동산의 교환가치를 파악하기 위한 것으로 그 교환가치가 유지되는 한 목적부동산의 이용을 구속하지는 않는다. 따라서 저당권설정자는 목적부동산을 자유롭게 이용할 수 있고, 설비가 낡아 이용이 불편하게 되면 그 설비를 새로운 것으로 교체할 수 있다. 또한 부동산을 보다 더 편리하게 이용하기 위해서 새로운 기구 등을 설치하는 것도 가능하다. 당사자 사이에 명확한 의사표시가 없더라도 설비의 교체와 새로운 기구의 설치는 목적부동산의 이용이 저당권설정자에게 맡겨져 있는 한 당연히 예정되어 있는 것이고, 따라서 새로이 설치된 설치물을 원부동산과 별도로 취급한다는 당사자의 약정이나 법률의 규정이 있는 경우(제256조 단서, 제358조 단서)를 제외하고는 저당권의 효력이 이 설치물에도 미친다. 만일 저당권설정 후에 새로이 설치된 물건이나 교체된 물건에 대해서 저당권의 효력이 미치지 않는다고 한다면 저당권의 대상인 부동산에 설치되어 있는 부가물 중 어느 것에 저당권의 효력이 미치는가를 일일이 정해야 할 것이며, 따라서 그 공시를 어떻게 할 것인가가 문제된다. 이것은 저당권의 실제상의 운용에 커다란 혼란을 가져올 것이다. 그러므로 저당권설정 후 낡은 기구를 새로운 것으로 교체하거나, 새 설비를 추가한 때에는 저당권은 그 부가된 물건에 대해서 효력이 미친다고 해야 한다(판례참조 [1]).

(2) 결 론

사안에서 A가 저당권설정 후에 냉난방기계를 새 것으로 대체하여도 저당권의 효력이 새 냉난방기계에 미치게 되므로 A의 새 냉난방기계의 대체행위는 B의 저당권을 침해하였다고 볼 수 없으며, 오히려 저당목적물의 가액(교환가치)을 증가시킴으로써 B에게도 유리하게 된다. 다만 건물 저당권의 효력이 종물인 새 기구에 미치는 경우에도 저당권자인 B가 그 종물에 대해 대항력을 갖추어야 하는가가 문제될 수 있으나, 저당권은 건물에 대한 저당권의 공시에 의하여 그 건물과 객관적 결합관계에 있는 종물인 새 기구에도 미친다고 해석된다. 따라서 새 기구에 대하여 별도의 공시를 할 필요가 없을 뿐만 아니라, 그렇게 하더라도 제3자에게 불측의 손해를 끼치는 일은 없다.

2. 새 냉난방기계를 목적물로 하는 A와 C 사이의 양도담보설정계약의 유효성 여부

B의 저당권이 새 냉난방기계에 대해서도 효력이 미친다 하더라도 그 냉난방기계를 목적으로 하는 A와 C 사이의 양도담보설정계약은 유효하게 성립한다. 양도담보권의 설정은 처분행위이지만 선순위의 저당권을 침해하지 않는 한, 당해 양도담보권의 설정은 가능하다. 즉, A의 양도담보권설정행위(점유개정, 제189조) 자체는 B의 저당권에 대항할 수 없으며, 따라서 그 저당권을 침해하는 것은 아니다. 다만 C가 자신의 담보권을 실행하여 종물인 새 냉난방기계를 호텔건물로부터 분리·반출한다면 저당목적물의 교환가치가 감소되고 이는 다른 법률문제를 야기한다.

Ⅲ. C에 대한 B의 권리

1. 저당권에 기초한 물권적 청구권

C가 새 냉난방기계를 분리·반출하는 행위는 저당권내용의 실현을 방해하는 것이므로 저당권자에게는 물권적 청구권이 인정된다(판례 참조 [2]). 그러나 민법은 저당권에 대하여 방해배제청구권만을 인정하고 있을 뿐이며 반환청구권은 부여하고 있지 않다(제370조, 제214조). 따라서 C가 자신의 양도담보권을 실행하여 새 냉난방기계를 이미 건물로부터 분리·반출해 간 후에는 B가 C에게 그 냉난방기계의 반환을 청구할 수 없게 된다. 다시 말하면 C가 그 냉난방기계를 분리·반출하기 전까지는 설령 그 냉난방기계 없이 건물

의 교환가치만을 가지고도 B가 그의 채권을 만족시킬 수 있다 하더라도 그 냉난방기계에 대하여 방해예방 또는 방해배제청구권을 행사할 수 있으나, 일단 그 냉난방기계가 분리·반출된 후에는 그 반환을 청구할 수 없다. 사안의 경우 C가 새 냉난방기계를 이미 반출하였으므로 그 냉난방기계는 B의 저당권에 기한 물권적 청구권의 효력범위를 벗어난 것이 된다.

2. 분리·반출된 새 냉난방기계에 대한 저당권의 추급효

B가 C에 대하여 분리·반출된 새 냉난방기계의 반환을 청구할 수 없다는 것과 그 냉난방기계에 B의 저당권의 효력이 미치지 않는지의 여부는 다른 문제이다. 즉, 후자는 저당권의 효력이 미치고 있던 부가물이 부동산으로부터 분리·반출되면 더 이상 저당권의 효력이 그에 미치지 않는가의 문제이다. 분리·반출된 부가물이 아직 처분되지는 않은 상태로 저당권설정자의 수중에 머물러 있는 경우에 관해서는 견해가 대립하고 있으나, 사안에서처럼 부가물이 분리·반출된 이후에 제3자에게 매도된 때에는 저당권의 효력이 미치지 않는다고 이해하는 것이 일반적 견해이다. 저당권은 등기에 의하여 공시되는 부동산에 대한 지배권이므로 동산인 부가물은 부동산과 결합하여 공시의 작용이 미치는 한에서만 저당권의 효력의 지배 아래 놓여 있는 것이라고 보아야 한다. 분리된 부가물이라 하더라도 목적부동산 위에 존속하면서 공시작용이 미치는 범위를 벗어나지 못하고 있다면 저당권의 효력의 범위내에 있다고 판단할 것이지만, 이미 반출된 동산은 저당권의 효력범위를 벗어난 것으로 풀이함이 타당하다. 제358조 본문도 이와 같은 취지로 해석해야 한다. 즉, 부가물이 객관적으로 또는 사회통념상 부동산으로부터의 일체성을 벗어나 공시의 작용이 미치지 않을 때에는 저당권의 효력도 미치지 않는 것으로 보아야 한다.

3. 불법행위를 원인으로 한 손해배상청구권

C가 양도담보권을 실행하여 분리한 새 냉난방기계에 대해서는 C의 저당권침해행위로 인한 불법행위가 문제될 수 있다.

B가 A와 C에 대해서 불법행위로 인한 손해배상을 청구할 수 있기

위해서는 단순히 A와 C가 저당권의 효력이 미치는 종물을 당해 부동산으로부터 분리·반출하고 이를 처분함으로써 저당권의 효력으로부터 벗어나게 했다는 것만으로는 충분하지 않고, 제750조의 불법행위의 일반적 성립요건을 갖추어야 한다. 이 사안에서 문제가 되는 요건은 C의 과실과 B의 손해이다.

우선 C에게는 문제의 부동산에 부가되어 있는 새 냉난방기계에 대해서 저당권의 효력이 미친다는 것을 알 수 있었기 때문에 과실이 인정된다. 다른 한편 B에게 손해가 발생할 것과 관련해서 새 냉난방기계가 건물로부터 분리·반출·처분되어 D에게 귀속한다고 하여도 새 냉난방기계를 제외한 건물의 교환가치에 의하여 B의 피담보채권이 충분히 담보된다면 저당권실행시에 손해가 발생할 여지가 없다. 따라서 이 경우에는 불법행위가 성립할 수 없다. 그러나 새 냉난방기계를 제외한 나머지 부동산(및 부가물)만으로는 B의 피담보채권이 충분히 담보되지 못하는 경우에는 저당권실행시에 손해의 발생이 예상된다. 그러므로 이 경우에는 저당권실행시를 기준으로 하여 C의 불법행위가 성립된다. 다만 저당권실행 전에는 손해가 현실적으로 발생한 것이 아니라 예정되어 있을 뿐이므로 B는 예상되는 손해의 배상액을 C에게(물론 A에게도 가능) 공탁하도록 사전에 요구할 수 있다. 그러나 이 경우 B는 A에 대하여 저당물가액의 감소로 인한 저당물의 보충을 요구할 수 있기 때문에(제362조), A가 담보물을 보완하지 않는 경우에 B는 즉시변제청구권을 행사하면서 비로소 손해배상도 함께 청구할 수 있는 것으로 해석하는 것이 타당하다.

Ⅳ. D에 대한 B의 權利

1. 저당권에 기한 물권적 청구권

이미 설명한 바와 같이 저당권에는 저당물반환청구권이 인정되지 않으므로 B는 D에 대하여 어느 경우든 새 냉난방기계의 반환을 청구할 수 없다.

2. 분리·반출된 새 냉난방기계에 대한 저당권의 추급효

저당목적물로부터 그 부가물이 분리·반출되어 처분됨으로써 저당권 설정자의 지배범위를 벗어나는 경우 이 동산에 대해서는 저당권의 효력이 미치지 않는다고 하는 다수설에 따르면 C가 양도담보권을 실행하기 위하여 냉난방기계를 분리·반출하는 시점에서 이미 B의 저당권은 냉난방기계에 대해서 그 효력을 미치지 않는다. 따라서 C로부터 냉난방기계를 매수하여 인도받은 D는 B의 저당권의 제한을 받지 않는, 완전한 소유권을 취득한다.

3. 결　론

B는 정당한 소유자 D에 대해 새 냉난방기계의 반환을 청구할 수 없을 뿐만 아니라, B의 저당권은 D의 소유권을 제한할 수도 없다.

≪판 례≫

[1] 저당권설정 후 증축된 부분 또는 추가된 설비에 대한 저당권의 효력

[1-1] (대판 2002.10.25, 2000다63110) ① 지하 1층, 지상 7층의 주상복합건물을 신축하면서 불법으로 위 건물 중 주택부분인 7층의 복층으로 같은 면적의 상층을 건축하였고, 그 상층은 독립된 외부통로가 없이 하층 내부에 설치된 계단을 통해서만 출입이 가능하고, 별도의 주방시설도 없이 방과 거실로만 이루어져 있으며, 위와 같은 사정으로 상·하층 전체가 단일한 목적물로 임대되어 사용된 경우, 그 상층부분은 하층에 부합되었다고 보아야 한다. ② 건물의 증축부분이 기존건물에 부합하여 기존건물과 분리하여서는 별개의 독립물로서의 효용을 갖지 못하는 이상 기존건물에 대한 근저당권은 민법 제358조에 의하여 부합된 증축부분에도 효력이 미치는 것이므로 기존건물에 대한 경매절차에서 경매목적물로 평가되지 아니하였다고 할지라도 경락인은 부합된 증축부분의 소유권을 취득한다.

[1-2] (대판 1995.6.29, 94다6345) ① 주유소의 지하에 매설된 유류저장탱크를 토지로부터 분리하는 데 과다한 비용이 들고 이를 분리하여 발굴할 경우 그 경제적 가치가 현저히 감소할 것이 분명하므로 그 유류저장탱크는 토지에 부합되었다. ② 주유소의 주유기가 비록 독립된 물건이기는 하나 유류저장탱크에 연결되어 유류를 수요자에게 공급하는 기구

로서 주유소영업을 위한 건물이 있는 토지의 지상에 설치되었고 그 주유기가 설치된 건물은 당초부터 주유소영업을 위한 건물로 건축되었다는 점 등을 종합하여 볼 때, 그 주유기는 계속해서 주유소건물 자체의 경제적 효용을 다하게 하는 작용을 하고 있으므로 주유소건물의 상용에 공하기 위하여 부속시킨 종물이다. ③ 공장저당법에 의한 공장저당을 설정함에 있어서는 공장의 토지, 건물에 설치된 기계, 기구 등은 같은 법 제7조 소정의 기계, 기구 목록에 기재하여야만 공장저당의 효력이 생기나, 이와는 달리 공장건물이나 토지에 대하여 민법상의 일반저당권이 설정된 경우에는 공장저당법과는 상관이 없으므로 같은 법 제7조에 의한 목록의 작성이 없더라도 그 저당권의 효력은 민법 제358조에 의하여 당연히 그 공장건물이나 토지의 종물 또는 부합물에까지 미친다.

[1-3] (대판 1998. 10. 12, 98그64) 공장저당법 제4조, 제5조의 규정에 의하여 저당권의 목적이 되는 것으로 목록에 기재되어 있는 동산이라고 하더라도 그것이 저당권설정자가 아닌 제3자의 소유인 경우에는 위 저당권의 효력이 미칠 수 없다고 할 것이고, 그 목록에 기재되어 있는 동산이 점유개정의 방법에 의하여 이미 양도담보에 제공되어 있는 것인 경우에도 그 동산은 제3자인 저당권자와의 관계에 있어서는 양도담보권자의 소유에 속하므로, 마찬가지로 공장저당법에 의한 저당권의 효력이 미칠 수 없다고 보아야 한다.

[2] 저당권자의 물권적 청구권

[2-1] (대판 1996. 3. 22, 95다55184) 저당권자는 물권에 기하여 그 침해가 있는 때에는 그 제거나 예방을 청구할 수 있다고 할 것인바, 공장저당권의 목적동산이 저당권자의 동의를 얻지 아니하고 설치된 공장으로부터 반출된 경우에는 저당권자는 점유권이 없기 때문에 설정자로부터 일탈한 저당목적물을 저당권자 자신에게 반환할 것을 청구할 수는 없지만, 저당목적물이 제3자에게 선의취득되지 아니하는 한 원래의 설치 장소에 원상회복할 것을 청구함은 저당권의 성질에 반하지 아니함은 물론 저당권자가 가지는 방해배제권의 당연한 행사에 해당한다.

[2-2] (대판 2006. 1. 27, 2003다58454) 저당권자는 저당권설정 이후 환가에 이르기까지 저당물의 교환가치에 대한 지배권능을 보유하고 있으므로 저당목적물의 소유자 또는 제3자가 저당목적물을 물리적으로 멸실·훼손하는 경우는 물론 그 밖의 행위로 저당부동산의 교환가치가 하락할 우려가 있는 등 저당권자의 우선변제청구권의 행사가 방해되는 결과가 발생한다면 저당권자는 저당권에 기한 방해배제청구권을 행사하여 방해행위의 제거를 청구할 수 있다.

관련사례 28-1 共同抵當에 있어서 物上保證人과 後順位 抵當權者

≪설 문≫

사업자금이 필요한 S는 자신 소유의 甲토지(매각금 4,000만원)와 숙부 A소유의 乙토지(매각금 6,000만원)에 저당권을 설정하면서 D은행으로부터 5,000만원을 융자받았다. 그후 B는 S에게 4,000만원을 빌려주면서 甲토지에 2번저당권을 취득하였고, C는 A에게 3,000만원을 빌려주면서 乙토지에 2번저당권을 각각 취득하였다. 사업의 실패로 S가 무자력이 되자, D는 대여원리금채권의 만족을 위해 자신의 저당권을 실행하고자 한다.

다음 설문에 간단히 답하시오.

(1) D가 甲토지를 먼저 경매한 경우 A, B, C, D의 법률관계

(2) D가 乙토지를 먼저 경매한 경우 A, B, C, D의 법률관계

(3) D가 甲토지와 乙토지를 동시에 경매한 경우 A, B, C, D의 법률관계

풀이제안

Ⅰ. 논점분석

S는 채무자이자, 甲토지에 관한 저당권설정자이다. 乙토지의 소유자 A는 D에 대한 S의 채무의 물상보증인이다. B는 피담보채권 4,000만원의 甲토지에 관한 2번저당권자이고, C는 피담보채권 3,000만원의 乙토지에 대한 2번저당권자이다. D는 피담보채권 5,000만원의 甲토지 및 乙토지의 공동저당권자이다.

공동저당에 있어서 동시배당과 이시배당이 있는 경우(제368조) 물상보증인의 법정대위(제481조, 제482조 제1항)와 후순위저당권자의 선순위저당권자의 대위(제368조 제2항 제2문)의 충돌문제 및 물상보증인이 법정대위하는 채무자 부동산 위의 저당권에 대한 물상보증인 부동산 위의 후순위저당권자의 물상대위(제370조→제342조)의 문제를 검토해야 한다.

Ⅱ. 공동저당에 있어서 이해조정의 문제

1. 공동저당에 있어서 후순위저당권자대위

공동저당이란 채권자가 동일한 채권의 담보로서 수개의 부동산에 저당권을 설정하는 것을 말하는데, 공동저당권자가 수개의 부동산을 동시에 또는 순차적으로 어느 것이든 임의로 선택하여 피담보채권의 우선변제를 꾀할 수 있기 때문에 저당목적물의 소유자나 후순위저당권자의 법적 지위는 불리하고 또한 불안하다. 이에 제368조는 관련당사자들의 이해를 조정하기 위하여 공동저당부동산의 매각대금에 비례하여 각 저당물의 책임분담액을 정하고 그 분담액을 넘는 잉여가치에 대하여 설정된 후순위담보권자를 보호하는 한편 저당목적물의 담보가치를 유지하려 한다. 제368조 제1항에 따르면 매각대금을 동시에 배당하는 때에는 각 부동산의 매각대금(경매대가)에 비례하여 그 채권의 분담을 정한다.

반면 어느 일부 부동산만을 경매하여 그 대가를 먼저 배당하는 때에는 공동저당권자는 그 대가로부터 채권 전부의 변제를 받을 수 있으나(제368조 제2항 제1문), 이 경우에 그 경매된 부동산의 후순위저당권자는 공동저당부동산의 동시배당시 공동저당권자가 다른 부동산에서 변제받을 수 있었던 금액의 한도내에서 공동저당권자를 대위하여 그 저당권을 실행할 수 있다(동조 제2항 제2문에 따른 후순위자대위).

2. 공동저당물의 물상보증인 또는 제3취득자의 변제자대위

공동저당목적물 중 전부 또는 일부가 채무자 이외의 자(물상보증인 또는 저당물의 제3취득자)에게 속하는 경우 이 목적물이 경매되는 때에는 물상보증인 또는 저당물의 제3취득자는 다른 공동저당목적물 위에 공동저당권자를 대위한다(제481조, 제482조에 따른 변제자대위).

3. 저당권자의 물상대위

저당물의 멸실, 훼손 또는 공용징수로 인하여 저당권설정자가 받을 금전 기타 물건에 대하여 저당권자는 저당권을 행사할 수 있다(제370조, 제342조 본문에 따른 저당권의 물상대위).

4. 사안에서의 쟁점

사안은 물상보증인의 변제자대위와 후순위저당권자의 후순위자대위가 충돌할 경우의 이해조정에 관한 문제이다. 이에 대해서는 물상보증인의 변제자대위가 우선해야 한다면서 제368조 제2항 제2문을 채무자소유의 부동산에 공동저당권이 설정된 경우로 제한하여 이해하여야 한다는 ①견해(대표적으로 곽윤직, 물권법, 486면; 이은영, 물권법, 798면)와 후순위저당권자의 후순위자대위가 우선해야 한다면서 공동저당물의 전부 또는 일부가 채무자 이외의 자에 속하는 경우에도 제368조 제2항 제2문을 유추적용해야 한다는 ②견해(대표적으로 이영준, 물권법, 856면; 김상용, 물권법, 747면)가 대립한다.

Ⅲ. 설문(1)에 대하여

이 경우는 채무자소유의 甲토지가 먼저 경매되어 배당되는 예이다(매각대금 4,000만원).

①견해에 따르면 D은행은 우선 甲토지로부터 4천만원의 배당을 받으며, B는 저당권을 잃게 되지만 물상보증인 A소유의 乙토지 위에 D의 저당권에 대해서는 대위할 수 없다. 후에 乙토지가 경매되면 D는 나머지 1,000만원의 우선변제를, C는 3,000만원의 우선변제를 각각 받으며, 남은 매각대금 2,000만원은 물상보증인, 즉 토지소유자 A에게 귀속한다. 판례도 이러한 태도이다(판례 [1] 참조).

반면 ②견해에 따르면 D은행은 乙토지 위에 아직 변제받지 못한 1,000만원에 관한 1번저당권을 가지며, 甲토지의 후순위저당권자 B는 제386조 제2항 제2문에 따라 2,000만원의 범위내에서(D가 乙토지로부터 변제받을 수 있는 금액(3,000만원) - D가 乙토지로부터 앞으로 변제받을 금액(1,000만원)) 乙토지에 대한 D의 1번저당권을 대위한다. 乙토지가 경매되면 D가 1,000만원, B가 2,000만원, C가 나머지 3,000만원에 관하여 순차적으로 우선변제를 받는다. A가 S에 대하여 (모두 6,000만원의) 구상권을 취득하지만, 3,000만원의 한도에서(1번저당권으로 담보되는 S에 대한 D의 채권 3,000만원) 이 채권을 담보할 甲토지 위의 저당권은 이미 소멸된 상태이다.

Ⅳ. 설문(2)에 대하여

이 경우는 물상보증인 소유의 乙토지가 먼저 경매되어 배당된 예이다(매각대금 6,000만원).

①견해에 따르면 D은행이 乙토지로부터 5천만원의 우선변제를 받으면 A는 그 금액만큼 대위변제한 것이 되므로 S에 대하여 동액의 구상권을 취득하는 한편, 변제자대위에 따라 S에 대한 D의 채권과 함께 이를 담보했던 甲토지 위의 1번저당권을 대위한다(제481조, 제482조 제1항). 2번저당권자 C는 乙토지의 경매절차에서 D은행에 배당되고 남은 매각대금 1,000만원의 우선변제만을 받는 한편, 후에 甲토지가 경매된 경우 A는 그 매각대금으로부터(S에 대한 5,000만원의 구상권 한도내에서) 4,000만원의 우선변제를 받으며, 甲토지의 2번저당권자 B는 아무 것도 손에 넣을 수가 없게 된다.

반면 ②견해에 따르면 우선 乙토지 위의 2번저당권자 C는 D가 우선변제받고 난 나머지 1,000만원의 우선변제를 받은 후 변제받지 못한 2,000만원에 대하여 물상보증인 A에 우선하여 甲토지 위의 D의 1번저당권을 대위취득한다. 이후 甲토지가 경매되면 C는 나머지 2,000만원을, 2번저당권자인 B 또한 2,000만원을 순차적으로 우선변제받게 된다. A가 S에 대하여(모두 6,000만원의) 구상권을 취득하지만, 5,000만원의 한도에서(1번저당권으로 담보되는 D의 A에 대한 채권 5,000만원) 이 채권을 담보할 甲토지 위의 저당권은 이미 소멸된 상태이다.

한편 물상보증인 소유의 부동산이 먼저 경매되어 배당되는 경우에 판례(판례 참조 [2])는 원칙적으로 물상보증인의 변제자대위를 허용한다. 그러나 물상보증인에게 이전한 채무자 소유부동산 위의 1번저당권은 물상보증인 소유부동산 위의 2번저당권자의 피담보채권을 담보하는 것으로 되어, 이 자는 물상보증인이 대위하는 채무자 소유부동산 위의 1번저당권 위에 마치 제370조, 제342조에 따라 물상대위를 하는 것과 같이 그 순위에 따라 물상보증인이 취득한 1번저당권으로부터 우선하여 변제받을 수 있다고 한다. 이에 따르면 D가 乙토지로부터 5,000만원을 우선변제받은 경우 A는 S에 대한 5,000만원의 구상채권과 함께 S에 대한 A의 채권 및 이를 담보하는 甲토지 위의 1번저당권을 대위한다. 그러나 이 저당권은 乙토지 위의

2번저당권자 A에 대한 C의 채권 2,000만원(C는 乙토지로부터 1,000만원의 우선변제는 받은 상태이다)을 담보하는 것으로 그의 2번저당권은 A가 甲토지 위의 1번저당권 위에 물상대위한다. 이후 甲토지가 경매되면 매각대금 4,000만원에 대하여 우선 C가 2,000만원을, 물상보증인 A가 나머지 2,000만원을 순차적으로 우선변제받게 된다. 甲토지의 2번저당권자 B는 아무 것도 받을 수 없다.

Ⅴ. 설문(3)에 대하여

동시배당의 경우에는 공동저당목적물이 채무자의 소유인지 또는 물상보증인의 소유인지를 묻지 않고 제368조 제1항이 적용된다는 것이 일반적인 견해이다. 이시배당에서 ②견해를 채택하는 경우에는 동시배당이 이시배당의 경우와 달라질 것이 없으나, ①견해에 따른다면 달라진다. 동시배당이 이루어지는 경우 제368조 제1항에 따라 D은행은 甲토지로부터 2,000만원, 乙토지로부터 3,000만원의 우선변제를 받으며, 이후 B는 甲토지로부터 나머지 2,000만원을, C는 乙토지로부터 나머지 3,000만원을 각각 우선변제받게 된다. A는 궁극적으로 S에 대하여 (모두 6,000만원의) 구상권을 취득하지만, 3,000만원의 한도에서(1번저당권으로 담보되는 D의 A에 대한 채권 3,000만원) 이 채권을 담보할 甲토지 위의 저당권은 이미 소멸된 상태이다.

《관련판례》

[1] 채무자 소유의 공동저당부동산이 먼저 배당된 경우 그 후순위저당권자는 물상보증인 소유의 공동저당부동산에 후순위자대위를 할 수 없다

[1-1] (대결 1995. 6. 13, 95마500) 공동저당의 목적인 채무자 소유의 부동산과 물상보증인 소유의 부동산 중 채무자 소유의 부동산에 대하여 먼저 경매가 이루어져 그 경매대금의 교부에 의하여 1번공동저당권자가 변제를 받더라도, 채무자 소유의 부동산에 대한 후순위저당권자는 민법 제368조 제2항 후단에 의하여 1번공동저당권자를 대위하여 물상보증인 소유의 부동산에 대하여 저당권을 행사할 수 없다.

[1-2] (대판 1996. 3. 8, 95다36596) 채권자가 물상보증인 소유토지와 공동담보로 주채무자 소유토지에 1번근저당권을 취득한 후 이와 별도로 주채무자 소유토지에 2번근저당권을 취득하였다면, 먼저 주채무자의 토지에 대하여 피담보채무의 불이행을 이유로 근저당권이 실행되어 경매대금에서 1번근저당권의 피담보채권액을 넘는 금액이 배당된 경우에는, 변제자대위의 법리에 비추어 볼 때 민법 제368조 제

2항은 적용되지 않으므로 후순위(2번)저당권자인 채권자는 물상보증인 소유토지에 대하여 자신의 1번근저당권의 대위행사할 수 없고, 따라서 물상보증인의 근저당권 설정등기는 그 피담보채무의 소멸로 인하여 말소되어야 한다.

[2] 물상보증인 소유의 공동저당부동산이 먼저 배당된 경우 그 후순위저당권자는 물상보증인이 변제자대위한 저당권에 물상대위를 한다

(대판 2001.6.1, 2001다21854) 공동저당의 목적인 채무자 소유의 부동산과 물상보증인 소유의 부동산에 각각 채권자를 달리하는 후순위저당권이 설정되어 있는 경우, 물상보증인 소유의 부동산에 대하여 먼저 경매가 이루어져 그 경매대금의 교부에 의하여 1번저당권자가 변제를 받은 때에는 물상보증인은 채무자에 대하여 구상권을 취득함과 동시에 민법 제481조, 제482조의 규정에 의한 변제자대위에 의하여 채무자 소유의 부동산에 대한 1번저당권을 취득하고, 이러한 경우 물상보증인 소유의 부동산에 대한 후순위저당권자는 물상보증인에게 이전한 1번저당권으로 우선하여 변제를 받을 수 있으며, 이러한 법리는 수인의 물상보증인이 제공한 부동산 중 일부에 대하여 경매가 실행된 경우에도 마찬가지로 적용되어야 하므로(이 경우 물상보증인들 사이의 변제자대위의 관계는 민법 제482조 제2항 제4호·제3호에 의하여 규율될 것이다), 자기 소유의 부동산이 먼저 경매되어 1번저당권자에게 대위변제를 한 물상보증인은 다른 물상보증인의 부동산에 대한 1번저당권을 대위취득하고, 그 물상보증인 소유부동산의 후순위저당권자는 1번저당권에 대하여 물상대위를 할 수 있으므로 물상보증인이 대위취득한 선순위저당권설정등기에 대하여는 말소등기가 경료될 것이 아니라 물상보증인 앞으로 대위에 의한 저당권이전의 부기등기가 경료되어야 하고, 아직 경매되지 아니한 공동저당물의 소유자로서는 1번저당권자에 대한 피담보채무가 소멸하였다는 사정만으로 말소등기를 청구할 수 없다.

[物　權　法]

事例 29

流動集合動産을 目的으로 하는 讓渡擔保權

≪설 문≫

A는 양돈업을 하는 B에게 사업자금 5,000만원을 빌려주면서 특정 돈사 내의 돼지들(수퇘지, 암퇘지, 정육용 돼지)의 소유권을 양도받기로 하고, 점유개정을 하여 B가 돼지들을 계속 점유하면서 사육하기로 하는 한편, 정육용 돼지는 출하해도 좋다는 '양도담보계약'을 체결하였다. 그런데 B의 다른 채권자 C가 그의 대여원리금반환채권 3,500만원의 만족을 얻기 위해 B소유의 돼지들, 즉 계약 당시의 수퇘지 및 암퇘지 일부와 위 암퇘지가 '계약' 이후 출산한 새끼돼지들까지 압류하였다. 이에 A는 돼지들에 대한 소유권을 주장하며 제3자 異議의 소를 제기하였다.

이를 중심으로 A, B 및 C 사이의 법률관계를 검토하시오.

목차제안

Ⅰ. 논점분석

Ⅱ. 최초의 돼지집단에 대한 A의 양도담보권

1. 유동집합물을 목적으로 한 양도담보권
2. 양도담보권의 법적 성격
   (1) '비전형담보물권의 설정'이라는 견해
   (2) '소유권의 신탁적 이전'이라는 견해
   (3) 판　례
   (4) 소　결

Ⅲ. A의 양도담보권의 효력이 미치는 범위

풀이제안

Ⅰ. 논점분석

민사집행법에 따른 제3자 이의의 소(동법 제48조)는 강제집행의 대상이 된 목적물의 소유권자만이 제기할 수 있는 것이기 때문에 양도담보계약 당시의 돼지들 및 계약 이후에 출산된 돼지들에 대한 소유권의 귀속에 따라 제3자 이의의 소를 제기할 수 있는 권리자가 확정된다.

따라서 첫째, 동산을 양도담보의 목적으로 하였을 때 양도담보권자가 동산에 관한 소유권을 신탁적으로 취득하는지 아니면 비전형 담보물권을 취득하는지가 문제된다. 둘째, 사안에서처럼 양도담보권의 목적이 증감될 수 있는 이른바 유동집합물인 경우 양도담보설정 당시에는 아직 존재하지 않았으나, 이후에 집합동산에 합류한 동산에 대해서도 양도담보권의 효력이 미치는지가 문제된다. 한편 기왕의 담보목적물로부터 파생하여 증가된 동산에 대해서는 천연과실의 귀속이 문제될 수 있다.

Ⅱ. 최초의 돼지집단에 대한 A의 양도담보권

1. 유동집합물을 목적으로 한 양도담보권

증감·변동이 예정되고 있는 '일단의 동산들'을 하나의 물건으로 보아 이를 채권담보의 목적으로 할 수 있는가의 문제는 물권법의 중요한 원칙 중 하나인 일물일권주의를 중심으로 제기된다. 이른바 집합물, 즉 '동산들의 一團'에 대한 양도담보권의 설정이 가능하려면 그 목적동산들이 담보설정자의 다른 물건과 구별될 수 있도록 그 종류, 장소 또는 수량지정 등의 방법에 의하여 특정되어 있어야 한다. 이러한 특정이 가능한 때에는 목적동산들 전부를 하나의 재산권으로 보아 이에 대한 유효한 담보권의 설정이 될 수 있다는 것이 특히 판례의 태도이다(판례 참조 [1]). 이에 따르면 A와 B 사이에 체결된 양도담보계약으로, 계약 당시 현존하고 특정 가능한 돼지들에 대하여 A는 양도담보권을 취득할 수 있게 된다.

다만, 양도담보의 설정이 소유권이전의 형식을 취하고 있기 때문에 양도담보권의 법적 성질에 관하여는 견해가 대립한다.

2. 양도담보권의 법적 성격(김형배, 민법학강의(제6판), 865면 이하 참조)

(1) '비전형담보물권의 설정' 이라는 견해

'담보의 설정'이라는 실질의 측면에 착안하는 담보물권설은 양도담보권을 비전형의 특수한 담보물권으로 이해하므로 동산소유권은 여전히 양도담보설정자(여기서는 B)에게 머물러 있게 된다. 담보권자 A는 말 그대로 집합동산에 대한 ―관습법상의― 담보물권을 취득하였을 뿐이다.

(2) '소유권의 신탁적 이전' 이라는 견해

'소유권의 이전'이라는 설정계약의 형식적 측면을 중시하는 신탁적소유권이전설은 양도담보가 등기원인이 될 수 없을 뿐만 아니라, 피담보채권의 범위를 공시할 수 있는 법적 장치가 결여된 까닭에 양도담보의 본질은 ―그것이 부동산을 목적으로 하든, 동산을 목적으로 하든― 소유권이전에 있다고 판단한다(동산의 양도담보권의 실행에 관해서 '가등기담보 등에 관한 법률(가등기담보법)'이 유추적용될 여지가 충분하다. 담보권자가 채권만족 이상의 가액잉여분을 담보설정자에게 돌려줘야 한다는 당위는 동산이 담보목적물이라고 해서 다르지 않기 때문이다). 이에 따르면 대외적 관계에서 최초의 돼지집단에 대한 소유권자는 담보권자인 A이지만, 대내적 관계, 즉 A와 B 사이에서는 담보설정자인 B가 소유자이다.

(3) 판 례

판례의 태도를 명확히 판단하기는 어렵다. 부동산의 경우 가담법 시행 전에는 신탁적소유권이전설의 입장이었으나, 가담법 시행 후에는 담보물권설과 신탁적소유권이전설 사이에서 명확한 입장을 보류하고 있는 듯하다. 그러나 근자의 판례는 담보물권설을 취하는 것으로 보인다. 동산의 경우에는 담보물권설에 입각한 듯 보이는 판례(판례 [1-2], [2-2] 참조)가 없지 않음에도, 문헌에서는 주류적 판례가 신탁적소유권이전설에 입각하고 있다고(판례 [2-1] 참조) 분석되고 있는 것 같다.

(4) 소 결

담보물권설에 따르면 B가 대내외적으로 공히 최초의 돼지들에 관한 소유권자이다. 반면 신탁적소유권이전설에 따르면 B는 최초의 돼지들에 관한 내부적 소유권자인 동시에 사용수익권자이지만, 대외적인 관계에서만큼은 A가 소유권자이다.

Ⅲ. A의 양도담보권의 효력이 미치는 범위

1. 문 제 점

새끼돼지들은 물건의 용법에 의하여 수취된 천연과실로서(제101조 제1항), 그 원물로부터 분리하는 때에 이를 수취할 권리자에게 속한다(제101조 제2항). 따라서 담보설정자인 B를 대내외적으로 공히 소유권자로 판단하는 담보물권설에 의할 때는 물론, 신탁적소유권이전설에 의하더라도 양도담보권자인 A는 대외적 소유권자로서 과실수취권을 가질 수 없으며, 사용·수익권을 가지는 내부적 소유권자인 담보설정자 B가 과실수취권을 가진다. 따라서 어느 견해에 의하더라도 새끼돼지들은 B의 소유이다.

문제는 (어느설에 의하든) 담보설정자 B가 대내외적으로 공히 소유권을 원시취득한 천연과실인 새끼돼지들에 대하여 A의 양도담보권의 효력이 미치는가이다.

2. (종전) 판례의 태도

종전의 판례는 이를 부인하였다(판례 [3-1] 참조). 즉, 양도담보권자인 A의 최초의 돼지들에 대한 대외적 소유권은 과실수취권자인 담보설정자 B가 원시취득한 소유권의 목적물(새끼돼지)에 대해서는 영향을 미치지 않는다고 판단하였다. 짐작컨대 판례는 최초의 담보가치 이상의 담보목적물에 대해서까지 담보권이 미치는 것은 정당하지 않다고 판단한 듯하다.

3. 비판과 대안

그러나 사안에서처럼 '하나의' 유동집합물에 관한 양도담보권의 성립을 긍정한다면 이러한 판례의 (종전) 입장이 타당한지는 의심스럽다. 판례(판례 참조 [1]) 스스로도 다수의 동산의 집합이 그 종류, 수량 및 소재장소를 특정할 수 있고 개개의 물건이 변동되거나 변형되더라도 한 개의 물건으로서 동일성을 잃지 않는다면 그 전부를 하나의 재산권으로 보아 이에 대하여 유효한 '하나의' 담보권이 설정될 수 있음을 인정하고 있다. 통상적인 처분에 의하여 담보물의 이탈이 인정되고, 담보설정자가 새로이 취득한 개개의 동산에 대하여 새로이 담보취득행위, 즉 개별적인 점유개정합의가 없이도 담보권의 효력이 이에 미친다고 판시하고 있다.

사안에 비추어 볼 때 A와 B가 특정 돈사내의 돼지들을 담보의 목적으로 했다는 점에서 그 안의 돼지들을 하나의 집합물로 하는 물권이 성립하기 위한 '독립성'과 '특정'이 갖추어졌다고 볼 수 있고, 그들 사이에 또한 정육용 돼지의 출하를 예정하고 있었다는 점에서 담보설정자 B가 새로이 취득한 새끼돼지들에 대하여는 별도의 양도담보설정계약 및 점유개정의 합의없이도 새끼돼지들에 대하여 최초의 돼지들에 관한 양도담보권의 효력이 미친다고 판단해야 옳을 것으로 생각된다.

근자의 판례도 이러한 관점에서 입장을 수정한 것으로 보인다(판례 참조 [3-2]).

Ⅳ. 설문에 대한 해답: A의 제3자 이의의 소의 허용 여부

A의 양도담보권의 효력이 담보설정 이후 출산한 새끼돼지들에 대하여도 미친다고 판단하더라도 다시 양도담보권의 법적 성질을 어떻게 파악하느냐에 따라 제3자 이의의 소의 허용 여부가 달라진다.

담보물권설에 따르면 A는 (새끼돼지들의) 소유권자가 아니고 담보권자이기 때문에 제3자 이의의 소(민사집행법 제48조)는 제기할 수 없으며, 단지 우선변제청구(동법 제217조)를 할 수 있을 뿐이다. 반면 신탁적소유권이전설에 따르면 A는 양도담보권자이지만, 새끼돼지들에 대한 대외적 관계에서의 소유권자로서 제3자 이의의 소를 제기할 수 있다.

≪판 례≫

[1] 유동집합동산에 관한 양도담보권의 설정 가부(적극)

[1-1] (대판 1990. 12. 26, 88다카20224) ① 일반적으로 일단의 증감변동하는 동산을 하나의 물건으로 보아 이를 채권담보의 목적으로 삼으려는 이른바 집합물에 대한 양도담보설정계약 체결도 가능하며 이 경우 그 목적동산이 담보설정자의 다른 물건과 구별될 수 있도록 그 종류, 장소 또는 수량지정 등의 방법에 의하여 특정되어 있으면 그 전부를 하나의 재산권으로 보아 이에 유효한 담보권의 설정이 된 것으로 볼 수 있다. ② 성장을 계속하는 어류일지라도 특정 양만장내의 뱀장어 등 어류 전부에 대한 양도담보계약은 그 담보목적물이 특정되었으므로 유효하게 성립하였다고 할 것이다.

[1-2] (대판 2004. 11. 12, 2004다22858) 돈사에서 대량으로 사육되는 돼지를 집합물에 대한 양도담보의 목적물로 삼은 경우, 그 돼지는 번식, 사망, 판매, 구입 등의 요인에 의하여 증감 변동하기 마련이므로 양도담보권자가 그때마다 별도의 양도담보권설정계약을 맺거나 점유개정의 표시를 하지 않더라도 하나의 집합물로서 동일성을 잃지 아니한 채 양도담보권의 효력은 항상 현재의 집합물 위에 미치게 되고, 양도담보설정자로부터 위 목적물을 양수한 자가 이를 선의취득하지 못하였다면 위 양도담보권의 부담을 그대로 인수하게 된다.

[2] 동산양도권의 법적 성격

[2-1] 신탁적소유권이전설에 입각한 것으로 보이는 예

(대판 1994. 8. 26, 93다44739 외 다수) 동산에 관하여 양도담보계약이 이루어지고 양도담보권자가 점유개정의 방법으로 인도를 받았다면 그 청산절차를 마치기 전이라 하더라도 담보목적물에 대한 사용수익권은 없지만, 제3자에 대한 관계에 있어서는 그 물건의 소유자임을 주장하고 그 권리를 행사할 수 있다.

[2-2] 담보물권적 구성으로 풀이될 수 있는 예

(대판 2000. 6. 23, 99다65066) 동산에 대하여 점유개정의 방법으로 이중양도담보를 설정한 경우 원래의 양도담보권자는 뒤의 양도담보권자에 대하여 배타적으로 자기의 담보권을 주장할 수 있으므로, 후자가 양도담보의 목적물을 처분함으로써 원래의 양도담보권자로 하여금 양도담보권을 실행할 수 없도록 하는 행위는, 이중양도담보설정행위가 횡령죄나 배임죄를 구성하는지 여부나 뒤의 양도담보권자가 이중양도담보설정행위에 적극적으로 가담하였는지 여부와 관계없이, 원래 양도담보권자의 양도담보권을 침해하는 위법한 행위이다.

[3] 양도담보목적물의 천연과실에 대하여 양도담보권의 효력이 미치는지 여부

[3-1] 소극적으로 판단한 예

(대판 1996. 9. 10, 96다25463) 일반적으로 물건을 양도담보의 목적으로 양도한 경우 특별한 사정이 없는 한 목적물에 대한 사용수익권은 양도담보설정자에게 있는 것이고, 더군다나 이 사건에 채권자[양도담보권자]와 채무자[양도담보설정자] 사이에 후자가 양도담보목적물인 돼지를 점유하는 동안 이를 무상으로 사용·수익하기로 약정한 사실을 인정할 수 있는바, 그렇다면 양도담보목적물로서 원물인 돼지가 출산한 새끼돼지는 천연과실에 해당하고 그 천연과실의 수취권은 원물인 돼지의 사용수익권을 가지는 양도담보설정자에게 귀속되는 것이므로, 달리 채권자와 채무자 사이에 특별한 약정이 없는 한 천연과실인 위 새끼돼지에 대하여는 양도담보의 효력이 미치는 것이라고 할 수 없다.

[3-2] 적극적으로 판단한 예

(대판 2004. 11. 12, 2004다22858) 돈사에서 대량으로 사육되는 돼지를 집합물에 대한 양도담보의 목적물로 삼은 경우, 위 양도담보권의 효력은 양도담보설정자로부터 이를 양수한 양수인이 당초 양수한 돈사내에 있던 돼지들 및 통상적인 양돈방식에 따라 그 돼지들을 사육·관리하면서 돼지를 출하하여 얻은 수익으로 새로 구입하거나 그 돼지와 교환한 돼지 또는 그 돼지로부터 출산시켜 얻은 새끼돼지에 한하여 미치는 것이지 양수인이 별도의 자금을 투입하여 반입한 돼지에까지는 미치지 않는다.

관련사례 29-1 動產所有權留保附賣買

≪설 문≫

A는 (등기를 요하지 않는) 공작기계를 1,000만원에 B에게 10개월 무이자할부로 매도하고 기계를 인도하였다. 계약 당시 B가 대금을 완납할 때까지 기계의 소유권은 A에게 있다는 점을 분명히 하였다. 기계구입 후 6개월이 지난 어느 날 B는 C에게서 800만원을 받고 그 기계를 인도하고는 야반도주하였다. B를 찾지 못한 A는 기계의 소유권이 자신에게 있음을 이유로 C에게 기계의 인도를 요구하였다.

A, B 및 C 사이의 법률관계를 검토하시오.

풀이제안

Ⅰ. 논점분석

1) C에 대한 A의 소유물반환청구권의 성립 여부를 주제로,

2) 소유권유보부특약을 하고 점유를 이전받은 매수인이 매매목적물의 소유권을 취득할 수 있는지 여부를,

3) 동시에 소유권유보부특약이 붙은 매매목적물을 매수인으로부터 양수한 제3자가 목적물에 대한 소유권을 취득할 수 있는지 여부를 검토해야 한다.

Ⅱ. C에 대한 A의 소유물반환청구권

1. 문 제 점

공작기계에 관하여 A와 B는 소유권유보의 특약과 함께 매매계약을 체결하면서 공작기계는 B에게 인도되었다. B가 기계를 처분한 행위의 효력과 제3자 C의 소유권 취득 여부는 소유권유보부매매의 법적 성질을 어떻게 파악하는지 여부에 따라 달라질 수 있다.

B가 대금완납 이전에는 기계의 소유권을 취득할 수 없다고 풀이하면 기계는 일종의 점유위탁물에 해당하므로, 동산소유권에 관한 C의 선의취득 여부도 아울러 문제된다(선의취득 일반에 관하여는 [사례 19] 참조).

2. 담보권설에 의할 때

(1) 소유권유보부매매목적물의 소유권자는 B

이 견해에 따르면(자세한 것은 김형배, 민법학강의(제6판), 876면 이하 참조) A에게는 매매대금채권의 확보를 위한 담보권만 인정되므로 매매목적물인 기계의 소유권은 현실인도와 함께 행해진 물권적 합의가 있는 시점에서 B에게 이전한다(제188조 제1항). 따라서 B는 소유권자로서 목적물을 처분할 권능을 가진다.

(2) C의 소유권 취득 여부

소유권자인 B로부터 기계를 양수한 제3자 C는 아무 문제없이 기계의 소유권을 취득할 수 있다. 다만, A의 담보권이 그 소유권을 제한한다. 이는 기계가 소유권유보부매매의 목적물이라는 사실에 대하여 C가 악의이든, 선의이나 과실 있는 경우이든, 선의이며 무과실인 경우이든 마찬가지이다. 즉, 처음부터 C의 선의취득이 문제될 여지가 없다. 결과적으로 보면 C는 B의 A에 대한 매매대금채무(1,000만원 내지 적어도 6개월은 납입이 있었다면 400만원)의 물상보증인의 지위에 놓이게 된다.

3. 정지조건부 소유권이전설에 의할 때

(1) 소유권유보부매매목적물의 소유권자는 A

다수설과 판례(판례 [1] 참조)가 채택하고 있는 이 견해에 따르면 B는 소유권유보부매매특약이 붙은 매매계약에 기초하여 기계를 사용·수익할 수는 있으나, 대금을 완제하기 전까지는 소유권이 A에게 유보되어 있기 때문에 기계를 처분할 수는 없다(대금의 완제를 정지조건으로 소유권이전의 합의(물권행위)의 효력이 생기는 매매계약으로 이해된다. 이 설에 의할 경우에 매수인의 채권자가 목적물을 압류할 경우에 매도인은 제3자 이의의 소를 제기할 수 있고(판례 [1-1] 참고), 매수인이 파산한 경우 환취권을 행사할 수 있다(파산법 제79조)).

(2) C의 소유권 취득 여부

C에 대한 무권리자 B의 처분은 무효가 되고 C는 원칙적으로 기계의 소유권을 취득하지 못한다. 따라서 A는 C에 대하여 소유권에 기초하여 기계의 인도를 요구할 수 있다(제213조 본문). 다만, 형식적으로는 A에게 소유권이 귀속되지만 그 실질은 잔존매매대금을 피담보채권으로 하는 담보권임을 감안하여 그 소유권의 내용과 형식을 가능한 한 이러한 담보목적에 적합하게 풀이해야 한다는 견해에 따르면(김형배, 민법학강의(제6판), 876면 이하 참조) B가 지불하지 않은 잔존매매대금 400만원을 C가 제공하면서 기계의 인도를 거부한다면 A는 기계의 인도를 청구할 수 없으며, 청구할 필요도 없을 것이다.

한편 A는 B에게 자발적으로 기계의 점유를 이전하였으므로 그 기계는 일종의 점유위탁물에 해당한다. 따라서 제249조의 요건을 충족하는 경우 C는 기계의 소유권을 선의취득할 수 있다. 그러나 사안에서처럼 매매목적물이 고가의 대형기계인 경우 적어도 전매수인인 C가 소유권유보부매매특약 여부를 확인하지 않았다면 그의 무과실을 인정할 수 없다는 것이 판례의 태도이다(판례 참조 [2]). 이러한 판례에 따르면 적어도 사안의 경우에 C의 선의취득은 인정될 수 없을 것이다.

Ⅲ. 설문에 대한 해답

소유권유보부매매의 법적 성격을 담보권설에 따라 이해할 경우 매도인 A는 전매수인 C를 상대로 소유물반환청구권을 행사할 수 없다. 소유권은 이미 전매도인 B에게 이전되었으며, A는 기계에 대하여 일종의 담보물권을 가질 뿐이기 때문이다. B가 매매대금을 완납하지 않으면 A는 미납금과 위약금을 합한 금액을 피담보채권으로 하여 기계에 대한 담보권을 실행할 수 있으며(담보물권의 추급력)(만일 A가 B를 찾을 수만 있었다면, B가 C로부터 수령한 대금 800만원을 압류함으로써 물상대위할 수 있었을 것이다(제342조 참조)), 이때 C는 취득한 기계소유권을 박탈당할 수도 있다. 이 경우 C는 B를 상대로 권리하자에 따른 담보책임(제576조 제1항)을 추궁할 수 있다.

반면 소유권유보부매매의 법적 성격을 정지조건부 소유권이전설에 따라 이해하면 매도인 A는 전매수인 C를 상대로 소유물반환청구권을 행사함으로써 기계의 점유를 되찾을 수 있다(이영준, 한국민법론 [물권편], 943면). 이 경우 C는 B를 상대로 권리하자에 따른 담보책임(제570조)을 추궁할 수 있다.

≪관련판례≫

[1] 소유권유보부매매의 법적 성격

[1-1] 정지조건부 소유권이전

(대판 1996. 6. 28, 96다14807) 동산의 매매계약을 체결하면서, 매도인이 대금을 모두 지급받기 전에 목적물을 매수인에게 인도하지만 대금이 모두 지급될 때까지는 목적물의 소유권은 매도인에게 유보되며 대금이 모두 지급된 때에 그 소유권이 매수인에게 이전된다는 내용의 소위 소유권유보의 특약을 한 경우, 목적물의 소유권을 이전한다는 당사자 사이의 물권적 합의는 매매계약을 체결하고 목적물을 인도한 때 이미 성립하지만 대금이 모두 지급되는 것을 정지조건으로 하므로, 목적물이 매수인에게 인도되었다고 하더라도 특별한 사정이 없는 한 매도인은 대금이 모두 지급될 때까지 매수인뿐만 아니라 제3자에 대하여도 유보된 목적물의 소유권을 주장할 수 있고, 다만 대금이 모두 지급되었을 때에는 그 정지조건이 완성되어 별도의 의사표시 없이 목적물의 소유권이 매수인에게 이전된다.

[1-2] 전매수권이 인정될 경우의 법적 성격(동일)

(대판 1999.9.7, 99다30534) 위 법리는 소유권유보의 특약을 한 매매계약이 매수인의 목적물 판매를 예정하고 있고, 그 매매계약에서 소유권유보의 특약을 제3자에 대하여 공시한 바 없고, 또한 그 매매계약이 종류물을 목적물로 하고 있다 하더라도 다를 바 없다.

[2] 高價인 소유권유보부매매목적물의 선의취득(소극)

(대판 1995.11.14, 95다20416) 통상 제조판매회사에 소유권이 유보된 채 할부형식으로 판매되고 있는 고가의 대형 공작기계를 24개월 또는 12개월간 대금분할하여 지급하되, 대금완납 전에는 매도인에게 소유권을 유보하기로 하는 내용으로 매수하였다가 아직 그 대금을 완납하지 아니한 매수인으로부터 대금완납기한이 지난 때로부터 얼마 지나지 아니하여 단기간에 전전매도된 경우, 최종매수인이 그 매수 당시 소유권유보 여부를 확인하지 아니하였고, 또 점유를 이전받기 전에 미리 대금전액을 현금으로 지급하였다면, 최종매수인에게 과실이 없다고 할 수 없다.

[物　權　法]

事例　30

假登記擔保權과 抵當權의 衝突 및 共有土地에 대한 法定地上權

≪설 문≫

A와 B는 甲토지를 공유하고 있다. B의 동의를 얻어 A는 甲토지 위에 乙건물을 신축한 후 단독명의로 보존등기하였다. A는 C로부터 금전을 차용하면서, A가 기한내에 대여원리금(1억 6,000만원)을 변제하지 못하면 대물변제로서 乙건물의 소유권을 C에게 이전한다고 약정하였으며(약정 당시 乙건물의 시가는 약 2억원이었다), C는 소유권이전청구권을 가등기하였다. 그후 A는 다시 D로부터 금전을 차용하면서(차용원리금 5,000만원), 같은 乙건물에 D를 위한 저당권을 설정해주었다. 사업에 실패한 A가 약속한 날짜에 차용원리금을 갚지 못하자, C는 '자신의 담보권을 실행하여' 乙건물의 소유권을 취득하였다.

乙건물에 관한 담보권자 C와 D 사이의 법률관계를 검토한 후, 乙건물의 소유권을 취득한 C와 甲토지의 공유자 B 사이의 법률관계를 검토하시오.

목차제안

(1) 사적 실행(이른바 '귀속청산형')
(2) 경매에 의한 실행(이른바 '처분청산형')
3. 소 결

Ⅲ. C의 가등기담보권과 D의 저당권의 관계

1. 원 칙
2. C가 가등기담보권을 사적으로 실행한 경우
3. C가 가등기담보권을 경매를 통해 실행한 경우
4. 소 결

Ⅳ. 건물소유권을 취득한 C(또는 제3자)에 대한 B의 건물철거청구권

1. 문제점
2. 법정지상권의 인정 여부
3. 약정지상권 등의 용익권의 인정 여부

Ⅴ. 설문에 대한 해답

풀이제안

Ⅰ. 논점분석

A와 B는 건물의 대지인 甲토지를 균등한 지분으로 공유하고 있는 것으로 보이고(제262조), A는 이 공유대지 위에 B의 동의를 얻어 乙건물을 신축하고 이를 단독으로 소유하고 있다(제264조). 그런데 A는 C에 대한 차용금반환채무를 담보하기 위하여 대지를 제외한 건물만을 담보물로 제공하여 C에게 가등기담보권을 설정하였다. 그후 A는 D에게도 같은 건물을 담보물로 제공하여 저당권을 설정하였다(제356조). 따라서 C와 D는 동일건물 위에 담보권을 가지는 관계에 있고, 그 우선순위에서 등기된 순서에 따라 C의 가등기담보권이 D의 저당권에 앞선다(가등기담보 등에 관한 법률[이하 '가등기담보법'] 제13조).

사안에서는 가등기담보권을 실행하는 C와 채무자 A 및 후순위권리자 D 사이의 법률관계가 우선 문제된다. 또한 C가 가등기담보권을 실행한 결과로써, 담보목적물인 乙건물의 소유권을 취득한 C가 건물의 대지

(甲토지)에 관한 법정지상권을 취득하는가가 문제된다(가등기담보법 제10조 참조). 이때 건물의 소유자가 그 대지를 다른 사람과 공유하고 있는 경우에도 법정지상권이 성립할 수 있는지 여부를 검토해야 한다.

Ⅱ. C의 가등기담보권 실행에 따른 법률관계

1. 가등기담보권

C는 A에 대한 차용금반환채권의 담보를 위해 A소유의 乙건물에 관하여 '대물변제의 예약'을 체결한 후(판례 [1] 참조), 장래 행사하게 될 소유권이전등기청구권을 가등기하였다(부동산등기법 제2조, 제3조). 차용물(여기서는 '차용원리금')반환에 관하여 차주(A)가 차용물에 갈음하여 다른 재산권(乙건물의 소유권)을 이전할 것을 예약하였으나 그 재산의 예약 당시의 가액(약 2억원)이 차용원리금(1억 6천만원)을 초과하는 경우에 이에 따른 담보계약과 그 담보의 목적으로 가등기가 경료되면 가등기담보법이 적용된다(가등기담보법 제1조 참조). 따라서 C는 乙건물에 관하여 가등기담보법의 적용을 받는(판례 [2-1], [2-2] 참조) 이른바 가등기담보권(본등기를 청구할 수 있는 권리)을 취득하였다(판례 [2-3] ② 참조). 채무자 A가 피담보채무를 이행하지 못하면 C는 가등기담보법에서 정한 절차에 따라 가등기담보권을 실행할 수 있다. 그러나 C의 가등기담보권은 가등기담보목적물에 대하여(예컨대 담보설정자의 다른 일반채권자에 의해) 강제경매 등이 행해지면 부동산의 매각으로 소멸한다(동법 제15조, 판례 [2-3] ① 참조).

2. 가등기담보권의 실행

가등기담보권의 실행방법으로는 가등기담보법 제3조에 의한 사적실행의 방법과 동법 제12조에 의한 경매청구의 방법이 있다.

(1) 사적 실행(이른바 '귀속청산형')

C가 A에 대하여 가등기담보권을 사적으로 실행하기 위하여 밟아야 할 절차는 대체로 다음과 같다. 우선 A와 C 사이에 대물변제예약이 체결된 경우에는 C가 A에 대하여 예약완결의 의사표시를 하여야 하고(제607조, 제564조 참조), 정지조건부 대물변제계약이 체결된 경우에는 채무불이행이라는 정지조건이 성취되어야 한다(제466조, 제147조 제1항). 그후 C는 A에 대하여 청산금

의 평가액을 통지하여야 하며, 청산금이 없다고 인정되는 경우에도 그 뜻을 통지하여야 한다(가등기담보법 제3조 제1항). 여기서 청산금이란 통지 당시의 건물의 가액에서 C의 채권액을 공제한 금액을 말한다(동법 제4조 제1항). 채권자 C는 일단 청산금의 평가액을 통지한 후에는 그가 통지한 평가금의 액수에 관하여 다툴 수 없다(동법 제9조). 청산금의 평가액을 통지한 후 2월의 청산기간이 경과하면 C는 A에 대하여 가등기에 기한 건물소유권이전의 본등기를 청구할 수 있다(동법 제3조 제1항, 제4조 제2항 후문). 이 경우 C의 청산금지급의무와 A의 건물소유권이전등기 및 인도의무는 동시이행관계에 있다(동법 제4조 제3항). C는 청산기간이 경과한 후에 청산금을 A에게 실제로 지급함으로써 건물의 소유권을 확정적으로 취득한다. 왜냐하면 A가 청산금채권을 변제받을 때까지는 그가 그의 채무액을 C에게 지급하고 이미 경료된 건물의 소유권이전등기의 말소를 청구할 수 있기 때문이다(동법 제11조 본문, 판례 [3-1] 참조).

(2) 경매에 의한 실행(이른바 '처분청산형')

채권자 C는 채무자 A가 변제기에 차용금을 반환하지 않으면 그 건물의 경매를 청구할 수 있다. 이 경우 경매에 관하여는 가등기담보권을 저당권으로 본다(가등기담보법 제12조 제1항). 건물이 경매된 경우에 C는 A에 대한 다른 채권자보다 자기 채권의 우선변제를 받을 권리가 있다(동법 제13조).

3. 소 결

이상에서 보듯 가등기담보권의 사적 실행의 경우에는 채권자 C가 담보목적물(여기서는 乙건물)의 소유권을 취득하지만, 경매에 의한 실행의 경우에는 일반적으로 C가 아닌, 제3자가 담보목적물의 소유권을 취득하게 된다는 점에서 서로 다를 수 있다. 즉, 전자의 경우는 채권자가 '채무자로부터 대물변제'를 받은 셈이지만, 후자의 경우는 채권자가 '제3자의 변제'를 받은 셈이다.

설문에서 C가 乙건물의 소유권을 취득한 것으로 상정하고 있으므로, C는 사적 실행의 방법에 의하여 자신의 가등기담보권을 행사하였다고 판단해도 좋을 것이다. 그러나 경매를 청구한 담보권자도 이론상으로는 경매에 참여하여 담보목적물을 매수할 수 있으므로, 이하에서는 두 가지 실행방법을 모두 염두에 두기로 한다.

Ⅲ. C의 가등기담보권과 D의 저당권의 관계

1. 원　　칙

A에 대한 D의 피담보채권의 변제기가 도래했음에도 불구하고 A가 임의로 변제하지 않아 이행지체에 빠진 경우 원칙적으로 D는 자신의 저당권을 실행할 수 있다. 그러나 D는 C보다 후순위권리자이기 때문에(가등기담보법 제2조 제5호), 원칙적으로 D는 C가 가등기담보권을 사적으로 실행하는 경우에는 A에게 통지된 청산금의 평가액의 범위내에서(동법 제5조), 혹은 C가 가등기담보권을 경매청구의 방법에 의하여 실행하는 경우에는 C가 경매대금으로부터 우선변제를 받고 남은 잔액에 대해서만 자신의 권리를 행사할 수 있을 뿐이다.

2. C가 가등기담보권을 사적으로 실행한 경우

C가 가등기담보권을 사적으로 실행하는 경우에 채무자 A에게 통지된 평가액의 범위 안에서 후순위권리자인 D는 그 순위에 따라 채무자 A가 지급받을 청산금에 대하여 청산금지급시점까지 그 권리를 행사할 수 있으며, 직접 채권자 C에 대하여 청산금의 지급을 요구할 수도 있다(가등기담보법 제5조 제1항). D가 이러한 권리를 행사함에 있어서는 피담보채권의 범위 안에서 그 채권의 명세와 증서를 채권자 C에게 제시·교부하여야 한다(동법 제5조 제2항). C가 이 명세와 증서를 받고 D에게 청산금을 지급하면 그 범위 안에서 C의 A에 대한 청산금채무는 소멸한다(동법 제5조 제3항). 이와 같은 D의 권리행사를 저지하려고 하는 자는 청산금을 압류 또는 가압류하여야 한다(동법 제5조 제4항).

후순위권리자 D도 C의 가등기담보권의 사적 실행에 중대한 이해관계를 갖는 자이므로 일정한 통지를 받을 권리가 있다. 즉, C는 전술한 채무자 A에 대한 통지가 도달한 때에는 지체없이 후순위권리자 D에 대하여도 그 통지의 사실과 내용 및 도달일을 통지하여야 한다(동법 제6조 제1항). C가 이와 같은 통지를 하지 않고 A에게 청산금을 지급한 경우에는 이로써 D

에게 대항할 수 없다(동법 제7조 제2항). 물론 이러한 채무자에 대한 가등기담보권자의 청산금지급채무의 제한은 후순위권리자에 대한 관계에서 상대적인 것으로서, 제한에 위반하여 채무자에게 청산금을 지급한 가등기담보권자는 이중지급의 위험을 감수해야 한다(판례 [3-2] 참조).

한편 D가 위와 같은 C의 통지내용에 불복하는 때에는 D는 청산기간내에 한하여 자기의 피담보채권의 변제기 도래 전이라도 건물의 경매를 청구할 수 있다(동법 제12조 제2항). 이 경우는 저당권의 실행과 동일하게 처리된다(제363조 참조). 이처럼 후순위권리자인 D에게 변제기 도래 전에 경매청구를 할 수 있도록 한 것은 C가 담보권을 실행하는 경우에 D에게 발생할 수 있는 불리한 상황을 방지하기 위한 것이다.

3. C가 가등기담보권을 경매를 통해 실행한 경우

C가 가등기담보권을 경매청구방법에 의하여 실행하는 경우에는 저당권의 실행에 준한다(가등기담보법 제12조 제1항). 따라서 D는 건물의 경매대금 중에서 C가 우선변제를 받고 난 잔액에 대하여서만 권리를 갖는다(동법 제13조).

한편 D 역시 저당권실행을 위하여 건물의 경매를 청구할 수 있다(제363조). 건물에 대하여 경매개시의 결정이 있는 경우에 D의 경매신청이 C가 청산금을 지급하기 전에 행하여진 때(청산금이 없는 경우에는 청산기간의 경과 전)에는 C는 가등기에 기한 본등기를 청구할 수 없으며, 그 경매절차에 참가하여 배당을 받아야 한다(동법 제14조).

4. 소 결

C가 담보권을 사적으로 실행하여 스스로 소유권을 취득하거나, 또는 경매를 청구함으로써 제3자에게 경락되어 소유권이 이전된 때에는 D의 저당권은 소멸한다(이른바 掃除主義, 민사집행법 제91조 참조). 결과적으로 어떠한 방법으로든지 D가 A에 대한 피담보채권액을 충분히 회수하지 못하면 그 잔액에 관하여 D는 A에 대한 (담보없는, 즉 속칭 무담보의) 일반채권자로 남게 된다.

Ⅳ. 건물소유권을 취득한 C(또는 제3자)에 대한 B의 건물철거청구권

1. 문 제 점

만일 乙건물의 소유권을 취득한 C 또는 제3자에게 그 건물대지인 甲토지를 사용할 권원이 없다면, 甲토지의 공유자로서 B는 乙건물의 철거를 요구할 수도 있을 것이다(제213조, 제214조)(대판 1962.4.12, 4294민상1242(공유물 전부에 대한 방해배제청구); 대판 1966.4.19, 66다283(공유물반환청구)). 따라서 가등기담보권의 실행결과로서 건물의 소유권을 취득한 매수인(C 또는 제3자)이 그 건물의 소유를 위하여 甲토지 위에 법정지상권을 취득하는가의 문제가 제기된다. 건물소유자였던 A가 甲토지를 B와 공유하고 있음으로써 발생하는 당연한 문제이다.

2. 법정지상권의 인정 여부

법정지상권은 동일한 사람의 소유에 속하는 토지와 그 지상건물 중에서 어느 하나(또는 두 곳 모두)에 설정되어 있던 저당권이나 가등기담보권이 실행된 결과 양자가 각각 다른 소유자에게 귀속된 경우에, 토지소유자는 건물소유자에 대하여 지상권을 설정한 것으로 의제하는, 건물소유자를 위한 권리를 말한다(제366조; 가등기담보법 제10조)(동일인에게 속하는 대지와 건물 중 건물에 전세권이 설정되었을 때 대지소유권의 특별승계인은 건물의 전세권설정자, 즉 건물의 소유권자에 대하여 지상권을 설정한 것으로 본다(제305조 제1항 본문). 건물의 전세권자는 제304조 제1항에 의하여 토지를 용익할 수 있다). 따라서 법정지상권이 성립하기 위해서는 저당권이나 가등기담보권이 설정될 당시 건물과 대지의 각 소유권이 동일인에게 속하고 있었어야 한다(판례 참조 [4-1]). 이러한 요건을 요구하는 이유는 일반적으로 담보권자는 건물이나 대지의 담보가치를 파악할 때 건물과 대지의 정당한 용익관계를 전제하고 있기 때문이다.

사안의 경우 가등기담보권의 설정자이었던 A가 건물의 소유자이기는 하지만, 그 부지인 甲토지에 관하여는 B와 공유하고 있었기 때문에 건물과 대지의 각 소유권이 원칙적으로 동일한 1인에게 귀속하다가 분리된 경우에 인정되는 법정지상권의 성립을 곧바로 긍정하기 어렵다는 문제가 있다. 이때에 법정지상권을 인정하게 되면 토지공유자 1인(A)으로 하여금 다른 공유자(B)의 지분에 대해서까지 지상권설정의 처분행위를 허용하는 셈이 되어 부당하기 때문이다(판례 [4-2] 참조). 지상권의 설정은 토지의 전면적 이용을 수반하는 처분행위이기 때문에 공유자 1인이 이를 단독으로 설정할 수 없다.

3. 약정지상권 등의 용익권의 인정 여부

'토지 위에 건물을 짓고 이를 소유하게 하는 것'은 그 토지의 전면적 이용을 수반하므로 그 토지의 '처분행위'에 해당한다고 하겠다. 따라서 공유토지 위에 건물을 짓는 경우에는 모든 공유자의 동의를 요한다(제264조).

사안에서 甲토지는 A와 B 2인의 공유이다. A가 타공유자 B의 동의를 얻어 건물을 신축하고 소유한 것이므로, A와 B 사이에는 토지의 용익을 정당화하는 법률관계의 성립을 긍정할 수 있을 것이다. 즉, 건물신축에 동의한 B로서는 당연히 A의 토지이용권을 승인 내지 묵인하였다고 볼 수 있다. 토지이용권으로는 물권으로서 甲토지에 대한 지상권이, 채권으로는 임차권(임대인 B에 대한 A의 임차권)이 고려될 수 있다. 그러나 전자의 권리는 등기하지 않으면 성립하지 않으며(제186조 참조), 후자의 권리는 등기하지 않으면 채무자(B) 이외의 제3자에게 대항할 수 없다(제621조 제2항, 판례 [4-4] 참조).

따라서 乙건물에 대한 가등기담보권이 사적으로 실행됨으로써 C가(또는 경매에 의한 실행으로 C 아닌 제3자가) 건물의 소유권을 취득한 경우에, 주물과 종물의 법리(제100조 제2항)가 유추적용('甲토지 위에 건물을 짓고 이를 소유하게 하는' 의사 속에는 甲토지를 이용하도록 승인하는 의사가 수반된다는 해석. 즉, 전자의 의사 속에는 후자의 의사가 종된 내용으로 수반하는 것이므로 마치 종물을 주물의 처분에 따르는 것과 같이 유추해석하는 것임)됨으로써 甲토지에 대한 A의 용익권, 즉 지상권설정의 의사를 인정한다면 지상권설정등기청구권이, 임대차관계설정의 의사를 인정한다면 임차권이 C(또는 제3자)에게 주어져야 한다.

이러한 결과는 건물이 제3자에게 양도되지 않을 것을 조건으로 B가 건물신축에 동의했더라도 달라지지 않는다. A와 B 사이의 합의에 반하는 A의 건물양도행위는 B에 대한 채무불이행이 되므로 B는 이로 인한 손해의 배상을 대내적으로 청구할 수 있을 것이지만(제390조), A의 양도행위를 대외적 관계에서 무효로 다룰 수는 없기 때문이다.

Ⅴ. 설문에 대한 해답

D의 저당권은 선순위담보권인 C의 가등기담보권에 우선할 수 없다. 따라서 D는 C가 가등기담보권을 사적으로 실행하는 경우에는 A에게 통지된 청산금의 평가액의 범위내에서(가등기담보법 제5조), 그리고 C가 가등기담보권을 경매청구의 방법에 의하여 실행하는 경우에는 C가 경매대금으로부터 우선변제를 받고 남은 잔액에 대해서만 자신의 권리를 행사할 수 있을 뿐이다. 어떠한 방법으로든지 D가 A에 대한 피담보채권액을 충분히 회수하지 못하면 그 잔액에 관하여 D는 A에 대한 (담보없는, 즉 속칭 무담보의) 일반채권자로 남게 된다.

C의 가등기담보권이 실행되어 乙건물의 소유권자로 된 자(C 또는 제3자)는 甲토지의 공유자로서 B의 건물철거요구에 대하여 법률상 내지 관습상의 법정지상권을 주장할 수 없다. 그러나 C는, 건물신축에 동의한 타공유자 B에 대하여 A가 취득한 지상권설정등기청구권 또는 임차권을 종물법리의 유추적용에 따라 乙건물의 소유권과 함께 취득한다고 보아야 하기 때문에, C는 토지이용권원이 있음을 이유로 B의 건물철거요구를 정당하게 거부할 수 있다(제213조 단서). 다만, C가 건물소유권과 함께 취득한 지상권설정등기청구권과 임차권은 모두 B에 대한 채권에 지나지 않기 때문에, 지상권과 임차권이 등기되지 않는 한, B 이외의 제3자(예컨대 甲토지의 양수인)에 대해서는 토지이용권원을 주장하기 어렵게 될 것이다.

≪판 례≫

[1] 대물변제가 대물변제예약의 의미를 가지는 경우 약한 의미의 양도(이전등기)담보

[1-1] (대판 1991. 12. 24, 91다11223) 재산권을 이전하기로 한 당사자간의 약정이 담보목적이 아니라 대물변제의 의사로 한 것이더라도 약정 후 3년 이내에 채무자가 그간의 원리금을 지급하면 채권자는 목적물을 채무자에게 되돌려주기로 하는 약정도 함께 하였다면, 이는 결국 대물변제의 예약이라고 봄이 상당하며 그 약정 당시의 가액이 원리금을 초과하므로 대물변제의 예약 자체는 무효이고 다만 양도담보로서의 효력만 인정하여야 한다.

[1-2] (대판 1992.5.26, 91다28528) 채권담보의 목적으로 가등기를 경료한 후 일정시기까지 채무금을 변제하면 가등기를 말소하고, 그 채무금을 변제하지 않으면 가등기에 기한 본등기를 담보목적으로 이행한다는 내용의 제소전 화해를 하였다가 채무자가 채무금을 변제하지 않아 그 제소전 화해에 따라 가등기에 기한 본등기를 마친 경우라면 그 소유권이전등기는 위 채권에 대한 담보권의 실행을 위한 방편으로 경료된 이른바 정산절차를 예정하고 있는 약한 의미의 양도담보의 뜻으로 보아야 할 것이다.

[2] 가등기담보법의 적용범위 및 담보가등기(=가등기담보)

[2-1] (대판 1996.11.29, 96다31895) 가등기담보법은 차용물의 반환에 관하여 다른 재산권을 이전할 것을 예약한 경우에 적용되는 것인바, 매매계약에 따른 소유권이전등기청구권보전을 위한 가등기를 매매계약의 해제에 따른 대금반환채무를 담보하는 담보가등기로 유용하기로 당사자 사이에 합의하였다고 하더라도 이는 차용물의 반환에 관하여 대물변제예약으로 마친 것으로 볼 수는 없어서 같은 법이 적용되지 않는다.

[2-2] (대판 1993.10.26, 93다27611) 가등기담보법은 재산권이전의 예약에 의한 가등기담보에 있어서 그 재산의 예약 당시의 가액이 차용액 및 이에 붙인 이자의 합산액을 초과하는 경우에 한하여 그 적용이 있다 할 것이므로, 가등기담보부동산에 대한 예약 당시의 시가가 그 피담보채무액에 미치지 못하는 경우에 있어서는 같은 법 제3조, 제4조가 정하는 청산금평가액의 통지 및 청산금지급 등의 절차를 이행할 여지가 없다.

[2-3] (대판 1992.2.11, 91다36932) ① 가등기담보등에관한법률의 규정에 따른 청산절차 진행 전에 신청된 강제경매에 의하여 제3자에게 소유권이전이 된 이상, 담보가등기권자는 더 이상 가등기에 기한 본등기를 청구할 수 없다. ② 가등기가 담보가등기인지 여부는 그 등기부상 표시나 등기 시에 주고받은 서류의 종류에 의하여 형식적으로 결정될 것이 아니고 거래의 실질과 당사자의 의사해석에 따라 결정될 문제라고 할 것이다.

[3] 가등기담보권의 실행

[3-1] (대판 1992.1.21, 91다35175) 약한 의미의 양도담보가 된 경우 채무의 변제기가 도과된 후라고 하더라도 채권자가 담보권을 실행하여 정산절차를 마치기 전에는 채무자는 언제든지 채무를 변제하고 채권자에게 가등기 및 그 가등기에 기한 본등기의 말소를 청구할 수 있다.

[3-2] (대판 1996.7.12, 96다17776) 가등기담보권자인 채권자가 청산기간이 경과하기 전 또는 가등기담보법 제6조 제1항에 의하여 채무자에게 청산통지를 하였다는 사실 등을 후순위권리자에게 통지하지 아니하고, 채무자에게 청산금을 지급한 경우에는 이로써 후순위권리자에게 대

항할 수 없는 것이나, 이러한 채권자의 변제제한의 효력은 후순위권리자에게만 적용되는 상대적인 것이므로, 후순위권리자는 청산금채권이 아직 소멸하지 않은 것으로 보고 채권자에게 직접 권리를 행사할 수 있고 후순위권리자가 채권자에게 청산금을 지급하여 줄 것을 청구하게 되면 채권자로서는 청산금의 이중지급의 책임을 면할 수 없다는 취지일 뿐이지, 후순위권리자가 존재한다는 사유만으로 채무자에게 담보권의 실행을 거부할 권원을 부여하는 것은 아니다. 따라서 같은 법 제6조 제1항의 통지를 받은 후순위권리자가 채권자에게 직접 권리를 행사한 바가 없고 또한 청산기간을 경과하게 되면, 채권자는 채무자에게 청산금을 변제할 수 있음은 물론, 채권자가 채무자에 대하여 가등기담보에 의하여 담보되지 아니한 별개의 금전채권을 가지고 있는 경우에는 이것을 자동채권으로 하여 채무자의 청산금채권을 상계할 수 있다.

[4] 민법, 가등기담보법에 의한 법정지상권 또는 관습상의 법정지상권

[4-1] (대판 1988.9.27, 88다카4017) 제366조에 의한 법정지상권 또는 관습에 의한 법정지상권이 인정되려면 동일인의 소유에 속하는 토지와 그 위에 있는 가옥이 경매 기타 적법한 원인행위로 인하여 각기 그 소유자를 달리하는 경우에 발생하는 것이고 토지와 그 위의 가옥의 소유자가 각기 달리하고 있던 중 토지 또는 가옥만이 경매 기타 원인으로 다시 다른 사람에게 소유권이 이전된 경우에는 인정할 수 없다.

[4-2] (대판 1987.6.23, 86다카2188) 토지의 공유자 중의 1인이 공유토지 위에 건물을 소유하고 있다가 토지지분만을 전매함으로써 단순히 토지공유자의 1인에 대하여 관습상의 법정지상권이 성립된 것으로 볼 사유가 발생하였다고 하더라도 당해 토지 자체에 관하여 건물의 소유를 위한 관습상의 법정지상권이 성립된 것으로 보게 된다면 이는 마치 토지공유자의 1인으로 하여금 다른 공유자의 지분에 대하여서까지 지상권설정의 처분행위를 허용하는 셈이 되어 부당하다 할 것이므로 위 경우에 있어서는 당해 토지에 관하여 건물의 소유를 위한 관습상의 법정지상권이 성립될 수 없다.

[4-3] (대판 1998.4.24, 98다4798) 원소유자로부터 대지와 건물이 한 사람에게 매도되었으나 대지에 관하여만 그 소유권이전등기가 경료되고 건물의 소유명의가 매도인명의로 남아 있게 되어 형식적으로 대지와 건물이 그 소유명의자를 달리하게 된 경우에는 그 대지의 점유·사용 문제는 매매계약 당사자 사이의 계약에 따라 해결할 수 있는 것이므로 양자 사이에 관습에 의한 법정지상권을 인정할 필요는 없다.

[4-4] (대판 1993.4.13, 92다55756) 토지의 공유자의 한 사람이던 X가 다른 공유자의 지분 과반수의 동의를 얻어 그 지상에 건물을 건축하였

고, Y는 그후 공유자 일부로부터 공유지분을 취득하여 공유물분할방법으로 경매를 통하여 토지 전부의 소유권을 취득한 것이므로, 이는 토지와 건물이 동일인 소유였다가 경매를 통하여 토지의 소유권만이 Y에게 속하게 된 경우에 해당하여 X는 그 토지에 관습법상의 법정지상권을 취득하였다는 것이나, 이 경우 토지 자체에 관하여 관습상의 법정지상권이 성립되는 것으로 보게 되면 이는 토지공유자의 1인으로 하여금 자신의 지분을 제외한 다른 공유자의 지분에 대하여서까지 지상권설정의 처분행위를 허용하는 셈이 되어 부당하므로 받아들일 수 없고, X가 건축 당시 토지공유자의 과반수의 동의를 얻었다면 이는 공유물의 관리행위에 해당하므로 (예전의 공유자들이) X에 대하여 한 사용승낙이나 사용대차는 적법할지 몰라도, 이로써 (X가) 경락취득인인 Y에게는 대항할 수 없다.

[債 權 法]

事例 31

第3者에 의한 物權과 債權의 侵害

≪설 문≫

2006. 3. 24. B는 A와 시가 1,000만원 상당의 골동품도자기를 매수하기로 하는 매매계약을 체결하고, 동년 4. 2. 이를 인도받으면서 대금을 지급하기로 하였다. 그러나 동년 3. 26. 새벽 A의 집에 침입하였던 절도범 C가 우연히 문제의 도자기를 훔쳐 달아나던 중 이를 일부 훼손하였으며, 현재 이를 친구 D에게 맡겨 놓은 상태이다.

C가 동년 4. 3. B로부터 도자기를 절취한 경우와 비교하면서, A 및 B와 C 및 D 사이의 법률관계를 검토하시오(단, C와 D의 형사책임은 논외로 한다).

목차제안

Ⅰ. 논점분석
Ⅱ. 물권과 채권
1. 개 념
2. 제3자에 의한 물권침해
3. 제3자에 의한 채권침해
4. 소 결

Ⅲ. 물권변동에 따른 당사자 사이의 법률관계
1. C가 도자기를 2006. 3. 26.에 절취한 경우
(1) C 또는 D에 대한 A의 청구권
(2) C 또는 D에 대한 B의 청구가능성

풀이제안

Ⅰ. 논점분석

매매계약만으로 B는 A에 대하여 매매목적물인 도자기의 소유권이전 청구권, 즉 채권을 가질 뿐이다(제563조, 제568조 참조). 매도인 A가 매매계약에 따른 자신의 채무를 이행함으로써 물권변동이 생긴 후에야 비로소 B는 도자기의 완전한 소유권자가 될 수 있다(제188조 내지 제190조 참조). 따라서 제3자 C가 매매목적물인 도자기를 절취·훼손한 경우 A의 이행행위가 있기 전과 후의 시점으로 나누어, 즉 A가 여전히 소유권자인 경우와 B가 A로부터 소유권을 승계취득한 경우로 나누어 이들 각각이 C 또는 D에 대하여 어떠한 내용의 청구를 할 수 있는가를 검토해야 한다. 아울러 A의 이행행위가 있기 전의 시점에서의 C의 절취행위는 B의 A에 대한 채권을 침해한 것으로 평가될 수 있으므로 제3자에 의한 채권침해의 문제도 검토해야 한다. 이러한 문제들을 명확하게 하기 위해서는 우선 채권과 물권의 법적 성질 및 효력에 관한 이해가 선행되어야 한다.

Ⅱ. 물권과 채권

1. 개　념

채권은 '특정인(채권자)이 특정인(채무자)에 대하여 일정한 행위(급부)를 요구하고, 채무자가 이행한 후에는 그 결과를 적법하게 보유할 수 있는 급부청구권'이다. 반면 물권은 '특정인(권리주체)이 일정한 물건을 직접 지배하여 이익을 향유할 수 있는 배타적 지배권'이다. 요컨대 채권은 채무자에 대한 권리(債權關係)인 반면, 물권은 물건에 대한 권리(物權關係)이다. 또한 채권과 물권은 그 효력에 있어서 청구권과 지배권이라는 본질적인 차이가 있다.

2. 제3자에 의한 물권침해

물권은 지배권의 일종으로서 모든 사람에 대하여 주장할 수 있는 권리이므로 절대성을 그 특질로 한다.

우선 고의 또는 과실로 인한 위법행위로 타인의 소유권(소유물)을 침해함으로써 그에게 손해를 가한 제3자에 대하여 소유권자는 불법행위를 이유로 한 손해배상청구권을 가진다(제750조).

또한 소유권자는 자신 소유의 물건을 불법하게 탈취하여 점유하는 제3자에 대하여 ―그가 누구이든지― 소유물의 반환을 청구할 수 있다(제213조).

3. 제3자에 의한 채권침해

채권은 청구권의 일종으로서 특정인에 대한 권리이므로 상대성을 그 특질로 한다. 그러므로 채권은 원칙적으로 채무자에 의해서만 만족을 얻거나 침해될 수 있으며, 이는 채무불이행의 문제로 귀착한다.

채권도 권리이기 때문에 채권을 침해한 제3자에게 불법행위책임(제750조)이 귀속될 수 있는지가 문제될 수 있다. 판례(판례 [1] 참조)와 다수설(곽윤직, 채권총론, 79면 이하; 임정평, 채권총론, 115면 등 참고)은 채권의 성질상 그 침해가 가능한 경우에도 행위자의 '고의' 및 침해행위의 위법성이 인정되는 한도내에서만 불법행위책임을 물을 수 있다고 한다(제3자의 채권침해에 관하여 자세한 것은 별도의 [사례 37] 및 김형배, 민법학강의(제6판), 1655면 이하 참조).

또한 급부목적물을 탈취해 간 제3자에 대하여 채권자가 채권에 기초하여 급부목적물의 반환을 청구할 수 없다는 것이 특히 판례의 태도이다(판례 [2] 참조).

4. 소　결

사례에서 B가 A로부터 도자기의 소유권을 취득(=A로부터 B에로의 소유권이전)하기 위해서는 A와 B 사이에 물권행위(물권적 합의)와 ―통상적으로는― 현실인도(제188

조 제1항, 도자기의 점유이전(그 밖의 소유권이전을 위한 引渡의 대체수단으로는 제188조 제2항(간이인도), 제189조(점유개정), 제190조(목적물반환청구권의 양도)))가 있어야 한다. 이를 채권계약(매매계약)의 측면에서 본다면 A가 물권적 의사표시를 하고 도자기를 인도하는 것이 바로 매도인으로서의 의무, 즉 채무를 이행하는 것이 된다. 이러한 물권변동이 있기 전까지 도자기의 소유권자는 A이며, 그 이후에는 B이다.

Ⅲ. 물권변동에 따른 당사자 사이의 법률관계

1. C가 도자기를 2006. 3. 26.에 절취한 경우

(1) C 또는 D에 대한 A의 청구권

B는 3. 24. A와 체결한 매매계약(제563조)에 의해 A에 대하여 소유권이전행위(물권적 합의와 인도)를 요구할 수 있는 채권적 청구권, 즉 채권을 취득하게 된다(제568조). 그러므로 매매의 목적물인 도자기의 소유권은 여전히 A에게 남아있고, B는 약속한 이행기 4. 2.에 도자기의 소유권을 이전해줄 것을 A에게 요구할 수 있을 뿐이다.

따라서 소유권자인 A만이 무권리자인 D에게 도자기의 반환을 청구할 수 있는 물권적 청구권을 가진다(제213조). 또한 A는 그 도자기를 훼손한 C에 대하여 소유권침해에 따른 불법행위를 이유로 손해배상을 청구할 수 있다(제750조).

(2) C 또는 D에 대한 B의 청구가능성

제3자 C의 절취행위가 B의 A에 대한 소유권이전채권을 침해하는 불법행위를 구성하는 경우, B도 C에 대하여 그로 인해 발생한 손해배상을 청구할 수 있을 것이다(제750조). 그러나 사례의 경우 C가 절취행위를 통하여 B의 채권을 '고의'로 침해한 것이라고는 볼 수 없다. 채권은 일반적으로 공시되지도 않을 뿐만 아니라, 특히 사례의 C가 A에 대한 B의 채권의 존재를 인식하였다고 볼 수도 없기 때문이다. 따라서 B의 채권에 대한 C의 불법행위는 성립할 수 없다. 또한 B는 어떠한 법적 근거도 없기 때문에 D에 대하여 직접 도자기의 반환을 청구할 수도 없다. 다만 A가 D로부터 도자기를 되찾아 오는 것을 게을리하는 경우, B는 A에 대한 도

자기의 소유권이전청구권(채권)을 보전하기 위하여 A가 D에 대하여 가지는 소유권에 기한 소유물반환청구권(물권적 청구권)을 ──경우에 따라서는 법원의 허가를 얻어── 대위행사할 수 있다(제404조, 제405조)(채권자대위권과 관련하여 자세한 것은 별도의 [사례 38] 참조).

2. C가 도자기를 2006. 4. 2. 이후 절취한 경우

2006. 4. 2.에 A와 B 사이에 이조백자의 소유권이전에 관한 물권적 합의와 도자기의 현실인도가 이루어졌다면 그 이후부터 B가 도자기의 소유권을 취득하게 된다(제188조 제1항). 따라서 4. 2. 이후에는 B만이 소유권에 기한 물권적 반환청구권(제213조)과 소유권침해에 대한 불법행위를 이유로 하는 손해배상청구권(제750조)을 행사할 수 있다. B는 D에 대해서 도자기의 반환을, C에 대해서는 도자기 훼손에 따른 손해의 배상을 각각 청구할 수 있다.

Ⅳ. 설문에 대한 해답

사례에서 C의 절취행위 당시 도자기의 소유권자는 A이므로, A는 소유권자로서 C에게 소유권침해에 따른 불법행위를 이유로 하는 손해배상청구권(제750조)을, D에게 소유권에 기한 소유물반환청구권(제213조)을 각각 행사할 수 있다. 한편, C의 채권침해에 대해 ──침해행위에 대한 위법성판단의 문제를 도외시하더라도 이미── C의 고의를 인정하기 어려우므로 B는 C에게 불법행위책임을 물을 수는 없고, 다만 A가 D에 대하여 가지는 소유물반환청구권을 대위행사할 수 있을 것이다.

C의 절취행위가 물권변동 이후에 발생했다면 B는 도자기의 완전한 소유권을 취득하므로, 이때에는 B만이 C와 D에 대하여 소유권침해에 따른 불법행위를 이유로 하는 손해배상청구권(제750조)과 소유권에 기한 소유물반환청구권(제213조)을 각각 행사할 수 있다.

≪판 례≫

[1] 제3자에 의한 채권침해로 불법행위책임이 성립하기 위한 요건

(대판 2001. 5. 8, 99다38699) 제3자에 의한 채권침해가 불법행위를 구성할 수는 있으나 제3자의 채권침해가 반드시 언제나 불법행위가 되는 것은 아니고 채권침해의 태양에 따라 그 성립 여부를 구체적으로 검토하여 정하여야 하는바, 독립한 경제주체간의 경쟁적 계약관계에 있어서는 단순히 제3자가 채무자와 채권자간의 계약내용을 알면서 채무자와 채권자간에 체결된 계약에 위반되는 내용의 계약을 체결한 것만으로는 제3자의 고의·과실 및 위법성을 인정하기에 부족하고, 제3자가 채무자와 적극 공모하였다거나 또는 제3자가 기망·협박 등 사회상규에 반하는 수단을 사용하거나 채권자를 해할 의사로 채무자와 계약을 체결하였다는 등의 특별한 사정이 있는 경우에 한하여 제3자의 고의·과실 및 위법성을 인정하여야 한다.

[2] 채무자 아닌, 제3자에 대한 채권자의 급부목적물반환청구권(소극)

(대판 1981. 6. 23, 80다1362) A가 C로부터 매수한 본건 토지의 일시경작권은 채권적인 권리에 불과하여 대세적인 효력이 없으므로 A가 동일시경작권을 매수하였다는 사유만으로 곧 제3자인 B에게 직접 본건 토지의 인도를 청구할 수 없다.

[債　權　法]

事例 32

種類債權과 債權者遲滯

≪설 문≫

강릉에서 농장을 운영하는 A는 서울에서 식품도매업을 하는 B와 전화로 '강원도 감자' 1,000만원어치(1천원/Kg)를 팔기로 하는 계약을 체결하고, C택배회사에 감자의 운송을 의뢰하였다.

(1) 서울로 가던 C회사 차량이 영동고속도로상에서 발생한 자동차 연쇄추돌사고로 인하여 전복되었고, 그로 인해 감자가 모두 훼손되어 폐기처분되었다. B가 A에게 추가비용의 부담없이 감자의 우송을 다시 요구할 수 있는지 검토하시오.

(2) 만일 C회사 차량이 B의 영업소에 무사히 도착하였으나, 이상고온현상으로 운송중 감자 대부분이 부패하였다면 이 경우에 B가 A에게 감자의 우송을 재차 요구할 수 있는지 검토하시오.

(3) 만일 C회사 차량이 약속한 시간에 정확하게 B의 영업소에 도착하였으나, B를 비롯한 모든 직원이 야유회를 떠난 바람에 감자를 인도할 수 없었던 택배기사 D가 다시 되돌아오던 중 중앙선을 침범한 반대편 차량과 추돌하는 교통사고를 당하여 감자 전량이 훼손되었다면 이 경우에 A와 B 사이의 법률관계를 검토하시오(단, 자동차손해배상보장법에 따른 법률문제는 논외로 한다).

목차제안

Ⅰ. 논점분석

Ⅱ. 설문(1): A에 대한 B의 감자급부청구권
1. A에 대한 B의 채권의 성질
(1) 종류채권의 의의
(2) 특정물채권과의 구별
(3) 종류물의 품질
(4) 소 결
2. 종류채권의 특정
(1) 특정의 의의
(2) 특정의 방법
(3) 변제장소와 연계된 특정시점
(4) 특정에 따른 효과
1) 조달위험의 면제와 선관주의의무
2) 채무자의 변경권한
3. 소 결

Ⅲ. 설문(2): A에 대한 B의 감자급부청구권
1. 하자있는 종류물로 특정이 되는지 여부
2. B의 수령거부와 그에 따른 법률관계
(1) A와 B의 법률관계
(2) A와 C의 법률관계
3. '부패한 감자'를 수령한 B에 대한 A의 하자담보책임
4. 소 결

Ⅳ. 설문(3): 채권자지체에 따른 A와 B의 법률관계
1. 채권자지체의 의의
2. 채권자지체에 대한 학설대립
(1) 채무불이행설
(2) 법정책임설
(3) 절충설
(4) 소 결
3. 채권자지체 중 반대급부위험의 이전
(1) 과실의 유무에 따른 반대급부위험이전
(2) 소 결

Ⅴ. 설문에 대한 해답

풀이제안

I. 논점분석

A와 B 사이의 매매계약에 기하여 A는 B에게 1,000만원 상당의 '강원도 감자'를 인도하여 그 소유권을 이전할 채무(급부 의무)를 부담하고, B는 A에 대하여 감자급부(소유권 이전)청구권, 즉 채권을 가진다(제563조, 제568조). 그러나 사례에서 A가 B에게 급부하여야 할 목적물이 매매계약의 성립 당시에는 아직 구체적으로 특정되어 있지 않은 것으로 판단된다. 따라서 B가 A에 대해 가지는 채권의 성질이 무엇인지 먼저 검토되어야 한다. 즉, 특정물이 아닌, 종류물을 목적물로 하는 채권이 성립하는 경우에는 급부목적물의 특정과 관련하여 그 방법과 시기 및 효과가 문제된다.

설문(1)은 특히 종류물의 특정에 따른 효과와 관련된 문제로서, 매매목적물의 특정이 있기 전에 채무자가 소유하고 있는 종류물이 전부 멸실하였거나 또는 채무자가 급부하려고 분리해 놓은 종류물이 멸실된 경우에 채무자는 다시 급부하여야 하는가의 여부, 즉 채무자의 이른바 '조달위험'의 부담 여부를 검토해야 한다.

설문(2)에서는 채무자가 부패한 '강원도 감자', 즉 하자있는 종류물로 변제제공을 한 때에도 A와 B 사이의 매매계약의 목적물이 하자있는 그 종류물로 특정될 수 있는지 여부를 검토해야 한다. 또한 하자에 대해서는 누가 위험을 부담하는가를 검토해야 한다.

설문(3)에서는 채무자의 채무의 내용에 좇은 유효한 변제제공(제460조, 제390조 참조)이 있는 경우, 채권자가 변제를 수령하지 않음으로써 발생하는 법률효과를 검토해야 한다.

Ⅱ. 설문(1): A에 대한 B의 감자급부청구권

1. A에 대한 B의 채권의 성질

(1) 종류채권의 의의

매도인이 소유권을 이전해야 할 물건, 즉 매수인의 채권의 목적물을 종류와 수량에 의해서만 정하는 경우를 종류채권 또는 불특정물채권이라고 한다(판례 참조 [1]). 종류채권은 목적물의 개성을 중요시하지 않으며 일정한 종류에 속하는 물건의 일정량으로 나타낼 수 있는 것이면 어떤 물건에 대해서도 성립할 수 있다.

(2) 특정물채권과의 구별

종류채권은 계약체결 당시에 이미 급부의 목적물이 특정되어 있는 특정물채권과는 달리 그것이 성립할 당시에 구체적으로 어느 물건을 인도하여 그 소유권을 이전할 것인가가 아직 확정되어 있지 않은 채권이다. 여기서 종류채권이 성립했느냐 특정물채권이 성립했느냐 하는 것은 1차적으로 법률행위의 해석의 문제이므로 당사자 사이의 약정에 의한다. 즉, 인도해야 할 목적물이 대체성을 지녔다 하더라도 당사자가 이를 '특정물'로 취급할 수 있으며(판례 참조 [2]), 반대로 목적물이 대체성을 지니지 않더라도 당사자가 불특정물, 즉 종류물로 다룰 수 있다(김형배, 민법학강의(제6판), 907면 이하 참조). 따라서 대체성·부대체성의 개념은 거래의 일반관념에 의한 객관적 기준에 의하여 정하여지지만, 특정물·종류물의 개념은 당사자의 의사에 의하여 주관적으로 결정된다.

(3) 종류물의 품질

A가 B에게 인도해야 할 강원도 감자가 그 품질의 측면에서 상·중·하의 차등이 있는 경우에 A는 어떤 품질의 감자를 급부해야 하는가의 문제와 관련하여 민법은 '법률행위의 성질이나 당사자의 의사에 의하여 품질을 정할 수 없는 때에는 채무자는 중등품질의 물건으로 이행하여야 한다'(제375조 제1항)고 규정한다. 이에 따르면 첫째, 법률행위의 성질에 의한다는 것은 소비대차(제598조)·소비임치(제702조)의 경우 차주와 수치인이 반환해야 할 물건의 품질은 계약체결 당시에 받았던 물건과 동일한 품질이어야 함

을 말한다. 둘째, 당사자의 의사에 의한다는 것은 종류채권을 발생케 하는 계약에 있어서 당사자가 그 품질에 대하여 합의한 때에는 그 합의에 의하고, 그 후에 합의가 있은 때에는 이에 의하는 것을 말한다. 이때 당사자의 의사가 명확하지 않으면 거래관습에 의하여 보충된다(제106조 참조). 셋째, 이상의 방법에 의하여 품질을 정할 수 없는 때에는 中等의 품질을 가진 물건을 인도해야 한다. 중등품인지의 여부는 거래의 일반관념에 의하여 결정된다.

(4) 소 결

설문에서 A와 B 사이의 매매계약에 기하여 A가 B에게 인도해야 할 목적물은 '1만kg의 강원도 감자'이다. 즉, A가 B에게 인도해야 할 목적물을 정하는 기준으로 종류(강원도 감자)와 수량(1만kg)만이 제시되어 있을 뿐, 그 밖의 다른 기준(가령 어느 창고에 보관중인 감자라든가 또는 누구의 밭에서 수확된 감자라는 등(이 경우는 제한종류채권이 될 수 있다. 제한종류채권이란 당사자의 특약으로 동일 종류의 물건을 일정한 범위로 한정하여 이를 목적물로 하는 채권으로서, 목적물의 개성을 중요시하지 않는다는 점에서는 선택채권과 구별된다(김형배, 민법학강의(제6판), 908면))은 제시되어 있지 않다. 따라서 A에 대한 B의 채권은 종류채권으로 해석된다.

또한 A와 B 사이의 매매계약으로부터 그 성질이나 내용상 매매의 목적물인 강원도 감자의 품질을 정하는 구체적 기준은 제시되어 있지 않다. 그러나 강원도 감자가 타지역의 것보다 단단하고 수분이 비교적 적다고 하면 그러한 감자가 목적물이 되어야 한다. 이러한 감자 중에서도 上·中·下품이 구별될 수 있을 것이다. 따라서 A와 B 사이에 품질에 대한 구체적 약정이 없는 한 인도해야 할 강원도 감자는 중등품질의 것이어야 한다(제375조 제1항). 만일 A가 B에게 인도한 강원도 감자가 중등품질 이하의 것이라면 채무의 내용에 좇은 이행이 되지 않는다(제390조). 또한 중등품질 이상의 것으로 급부하는 것이 B에게 불리한 경우에도 마찬가지로 채무의 내용에 좇은 이행이 되지 않을 수 있다(김형배, 민법학강의(제6판), 909면).

2. 종류채권의 특정

(1) 특정의 의의

종류채권의 목적물은 그 종류와 수량에 있어서 추상적으로 정하여져 당사자들의 관념에만 존재하므로, 채무자가 현실적으로 채무를 이행하기 위해서는 그 종류에 속하는 물건 중에서 구체적으로 일정한 물건을 선정하여 계약의 목적물로 확정할 필요가 있다. 이처럼 급부목적물을 구체적으로 확정하는 것을 종류물의 特定 또는 集中이라 한다.

(2) 특정의 방법

특정의 방법은 당사자의 계약으로 정할 수 있음은 물론이지만, 이러한 당사자의 특약이 없으면 제375조 제2항의 규준에 따른다. 특정의 방법으로는 첫째, '채권자의 동의를 얻어 이행할 물건을 지정한 때'에 목적물은 특정된다(동 조항 제2문). 여기서 채권자의 동의는 채무자가 지정하는 데 대한 동의가 아니라 지정권을 수여한다는 의미(박준서, 주석민법(채권총칙(1)), 114면)로서, 이러한 특정 역시 계약에 의한 특정에 해당한다. 둘째, '채무자가 이행에 필요한 행위를 완료한 때'에 목적물의 특정이 있게 된다(동 조항 제1문). 이행에 필요한 행위를 완료한다는 것은 채무의 이행과 관련하여 채무자가 해야 할 필요한 행위를 전부 완료하는 것을 말한다. 따라서 원칙적으로 채무자가 채무의 내용에 좇은 변제의 현실제공(제460조 참조)을 한 때에 종류물채권의 목적인 급부목적물이 특정된다.

당사자 사이에 지정권의 부여 및 지정의 방법에 관한 합의가 없고, 채무자가 이행에 필요한 행위를 하지 아니하거나 또는 지정권자로 된 채무자가 이행할 물건을 지정하지 아니하는 경우에는 선택채권의 선택권이전에 관한 제381조가 준용되어 채권의 기한이 도래한 후 채권자가 상당기간을 정해 지정권이 있는 채무자에게 그 지정을 최고하여도 채무자가 이행할 물건을 지정하지 아니하면 지정권이 채권자에게 이전한다(판례 [3] 참조).

사례에서 A와 B 사이에 특정방법에 관한 합의가 있다거나 또는 채무자인 A에게 지정권이 수여되었다고 보기 어려우므로 A가 이행에 필요한 행위를 완료했을 때 제375조 제2항 제1문에 따라 A에 대한 B의 채권의 목적이 특정된다.

(3) 변제장소와 연계된 특정시점

특정은 결국 종류물채무를 구체적으로 이행하기 위하여 특정물채무로 변경시키는 것을 말하는데, 이러한 특정의 효과가 발생하는 시기는 지참채무 · 추심채무 · 송부채무의 각 경우에 따라 상이하다. 왜냐하면 '변제장소' 에서 행해진 변제제공만이 채무의 내용에 좇은 변제제공으로서 유효하기 때문이다.

먼저 지참채무는 채무자가 목적물을 채권자의 주소에 가지고 가서 이행하여야 하는 채무이다. 우리 민법상 특정물인도 이외의 채무변제에 관한 한 지참채무가 원칙이다(제467조 제2항: '채권자의 현주소 또는 현영업소')(대판 1991.10.22, 91다22902: 건물에 대한 임대료지급채무는 납부고지서의 발부에 의하여 비로소 발생하는 것이 아니라 건물을 일정기간 사용·수익함으로써 발생하는 것이고, 이 채무는 특별한 사정이 없는 한 지참채무라고 보아야 한다). 지참채무에 있어서는 채무자가 채권자의 주소에서 채무의 내용에 따라 현실의 이행의 제공을 한 때(제460조 제1문), 즉 목적물이 채권자의 주소에 도달하여 채권자가 언제라도 이를 수령할 수 있는 상태에 있을 때에 비로소 특정이 생긴다. 따라서 채무자가 목적물을 분리하여 직접 또는 이행보조자를 시켜 배달을 개시하거나, 운송기관에 위임하여 발송한 것만으로는 특정이 생기지 않는다. 다만 채권자가 정당한 이유없이 미리 수령을 거절한 때에는 채무자는 '현실제공' 없이 '구두제공'을 하는 것만으로도 특정이 생길 수 있다. 즉, 이 때에는 변제의 준비완료를 통지하고, 그 수령을 최고하는 것만으로도 목적물은 특정된다. 현실제공이 있는 상태에서 이행기가 도과되면 채권자는 수령지체에 빠지게 된다(제400조 이하 참조).

반면 추심채무는 채권자가 채무자의 주소에 와서 목적물을 추심하여 이행받아야 하는 채무로서, 채무자가 채권자의 추심에 언제든지 응할 수 있는 정도의 준비(급부목적물을 분리(급부목적물의 '분리'를 필요로 한다는 점에서 변제준비의 완료로서 족한 '구두제공'과 구별된다)해 놓고 채권자가 언제든지 수령할 수 있는 상태)를 해두고 그 뜻을 채권자에게 통지하여 수령을 최고한 때에(제460조 제2문 참조) 목적물의 특정이 생긴다. 또한 채권자가 미리 변제받기를 거절하거나 채무의 이행에 채권자의 행위를 요하는 경우에도 변제준비의 완료를 통지하고 그 수령을 최고하면 특정된다(제460조 제2문).

끝으로 송부채무는 채권자 또는 채무자의 주소 이외의 제3지에 목적물을 송부하는 채무로서, 제3지가 처음부터 이행장소로 정해진 경우와 제3지가 채무자의 호의로 이행장소가 된 경우로 나누어진다. 전자의 경우에는 지참채무와 다를 바 없으나, 후자의 경우에는 채무자가 제3지로 목적물을 발송한 때에 특정된다(통설. 그러나 발송한 때 특정된다고 해석하는 것은 독일민법 제477조 제1항의 규정을 본받은 것이다. 제3지를 이행장소로 정한 구체적 약정의 내용에 따라 특정의 효과의 발생 여부를 가려야 할 것이다).

(4) 특정에 따른 효과

1) **조달위험의 면제와 선관주의의무** 특정이 있기 전에는 종류물채무자가 소유하고 있는 그 종류의 물건이 모두 멸실·훼손되더라도 그 종류물이 거래계에 존재하는 한, 이를 다시 마련하여 급부해야 한다. 즉, 채무자는 그 물건을 다시 조달해야 하는 위험(조달위험)을 부담한다. 그러나 종류채권이 특정된 후에는 마치 특정물의 인도를 목적으로 하는 채권으로 다루어진다. 그러므로 특정 이후부터는 특정된 '그 물건'이 채권의 목적물로 되고, 채무자는 그것을 인도할 때까지 선량한 관리자의 주의로 보존해야 한다(제374조, 또한 판례 [4] 참조).

특정된 목적물이 채무자의 선관주의의무의 위반(귀책사유)으로 멸실된 경우에는 채무불이행(원칙적으로 이행불능)이 되어 본래의 급부의무는 손해배상채무로 변용되어 연장되고(제390조), 귀책사유가 없으면 위험부담의 문제(제537조)가 발생한다. 즉, 특정된 종류물이 멸실된 경우, 이에 관하여 채무자인 매도인에게 귀책사유가 있는지의 여부를 불문하고 매도인의 목적물소유권이전의무, 즉 본래의 급부의무는 소멸한다. 특정으로 말미암아 매도인은 더 이상 '그 물건'을 조달할 필요가 없으며, 또한 조달할 수도 없게 되었기 때문('어떤 종류의 물건'을 다시 구할 수는 있겠으나, '그 물건'은 더 이상 구할 수가 없게 되었다는 의미이다)이라는 것이 이론적 근거이다. 그러나 다음에서 설명하는 채무자의 변경권이 인정되는 한 이와 같은 이론은 그 의미가 없다.

2) **채무자의 변경권한** 일단 목적물이 특정된 다음에는 채무자는 그 특정된 물건을 인도해야 하므로 당사자의 합의없이는 목적물을 변경할 수 없는 것이 원칙이다. 즉, 매매계약의 당사자는 '특정된' 매매목적물을 인도할 의무에 구속된다. 그러나 특정이 있더라도 현실적으로 종류물이 특정물로 변하는 것은 아니며, '특정된 종류물'의 멸실·훼손이 종류물매도인의 귀책사유에 의한 것이고 동일한 종류물을 얼마든지 시장에서 구할 수 있어 제대로 이행할 수 있을 때에는 변경권을 인정하는 것이 옳을 것이다. 이 경우에 채무자의 불이행을 이유로 손해배상의무를 부담하도록 하는 것(제390조)은 타당하지 않다고 생각된다. 특정이 있은 후에도 채무자에게 동종·동량의 다른 물건을 인도할 수 있는 이른바 '변경권한'을

인정하는 것이 신의칙에 부합하며, 다만 채권자(여기서는 '매수인')의 반대의사가 있거나 또는 채권자에게 불이익을 주는 경우에는 변경권한은 인정되지 않는다는 것이 지배적인 견해이다(김형배, 채권총론, 65면 참조). 즉, 동일한 종류의 물건을 다시 구해 계약의 목적을 실현할 수 있고, 그렇게 하더라도 매수인에게 불리하지 않는 한, 특정 이후에도 채무자의 목적물변경권한을 인정하는 것이 타당하다.

3. 소 결

설문(1)에서 A에 대한 B의 채권은 종류채권이다. 변제장소에 관하여 당사자 사이에 특약이 존재하지 않으므로 채권자인 매수인 B의 현주소(또는 현영업소)에서 이행되어야 한다(지참채무). A가 강원도 감자 1만kg을 C택배회사를 통해 위탁발송을 하였지만, 그것이 B의 주소에 도달하기 전에 훼손되어 전량 폐기되었으므로 A는 B에게 '채무의 내용에 좇은 현실제공'(제460조 제1문)을 하였다고 할 수 없고, 따라서 종류물의 특정도 발생하지 않았다. 특정이 없는 한 A는 동일한 종류물을 시장에서 조달해야 할 위험을 부담한다. 특정을 위하여 마련한 물건이 멸실되더라도 A는 본래 부담하고 있는 급부의무를 면할 수 없다. 즉 B는 추가비용의 부담없이 감자의 운송을 다시 요구할 수 있으며, A는 B의 이행청구에 응하여 강원도 감자를 다시 급부해야 한다. A에 대한 C의 책임관계는 별개의 문제이다(다음의 Ⅲ 2. (2) 참고).

Ⅲ. 설문(2): A에 대한 B의 감자급부청구권

1. 하자있는 종류물로 특정이 되는지 여부

종류채권의 채무자가 채무이행을 위하여 선정한 목적물에 하자가 있는 경우 특정의 효과는 발생하지 않는다. 왜냐하면 종류채권의 채무자는 하자없는 종류물을 급부해야 할 채무를 부담하며, 따라서 하자있는 종류물은 원칙적으로 채무의 내용에 좇은 변제의 제공(제460조)이 될 수 없기 때문이다. 숨은 하자가 있기 때문에 매수인이 이를 알지 못한 채 목적물을 수령한 때에도 마찬가지이다. 다만 후자의 경우에는 제581조(종류매매와 매도인의 담보책임)가 적용될 수 있다.

사례에서 A가 C회사를 통해 발송한 물건이 B의 주소에 도달하였다 하더라도 그것이 도중에 부패하여 하자있는 물건이 되었다면 채무의 내용에 좇은 변제의 제공(제460조)이 될 수 없고, 따라서 이때에도 특정은 생기지 않는다.

2. B의 수령거부와 그에 따른 법률관계

(1) A와 B의 법률관계

A가 B의 현주소에서 중등품질의 하자없는 강원도 감자 1만kg을 현실로 변제제공을 하지 않는 한 목적물의 특정은 생기지 않는다. 그러므로 운송 도중에 감자가 부패함으로써 발생한 불이익(감자의 부패에 따른 경제적 손실 및 새로이 감자를 조달해야 하는 위험)은 A가 부담해야 한다.

또한 유효한 변제제공이 아니므로 채권자 B는 변제의 수령을 정당하게 거부할 수 있다. 이 경우 하자없는 종류물을 급부해야 할 A의 채무는 존속하고, A는 조달위험을 부담하므로 A는 B에게 중등품질의 하자없는 강원도 감자 1만kg을 다시 급부하여야 한다.

(2) A와 C의 법률관계

만일 A가 다시 급부하게 됨으로 인하여 이행기를 도과하게 된다면 이행지체의 책임을 지게 된다(제387조, 제390조). 감자가 부패한 것에 대해 C회사의 과실이 인정되는 경우(택배기사 D의 고의·과실은 C의 고의·과실로 의제된다. 제391조), A는 그가 입은 손해에 대하여 운송계약상의 주의의무위반에 따른 채무불이행을 이유로 C회사에 대하여 손해배상을 청구할 수 있다(제390조, 제391조). 종류물의 하자에 관하여 C회사에 과실이 있다고 해서 B에게 강원도 감자를 급부해야 할 A의 급부의무가 경감된다거나 또는 면제되는 것은 아니다. 왜냐하면 C회사는 A의 이행보조자에 지나지 않기 때문이다(제391조 참조)(김형배, 채권총론, 161면 참조).

3. '부패한 감자'를 수령한 B에 대한 A의 하자담보책임

운송 도중에 감자가 부패하여 하자가 있다는 것을 알지 못한 B가 감자를 수령하였다고 해서 이로 인하여 종류물의 특정이 이루어지지는 않는다. 이때에도 매수인 B는 A에게 하자담보책임을 물음으로써 하자없는 물건, 즉 완전물의 급부를 청구할 수 있다(제581조). 이러한 완전물급부청구권은 계약상의 이행청구권과 같은 성질의 것이므로(김형배, 채권각론[계약법], 358면 참조) 제581조 제1항에서 말하는 '특정된' 종류물에 하자가 있는 때는 '변제로 제공한' 목적물에 하자가 있는 경우로 이해해야 할 것이다. 만일 B가 완전물급부청구권을 행사하지 않고, 그 대신 계약해제권(계약해제권은 계약목적을 달성할 수 없을 때 한하여 이를 행사할 수 있다(제581조 제1항→제580조 제1항→제575조 제1항 참조)) 또는 손해배상청구권을 행사함으로써 하자있는 종류물을 마치 특정물처럼 취급하게 되면, 이때 하자있는 종류물은 A와 B 사이의 매매목적물로 '특정'되는 결과로 된다.

감자가 부패한 것에 대해 C회사의 과실이 인정되는 경우에도 A의 하자담보책임이 경감되거나 면제되지는 않는다. 하자담보책임은 매도인에게 하자에 관하여 과실이 없는 경우에도 적용되는 무과실책임체계이기 때문이다.

4. 소　　결

설문(2)에서 A가 C회사를 통해 발송한 물건이 B의 주소에 도달하였으나 도중에 부패하여 하자있는 물건이 되었고, 이는 채무의 내용에 좇은 변제의 제공(제460조)이 될 수 없으므로 특정은 생기지 않는다. 따라서 B는 변제의 수령을 정당하게 거부할 수 있고, A는 조달위험을 부담하므로 B에게 중등품질의, 하자없는 강원도 감자 10만kg을 다시 급부하여야 한다. 설령 감자가 부패하여 하자가 있다는 것을 알지 못한 B가 감자를 수령하였다고 하더라도 종류물의 특정은 이루어지지 않으며, B는 A에게 하자담보책임으로서 완전물의 급부를 청구할 수 있다.

감자의 부패에 대해 C회사(기사 D)의 과실이 인정되는 경우 A는 운송계약상의 주의의무위반에 따른 채무불이행을 이유로 C에 대하여 손해배상을 청구할 수 있을 것이다.

Ⅳ. 설문(3): 채권자지체에 따른 A와 B의 법률관계

1. 채권자지체의 의의

채무자의 채무내용에 좇은 변제제공이 있더라도 채권자가 이를 수령하지 않는 한 변제가 이루어질 수 없고, 따라서 채권은 소멸하지 않는다. 이처럼 채권자가 변제에 협력하지 않음으로써 채무자가 이행을 완료할 수 없게 되는 경우를 채권자지체 또는 수령지체라고 한다. 채권자지체의 성립 여부와 그에 따른 효과에 관하여 학설은 대립한다.

2. 채권자지체에 대한 학설의 대립

(1) 채무불이행설

채무불이행설은 채권자에게는 신의칙상 채무자의 이행에 협력할 협력의무 내지 수령의무가 인정되므로, 이러한 의무를 고의·과실로 위반한 때 채권자지체가 성립한다고 한다(예컨대 곽윤직, 채권총론, 96면 참조). 이 견해에 따르면 채권자지체가 성립하면 제401조 내지 제403조에서 정한 법률효과가 발생하는 이외에 채무자는 손해배상청구권(제390조)과 계약해제권(제544조, 제545조)도 가지게 된다.

(2) 법정책임설

법정책임설에 의하면 채권자의 수령지체로 인한 불이익은 이익형평의 원칙상 채권자가 부담해야 하며, 채권자의 귀책사유와는 무관하게 채권자의 협력이 없다는 객관적 사실만으로 채권자지체가 성립한다고 한다(예컨대 이은영, 채권총론, 404면 이하 참조). 이 견해에 따르면 수령지체의 경우에는 제401조 내지 제403조에서 정한 법률효과만이 발생한다. 즉, 채권자지체책임은 법률이 정한 책임에 한정된다.

(3) 절 충 설

원칙적으로 채권자는 협력 내지 수령의무를 부담하지 않는다. 따라서 채권자지체는 수령거절이나 수령불능의 객관적 사실만 있으면 성립하며, 그 법률효과는 제401조 내지 제403조에 한정된다. 다만, 매매·도급·임치와 같은 계약유형의 경우에는 신의칙상의 부수적 의무로서 '수취'

의무가 인정되며, 채권자가 이를 고의·과실로 위반한 때에는 추가적으로 채무자가 손해배상청구권 내지 계약해제권을 행사할 수 있다고 해석한다(이른바 절충설의 견해: 김형배, 채권총론, 304면 이하 참조). 이 설도 크게는 법정책임설의 태도를 취한다.

(4) 소 결

설문(3)에서는 A가 C회사를 이행보조자로 하여 유효한 변제제공을 하였음에도 불구하고 B가 변제를 수령하지 않음으로써 A는 이행을 완료할 수 없게 되었다. 이러한 수령거부에 대하여 B에게 적어도 과실이 있는 것은 명백해 보이므로, 위의 어느 학설에 따르더라도 채권자지체는 성립한다. 따라서 채무자 A는 특히 고의 또는 중대한 과실이 없으면 채권자지체 중에 생긴 (채무의) 불이행으로 인한 모든 책임, 특히 이행불능에 따른 책임을 면한다(제401조). 왜냐하면 채무자 A는 유효한 변제제공으로 채무이행의 지체책임을 이미 면하였기 때문이다(제461조 참조).

2. 채권자지체 중 반대급부위험의 이전

(1) 과실의 유무에 따른 반대급부위험이전

쌍무계약의 당사자 일방의 채무가 당사자 쌍방의 책임없는 사유로 이행할 수 없게 된 때에는 채무자는 상대방의 이행을 청구할 수 없다(제537조). 즉, 채무자는 (자신의 귀책사유 없는 급부의 이행불능으로) 급부의무를 면하지만, 반대급부청구권도 상실한다. 반면 쌍무계약의 당사자 일방의 채무의 이행이 채권자의 책임있는 사유로 불능으로 되거나, 급부가 채권자지체 중에 당사자 쌍방의 책임없는 사유로 그 실현이 불가능해진 경우에는 채무자는 급부의무를 면하지만, 반대급부청구권을 상실하지는 않는다(제538조 제1항).

(2) 소 결

설문(3)에서 채권자 B는 수령지체에 빠진 상태이므로 A는 고의 또는 중대한 과실이 없는 한 급부의 이행불능에 따른 채무불이행책임을 지지 않는다(제400조, 제401조). 반대편 차로에서 오던 차량이 중앙선을 침범하여 발생한 교통사고에 관하여 채무자 A의 이행보조자 C회사(및 그의 이행보조자 기사 D)의 중대한 과실은 물론 경과실도(채무자측에 경과실이 있는 경우로 판단되는 경우 사례풀이에는 다음과 같이 견해의 대립을 언급할 필요가 있겠다. 즉, 채무자에게 경과실이 있는 경우에는 제538조 제1항 제2문에서 말하는 '당사자 쌍방의 책임없는 사유'에 해당하지 않기 때문에 원칙으로 돌아가 제537조에 따라 채권자는 반대급부의무를 면한다고 하는 소수설(서광민, 채권자지체와 반대급부의 위험부담, 고시연구, 1994. 11, 181면 이하)에 대해 다수설은 이때에도 채권자는 반대급부의무를 부담한다고 한다(예컨대 하경효, 민법 제538조의 해석적용에 관련된 문제점, 고시연구, 1994. 3, 51면)) 인정하기 어려울 것이다. 따라서 B의 수령지체 중 당사자 쌍방의 책임없는 사유로 채무의 이행이 불가능하게 된 채무자 A는 자신의 급부의무를 면하는 한편, 자신의 채무자 B에 대한 반대급부청구권을 상실하지는 않는다(제538조 제1항 제2문).

A는 강원도 감자 1만kg을 다시 조달할 필요없이, B에 대하여 매매대금 1,000만원의 지급을 청구할 수 있다. 다만 이 경우 제538조 제2항이 적용되므로 A가 자기의 채무를 면함으로써 얻은 이익이 있다면 이를 B에게 상환하여야 한다.

V. 설문에 대한 해답

설문(1)에서 A가 C 택배회사를 통하여 감자를 위탁발송한 것만으로는 종류물이 특정되지 않는다. 특정이 없는 경우 종류물채무자는 거래계에 그런 종류의 물건이 존재하는 한, 이를 다시 조달할 위험을 부담한다. 따라서 B는 A에게 강원도 감자 1만kg에 관한 급부(소유권 이전)을 여전히 요구할 수 있다.

설문(2)에서 변제제공된 종류물에 하자가 있는 경우 종류물이 특정되는 효과가 발생하지 않는다. 하자를 이유로 B는 부패한 감자의 수령을 거부하고, A에게 하자없는 강원도 감자 1만kg의 급부를 요구할 수 있다. 부패한 감자를 수령하였다 하더라도 B는 A에게 완전물(하자없는 감자)의 급부를 요구할 수 있다(제581조 제1항). A의 새로운 급부로 B가 계약목적을 달성할 수 없는 경우에는 계약을 해제할 수 있다. 그 밖의 경우에는 손해배상청구권을 행사할 수도 있다. 손해배상을 청구할 경우에는 실질적으로 종류물이 특정되는 결과를 가져온다.

설문(3)에서 A의 유효한 변제제공에도 불구하고 채권자 B가 변제수령을 하지 않고 있으므로 채권자지체가 성립한다. 채권자지체 중에 채무자는 고의 또는 중대한 과실이 있는 경우에만 이행불능에 대하여 채무불이행책임을 진다(제401조). A측의 중대한 과실을 인정할 수 없는 상황에서 특정된 강원도 감자의 소유권이전채무는 이행불능이 되었다. A는 자신의 채무를 면하지만, B에 대한 반대급부청구권을 상실하지는 않는다(제538조 제1항 제2문).

≪판 례≫

[1] (제한)종류채권의 판례

(대판 1994.8.26, 93다20191) 보유주식 일정량을 담보로 제공하기로 한 담보제공약정은 특정한 '주권'에 대한 담보약정이 아니라 기명의 '주식'에 관한 담보약정이고 다만 그 담보약정의 이행으로서 약정한 기명주식을 표창하는 주권을 인도할 의무가 있는 것인데, 주식은 동가성이 있고 상법 등의 규정에 따른 소각, 변환, 병합 등 변화가능성이 있으며 담보약정에 이르게 된 경위 등에 비추어 볼 때, 담보약정 후 주권의 이행제공 전에 갖고 있던 주식에 대한 처분이나 새로운 주식의 취득이 있더라도 약정된 수의 기명주식을 표창하는 주권만 인도하면 되고 인도할 주권의 특정은 쌍방 어느 쪽에서도 할 수 있는 것으로서 담보약정에 기한 채권은 일종의 제한종류채권이다.

[2] 당사자약정에 의한 대체물을 목적으로 하는 특정물채권

(대판 1969.12.16, 67다1525) 수임인이 위임사무를 처리함에 있어 받은 물건으로 위임인에게 인도할 목적물은 그것이 대체물이더라도 당사자간에 있어서는 특정된 물건과 같은 것으로 보아야 하므로, 비료수입대행계약을 체결하고 위임인을 위하여 수임인이 수입업무를 대행하여 위임인 명의로 수입한 비료를 타에 처분하였다면 이는 이행의 목적물로 특정된 비료를 처분한 것이고, 이로써 사무처리의 효과인 비료에 관한 권리를 위임인에게 이전할 수임인의 의무는 이행불능에 이르렀다고 보아야 한다.

[3] (제한)종류채권의 특정

(대판 2003.3.28, 2000다24856) 제한종류채권에 있어 급부목적물의 특정은, 원칙적으로 종류채권의 급부목적물의 특정에 관하여 민법 제375조 제2항이 적용되므로, 채무자가 이행에 필요한 행위를 완료하거나 채권자의 동의를 얻어 이행할 물건을 지정한 때에는 그 물건이 채권의 목적물이 되는 것이나, 당사자 사이에 지정권의 부여 및 지정의 방법에 관한 합의가 없고, 채무자가 이행에 필요한 행위를 하지 아니하거나 지정권자로 된 채무자가 이행할 물건을 지정하지 아니하는 경우에는 선택채권의 선택권이전에 관한 민법 제381조를 준용하여 채권의 기한이 도래한 후 채권자가 상당한 기간을 정하여 지정권이 있는 채무자에게 그 지정을 최고하여도 채무자가 이행할 물건을 지정하지 아니하면 지정권이 채권자에게 이전한다.

[4] 선관주의에 의한 특정물보존의무

[4-1] (대판 1991.10.25, 91다22605) 임차인은 임차목적물을 명도할 때까지는 선량한 관리자의 주의로 이를 보존할 의무가 있어, 이러한 주의의무를 위반하여 임대목적물이 멸실, 훼손된 경우에는 그에 대한 손해를 배상할 채무가 발생하며, 임대목적물이 멸실, 훼손된 경우 임차인이 그 책임을 면하려면 그 임차건물의 보존에 관하여 선량한 관리자의 주의의무를 다하였음을 입증하여야 할 것이다.

[4-2] (대판 1981.5.26, 80다211) 특정물매매에 있어서 매수인의 대금지급채무가 이행지체에 빠지더라도 목적물이 매수인에게 인도될 때 까지 매도인은 목적물에서 생기는 과실을 수취할 수 있는 한편 목적물의 관리·보존의 비용도 자기가 부담하여야 하는 반면, 매수인은 매매대금의 이자를 지급할 필요가 없으므로 매도인은 매수인의 대금지급의무의 이행지체를 이유로 목적물의 인도가 있기 이전의 기간 동안의 목적물의 관리·보존비용의 상환 또는 매매대금이자상당액의 손해의 배상을 청구할 수 없다.

관련사례 32-1 選擇債權

≪설 문≫

A는 B로부터 소(X)와 말(Y) 중 하나를 100만원에 사기로 하고, 둘 중 어느 것을 받을 것인지는 나중에 결정하기로 약정하였다. 그러나 그 결정이 있기 며칠 전 소(X)가 죽고 말았다.

이때 A와 B 사이의 법률관계를 검토하시오.

풀이제안

Ⅰ. 논점분석

선택채권의 특정 및 그 효과와 관련하여 (1) 선택권자(제380조, 제383조)의 확정과 선택권의 이전(제381조, 제384조)을 중심으로, (2) 선택가능한 급부 중 어느 한 급부가 후발적으로 불능이 된 경우를 '선택권자'의 과실로 인한 경우(제385조 제1항)와 '선택권 없는 자'의 과실 또는 불가항력에 의한 경우로 나누어 살펴보고, (3) 선택권 행사에 따른 법률효과(제386조)를 검토해야 한다.

Ⅱ. A와 B의 법률관계

1. 선택채권의 의의

선택채권이란 병렬적 의미를 가지는 '수개의 채무자의 행위', 즉 여러 가지 급부가능성 중 장래 선택권자의 선택에 따라 채권의 목적(급부) 내지 채권의 목적물(급부의 목적)이 확정되는 채권을 말한다(판례 참조 [1]). 이는 본래 '하나'의 급부를 목적으로 하나, 채권자 또는 채무자에게 다른 급부(代用給付)를 선택할 수 있는 대용권이 부여되어 임의채권과 구별된다.

2. 선택채권의 특정

(1) 선택권자

선택채권에 있어 선택권자는 법률규정이나 당사자특약으로 달리 정하지 않는 한, 원칙적으로 채무자에게 있다(제380조). 선택기한이 정해진 경우 그 기한내에 선택권자의 선택이 없으면 상대방은 상당기간을 정하여 선택을 최고한 후, 그 기간내에도 선택이 없는 때에는 그 상대방이 선택권을 행사할 수 있다(제381조 제1항). 선택기한조차 없는 경우에는 상대방은 채권의 이행기 도래 후에 같은 절차를 밟아 선택권을 이전받을 수 있다(동조 제2항). 채권자와 채무자는 특약으로 제3자에게 선택권을 부여할 수도 있으며(제383조), 제3자가 선택할 수 없는 경우에 선택권은 '곧' 채무자에게 이전된다(제384조 제1항). 그러나 그 제3자가 선택할 수 있음에도 선택권을 행사하지 않는 경우에는 '채무자 또는 채권자가 설정한 선택을 위한 상당기간이 경과한 후에' 비로소 채무자에게 이전한다(동조 제2항).

(2) 급부불능에 의한 특정

선택채권의 가능한 수개의 급부 중 어느 급부가 실현이 불가능하게 된 경우에는 제385조에 의하여 규율된다. 우선 선택채권의 가능한 급부가 세 개 이상이었던 경우에는 나머지 가능한 급부 중 하나를 선택하면 된다. 즉, 잔존급부에 선택권은 존속한다. 그러나 선택 가능한 채무자의 행위가 두 개인 경우에는 '선택권의 유무와 과실의 유무'에 따라 나누어 검토해야 한다.

우선 선택권자가 누구이든지 간에 그의 과실로 두 개 중 하나의 급부가 계약체결 이후, 즉 후발적으로 불능이 된 경우에는 채권의 목적은 잔존한 급부로 확정된다(제385조 제1항). 하나의 급부가 계약체결 당시 이미 불능인 경우, 즉 원시적 급부불능의 경우에도 마찬가지이다(동조 제1항).

반면 선택권 없는 자의 과실로 하나의 급부가 후발적 불능이 된 경우에는 그러하지 아니하다(동조 제2항). 이 조문은 선택권자가 불능으로 된 급부를 선택할 수도 있다는 뜻이다. 예컨대 채무자가 선택권자일 때에 채무자는 채권자의 과실로 인하여 불능이 된 급부를 선택함으로써 채무자에게 책임이 없는 이행불능(급부 불능)을 이유로 채무를 면할 수 있다(김형배, 채권총론, 99면 참조). 선택권자인 채무자의 과실에 의해 급부가 불능이 된 경우 채무자는 불능이 된 급부를 선택할 수 없다. 신의칙(금반언의 원칙)에 반하기 때문이다(동조 제2항).

3. 선택의 효과

선택권자에 의한 급부의 선택은 특별한 사정이 없는 한 확정적이다(판례 참조 [2]). 또한 '선택의 효력은 그 채권이 발생한 때에 소급한다'(제386조 본문). 확정된 급부가 특정물이라면 채무자는 계약체결 당시부터 그 물건을 선량한 관리자의 주의로 보관했어야(제374조) 했던 것으로 된다. 그렇지 않은 경우 채무불이행책임을 부담한다(제390조).

선택의 소급효로 말미암아 제3자의 권리가 침해당하지는 않는다(제386조 단서). 따라서 선택권자의 선택이 있기 전에 채무자가 급부 중 일부를 처분하여 소유권을 이전한 경우, 그 제3자의 소유권취득은 유효하다. 선택권을 가진 채권자가 잔존하는 급부를 선택하지 않는 한, 채무자는 이행불능의 채무불이행을 이유로 한 손해배상책임(제390조)을 부담해야 할 것이다.

Ⅲ. 설문에 대한 해답

먼저 선택권자가 채무자 B인 경우, 소(X)의 죽음이 채권자 A의 과실에 의한 것이면 B는 소(X)를 선택함으로써(제385 제2항 참조) 자신의 급부의무를 면하고, A에게는 반대급부인 100만원의 지급을 청구할 수 있다(제538조 제1항 제1문). 소(X)의 죽음이 불가항력 또는 제3자의 과실에 의한 것이면 채권의 목적은 잔존하는 급부(말(Y))에 존재한다(제385조 제1항). 다만 소(X)의 죽음이 제3자의 고의·과실 있는 위법한 행위에 기인한 때에, B는 이 자에 대하여 소유권침해의 불법행위를 원인으로 한 손해배상청구권(제750조)을 취득할 수 있다.

선택권자가 채권자 A인 경우, 소(X)의 죽음이 채무자 B의 과실에 의한 것이면 A는 소(X)를 선택함으로써(제385조 제2항 참조) B에게 채무불이행을 원인으로 한 손해배상청구권(제390조)을 행사할 수 있다. 소(X)의 죽음이 불가항력 또는 제3자의 과실에 의한 것이면 역시 채권의 목적은 잔존하는 급부인 말(Y)에 존재한다(제385조 제1항). 그러나 그 제3자가 B의 이행보조자라면(제391조 참조), A는 불능이 된 급부인 소(X)를 선택하여 B에 대하여 채무불이행을 원인으로 한 손해배상청구권(제390조)을 행사할 수 있다.

≪관련판례≫

[1] 선택채권의 성립을 부정한 판례

(대판 1991.12.27, 91다17108) 재개발사업의 시행에 따라 철거된 건물의 세입세대주들이 가지는 임대아파트 입주확인권은 법률규정에 따라 이주대책의 일환으로 재개발사업의 시행에 따라 철거된 건물의 세입세대주들에게 부여된 법률상의 권리 또는 이익이라고 볼 수 있지만 이는 사업시행자가 수립하는 이주대책에 의거하여 임대아파트의 방 1개에 관한 임차입주를 사업시행자에게 청구할 수 있는 것에 불과하고, 세대주들의 선택에 의하여 특정한 임대아파트의 방 1개에 대한 임차를 사업시행자에게 직접적이고 구체적으로 이행할 것을 요구할 수 있는 증여계약 또는 이와 유사한 채권채무관계가 성립된 것이라고 할 수는 없으므로 이러한 권리를 전제로 그 목적물의 지정권을 신의성실의 원칙에 기하여 세대주들에게 부여할 수도 없다 할 것이니 세대주들로서는 임의로 그 특정한 아파트의 방 1개씩에 입주할 수 있는 권리를 구체적으로 청구할 수는 없다.

[2] 선택채권에 있어 선택의 효과

[2-1] (대판 1965.3.16, 64다1216) A가 B로부터 임야 중에서 500평을 매수하

되 그 구체적 목적물은 후일 A의 지정선택에 의하여 특정하기로 약정한 경우 A가 일단 목적물을 특정한 후에는 특단의 사정이 없는 한 B의 동의없이는 이를 일방적으로 철회할 수 없다.

[2-2] (대판 1972.7.11, 70다877) 선택권자가 선택의 의사표시를 한 뒤라도 상대방의 방해행위 등으로 선택의 목적을 달성할 수 없는 경우와 같이 특별한 사정이 있으면 상대방의 동의없이도 이 의사표시를 철회하고 새로운 선택을 할 수 있다.

[債　權　法]

事例 33

履行不能과 危險負擔

≪설 문≫

B는 A와 A소유 甲건물 및 그 부지의 매매대금을 1억원으로 하는 (매매) 계약을 체결하였다. 사업자금이 급하다는 A의 부탁에 B는 A에게 매매대금 전액을 지급하였다. 그러나 甲건물은 약속한 인도기일을 하루 앞두고 발생한 화재로 전소되고 말았다.

(1) 화재가 A의 과실에 기인하는 경우와 그렇지 않은 경우로 나누어 A와 B 사이의 법률관계를 검토하시오.

(2) 화재가 이웃집에 사는 제3자 C의 과실에 의한 경우 A, B 및 C 사이의 법률관계를 검토하시오.

목차제안

Ⅰ. 논점분석

Ⅱ. 설문(1): A와 B 사이의 법률관계

1. 건물화재에 관하여 A에게 귀책사유가 있는 경우
   (1) A의 이행불능을 원인으로 한 B의 손해배상청구권
      1) 이행불능의 의의
      2) 이행불능의 요건
      3) 사안의 검토
   (2) A에 대한 B의 해제권 및 원상회복청구권
2. 건물화재에 관하여 A에게 귀책사유가 없는 경우
   (1) 위험부담의 문제

1) 위험부담의 의의
2) 위험의 이전
3) 사안의 검토
(2) A에 대한 B의 대상청구권
1) 대상청구권의 의의 및 인정 여부
2) 대상청구권의 행사방법과 행사범위
3) 쌍무계약에 있어 대상청구권과 위험부담의 관계
4) 사안의 검토

Ⅲ. 설문(2): 건물화재에 관하여 제3자인 C에게 귀책사유가 있는 경우

1. C에 대한 A의 손해배상청구권
(1) 적용법규
(2) 사안의 검토
2. C에 대한 B의 손해배상청구권
(1) 제3자에 의한 채권침해
(2) 사안의 검토

Ⅳ. 설문(1) 및 (2)에 대한 해답

풀이제안

Ⅰ. 논점분석

甲건물의 매매는 특정물매매이고, A는 유효한 매매계약의 체결에 의하여(제563조) B에 대해서 건물의 소유권이전의무, 즉 목적물인도의무와 소유권이전등기의무를 부담한다(제568조). 그러나 매매목적물인 甲건물이 계약성립 이후에 화재로 멸실됨으로써 A의 소유권이전의 급부는 후발적으로 불능이 되었다.

설문(1)에서는 불능의 원인(화재)이 채무자인 A의 과실에 의한 것인 때에는 A에게 이행불능에 의한 채무불이행책임이 발생하는데, 이때 그 효과로서 A의 이행불능에 따른 B의 손해배상청구권(제390조, 제551조)과 해제권 및 매매대금반환의 원상회복청구권(제546조, 제548조 제1항 본문)이 검토되어야 한다. 반면 A의 귀책사유 없이 불능이 된 경우에는 위험부담의 문제가 되어 반대급부위험은 누가 부담해야 하는가가 문제된다(제537조, 제538조).

설문(2)에서는 화재가 매매계약의 당사자가 아닌, 제3자 C의 과실로 발생하였는바, A와 B에 대한 관계에서 C의 실화가 불법행위를 구성하는지가 문제되며, 실화책임에관한법률(이하 '실화책임법'으로 줄임)이 적용되기 때문에 C의 실화가 중과실에 의한 것인지의 여부에 따라 불법행위 성립 여부가 결정된다. 만일 C의 불법행위가 성립하는 경우에는 A에 대한 관계에서는 소유권침해로 인한 불법행위책임이, B에 대한 관계에서는 채권침해로 인한 불법행위책임이 각각 검토되어야 한다.

Ⅱ. 설문(1): A와 B 사이의 법률관계

1. 건물화재에 관하여 A에게 귀책사유가 있는 경우

(1) A의 이행불능을 원인으로 한 B의 손해배상청구권

1) **이행불능의 의의**　　불능이란 급부의 실현이 불가능한 것으로서 그 발생시점에 따라 계약성립시에 이미 급부가 불능인 원시적 불능(이 경우 다수설은 계약이 무효임을 전제로 계약체결상의 과실책임의 문제(제535조)로 다룬다(김형배, 채권각론[계약법], 132면 참조))과 채권관계 성립 후에 비로소 급부가 불능이 되는 후발적 불능으로 구별된다. 후자인 후발적 급부불능(광의의 채무불이행)이 채무자의 귀책사유로 인하여 발생한 경우를 이행불능(협의의 채무불이행)이라고 한다(제390조 단서)(우리나라의 학설은 채무자의 귀책사유와 관계없이 채무자가 부담한 채무의 내용과 불일치하는 '급부장애'와 이러한 객관적 채무불이행에 대하여 채무자의 귀책사유 있는 '채무불이행' 을 구별하여, 전자를 광의의 채무불이행으로, 후자를 협의의 그것으로 이해한다. 김형배, 채권총론, 150면 이하 참조).

채무의 이행불능이란 단순히 절대적, 물리적으로 불가능한 경우뿐만 아니라, 사회생활에 있어서의 경험법칙 또는 거래관념에 비추어 채권자가 채무자의 이행의 실현을 기대할 수 없는 경우도 포함한다(판례 [1] 참조).

2) **이행불능의 요건**　　이행불능의 요건으로는 (i) 채권관계의 성립 후 이행이 불능으로 되었을 것, (ii) 급부불능이 채무자의 책임있는 사유에 기인할 것을 들 수 있다. 이행불능은 채권관계가 성립한 후에 급부가 불능으로 된 후발적 불능에 한정되므로, 예컨대 매매목적물인 특정물이 계약성립 후 이행기 전에 멸실된 경우와 매도인이 목적부동산을 이중

으로 양도하고 제3자에게 등기를 완료한 경우(판례 참조 [2]) 등이 이에 해당한다. 이행불능 여부를 판단하는 기준시기는 원칙적으로 이행기이지만, 특정물인도채무의 목적물이 이행기 전에 멸실된 때에는 이미 그때 불능이 확정되므로 그 즉시 이행불능으로 평가될 수 있다(판례 참조 [1-3]).

3) **사안의 검토** 甲건물에 대한 A, B 사이의 매매는 특정물매매이다. 따라서 매도인(채무자) A는 건물을 인도하기까지 선량한 관리자의 주의로 보존해야 할 의무를 부담한다(제374조). 그런데 A가 이러한 의무를 위반하여 건물을 소실케 하였을 경우 A의 채무는 이행불능이 된다.

화재가 A의 과실로 인해 발생하여 A의 채무가 이행불능이 된 경우, 그 효과로서 B는 A에 대하여 채무불이행을 이유로 한 손해배상을 청구할 수 있다(제390조). 이 경우의 손해배상은 본래의 이행에 갈음하는 전보배상을 원칙으로 하며, 통상손해와 특별손해를 포함한다(제393조). 그러나 B가 A에게 손해배상을 청구하는 경우 채권관계는 동일성을 가지고 그대로 존속하기 때문에 A에 대한 B의 대금지급의무는 여전히 존재한다.

(2) A에 대한 B의 해제권 및 원상회복청구권

채무자의 귀책사유에 의한 이행불능이 발생한 경우에는 계약을 해제할 수 있는 권리, 즉 해제권이 채권자에게 주어진다. 따라서 B는 해제권을 행사하여 매매관계를 해제할 수 있다(제546조). 해제권행사의 효과로서 매매관계는 소급하여 소멸되어 부당이득반환관계의 특수한 형태로 원상회복관계가 발생한다는 견해(이른바 '물권적 직접효과설')와 매매관계가 원상회복을 목적으로 하는 청산관계로 ―동일성을 유지한 채― 변용된다는 견해(이른바 '반환 청산관계설')가 있다(계약의 해제에 따른 효과를 어떻게 법적으로 구성할 것인가에 관하여는 학설이 대립한다. 자세한 것은 별도의 [사례 46] 및 김형배, 민법학강의(제6판), 1266면 이하 참조).

어쨌든 A에게는 원상회복의무가 발생하므로 A는 받은 대금(1억원)과 함께, 수령한 날부터의 법정이율에 따른 이자를 가산하여 이를 반환하여야 한다(제548조 제1항 본문, 동조 제2항). 또한 해제권의 행사는 손해배상의 청구에 영향을 미치지 않기 때문에(제551조), B는 손해가 있으면 그 배상을 청구할 수 있다. 즉, B는 다른 건물(대체목적물)을 매수하게 됨으로써 발생되는 비용과 부동산의 시세변동에 따른 차액에 대한 손해의 배상을 청구할 수 있을 것이다(김형배, 민법학강의(제6판), 종합사례 8번, 1688면).

2. 건물화재에 관하여 A에게 귀책사유가 없는 경우

(1) 위험부담의 문제

1) **위험부담의 의의** 위험부담이란 유효하게 성립한 채권관계에 있어서 채무자의 귀책사유 없이 급부장애가 발생한 경우 이에 따른 불이익을 누구에게 부담시킬 것인가 하는 문제이다. 급부위험이란 일정한 급부가 불가항력으로 멸실됨으로써 이를 보유할 수 없게 되는 불이익을 말하며(예컨대 증여관계에서 목적물이 멸실한 경우 급부위험은 수증자가 부담한다), 반대급부위험(또는 대가위험)이란 쌍무·유상계약에서 계약목적물의 멸실로 말미암아 (채무자가) 대가(반대급부)를 받을 수 없게 되거나 또는 목적물의 멸실에도 불구하고 (채권자가) 대가를 지불해야 하는 불이익을 의미한다. 일반적으로 '위험'부담의 문제는 후자의 불이익을 누구에게 부담시킬 것인가의 문제이며, 이에 대해서는 제537조 및 제538조가 규율하고 있다.

2) **위험의 이전** 채무자의 귀책사유에 의하지 않은 원인으로 건물이 소실되는 경우로는, 첫째 채권자의 귀책사유에 의한 경우와, 둘째 제3자의 귀책사유에 의한 경우 또는 불가항력에 의한 경우로 나누어 생각할 수 있다. 채무자는 어느 경우이든 채무불이행에 따른 손해배상책임을 지지 않는다. 그러나 쌍무계약에 있어서 채무자측의 채무가 쌍방의 책임없는 사유로 불능이 되었을 때 이에 따른 불이익을 누구에게 부담시킬 것인지가 문제된다. 우선 채무자는 급부의무를 면하고, 따라서 급부위험은 채권자가 부담한다. 반면 채무자는 채권자에 대한 반대급부청구권을 상실하게 되므로(제537조) 반대급부위험을 부담하게 된다. 제3자에 의하여 채무가 불능이 된 경우에도 채무자는 채권자에게 반대급부를 청구할 수 없다. 이 때에 채무자가 예컨대 소유권침해를 이유로 제3자에 대하여 불법행위로 인한 손해배상청구권을 행사할 수 있는지는 별개의 문제이다. 한편 채무자의 급부가 채권자의 책임있는 사유로 이행할 수 없게 된 때에는 채무자는 채권자에 대한 반대급부청구권을 상실하지 않는다(제538조 제1항 제1문).

3) **사안의 검토** 화재가 A의 과실없이 발생하였고 건물이 소실

되었다면, 이는 계약당사자 쌍방에게 책임없는 경우로 보이므로 A가 반대급부위험을 부담하여야 한다. 즉, A는 대금지급청구권을 상실한다. 그런데 A는 이미 건물의 소실 전에 대금을 수령하였다. B는 계약관계를 해제하고 지급된 대금의 반환을 청구할 수 있다(제546조, 제548조 참조).

한편 제537조 및 제538조는 임의규정이므로 당사자 사이에 특약이 있으면 이에 따라야 하지만 사례에서 A와 B 사이에 위험분배에 관한 특약은 없었던 것으로 보인다. 따라서 A는 제537조, 제546조 및 제548조에 따라 그가 수령한 대금을 B에게 반환해야 한다.

(2) A에 대한 B의 代償請求權

1) **대상청구권의 의의 및 인정 여부** 대상청구권('代償'(Ersatz bzw. Ersatzanspruch oder Sorrogatbzw. Surrogatsanspruch)은 원래 채권자가 계약에 의하여 받을 수 있는 급부를 갈음한다는 의미이다)이란 급부가 불능이 된 경우 채권자가 채무자에 대하여, 채무자가 '그 배상으로서 수취한 것'의 인도 또는 채무자가 취득한 '배상청구권'의 양도를 청구할 수 있는 권리를 말한다.

우리 민법은 대상청구권에 관하여 명문규정을 두고 있지 않으나, 학설과 판례(판례 [3] 참조)는 해석상 이를 인정하고 있다. 대상청구권을 인정할 것인지에 대하여 소극적 태도를 취하는 견해가 있다(제한적 인정설)(이은영, 채권총론, 228면 이하 참조). 이 견해는 제3자의 채권침해, 채권자대위권, 위험부담의 법리를 활용하고, 대상청구권은 예외적인 경우에만 한정하여 인정해야 한다고 한다. 그러나 제3자에 의한 채권침해와 채권자대위권제도는 대상청구권제도와는 그 기능과 요건을 달리하므로 유의해야 한다(자세한 것은 김형배, 채권총론, 197면 이하 참조).

2) **대상청구권의 행사방법과 행사범위** 대상청구권은 채권적 청구권이므로 채권자는 채무자에 대하여 손해배상청구권의 양도를 요구함으로써 대상청구권을 행사할 수 있다. 또한 채무자의 귀책사유로 인한 이행불능시뿐만 아니라, 채무자에게 귀책사유가 없는 급부불능의 경우(예컨대 수용 등, 판례 [3-3] 참조)에도 채권자는 대상청구권을 행사할 수 있다.

채권자가 대상청구권을 행사할 수 있는 범위에 대하여는 견해가 나뉜다. 무제한설은 채무자가 얻은 대상이 본래 급부의 시가보다 비싼 경우에도 그 전부의 양도를 청구할 수 있다고 한다(이은영, 채권총론, 232면). 반면 제한설은 채권자가 대상청구할 수 있는 범위는 이행불능으로 인하여 채권자가 입은 손해의 범위내라고 한다(김형배, 채권총론, 198면).

3) **쌍무계약에 있어 대상청구권과 위험부담의 관계** 채권자가 대상청구권을 행사하지 않는 경우에는 위험부담법리가 적용된다. 즉, 채권자는 급부위험을 부담하며, 채무자는 반대급부위험을 부담하게 된다. 따라서 채무자는 자신의 채무를 이행하지 않아도 된다. 그러나 만약 채권자가 대상청구권을 행사하게 되면, 임의규정인 위험부담법리는 그 적용이 배제된다. 따라서 채권자는 대상청구권의 요건으로서 자신의 채무를 이행하여야 하며, 이는 '대상의 이행'과 동시이행관계에 있게 된다(판례참조 [3-4]).

4) **사안의 검토** B는 A에 대하여 甲건물의 소유권이전청구권을 가지는 채권자일 뿐인 B에게는 그 매매목적물에 대한 소유권이 없으므로 C에 대하여 소유권침해의 불법행위를 원인으로 한 손해배상청구권을 가질 수 없다. 즉, 甲건물의 소유권자는 A이므로 소유권침해의 불법행위를 원인으로 한 손해배상청구권(제750조)은 A만이 가질 수 있고([사례 31]과 아래 Ⅲ 1 참조) B는 A가 C에 대하여 가지는 손해배상청구권을 원래의 급부인 甲건물의 소유권이전청구권에 갈음하여 그 대상(代償)으로 청구할 수 있다. 물론 채권자인 B가 대상청구권을 행사하는 경우 자신의 반대급부의무인 대금지급의무를 이행하여야 한다.

Ⅲ. 설문(2): 건물화재에 관하여 제3자인 C에게 귀책사유가 있는 경우

1. C에 대한 A의 손해배상청구권

(1) 적용법규

실화가 불법행위에 해당하게 되면 소실된 물건의 소유자에 대해서 실화자는 소유권침해에 따른 불법행위로 인한 손해배상의무를 부담한다. 이때 실화로 인한 불법행위에 대해서는 민법 제750조의 일반규정에 우선하여 특별법인 '실화책임법'이 먼저 검토되어야 한다. 제750조의 불법행위성립요건으로서의 과실은 경과실인가 중과실인가를 묻지 않지만, 실화책임법에서는 중대한 과실이 있는 경우에만 불법행위가 성립한다(판례참조 [4]).

(2) 사안의 검토

실화가 C의 경과실로 인한 것인 경우에는 불법행위가 성립하지 않으며, A는 C에게 책임을 물을 수 없다. 만일 C에게 일반인에게 요구되는 주의의무를 현저히 위반하여 거의 고의에 가까운 정도의 주의를 결여한 중대한 과실이 있다고 평가되는 경우, 물권변동에 있어서 형식주의를 취하는 우리나라에서는 건물의 소유자는 여전히 A이므로, A는 C에 대하여 소유권침해의 불법행위를 원인으로 한 손해배상청구권을 가진다(실화책임법 및 민법 제750조).

2. C에 대한 B의 손해배상청구권

(1) 제3자에 의한 채권침해

제3자에 의한 채권침해란 채권자가 채무자에 대하여 가지는 채권의 실현이 계약당사자가 아닌 제3자에 의하여 불가능해지거나 방해받는 것을 말한다(제3자의 채권침해에 관하여 자세한 것은 별도의 [사례 37] 및 민법학강의(제6판), 1655면 이하 참조).

제3자에 의한 채권침해가 불법행위를 구성한다는 것은 학설과 판례가 대체로 인정한다. 그러나 그 이론적 근거에 있어서는 '권리불가침성설'과 '위법성설'이 대립하고 있다. 생각건대 채권이 물권과 달리 상대적 효력을 갖지만 사회적 가치로서 인식되는 객관적 법익 또는 법률이 보호하는 권리이므로 이를 제3자에 의한 침해로부터 보호하는 것은 마땅할 것이다.

제3자에 의한 채권침해가 불법행위를 구성하기 위해서는 제750조의 구성요건을 모두 갖추어야 한다. 특히 '고의·과실' 혹은 '위법성'요건과 관련하여 제3자가 채권의 존재를 인식했느냐 하는 것은 중요한 문제로서 다루어져야 한다. 공시방법이 없는 채권에 있어 제3자가 채권의 존재를 인식한다는 것은 매우 어렵기 때문에 고의에 의한 경우에 한해서 불법행위책임을 물을 수 있다(판례 [5] 참조).

(2) 사안의 검토

제3자 C는 B가 A에 대하여 가지는 특정물소유권이전채권의 목적인 급부를 침해하였으므로, C의 채권침해가 B에 대하여 불법행위책임을 성립시키는지가 문제될 수 있다. 그러나 C가 甲건물에 대하여 A와 B 사이에 매매계약이 체결된 사실을 인식하고 있었다고 볼 수 없으며, C의 실화가 B의 채권을 침해하기 위한 것으로 볼 단서도 없다. 따라서 채권침해로 인한 C의 B에 대한 불법행위는 성립할 수 없다고 판단된다.

Ⅳ. 설문(1) 및 (2)에 대한 해답

건물의 소실로 인한 매도인 A의 소유권이전채무의 이행불능이 채무자인 A의 과실에 의한 것인 때에는 이행불능의 채무불이행책임이 발생하고, 그 효과로서 채권자인 매수인 B에게는 손해배상청구권(제390조, 제551조) 및 계약해제권과 매매대금반환의 원상회복청구권(제546조, 제548조 제1항 본문)이 성립한다. 반면 채무자 A의 귀책사유 없이 불능이 된 경우에는 위험부담의 문제로 되어 반대급부위험을 누가 부담해야 하는지가 검토되어야 한다(제537조, 제538조). 매수인의 귀책사유로 인한 것이 아닌 한(제538조 제1항 제1문) ―또한 사례에서는 매수인 B의 수령지체(제538조 제1항 제2문)가 문제될 수 없으므로― A는 자신의 채무를 면하는 반면, B에게 반대급부를 청구할 수 없다(제537조). B는 계약을 해제하고 이미 지급한 대금 1억원의 반환을 청구할 수 있다(제546조, 제548조 제1항 본문). 다만, 이 경우 A가 제3자에 대하여 소유권침해의 불법행위를 원인으로 한 손해배상청구권을 취득한다면 B는 대상청구권을 행사함으로써 그 채권의 양도(제450조, 제451조 참조)를 요구할 수도 있을 것이다.

A와 B에 대한 C의 관계에서는 C의 실화가 실화책임법이 요구하는 중과실에 의한 것인 때에는 그의 불법행위책임이 성립할 수 있을 것이다. C에 대하여 A는 소유권침해의 불법행위를 원인으로 한 손해배상청구권(실화책임법 및 민법 제750조)을 취득하지만, C에 대하여 B는 채권침해의 불법행위를 원인으로 한 손해배상청구권을 가지지 않는다.

≪판 례≫

[1] 이행불능의 의의 및 판단시기

[1-1] (대판 1996. 7. 26, 96다14616) 매매목적물에 관하여 이중으로

제3자와 매매계약을 체결하였다는 사실만 가지고는 매매계약이 법률상 이행불능이라고 할 수 없고, 채무의 이행이 불능이라는 것은 단순히 절대적, 물리적으로 불능인 경우가 아니라 사회생활에 있어서의 경험법칙 또는 거래상의 관념에 비추어 볼 때 채권자가 채무자의 이행의 실현을 기대할 수 없는 경우를 말한다.

[1-2] (대판 2002.3.15, 2001다76397) 광고업자 A와 버스차체 내부 및 정류소표지판을 이용하는 광고계약을 체결한 마을버스운송사업조합이 다른 광고업자 B와 광고계약을 새로 체결하고 B로 하여금 버스차체 내부 및 정류소표지판을 이용하여 광고하도록 하였다면 이는 A의 버스차체 내부 및 정류소표지판의 이용을 거부하고 채권실현을 불가능하게 만든 것이므로 A와의 광고계약에 기한 조합의 채무이행은 사회통념상 이행불능이 되었다고 볼 것이다.

[1-3] (대판 1983.3.22, 80다1416) 부동산매매에 있어서 매도인이 목적물을 타인에게 이미 매도하여 그 타인에게 소유권이전등기를 하여줄 의무가 있음에도 불구하고 제3자에게 다시 양도하여 소유권이전등기를 경유한 때에는 특별한 사정이 없는 한 매도인이 그 타인에게 부담하고 있는 소유권이전등기의무는 이행불능의 상태에 있다고 봄이 상당하다(밑줄은 저자에 의한 것임).

[2] 소유권이전등기의무의 이행불능

[2-1] (대판 1983.3.22, 80다1416) 부동산매매에 있어서 매도인이 목적물을 타인에게 이미 매도하여 그 타인에게 소유권이전등기를 하여 줄 의무가 있음에도 불구하고 제3자에게 다시 양도하여 소유권이전등기를 경유한 때에는 특별한 사정이 없는 한 매도인이 그 타인에게 부담하고 있는 소유권이전등기의무는 이행불능의 상태에 있다고 봄이 상당하다(밑줄은 저자에 의한 것임).

[2-2] (대판 1960.7.7, 4292민상819) 소유권이전등기의무의 이행불능을 주장하는 자는 그 의무자가 그 부동산을 타에 매도하여 이미 소유권이전등기까지 완료하였음을 입증하여야 한다.

[2-3] (대판 2002.12.27, 2000다47361) 소유권이전등기의무의 이행불능으로 인한 전보배상청구권의 소멸시효는 이전등기의무가 이행불능상태에 돌아간 때로부터 진행된다고 할 것이고, 매매의 목적이 된 부동산에 관하여 제3자의 처분금지가처분의 등기가 기입되었다 할지라도, 이는 단지 그에 저촉되는 범위내에서 가처분채권자에게 대항할 수 없는 효과가 있다는 것일 뿐 그것에 의하여 곧바로 부동산 위에 어떤 지배관계가 생겨서 채무자가 그 부동산을 임의로 타에 처분하는 행위 자체를 금지하는 것은 아니라 하겠으므로, 그 가처분등기로 인하여 바로 계약이 이행불능

으로 되는 것은 아니고, 제3자 앞으로 소유권이전등기가 경료되는 등 사회거래의 통념에 비추어 계약의 이행이 극히 곤란한 사정이 발생하는 때에 비로소 이행불능으로 된다.

[3] 이행불능과 채권자의 대상청구권

[3-1] (대판 1992. 5. 12, 92다4581) 토지에 대한 매도인의 소유권이전등기의무의 이행불능을 발생케 한 원인인 토지수용으로 인하여 토지의 대상인 보상금을 매도인이 취득하였음을 이유로 매수인이 그 보상금의 지급을 구한 경우 우리 민법에는 이행불능의 효과로서 채권자의 전보배상청구권과 계약해제권 외에 별도로 대상청구권을 규정하고 있지 않으나 해석상 대상청구권을 부정할 이유가 없다.

[3-2] (대판 2003. 11. 14, 2003다35482) 대상청구권이 인정되기 위하여는 급부가 후발적으로 불능하게 되어야 하고, 급부를 불능하게 하는 사정의 결과로 채무자가 채권의 목적물에 관하여 '대신하는 이익'을 취득하여야 하는바, '급부를 불능하게 하는 사정'과 채무자가 취득한 '대신하는 이익' 사이에 상당인과관계가 존재하지 않으면 채권자에게 대상청구권이 발생하지 않는다.

[3-3] (대판 1996. 10. 29, 95다56910) 소유권이전등기의무의 목적부동산이 수용되어 그 소유권이전등기의무가 이행불능이 된 경우 등기청구권자는 등기의무자에게 대상청구권의 행사로써 등기의무자가 지급받은 수용보상금의 반환을 구하거나 또는 등기의무자가 취득한 수용보상금청구권의 양도를 구할 수 있을 뿐 그 수용보상금청구권 자체가 등기청구권자에게 귀속되는 것은 아니다(다만, 다음의 판례에 유의해야 한다. 대판 2002. 2. 8, 99다23901: 채무자가 수령하게 되는 보상금이나 그 청구권에 대하여 채권자가 대상청구권을 가지는 경우에도 채권자는 채무자에 대하여 그가 지급받은 보상금의 반환을 청구하거나 채무자로부터 보상청구권을 양도받아 보상금을 지급받아야 할 것이나, 어떤 사유로 채권자가 직접 자신의 명의로 대상청구의 대상이 되는 보상금을 지급받았다고 하더라도 이로써 채무자에 대한 관계에서 바로 부당이득이 되는 것은 아니라고 보아야 할 것이다).

[3-4] (대판 1996. 6. 25, 95다6601) 쌍무계약의 당사자 일방이 상대방의 급부가 이행불능이 된 사정의 결과로 상대방이 취득한 대상에 대하여 급부청구권을 행사할 수 있다고 하더라도, 그 당사자 일방이 대상청구권을 행사하려면 상대방에 대하여 반대급부를 이행할 의무가 있는바, 이 경우 당사자 일방의 반대급부도 그 전부가 이행불능이 되거나 그 일부가 이행불능이 되고 나머지 잔부의 이행만으로는 상대방의 계약목적을 달성할 수 없는 등 상대방에게 아무런 이익이 되지 않는다고 인정되는 때에는, 상대방이 당사자 일방의 대상청구를 거부하는 것이 신의칙에 반한다

고 볼 만한 특별한 사정이 없는 한, 당사자 일방은 상대방에 대하여 대상청구권을 행사할 수 없다.

[4] 실화책임에 관한 법률

[4-1] (대판 1983.2.8, 81다428) 실화책임에 관한 법률에서 말하는 중대한 과실이라 함은 '통상인에게 요구되는 정도 상당의 주의를 하지 않더라도 약간의 주의를 한다면 손쉽게 위법, 유해한 결과를 예견할 수가 있는 경우임에도 만연히 이를 간과함과 같은 거의 고의에 가까운 현저한 주의를 결여한 상태'를 말한다 할 것이므로, 화재와 관계없는 방화성이 없는 카텐을 설치하였다거나, 수동경보장치가 있는데 자동경보장치의 작동이 되지 않았다는 사정만으로는 중대한 과실이 있다고 할 수 없다.

[4-2] (대판 2000.5.26, 99다32431) ① 실화책임에 관한 법률은 실화로 인하여 일단 화재가 발생한 경우에는 부근 가옥 기타 물건에 연소함으로써 그 피해가 예상 외로 확대되어 실화자의 책임이 과다하게 되는 점을 고려하여 그 책임을 제한함으로써 실화자를 지나치게 가혹한 부담으로부터 구제하고자 하는 데 그 입법 취지가 있다. ② (따라서) 동 법률은 발화점과 불가분의 일체를 이루는 물건의 소실, 즉 직접 화재에는 적용되지 아니하고, 그로부터 연소한 부분에만 적용되는 것으로 해석함이 상당하다(대판 1996.6.25, 96다16919: 가스의 폭발사고에 의하여 직접 피해자가 상해를 입은 경우에 있어서는 실화책임에 관한 법률이 적용되지 않는다). ③ 교통사고로 화물차의 엔진 부위에서 화재가 발생하여 그 적재함 및 적재물이 소훼된 경우, 그 화재도 직접 화재에 해당하므로 동 법률이 적용되지 않는다.

[4-3] (대판 2002.12.10, 2001다9298) 소방공무원들이 화재를 진압하는 과정에서의 행위에 대하여도 그 과실의 경중을 따지는 기준에 관하여 소방공무원의 특수성을 고려함은 별 문제로 하고, 실화책임에 관한 법률이 적용된다고 보는 것이 타당하고, 따라서 화재진압과정에서 소방공무원의 잘못으로 인하여 제2차적인 화재가 발생하여 손해가 발생하였다고 하더라도, 해당 소방공무원에게 중과실이 인정되지 않는다면, 소방공무원 자신이나 그 사용자인 지방자치단체는 그로 인한 민사상의 손해배상책임을 지지 않는다고 보아야 할 것이다.

[5] 제3자에 의한 채권침해와 불법행위의 성립

[5-1] (대판 1975.5.13, 73다1244) 제3자에 의한 채권침해가 불법행위를 구성할 수 있다 함은 시인되지만 제3자의 채권침해가 반드시 언제나 불법행위가 되는 것은 아니고 채권침해의 태양에 따라 그 성립 여부를 구체적으로 검토하여 정하여야 할 문제이다. 만일 제3자가 채무자로부터 (궁극적으로는 채권자에게 귀속되어야 할) 돈을 가로챘다고 하더라도

이러한 편취행위로 채권자의 채무자에 대한 채권이 소멸된 것이 아니고, 채무자의 책임재산이 감소되었을 뿐이므로 채권자는 간접적 손해를 본데 불과하므로 불법행위가 성립된다고 하기 어렵다.

[5-2] (대판 2003.3.14, 2000다32437) 일반적으로 채권에 대하여는 배타적 효력이 부인되고 채권자 상호간 및 채권자와 제3자 사이에 자유경쟁이 허용되는 것이어서 제3자에 의하여 채권이 침해되었다는 사실만으로 바로 불법행위로 되지는 않는 것이지만, 거래에 있어서의 자유경쟁의 원칙은 법질서가 허용하는 범위내에서의 공정하고 건전한 경쟁을 전제로 하는 것이므로, 제3자가 채권자를 해한다는 사정을 알면서도 법규에 위반하거나 선량한 풍속 또는 사회질서에 위반하는 등 위법한 행위를 함으로써 채권자의 이익을 침해하였다면 이로써 불법행위가 성립한다고 하지 않을 수 없고, 여기에서 채권침해의 위법성은 침해되는 채권의 내용, 침해행위의 태양, 침해자의 고의 내지 해의의 유무 등을 참작하여 구체적, 개별적으로 판단하되, 거래자유 보장의 필요성, 경제·사회정책적 요인을 포함한 공공의 이익, 당사자 사이의 이익균형 등을 종합적으로 고려하여야 한다.

[債 權 法]

事例 34

特定物債務者의 瑕疵擔保責任, 不完全履行責任 및 不法行爲責任

≪설 문≫

전기·전자제품의 수리나 조립 등에 일가견이 있다고 자부하는 B는 자신이 직접 수리한 중고 텔레비전 1대를 A에게 10만원에 팔고, 이를 즉시 인도하였다. 그러나 TV의 수신상태가 좋지도 않았을 뿐만 아니라, A가 TV를 시청하던 중 TV가 폭발하였다. A는 얼굴 등에 2도 화상을 입는 등 치료비 및 위자료를 포함한 손해액 300만원의 큰 피해를 입었다. TV의 수신불량 및 폭발은 모두 B가 그 TV를 수선하던 중 회선을 잘못 연결한 데 원인이 있음이 밝혀졌다.

A와 B의 법률관계를 검토하시오.

목차제안

Ⅰ. 논점분석

Ⅱ. B의 하자담보책임(제580조)

1. 하자담보책임
   (1) 의 의
   (2) 법적 성질
   (3) 성립요건
   (4) 법률효과
2. 사안의 검토

풀이제안

Ⅰ. 논점분석

B는 A와의 중고 TV에 관한 매매계약에 의하여 특정물을 인도할 채무를 부담하게 되고, 이를 이미 이행하였다(제563조, 제568조). 그런데 B가 A에게 인도한 중고 TV는 회선을 잘못 연결한 B의 과실로 인하여 수신상태가 불량하였을 뿐만 아니라, 나아가 폭발하는 사고가 발생하여 TV의 파손과 함께 A가 부상당하는 손해가 발생하였다.

따라서 첫째, 매도인 B의 하자담보책임을 검토해야 한다. B가 A에게 중고 TV를 인도할 채무는 매매라는 유상계약에 의한 것이고, B가 A에게 인도한 TV는 회선이 잘못 연결된 하자있는 '특정물'이기 때문이다

(제580조 제1항). 둘째, 채무자 B의 불완전이행에 따른 채무불이행책임의 성립 여부를 검토해야 한다. 설문에서는 특정물의 하자 자체뿐만 아니라, 이로 말미암아 매수인에게는 확대손해 내지 부가적 손해가 발생하였기 때문이다. 셋째, B의 불법행위책임의 성립 여부도 검토해야 한다. B는 TV를 수리함에 있어 그가 마땅히 기울여야 할 일반적 주의의무를 게을리함으로써 회선을 잘못 연결하여 손해를 발생케 하였다면 불법행위책임도 면할 수 없다(제750조). 끝으로 위의 책임들 중 둘 이상이 성립할 경우에는 그 책임들의 상호관계와 배상범위에 관하여 검토해야 한다.

Ⅱ. B의 하자담보책임(제580조)

1. 하자담보책임

(1) 의 의

하자담보책임이란 매매 등 유상계약에 기하여 인도된 목적물에 하자가 있을 때, 매수인을 보호하고 일반거래의 동적 안전을 보장하기 위하여 매도인에게 과실의 유무를 묻지 않고 일정한 책임을 지우는 제도를 말한다. 그 책임의 내용으로 매수인에게는 ―특정물매매이든, 종류물매매이든― 손해배상청구권 또는 해제권(제580조, 제581조 제1항)이, 종류물매매의 경우 완전물급부청구권(제581조 제2항)도 인정된다.

(2) 법적 성질

하자담보책임의 법적 성질에 관하여, 채무자는 이행기의 현상대로 목적물을 인도할 의무를 부담할 뿐이라는 법정책임설(예컨대 곽윤직, 채권각론, 136면 이하 참조)과 채무자는 특정물채무에 있어서도 하자없는 상태의 급부의무를 부담한다는 채무불이행책임설(김형배, 채권각론[계약법], 310면; 이은영, 채권각론, 210면)로 견해가 나뉜다. 특정물매매에서 법정책임설은 '계약성립 당시 존재하는 하자' 있는 특정물을 매수인에게 인도하더라도 이로써 채무는 이행되지만, 쌍무계약의 대가적 균형상 매수인에 발생한 불이익을 회복하기 위하여 법률이 특별히 무과실책임으로서의 하자담보책임을 매도인에게 부과할 뿐이라고 이해한다. 물건의 하자나 권리하자의 경우에도 일관되게 하자는 곧 불완전이행이라고 이해하는 채무불이행설과 대비된다(판례 [1]도 참조).

(3) 성립요건

특정물에 관한 하자담보책임이 성립하기 위해서는, 첫째 유효한 매매계약이 성립해야 하고, 둘째 매매목적물(특정물)에 하자가 존재해야 하며, 셋째 매수인이 그 하자에 대해 선의·무과실이어야 한다.

특히, 두 번째 요건과 관련하여서는 우선 하자개념과 관련하여 견해가 나뉜다(하자의 개념에 관하여 보다 자세한 것은 김형배, 민법학강의(제6판), 1311면). 객관적 하자설에 따르면 권리 및 물건 자체에 결함이 있는지 여부를 판단하는 기준은 해당 종류의 권리 또는 물건이 통상 갖추고 있어야 할 상태·품질·성능이라고 한다(곽윤직, 채권각론, 179면 등). 이에 대해 주관적 하자설은 매매목적물이 계약에 의하여 합의된 성상에 적합하지 않은 경우, 즉 당사자 쌍방이 계약체결 당시 전제로 한 성상이 목적물에 결여된 경우에 비로소 하자가 있다고 한다(이은영, 채권각론, 219면 등). 하자존부의 판단은 결국 의사표시로 정한 채무내용에 관한 해석문제이므로 주관적 하자설이 보다 설득력을 가진다(판례 [2]참조). 또한 특정물에 있어서 하자의 존부를 판단하는 시점에 관해서도 견해가 나뉜다. 법정책임설에서는(곽윤직, 채권각론, 179면 이하) 그 논리의 일관성 차원에서 계약성립시점을 기준으로 한다(판례 [3]도 참조). 반면, 채무불이행설에 의하면 ─종류물은 물론, 특정물의 경우에도─ 위험의 이전시기, 즉 동산의 경우 물건의 인도시점, 부동산의 경우 등기시점이 기준이 되며, 채권자(매수인)의 수령지체가 성립하는 시점도 이에 해당한다(김형배, 채권각론[계약법], 338면 이하; 이은영, 채권각론, 339면).

(4) 법률효과

매수인은 목적물의 하자로 인하여 계약의 목적을 달성할 수 없는 경우 계약해제권을 가지며, 그 밖의 경우에는 손해배상청구권을 가진다. 이때의 손해배상청구권이 이행이익을 넘지 않는 신뢰이익의 배상에 한정된다고 보는 것이 다수설(곽윤직, 채권각론, 140면; 김형배, 채권각론[계약법], 345면)의 태도이다. 판례도 권리하자의 경우에는 이행이익의 배상을 인정하는 것과는(판례 [4]참조) 달리, 물건하자의 경우에는 신뢰이익의 배상을 원칙으로 하고 있는 것으로 보인다(예컨대 서울민사지판 1988. 11. 9, 88나1621: 종류매매에 있어서 매매목적물의 하자에 관하여 매도인이 매수인에게 배상하여야 할 손해액의 범위는 매수인이 매매목적물에 하자가 없다고 믿었기 때문에 받은 손해 즉 이른바 신뢰이익으로서, 매도인이 매수인에게 하자없는 물건을 인도하였을 경우에 매수인이 얻었을 이익 즉 이른바 이행이익을 그 한도로 한다). 따라서 이때의 손해배상청구권은 실질적으로 대금감액청구권의 성격을 가진다.

2. 사안의 검토

사례에서 B는 A에게 매매라는 유상계약에 의하여 특정된 중고 TV를 인도하였다. 그런데 그 중고 TV에는 회선이 잘못 연결된 하자가 있었고, A는 그 하자의 존재에 대하여 선의이며, 선의임에 과실이 있다고 볼 수 없다. 따라서 B는 자신이 직접 수선하여 A에게 인도한 중고 TV에 대하여 하자담보책임을 부담한다(제580조 제1항).

(1) B에 대한 A의 손해배상청구권 또는 계약해제권

사례의 경우 만일 TV가 폭발하지는 않고, 수신상태가 불량하다는 하자만이 있는 경우라면, 매수인 A는 TV의 시장에서의 교환가치 감소분으로서 하자없는 상태의 TV의 가치(10만원)에서 하자있는 상태의 TV의 가정적 가치(예컨대 8만원)를 공제한 2만원의 손해배상을 청구할 수 있을 것이다. 이런 의미에서 이때의 손해배상은 실질적으로 매매대금의 감축에 해당한다.

또한 만일 수신상태의 불량이 TV를 시청할 수 없을 정도로 중대하여 A가 매매계약을 체결한 목적을 달성할 수 없는 경우라면 A는 (이행최고 없이) 계약을 해제하고(제580조 제1항, 제575조 제1항), 지급한 매매대금(10만원)과 그 이자의 반환(제548조)을 요구할 수 있다.

(2) B에 대한 A의 부가적 손해의 배상청구권

사례에서는 A가 입은 손해가 단순히 대금감액청구나 계약해제를 통해서 전보될 수 없음이 명백하다. TV가 폭발하였으므로, A는 매매대금의 반환을 청구하는 이외에 자신의 부상에 따른 손해(치료비 및 위자료)를 배상받으려 할 것이다. 다만, A의 부상이라는 부가적 손해 내지 하자결과손해에 대한 배상을 청구할 수 있는 법적 기초를 무엇으로 구성할 것인지는 문제이다. 하자담보책임이 매도인(채무자)의 과실을 요건으로 하지 않는 무과실책임이기 때문에, 하자담보책임으로서 매수인에게 귀속될 수 있는 손해배상청구권의 사정거리가 이행이익을 넘지 않는 신뢰이익에 한정된다는 판례와 다수설에 따르면 하자 자체 이외의 부가적 손해는 담보책임으로서 매도인의 손해배상책임에 의해서는 전보될 수 없기 때문이다(다른 견해로서 이은영, 채권총론, 238면. 그러나 하자담보책임이 하자결과손해에 대해서까지 미치는 것으로 봄은 정당하지 않은 것으로 판단된다). 따라서 A에게 발생한 부가적 손해를 구제하기 위해서는 B의 귀책사유를 요건으로 하는 불완전이행으로서의 채무불이행책임(제390조)이 성립하는지 여부를 검토할 필요가 있다(곽윤직, 채권총론, 93면; 김상용, 채권총론, 138면; 김형배, 채권총론, 225면).

Ⅲ. B의 불완전이행책임(제390조)

1. 불완전이행의 의의 및 성립요건

불완전이행은 일정한 이행행위가 행해졌으나 급부목적물이나 급부행위에 하자가 있는 경우, 또는 이행과 관련하여 주의를 제대로 하지 않음으로써 급부목적물이나 급부결과 또는 그 이외의 채권자의 법익에 손해를 발생시킨 경우에 인정되는 채무불이행의 한 유형이다.

불완전이행으로서의 채무불이행책임이 성립하기 위해서는 (i) 이행행위가 있을 것, (ii) 이행이 불완전할 것, (iii) 귀책사유가 존재할 것 등이 요구된다.

2. 부가적 손해의 배상에 대한 법적 기초에 관한 논의

(1) 견해의 대립

다수설에 의하면 특정물인도채무에 있어서 채무자는 이행기의 현상태로 그 특정물을 인도하면 되므로(제462조), 비록 그 특정물에 하자가 있더라도 채무불이행(제390조)의 문제는 발생할 수 없고, 다만 그 채무가 매매와 같은 유상계약으로 생긴 경우에는 하자담보책임(제580조)의 문제가 생길 따름이라고 한다(이른바 '법정책임설'의 입장)(예컨대 곽윤직, 채권총론, 93면). 그러나 목적물의 하자 이외에 부가적 손해가 발생한 경우에 보충적으로 적극적 채권침해(이행은 하였으나 잘못된, 즉 하자있는 이행이 있는 경우를 가리키는 채무불이행의 한 유형이다. 다시 말해 이행지체나 이행불능과 같이 이행을 게을리하거나, 이행이 불가능한 '소극적'인 채무불이행이 아니라, 적극적으로 이행을 하였으나, 그 이행이 불완전하거나 또는 하자있는 이행이 된 경우를 적극적 채권침해라고 한다. 적극적 채권침해는 실질적으로 불완전이행과 그 성질을 같이하는 것으로 이해할 수 있다. 김형배, 민법학강의(제6판), 958면)를 인정할 수 있을 것인가에 관해서는 견해가 대립한다.

긍정설에 의하면 매도인은 하자담보책임뿐만 아니라 적극적 채권침해로 인한 손해배상책임까지도 부담해야 한다고 하나(예컨대 곽윤직, 채권총론, 112면), 부정설에 의하면 하자담보책임을 물어 그 손해배상의 범위를 정할 때 이를 참작하여 채권자를 충분히 보호할 수 있으므로 굳이 적극적 채권침해이론을 원용하지 않아도 된다고 한다(예컨대 김주수, 채권총론, 138면).

(2) 검 토

특정물인도채무의 경우에도 그 특정물에 하자가 있다면 불완전이행책임(불완전이행이라는 뜻은 이행을 제대로 실현하지 못했다는 것을 말한다. 그런 의미에서 담보책임도 일종의 불완전이행 또는 불완전급부에서 발생하는 책임이지만 매도인의 귀책사유는 그 요건이 아니다) 또는 적극적 채권침해의 성립을 긍정할 수 있다고 보아야 한다(김형배, 채권총론, 224면; 김형배, '하자담보의 성질', 민법학연구, 226면 이하 참조). 왜냐하면 채무자인 매도인은 특정물을 '하자없는 상태로 급부할 의무'를 부담하는 것이며, 이러한 의무를 위반하는 데 있어 그에게 귀책사유가 있으면 이를 채무불이행(제390조)의 한 모습으로 파악하는 것이 온당하기 때문이다(판례 참조 [2]). 따라서 매도인에게 하자에 대해 과실이 없는 경우에는 담보책임만이 문제되고, 과실이 있는 경우에는 부가적 손해에 대한 일반 채무불이행책임(제390조)이 부과될 수 있다. 다시 말하면 담보책임은 흠이 없는 목적물을 급부해야 할 계약상의 채무를 위반하는 데서 오는 책임으로서 매도인의 귀책사유를 요건으로 하지 않는다(담보책임의 성질을 '채무불이행책임'이라고 설명할 때에 그 의미는 채무를 제대로 이행하지 않은 데서 오는 책임이라는 뜻이고, 귀책사유를 전제로 한다거나 그 효과가 귀책사유가 있는 채무불이행의 경우와 같다는 의미는 아니다. 오해가 있어서는 안 될 것이다).

3. 사안에의 적용

(1) 긍정설에 따를 경우

긍정설에 의하면, TV의 하자로 인하여 부가적 손해까지 발생하고 있으므로 하자담보책임은 물론 매도인의 귀책사유를 전제로 한 채무불이행책임도 성립한다. 다만 하자담보책임으로 구제될 수 있는 손해는 회선의 잘못된 연결이라는 하자에 국한되지만, 적극적 채권침해로 구제될 수 있는 손해는 TV의 하자뿐만 아니라 그 하자로 인하여 발생한 부가적 손해까지도 포함된다. 따라서 A는 B에 대하여 하자담보책임과 함께 부가된 손해, 즉 TV의 폭발로 인한 자신의 부상에 대하여 불완전이행책임을 물어 손해배상을 받을 수 있다.

(2) 부정설에 따를 경우

부정설에 의하면 하자가 문제되는 경우 일반적으로 매도인의 귀책사유를 전제로 하는 적극적 채권침해로서의 불완전이행책임은 성립하지 않고, TV의 하자로 인하여 발생한 부가적 손해는 하자담보책임의 배상범위를 정할 때 참작하면 된다. 따라서 A는 B에게 불완전이행에 따른 일반 채무불이행책임을 물을 수 없으며, 다만 하자담보책임에 따른 손해배상에서 부상에 따른 부가적 손해를 배상받을 수 있다. 그러나 이 설은 옳지 않다고 생각된다.

(3) 소 결

인도된 특정물에 하자가 있거나 그 하자로 인하여 부가적 손해가 발생한 경우 이 모두는 불완전이행에 해당한다. 전자의 경우에는 매도인의 과실이 없더라도 담보책임이 적용되지만, 후자의 경우에는 매도인의 귀책사유가 있어야 한다(하자 자체에 대하여 매도인의 귀책사유가 있는 경우에는 하자담보책임(제580조)과 채무불이행책임(제390조)은 경합적으로 존재한다는 것이 판례의 태도이다(판례 [5-3] 참조)). 다시 말하면 부가적 손해가 있는 경우 채무자인 매도인에게 확대된 손해의 배상을 묻기 위하여는 채무자에게 귀책사유가 있어야 한다(판례 [5-2] 참조).

위 사례의 경우 B에게 과실이 인정되므로 B는 A에게 TV의 하자, 즉 회선의 잘못된 연결이라는 손해뿐만 아니라 그 하자로 인한 TV의 폭발 및 A의 부상이라는 부가적 손해도 배상할 책임이 있다 할 것이다.

Ⅳ. B의 불법행위책임(제750조)

1. 불법행위의 성립요건

불법행위가 성립하기 위해서는 책임능력 있는 가해자의 고의·과실에 의한 행위가 존재해야 하고, 그러한 가해행위는 위법해야 한다. 또한 상대방에게 손해가 발생하고, 가해행위와 그러한 손해 사이에 인과관계가 충족되어야 한다(불법행위에 관해 보다 자세한 것은 별도의 [사례 54] 참조).

2. 사안의 검토

사례에 있어서는 B의 '과실'을 인정할 수 있을 것인지 검토해야 한다. B가 회선을 잘못 연결한 것은 TV 등과 같은 전자·전기제품을 수리하거나 조립할 때 일반적으로 요구되는 주의의무를 위반한 것으로서 그에게 과실이 인정된다. 추상적 경과실이 기준이 되므로 B 개인이 평소에 그러한 주의를 기울일 수 있었는지는 문제되지 않는다. 다만 A는 B의 과실에 관하여 입증책임을 부담한다. 따라서 B는 A에게 불법행위로 인한 손해배상책임(제750조)을 져야 한다. 불법행위에 따른 손해배상의 범위에 관하여는 제763조가 제393조를 준용한다.

Ⅴ. B에게 귀속되는 책임의 경합

1. 각 책임의 배상범위

손해배상책임의 범위 내지 사정거리와 관련하여 하자담보책임은 그 하자 자체의 손해, 즉 유상계약에서의 주관적 등가성을 유지하기 위한 대가적 손해에 국한된다는 것이 통설이다. 그러나 하자 자체는 물론 그 하자로 인한 부가적 손해까지도 하자담보책임(무과실책임)의 배상범위에 포함시키는 견해는 옳지 않다고 생각된다. 그러나 채무자(또는 가해자)의 과실이 있는 경우에 인정되는 불완전이행의 채무불이행책임과 불법행위책임에 있어서는 하자 자체의 손해뿐만 아니라 그로 인한 부가적 손해도 그 배상범위에 포함된다(판례 [5-3] 참조).

2. 채무불이행책임과 불법행위책임의 경합

채무불이행책임과 불법행위책임이 공존하는 경우 양 책임의 상호관계에 대해서는 견해가 나뉜다. 소수설인 법조경합설에 따르면 불법행위규범이 일반적인 사회관계에서 발생하는 가해·피해관계를 규율하는 데 반하여, 계약규범은 구체적인 특정인 사이의 관계를 규율하는 것이므로 계약규범을 불법행위규범에 우선하여 적용해야 한다는 입장이다(이에 관한 자세한 것은 김형배, '청구권규범통합론 ―방법론적 재구성을 위하여―', 민법학연구, 422면 이하; 김형배, 채권총론, 200면 이하 참조). 그러나 판례(대판 1967.12.5, 67다2251; 대판[전] 1983.3.22, 82다카1533 등)와 다수설(예컨대 곽윤직, 채권각론, 384면)은 채권자(동시에 피해자)는 양 청구권을 자유롭게 선택하여 행사할 수 있다는 입장인 청구권경합설을 취하고 있다.

Ⅵ. 설문에 대한 해답

매수인 A에 대하여 매도인 B는 TV의 수신상태불량 및 폭발(회선의 잘못된 연결)이라는 하자 자체와 관련하여서는 하자담보책임(제580조)을 부담하며, 하자로 말미암은 A의 부상이라는 부가적 손해에 대하여는 불완전이행으로 인한 채무불이행책임(제390조) 및 불법행위책임(제750조)을 부담한다. 후자의 경우 A와 B 사이에 존재하는 특별구속관계를 고려한다면 불완전이행을 원인으로 손해배상청구권(제390조)이 우선할 것이다.

≪판 례≫

[1] 하자담보책임, 불완전이행책임 및 불법행위책임

(대판 1992. 4. 14, 91다17146, 91다17153) 양도목적물의 숨은 하자로부터 손해가 발생한 경우에 양도인이 양수인에 대하여 부담하는 하자담보책임은 그 본질이 불완전이행책임으로서 본 계약내용의 이행과 직접 관련된 책임인바, 동일한 사실관계에 기하여 하자담보책임과 불법행위책임이 경합하는 경우에 그 불법행위책임의 존부에 관한 분쟁은 계약내용의 이행과 밀접하게 관련된 분쟁이다.

[2] 물건하자의 존부판단기준

(대판 2000. 10. 27, 2000다30554·30561) 매도인이 매수인에게 공급한 기계가 통상의 품질이나 성능을 갖추고 있는 경우, 그 기계에 작업환경이나 상황이 요구하는 품질이나 성능을 갖추고 있지 못하다 하여 하자가 있다고 인정할 수 있기 위하여는, 매수인이 매도인에게 제품이 사용될 작업환경이나 상황을 설명하면서 그 환경이나 상황에 충분히 견딜 수 있는 제품의 공급을 요구한 데 대하여, 매도인이 그러한 품질과 성능을 갖춘 제품이라는 점을 명시적으로나 묵시적으로 보증하고 공급하였다는 사실이 인정되어야만 할 것임은 물론이나, 매도인이 매수인에게 기계를 공급하면서 당해 기계의 카탈로그와 검사성적서를 제시하였다면, 매도인은 그 기계가 카탈로그와 검사성적서에 기재된 바와 같은 정도의 품질과 성능을 갖춘 제품이라는 점을 보증하였다고 할 것이므로, 매도인이 공급한 기계가 매도인이 카탈로그와 검사성적서에 의하여 보증한 일정한 품질과 성능을 갖추지 못한 경우에는 그 기계에 하자가 있다고 보아야 한다.

[3] 특정물하자의 존부판단시기

(대판 2000. 1. 18, 98다18506) 매매의 목적물이 거래통념상 기대되는

객관적 성질·성능을 결여하거나, 당사자가 예정 또는 보증한 성질을 결여한 경우에 매도인은 매수인에 대하여 그 하자로 인한 담보책임을 부담한다 할 것이고, 한편 건축을 목적으로 매매된 토지에 대하여 건축허가를 받을 수 없어 건축이 불가능한 경우, 위와 같은 법률적 제한 내지 장애 역시 매매목적물의 하자에 해당한다 할 것이나, 다만 위와 같은 하자의 존부는 매매계약 성립시를 기준으로 판단하여야 할 것이다.

[4] 권리하자로 인한 담보책임에서 손해배상의 범위

(대판[전] 1967.5.18, 66다2618) 매매의 목적이 된 권리가 타인에게 속한 경우에 매도인이 그 권리를 취득하여 매수인에게 이전할 수 없을 때에는 매매의 목적이 된 권리가 매도인에게 속하지 아니함을 알지 못한 매수인이 매도인에게 대하여 손해배상을 청구함에는 매도인은 계약이 완전히 이행된 것과 동일한 경제적 이익을 배상함이 상당할 것이므로 그 손해는 매수인이 입은 손해뿐만 아니라 얻을 수 있었던 이익의 상실도 포함된다고 해석할 것이다.

[5] 하자로 인한 확대손해의 발생과 매도인의 손해배상책임

[5-1] (대판 1993.11.23, 92다38980) 신축건물이나 신축한 지 얼마 되지 않아 그와 다름없는 건물을 매도하는 매도인이 매수인에 대하여 매도건물에 하자가 있을 때에는 책임지고 그에 대한 보수를 해주기로 약정한 경우 특별한 사정이 없는 한 매도인은 하자없는 완전한 건물을 매매한 것을 보증하였다고 할 것이므로 매도인은 계약 당시 또는 매수인이 인도받은 후에 용이하게 발견할 수 있는 하자뿐만 아니라 건물의 본체부분의 구조상의 하자 특히 품질이 떨어지는 재료를 사용하는 등 날림공사로 인한 하자 등 바로 발견할 수 없는 하자는 물론 당초의 하자로부터 확산된 하자에 대하여도 책임을 져야 한다.

[5-2] (대판 2003.7.22, 2002다35676) 매매목적물의 하자로 인한 확대손해에 대하여 매도인에게 배상책임을 지우기 위해서는 하자없는 목적물을 인도하지 못한 의무위반 사실 외에 그러한 의무위반에 대하여 매도인에게 귀책사유가 있어야 한다.

[5-3] (대판 2004.7.22, 2002다51586) 토지 매도인이 성토작업을 기화로 다량의 폐기물을 은밀히 매립하고 그 위에 토사를 덮은 다음 도시계획사업을 시행하는 공공사업시행자와 사이에서 정상적인 토지임을 전제로 협의취득절차를 진행하여 이를 매도함으로써 매수자로 하여금 그 토지의 폐기물처리비용 상당의 손해를 입게 하였다면 매도인은 이른바 불완전이행으로서 채무불이행으로 인한 손해배상책임을 부담하고, 이는 하자있는 토지의 매매로 인한 민법 제580조 소정의 하자담보책임과 경합적으로 인정된다.

[債　權　法]

事例 35

給付義務 및 保護義務의 違反에 따른 債務不履行責任과 그 範圍

≪설 문≫

B는 11시에 출발하는 기차를 타야 한다고 하면서 A가 운행하는 택시를 탔다. 시간이 충분하다는 A의 말을 듣고 안심한 B는 서울역으로 가던 중 A의 부주의한 운전으로 부상을 입고, 인근에 위치한 병원응급실에서 치료를 받게 되었다. 응급치료 후 A는 다시 B를 차에 태우고 최선을 다해 운전하였으나, 서울역에는 11시 10분에 도착하였다. 결국 B는 사고가 없었더라면 충분히 탈 수 있었을 11시 대전행 기차를 놓치고 말았다.

(1) B가 대전행 11시 기차를 놓침으로 인해 50만원의 이익을 얻을 수 있었던 매매계약을 체결하지 못했다면 B는 A에게 어떠한 청구를 할 수 있는지를 검토하시오.

(2) B는 15시 기차를 이용할 수밖에 없었고, 그 기차의 탈선사고로 말미암아 3주간의 입원치료(치료비 및 개호비 총 1,000만원)를 받아야 했다면 B는 A에게 그 비용의 배상을 청구할 수 있는지를 검토하시오.

목차제안

Ⅰ. 논점분석

Ⅱ. A에 대한 B의 손해배상청구권

1. A의 급부의무위반에 따른 채무불이행책임

(1) 운송계약상의 주된 급부의무

풀이제안

Ⅰ. 논점분석

A는 B와 운송계약을 체결함으로써 B에 대하여 운송의무(급부의무)를 부담한다. 그러나 A의 과실로 인해 B는 부상을 당했으며, 정시에 역에 도착하지 못함으로써 기차를 놓치게 되었다. 따라서 B는 A의 채무불이행을 원인으로 발생한 손해에 대하여 그 배상을 청구할 수 있을 것이다. 또한 A는 안전하게 운전함으로써 B에게 신체상의 손해를 끼치지 않을 의무, 즉 보호의무도 부담한다. 그런데 보호의무와 관련해서는 이를 위반한

경우, 보호의무위반에 대하여 어떠한 책임을 물을 것인지 검토해야 한다. 한편 B의 부상에 대해서는 A의 불법행위책임도 문제되는바, 청구권의 경합을 인정할 것인가도 검토해야 한다.

손해배상범위와 관련하여, 설문(1)은 A의 1차손해(기차를 놓친 그 자체)를 기점으로 하여 후속적으로 발생한 50만원의 이익의 상실(후속손해)이 통상손해(제393조 제1항)인가, 특별손해(동조 제2항)인가를 판단하여 손해배상의 범위를 결정해야 한다. 또한 설문(2)에서도 B가 다음 기차를 이용함으로써 교통사고가 발생한 경우에 이 후속손해가 통상손해인지, 특별손해인지가 문제되며, 그에 따라 손해배상의 범위(제393조)를 검토해야 한다.

Ⅱ. A에 대한 B의 손해배상청구권

1. A의 급부의무위반에 따른 채무불이행책임

(1) 운송계약상의 주된 급부의무

운송계약에 따라 운송자는 승객 또는 화물을 일정한 장소에서 다른 장소로 이동시켜야 할 의무를 주된 급부의무로 부담한다. 즉 다른 장소에로의 이동이라는 일을 완성해야만 하는 도급계약의 일종으로서, 일의 완성이 없는 한 운송자(수급인)는 승객 또는 화주(도급인)에게 보수의 지급을 청구할 수 없다(제664조, 제665조 제1항 참조).

(2) 사안의 검토

A는 B와의 운송계약에 따라 B를 위해 서울역으로 택시를 운행하였다. 즉, A는 이행의 착수를 하였으나, 예정된 도착시간(이행기)보다 늦게 도착하였으며, 그러한 연착은 A의 부주의한 운전 때문이었다. 따라서 A는 원칙적으로 이행지체에 따른 채무불이행책임을 부담해야 한다(제390조, 제544조, 제545조). 그러나 사례의 경우는 11시에 출발하는 기차를 타기 위한 운송이었으므로, 이는 이행기가 엄수되어야 하는 이른바 절대적 정기행위에 해당한다(제545조 참조). 절대적 정기행위의 이행지체는 이행불능과 같이 취급되므로, A는 이행불능에 따른 채무불이행책임(제390조, 제546조)을 부담해야 한다.

따라서 B는 A에 대하여 계약을 해제하지 않고 손해배상(전보배상)을 청구하거나(제390조), 계약을 해제한 후(제546조) 원상회복(제548조)과 함께 손해배상도 청구할 수 있다(제551조).

2. A의 보호의무위반에 따른 채무불이행책임

(1) 불완전이행

불완전이행은 일정한 이행행위가 행해졌으나 급부목적물이나 급부행위에 하자가 있는 경우, 또는 이행과 관련하여 주의를 제대로 하지 않음으로써 급부목적물이나 급부결과 또는 그 이외의 채권자의 법익에 손해를 발생시킨 경우에 인정되는 채무불이행의 한 유형이다.

불완전이행으로서의 채무불이행책임이 성립하기 위해서는, (i) 이행행위가 있었으나 불완전한 이행일 것, (ii) 하자있는 이행이 채무자의 귀책사유로 인한 것일 것, (iii) 하자있는 이행에 의해 채권자에게 손해가 발생하였을 것 등이 요구된다.

(2) 채무자의 의무로서 보호의무

계약관계는 그 성질에 따라 계약당사자 사이에 상대방의 인신 및 재산을 침해하지 않을 보호·배려의무를 부담한다. 계약의 체결 또는 이행과정중에 채권자의 일반법익에 손해를 주는 경우에는 이러한 보호의무의 위반이 문제된다(개정되어 2002년 1월 1일부터 시행되고 있는 독일민법은 이를 명문으로 규정하고 있다. 동법 제241조 제2항 참조).

채권관계라는 특별구속관계의 당사자가 상대방에 대하여 보호의무를 부담하는지, 그 위반의 경우 채무불이행책임이 성립할 수 있는지에 관하여 학설의 대립이 있다. 즉, 보호의무를 채무의 내용으로 파악하여 그 위반시 불완전이행으로서 '채무불이행책임'을 부과해야 한다는 견해(예컨대 곽윤직, 채권총론, 17면('기본의무 이외의 용태의무'): 김형배, 채권총론, 231면)와 보호의무는 계약내용과 관계없이 사회생활상 부과되는 의무이므로 그 위반으로 인한 손해배상은 불법행위책임으로 처리해야 한다는 견해(예컨대 이은영, 채권총론, 192면 이하)로 나뉜다. 판례는 특정한 계약유형의 경우에 있어서 신의칙에 근거한 보호의무의 위반을 이유로 채무불이행책임을 긍정하고 있다(판례참조 [1]).

계약의 유형 가운데 고용계약·운송계약·숙박계약·여행계약·유치원탁아계약 등의 경우 사용자, 운전자 또는 숙박업자 등은 계약체결시부터 계약관계가 존속하는 동안은 계약상대방이 안전사고를 당하지 않도록 주의하고, 이를 위해 필요한 예방조치도 취할 보호의무를 부담한다. 물론 안전사고가 발생한 경우 불법행위법에 의해 손해가 사후적으로 전보될 수도 있다. 그러나 보호의무를 채권관계당사자의 의무로 인정할 때 채권자로서의 상대방은 안전배려를 위한 사전조치를 요구할 수 있다. 따라서 불법행위책임 이외에 보호의무위반에 따른 채무불이행책임의 적용을 우선적으로 검토하는 것이 피해자보호의 관점에서도 적절할 것이다. 채무자는 의무위반에 관하여 자신에게 과실이 없음을 입증해야 하기 때문이다. 이와 같은 관점에서도 보호의무위반의 문제를 불법행위에 의하여 처리하는 것이 옳다는 이유에서 채무불이행책임을 원용할 필요가 없다는 견해는 타당하지 않다. 게다가 피해를 입은 계약당사자가 상대방 당사자가 책임져야 할 가해행위자를 찾을 수 없거나(예컨대 병원 입원실에서 환자의 물건이 도난당한 경우에 병원의 책임: 판례 [1-4] 참조), 또는 가해자가 있더라도 불법행위책임을 ―예컨대 실화책임에 관한 법률에 따라 책임성립요건이 강화되어 있는 까닭에― 추궁할 수 없는 경우(예컨대 판례 [1-1] 참조)도 있을 수 있다.

보호의무위반이 채무불이행의 내용이 되는 경우 그 위반행위가 채무자의 귀책사유에 의한 것일 때에는 채무자는 그로 인하여 발생한 손해를 배상해야 한다(제390조).

(3) 사안의 검토

B의 부상은 A가 B를 기차역까지 운송해야 할 급부의무를 위반한 것이 아니라, 목적지까지 안전하게 승객을 운송해야 할 보호의무를 위반한 것이 된다. A는 B에 대한 운송채무를 이행하던 중 주의의무를 다했어야 함에도 불구하고 그의 과실로 B의 신체를 위법하게 침해하여 부상이라는 손해를 발생케 한 것이다. 따라서 A는 보호의무위반의 불완전이행으로 인한 손해를 배상해야 한다(제390조).

3. A의 불법행위책임

(1) 신체완전성침해로 인한 불법행위

A는 그의 과실에 의한 사고로 B의 신체를 위법하게 침해하여

부상이라는 손해를 발생케 하였으므로 불법행위책임(제750조, 제751조 제1항)도 부담하여야 한다.

A가 B를 서울역에 정시에 운송하지 못함으로써 발생한 이행불능으로 인한 손해배상책임 및 보호의무위반으로 인한 손해배상책임은 이 불법행위책임과는 무관하게 독립적으로 존재하지만, B의 부상이라는 손해에 대해서는 채무불이행으로 인한 손해배상청구권과 불법행위에 의한 손해배상청구권이 동시에 성립하므로 청구권경합의 문제가 발생한다.

(2) 청구권경합의 인정 여부

판례(대판 1967.12.5, 67다2251; 대판[전] 1983.3.22, 82다카1533 등)와 다수설(예컨대 곽윤직, 채권각론, 384면)은 청구권경합설을 취하고 있다. 이 견해에 의하면 채권자는 양 청구권을 자유롭게 선택하여 행사할 수 있다. 그러나 불법행위규범이 일반적인 사회관계에서 발생하는 가해·피해관계를 규율하는것인 데 반하여, 계약규범은 구체적인 특정인 사이의 관계를 규율하는 것이므로 계약규범을 불법행위규범에 우선하여 적용하는 것이 옳을 것이다(법조경합설)(이에 관해 자세한 것은 김형배, '청구권규범통합론 — 방법론적 재구성을 위하여—', 민법학연구(1989), 422면 이하; 김형배, 채권총론, 200면 이하 참조).

(3) 사안의 적용

A와 B 사이에는 운송계약이라는 특별구속관계가 존재한다. 따라서 B는 부상에 대해서 불완전이행(채무불이행)에 의한 손해배상청구권만을 우선적으로 행사할 수 있다. 물론 청구권경합설에 따르면 이 경우 B는 불법행위로 인한 손해배상청구권도 선택적으로 행사할 수 있을 것이다. 이제 문제는 A가 배상해야 할 손해의 범위를 어떻게 획정할 것인가이다. 이에 관해서는 설문에 따라 나누어 고찰한다.

Ⅲ. 설문(1)의 경우 B가 배상할 손해의 범위

1. 손해배상의 범위획정

(1) (절충적) 상당인과관계설

채무불이행에 의하여 발생한 손해의 배상범위에 대해서 판례(판례 [2], [3] 참조)와 다수설(예컨대 곽윤직, 채권총론, 112면 이하; 이은영, 채권총론, 249면 이하)은 (절충적) 상당인과관계설을 취한다. 이 견해에 의하면 원인·결과의 관계에 있는 사실 가운데서 객관적으로 보아 어떤 전행사실로부터 일반적으로 초래되는 후행사실이 있을 때는 양자는 상당인과관계에 있다. 그리고 채무불이행이라는 원인사실과 상당인과관계에 있는 손해뿐만 아니라, 채무불이행과 상당인과관계에 있지 않은 우연한 또는 특수한 사정으로 인한 손해라도 그 사정이 채무자에 의하여 예견가능했던 것이면 배상해야 할 손해의 범위 속에 포함된다. 따라서 제393조 제1항의 '통상손해'는 원인된 행위(채무불이행)와 상당인과관계에 있는 손해, 즉 사회일반의 관념에 따라 보통 발생할 수 있는 것으로 생각되는 범위의 손해를 말하고(판례참조 [2]), 동조 제2항의 '특별손해'는 그 손해가 특별한 사정으로 인한 것이라 하더라도 채무자가 그 사정을 알았거나 알 수 있었을 경우에 발생된 손해(판례참조 [3])를 의미한다. 요컨대 (절충적) 상당인과관계설은 채무불이행과 사실적(조건적) 인과관계에 있는 모든 손해 중에서 상당인과관계에 있는 손해를 통상손해, 채무자의 예견가능성과 연결되는 손해를 특별손해로 인식한다.

(2) 위험성관련설

상당인과관계설을 비판하는 견해(김형배, 민법학강의(제6판), 928면 이하 참조)에 의하면, 손해는 귀책사유에 의한 채무불이행행위와 직접적인 인과관계에 있는 1차손해와 그 1차손해를 기점으로 하여 야기된 후속손해로 구분된다. 즉, 1차손해는 채무불이행행위(제390조참조)와의 사이에 인과관계가 있는 것을 말하고, 후속손해는 직접 채무불이행행위에 의하여 야기된 것이 아니라 1차손해에 의하여 후속적으로 조건지워진 손해를 말한다. 그러므로 채무자가 1차손해에 대하여 배상책임을 부담하는 것은 그의 귀책사유에 의한 계약위반(운송계약위반)을 근거로 하므로 그 책임근거는 제390조이고, 이 경우에 원인행위인 채무불이행과 1차손해 사이의 인과관계는 조건관계(condictio sine qua non)로 충분하다. 또한 1차손해를 기점으로 하여 발생되는 후속손해는 1차손해와의 위험성관련 아래서 파악되는 통상손해와 채무자의 예견가능성하에서 파악되는 특별손해로 구별된다. 이에 따라 제390조는 채무불이행에 의하여 직접적으로 발생된 1차손해에 관한 규정이고, 제393조는 1차손해를 기점으로 하여 발생된 후속손해에 관한 규정으로서 손해배상의 '범위를 한

정하는(射程範圍를 정하는)' 기능을 담당한다.

(3) 규범목적설

규범목적설은 가해자가 위반한 행위규범의 취지와 목적에 비추어 그 규범이 손해의 발생을 방지하려는 한도에서 배상범위를 결정해야 한다는 책임귀속이론이다(이종복, 일반조항 불법행위법에 의한 손해배상책임의 제한, 사법관계와 자율(1993), 3면 이하). 그러나 이러한 규범목적설은 특히 불법행위에 있어서 특정한 법익침해를 방지하기 위한 보호법규(예컨대 독일민법 제823조 제2항)의 적용범위를 확정함으로써 손해배상책임의 귀속범위를 제한하기 위하여 발전된 견해이다. 또한 손해의 원인된 행위 혹은 사실에 의해 후발적으로 발생된 손해에 대하여 단지 규범목적만을 고려하여 배상범위를 결정한다는 것은 제393조의 기본취지와 반드시 일치하지 않는다.

(4) 각 학설에 따른 사안의 검토

먼저 (절충적) 상당인과관계설에 따르면, B의 부상이라는 손해와 기차를 놓친 데 따른 손해(예컨대 환불수수료)는 통상손해로서 상당인과관계가 인정되므로 A는 이를 배상해야 할 것이다(제393조 제1항). 그러나 B가 기차를 놓침으로써 매매계약을 체결하지 못하게 되어 발생한 손해, 즉 50만원 이익의 상실은 기차역에 연착한 전행사실과 상당인과관계에 있지 않은, 특별한 사정으로 생긴 특별손해이다. 따라서 A가 이 사실(B가 상당한 금전적 이익을 얻을 수 있는 계약을 체결하러 간다는 사실)을 알았거나 또는 알 수 있었을 경우에 한하여 B는 A에 대하여 50만원의 손해(일실 이익)의 배상을 청구할 수 있게 된다(제393조 제2항).

위험성관련설에 따르면 A의 부주의한 운전에 따른 B의 부상 자체는 1차손해이지만, 기차역에 연착한 것과 기차를 놓침으로써 발생한 50만원 이익의 상실은 후속손해이다. 후속손해 중 전자에 대해서는 1차손해(운행 중의 부상)가 있으면 기차역에의 도착지연이라는 손해사실이 발생될 위험성이 있으므로 통상손해(제393조 제1항)라고 할 수 있으나, 50만원 이익의 상실에 대하여는 A의 예견가능성이 인정되지 않는 한 A의 배상책임이 인정되지 않는다.

규범목적설에 따를 경우 운송계약을 도급계약으로 볼 때 제664조가 적용되고, 이 규범의 보호목적은 도급인에게 도급된 일의 완성을 보장하려는 것이므로 '기차역에의 도착지연'이라는 손해는 포함될 수 있겠으나, 50만원 이익의 상실이라는 손해는 이에 포함될 수 없을 것이다.

2. 예견가능성의 존부에 대한 판단시기

(1) 견해의 대립

특별손해를 야기할 수 있는 사정에 대하여 예견가능성이 있었는지에 대한 판단시기에 관하여, 판례(판례 참조 [3-3])와 다수설(예컨대 곽윤직, 채권총론, 116면; 이은영, 채권총론, 284면)은 이행기를 기준으로 한다. 그러나 계약체결시설은 다음과 같은 이유로 이행기설에 반대한다. 즉, 계약체결시에 채무자가 특별사정을 예견하고 있었다면 자기의 계약조건을 유리하게 한다거나 계약체결을 거부함으로써 이에 적절히 대처할 수 있었을 것이지만, 계약체결시에 전혀 예견할 수 없었던 사정을 채권자가 나중에 일방적으로 통고함으로써 알게 되었다면 채무자의 책임이 부당하게 확대되는 결과를 가져오게 되어 공평의 원리에 반한다. 따라서 계약체결시를 기준으로 하는 것이 타당하다(김형배, 채권총론, 264면).

(2) 사안의 검토

A의 예견가능성의 유무는 원칙적으로 B가 택시를 탈 때를 기준으로 판단해야 한다. 사례의 경우 제393조 제2항의 특별손해에 대한 예견가능성의 판단시점은 계약체결시로 이해해야 할 것이다.

3. 소 결

우선 B의 부상(응급치료비용)과 기차역에의 연착이라는 손해(예컨대 기차표를 예매하였다면 그 환불수수료)에 관하여, 판례와 다수설인 (절충적) 상당인과관계설에 의하면 부주의한 운전과 상당인과관계가 있는 통상손해로서, 위험성관련설에 의하면 1차손해 및 위험관련성 있는 통상손해로서 배상책임이 인정된다.

또한 B의 50만원 이익의 상실은 판례와 다수설인 (절충적) 상당인과관계설에 의하든 위험성관련설에 의하든 제393조 제2항에서 말하는 특별손해로서, B가 기차를 타고 목적지에 가서 계약을 체결한다는 사정에 대하여 A가 예견했거나 또는 예견할 수 있었느냐에 따라 그 배상청구의 가부가 결정된다.

Ⅳ. 설문(2)의 경우 B의 손해배상책임

B가 다음 기차를 이용함으로써 교통사고를 당한 것도 궁극적으로는 A의 채무불이행을 원인으로 하여 후속적으로 발생한 손해(후속손해)이다. 다시 말하면 A의 채무불이행과 기차사고로 인한 피해 사이에 사실적(조건적) 인과관계는 존재한다.

판례와 다수설인 (절충적) 상당인과관계설에 따르면 A가 자신의 채무를 이행지체한 것(B의 부상과 기차역에의 연착)과 B가 기차사고를 당한 것 사이에 상당인과관계를 인정하기 어려울 것이다. 또한 그러한 사고에 관하여 A에게 예견가능성이 있었다고 할 수도 없을 것이다. 따라서 B는 A에 대하여 기차의 탈선사고로 인한 손해에 대해서는 그 배상을 청구할 수 없다.

또한 위험성관련설에 따르더라도 이러한 후속손해는 A가 기차역에 B를 제때 운송하지 못함으로써 통상적으로 발생되는 것이 아니므로 1차 손해와의 위험성관련이 인정되지 않는다. 따라서 이 후속손해는 제393조 제1항의 통상손해라고 할 수 없다. 또한 A가 다음 기차의 사고를 예견했거나 예견할 수 있었다고 볼 수 없으므로 제393조 제2항의 특별손해라고 할 수도 없다. 따라서 B는 15시발 기차의 탈선사고로 인하여 지출한 치료비를 A에게 청구할 수 없다.

Ⅴ. 설문(1) 및 (2)에 대한 해답

자신의 부주의로 승객 B를 부상시키고, 이를 치료하느라 B가 11시 기차를 놓친 것은 A의 과실에 의한 것이므로 A는 이로 인하여 B에게 발생한 손해를 배상할 책임을 부담한다.

A에 대하여 B는 한편에서는 급부의무의 이행불능(정기행위에 있어 이행지체는 이행불능으로 다루어진다)이라는 채무불이행을 원인으로 하여(차표환불수수료 상당의) 손해에 대한 배상청구권을 가지며(제390조), 다른 한편에서는 보호의무의 위반이라는 불완전이행을 원인으로 하여 (응급치료비용과 위자료 상당의) 손해에 대한 배상청구권을 가진다(제390조). 후자의 경우 B에 대한 A의 불법행위를 원인으로 한 손해배상

청구권(제750조, 제751조 제1항)과 경합할 여지가 있으나, 계약이라는 특별구속관계가 있는 A와 B 사이에서는 계약책임이 우선적으로 적용되어야 한다.

한편 (설문(1)과 관련하여) 11시발 기차를 타지 못함으로써 대전에서의 계약체결의 기회를 상실하여 발생한 (후속)손해(일실이익 50만원)는 제393조 제2항에서 말하는 특별손해이므로 채무자의 예견가능성을 매개하여서만 그 배상이 가능하다. 따라서 A가 B와 운송계약을 체결할 당시(또는 운송채무의 이행기에), A는 B의 이러한 사정을 알고 있지 못한 것으로 보이므로 이에 대한 배상책임은 A에게 발생하지 않는다(제393조 제2항).

또한 (설문(2)와 관련하여) A는 15시발 기차가 사고를 당하리라는 것을 예견할 수 없었으므로 그로 인한 배상책임을 면한다(제393조 제2항).

≪판 례≫

[1] 보호의무위반에 따른 채무불이행책임

(대판 2003.1.24, 2001다2129) 증권회사 직원이 자신만이 알고 있으나 이를 밝힐 수 없는 확실한 투자정보가 있다면서 고객으로 하여금 주식을 대량으로 매수하도록 유도하고, 그후 거듭된 매도 요청에도 불구하고 손실을 보전해주겠다는 각서까지 써주면서 이를 거부한 것은, 증권회사의 직원으로서 고객에게 과대한 위험을 수반하는 거래를 적극적으로 권유하면서 그에 수반되는 위험성에 대한 인식을 방해한 행위, 즉 고객에 대한 보호의무를 위반한 행위에 해당한다고 할 것이므로 불법행위를 구성한다.

[1-1] (대판 1997.10.10, 96다47302) 공중접객업인 숙박업을 경영하는 자가 투숙객과 체결하는 숙박계약은 숙박업자가 고객에게 숙박을 할 수 있는 객실을 제공하여 고객으로 하여금 이를 사용할 수 있도록 하고 고객으로부터 그 대가를 받는 일종의 일시 사용을 위한 임대차계약으로서 객실 및 관련 시설은 오로지 숙박업자의 지배 아래 놓여 있는 것이므로 숙박업자는 통상의 임대차와 같이 단순히 여관 등의 객실 및 관련 시설을 제공하여 고객으로 하여금 이를 사용·수익하게 할 의무를 부담하는 것에서 한 걸음 더 나아가 고객에게 위험이 없는 안전하고 편안한 객실 및 관련 시설을 제공함으로써 고객의 안전을 배려하여야 할 보호의무를 부담하며 이러한 의무는 숙박계약의 특수성을 고려하여 신의칙상 인정되는 부수적인 의무로서 숙박업자가 이를 위반하여 고객의 생명·신체를 침해하여 투숙객에게 손해를 입힌 경우 불완전이행으로 인한 채무불이행책

임을 부담하고, 이 경우 피해자로서는 구체적 보호의무의 존재와 그 위반 사실을 주장·입증하여야 하며 숙박업자로서는 통상의 채무불이행에 있어서와 마찬가지로 그 채무불이행에 관하여 자기에게 과실이 없음을 주장·입증하지 못하는 한 그 책임을 면할 수는 없다고 할 것이고, 이와 같은 법리는 장기투숙의 경우에도 마찬가지이다(대판 1999.7.9, 99다10004: 통상의 임대차관계에 있어서 임대인의 임차인에 대한 의무는 특별한 사정이 없는 한 단순히 임차인에게 임대목적물을 제공하여 임차인으로 하여금 이를 사용·수익하게 함에 그치는 것이고, 더 나아가 임차인의 안전을 배려하여 주거나 도난을 방지하는 등의 보호의무까지 부담한다고 볼 수 없을 뿐만 아니라 임대인이 임차인에게 임대목적물을 제공하여 그 의무를 이행한 경우 임대목적물은 임차인의 지배 아래 놓이게 되어 그 이후에는 임차인의 관리하에 임대목적물의 사용·수익이 이루어지는 것이다).

[1-2] (대판 1998.11.24, 98다25061) 여행업자는 통상 여행 일반은 물론 목적지의 자연적·사회적 조건에 관하여 전문적 지식을 가진 자로서 우월적 지위에서 행선지나 여행시설의 이용 등에 관한 계약내용을 일방적으로 결정하는 반면 여행자는 그 안전성을 신뢰하고 여행업자가 제시하는 조건에 따라 여행계약을 체결하게 되는 점을 감안할 때, 여행업자는 기획여행계약의 상대방인 여행자에 대하여 기획여행계약상의 부수의무로서, 여행자의 생명·신체·재산 등의 안전을 확보하기 위하여, 여행목적지·여행일정·여행행정·여행서비스기관의 선택 등에 관하여 미리 충분히 조사·검토하여 전문업자로서의 합리적인 판단을 하고, 또한 그 계약내용의 실시에 관하여 조우할지 모르는 위험을 미리 제거할 수단을 강구하거나 또는 여행자에게 그 뜻을 고지하여 여행자 스스로 그 위험을 수용할지의 여부에 관하여 선택의 기회를 주는 등의 합리적 조치를 취할 신의칙상의 주의의무를 진다.

[1-3] (대판 1999.2.23, 97다12082) 사용자는 근로계약에 수반되는 신의칙상의 부수적 의무로서 피용자가 노무를 제공하는 과정에서 생명, 신체, 건강을 해치는 일이 없도록 물적 환경을 정비하는 등 필요한 조치를 강구하여야 할 보호의무를 부담하고, 이러한 보호의무를 위반함으로써 피용자가 손해를 입은 경우 이를 배상할 책임이 있다.

[1-4] (대판 2003.4.11, 2002다63275) ① 환자가 병원에 입원하여 치료를 받는 경우에 있어서, 병원은 진료뿐만 아니라 환자에 대한 숙식의 제공을 비롯하여 간호, 보호 등 입원에 따른 포괄적 채무를 지는 것인만큼, 병원은 병실에의 출입자를 통제·감독하든가 그것이 불가능하다면 최소한 입원환자에게 휴대품을 안전하게 보관할 수 있는 시정장치가 있는 사물함을 제공하는 등으로 입원환자의 휴대품 등의 도난을 방지함에 필

요한 적절한 조치를 강구하여 줄 신의칙상의 보호의무가 있다고 할 것이고, 이를 소홀히 하여 입원환자와는 아무런 관련이 없는 자가 입원환자의 병실에 무단출입하여 입원환자의 휴대품 등을 절취하였다면 병원은 그로 인한 손해배상책임을 면하지 못한다. ② 입원환자에게 귀중품 등 물건보관에 관한 주의를 촉구하면서 도난시에는 병원이 책임질 수 없다는 설명을 한 것만으로는 병원의 과실에 의한 손해배상책임까지 면제되는 것이라고 할 수 없다.

[2] 제393조 제1항(통상손해)에 대한 이해

[2-1] (대판 1995. 2. 10, 94다44774·44781) 원래 물건의 인도의무의 이행지체를 이유로 한 손해배상의 경우에는 일반적으로 그 물건을 사용·수익함으로써 얻을 수 있는 이익, 즉 그 물건의 임료상당액을 통상의 손해라고 볼 것이므로, 건물건축공사에 관한 도급계약에 있어서도 그 수급인이 목적물인 건물의 건축공사를 지체하여 약정기한까지 이를 완성, 인도하지 않은 때에는 적어도 당해 건물에 대한 임료 상당의 손해액을 배상하여야 한다고 보아야 한다.

[2-2] (대판 1993. 5. 27, 92다20163) 매매계약의 이행불능으로 인한 전보배상책임의 범위는 이행불능 당시의 매매목적물의 시가에 의하여야 하고 그와 같은 시가상당액이 곧 통상의 손해라 할 것이고, 그후 시가의 등귀는 채무자가 알거나 알 수 있었을 경우에 한하여 이를 특별사정으로 인한 손해로 보아 그 배상을 청구할 수 있는 것이다.

[2-3] (대판 1999. 1. 26, 97다39520) 불법행위로 인하여 물건이 훼손·멸실된 경우 그로 인한 손해는 원칙적으로 훼손·멸실 당시의 수리비나 교환가격을 통상의 손해로 보아야 하되, 건물이 훼손되어 수리가 불가능한 경우에는 그 상태로 사용이 가능하다면 그로 인한 교환가치의 감소분이, 사용이 불가능하다면 그 건물의 교환가치가 통상의 손해일 것이고, 수리가 가능한 경우에는 그 수리에 소요되는 수리비가 통상의 손해일 것이나, 훼손된 건물을 원상으로 회복시키는 데 소요되는 수리비가 건물의 교환가치를 초과하는 경우에는 그 손해액은 형평의 원칙상 그 건물의 교환가치 범위내로 제한되어야 한다.

[2-4] (대판 2000. 7. 28, 2000다11317) 인신사고의 피해자가 치료 종결 후에도 개호가 필요한지의 여부 및 그의 정도에 관한 판단은 전문가의 감정을 통하여 밝혀진 후유장해의 내용에 터잡아 피해자의 연령, 정신상태, 교육 정도, 사회적·경제적 조건 등 모든 구체적인 사정을 종합하여 경험칙과 논리칙에 비추어 규범적으로 행하는 평가이어야 한다.

[2-5] (대판 1993. 11. 23, 93다35421) 불법행위로 인한 후유장애로 말미암아 외모에 추상이 생긴 경우에 그 사실만으로는 바로 육체적인 활

동기능에는 장애를 가져오지 않는다고 하더라도 추상의 부위 및 정도, 피해자의 성별, 나이 등과 관련하여 그 추상이 장래의 취직, 직종선택, 승진, 전직에의 가능성 등에 영향을 미칠 정도로 현저한 경우에는 추상장애로 인하여 노동능력의 상실이 있다고 보는 것이 상당하다.

[3] 제393조 제2항(특별사정에 따른 손해)에 대한 이해

[3-1] (대판 1980. 5. 13, 80다130) A가 B에게 커피원두를 매도하기로 하는 매매계약을 체결하고 그 이행을 위하여 C로부터 커피원두를 매수하였으나 B가 커피원두의 국제가격이 하락하자 계약을 일방적으로 파기함으로써 A 역시 C와의 계약을 속행할 수 없게 되어 C에 대하여 커피원두 국제가격하락분에 해당하는 액수의 손해배상금을 지급한 경우, A가 입은 동액의 손해는 이른바 특별한 사정으로 인한 손해로써 A가 B에게 그 배상을 청구하려면 B가 그 채무불이행 당시 A와 C 사이에 매매계약이 체결되어 있고 A의 채무불이행으로 인하여 C에게 손해가 발생하여 A가 그 손해를 배상하게 된다는 특별한 사정을 알았거나 알 수 있었어야 한다.

[3-2] (대판 1964. 6. 9, 63다1023) 특별사정으로 인한 특별손해는 그것을 주장하는 자에게 입증책임이 있다.

[3-3] (대판 1985. 9. 10, 84다카1532) 제393조 제2항 소정의 특별사정으로 인한 손해배상에 있어서 채무자가 그 사정을 알았거나 알 수 있었는지의 여부를 가리는 시기는 계약체결 당시가 아니라 채무의 이행기까지를 기준으로 판단하여야 한다.

[3-4] (대판 1994. 11. 11, 94다22446) 채무불이행자 또는 불법행위자는 특별한 사정의 존재를 알았거나 알 수 있었으면 그러한 특별사정으로 인한 손해를 배상하여야 할 의무가 있는 것이고, 그러한 특별한 사정에 의하여 발생한 손해의 액수까지 알았거나 알 수 있었어야 하는 것은 아니다.

[債 權 法]

事例 36

種類物賣買契約의 履行과 債權者遲滯

≪설 문≫

A는 B에게 생일선물로 장미꽃 99송이를 보내기로 마음먹고, 꽃집주인 C에게 2006. 6. 15. 오후 7시까지 B의 집으로 장미 99송이와 카드를 함께 보내줄 것을 부탁하면서 10만원을 지불하였다. 그러나 B는 마침 그 시간에 외출하여 친구들과 생일파티를 즐기고 있었기 때문에 C의 종업원 D는 B에게 직접 장미꽃을 전달하지 못하였고, B의 이웃인 E에게 그날 중으로 B에게 전달해달라고 부탁하고 돌아왔다. 그러나 E는 D와의 약속을 깜박 잊어버리고, 이미 장미꽃이 시들어 버린 2일 후에서야 B에게 전달하였다. 화가 난 B는 E에게 꽃을 내다 버리라며 수령하지 않았고, E는 B의 말대로 그 꽃을 버렸다.

(1) A가 C에게 자신이 지불한 10만원의 반환을 요구할 수 있는가를 검토하시오.

(2) B가 C에게 직접 계약이행 및 시들은 장미꽃에 대한 손해배상을 청구할 수 있는가를 검토하시오.

(3) C와 E의 법률관계를 검토하시오.

목차제안

(1) 종류매매에 있어 하자담보책임
1) 의　의
2) 법적 성질
3) 성립요건
4) 법률효과
5) 사안의 검토
(2) B의 부재로 인한 A의 채권자지체의 문제
1) A의 채권자지체 성립 여부
2) 채권자의 수령의무의 인정 여부
3) 사안의 검토
(3) 소　결
2. C의 채무의 이행불능과 A의 해제권
(1) 종류물의 이행불능
(2) 사안의 검토
1) C의 채무가 이행불능인지 여부
2) C의 귀책사유 유무
3) D와 E의 행위에 대한 C의 책임성립 여부
가) D의 행위에 대한 C의 책임
나) E가 C의 이행보조자인지 여부
(3) 소　결
3. C의 정기행위의 이행지체와 A의 해제권
(1) 정기행위와 해제권
(2) 채권자지체와 위험부담
(3) 소　결

Ⅲ. 설문(2): C에 대한 B의 계약이행 및 손해배상청구권
1. C에 대한 B의 계약이행청구권
2. C에 대한 B의 손해배상청구권

Ⅳ. 설문(3): C와 E의 법률관계
1. C와 E 사이의 법률관계의 성립 여부
2. 불법행위를 이유로 한 손해배상청구권

Ⅴ. 설문(1), (2) 및 (3)에 대한 해답

풀이제안

Ⅰ. 논점분석

설문(1)에서 A가 C에게 대금 10만원의 반환청구를 할 수 있으려면 A는 C와 체결한 장미꽃 매매계약을 해제하여야 한다. 해제권의 발생원인으로는, 첫째 C의 하자담보책임(제581조 제1항), 둘째 C의 귀책사유로 인한 이행불능(제546조), 셋째 정기행위에 대한 C의 이행지체(제545조)가 고려될 수 있다. 특히 C의 장미꽃소유권이전채무의 이행기인 6. 15. 저녁 7시에 B가 집에 없었기 때문에 A가 채권자지체에 빠지지 않는가를 함께 검토해야 한다.

설문(2)에서는 B가 직접 C에 대하여 장미꽃의 인도를 청구할 수 있는 권리가 있는지를 묻고 있다. 즉, A와 C 사이에 체결된 계약이 제3자를 위한 계약(제539조)에 해당하여 B가 C에게 장미꽃의 인도를 직접 청구할 수 있는 수익자의 지위를 취득하였는지를 검토해야 한다.

설문(3)에서는 E와 C 사이에 어떠한 유형의 계약이 성립하였는지, 만일 그렇다고 한다면 E에 의한 그 계약의 위반이 있었는가를 검토해야 한다.

Ⅱ. 설문(1): C에 대한 A의 매매대금반환청구권

1. C의 하자담보책임과 A의 해제권

(1) 종류매매에 있어 하자담보책임

1) **의 의**　하자담보책임이란 매매 등 유상계약에 기하여 인도된 목적물에 하자가 있을 때, 매수인을 보호하고 일반거래의 동적 안전을 보장하기 위하여 매도인에게 과실의 유무를 묻지 않고 일정한 책임을 지우는 제도를 말한다. 그 책임의 내용으로 매수인에게는 손해배상청구권, 해제권(제581조 제1항) 또는 완전물급부청구권(동조 제2항)(종류매매에 있어서)이 인정된다.

2) **법적 성질**　꽃과 같은 종류물의 매매에서 하자있는 종류물

의 인도는 불완전이행으로서 채무불이행에 해당한다고 이해함에는 이론이 없다.

3) **성립요건** 종류물에 관한 하자담보책임이 성립하기 위해서는, 첫째 유효한 매매계약이 성립해야 하고, 둘째 매매목적물(종류물)에 하자가 존재해야 하며(하자와 관련하여 보다 자세한 것은 [사례 34] Ⅱ 1 (3) 참조), 셋째 매수인이 그 하자에 대해 선의·무과실이어야 한다.

4) **법률효과** 하자가 계약목적을 달성할 수 없을 정도로 중대한 것인 때에는 매수인은 계약을 해제할 수 있다. 그렇지 않은 경우에는 손해배상만을 청구할 수 있다(제581조 제1항, 제580조 제1항, 제575조 제1항). 이때의 손해배상청구권이 이행이익을 넘지 않는 신뢰이익의 배상에 한정된다고 보는 것이 다수설의 태도이다(곽윤직, 채권각론, 140면; 김형배, 채권각론[계약법], 345면). 즉, 손해배상은 실질적으로 대금감액의 성격을 가진다.

또한 종류물매수인은 ―특정물매수인과는 달리― 계약을 해제하거나 손해배상을 청구하지 않고, 하자없는 물건('완전물')의 급부를 청구할 수도 있다(제581조 제2항).

5) **사안의 검토** C는 A와의 매매계약에 의하여 종류물인 장미꽃을 B에게 전달할 채무를 부담한다. A와 C는 꽃을 B의 집으로 배달하기로 하였으므로 당사자의 의사표시로(제467조 제1항 전단) 변제장소를 B의 집(현주소)으로 정한 것이 된다. 따라서 변제장소는 채권자의 주소지도, 채무자의 주소지도 아닌 제3의 장소이다. 이행장소가 제3지인 경우 그 제3지가 본래의 장소이면 지참채무와 동일하므로, C가 목적물을 가지고 B의 주소에 가서 B가 언제라도 수령할 수 있는 상태로 두면(변제의 제공) 채무의 내용에 좇은 이행이 되고 목적물은 특정된다(변제장소와 연계된 특정시기에 관하여 보다 자세한 것은 [사례 32] 참조).

따라서 종류물의 하자의 존부판단시기를 특정시점으로 보는 견해에 따르면 C가 D를 통해 유효한 변제제공을 한 시점에는 장미꽃에 하자가 없었다고 보이므로 C의 하자담보책임은 성립하지 않는다. 반면 종류물의 하자의 존부판단시기를 위험의 이전시점, 즉 여기서는 동산인 꽃이 인도되는 시점으로 보는 견해에 따르면 꽃이 B에게 인도되었을 시점에서 이미 시들어 있었기 때문에 C가 하자담보책임을 부담할 여지를 남겨둔다.

(2) B의 부재로 인한 A의 채권자지체의 문제

1) **A의 채권자지체 성립 여부** C가 D를 시켜 신선한 장미꽃 99송이를 B의 집에 가지고 가서 변제제공을 하였으나, B는 장미꽃을 수령할 수 없었다. B가 꽃을 수령하지 않은 것이 A의 수령지체로 될 수 있는가 하는 점이 문제된다. 채권자지체의 성립시점에서 위험이 채권자에게로 이전되기 때문이다. 따라서 쌍무계약의 당사자 일방의 채무의 이행이 채권자지체중에 당사자 쌍방의 책임없는 사유로 그 실현이 불가능해지면 (제538조 제1항 제2문) 채무자는 반대급부청구권을 상실하지 않는다(동조 제1항).

2) **채권자의 수령의무의 인정 여부**(채권자지체에 대한 학설의 대립은 [사례 32] Ⅳ 2 참조) 채권자는 원칙적으로는 협력 내지 수령의무를 부담하지 않는다고 이해해야 한다. 따라서 채권자지체는 수령거절이나 수령불능의 객관적 사실만 있으면 성립하며, 그 법률효과는 제401조 내지 제403조에 한정된다. 다만, 일정한 계약유형의 경우에는 신의칙상의 부수적 의무로서 '수취'의무가 인정되며, 채권자가 이를 고의·과실로 위반한 때에는 추가적으로 채무자가 손해배상청구권 내지 계약해제권을 행사할 수 있다고 해석해야 한다(이른바 절충설의 견해: 김형배, 채권총론, 304면 이하 참조).

3) **사안의 검토** C는 A와의 계약에서 B에게 장미꽃을 직접 인도하기로 약속하였기 때문에 B는 꽃을 수령할 권한이 있고, B가 이를 수령하지 않으면 A의 수령지체(제400조)가 된다. 다만, B는 C의 채무의 이행기(6. 15. 19시)를 알고 있었다고 보이지는 않으므로, 이 시점에 집을 비우고 꽃을 수령하지 않았다고 해서 그에게 과실이 있다고 할 수는 없을 것이다. 따라서 채권자지체의 성립에 관하여 채무불이행설을 취하는 경우 A의 수령지체의 성립을 부인하는 결과를 가져올 수 있다. 그러나 이와 같은 결론은 정당하다고 볼 수 없다.

C의 종업원 D(=이행보조자)가 그 꽃을 B에게 제공했던 시점, 즉 특정시점에 꽃은 아무 하자가 없는 신선한 것이었으며, 채권자 A의 수령지체 이후에 시들어버렸다. 즉, C가 이행에 필요한 행위를 완료함으로써 특정된 '그 장미꽃'이, C의 현실제공으로 성립된 A의 수령지체중 시들어버린 것이다.

(3) 소 결

종류물하자의 존부판단시기를 특정시점으로 보는 경우 그 시점에 장미꽃에는 하자가 없었다. 종류물하자의 존부판단시기를 위험이전시점으로 보는 경우에도 ―비록 꽃의 현실인도는 없었으나― 위험이전시기인 수령지체 성립시점에 장미꽃에는 하자가 없었다. 따라서 C는 하자담보책임을 부담하지 않는다. 그러므로 A는 C에게 담보책임을 물어 해제권을 행사할 수 없으며, 원상회복으로서 대금의 반환을 청구할 수 없다.

또한 A의 수령지체중에 당사자 쌍방의 귀책사유 없이 C의 채무가 이행할 수 없게 된 것이므로 A는 대금지급의무를 면하지 못하며(제538조 제1항 후단), 따라서 이미 지급한 매매대금의 반환을 요구할 수 없다.

2. C의 채무의 이행불능과 A의 해제권

(1) 종류물의 이행불능

C가 부담하는 장미꽃인도채무가 이행불능의 요건을 충족시킨다면 A는 C에 대하여 계약을 해제하고 10만원의 대금반환을 청구할 수 있다(제546조, 제548조). 채무가 이행불능이 되기 위해서는 (i) 급부가 불능이어야 하고, (ii) 채무자에게 귀책사유가 존재해야 한다.

다만, 종류물의 경우에 채무자는 특정 이전의 시점까지는 조달위험을 부담하므로 이행불능은 성립될 수 없고, 원칙적으로는 이행지체만이 문제될 뿐이다. 그러나 종류물이 특정된 이후에는 특정물처럼 다루어지므로 특정 이후에 '신선한 장미꽃'의 인도채무가 이행불능이 되었다고 볼 여지가 없지 않다.

(2) 사안의 검토

1) **C의 채무가 이행불능인지 여부** 사례에서 특정은 C의 종업원 D가 '이행에 필요한 행위를 완료'함으로써 이루어지고 있다. 따라서 D가 목적물을 가지고 B의 주소에 가서 B가 언제라도 수령할 수 있는 상태로 둔 때(변제의 제공), 채무의 내용에 좇은 이행이 되고 목적물은 특정된다.

따라서 만일 그 특정물을 수령권한이 없는 이웃사람 E에게 넘겨준 것이 채무의 내용에 좇은 이행이 될 수 없다고 한다면 특정시점 후 '그 장미꽃'이 시들어버렸기 때문에 특정물채무의 이행불능이 된다고 판단할 여지가 없지 않다.

2) **C의 귀책사유 유무** 그러나 이 경우에도 C의 이행불능 및 이를 이유로 하는 A의 해제권을 인정하기 위해서는 그에게 귀책사유가 있어야 한다(판례 [1]도 참조). C는 A와 합의된 내용에 따라 B의 집으로 6. 15. 저녁 7시 D를 시켜 그 장미꽃을 B에게 전달하도록 했으며, 그로써 계약내용에 좇은 이행에 필요한 행위를 다하였다고 볼 수 있다. 따라서 이행에 필요한 행위를 다했음에도 그 꽃들이 시들어버렸다고 하면 C 자신의 과실이 있다고 볼 수는 없을 것이다.

3) **D와 E의 행위에 대한 C의 책임성립 여부**

가) D의 행위에 대한 C의 책임 C의 이행보조자 D가 이웃사람 E에게 장미꽃을 맡기고 온 것이 C의 과실에 의한 것인지가(제391조 참조) 문제된다.

우선 물건을 수령할 사람이 없으면 그 물건을 전달해 줄 수 있는 믿을 만한 이웃에 맡기고 돌아오는 것이 일반적 관행이고, 이때에 이행의 제공에 필요한 행위가 있는 것으로 평가될 수 있다. 이 경우 D에게 B가 돌아올 때까지 기다려서 직접 그 꽃을 전달할 것을 기대할 수는 없다. 게다가 B의 부재로 A는 수령지체중에 있기 때문에 채무자 C는 A에 대하여 중대한 과실에 대해서만 책임을 부담한다(제401조 참조). D에게 중대한 과실이 있다면 이는 곧 C의 중과실로 의제되겠지만, D가 E에게 그 장미꽃을 맡긴 것이 적어도 중대한 과실에는 해당하지 않는다고 판단된다. 따라서 특정된 종류물의 이행불능에 관하여 채무자 C는 과실이 없다.

나) E가 C의 이행보조자인지 여부 C가 E의 잘못에 대해서도 책임을 부담하는지가 문제되는데, 이는 결국 E 역시 C의 이행보조자로 볼 수 있는지의 문제로 귀착한다. 이에 대하여는 학설상 견해가 나뉜다.

다수설은 제391조가 성립하기 위해서는 협의의 이행보조자의 행위에 대한 채무자의 간섭가능성이 그 요건이라고 한다(곽윤직, 채권총론, 98면). 그러나 책임귀속의 근거, 즉 타인을 사용하여 이익을 얻는 채무자는 이에 대한 위험·불이익 역시 감수해야 한다는 점에 비추어 볼 때, 간섭가능성의 요건은 실질적으로 문제되지 않는다(김형배, 채권총론(제2판), 161면; 이은영, 채권총론(개정판), 253면). 판례는 이행보조자가 종속적인가 독립적인 지위에 있는가를 문제삼고 있지 않으나, 일반적으로 채무자의 의사관여가 있으면 족하다고 본다(판례 [2] 참조).

사례에서 E는 C의 채무를 이행하는 데 있어서 사실상 보조적 역할을 담당하였다. C와 E 사이의 계약관계, 지시복종관계, E 자신의 채무이행의사 또는 호의(好意)의사 등이 문제되지 않기 때문에 그런 의미에서 E도 C의 이행보조자로 평가할 여지가 있다. 그러나 B의 부재로 A가 채권자지체중에 있기 때문에 C는 E의 중대한 과실에 대해서만 책임을 부담한다(제401조, 제391조). E가 6. 15.에 장미꽃을 B에게 전달할 것을 잊은 것은 경과실이 될 수 있을지언정 중대한 과실이라고는 평가할 수 없다. 따라서 특정된 종류물의 이행불능에 관하여 채무자 C는 책임을 부담하지 않는다.

(3) 소 결

장미꽃이 시들은 것에 대해서 C에게 귀책사유를 인정할 수 없으므로, C는 특정된 종류물의 인도채무의 이행불능에 따른 채무불이행책임을 부담하지 않는다. 따라서 A는 C에 대하여 계약을 해제하고 10만원의 대금반환을 청구할 수 없다(제390조, 제546조 참조).

3. C의 정기행위의 이행지체와 A의 해제권

(1) 정기행위와 해제권

정기행위라 함은 계약의 성질 또는 당사자의 의사표시에 의하여 일정한 시일내에 이행하지 않으면 계약의 목적을 달성할 수 없는 채무자의 행위를 말한다(제545조 참조). 정기행위에 있어서는 채무자가 '그' 시기에 이행하지 않으면 채권자는 최고를 하지 아니하고 즉시 계약을 해제할 수 있다(제545조, 판례 [3] 참조).

(2) 채권자지체와 위험부담

채무자가 채무의 내용에 좇은 유효한 변제제공(제460조 참조)을 했음에도 불구하고 채권자측의 사유로 채무자가 제때에 이행할 수 없게 되었다면 채무자는 이행지체로 인한 채무불이행책임을 부담하지 않는다(제461조 참조). 채무불이행이 없는 한, 이를 이유로 한 해제권이 채권자에게 귀속될 수 없음은 당연하다.

(3) 소 결

C가 A와 6. 15. 저녁 7시에 장미꽃을 B에게 전달하기로 합의하였고, C가 그 시일내에 이행하지 않으면 A는 계약의 목적을 달성할 수 없게 되므로 C의 이행행위는 정기행위로 판단될 수 있다. 또한 B에게 장미꽃이 6. 15. 저녁에 전달되지 못한 것은 A의 수령지체에 의한 것이므로, 정기행위의 이행지체는 성립할 수 없다. 따라서 C는 정기행위의 이행지체라는 채무불이행책임을 부담하지 않으므로 A에게 해제권은 발생하지 않는다. 따라서 A는 C에게 대금반환을 청구할 수 없다.

Ⅲ. 설문(2): C에 대한 B의 계약이행 및 손해배상청구권

1. C에 대한 B의 계약이행청구권

B가 C에 대하여 장미꽃을 직접 청구할 수 있기 위해서는 제3자를 위한 계약의 성립을 인정할 수 있어야 한다. 즉 (i) 요약자(A)와 낙약자(C) 사이에 제3자(B)를 위한 계약이 성립해야 하고, (ii) 제3자가 수익의 의사표시를 해야 한다(제539조, 판례 [4] 참조). 수익의 의사표시를 한 수익자는 낙약자에게 직접 그 이행을 청구할 수 있을 뿐만 아니라, 요약자가 계약을 해제한 경우에는 낙약자에게 자신이 입은 손해의 배상을 청구할 수도 있다(판례 [5-3] 참조).

그러나 사례에서 A와 C 사이에 제3자를 위한 계약이 체결되었다고 볼 수는 없을 것이며(이른바 '부진정' 제3자를 위한 계약), 설령 그렇다 하더라도 B가 수익의 의사표시를 했다고 볼 수도 없다. 따라서 B가 직접 C에 대하여 장미꽃소유권의 이전을 청구할 법적(계약적) 근거는 없다. 다만, A와 C 사이에서의 채무이행방법에 관한 특약에 따라 B는 C의 급부를 수령할 수동적 권한을 가질 뿐이다. 다시 말하면 B가 수령하면 A에 대한 C의 채무는 이행되고, 그로써 A의 채권은 소멸한다.

2. C에 대한 B의 손해배상청구권

사례에서 C의 급부가 이행불능으로 판단되었다 하더라도 제3자를 위한 계약의 수익자가 아닌 B가 C에 대하여 손해배상(또는 대금반환)을 청구할 수 있는(만일 B가 제3자를 위한 계약의 수익자로 평가될 수 있다고 하더라도, B는 'A가' 계약을 해제한 경우 원상회복청구권(즉, 여기서는 대금반환청구권)을 가질 수는 없다. 다만, 손해배상청구권은 귀속된다는 것이 판례의 태도이다(판례 [5-3] 참조)) 근거가 존재하지 않는다. 또한 B는 장미꽃의 소유권을 취득한 바가 없기 때문에 C에 대하여 소유권침해의 불법행위를 이유로 한 손해배상청구권(제750조)을 가질 수도 없다.

Ⅳ. 설문(3): C와 E의 법률관계

1. C와 E 사이의 법률관계의 성립 여부

C의 종업원 D가 C의 대리인으로서 E에 대하여 장미꽃을 B에게 전달해 줄 것을 내용으로 하는 사무처리를 청약하고, E가 이를 승낙하였다면 C와 E 사이에 위임계약의 성립을 긍정할 여지도 없지 않다.

그러나 D의 부탁과 E의 수락으로부터 그들이 법률행위를 하려 했다는 것을 추단하는 것은 무리이다. 즉, 그들에게 법적 구속의사를 인정할 수 없기 때문에 D와 E의 사이에서는 구속력 있는 '법률관계'가 성립한 것이 아니라, 생활상의 단순한 '호의관계'가 있었던 것으로 보아야 한다. 따라서 E와 C 사이에도 법률관계가 성립할 수 없다. 채무가 없으면 채무불이행도 성립할 수 없고, 채무불이행을 이유로 한 손해배상청구권도 발생할 수 없다.

2. 불법행위를 이유로 한 손해배상청구권

B가 장미꽃을 수령하지 않았기 때문에 장미꽃의 소유권자는 여전히 C이다. 따라서 C가 E에 대하여 소유권침해의 불법행위를 이유로 한 손해배상(제750조)을 청구할 수 있지 않는가 하는 의문이 들 수 있다.

그러나 C는 이미 A로부터 매매대금 10만원을 수령하였으며, 이를 A에게 반환하지 않아도 되기 때문에 손해배상청구권의 성립요건인 '손해의 발생'이 인정될 여지가 없다. 따라서 E에 대한 C의 불법행위를 이유로 한 손해배상청구권도 인정할 수 없다.

Ⅴ. 설문(1), (2) 및 (3)에 대한 해답

설문(1)에서 A는 C와의 매매계약을 해제하여 C에 대하여 매매대금 10만원의 반환을 청구할 수 없다.

설문(2)에서는 B가 C에 대하여 계약의 이행을 청구하거나 또는 손해배상을 청구할 계약법적 또는 불법행위법적 기초가 없다.

설문(3)에서는 E에게 C에 대한 채무불이행 및 불법행위를 인정할 여지가 없으므로, C는 E에게 손해의 배상을 청구할 수 없다.

≪판 례≫

[1] 하자의 개념

[1-1] (대판 2000.1.18, 98다18506) 매매의 목적물이 거래통념상 기대되는 객관적 성질·성능을 결여하거나, 당사자가 예정 또는 보증한 성질을 결여한 경우에 매도인은 매수인에 대하여 그 하자로 인한 담보책임을 부담한다.

[1-2] (대판 2003.6.27, 2003다20190) 표고버섯 종균을 접종한 표고목의 발아율이 일률적으로 정상적인 발아율의 1/100에도 미치지 못하는 현상이 발생한 경우, 종균을 생산한 회사의 대표가 관리를 잘못하여 종균에 문제가 있다고 말한 사실, 다른 구입처에서 구입한 종균을 동일한 통상의 접종 및 재배조건에서 접종한 표고목에서는 종균이 정상적으로 발아한 사실 등 제반 사정에 비추어, 그 종균은 종균으로서 통상적으로 갖추어야 할 품질이나 특성을 갖추지 못한 하자가 있음을 인정할 수 있다.

[1-3] (대판 2000.10.27, 2000다30554·30561) 매도인이 매수인에게 공급한 기계가 통상의 품질이나 성능을 갖추고 있는 경우, 그 기계에 작업환경이나 상황이 요구하는 품질이나 성능을 갖추고 있지 못하다 하여 하자가 있다고 인정할 수 있기 위하여는, 매수인이 매도인에게 제품이 사용될 작업환경이나 상황을 설명하면서 그 환경이나 상황에 충분히 견딜 수 있는 제품의 공급을 요구한 데 대하여, 매도인이 그러한 품질과 성능을 갖춘 제품이라는 점을 명시적으로나 묵시적으로 보증하고 공급하였다는 사실이 인정되어야만 할 것임은 물론이나, 매도인이 매수인에게 기계를 공급하면서 당해 기계의 카탈로그와 검사성적서를 제시하였다면, 매

도인은 그 기계가 카탈로그와 검사성적서에 기재된 바와 같은 정도의 품질과 성능을 갖춘 제품이라는 점을 보증하였다고 할 것이므로, 매도인이 공급한 기계가 매도인이 카탈로그와 검사성적서에 의하여 보증한 일정한 품질과 성능을 갖추지 못한 경우에는 그 기계에 하자가 있다고 보아야 한다.

[1-4] (대판 2001.4.10, 99다70945) 종묘업자가 생산한 종자가 현재의 기술수준과 경제성에 비추어 합리적으로 예견할 수 있는 재배조건에서 재배될 경우 소비자인 농민이 정상적인 생육과정을 통하여 적정한 수확량을 거둘 수 있는 품질을 갖추고 있는 경우라면, 특수한 품질을 그 품종특성으로 등록하거나 설명하는 등 이를 보증하고 공급하지 아니한 이상 종자에 하자가 있다고 할 수 없다.

[2] 이행불능과 계약해제

[2-1] (대판 2002.4.26, 2000다50497) 이행불능을 이유로 계약을 해제하기 위해서는 그 이행불능이 채무자의 귀책사유에 의한 경우여야만 한다 할 것이므로(민법 제546조), 매도인의 매매목적물에 관한 소유권이전의무가 이행불능이 되었다고 할지라도, 그 이행불능이 매수인의 귀책사유에 의한 경우에는 매수인은 그 이행불능을 이유로 계약을 해제할 수 없다.

[2-2] (대판 1996.2.9, 94다57817) 계약의 일부의 이행이 불능인 경우에는 이행이 가능한 나머지 부분만의 이행으로 계약의 목적을 달할 수 없을 경우에만 계약 전부의 해제가 가능하다.

[3] 제391조 소정의 이행보조자

(대판 1999.4.13, 98다51077) 민법 제391조에서의 이행보조자로서의 피용자라 함은 일반적으로 채무자의 의사관여 아래 그 채무의 이행행위에 속하는 활동을 하는 사람이면 족하고, 반드시 채무자의 지시 또는 감독을 받는 관계에 있어야 하는 것은 아니므로 채무자에 대하여 종속적인가 독립적인 지위에 있는가는 문제되지 않는다(동지: 대판 2002.7.12, 2001다44338).

[4] 정기행위와 계약해제

(대판 1996.7.9, 96다14364·14371) 영상물 제작공급계약상 수급인의 채무가 도급인과 협력하여 그 지시감독을 받으면서 영상물을 제작하여야 하므로 도급인의 협력없이는 완전한 이행이 불가능한 채무이고, 한편 그 계약의 성질상 수급인이 일정한 기간내에 채무를 이행하지 아니하면 계약의 목적을 달성할 수 없는 정기행위인 사안에서, 도급인의 영상물제작에 대한 협력의 거부로 수급인이 독자적으로 성의껏 제작하여 납품한 영상물이 도급인의 의도에 부합되지 아니하게 됨으로써 결과적으로 도급인

의 의도에 부합하는 영상물을 기한내에 제작하여 납품하여야 할 수급인의 채무가 이행불능케 된 경우, 이는 계약상의 협력의무의 이행을 거부한 도급인의 귀책사유로 인한 것이므로 수급인은 약정대금 전부의 지급을 청구할 수 있다.

[5] 제3자를 위한 계약 및 병존적 채무인수와의 구별기준

[5-1] (대판 1997.10.24, 97다28698) ① 제3자를 위한 계약이라 함은 통상의 계약이 그 효력을 당사자 사이에서만 발생시킬 의사로 체결되는 것과는 달리 계약당사자가 자기들 명의로 체결한 계약에 의하여 제3자로 하여금 직접 계약당사자의 일방에 대하여 권리를 취득하게 하는 것을 목적으로 하는 계약인바, 어떤 계약이 제3자를 위한 계약에 해당하는지의 여부는 당사자의 의사가 그 계약에 의하여 제3자에게 직접 권리를 취득하게 하려는 것인지에 관한 의사해석의 문제로서 이는 계약체결의 목적, 계약에 있어서의 당사자의 행위의 성질, 계약으로 인하여 당사자 사이 또는 당사자와 제3자 사이에 생기는 이해득실, 거래관행, 제3자를 위한 계약제도가 갖는 사회적 기능 등 제반 사정을 종합하여 계약당사자의 합리적 의사를 해석함으로써 판별할 수 있다. ② 채무자와 인수인의 계약으로 체결되는 병존적 채무인수는 채권자로 하여금 인수인에 대하여 새로운 권리를 취득하게 하는 것으로 제3자를 위한 계약의 하나로 볼 수 있고, 이와 비교하여 이행인수는 채무자와 인수인 사이의 계약으로 인수인이 변제 등에 의하여 채무를 소멸케 하여 채무자의 책임을 면하게 할 것을 약정하는 것으로 인수인이 채무자에 대한 관계에서 채무자를 면책케 하는 채무를 부담하게 될 뿐 채권자로 하여금 직접 인수인에 대한 채권을 취득케 하는 것이 아니므로 결국 제3자를 위한 계약과 이행인수의 판별기준은 계약당사자에게 제3자 또는 채권자가 계약당사자 일방 또는 인수인에 대하여 직접 채권을 취득케 할 의사가 있는지 여부에 달려 있다 할 것이고, 구체적으로는 계약 체결의 동기, 경위 및 목적, 계약에 있어서의 당사자의 지위, 당사자 사이 및 당사자와 제3자 사이의 이해관계, 거래관행 등을 종합적으로 고려하여 그 의사를 해석하여야 한다.

[5-2] (대판 1997.10.10, 97다7264) 주택건설촉진법상의 등록업체와 주택건설사업자 사이에 주택건설사업자가 아파트의 준공과 아파트 대지에 대한 근저당권 말소를 이행하지 않는 경우 등록업체가 대신 이를 이행하여 주택건설사업자와 적법하게 분양계약을 체결한 입주자들에게 분양계약상의 주택공급의무를 이행하기로 하는 조건부 제3자를 위한 계약을 체결한 경우, 주택건설사업자가 당해 주택의 건축을 지연하거나 그 능력을 상실하여 계약상의 조건이 성취되면 입주자들이 등록업체에 대하여 그 수익의 의사표시를 한 후 행사할 수 있는 분양계약상의 권리에는 등

록업체의 채무불이행을 원인으로 분양계약을 해제하고 그에 따른 원상회복을 구할 수 있는 권리도 당연히 포함된다.

[5-3] (대판 1972.8.29, 72다1208) 제3자를 위한 계약에 있어서 제3자가 수익의 의사를 기재한 소장 내지 준비서면을 진술하고 이 서면들이 채무자(낙약자)에게 송달되면 이때에 수익의 의사표시가 있는 것으로 볼 수 있다.

[6] 제3자를 위한 계약에 따른 수익자의 법적 지위

[6-1] (대판 2002.1.25, 2001다30285) 제3자를 위한 계약에 있어서, 제3자가 제539조 제2항에 따라 수익의 의사표시를 함으로써 제3자에게 권리가 확정적으로 귀속된 경우에는, 요약자와 낙약자의 합의에 의하여 제3자의 권리를 변경·소멸시킬 수 있음을 미리 유보하였거나, 제3자의 동의가 있는 경우가 아니면 계약의 당사자인 요약자와 낙약자는 제3자의 권리를 변경·소멸시키지 못하고, 만일 계약의 당사자가 제3자의 권리를 임의로 변경·소멸시키는 행위를 한 경우 이는 제3자에 대하여 효력이 없다.

[6-2] (대판 2003.12.11, 2003다49771) 제3자를 위한 계약의 체결 원인이 된 요약자와 제3자(수익자) 사이의 법률관계(이른바 대가관계)의 효력은 제3자를 위한 계약 자체는 물론 그에 기한 요약자와 낙약자 사이의 법률관계(이른바 기본관계)의 성립이나 효력에 영향을 미치지 아니하므로 낙약자는 요약자와 수익자 사이의 법률관계에 기한 항변으로 수익자에게 대항하지 못하고, 요약자도 대가관계의 부존재나 효력의 상실을 이유로 자신이 기본관계에 기하여 낙약자에게 부담하는 채무의 이행을 거부할 수 없다.

[6-3] (대판 1994.8.12, 92다41559) ① 제3자를 위한 계약의 당사자가 아닌 수익자는 계약의 해제권이나 해제를 원인으로 한 원상회복청구권이 있다고 볼 수 없다. ② 제3자를 위한 계약에 있어서 수익의 의사표시를 한 수익자는 낙약자에게 직접 그 이행을 청구할 수 있을 뿐만 아니라 요약자가 계약을 해제한 경우에는 낙약자에게 자기가 입은 손해의 배상을 청구할 수 있는 것이므로, 수익자가 완성된 목적물의 하자로 인하여 손해를 입었다면 수급인은 그 손해를 배상할 의무가 있다.

[債　權　法]

事例 37

第3者에 의한 債權侵害

≪설 문≫

A로부터 자신 소유 甲토지를 팔아달라는 부탁을 받은 대리인 B는 C와 甲토지에 대한 매매계약을 체결하였다. B는 C로부터 매매대금 1억원을 수령하고, C는 B로부터 등기이전에 필요한 일체의 서류를 넘겨받았다. 그러나 시가보다 높게 토지를 팔았음을 알게 된 B는 다음 날 C를 찾아가 매매대금을 (시가인) 8,000만원으로 매매계약서를 다시 작성하자고 제안하였다. C는 이를 흔쾌히 승낙하였고, B와 C는 서로 1,000만원씩 나누어 가졌다.

A와 B 및 C 사이의 법률관계를 검토하시오.

목차제안

Ⅰ. 논점분석

Ⅱ. A와 B의 법률관계

1. B의 채무불이행책임
   (1) A와 C의 매매계약의 해석과 오기무해의 법리
   (2) 사안의 검토
2. B의 불법행위책임
   (1) 대리행위 후 대리인 B의 법적 지위
   (2) 제3자에 의한 채권침해의 불법행위구성
      1) 제3자의 채권침해에 의한 불법행위책임의 성립가능성
         가) 권리불가침성설

풀이제안

Ⅰ. 논점분석

대리인 B가 그 권한내에서 본인 A를 위한 것임을 계약상대방인 C에게 표시한 의사표시는 직접 A에게 효력이 발생하므로(제114조 제1항), A와 C 사이에는 그 토지에 관하여 매매대금을 1억원으로 하는 매매계약관계가 유효하게 성립되었다.

B는 A의 대리인으로서 선량한 관리자의 주의로 위임사무를 처리해야 하므로(제681조), B가 매매대금 중 그 일부를 착복한다면 이는 위임계약 위반으로써 인한 채무불이행책임을 부담하게 된다. 또한 A와 C 사이의 매매관계를 중심으로 볼 때 대리행위 후에 B는 제3자의 지위에 있게 되므로 채권자 A의 C에 대한 매매대금지급채권(1억원을 매매대금으로 한 원래의 매매계약에서 발생된 A의 채권)을 침해하는 것으로 볼 수 있고, 이러한 제3자에 의한 채권침해가 불법행위로 평가될 수 있는지를 검토해야 한다. 이 경우 채무불이행으로 인한 손해

배상청구권과 불법행위로 인한 손해배상청구권의 경합이 문제된다.

A와 C 사이의 유효한 매매관계에 기해 C는 매매대금 1억원을 'A에게' 지급할 의무가 있는바, 매매대금 중 일부를 착복한 행위는 대금의 일부를 지급하지 않은 채무불이행(제390조)에 해당하는지, 또는 불법행위를 구성하는지를 검토해야 한다. 양자의 책임이 모두 성립하는 경우 위에서와 마찬가지로 채무불이행으로 인한 손해배상청구권과 불법행위로 인한 손해배상청구권의 경합이 문제된다.

Ⅱ. A와 B의 법률관계

1. B의 채무불이행책임

(1) A와 C의 매매계약의 해석과 오기무해의 법리

오기무해의 법리(falsa demonstratio non nocet)란 '잘못된 표시는 해가 되지 않는다'는 것으로 법률행위의· 해석의 한 방법이다. 즉, 자연적 해석의 결과 표의자 및 그 상대방이 표시행위를 원래 의미대로 이해하지 않고 이와 다른 의미로 이해한 때에는 법률행위의 내용은 표의자와 상대방이 실제로 이해한 의미대로 해석해야 한다는 원칙을 말한다.

사례에서 B와 C가 공모하여 대금을 실제 받은 1억원보다 2,000만원 줄여서 8,000만원을 계약서에 표시하더라도 B와 C 사이의 계약은 양 당사자가 실제로 합의한 내용대로 유효하게 성립하며, 이 계약에 의하여 그 효과가 본인 A에게 귀속된다. 본인 A와 상대방 C 사이에는 이 실제의 계약에 따라 매매관계 내지 채권관계가 성립되고 A는 1억원의 대금채권을 취득하며 C는 1억원의 대금채무를 부담한다.

(2) 사안의 검토

B는 A의 대리인으로서 甲토지의 매매에 관한 위임을 받은 수임인의 지위에 있다(제680조). 따라서 B는 위임의 본지에 따른 선량한 관리자의 주의로써 위임사무를 처리해야 할 의무를 부담한다(제681조). 또한 수임인은 위임사무의 처리로 인하여 받은 금전 기타의 물건 및 그 수취한 과실을 위임인에게 인도해야 한다(제684조 제1항). 그러나 B는 C와 공모하여 대금

중 일부인 1,000만원을 착복하였으므로 이는 위임사무를 제대로 처리하지 않은 것이 된다. 따라서 B는 수임인의 의무를 제대로 이행하지 않은 데 대하여 채무불이행으로 인한 손해배상책임(적어도 2,000만원)을 부담한다(제680조, 제681조, 제684조 제1항, 제390조)(이러한 수임인의 주의의무는 B와 C 사이에 대리행위(매매계약)가 행하여진 후에도 계속되는 것으로 보아야 할 것이다(이른바 '餘後效'를 가지는(nachwirkende) 채무)).

2. B의 불법행위책임

(1) 대리행위 후 대리인 B의 법적 지위

대리인이 그 권한내에서 본인을 위한 것임을 표시한 의사표시는 직접 본인에 대하여 효력이 발생하므로(제114조 제1항) 목적부동산에 대한 매도인으로서의 권리(대금지급청구권)와 의무(소유권이전의무)는 B와 C 사이의 대리행위(매매계약의 체결)가 성립하는 즉시 A에게 귀속한다. 따라서 B와 C 사이의 대리행위 후에 성립하는 매매관계, 즉 소유권이전과 대금지급을 중심으로 한 권리의무관계의 당사자는 A와 C가 되며, B는 제3자의 지위에 있게 된다.

(2) 제3자에 의한 채권침해의 불법행위구성

1) 제3자의 채권침해에 의한 불법행위책임의 성립가능성

가) 권리불가침성설　　이 견해는 채권도 물권과 마찬가지로 절대적 효력을 지니며 대세적 불가침성을 가지므로, 채권을 침해한 제3자의 불법행위책임을 인정하는데 아무 지장이 없다고 한다(김기선, 채권총론, 170면).

나) 위법성설　　이 견해는 채권은 절대적·대세적 효력을 지닌 물권과는 달리 상대적 효력만을 가지므로, 제3자에 의한 채권침해를 불법행위로 볼 것인가는 결국 입법정책에 달린 문제라고 한다(곽윤직, 채권총론, 79면 이하; 임정평, 채권총론, 115면 등 참고). 따라서 채권의 성질상 그 침해가 가능한 경우에 위법성이 인정되는 한도내에서만 불법행위책임을 물을 수 있다고 한다.

다) 판례의 태도　　판례도 제3자에 의한 채권침해로 불법행위가 성립함을 인정하고 있지만, 제3자에 의한 채권침해가 언제나 불법행위가 되는 것은 아니고 채권침해의 모습에 따라 그 성립 여부를 구체적으로 검토하여 정해야 한다고 한다(판례 참조 [1]).

라) 검　토　　원래 채권관계는 채권자와 채무자 사이의 법률관계로서 채권은 상대적 효력을 가질 뿐이므로 물권과 같은 대세적·절

대적 효력이 없다. 그러므로 제3자에 의한 채권침해가 언제나 불법행위를 구성한다고 볼 수는 없다(판례 [1-1] 참조). 이는 특히 채권자 상호간 및 채권자와 제3자 사이에 자유경쟁이 허용되어야 하기 때문이기도 하다(판례 [1-4] 참조).

그러나 법에 의하여 보호할 만한 가치가 있는 '법익'(채권)에 대해서는 제3자에 의한 침해가 있는 경우에 불법행위의 성립을 인정해야 한다. 즉, 채권도 법질서 속에 존재하는 객관적 권리실체로서 파악될 수 있으므로 채권의 실현이 제3자의 침해행위에 의하여 불가능하게 되거나 방해를 받은 때에는 그 침해행위가 과책 및 위법성(법에 의해서 그러한 행위가 허용되지 않는 한 위법성이 문제된다)의 요건을 갖추는 한 채권자에게 불법행위로 인한 손해배상청구권이 부여되어야 하며(이에 관해 자세한 것은 김형배, 채권총론, 318면 이하 참고), 경우에 따라서는 방해배제청구권도 인정될 수 있다(김형배, 채권총론, 334면 이하, 특히 340면 참조. 다만, 판례는 채권에 기한 방해배제청구권을 인정함에 소극적이다(판례 [2] 참조)).

2) **채권침해의 태양** 판례도 제3자의 채권침해는 언제나 불법행위가 되는 것은 아니고, 채권침해의 태양에 따라 그 성립 여부를 구체적으로 검토하여 정하여야 할 문제라고 인식하고 있다. 제3자에 의한 채권침해가 불법행위로 평가되는 대표적인 경우로는 (i) 제3자가 채권의 귀속을 침해한 경우, (ii) 채권의 목적인 급부를 침해한 경우, (iii) 제3자가 채무자의 일반재산을 감소시키는 경우를 들 수 있다. 즉, 타인의 무기명채권증서를 훼멸시키거나 채권의 준점유자로서 제3자가 변제받은 ⓘ의 경우, 특정물의 인도를 목적으로 하는 채권에서 제3자의 목적물을 멸실하는 행위 혹은 채무자의 행위를 목적으로 하는 채권에서 제3자가 채무자를 감금·방해함으로 인해 채무불이행이 된 ⓘⓘ의 경우, 허위의 채권증서를 작성하여 채무자의 재산이 가압류되거나 채무자의 유일한 재산을 은닉하는 ⓘⓘⓘ의 경우 등이 그러하다.

3) **불법행위의 성립요건** 제3자에 의한 채권침해가 불법행위를 구성하기 위해서는 제750조의 구성요건을 모두 갖추어야 한다. 특히 채권이라는 상대적 권리의 침해에 따른 불법행위의 성립을 인정하기 위해서는 '고의·과실' 및 '위법성'의 요건이 충족되었는지가 중요하다. 우선 '고의·과실'이라는 행위자의 주관적 요건과 관련하여서는 그 제3자가 채권의 존재를 인식했느냐 하는 것은 중요한 문제로서 다루어져야 한다. 일

반적으로 공시방법이 없는 채권에 있어 제3자가 채권의 존재를 인식한다는 것은 매우 어렵기 때문이다. 따라서 제3자는 고의의 경우에 한하여 이 요건을 충족한다고 보아야 한다.

나아가 단순히 제3자가 채무자와 채권자간의 계약내용을 알면서 채무자와 채권자간에 체결된 계약에 위반되는 내용의 계약을 체결한 것만으로는 제3자의 고의·과실 및 위법성을 인정하기에 부족하다(판례 [1-2], [1-3] 참조). 즉, 제3자가 채무자와 적극 공모하였다거나 또는 제3자가 기망·협박 등 사회상규에 반하는 수단을 사용하거나 채권자를 해할 의사로 채무자와 계약을 체결하였다는 등의 특별한 사정이 있는 경우에 한하여 제3자의 고의·과실 및 위법성을 인정할 수 있으며, 특히 채권침해의 위법성은 침해되는 채권의 내용, 침해행위의 태양, 침해자의 고의 내지 해의의 유무 등을 참작하여 구체적, 개별적으로 판단하되, 거래자유 보장의 필요성, 경제·사회정책적 요인을 포함한 공공의 이익, 당사자 사이의 이익균형 등을 종합적으로 고려하여야 한다는 것이 판례의 태도이다(상관관계설: 위법성의 인정범위를 적정하게 확정하기 위한 이론)(판례 [1-4] 참조).

4) **사안의 검토** 사례에서 매매'계약'의 당사자는 B와 C이지만, 매매'관계'의 당사자는 A와 C이다. 그러므로 B가 C와 공모하여 A가 받을 매매대금(1억원) 중 일부(1,000만원)를 착복한 것은 C에 대한 A의 대금지급채권을 침해하는 제3자 C의 불법행위가 된다고 볼 수 있다. 즉, B의 고의(C와의 공모)와 행위의 위법성(형사상 '배임죄'의 구성요건해당성)이 명확해 보이기 때문이다.

그러나 제3자가 채무자로부터 궁극적으로는 채권자에게 귀속되어야 할 돈을 가로채는 편취행위가 있다고 해서 이로써 채권자의 채무자에 대한 채권이 소멸되지는 않으며 다만 채무자의 책임재산이 감소될 뿐이므로, 채권자는 간접적 손해를 본데 불과하기 때문에 그 제3자의 불법행위책임이 성립하지 않는다는 것이 판례의 태도이다(판례 [1-1] 참조)(제3자의 사실행위로 채무자의 일반재산의 감소가 생겼다면 채권자는 채권자대위권에 의하여 채무자를 대위하여 그 제3자에게 손해배상을 청구할 수 있으므로, 원심이 정면으로 채권자에 대한 제3자의 불법행위를 인정한 것은 그 결과에 있어서 정당하다). 이러한 판례의 태도에 따르면 불법행위책임의 또 다른 성립요건인 '손해의 발생'(및 B의 침해행위와 A의 손해 사이의 인과관계)이라는 요건이 충족되지 않으므로 B는 A에 대하여 불법행위책임을 지지 않는다.

3. 소 결

A가 제대로 받지 못하게 된 매매대금의 감소분에 관하여 B는 위임계약상의 의무(일반적 선관주의의무, 제681조 및 위임사무의 처리로 받은 금전의 인도의무, 제684조 제1항)를 위반한 채무불이행책임을 부담하며, A는 이를 이유로 한 손해배상청구권(제390조)을 가진다.

제3자로서 B가 A의 C에 대한 채권을 침해한 행위는 A에게 간접적인 손해만을 유발하였을 뿐, 채권의 귀속 자체를 침해한 것은 아니기 때문에 그로 인한 불법행위책임의 성립은 부정된다(판례의 태도).

Ⅲ. A와 C의 법률관계

1. C의 채무불이행책임

(1) A와 C의 매매계약의 해석과 오기무해의 법리

실제 매매대금은 1억원으로 정하면서 매매계약서상에 매매대금을 8,000만원으로 기재한 B와 C의 행위를 A와 C의 매매계약이라는 관점에서는 오기무해의 법리(falsa demonstratio non nocet)가 적용되므로(이에 관해서는 이미 위 Ⅰ 1 참조), 본인 A와 상대방 C 사이에는 실제의 계약에 따라 매매관계 내지 채권관계가 성립되고 A는 1억원의 대금채권을 취득하며 C는 1억원의 대금채무를 부담한다.

(2) 사안의 검토

C는 A에 대하여 매매관계의 당사자로서 고의로 B와 공모하여(귀책사유) 마땅히 지급해야 할 대금의 일부인 2,000만원을 지급하지 않았으므로 채무불이행책임을 부담하여야 한다(제568조, 제390조, 제397조). 채무자 C가 A에 대해서 부담하는 대금채무는 금전채무로서 A가 대금의 일부를 받았다 하더라도 B와 C가 착복한 2,000만원에 대해서는 일부이행지체(채무불이행책임)가 된다. 따라서 이행지체의 효과로서 A는 C에 대하여 임의이행을 청구할 수 있고, C가 이를 임의로 이행하지 않으면 미지급액의 현실적 이행강제를 법원에 청구할 수 있다(제389조 제1항). 그리고 그 어느 경우에나 법정이율에 의한 지연배상을 부가적으로 청구할 수 있다(제397조).

한편 A는 상당한 기간을 정하여 B와 C가 착복한 대금의 지급을 최고하고, C가 그 기간내에 이행하지 않으면 계약을 해제한 후(제544조) 매매목적물인 토지의 반환을 청구할 수도 있다. 즉, A는 이미 지급받은 대금이 있으면 이를 반환하면서 C에 대하여 목적물의 반환을 요구할 수도 있다(제548조).

2. C의 불법행위책임

C가 B와 공모하여 자신이 A에게 지급하여야 할 매매대금 중 일부를 착복한 행위는 불법행위의 요건, 즉 고의(B와의 공모), 위법성, A의 손해발생, C의 행위와 A의 손해 사이의 인과관계 등을 갖추었으므로 C는 A에 대하여 불법행위에 의한 손해배상책임을 부담한다(제750조).

3. 청구권의 경합

채무불이행책임과 불법행위책임이 양립하는 경우 두 책임의 상호관계에 대해서는 견해가 나뉜다. 소수설인 법조경합설에 따르면, 불법행위규범이 일반적인 사회관계에서 발생하는 가해·피해관계를 규율하는 데 반하여 계약규범은 구체적인 특정인 사이의 관계를 규율하는 것이므로 계약규범을 불법행위규범에 우선하여 적용해야 한다는 입장이다(이에 관한 자세한 것은 김형배, '청구권규범통합론 —방법론적 재구성을 위하여—', 민법학연구, 422면 이하; 김형배, 채권총론, 200면 이하 참조). 그러나 판례(대판 1967. 12. 5, 67다2251; 대판[전] 1983. 3. 22, 82다카1533 등)와 다수설(예컨대 곽윤직, 채권각론, 384면)에 의하면 채권자(동시에 피해자)는 양 청구권을 자유롭게 선택하여 행사할 수 있다는 입장인 청구권경합설을 취하고 있다.

Ⅳ. 설문에 대한 해답

A는 B에 대하여 위임사무를 제대로 처리하지 않은 것을 이유로 채무불이행책임을 물을 수 있고, C에 대하여는 매매대금일부미지급의 채무불이행책임 또는 불법행위책임을 물을 수 있다. A가 B 및 C에 대하여 가지는 각 청구권은 B와 C가 공모하여 착복한 금액 2,000만원의 지급이라는 '하나의 급부'에 대해서 성립되는 것이지만 그 발생원인은 다르다. 즉 A와 B 사이에서는 위임계약관계가, A와 C 사이에서는 매매계약관계

및 불법행위가 원인관계로 되어 있다. 따라서 B와 C는 2,000만원(및 그 지연이자)의 손해배상채무와 관련하여 A에 대하여 부진정연대채무관계에 놓이게 된다(제413조, 제414조 참조).

≪판 례≫

[1] 제3자에 의한 채권침해와 불법행위의 성립

[1-1] (대판 1975. 5. 13, 73다1244) 제3자에 의한 채권침해가 불법행위를 구성할 수 있다 함은 시인되지만 제3자의 채권침해가 반드시 언제나 불법행위가 되는 것은 아니고 채권침해의 태양에 따라 그 성립 여부를 구체적으로 검토하여 정하여야 할 문제이다. 만일 제3자가 채무자로부터 (궁극적으로는 채권자에게 귀속되어야 할) 돈을 가로챘다고 하더라도 이러한 편취행위로 채권자의 채무자에 대한 채권이 소멸된 것이 아니고, 채무자의 책임재산이 감소되었을 뿐이므로 채권자는 간접적 손해를 본데 불과하므로 불법행위가 성립된다고 하기 어렵다.

[1-2] (대판 2001. 5. 8, 99다38699) ① 제3자에 의한 채권침해가 불법행위를 구성할 수는 있으나 제3자의 채권침해가 반드시 언제나 불법행위가 되는 것은 아니고 채권침해의 태양에 따라 그 성립 여부를 구체적으로 검토하여 정하여야 하는바, 독립한 경제주체간의 경쟁적 계약관계에 있어서는 단순히 제3자가 채무자와 채권자간의 계약내용을 알면서 채무자와 채권자간에 체결된 계약에 위반되는 내용의 계약을 체결한 것만으로는 제3자의 고의·과실 및 위법성을 인정하기에 부족하고, 제3자가 채무자와 적극 공모하였다거나 또는 제3자가 기망·협박 등 사회상규에 반하는 수단을 사용하거나 채권자를 해할 의사로 채무자와 계약을 체결하였다는 등의 특별한 사정이 있는 경우에 한하여 제3자의 고의·과실 및 위법성을 인정하여야 한다. ② 한국도로공사와 정유업체 A 사이에 고속도로상의 특정 주유소에 대한 A의 석유제품공급권을 부여하는 계약이 체결되었으나, 한국도로공사로부터 위 주유소의 운영권을 임차한 자가 A와의 관계가 악화되자 다른 정유업체로부터 석유제품을 공급받아 판매하고 다른 정유업체의 상호와 상표를 사용하여 주유소를 운영하면서, 한국도로공사의 고속도로 주유소에 대한 석유제품 공급업체 지정행위가 불공정거래행위라는 공정거래위원회의 시정권고에 따라 한국도로공사와 석유제품 공급업체 지정조항을 삭제하는 주유소운영계약을 체결한 경우, 주유소운영자의 위와 같은 주유소운영행위 및 계약체결행위는 A의 석유제품공급권을 침해하기 위해 한국도로공사와 적극적인 공모에 의해 이루어진 것도 아니고 그 수단이나 목적이 사회상규에 반하는 것도 아니어서

위법하지 않다.

[1-3] (대판 2001.7.13, 98다51091) 공연기획사가 관계당국으로부터 합법적으로 공연개최허가를 받고 은행과 적법하게 입장권판매대행계약을 체결한 데 대하여 시민단체의 간부들이 위 은행에게 공연협력의 즉각 중지, 즉 공연기획사와 이미 체결한 입장권판매대행계약의 즉각적인 불이행을 요구하고 이에 응하지 아니할 경우에는 은행의 전 상품에 대한 불매운동을 벌이겠다는 경제적 압박수단을 고지하여 이로 말미암아 은행으로 하여금 불매운동으로 인한 경제적 손실을 우려하여 부득이 본의 아니게 공연기획사와 체결한 입장권판매대행계약을 파기케 하는 결과를 가져왔다면 이는 공연기획사가 은행과 체결한 입장권판매대행계약에 기한 공연기획사의 채권 등을 침해하는 것으로서 위법하다고 하여야 할 것이고, 그 목적에 공익성이 있다 하여 이러한 행위까지 정당화될 수는 없는 것이다.

[1-4] (대판 2003.3.14, 2000다32437) ① 일반적으로 채권에 대하여는 배타적 효력이 부인되고 채권자 상호간 및 채권자와 제3자 사이에 자유경쟁이 허용되는 것이어서 제3자에 의하여 채권이 침해되었다는 사실만으로 바로 불법행위로 되지는 않는 것이지만, 거래에 있어서의 자유경쟁의 원칙은 법질서가 허용하는 범위내에서의 공정하고 건전한 경쟁을 전제로 하는 것이므로, 제3자가 채권자를 해한다는 사정을 알면서도 법규에 위반하거나 선량한 풍속 또는 사회질서에 위반하는 등 위법한 행위를 함으로써 채권자의 이익을 침해하였다면 이로써 불법행위가 성립한다고 하지 않을 수 없고, 여기에서 채권침해의 위법성은 침해되는 채권의 내용, 침해행위의 태양, 침해자의 고의 내지 해의의 유무 등을 참작하여 구체적, 개별적으로 판단하되, 거래자유 보장의 필요성, 경제·사회정책적 요인을 포함한 공공의 이익, 당사자 사이의 이익균형 등을 종합적으로 고려하여야 한다. ② 특정기업(A)으로부터 특정물품의 제작을 주문받아 그 특정물품을 그 특정기업에게만 공급하기로 약정한 자(C)가 그 특정기업이 공급받은 물품에 대하여 제3자(B)에게 독점판매권을 부여함으로써 제3자(B)가 그 물품에 대한 독점판매자의 지위에 있음을 알면서도 위 약정에 위반하여 그 물품을 다른 곳에 유출하여 제3자(B)의 독점판매권을 침해하였다면, C의 이러한 행위는 특정기업(A)에 대한 계약상의 의무를 위반하는 것임과 동시에 제3자(B)가 특정기업으로부터 부여받은 독점판매인으로서의 지위 내지 이익을 직접 침해하는 결과가 되어, 위법한 것으로 인정되는 한, 그 특정기업(A)에 대하여 채무불이행 또는 불법행위가 됨과는 별도로 그 제3자(B)에 대한 관계에서 불법행위로 된다.

[2] 채권에 기한 방해배제청구권

(대판 1981.6.23, 80다1362) A가 B로부터 매수한 토지일시경작권은 채권적인 권리에 불과하여 대세적인 효력이 없으므로 일시경작권을 매수하였다는 사유만으로 A가 곧 제3자인 C에게 직접 토지의 인도를 청구할 수 없다.

[債　權　法]

事例 38

債權者代位權

≪설 문≫

A는 B에게 2006. 3. 2.을 변제기로 하는 금전소비대차계약을 체결하면서, 1,000만원을 빌려주고 5,000만원 상당의 B소유 甲토지에 2번저당권을 설정하였다. 2006. 3. 15. 현재 B는 아직 A에 대한 채무를 변제하지 않고 있다. 한편 B는 C에게 500만원을 빌려주었으며, D와는 자신의 중고 트럭을 1,000만원에 팔기로 하는 매매계약을 체결하였다.

(1) B가 C와 D에 대한 채권의 추심을 게을리하고 있는 경우 A를 위한 채권법적 구제방법에는 무엇이 있는지를 검토하시오.

(2) A가 D에 대한 B의 채권을 대신 행사하고 이를 B에게 통지하였으나, 아직 트럭을 인도하지 않고 있던 B가 D의 대금지급채무를 면제한 경우 A와 D의 법률관계를 검토하시오.

목차제안

Ⅰ. 논점분석

Ⅱ. 설문(1): C와 D에 대한 B의 채권을 A가 행사할 수 있는지 여부

1. 채권자대위권
   (1) 의 의
   (2) 채권자대위권의 법적 성질
      1) 법정재산관리권설
      2) 포괄적 담보권설
      3) 판례의 태도

(3) 채권자대위권의 행사를 위한 요건
1) 채권(피보전채권)의 보전필요성
가) 채권자의 채권이 유효하게 존재할 것
나) 대위채권자의 채권의 보전필요성
2) 대위채권자의 (피보전)채권의 이행기 도래
3) 피대위권리의 비일신전속성
4) 채무자 자신의 권리 불행사
5) 사안의 검토
(4) 채권자대위권의 행사범위
1) 견해의 대립
2) 사안의 검토
(5) 채권자대위권의 행사방법
1) 행사방법
2) 사안의 검토

Ⅲ. 설문(2): D에 대한 B의 채무면제와 A와 D의 법률관계
1. 채무자의 제3채무자에 대한 채무면제와 대항력
2. 제3채무자의 법적 지위
3. 사안의 검토

Ⅳ. 설문(1) 및 (2)에 대한 해답

풀이제안

Ⅰ. 논점분석

A는 B에 대한 자기의 금전채권을 실현시키기 위하여 일정한 요건이 충족되는 경우에 B소유의 토지에 대한 저당권을 실행할 수 있다. 그런데 저당권을 실행함으로써 A가 그의 채권을 실현한다는 것은 1번저당권의 피담보채권액의 범위에 의해서 그 결과가 결정되므로 저당권설정에 의해서는 A의 채권보전이 불완전하다. 더욱이 설문(1)에서는 명백히 '채권법적' 구제수단을 묻고 있으므로 A는 자기의 채권(1,000만원의 금전채권)을 보전하기 위하여 C와 D에 대한 채무자 B의 권리, 즉 금전채권을 대위행사할 수

있는지 여부에 초점을 맞추어야 한다.

설문(1)에서는 채권자대위권이 행사되기 위한 요건을 판례 및 다수설과 소수설의 입장에 따라 각각 구분하여 검토해야 한다. 설문(2)에서는 A의 대위권행사 후 채무자인 B가 자기채권에 대한 처분행위(채무면제)를 가지고 A에게 대항할 수 있는지, 이 경우에 선의의 제3채무자인 D의 법적 지위는 어떻게 되는지를 각각 검토해야 한다.

Ⅱ. 설문(1): C와 D에 대한 B의 채권을 A가 행사할 수 있는지 여부

1. 채권자대위권

(1) 의 의

채권자대위권은 채권자가 자기의 채권을 보전하기 위하여 그의 채무자가 제3채무자에 대하여 가지고 있는 권리를 채무자(제3채무자에 대한 채권자)에 갈음하여 행사하는 것을 말한다(제404조, 판례 [1-1]도 참조). 채권자대위권은 실체법상 인정되는 권리이지만 대리권이 아니며, 또한 채권 그 자체와도 구별되는 별개의 권리이다.

(2) 채권자대위권의 법적 성질

1) **법정재산관리권설** 다수설(대표적으로 곽윤직, 채권총론, 128-129면; 이은영, 채권총론, 425면)은 채권자대위권의 법적 성질을 일종의 '법정재산관리권'으로 이해하면서, 채무자가 무자력 상태에 빠진 경우에 한하여 그의 재산관계에 간섭함으로써 '총채권자의 공동담보로서의 책임재산'을 확보하는 데에 그 기본취지가 있다고 설명한다. 또한 채권자대위권은 원칙적으로 금전채권 또는 손해배상청구권 및 이것으로 전화될 수 있는 채권의 보전을 위해서만 행사될 수 있으며, 특정채권(비금전채권) 자체의 보전을 위해서는 행사될 수 없다고 한다. 다만, 채권자의 권리가 특정채권인 경우에는 채무자의 무자력을 요건으로 하지 않으면서 특정채권의 보전을 위한 채권자대위권의 '전용(轉用)'을 인정하고 있다.

2) **포괄적 담보권설** 소수설(김형배, 채권총론, 357면 이하; 동, 민법학강의(제6판), 996면)에 따르면 채

권자대위권을 채권자가 자기의 채권을 보전하기 위하여 그의 채무자가 제3채무자(즉 채무자의 채무자)에 대하여 가지고 있는 채권을 채무자에 갈음하여 행사할 수 있는 일종의 포괄적 담보권으로 이해한다. 즉, 채권자대위권은 총채권자를 위한 '책임재산의 보전제도'라기보다는 채권자의 채권을 보전하기 위한 담보권으로서의 성질을 가지나, 처음부터 피보전채권이 특정되어 있지 않다는 점에서 '포괄적'(='일반적')이다. 다만, 대위권행사의 효과가 직접 채권자에게 미치지 아니하고 채무자에게 미치므로 일반적인 담보권의 효과와 구별되기 때문에 채권자대위권은 법률이 정한 특수한 담보권이다. 채권자대위권을 이처럼 파악하는 주된 이유는 오늘날 이 제도가 금전채권보다 특정채권의 보전을 위하여 활용되는 경우가 더욱 빈번하며, 금전채권의 보전의 경우에도 채권자에게 금전의 대위수령과 채무자와의 상계를 인정하고 있기 때문이다.

이 견해에 따르면 채권자대위권은 금전채권뿐만 아니라 특정채권 자체의 보전을 위해서도 행사될 수 있으며, 어느 경우에나 그 행사요건으로 채무자가 반드시 무자력의 상태에 있을 필요가 없다.

3) **판례의 태도** 채권자대위권에 관한 학설의 대립은 결국, 그 행사에 있어 채무자의 무자력을 요건으로 하는가의 여부로 귀착한다. 판례는 금전채권과 특정채권을 구분하여 판단한다. (i) 금전채권의 경우 원칙적으로 채무자의 무자력을 요구한다(판례 [2-1], [2-2] 참조). 그러나 일정한 경우(대판 1981. 6. 23, 80다1351; 대판 1968. 6. 18, 68다663; 대결 1964. 4. 3, 63마54; 대판 1989. 4. 25, 88다카4253; 대판 2002. 1. 25, 2001다52506)에 있어서는 보전되어야 할 채권이 금전채권임에도 불구하고 채무자의 무자력을 요건으로 하고 있지 않다(판례 [2-3], [2-4] 참조). (ii) 특정채권의 경우 판례(판례 [3] 참조)는 특정채권(등기청구권 혹은 임차권) 자체의 보전을 위하여 채무자의 등기청구권 혹은 방해배제청구권의 대위행사를 인정하고 있다. 후자의 경우 대위권행사의 범위는 행사자 자신의 채권을 보전하는 데 필요한 범위로 한정된다(판례 [3-4] 참조).

(3) 채권자대위권의 행사를 위한 요건

1) 채권(피보전채권)의 보전필요성

가) 채권자의 채권이 유효하게 존재할 것 채권자가 채무자의 제3채무자에 대한 권리를 대위행사하기 위해서는 채무자에 대한 채

권자의 채권, 즉 피보전채권이 유효하게 존재하고 있어야 한다(판례 [1-2], [1-3], [2-3] 참조). 이때 채권자의 피보전채권이 채무자의 제3채무자에 대한 권리보다 먼저 성립하고 있을 필요는 없다.

나) 대위채권자의 채권의 보전필요성　판례와 다수설에 의하면 '채권을 보전하기 위하여'라는 의미는 채권자가 채무자의 권리를 행사하지 않으면 자기의 채권이 완전한 만족을 얻을 수 없게 될 위험이 있을 것, 즉 총채권자의 공동담보인 책임재산이 부족하게 될 염려가 있는 것으로 이해한다. 반면 소수설은 자기 채권의 보전을 구하기 위한 것으로 이해한다. 판례는 채권자가 보전하려는 권리와 대위하여 행사하려는 채무자의 권리가 밀접하게 관련되어 있고 채권자가 채무자의 권리를 대위하여 행사하지 않으면 자기 채권의 완전한 만족을 얻을 수 없게 될 위험이 있어 채무자의 권리를 대위행사하는 것이 자기 채권의 현실적 이행을 유효·적절하게 확보하기 위하여 필요한 경우에 채권자대위권이 행사될 수 있다고 한다(판례 참조 [4-1]).

무자력과 관련하여 판례와 다수설은 보전될 채권이 금전채권인 경우에는 채무자의 무자력을 요구하나, 특정채권일 경우에는 채무자가 무자력일 필요가 없다고 한다(판례 [2], [3] 참조). 또한 무자력의 입증책임도 채권자에게 있다고 한다(판례 참조 [5]). 그리고 이를 판단하는 시기는 사실심의 변론종결시라고 한다(판례 참조 [5]). 반면 소수설은, 채권자대위권제도의 취지가 '채권자의 채권을 보존하기 위한 것'에 있으므로 채무자의 자력의 유무에 구애받음이 없이 채권자는 자기의 채권을 보전할 필요가 있는 경우에 대위권을 행사할 수 있다고 한다. 또한 채권자와 제3채무자 사이의 형평의 원리상 제3채무자측에서 채무자의 유자력을 입증하는 것이 옳다고 한다.

2) **대위채권자의 (피보전)채권의 이행기 도래**　채권자의 채권이 이행기에 있어야 한다(제404조 제2항). 다만, 법원의 허가를 얻거나(제404조 제2항 본문) 혹은 채권자가 채무자의 재산의 감소를 방지하기 위해 보존행위를 행하는 경우(제404조 제2항 단서)에는 채권의 이행기 전이라도 (법원의 허가없이) 채무자의 권리를 대위행사할 수 있다.

3) **피대위권리의 비일신전속성**　채무자가 제3(채무)자에 대하여

가지는 권리(피대위채권 또는 피대위권리)는 채무자의 일신에 전속한 권리가 아니어야 한다. 예컨대 신분권, 인격권 내지 그로부터 도출되는 일신전속적인 권리(판례 참조 [6-1]), 청약·승낙의 의사표시 또는 제3자를 위한 계약에서 수익의 의사표시 등은 대위행사할 수 없다.

4) **채무자 자신의 권리 불행사** 채무자가 자신의 채권을 행사할 수 있음에도 행사하지 않고 있어야 한다(판례 참조 [7-1]). 채무자의 귀책사유는 요하지 않는다. 이때 채무자 스스로 권리를 행사할 수 있는 상태에 있다는 것은 권리행사를 할 수 없게 하는 법률적 장애가 없어야 한다는 뜻이며, 채무자 자신에 관한 현실적인 장애까지 없어야 한다는 뜻은 아니다. 채무자가 스스로 권리를 행사하고 있는 한, 채권자대위권은 채무자에 대한 부당한 간섭이 되므로 그 행사는 허용되지 않는다(대판 1993. 3. 26, 92다32876: 채권자대위권은 채무자가 제3채무자에 대한 권리를 행사하지 않는 경우에 한하여 채권자가 자기의 채권을 보전하기 위하여 행사할 수 있는 것이기 때문에 채권자가 대위권을 행사할 당시 이미 채무자가 그 권리를 재판상 행사하였을 때에는 설사 패소의 확정판결을 받았더라도 채권자는 채무자를 대위하여 채무자의 권리를 행사할 당사자적격이 없다).

채권자대위권의 행사에 있어 채무자의 동의는 필요하지 않으며, 채무자가 그 행사를 반대하더라도 행사할 수 있다.

5) **사안의 검토** 사례에서 채권자 A가 채무자 B에게 가지는 채권은 유효하게 존재하는 금전채권이다. 또한 A의 채권의 이행기가 이미 도래하였고, B가 C와 D에 대하여 가지는 채권은 비전속적 권리이다. 그리고 B는 특별한 법률적 장애가 없음에도 채권의 추심을 게을리하고 있다. 따라서 B가 무자력임을 요구하는지의 여부에 따라 채권자대위권의 행사 여부가 결정된다. 판례와 다수설에 따르면, 원칙적으로 B가 무자력인 경우에 한하여 A는 채권자대위권을 행사할 수 있다. 즉, B가 가지고 있는 책임재산(甲토지에는 저당권이 설정되어 있으므로 특별책임재산이다. 甲토지의 교환가치(5,000만원)는 1번저당권자에게 우선하여 변제되고, A는 2번저당권자로서 그 잔액에 대해서 1,000만원의 차용원금반환채권 등(제360조 참조)을 우선변제받을 수 있기는 하다. 이때 변제받지 못한 채권액을 기준으로 B의 일반책임재산과 비교하여 전자가 후자를 초과하는 경우 B의 무자력요건이 충족된다)으로 A의 채권을 만족시키는 데 부족한 경우에 한하여 A는 C와 D에 대한 B의 금전채권을 대위행사할 수 있다.

그러나 소수설인 포괄적 담보권설에 따르면 B가 무자력인지 여부와 관계없이 B의 C와 D에 대한 권리가 A의 채권에 대한 담보로서의 관련성이 강하거나 밀접불가분의 관계에 있다고 판단되면 A는 채권자대위권을 행사할 수 있다.

(4) 채권자대위권의 행사범위

1) **견해의 대립** 다수설은 채권자대위권제도의 취지가 '총채권자의 공동담보로서의 책임재산'을 확보하는 데에 있다고 보기 때문에, 채권의 공동담보의 보전을 위하여 대위채권자의 채권액을 넘는 채무자의 권리를 행사하는 것도 무방하다고 한다. 다만, 하나의 권리의 행사로 그 목적을 달성할 수 있는 경우에는 그 이상의 권리의 행사는 허용되지 않는다고 한다(대표적으로 곽윤직, 채권총론, 261면).

반면 소수설은 채권자대위권을 채권자의 채권을 보전하기 위한 특수한 담보권으로 보기 때문에, 채권자는 원칙적으로 그의 채권을 보전하는데 필요한 범위내에서 대위권을 행사해야 한다고 한다.

2) **사안의 검토** 사례에서 채권의 보전필요성이 있다고 판단되는 채권자는 A 이외에 다른 사람은 존재하지 않으므로(甲토지의 1번저당권으로 담보된 채권자는 그 채권의 보전필요성이 없는 것으로 판단된다) 다른 일반채권자의 채권의 보전은 문제되지 않으며, 따라서 A의 채권의 보전만을 고려하는 것으로 충분하다. A의 채권(1,000만원)이 C에 대한 B의 채권(500만원)을 상회하기 때문에, A는 먼저 D에 대한 B의 채권(1,000만원)을 대위행사하거나, 이 채권의 실현이 곤란할 경우에는 D에 대한 B의 채권과 함께 C에 대한 B의 채권을 대위행사 할 수도 있다고 해석된다.

(5) 채권자대위권의 행사방법

1) **행사방법** 채권자대위권의 행사요건이 충족되면 채권자는 채무자의 권리를 대위행사할 수 있는 권한을 가지며, 이때 채권자는 자기의 이름으로 대위권을 행사한다. 그 행사는 채권자취소권의 경우와 달리 반드시 재판상 행사하여야 하는 것은 아니며, 소송외적으로도 행사할 수 있다. 채권자가 대위하여 채무자의 권리를 행사한 효과는 직접 채무자에게 발생한다(판례참조 [8]). 즉, 제3채무자는 그의 채무를 채무자에게 이행하여야 한다. 제3채무자의 이행행위에 의하여 채권자가 직접 변제받는 것은 아니며, 다만 채권자는 채무자에 갈음하여 '변제의 수령'을 할 수 있을 뿐이다. 제3채무자는 채무자가 채권자에 대하여 가지는 항변(예컨대 변제를 위한 인도)으로 대항할 수 없다(판례참조 [9-3]).

한편, 다수설에 따르면 채권자가 대위수령한 목적물이 채권자의 채권의 목적물과 같은 종류의 대체물(특히 금전채권)이고 상계적상에 있는 때에는, 채권자는 상계에 의하여 변제를 받을 수 있다고 한다(곽윤직, 채권총론, 137면; 이은영, 채권총론, 364면). 따라서, 채권자가 채무자에 갈음하여 수령한 목적물이 채무자의 채권자에 대한 채무와 상계될 수 없는 것인 경우에는, 채권자는 그 목적물을 채무자에게 인도한 후 채무자로부터 변제를 받거나 그 목적물에 대한 강제집행을 통하여 만족을 얻을 수 있다(채권자대위권제도의 취지가 '총채권자의 공동담보로서의 책임재산'을 확보하는 데에 있다는 다수설이, 채권자가 채무자에 갈음하여 수령한 목적물과 채무자의 채권자에 대한 채무와의 상계를 인정하는 것은 모순된다. 상계를 인정하는 것은 결국 다른 채권자에 앞서 대위권의 행사자에게 우선변제를 인정하는 결과를 가져오게 하기 때문이다).

2) **사안의 검토** 사례에서 만일 A가 채권자대위권을 행사하여 목적물을 수령한 경우, 그 대위수령한 목적물이 A의 채권의 목적물과 같은 종류의 대체물(금전채권)이고 상계적상에 있는 때에는 A는 상계에 의하여 변제를 받을 수 있다.

Ⅲ. 설문(2): D에 대한 B의 채무면제와 A와 D의 법률관계

1. 채무자의 제3채무자에 대한 채무면제와 대항력

채권자가 보존행위 이외의 대위권행사를 하는 경우에는 채무자에게 통지하여야 한다(제405조 제1항, 판례 [9-1], [9-2]도 참조). 이는 채무자에 의한 중복된 권리행사를 방지하기 위한 것이다. 따라서 채무자가 채권자로부터 그러한 통지를 받은 후에는 그 권리를 처분하여도 이를 가지고 채권자에게 대항할 수 없다(제405조 제2항, 판례 [9-4], [9-5] 참조).

2. 제3채무자의 법적 지위

채권자는 채무자를 대위하여 채무자의 권리를 그대로 행사하는 것이므로, 제3채무자는 채무자가 스스로 권리를 행사하는 경우보다 불리한 지위에 놓여서는 안 된다. 채권자가 권리를 대위하는 경우에도 채권의 귀속이 달라지는 것이 아니므로, 제3채무자가 채무자에 대하여 가지는 항변권은 채권양도(제451조)의 경우와 마찬가지로 보호되어야 한다. 다만, 제3채무자에 대한 채무자의 면제행위가 있는 경우 이는 제3채무자와의 관계에서는 유효한 것이다. 그러나 채무자의 면제행위가 제406조의 사해행위(詐害行爲)에 해당하는 경우에는 채권자는 채권자취소권을 행사할 수 있을 것이다. 면제에 의한 사해행위가 성립하지 않더라도 면제를 받은 제3채무자의 급부행위로 채권자가 결과적으로 만족을 얻은 경우에는 제3자의 변제(제469조)를 기초로 구상권을 행사할 수 있을 것이다. 제3자가 채무없음을 알고 급부행위를 한 경우에는 제742조(비채변제)가 되어 그 반환을 청구할 수 없다고 보아야 할 것이다.

3. 사안의 검토

사례에서 B의 채무면제행위는 B의 일방적 의사표시로서 D의 채무를 소멸시키는 채권소멸행위이다(제506조). 이는 준물권행위로서 일종의 처분행위이다. 따라서 B가 D의 채무를 면제하더라도 이와 같은 처분행위를 가지고 A의 대위권행사에 대항할 수 없다. 왜냐하면 B의 채무면제행위는 A의 통지 후에 행해진 것이기 때문이다. 또한 A의 통지가 있은 후에도 B가 아직 목적물을 인도하고 있지 않는 한 D는 동시이행의 항변권(제536조)을 가지고 A에게 대항할 수 있다.

Ⅳ. 설문(1) 및 (2)에 대한 해답

설문(1)에서 A는 채권자대위권의 행사요건을 모두 충족하고 있으므로, 채권자대위권을 행사하여 자신의 채권의 만족을 얻을 수 있다. 이때 A가 직접 변제를 수령한 경우라면 A는 상계에 의하여 사실상 우선변제를 받을 수 있을 것이다.

설문(2)에서 A는 채권자대위권의 행사를 B에게 통지하였으므로, B는 D에 대한 채무면제를 가지고 A에게 대항할 수 없다. 다만, B가 D에 대한 관계에서 트럭을 인도하고 있지 않다면 D는 A에 대하여 동시이행의 항변권을 가지고 대항할 수 있다.

채권자대위권을 행사하는 경우 대위채권자와 채무자는 일종의 법정위임의 관계에 있는 것으로 볼 수 있기 때문에 제688조를 유추적용하여 A

는 B에 대하여 대위행사에 따른 비용의 상환을 청구할 수 있다(판례 참조 [10]).

≪판 례≫

[1] 대위채권자의 피보전채권

[1-1] (대판 2000. 6. 9, 98다18155) 제404조에서 규정하고 있는 채권자대위권은 채권자가 채무자에 대한 자기의 채권을 보전하기 위하여 필요한 경우에 채무자의 제3자에 대한 권리를 대위행사할 수 있는 권리를 말하는 것으로서, 이때 보전되는 채권은 보전의 필요성이 인정되고 이행기가 도래한 것이면 족하고, 그 채권의 발생원인이 어떠하든 대위권을 행사함에는 아무런 방해가 되지 아니하며, 또한 채무자에 대한 채권이 제3채무자에게까지 대항할 수 있는 것임을 요하는 것도 아니다.

[1-2] (대판 1994. 11. 8, 94다31549) 채권자대위소송에 있어서 대위에 의하여 보전될 채권자의 채무자에 대한 권리가 인정되지 아니할 경우에는 채권자가 스스로 원고가 되어 채무자의 제3채무자에 대한 권리를 행사할 당사자적격이 없게 되므로, 그 대위소송은 부적법하여 각하할 수밖에 없다.

[1-3] (대판 1999. 4. 9, 98다58016) 이혼으로 인한 재산분할청구권은 협의 또는 심판에 의하여 그 구체적 내용이 형성되기까지는 그 범위 및 내용이 불명확·불확정하기 때문에 구체적으로 권리가 발생하였다고 할 수 없으므로 이를 보전하기 위하여 채권자대위권을 행사할 수 없다.

[2] 피보전채권이 금전채권인 경우 채무자의 무자력요건(원칙적극과 예외소극)

[2-1] (대판 1969. 11. 25, 69다1665) 금전채권의 채권자대위권은 채무자가 채무이행의 의사가 없는 것만으로는 행사할 수 없고 채무자가 무자력하여 그 일반재산의 감소를 방지할 필요가 있는 경우에 행사할 수 있다.

[2-2] (대판 1966. 6. 21, 66다587) 채권자대위권은 그 채권이 금전채권 또 손해배상채권으로 귀착할 수밖에 없는 경우에는 채무자의 무자력을 요건으로 하고 동 요건 존재사실은 채권자가 주장·입증하여야 한다.

[2-3] (대판 1981. 6. 23, 80다1351: 예외) 피해자를 치료한 의료인이 동 피해자에 대한 치료비청구권을 보전하기 위하여 피해자의 국가에 대한 국가배상(치료비)청구권을 압류하거나 대위행사하는 것은 국가배상법 제4조에 위반되지 아니한다.

[2-4] (대판 2002. 1. 25, 2001다52506: 예외) 수임인이 가지는 제688조 제2항 전단 소정의 대변제청구권은 통상의 금전채권과는 다른 목적을 갖는 것이므로, 수임인이 이 대변제청구권을 보전하기 위하여 채무자인

위임인의 채권을 대위행사하는 경우에는 채무자의 무자력을 요건으로 하지 아니한다.

[3] 피보전채권이 특정채권인 경우 채무자의 무자력요건(소극)

[3-1] (대판 1992. 10. 27, 91다483) 채권자는 자기의 채무자에 대한 부동산의 소유권이전등기청구권 등 특정채권을 보전하기 위하여 채무자가 방치하고 있는 그 부동산에 관한 특정권리를 대위하여 행사할 수 있고 그 경우에는 채무자의 무자력을 요건으로 하지 아니하는 것이다.

[3-2] (대판 1962. 1. 25, 4294민상607) 임차인이 임차목적물의 인도나 반환청구를 위하여 임대인의 소유권을 대위하여 행사할 때에는 임차인이 임차목적물에 대하여 점유한 사실이 있었느냐의 여부는 그 요건이 되지 않는다.

[3-3] (대판 1976. 10. 12, 76다1591) A가 B로부터 부동산을 매수한 경우에는 매매의 효력으로서 B에게 위 부동산에 대한 소유권이전등기절차 이행청구권이 있고 B는 A로부터 대금지급이 있을 때까지 그 의무이행을 거절할 수 있을 뿐이니 A는 B에 대한 소유권이전등기청구권을 보전하기 위하여 채권자대위권을 행사할 수 있다(대판 1969. 10. 28, 69다1351: 중간생략등기의 합의가 없다면 부동산의 전전매수인은 매도인을 대위하여 그 전매도인인 등기명의자에게 매도인 앞으로의 소유권이전등기를 구할 수는 있을지언정 직접 자기 앞으로의 소유권이전등기를 구할 수는 없다. 또한 대판 1983. 4. 26, 83다카57: 매도인의 매수인에 대한 배임행위에 가담하여 증여를 받아 이를 원인으로 소유권이전등기를 경료한 수증자에 대하여 매수인은 매도인을 대위하여 위 등기의 말소를 청구할 수는 있으나 직접 청구할 수는 없다는 것은 형식주의 아래서의 등기청구권의 성질에 비추어 당연하다).

[3-4] (대판 1993. 4. 23, 93다289) 채권자대위권은 채무자의 채권을 대위행사함으로써 채권자의 채권이 보전되는 관계가 존재하는 경우에 한하여 이를 행사할 수 있으므로 특정물에 관한 채권자는 채권을 보전하기 위하여 채무자의 제3채무자에 대한 그 특정물에 관한 권리만을 대위행사할 수 있다.

[4] 피보전채권의 보전필요성

[4-1] (대판 2001. 5. 8, 99다38699) 채권자는 채무자에 대한 채권을 보전하기 위하여 채무자를 대위해서 채무자의 권리를 행사할 수 있는바, 채권자가 보전하려는 권리와 대위하여 행사하려는 채무자의 권리가 밀접하게 관련되어 있고 채권자가 채무자의 권리를 대위하여 행사하지 않으면 자기 채권의 완전한 만족을 얻을 수 없게 될 위험이 있어 채무자의 권리를 대위하여 행사하는 것이 자기 채권의 현실적 이행을 유효·적절하게 확보하기 위하여 필요한 경우에는 채권자대위권의 행사가 채무자의

자유로운 재산관리행위에 대한 부당한 간섭이 된다는 등의 특별한 사정이 없는 한 채권자는 채무자의 권리를 대위하여 행사할 수 있어야 하고, 피보전채권이 특정채권이라 하여 반드시 순차매도 또는 임대차에 있어 소유권이전등기청구권이나 명도청구권 등의 보전을 위한 경우에만 한하여 채권자대위권이 인정되는 것은 아니다.

[4-2] (대판 1963. 11. 21, 63다634) 채권자가 자기의 채권을 보전하기 위하여 채무자의 권리를 행사할 경우에는 채무자가 그 권리행사에 대하여 반대의 의사를 표명한다 할지라도 그 대위권행사는 가능하다.

[5] 피보전채권의 보전필요성의 판단시점 및 무자력요건의 입증책임

(대판 1976. 7. 13, 75다1086) 채권자대위권의 행사로서 채권자가 채권을 보전하기에 필요한지의 여부는 변론종결 당시를 표준으로 판단되어야 할 것이며 그 채권이 금전채권인 때에는 채무자가 무자력하여 그 일반재산의 감소를 방지할 필요가 있는 경우에 허용되고 이와 같은 요건의 존재사실은 채권자가 주장·입증하여야 한다.

[6] 채무자의 피대위권리

[6-1] (대판 1996. 5. 31, 94다35985) 후견인이 제950조 제1항 각호의 행위를 하면서 친족회의 동의를 얻지 아니한 경우, 제2항의 규정에 의하여 피후견인 또는 친족회가 그 후견인의 행위를 취소할 수 있는 권리(취소권)는 행사상의 일신전속권이므로 채권자대위권의 목적이 될 수 없다.

[6-2] (대판 1991. 3. 27, 90다17552) 소멸시효는 이에 의하여 직접 이익을 받는 채무자는 물론이고 그 채무자에 대한 채권자도 자기의 채권을 보전하기 위하여 필요한 경우에는 이를 원용할 수 있으나 채무자에 대하여 무슨 채권이 있는 것도 아닌 자는 소멸시효주장을 대위 원용할 수 없다.

[6-3] (대판 2000. 12. 22, 2000다39780) 파산채권자가 파산자에 대한 채권을 보전하기 위하여 파산재단에 관하여 파산관재인에 속하는 권리를 대위하여 행사하는 것은 법률상 허용되지 않는다고 해석해야 한다.

[6-4] (대판 1966. 9. 27, 66다1334) 채권자가 대립행사할 수 있는 채무자의 권리에는 물권적인 청구권도 포함된다.

[6-5] (대판 1995. 9. 5, 95다22917) 토지거래규제구역내의 토지에 관하여 관할관청의 허가없이 체결된 매매계약의 쌍방 당사자는 공동으로 관할관청의 허가를 신청할 의무가 있고, 이러한 의무에 위배하여 허가신청에 협력하지 아니하는 당사자에 대하여 상대방은 협력의무의 이행을 청구할 수 있는 것이므로, 매수인이 매도인에 대하여 가지는 이러한 토지거래허가신청절차 협력의무의 이행청구권도 채권자대위권의 행사에 의하여 보전될 수 있는 채권에 해당한다.

[6-6] (대판 2001.12.27, 2000다73049) 채권자취소권도 채권자가 채무자를 대위하여 행사하는 것이 가능하며, 이 경우 제소기간은 대위의 목적으로 되는 권리의 채권자인 채무자를 기준으로 하여 그 준수 여부를 가려야 할 것이고, 따라서 채권자취소권을 대위행사하는 채권자가 취소원인을 안 지 1년이 지났다 하더라도 채무자가 취소원인을 안 날로부터 1년, 법률행위가 있은 날로부터 5년내라면 채권자취소의 소를 제기할 수 있다.

[6-7] (대결 1993.12.27, 93마1655) 민사소송법 제705조(현행 민사집행법 제287조) 제2항에 따른 제소기간의 도과에 의한 가압류·가처분의 취소신청권은 ―가압류·가처분신청에 기한 소송을 수행하기 위한 소송절차상의 개개의 권리가 아니라― 가압류·가처분신청에 기한 소송절차와는 별개의 독립된 소송절차를 개시하게 하는 권리이고, 같은 조 제1항에 따른 가압류·가처분결정에 대한 본안제소명령의 신청권은 제소기간의 도과에 의한 가압류·가처분의 취소신청권을 행사하기 위한 전제요건으로 인정된 독립된 권리이므로, 이 권리들은 채권자대위권의 목적이 될 수 있는 권리라고 봄이 상당하다.

[7] 채무자 자신의 권리 불행사

[7-1] (대판 1992.2.25, 91다9312) 채권자대위권행사의 요건인 '채무자가 스스로 그 권리를 행사하지 않을 것'이라 함은 채무자의 제3채무자에 대한 권리가 존재하고 채무자가 그 권리를 행사할 수 있는 상태에 있으나 스스로 그 권리를 행사하고 있지 아니하는 것을 의미하고, 여기서 권리를 행사할 수 있는 상태에 있다는 뜻은 권리행사를 할 수 없게 하는 법률적 장애가 없어야 한다는 뜻이며 채무자 자신에 관한 현실적인 장애까지 없어야 한다는 뜻은 아니고 채무자가 그 권리를 행사하지 않는 이유를 묻지 아니하므로 미등기 토지에 대한 시효취득자가 제3자명의의 소유권보존등기가 원인무효라 하여 그 등기의 말소를 구하는 경우에 있어 채무자인 진정한 소유자가 성명불상자라 하여도 그가 위 등기의 말소를 구하는데 어떤 법률적 장애가 있다고 할 수는 없어 그 채권자대위권행사에 어떤 법률적 장애가 될 수 없다.

[7-2] (대판 1979.3.27, 78다2342) 채권자대위권을 행사하려면 채무자가 그 권리를 행사하지 아니할 때에 비로소 허용되는 것이지 채무자가 스스로 권리를 행사하고 있음에도 불구하고 채권자대위를 허용한다면 채무자에 대하여 부당한 간섭이 되기 때문에 이를 허용할 수 없다.

[8] 채권자대위권의 행사방법과 그 효력

[8-1] (대판 1966.9.27, 66다1149) 채권자대위권은 채권자의 고유권리라 하여도 이는 채무자가 제3채무자에게 대하여 가지고 있는 권리를

채권자가 대립하여 행사하는 데 불과하므로 채권자가 대위권을 행사한 경우에 제3채무자에게 대하여 채무자에게 일정한 급부행위를 하라고 청구하는 것이 원칙이다.

[8-2] (대판 1980.7.8, 79다1928) 甲이 미등기 건물을 매수하였으나 소유권이전등기를 하지 못한 경우에는 건물의 소유권을 원시취득한 매도인 乙을 대위하여 불법점유자 丙에 대하여 명도청구를 할 수 있고 이때 매수인 甲은 丙에 대하여 직접 자기에게 명도할 것을 청구할 수도 있다.

[8-3] (대판 1996.2.9, 95다27998) 채권자대위권을 행사함에 있어서 채권자가 제3채무자에 대하여 자기에게 직접 급부를 요구하여도 상관없는 것이고 자기에게 급부를 요구하여도 어차피 그 효과는 채무자에게 귀속되는 것이므로, 채권자대위권을 행사하여 채권자가 제3채무자에게 그 명의의 소유권보존등기나 소유권이전등기의 말소절차를 직접 자기에게 이행할 것을 청구하여 승소하였다고 하여도 그 효과는 원래의 소유자인 채무자에게 귀속되는 것이니, 법원이 채권자대위권을 행사하는 채권자에게 직접 말소등기절차를 이행할 것을 명하였다고 하여 무슨 위법이 있다고 할 수 없다.

[9] 채권자대위권행사에 따른 효력

[9-1] (대판 1975.12.23, 73다1086) 제405조에 의하여 채무자는 그의 권리에 관한 채권자의 대위권행사 사실을 안 때에는 채권자로부터의 통지가 없는 경우에도 그 권리처분을 가지고 채권자에게 대항하지 못하고, 채권자가 부동산소유권이전등기의 말소등기청구권을 대위행사하는 경우에 채무자는 소유권이전등기의 원인된 매매계약을 이미 추인하였다 하더라도 동조 제2항에 의하여 그 추인의 유효를 주장할 수 없다.

[9-2] (대판[전] 1975.5.13, 74다1664) 채권자가 채권자대위권을 행사하는 방법으로 제3채무자를 상대로 소송을 제기하고 판결을 받은 경우에는 어떠한 사유로 인하였던 적어도 채무자가 채권자대위권에 의한 소송이 제기된 사실을 알았을 경우에는 그 판결의 효력은 채무자에게 미친다.

[9-3] (대판 1992.11.10, 92다35899) 채권자대위권의 기한 청구에서 제3채무자는 채무자가 채권자에 대하여 가지는 항변으로 대항할 수 없을 뿐더러 채권의 소멸시효가 완성된 경우 이를 원용할 수 있는 자는 시효이익을 직접 받는 자만이고 제3채무자는 이를 행사할 수 없다.

[9-4] (대판 1996.4.12, 95다54167) 채권자대위권의 행사에 있어서 채무자가 채권자대위권을 행사한 점을 알게 된 이후에는 채무자가 그 권리를 처분하여도 이로써 채권자에게 대항할 수 없으므로, 채권자가 채무자를 대위하여 제3채무자의 부동산에 대한 처분금지가처분을 신청하여 처분금지가처분결정을 받은 경우, 이는 그 부동산에 관한 소유권이전등

기청구권을 보전하기 위한 것이므로 피보전권리인 소유권이전등기청구권을 행사한 것과 같이 볼 수 있어, 채무자가 그러한 채권자대위권의 행사 사실을 알게 된 이후에 그 부동산에 대한 매매계약을 합의해제함으로써 채권자대위권의 객체인 그 부동산의 소유권이전등기청구권을 소멸시켰다 하더라도 이로써 채권자에게 대항할 수 없다(동지: 대판 2003.1.10, 2000다27343).

[9-5] (대판 1991.4.12, 90다9407) 채권자가 채무자를 대위하여 채무자의 제3채무자에 대한 권리를 행사하고 채무자에게 통지를 하거나 채무자가 채권자의 대위권행사 사실을 안 후에는 채무자는 그 권리에 대한 처분권을 상실하여 그 권리의 양도나 포기 등 처분행위를 할 수 없고 채무자의 처분행위에 기하여 취득한 권리로서는 채권자에게 대항할 수 없으나, 채무자의 변제수령은 처분행위라 할 수 없고 같은 이치에서 채무자가 그 명의로 소유권이전등기를 경료하는 것 역시 처분행위라고 할 수 없으므로 소유권이전등기청구권의 대위행사 후에도 채무자는 그 명의로 소유권이전등기를 경료하는 데 아무런 지장이 없다.

[10] 대위권행사 후 대위채권자와 채무자의 법률관계

(대판 1996.8.21, 96그8) 채권자대위권을 행사하는 경우 채권자와 채무자는 일종의 법정위임의 관계에 있으므로 채권자는 제688조를 준용하여 채무자에게 그 비용의 상환을 청구할 수 있고, 그 비용상환청구권은 강제집행을 직접 목적으로 하여 지출된 집행비용이라고는 볼 수 없으므로 지급명령신청에 의하여 지급을 구할 수 있다.

事例 39

債權者取消權

≪설 문≫

A는 B에 대하여 7,000만원의 대여금채권을 가지고 있다. B는 별다른 재산이 없음에도 불구하고 시가 6,000만원 상당의 甲임야를 C에게 4,000만원에 팔았고, C는 이를 다시 D에게 6,000만원에 매도하여 각각 이전등기를 경료하였다.

(1) A가 甲임야의 교환가치로부터 자신의 채권의 만족을 꾀할 수 있는지를 검토하시오.

(2) A는 우선 ① 누구를 상대로 하여 어떠한 주장을 할 수 있는지를 검토하고, ② 만일 매각 전에 甲임야에 B에 대한 E의 3,000만원의 대여원리금반환채권을 담보하는 저당권이 설정되었다가, 임야매각 직후 B의 친구 F가 E에게 채무를 변제하고 저당권을 말소해 준 경우에 관하여 부언설명하시오.

(3) A가 甲임야의 교환가치로부터 '우선변제'를 받을 수 있는지를 검토하시오.

(4) 채권자취소소송에 따른 A, B, C 및 D 사이의 법률관계를 검토하시오.

목차제안

1. 채권자취소권행사를 위한 요건
   (1) 피보전채권의 존재(제406조 제1항 본문)
      1) 피보전채권의 발생시기
      2) 피보전채권의 이행기
      3) 피보전채권의 대상
      4) 사안의 검토
   (2) 사해행위
      1) 재산권을 목적으로 한 법률행위일 것
      2) 법률행위의 사해성
      3) 사안의 검토
   (3) 채무자의 악의(변제무자력에 대한 인식)
      1) 채무자의 악의
      2) 사안의 검토
   (4) 수익자 또는 전득자가 악의일 것
      1) 수익자 또는 전득자의 악의
      2) 사안의 검토
2. 소 결

Ⅲ. 설문(2): 채권자취소소송의 피고적격

1. 문제의 소재
2. 상대적 무효설
   (1) 채권자취소소송의 피고적격
   (2) 취소권행사의 범위
   (3) 사안의 검토
   (4) 비 판
3. 책 임 설
   (1) 책임설의 내용
   (2) 사안의 검토
4. 부가질문 ②와 관련한 부언설명
   (1) 문제의 소재
   (2) 판례의 태도
   (3) 사안의 검토

Ⅳ. 설문(3): B와 C에 대한 A의 청구권의 상호관계

1. 상대적 무효설의 입장
2. 사안의 검토
3. 비 판

풀이제안

Ⅰ. 논점분석

일반적으로 채권의 실효성을 담보하는 최후의 수단은 채무자의 일반재산(책임재산)이다. 담보채권자가 물적 또는 인적 담보권에 의하여 채권의 실현을 보장받고 있는 경우와는 달리, 담보없는 일반채권자에 있어서는 채무자의 일반재산만이 모든 채권자를 위한 공동담보로서의 의의를 가질 뿐이다. 이와 같은 일반재산(하나 또는 다수 무담보채권의 공동담보재산)이 채무자의 법률행위에 의하여 부당하게 일탈됨으로써 채무자의 변제능력이 부족하게 되는 경우, 일정한 요건 아래 그 법률행위를 '취소'하고 채무자로부터 이탈된 재산(또는 이에 상응하는 가액)을 '회복'할 수 있는 권리가 채권자취소권이다.

설문(1)에서는 이러한 채권자취소권의 성립요건을 묻고 있다. 개개의 성립요건을 토대로 사례의 구체적 사실을 검토하여야 한다.

설문(2)에서는 채권자취소권행사의 상대방, 즉 취소소송의 피고적격과 취소권행사의 범위에 관하여 묻고 있다. 이에 대해서는 판례·다수설인 상대적 무효설과 유력설인 책임설이 그 내용을 달리하고 있으므로 이들 견해에 따라 사례를 검토할 필요가 있다. 부가질문 ②와 관련하여서는 특별담보로 되어 있던 채무자의 재산이 일반담보로 환원되었을 경우 채권자취소권행사에 따른 법률효과가 달리 평가되는지를 검토해야 한다.

설문(3)에서는 채권자취소권행사의 효과에 관한 문제로서 A가 취소권을 행사하면 B의 책임재산으로부터 우선변제를 받을 수 있는지를 검토해야 한다.

설문(4)에서는 채권자취소권행사의 효과에 관해서 채무자 B, 수익자 C 및 전득자 D 사이의 법률관계를 취소로 인한 무효의 상대적 효력만을 인정하는 판례·다수설에 따를 경우와 책임법적 무효에 입각한 책임설에 따를 경우로 나누어 검토해야 한다.

Ⅱ. 설문(1): B의 사해행위에 대한 A의 채권자취소권

1. 채권자취소권행사를 위한 요건

채권자취소권을 행사하기 위한 요건으로는 먼저, 객관적 요건으로서 (i) 채권자취소권으로 보전할, 이른바 피보전채권이 존재해야 하고, (ii) 취소대상인 채무자의 법률행위가 사해성을 가져야 한다. 즉, 사해행위가 있어야 한다. 그리고 주관적 요건으로서 (iii) 채무자가 채권자를 해함을 알고 행하는 행위이어야 하고(사해의 인식 내지 사해의사), (iv) 수익자 또는 전득자가 악의이어야 한다.

(1) 피보전채권의 존재(제406조 제1항 본문)

1) **피보전채권의 발생시기** 취소채권자의 채권은 사해행위 이전에 존재하고 있어야 한다(판례 [1-1] 참조). 다만, 사해행위 당시에 이미 채권성립의 기초가 되는 법률관계가 발생하고 있고, 가까운 장래에 그 법률관계에 기하여 채권이 성립하리라는 고도의 개연성이 있고, 또한 실제로 가까운 장래에 그 개연성이 현실화되어 채권이 성립한 경우 그 채권도 채권자취소권의 피보전채권이 될 수 있다(판례 [1-1], [1-2] 참조).

2) **피보전채권의 이행기** 사해행위 당시에 취소채권자의 채권이 이행기에 있어야 하느냐에 관해서는 채권자대위권의 경우(제404조 제2항 참조)와는 달리 명문의 규정이 없다. 다수설과 판례는 이행기의 도래를 요건으로 하지 않는다. 그러나 취소판결이 있으면 강제집행을 할 수 있어야 하므로 채권은 강제집행의 요건의 경우와 마찬가지로 이행기가 도래하고 채권액이 확정될 수 있는 것이어야 한다고 판단된다(김형배, 채권총론, 399면 참조).

3) **피보전채권의 대상** 채권자취소권에 의하여 보전되는 채권은 원칙적으로 금전채권이다(곽윤직, 채권총론, 145-146면; 김주수, 채권총론, 213면; 김형배, 채권총론, 399-400면). 판례도 채권자취소

권을 행사할 수 있는 채권자의 채권을 금전채권이나 불특정물채권(판례참조 [1-3])에 한정하고, 특정물급부를 목적으로 하는 채권, 예컨대 부동산소유권이전등기청구권을 보전하기 위한 채권자취소권은 인정되지 않는다고 한다(판례참조 [1-4]).

4) **사안의 검토** 사례의 경우 B와 C 사이의 甲임야를 목적물로 하는 매매계약이 있기 전에 A는 B에게 7,000만원의 대여금채권을 가지고 있었다. 또한 B에 대한 A의 채권은 7,000만원의 대여금(반환)채권인 금전채권이므로, 채권자취소권에 의하여 보전될 수 있는 채권이다.

(2) 사해행위

1) **재산권을 목적으로 한 법률행위일 것** 채권자취소권의 대상인 사해행위는 채무자가 행한 법률행위이어야 한다. 또한 재산권을 목적으로 하는 행위이어야 한다. 채권자취소권은 채권의 공동담보의 보전을 목적으로 하는 것이므로 직접적으로 채무자의 책임재산을 구성하고 있는 권리에 관한 채무자의 행위만이 취소의 대상이 된다.

2) **법률행위의 사해성** 채무자가 채권자 일반을 해한다는 것은 변제자력의 부족, 즉 무자력을 초래하는 것을 말하므로, 채무자가 책임재산을 감소시켜 모든 채권자에게 변제를 만족스럽게 할 수 없는 재산상태를 만드는 것을 뜻한다(판례참조 [2-1]). 그러므로 지금까지는 충분했던 채무자의 자력이 문제된 법률행위로 불충분한 상태가 되는 경우는 물론이고, 이미 변제자력이 부족한 채무자가 공동담보로서의 재산을 처분함으로써 자력의 부족상태를 악화시키는 경우도 포함된다. 또한 '해'한다고 할 때에도 사해성의 구체적 정도는 각각 다르기 때문에 당해 행위에 의하여 다소 자력의 부족을 초래하는 경우가 있는가 하면, 이미 자산상태가 악화된 상황에서 거의 유일한 부동산을 처분하여 지급불능을 초래하는 경우도 있다(판례 [2-4]부터 [2-7] 참조). 또한 채무자가 연속하여 수개의 재산처분행위를 한 경우 이들을 하나의 행위로 볼 특별사정이 없는 한, 각 행위마다 그로 인하여 무자력이 초래되었는지 여부에 따라 사해성 여부를 판단하여야 한다(판례참조 [2-3]).

이와 같은 변제자력의 부족상태로서의 채무자의 '무자력'에 대한 판단은 사해행위 당시를 기준으로, 즉 처분행위 당시 재산의 시가를 기준으로 해서 적극재산(자산)과 소극재산(부채)을 대비하여 후자가 전자를 상회하는 때 인정되며(판례참조 [2-2]), 이러한 상태는 사실심의 변론종결시까지 유지되어야 한다.

주의할 것은, 판례에 의하면 채무자가 채무초과상태에서 자금난으로 사업을 계속 추진하기 어려운 상황에 처해 있지만 자금을 융통하여 사업을 계속 추진하는 것이 변제자력을 갖게 되는 최선의 방법이라고 생각하고, 자금융통을 위해 부득이 부동산을 특정 채권자에게 담보로 제공하는 행위는 사해행위에 해당하지 않는다고 한다(판례참조 [2-8]).

3) **사안의 검토** 사례에서 채무자 B는 C와 甲임야의 매매계약이라는 법률행위를 하였다. 채무자 B와 C의 매매의 대상은 B의 책임재산인 甲임야의 소유권이라는 재산권이다.

한편 채무자 B가 C와 임야의 매매계약을 체결할 때에 그의 총자산은 시가 6,000만원의 甲임야뿐이었고, A에 대한 채무는 7,000만원이었으므로 법률행위시에 B는 이미 무자력상태에 있었다. 또한 B가 변제자력을 확보하기 위한 사업계속을 목적으로 부득이 임야를 처분하여 자금을 융통하였다고 인정할 만한 사정은 없다. 따라서 B가 유일한 자산인 甲임야를 C에게 시가보다 저렴한 4,000만원에 매도한 행위는 사해성을 가진 법률행위라고 볼 수 있다.

(3) 채무자의 악의(변제무자력에 대한 인식)

1) **채무자의 악의** 채무자는 사해행위 당시에 그 행위가 채권자에게 해가 됨을 알고 있어야 한다(제406조 제1항). 이러한 사해의사는 적극적인 의욕이 아니더라도 공동담보의 부족, 변제무자력에 대한 단순한 인식만으로 충분하며, 특정의 채권자를 해한다고 하는 인식 내지 의사를 요구하는 것은 아니라는 것이 일반적인 견해(판례참조 [3-1])이다. 또한 이러한 채무자의 악의에 대해서는 취소를 주장하는 채권자가 증명책임을 지는 것이 원칙이다(판례참조 [3-2]). 판례는 유일한 자산인 부동산을 매각하여 소비하기 쉬운 금전으로 바꾸는 행위는 그와 같은 재산의 처분이 일부 다른 채권자에 대한 정당한 변제에 충당하기 위하여 상당한 가격으로 이루어졌다는 등의

특별한 사정이 없는 한, 채무자의 사해의사가 추정된다고 한다(판례 참조 [3-3]). 이에 대해서는 상당한 가격으로 재산을 처분하는 경우인 때에는 채무자의 일반재산이 감소하지는 않으며, 또한 매매대금의 용도에 따라 매도행위의 사해성 여부를 가리게 되면 매매의 상대방, 즉 매수인인 수익자의 법적 지위가 불안전하게 되어 거래안전을 해치게 되어 불합리하다는 비판이 있다(곽윤직, 채권총론, 145면; 김주수, 채권총론, 211면; 이은영, 채권총론, 469면).

연대보증인의 사해행위 여부가 문제되는 경우 연대보증인은 자신의 자산상태가 연대보증채무를 담보하는데 부족이 생기게 되는 것을 인식하는 것으로 연대보증'채무자'의 사해의사는 인정될 수 있다(판례 참조 [3-4]).

2) **사안의 검토**　사례의 경우 채무자 B가 甲임야를 시가에 못 미치는 저렴한 4,000만원에 매각하였으므로 B의 사해의사를 인정함에 어려움이 없을 것이다. 만약 B가 시가에 상당하는 가격, 예컨대 6,500만원에 매도하였다면 사행성 여부는 달라질 수 있을 것이다.

(4) 수익자 또는 전득자가 악의일 것

1) **수익자 또는 전득자의 악의**　채권자취소권을 행사하기 위해서는 수익자 또는 전득자가 그 사해행위 또는 전득 당시에 채권자를 해함을 알고 있어야 한다(제406조 제1항 단서). 따라서 수익자가 선의이면 수익자를 상대로 취소권을 행사할 수 없으나, 악의의 전득자가 있는 경우 그를 상대로 취소권을 행사할 수 있다(원상회복은 원물반환이 될 것이다). 수익자가 악의이고 전득자가 선의인 경우 수익자만 상대로 취소권을 행사할 수 있다(원상회복은 가액배상이 될 것이다). 수익자와 전득자가 모두 악의인 경우 채권자는 이 중 한 명을 선택하여 취소권을 행사할 수 있다(원상회복은 수익자를 선택하면 가액배상, 전득자를 선택하면 원물반환이 될 것이다). 수익자와 전득자가 모두 선의인 경우 채권자취소권을 행사할 수 없음은 물론이다.

2) **사안의 검토**　사례에서 B의 사해행위 당시에 C가, 또는 D의 전득시에 D가 채권자 A를 사해한다는 사실(사해의 사실)을 알았는지(악의)의 여부가 분명하지 않다. 그러나 수익자 C가 당해 임야가 B의 유일한 자산이며, 따라서 결과적으로 그것이 A의 대여금채권의 실효성을 담보하는 책임재산이 되어 있다는 사실을 안다는 것을 기대할 수 없지만, 시가보다 저렴한 가격으로 매수할 때에는 B의 행위가 어떤 목적에 의해서 행

하여지고 있다는 사실을 짐작할 수 있으므로 채권자를 해한다는 사실을 알고 있을 개연성은 존재한다. 더욱이 앞에서 살펴본 채권자취소권의 행사요건 (1), (2), (3)에 의하여 채무자의 사해의사가 증명된 이상, 수익자 C와 전득자 D의 악의는 일응 추정된다(판례 참조 [4]). 따라서 C와 D가 그의 선의를 입증하지 못하는 한 이들의 악의는 추정된다(수익자 또는 전득자의 악의도 채권자가 증명해야 한다는 견해로는 이은영, 채권총론, 376면).

2. 소 결

위 채권자취소권의 행사요건을 토대로 사례를 종합적으로 검토해 보면, 채권자 A는 B의 법률행위(C와의 甲임야에 관한 매매계약)에 대해 채권자취소권을 행사함으로써 채무자 B의 일반재산에서 일탈된 재산(甲임야)으로부터 자신의 대금채권의 변제를 받을 수 있는 가능성을 보유하게 된다.

Ⅲ. 설문(2): 채권자취소소송의 피고적격

1. 문제의 소재

채무자가 채권자를 해함을 알고 재산권을 목적으로 한 법률행위를 하였고 사해행위에 관하여 수익자 또는 전득자가 악의라 할지라도, 그 채권자는 법원에 소를 제기하는 방법으로 사해행위의 취소를 청구할 수 있을 뿐이다(판례 참조 [5-1]). 즉, 채권자취소권은 재판상으로만 행사할 수 있다. 물론 채권자취소권의 행사요건이 갖추어진 때에는, 각 채권자는 고유의 권리로서 채권자취소소송을 제기할 수 있기 때문에 각 채권자가 동시 또는 이시에 채권자취소소송을 제기하더라도 이는 중복제소에 해당하지 않는다(판례 참조 [5-5]).

채권자취소소송의 피고적격과 취소의 범위에 관하여는 학설이 나뉜다.

2. 상대적 무효설

(1) 채권자취소소송의 피고적격

판례(판례 참조 [5-2])에 따르면 취소권행사의 대상은 채무자의 사해행위이지만, 취소소송의 상대방은 언제나 수익자 또는 전득자이다. 따라서 수익자와 전득자가 모두 악의일 때에는 채권자는 그의 선택에 따라 전득자를 피고로 하여 이에 대한 관계에서 사해행위를 취소하고 그로부터 재산의 반환을 청구할 수도 있고, 수익자를 피고로 하여 이에 대한 관계에서 사해행위를 취소하고 그로부터 재산의 반환에 갈음하여 재산의 가액의 배상을 청구할 수 있다.

(2) 취소권행사의 범위

판례와 다수설(곽윤직, 채권총론, 149면; 이은영, 채권총론, 384면 등)에 따르면, 첫째 사해행위의 목적물이 가분인 경우에는 취소채권자의 채권액의 범위의 한도내에서 취소권행사를 인정하고, 목적물이 다른 채권자의 배당참가가 확실하거나 또는 목적물이 불가분인 경우에는 예외적으로 채권액을 초과하여 전부취소를 인정한다(판례 참조 [6]). 둘째 사해행위의 목적물이 물건인 경우에는 원칙적으로 그 물건 자체의 반환, 즉 원물반환을 청구하여야 하고(판례 참조 [7]), 가액배상은 예외로 한다(판례 참조 [8]).

(3) 사안의 검토

이 견해에 따르면 채권자 A는 악의가 추정되는 수익자 C를 피고로 하여 C가 취득한 6,000만원의 이득의 반환을 구하는 소를 제기할 수 있다. 또한 채무자 B가 그의 일반재산인 甲임야를 가지고도 사해행위 당시 이미 채무초과의 상태에 있었으므로(채권액 7,000만 > 甲임야의 시가 6,000만원) A는 악의가 추정되는 전득자 D를 피고로 하여 甲임야의 반환을 구하는 소를 제기할 수 있다.

판례와 다수설은 채권자취소권을 취소와 원상회복이 합체된 것, 즉 사해행위를 취소하고 빠져나간 재산을 회복하는 권리로 새기므로 이 경우 소는 C, D의 법률행위를 취소하는 형성의 소와 목적물의 반환을 구하는 급부의 소가 결합된 것으로 본다. 법원은 이 경우 판결주문에 사해행위취소와 재산반환('피고(수익자)와 소외인(채무자) 사이의 … 계약을 취소한다. 피고는 원고(채권자)에게 … 을 이행하라')을 명령한다.

(4) 비 판

반환된 재산에 대한 강제집행은 채권자와 채무자 사이에서 진행되어야 하는데, 판례와 다수설(대표적으로 곽윤직, 채권총론, 140-141면 및 149-150면)이 빠져나가 버린 책임재산의 회복을 겨냥하면서도 상대적 무효설을 취하고 있으므로, 채권자에 의한 강제집행의 대상은 집행대상으로서의 적격성을 결여하게 되고 법률관계를 지나치게 복잡하게 한다.

사례에서 A가 행사한 채권자취소권의 효력은 취소소송의 피고인 C 또는 D에 대해서만 상대적으로 발생하고, B와 D 사이에는 발생하지 않는다(판례 [5-3], [5-4] 참조). 따라서 취소소송에 의해서 실재재산의 귀속이 B에게 회복된다 하더라도 그것은 B와 C 또는 D에 대한 관계에서는 B의 재산이 될 수 없는 것이다. 따라서 B와 D 사이에 있어서 그 재산은 여전히 D의 재산이므로 A가 이를 강제집행의 대상으로 한다면 D는 제3자이의의 소를 제기할 수 있다고 해야 할 것이다. D가 실제로 제3자이의의 소를 제기하지 않고 있다고 해서 그 재산이 B의 재산이 될 수는 없다. 상대적 무효설이 가지는 이론적 난점이다.

3. 책 임 설

(1) 책임설의 내용

책임설에 따르면(김형배, 채권총론, 388면 이하 참고: 김주수, 채권총론, 205면) '취소권'은 책임법적 무효의 효과를 가지는 일종의 형성권이며, '취소의 소'는 수익자 또는 전득자를 피고로 하는 형성의 소이다. 또한 강제집행과의 관계에 있어서 채권자는 피고가 취득한 물건 또는 권리가 부담하는 '책임'을 기초로 하여 그 물건 또는 권리를 대상으로 집행의 취지를 선고하는 '책임판결('강제집행 수인판결')'을 얻어야 한다. 이 책임판결을 구하는 소는 채권자취소판결이 확정된 후에 개별적으로 제기할 수도 있고, 장래 급부의 소로서 사해행위취소청구와 병합하여 할 수도 있다.

이 견해에 따르면 취소소송은 빠져나간 채무자의 책임재산을 취소의 상대방 소유 내지 명의로 둔 상태에서 그 목적물의 '책임'재산으로서의 지위를 확인하는 것이므로 취소소송의 피고는 수익자 또는 전득자가 된다. 물론 책임설을 당장 수용하기에는 이른 감이 없지 않다. 책임설에 따르면 채권자는 강제집행을 위한 집행권원으로서 일탈재산의 소유자인 수익자 또는 전득자에 대하여 그 재산이 채무자의 책임재산으로서의 성격을 가진다는 판결을 얻어야 하는데, 현행 민사소송법은 이에 관한 명문규정이 없기 때문이다. 그렇다 하더라도 책임설은 판례와 다수설인 상대적 무효이론의 법이론적 모순을 지적하는 데 있어서 커다란 의의를 가진다. 현행 민사소송법구조와의 관계에서 실정법이 준수되어야 한다는 실천적 관점에서는 상대적 무효이론이 유지될 수 있을지 몰라도, 이론적으로는 판례와 다수설이 타당하다고 생각되지는 않는다(이에 관해서는 김형배, 채권총론, 386면 이하 참조).

(2) 사안의 검토

사례의 경우 책임설에 따르면 전득자 D가 취득한 甲임야를 B에게 반환시킬 필요없이 D를 마치 A에 대하여 B가 부담하는 대여금반환채무의 물상보증인의 지위에 있는 것으로 새기면서 A의 대여금반환채권을 담보하는 것으로 이론을 구성한다. 따라서 A의 사해행위취소소송에 의하여 판결이 확정되면 甲임야가 D의 소유인 상태에서 그것이 B의 소유의 상태에 있었던 때와 마찬가지로 B의 총채권자를 위한 책임재산을 구성하는 법률관계에 놓이게 되고, A는 자신의 채권을 가지고 D의 甲임야를 강제집행 할 수 있다. 다만 이 경우 D가 甲임야의 시가 상당액으로서 A에게 변제하면 강제경매를 면하고 임야의 소유권을 보전할 수는 있다. D는 B에 대하여 변제액(6,000만원)에 대한 부당이득반환청구권을 가진다.

4. 부가질문 ②와 관련한 부언설명

(1) 문제의 소재

부가질문 ②에서 전제된 특별한 사정은 B가 임야매각이라는 사해행위를 하기 전에 甲임야에는 이미 B에 대한 E의 3,000만원의 대여원리금반환채권을 피담보채권으로 하는 저당권이 설정되어 있었다는 점이다. 따라서 3,000만원 한도내에서 甲임야는 일반채권자(들)의 공동담보가 아닌, 담보채권자 E의 특별담보가 존재하는 것이 된다. 그러나 사해행위 직후 B의 친구 F가 E에게 채무를 변제하고 저당권을 말소해주었다면 이는 특별담보로서 기능하던 채무자의 재산이 일반담보로 환원되었음을 의미한다. 따라서 이 경우에도 채권자 A가 자신의 채권액인 7,000만원을 한도로 채권자취소권을 행사할 수 있는지가 문제된다.

(2) 판례의 태도

어느 부동산의 매매계약이 사해행위에 해당하는 경우 법원은 원칙적으로 그 매매계약을 취소하고 그 소유권이전등기의 말소 등 부동산 자체의 회복을 명하여야 하지만, 그 사해행위가 저당권이 설정되어 있는 부동산에 관하여 당해 저당권자 이외의 자와의 사이에서 이루어지고 그 후 변제 등에 의하여 저당권설정등기가 말소된 때에는 매매계약 전부를 취소하여 그 부동산 자체의 회복을 명하는 것은 당초 (공동)담보로 되어 있지 아니하던 부분까지 회복시키는 것이 되어 공평에 반하는 결과가 되므로, 그 부동산의 가액에서 저당권의 피담보채권액을 공제한 잔액의 한도에서 그 매매계약의 일부취소와 그 가액의 배상을 구할 수 있을 뿐이라는 것이 판례의 태도이다(판례 [8-2]부터 [8-5] 참조). 물론 이 경우 저당권으로 담보된 채무의 소멸의 원인이 무엇인지, 소멸의 원인 중에 변제도 포함되어 있는 경우라면 변제에 있어서의 실제 자금의 출연주체가 누구인지 여부는 따질 필요가 없으며, 설령 채권자가 사해행위인 계약 전부의 취소와 부동산 자체의 반환을 청구하였더라도 법원은 ―청구취지의 변경이 없더라도― 사해행위의 일부취소와 가액반환을 명할 수 있다(판례 [8-6] 참조).

(3) 사안의 검토

이러한 판례의 확립된 태도에 따르면 부가설문 ②의 경우 채권자 A는 B와 C 사이의 매매계약의 전부를 취소하여 임야소유권을 회복할 수 없다. 즉, 甲임야의 시가(6,000만원)에서 저당권부채권의 목적이었던 특별담보가치로서의 3,000만원을 공제한 3,000만원을 한도로 매매계약의 일부를 취소할 수 있을 뿐이며, 그 결과 C 또는 D로부터 3,000만원의 가액배상만을 원상회복으로 요구할 수 있게 된다.

Ⅳ. 설문(3): B와 C에 대한 A의 청구권의 상호관계

1. 상대적 무효설의 입장

채권자취소권의 행사는 '모든 채무자의 이익'을 위하여 그 효력이 있다. 수익자 또는 전득자로부터 회복된 재산 또는 이에 갈음하여 받은 가액은 채무자의 일반재산으로서 총채권자를 위한 공동담보가 되는 것이며, 취소채권자는 그것으로부터 우선변제를 받을 권리를 갖지 않는다.

2. 사안의 검토

판례와 다수설에 따라 A가 C 또는 D에 대하여 가액(6,000만원) 또는 임야의 반환을 청구하든, 책임설에 따라 D에 대하여 채권(6,000만원)의 강제집행 가능성을 회복하든 일단 회복된 재산으로부터 자기의 채권의 변제를 받기 위해서는 그의 채무명의에 의하여 그 재산에 대해서 강제집행의 절차를 밟아야 한다. 다수설은(곽윤직, 채권총론, 149면; 김주수, 채권총론, 217면 등) B에 대한 채권자 A의 채권이 금전채권이므로, A가 수익자 C로부터 6,000만원을 가액배상으로 수령한 경우에는 A가 채무자 B에게 반환해야 할 채무는 금전채무이므로 이와 상계함으로써 6,000만원을 우선변제받을 수 있다고 한다.

3. 비 판

채권자 A가 금전을 수령한 경우에 다수설의 설명은 동설이 주장하는 상대적 무효설의 입장과 서로 모순된다(이에 대한 비판으로는 김형배, 채권총론, 421면 참조). 즉, 상대적 무효설에 의하면 취소판결의 기판력은 소송에 참가하지 않은 채무자에게는 미치지 않고, 또한 채무자와 수익자 및 수익자와 전득자 사이의 법률관계에는 아무런 영향을 미치지 않는다. 따라서 취소의 효과로서의 원상회복도 채권자와 수익자 또는 전득자와의 상대적 관계에서만 발생할 뿐이다. 즉, 채권자취소소송으로 채무자가 그 누구에 대해서도 직접 권리를 취득하지는 않으므로 취소채권자의 채권과 상계적상에 놓일 수 있는 채무자의 취소채권자에 대한 채권(이를테면 부당이득반환청구권)이 있을 수 없다.

수익자 또는 전득자로부터 회복된 재산 내지 가액이 취소채권자에게 인도되었다 하더라도 그것은 총채권자의 공동담보를 위한 일종의 특별재산으로 보아야 한다. 따라서 A가 C 또는 D로부터 금전(6,000만원)을 수령한 경우 자신의 채권과 상계할 수 없으며, 또한 B의 채권자가 A 혼자뿐이라고 해도 C, D로부터 반환받은 재산을 A가 그대로 보유할 수 있는 것은 아니다(김형배, 채권총론, 463면).

Ⅴ. 설문(4): 채권자취소소송에 따른 A, B, C 및 D의 법률관계

1. 상대적 무효설에 의할 경우

판례와 다수설인 상대적 무효설에 의하면 취소의 효력은 공동담보의 보전에 필요한 한도에서 취소소송의 당사자인 채권자와 수익자 또는 전득자 사이의 상대적 관계에서 사해행위를 무효로 하는 데 그치므로, 채무자와 수익자 및 수익자와 전득자 사이의 법률관계에는 아무 영향을 미치지 않는다(판례참조 [5-3]). A가 취소권을 행사한 결과 B와 C, C와 D 사이의 법률관계를 어떻게 이해할지가 문제된다.

B와 C 사이에서는 임야의 매매계약이 유효하게 존속하고 있으며, 이미 B에 의하여 이행된 임야의 소유권등기의 이전에 대하여 임야가 채무자 B의 책임재산으로 회복됨으로써 현재는 불이행상태에 있는 것처럼 되어 있으나 C는 B에 대하여 다시 이행을 청구할 수 없다. 취소의 효과로서의 원상회복은 채권자와 수익자 사이의 상대적 관계에 대해서만 발생하는 것이고, 채무자는 이에 의해서 직접 어떤 권리를 취득하는 것은 아니므로 B와 C 사이에 있어서 B의 채무는 이행이 완료되었으며, 따라서 B는 다시 이행할 필요가 없다. 또한 C가 임야를 D에게 전매함으로써 취득한 6,000만원이 B의 책임재산으로 회복된 경우에도 취소의 상대적 효력에 의하여 B와 C 사이에 있어서는 이 가액이 B에게 귀속되는 것이 아니기 때문에 B가 부당이득을 취했다고 할 수 없다. 그러나 회복재산에 대한 강제집행에 의하여 A가 채권을 변제받은 때에는, B와 C 사이에 있어서 C가 D로부터 받은 전매대금 6,000만원은 C에게 귀속되어 있는 소득재산이기 때문에 6,000만원의 채무감소로 B는 이익을 얻고 C는 손실을 입은 결과로 된다. 이 단계에서 C는 B에 대하여 부당이득반환청구권(제741조)을 취득하게 된다. 비록 C가 부당이득반환청구권을 취득하지만 실제로 B는 이미 무자력의 상태에 있으므로 C의 구제는 기대할 수 없을 것이다.

또한 甲임야 자체가 D로부터 B의 책임재산으로 회복된 경우에도 위의 경우와 마찬가지로 D는 B에 대하여 임야의 인도를 청구할 수 없으며, A가 B에게 회복된 임야에 대해 강제집행을 함으로써 채권의 만족을 얻은 한도에서 D는 B에 대하여 부당이득반환청구권(제741조)을 취득한다.

C와 D 사이에 있어서는 D가 악의라 하더라도 취소는 상대적 효력을 가지므로 B→C, C→D로의 임야의 소유권이전행위는 아무 하자없는 완전한 것으로 이해된다. 따라서 임야를 반환한 轉매수인 D는 轉매도인 C에 대해 추탈담보책임(제576조 참조)을 물을 수 없으며, 이들 사이에는 법률문제가 발생하지 않는 것으로 된다.

2. 책임설에 의할 경우

상대적 무효설에 따르면 취소소송의 피고인 C 또는 D가 실질적으로 모든 손실을 부담하게 되고, 그 희생 위에 취소채권자 A만이 만족을 얻게 된다. 또한 취소의 상대적 효력에 의해 회복재산은 채무자와 수익자 또는 전득자의 관계에서 직접 채무자에게 귀속되지 않는다는 점에서 A의 강제집행이 있기까지는 B에 대한 C 또는 D의 부당이득반환청구권도 인정되지 않는다고 해야 할 것이다.

이러한 문제점은 책임설을 취하는 경우 극복될 수 있다. 책임설은 채권자취소권을 사해행위에 대하여 책임법적 무효의 효과를 발생시키는 일종의 형성권으로 보기 때문에 취소판결이 확정되면 해당 재산은 취소의 상대방(피고)의 소유인 상태에서 마치 그것이 채무자의 소유에 있었던 때와 마찬가지로 채무자의 총채권자에 대한 관계에서 그 채권을 위한 책임재산으로서의 법률상태가 회복된다. 이것은 타인의 채무를 위한 물적 유한책임의 경우와 같은 것으로 이해될 수 있다. 그러므로 A는 물상보호인의 지위에 있는 D소유의 甲임야에 대하여 자신의 채권을 가지고 강제집행을 할 수 있다. 이때에 轉매수인 D는 轉매도인 C에 대하여 추탈담보책임(제576조)을 물을 수 있다. D는 마치 저당권이 설정된 매매목적물을 취득하였다가 저당권이 실행됨으로써 소유권을 상실한 매수인과 같은 지위에 있기 때문이다. 또한 A가 D로부터 강제변제를 받는 것은 제3자(D)에 의한 변제(제469조)가 되며, D는 C에게 담보책임을 물을 수 있기 때문에 결국

C가 제3자변제를 한 셈이 되며, 그 결과 채무자 B에 대해서 구상권을 취득할 수 있게 된다(제741조). 이 구상권의 성질 및 효력은 물상보증인의 그것과 같은 것으로 생각할 수 있다(판례이며 다수설인 상대적 무효설이 갖는 이론적 난점을 극복하기 위하여 대두된 책임설, 소권설, 신형성권설에 대한 자세한 설명은 김형배, 채권총론, 386면 이하 참고).

Ⅵ. 설문(1), (2), (3) 및 (4)에 대한 해답

설문(1)에서 사례는 채권자취소권의 행사요건을 모두 충족하므로, 채권자 A는 B의 법률행위에 대해 채권자취소권을 행사함으로써 일단 채무자 B의 일반재산에서 일탈된 재산(甲임야)으로부터 자신의 대금채권의 변제를 받을 가능성을 보유하게 된다.

설문(2)에서는 상대적 무효설에 따를 경우 채권자 A는 C를 피고로 하여 C가 취득한 6,000만원의 이득의 반환(가액배상)을 구하는 소를 제기하거나, 전득자 D를 피고로 하여 甲임야의 반환(원물반환)을 구하는 소를 제기할 수 있다. 그러나 책임설에 따를 경우에는 A의 사해행위취소소송의 판결이 확정되면 甲임야가 D의 소유인 상태에서 A는 자신의 채권을 가지고 D의 甲임야를 강제집행할 수 있다. 부가설문 ②의 경우 A는 B와 C의 매매계약을 일부취소할 수 있을 뿐이며, C 또는 D를 상대로 3,000만원의 가액배상만을 요구할 수 있을 뿐이다.

설문(3)은 상대적 무효설에 따를 경우 A가 전득자 D에 대하여 甲임야의 반환을 청구하는 강제집행의 절차를 밟아야 하나, 수익자 C로부터 6,000만원을 수령한 경우에는 자신의 채권과 상계함으로써 6,000만원을 우선변제받을 수 있다고 한다. 그러나 책임설에 따를 경우 A는 D로부터 금전(6,000만원)을 수령했다 하더라도 자신의 채권과 상계할 수 없으며, 또한 B의 채권자가 A 혼자뿐이라고 해도 C, D로부터 받은 재산을 A가 그대로 보유할 수 없다.

설문(4)에서 상대적 무효설을 따를 경우 (i) A가 C로부터 6,000만원을 수령한 경우에는 C는 B에게 부당이득반환청구권을 행사할 수 있고, (ii) A가 D에 대하여 甲임야의 반환을 청구한 경우에는 자신의 채권을 가지고 강제집행 할 수 있다. 이때에도 D는 B에 대한 부당이득반환청구권을 취득한다. 그러나 책임설에 따를 경우에는 A는 물상보호인의 지위에 있는 D에 대하여 자신의 채권을 가지고 강제집행을 할 수 있다. 이때에 轉매수인 D는 轉매도인 C에 대하여 추탈담보책임을 물을 수 있으며, 따라서 결과적으로 제3자변제를 한 C는 채무자 B에 대해서 구상권으로서 부당이득반환청구권을 취득한다. B가 무자력인 경우에 그 위험은 결과적으로 C가 부담한다.

≪판 례≫

[1] 채권자취소권으로 보전될 수 있는 (피보전)채권

[1-1] (대판 1995. 11. 28, 95다27905) 채권자취소권에 의하여 보호될 수 있는 채권은 원칙적으로 사해행위라고 볼 수 있는 행위가 행하여지기 전에 발생된 것임을 요하지만, 그 사해행위 당시에 이미 채권 성립의 기초가 되는 법률관계가 발생되어 있고, 가까운 장래에 그 법률관계에 기하여 채권이 성립되리라는 점에 대한 고도의 개연성이 있으며, 실제로 가까운 장래에 그 개연성이 현실화되어 채권이 성립된 경우에는, 그 채권도 채권자취소권의 피보전채권이 될 수 있다(대판 2004. 11. 12, 2004다40955: 신용카드가입계약은 신용카드의 발행 및 관리, 신용카드의 이용과 관련된 대금의 결제에 관한 기본적 사항을 포함하고 있기는 하나 그에 기하여 신용카드업자의 채권이 바로 성립되는 것은 아니고, 신용카드를 발행받은 신용카드회원이 신용카드를 사용하여 신용카드가맹점으로부터 물품을 구매하거나 용역을 제공받음으로써 성립하는 신용카드매출채권을 신용카드가맹점이 신용카드업자에게 양도하거나, 신용카드업자로부터 자금의 융통을 받는 별개의 법률관계에 의하여 비로소 채권이 성립하는 것이므로, 단순히 신용카드가입계약만을 가리켜 여기에서 말하는 '채권 성립의 기초가 되는 법률관계'에 해당한다고 할 수는 없다).

[1-2] (대판 2002. 11. 8, 2002다42957) 여기에서의 '채권 성립의 기초가 되는 법률관계'는 당사자 사이의 약정에 의한 법률관계에 한정되는 것이 아니고, 채권 성립의 개연성이 있는 준법률관계나 사실관계 등을 널리 포함하는 것으로 보아야 하며, 따라서 당사자 사이에 채권 발생을 목적으로 하는 계약의 교섭이 상당히 진행되어 그 계약체결의 개연성이 고도로 높아진 단계도 여기에 포함되는 것으로 보아야 한다.

[1-3] (대판 1965. 6. 29, 65다477) 사해행위취소권을 행사하는 채권자의 채권은 반드시 금전채권임을 요하지 않고 금전 이외의 급부를 목적으로 하는 채권이라도 특정물이 아닌 이상 채무자가 사해의 의사로서 무

자력을 가져올 행위를 한 때에는 그 채권자는 이를 행사할 수 있다.

[1-4] (대판 1991.7.23, 91다6757) 특정물에 대한 소유권이전등기청구권을 보전하기 위한 채권자취소권은 행사될 수 없다(대판 1999.4.27, 98다56690: 채권자취소권을 특정물에 대한 소유권이전등기청구권을 보전하기 위하여 행사하는 것은 허용되지 않으므로, 부동산의 제1양수인은 자신의 소유권이전등기청구권 보전을 위하여 양도인과 제3자 사이에서 이루어진 이중양도행위에 대하여 채권자취소권을 행사할 수 없다).

[2] (객관적) 사해행위 = 채무자의 무자력

[2-1] (대판 2001.10.12, 2001다32533) 채무자의 재산처분행위가 사해행위가 되기 위해서는 그 행위로 말미암아 채무자의 총재산의 감소가 초래되어 채권의 공동담보에 부족이 생기게 되어야 하는 것, 즉 채무자의 소극재산이 적극재산보다 많아져야 하는 것인바, 채무자가 재산처분행위를 할 당시 그의 적극재산 중 부동산과 채권이 있어 그 재산의 합계가 채권자의 채권액을 초과한다고 하더라도 그 적극재산을 산정함에 있어서는 다른 특별한 사정이 없는 한 실질적으로 재산적 가치가 없어 채권의 공동담보로서의 역할을 할 수 없는 재산은 이를 제외하여야 할 것이고, 그 재산이 채권인 경우에는 그것이 용이하게 변제를 받을 수 있는 확실성이 있는 것인지 여부를 합리적으로 판정하여 그것이 긍정되는 경우에 한하여 적극재산에 포함시켜야 할 것이다(대판 2005.1.28, 2004다58963: 압류금지재산은 공동담보가 될 수 없으므로 이를 적극재산에 포함시켜서는 안 된다).

[2-2] (대판 2002.11.8, 2002다41589) 채무자의 재산처분행위가 사해행위가 되는지 여부는 처분행위 당시를 기준으로 판단하여야 하므로 담보로 제공된 부동산이 사해성 여부가 문제되는 재산처분행위가 있은 후에 임의경매 등 절차에서 환가가 진행된 경우에는 그 재산처분행위의 사해성 여부를 판단하기 위한 부동산 가액의 평가는 부동산 가액의 하락이 예상되는 등 특별한 사정이 없는 한 사후에 환가된 가액을 기준으로 할 것이 아니라 사해성 여부가 문제되는 재산처분행위 당시의 시가를 기준으로 하여야 한다.

[2-3] (대판 2001.4.27, 2000다69026) 채무자가 연속하여 수개의 재산처분행위를 한 경우에는, 그 행위들을 하나의 행위로 보아야 할 특별한 사정이 없는 한, 일련의 행위를 일괄하여 그 전체의 사해성 여부를 판단할 것이 아니라 각 행위마다 그로 인하여 무자력이 초래되었는지 여부에 따라 사해성 여부를 판단하여야 한다.

[2-4] (대판 2001.4.10, 2000다66034) 채권자가 채무의 변제를 구하는 것은 그의 당연한 권리행사로서 다른 채권자가 존재한다는 이유로 이것이 방해받아서는 안 되고 채무자도 채무의 본지에 따라 채무를 이행할

의무를 부담하고 있어 다른 채권자가 있는 경우라도 그 채무이행을 거절하지는 못하므로, 채무자가 채무초과의 상태에서 특정채권자에게 채무의 본지에 따른 변제를 함으로써 다른 채권자의 공동담보가 감소하는 결과가 되는 경우에도 이 같은 변제는 채무자가 특히 일부의 채권자와 통모하여 다른 채권자를 해할 의사를 가지고 변제를 한 경우를 제외하고는(대판 2004.5.28, 2003다60822: 채무자가 특히 일부의 채권자와 통모하여 다른 채권자를 해할 의사를 가지고 변제 내지 채권양도를 하였는지 여부는 사해행위임을 주장하는 사람이 입증하여야 할 것인데, 이는 수익자의 채무자에 대한 채권이 실제로 존재하는지 여부, 수익자가 채무자로부터 변제 내지 채권양도를 받은 액수 및 양도받은 채권 중 실제로 추심한 액수, 채무자와 수익자와의 관계, 채무자의 변제능력 및 이에 대한 수익자의 인식, 변제 내지 채권양도 전후의 수익자의 행위, 그 당시의 채무자 및 수익자의 사정 및 변제 내지 채권양도의 경위 등 제반 사정을 종합적으로 참작하여 판단하여야 한다) 원칙적으로 사해행위가 되는 것은 아니다.

[2-5] (대판 1998.4.14, 97다54420) 채무자가 자기의 유일한 재산인 부동산을 매각하여 소비하기 쉬운 금전으로 바꾸는 행위는 특별한 사정이 없는 한 항상 채권자에 대하여 사해행위가 된다고 볼 것이므로(대판 1966.10.4, 66다1535: 채무자가 자기의 유일한 재산인 부동산을 매각하여 소비하기 쉬운 금전으로 바꾸는 행위로 그 매각이 일부 채권자에 대한 정당한 변제에 충당하기 위하여 상당한 매각으로 이루어졌다던가 하는 특별한 사정이 없는 한 항상 채권자에 대하여 사해행위가 된다고 볼 것이다) 채무자의 사해의 의사는 추정되는 것이고, 이를 매수한 자가 악의가 없었다는 입증책임은 수익자에게 있다.

[2-6] (대판 1996.10.29, 96다23207) 이미 채무초과의 상태(채무자의 재산이 채무의 전부를 변제하기에 부족한 경우)인 채무자가 그의 유일한 재산인 부동산을 채권자들 가운데 어느 한 사람에게 대물변제로 제공하여 소유권이전등기를 경료하여 준 행위는(대판 1994.6.14, 94다2961·2978(채권자 중 1인과 통모하여 채무자소유의 부동산을 그 채권자에게 매각하고 매매대금채권과 그 채권자의 채권을 상계하는 약정하는 행위); 대판 1996.5.14, 95다50875(채무자가 근저당권이 설정된 부동산을 양도하면서 그 양도대금은 근저당권의 피담보채무를 인수함으로써 그 지급에 갈음하기로 하는 행위); 대판 2003.6.24, 2003다1205(기존 금전채무의 변제에 갈음하여 다른 금전채권을 양도하는 행위)) 다른 특별한 사정이 없는 한 다른 채권자들에 대한 관계에서 사해행위가 된다.

[2-7] (대판 1998.3.10, 97다51919) 가등기에 기하여 본등기가 경료된 경우, 가등기의 원인인 법률행위와 본등기의 원인인 법률행위가 명백

히 다른 것이 아닌 한 사해행위의 요건의 구비 여부는 가등기의 원인된 법률행위 당시를 기준으로 하여 판단하여야 한다(대판 2002.4.12, 2000다43352: 법률행위의 이행으로서 가등기를 경료하는 경우에 그 채무의 원인되는 법률행위가 취소권을 행사하려는 채권자의 채권보다 앞서 발생한 경우에는 특별한 사정이 없는 한 그 가등기는 채권자취소권의 대상이 될 수 없다).

[2-8] (대판 2001.5.8, 2000다50015) 채무초과상태에 있는 채무자가 그 소유의 부동산을 채권자 중의 어느 한 사람에게 채권담보로 제공하는 행위는(대판 2002.3.29, 2000다25842: 채무초과 상태에서 사업을 계속하기 위한 방법으로 채권자 중 1인으로부터 신규자금을 대출받고 그 대출금채무 및 기존 채무를 담보하기 위하여 근저당권을 설정하여준 경우, 근저당권의 피담보채무에 기존 채무를 포함시켰다 하더라도 기존 채무를 위한 담보설정과 신규자금의 융통을 위한 담보설정이 불가피하게 동일한 목적하에 일련의 행위로 이루어졌고, 기존 채무가 새로 설정한 근저당권의 근저당 최고액보다 훨씬 많은 점에 비추어 기존 채무를 위한 담보설정행위 역시 사해행위에 해당하지 않는다) 특별한 사정이 없는 한 다른 채권자들에 대한 관계에서 사해행위에 해당한다고 할 것이나, 자금난으로 사업을 계속 추진하기 어려운 상황에 처한 채무자가 자금을 융통하여 사업을 계속 추진하는 것이 채무변제력을 갖게 되는 최선의 방법이라고 생각하고 자금을 융통하기 위하여 부득이 부동산을 특정 채권자에게 담보로 제공하고 그로부터 신규자금을 추가로 융통받았다면 특별한 사정이 없는 한 채무자의 담보권설정행위는 사해행위에 해당하지 않는다고 할 것이다(동지판례: 대판 2001.5.8, 2000다66089; 대판 2001.7.27, 2001다13709; 대판 2001.10.26, 2001다19134; 대판 2002.3.29, 2000다25842).

[3] 채무자의 사해의사

[3-1] (대판 1998.5.12, 97다57320) 채권자취소권의 주관적 요건인 채무자가 채권자를 해함을 안다는 이른바 채무자의 악의, 즉 사해의사는 채무자의 재산처분행위에 의하여 그 재산이 감소되어 채권의 공동담보에 부족이 생기거나 이미 부족상태에 있는 공동담보가 한층 더 부족하게 됨으로써 채권자의 채권을 완전하게 만족시킬 수 없게 된다는 사실을 인식하는 것을 의미하고, 그러한 인식은 일반 채권자에 대한 관계에서 있으면 충분하고 특정의 채권자를 해한다는 인식이 있어야 하는 것은 아니다.

[3-2] (대판 1997.5.23, 95다51908) 사해행위취소소송에 있어서 채무자의 악의의 점에 대하여는 그 취소를 주장하는 채권자에게 입증책임이 있으나, 수익자 또는 전득자가 악의라는 점에 관하여는 수익자 또는 전득자 자신에게 선의라는 사실을 입증할 책임이 있다.

[3-3] (대판 1997.5.9, 96다2606) 채무자가 유일한 재산인 부동산을

매각하여 소비하기 쉬운 금전으로 바꾸는 경우에 특별한 사정이 없는 한 채무자의 사해의 의사는 추정된다(같은 판례에서: '채무자가 유일한 재산인 부동산을 매도한 경우 그러한 사실을 채권자가 알게 된 때에 채권자는 채무자가 채권자를 해함을 알면서 사해행위를 한 사실을 알게 되었다.'(채권자취소권 행사의 제척기간의 기산점)).

[3-4] (대판 2007.2.23, 2006다47301) 이미 채무초과의 상태에 빠져 있는 채무자가 그의 유일한 재산인 부동산을 채권자 중의 어느 한 사람에게 채권담보로 제공하는 행위는 다른 특별한 사정이 없는 한 다른 채권자들에 대한 관계에서 채권자취소권의 대상이 되는 사해행위가 된다고 봄이 상당하고, 이는 이미 채무초과의 상태에 빠져 있는 채무자가 그의 유일한 재산인 채권을 채권자 중의 어느 한 사람에게 채권담보로 제공하는 경우에도 마찬가지이다.

[3-5] (대판 1998.4.14, 97다54420) 연대보증인에게 부동산의 매도행위 당시 사해의 의사가 있었는지 여부는 연대보증인이 자신의 자산상태가 채권자에 대한 연대보증채무를 담보하는 데 부족이 생기게 되리라는 것을 인식하였는가 하는 점에 의하여 판단하여야 하고, 연대보증인이 주채무자의 자산상태가 채무를 담보하는 데 부족이 생기게 되리라는 것까지 인식하였어야만 사해의 의사를 인정할 수 있는 것은 아니다.

[4] 수익자 또는 전득자의 악의

[4-1] (대판 1988.4.25, 87다카1380) 채무자의 제3자에 대한 재산양도행위가 채권자취소권의 대상이 되는 사해행위에 해당하는 경우 수익자의 악의는 추정되는 것이므로 수익자가 그 법률행위 당시 선의이었다는 입증을 다하지 못하는 한 채권자는 그 양도행위를 취소하고 원상회복을 청구할 수 있다.

[4-2] (대판 2003.3.25, 2002다62036) 사해행위의 수익자가 채무자와 일면식이 없이 이웃의 소개로 급히 금전이 필요한 채무자로부터 다소 저렴한 가격으로 토지를 매수하였을 뿐이어서 그 과정에서 단기간에 매매대금이 지급되고 그 직후 소유권이전등기가 경료되는 등 부동산거래관행과 다소 다르게 매매가 이루어진 사정이 있다고 하더라도 수익자는 채무자로부터의 토지매수가 채권자를 해하는 사해행위임을 알지 못한 선의에 해당한다.

[4-3] (대판 2002.11.8, 2002다42100) 사해행위의 수익자가 실수요자로서 통상적인 거래에 의하여 부동산을 매수한 점, 수익자는 채무자와 친인척관계 등이 전혀 없어 채무자의 신용상태 등을 전혀 알 수 없는 처지에 있었던 점, 부동산등기부상으로도 장기간 가압류기입등기 등이 경료된 바 없어 채무자의 신용상태를 의심할 여지가 없었던 점, 매매대금이

시세보다 현저히 낮다고 할 수도 없는 점, 수익자가 매매대금 전액을 모두 지급하였을 뿐만 아니라 부동산에 거주하면서 실제로 공장을 운영하고 있는 점, 매수가격이 시세보다 다소 낮다고 하더라도 그에 관해서는 수익자가 상응하여 잔금을 단기간에 지급하기로 약정한 것이라는 설명이 가능한 점, 수익자가 사해행위에 해당함을 알면서도 부동산을 매수할 만한 동기나 이유를 찾기 어려운 점 등에 비추어, 수익자는 채무자와의 매매계약이 사해행위에 해당함을 알지 못하고 부동산을 매수한 선의의 수익자로 보아야 할 것이다.

[5] 채권자취소소송

[5-1] (대판 1995. 7. 25, 95다8393) 채무자가 채권자를 해함을 알고 재산권을 목적으로 한 법률행위를 한 경우, 채권자는 사해행위의 취소를 법원에 소를 제기하는 방법으로 청구할 수 있을 뿐, 소송상의 공격방어방법으로 주장할 수 없다.

[5-2] (대판 1961. 11. 9, 4293민상263) 사해행위의 취소는 상대적으로밖에는 효력을 발생하는 것이 아니므로 피고적격은 언제나 이익반환청구의 상대방 즉 수익자 또는 전득자에게만 있다고 보아 채무자만을 피고로 하거나 또는 채무자를 동 취소권행사의 상대방으로 추가하여 공동피고로 할 수 없다고 보는 것이 타당하다.

[5-3] (대판 1988. 2. 23, 87다카1989) 사해행위취소판결의 기판력은 그 취소권을 행사한 채권자와 그 상대방인 수익자 또는 전득자와의 상대적인 관계에서만 미칠 뿐, 그 소송에 참가하지 아니한 채무자 또는 채무자와 수익자 사이의 법률관계에는 미치지 아니한다.

[5-4] (대결 1984. 11. 24, 84마610) 채무자와 수익자만을 상대로 한 사해행위취소소송에서 채무자와 수익자간의 법률행위를 취소하고 수익자명의로 된 소유권이전등기의 말소를 명하는 판결이 확정되었다고 하여도 그 판결의 효력은 전득자에게 미칠 수 없다.

[5-5] (대판 2003. 7. 11, 2003다19558) ① 채권자취소권의 요건을 갖춘 각 채권자는 고유의 권리로서 채무자의 재산처분행위를 취소하고 그 원상회복을 구할 수 있는 것이므로 각 채권자가 동시 또는 이시에 채권자취소 및 원상회복소송을 제기한 경우 이들 소송이 중복제소에 해당하는 것이 아니다. ② 어느 한 채권자가 동일한 사해행위에 관하여 채권자취소 및 원상회복청구를 하여 승소판결을 받아 그 판결이 확정되었다는 것만으로 그 후에 제기된 다른 채권자의 동일한 청구가 권리보호의 이익이 없어지게 되는 것은 아니고, 그에 기하여 재산이나 가액의 회복을 마친 경우에 비로소 다른 채권자의 채권자취소 및 원상회복청구는 그와 중첩되는 범위내에서 권리보호의 이익이 없게 된다(대판 2005. 3. 24, 2004다

65367: 동일한 사해행위에 관한 취소소송이 중첩된 경우 선행소송에서 확정판결로 처분부동산의 감정평가에 따른 가액반환이 이루어진 이상, 후행소송에서 부동산의 시가를 다시 감정한 결과 위 확정판결에서 인정한 시가보다 평가액이 증가되었다 하더라도, 그 증가된 부분을 위 확정판결에서 인정한 부분과 중첩되지 않는 부분으로 보아 이에 대하여 다시 가액배상을 명할 수는 없다).

[6] 최소의 범위

[6-1] (대판 2003. 7. 11, 2003다19572) ① 채권자가 채권자취소권을 행사할 때에는 원칙적으로 자신의 채권액을 초과하여 취소권을 행사할 수 없고, 이때 채권자의 채권액에는 사해행위 이후 사실심 변론종결시까지 발생한 이자나 지연손해금이 포함된다. ② 채권자가 채무자를 상대로 그 채무의 이행을 구하는 소를 제기하여 승소판결이 확정되면 채권자취소소송의 상대방인 수익자나 전득자는 그와 같이 확정된 채권자의 채권의 존부나 범위에 관하여 다툴 수 없다.

[6-2] (대판 2002. 11. 8, 2002다41589) 채권자취소권에 있어서 피보전채권액이 물상담보인 근저당권의 채권최고액을 초과하여 그 초과분에 관한 채권자취소권의 행사가 가능한 경우, 변제충당법리를 유추적용하여 사해행위 시점에서는 이자채권이 원금채권에 우선하여 우선변제권에 의하여 담보되기 때문에 (근저당권으로) 담보되지 않는 부분으로는 '원금에 해당하는 금원'이 포함되어 남아 있게 될 것이고, 따라서 채권자가 채권자취소권을 행사할 수 있는 범위는 ―그 이후 담보권실행 등으로 소멸한 부분을 제외하고 난 다음 실제로 남은 미회수 원리금 전부가 아니라― 사해행위 당시 채권최고액 및 담보부동산의 가액을 초과하는 부분에 해당하는 채무원리금 및 그 중 원금 부분에 대한 사실심 변론종결시점까지 발생한 지연이자 상당의 금원이 이에 해당한다.

[6-2] (대판 1997. 9. 9, 97다10864) 사해행위 취소의 범위는 다른 채권자가 배당요구를 할 것이 명백하거나 목적물이 불가분인 경우와 같이 특별한 사정이 있는 경우에는 취소채권자의 채권액을 넘어서까지도 취소를 구할 수 있다.

[6-3] (대판 1975. 2. 25, 74다2114) 동일인의 소유인 토지와 건물의 처분행위를 채권자취소권에 의하여 취소하는 경우 그 중 대지의 가격이 채권자의 채권액보다 다액이라 하더라도 대지와 건물 중 일방만을 취소하게 되면 건물의 소유자와 대지의 소유자가 다르게 되어 가격과 효용을 현저히 감소시킬 것이므로 전부를 취소함이 정당하다.

[7] 채권자취소권행사에 따른 원상회복(원칙: 원물반환)

[7-1] (대판 1999. 8. 24, 99다23468·23475) 제406조에 의한 사해행위의 취소에 따른 원상회복은 원칙적으로 그 목적물 자체의 반환에 의하여

야 하는바, 이때 사해행위의 목적물이 동산이고 그 현물반환이 가능한 경우에는 취소채권자는 직접 자기에게 그 목적물의 인도를 청구할 수 있다.

[7-2] (대판 2003. 7. 11, 2003다19435) 소유권이전등기청구권보전을 위한 가등기가 사해행위로서 이루어진 경우 그 매매예약을 취소하고 원상회복으로서 가등기를 말소하면 족한 것이고, 가등기 후에 저당권이 말소되었다거나 그 피담보채무가 일부 변제된 점 또는 그 가등기가 사실상 담보가등기라는 점 등은 그와 같은 원상회복의 방법에 아무런 영향을 주지 않는다.

[7-3] (대판 2003. 2. 11, 2002다37474) 사해행위 당시 어느 부동산이 가압류되어 있다는 사정은 채권자 평등의 원칙상 채권자의 공동담보로서 그 부동산의 가치에 아무런 영향을 미치지 아니하므로, 가압류가 된 여부나 그 청구채권액의 다과에 관계없이 그 부동산 전부에 대하여 사해행위가 성립하고, 따라서 사해행위 후 수익자 또는 전득자가 그 가압류 청구채권을 변제하거나 채권액 상당을 해방공탁하여 가압류를 해제시키거나 또는 그 집행을 취소시켰다 하더라도, 법원이 사해행위를 취소하면서 원상회복으로 원물반환 대신 가액배상을 명하여야 하거나, 다른 사정으로 가액배상을 명하는 경우에도 그 변제액을 공제할 것은 아니다.

[8] 채권자취소권행사에 따른 원상회복(예외: 가액배상)

[8-1] (대판 1998. 5. 15, 97다58316) ① 채권자의 사해행위취소 및 원상회복청구가 인정되면, 수익자 또는 전득자는 원상회복으로서 사해행위의 목적물을 채무자에게 반환할 의무를 지게 되고, 원물반환이 불가능하거나 현저히 곤란한 경우에는 원상회복의무의 이행으로서 사해행위 목적물의 가액 상당을 배상하여야 하는바, 원래 채권자와 아무런 채권·채무관계가 없었던 수익자가 채권자취소에 의하여 원상회복의무를 부담하는 것은 형평의 견지에서 법이 특별히 인정한 것이므로, 그 가액배상의 의무는 목적물의 반환이 불가능하거나 현저히 곤란하게 됨으로써 성립하고, 그 외에 그와 같이 불가능하게 된 데에 상대방인 수익자 등의 고의나 과실을 요하는 것은 아니다. ② 원물반환이 불가능하거나 현저히 곤란한 경우라 함은 원물반환이 단순히 절대적, 물리적으로 불능인 경우가 아니라 사회생활상의 경험법칙 또는 거래상의 관념에 비추어 채권자가 수익자나 전득자로부터 이행의 실현을 기대할 수 없는 경우를 말하고, 사해행위의 목적물이 수익자로부터 전득자로 이전되어 그 등기까지 경료되었다면 후일 채권자가 전득자를 상대로 소송을 통하여 구제받을 수 있는지 여부에 관계없이, 수익자가 전득자로부터 목적물의 소유권을 회복하여 이를 다시 채권자에게 이전하여 줄 수 있는 특별한 사정이 없는 한 그로써 채권자에 대한 목적물의 원상회복의무는 법률상 이행불능의 상태에

있다고 봄이 상당하다(대판 2001.2.9, 2000다57139: 사해행위 후 그 목적물에 관하여 제3자가 저당권이나 지상권 등의 권리를 취득한 경우에도 가액 상당의 배상을 구할 수 있는 채권자가 스스로 위험이나 불이익을 감수하면서 원물반환을 구하는 것까지 불허하는 것은 아니므로, 그 경우 채권자는 원상회복방법으로 가액배상 대신 수익자명의의 등기의 말소를 구하거나 수익자를 상대로 채무자 앞으로 직접 소유권이전등기절차를 이행할 것을 구할 수 있다).

[8-2] (대판 1996.10.29, 96다23207) 어느 부동산의 매매계약이 사해행위에 해당하는 경우에는 원칙적으로 그 매매계약을 취소하고 그 소유권이전등기의 말소 등 부동산 자체의 회복을 명하여야 하지만, 그 사해행위가 저당권이 설정되어 있는 부동산에 관하여 당해 저당권자 이외의 자와의 사이에 이루어지고 그후 변제 등에 의하여 저당권설정등기가 말소된 때에는, 매매계약 전부를 취소하여 그 부동산 자체의 회복을 명하는 것은 당초 담보로 되어 있지 아니하던 부분까지 회복시키는 것이 되어 공평에 반하는 결과가 되므로, 그 부동산의 가액에서 저당권의 피담보채권액을 공제한 잔액의 한도에서 그 매매계약의 일부취소와 그 가액의 배상을 구할 수 있을 뿐 부동산 자체의 회복을 구할 수는 없다.

[8-3] (대판 1999.11.9, 99다50101) 채무자가 제3자에 대한 채무 담보의 목적으로 신탁법에 의하여 신탁한 부동산을 매도한 행위가 사해행위에 해당하는 경우, 매수인이 채무자를 대위하여 제3자에 대한 채무를 변제하고 신탁계약을 해지하여 그 부동산의 소유권을 이전받았다면, 그 매매계약을 취소하여 신탁계약이 해지되기 전의 상태로 원상회복하는 것은 현저히 곤란하고, 그렇다고 부동산의 소유권 자체를 채무자에게 환원시키는 것은 당초 일반 채권자들의 공동담보로 되어 있지 아니한 부분까지 회복시키는 결과가 되어 공평에 반하므로, 결국 채권자는 부동산의 가액에서 매수인이 대위변제한 채무액을 공제한 잔액의 한도내에서 매매계약의 일부취소와 그 가액의 배상을 청구할 수밖에 없다고 보아야 하고, 매수인 앞으로 소유권이전등기가 마쳐지기 전에 채무자 앞으로 신탁재산의 귀속을 원인으로 한 소유권이전등기가 마쳐지는 중간과정을 거쳤다 하여 달리 볼 것은 아니다.

[8-4] (대판 1998.2.13, 97다6711) 사해행위의 목적인 부동산에 수개의 저당권이 설정되어 있다가 사해행위 후 그 중 일부의 저당권만이 말소된 경우에도 사해행위의 취소에 따른 원상회복은 가액배상의 방법에 의할 수밖에 없을 것이고, 그 경우 배상하여야 할 가액은 사해행위 취소시인 사실심 변론종결시를 기준으로 하여 그 부동산의 가액에서 말소된 저당권의 피담보채권액과 말소되지 아니한 저당권의 피담보채권액을 모두 공제하여 산정하여야 한다.

[8-5] (대판 2005. 5. 27, 2004다67806) 공동저당권이 설정된 수개의 부동산 전부의 매매계약이 사해행위에 해당하는 경우 그 사해행위 이후에 변제 등에 의하여 공동저당권이 소멸한 때에는 그 부동산의 가액으로부터 저당권의 피담보채권액을 공제한 잔액의 한도내에서 매매계약을 일부취소하고 그 가격에 의한 배상을 명하여야 하고 일부 부동산 자체의 회복을 인정할 수는 없으며, 이때 사해행위의 목적 부동산 전부가 하나의 계약으로 동일인에게 일괄 양도된 경우에는 사해행위로 되는 매매계약이 공동저당 부동산의 일부를 목적으로 할 때처럼 그 부동산 가액에서 공제하여야 할 피담보채권액의 산정이 문제되지 아니하므로(대판 2003. 11. 13, 2003다39989: 공동저당권이 설정되어 있는 수개의 부동산 중 일부가 양도된 경우에 있어서의 그 피담보채권액은 특별한 사정이 없는 한 제368조의 규정 취지에 비추어 공동저당권의 목적으로 된 각 부동산의 가액에 비례하여 공동저당권의 피담보채권액을 안분한 금액이라고 보아야 한다) 특별한 사정이 없는 한 그 취소에 따른 배상액의 산정은 목적 부동산 전체의 가액에서 공동저당권의 피담보채권 총액을 공제하는 방식으로 함이 그 취소 채권자의 의사에도 부합하는 상당한 방법이라 할 것이고, 한편 사해행위로 인하여 일탈한 재산의 범위는 사해행위 당시 이미 정하여지는 이상 위의 경우에 있어서 그 저당권의 피담보채무의 변제 및 저당권 말소의 원인과 그 자금의 제공자가 누구인지 혹은 그 이익이 잔존하는지 여부는 상관이 없다 할 것이므로, 그 공동저당권 말소의 원인이 하나의 사해행위로서 동일인에게 일괄 양도된 부동산 중 일부에 대한 공동저당권의 실행에 따른 것이라 하여 달리 볼 것도 아니다.

[8-6] (대판 2002. 11. 8, 2002다41589) ① 주채무자 또는 제3자소유의 부동산에 대하여 채권자 앞으로 근저당권이 설정되어 있으나, 당해 채무액이 그 부동산의 가액 및 채권최고액을 초과하는 경우에는 그 담보물로부터 우선변제받을 액을 공제한 나머지 채권액에 대하여만 채권자취소권이 인정된다. ② 이 경우 저당권이 설정된 부동산이 사해행위로 이전된 후 피담보채무 전액이 소멸된 이상 특별한 사정이 없는 한 그 피담보채무의 소멸의 원인이 무엇인지, 소멸의 원인 중에 변제도 포함되어 있는 경우라면 변제에 있어서의 실제 자금의 출연주체가 누구인지 여부는 더 나아가 따질 여지도 없다. ③ 사해행위인 계약 전부의 취소와 부동산 자체의 반환을 구하는 청구취지 속에는 (위와 같이 일부취소를 하여야 할 경우) 그 일부취소와 가액배상을 구하는 취지도 포함되어 있다고 볼 수 있으므로 청구취지의 변경이 없더라도 바로 가액반환을 명할 수 있다.

[8-7] (대판 2003. 12. 12, 2003다40286) 사해행위 후 그 목적물에 관하여 선의의 제3자가 저당권을 취득하였음을 이유로 가액배상을 명하는 경우에는 사해행위 당시 일반 채권자들의 공동담보로 되어 있었던 부동

산 가액 전부의 배상을 명하여야 할 것이고, 그 가액에서 제3자가 취득한 저당권의 피담보채권액을 공제할 것은 아니고, 증여의 형식으로 이루어진 사해행위를 취소하고 원물반환에 갈음하여 그 목적물 가액의 배상을 명함에 있어서는 수익자에게 부과된 증여세액과 취득세액을 공제하여 가액배상액을 산정할 것도 아니다.

[8-8] (대판 2001.6.12, 99다51197·51203) 부동산에 대한 매매계약이 사해행위임을 이유로 이를 취소함과 아울러 원상회복으로 가액배상을 명하는 경우, 주택임대차보호법 제3조 제1항이 정한 대항력을 갖추었으나 그 전에 이미 선순위근저당권이 마쳐져 있어 부동산이 경락되는 경우 소멸할 운명에 놓인 임차권의 임차보증금반환채권은, 임대차계약서에서 확정일자를 받아 우선변제권을 가지고 있다거나 주택임대차보호법상의 소액임차인에 해당한다는 등의 특별한 사정이 없는 한 수익자가 배상할 부동산의 가액에서 공제할 것은 아니다.

[8-9] (대판 2004.1.27, 2003다6200) 근저당권설정계약을 사해행위로서 취소하는 경우 경매절차가 진행되어 타인이 소유권을 취득하고 근저당권설정등기가 말소되었다면 원물반환이 불가능하므로(대판 2001.2.27, 2000다44348: 채무자와 수익자 사이의 저당권설정행위가 사해행위로 인정되어 저당권설정계약이 취소되는 경우에도 당해 부동산이 이미 입찰절차에 의하여 낙찰되어 대금이 완납되었을 때에는 낙찰인의 소유권취득에는 영향을 미칠 수 없다) 가액배상의 방법으로 원상회복을 명할 것인바, 이미 배당이 종료되어 수익자가 배당금을 수령하였다면 수익자로 하여금 배당금을 반환하도록 명하여야 하고, 배당표가 확정되었으나 채권자의 배당금지급금지가처분으로 인하여 수익자가 배당금을 현실적으로 지급받지 못한 경우에는 배당금지급채권의 양도와 그 채권양도의 통지를 명할 것이다(같은 판례에서: (이때 만일) 채권자가 배당기일에 출석하여 수익자의 배당부분에 대하여 이의를 하였다면 그 채권자는 사해행위취소의 소와 병합하여 원상회복으로서 배당이의의 소를 제기할 수 있다고 할 것이고, 다만 이 경우 법원으로서는 배당이의의 소를 제기한 당해 채권자 이외의 다른 채권자의 존재를 고려할 필요 없이 그 채권자의 채권이 만족을 받지 못한 한도에서만 근저당권설정계약을 취소하고 그 한도에서만 수익자의 배당액을 삭제하여 당해 채권자의 배당액으로 경정하여야 한다).

[8-10] (대판 2004.6.25, 2004다9398) 사해행위인 근저당권부채권의 양도가 채권자에 의하여 취소되기 전에 이미 수익자가 배당금을 현실로 지급받은 경우에는 채권자는 원상회복방법으로 수익자 또는 전득자를 상대로 배당 또는 변제로 수령한 금원 중 자신의 채권액 상당의 지급을 가액배상의 방법으로 청구할 수 있으며, 그 채권에 대한 압류가 경합하여

제3채무자가 금전채권을 집행공탁한 경우 비록 제3채무자의 채무가 소멸되는 것이기는 하지만, 제3채무자의 채권자('수익자')는 현실적으로 채권을 추심한 것이 아니라 공탁금출급청구권을 취득한 것에 불과하고 압류의 효력이 채무자('수익자')의 공탁금출급청구권에 대하여 존속하게 되는 것이므로 사해행위의 취소에 따른 원상회복은 금전지급에 의한 가액배상이 아니라 공탁금출급청구권을 ('취소')채권자에게 양도하는 방법으로 하여야 할 것이다.

[9] 채권자취소권행사의 제척기간

[9-1] (대판 1996.5.14, 95다50875) 제406조 제2항 소정의 채권자취소권의 행사기간은 제소기간이므로 법원은 그 기간의 준수 여부에 관하여 직권으로 조사하여 그 기간이 도과된 후에 제기된 채권자취소의 소는 부적법한 것으로 각하하여야 한다. 그러나 법원에 현출된 모든 소송자료를 통하여 살펴보아 그 기간이 도과되었다고 의심할 만한 사정이 발견되지 않는 경우까지 법원이 직권으로 추가적인 증거조사를 하여 기간준수 여부를 확인하여야 할 의무는 없다.

[9-2] (대판 2000.9.29, 2000다3262) 채권자취소권행사에 있어서 제척기간의 기산점인 채권자가 '취소원인을 안 날'이라 함은 채권자가 채권자취소권의 요건을 안 날, 즉 채무자가 채권자를 해함을 알면서 사해행위를 하였다는 사실을 알게 된 날을 의미하는바, 이는 채권자가 단순히 채무자가 재산의 처분행위를 하였다는 사실을 아는 것만으로는 부족하고(대판 1989.9.12, 88다카26475: 채권자가 단순히 사해행위의 객관적 사실을 알았다고 하여, 취소원인을 알았다고 추정할 수는 없다) 구체적인 사해행위의 존재를 알고 나아가 채무자에게 사해의 의사가 있었다는 사실까지 알 것을 요하나, 나아가 채권자가 수익자나 전득자의 악의까지 알아야 하는 것은 아니다.

[9-3] (대판 2001.12.27, 2000다73049) 채권자가 채무자의 채권자취소권을 대위행사하는 경우, 제소기간은 대위의 목적으로 되는 권리의 채권자인 채무자를 기준으로 하여 그 준수 여부를 가려야 할 것이고, 따라서 채권자취소권을 대위행사하는 채권자가 취소원인을 안 지 1년이 지났다 하더라도 채무자가 취소원인을 안 날로부터 1년, 법률행위가 있은 날로부터 5년내라면 채권자취소의 소를 제기할 수 있다.

[9-4] (대판 2001.9.4, 2001다14108) (i) 채권자가 제406조 제1항에 따라 사해행위의 취소와 원상회복을 청구하는 경우 사해행위의 취소만을 먼저 청구한 다음 원상회복을 나중에 청구할 수 있다. (ii) 채권자가 제406조 제1항에 따라 사해행위의 취소와 원상회복을 청구하는 경우 사해행위 취소청구가 제406조 제2항에 정하여진 기간 안에 제기되었다면 원상회복의 청구는 그 기간이 지난 뒤에도 할 수 있다.

[債 權 法]

事例 40

不動産의 二重賣買

≪설 문≫

A는 자기 소유의 甲토지를 B에게 8,000만원에 팔기로 하는 매매계약을 체결하고 이미 계약금과 중도금은 물론 잔금까지 수령하였으나, B에게 아직 등기는 물론 점유도 이전하지 않았다. 이를 기화로 C는 A를 온갖 감언이설로 설득하여 甲토지를 자신에게 1억원에 팔기로 하는 계약을 체결한 후, 즉시 대금을 지급하고 A로부터 소유권이전등기경료 및 점유 이전을 하였다. 얼마 후 C는 甲토지를 다시 1억 2,000만원에 D에게 매도하고, 이전등기를 경료해주었다.

(1) B를 보호할 수 있는 법적 구제수단을 검토하시오.

(2) D의 법적 지위에 관하여 검토하시오.

목차제안

Ⅰ. **논점분석**

Ⅱ. **A와 C 사이의 제2매매계약의 유효성**

1. 부동산의 이중매매의 의의
2. 부동산이중매매의 유효성 여부
   (1) 원칙: 유효
   (2) 예외: 무효
   (3) 사안의 검토
3. 제2매매가 무효일 때 C에 대한 A의 '토지' 반환청구권
   (1) C에 대한 A의 부당이득반환청구권 인정 가부

(2) C에 대한 A의 소유권에 기한 물권적 청구권 인정 가부
Ⅲ. 제1매수인 B를 위한 법적 구제수단
1. 토지소유권의 취득을 포기할 경우 B의 권리
(1) A의 채무불이행을 이유로 한 권리
(2) A의 불법행위를 이유로 한 손해배상청구권
2. 토지소유권의 취득을 원할 경우 B의 권리
(1) 채권자대위권의 허용 여부
1) 채권자대위권
2) 사안의 요건별 검토
3) 견해의 대립
4) 판례의 태도
5) 검 토
(2) 채권자취소권의 허용 여부
1) 채권자취소권을 긍정하는 견해
2) 검 토
3) 사안의 검토
(3) 제3자 채권침해의 불법행위를 이유로 한 손해배상청구권 허용 여부
1) 긍정하는 견해
2) 검 토
(4) 소 결
Ⅳ. 전득자 D의 법적 지위
1. D의 토지소유권 취득 여부
(1) A가 C에 대하여 불법원인급여의 반환을 청구할 수 없다고 하는 경우
(2) A가 C에 대하여 불법원인급여의 반환을 청구할 수 있다고 하는 경우
2. C에 대한 권리하자담보책임을 이유로 한 D의 권리
Ⅴ. 여 론(餘論)
Ⅵ. 설문(1) 및 (2)에 대한 해답

풀이제안

Ⅰ. 논점분석

A는 B와 甲토지에 관하여 제1매매계약(매매대금 8,000만원)을 체결한 후 B로부

터 매매대금 전액을 수령하였다. 그러나 B에게 토지소유권의 등기를 이전하지 않은 상태에서 동일한 목적물인 甲토지에 관하여 C와 제2매매계약을 체결하고, 그에게 소유권이전등기를 해주었다. 이러한 제2매매계약이 언제나 유효한 것인지, 만일 유효하지 않다면 매도인 A가 제2매수인 C에게 이전한 소유권을 회복할 수 있는 가능성이 있는지의 여부를 먼저 검토해야 한다.

설문(1)에서 매도인이 제1매수인으로부터 중도금은 물론 잔금까지 수령한 상태에서 제2매수인에게 매매목적부동산인 甲토지의 소유권을 취득하게 하였기 때문에, 제1매수인 B를 보호할 수 있는 법적 구제수단을 B가 토지소유권의 취득을 포기하는 경우와 토지소유권의 취득을 원하는 경우로 나누어 검토해야 한다.

설문(2)는 A로부터 소유권이전등기를 경료받은 제2매수인 C가 이를 다시 D에게 매도하였기 때문에 앞선 일련의 사정들과 직접적으로는 관련이 없는 전득자 D의 법적 지위가 문제된다. 제2매수인 C의 토지소유권취득이 유효하다면 별다른 문제가 없겠지만, 그렇지 않다면 D의 권리구제수단을 검토해야 한다.

Ⅱ. A와 C 사이의 제2매매계약의 유효성

1. 부동산의 이중매매의 의의

부동산의 이중매매(이중양도)라 함은 부동산(특정물)의 매도인이 매매계약을 체결하고 매수인에게 등기이전을 완료하지 않은 상태에서 동일한 목적물에 관하여 제2매수인과 제2매매계약을 체결하는 것을 말한다.

민법은 등기 또는 인도를 물권변동의 성립요건으로 하고 있다(이른바 '형식' 내지 '성립요건'주의: 제186조, 제188조 내지 190조 참조). 그러므로 부동산의 경우 이에 관한 '채권적' 매매계약의 체결만으로는 매수인은 해당 부동산의 소유권을 취득할 수 없으며, 등기가 있을 때까지 매도인이 여전히 소유권을 보유하게 된다. 따라서 매도인은 얼마든지 제2, 제3의 매매계약을 체결하고, 여러 매수인 중 1인에게 소유권이전등기를 경료해줄 수 있다.

2. 부동산이중매매의 유효성 여부

(1) 원칙: 유효

특정물의 소유권자는 사적인 법률관계를 지배하는 계약자유의 원칙과 결합된 채권의 상대성원칙과 채권자평등의 원칙에 따라 동일한 물건에 관하여 팔겠다는 약속을 수차례 할 수 있다. 따라서 제2, 제3 … 제n의 매매계약은 원칙적으로 모두 유효하다(판례 [1-1], [1-2] 참조). 반면 그 물건의 소유권은 일물일권주의에 따라 단 한 차례만 이전할 수 있다. 하나의 물건에는 원칙적으로 하나의 소유권만이 발생하여 존속할 수 있기 때문이다.

따라서 부동산물권변동의 형식주의(제186조)에 따라 여러 매수인들 중에 먼저 등기를 갖춘 자만이 매각부동산의 소유권을 취득할 수 있다. 소유권을 취득한 매수인을 제외한 다른 매수인들에 대하여 매도인이 채무불이행책임을 부담해야 하는 것은 다른 차원의 문제이다(판례 참조 [1-3]).

(2) 예외: 무효

매도인이 제1매수인으로부터 매매대금을 전액 수령하고도 매수인에게 등기를 이전하지 않은 채, 매매목적물을 다시 타인에게 매도하고 이전등기를 해주는 것은 결과적으로 제1매수인에 대한 소유권이전채무의 이행불능이라는 채무불이행을 고의적으로 초래하는 행위이다. 이러한 일종의 '배임행위'는 선량한 풍속 기타 사회질서에 위반하는 반사회성을 띠는 때에 제103조에 의하여 무효로 평가될 수 있다는 것이 판례(판례 참조 [2])와 다수설(예컨대 곽윤직, 민법총칙, 216면; 이영준, 한국민법론, 197면. 반면 이중양도가 반사회적이라는 이유로 제103조에 따라 절대적 무효로 평가되는 것에 회의적인 견해로는 민일영, 민법주해(II), 1993, 233면)이다. 즉, 제2매수인이 제1매매의 존재를 단순히 알았을 뿐만 아니라, 이중양도를 적극적으로 권유하여 매도인의 배임행위에 적극 가담하는 경우 이중매매는 반사회성을 띠어 무효로 된다(이러한 이중매매법리가 확장되는 경우로서, i) 점유취득시효가 완성된 사실을 알면서 행한 등기명의자의 매각행위(대판 1998. 4. 10, 97다56495), ii) 신탁자가 모르게 한 명의수탁자의 신탁부동산의 처분행위(대판 1991. 4. 23, 91다6221), iii) 가장채권에 기한 강제경매절차를 통한 경락(대판 1998. 2. 10, 97다26524) 등이 있다).

(3) 사안의 검토

사례의 경우 C는 A와 B 사이에 제1매매가 있음을 알았을 뿐만 아니라, 이를 기화로 '온갖 감언이설로 매도인 A를 설득하여' 제2매매계약을 체결한 후, 甲토지의 소유권이전등기를 넘겨받았다. 이는 제2매수인이 매도인의 배임행위에 적극 가담한 경우로 판단되며, A와 C 사이의 제

2매매계약은 제103조에 따라 절대적 무효이다.

3. 제2매매가 무효일 때 C에 대한 A의 '토지'반환청구권

(1) C에 대한 A의 부당이득반환청구권 인정 가부

A와 C의 제2매매계약은 채권행위이다. 따라서 원칙적으로 채권행위인 제2매매계약이 무효가 되는 경우에 매도인 A는 매수인 C에 대하여 부당이득을 원인으로 한 토지 —토지소유권 또는 토지점유와 등기(소유권이전을 목적으로 하는 물권행위가 채권행위에 대하여 無因이라고 이해하는 견해에 따르면, 채권계약이 무효이더라도 물권적 합의가 동시에 무효이지 않는 한 소유권은 C에게 이전된다. 따라서 C는 토지의 '소유권'을 부당이득한 것이 된다. 반면 소유권이전을 목적으로 하는 물권행위가 채권행위에 대하여 有因이라고 이해하는 견해에 따르면, 채권계약이 무효이면 물권적 합의도 동시에 무효이므로 소유권은 C에 이전되지 않고 여전히 A에게 있다. 이때에도 C는 토지의 '점유'와 '등기'를 부당이득하고 있다)— 반환청구권을 가진다(제741조).

그러나 A와 C 사이의 제2매매계약이 선량한 풍속 기타 사회질서에 위반하여 반사회성을 이유로 무효가 되었기 때문에 A가 C에게 한 토지점유와 등기(내지 토지소유권)의 이전은 제746조 본문에서 말하는 불법원인급여에 해당하므로 A는 C에게 그 반환을 요구할 수가 없는 것이 원칙이다. 이 점은 B가 甲토지의 소유권취득을 여전히 원하는 경우 법적 장애가 될 수 있다. 이에 관해서는 후술하기로 한다(아래 Ⅲ 2 참조).

(2) C에 대한 A의 소유권에 기한 물권적 청구권 인정 가부

소유권이전을 목적으로 하는 물권행위가 채권행위에 대하여 有因이라고 이해하는 견해에 따르면 채권계약이 무효이면, 물권적 합의도 동시에 무효이므로 소유권은 C에 이전한 바 없이 여전히 A에게 있게 된다. 이 경우 A가 소유권에 기초한 소유물반환청구권(제213조)을 행사하여 토지소유권을 회복할 수 있는지가 문제된다. 만일 이를 긍정하면 C에 대한 A의 부당이득반환청구권이 제746조 본문의 적용으로 말미암아 배제된다는 결론과는 상충될 수 있다.

이 문제에 대하여는 판례가 1979년 전원합의체판결을 통해 '제746조는 제103조와 함께 사법의 기본이념으로서 사회적 타당성이 없는 행위를 한 사람은 스스로 불법한 행위를 주장하여 복구를 형식 여하에 불구하고 소구할 수 없다는 이상을 표현한' 것이라는 논거로(판례 참조 [3-1]) 부당이득반환청구권이 아닌, 물권적 청구권에 기초하여 불법원인급여를 회수하는 것도 허용할 수 없다는 태도를 명백히 하였다(이로써 폐기된 대판 1977.6.28, 77다728 참조: 지급원인에 불법이 있다 하더라도 급여자는 부당이득반환채권이 아닌 물권적 청구권을 청구원인으로 하여 급여한 물건의 반환을 청구할 수 있으므로 반사회질서의 법률행위에 기한 채권의 담보로 가등기와 소유권이전등기를 경료한 경우에는 그 등기원인은 무효이고 따라서 원소유자는 소유권을 상실하지 아니하므로 소유권자로서 물권적 청구권에 의하여 가등기와 소유권이전등기의 말소를 구할 수 있다). 이러한 판례의 태도에 따르면 A는 C에 대하여 소유물반환청구권(제213조)을 행사하여 토지소유권의 회복을 꾀할 수도 없다.

Ⅲ. 제1 매수인 B를 위한 법적 구제수단

1. 토지소유권의 취득을 포기할 경우 B의 권리

(1) A의 채무불이행을 이유로 한 권리

C에게 이전등기를 해줌으로써 B에 대한 A의 토지소유권이전의무는 이행불능이 되었다. 채무자의 귀책사유(고의), 위법성(채무위반) 등 기타 채무불이행의 요건이 충족된 것으로 판단된다(채무의 이행불능에 관한 보다 자세한 것은 별도의 [사례 33] 참조).

따라서 B는 A에 대하여 이행불능의 채무불이행을 이유로 한 전보배상청구권을 갖는다(제390조, 제393조).

또한 이행불능의 효과로서 대상청구권을 인정하는 판례와 통설에 따를 때 B는 A에게 C로부터 수령한 매매대금(대상)의 인도를, 손해의 한도 내에서 청구할 수도 있다.

다른 한편 B는 매매계약을 해제하고(제546조), A에 대하여 원상회복을 청구함으로써 지급한 매매대금과 그 이자의 반환을 청구할 수 있으며(제548조 제2항), 아울러 손해배상을 청구할 수도 있다(제551조).

(2) A의 불법행위를 이유로 한 손해배상청구권

'선량한 풍속 기타 사회질서에 위반하여' 무효인 이중매매가 형사상 배임죄(형법 제355조)를 구성할 정도이면(판례 [4] 참조)(배임죄에 해당하는 제2매매만이 무효는 아니다. 그러나 제2매매가 배임죄에 해당하면 이는 언제나 무효이다. 이 점과 관련하여 잘못 이해될 수 있는 설명으로는 이영준, 민법총칙[한국민법론 I], 200면) 민사상의 불법행위가 성립한다. 이 경우 B는 A에 대하여 불법행위를 이유로 한 손해배상청구권을 갖는다(제750조). 이때 B에게는 위자료청구권이 부가될 수 있다(제751조).

2. 토지소유권의 취득을 원할 경우 B의 권리

(1) 채권자대위권의 허용 여부

1) **채권자대위권** 채권자대위권이란 채권자가 자기의 채권을 보전하기 위하여, 그의 채무자가 제3채무자에 대하여 가지고 있는 권리를 채무자에 갈음하여 행사하는 것을 말한다(제404조)(채권자대위권에 관하여 보다 자세한 것은 별도의 [사례 38] 참조). 채권자대위권을 행사하기 위해서는 (i) 채권자의 채권이 보전필요성을 갖출 것, (ii) 채권자에게 귀속한 채권(일신전속적이지 않은 권리)이 이행기에 있을 것, (iii) 채무자 스스로 권리(채권)를 행사하지 않을 것이라는 요건을 충족해야 한다.

2) **사안의 요건별 검토** (i)의 요건과 관련하여서는 견해가 나뉜다. 피보전채권이 금전채권인 경우 판례와 다수설(재산관리권설)은 원칙적으로는 채무자, 즉 A가 무자력일 것을 요구하지만, 피보전채권이 특정채권인 경우(이른바 대위권전용의 경우)에는 채무자가 무자력일 필요가 없다고 한다. 그러나 포괄적 담보권설에 따르면 채권자대위권제도를 '채권을 보전하기 위한 제도'로 이해하는 까닭에 피보전채권이 금전채권인지 특정채권인지에 상관없이 채무자의 무자력을 그 요건으로 요구하지 않는다. 어느 견해에 의하든 사례의 경우 (i)의 요건은 충족된다.

그러나 사례의 경우가 (ii) 및 (iii)의 요건을 충족할 수 있는지는 의문이다. 왜냐하면 일반론과 판례에 따르면(앞의 Ⅱ 3 참조) 제103조의 위반으로 무효인 법률행위를 기초로 행해진 급부는 불법원인급여이므로 부당이득반환청구권 또는 물권적 청구권(소유물반환 내지 소유권방해배제청구권, 제213조 본문 내지 제214조 제1문)을 기초로 급부반환을 청구하는 것이 허용되지 않는다. 이에 의하면 B가 대위행사할 C에 대한 A의 권리, 특히 채권이 존재하지 않게 된다. A 자신에게 권리 자체가 존재하지 않으므로 존재하지 않는 채권의 이행기가 도래할 리 없다. 따라서 제103조에 위반하여 무효인 법률행위에 기초하여 행해진 급부의 반환문제와 관련하여 제746조 본문의 적용을 제한하려는 견해와 결합하여 이중매매의 문제에 접근할 때, C에 대한 A의 권리(특히 채권)를 B가 대위행사할 수 있는가 하는 문제가 비로소 제기될 수 있다.

3) **견해의 대립** 불법원인급여와 관련하여 제746조 본문의 적용을 제한하려는 견해로는 (i) 급여자와 수익자 모두에게 불법원인이 있

어도 그 불법성을 비교·형량하여 수익자의 불법성이 상대적으로 큰 경우에 급여자의 반환청구를 허용해야 한다는 견해(김주수, 채권각론, 574면; 이은영, 채권각론, 529면; 권오승, 민법특강, 577면 등. 제746조 단서는 수익자에게만 불법성이 있는 경우뿐만 아니라, 수익자의 불법성이 급여자의 그것보다 현저히 큰 경우에도 적용됨으로써 제746조 본문의 적용이 배제되어야 한다고 판시한 판례 [3-2] 참조), (ii) 제746조의 불법은 제103조 중 '선량한 풍속의 위반'인 경우에만 해당하는 것으로, 이중매매는 사회질서에는 위반하지만 불법원인급여는 아니기 때문에 제746조가 아니라, 제742조가 적용되어 급여자가 채무없음을 알고 급여한 것이 아니면 반환청구가 가능하다는 견해(송덕수, 민법 제746조에 있어서의 불법성의 비교, 민사판례연구 [XVIII], 335-338면), (iii) 제746조는 불법을 행한 급여자에로의 급부반환을 배제하려는 것이므로 급부반환이 실질적으로 제3자에게 귀속되는 경우에는 그 적용이 없다는 견해(김상용, 민법총칙, 413면; 이영준, 한국민법론, 224면), (iv) 제746조는 자신의 불법을 원용하여 법의 보호를 기대하는 것이 신의칙에 비추어 허용될 수 없는 경우에 급부의 반환청구가 배제되는 것이므로 급여자의 반환청구가 신의칙에 반하면 그의 청구를 기각하고 수익자의 불법원인급여의 항변이 신의칙에 반하면 그 항변을 기각하여야 한다는 견해(문홍수, 불법원인급여규정의 의의 및 적용범위, 법조, 1996년 10월호, 151면) 등이 있다.

4) **판례의 태도** 이 문제와 관련하여 판례는 별다른 논거를 제시함이 없이 '제2매수인에 대하여 제1매수인은 양도인을 대위하여 등기의 말소를 청구할 수는 있으나 직접 청구할 수는 없다는 것은 형식주의 아래서의 등기청구권의 성질에 비추어 당연하다'라고 판시하고 있다(판례 참조 [5-1]). 문언만 보면 제1매수인은 제2매수인에 대하여 이전등기 내지 말소등기를 직접 청구할 수 없으며, 다만 양도인이 제2매수인에 대하여 가지는 등기청구권을 대위행사할 수 있다는 뜻으로 풀이된다. 따라서 이 판례는 매도인이 제2매수인에 대하여 부당이득반환청구권에 기초하든, 소유권에 기한 물권적 방해배제청구권에 기초하든 '불법원인급여'의 반환을 청구할 수 있음을 전제하고 있는 셈이다.

5) **검 토** 이러한 법리적 결과를 근거짓기 위하여 '수익자에게만 불법성이 있는 경우뿐만 아니라, 급여자에게도 불법성이 있지만 양자의 불법성을 비교형량함으로써' 제746조 단서의 적용을 확대한 판례(판례 참조 [3-2])가 원용될 수 있을지 모른다.

그러나 이미 법원 스스로 위 1979년 전원합의체판결(판례 참조 [3-1])에서 밝힌 제746조의 규범목적을 음미한다면 이중매매에 있어서 제1매수인의 대위권행사의 문제도 보다 쉽게 설명할 수 있다. 즉, 판례는 제746조와 제103조는 표리관계를 이루며, 사회적 타당성이 없는 행위를 한 사람은 스스로 불법한 행위를 주장함으로써 불법한 행위가 없었던 상태에로의 복구는 그 형식 여하를 불문하고 소구할 수 없다는 태도를 분명히 하였다. 즉, 동조는 이러한 경우에 한하여, 다시 말해 불법원인을 기초로 급여를 행한 당사자 사이에서만 적용되어야 한다. 따라서 급부반환의 이익이 궁극적으로 귀속될 제3자가 '타인의 불법한 행위'(A와 C 사이의 반사회적 이중매매계약)를 주장함으로써 그러한 불법한 행위가 없었던 상태의 복구를 구하는 것을 제746조 본문이 저지할 수 없다고 보아야 할 것이다. 규범목적을 고려할 때 제746조 본문의 규율범위 내에 포섭되지 않는 경우이기 때문이다(김형배, 사무관리·부당이득, 151면 참조).

따라서 이러한 법리를 근거로 C에 대한 'A의 토지반환청구권'은 허용할 수 없지만, '이를 B가 대위행사하는 것'은 허용되어야 한다. 이 경우에 실질적으로 C에 대한 A의 반환청구권이 인정되는 결과를 가져오게 된다.

(2) 채권자취소권의 허용 여부

1) **채권자취소권을 긍정하는 견해** 제1매수인의 보호를 위하여 제1매수인이 매도인과 제2매수인 사이의 제2매매를 사해행위로 취소할 수 있도록 하자는 견해가 있다(김중한, 부동산이중매매의 반사회성, 저스티스, 제10권 1호, 193면). 무효인 법률행위를 다시 취소할 수 없는 것은 아니지만(이른바 '무효와 취소의 이중효'에 관해서는 김형배, 민법학강의(제6판), 348면 이하), 이 견해에 의하면 이중매매가 반사회적 법률행위로서 절대적 무효라기보다는, 오히려 '일단 유효하지만' 채무자의 일반재산의 감소를 야기하는 법률행위일 뿐이라는 관념에 입각하고 있는 것으로 판단된다. 왜냐하면 제2매매를 무효로 본다면 ──법적 관점에서는── 채권자 B와의 관계에서 채무자 A의 책임재산이 감소된 바 없기 때문이다(A가 C로부터 토지소유권 내지 토지점유와 등기를 불법원인급여이기 때문에 되찾아 올 수 없는지 여부는 별개의 문제이다). 어쨌든 이 견해에 따르려면 이중매매가 채권자취소권행사를 위한 요건을 충족시켜야 한다(이에 관하여 자세한 것은 별도의 [사례 39] 참조).

2) **검 토** 첫째, 제2의 부동산매매가 상당한 가격으로 이루어진 경우에도 이를 사해행위로 볼 수 있는지가 문제된다. 유일한 부동

산을 소비하기 쉬운 금전으로 바꾸는 경우 사해행위에 해당한다고 판시한 판례가 없지는 않지만(대판 1997. 5. 9, 96다2606([사례 39] 판례 [3-3]) 참조), 사례의 경우 甲토지가 A의 유일한 부동산인지의 여부도 확실하지 않을 뿐만 아니라, B의 채무자 A의 일반재산이 객관적으로는 감소하지 않았으므로 이 점에 의문이 없지 않다.

둘째, 판례(판례 참조 [6])와 다수설에 따르면 이전등기청구권과 같은 특정채권의 보전을 위한 채권자취소권의 행사는 허용되지 않는다. 다만 특정채권이 금전채권(손해배상채권)으로 전화될 수 있는 경우에는 채권자취소권의 행사가 가능하다고 볼 여지가 있으나, 취소권의 행사로 보전되는 채권은 사해행위 이전에 발생한 것이어야만 한다. 물론 이때에도 판례는 법률관계의 당사자 사이에 가까운 장래에 그 법률관계에 기하여 채권이 성립하리라는 점에 대한 고도의 개연성이 있으며, 실제로 가까운 장래에 그 개연성이 현실화되어 채권이 성립된 경우 그 채권도 채권자취소권의 피보전채권이 될 수 있다고 한다(판례 참조 [6-2]). 그러나 같은 판례에서 법원은 '매도인이 제3자에게 소유권이전등기를 해줌으로써 매수인이 취득한 부동산가액 상당의 손해배상채권은 이중매매계약에 대하여 사해행위취소권을 행사할 수 있는 피보전채권이 아니다'라고 판시하였다. 따라서 판례의 태도에 따르면 부동산의 제1매수인은 자신의 매도인에 대한 소유권이전등기청구권의 보전은 물론, 이의 이행불능을 이유로 한 손해배상청구권의 보전을 위하여 매도인과 제2매수인 사이의 이중매매계약에 대하여 채권자취소권을 행사할 수 없게 된다.

셋째, C에 대한 B의 채권자취소권이 인정되지 않는 한 D에 대해서도 B는 취소권을 행사할 수 없다.

3) **사안의 검토** 사례의 경우 제1매매의 대금이 8,000만원인데 비해, 제2매매의 대금은 1억원이므로 A의 일반책임재산은 오히려 증가하였다. 또한 B가 행사하게 될 손해배상청구권은 그 보전을 위하여 사해행위취소권을 행사할 수 있는 채권이 아님을 판례는 분명히 하였다. 더욱이 전득자 D가 선의인 경우 토지소유권의 취득을 원하는 B로서는 악의의 C를 피고로 가액을 반환시키는 도리밖에 없을 것이고, 이는 B에게는

전혀 도움이 되지 못한다.

(3) 제3자 채권침해의 불법행위를 이유로 한 손해배상청구권 허용 여부

1) **긍정하는 견해** 채무자에 대한 채권자의 소유권이전등기채권을 제3자가 고의로 침해하여 채무자의 이행불능, 즉 채무실현의 불가능이라는 손해를 채권자에게 발생케 한 경우, 제3자에 의한 채권침해를 이유로 한 불법행위책임(제750조)이 성립한다는 전제 아래, 제3자가 부담하는 손해배상채무의 실현방법으로 원상회복(즉, 소유권이전등기)을 인정하자는 견해가 있다(윤진수, 부동산의 이중양도와 원상회복, 민사법학 제6호, 177면).

2) **검 토** 이 견해도 제2매매가 유효하다는 관념에 기초하고 있는 것으로 판단된다. 왜냐하면 제2매매를 무효로 보면 채권자 B에 대한 채무자 A의 소유권이전채무가 법적 관점에서는 이행불능이라고 할 수 없기 때문이다.

이 견해에 따르면 손해배상의 방법으로 원상회복을 강제할 수 있다는 전제 아래 B는 C에 대하여 부동산소유권을 A에게 '원상회복하도록' 소구할 수 있다고 한다. 그러나 우리 현행민법은 당사자(손해배상채권자와 그 채무자) 사이의 합의가 없는 한 손해배상의 방법은 금전배상을 원칙으로 한다(제394조). 따라서 법률의 개정이 없는 한 이 견해는 지지하기 어려운 견해이다. 금전배상에 갈음하여 토지소유권이전등기를 '손해배상으로' 청구할 수 있다는 주장은 부적절한 해석론이다(동지: 민일영, 민법주해(II), 223면).

(4) 소 결

제2매수인 C가 매도인 A의 배임행위에 적극 가담하였기 때문에 제103조에 따라 제2매매는 무효이다. 그러나 A는 C에게 甲토지의 소유권이전을 부당이득반환청구(제741조)에 의해서는 물론, 소유권에 기한 물권적 청구권(제213조 본문, 제214조 제1문)에 기초하여서도 요구할 수 없다. 이는 제746조 본문이 적용되어 A가 스스로 자신의 불법을 원용할 수 없기 때문이다.

그러나 제1매수인 B는 C 및 A의 불법을 원용하여 C에 대한 A의 부당이득반환청구권 또는 소유권에 기한 물권적 청구권을 대위행사할 수 있다. 즉, 불법에 가담하지 않은 제1매수인 B가 타인(C 및 A)의 불법을 원용하여 불법이 없었던 상태의 복구를 주장하는 것에 대해서는 제746조 본문이 그 규범목적상 적용되지 않기 때문에, C에 대한 A의 부당이득반환청구권 또는 소유권에 기한 물권적 청구권은 그러한 한도내에서 성립한다고 보아야 한다.

따라서 B는 C(또는 전득자 D : A·C 사이의 매매는 제103조에 의하여 절대적으로 무효이므로)를 상대로 A가 C에 대하여 가지는 반환청구권을 대위하는 채권자대위소송을 제기하는 한편, A를 상대로 소유권이전등기청구소송을 제기함으로써 甲토지에 대한 소유권을 취득할 수 있다.

Ⅳ. 전득자 D의 법적 지위

1. D의 토지소유권 취득 여부

민법은 부동산의 선의취득을 인정하지 않는다. 따라서 D가 甲토지의 소유권을 취득할 수 있는지의 여부는 C의 소유권 취득이 유효한지 또는 취득한 소유권을 박탈당할 위험은 없는지의 여부에 좌우된다.

(1) A가 C에 대하여 불법원인급여의 반환을 청구할 수 없다고 하는 경우

제103조에 의하여 무효인 제2매매에 기초하여 행해진 불법원인급여는 제746조 본문의 적용을 받아 부당이득반환청구권에 근거하여서는 물론, 소유권에 기초한 물권적 청구권에 근거하여서도 급부의 반환이 허용되지 않는다는 견해에 따르면 그 반사적 효과로서 甲토지의 소유권은 C에게 귀속된다(판례 참조 [3-1]). 소유권자인 C로부터 소유권을 양수받은 D는 소유권자로서 보호를 받는다.

(2) A가 C에 대하여 불법원인급여의 반환을 청구할 수 있다고 하는 경우

그러나 제103조 위반으로 무효인 제2매매에 기초하여 행해진 불법원인급여의 반환청구를 배제하는 제746조 본문의 적용을 일반론으로 제한하는 견해들이나, 또는 여기서 채택한바, 제1매수인이 '매도인과 제2매수인의 불법'을 원용하는 경우에 한하여 제746조 본문의 적용을 제한하는 견해에 따를 경우(제103조에 의한 절대적 무효가 전제되므로) C에 대한 A의 토지소유권반환청구권이 인정된다. 따라서 이 경우 C는 소유권을 소급하여 상실할 수 있으며, 무권리자인 C로부터 소유권을 양수한 D도 마찬가지로 소유권을 상실하는 결과가 초래된다. 등기에는 공신력이 결여되어 있고, 따라서 전득자의 선의·악의를 불문하고 전득자명의의 등기는 원인무효가 되기 때문이다.

부동산의 이중매매가 반사회적 법률행위에 해당하는 경우에는 이중매매계약은 절대적으로 무효이므로(제103조 참조), 당해 부동산을 제2매수인으로부터 다시 취득한 제3자는 설사 제2매수인이 당해 부동산의 소유권을 유효하게 취득한 것으로 믿었더라도 이중매매계약이 유효하다고 주장할 수 없다(판례 [2-4] 참조). B가 채권자대위권을 행사하는 경우 D는 A에게 토지소유권을 반환하여야 한다.

2. C에 대한 권리하자담보책임을 이유로 한 D의 권리

판례에 따라 D가 소유권을 상실하면 D는 C에 대하여 권리하자담보책임을 이유로 하는 권리를 가진다. 따라서 D가 선의라면 C와의 매매계약을 해제하고 손해배상을 청구할 수 있지만(제570조 본문), 악의인 경우 손해배상은 청구할 수 없다(동조 단서).

V. 여 론(餘論)

B가 대위권행사를 통해 甲토지에 관한 소유권을 취득하는 경우 C는 D에 대하여 담보책임을 부담하게 되는 결과 D에게 그로부터 받은 매매대금 1억 2,000만원과 그 법정이자를 지급하고, 경우에 따라서는 손해배상책임까지도 부담하는 한편 甲토지의 소유권도 결국에는 취득할 수 없게 된다. 이러한 C가 A에 대하여 지급한 매매대금 1억원의 반환을 청구하는 경우 A는 제746조 본문을 원용함으로써 그 지급을 거절할 수는 없을 것이다. C에 대한 A의 토지소유권반환청구권에 대한 대위행사를 B에게 인정하는 한, 이는 A와 B 사이의 법률관계에 관하여 제746조 본문의 적용을 실질적으로 배제하는 것으로 보아야 하므로, A에 대한 C의 부당이득반환청구권은 인용되어야 할 것이다. 제746조 본문의 적용배제를 A에 대해서만 편면적으로 인정할 수는 없기 때문이다. 따라서 甲토지를 반환한 C는 A에 대하여 지급한 매매대금 1억원의 반환을 청구할 수 있다.

Ⅵ. 설문(1) 및 (2)에 대한 해답

우선 설문에서 제2매수인 C는 매도인 A의 배임행위에 적극 가담하여 부동산 매매계약을 체결하였으므로, A와 C 사이의 제2매매계약은 제103조에 따라 절대적 무효이다. 또한 이는 불법원인급여에 해당하여 제746조 본문이 적용됨으로써 부당이득반환은 물론 소유권에 기한 물권적 청구권도 원칙적으로는 허용되지 않는다.

그러나 설문(1)에서 A와 C의 불법에 가담하지 않은 제1매수인 B는 A와 C의 불법을 원용하여 C에 대한 A의 부당이득반환청구권 또는 소유권에 기한 물권적 청구권을 대위행사할 수 있고, 따라서 B는 C(또는 전득자 D)를 상대로 A가 그들에 대하여 가지는 반환청구권을 대위하는 채권자대위소송을 제기하는 한편, A를 상대로 소유권이전등기청구소송을 제기함으로써 甲토지에 대한 소유권을 궁극적으로 취득할 수 있다.

한편 설문(2)에서 전득자 D는 C가 소급하여 권리를 상실함으로써 甲토지의 소유권을 마찬가지로 상실하게 되고, B가 채권자대위권을 행사하면 D는 A에게 토지소유권을 반환하여야 한다. 이때 소유권을 상실한 D는 C에 대하여 권리하자담보책임을 물을 수 있고, 따라서 D가 선의라면 C와의 매매계약을 해제하고 손해배상을 청구할 수 있지만(제570조 본문), 악의인 경우 손해배상을 청구할 수는 없다(동조 단서).

끝으로 C도 A에 대하여 지급한 매매대금 1억원을 부당이득으로 반환 청구할 수 있다.

≪판 례≫

[1] 이중매매의 유효성 여부

[1-1] (대판 1981. 1. 13, 80다1034) 매수인이 그 목적부동산을 매도인이 이미 제3자에게 매각한 사실을 알면서도 매수하였다고 하더라도 그것만으로는 그 매매계약을 반사회적 법률행위라고 단정할 수 없다.

[1-2] (대판 1977. 4. 12, 75다1780) 단지 이중매매라는 것만으로는 그것이 정의에 반한다고 보기 어렵고, 다른 사람에게 팔린 사정을 알고 다시 팔라고 한 사정이 있을 뿐이라면 이중매매를 반사회적 법률행위로

볼 수는 없다.

[1-3] (대판 1965. 7. 27, 65다947) 부동산을 이중매도하고 매도인이 그 중 1인에게 먼저 소유권명의를 이전하여 준 경우에는 특별한 사정이 없는 한 다른 1인에 대한 소유권이전등기의무는 이행불능상태에 있다 할 것이다.

[2] 이중매매의 반사회성

[2-1] (대판 1969. 11. 25, 66다1565) 이중매도인의 배임행위에 적극 가담하여 매수한 매매행위는 사회정의관념에 위배된 반사회적인 법률행위로서 무효한 것이라 할 것이다.

[2-2] (대판 1991. 11. 22, 91다28740) 매도인으로부터 매수인으로 기재된 인감증명서까지 교부된 상태에 있는 부동산의 실질적 매수인이 따로 있는 사실을 잘 알고 있었음에도 그 부동산의 명의상의 매수인에 대한 개인적인 채권확보를 위하여 동인으로부터 위 부동산을 양수받았다면 그 양수경위 등에 비추어 그의 배임행위에 그 정을 알면서 적극 가담한 것으로서 반사회질서의 법률행위에 해당한다.

[2-3] (대판 1994. 3. 11, 93다55289) 부동산의 이중매매가 반사회적 법률행위로서 무효가 되기 위하여는 매도인의 배임행위와 매수인이 매도인의 배임행위에 적극 가담한 행위로 이루어진 매매로서, 그 적극 가담하는 행위는 매수인이 다른 사람에게 매매목적물이 매도된 것을 안다는 것만으로는 부족하고, 적어도 그 매도사실을 알고도 저당권설정을 요청하거나 유도하여 계약에 이르는 정도가 되어야 한다.

[2-4] (대판 1996. 10. 25, 96다29151) 부동산의 이중매매가 반사회적 법률행위에 해당하는 경우에는 이중매매계약은 절대적으로 무효이므로, 당해 부동산을 제2매수인으로부터 다시 취득한 제3자는 설사 제2매수인이 당해 부동산의 소유권을 유효하게 취득한 것으로 믿었더라도 이중매매계약이 유효하다고 주장할 수 없다.

[3] 부당이득반환청구권 또는 물권적 청구권에 기한 불법원인급여의 반환청구 (소극)

[3-1] (대판[전] 1979. 11. 13, 79다483) 제746조는 단지 부당이득제도만을 제한하는 것이 아니라 제103조와 함께 사법의 기본이념으로서, 결국 사회적 타당성이 없는 행위를 한 사람은 스스로 불법한 행위를 주장하여 복구를 그 형식 여하에 불구하고 소구할 수 없다는 이상을 표현한 것이므로, 급여를 한 사람은 그 원인행위가 법률상 무효라 하여 상대방에게 부당이득반환청구를 할 수 없음은 물론 급여한 물건의 소유권은 여전히 자기에게 있다고 하여 소유권에 기한 반환청구도 할 수 없고, 따라서 급여한 물건의 소유권은 급여를 받은 상대방에게 귀속된다.

[3-2] (대판 1997. 10. 24, 95다49530·49547) 제746조에 의하면 급여가 불법원인급여에 해당하고 급여자에게 불법원인이 있는 경우에는 수익자에게 불법원인이 있는지의 여부나 수익자의 불법원인의 정도 내지 불법성이 급여자의 그것보다 큰지의 여부를 막론하고 급여자는 그 불법원인급여의 반환을 구할 수 없는 것이 원칙이나, 수익자의 불법성이 급여자의 그것보다 현저히 크고 그에 비하면 급여자의 불법성은 미약한 경우에도 급여자의 반환청구가 허용되지 않는다고 하는 것은 공평에 반하고 신의성실의 원칙에도 어긋나므로 이러한 경우에는 민법 제746조 본문의 적용이 배제되어 급여자의 반환청구는 허용된다고 해석함이 상당하다(이미 동지: 대판 1993. 12. 10, 93다12947).

[4] 이중매매가 형사상 배임죄에 해당하는지 여부

[4-1] (대판 1980. 5. 27, 80도290) 매도인이 제1매수인으로부터 매매계약금만을 수령하였다면 매도인은 아직 그 소유권이전등기절차를 이행할 의무가 있다고 할 수 없으므로 이 사건 임야를 다시 다른 곳에 처분한 행위를 배임죄로 다스릴 수 없다.

[4-2] (대판 1975. 12. 23, 74도2215) 부동산 매매에 있어서 등기의무자인 매도인의 임무는 일면에 있어 자기의 재산처분행위를 완성케 하는 것은 자기의 사무임과 동시에 타면에 있어 등기의무자인 매도인의 협력 없이는 매수인명의로의 소유권이전등기는 완성되는 것이 아니므로 등기권리자인 매수인의 소유권취득을 위한 사무의 일부를 이루는 것이고 매도인의 등기협력의무는 주로 타인인 매수인을 위하여 부담하고 있는 것임에 비추어 부동산매도인은 형법상의 타인의 사무를 처리하는 입장에 있는 것이므로 그 임무에 위배하여 매도한 부동산에 대하여 제3자에게 근저당권설정등기를 하게 한 경우에는 배임죄가 성립한다.

[5] 이중매매에서 제2매수인에 대한 매도인의 매매계약의 무효를 이유로 한 부당이득반환청구권을 제1매수인이 대위행사할 수 있는지의 여부(적극)

[5-1] (대판 1980. 5. 27, 80다565) 소외인으로부터 피고에게 소유권이전등기가 경료된 것이 원고에 대한 배임행위로서 반사회적 법률행위에 의한 것이라면 원고는 소외인을 대위하여 피고 앞으로 경료된 등기의 말소를 구할 수 있다.

[5-2] (대판 1983. 4. 26, 83다카57) ① 매도인이 매수인에게 목적부동산을 매도한 사실을 알고서 수증자가 매도인으로부터 증여를 원인으로 하여 소유권이전등기를 함으로써 매도인의 매수인에 대한 배임행위에 가담한 결과에 이르렀다면, 이는 실체관계에 부합하는 유효한 등기가 될 리가 없고 반사회질서의 행위로서 무효이다. ② 매도인의 매수인에 대한 배임행위에 가담하여 증여를 받아 이를 원인으로 소유권이전등기를 경료

한 수증자에 대하여 매수인은 매도인을 대위하여 위 등기의 말소를 청구할 수는 있으나 직접 청구할 수는 없다는 것은 형식주의 아래서의 등기청구권의 성질에 비추어 당연하다.

[6] 이중매매의 제1매수인이 매도인에 대한 소유권이전등기청구권 또는 이행불능을 이유로 한 손해배상채권을 보전하기 위해 제2매매계약을 취소할 수 있는지의 여부(소극)

[6-1] (대판 1967.11.14, 66다2007) 사해행위 취소권은 채무자가 총채권자의 공동담보를 해하는 법률행위를 하여 그 변제자력을 감소시킨 경우에 채권자를 구제하려는 데 있는 것이므로 특정물에 대한 소유권이전등기청구권을 채권으로 하는 사해행위 취소청구는 그 요건을 구비하지 못하였고, 채권자의 (피보전)채권이 이중매매로 인한 손해배상청구권이라 가정하더라도 이는 위와 같은 사해행위가 있기 이전에 발생된 채권이 아니므로 사해행위취소권행사의 요건을 구비하지 못하였다.

[6-2] (대판 1999.4.27, 98다56690) ① 채권자취소권을 특정물에 대한 소유권이전등기청구권을 보전하기 위하여 행사하는 것은 허용되지 않으므로, 부동산의 제1양수인은 자신의 소유권이전등기청구권 보전을 위하여 양도인과 제3자 사이에서 이루어진 이중양도행위에 대하여 채권자취소권을 행사할 수 없다. ② 채권자취소권에 의하여 보호될 수 있는 채권은 원칙적으로 사해행위라고 볼 수 있는 행위가 행하여지기 전에 발생된 것임을 요하나, 그 사해행위 당시에 이미 채권 성립의 기초가 되는 법률관계가 발생되어 있고, 가까운 장래에 그 법률관계에 기하여 채권이 성립되리라는 점에 대한 고도의 개연성이 있으며, 실제로 가까운 장래에 그 개연성이 현실화되어 채권이 성립된 경우에는, 그 채권도 채권자취소권의 피보전채권이 될 수 있다. ③ 부동산을 양도받아 소유권이전등기청구권을 가지고 있는 자가 양도인이 제3자에게 이를 이중으로 양도하여 소유권이전등기를 경료하여 줌으로써 취득하는 부동산 가액 상당의 손해배상채권은 이중양도행위에 대한 사해행위취소권을 행사할 수 있는 피보전채권에 해당한다고 할 수 없다.

[債　權　法]

事例 41

保證債務

≪설 문≫

A는 B로부터 공작기계 1대를 2,000만원에 매수하는 계약을 체결하였다. A의 대금지급채무에 대해서는 C가 연대보증인이고, B의 목적물인도채무에 대해서는 D가 (단순)보증인이다.

(1) 19세인 A가 법정대리인(E)의 동의를 얻지 않고 위 매매계약을 체결하였다고 할 때 매도인 B가 C에게 채무의 이행을 요구하는 경우 B와 C의 법률관계를 검토하시오.

(2) 21세인 A가 매매대금을 전부 지급했음에도 불구하고 B가 기계를 인도하지 않은 경우에 A와 D의 법률관계를 검토하시오.

(3) 위 (2)의 경우 A가 매매계약을 해제하였을 때 A와 D의 법률관계를 검토하시오.

목차제안

Ⅰ. 논점분석

Ⅱ. 설문(1): 보증채무로부터 연대보증인 C의 해방가능성

1. C의 보증채무의 부종성
   (1) 보증채무의 부종성
   (2) 사안의 검토
      1) A 또는 법정대리인 E가 매매계약을 취소하지 않고 있는 경우
      2) 법정대리인 E가 매매계약을 추인한 경우
      3) A 또는 E가 매매계약을 취소한 경우

풀이제안

Ⅰ. 논점분석

A는 매수인으로서 B에 대하여 대금지급의무를 부담하고 C는 B와의 연대특약과 결합된 보증계약에 의하여 이러한 A의 채무에 대한 연대보증채무를 부담한다. 또한 B는 매도인으로서 A에 대하여 목적물인도의무를 부담하고, D는 A와의 보증계약에 의하여 이러한 B의 채무에 대한 보증채무를 부담한다. 이렇게 성립한 다수당사자 채권관계에서,

설문(1)에서는 주채무자(A)의 채무가 무효 또는 취소에 의하여 성립하지 않는 경우 보증채무의 법률적 운명, 특히 보증채무의 부종성을 검토해야 한다.

설문(2)에서는 금전채무가 아닌, 목적물인도의무에 대해서도 보증인 D가 보증채무를 부담할 수 있는지를 검토해야 한다.

설문(3)에서는 B의 채무불이행으로 A가 매매계약을 해제한 경우 보증인 D는 원상회복의무 및 손해배상의무에 대해서도 보증채무를 부담하는지, 즉 보증인의 책임범위를 검토해야 한다.

Ⅱ. 설문(1): 보증채무로부터 연대보증인 C의 해방가능성

1. C의 보증채무의 부종성

(1) 보증채무의 부종성

보증채무는 채권자와 보증인 사이에 체결된 보증계약에 의하여 성립하며(판례 [1] 참조), 주채무자가 채무를 이행하지 않는 경우 보충적으로 보증인이 이를 이행해야 하는 채무이다(제428조 제1항). 보증채무는 별도의 계약으로 성립하는 (주채무와는) 독립된 별개의 채무이지만(판례 [2] 참조), 그 성립, 존속, 내용 및 이전에 있어서는 주채무에 종속된다(부종성).

따라서 (i) 주채무가 무효 또는 취소에 의하여 성립하지 않는 경우에는 보증채무도 성립하지 않고(성립에 관한 부종성, 판례 [3-1] 참조), (ii) 주채무가 소멸한 때에는 그 원인 여하를 묻지 않고 보증채무도 소멸한다(존속에 관한 부종성, 판례 [3-2], [3-3] 참조) (iii) 주채무의 내용에 변경이 생기면 이에 따라 보증채무도 그 내용이 변경되며, 특히 보증채무의 목적과 형태가 주채무의 그것보다 무거울 때는 제430조에 따라 주채무의 한도로 감축된다(내용과 형태의 부종성, 판례 [3-4] 내지 [3-7] 참조). 또한 (iv) 주채무자에 대한 채권이 이전된 경우에는 원칙적으로 보증인에 대한 채권도 이전한다(移轉에 관한 부종성, 즉 수반성, 판례 [3-8] 참조).

사례와 관련해서는 보증채무의 성립상의 부종성이 문제될 수 있다. 피보증채무를 성립시킨 매매계약이 행위무능력을 이유로 취소될 수 있기(제5조 제1항 본문 및 동조 제2항) 때문이다.

(2) 사안의 검토

1) **A 또는 법정대리인 E가 매매계약을 취소하지 않고 있는 경우**

사례에서 A와 그의 법정대리인 E는 매매계약을 취소할 수 있는 법률상의 지위에 있다(제140조 참조). 그러나 사례에서 아무도 취소권을 행사하여 A의 채무를 소급하여 소멸시킨 것은 아니므로 보증인 C는 주채무의 소멸을 이유로 보증채무의 이행을 거절할 수는 없다. 다만, 제435조에 따르면 주채무자가 채권자에 대하여 취소권을 가지고 있는 동안 보증인은 채권자에 대하여 보증채무의 이행을 거절할 수 있기 때문에 C는 B의 채무이행의 청구를 거절할 수는 있다.

2) **법정대리인 E가 매매계약을 추인한 경우** 그러나 만일 A의 법정대리인이 매매계약을 이미 추인하였다면(제144조, 제143조, 제142조 참조), C는 최고·검색의 항변권이 없는 연대보증인으로서(제437조 참조) 보증채무의 이행을 거절할 수 없다.

3) **A 또는 E가 매매계약을 취소한 경우** A 또는 E가 매매계약을 적법하게 취소한 경우(제5조 제1항 본문, 동조 제2항, 제140조, 제142조, 제141조 본문)에는 보증의 대상인 피보증채무를 성립시킨 원인행위(여기서는 A와 B의 매매계약)에 취소원인이 있음에 관한 보증인의 선의 또는 악의에 따라 보증인의 법적 지위가 달라진다.

연대보증인 C가 B와의 보증계약 당시 주채무에 취소원인이 있음을 알지 못하였다면, 보증채무의 성립에 있어서의 주채무에의 부종성에 따라 C의 보증채무는 처음부터 무효로 된다(제141조 본문 참조). 그러나 C가 B와의 보증계약 당시에 그러한 사실을 알고 있었다면, A의 주채무가 불이행되거나 취소되더라도 주채무와 동일한 목적의 독립채무를 부담하므로(제436조) C는 A와 동일한 이행의무를 부담한다(주채무자의 귀책사유에 의한 주채무의 불이행의 경우에 주채무는 손해배상채무로 변하고 보증인은 이도 보증해야 하므로(제429조 참조) 보증인으로 하여금 이에 갈음하거나 또는 이와 함께 독립된 채무를 부담시킬 필요가 없다. 반면 주채무자의 귀책사유에 의하지 않은 주채무의 불이행의 경우 주채무가 소멸하므로 보증인에게 동일한 내용의 '독립된' 채무를 부담케 할 필요성이 채권자에게는 있을 수 있지만, 주채무에의 부종성이라는 보증채무의 본질을 고려할 때 보증인에게 그 책임을 묻는 것은 타당하다고 볼 수 없다. 제436조가 '불이행'의 경우까지도 들고 있는 것은 무의미할 뿐만 아니라, 입법정책적으로도 타당하지 않다(이견 없음: 특히 김형배, 채권총론, 500면 참조)). 이 경우에 C에게는 A의 채무를 인수한 것과 같은 효과가 주어지므로 B의 청구를 거절할 수 없다. 물론 C는 동시이행의 항변을 할 수 있다.

C가 취소원인을 알고 있었는지의 여부에 관해서는 B에게 입증책임이 있다.

4) **A와 B의 매매계약에 관한 C의 취소권** 다수설에 따르면(곽윤직, 채권총론, 189면; 김주수, 채권총론, 288면; 김형배, 채권총론, 500면) 제433조는 주채무자가 이미 취소권을 행사하고 있

는 경우에 그 사실로써 보증인이 채권자에게 대항할 수 있다는 의미일 뿐, 보증인이 주채무자의 취소권을 행사할 수 있다는 것은 아니다. 또한 제435조도 주채무자가 취소권을 보유하고 있는 동안 보증인은 채권자에게 이행을 거절할 수 있다는 의미일 뿐, 보증인이 직접 주채무자의 취소권을 행사할 수 있는 것은 아니라고 이해한다.

원래 보증인은 주채무자에 의해 채무의 이전을 받는 것이 아니라 채권자와의 사이에서 독자적인 보증계약에 의해 독립된 별개의 채무를 부담하는 것이기 때문에 제140조의 취소권을 행사할 수 있는 승계인이 아니다. 또한 취소권은 취소권자인 주채무자의 주관적 판단에 의하여 행사되는 것이며, 보증채무의 부종성은 주채무의 내용형성·변경에 간섭할 수 있는 권리를 보증인에게 부여하는 것은 아니다. 보증인에게 이와 같은 취소권행사를 인정하는 것은 보증채무의 부종성의 관점에서 본래적 성질에 반한다.

2. B와 C의 연대보증계약에 관한 C의 취소권

(1) 문제의 소재

주채무자가 능력자라고 믿거나 또는 법정대리인의 동의를 얻은 것으로 믿고 보증인이 (연대)보증계약을 체결한 경우 착오를 이유로(제109조), 또는 이러한 외관에 대한 주채무자의 기망으로 보증계약을 체결한 경우 사기를 이유로(제110조) 보증인이 보증계약 자체를 취소하여 보증채무의 구속으로부터 벗어날 수 있는지가 문제된다.

(2) 주채무자의 기망에 의한 보증계약체결의 경우

원래 보증계약은 채권자와 보증인 사이에서 맺어지는 계약이므로 주채무자는 보증계약의 직접적인 당사자가 아니다. 그런 의미에서 주채무자는 보증계약관계의 당사자에 대한 관계에서 제3자에 해당한다. 따라서 주채무자의 사기(또는 강박)로 인하여 보증계약이 체결되었음을 채권자가 알았거나 알 수 있었을 경우에만 보증인은 이를 이유로 보증계약을 취소할 수 있다(제110조 제2항, 이런 의미에서 주채무자의 (일부)취소를 인정한 판례 [4-1] 참조(또한 그 실질적 성격으로 말미암아 보증에 관한 민법규정이 준용되는 이행보증보험계약에서 보험계약자(실질적 주채무자)의 기망을 이유로 한 보험자(실질적 보증인)의 보험계약(실질적 보증계약)의 취소의 효과로부터 보호되는 선의의 피보험자(실질적 채권자)에 관한 판례 [4-2] 참조)).

(3) 보증인이 착오로 보증계약을 체결한 경우

채권자와 보증인 사이에서 체결되는 보증계약의 특성상 주채무자의 자력이나·담보 등에 관하여 착오가 있더라도 이는 동기의 착오가 문제될 수 있을 뿐이다. 게다가 보증제도는 본래 주채무자의 무자력으로 인한 채권자의 위험을 인수하는 것이므로, 보증인이 주채무자의 자력에 대하여 조사한 후 보증계약을 체결할 것인지의 여부를 스스로 결정해야 하기 때문에 채권자는 보증인에게 채무자의 신용상태를 고지할 신의칙상의 의무를 부담하지 않는다는 것이 판례의 태도이기도 하다(판례 참조 [4-3]).

한편 동기의 착오와 관련하여 판례와 다수설은 그 동기가 명시적 또는 묵시적으로 표시된 경우에 한하여 내용의 착오가 되고 제109조가 적용될 수 있다고 한다(동기의 착오에 관하여 보다 자세한 것은 별도의 [사례 8] 참조). 그러나 근래에는 거래의 안전을 해친다는 점에서는 표시착오나 내용착오가 동기착오와 다를 바가 없다는 입장에서 다수설을 비판하는 견해가 있다. 이 견해는 동기가 명시적으로 또는 묵시적으로 표시되었느냐 하는 사실이 반드시 요구되지는 않으며, 계약시의 제반 사실관계를 고려하여 법률행위의 중요부분의 착오인가, 표의자에게 중대한 과실이 없는가를 판단하여 착오에 따른 취소권의 인정 여부를 결정해야 한다고 한다.

후자의 견해에 따라 사례를 판단한다면 구체적으로 B가 A의 무능력을 알고 있었는지, A와 C의 관계는 어떠한지, C는 A의 능력 여부를 조사하였는지 등이 착오로 인한 취소의 허용 여부를 판단함에 있어서 고려되어야 한다. 특히 동기의 착오가 계약상대방인 채권자에 의하여 유발된 경우에는 법률행위 내용에 관한 중대한 착오가 있는 것으로 볼 수 있다(판례 참조 [4-4]).

(4) 사안의 검토

사례에서 주채무자 A가 연대보증인 C를 기망 내지는 강박하였다고 볼 단서는 없다. 따라서 C는 제110조 제2항에 따른 취소권을 가지지 않는다.

또한 보증인 C가 주채무자 A의 행위무능력을 알지 못한 동기의 착오를 채권자 C가 유발하였다는 단서 역시 찾아볼 수 없다. 따라서 C는

제109조에 따른 취소권 역시 가지지 않는다. 보증계약을 체결할 때 C는 자신의 위험 아래 주채무자의 자력 유무는 물론 행위무능력에 관해서도 스스로 조사해 보았어야 하기 때문이다. 한편 C가 주채무에 취소원인(행위무능력)이 있음을 보증계약 당시 이미 알고 있었다면, 착오를 이유로 한 보증계약의 취소는 처음부터 문제되지 않는다.

3. 소 결

A 또는 그 법정대리인 E가 취소권을 행사하지 않고 있는 유동적 유효의 상태인 동안에 한하여 C는 보증채무의 이행을 거절할 수 있을 뿐, C는 연대보증채무로부터 해방될 수 없다.

Ⅲ. 설문(2): D의 보증채무의 범위(D가 B의 매매목적물인도채무를 부담하는지 여부)

1. 공작기계가 특정물인 경우

특정물인도채무에 관하여 보증계약이 체결된 때에 주채무자가 채무를 이행하지 않은 경우 보증인은 주채무와 동일한 특정물인도채무를 그대로 부담한다고 이해할 것인지, 아니면 주채무의 불이행으로 인한 손해배상채무에 대해서 보증채무를 부담하는 것으로 이해할 것인지가 문제된다(보증채무는 그 성질상 주채무와 동일한 내용의 급부를 목적으로 하므로 주채무는 대체적 급부를 내용으로 해야 한다. 따라서 그림을 그려준다거나 작곡을 해주는 채무와 같이 부대체적 급부를 목적으로 하는 채무에 있어서 보증이 행해진 경우에는 주된 채무가 불이행에 의하여 손해배상채무로 변하는 것을 정지조건으로 하는 조건부 보증계약이 체결되었다고 해석할 수 있다(이견 없음: 특히 김형배, 채권총론, 498면 참조). 김형배, 민법학강의(제6판), 1050면). 보증채무는 원칙적으로 주채무와 동일한 내용의 급부를 목적으로 하는바, 특정물인도채무는 그 성질상 원칙적으로 특정물의 소유권자인 주채무자만이 이를 실현할 수 있기 때문이다.

그러나 다음과 같은 특별한 사정이 있는 경우가 있을 수 있다. 첫째 특정물의 소유권자가 아닌 주채무자가 특정물인도채무를 부담(제569조 참조)하는 시점에 소유권자가 특정물인도채무를 보증하는 보증계약을 체결하는 경우가 있을 수 있다. 둘째 특정물인도채무를 부담하는 시점에는 주채무자가 소유권자였으나, 어떤 사정(예컨대 매수 또는 경락)으로 인하여 보증인이 특정물의 소유권을 취득하게 되는 경우가 있을 수 있다. 첫 번째 경우 주채무자는 보증인으로부터 특정물의 소유권을 취득하여 채권자에게 이를 이전할 수 없는 한, 채권자는 주채무자에 대하여 담보책임(제570조)을 묻거나 보증인에게 특정물의 인도를 청구할 수 있을 것이다. 담보책임을 묻는 경우 매수인은 계약을 해제할 수 있고, 그가 선의인 경우에 손해배상을 청구할 수 있다(제572조 제3항 참조). 이 때 보증인은 매도인의 원상회복의무 및 손해배상채무에 대해 보증책임을 부담한다. 두 번째 경우 특정물의 소유권이 계약성립 이후 보증인에게 이전됨으로써 매도인의 주채무가 후발적 이행불능으로 되고, (i) 주채무자에게 이에 대한 귀책사유가 있으면 주채무자의 채무는 전보배상의 손해배상채무로 존속하므로 보증인은 이러한 손해배상채무를 보증해야 한다. (ii) 주채무자에게 귀책사유가 없으면 주채무자의 특정물인도채무는 소멸하지만 채권자인 매수인에게 반대급부를 청구할 수 없다(제537조 참조). 보증채무도 존속상의 부종성에 따라 소멸하게 된다.

위 첫 번째 경우와 두 번째의 (i)의 경우에 주채무의 이행을 담보하는 보증채무의 기능적 측면을 고려한다면, 보증인이 채권자에게 행하는 급부가 주채무의 급부와 다르더라도 본래의 이행이 행하여진 것과 동일한 급부로 인정될 수 있는 것이라면, 그러한 보증인의 채무도 보증채무라고 해석할 수 있을 것이다(김형배, 민법학강의(제6판), 1050면). 이는 특히 연대보증의 경우 그 의의가 더욱 크다고 할 수 있다. 즉, 주채무자가 부담하는 (위 첫 번째 경우에는 원상회복의무 및) 손해배상채무에 관하여 채권자로부터 이행청구를 받은 보증인은 원래 보증채무의 내용인 특정물인도채무를 이행할 수 있고, 경우에 따라서는 이행해야 한다.

2. 공작기계가 종류물인 경우

사례에서 매매목적물인 공작기계가 종류물인 경우에는 당사자 사이에 특약이 없는 한 급부에 대체성이 있으므로 목적물의 인도에 대해서 보증채무가 성립하는 것은 당연하다.

3. 사안의 검토

먼저 A와 B 사이의 매매목적물인 공작기계가 특정물인 경우, (i) 주채무자 B가 여전히 특정물인 공작기계를 계속 소유하고 있다면 A는 B에 대하여 목적물의 인도와 지연손해의 배상을 청구할 수 있다. 그러나 D에 대해서는 지연손해의 배상만을 청구할 수 있을 것이다. (ii) D가 처음부터 특정물의 소유권자였거나, 또는 경락과 같은 사정으로 공작기계의 소유권을 사후에 취득한 경우에 A는 D에 대하여 기계의 인도 및 지연손해의 배상을 청구할 수 있다. (iii) 그러나 공작기계가 제3자에게 양도되어 본래의 급부인 특정물인도를 B에 대해서 청구할 수 없는 경우에 A는 D에 대하여 전보배상을 청구할 수 있다. 다만 위 어느 경우에도 D는 단순보증인이므로 최고·검색의 항변권을 갖는다(제437조, 제438조). 그러나 D는 A에 대하여 단순히 B에게 먼저 청구할 것을 항변할 수는 없다. 제437조에 따른 단순 보증인의 최고·검색의 항변권은 보증인이 주채무자에게 변제자력이 있는 사실 및 그 집행이 용이한 사실을 입증할 때에 비로소 성립할 수 있기 때문이다(판례 참조 [5]).

반면 공작기계가 종류물로 매매되었다면 ―'특정물'로 매매된 경우에서와는 달리 D가 처음부터 그런 종류의 공작기계의 소유권자였는지, 또는 D가 B로부터 그런 종류의 공작기계의 소유권을 취득했는지 여부와 상관없이― A는 D에 대하여 보증채무의 이행으로서 같은 종류의 기계의 인도를 청구할 수 있다. 물론 여기서도 D는 최고·검색의 항변권을 갖는다.

Ⅳ. 설문(3): A의 매매계약 해제시 A와 D의 법률관계

1. 문제의 소재

A가 B와의 매매계약에서 B의 이행지체 또는 이행불능을 이유로 해제한 경우, 주채무자 B가 부담하는 원상회복의무(대금반환의무) 및 손해배상의무에 대해서도 D가 보증채무를 부담해야 하는지가 문제된다. 해제에 따른 법률효과를 이해하는 태도에 따라 그 설명에서 다소 차이를 보일 수 있다.

2. 해제에 따른 법률효과에 관한 법리구성(해제의 법률효과에 관하여 보다 자세한 것은 별도의 [사례 46] 참조)

(1) 직접효과설

해제의 법률효과로서 계약의 소급적 소멸을 주장하는 판례와 다수설인 '직접효과설'에 따르면 주채무를 성립시킨 계약관계가 해제로 소급적으로 소멸함에 따라 주채무도 소멸하게 되고, 따라서 보증채무도 성립상의 부종성에 따라 소멸하게 된다. 따라서 이론상으로는 계약소멸 후 그 원인(제548조, 제551조)을 달리하여 발생하게 된 원상회복의무와 손해배상의무에 대해서 보증인은 보증책임을 지지 않는다고 해석해야 한다.

그러나 판례와 직접효과설은 보증계약을 체결하는 채권자와 보증인의 의사해석을 통하여 보증인은 계약에서 발생되는 본래의 채무뿐만 아니라, 주채무자가 계약당사자로서 부담하는 일체의 채무를 보증함으로써 그 계약의 불이행으로 상대방에게 손해가 생기지 않도록 해야 하기 때문에 계약이 해제된 경우 원상회복의무와 손해배상의무에 대해서도 ―그 채무들의 법적 성질에 구애됨이 없이― 보증한 것으로 본다(판례 [6] 참조).

(2) 청산관계설

청산관계설에 의하면 계약해제의 법률효과로서 계약관계는 소급적으로 소멸하지 아니하고 동일성을 유지하면서 청산관계로 변경될 뿐이며, 채무자가 원상회복의무와 손해배상의무를 모두 이행할 때 비로소 소멸하게 된다. 따라서 이러한 법리구성에 의하면 보증인이 이 채무들에 대해서도 보증채무를 부담하는 것은 오히려 당연한 귀결이다.

3. 사안의 검토

직접효과설과 청산관계설에 있어서 그 이론구성과 설명방식에는 차이가 있으나, 결과적으로 어느 학설을 취하든 A가 B의 채무불이행을 이유로 매매계약을 해제하고 보증인 D에 대하여 B에게 지급한 대금의 반환 및 손해배상을 청구하는 경우에 D는 이를 이행해야 한다. 다만 이 경우에도 단순 보증인 D는 최고·검색의 항변권을 갖는다(제437조, 제438조).

Ⅴ. 설문(1), (2) 및 (3)에 대한 해답

설문(1)에서 A 또는 그 법정대리인 E가 취소권을 행사하지 않고 있는 유동적 유효의 상태인 동안 C는 보증채무의 이행을 거절할 수 있을 뿐이다. 그 밖에는 사례에서 주어진 정황으로 보아 C가 연대보증채무를 면할 수 있는 길이 없다.

설문(2)에서는 만일 공작기계가 특정물로 매매되었다면 D가 공작기계의 소유권자인지 여부에 따라 A에 대한 의무가 달라질 수 있으나, 공작기계가 종류물로 매매되었다면 D가 그러한 종류의 공작기계의 소유권자인지에 관계없이, A는 D에 대하여 보증채무의 이행으로서 그 기계 또는 그러한 종류의 기계의 인도를 청구할 수 있다. 다만 D는 단순보증인으로서 최고·검색의 항변권을 갖는다.

설문(3)에서는 A가 B의 채무불이행을 이유로 매매계약을 해제하고 보증인 D에 대하여 B에게 지급한 대금의 반환(원상회복) 및 손해배상을 청구하는 경우에 D는 이를 이행해야 한다. 다만 단순보증인 D는 최고·검색의 항변권을 갖는다(제437조, 제438조). 이러한 결론은 해제에 따른 법률효과를 '직접효과설'에 의하여 구성하든, '청산관계설'에 의하여 구성하든 다르지 않다.

≪판 례≫

[1] 보증채무의 성립

[1-1] (대판 2006. 6. 27, 2005다50041) 주채무 발생의 원인이 되는 기본계약이 반드시 보증계약보다 먼저 체결되어야만 하는 것은 아니고, 보증계약 체결 당시 보증의 대상이 될 주채무의 발생원인과 그 내용이 어느 정도 확정되어 있다면 장래의 채무에 대해서도 유효하게 보증계약을 체결할 수 있다.

[1-2] (대판 1998. 12. 8, 98다39923) 보증계약의 성립을 인정하려면 당연히 그 전제로서 보증인의 보증의사가 있어야 하고, 이러한 보증의사의 존부는, 당사자가 거래에 관여하게 된 동기와 경위, 그 관여의 형식 및 내용, 당사자가 그 거래행위에 의하여 달성하려는 목적, 거래의 관행 등을 종합적으로 고찰하여 판단하여야 할 당사자의 의사해석 및 사실인정의 문제이지만, 보증은 이를 부담할 특별한 사정이 있을 경우 이루어지는

것이므로, 보증의사의 존재나 보증범위는 이를 엄격하게 제한하여 인정하여야 할 것이다.

[1-3] (대판 1998.6.26, 98다2051) 다른 사람이 발행하는 약속어음에 명시적으로 어음보증을 하는 사람은 그 어음보증으로 인한 어음상의 채무만을 부담하는 것이 원칙이고, 특별히 채권자에 대하여 자기가 그 약속어음 발행의 원인이 된 채무까지 보증하겠다는 뜻으로 어음보증을 한 경우에 한하여 그 원인채무에 대한 보증책임을 부담하게 되며, 어음보증 당시 그 어음이 원인채무(물품대금채무)의 담보를 위하여 발행·교부되는 것을 알고 있었다 하여도 이와 달리 볼 수가 없다(이미 대판 1984.2.14, 81다카979; 1997.12.9, 97다37005)(대판 1980.3.11, 80다15: 수표발행인이 수표를 담보로 타인으로부터 돈을 빌린다는 사실을 알면서 그 수표의 지급을 보증한 수표보증인은 그때로부터 수표발행인에게 돈을 대여하고 그 수표를 소지하는 사람에 대하여 그 수표의 액면금 범위에서 그 대여금 채무를 보증하는 의사를 수표발행인을 통하여 표시함으로써 민법상의 연대보증을 한 것이라고 보아야 한다).

[2] 독립된 별개의 채무로서 보증채무

[2-1] (대판 1977.3.8, 76다2667) 연대보증 또는 보증에 있어서 그 성질상 보증인은 채권자에 대하여 주채무자와 별개의 채무(보증채무)를 부담하고 다만 그 보증채무가 주채무와 동일한 내용을 가진다.

[2-2] (대판 2003.6.13, 2001다29803) 보증채무는 주채무와는 별개의 채무이기 때문에 보증채무 자체의 이행지체로 인한 지연손해금은 보증한도액과는 별도로 부담하고, 이 경우 보증채무의 연체이율에 관하여 특별한 약정이 있으면 그에 따르고, 특별한 약정이 없는 경우라면 그 거래행위의 성질에 따라 상법 또는 민법에서 정한 법정이율에 따라야 할 것이고, 주채무에 관하여 약정된 연체이율이 당연히 여기에 적용되는 것은 아니다.

[2-3] (대판 1986.11.25, 86다카1569) ① 채권자와 주채무자 사이의 판결 등에 의해 채권이 확정되어 그 소멸시효가 제165조에 따라 10년으로 되었다 할지라도 당해 판결 등의 당사자 이외의 채권자와 연대보증인 사이에서는 아무런 영향이 없고, 따라서 채권자의 연대보증인의 연대보증채권의 소멸시효기간은 여전히 종전의 소멸시효기간에 따른다. ② 보증채무가 주채무에 부종한다 할지라도 보증채무는 주채무와는 별개의 독립된 채무의 성질이 있고 민법 제440조가 주채무자에 대한 시효의 중단은 보증인에 대하여 그 효력이 있다고 규정하고 있으나 이는 보증채무의 부종성에 기한 것이라기보다는 채권자보호 내지 채권담보의 확보를 위한 특별규정으로서 이 규정은 주채무자에 대한 시효중단의 사유가 발생하였

을 때는 그 보증인에 대한 별도의 중단조치가 이루어지지 아니하여도 동시에 시효중단의 효력이 생기도록 한 것에 불과하고(대판 1994. 1. 11, 93다21477: 주채무자에 대한 시효중단의 사유가 없는 이상 연대보증인 겸 물상보증인에 대한 시효중단의 사유가 있다 하여 주채무까지 시효중단되었다고 할 수는 없다) 중단된 이후의 시효기간까지가 당연히 보증인에게도 그 효력을 미치는 것은 아니다.

[3] 보증채무의 부종성

*성립의 부종성

[3-1] (대판 2004. 12. 24, 2004다20265) 보증채무는 주채무와 동일한 내용의 급부를 목적으로 함이 원칙이지만 주채무와는 별개 독립의 채무이고, 한편 보증채무자가 주채무를 소멸시키는 행위는 주채무의 존재를 전제로 하므로, 보증인의 출연행위 당시에는 주채무가 유효하게 존속하고 있었다 하더라도 그후 주계약이 해제되어 소급적으로 소멸하는 경우에는 보증인은 변제를 수령한 채권자를 상대로 이미 이행한 급부를 부당이득으로 반환청구할 수 있다.

*존속의 부종성

[3-2] (대판 1991. 1. 29, 89다카1114) 제433조에 의하면 주채무가 시효로 소멸한 때에는 보증인도 그 시효소멸을 원용할 수 있으며 주채무자가 시효의 이익을 포기하더라도 보증인에게는 그 효력이 없다.

[3-3] (대판 1998. 2. 27, 97다16077) 현실적인 자금의 수수없이 형식적으로만 신규대출을 하여 기존 채무를 변제하는 이른바 대환은 특별한 사정이 없는 한 형식적으로는 별도의 대출에 해당하나 실질적으로는 기존 채무의 변제기의 연장에 불과하므로 그 법률적 성질은 기존 채무가 여전히 동일성을 유지한 채 존속하는 준소비대차로 보아야 하고, 이러한 경우 채권자와 보증인 사이에 있어서 사전에 신규대출형식에 의한 대환을 하는 경우 보증책임을 면하기로 약정하는 등의 특별한 사정이 없는 한 기존 채무에 대한 보증책임이 존속된다.

*내용과 형태의 부종성

[3-4] (대판 1997. 8. 29, 96다37879) 보증채무가 주채무에 종속한 채무를 포함한다고 규정하고 있는 제429조 제1항은 보증계약의 당사자 사이에 보증채무의 범위가 주채무의 종속채무에까지 미치는지의 여부에 관한 명시적 또는 묵시적 특약이 없고 이를 결정할 수 있는 특별한 사정도 없는 경우에 적용되는 보충적인 의사해석규정이라고 보아야 할 것이므로, 명시적 또는 묵시적 특약이나 특별한 사정이 있는 경우에는 적용되지 않는다.

[3-5] (대판 1996. 2. 23, 95다49141) 보증계약 체결 후 채권자가 보

증인의 승낙없이 주채무자에 대하여 변제기를 연장하여 준 경우, 그것이 반드시 보증인의 책임을 가중하는 것이라고는 할 수 없으므로 원칙적으로 보증채무에 대하여도 그 효력이 미친다(또한 같은 판례에서 채권자의 청구가 연대보증인에 대하여 그 보증채무의 이행을 구하고 있음이 명백한 경우에는, 손해배상책임의 유무 또는 배상의 범위를 정함에 있어 채권자의 과실이 참작되는 과실상계의 법리는 적용될 여지가 없다).

[3-6] (대판 1996. 2. 9, 94다38250) 보증인은 특별한 사정이 없는 한 채무자가 채무불이행으로 인하여 부담하여야 할 손해배상채무에 관하여도 보증책임을 진다고 할 것이고, 따라서 보증인으로서는 채무자의 채무불이행으로 인한 채권자의 손해를 배상할 책임이 있다고 할 것이나, 원래 보증인의 의무는 보증계약 성립 후 채무자가 한 법률행위로 인하여 확장, 가중되지 아니하는 것이 원칙이므로, 채무자의 채무불이행시의 손해배상의 범위에 관하여 채무자와 채권자 사이의 합의로 보증인의 관여없이 그 손해배상예정액이 결정되었다고 하더라도, 보증인으로서는 위 합의로 결정된 손해배상예정액이 채무불이행으로 인하여 채무자가 부담할 손해배상 책임의 범위를 초과하지 아니한 한도내에서만 보증책임이 있다.

[3-7] (대판 2004. 12. 23, 2004다46601) 채권금융기관들과 재무적 곤경에 처한 주채무자인 기업 사이에 기업의 경영정상화를 도모하고 채권금융기관들의 자산 건전성을 제고하기 위하여 일부 채권을 포기하거나 채무를 면제하는 등 채무조건을 완화하여 주채무를 축소·감경하는 내용의 기업개선작업약정을 체결한 경우, 이를 규율하는 기업구조조정촉진법에서 보증채무의 부종성에 관한 예외규정을 두고 있지 아니할 뿐만 아니라, 기업개선작업약정은 법원의 관여없이 일부 채권자들인 채권금융기관들과 기업 사이의 사적 합의에 의하여 이루어지고 그러한 합의의 내용에 따른 효력을 갖는 것으로서, 법원의 관여하에 전체 채권자들을 대상으로 하여 진행되고 법에서 정해진 바에 따른 효력을 갖는 화의법상의 화의와 동일시할 수 없어 여기에 보증채무의 부종성에 대한 예외를 정한 화의법 제61조, 파산법 제298조 제2항의 규정이 유추적용된다고 할 수도 없으므로, 보증인으로서는 원래의 채무 전액에 대하여 보증채무를 부담한다는 의사표시를 하거나 채권금융기관들과 사이에 그러한 내용의 약정을 하는 등의 특별한 사정이 없는 한, 보증채무의 부종성에 의하여 기업개선작업약정에 의하여 축소·감경된 주채무의 내용에 따라 보증채무를 부담한다.

*보증채무의 수반성(=이전의 부종성)

[3-8] (대판 2002. 9. 10, 2002다21509) ① 주채권과 보증인에 대한 채권의 귀속주체를 달리하는 것은, 주채무자의 항변권으로 채권자에게 대항할 수 있는 보증인의 권리가 침해되는 등 보증채무의 부종성에 반하

고, 주채권을 가지지 않는 자에게 보증채권만을 인정할 실익도 없기 때문에 주채권과 분리하여 보증채권만을 양도하기로 하는 약정은 그 효력이 없다. ② 보증채무는 주채무에 대한 부종성 또는 수반성이 있어서 주채무자에 대한 채권이 이전되면 당사자 사이에 별도의 특약이 없는 한 보증인에 대한 채권도 함께 이전하고, 이 경우 채권양도의 대항요건도 주채권의 이전에 관하여 구비하면 족하고, 별도로 보증채권에 관하여 대항요건을 갖출 필요는 없다.

[4] 보증계약 자체의 취소

[4-1] (대판 2002.9.10, 2002다21509) 채권자와 보증인 사이에 체결된 연대보증계약을 주채무자의 기망행위를 이유로 보증인이 취소하는 경우에 연대보증계약에 따른 보증책임이 금전채무로서 채무의 성격상 가분적이고, 보증인에게도 보증한도내에서의 보증의사는 있었다면 보증인의 취소는 그 보증한도를 초과하는 범위내에서만 효력이 생긴다.

[4-2] (대판 2001.2.13, 99다13737) 보증보험은 보험계약자인 채무자의 채무불이행으로 인하여 채권자가 입게 되는 손해의 전보를 보험자가 인수하는 것을 내용으로 하는 손해보험으로서, 형식적으로는 채무자의 채무불이행을 보험사고로 하는 보험계약이지만 실질적으로는 보증의 성격을 가지고 보증계약과 같은 효과를 목적으로 하고, 이행보증보험과 같은 경우 피보험자는 보증보험에 터잡아 물품공급계약을 체결하거나 이미 체결한 물품공급계약에 따른 물품인도의무를 이행하는 것이 보통이므로(일반적으로 타인을 위한 보험계약에서 보험계약자의 사기를 이유로 보험자가 보험계약을 취소하는 경우 보험사고가 발생하더라도 피보험자는 보험금청구권을 취득할 수 없다), 보증보험계약의 경우 보험자('보증인'의 지위)가 이미 보증보험증권을 교부하여 피보험자('채권자'의 지위)가 그 보증보험증권을 수령한 후 이에 터잡아 새로운 계약을 체결하거나 이미 체결한 계약에 따른 의무를 이행하는 등으로 보증보험계약의 채권담보적 기능을 신뢰하여 새로운 이해관계를 가지게 되었다면 그와 같은 피보험자의 신뢰를 보호할 필요가 있으므로, 주채무자에 해당하는 보험계약자가 보증보험계약을 체결함에 있어서 보험자를 기망하였다는 이유로 보험자가 보증보험계약 체결의 의사표시를 취소하였다 하더라도, 이미 그 보증보험계약의 피보험자인 채권자가 보증보험계약의 채권담보적 기능을 신뢰하여 새로운 이해관계를 가지게 되었다면, 피보험자가 그와 같은 기망행위가 있었음을 알았거나 알 수 있었던 경우이거나, 혹은 피보험자와 보험자 사이에 피보험자가 보험자를 위하여 보험계약자가 제출하는 보증보험계약 체결 소요서류들이 진정한 것인지 등을 심사할 책임을 지고 보험자는 그와 같은 심사를 거친 서류만을 확인하고 보증보험계약을 체결하도록

미리 약정이 되어 있는데, 피보험자가 그와 같은 서류심사에 있어서 필요한 주의의무를 다하지 아니한 과실이 있었던 탓으로 보험자가 보증책임을 이행한 후 구상권을 확보할 수 없게 되었다는 등의 특별한 사정이 없는 한 그 취소를 가지고 피보험자에게 대항할 수 없다.

[4-3] (대판 1998. 7. 24, 97다35276) 보증제도는 본질적으로 주채무자의 무자력으로 인한 채권자의 위험을 인수하는 것이므로, 보증인이 주채무자의 자력에 대하여 조사한 후 보증계약을 체결할 것인지의 여부를 스스로 결정하여야 하는 것이고, 채권자가 보증인에게 채무자의 신용상태를 고지할 신의칙상의 의무는 존재하지 아니한다.

[4-4] (대판 1987. 7. 21, 85다카2339) 신용보증기금의 신용보증에 있어서 기업의 신용유무는 그 절대적 전제사유가 되며 신용보증기금의 보증의사표시의 중요부분을 구성한다고 할 것이므로 채권자가 주채무자에게 금원을 대출해주고서 연체이자를 받은 사실이 있음에도 불구하고 아무런 연체가 없는 것처럼 작성·교부된 거래상황확인서를 주채무자가 신용보증기금에 제출하여 이를 믿은 신용보증기금이 주채무자가 신용 있는 중소기업인 것으로 착각하여 주채무자의 채권자로부터의 새로운 대출에 대하여 신용보증을 하게 되었다면 그 법률행위의 중요부분에 착오가 있는 경우에 해당한다.

[5] 단순보증인의 최고·검색의 항변권

(대판 1968. 9. 24, 68다1271) 제437조에 따른 보증인의 최고와 검색의 항변권은 보증인이 주채무자에게 변제자력이 있는 사실 및 그 집행이 용이한 사실을 입증할 때에 성립될 수 있고, 단순히 주채무자에게 먼저 청구할 것을 항변할 수 없다.

[6] 피보증계약의 해제에 따른 원상회복의무에 대한 보증인의 책임

(대판 1972. 5. 9, 71다1474) 타인간의 계약에 있어 그 계약상의 여러 가지 의무를 부담하는 당사자의 일방을 위하여 그 계약을 보증한 보증인은 상대방에 대하여 특단의 사정이 없는 한 피보증인의 채무불이행으로 인하여 그 계약이 해제되었음으로 인한 피보증인의 원상회복의 의무에 대하여도 책임을 진다.

관련사례 41-1 共同保證人의 對內·外的 法律關係

≪설 문≫

B는 A에 대하여 1,000만원의 차용금반환채무를 지고 있다. C는 단순보증인으로서, D는 연대보증인으로서 B의 위 채무를 보증하고 있다.

(1) B가 변제하지 않을 때 A는 C와 D에게 어떤 청구를 할 수 있는지를,

(2) 만일 C가 A에게 1,000만원을 지급하였다면 C는 누구를 상대로 어떤 청구를 할 수 있는지를 각각 검토하시오.

풀이제안

Ⅰ. 논점분석

(1) 주채무자 B의 채무에 대해서 C와 D는 공동보증인의 지위에 있으므로 분별의 이익의 인정 여부에 따라 달라질 수 있는 보증인 C와 연대보증인 D의 채권자 A에 대한 대외적 관계를, (2) C가 분별의 이익을 가짐에도 1,000만원의 채무 전부를 채권자 A에게 변제했을 경우 B와 D에 대한 구상관계를 검토해야 한다.

Ⅱ. 채권자에 대한 공동보증인의 대외적 관계

1. 보증채무의 내용

(단순)보증채무는 채권자와 보증인 사이에 체결되는 보증계약에 의해서 성립하는 채무로서 주채무자가 이행하지 않는 경우에 보증인이 이를 이행할 의무를 지는 것이고(제428조), 연대보증은 보증인이 주채무자와 연대하여 채무를 부담하는 것이다. (단순)보증채무와 연대보증은 모두 주채무의 이행을 담보하는 기능을 갖는다. 양자는 부종성이 있다는 점에서 공통되나 연대보증에는 보증채무에서와는 달리 보충성이 없다.

2. 공동보증의 형태

공동보증이란 동일한 주채무에 대하여 수인이 보증채무를 부담하는 보증의 모든 형태를 말한다. 이러한 공동보증의 형태로는 (i) 보통의 (단순)보증인들의 경우, (ii) 연대보증인들의 경우, (iii) 보통의 보증인들이 보증연대를 특약한 경우, (iv) 보증인들 중 일부는 단순 보증인이고 나머지는 연대보증인으로서 (i), (ii), (iii)이 혼합되는 경우가 있다.

민법은 공동보증인의 1인과 채권자와의 관계에 대하여 (i)의 경우에는 분별의 이익이 있음을 규정하고(제439조), 공동보증인 상호간의 구상관계에 관해서는 (i), (ii), (iii)의 경우를 구별하고 있다(제448조 참조).

3. 공동보증인간의 분별의 이익

공동보증인은 원칙적으로 분별의 이익을 갖는다(제439조, 제408조). 따라서 각 보증인은 채권자에 대하여 보증인의 수에 따라 주채무의 액을 균등한 비율로 분할한 액에 대해서만 보증채무를 부담하게 되어 분할채권관계가 성립한다(제408조). 다만 주채무가 불가분인 경우, 공동보증인 사이에 전부변제의 특약을 하고 이를 채권자와도 약정한 때(보증연대)('보증연대'에 관하여 자세한 것은 김형배, 채권총론, 529면 이하 참고) 또는 공동보증인이 각각 주채무자와 연대하여 채무를 부담한 때(연대보증)는 분별의 이익이 인정되지 않는다(제448조 제2항).

4. 사안의 검토

A와 B 사이에는 채권·채무관계가 성립하고 C는 보증인, D는 연대보증인이 되는 다수당사자의 채무관계가 성립한다. 한편 C와 D는 B의 채무에 대하여 공동보증관계에 있다.

주채무자 B의 채무는 금전채무로서 가분채무이고, C는 단순보증인으로서 분별의 이익을 갖지만 D는 연대보증의 특약을 하였으므로 분별의 이익을 가질 수 없다. 따라서 C는 A에 대하여 500만원의 보증채무를 부담하지만, D는 연대채무자와 마찬가지로 1,000만원에 대한 보증채무를 부담한다. 따라서 B가 변제하지 않을 경우 A는 C에 대하여 500만원, D에 대하여는 1,000만원의 지급을 각각 청구할 수 있다. 한편 C는 단순보증인으로서 최고·검색의 항변권을 가지는 데 반해(제437조, 제438조), D는 연대보증인이므로 최고·검색의 항변권을 가질 수 없다. 그러나 C와 D는 모두 보증인으로서 주채무자가 갖는 권리, 예컨대 기한유예의 항변권, 동시이행의 항변권(제536조), 주채무의 부존재 또는 소멸의 항변권, 시효소멸의 원용권, 주채무자의 상계권 등을 행사할 수 있으며 주채무자가 취소권·해제권 등을 가지는 경우에는 이행거절권을 행사할 수 있다(제433조, 제434조, 제435조).

Ⅲ. 공동보증인 상호간의 대내적 관계(구상관계)

1. 주채무자 B에 대한 C의 구상권

단순보증인 C가 채권자 A에 대하여 1,000만원의 채무를 변제한 것은 자기의 채무를 변제한 것이 되지만, 주채무자 B에 대한 관계에 있어서는 타인의 채무를 변제한 것이 된다. 따라서 C는 B에 대하여 구상권을 갖게 된다. 다만 C가 보증인이 된 것이 주채무자 B의 부탁에 의한 것이냐의 여부에 따라 구상권의 범위와 제한에 차이가 있다.

(1) C가 B의 '수탁보증인'인 경우

만일 C가 B의 부탁으로 보증인이 되고 1,000만원을 변제하여 주채무를 소멸시킨 경우에, C는 원칙적으로 주채무자 B에 대하여 1,000만원 전액을 구상할 수 있다(제441조 제1항). B에 대한 C의 구상권에는 B가 면책된 날 이후의 법정이자, 피할 수 없는 비용, 손해배상이 포함된다(제441조 제2항, 제425조 제2항).

만일 C가 주채무의 변제기 전에 변제를 한 경우 C는 B가 가지는 기한의 이익을 해하지 못하므로, 기한 전 변제를 B가 승낙하지 않았다면 주채무의 변제기가 도래하기 전에 구상권을 행사할 수 없다.

(2) C가 B의 '비수탁보증인'인 경우(김형배, 채권총론, 525면 참조)

C가 B의 부탁 없이 보증인이 된 경우에는, C가 보증인이 된 것이 B의 의사에 반하는지 여부에 따라 구상권의 범위가 달라진다.

B의 부탁은 없지만 C가 보증인이 된 것이 B의 의사에 반하지 않는 경우에 C는 B가 '그 당시에 이익을 받은 한도'에서 배상을 받을 수 있다(제444조 제1항). 즉, 부탁을 받지 않은 보증인의 구상권의 범위는 사무관리의 비

용상환청구권의 범위(제739조 제1항 참조)와 같다. 따라서 C는 1,000만원 전액을 구상할 수 있으나, B가 면책된 날 이후의 법정이자와 손해배상에 대해서는 구상할 수 없다.

그러나 B의 부탁이 없었고, 또한 B의 의사에 반하여 C가 보증인이 되어 1,000만원의 출재로 주채무를 소멸하게 한 경우에 B는 C에게 '현존이익'의 한도(박준서(대표집필), 주석민법(채권총칙(2)), 333면 참조)에서 배상하면 된다(제444조 제2항, 제739조 제3항 참조). 이 경우에 B가 구상한 날 이전에 상계원인이 있음을 주장한 때에는 그 상계로 소멸할 채권은 C에게 이전된다(제444조 제3항).

(3) 구상권의 제한

위의 어느 경우이든 C가 B에 대하여 면책행위의 사전·사후의 통지를 게을리 하면 제445조에 의하여 구상권의 제한을 받게 된다(판례 [1] 참조). 즉, C가 미리 B에게 통지하지 않고서 변제로 주채무를 소멸시킨 때에는 B는 채권자 A에게 대항할 수 있는 사유로써 C에게 대항할 수 있고, 그 대항사유가 상계인 경우에는 상계로 소멸할 채권은 당연히 C에게 이전한다(제445조 제1항).

또한 C가 1,000만원의 변제를 하였으면서도 이를 사후에 B에게 통지하지 않았다면 C가 변제했다는 사실을 알지 못한 채, 즉 선의로 A에게 면책행위를 한 B는 C에게 자기의 면책행위의 유효를 주장할 수 있다(제445조 제2항). 이 때 C는 A에게 부당이득반환청구권을 가진다(제742조 참조).

2. 다른 공동보증인 D에 대한 C의 구상권

(1) 구상권의 범위

C와 D는 B에 대하여 공동보증인의 관계에 있다. 그런데 공동보증인 중 1인이 자기의 부담부분을 넘는 변제를 한 경우에는 다른 공동보증인에 대해서도 구상권을 행사할 수 있다(판례 [2], [3] 참조). 구상권의 범위는 채권자에게 변제를 행한 공동보증인이 분별의 이익을 가지는가의 여부에 따라 달라진다. 분별의 이익이 없는 공동보증인이 주채무를 변제한 경우에는 제425조 내지 제427조에 따른 연대채무자 사이의 구상권에 관한 규정이 준용되지만(제448조 제2항), 분별의 이익이 있는 경우에는 제444조가 준용된다(제448조 제1항).

(2) 사안의 검토

C는 단순보증인으로서 분별의 이익을 갖는다. 따라서 C는 원래 자기가 부담하는 분할보증채무액인 500만원에 대해서만 이행하면 된다. 그런데 C는 자기의 부담부분을 넘어 주채무 전액 1,000만원을 변제하였기 때문에 자기의 부담부분을 넘는 변제에 대해서는 비수탁보증인의 변제와 같이 다룰 수 있으므로 제448조 제1항에 따라 제444조를 준용하여 D에 대해서도 그 당시의 이익을 받은 한도에서 구상청구를 할 수 있다. 따라서 C는 D에 대해 500만원을 구상할 수 있다.

3. B 및 D에 대한 C의 구상권 사이의 관계

C는 주채무자 B에 대하여 1,000만원의 구상권을 가지고 있고, 공동보증인 D에 대해서도 500만원의 구상권을 가지고 있다. C의 구상채권에 상응하는 1,000만원의 급부에 대하여 B와 D 사이에 주관적 관련이 없다. 따라서 B와 D는 부진정연대채무의 관계에 있다고 할 수 있다. 만일 C가 B에 대한 1,000만원의 구상소송에서 승소판결을 얻었으나 현실적으로 변제를 받지 못한 경우에는 D를 상대로 500만원의 한도내에서 구상권을 행사할 수 있다(김형배, 민법학강의(제6판), 1069-1070면 참조).

Ⅳ. 설문에 대한 해답

설문(1)에서 C와 D는 B의 공동보증인이므로 B가 채무를 변제하고 있지 않은 경우 A에 대하여 B의 채무를 대신 변제할 의무를 부담한다. 단, C는 (단순)보증채무를 부담하므로 A에 대해서 500만원만 이행하면 되나, D는 연대보증인이므로 채무전액(1,000만원)에 대하여 이행하여야 한다.

설문(2)에서 C가 채무전액(1,000만원)에 대하여 이행하였다면 C는 주채무자 B에 대하여 1,000만원의 구상권을 가지게 되고, 공동보증인 D에 대해서도 500만원의 구상권을 가진다. B와 D는 500만원의 한도에서 부진정연대채무관계에 있다.

≪관련판례≫

[1] 보증인의 구상권행사를 위한 요건으로서 주채무자에의 통지

(대판 1997.10.10, 95다46265) 제446조의 규정은 제445조 제1항의 규정을 전제로 하는 것이어서 제445조 제1항의 사전 통지를 하지 아니한 수탁보증인까지 보호하는 취지의 규정은 아니므로, 수탁보증에 있어서 주채무자가 면책행위를 하고도 그 사실을 보증인에게 통지하지 아니하고 있던 중에 보증인도 사전 통지를 하지 아니한 채 이중의 면책행위를 한 경우에는 보증인은 주채무자에 대하여 제446조에 의하여 자기의 면책행위의 유효를 주장할 수 없다고 봄이 상당하고 따라서 이 경우에는 이중변제의 기본원칙으로 돌아가 먼저 이루어진 주채무자의 면책행위가 유효하고 나중에 이루어진 보증인의 면책행위는 무효로 보아야 하므로 보증인은 제466조에 기하여 주채무자에게 구상권을 행사할 수 없다.

[2] 공동보증인 사이의 구상관계

[2-1] (대판 1993.5.27, 93다4656) ① 수인의 보증인이 있는 경우에는 그 사이에 분별의 이익이 있는 것이 원칙이지만, 그 수인이 연대보증인일 때에는 각자가 별개의 법률행위로 보증인이 되었으므로 보증인 상호간에 연대의 특약(보증연대)이 없었더라도 채권자에 대하여는 분별의 이익을 갖지 못하고 각자의 채무 전액을 변제하여야 하고, 다만 보증인들 상호간의 내부관계에 있어서는 일정한 부담부분이 있고 그 부담부분의 비율에 관하여는 특약이 없는 한 각자 평등한 비율로 부담한다. ② 연대보증인 가운데 한 사람이 채무의 전액이나 자기의 부담부분 이상을 변제하였을 때에는 다른 보증인에 대하여 구상할 수 있고 다만 다른 보증인 가운데 이미 자기의 부담부분을 변제한 사람에 대하여는 구상할 수 없다.

[2-2] (대판 2004.9.24, 2004다27440·28504) 공동보증은 통상의 보증과 마찬가지로 주채무에 관하여 최종적인 부담을 지지 아니하고 전적으로 주채무의 이행을 담보하는 것이고(제428조), 공동보증인은 자기의 출재로 공동면책이 된 때에는 그 출재한 금액에 불구하고 주채무자에게 구상을 할 수 있는 것이므로(제441조 제1항, 제444조), 채권자에 대한 관계에서는 공동연대보증인이지만 내부관계에서는 실질상의 주채무자인 경우에 다른 연대보증인이 채권자에 대하여 그 보증채무를 변제한 때에 그 연대보증인은 실질상의 주채무자에 대하여 구상권을 행사할 수 있는 반면에 실질상의 주채무자인 연대보증인이 자기의 부담부분을 넘어서 그 보증채무를 변제한 경우에는 다른 연대보증인에 대하여 제448조 제2항, 제425조에 따른 구상권을 행사할 수는 없다.

[2-3] (대판 2001. 2. 9, 2000다55089) 이행(지급)보증보험은 보험계약자인 채무자의 주계약상의 채무불이행으로 인하여 피보험자인 채권자가 입게 되는 손해의 전보를 보험자가 인수하는 것을 내용으로 하는 손해보험으로서 실질적으로는 보증의 성격을 가지고 보증계약과 같은 효과를 목적으로 하는 점에서 보험자와 채무자 사이에는 민법의 보증에 관한 규정이 준용된다고 할 것이나, 이와 같은 보증보험계약과 주계약에 부종하는 보증계약은 계약의 당사자, 계약관계를 규율하는 기본적인 법률규정 등이 상이하여 보증보험계약상의 보험자를 주계약상의 보증인과 동일한

지위에 있는 공동보증인으로 보기는 어렵다 할 것이므로, 보험계약상의 보험자와 주계약상의 보증인 사이에는 공동보증인 사이의 구상권에 관한 제448조가 당연히 준용된다고 볼 수는 없다.

[3] 주채무 일부에 관한 공동보증인 사이의 구상관계

[3-1] (대판 2002.3.15, 2001다59071) 주채무자를 위하여 수인이 연대보증을 한 경우, 어느 연대보증인이 채무를 변제하였음을 내세워 다른 연대보증인에게 구상권을 행사함에 있어서는 그 변제로 인하여 다른 연대보증인도 공동으로 면책되었음을 요건으로 하는 것인데, 각 연대보증인이 주채무자의 채무를 일정한 한도에서 보증하기로 하는 이른바 일부보증을 한 경우에는 달리 특별한 사정이 없는 한, 각 보증인은 보증한 한도 이상의 채무에 대하여는 그 책임이 없음은 물론이지만 주채무의 일부가 변제되었다고 하더라도 그 보증한 한도 내의 주채무가 남아 있다면 그 남아 있는 채무에 대하여는 보증책임을 면할 수 없다고 보아야 하므로, 이와 같은 경우에 연대보증인 중 1인이 변제로써 주채무를 감소시켰다고 하더라도 주채무의 남은 금액이 다른 연대보증인의 책임한도를 초과하고 있다면 그 다른 연대보증인으로서는 그 한도금액 전부에 대한 보증책임이 그대로 남아 있어 위의 채무변제로써 면책된 부분이 전혀 없다고 볼 수밖에 없고, 따라서 이러한 경우에는 채무를 변제한 위 연대보증인이 그 채무의 변제를 내세워 보증책임이 그대로 남아 있는 다른 연대보증인에게 구상권을 행사할 수는 없다.

[3-2] (대판 2005.3.11, 2004다42104) ① 수인의 보증인이 주채무자의 채무를 일정한 한도에서 보증하기로 하는 이른바 일부보증을 한 경우에 보증인 중 1인이 채무의 전액이나 자기의 부담부분 이상을 변제함으로써 다른 보증인의 책임한도가 줄어들게 되어 공동으로 면책이 되었다면 다른 보증인에 대하여 구상을 할 수 있고, 그 부담부분의 비율에 대하여는 그들 사이에 특약이 있으면 당연히 그에 따르되 그 특약이 없는 경우에는 각자 보증한도액의 비율로 부담하게 된다. ② 채무자의 채권자에 대한 별개의 각 대출금을 각각 보증한 두 개의 보증회사 중 하나인 신용보증기금이 채무자의 잔존채무를 모두 변제함으로써 채무자의 다른 보증회사에 대한 구상금채무를 보증한 연대보증인이 공동으로 면책된 경우, 신용보증기금은 연대보증인에 대하여 부기등기금액에 의한 배당금의 안분비율에 따른 자기의 부담부분을 초과하는 부분에 대하여 구상할 수 있다.

事例　42

不眞正連帶債務

≪설 문≫

자신 소유의 공터(甲토지)에 건축물이 들어서기까지 요금을 받고 차량 등을 보관해주던 A는 어느 날 주차공간이 부족하자, D가 맡긴 승용차를 공터 입구의 도로변에 일단 세워 놓았다. C회사의 업무차량인 화물차를 운전하던 기사 B는 갑자기 걸려온 휴대폰을 받느라 주의가 산만해진 탓에 주차된 D의 차를 추돌하였고, 이를 파손시켰다.

(1) D에 대한 A, B 및 C의 책임을 검토하시오.

(2) A, B 및 C 사이의 내부적인 법률관계를 검토하시오.

목차제안

Ⅰ. 논점분석

Ⅱ. 설문(1): D에 대한 A, B 및 C의 책임

1. A의 채무불이행을 이유로 한 손해배상책임
   (1) 임치계약과 채무불이행책임의 성립요건
   (2) 사안의 검토
2. B의 불법행위를 이유로 한 손해배상책임
   (1) 불법행위에 의한 손해배상책임의 성립요건
   (2) 사안의 검토
3. C의 사용자책임을 이유로 한 손해배상책임
   (1) 사용자책임의 성립요건
   (2) 사안의 검토

4. A, B 및 C의 D에 대한 법률관계
(1) A와 B의 D에 대한 법률관계
(2) B와 C의 D에 대한 법률관계
(3) A와 C의 D에 대한 법률관계
(4) 소 결

Ⅲ. 설문(2): A, B 및 C 사이의 내부적 법률관계
1. A, B 및 C 사이의 구상관계
(1) 부진정연대채무에 있어서 구상관계
(2) 판례의 태도
(3) 사안의 검토
2. A, B 및 C 사이의 부담부분
3. 소 결

Ⅳ. 설문(1) 및 (2)에 해답

풀이제안

Ⅰ. 논점분석

D와 A 사이에는 계약관계가 존재한다. 따라서 A가 D의 자동차를 도로변에 방치하는 것이 채무불이행은 아닌지 여부를 검토하여 그에 따른 A의 책임성립 여부를 검토해야 한다. 한편 B는 D의 차에 추돌하여 손해를 발생케 하였으므로 불법행위책임의 성립 여부를, B의 사용자인 C에 대해서는 사용자책임의 성립 여부를 각각 검토해야 한다. 즉, 설문(1)에서는 A, B, C의 손해배상책임의 원인과 내용에 관하여 검토해야 한다. 설문(2)에서는 D에게 발생한 하나의 손해(차량 파손)에 대하여 A, B와 C가 모두 동일한 손해에 대하여 책임을 부담하므로 '하나의 급부'(D자동차의 파손으로 인한 손해배상)를 중심으로 채권자 D와 채무자 A, B, C가 존재하는 다수당사자의 채권관계가 성립할 수 있다. 따라서 A, B, C 3자의 D에 대한 법률관계와 이들 3자 사이의 내부적 법률관계를 검토해야 한다.

Ⅱ. 설문(1): D에 대한 A, B 및 C의 책임

1. A의 채무불이행을 이유로 한 손해배상책임

(1) 임치계약과 채무불이행책임의 성립요건

당사자의 일방(임치인)이 상대방(수치인)에 대하여 금전이나 유가증권 기타 물건의 보관을 위탁하고, 상대방이 이를 승낙하게 되면 임치관계가 성립한다(제693조). 임치는 원칙적으로 무상이지만, 당사자의 특약에 의하여 유상으로 할 수 있다. 임치가 무상인가 유상인가를 구분하는 이유는 특히 수치인의 주의의무의 정도, 즉 채무자의 과실유무를 판단하는 기준이 다르기 때문이다. 무상임치의 경우에 수치인은 '자기재산과 동일한 주의'를 가지고 임치물을 보관하면 된다(제695조). 따라서 구체적 경과실에 대해서만 책임을 지기 때문에, 유상임치의 경우(선량한 관리자의 주의의무: 추상적 경과실, 제374조 참조)보다 주의의무가 경감된다. 한편 수치인이 상인인 경우 그 영업의 범위 내에서 물건의 임치를 받은 때에는 비록 무상이더라도 선량한 관리자의 주의로 보관하여야 한다(상법 제62조 참조).

채무의 내용에 좇은 이행을 하지 않았고, 이에 대하여 자신의 고의·과실 등의 귀책사유가 있는(제391조 참조) 경우 채무자는 채무불이행을 이유로 손해배상책임을 진다(제390조 참조).

(2) 사안의 검토

사례에서 A는 자신 소유의 토지에 차량 등을 보관해주면서 주차료 내지 보관료를 받기 때문에 A와 D 사이에서는 유상임치관계가 성립한 것으로 판단할 수 있다. 유상수치인으로서 A가 수치한 D의 차량을 ―비록 주차공간이 확보되는 대로 옮겨놓을 생각이었더라도― 도로변에 '방치'하였다면, 이는 선량한 관리자로서의 주의의무를 위반한 것으로 평가할 수 있다.

이에 따라 A는 D에 대하여 불완전이행으로 인한 채무불이행책임을 부담해야 한다(제390조). 즉, A는 D에게 자동차파손이라는 1차 손해 및 후속손해 중 통상손해에 대해서 배상책임을 부담한다(제390조, 제393조 제1항)(이에 관하여는 이미 [사례 35] 참조. 다수설에 따를 경우, D의 자동차파손이라는 손해는 D의 자동차를 도로변에 방치한 A의 행위와 상당인과관계에 있으므로 A는 그 자동차파손에 대하여 손해배상책임이 있다).

2. B의 불법행위를 이유로 한 손해배상책임

(1) 불법행위에 의한 손해배상책임의 성립요건

불법행위에 의한 손해배상책임이 성립하기 위해서는 (i) 가해자의 고의·과실 있는, (ii) 위법한 행위에 의해, (iii) 피해자에게 손해가 발생해야 하고, (iv) 그러한 위법행위와 손해발생 사이에 인과관계가 인정되어야 하며, (v) 가해자에게 책임능력이 있어야 한다.

(2) 사안의 검토

사례에서 B는 운전중에 휴대폰을 사용하는 부주의로 D의 차량을 추돌하여 파손시킴으로써 손해를 발생케 하였으므로 불법행위로 인한 손해배상책임을 부담해야 한다(제750조). 위법성조각 또는 책임능력의 미비 등 B의 면책사유는 존재하지 않는 것으로 판단된다. 또한 설문에서 주어진 정보에 기초한다면 D에게 인적 손해는 발생하지 않고 다만 물적 손해만이 발생한 것으로 보이며, 따라서 자동차손해배상보장법상의 책임은 문제되지 않는다(동법 제3조 참조).

3. C의 사용자책임을 이유로 한 손해배상책임

(1) 사용자책임의 성립요건

일반적으로 사용자책임이 성립하기 위해서는(제756조), (i) 사용자가 그의 사무에 종사시키기 위하여 타인을 사용할 것, (ii) 피용자가 '사무집행에 관하여' 손해를 주었을 것, (iii) '제3자'에게 손해를 주었을 것, (iv) 사용자가 피용자의 선임 및 그 사무감독에 관하여 상당한 주의를 하지 않았을 것(제756조 제1항 단서의 반대해석) 등의 요건이 필요하다. 통설(대위책임설)은 사용자책임의 성립을 위해서 피용자의 가해행위가 고의·과실에 의한 위법행위일 것을 요구한다(예컨대 곽윤직, 채권각론, 419면. 사용자책임의 전제조건으로서 피용자 자신의 불법행위의 성립을 요하는가에 대한 대위책임설과 자기책임설(내지 고유책임설)의 대립에 관하여 자세한 것은 별도의 [사례 53] 참조).

(2) 사안의 검토

사례에서 B는 C회사의 피용인으로서 C를 위한 회사의 업무수행중에 제3자인 D에게 손해를 주었다고 판단된다. 또한 사용자책임에 있어서는 주관적 요건으로 사용자에게 피용자의 선임·감독상의 주의를 다하지 못한 과실이 있어야 하는바, C가 이러한 선임·감독상의 주의의무를 다했다는 사실을 입증하지 못하는 한(입증책임의 전환) 과실이 추정되어 사용자책임이 인정된다. 사용자책임이 성립하기 위해서는 피용자 자신의 불법행위가 성립해야 하는가에 관하여 학설이 대립하고 있으나, 어느 견해에 의하든 이 사례에서 피용자 B의 불법행위가 인정되므로 C는 사용자책임을 부담한다(제756조). 따라서 D는 C에 대하여 사용자책임으로 인한 손해배상청구권을 갖게 된다.

4. A, B 및 C의 D에 대한 법률관계

사례에서 A, B 및 C는 D의 손해(자동차의 파손)에 대한 배상에 관하여 각각 독립된 책임을 부담하기 때문에 하나의 급부(D의 자동차파손으로 인한 손해배상)를 중심으로 채권자 D에 대하여 다수당사자의 채권관계에 놓일 수 있다. 이를 차례로 검토하면 다음과 같다.

(1) A와 B의 D에 대한 법률관계

A와 B는 동일한 사실관계로부터 야기된 손해의 배상이라는 동일한 내용의 급부에 관하여 각각 독립하여 전부의 급부를 하여야 할 채무를 부담하고 있지만, 채무불이행의 주체인 채무자로서 수치인 A와 불법행위의 가해자인 B는 주관적 공동관계가 없으므로 부진정연대채무관계에 있다고 판단된다.

원래 부진정연대채무는 수인의 채무자가 동일한 내용의 급부에 관하여 각각 독립하여 전부의 급부를 하여야 할 채무를 부담하고, 그 가운데 한 사람 또는 수인이 그 하나의 급부를 이행하면 모든 채무자의 채무는 소멸한다. 이 점에 있어서는 연대채무와 마찬가지지만, 각 채무자 사이에 공동목적에 의한 주관적 관련은 없다(이설 없음, 판례[1]도 참조).

(2) B와 C의 D에 대한 법률관계

B의 불법행위책임(제750조)과 C의 사용자책임(제756조)과의 관계는 독립된 별개의 것으로서 각자의 책임발생원인이 다르다. 원래 부진정연대채무관계는 각각 책임발생원인을 달리하는, 그러나 동일한 손해발생이라는 사실관계를 기초로 성립될 수 있으므로 B와 C는 D에 대하여 부진정연대채무를 부담한다.

(3) A와 C의 D에 대한 법률관계

C는 B의 사용자로서 A와의 관계에서는 B에 준하는 지위에 있는 것으로 판단해야 할 것이다(대위책임설의 기본관점: 판례 [1] 참조). 따라서 채무불이행책임을 부담하는 수치인 A와 사용자책임을 부담하는 C도 손해배상채권의 주체인 D에 대한 관계에 있어서는 부진정연대채무관계에 있다고 보아야 한다.

(4) 소 결

결국 A, B 및 C는 D에 대한 손해배상채무에 관하여 부진정연대채무의 관계에 놓이게 된다. 부진정연대채무관계에 있어서는 채무자 1인에 생긴 사유 중 변제, 대물변제, 공탁 등 채권자를 실질적으로 만족시키는 사유는 절대적 효력을 갖지만, 그 이외의 사유는 다른 채무자에게 아무 영향을 줄 수 없다. 즉, 제416조 내지 제422조의 규정이 적용되지 않는다. 판례도 특히 채무자 1인의 채권자에 대한 상계(판례 [3-1] 참조)(다만, 판례 [3]도 참조할 것) 또는 채권자의 채무자 1인에 대한 면제(판례 [3-2] 내지 [3-4] 참조)가 상대적 효력만을 가지는 것으로 판시한 바 있다.

채권자는 (진정)연대채무에 있어서와 동일한 내용의 권리를 갖는다. 따라서 D는 A, B, C 가운데 1인에 대하여 채무의 전부나 일부의 이행을 청구하거나, 또는 A, B, C 전부에 대하여 동시에 또는 순차로 채무의 전부나 일부의 이행을 청구할 수 있다(제414조 참조). 그러나 D가 채무자 중 1인에 대하여 한 시효중단은 다른 채무자에게 아무 효력이 없다(판례 [3-5] 참조).

Ⅲ. 설문(2): A, B 및 C 사이의 내부적 법률관계

1. A, B 및 C 사이의 구상관계

(1) 부진정연대채무에 있어서 구상관계

부진정연대채무에 있어서는 주관적 공동관계가 없으므로 부담부분이 없고 따라서 구상관계를 당연한 내용으로 하지 않는다(이설 없음: 곽윤직, 채권총론, 177면; 김형배, 채권총론, 485면). 다만 특별한 법률관계가 있을 때(제756조 제3항 참조), 또는 종국적인 배상책임을 어느 특정인, 예컨대 방화자와 화재보험회사 사이에서는 '방화자'가, 법인의 대표자와 법인 사이에 있어서는 '대표자'가 부담할 때에는 부진정연대채무관계에도 구상 내지 이에 준하는 법률관계가 인정될 수 있다(법정감독의무자와 대리감독자, 사용자와 감독자, 점유자와 보관자 사이의 관계에 있어서는 일반적으로 그들 사이의 계약관계가 정하여진다. 자세한 것은 김형배, 채권총론, 479면 이하 특히 485면 참조).

부진정연대채무에 있어서 구상관계(또는 내부적 청산관계)는 공동면책을 위한 출재의 분담이라는 주관적 관계가 아니라 우연히 그들 채무자 사이에 존재한 별개의 법률관계에 기인하는 것이므로 연대채무에 있어서의 구상관계와는 그 성질을 달리한다. 그러나 구상 내지 내부적 청산관계를 인정하지 않는다면 실제 변제를 한 자만이 손해를 본다는 불공평한 결과가 생기므로 형평의 원칙(판례 [5-2] 참조)을 고려하여 부담부분을 결정해야 할 것이다.

또한 부진정연대채무자 상호간에는 주관적인 밀접한 연관관계가 없기 때문에 구상요건으로서의 통지에 관한 제426조의 규정은 유추적용될 수 없다(판례 [5-1] 참조).

(2) 판례의 태도

판례도 공동불법행위자 사이에 부진정연대채무관계가 성립하면 가해자들의 과실의 정도에 따라 부담부분이 정해지고 그 중 어느 일방이 단독으로 피해자에게 손해를 배상하였다면 다른 일방에 대한 구상권으로 그의 부담부분을 청구할 수 있다고 판시한다(판례 [5-3], [5-4] 참조).

(3) 사안의 검토

사례에서 부진정연대채무관계에 있는 A, B, C 사이에는 구상관계가 인정된다고 볼 수 있다. 만일 구상관계를 인정하지 않는다면 배상자대위(제399조), 사무관리(제734조 이하) 또는 부당이득(제741조 이하)의 규정을 통하여 구상적 기능을 담당하도록 해야 할 것이다. 그러나 이와 같은 구제방법은 위 사안에 적합한 것이라고 볼 수 없다. 그러므로 A가 전액배상을 하였다면 B 및 C에 대하여 구상할 수 있고, C가 배상하였다면 A 및 B에게 구상할 수 있다.

2. A, B 및 C 사이의 부담부분

A, B, C 사이의 구상관계를 긍정한다면 A와 B 사이에는 과실의 정도에 따라 부담부분이 정해져야 할 것이다. C의 사용자책임이 면책되지 않는 경우(사용자가 선임·감독상의 주의의무를 입증하지 못한 경우. 그러나 판례는 사용자의 면책을 거의 인정하지 않고 있다) C의 부담부분은 B의 부

담부분에 준하는 것으로 볼 수 있다. C의 부담부분은 A, C 사이에서는 의미가 있으나, B, C 사이에는 제756조 제3항에 따라 C가 B에게 다시 구상할 수 있기 때문에 별 의미가 없는 것으로 생각될 수 있다. 그러나 C가 B의 불법행위에 대하여 원인적 기여를 한 것이 있으면 그 한도내에서 C의 구상권은 제한된다(이에 관해서는 [사례 53]에서 인용된 판례 참고).

3. 소 결

부진정연대채무관계에 있는 A, B, C 사이에는 구상관계가 인정되고 이러한 구상관계의 인정을 전제로 어느 한 채무자가 D에 대하여 전액 배상한 경우 내부적 관계에서의 각자의 부담부분을 기초로 나머지 두 채무자에게 그들의 부담부분에 비례한 구상을 청구할 수 있다.

Ⅳ. 설문(1) 및 (2)에 해답

설문(1)에서 A, B 및 C는 D에 대한 손해배상채무를 중심으로 부진정연대채무관계에 있다. 따라서 D는 A, B, C 가운데 1인에 대하여 채무의 전부나 일부의 이행을 청구하거나, 또는 A, B, C 전부에 대하여 동시에 혹은 순차로 채무의 전부나 일부의 이행을 청구할 수 있다.

설문(2)에서 A, B, C 중 어느 한 채무자가 D에 대하여 전액배상을 한 때에는 나머지 두 채무자의 부담부분에 대하여 각자의 부담부분을 구상할 수 있다. 만일 일부배상을 한 경우라면 자신의 부담부분을 제외한 나머지 배상부분에 대하여 각자의 부담비율에 따라 구상할 수 있다.

≪판 례≫

[1] 사용자책임의 성질

(대판[전] 1992. 6. 23, 91다33070) 피용자와 제3자가 공동불법행위로 피해자에게 손해를 가하여 그 손해배상채무를 부담하는 경우에 피용자와 제3자는 공동불법행위자로서 서로 부진정연대관계에 있고, 한편 사용자의 손해배상책임은 피용자의 배상책임에 대한 대체적 책임이어서 사용자도 제3자와 부진정연대관계에 있다고 보아야 할 것이므로, 사용자가 피

용자와 제3자의 책임비율에 의하여 정해진 피용자의 부담부분을 초과하여 피해자에게 손해를 배상한 경우에는 사용자는 제3자에 대하여도 구상권을 행사할 수 있으며, 그 구상의 범위는 제3자의 부담부분에 국한된다고 보는 것이 타당하다.

[2] 부진정연대채무관계의 성립

[2-1] (대판 1994. 11. 11, 94다22446) 그의 이행보조자가 임차물인 점포의 출입을 봉쇄하고 내부시설공사를 중단시켜 임차인으로 하여금 그 사용·수익을 하지 못하게 한 행위에 대하여 임대인은 채무불이행으로 인한 손해를 배상할 의무가 있고, 또한 이행보조자도 사정을 알면서도 위와 같은 방법으로 임차인으로 하여금 점포를 사용·수익하지 못하게 한 것은 임차권을 침해하는 불법행위를 이룬다고 할 것이므로 임차인에게 불법행위로 인한 손해배상의무가 있다고 할 경우, 임대인의 채무불이행책임과 그의 이행보조자의 불법행위책임은 동일한 사실관계에 기한 것으로 부진정연대채무관계에 있다.

[2-2] (대판 1998. 9. 22, 97다42502·42519) 트랙터가 서울특별시 내의 일반국도를 주행중 육교에 충돌하여 그 육교상판이 붕괴되면서 이로 인하여 때마침 육교 밑을 통과해 오던 버스운전사가 사망함으로써 위 트랙터에 관하여 공제계약을 체결한 전국화물자동차운송사업조합연합회가 그 유족에게 손해배상금을 지급하여 공동면책된 경우, 피고 대한민국은 위 육교의 관리사무의 귀속주체로서, 피고 서울특별시는 위 육교의 비용부담자로서 각 손해배상책임을 지는 것이고, 국가배상법 제6조 제2항의 규정은 도로의 관리주체인 국가와 그 비용부담자인 시, 구 상호간에 내부적으로 구상의 범위를 정하는 데 적용될 뿐 이를 들어 구상권자인 공동불법행위자에게 대항할 수 없는 것이므로, 피고들은 부진정연대채무자로서 각자 피고들 전체의 부담부분(전체 손해액 중 구상권자인 전국화물자동차운송사업조합연합회가 부담할 부분을 제외한 전액)에 관하여 구상권자의 구상에 응하여야 하는 것이지 피고별로 분할채무를 지는 것이 아니다.

[2-3] (대판 1999. 2. 23, 97다12082) 인화성물질 등이 산재한 밀폐된 신축 중인 건물 내부에서 용접작업 등 화재 발생 우려가 많은 작업을 하던 중 화재가 발생하여 피용자가 사망하였다면 공사수급인은 건물의 점유자로서 그 보존상의 하자에 따른 불법행위로 인한 손해배상책임을, 사용자는 피용자의 안전에 대한 보호의무를 다하지 아니한 채무불이행으로 인한 손해배상책임을 각 부담하며, 그 채무는 부진정연대채무의 관계에 있다.

[3] 부진정연대채무자 1인에게 생긴 사유, 예컨대 시효중단·상계·면제의 상대적 효력

[3-1] (대판 1989. 3. 28, 88다카4994) 부진정연대채무자 상호간에 있

어서 채권의 목적을 달성시키는 변제와 같은 사유는 채무자 전원에 대하여 절대적 효력을 발생하나 그 밖의 사유는 상대적 효력을 발생하는 데에 그치는 것으로서 연대채무에 관한 제418조 제1항은 부진정연대채무에는 적용되지 않으므로 부진정연대채무자 중의 1인이 채권자에 대한 반대채권으로 채무를 대등액에서 상계하더라도 그 상계로 인한 채무소멸의 효력은 다른 부진정 연대채무자에게 미치지 않는다(동지: 대판 1996.12.10, 95다24364).

[3-2] (대판 1994.5.27, 93다21521) 부진정연대채무에 있어서 부진정연대채무자 1인이 한 상계가 다른 부진정연대채무자에 대한 관계에 있어서도 공동면책의 효력 내지 절대적 효력이 있는 것인지는 별론으로 하더라도, 부진정연대채무자 사이에는 고유의 의미에 있어서의 부담부분이 존재하지 아니하므로 위와 같은 고유의 의미의 부담부분의 존재를 전제로 하는 제418조 제2항은 부진정연대채무에는 적용되지 아니하는 것으로 봄이 상당하고 따라서 부진정연대채무에 있어서는, 한 부진정연대채무자가 채권자에 대하여 상계할 채권을 가지고 있음에도 상계를 하지 않고 있다 하더라도 다른 부진정연대채무자가 그 채권을 가지고 상계를 할 수는 없는 것으로 보아야 한다.

[3-3] (대판 1989.5.9, 88다카16959) 피용자의 사무집행에 관한 불법행위로 인한 피해자가 피용자 자신으로부터의 배상에 의하여 일부 또는 전부의 현실적 만족을 얻었을 때에는 그 범위내에서 사용자의 배상책임도 소멸하나 현실적 만족 이외의 채무면제나 합의의 효력 등은 그 피해자가 나아가 다른 손해배상의무자(사용자)에 대하여는 더 이상의 손해배상청구를 하지 아니할 명시적 또는 묵시적 의사표시를 하는 등의 다른 특별한 사정이 없는 한 사용자에 대하여는 그 효력이 미칠 수 없다.

[3-4] (대판 1980.7.22, 79다1107) 공동불법행위로 인한 손해배상책임은 소위 부진정연대채무관계에 있는 것이므로 그 중의 한 채무자에 대한 채무면제는 제419조가 적용되지 아니하여 다른 채무자에게는 그 효력이 미치지 아니하며 공동불법해위자 중 1인의 구상권 행사에 대하여 다른 공동불법행위자는 자기의 채무가 면제되었음을 이유로 그 구상을 거절할 수 없다.

[3-5] (대판 1997.9.12, 95다42027) 부진정연대채무에 있어 채무자 1인에 대한 이행의 청구는 타 채무자에 대하여 그 효력이 미치지 않으므로, 하천구역으로 편입된 토지의 소유자가 서울특별시장에게 보상금지급청구를 하였다 하더라도 부진정연대채무관계에 있는 국가에 대하여 시효중단의 효과가 발생한다고 할 수 없다.

[4] 피해자에 대한 가해자(피보험자)의 손해배상채무와 보험자의 손해배상채

무에 있어서 상계의 절대적 효력

(대판 1999.11.26, 99다34499) 상법 제724조 제2항의 규정에 의하여 인정되는 피해자의 보험자에 대한 손해배상채권과 피해자의 피보험자에 대한 손해배상채권은 별개 독립의 것으로서 병존한다고 하더라도, 위 각 채권은 피해자에 대한 손해배상이라는 단일한 목적을 위하여 존재하는 것으로서 객관적으로 밀접한 관련공동성이 있으므로 그 중 하나의 채권이 만족되는 경우에는 특별한 사정이 없는 한 다른 채권도 그 목적을 달성하여 소멸한다고 보아야 할 것인바, 보험자가 자신의 피해자에 대한 반대채권을 스스로 행사하여 상계를 한 경우에는 상계한 금액의 범위내에서 피해자에 대한 변제가 이루어진 것과 같은 경제적 효과가 달성되어 피해자를 만족시키게 되므로 그 상계로 인한 손해배상채권 소멸의 효력은 피보험자에게도 미친다(대판 1999.2.12, 98다44956: 상법 제724조 제2항에 의하여 피해자에게 인정되는 직접청구권의 법적 성질은 보험자가 피보험자의 피해자에 대한 손해배상채무를 병존적으로 인수한 것으로서 피해자가 보험자에 대하여 가지는 손해배상청구이고 피보험자의 보험자에 대한 보험금청구권의 변형 내지는 이에 준하는 권리가 아니다).

[5] 부진정연대채무자 사이의 구상관계

[5-1] (대판 1976.7.13, 74다746) 부진정연대채무라고 할 공동불법행위로 인한 손해배상채무에 있어서는 채무자 상호간에 주관적인 밀접한 연관관계가 없으므로 구상요건으로서의 통지에 관한 제426조의 규정은 유추적용할 수 없다(동지: 대판 1998.6.26, 98다5777).

[5-2] (대판 2006.1.27, 2005다19378) ① 이른바 부진정연대채무의 관계에 있는 복수의 책임주체 내부관계에 있어서는 형평의 원칙상 일정한 부담 부분이 있을 수 있으며, 그 부담부분은 각자의 고의 및 과실의 정도에 따라 정하여지는 것으로서 부진정연대채무자 중 1인이 자기의 부담부분 이상을 변제하여 공동의 면책을 얻게 하였을 때에는 다른 부진정연대채무자에게 그 부담부분의 비율에 따라 구상권을 행사할 수 있다. ② 부진정연대채무자 상호간에 있어서 채권의 목적을 달성시키는 변제와 같은 사유는 채무자 전원에 대하여 절대적 효력을 발생하지만 그 밖의 사유는 상대적 효력을 발생하는 데에 그치는 것이므로 피해자가 채무자 중의 1인에 대하여 손해배상에 관한 권리를 포기하거나 채무를 면제하는 의사표시를 하였다 하더라도 다른 채무자에 대하여 그 효력이 미친다고 볼 수는 없다 할 것이고, 이러한 법리는 채무자들 사이의 내부관계에 있어 1인이 피해자로부터 합의에 의하여 손해배상채무의 일부를 면제받고도 사후에 면제받은 채무액을 자신의 출재로 변제한 다른 채무자에 대하여 다시 그 부담부분에 따라 구상의무를 부담하게 된다 하여 달리

볼 것은 아니다.

[5-3] (대판 1997.12.12, 96다50896) ① 공동불법행위자는 채권자에 대한 관계에서는 연대책임(부진정연대채무)을 지되, 공동불법행위자들 내부관계에서는 일정한 부담부분이 있고, 이 부담부분은 공동불법행위자의 과실의 정도에 따라 정하여지는 것으로서 공동불법행위자 중 1인이 자기의 부담부분 이상을 변제하여 공동의 면책을 얻게 하였을 때에는 다른 공동불법행위자에게 그 부담부분의 비율에 따라 구상권을 행사할 수 있다. ② 공동불법행위자 중 1인이 다른 공동불법행위자에 대하여 구상권을 행사하기 위하여는 자기의 부담부분 이상을 변제하여 공동의 면책을 얻었음을 주장·입증하여야 하며, 위와 같은 법리는 피해자의 다른 공동불법행위자에 대한 손해배상청구권이 시효소멸한 후에 구상권을 행사하는 경우라고 하여 달리 볼 것이 아니다. ③ 피해자가 부진정연대채무자 중 1인에 대하여 손해배상에 관한 권리를 포기하거나 채무를 면제하는 의사표시를 하였다 하더라도 다른 채무자에 대하여 그 효력이 미친다고 볼 수는 없다. ④ 공동불법행위자간 구상권의 발생 시점은 구상권자가 현실로 피해자에게 손해배상금을 지급한 때이다.

[5-4] (대판 1997.8.26, 94다37844) 자동차가 충돌하여 승객이 피해를 입은 경우 각 가해차량의 운행자들은 피해자에 대하여 부진정연대채무를 부담하나, 그 내부관계에 있어서는 각 운전자의 과실의 정도에 따라 부담부분이 정하여지고, 운행자 중 일방이 자기의 부담부분을 초과하여 변제함으로써 공동의 면책을 얻게 하였을 때에는 다른 운행자에 대하여 상대방의 부담부분에 상당하는 금액을 구상할 수 있지만 이 경우 채권의 목적을 달성시키는 변제와 같은 사유는 채무자 전원에 대하여 절대적 효력이 발생하지만 그 밖의 사유는 상대적 효력을 발생하는 데 그치므로, 어느 가해운행자 중 일방이 피해자와 운행지배와 운행이익을 어느 정도 공유하여 그와의 관계에서 손해배상액이 감액되었다고 하더라도 이와 같은 사정은 운행자성을 가지는 피해자에 대한 관계에서만 주장할 수 있는 것으로서, 자신과 부진정연대의 관계에 있는 다른 채무자와의 구상관계에서 감액된 금액을 기준으로 면책 범위를 정하거나 자기의 부담부분을 산정하여야 한다고 주장할 수는 없다.

[5-5] (대판 2000.3.14, 99다67376) 금액이 다른 채무가 서로 부진정연대의 관계에 있을 때 금액이 많은 채무의 일부가 변제 등으로 소멸하는 경우 그 중 먼저 소멸하는 부분은 당사자의 의사와 채무 전액의 지급을 확실히 확보하려는 부진정연대채무제도의 취지에 비추어 볼 때 다른 채무자와 공동으로 채무를 부담하는 부분이 아니라 단독으로 채무를 부담하는 부분으로 보아야 한다.

[5-6] (대판 1991.10.22, 90다20244) 수인의 불법행위로 인한 손해배상책임은 부진정연대채무이나 그 구상권 행사에 있어서는 성질상 연대채무에 관한 규정이 준용된다고 할 것인데 그 구상권에 관하여 규정한 제425조 제1항의 규정에 의한 구상권 행사의 상대방은 공동면책이 된 다른 연대채무자에 한하는 것이며, 다른 연대채무자가 그 채권자에게 부담하는 채무를 연대보증한 연대보증인은 그 연대채무자와 연대하여 채권자에게 채무를 변제할 책임을 지는데 불과하고 채무를 변제한 연대채무자에게까지 그 연대보증한 연대채무자의 부담부분에 관한 채무를 변제할 책임을 부담하는 것은 아니라고 할 것이다.

事例 43

債權의 二重讓渡

≪설 문≫

임차인 A는 임대인 B에 대하여 1,000만원의 임차보증금반환채권을 가지고 있다. 그런데 A는 이 채권을 C에게 양도하였고, 이 사실을 2006. 2. 3.자 내용증명우편으로 B에게 통지하였으며, 이 우편물은 그 다음 날 B에게 배달되었다. C는 당일 B에게 채무의 이행을 청구하였고 이에 B는 C에게 1,000만원을 지급하였다. 그러던 중 '2006. 2. 1.자로 채권자 A가 B에 대한 임차보증금반환채권을 D에게 양도한다'는 내용이 기재된 공정증서가 우편으로 2006. 2. 5. 채무자 B에게 배달되었다.

B와 C, B와 D, A와 C 및 C와 D 사이의 법률관계를 차례로 검토하시오.

목차제안

Ⅰ. 논점분석

Ⅱ. B와 C 사이의 법률관계(B에 대한 C의 보증금반환청구권)

1. 채권양도와 대항용건
   (1) 채권의 양도성
   (2) 지명채권양도의 대항요건
   (3) 사안의 검토
2. 채권이 이중으로 양도된 경우 우선적 지위를 가지는 양수인
   (1) 견해의 대립
   (2) 판례의 태도

풀이제안

Ⅰ. 논점분석

사례에서 채권자 A는 채무자 B에 대한 보증금반환채권을 C와 D에게 이중으로 양도하고, 이 사실을 B에게 통지하였다. C에의 채권양도는 내용증명우편으로 통지되었고, D에의 채권양도는 공정증서로 작성되어 있어서 두 채권양도 사실이 모두 확정일자 있는 통지(자세한 내용은 김형배, 민법학강의(제6판), 1093면 참고)의 대항요건을 갖추고 있다.

그런데 지명채권양도의 대항요건과 관련하여 제450조 제2항은 '채권이 이중으로 양도되거나 이에 준하는 관계(양도된 채권에 대한 질권설정, 압류 또는 전부명령 등의 경합)가 발생한 경우 채무자 이외의 제3자에게 대항하기 위해서는 통지나 승낙이 확정일자 있는 증서에 의한 것이어야 함'을 요구할 뿐, 두 양수인이 모두 제3자에 대한 채권양도의 대항요건을 갖추고 있는 경우 누가 우선적 지위를 가지는지는 규정하고 있지 않다. 따라서 이러한 경우 누구에게 우선적 지위를 부여할 것인지를 검토해야 한다. 만약 열후적 지위를 가지는 것으로 판단되는 양수인에 대한 채무자의 변제행위가 있는 경우, 이는 변제수령권한이 없는 자에 대한 변제이므로 채권의 준점유자에 대한 변제(제470조 참조)로서의 효력을 검토해야 한다. 끝으로 우선적 지위를 가지는 양수인이 확정됨에 따른 당사자들간의 법률관계를 각각 검토해야 한다.

Ⅱ. B와 C 사이의 법률관계(B에 대한 C의 보증금반환청구권)

1. 채권양도와 대항요건

(1) 채권의 양도성

채권은 일반적으로 양도성을 지닌다(제449조 제1항). 다만, 채권자가 특정되어 있는 지명채권에 있어서는 채권의 성질상 양도가 제한되며(제449조 제1항 단서), 양도금지에 관한 당사자의 의사표시가 있거나(제449조 제2항 본문), 법률의 규정이 있는 경우에도 역시 양도가 제한된다(판례 참조 [1]).

(2) 지명채권양도의 대항요건

채권의 양도성은 일반적으로 인정되지만 지명채권은 권리의 소재, 즉 귀속주체를 공시할 수 있는 수단을 가지고 있지 않다는 취약점이 있다. 그러므로 지명채권의 경우 그 양도성을 인정하더라도 채무자와 양수인의 보호를 위해서 일정한 공시적 기능을 수행하는 제도적 장치가 필요하다. 이런 취지에서 민법은 채무자에 대하여 채권양도의 사실을 주장하기 위해서는 채권양도에 대한 양도인(채권자)의 통지 또는 채무자의 승낙을 요한다고 규정하고 있으며(제450조 제1항)(판례 참조 [2]), 제3자에게 대항하기 위해서는 확정일자 있는 통지 또는 승낙을 그 요건으로 규정하고 있다(동조 제2항)(판례 참조 [3]). 확정일자는 당사자가 사후에 변경할 수 없는 확정된 일자이며 법률상 인정되는 일자로서(민법부칙 제3조에 이에 관한 규정이 있다. 사문서에 대해서는 공증인 또는 법원서기가 일정한 절차에 따라(동조 제2항) 확정일자인을 찍은 경우의 일자(동조 제1항), 공정증서의 일자, 공무소에서 사문서에 어느 사항을 증명하고 이에 일자를 기재한 때의 일자(내용증명우편의 일자 등) 등이 확정일자이다) 통지서나 승낙서에 대해서 필요하다(판례 [3]에서 특히 [3-2] 참조).

(3) 사안의 검토

사례에서 A가 B에 대하여 가지는 보증금반환채권은 법률상 양도가 제한되는 채권(예컨대 임차권의 경우: 제629조)이 아니며, 이를 양도하더라도 임대인에게 아무런 불이익을 주지 않으므로 원칙적으로 양도성이 인정된다고 볼 수 있다(판례 참조 [4]). 따라서 당사자 A와 B 사이에 양도를 금지·제한한다는 약정이 없는 한, A의 B에 대한 보증금반환채권의 양도는 유효하다.

이러한 B에 대한 A의 보증금반환채권이 C와 D에게 양도되었는데 A의 C에 대한 양도는 내용증명우편으로, D에 대한 양도는 공정증서로 B에게 통지되었다. 이로써 C와 D는 채무자인 B뿐만 아니라 제3자(C에 있어서는 D, D에 있어서는 C)에게도 채권의 양수 사실을 가지고 대항할 수 있는 요건을 갖추었다. 따라서 C와 D 사이에 누가 우선적 지위에 있는가 하는 문제가 발생한다(그러나 제449조 이하에서 말하는 '채권양도'가 이중으로 가능한지는 법리적으로 의심스럽다. 왜냐하면 일단 준물권계약으로서 '채권양도'가 이루어지면 양도인에게는 더 이상 채권이 귀속되어 있지 않고, 양수인만이 채권자이기 때문이다. 이는 (확정일자 있는) 채무자에의 통지나 승낙이 채권양도의 성립요건이 아니라, 대항요건이라는 점에서도 더욱 분명하다. 따라서 이하의 설명은 채권이 이중으로 '매도'된 경우 어느 채권매수인이 우선적 지위를 가지는가의 문제에 대한 풀이로 이해해야 한다. 결론적으로 제450조 제2항에서 말하는 제3자에의 대항요건을 갖춘 채권매수인이 우선적 지위를 가진다).

2. 채권이 이중으로 양도된 경우 우선적 지위를 가지는 양수인

채권이 이중으로 양도된 경우에 누구에게 우선적 지위를 부여할 것인가 하는 문제와 관련하여 민법은 제450조 제2항에서 양도와 공시의 시기를 확정하기 위해서 통지나 승낙을 '확정일자 있는 증서'로 하여야 한다고 규정하고 있을 뿐, 이중양도가 행해지고 각 양도에 대해 '모두 확정일자 있는' 증서에 의한 통지가 있는 경우에 관해서는 규율하는 바가 없다. 이에 대하여 견해의 대립이 있다.

(1) 견해의 대립

채권의 이중양도가 행해지고 각 양도가 모두 대항요건을 갖추고 있는 경우 권리자를 확정하는 데 있어서, 확정일자의 선후를 기준으로 하는 견해(다수 의견)(곽윤직, 채권총론, 220-221면; 김주수, 채권총론, 337면; 김형배, 채권총론, 597면)와 확정일자 있는 통지의 도달시기의 선후를 기준으로 하는 견해(소수 의견)(박경량, '지명채권의 이중양도와 대항요건', 민사법학 제6호, 183면 이하 참조)가 있다.

(2) 판례의 태도

판례는 채권이 이중으로 양도된 경우에 양수인 상호간의 우열은 통지 또는 승낙에 붙여진 확정일자의 선후에 의하여 결정할 것이 아니라, 채권양도에 대한 채무자의 인식, 즉 확정일자 있는 양도통지가 채무자에게 도달한 일시 또는 확정일자 있는 승낙의 일시의 선후에 의하여 결정하여야 할 것이라는 태도를 취함으로써 확정일자 있는 통지의 도달시기의 선후를 기준으로 하는 견해를 따르고 있다(판례 참조 [3-4]).

(3) 견해의 검토

확정일자 있는 통지나 승낙을 제3자에 대한 대항요건으로 하는 취지, 즉 이해관계자가 악의로 통지나 승낙의 시기를 소급시킬 수 없도록 하려는 취지에 비추어 본다면, 확정일자 있는 증서는 양도의 시점을 객관적으로 확정할 수 있을 뿐만 아니라, 우열기준을 획일적으로 처리할 수 있기 때문에 확정일자 자체의 선후를 기준으로 하는 것이 타당할 것이다.

(4) 사안의 검토

확정일자 있는 통지의 도달시기의 선후를 기준으로 하는 학설과 판례의 태도에 따르면 C는 진정한 권리자로 판단되며, 따라서 B의 C에 대한 변제는 유효한 변제이고, 이로써 B에 대한 임차보증금반환채권은 소멸한다.

그러나 확정일자의 선후를 기준으로 하는 학설에 따라 사례를 검토하면, C에 대한 양도 사실이 내용증명우편으로 B에게 먼저 통지되었다 하더라도, 확정일자에서 앞서는 D에 대한 양도가 제3자(즉, C)에 대한 대항요건을 먼저 갖춘 것이 되어 D가 진정한 권리자가 된다. 즉, 이 견해에 의하면 B가 C에게 행한 변제는 무권리자에 대한 변제가 된다. 따라서 채권의 준점유자에 대한 변제로서의 효력을 검토해야 한다.

3. 채권의 준점유자에 대한 변제의 효력

(1) 견해의 대립

채권의 준점유자에 대한 변제의 효력과 관련하여 이른바 절대적 효력설(예컨대 곽윤직, 채권총론, 244면; 김주수, 채권총론, 394면)에 의하면 채무자가 채권의 준점유자에 대해 선의로 변제(제470조)를 하면, 변제는 확정적·절대적 효력을 가지므로 채무자는 채권의 준점유자에 대해서 반환을 청구할 수 없을 뿐만 아니라, 채무자에 대한 채권자의 채권도 소멸한다고 한다.

그러나 제470조의 취지는 선의·무과실의 채무자를 보호하기 위한 규정으로서, 채권자가 변제를 요구할 때 채무자가 채권의 준점유자에 대한 변제가 유효하다는 것을 원용하여 채권자에게 대항할 수 있다는 의미로 해석되어야 한다. 따라서 이 규정은 채무자의 원용 여부에 상관없이 채권의 준점유자에 대한 변제를 그대로 확정함으로써, 채무자의 준점유자에 대한 부당이득의 반환청구를 제한하려는 규정이라고는 할 수 없다. 그러므로 채권자에게 변제를 한 채무자는 채권의 준점유자에 대해서 부당이득의 반환청구를 할 수 있다고 해석해야 할 것이다(상대적 효력설)(예컨대 김형배, 채권총론, 682면; 이은영, 채권총론, 118면 및 123면).

(2) 사안의 검토

상대적 효력설에 따라 채무자 B는 C에 대하여 부당이득반환청구권을 행사함으로써 자신이 변제한 보증금을 반환 받은 후, 이를 다시 D에게 변제할 수 있다.

Ⅲ. B와 D 사이의 법률관계(B에 대한 D의 보증금반환청구권)

A는 B에 대한 보증금반환청구권을 D에게 양도하고 2006. 2. 1.자로 이와 같은 양도 사실을 공정증서로 작성하였다. A와 D 사이에서 양도사실이 공정증서로 작성된 것은 2. 1.이지만, 그 사실이 B에게 통지된 것은 사흘 후인 2. 5.이었다. 확정일자 있는 증서제도(제450조 제2항)의 취지에 비추어 확정일자의 선후를 기준으로 하여, 비록 통지는 늦었으나 그 증서의 일자가 앞서는 D가 보호되는 것이 타당하다고 생각된다. 따라서 D는 채무자 B에게 채무의 이행을 청구할 수 있다.

B는 D에 대한 양도 사실의 통지가 도달하기 전인 2. 3.자로 자신에 대한 A의 채권이 C에게 양도되었다는 사실을 내용증명우편으로 통지받았고, C의 이행청구가 있는 당일 변제하여 버렸다. 그러나 D가 진정한 채권자로서 D만이 변제를 청구하고 수령할 수 있는 권한을 가진다. B가 C에게 보증금을 지급한 것은 A가 내용증명우편으로 채권양도를 했음을 통지받은 사실을 기초로 한 것이고, B는 A와 D 사이의 채권양도 사실을 모르고(선의) 있었기 때문에 채권양도에서 발생하는 이중변제의 위험을 채무자인 B가 부담한다는 것은 타당하지 않다. 그러므로 B가 C를 진

정한 채권자로 믿었고 그렇게 믿는 데 과실이 없었다면, B는 D에게 C에 대한 변제의 유효를 주장할 수 있다(제470조). 따라서 그 한도에서 D에 대한 보증금반환채무는 소멸하고 D는 B에게 보증금의 반환을 청구할 수 없다.

특히 B가 C에게 변제한 후에 C가 무자력이 된 경우 B가 D에 대하여 제470조를 원용하는 것은 B를 위하여 실익이 있다. 이 경우에 A는 D에 대하여 채무불이행책임을 부담해야 할 것이다(제390조). 그러나 채무자 B가 C에 대해서 부당이득반환청구권을 행사하여 보증금의 반환을 받아 진정한 채권자인 D에게 보증금을 변제하는 것까지 막을 이유는 없다(채권의 준점유자에 대한 변제의 효력에 있어 상대적효력설).

Ⅳ. A와 C 사이의 법률관계(A에 대한 C의 권리)

1. 채권양도인의 양수인에 대한 책임

채권양도계약은 양도인과 양수인 사이의 불요식의 낙성계약이다(반면 증권적 채권의 양도계약에 있어서는 그 양도시에 배서·교부 또는 교부가 있어야 하므로 요식계약이라고 하는 견해가 다수설이다. 김주수, 채권총론, 315면; 김형배, 채권총론, 560-561면. 異見: 곽윤직, 채권총론, 206면; 이은영, 채권총론, 462면). 따라서 채권양도계약은 당사자 사이의 합의만으로 효력이 발생한다. 그러나 양도인은 양수인이 대항요건을 갖출 수 있도록 해주어야 할 의무를 부담한다고 해석된다(판례 [4-1] ② 참조).

그러므로 채권을 이중으로 양도한 양도인이 제2양수인에게 먼저 대항요건을 구비하게 해준다면 그는 제1양수인에게 채무불이행책임을 져야 한다. 반면 양도인이 제1양수인에 대한 양도 사실을 확정일자 있는 증서에 의해 채무자에게 통지하고 먼저 제1양수인에게 대항요건을 갖추어 준 경우에는 제2양수인에게 채무불이행책임, 또는 유상계약의 경우에는 담보책임을 부담한다(판례 [4-1] ③ 참조).

2. 사안의 검토

사례에서 채권을 궁극적으로 양수받지 못한 C는 A에게 채무불이행으로 인한 손해배상책임(제390조)을 물을 수 있다. 또한 C는 확정일자 있는 증서의 성립시기에 따라 D에의 채권양도가 있은 후에 이중으로 양도를 받은 제2양수인으로 판단되므로, A는 C에게 담보책임(제570조)을 부담해야 할 것이다(그러나 준물권행위인 채권양도행위에 의하여 먼저 채권의 양도를 받은 제1양수인이 제2양수인보다 확정일자 있는 증서를 나중에 받는 경우도 있을 수 있다).

Ⅴ. C와 D 사이의 법률관계(C에 대한 D의 부당이득반환청구권)

이중양수인인 C와 D 사이에는 B의 보증금반환채무의 이행과 관련하여 부당이득반환의 문제가 발생한다. 진정한 채권양수인인 D에게 귀속될 채권을 C가 변제받음으로써 부당이득을 취득하였기 때문이다. 이는 채권의 준점유자에 대한 변제의 효력을 절대적으로 이해할 것인가, 아니면 상대적으로 파악할 것인가의 견해의 대립과는 무관하다. 따라서 D는 법률상 원인 없이 B로부터 수령한 보증금의 반환을 C에게 청구할 수 있다(제741조). 제470조의 규정은 선의의 변제를 위한 규정이고, 변제수령자를 위한 규정이 아니기 때문이다(김형배, 민법학강의(제6판), 1125면 참고).

Ⅵ. 설문에 대한 해답

설문에서 C와 D 모두 지명채권양도에 있어 대항요건을 갖추었으므로, C와 D는 채무자인 B뿐만 아니라 제3자에게도 채권양수로써 대항할 수 있다. 그러나 채권이 이중으로 양도된 경우 우선적 지위에 관하여 확정일자의 선후를 기준으로 하는 학설에 따르면, D에 대한 채권양도가 C에 대한 채권양도보다 먼저 제3자에 대한 대항요건을 구비한 것이 되어 D가 진정한 권리자가 된다. 따라서 B는 C가 법률상 원인없이 취득한 부당이득 1,000만원에 대한 반환을 청구할 수 있다(제741조).

한편 채권의 진정한 권리자인 D는 채무자 B에게 채무의 이행을 청구할 수 있다. 그러나 B가 C를 진정한 채권자로 믿었고 그렇게 믿는 데 과실이 없었다면, B는 D에게 C에 대한 변제의 유효를 주장할 수 있다(제470조).

이 경우 D는 C에게 그가 법률상 원인 없이, 즉 변제수령권한 없이 B로부터 수령한 보증금의 반환을 청구할 수 있다.

결과적으로 채권을 양수할 수 없게 된 C는 A에게 채무불이행으로 인한 손해배상책임(제390조)을 물을 수 있다. 유상계약이 문제되는 사례에서 A는 C에게 담보책임(제570조)을 부담해야 할 것이다.

≪판 례≫

[1] 채권양도와 그 제한

[1-1] (대판 1991. 6. 25, 88다카6358) 장래 발생할 채권이라도 현재 그 권리의 특정이 가능하고 가까운 장래에 발생할 것임이 상당한 정도로 기대되는 경우에는 채권양도의 대상이 될 수 있다.

[1-2] (대판 2000. 4. 11, 99다23888) 일반적으로 채권에 대한 가압류가 있더라도 이는 가압류채무자가 제3채무자로부터 현실로 급부를 추심하는 것만을 금지하는 것이므로 가압류채무자는 제3채무자를 상대로 그 이행을 구하는 소송을 제기할 수 있고, 법원은 가압류가 되어 있음을 이유로 이를 배척할 수 없는 것이며, 채권양도는 구채권자인 양도인과 신채권자인 양수인 사이에 채권을 그 동일성을 유지하면서 전자로부터 후자에게로 이전시킬 것을 목적으로 하는 계약을 말한다 할 것이고, 채권양도에 의하여 채권은 그 동일성을 잃지 않고 양도인으로부터 양수인에게 이전된다 할 것이며, 가압류된 채권도 이를 양도하는 데 아무런 제한이 없으나, 다만 가압류된 채권을 양수받은 양수인은 그러한 가압류에 의하여 권리가 제한된 상태의 채권을 양수받는다고 보아야 할 것이다(동지: 대판 2002. 4. 26, 2001다59033).

[1-3] (대판 1997. 11. 25, 97다29790) 전세권이 담보물권적 성격도 가지는 이상 부종성과 수반성이 있는 것이므로 전세권을 그 담보하는 전세금반환채권과 분리하여 양도하는 것은 허용되지 않는다고 할 것이나, 한편 담보물권의 수반성이란 피담보채권의 처분이 있으면 언제나 담보물권도 함께 처분된다는 것이 아니라, 채권담보라고 하는 담보물권 제도의 존재 목적에 비추어 볼 때 특별한 사정이 없는 한 피담보채권의 처분에는 담보물권의 처분도 포함된다고 보는 것이 합리적이라는 것일 뿐이므로, 전세권이 존속기간의 만료로 소멸한 경우이거나 전세계약의 합의해지 또는 당사자간의 특약에 의하여 전세권반환채권의 처분에도 불구하고, 전세권의 처분이 따르지 않는 경우 등의 특별한 사정이 있는 때에는 채권양수인은 담보물권이 없는 무담보의 채권을 양수한 것이 된다.

[1-4] (대판 1996. 2. 9, 95다49325) 채권양도시 채무자에 대한 대항요건으로서 하는 채권양도의 통지는 양도인이 채무자에 대하여 당해 채권을 양수인에게 양도하였다는 사실을 알리는 관념의 통지인데, 채권의

성질상 또는 당사자의 의사표시에 의하여 권리의 양도가 제한되어 그 양도에 채무자의 동의를 얻어야 하는 경우에는, 통상의 채권양도와 달리 양도인의 채무자에 대한 통지만으로는 채무자에 대한 대항력이 생기지 않으며 반드시 채무자의 동의를 얻어야 대항력이 생긴다(부동산소유권이전등기청구권의 양도가 중요한 예이다. 대판 2001. 10. 9, 2000다51216; 2005. 3. 10, 2004다67653·67660).

[1-5] (대판 1996. 6. 28, 96다18281) 제449조 제2항이 채권양도금지의 특약은 선의의 제3자에게 대항할 수 없다고만 규정하고 있어서 그 문언상 제3자의 과실의 유무를 문제삼고 있지는 아니하지만, 제3자의 중대한 과실은 악의와 같이 취급되어야 하므로, 양도금지특약의 존재를 알지 못하고 채권을 양수한 경우에 있어서 그 알지 못함에 중대한 과실이 있는 때에는 악의의 양수인과 같이 양도에 의한 채권을 취득할 수 없다고 해석하는 것이 상당하다(동지: 대판 2000. 4. 25, 99다67482)(대판 2003. 1. 24, 2000다5336·5343: 채무자는 제3자가 채권자로부터 채권을 양수한 경우 채권양도금지 특약의 존재를 알고 있는 양수인이나 그 특약의 존재를 알지 못함에 중대한 과실이 있는 양수인에게 그 특약으로써 대항할 수 있고, 여기서 말하는 중과실이란 통상인에게 요구되는 정도의 상당한 주의를 하지 않더라도 약간의 주의를 한다면 손쉽게 그 특약의 존재를 알 수 있음에도 불구하고 그러한 주의조차 기울이지 아니하여 특약의 존재를 알지 못한 것을 말하며, 제3자의 악의 내지 중과실은 채권양도 금지의 특약으로 양수인에게 대항하려는 자가 이를 주장·입증하여야 한다).

[2] 지명채권양도의 대항요건

[2-1] (대판 1990. 11. 27, 90다카27662) 채권양수인으로서는 양도인이 채무자에게 채권양도통지를 하거나 채무자가 이를 승낙하여야 채무자에게 채권양수를 주장(대항)할 수 있는 것이며, 그 입증은 양수인이 사실심에서 하여야 할 책임이 있다.

[2-2] (대판 2000. 4. 11, 2000다2627) 제450조 제1항 소정의 채권양도의 통지는 양도인이 채무자에 대하여 당해 채권을 양수인에게 양도하였다는 사실을 통지하는 이른바 관념의 통지로서, 채권양도가 있기 전에 미리 하는 사전통지는 채무자로 하여금 양도의 시기를 확정할 수 없는 불안한 상태에 있게 하는 결과가 되어 원칙적으로 허용될 수 없다.

[2-3] (대판 1994. 2. 27, 94다19242) 채권양도의 통지는 양도인이 채무자에 대하여 당해 채권을 양수인에게 양도하였다는 사실을 알리는 관념의 통지이고, 법률행위의 대리에 관한 규정은 관념의 통지에도 유추적용된다고 할 것이어서 채권양도의 통지도 양도인이 직접 하지 아니하고 사자를 통하여 하거나 나아가서 대리인으로 하여금 하게 하여도 무방하

다고 할 것이고, 또한 그와 같은 경우에 양수인이 양도인의 사자 또는 대리인으로서 채권양도통지를 하였다 하여 제450조의 규정에 어긋난다고 볼 수도 없고, 달리 이를 금지할 근거도 없다.

[2-4] (대판 1983.8.23, 82다카439) ① 채권양도의 통지와 같은 준법률행위의 도달은 의사표시와 마찬가지로 사회관념상 채무자가 통지의 내용을 알 수 있는 객관적 상태에 놓였을 때를 지칭하고, 그 통지를 채무자가 현실적으로 수령하였거나 그 통지의 내용을 알았을 것까지는 필요하지 않다. ② (그러나) 채권양도의 통지서가 들어 있는 우편물을 채무자의 가정부가 수령한 직후 한집에 거주하고 있는 통지인인 채권자가 그 우편물을 바로 회수해 버렸다면 그 우편물의 내용이 무엇인지를 그 가정부가 알고 있었다는 등의 특별한 사정이 없었던 이상 그 채권양도의 통지는 사회관념상 채무자가 그 통지내용을 알 수 있는 객관적 상태에 놓여 있는 것이라고 볼 수 없으므로 그 통지는 피고에게 도달되었다고 볼 수 없다.

[2-5] (대판 1986.2.25, 85다카1529) 제450조 소정의 채무자의 승낙은 채권양도의 사실을 채무자가 승인하는 뜻으로서 동조가 규정하는 채권양도의 대항요건을 구비하기 위하여서는 채무자가 양도의 사실을 양도인 또는 양수인에 대하여 승인함을 요한다.

[2-6] (대판 1992.8.18, 90다9452·9469) 채권을 양수하기는 하였으나 아직 양도인에 의한 통지 또는 채무자의 승낙이라는 대항요건을 갖추지 못하였다면 채권양수인은 현재는 채무자와 사이에 아무런 법률관계가 없어 채무자에 대하여 아무런 권리주장을 할 수 없기 때문에 채무자에 대하여 채권양도인으로부터 양도통지를 받은 다음 채무를 이행하라는 청구는 장래이행의 소로서의 요건을 갖추지 못하여 부적법하다.

[2-7] (대판 1989.4.25, 88다카4253) 임대인이 임대차보증금반환청구채권의 양도통지를 받은 후에는 임대인과 임차인 사이에 임대차계약의 갱신이나 계약기간 연장에 관하여 명시적 또는 묵시적 합의가 있더라도 그 합의의 효과는 보증금반환채권의 양수인에 대하여는 미칠 수 없다.

[3] 채무자 이외의 제3자에 대한 대항요건

[3-1] (대판 1986.2.11, 85다카1087) 지명채권이 그 양도인과 양수인 및 채무자 3인의 합의에 따라 양도되고 비록 채권양도 통지와 채무자의 승낙의 외형을 갖추었다 하더라도 이것이 확정일자 있는 증서에 의한 것이 아닌 경우에는 위 양도통지나 승낙으로서는 제3자에 대항할 수 없는 것이므로 위 채권에 관하여 전부명령을 받은 자는 위 채권양도를 부인하는 우월한 권리를 가진다.

[3-2] (대판 1988.4.12, 87다카2429) ① 제450조 소정의 확정일자란 증서에 대하여 그 작성한 일자에 관한 안전한 증거가 될 수 있는 것으로

법률상 인정되는 일자를 말하며 당사자가 나중에 변경하는 것이 불가능한 확정된 일자를 가리키고 확정일자 있는 증서란 위와 같은 일자가 있는 증서로서 민법부칙 제3조 소정의 증서를 말한다. ② 지명채권의 양도통지가 확정일자 없는 증서에 의하여 이루어짐으로써 제3자에 대한 대항력을 갖추지 못하였으나 그후 그 증서에 확정일자를 얻은 경우에는 그 일자 이후에는 제3자에 대한 대항력을 취득한다. ③ 특별배달(증명)은 우체관서가 우편물의 내용을 확인하거나 그에 확정일자를 기재하는 것이 아니고 다만 우편물의 배달만을 증명하기 위하여 집배원으로 하여금 (별도의 증명서에) 그 배달사항을 기재하고 서명날인한 것에 불과하다는 것이므로 이를 가리켜 확정일자 있는 증서라고는 할 수 없다.

[3-3] (대판 1972. 1. 31, 71다2697) 이중의 채권양도가 있는 경우에 확정일자있는 증서에 의한 통지를 한 채권양수인만이 채권양수에 의한 적법한 채권자가 된다 할 것이고 채무자는 위의 채권자에게만 채무변제의 의무가 있으며 그 결과 확정일자 있는 증서에 의하지 아니한 채무자의 승낙있는 채권양도에 있어서의 채권양수인에 대하여는 채무변제의 의무가 없게 되는 것이다.

[3-4] (대판 1994. 4. 26, 93다24223) ① 채권이 이중으로 양도된 경우의 양수인 상호간의 우열은 통지 또는 승낙에 붙여진 확정일자의 선후에 의하여 결정할 것이 아니라, 채권양도에 대한 채무자의 인식, 즉 확정일자 있는 양도통지가 채무자에게 도달한 일시 또는 확정일자 있는 승낙의 일시의 선후에 의하여 결정하여야 할 것이고, 이러한 법리는 채권양수인과 동일 채권에 대하여 가압류명령을 집행한 자 사이의 우열을 결정하는 경우에 있어서도 마찬가지이므로, 확정일자 있는 채권양도 통지와 가압류결정 정본의 제3채무자(채권양도의 경우는 채무자)에 대한 도달의 선후에 의하여 그 우열을 결정하여야 한다. ② 채권양도 통지, 가압류 또는 압류명령 등이 제3채무자에 동시에 송달되어 그들 상호간에 우열이 없는 경우에도 그 채권양수인, 가압류 또는 압류채권자는 모두 제3채무자에 대하여 완전한 대항력을 갖추었다고 할 것이므로, 그 전액에 대하여 채권양수금, 압류전부금 또는 추심금의 이행청구를 하고 적법하게 이를 변제받을 수 있고, 제3채무자로서는 이들 중 누구에게라도 그 채무 전액을 변제하면 다른 채권자에 대한 관계에서도 유효하게 면책되는 것이며, 만약 양수채권액과 가압류 또는 압류된 채권액의 합계액이 제3채무자에 대한 채권액을 초과할 때에는 그들 상호간에는 법률상의 지위가 대등하므로 공평의 원칙상 각 채권액에 안분하여 이를 내부적으로 다시 정산할 의무가 있다. ③ 채권양도의 통지와 가압류 또는 압류명령이 제3채무자에게 동시에 송달되었다고 인정되어 채무자가 채권양수인 및 추심명령이

나 전부명령을 얻은 가압류 또는 압류채권자 중 한 사람이 제기한 급부소송에서 전액 패소한 이후에도 다른 채권자가 그 송달의 선후에 관하여 다시 문제를 제기하는 경우 기판력의 이론상 제3채무자는 이중지급의 위험이 있을 수 있으므로, 동시에 송달된 경우에도 제3채무자는 송달의 선후가 불명한 경우에 준하여 채권자를 알 수 없다는 이유로 변제공탁을 함으로써 법률관계의 불안으로부터 벗어날 수 있다. ④ 채권양도 통지와 채권가압류결정 정본이 같은 날 도달되었는데 그 선후관계에 대하여 달리 입증이 없으면 동시에 도달된 것으로 추정한다.

[3-5] (대판 1999.3.26, 97다30622) 확정일자에 의하지 아니한 채권양도가 있은 후 채권양수인이 채무자를 상대로 제기한 양수금청구소송에서 승소의 확정판결을 받으면, 이로써 채권의 양도인, 양수인 및 채무자가 통모하여 통지일 또는 승낙일을 소급하여 제3자의 권리를 침해하는 것이 불가능하게 되므로, 이 경우 그 확정일자가 기재된 판결서, 즉 확정판결은 제450조 제2항, 민법부칙 제3조 제4항의 확정일자 있는 증서에 해당한다.

[4] 임차권 또는 임차보증금반환채권의 양도와 담보책임

[4-1] (대판 1993.6.25, 93다13131) ① 주택건설촉진법에 의하여 아파트 분양 후 일정기간 동안 임차권의 양도가 금지되어 있다 하더라도 이는 매수인이 분양자에게 양도사실로 대항할 수 없다는 것이지 당사자 사이의 사법상의 임차권의 양도계약의 효력까지 무효로 한다는 것은 아니다. ② 위 경우 임차권의 양도가 금지된다 하더라도 임차보증금반환채권의 양도마저 금지되는 것은 아니므로 양도인은 양수인에 대하여 그 채권의 양도에 관하여 임대인에게 통지를 하거나 그에 대한 승낙을 받아 주어야 할 의무를 부담한다. ③ 임차보증금반환채권의 양도는 유상계약으로서 임차보증금반환채권의 양도에 대하여 임대인이 동의하지 아니하는 것으로 확정되는 경우 제567조에 의하여 매매에 있어서의 매도인의 담보책임에 관한 규정이 준용된다 할 것이므로 양도인은 자신의 의무가 이행불능으로 확정됨에 귀책사유가 없다 할지라도 담보책임의 법리상 이행불능으로 인한 양수인의 손해를 배상하여야 할 것이고 이로 인한 양수인의 손해는 임차보증금 상당액이다.

[4-2] (대판 2001.6.12, 2001다2624) 임차권양도금지특약이 존재하더라도 그러한 사정만으로 임대차계약에 따른 임차보증금반환채권의 양도까지 금지되는 것은 아니므로 양도인이 임차보증금반환채권을 양도하면서 그 사실을 임대인에게 통지한 이상 임대차계약의 종료 후에 임대인에 대해 임차보증금의 반환을 요구하는 양수인의 청구는 임대인이 그 양도가 금지되었던 임차권의 양도에 동의하였는지의 여부에 상관없이 인용된다.

[4-3] (대판 2003.1.24, 2000다5336, 5343) 당사자 사이에 계약의 해석을 둘러싸고 별다른 이견이 없고 임대차계약서에 기재되어 있는 문언의 내용상으로 임대보증금반환채권에 관한 양도금지 특약규정의 효력을 임대차계약의 종료시나 임대목적물의 명도시까지로 제한하고 있지 아니한 경우, 처분문서의 의사해석 법리에 비추어(같은 판례에서 '처분문서는 그 진정성립이 인정되면 특별한 사정이 없는 한 그 처분문서에 기재되어 있는 문언의 내용에 따라 당사자의 의사표시가 있었던 것으로 객관적으로 해석하여야 하고, 당사자 사이에 계약의 해석을 둘러싸고 이견이 있어 처분문서에 나타난 당사자의 의사해석이 문제되는 경우에는 문언의 내용, 그와 같은 약정이 이루어진 동기와 경위, 약정에 의하여 달성하려는 목적, 당사자의 진정한 의사 등을 종합적으로 고찰하여 논리와 경험칙에 따라 합리적으로 해석하여야 한다.') 그 객관적 문언과 다른 내용의 해석을 할 수는 없는 것이고, 더욱이 임대차계약 체결 당시 임차인은 임대보증금반환채권에 관한 양도금지 특약을 감수하고 이에 동의한 것이므로 양도금지특약이 임대차계약이 종료되고 임대목적물이 명도된 때까지만 유효한 것으로 제한해석을 하지 않는다고 하여 임차인에게 가혹한 것이라고 볼 수 없고, 임대인으로서는 임대차계약이 종료되고 임대목적물이 명도된 이후라도 보증금반환채권만이 양도되어 버림으로써 최초 법률관계의 당사자가 아닌 제3자와의 법률분쟁에 휩싸이거나 복잡한 권리관계가 형성되는 것을 미리 방지하기 위하여 양도금지의 특약을 할 수 있는 것이므로, 임대인에게 양도금지 특약의 실익이 없는 것은 아니라고 할 것이다.

관련사례 43-1 一部免除된 債權의 讓渡

≪설 문≫

A는 B에 대한 100만원의 차용금반환채권을 C에게 양도했으나 그 중 30만원에 대해서는 B를 위하여 양도 전에 채무를 면제하였다. C는 이러한 사실을 모르고 있다.

(1) A가 B에 대하여 단순히 양도의 통지를 한 경우 법률관계를 검토하시오.

(2) B가 이의를 보류하지 않고 C에게 승낙한 경우 B의 법적 지위를 검토하시오.

풀이제안

Ⅰ. 논점분석

(1) 채무면제의 효과를 먼저 검토한 후, (2) 채권양도시 채무자에의 단순한 양도통지의 효과와, (3) 채권양도시 채무자의 이의를 유보하지 않은 양도승낙의 효과를 검토해야 한다.

Ⅱ. 설문(1): B에의 단순한 채권양도통지의 효과

1. 채무면제의 효과

채무면제는 채권자가 채무자에 대하여 일방적 의사표시에 의하여 무상으로 채권을 포기하는 단독행위이며, 처분행위이다(제506조). 면제는 처분행위이므로 채권의 처분권한을 가진 자만이 할 수 있고, 그 방법은 채무자에 대한 채권자의 일방적 의사표시에 의한다. 면제의 법적 효과로서 채권은 소멸한다(제506조). 일부면제도 물론 유효하며 그 범위에서 채권이 소멸한다.

2. 지명채권양도의 대항요건으로서 통지와 승낙

지명채권의 양도는 양도인과 양수인의 낙성계약에 의하여 이루어지는바, 채권양도에 관여하지 않은 채무자와 제3자를 보호하기 위해서 일정한 대항요건을 필요로 한다(제450조). 채무자에 대한 대항요건은 채무자에 대한 통지 혹은 채무자의 승낙이다. 양자는 모두 관념의 통지로서 법적 성질이 같으나, 그 방법과 법적 효과의 면에서 차이가 있다. 채무자에 대한 통지는 양도인이 채무자에 대해서 하여야 하고 양수인이 할 수 없는 반면, 채무자의 승낙은 채무자가 양도인 혹은 양수인 어느 쪽에 대해서도 할 수 있다. 특히 승낙은 이의를 보류한 승낙과 이의를 보류하지 않은 승낙이 있는데, 전자는 통지와 법적 효과가 같은 반면 후자의 경우에는 특별히 채무자에게 항변상실의 효과가 발생한다(제451조 제1항 본문).

3. 사안의 검토

사례에서 A의 B에 대한 100만원의 채권 중 30만원에 대한 면제행위는 유효하다. 따라서 B에 대한 A의 채권은 70만원만이 존재한다. 그리고 A의 채권은 금전채권으로서 특별한 양도금지의 의사표시나 법률적 제한이 없으므로 그 양도가 가능하다. B에 대한 A의 면제행위는 C에 대한 채권양도 이전에 있었으므로 100만원의 채권 중 30만원은 A가 C에게 채권을 양도하기 전에 이미 소멸하였다. 또한 A와 C 사이에 이루어진 채권양도는 A가 B에게 (단순히) 통지를 함으로써 대항요건을 갖추었다(이때 대항요건이라는 뜻은 C의 청구에 대하여 B가 이행을 거절할 수 없다는 의미이다).

4. 소　결(B와 C 및 C와 A의 법률관계)

(1) B와 C의 법률관계

사례에서 A가 B에게 채권양도통지를 함에 있어 양도채권의 내용(금액)에 대해서는 전혀 언급하지 않고 있다. 그러나 B로서는 A가 통지할 당시 A·B사이에 존속하는 70만원의 채권만이 C에게 양도되었을 것으로 인식하는 것이 당연하다. 따라서 C는 자기가 양수한 것으로 알고 있는 100만원의 채권을 B에게 청구할 수 있는지, 달리 말하면 B가 100만원을 지급해야 하는지 아니면 70만원만 지급해도 되는지가 문제된다. 즉, 100만원의 채권을 양수한 것으로 알고 있는 C의 신뢰를 보호할 것인지, 아니면 100만원 중 30만원을 이미 면제받은 B의 이익을 보호할 것인지가 하는 문제된다.

채권양도의 대항요건인 통지의 효과로써 양도인의 채권이 그 내용과 범위에서 동일성을 유지하면서 양수인에게 그대로 이전되었을 것으로 채무자가 인식하는 것은 당연하다. 채권양도시에 이미 30만원의 채권은 소멸하였고 70만원의 채권만이 존속하고 있다면, A가 B에게 한 채권양도의 통지는 구체적 액수를 명시하지 않은 단순한 것이었다 하여도 통지 당시에 존속하고 있는 70만원의 채권에 한정된 것으로 보아야 한다. 존재하지 않는 권리는 양도될 수 없기 때문이다.

제451조 제2항에 의하면 양도인이 양도통지만을 한 때에 채무자는

그 통지를 받은 때까지 양도인에 대하여 생긴 사유로써 양수인에게 대항할 수 있다. 따라서 B는 30만원에 대한 A의 면제행위의 사유를 가지고 C에게 항변할 수 있기 때문에 면제부분에 대한 지급을 거절할 수 있다. 즉, C가 B에게 100만원의 이행청구를 하더라도 B는 70만원만 지급하면 된다.

(2) C와 A의 법률관계

A는 C에게 100만원의 채권을 양도하고 있으나, 이미 그 시점에서 자신의 면제행위로 인하여 30만원의 채권은 소멸하고 70만원의 채권만 존속하고 있다. 즉, A가 C에게 양도한 100만원의 채권 중 30만원은 이미 존재하지 않는다. 반면 C는 이러한 사실을 모르고 있으므로, A와 C의 채권양도가 유상계약에 기한 것이면 C는 A에 대해서 30만원 부분에 대해 담보책임을 물을 수 있다(제574조 참조).

Ⅲ. 설문(2): B의 이의를 유보하지 않은 채권양도승낙의 효과

1. 이의를 유보하지 않은 승낙

이의를 보류하지 않은 승낙이라 함은 채무자가 채권의 성립·존속에 하자가 있음에도 불구하고 이에 대한 항변을 보류하지 않고 행해진 단순한 승인을 말한다. 채권양도시에 채무자가 이의보류 없이 승낙한 때에는 그가 설령 양도인에게 대항할 수 있는 사유가 있더라도 이를 양수인에게 대항하지 못한다(제451조 제1항 본문, 판례 [2] 참조). 이와 같이 민법은 이의보류 없는 승낙에 대해서 특히 항변상실의 효과를 주고 있는데, 이는 양수인의 신뢰를 보호하고 채권양도의 안전을 보장하기 위한 것이다. 그러나 이러한 법적 효과의 근거에 대해서는 견해가 나뉜다.

2. 견해의 대립

현재는 공신의 원칙을 그 근거로 한다는 견해가 다수설이다(이른바 공신력설: 예컨대 곽윤직, 채권총론, 219면; 김주수, 채권총론, 332면). 그러나 공신력이라는 말은 권리존립의 표상, 예컨대 점유·등기·증권 등에 주어지는 권리취득의 적극적 효력을 의미하는 것인데, 이의보류 없는 승낙에 이러한 적극적 효과가 주어진다는 것은 의문이다(또한 양수인의 채권자가 양도한 채권의 존재 또는 내용을 믿는다는 것을 공신의 문제와는 무관하다). 즉 이의를 보류하지 않고 한 승낙의 '공신력'에 의하여 양수인이 적극적으로 권리를 취득하는 것이라고 할 수 없다. 따라서 제451조 제1항 본문은 공신력을 인정한 것이라기보다는 이의보류 없는 승낙에 대하여 단지 소극적으로 항변상실의 효과를 부여하는 규정이라고 해석함이 타당하다(이른바 양수인보호설: 예컨대 김형배, 채권총론, 592면). 한편 판례는 이러한 두 견해를 종합하여 이해하고 있다(판례 참조 [3]).

3. 항변상실의 효과

항변상실(절단)의 효과는 채무자와 양수인 사이에서만 발생하고 제3자의 권리에는 아무런 영향을 미치지 않는다. 제451조 제1항은 양수인보호 규정으로 제한·해석되어야 한다. 물론 이러한 항변상실의 효과가 인정되기 위해서는 양수인의 신뢰보호와 채권양도의 안전보호라는 제도의 취지상 양수인이 채권의 성립·존속의 하자에 대해 선의·무과실일 것이 요구된다. 반면 판례는 선의이며, 중과실이 없을 것을 요구한다(판례 참조 [3-3]).

4. 사안의 검토

설문(2)에서 B는 100만원의 채권 중 30만원의 채권이 A의 면제로 인하여 소멸하였다는 사실에 관한 이의를 보류하지 않은 채로 C에게 채권양도를 승낙하였다. 그리고 C는 100만원의 채권 중 30만원이 면제로 이미 소멸하고 있음을 모르고 있다. 즉, 양수채권의 성립·존속의 하자에 대하여 C는 선의이다. 또한 과실이 있다고 보여지지도 않으므로, B에 대한 A의 '100만원'의 채권 전액이 유효하게 성립·존속하고 있다는 데 대한 C의 신뢰는 보호되어야 한다. 따라서 B는 C에 대하여 30만원의 채무면제가 있었음을 항변할 수 없다(제451조 제1항). 즉 양수인 C가 B에게 100만원의 지급청구를 할 경우 B는 이를 지급해야 한다(이 경우에도 (나중에 사실을 알게 된) C는 B에 대하여 70만원만을 청구하고, 30만원에 관하여 A에게 담보책임을 물을 수도 있다). B가 C에게 100만원을 지급한 경우, B는 A에게 30만원의 부당이득반환청구권을 갖는다(제741조). 이때 A의 무자력에 따른 위험은 B가 감수해야 한다.

Ⅳ. 설문(1) 및 (2)에 대한 해답

설문(1)에서 채권자 A의 채무자 B에 대한 채무면제는 채권양도 전에 이루어졌으므로 비록 채권양도의 대항요건으로서의 통지가 B에 대하여 있다고 하더라도 B는 양수인 C에 대하여 30만원의 채무면제를 주장할 수 있다. 따라서 C는 A에 대하여 채권양도가 유상계약인 경우에 한해 담보책임을 물을 수 있다.

설문(2)에서 B는 30만원의 채무가 A의 면제로 인하여 소멸하였다는 사실에 관한 이의를 보류하지 않은 채로 C에게 채권양도를 승낙하였고, C는 30만원이 A의 채무면제로 이미 소멸하였음에 관하여 선의·무과실이다. 따라서 C는 B에게 100만원 전액의 지급청구를 할 수 있고, B가 C에게 100만원을 지급한 때에는 B는 A에게 30만원의 부당이득반환청구권을 갖는다.

≪관련판례≫

[1] 승낙의 효력과 채무자의 항변

[1-1] (대판 1984.9.11, 83다카2288) 채무자는 채권양도를 승낙한 후에 취득한 양도인에 대한 채권으로서 양수인에 대하여 상계로서 대항하지 못한다(대판 2002.2.8, 2000다50596: 채권의 일부 양도가 이루어지면 특별한 사정이 없는 한 각 분할된 부분에 대하여 독립한 분할채권이 성립하므로 그 채권에 대하여 양도인에 대한 반대채권으로 상계하고자 하는 채무자로서는 양도인을 비롯한 각 분할채권자 중 어느 누구도 상계의 상대방으로 지정하여 상계할 수 있고, 그러한 채무자의 상계 의사표시를 수령한 분할채권자는 제3자에 대한 대항요건을 갖춘 양수인이라 하더라도 양도인 또는 다른 양수인에 귀속된 부분에 대하여 먼저 상계되어야 한다거나 각 분할채권액의 채권 총액에 대한 비율에 따라 상계되어야 한다는 이의를 할 수 없다(채권양도 전의 시점에 채무자가 양도인에 대한 반대채권을 취득한 사안)).

[1-2] (대판 1979.9.25, 79다709) 채권양도가 다른 채무의 담보조로 이루어졌으며, 또한 그 채무('피담보채권')가 변제되었다고 하더라도, 이는 채권양도인과 양수인간의 문제이지, 양도채권의 채무자는 채권양도·양수인간의 채무 소멸 여하에 관계없이 양도된 채무를 양수인에게 변제하여야 한다(동지: 대판 1999.11.26, 99다23093).

[2] 양도인에 대항할 수 있는 사유의 의미

(대판 1994. 4. 29, 93다35551) 민법은 채권의 귀속에 관한 우열을 오로지 확정일자 있는 증서에 의한 통지 또는 승낙의 유무와 그 선후로써만 결정하도록 규정하고 있는데다가, 채무자의 '이의를 보류하지 아니한 승낙'은 제451조 제1항 전단의 규정 자체로 보더라도 그의 양도인에 대한 항변을 상실시키는 효과밖에 없고, 채권에 관하여 권리를 주장하는 자가 여럿인 경우 그들 사이의 우열은 채무자에게도 효력이 미치므로, 위 규정의 '양도인에게 대항할 수 있는 사유'란 채권의 성립, 존속, 행사를 저지 배척하는 사유를 가리킬 뿐이고, 채권의 귀속(채권이 이미 타인에게 양도되었다는 사실)은 이에 포함되지 아니한다.

[3] 이의를 보류하지 아니한 채무자의 대항력

[3-1] (대판 1997. 5. 30, 96다22648) ① 제451조 제1항은 채무자의 승낙이라는 사실에 공신력을 주어 양수인을 보호하고 거래의 안전을 꾀하기 위한 규정으로서, 이 경우 양도인에게 대항할 수 있는 사유로서 양수인에게 대항하지 못하는 사유는 협의의 항변권에 한하지 아니하고 넓게 채권의 성립·존속·행사를 저지하거나 배척하는 사유를 포함하고, 이는 지명채권에 대한 질권설정의 경우에도 같다. ② 은행지점의 지점장 대리가 허위의 정기예금통장을 만들어 가공의 정기예금에 대한 질권설정승낙의뢰서에 질권설정에 대하여 아무런 이의를 유보하지 아니하고 승낙한다는 뜻을 기재하고 은행의 대리 약인을 찍은 질권설정승낙서를 교부한 경우, 은행은 그 질권자에게 그 정기예금채권에 대한 질권설정에 이의를 유보하지 아니한 승낙을 하였으므로 그 정기예금채권의 부존재를 이유로 질권자에게 대항할 수 없다.

[3-2] (대판 1999. 8. 20, 99다18039) 채권양도에 있어서 채무자가 양도인에게 이의를 보류하지 아니하고 승낙을 하였다는 사정이 없거나 또는 이의를 보류하지 아니하고 승낙을 하였더라도 양수인이 악의 또는 중과실의 경우에 해당하는 한, 채무자의 승낙 당시까지 양도인에 대하여 생긴 사유로써 양수인에게 대항할 수 있다고 할 것인데, 승낙 당시 이미 상계를 할 수 있는 원인이 있었던 경우에는 아직 상계적상에 있지 아니하였다 하더라도 그후에 상계적상이 생기면 채무자는 양수인에 대하여 상계로 대항할 수 있다.

[3-3] (대판 2002. 3. 29, 2000다13887) ① 보험금청구권은 보험자의 면책사유 없는 보험사고에 의하여 피보험자에게 손해가 발생한 경우에 비로소 권리로서 구체화되는 정지조건부권리이고, 그 조건부권리도 보험사고가 면책사유에 해당하는 경우에는 그에 의하여 조건불성취로 확정되어 소멸하는 것이라 할 것이므로, 위와 같은 보험금청구권의 양도 또는 질권설정에 대한 채무자의 승낙은 별도로 면책사유가 있으면 보험금을 지급하지 않겠다는 취지를 명시하지 않아도 당연히 그것을 전제로 하고 있다고 보아야 하고, 그 양수인 또는 질권자도 그러한 사실을 알고 있었다고 보아야 할 것이며, 더구나 보험사고 발생 전의 보험금청구권 양도 또는 질권설정을 승낙함에 있어서 보험자가 위 항변사유가 상당한 정도로 발생할 가능성이 있음을 인식하였다는 등의 사정이 없는 한 존재하지도 아니하는 면책사유 항변을 보류하고 이의하여야 한다고 할 수는 없으므로, 보험자가 비록 위 보험금청구권 양도 승낙시

나 질권설정 승낙시에 면책사유에 대한 이의를 보류하지 않았다 하더라도 보험계약상의 면책사유를 양수인 또는 질권자에게 주장할 수 있다. ② 다른 면책사유의 경우에는 보험자가 채권양도 또는 질권설정 승낙시에 면책사유 발생 가능성을 인식할 수 있었다고 단언할 수 없는 것이지만, 보험료 미납이라는 사유는 승낙시에 이미 발생할 수 있는 가능성이 있다는 점을 보험자가 누구보다도 잘 알고 있었다고 보아야 할 것이어서, 보험료 미납이라는 면책사유는 당연히 승낙시에 보험자가 이의를 보류할 수 있는 것이라 할 것이고, 그러함에도 보험자가 이의를 보류하지 아니한 경우에까지 면책사유의 일종이라는 이유만으로 양수인 또는 질권자에게 대항할 수 있다고 하는 것은 양수인 또는 질권자의 신뢰보호라는 원칙을 무시하는 결과가 된다 할 것이므로, 보험료 미납을 이유로 한 해지 항변은 보험자가 이의를 보류하지 아니하고 양도 또는 질권설정을 승낙한 경우에는 양수인 또는 질권자에 대하여 대항할 수 없다. ③ 보험계약상 보험료가 현실로 납입된 이상은 중도해지의 경우든 만기 도달의 경우든 어떠한 경우에도 보험료환급금이 발생하게 되어 있는 경우에 있어서는, 보험료 미납이 있으면 당연히 보험료환급청구권이 발생할 여지가 없다고 보아야 할 것이지, 보험금청구권의 경우와 같이 보험금환급책임이 면제되는 것이 아니라 할 것이므로, 그 양도 또는 질권설정 승낙시 이의를 보류하지 않았다면 보험료가 현실적으로 납입된 것으로 추정하는 것이 일반적이지, 보험료 미납시에는 보험료환급금을 지급하지 않겠다는 취지를 당연히 전제로 하고 있다고 볼 수도 없다 할 것이어서, 그러한 이의를 보류하지 아니하고 질권설정을 승낙한 이상 당연히 질권자에 대하여 대항할 수 없다고 보아야 할 것이며, 또 그러한 경우에 그 환급청구권에 대하여 질권을 취득하는 질권자로서는 보험료 미납 사실을 알지 못하는 한 당연히 환급청구권에 대하여 어떠한 항변권도 없다고 믿을 수밖에는 없다 할 것이므로, 보험료 미납으로 인하여 보험료환급금 지급이 거절될 수도 있다는 예상을 하지 못한 것에 중과실이 있다고 볼 수도 없다.

[債 權 法]

事例 44

代物辨濟

≪설 문≫

B는 A로부터 3,000만원을 차용하였으나 변제기에 변제를 하지 못하여 A로부터 최고를 받았다. 이에 B는 2개월 후를 만기일로 하는 약속어음을 발행하고 어음이 부도나면 자기가 소유하고 있던 甲토지(시가 5,000만원 상당)의 소유권을 이전해 주기로 약속하였다.

B의 약속어음이 부도가 난 경우(이 시점에서 B의 차용원리금은 3,300만원에 달하였다) A와 B 사이의 법률관계를 검토하시오.

목차제안

Ⅰ. 논점분석
Ⅱ. B의 어음교부행위와 변제의 효과
1. 어음교부행위의 성질에 따른 법률관계
(1) 기존 채무와의 법률관계
(2) 교부의사의 추정
(3) '변제를 위하여' 어음을 교부한 경우 채권행사 방법
(4) 사안의 검토
Ⅲ. A와 B 사이의 대물변제의 예약
1. 대물변제의 예약
(1) 의 의
(2) 기 능
(3) 사안의 검토

풀이제안

Ⅰ. 논점분석

B는 소비대차계약(제598조)에 의한 차주로서 이행기에 A가 최고를 하였던바, 변제를 위하여 어음을 교부하였다. 이 어음의 교부행위가 '변제를 위한' 것인가, '변제에 갈음한' 것인가에 따라 기존 채무(원인채무)와 어음채무의 관계는 달라진다. 따라서 B의 어음교부행위의 성질에 관하여 먼저 검토해야 한다.

다음으로 B의 약속어음이 부도가 났을 경우 조건으로 행한 토지소유권이전의 약속이 정지조건부 대물변제인가, 대물변제의 예약인가를 검토해야 한다. 만약 대물변제의 예약이라고 본다면 B의 어음이 부도가 난 경우에 3,300만원의 채무와 5,000만원 상당의 대물변제의 목적물의 가격 사이의 불균형으로 인한 폭리행위의 성립 여부(제607조, 제608조 및 가등기담보 등에 관한 법률(이하 '가등기담보법'으로 줄임))를 검토해야 한다.

Ⅱ. B의 어음교부행위와 변제의 효과

1. 어음교부행위의 성질에 따른 법률관계

(1) 기존 채무와의 법률관계

채무자가 변제의 수단으로 행한 어음의 교부가 어떠한 성질을 가지는가에 따라 기존 채무와 어음채무의 관계가 달라진다. 채무자의 약속어음발행이 기존 채무의 이행의 수단으로서 '변제를 위하여'(erfüllungs-halber) 행해진 경우에는 어음의 결제로 채권자가 현금을 받은 때에 기존채무를 그 한도에서 소멸케 할 뿐이다. 즉, 어음의 교부로 기존 채무가 소멸하지는 않으므로 대물변제가 되지 않는다. 반면 '변제에 갈음하여'(erfüllungs-statt) 어음을 교부한 경우에는 기존 채무는 소멸하고 대물변제가 된다.

(2) 교부의사의 추정

변제의 수단으로서 어음의 교부가 변제를 위하여('지급을 위하여' 또는 '담보조로') 행해진 것인지, 아니면 변제에 갈음하여 행해진 것인지의 여부는 당사자의 의사에 따라야 한다. 그러나 이러한 의사표시가 확실치 않은 경우에는, 어음의 교부는 단순한 '변제를 위하여' 교부한 것으로 추정해야 한다는 것이 판례(판례 [1-2] 내지 [1-4] 참조(그 밖에 채권이 양도된 경우(판례 [1-1]), 수표가 지급된 경우(판례 [1-5], [1-6]) 및 부동산소유권이 이전된 경우(판례 [1-7])도 참조하시오))와 다수설(곽윤직, 채권총론, 269면; 김주수, 채권총론, 415-416면; 김형배, 채권총론, 729-730면)의 태도이다. 어음은 지급교부의 한 수단이지만 부도가 날 위험이 있고, 어음의 교부를 변제에 갈음하는 것이라고 해석한다면 기존 채무에 따르는 질권·저당권·보증 등 담보권도 소멸하게 되므로 특별한 사정이 없는 한, '변제를 위하여' 행하여진 것으로 추정하는 것이 타당하다.

(3) '변제를 위하여' 어음을 교부한 경우 채권행사 방법

'변제를 위하여' 어음이 교부된 경우 채권자에게는 기존 채권에 새로운 어음채권이 추가되어 동일한 목적을 위한 두 개의 채권이 병존하게 된다. 따라서 채권자가 어음채권으로부터 먼저 만족을 얻어야 하고 그렇지 않은 경우에만 기존 채권을 행사할 수 있는가, 아니면 두 채권 중 어느 것이든 자유로이 선택하여 행사할 수 있는가가 문제된다. 다수설(곽윤직, 채권총론, 269-270면; 김주수, 채권총론, 416면; 김형배, 채권총론, 730-731면)은 후자의 입장을 취하여, 채권자는 어음의 부도 여부와 관계없이 어음상의 권리를 행사하지 않고도 본래의 급부를 청구할 수 있다고 한다. 채권자가 새 채권을 추가로 취득했다고 하여 먼저 그 채권을 행사해야 할 의무가 발생하는 것은 아니며, 채무자는 또한 채권자에게 어음이나 수표에 대한 이행을 먼저 청구하라고 항변할 수 없기 때문이다.

그러나 판례의 태도는 불명확하다. 초기의 판례에서는 채권자가 선택적으로 약속어음청구를 하거나 그 원인되는 잔대금의 채무불이행을 이유로 매매계약의 해제를 할 수 있다고 하여 기존 채권이나 어음채권의 행사를 선택적으로 할 수 있다고 하였으나(판례 참조 [2-1]), 근자의 판례에서는 채권자가 어음채권과 원인채권 중 어음채권을 먼저 행사하여 만족을 얻을 것을 당사자가 예정하였다고 할 것이기 때문에 채권자로서는 어음채권을 우선 행사하고, 그에 의하여 만족을 얻을 수 없을 때 비로소 채무자에 대하여 기존의 원인채권을 행사할 수 있다고 한다(판례 참조 [2-3]). 즉, 근자의 판례에 따르면 '지급을 위하여' 어음채권을 취득한 채권자는 보충적으로만 원인채권을 행사할 수 있게 된다.

(4) 사안의 검토

사례에서 B는 소비대차의 차주로서 3,000만원의 채무를 부담하고 있었으나, 이행기에 A의 최고로 약속어음을 발행하였다. B가 어음을 발행할 때에 '변제에 갈음한다'는 의사를 표시하였거나 또는 이를 인정할 만한 특별한 사정이 없기 때문에 B의 어음교부행위는 '변제를 위하여' 행한 것으로 추정된다. 따라서 A는 본래의 급부인 3,000만원의 현금지급과 어음채권을 동시에 또는 선택적으로 청구할 수 있다. 반면 근자의 판례의 태도에 따르다면 A는 어음채권을 우선적으로 행사해야 한다(사례에서는 어음의 부도에 대비한 담보조치가 되어 있으므로, 어음의 발행으로 기존채무가 소멸하느냐 하는 문제는 별로 의미가 없다).

Ⅲ. A와 B 사이의 대물변제의 예약

1. 대물변제의 예약

(1) 의 의

채무자가 본래의 급부에 갈음하여 다른 급부를 할 것을 미리 약속하는 것이 대물변제의 예약이다. 민법은 대물변제의 '예약'에 관하여 직접 규정하는 바가 없으나 예약의 자유는 사적자치의 원칙상 당연하다. 뿐만 아니라 민법도 대물변제의 예약이 행하여질 것을 예상하여 제607조와 제608조를 두고 있다.

(2) 기 능

대물변제의 예약은 주로 금전소비대차의 당사자 사이에서 장래 채무자가 채무를 이행하지 않을 때에 특정 부동산의 소유권을 채권자에게 이전한다는 형식으로 이용되고 있으며 기능적으로 물적 담보제도로 활용되고 있다. 실제 거래에 있어서 목적물이 부동산인 경우에는 대물변제의 예약을 등기원인으로 하여 소유권이전등기청구권보전의 가등기를 하거나, 형식상 매매계약서를 작성하고 모든 권리증을 채권자에게 교부하여 소유권이전을 용이하게 하는 형태로 이용되고 있다.

(3) 사안의 검토

사례의 경우 B는 '변제를 위하여' 발행된 어음의 부도를 조건으로 하여 3,000만원의 급부에 갈음하여 자기소유 토지에 대한 소유권이전의 급부를 할 것을 미리 약속하였으므로 이는 대물변제의 예약에 해당한다고 볼 수 있다.

2. 대물변제의 예약에 관한 이해

(1) 견해의 대립

대물변제의 예약을 어떻게 이해하느냐에 따라 진정한 대물변제

‘예약’이라는 견해(이는 다시 예약의 법적 성질을 어떻게 파악하느냐에 따라 일방예약설과 편무예약설로 나뉜다(이어지는 아래 3 참조))와 정지조건부 대물변제 ‘계약’이라는 견해(김기선, 한국채권법총론, 1987, 340면)로 나뉜다. 전자에 의하면 채무의 이행기가 도과한 것만으로 충분하지 않으며, 채권자가 예약완결권을 행사한 때에 비로소 본계약인 대물변제계약이 성립한다고 한다. 또한 소유권이 이전하기 위해서는 등기 또는 인도가 있어야 한다고 한다. 반면, 후자에 의하면 변제기에 채무의 이행이 없는 것을 정지조건으로 하여 목적물의 소유권이 당연히 채권자에게 이전한다고 한다.

(2) 견해의 검토

구법시대(일본민법의 의용시대)에는 이들 두 유형의 예약이 모두 인정되었다. 그러나 현행민법에서는 물권변동에 관하여 성립요건주의(제186조, 제188조 제1항)가 채택되고 있기 때문에, 당사자의 특약에 의하여 등기나 인도없이 소유권이 당연히 이전한다는 것은 있을 수 없다. 따라서 정지조건부 대물변제계약은 현행법상 인정될 수 없고, 따라서 이러한 종류의 당사자약정은 진정한 의미의 대물변제예약으로 이해해야 할 것이다.

(3) 사안의 검토

사례의 경우 B가 A에게 어음의 부도를 조건으로 하여 소유권이전의 약속을 한 것은 대물변제의 예약이고, 어음의 부도로 (정지)조건이 성취되었다고 하여 대물변제의 성립과 함께 甲토지의 소유권이 곧바로 A에게 귀속되는 것은 아니다.

3. 대물변제예약에 기초한 대물변제의 실현

어음의 부도로 A에게 목적물의 소유권이 이전되기 위해서는 어떠한 요건이 갖추어져야 하는지, 즉 대물변제의 예약이 있는 경우 대물변제를 성립시키는 방법이 문제된다. 이는 대물변제예약의 성질이 무엇이냐에 따라 결정된다.

(1) 예약의 종류

일반적으로 예약에는 예약권자가 본계약의 청약을 하면 상대방이 승낙을 하여야 할 채무를 부담하는 예약과 예약권자의 일방적 의사표시, 즉 예약완결의 의사표시가 있으면 상대방의 승낙을 기다리지 않고 당연히 본계약이 성립하는 예약이 있다. 전자에는 '편무예약'(당사자 일방만이 승낙의무를 부담하는 경우)과 '쌍무예약'(당사자 쌍방이 승낙의무를 부담하는 경우)이 있고, 후자에는 '일방예약'(당사자 일방만이 예약완결권을 가지는 경우)과 '쌍방예약'(당사자 쌍방이 완결권을 가지는 경우)이 있다.

(2) 대물변제예약의 성질에 관한 견해 대립

1) **일방예약설** 일부 견해(예컨대 김주수, 채권총론, 419면)는 대물변제계약은 유상계약이므로 제564조가 준용되어(제567조) 당사자 사이의 예약의 성질이 명백하지 않은 경우에는 일방예약으로 추정되고, 그 예약의 완결권은 채권자에게 있다고 한다.

2) **비 판** 그러나 대물변제가 성립하기 위해서는 채권자와 채무자 사이에서 부담했던 원래의 급부와는 다른 목적물(대물)로 급부한다고 하는 변제계약이 있어야 하고 채무자는 현실적으로 이를 이행하여야 하기 때문에 예약권자의 매매완결권의 행사만으로 대물변제가 성립할 수 없다. 대물변제의 예약이 일방예약이고 채권자의 완결권행사에 의하여 대물변제가 성립한다고 한다면, 채무자가 대물급부를 '현실적으로' 실현함이 없이도 대물변제가 성립된다고 해야 한다. 이는 목적물(부동산)의 소유권이 채권자에게 이전하지 않은 채 대물변제가 성립하거나 또는 예약완결권의 행사만으로 목적물의 소유권이 채권자에게 이전한다고 하는 것과 같으므로 물권변동의 성립요건주의에 명백히 반하게 된다.

3) **편무예약설** 따라서 대물변제의 예약은 편무예약으로 이해해야 하며(곽윤직, 채권총론, 268면; 김형배, 채권총론, 736면) 제564조를 준용할 수 없다. 즉, 대물변제의 예약에 의해서 예약완결권자(채권자)는 상대방인 채무자에게 대물변제를 요구할 수 있는 권리를 가진다. 따라서 예약완결권자가 예약의 완결권을 행사하면 채무자는 대물변제를 해야 할 채무를 부담하게 되고, 이 채무의 이행으로서 대물로 '변제'해야 한다. 즉 예약완결권의 행사(일방적 의사표시)로 곧바로 변제의 효력(물권변동→채권의 소멸)이 발생하는 것이 아니라, 채무자에게 일단 대물변제를 해야 할 채무가 성립할 뿐이다.

조건부 대물변제예약의 경우 조건의 성취(즉, 본래 채무의 불이행)로 채권자가 비로소 예약완결권을 행사할 수 있는 것인지, 아니면 예약완결권의 행사없이도 채무자에게 대물변제를 할 채무가 발생하는 것인지를 문제삼을 수 있다. 예약완결권(형성권)의 행사는 일방적 의사표시로 이루어지므로, 예약완결권자가 대물변제예약을 조건부로 체결한 의도를 고려하여 후자로 풀이하는 것이 타당할 것이다.

(3) 사안의 검토

사례에서 B의 약속어음이 부도가 되었으므로, 대물변제예약상의 조건이 성취되었다. 따라서 이 조건의 성취와 함께 B는 A에게 '차용금반환'의 代物로서 '甲토지의 소유권이전'을 변제로서 실현해야 할 채무를 부담한다. B가 그 토지의 소유권이전등기를 A에게 경료한 때(제186조)에 비로소 대물변제는 실현되고, A의 채권은 소멸하게 된다. B가 이러한 변제의무를 이행하지 않는다면 A는 그 이행을 강제할 수 있다(제389조 제1항).

Ⅳ. A의 폭리행위의 성립 여부

1. 폭리행위의 규준

대물변제예약 자체가 폭리행위로 문제가 되는 경우, 제104조의 불공정한 법률행위 내지 제103조의 선량한 풍속 기타 사회질서에 반하는 행위에 해당되는지의 여부를 검토해 볼 수 있다. 그러나 제104조 또는 제103조의 폭리성이 문제되는 것은 소비대차 이외의 다른 계약에 부수해서 대물변제예약이 행하여진 경우이고, 소비대차에 부수해서 대물변제예약이 행해진 경우에는 제607조, 제608조의 특별규정이 우선적으로 적용된다. 따라서 본래의 채권액보다 대물변제예약의 목적물의 시가가 현저하게 균형을 상실한 때에는(제607조) 대물변제의 예약은 효력이 없다(제608조). 여기서 제608조의 '효력이 없다'는 것이 무엇을 의미하는지에 관해서 견해의 대립이 있다.

2. 제608조의 '효력이 없다'의 의미

(1) 일부무효설

이 견해에 의하면(곽윤직, 물권법, 346면) 대물변제의 예약이 무효가 되면 양도담보계약의 효력은 물론, 소유권이전등기의 효력도 인정될 수 없기 때문에 제608조에서 말하는 '효력이 없다'는 것은 전면적인 무효를 의미하는 것은 아니며, 제607조에 위반하는 초과부분을 채무자에게 반환해야 한다는 뜻으로 해석한다. 다시 말하면 제607조 및 제608조의 규정은 채권자가 피담보채권인 원리금 이상의 가치를 대물반환된 목적물로부터 취득하는 것은 언제나 폭리가 된다고 선언하고 있으므로, 그 한도를 넘지 않는 한 대물변제예약은 유효하다고 한다(제137조 단서 참조).

이 견해에 따르면 제607조에 위반하는 대물변제예약은 '원리금의 초과분'에 해당하는 일부가 무효이므로(판례 [5-1] 참조), 채권자는 이 부분을 법률상 원인없이 보유하는 것이 되고, 따라서 이를 채무자에게 부당이득으로 반환해야 한다는(제741조) 결론이 도출된다.

(2) 채권담보의사설

이 견해는(김정현, 민법 제607조·제608조의 출발점에 대한 근본적인 반성과 재구성, 방순원선생고희기념논문집 '민사법의 제문제', 1985, 132면 이하) 제608조의 '효력이 없다'는 의미를 문언 그대로 무효로 이해하고, 따라서 대물변제예약의 무효는 계약당사자뿐만 아니라, 제3자에 대해서도 관철되어야 한다고 한다. 다만 대물변제예약 속에 포함되어 있거나, 적어도 병존한다고 해석되는 채권담보의 의사를 독립적으로 파악하여 이전등기는 담보로서의 효력만을 보유하는 것으로 이론구성하는 한편, 제3자의 보호문제는 허위표시의 무효에 대한 제3자의 보호규정(제108조 제2항)을 유추적용해야 한다고 한다.

이 견해에 따르면 제607조에 위반하는 대물변제예약은 무효이므로, 채권자명의로 이전된 등기는 그 효력이 없으나, '선의'의 제3자는 제108조 제2항의 유추적용에 따라 채권자로부터 유효하게 소유권을 취득할 수 있게 된다.

(3) 무효행위전환설

이 견해는(이영준, 한국민법론[물권법], 827-829면; 김상용, 물권법, 721면) 제607조에 위반하는 대물변제의 예약은 무효이지만, 그 예약 속에 채권담보계약을 기초로 당사자 사이에 '약한 의미의 양도담보'가 설정된 것으로 해석한다(판례 [5-2] 내지 [5-5] 참조). 특정채무를 위한 담보권은 당연히 피담보채무의 변제를 목적으로 하는 한도에서 그 효력을 가진다(제334조, 제358조 및 가등기담보법 제4조 제1항 참조). 따라서 채권자는 원금과 이자의 합산액(원리금)을 초과하는 부분을 정산하여 채무자에게 반환하여야 한다.

이 경우의 정산은 채권자가 채권액을 넘는 초과부분('청산금')을 채무자에게 반환한 후 대물변제예약의 목적물인 재산권을 취득하는 '귀속정산'의 방법에 의할 수 있으며(가등기담보법 제4조 제2항 참조), 또는 경매를 통하여 제3자에게 매각하는 '처분정산'의 방법으로도 이루어 질 수 있다(가등기담보법 제12조 참조).

(4) 견해의 검토

첫 번째와 세 번째 견해는 '효력이 없는' 대물변제예약에 의하여 소유권이전등기가 경료된 경우에도 대외적 관계에 있어서는 그대로 소유권이전등기의 효력을 인정한다. 그러나 두 번째 견해에 의하면 이전등기는 그 효력이 없으나, 선의의 제3자는 제108조 제2항 유추적용을 통하여 보호될 수 있다.

그러나 어느 견해에 의하든지 차용원리금을 초과하는 재산권에 관하여 이루어진 대물변제예약에는 제607조 및 제608조가 적용되어 소유권이전이라는 형식의 대물변제가 담보관계로 해석되는 점에 있어서는 차이가 없다. 이러한 담보권실행의 과정에서 원리금 초과부분에 관한 정산에는 가등기담보법상의 두 가지 정산방법이 모두 고려될 수 있다는 점에서도 의견을 같이한다.

(5) 사안의 검토

우선 사례의 경우 가등기담보법이 적용되는지 여부가 문제될 수 있다. 그러나 동법은 원칙적으로 담보계약을 하고 '소유권이전청구권의 담보가등기를 갖춘 경우'(이른바 '가등기담보') 또는 '소유권이전등기를 갖춘 경우'(이른바 '이전등기담보')에 적용된다(동법 제1조 참조). 따라서 사례와 같이 A와 B 사이에 대물변제예약만이 있을 뿐, 가등기(내지 소유권이전등기)가 경료되지 않은 경우에는 가등기담보법이 직접 적용되지는 않는다. 그러나 이와 같은 경우에도 적어도 가등기담보법에서 규정한 '청산방법'은 유추 적용될 수 있을 것이다. 그렇게 해석하는 것이 제607조 및 제608조의 취지에 부합할 것이다. 이에 따라 사례를 판단하면 다음과 같다.

즉, 기존채무인 3,300만원과 대물급부인 5,000만원(甲토지의 시가) 사이의 불균형으로 제607조, 제608조가 적용되어 A와 B 사이의 대물반환의 예약은 ―적어도 1,700만원에 해당하는 부분에 관하여― 무효이다. A는

B에게 1,700만원을 지급하고 甲토지 소유권의 이전등기를 요구할 수 있다(이른바 '귀속정산'의 형태). 甲토지를 제3자에게 매각하는 이른바 '처분정산'의 형태를 택하더라도 A는 B에게 1,700만원을 반환하거나, 매각주체가 B인 경우 3,300만원의 지급만을 요구할 수 있을 뿐이다.

사례와는 달리 설령 A에게 이미 甲토지소유권의 이전등기가 경료되어 있더라도 A가 정산절차 없이 토지의 소유권을 취득할 수는 없다.

Ⅴ. 설문에 대한 해답

본래 채무의 지급을 위하여 B가 발행한 어음이 부도가 되더라도 A는 대여원리금(3,000만원+지연이자)의 한도내에서만 甲토지에 관한 권리가 있다. 즉, A는 甲토지의 시가에서 이를 공제한 금액을 B에게 지급하면서, 그에게 토지소유권의 이전등기를 요구할 수 있다.

≪판 례≫

[1] 다른 급부의 제공이 대물변제에 해당하는지 여부

*채권을 양도한 경우

[1-1] (대판 1994.2.8, 93다50291) 기존채무에 관하여 채무자가 제3채무자에 대하여 가지고 있는 채권을 기존채무의 채권자에게 양도한 경우 그들 사이에 특별한 의사표시가 없는 이상 기존채무의 변제를 위하여 또는 그 담보조로 양도한 것이라고 추정하여야 한다.

*어음을 교부한 경우

[1-2] (대판 1960.10.31, 4291민상390) 기존채무에 관하여 약속어음이 발행되었을 때에는 특히 변제에 갈음하여 발행된 것이라는 주장·입증이 없는 한 변제를 위하여 발행된 것이라고 추정하여야 할 것이고, 이 경우에는 동 어음금의 지급이 없는 한 채권자가 그 어음을 제3자에게 양도하였다 하여도 본래 채무의 변제의 효력이 없을 것이다.

[1-3] (대판 1996.11.8, 95다25060) 기존 채무의 이행에 관하여 채무자가 채권자에게 어음을 교부할 때의 당사자의 의사는 기존 원인채무의 '지급에 갈음하여', 즉 기존 원인채무를 소멸시키고 새로운 어음채무만을 존속시키려고 하는 경우와, 기존 원인채무를 존속시키면서 그에 대한 지급방법으로서 이른바 '지급을 위하여' 교부하는 경우 및 단지 기존 채

무의 지급담보의 목적으로 이루어지는 이른바 '담보를 위하여' 교부하는 경우로 나누어 볼 수 있는데, 당사자 사이에 특별한 의사표시가 없으면 어음의 교부가 있다고 하더라도 이는 기존 원인채무는 여전히 존속하고 단지 그 '지급을 위하여' 또는 그 '담보를 위하여' 교부된 것으로 추정할 것이며, 따라서 특별한 사정이 없는 한 기존의 원인채무는 소멸하지 아니하고 어음상의 채무와 병존한다고 보아야 할 것이고, 이 경우 어음상의 주채무자가 원인관계상의 채무자와 동일하지 아니한 때에는 제3자인 어음상의 주채무자에 의한 지급이 예정되고 있으므로 이는 '지급을 위하여' 교부된 것으로 추정하여야 한다.

[1-4] (대판 2000.2.11, 99다56437) 기존 채무의 지급을 위하여 또는 지급확보를 위하여 어음이 교부되어 기존 채권과 어음채권이 병존하는 경우 어음채권이 변제나 상계 등에 의하여 소멸하면 기존 채권 또한 그 목적이 달성되어 소멸하는 것이고, 이러한 법리는 채권자가 어음을 제3자에게 배서·양도한 후 그 어음소지인과 채무자 사이에서 어음채권의 변제나 상계 등이 이루어진 경우에도 마찬가지이다.

*수표를 교부한 경우

[1-5] (대판 1961.12.21, 61다324) 거래의 통념상 소위 일반은행의 자기앞수표는 현금과 동일시하여 현금과 같이 거래되므로, 상품을 판매하고 이른바 자기앞수표를 받은 경우 상품대금의 지불 대신 거래되었다고 추정 못할 바 아니고, 위 자기앞수표를 법정제시기간 경과 후에 제시하였다면 수표소지인은 수표법상 또는 민법상 모든 청구권이 상실되었다고 추정할 수 있다.

[1-6] (대판 2003.5.30, 2003다13512) ① 채무자가 채권자에게 기존 채무의 이행에 관하여 수표를 교부하는 경우 다른 특별한 사정이 없는 한 이는 '지급을 위하여' 교부된 것으로 추정할 것이고, 따라서 기존의 원인채무는 소멸하지 아니하고 수표상의 채무와 병존한다고 보아야 한다. ② 기존의 원인채무와 수표상의 채무가 병존하고 있는 한에서는 채무자로서는 그 수표상의 상환의무를 면하기 전까지는 이중으로 채무를 지급하게 될 위험을 피하기 위하여 원인관계상의 채권자에 대하여 수표의 반환없는 기존채권의 지급청구를 거절할 수 있다고 할 것이고, 한편 후일 수표금이 지급되는 등 채무자가 그 수표상의 상환의무를 면할 경우 비로소 기존 원인관계상 채무도 소멸한다고 볼 것이므로 채무자는 원인관계상의 채권자에 대하여 수표상의 상환의무를 면하였음을 사유로 하여 그 원인관계상 채무의 소멸을 주장할 수 있다. ③ 채무자가 기존 채무의 지급을 위하여 채권자에게 수표를 교부하였는데 채권자가 그 수표와 분리하여 기존 원인채권만을 제3자에게 양도한 경우, 채무자는 기존 원인채

권의 양도인에 대하여 채권자가 위 수표의 반환없는 기존 원인채무의 이행을 거절할 수 있는 항변권을 그 채권양도통지를 받기 이전부터 이미 가지고 있었으므로 채권양수인에 대하여도 이와 같은 항변권을 행사할 수 있다.

*부동산소유권을 이전한 경우

[1-7] (대판 1993. 6. 8, 92다19880) 채무와 관련하여 채무자 소유의 부동산이 채권자 앞으로 소유권이전등기가 경료된 경우, 그것이 대물변제조로 이전된 것인가, 아니면 종전채무의 담보를 위하여 이전된 것인가의 문제는 소유권이전 당시의 당사자 의사해석에 관한 문제인 것이고, 이 점에 관하여 명확한 증명이 없는 경우에는(담보목적임을 주장하는 측에 그 입증책임이 있다) 소유권이전 당시의 채무액과 부동산의 가액, 채무를 지게 된 경위와 그후의 과정(가등기의 경료관계), 소유권이전 당시의 상황, 그 이후에 있어서의 부동산의 지배 및 처분관계 등 제반 사정을 종합하여 담보목적인지 여부를 가려야 할 것이다(임야에 관하여 채권자 앞으로 경료된 소유권이전등기가 양도담보가 아닌 대물변제로 인한 것이라고 판단한 원심판결은 양도담보에 관한 법리오해 및 심리미진의 위법이 있다는 이유로 파기되었다).

[2] 본래의 급부와 변제를 위한 급부 중 하나를 채권자가 선택적으로 요구할 수 있는지 여부(적극 또는 한정적극)

[2-1] (대판 1960. 4. 28, 4292민상197) 기존 채무에 관하여 배서된 약속어음이 교부된 경우에 그것이 채무지불에 대하여 교부되었다는 당사자의 의사가 분명치 않는 이상 그것은 채무지불을 위하여 즉 지불확보를 위하여 교부된 것으로 추정받을 것이며 채권자는 이후 그 선택하는 바에 따라 기존채권 또는 어음상의 채권을 행사할 자유가 있는 것으로 풀이할 것이다.

[2-2] (대판 1972. 3. 28, 72다119) 매매잔대금에 관하여 발행된 약속어음은 그 지급확보를 위한 것이므로, 채권자는 선택적으로 약속어음 청구를 하거나 그 원인되는 잔대금 채무불이행을 이유로 매매계약의 해제를 할 수 있다.

[2-3] (대판 1995. 10. 13, 93다12213) 어음이 '지급을 위하여' 교부된 경우에는 채권자는 어음채권과 원인채권 중 어음채권을 먼저 행사하여 만족을 얻을 것을 당사자가 예정하였다고 할 것이므로 채권자로서는 어음채권을 우선 행사하고, 그에 의하여서는 만족을 얻을 수 없을 때 비로소 채무자에 대하여 기존의 원인채권을 행사할 수 있다고 하여야 하며, 나아가 이러한 목적으로 어음을 배서양도받은 채권자는 특별한 사정이 없는 한 채무자에 대하여 원인채권을 행사하기 위하여는 어음을 채무자

에게 반환하여야 하므로, 채권자가 채무자에 대하여 자기의 원인채권을 행사하기 위한 전제로서 지급기일에 어음을 적법히 제시하여 소구권 보전절차를 취할 의무가 있다고 보는 것이 양자 사이의 형평에 맞는다(동지: 대판 1996.11.8, 95다25060).

[3] 대물변제계약의 효력

[3-1] (대판 1977.6.7, 77다369) 대물변제에 있어서는 그 급부가 유효하게 현실적으로 되어진 경우에 한하여 대물변제가 되었다고 할 것인바, 대물변제조로 부동산에 대한 소유권이전등기를 경료하였으나 그 등기가 원인무효의 등기로써 말소된 이상 그 부동산에 대한 소유권을 현실적으로 유효하게 취득하였다고 볼 수 없어 본래의 채권이 소멸되었다고 할 수 없다.

[3-2] (대판 1987.10.26, 86다카1755) 대물변제는 본래의 채무에 갈음하여 다른 급여를 현실적으로 하는 때에 성립되는 요물계약이므로, 다른 급여가 부동산의 소유권이전인 때에는 등기를 완료하여야만 대물변제가 성립되어 기존채무가 소멸되는 것이므로 대물변제계약이 효력을 발생하기 전에 채무의 본지에 따른 이행으로 기존채무가 소멸되고 난 뒤에는 대물변제예약 당사자간에 예약된 대물변제계약으로서는 부동산소유권이전등기청구를 할 수 없다.

[3-3] (대판 1992.2.28, 91다25574) 채무자가 채권자 앞으로 차용물 아닌 다른 재산권을 이전한 경우에 있어 그 권리의 이전이 채무의 이행을 담보하기 위한 것이 아니고 그 채무에 갈음하여 상대방에게 완전히 그 권리를 이전하는 경우 즉 대물변제의 경우에는 가령 그 시가가 그 채무의 원리금을 초과한다고 하더라도 제607조, 제608조가 적용되지 아니한다.

[3-4] (대판 2003.5.16, 2001다27470) 대물변제가 채무소멸의 효력을 발생하려면 채무자가 본래의 이행에 갈음하여 행하는 다른 급여가 현실적인 것이어야 하며 그 경우 다른 급여가 부동산소유권의 이전인 때에는 그 부동산에 관한 물권변동의 효력이 발생하는 등기를 경료하여야 하는바, 부동산실권리자명의 등기에 관한 법률에 의하면 이른바 3자간 등기명의신탁의 경우 같은 법에서 정한 유예기간 경과에 의하여 기존 명의신탁약정과 그에 의한 등기가 무효로 되고, 이 경우 수탁자가 제3자에게 신탁부동산에 대한 처분행위를 한 경우 3자간 등기명의신탁에 의한 소유권이전등기의 무효로써 제3자에게 대항할 수 없다고 하더라도(같은 법 제4조 제3항), 당초의 약정에 따른 신탁자에 대한 소유권이전등기의무가 이행된 것으로는 볼 수 없다.

[4] 대물변제예약완결권의 법적 성질 및 행사방법

(대판 1997.6.27, 97다12488) ① 대물변제예약완결권은 일종의 형성

권으로 당사자 사이에 그 행사기간을 약정한 때에는 그 기간내에, 그러한 약정이 없는 때에는 그 권리가 발생한 때로부터 10년내에 이를 행사하여야 하고, 이 기간을 도과한 때에는 예약완결권은 제척기간의 경과로 인하여 소멸한다. ② 대물변제예약 완결의 의사표시는 특별한 방식을 요하는 것이 아니고 예약의무자에 대한 의사표시로 할 수 있다.

[5] 제608조에서 말하는 '효력이 없다'는 문언의 의미

[5-1] (대판 1962.7.26, 62다247) 제607조, 제608조에 규정된 차주에게 불리한 것은 무효라 함은 그 계약 전부가 무효가 되는 것이 아니고 차주에게 불리한 부분만이 무효이다.

[5-2] (대판 1967.10.4, 67다1596) 금전소비대차에 있어서 변제시까지 채무원리금을 변제하지 못할 때에 채무자 소유의 부동산을 채권자에게 매매형식으로 소유권이전등기를 할 것을 특약함은 특단의 사정이 없는 한 채권담보의 취지도 포함된 것이라고 못 볼 바 아니다.

[5-3] (대판 1968.10.22, 68다1654) 대물반환의 예약이 제607조, 제608조의 적용을 받아서 그 효력이 없는 경우라도 특별한 사정이 없으면 그 예약당사자간에는 소위 약한 의미의 양도담보계약을 함께 맺은 취지로 볼 것이다.

[5-4] (대판 1974.12.10, 74다1658) 돈을 대여하면서 담보조로 부동산에 대하여 소유권이전청구권 보전의 가등기를 경료하고 변제기까지 원리금을 갚지 않으면 매매계약완결의 의사표시를 요하지 아니하고 가등기에 인한 본등기 절차를 이행하기로 약정한 경우에 특별한 사정이 없으면 차용물의 반환에 관하여 차용물에 갈음하여 다른 재산권을 이전할 것을 예약한 경우에 해당한다고 볼 것이므로 제607조와 제608조의 효과를 받아야 한다.

[5-5] (대판 1991.12.24, 91다11223) 기존의 채무를 정리하는 방법으로 재산권을 이전하기로 한 당사자간의 약정이 담보목적이 아니라 대물변제의 의사로 한 것이라 하더라도 위 약정을 함에 있어 약정 후 3년 이내에 채무자가 그간의 원리금을 지급하면 채권자는 목적물을 채무자에게 반환하기로 하는 약정도 함께 하였다면, 이는 다른 특단의 사정이 없는 한 당사자간에는 그 재산을 담보의 목적으로 이전하고 변제기내에 변제가 이루어지지 않으면 담보권행사에 의한 정산절차를 거쳐 원리금을 변제받기로 하는 약정이 이루어진 것으로 해석하여 결국 대물변제의 예약이라고 봄이 상당하고, 그 약정 당시의 가액이 원리금을 초과한다면 대물변제의 예약 자체는 무효이고 다만 양도담보로서의 효력만 인정하여야 한다.

[債 權 法]

事例 45

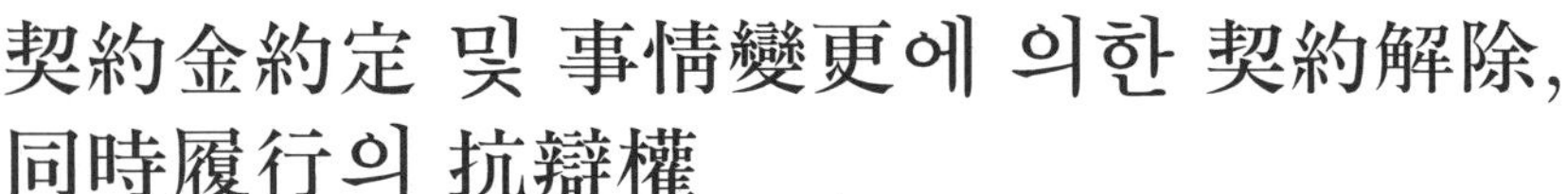

契約金約定 및 事情變更에 의한 契約解除, 同時履行의 抗辯權

≪설 문≫

2006년 1월 말 A는 자신 소유의 甲주택을 B에게 9,000만원에 양도하기로 하는 계약을 체결하면서 B로부터 계약금으로 900만원을 받았다. 그들은 중도금 3,600만원은 2월 말에 지급하고, 3월 말에 잔금 4,500만원을 지급함과 동시에 주택을 명도하기로 약정하였다. 그후 자산상태가 몹시 악화된 3월 중순 A는 위 주택을 담보로 C은행으로부터 6,000만원을 차용하고, C 앞으로 저당권을 설정해주었다.

(1) 우선 2월 중순경 주택의 저렴한 매각을 후회하는 A가 주택매매계약을 '없었던 일로' 할 수 있는지를 검토하시오.

(2) 2월 말에 B가 중도금 중 일부인 2,000만원만을 지급하였다면, A의 자금상태가 악화된 3월 중순, 아직 지급하지 않은 1,600만원의 지급을 요구받은 B가 A의 이러한 청구에 반드시 응해야 하는지를 검토하시오.

(3) 위 A의 지급청구소송이 계속중인 4월 중순 A와 B의 법률관계를 검토하시오.

목차제안

Ⅰ. **논점분석**
Ⅱ. **설문(1): A의 계약해제권**

1. 계약금약정에 의한 해제
   (1) 계약금약정
   (2) 법적 성질
   (3) 계약금약정에 의한 해제의 요건과 효과
      1) 요 건
      2) 효 과
2. 사안의 검토

Ⅲ. 설문(2): A에 대한 B의 권리

1. A에 대한 B의 불안의 항변권
   (1) 동시이행의 항변권
      1) 의의 및 입법례
      2) 성립요건
      3) 법적 성질
      4) 사안의 검토
   (2) 이른바 불안의 항변권
      1) 의 의
      2) 제563조 제2항에 대한 평가
   (3) 소 결
2. A에 대한 B의 담보제공청구권
   (1) 문제의 소재
   (2) 제588조에 따른 매매대금지급거절권
      1) 제588조의 규범목적
      2) 동시이행항변권과의 구별
   (3) 소 결
3. B의 계약해제권
   (1) 사정변경원칙에 따른 계약해제권
      1) 사정변경에 의한 해제권의 인정 여부
      2) 사정변경원칙의 적용요건
      3) 사안의 검토
   (2) A의 채무불이행을 이유로 한 계약해제권
   (3) 소 결

Ⅳ. 설문(3): A에 대한 B의 권리와 의무

1. A에 대한 B의 동시이행항변권
   (1) B의 동시이행항변권의 인정 여부
   (2) B의 동시이행항변권의 효과
2. B에 대한 이행지체를 이유로 한 A의 손해배상청구권

풀이제안

Ⅰ. 논점분석

A와 B는 甲주택을 목적물로 하는 매매계약을 유효하게 체결하였다(제563조). A는 甲주택의 소유권이전의무를 부담하는 한편, B는 매매대금지급의무를 부담하는바, B는 당사자의 특약에 따라 대금의 일부(중도금)에 관하여 선이행의무를 부담한다.

설문(1)에서는 B와의 매매계약체결을 후회하는 A의 계약구속으로부터의 해방가능성이 문제된다. 특히 A가 계약금으로 900만원을 수령하였기 때문에 이른바 해약금약정(제565조)에 의한 계약해제가 가능한지를 검토해야 한다.

설문(2)에서는 후이행의무자인 A의 재산상태가 악화되어 그의 채무이행이 불확실하게 되거나 또는 곤란하게 된 경우에도, B가 여전히 중도금지급의무를 선이행해야 하는지를 검토해야 한다. 한편 동시이행의 항변과 관련하여 B는 A가 상당한 담보를 제공할 때까지 이행을 거절할 수 있는가, 또는 계약을 해제(제543조)할 수 있는가를 함께 검토해야 한다.

설문(3)의 경우에는 A와 B 각각의 주된 채무의 이행기가 도래한 때에 선이행의무자 B에게도 동시이행의 항변권이 인정되는가와 A 채무의 이행기 도래 이전에 발생한 B의 중도금지급에 관한 지체책임(제390조)의 내용을 어떻게 이해해야 할 것인가를 검토해야 한다.

Ⅱ. 설문(1): A의 계약해제권

1. 계약금약정에 의한 해제

(1) 계약금약정

계약금약정이란 계약을 체결할 때 당사자 일방이 상대방에게 금전 기타 유가물인 계약금을 교부함으로써 성립하는 요물계약이며, 주된 계약에 부수하는 종된 계약이다. 따라서 주된 계약이 무효·취소된 경우에는 계약금계약도 당연히 그 효력을 상실한다. 계약금약정은 반드시 주된 계약과 동시에 체결될 필요는 없다.

(2) 법적 성질

계약금은 당사자 사이에 특약이 없는 한 해제권의 유보를 위해 수수된 해약금으로 추정된다(제565조 제1항 및 판례 [1-1] 참조). 즉 당사자 일방이 위약한 경우, 그 계약금을 '위약금'으로 한다는 특약(예컨대 '매수인이 위약하면 계약금을 몰수한다')이 있는 경우에 한하여 계약금은 손해배상액의 예정으로서의 성질을 겸유한다(판례 [1-2] 참조).

(3) 계약금약정에 의한 해제의 요건과 효과

1) 요 건 주된 계약의 양 당사자 중 일방이 이행에 착수할 때까지 교부자는 이를 포기하고, 수령자는 그 배액을 상환하여 계약을 해제할 수 있다(제565조 제1항). 이와 같이 해약금약정에 의한 해제권행사의 시기를 당사자 일방이 이행에 착수할 때까지로 제한한 것은, 당사자의 일방이 이미 이행에 착수한 경우 그 당사자는 이행의 착수에 필요한 비용을 지출하고 계약이 이행될 것으로 기대하고 있기 때문에, 만일 이 단계에서 상대방이 계약을 해제한다면 불측의 손해를 입게 될 우려가 있으므로 이를 방지함에 있다(판례 [2-1] 참조). 여기서 '당사자 일방의 이행착수'는 계약내용에 좇은 이행의 제공까지는 아니더라도 객관적으로 외부에서 인식할 수 있을 정도로 채무이행행위의 일부를 행하거나 또는 이행에 필요한 전제행위를 행하는 것이기 때문에 단순히 이행의 준비를 하는 것만으로는 부족하다(판례 [2-1] 내지 [2-3] 참조).

이때 당사자 사이에 금지특약이 없는 한, 이행기 전에 일방이 이행에 착수하면 해약금약정에 따른 해제는 할 수 없다(판례 [2-2] 참조). 또한 해약을 하고자 하는 당사자가 스스로 이미 이행에 착수한 경우에도 해약금규정에 따른 해제는 인정되지 않는다다(판례 참조 [2-4]).

교부자가 해제권을 행사하는 경우 해제의 의사표시로 충분하고, 별도의 계약금포기의 의사표시는 불필요하겠지만, 수령자가 해제하려면 계약해제의 의사표시 외에 계약금 배액의 지급 또는 적어도 이행의 제공이 있어야 하지만, 상대방이 이를 수령하지 않는다고 해서 이를 공탁할 필요까지는 없다(판례 참조 [2-5]).

2) **효 과** 해약금으로 유보된 해제권은 계약 당사자들의 이행착수 전에만 그 행사가 가능하므로 그 법률효과로써 원상회복의 문제는 발생하지 않는다. 또한 법정해제권(제543조 이하 참조)과는 달리 상대방의 채무불이행을 전제로 발생하는 것이 아니므로 원칙적으로 상대방에 대하여 손해배상을 청구할 수 없다(제565조 제2항 참조)(계약금을 위약시 위약금으로 하는 특약은 손해배상액예정으로 보아야 하며, 계약금이 해약금과 위약금의 성질을 겸유하는 경우 후자의 한도내에서 과도한 경우 감액해야 한다는 판례 [1-2] 참조).

2. 사안의 검토

B와의 매매계약체결을 후회하는 A는 계약금 900만원만을 수령한 상태인 2월초의 시점에서 B로부터 수령한 계약금의 배액에 해당하는 1,800만원을 B에게 지급하고 해제의 의사표시를 함으로써 A와 B 사이의 매매계약을 유효하게 해제할 수 있다. 이로써 A의 채무인 甲주택에 관한 소유권이전의무는 소멸한다. 그러나 A와 B 사이에 이행기 전의 이행을 금지하는 특약이 없었고 B가 이행기보다 앞서 중도금 또는 그 일부를 A에게 지급하였다면, A는 더 이상 해약금약정에 의한 해제는 할 수 없다.

Ⅲ. 설문(2): A에 대한 B의 권리

1. A에 대한 B의 불안의 항변권

(1) 동시이행의 항변권

1) **의의 및 입법례** 동시이행의 항변권(제536조 제1항 본문)이란 쌍무계약상 상대방이 이행을 제공할 때까지 자기의 채무이행을 거절할 수 있는 권리

로서, 대가적 채무는 상환으로 이행되어야 한다는 원칙에 기초한 것이다(판례 [3-1]도 참조). 쌍무계약의 이행상의 견련관계를 관철하는 입법주의로는 각 당사자가 자기의 채무의 이행 또는 이행의 제공을 하지 않고서는 상대방에게 이행을 청구할 수 없다는 청구권부인주의(예컨대 스위스 채무법 제82조)와 각 당사자는 상대방에 대하여 자유로이 이행을 청구할 수 있으나, 다만 서로 상대방으로부터 반대급부의 제공이 있을 때까지 자기의 급부를 거절할 수 있다는 연기적 항변주의(예컨대 독일민법 제320조, 제322조)가 있다. 우리 민법은 후자의 태도를 취하고 있다.

판례는 동시이행항변권을 행사하는 자의 상대방이 그 동시이행의 의무를 이행하기 위하여 과다한 비용이 소요되거나 또는 그 의무의 이행이 실제적으로 어려운 반면, 항변권자가 얻는 이득은 별달리 크지 않아 항변권의 행사가 주로 자기 채무의 이행만을 회피하기 위한 수단이라고 보일 때에는 권리남용을 이유로 항변권의 행사를 배척한다(판례 [3-2] 참조).

2) **성립요건** 동시이행의 항변권이 성립하기 위해서는 (i) 쌍방의 채무가 동일한 쌍무계약으로부터 발생해야 하고(대가적 의미를 갖는 채무의 존재), (ii) 쌍방의 채무가 변제기에 있어야 하며, (iii) 상대방이 채무의 이행 또는 그 제공을 하지 않고 이행을 청구해야 한다. 특히 요건 가운데 (iii)은 연기적 항변주의의 특징이라고 할 수 있다.

3) **법적 성질** 동시이행항변권이 언제 발생·소멸하며, 그 효과는 어떻게 설명되는가의 문제에 관하여 견해가 나뉜다.

채무자의 이행거절권능을 연기적 항변권(예컨대 곽윤지, 채권각론, 65면 이하 참조)으로 이해하는 제1설(항변권설)에 따르면 동시이행항변권은 성립(내지 행사)요건을 갖추면 발생하나, 채무자(피고)의 원용이 있는 경우에만 현실화될 뿐이라고 한다. 다만, 예외적으로 항변권의 행사와 관계없이 그 존재로부터 상계금지·이행지체책임의 면제라는 효과가 발생한다고 한다(판례 [6], [7] 참조). 제2설(계약성립시설)은 동시이행항변권은 원용여부와 상관없이 계약성립의 시점부터 상대방의 이행(내지 그 제공)의 시점까지 발생·존속하며, 이행거절권능이라는 본질적 내용으로부터 이행지체책임면제와 상계금지의 효과가 도출된다고 한다(예컨대 이은영, 채권각론, 148면 이하 참조).

그러나 쌍무계약의 본질상 채권자가 상대방에게 이행을 청구하기 위해서는 자신 채무의 이행을 제공해야 한다. 이처럼 쌍무적 견련성이 있는 청구권의 권리자에게는 자신 채무의 이행을 적어도 동시에 제공해야 한다는 제한적 지위가 주어져 있다. 즉, 동시이행항변권은 상대방 채권의 한 측면을 채무자의 시각에서 파악한 것에 지나지 않는다. 변론주의원칙상 요구되는 소송에서의 항변권의 원용도 이러한 상대방 채권의 속성을 지적하는 것에 지나지 않는다(제3설(실체권설))(예컨대 김형배, 채권각론[계약법], 148면 이하 참조).

4) **사안의 검토** 사례에서 A와 B는 매매계약이라는 쌍무계약을 체결하고 있으므로 B의 매매대금지급의무와 A의 목적물소유권이전의무는 대가적 견련관계에 있다. 그런데 A와 B 사이에는 매매대금을 3회로 분할하여 지급하되, 잔금을 지급함과 동시에 甲주택을 명도하기로 하는 특약이 있다. 따라서 A는 甲주택의 명도와 관련하여 후이행의무자이고, B는 중도금의 지급과 관련하여 선이행의무자이다. 사례에서 3월 중순 현재 A의 소유권이전채무는 변제기(3월말)에 있지 않고 B가 여전히 선이행의무를 부담하고 있기 때문에, A는 자신의 채무를 이행하지 않고서도 B에게 중도금 중 미지급분 1,600만원(및 약 15일분의 지연배상금)을 청구할 수 있다. 따라서 그 시점에 B에게는 원칙적으로 동시이행의 항변권이 인정되지 않는다.

(2) 이른바 불안의 항변권

1) **의 의** 쌍무계약에서 서로 대립하는 채무의 변제기가 언제나 같은 것은 아니므로, 선이행의무자에게는 동시이행의 항변권이 인정되지 않는다(제536조 제1항 단서). 그러나 후이행의무자의 재산상태가 악화되어 그가 부담하는 의무이행이 곤란하게 될 '현저한 사유가 있는 때'에는 선이행의무자에게 동시이행의 항변권이 인정된다(제536조 제2항).

2) **제563조 제2항에 대한 평가** 쌍무계약에 있어서 선이행의무자는 상대방의 후이행을 신뢰하여 신용제공의 약속을 하는 것이므로, 후이행의무자도 이에 응하여 계약의 이행보전의 의무를 부담한다. 따라서 후이행의무자의 재산상태 악화로 의무이행의 실현이 곤란하게 되어 선이행의무자의 신뢰의 기초가 상실된 경우에는, 공평의 원칙과 거래상의 신의칙에 비추어 본래의 동시이행의 원칙에 따라 쌍무계약상의 대가관계를 현실적으로 유지시키는 것이 타당하다.

판례도 제536조 제2항에 따라 채무이행을 거절할 수 있는 경우란 '선이행채무를 지게 된 채권자가 계약성립 후 채무자의 신용불안이나 재산상태의 악화 등의 사정으로 반대급부를 이행받을 수 없는 사정변경이 생기고, 이로 인하여 당초의 계약내용에 따른 선이행의무를 이행케 하는 것이 공평과 신의칙에 반하게 되는 경우를 말하는 것이고, 이와 같은 사유는 당사자 쌍방의 사정을 종합하여 판단하여야 할 것'이라고 한다(판례참조 [4]).

(3) 소 결

사례의 경우 후이행의무자 A는 재산상태가 악화되어 C은행으로부터 6,000만원을 차용하면서 甲주택에 저당권을 설정해주었다. 이로 인해 후이행의무자 A의 의무이행(B에게 甲주택의 완전한 소유권을 이전해 줄 의무)이 현저히 곤란하게 된 것으로 판단되므로 선이행의무자 B는 동시이행항변권, 즉 불안의 항변권을 행사하여 A의 지급청구를 거절할 수 있다.

2. A에 대한 B의 담보제공청구권

(1) 문제의 소재

위 1.에서 검토한 바와 같이 B는 불안의 항변권을 가지나, B가 동시이행의 항변을 넘어서 A가 상당한 담보를 제공할 때까지 대금지급을 거절할 수 있는지를 검토할 필요가 있다.

(2) 제588조에 따른 매매대금지급거절권

1) **제588조의 규범목적** 제588조에 따르면 매수인이 매매목적물에 대하여 권리를 주장하는 제3자로 인하여 매수한 권리의 전부나 일부를 잃을 염려가 있는 경우에는 그 위험의 한도에서 대금의 전부나 일부의 지급을 거절할 수 있다. 다만, 매도인이 상당한 담보를 제공하는 때에는 매수인은 대금지급을 거절하지 못한다(동조단서).

원래 매수한 목적물에 대하여 제3자가 권리를 주장함으로써 권리의 전부 또는 일부를 상실하거나 취득할 수 없는 경우에, 매수인은 계약을 해제하거나 대금감액을 청구함으로써(제576조 및 제572조) 대금의 전부 또는 일부를 반환받을 수 있다. 그러나 매도인이 무자력인 경우 매수인은 사실상 구제받을 수 없으므로, 사전에 대금지급을 거절할 수 있는 권리를 매수인에게 부여하자는 것이 제588조의 취지이다.

2) **동시이행항변권과의 구별** 동시이행의 항변권은 이행행위가 있기 전에 채무이행의 견련관계에 기초를 둔 쌍무관계의 일반적 성질로부터 채무자에게 인정되는 당연한 채무이행의 거절권인 데 반해서(앞의 Ⅲ 1 (1) 3) 제3설 참조), 대금지급거절권은 추탈(追奪)의 위험에 대한 항변권이다(김형배, 민법학강의(제6판), 1303면). 또한 동시이행의 항변권은 쌍방의 견련성 있는 채무가 변제기에 있을 것이 요구되지만, 제588조의 대금지급거절권은 이행기나 변제기와 무관하게 사전에 인정될 수 있는 권리이다. 따라서 대금지급거절권은 동시이행항변권과는 구별되는 것이며, 매수인으로 하여금 사전에 대금의 지급을 거절할 수 있게 함으로써 매도인에게 일종의 담보책임을 부과하는 것이다(김형배, 채권각론[계약법], 315면).

(3) 소 결

사례에서 매도인 A는 자산상태의 악화로 (이미 B에게 판) 매매목적물인 甲주택을 제3자인 C은행에 저당권을 설정해주었다. 이에 B는 A의 자산상태의 악화로 인한 무자력의 위험과 그에 따른 채권자 C의 저당권실행으로 甲주택에 관한 소유권을 취득하지 못할 위험이 현실화될 개연성이 발생하였다. 따라서 매수인 B는 제588조 본문에 따라 매매대금의 지급을 거절할 수 있으며, 이는 매도인 A에게 상당한 담보를 제공하도록 압박하는 결과가 될 수 있다. 결국 A가 중도금의 미지급분을 받기 위해서는 B에게 담보를 제공하는 길밖에 없을 것이다(제588조 단서 참조).

3. B의 계약해제권

(1) 사정변경원칙에 따른 계약해제권

1) **사정변경에 의한 해제권의 인정 여부** 사정변경에 의한 해제권을 인정할 것인지에 관하여는 견해가 나뉜다. 통설은 법률행위의 성립당시에 기초가 되었던 사정에 당사자가 예견치 못했거나 예견할 수 없었던 중대한 변경이 그후에 발생하여, 당초에 약정된 행위의 결과를 그대로 요구 또는 강제받는다면 심히 부당한 결과가 생기는 경우에는 당사자는 그 계약을 해제할 수 있다고 한다(곽윤직, 채권각론, 144면; 김증한, 채권각론, 95면; 김주수, 민법총칙, 103면). 반면, 계

약상의 채무이행을 요구하는 것이 객관적으로 부당하다고 판단될 정도의 사정변경이 생긴 경우에는 바로 계약의 구속력을 부정하여 채무를 소멸시켜야 한다는 이유로 해제권이 발생하지 않는다는 견해도 있다. 이 견해는 영미법상의 '계약구속부인의 법리'를 원용하고 있다(이은영, 채권각론, 240면).

판례는 일반적인 사정변경원칙 자체를 인정하고 있지 않으며, 특히 사정변경원칙에 의한 해제권의 발생은 현행민법의 해석상 용인되지 않는다 하여 이를 부인한다(대판 1955. 4. 14, 4286민상231; 대판 1963. 9. 12, 63다452). 다만, 예외적으로 계속적 계약, 특히 근보증에 있어서는 사정변경원칙을 적용하여 해지권을 인정하고 있을 뿐이다(예컨대 대판 1994. 12. 27, 94다46008: 사정변경을 이유로 보증계약을 해지할 수 있는 것은 포괄근보증이나 한정근보증과 같이 채무액이 불확정적이고 계속적인 거래로 인한 채무에 대하여 보증한 경우에 한하고, 회사의 이사로 재직하면서 보증 당시 그 채무가 특정되어 있는 확정채무에 대하여 보증을 한 후 이사직을 사임하였다 하더라도 사정변경을 이유로 보증계약을 해지할 수 없는 것이다).

2) **사정변경원칙의 적용요건** 원래 제536조 제2항(불안의 항변권)의 경우는 공평의 관념과 거래상의 신의칙에 입각한 사정변경원칙이 적용되는 예라고 할 수 있다. 사정변경원칙이 적용되기 위해서는 일반적으로 (i) 계약체결 당시의 기초가 되는 사정이 변경될 것, (ii) 사정변경이 당사자가 예상할 수 없을 정도로 비정상적일 것, (iii) 사정의 변경이 해제권을 취득하는 당사자의 귀책사유에 의한 것이 아닐 것, (iv) 당초의 계약내용을 그대로 유지하는 것이 신의칙에 반할 것, (v) 사정변경이 당사자의 개인적·주관적인 것이 아닐 것 등의 요건이 요구된다(김형배, 민법학강의(제6판), 1263면 참조).

3) **사안의 검토** 사례에서 계약체결의 행위 기초가 되는 사정이 물가의 대변동·대홍수·지진과 같은 객관적인 것이 아니라 A의 재산상태의 악화라는 개인적·주관적인 것에 의하여 변경된 것이고, 계약내용의 등가성을 현저하게 파괴할 정도의 것은 아니므로 사정변경원칙에 의한 B의 해제권은 인정될 수 없다.

(2) A의 채무불이행을 이유로 한 계약해제권

A의 채무가 이행불능이 된 때에는 B에게 해제권이 발생한다(제546조). 특히 C의 저당권의 실행이 있게 되면 A의 채무는 이행불능이 되고, 이러한 이행불능에 대해서 A의 귀책사유가 인정되므로 B는 甲주택에 관한 매매계약을 해제할 수 있다.

(3) 소 결

사정변경원칙에 기한 해제권의 인정 여부에 관한 견해들 중 어느 것에 따르건, 사례에서 B에게 사정변경원칙에 의한 해제권은 인정되기 어려울 것으로 보인다. 다만 C가 저당권을 실행함으로써 A의 채무가 이행불능으로 되면, B는 매매계약을 해제할 수 있을 것이다(제576조 제1항).

Ⅳ. 설문(3): A에 대한 B의 권리와 의무

1. A에 대한 B의 동시이행항변권

(1) B의 동시이행항변권의 인정 여부

미지급된 중도금 및 잔금의 지급에 관한 소송이 계속중인 4월 중순이면 A의 甲주택소유권이전채무의 변제기(3월 말)도 도래하였다. 이 경우 B는 A의 잔대금지급청구에 대해서 동시이행의 항변권을 행사할 수 있는지가 문제된다.

동시이행의 항변권을 행사하기 위해서 쌍방당사자의 이행기가 같아야 하는 것은 아니다. 그러므로 선이행의무자라 하더라도 상대방의 채무의 이행기가 도래한 때에는 동시이행의 항변권을 행사할 수 있다. 즉, 항변권은 이행의 청구가 행하여지는 시기를 표준으로 하는 것이므로 채무의 변제기가 다른 경우라 하더라도 상대방이 선이행의무자에게 이행청구를 할 때에 그 상대방의 채무의 변제기도 도래하고 있으면 선이행의무자는 항변권을 행사할 수 있다. 다시 말하면 양당사자 중의 일방이 상대방을 신뢰하면서 우선적으로 이행할 것을 약속하고 상대방의 이행에 대한 위험을 부담할 때에는 상대방의 채무가 변제기에 도달함으로써 이 신뢰의 기한도 다하는 것이므로 선이행의무자는 항변권을 행사할 수 있다(제536조 제1항 단서의 반대해석). 따라서 B의 선이행이 지체되고 있는 사이에 A의 채무의 이행기가 도래한 때에는 특별한 사정이 없는 한 B는 동시이행의 항변권을 주장할 수 있다(판례 참조 [5]). 따라서 그 이후에는 자신의 채무이행에 관한 지체책임을 지지 않는다.

(2) B의 동시이행항변권의 효과

채무자 B가 항변권을 가지는 경우 다음과 같은 효과가 발생한다. 첫째, 소송상 항변권은 항변권자가 원용할 때에만 효력이 있으며(판례 [6-1] 참조), 항변권 자체는 상대방의 청구를 부인하는 것이 아니라 상대방이 이행제공을 할 때까지 자기의 이행을 거절할 수 있는 권리에 지나지 않는다(연기적 항변권)(동시이행항변권의 법적 성질에 관한 위 제1설에 따른 설명이다(Ⅲ. 1. (1) 3) 참조)). 따라서 소송상 A의 대금지급청구에 대하여 B가 적법하게 동시이행항변권을 원용한 경우 법원은 B에 대하여 A의 甲주택인도채무와 상환으로 대금지급의무를 이행할 것을 내용으로 하는 상환이행의 판결(일부승소의 판결)을 하여야 한다(판례 [6-2] 참조).

둘째, A가 B의 이행지체를 이유로 계약을 해제하기 위해서는 이행기 도래 후 자신의 이행을 제공하고 상당한 기간을 정하여 B의 이행을 최고하여야 한다(제544조, 판례 [7] 참조).

2. B에 대한 이행지체를 이유로 한 A의 손해배상청구권

(1) A에 대한 B의 이행지체책임

대금지급에 관한 소송의 계속중에 A의 목적물인도채무의 변제기가 도래한 경우, B가 이행기에 있었음에도 불구하고 이행하지 않은 대금지급의무, 즉 중도금 미지급분에 관해서 이행지체의 책임(제390조)을 부담해야 하는지가 문제된다.

원칙적으로 중도금지급에 관한 한 선이행의무자였던 B는 A의 주택소유권이전채무의 이행기가 도래하기 전에 있었던 중도금지급의 지체에 대해서 손해배상책임을 부담해야 한다(제390조). 그러나 B의 지체의 원인이 A의 재산상태의 악화로 인해 A의 의무이행이 현저하게 곤란하게 된 데 기인하므로, B 자신의 귀책사유에 의한 것이라고 할 수 있다. 따라서 B는 이행지체책임을 부담하지 않는다(제536조 제2항).

(2) 사안의 검토

사례에서 B는 2월 말을 이행기로 하는 중도금 중 1,600만원의 지급을 지체하고 있었으며, A는 3월 중순 C은행 앞으로 甲주택에 저당권을 설정해줄 정도로 재산상태가 악화되어 있었다. 따라서 B는 A의 재산상태가 악화되기 전에 이미 지체에 빠진 상태였으므로, A의 재산상태가 악화되기 전까지의 지체책임을 면할 수는 없다(판례 참조 [4]). 즉, 불안의 항변권을 행사할 수 있는 시점까지 B는 중도금미지급에 따른 지연배상책임을 부담해야 한다. 물론 B가 불안의 항변권을 행사할 수 있게 된 시점 이후부터, 그리고 A의 소유권이전채무 역시 이행기가 도래하였으므로 동시이행의 항변권에 기해서도 B는 더 이상 중도금미지급분에 대한 지연배상책임을 지지 않는다(불안의 항변권과 [본래의] 동시이행항변권의 연계).

Ⅳ. 설문(1), (2) 및 (3)에 대한 해답

설문(1)에서 B와의 매매계약체결을 후회하는 A는 2월 초의 시점에서 B로부터 수령한 900만원의 배액에 해당하는 1,800만원을 B에게 지급하거나, 적어도 그 변제의 제공을 하면서 해제의 의사표시를 함으로써 A와 B 사이의 매매계약을 유효하게 해제할 수 있다.

설문(2)에서 선이행의무자 B는, 후이행의무자 A의 재산상태가 악화되어 계약이행 자체가 어렵게 될지도 모르는 상태에 이르렀다고 판단되는 경우에는 동시이행('불안')의 항변권을 행사하여 A의 지급청구를 거절할 수 있다. 또한 B는 대금지급을 청구하는 A에 대하여 제588조 본문에 따라 매매대금의 지급을 거절할 수 있다. 한편, A가 중도금 미지급분을 받기 위해서는 B에게 담보를 제공해야 할 것이다. 해제권과 관련하여 B에게 사정변경에 의한 해제권은 인정되지 않으나, C가 저당권을 실행하여 A의 채무가 이행불능이 되면 B는 매매계약을 해제할 수 있다.

설문(3)에서 대금지급에 관한 소송의 계속중 A의 甲주택소유권이전채무의 이행기가 도래한 경우, B는 선이행의무자임에도 불구하고 불안의 항변권에 연계하여 본래의 동시이행항변권을 행사할 수 있다. 그러나 불안의 항변권을 행사할 수 있었던 시점까지 B는 중도금 미지급분에 대한 지연배상책임을 져야 한다.

≪판 례≫

[1] 계약금에 관한 손해배상예정의 특약

[1-1] (대판 1992. 11. 27, 92다23209) 유상계약을 체결함에 있어서 계약금이 수수된 경우 계약금은 해약금의 성질을 가지고 있어서 이를 위약금으로 하기로 하는 특약이 없는 이상 계약이 당사자 일방의 귀책사유로 인하여 해제되었다 하더라도 상대방은 계약불이행으로 입은 실제 손해만을 배상받을 수 있을 뿐 계약금이 위약금으로서 상대방에게 당연히 귀속된다고 할 수 없다.

[1-2] (대판 1996. 10. 25, 95다33726) '대금불입 불이행시 계약은 자동 무효가 되고 이미 불입된 금액은 일체 반환하지 않는다'고 되어 있는 매매계약에 기하여 계약금이 지급되었으나, 매수인이 중도금을 지급기일에 지급하지 아니한 채 이미 지급한 계약금 중 과다한 손해배상의 예정으로 감액되어야 할 부분을 제외한 나머지 금액을 포기하고 해약금으로서의 성질에 기하여 계약을 해제한다는 의사표시를 하면서 감액되어야 할 금액에 해당하는 금원의 반환을 구한 경우, 그 계약금은 해약금으로서의 성질과 손해배상예정으로서의 성질을 겸하고 있고, 매수인의 채무불이행을 이유로 매도인이 몰취한 계약금은 손해배상예정액으로서는 부당히 과다하므로 감액되어야 하고 그 감액부분은 부당이득으로서 반환하여야 한다.

[2] 해약금규정(제565조)에 따른 해제

[2-1] (대판 1997. 6. 27, 97다9369) ① 제565조가 해제권행사의 시기를 '당사자 일방이 이행에 착수할 때까지'로 제한한 것은 당사자의 일방이 이미 이행에 착수한 때에는 그 당사자는 그에 필요한 비용을 지출하였을 것이고, 또 그 당사자는 계약이 이행될 것으로 기대하고 있는데 만일 이러한 단계에서 상대방으로부터 계약이 해제된다면 예측하지 못한 손해를 입게 될 우려가 있으므로 이를 방지함에 있다 할 것이고, 여기서 '당사자 일방이 이행에 착수'하였다고 함은 반드시 계약내용에 들어맞는 이행의 제공에까지 이르러야 하는 것은 아니지만 객관적으로 외부에서 인식할 수 있을 정도로 채무 이행행위의 일부를 행하거나 또는 이행에 필요한 전제행위를 행하는 것으로서 단순히 이행의 준비를 하는 것만으로는 부족하다. ② 특별한 사정이 없는 한 국토이용관리법상의 토지거래허가를 받지 않아 유동적 무효상태인 매매계약에 있어서도 당사자 사이의 매매계약은 매도인이 계약금의 배액을 상환하고 계약을 해제함으로써 적법하게 해제된다.

[2-2] (대판 2002. 11. 26, 2002다46492) ① 이행기의 약정이 있다 하더라도 당사자가 채무의 이행기 전에는 착수하지 아니하기로 하는 특약

을 하는 등 특별한 사정이 없는 한 그 이행기 전에 이행에 착수할 수도 있다. ② 매수인이 매도인의 동의하에 매매계약의 계약금 및 중도금 지급을 위하여 어음을 교부하였다면 매수인은 계약의 이행에 착수하였다고 못 볼 바 아니다(대판 1994.5.13, 93다56954: 매도인이 매매계약 체결시 중도금 지급기일에 그 소유의 다른 부동산에 대하여 매수인 앞으로 근저당권을 설정하여 주고 중도금을 지급받기로 약정하였고, 매수인의 대리인이 약정된 중도금 지급기일에 그 지급을 위하여 중도금을 마련하여 가지고 매도인의 처를 만나 위 약정과 같이 근저당권을 설정하여 줄 것을 요구하였으나 매도인의 처가 우여곡절 끝에 결국 이에 응하지 아니할 뜻을 밝히면서 중도금 지급만을 요구하자 중도금을 지급하지 아니한 채 돌아온 것이라면, 매수인은 위 매매계약에 따른 중도금 지급의 이행에 착수한 것이라고 봄이 옳다).

[2-3] (대판 1994.11.11, 94다17659) 매매계약 당사자의 일방 또는 쌍방이 이행에 착수한 후에 당초 매매계약의 내용을 그대로 유지하면서 다만 이미 수수된 계약금과 중도금의 합계금원을 새로이 계약금으로, 나머지 미지급 금원을 잔금으로 하고 그 잔금지급 일자로 새로이 정하는 내용의 재계약을 체결하였다 하더라도, 당사자간에 다른 약정이 없는 한 당사자 일방이나 상대방이 새로이 결정된 계약금의 배액상환 또는 포기로써 해제권을 행사할 수는 없다고 봄이 상당하다.

[2-4] (대판 2000.2.11, 99다62074) 제565조 제1항에서 말하는 당사자의 일방이라는 것은 매매 쌍방 중 어느 일방을 지칭하는 것이고, 상대방이라 국한하여 해석할 것이 아니므로, 비록 상대방인 매도인이 매매계약의 이행에는 전혀 착수한 바가 없다 하더라도 매수인이 중도금을 지급하여 이미 이행에 착수한 이상 매수인은 제565조에 의하여 계약금을 포기하고 매매계약을 해제할 수 없다.

[2-5] (대판 1981.10.27, 80다2784) 매매당사자간에 계약금을 수수하고 계약해제권을 유보한 경우에 매도인이 계약금의 배액을 상환하고 계약을 해제하려면 계약해제의 의사표시 외에 계약금 배액의 이행의 제공이 있어야 하며(동지: 대판 1992.7.28, 91다33612), 상대방이 이를 수령하지 아니한다 하여 이를 공탁할 필요는 없다.

[3] 동시이행항변권의 제도적 취지

[3-1] (대판 1999.4.23, 98다53899) 동시이행의 항변권은 공평의 관념과 신의칙에 입각하여 각 당사자가 부담하는 채무가 서로 대가적 의미를 가지고 관련되어 있을 때 그 이행에 있어서 견련관계를 인정하여 당사자 일방은 상대방이 채무를 이행하거나 이행의 제공을 하지 아니한 채 당사자 일방의 채무의 이행을 청구할 때에는 자기의 채무이행을 거절할 수 있도록 하는 제도이다.

[3-2] (대판 1992.4.28, 91다29972) 일반적으로 동시이행의 관계가 인정되는 경우에는 그러한 항변권을 행사하는 자의 상대방이 그 동시이행의 의무를 이행하기 위하여 과다한 비용이 소요되거나 또는 그 의무의 이행이 실제적으로 어려운 반면 그 의무의 이행으로 인하여 항변권자가 얻는 이득은 별달리 크지 아니하여 동시이행의 항변권의 행사가 주로 자기 채무의 이행만을 회피하기 위한 수단이라고 보이는 경우에는 그 항변권의 행사는 권리남용으로서 배척되어야 한다(동지: 대판 2001.9.18, 2001다9304).

[4] 이른바 '불안의 항변권'

[4-1] (대판 1990.11.23, 90다카24335) 제536조 제2항 소정의 선이행의무를 지고 있는 당사자가 상대방의 이행이 곤란한 현저한 사유가 있는 때에 자기의 채무이행을 거절할 수 있는 경우란 선이행채무를 지게 된 채권자가 계약성립 후 채무자의 신용불안이나 재산상태의 악화 등의 사정으로 반대급부를 이행받을 수 없는 사정변경이 생기고 이로 인하여 당초의 계약내용에 따른 선이행의무를 이행케 하는 것이 공평과 신의칙에 반하게 되는 경우를 말하는 것이고, 이와 같은 사유는 당사자 쌍방의 사정을 종합하여 판단하여야 할 것이다.

[4-2] (대판 1995.2.28, 93다53887) 계속적 거래관계에 있어서 재화나 용역을 먼저 공급한 후 일정기간마다 거래대금을 정산하여 일정기일 후에 지급받기로 약정한 경우에 공급자가 선이행의 자기 채무를 이행하고, 이미 정산이 완료되어 이행기가 지난 전기의 대금을 지급받지 못하였거나 정산은 완료되었으나 후이행의 상대방의 채무는 아직 이행기가 되지 아니하였지만 이행기의 이행이 현저히 불안한 사유가 있는 경우에는 제536조 제2항 및 신의성실의 원칙에 비추어 볼 때 공급자는 이미 이행기가 지난 전기의 대금을 지급받을 때 또는 전기에 대한 상대방의 이행기미도래 채무의 이행불안사유가 해소될 때까지 선이행의무가 있는 다음 기간의 자기 채무의 이행을 거절할 수 있다고 해석할 것이다.

[5] 선이행의무자의 동시이행항변권

[5-1] (대판 1970.5.12, 70다344) 쌍무계약에 있어서 당사자간의 특약으로 선행의무와 후행의무를 정한 경우에도 이 쌍방채무가 모두 이행지체가 되면 그 이후에 있어서는 동시이행관계에 있게 되므로 후행의무자는 선행의무자에 대하여 그후에 있어서의 선행의무불이행으로 인한 손해배상을 청구할 수 없다.

[5-2] (대판 1991.3.27, 90다19930) 매수인이 선이행하여야 할 중도금 지급을 하지 아니한 채 잔대금지급일을 경과한 경우에는 매수인의 중도금 및 이에 대한 지급일 다음날부터 잔대금지급일까지의 지연손해금과

잔대금의 지급채무는 매도인의 소유권이전등기의무와 특별한 사정이 없는 한 동시이행관계에 있다.

[5-3] (대판 1998.3.13, 97다54604) 매수인이 선이행의무 있는 중도금을 지급하지 않았다 하더라도 계약이 해제되지 않은 상태에서 잔대금 지급기일이 도래하여 그때까지 중도금과 잔대금이 지급되지 아니하고 잔대금과 동시이행관계에 있는 매도인의 소유권이전등기 소요서류가 제공된 바 없이 그 기일이 도과하였다면, 특별한 사정이 없는 한 매수인의 중도금 및 잔대금의 지급과 매도인의 소유권이전등기 소요서류의 제공은 동시이행관계에 있다 할 것이어서 그때부터는 매수인은 중도금을 지급하지 아니한 데 대한 이행지체의 책임을 지지 아니한다.

[6] 동시이행항변권의 소송상 행사와 그 효과

[6-1] (대판 1955.4.7, 4287민상368) 동시이행의 항변권은 당사자가 이를 원용하지 아니하면 상대방의 청구를 저지할 수 없는 것이다.

[6-2] (대판 1979.4.24, 79다51) 부동산매매계약에 있어 잔대금지급의무와 소유권이전등기와는 동시이행의 관계에 있으므로 잔대금지급이 없다 하더라도 적법히 그 매매계약을 해제할 때까지는 특단의 사정이 없는 한 소유권이전등기절차의 이행을 구하는 청구에 대하여는 잔대금의 수령과 상환으로 소유권이전등기절차의 이행을 명하여야 한다.

[6-3] (대판 1980.7.8, 80다725) 부동산매매에 있어서 당사자 사이에 다른 특약이 있는 등 특별한 사정이 없다면 매매 부동산의 인도 및 명도의무도 그 잔대금지급의무와 동시이행의 관계에 있는 것이므로 매도인이 그 명도의무의 이행을 제공하고 또 이를 상대방에게 통지한 후 그 이행을 수령할 것을 최고한 사실의 인정도 없이 피고의 잔대금지급 채무불이행만을 이유로 매도인의 매매계약해제를 인정하였음은 잘못이다 ([cf.] 대판 1976.4.27, 76다297: 부동산의 매매에 있어서 특단의 사정이 없는 한 매수인의 잔대금지급의무와 매도인의 소유권이전등기절차이행의무는 상호 동시이행관계에 있으나 그 명도의 의무는 특단의 사정이 없는 한 동시이행관계에 있다 할 수 없으므로 매수인의 약속불이행을 이유로 계약을 해제하기 위한 이행최고에 있어서 매도인은 쌍무계약상 동시이행관계에 있는 위 소유권이전등기절차이행의무를 제공하여야 하나 동시이행관계에 있지 아니한 위 명도이행의무까지 제공할 필요는 없다).

[6-4] (대판 1987.9.8, 86다카1379) ① 쌍방계약은 부동산매매계약에 있어서는 특별한 사정이 없는 한 매수인의 잔대금지급의무와 매도인의 소유권이전등기서류 교부의무는 동시이행관계에 있다 할 것이고 이러한 경우에 매도인이 매수인에게 지체책임을 지워 매매계약을 해제하려면 매수인이 이행기일에 잔대금을 지급하지 아니한 사실만으로는 부족하고

매도인이 소유권이전등기신청에 필요한 일절의 서류를 수리할 수 있을 정도로 준비하여 그 뜻을 상대방에게 통지하여 수령을 최고함으로써 이를 제공하고 또 상당한 기간을 정하여 상대방의 잔대금 채무이행을 최고한 후 매수인이 이에 응하지 아니한 사실이 있어야 한다. ② 부동산 매도인이 그 매수인에게 제공하여야 할 소유권이전등기신청에 필요한 일절의 서류라 함은 등기권리증, 위임장 및 부동산매도용 인감증명서 등 등기신청행위에 필요한 모든 구비서류를 말한다.

[7] 상대방의 이행제공이 없거나, 계속되지 않은 경우 동시이행항변권을 가지는 상대방의 지체책임의 성립 여부(소극)

[7-1] (대판 1998. 3. 13, 97다54604) 쌍무계약에서 쌍방의 채무가 동시이행관계에 있는 경우 일방의 채무의 이행기가 도래하더라도 상대방 채무의 이행제공이 있을 때까지는 그 채무를 이행하지 않아도 이행지체의 책임을 지지 않는 것이고, 이와 같은 효과는 이행지체의 책임이 없다고 주장하는 자가 반드시 동시이행의 항변권을 행사하여야만 발생하는 것은 아니다.

[7-2] (대판 1994. 1. 14, 93다39096) 매수인이 잔금지급일에 지급하여야 할 잔금 중 일부 금액에 대하여 잔금지급일 다음날부터 연기된 기일까지 월 2푼의 이자를 가산하여 지급하겠으니 이를 승낙하여 줄 것을 요청하였고, 매도인이 위 요청을 받아들인 경우 매수인의 위 잔대금지급의무와 매도인의 소유권이전등기 소요서류 제공의무는 동시이행관계에 있으므로, 매수인이 연기된 기일에 잔대금을 지급하지 아니하였다 하더라도 매도인이 소유권이전등기 소요서류를 그 기일에 제공하지 아니하였다면 그때부터는 매수인이 잔금을 지급하지 아니한 데에 대한 이행지체의 책임을 지지 아니한다.

[7-3] (대판 1995. 3. 14, 94다26646) 쌍무계약의 당사자 일방이 먼저 한 번 현실의 제공을 하고, 상대방을 수령지체에 빠지게 하였다고 하더라도 그 이행의 제공이 계속되지 않는 경우는 과거에 이행의 제공이 있었다는 사실만으로 상대방이 가지는 동시이행의 항변권이 소멸하는 것은 아니므로, 일시적으로 당사자 일방의 의무의 이행 제공이 있었으나 곧 그 이행의 제공이 중지되어 더 이상 그 제공이 계속되지 아니하는 기간 동안에는 상대방의 의무가 이행지체 상태에 빠졌다고 할 수는 없다고 할 것이고, 따라서 그 이행의 제공이 중지된 이후에 상대방의 의무가 이행지체되었음을 전제로 하는 손해배상청구도 할 수 없는 것이다.

[7-4] (대판 2001. 7. 10, 2001다3764) 쌍무계약에서 쌍방의 채무가 동시이행관계에 있는 경우 일방의 채무의 이행기가 도래하더라도 상대방 채무의 이행제공이 있을 때까지는 그 채무를 이행하지 않아도 이행지체

의 책임을 지지 않는 것이며, 이와 같은 효과는 이행지체의 책임이 없다고 주장하는 자가 반드시 동시이행의 항변권을 행사하여야만 발생하는 것은 아니므로, 동시이행관계에 있는 쌍무계약상 자기채무의 이행을 제공하는 경우 그 채무를 이행함에 있어 상대방의 행위를 필요로 할 때에는 언제든지 현실로 이행을 할 수 있는 준비를 완료하고 그 뜻을 상대방에게 통지하여 그 수령을 최고하여야만 상대방으로 하여금 이행지체에 빠지게 할 수 있는 것이다.

[債　權　法]

事例 46

履行遲滯에 따른 契約解除와 그 法律效果

≪설 문≫

A는 B와 매매계약을 체결하여 자기 소유 甲토지를 B에게 양도하고, B의 부탁에 응하여 소유권이전등기를 먼저 경료해주었다. B는 위 토지를 즉시 C에게 전매하고, 마찬가지로 소유권등기를 이전해주었다. 그후 중도금까지는 지급했던 B가 잔급지급기일이 되었음에도 매매대금을 완납하지 않자, A는 이를 이유로 매매계약을 해제하였다.

(1) A의 계약해제가 적법한지 여부와 해제 후 A와 B의 법률관계를 검토하시오.

(2) A가 C에 대하여 甲토지의 반환을 청구할 수 있는지를 검토하시오.

(3) 만일 A가 이미 매매계약을 해제한 후에 B가 甲토지를 C에게 양도하고 등기를 이전한 경우 A와 C의 법률관계를 검토하시오.

목차제안

2) 효과에 관한 견해의 대립
가) 직접효과설
나) 청산관계설
2. 사안의 검토
Ⅲ. 설문(2): 해제 전 권리를 취득한 C에 대한 A의 토지소유권이전등기청구권
1. 문 제 점
2. 견해의 대립
(1) 직접효과설에 따른 설명
1) 물권적 효과설
2) 채권적 효과설
(2) 청산관계설에 따른 설명
3. 소 결
Ⅳ. 설문(3): 해제 후 권리를 취득한 C에 대한 A의 토지소유권이전등기청구권
1. 해제의 효과에 관한 법리구성의 異同에 따른 설명방식의 차이
(1) 문 제 점
(2) 직접효과설에 따른 설명
1) 물권적 효과설 및 판례
2) 채권적 효과설
(3) 청산관계설에 따른 설명
2. 소 결
Ⅴ. 설문(1), (2) 및 (3)에 대한 해답

풀이제안

Ⅰ. 논점분석

A와 B 사이에는 매매계약이 유효하게 체결되었고(제563조·제568조), A가 매수인 B에게 甲토지에 대한 소유권이전등기를 경료해주었다. 그후 B의 처분행위에 의하여 전득자 C가 소유권이전등기를 마침으로써 C는 甲토지에 대한 소유권을 유효하게 취득하였다(제186조). 그런데 B의 매매대금채무의 불이행을 이유로 해제권을 취득하게 된 A가 이를 행사하였다(제544조 참조).

설문(1)에서는 매수인 B의 매매대금지급채무의 이행지체를 이유로

매도인 A가 계약을 해제한 경우에 있어서 A와 B의 법률관계 일반을 묻고 있다. 따라서 이행지체를 이유로 계약을 해제할 경우 그 요건과 효과를 검토해야 한다. 설문(2)에서는 A와 B의 매매계약을 해제하기 전에 그 매매의 목적물에 대한 소유권을 B로부터 전득한 제3자 C에 대하여 A의 해제권행사가 어떠한 효과를 미치는가를 검토해야 한다. 설문(3)에서는 A가 이미 매매계약을 해제한 후에 B가 자신의 명의로 매매목적물이 등기되어 있음을 기화로 C에게 전매하고 소유권이전등기를 한 경우, 그러한 제3자 C도 제548조 제1항 단서에서 말하는 제3자의 보호범위에 포함되는지를 검토해야 한다.

Ⅱ. 설문(1): A와 B 사이의 법률관계

1. 이행지체를 이유로 한 계약해제

(1) 법정해제권의 발생

제544조 본문에 의하면 당사자 일방이 채무를 이행할 수 있음에도 이를 하지 않는 경우 상대방 채권자는 상당한 기간을 정하여 이행을 최고하고, 그 기간내에 채무자가 이행하지 않는 때에 한하여 계약을 해제할 수 있다. 물론 계약위반이 중대한 것이 아니거나(판례 [1-1] 참조) 그 위반의 원인이 채권자로부터 기인하는 경우에는 해제할 수 없다.

(2) 요 건

채무자의 이행지체를 이유로 계약을 해제하기 위해서는 다음의 요건이 충족되어야 한다.

첫째, 이행지체의 요건을 갖추어야 한다. 다수설은 채무자의 귀책사유를 요구하지만(예컨대 곽윤직, 채권각론, 102면), 일부 견해는 채권자에게 계약의 구속으로부터 벗어날 가능성을 주는 해제제도의 취지에 비추어 채무자의 귀책사유 없는 이행지체의 경우에도 해제권이 발생한다고 한다(예컨대 김형배, 채권각론[계약법], 214면 이하; 이은영, 채권각론, 229면).

둘째, 상당한 기간을 정하여 이행을 최고해야 한다(제544조 본문, 판례 [1-2] 내지 [1-4] 참조). 다만, 채무자가 미리 이행하지 않을 의사를 표시한 경우(동조 단서, 판례 [1-5] 참조) 또는 계약의 성질이나 당사자의 특약으로 일정 시일 또는 일정 기간내에 이행하지 않으면 계약목적을 달성할 수 없는 경우(제545조)에는 최고없이도 계약해제를 할 수 있다. 또한 채무이행의 기한이 없는 경우 채무자의 지체책임을 (그 다음날부터) 발생시키는 채권자의 이행청구는 실질적으로 제544조의 상당기간을 정한 최고에 해당하므로 해제권의 발생을 위한 중복적인 최고는 불필요하다는 것이 통설이다(김형배, 민법학강의(제6판), 1258면 참조).

셋째, 채권자가 정한 상당한 기간내에 채무자의 이행 내지 그 제공이 없어야 한다. 특히 쌍무계약의 경우 통상 채무자는 동시이행항변권을 가지므로 채권자는 채무자를 이행지체에 빠뜨리기 위하여 자기 채무의 이행제공을 해야만 한다(이에 관하여 자세한 것은 별도의 [사례 45] 참조). 그러나 채권자는 최고기간 동안 이행의 제공을 계속할 필요는 없으며, 채무자의 이행을 수령하고 자신의 채무를 이행할 수 있는 정도의 준비가 되어 있으면 그것으로 충분하다(판례 [1-6] 참조).

(3) 효 과

1) **원상회복의무와 손해배상의무** 위의 요건을 갖추어 계약이 적법하게 해제되면 계약의 각 당사자는 그 상대방에 대하여 원상회복의무가 있으며(제548조 제1항 본문), 이 때 반환할 급부가 금전인 경우 그 받은 날로부터 이자를 가산하여 반환해야 한다(제548조 제2항, 판례 [2-1] 참조). 이에 상응하여 목적물을 이용한 당사자는 그 사용이익을 반환해야 한다(판례 [2-2] 참조). 이러한 원상회복의무는 원칙적으로 동시이행의 관계에 있다(제549조).

또한 계약해제는 손해배상의 청구에 영향을 주지 않으므로(제551조) 채권자는 계약해제와 동시에 손해배상을 청구할 수도 있다(판례 [3] 참조).

2) **효과에 관한 견해의 대립**

가) 직접효과설 해제의 효과로서 소급효를 인정하는 직접효과설에 따르면 해제에 의하여 계약은 소급적으로 소멸하므로 아직 이행하지 않은 채무('미이행 채무')는 소멸하고, 이미 이행된 급부('기이행 채무')는 기존채무의 소멸에 의하여 법률상의 원인을 결하기 때문에 부당이득의 법리(제741조 이하)에 따라 이를 반환해야 한다. 반환의무의 성질에 관해서는 채권적 효과설(김기선, 한국채권법각론, 98면)과 물권적 효과설이 대립한다. 다수설(곽윤직, 채권각론, 101면; 김주수, 채권각론, 146면 이하)과 판례(판례 [4] 참조)는 후자의 견해를 취한다. 이에 의하면 이행행위와 등기나 인

도로 물권변동이 발생하고 있더라도 해제권이 행사되면 일단 이전되었던 물권은 당연히 복귀한다고 한다. 다만, 반환의무의 범위가 현존이익의 한도에 그치지 않고 원상회복까지 확대된다.

직접효과설에 따를 경우 채권관계가 소급적으로 소멸하기 때문에 손해배상청구를 법이론상의 모순없이 설명하는 것이 어렵게 된다. 그 때문에 이 설을 취하는 견해는 실제적인 공평성을 내세워 손해배상청구권을 인정하거나, 또는 제3자보호를 이유로 해제의 소급효를 제한하기도 한다.

직접효과설의 이러한 치명적 모순을 극복하고자 대두된 이른바 '신직접효과설'에 따르면(김욱곤, 해제의 효과에 관한 법리 소고, 황적인박사화갑기념논문집, 1990, 739면 이하) 해제는 원칙적으로 소급효를 가지지만, 법률행위가 아닌 사실로부터 발생한 손해는 소급하여 소멸하지 않기 때문에 손해배상청구는 그대로 남게 되며, 제551조는 이러한 취지로 이해할 것이라고 한다.

나) 청산관계설 청산관계설에 따르면(김형배, 채권각론[계약법], 232면 이하; 이은영, 채권각론, 245면 이하; 김상용, 채권각론(상), 163면) 해제권행사에 의하여 원래의 계약관계는 원상회복의 채권관계, 즉 반환채무관계의 청산단계로 변용된다. 따라서 미이행채무는 장래를 향해 소멸하고, 급부될 것이 있으면 이에 대해서는 반환채무, 즉 원상회복의무가 성립한다. 이미 이행된 급부의 반환청구권은 동일성을 유지하며 존속하는 채권관계를 기초로 한다. 원상회복의무는 급부 당시의 가치를 기준으로 실현되어야 하므로 부당이득법은 처음부터 적용될 여지가 없다. 이러한 반환청산의 채권관계는 기이행된 급부가 반환되고 손해배상 등의 청산이 완료되었을 때 비로소 소멸한다. 즉, 해제에는 소급효가 인정되지 않으며, 그 효과는 청산을 위하여 필요한 한도내에서만 인정된다.

2. 사안의 검토

우선 A는 자신의 소유권이전의무를 선이행하였기 때문에 B는 동시이행항변권을 가질 수 없다.

설문에서 B가 채무의 이행을 미리 거절한 것으로는 보이지 않는다. 또한 매매대금의 지급이 제때 이루어지지 않았다고 해서 매매계약의 목적달성이 불가능하게 된다고 판단되지도 않는다. 따라서 이행지체가 있는 때에 A는 B와의 계약을 해제할 수 있다. 즉, 잔금지급기일이 확정기한부인 경우에는 그 기한이 도래한 때부터 B는 지체책임을 진다(제387조 제1항 전단). 불확정기한(제387조 제1항 후단 참조)인 때에는 그 기한이 도래한 후 A는 상당한 기간을 정하여 이행의 최고를 하여야 한다. 만일 잔금지급기일이 정해져 있지 않았으면(동조 제2항 참조) A는 B에게 이행을 청구하여 지체에 빠지게 해야 한다. 이상에서와 같이 B가 지체에 빠졌음에도 여전히 잔대금지급을 지급하지 않는 경우에 A가 계약해제를 한다면 이는 적법한 해제이다.

해제 후 A와 B는 원상회복의무를 부담한다. 우선 A는 수령한 중도금까지의 금액은 물론, 이를 받은 날로부터의 법정이자(제379조 참조)를 가산하여 B에게 반환하여야 한다. B는 甲토지를 반환하여야 하며, 이를 인도받은 날로부터의 사용이익도 반환해야 한다. 또한 A에게 발생한 손해를 배상해야 한다. 문제는 B가 甲토지를 C에게 전매하였다는데 있다. 이 문제는 설문을 달리하여 검토하기로 한다.

Ⅲ. 설문(2): 해제 전 권리를 취득한 C에 대한 A의 토지소유권이전등기청구권

1. 문 제 점

B의 채무불이행, 즉 이행지체를 이유로 A는 A와 B 사이의 매매계약을 적법하게 해제하였다. 따라서 A는 B에 대하여 원칙적으로는 甲토지의 반환을 청구할 수 있다(제548조 제1항 본문). 그런데 해제권행사에 의하여 제3자의 권리가 침해되는 경우에 동 조항 단서는 해제의 효과를 제한하고 있다. 즉, 해제는 (그의 선의·악의를 불문하고) 제3자의 권리를 해하지 못한다. 여기서 제3자란 일반적으로 계약이 해제되는 경우 그 해제된 계약으로부터 생긴 법률효과를 기초로 하여 '해제 전에' 새로운 이해관계를 가졌을 뿐만 아니라 등기·인도 등으로 완전한 권리를 취득한 자를 말한다(판례 [5-1], [5-2] 참조).

동 조항을 어떻게 이해할 것인지에 대해서는 학설이 대립하고 있다.

2. 견해의 대립

(1) 직접효과설에 따른 설명

이 견해에 따르면 민법이 제548조 제1항 단서에 해제의 효과를 제한하는 규정을 둔 것은, 해제권행사에 의해서 해제 전에 원래의 채권관계에 의하여 발생된 일체의 권리이전은 채권·물권을 막론하고 처음부터 생기지 않았던 것으로 되기 때문이라고 한다. 즉, 해제의 소급적인 효과에 의하면 권리의 전득자(제3자)는 그가 취득했던 권리를 상실하게 될 우려가 있으므로 이를 방지할 필요가 있다는 것이다. 이때에도 물권적 효과설과 채권적 효과설이 대립한다.

1) **물권적 효과설** 물권행위의 유인성을 인정하는 물권적 효과설과 판례(판례참조 [4])에 의하면 계약의 해제로 인하여 이미 발생한 권리취득은 처음부터 발생하지 않은 것으로 되기 때문에, 제3자가 취득한 권리도 그 법적 기초를 상실하게 된다. 따라서 제3자는 취득한 권리를 원래의 권리자(해제권자)에게 소급하여 반환하여야 할 것이지만, 제3자의 보호 내지 거래안전을 고려하여 제548조 제1항 단서를 두었다고 한다. 따라서 동 규정은 해제권행사로 인한 계약의 소급적 소멸효과를 제한하기 위한 것이다.

이 견해에 따르면 제3자 C의 명의로 甲토지에 관한 소유권이전등기가 되어 있더라도 A의 계약해제로 소유권은 A에게 회복되고 C는 소유권을 잃게 될 것이지만, 제548조 제1항 단서에 의하여 C는 보호된다고 한다. 따라서 A는 C에 대하여 소유권을 주장할 수 없다.

2) **채권적 효과설** 채권적 효과설에 의하면 해제는 소급효를 갖지만 물권행위의 무인성으로 인하여 제3자가 물권을 취득했을 경우에는 해제의 소급효에 의하여 영향을 받지 않는다고 한다. 따라서 제548조 제1항 단서는 주의적 규정 내지 무의미한 규정이라고 한다.

이 견해에 따르면 C는 B와의 물권적 합의와 이전등기에 의하여 물권을 유효하게 취득하였으므로(제186조) A와 B 사이의 채권행위인 매매계약의 해제에 관계없이 소유권을 취득한다. 따라서 A는 C에게 소유권을 주장할 수 없다. 다만 B가 A에게 부당이득으로서 가액의 반환의무를 부담하게 될 뿐이다.

(2) 청산관계설에 따른 설명

이 견해에 따르면 해제는 이미 체결된 유효한 계약을 기초로 급부된 목적물을 사후적으로 원상회복하는 것이므로 계약 자체에 흠이 있는 취소와는 다르다고 한다. 따라서 급부수령자나 이들로부터 목적물을 전득한 제3자를 해제권행사에 의하여 처음부터 당연히 무권리자로 만드는 것은 실재했던 권리관계에 부합하지 않는다. 그러므로 제548조 제1항 단서는 당연한 규정으로서 제3자의 '보호'규정이라기보다는 '대항'규정이라고 해야 하며(판례 [4-3] 참조), 대항할 수 있는 제3자의 권리는 권리취득에 관한 대항요건을 구비한 경우로 한정되어야 한다(판례 [5-2]·[5-4] 참조).

청산관계설에 따르면 A와 C의 관계는 대항관계로서 이해되기 때문에 이미 소유권이전등기를 경료하여 공시방법인 등기를 갖춘 C는 A의 소유권주장에 대해서 대항할 수 있다.

3. 소 결

결국 해제에 따른 법률효과에 관한 법리구성에서 어느 학설을 취하든 A의 해제의 의사표시가 있기 전에 새로운 이해관계를 맺고 이전등기의 공시방법을 갖춘 C에 대해서 A는 소유권을 주장할 수 없다.

Ⅳ. 설문(3): 해제 후 권리를 취득한 C에 대한 A의 토지소유권이전등기청구권

1. 해제의 효과에 관한 법리구성의 異同에 따른 설명방식의 차이

(1) 문 제 점

제548조 제1항 단서의 규정에 의하여 보호되는 제3자는 원칙적으로 '해제의 의사표시가 있기 이전'에 권리를 취득한 자를 의미한다. 그렇다면 A와 B의 매매계약이 해제되고 A가 B명의로 된 이전등기를 아직 말소하지 않고 있는 동안에, A와 B의 매매계약이 해제되었음을 알지 못한 C가 B와 다시 매매를 하여 이전등기를 받았다면 이러한 C도 제548조 제1항 단서에 의하여 보호될 수 있는가 하는 것이 문제된다.

이에 대하여 해제의 효과에 관한 법리구성의 차이에 따라 그 설명방식을 달리한다.

(2) 직접효과설에 따른 설명

1) **물권적 효과설 및 판례** 해제의 효과를 소급적으로 구성하는 직접효과설 중 물권적 효과설과 판례에 따르면 원칙적으로 제548조 제1항 단서의 제3자는 해제의 의사표시가 있기 이전에 새로운 권리를 취득한 자로서 등기나 인도 등의 공시방법을 갖춘 권리자를 의미한다고 한다(판례 참조 [5]). 그러나 해제권행사 후 소유권이전등기가 아직 말소되지 않은 상태에서 계약이 해제되었다는 사실을 전혀 모르고 등기를 경료한 제3자도 계약의 해제가 있기 전에 권리를 취득한 제3자의 경우와 마찬가지로 보호되는 것이 마땅하다는 전제하에 제548조 제1항 단서의 제3자는 '해제의 의사표시가 있은 후 그 해제에 의한 원상회복의 등기가 있기 이전'에 이해관계를 갖게 된 '선의'의 제3자를 포함하는 것으로 해석되고 있다(판례 참조 [7]). 즉, 이 견해는 제548조 제1항 단서를 선의의 제3자보호규정으로 파악하여 확대적용해야 한다고 한다.

A가 해제권을 행사하였으나 소유권등기는 B의 명의로 되어 있는 상태이므로 특별한 사정이 없는 한 C가 해제권행사 후에 목적부동산을 취득한 데 대해서 선의가 추정되므로 동 규정에 의하여 보호된다.

2) **채권적 효과설** 채권적 효과설에 따르면 A가 해제권을 행사하여도 A와 B 사이에는 계약상의 채권·채무만 소급적으로 소멸될 뿐, 이미 발생한 B에로의 물권변동은 유효하다. 따라서 유효한 물권변동에 기초하여 소유권을 취득한 B로부터 다시 甲토지를 취득한 제3자 C가 보호된다는 것은 당연하다. 즉, C는 계약해제가 있더라도 해제권행사의 전후에 관계없이 보호된다.

(3) 청산관계설에 따른 설명

청산관계설에 따르면 해제의 효과로서 기존의 채무관계가 반환채무관계, 즉 원상회복관계로 변하기 때문에 해제권행사의 전후에 관계없이 제3자가 부동산물권변동의 공시방법을 갖추면 해제권자에 대하여 대항할 수 있다. 이 견해는 해제의 효과가 당사자 사이의 반환청산을 목적으로 하는 채권관계로 변용된다는 점에서 채권적 효과설과 유사하지만, 해제의 효과를 비소급적으로 파악하고 특히 해제의 본질과 목적을 청산관계에 의한 원상회복으로 파악하므로 두 학설은 서로 구별된다.

2. 소 결

결국 해제에 따른 법률효과에 관한 법리구성에서 어떤 학설을 취하든 공시방법(소유권이전등기)을 갖춘 C는 A의 해제권행사의 전후에 관계없이 보호된다. 다만 직접효과설 중 물권적 효과설에 따를 경우 A가 해제권을 행사한 이후에는 C가 B명의의 소유권이전등기가 말소되지 않은 상태에서 A의 해제권행사의 사실을 모르고(즉, 선의로) 이해관계를 맺은 경우에 한하여 C는 보호될 수 있다.

Ⅴ. 설문(1), (2) 및 (3)에 대한 해답

설문(1)에서 B의 채무불이행, 즉 이행지체를 이유로 하는 A의 해제가 적법하다면(제544조 본문), A와 B는 각각 원상회복의무를 부담한다(제548조, 제549조). B는 경우에 따라 손해배상의무를 부담할 수도 있다(제551조).

설문(2)에서 해제의 효과에 관한 '직접효과설'에 의하든 '청산관계설'에 의하든 A의 해제의 의사표시가 있기 전에 새로운 이해관계를 맺고 공시방법을 갖춘 C는 A의 토지소유권이전등기청구에 대하여 자신의 소유권이 유효함을 주장할 수 있다.

설문(3)에서도 '직접효과설'과 '청산관계설' 중 어느 학설에 의하든 C가 공시방법(소유권이전등기)을 갖춘 경우에는 A의 해제권행사의 전후에 관계없이 C는 보호된다. 다만 직접효과설 중 물권적 효과설에 따를 경우 A가 해제권을 행사한 이후에는 C가 선의로, 즉 A의 해제권행사의 사실을 모르고 이해관계를 맺은 경우에 한하여 C는 보호될 수 있다.

≪판 례≫

[1] 이행지체를 이유로 한 계약해제

[1-1] (대판 2005. 11. 25, 2005다53705·53712) 제544조에 의하여 채무불이행을 이유로 계약을 해제하려면, 당해 채무가 계약의 목적달성에 있어 필요불가결하고 이를 이행하지 아니하면 계약의 목적이 달성되지 아니하여 채권자가 그 계약을 체결하지 아니하였을 것이라고 여겨질 정도의 주된 채무이어야 하고 그렇지 아니한 부수적 채무를 불이행한 데에 지나지 아니한 경우에는 계약을 해제할 수 없다.

[1-2] (대판 2002. 4. 26, 2000다50497) 계약해제를 위한 이행최고를 함에 있어서 그 최고되는 채무가 소유권이전등기를 하는 채무와 같이 그 채무의 성질상 채권자에게도 단순한 수령 이상의 행위를 하여야 이행이 완료되는 경우에는 채권자는 이행의 완료를 위하여 필요한 행위를 할 수 있는 일시·장소 등을 채무자에게 알리는 최고를 하여야 할 필요성은 있다 할 것이나, 위와 같은 채무의 이행은 채권자와 채무자의 협력에 의하여 이루어져야 하는 것이므로, 채권자가 위와 같은 내용을 알리는 최고를 하지 아니하고, 단지 언제까지 이행하여야 한다는 최고만 하였다고 하여 곧바로 그 이행최고를 계약해제를 위한 이행최고로서의 효력이 없다고 볼 수는 없는 것이고, 채권자가 위와 같은 최고를 한 경우에는 채무자로서도 채권자에게 문의를 하는 등의 방법으로 확정적인 이행일시 및 장소의 결정에 협력하여야 한다 할 것이며, 채무자가 이와 같이 하지 아니하고 만연히 최고기간을 도과한 때에는, 그에 이르기까지의 채권자와 채무자의 계약이행을 위한 성의(誠意), 채권자가 채무자에게 구두로 연락을 취하여 이행 일시와 장소를 채무자에게 문의한 적이 있는지 등 기타 사정을 고려하여, 위의 최고도 유효하다고 보아야 할 경우가 있을 수 있다.

[1-3] (대판 1994. 5. 10, 93다47615) 채권자의 이행최고가 본래 이행하여야 할 채무액을 초과하는 경우에도 본래 급부하여야 할 수량과의 차이가 비교적 적거나 채권자가 급부의 수량을 잘못 알고 과다한 최고를 한 것으로서 과다하게 최고한 진의가 본래의 급부를 청구하는 취지라면, 그 최고는 본래 급부하여야 할 수량의 범위내에서 유효하다고 할 것이나, 과다한 정도가 현저하고 채권자가 청구한 금액을 제공하지 않으면 그것을 수령하지 않을 것이라는 의사가 분명한 경우에는 그 최고는 부적법하고, 이러한 최고에 터잡은 계약해제는 그 효력이 없다(또한 대판 1999. 12. 10, 99다31407: 이행의 최고는 채권자가 채무자에 대하여 채무의 내용인 급부를 실현할 것을 요구하는 의사의 통지에 불과하므로, 본래의 급부에 비하여 과다한 급부의 실현을 요구하는 최고를 한 경우라 하더라도 그에 따른 법적 효과가 발생하지 아니함에 그치는 것이지 그 과다한 최고로 인하여 바로 채무

자의 재산상 또는 비재산상 이익이 침해된다고 할 수 없고, 채권자가 채무자의 채무불이행을 이유로 계약해지의 의사표시를 하였으나 그 해지의 의사표시가 부적법한 경우에는 계약해지의 법률효과가 발생하지 아니하고 계약은 여전히 유효하게 존속한다고 할 것이므로 부적법한 계약해지의 의사표시로 인하여 채무자에게 그 계약에 기한 어떠한 손해가 발생한다고 할 수도 없다).

[1-4] (대판 1992.4.14, 91다43527) 매매계약 중 일부만 무효이고 나머지는 유효인 경우 매도인은 매매계약 전부가 유효한 것으로 알고 있는 매수인에게 이행의 최고를 함에 있어서는 계약의 일부이행이 불능임을 알리고 이행이 가능한 나머지 부분의 이행의 제공을 하여 이행의 최고를 하여야지 이를 부인하거나 무시하고 한 이행의 최고는 적법하다고 할 수 없고, 매수인으로서는 계약의 전부 무효를 주장할 수 있는 경우에는 그 이행을 거부하는 것이 당연하다고 하겠으나, 무효인 부분이 없더라도 계약을 유지하고자 할 경우에는 그에 상응한 자신의 채무는 이행하는 것이 옳고 그렇게 하지 아니하면 이행지체의 책임을 진다고 보는 것이 상당하다.

[1-5] (대판 2005.8.19, 2004다53173) 계약상 채무자가 계약을 이행하지 아니할 의사를 명백히 표시한 경우에 채권자는 신의성실의 원칙상 이행기 전이라도 이행의 최고없이 채무자의 이행거절을 이유로 계약을 해제하거나 채무자를 상대로 손해배상을 청구할 수 있고, 채무자가 계약을 이행할 의사를 명백히 표시하였는지 여부는 계약이행에 관한 당사자의 행동과 계약 전후의 구체적인 사정 등을 종합적으로 살펴서 판단하여야 한다.

[1-6] (대판 1982.6.22, 81다카1283·1284) 쌍무계약의 일방 당사자가 이행기에 한 번 이행제공을 하여서 상대방을 이행지체에 빠지게 한 경우 신의성실의 원칙상 최고하는 일방 당사자는 그 채무이행의 제공을 계속할 필요는 없다 하더라도 상대방이 최고기간내에 이행 또는 이행제공을 하면 계약해제권은 소멸하는 것이므로 상대방의 이행을 수령하고 자신의 채무를 이행할 수 있는 정도의 준비가 되어 있어야 한다.

[2] 계약해제에 따른 원상회복의무

[2-1] (대판 2003.7.22, 2001다76298) ① 제548조 제2항은 계약해제로 인한 원상회복의무의 이행으로 반환하는 금전에는 그 받은 날로부터 이자를 가산하여야 한다고 하고 있는바, 위 이자의 반환은 원상회복의무의 범위에 속하는 것으로 일종의 부당이득반환의 성질을 가지는 것이지 반환의무의 이행지체로 인한 손해배상은 아니라고 할 것이고, 소송촉진 등에 관한 특례법 제3조 제1항은 금전채무의 전부 또는 일부의 이행을 명하는 판결을 선고할 경우에 있어서 금전채무불이행으로 인한 손해배상액 산정의 기준이 되는 법정이율에 관한 특별규정이므로, 위 이자에는 동법 제3조 제1항에 의한 이율을 적용할 수 없다. ② 계약해제로 인한 원

상회복의무의 이행으로 금전의 반환을 구하는 소송이 제기된 경우 채무자는 그 소장을 송달받은 다음날부터 반환의무의 이행지체로 인한 지체책임을 지게 되므로 그와 같이 원상회복의무의 이행으로 금전의 반환을 명하는 판결을 선고할 경우에는 금전채무불이행으로 인한 손해배상액 산정의 기준이 되는 법정이율에 관한 특별규정인 소송촉진 등에 관한 특례법 제3조 제1항에 의한 이율을 적용하여야 한다.

[2-2] (대판 2000. 2. 25, 97다30066) 계약해제로 인하여 계약당사자가 원상회복의무를 부담함에 있어서 당사자 일방이 목적물을 이용한 경우에는 그 사용에 의한 이익을 상대방에게 반환하여야 하는 것이므로, 양도인은 양수인이 양도 목적물을 인도받은 후 사용하였다 하더라도 양도계약의 해제로 인하여 양수인에게 그 사용에 의한 이익의 반환을 구함은 별론으로 하고, 양도 목적물 등이 양수인에 의하여 사용됨으로 인하여 감가 내지 소모가 되는 요인이 발생하였다 하여도 그것을 훼손으로 볼 수 없는 한 그 감가비 상당은 원상회복의무로서 반환할 성질의 것은 아니다.

[3] 계약해제와 손해배상

[3-1] (대판 2002. 6. 11, 2002다2539) 채무불이행을 이유로 계약해제와 아울러 손해배상을 청구하는 경우에 그 계약이행으로 인하여 채권자가 얻을 이익 즉 이행이익의 배상을 구하는 것이 원칙이지만, 그에 갈음하여 그 계약이 이행되리라고 믿고 채권자가 지출한 비용 즉 신뢰이익의 배상을 구할 수도 있다고 할 것이고, 그 신뢰이익 중 계약의 체결과 이행을 위하여 통상적으로 지출되는 비용은 통상의 손해로서 상대방이 알았거나 알 수 있었는지의 여부와는 관계없이 그 배상을 구할 수 있고, 이를 초과하여 지출되는 비용은 특별한 사정으로 인한 손해로서 상대방이 이를 알았거나 알 수 있었던 경우에 한하여 그 배상을 구할 수 있다고 할 것이고, 다만 그 신뢰이익은 과잉배상금지의 원칙에 비추어 이행이익의 범위를 초과할 수 없다([cf.] 대판 1983. 5. 24, 82다카1667: 계약당사자의 일방이 계약해제와 아울러 하는 손해배상의 청구도 채무불이행으로 인한 손해배상과 다를 것이 없으므로 전보배상으로서 그 계약의 이행으로 인하여 채권자가 얻을 이익 즉 이행이익을 손해로서 청구하여야 하고 그 계약이 해제되지 아니하였을 경우 채권자가 그 채무의 이행으로 소요하게 된 비용 즉 신뢰이익의 배상은 청구할 수 없는 것이다).

[3-2] (대판 1999. 1. 15, 98다48033) ① 계약 당시 당사자 사이에 손해배상액을 예정하는 내용의 약정이 있는 경우에는 그것은 계약상의 채무불이행으로 인한 손해액에 관한 것이고 이를 그 계약과 관련된 불법행위상의 손해까지 예정한 것이라고는 볼 수 없다. ② 토지매매계약이 매수인의 잔대금지급채무의 불이행을 이유로 해제된 다음 매도인이 매수

인을 상대로 위 토지상의 건물철거 및 대지인도의 소를 제기하여 승소판결을 받고 그 판결이 확정되었음에도 매수인이 이를 이행하지 아니하여 매도인이 위 토지를 사용·수익하지 못하게 됨으로써 입은 차임 상당의 손해는 위 매매계약이 해제된 후의 별도의 불법행위를 원인으로 하는 것으로서 계약 당시 수수된 손해배상예정액으로 전보되는 것이 아니다.

[4] 계약해제에 따른 법률효과(법리구성)

[4-1] (대판 1977.5.24, 75다1394) 제548조 제1항 본문에 의하면 계약이 해제되면 각 당사자는 상대방을 계약이 없었던 것과 같은 상태에 복귀하도록 할 의무를 부담한다는 뜻을 규정하고 있는바, 계약에 따른 채무의 이행으로 이미 등기나 인도를 하고 있는 경우에 그 원인행위인 채권계약이 해제됨으로써 원상회복된다고 할 때 그 이론구성에 관하여 해제가 있더라도 이행행위 그 자체는 그대로 효력을 보유하고 다만 그 급부를 반환하여 원상회복할 채권·채무관계가 발생할 뿐이라는 소위 채권적 효과설과 이미 행하여진 이행행위와 등기나 인도로 물권변동이 발생하고 있더라도 원인행위인 채권계약이 해제되면 일단 이전하였던 물권은 당연이 복귀한다는 소위 물권적 효과설이 대립되어 있다. 우리의 법제가 물권행위의 독자성과 무인성을 인정하고 있지 않는 점과 제548조 제1항 단서가 거래안정을 위한 특별규정이란 점을 생각할 때 계약이 해제되면 그 계약의 이행으로 변동이 생겼던 물권은 당연히 그 계약이 없었던 원상태로 복귀한다고 봄이 타당하다.

[4-2] (대판 1982.11.23, 81다카1110) 매매계약이 해제되면 그 계약의 이행으로 변동이 생겼던 물권은 당연히 그 계약이 없었던 원상태로 복귀하나, 매매계약 해제 이전에 매매목적물에 관하여 제3자에게 소유권이전등기가 경료된 뒤에 계약이 해제된 경우에는 계약해제의 효과로서 당연히 그 소유권이 매도인에게 복귀하지 않으므로 매도인은 소유권에 기하여 매수인 명의의 소유권이전등기의 말소를 청구할 수 없다

[4-3] (대판 1980.8.26, 80다660) 매매계약의 당사자는 그 계약의 해제로서 그 해제 이전에 당해 부동산에 관하여 소유권이전등기를 한 제3자에게 대항하지 못한다.

[5] 제548조 제1항 단서에 의해 보호되는 제3자의 범위

[5-1] (대판 2003.1.24, 2000다22850) 제548조 제1항 단서에서 규정하고 있는 제3자란 일반적으로 계약이 해제되는 경우 그 해제된 계약으로부터 생긴 법률효과를 기초로 하여 해제 전에 새로운 이해관계를 가졌을 뿐 아니라 등기·인도 등으로 완전한 권리를 취득한 자를 말한다.

[5-2] (대판 1971.9.28, 71다1460) 교환계약이 해제되기 전에 계약당사자로부터 유증을 받아 계약목적물에 관하여 소유권이전등기를 경유

한 자는 이를 포괄적으로 승계한 것이 아닌 이상 계약당사자 아닌 제3자에 불과하므로 위 교환계약이 해제되더라도 그 해제의 효력이 미치지 아니한다.

[5-3] (대판 2003. 8. 22, 2003다12717) 소유권을 취득하였다가 계약해제로 인하여 소유권을 상실하게 된 임대인으로부터 그 계약이 해제되기 전에 주택을 임차받아 주택의 인도와 주민등록을 마침으로써 주택임대차보호법 제3조 제1항에 의한 대항요건을 갖춘 임차인은 민법 제548조 제1항 단서의 규정에 따라 계약해제로 인하여 권리를 침해받지 않는 제3자에 해당하므로 임대인의 임대권원의 바탕이 되는 계약의 해제에도 불구하고 자신의 임차권을 새로운 소유자에게 대항할 수 있고, 이 경우 계약해제로 소유권을 회복한 제3자는 주택임대차보호법 제3조 제2항에 따라 임대인의 지위를 승계한다([cf.] 대판 1990. 12. 7, 90다카24939: 건물매수인이 아직 건물의 소유권을 취득하지 못한 채 매도인의 동의를 얻어 제3자에게 임대하였으나 매수인(임대인)의 채무불이행으로 매도인이 매매계약을 해제하고 임차인에게 건물의 명도를 구하는 경우 임차인은 매도인에 대한 관계에서 건물의 전차인의 지위와 흡사하다할 것인바, 임대인의 동의 있는 전차인도 임차인의 채무불이행으로 임대차계약이 해지되면 특단의 사정이 없는 한 임대인에 대해서 전차인의 전대인에 대한 권리를 주장할 수가 없고, 또 임차인이 매매계약목적물에 대하여 직접 임차권을 취득했다고 보더라도, 대항력을 갖추지 아니한 상태에서는 그 매매계약이 해제되어 소급적으로 실효되면 그 권리를 보호받을 수가 없다는 점에 비추어 볼 때, 임차인의 건물명도의무와 매수인(임대인)의 보증금반환의무를 동시이행관계에 두는 것은 오히려 공평의 원칙에 반한다 할 것이다).

[5-4] (대판 2000. 1. 14, 99다40937) 제547조 제1항 단서에서 말하는 제3자란 일반적으로 해제된 계약으로부터 생긴 법률효과를 기초로 하여 별개의 새로운 권리를 취득한 자를 말하는 것인바, 해제된 계약에 의해서 채무자의 책임재산이 된 계약의 목적물을 가압류한 가압류채권자는 그 가압류에 의하여 당해 목적물에 대하여 잠정적으로 그 권리행사만을 제한하는 것이나 종국적으로는 이를 환가하여 그 대금으로 피보전채권의 만족을 얻을 수 있는 권리를 취득하는 것이므로, 그 권리를 보전하기 위하여서는 위 조항 단서에서 말하는 제3자에는 위 가압류채권자도 포함된다고 보아야 한다([cf.] 대판 2005. 1. 14, 2003다33004: 부동산에 대하여 가압류등기가 된 경우에, 그 가압류채무자(현 소유자)의 전 소유자가 위의 가압류집행에 앞서 같은 부동산에 대하여 소유권이전등기의 말소청구권을 보전하기 위한 처분금지가처분등기를 경료한 다음, 채무자를 상대로 매매계약의 해제를 주장하면서 소유권이전등기말소소송을 제기한 결과 승소판결을 받아 확정되기

에 이르렀다면, 위와 같은 가압류는 결국 말소될 수밖에 없고, 따라서 이러한 경우 가압류채권자는 제548조 제1항 단서에서 말하는 제3자로 볼 수 없으며, 가처분채권자가 받은 본안판결이 전부 승소판결이 아닌 동시이행판결인 경우도 이와 달리 볼 이유가 없다).

[6] 제548조 제1항 단서의 보호 밖에 놓이는 제3자

[6-1] (대판 1991. 5. 28, 90다카16761) 계약당사자의 일방이 계약을 해제하여도 제3자의 권리를 침해할 수 없지만, 여기에서 그 제3자는 계약의 목적물에 관하여 권리를 취득하고 또 이를 가지고 계약당사자에게 대항할 수 있는 자를 말하므로, 토지를 매도하였다가 대금지급을 받지 못하여 그 매매계약을 해제한 경우에 있어 그 토지 위에 신축된 건물의 매수인은 위 계약해제로 권리를 침해당하지 않을 제3자에 해당하지 아니한다.

[6-2] (대판 2003. 1. 24, 2000다22850) 계약이 해제된 경우 계약해제 이전에 해제로 인하여 소멸되는 채권을 양수한 자는 제548조 제1항 단서에서 말하는 제3자에 해당하지 않는다고 할 것인바, 계약해제의 효과에 반하여 자신의 권리를 주장할 수 없음은 물론이고, 나아가 특단의 사정이 없는 한 채무자로부터 이행받은 급부를 원상회복하여야 할 의무가 있다.

[7] 제548조 제1항 단서의 확대적용

[7-1] (대판 1985. 4. 9, 84다카130·131) 계약당사자의 일방이 계약을 해제하였을 때에는 계약은 소급하여 소멸하여 해약당사자는 각 원상회복의 의무를 지게 되나 이 경우 계약해제로 인한 원상회복등기 등이 이루어지기 이전에 계약의 해제를 주장하는 자와 양립되지 아니하는 법률관계를 가지게 되었고 계약해제 사실을 몰랐던 제3자에 대하여는 계약해제를 주장할 수 없다.

[7-2] (대판 2000. 4. 21, 2000다584) ① 계약당사자의 일방이 계약을 해제하였을 때에는 계약은 소급하여 소멸하고 각 당사자는 원상회복의 의무를 지게 되나, 이 경우 계약해제로 인한 원상회복등기 등이 이루어지기 전에는 계약의 해제를 주장하는 자와 양립되지 아니하는 법률관계를 가지게 되었고 계약해제 사실을 몰랐던 제3자에 대하여는 계약해제를 주장할 수 없으며, 이러한 법리는 실권특약부 매매계약이 그 특약에 의하여 소급적으로 실효되는 경우에도 마찬가지로 적용된다. ② 실권특약부 매매계약에 기하여 매수인 앞으로 소유권이전등기가 경료되어 매수인의 책임재산이 된 토지를 체납처분의 일환으로 압류하고 그 등기까지 마친 자는 위 토지를 환가하여 그 대금으로 채권의 만족을 얻을 수 있는 별개의 새로운 권리를 취득하였으므로 제548조 제1항 단서 소정의 제3자에 포함되고, 따라서 매도인은 실권특약에 의한 계약의 실효나 계약해제의 효과 등으로써 위 압류채권자에게 대항할 수 없다.

[債 權 法]

事例 47

權利瑕疵에 따른 賣渡人의 擔保責任

≪설 문≫

A는 B소유의 甲주택에 대하여 매매계약을 체결하였다. 다음의 각 경우에 있어 당사자들 사이의 법률관계를 검토하시오(단, 각 사안은 내용적으로 서로 별개임).

(1) 대금지급 및 등기이전이 완료되지 않은 상태에서 甲주택이 화재로 멸실된 경우의 A와 B 사이의 법률관계.

(2) 甲주택을 C가 B로부터 임차하여 거주하고 있었음이 확인된 경우 A와 C 및 A와 B 사이의 법률관계.

(3) D에 대한 B의 채무의 담보를 위해 甲주택에 대해 저당권설정 및 그 등기가 경료되었으며, A가 이러한 사실을 알고도 매수한 경우

(3-1) A가 D에 대하여 저당권등기의 말소를 청구하기 위한 방법.

(3-2) 저당권이 실행되어 甲주택이 경매된 경우에 A와 B 사이의 법률관계.

목차제안

Ⅰ. 논점분석

Ⅱ. 설문(1): A와 B 사이의 법률관계

1. 급부불능인 경우의 법률관계
2. 사안의 검토
   (1) B에게 귀책사유가 있는 경우
   (2) 양 당사자의 귀책사유가 없는 경우

풀이제안

Ⅰ. 논점분석

설문(1)의 경우 매수인 A와 매도인 B는 주택에 대한 매매계약을 체결하였으므로 A는 B에 대하여 대금지급의무를, B는 A에 대하여 甲주택소유권의 이전의무를 진다(제568조). 이러한 양 당사자의 주된 채무는 매매라는 쌍무계약에 의한 것이므로 그 성립, 이행 및 존속에 있어서 서로 대가적 견련관계에 있다. 따라서 이행기 전에 甲주택이 채무자 B의 귀책사유로 소멸되었다면 B는 이행불능으로 인한 채무불이행책임을 부담하고(제390조, 제546조), 양 당사자의 귀책사유 없이 불능이 되었다면 위험부담(제537조)의 문제가 발생한다.

설문(2)의 경우 A와 C의 법률관계는 A가 甲주택에 관한 소유권이전등기를 경료한 때를 기준으로 나누어 보아야 한다. A가 아직 소유권이전등기를 경료하지 않았다면 A와 C 사이에 직접적인 법률관계는 존재하지 않는다. 그러나 A가 소유권이전등기를 경료하여 甲주택의 소유권을 취득하였다면(제186조) A와 C 사이에는 직접적인 법률관계가 발생하게 된다. 이때에는 다시 C의 임차권이 대항력을 갖추었느냐의 여부에 따라(제621조 제2항; 주택임대차보호법(이하 '주임보법'으로 줄임) 제3조 제1항 참조) A와 C의 법률관계는 달라질 수 있다. C의 임차권이 대항력을 갖추었을 경우 A와 C의 법률관계에서 특히 문제되는 것은 매수인 A가 매도인 B의 임대인으로서의 지위를 승계하는지 여부이다. 그리고 A와 B의 법률관계도 C의 임차권이 대항력을 갖추었는지의 여부에 따라 그 내용이 달라진다. C의 임차권이 대항요건을 갖추었다면 A와 B 사이에서는 제한물권이 있는 경우의 매도인의 담보책임이 문제되기 때문이다(제575조).

설문(3)의 경우 저당권설정자 B는 저당권자 D에게 자신의 채무를 담보할 목적으로 甲주택에 저당권을 설정하고 있던 중(제356조, 제186조), 그 주택을 A에게 매도하였다(제568조). 유효한 매매계약에 따라 B는 A에게 그 주택의 소유권을 저당권의 제한이 없는 완전한 상태로 이전할 채무를 부담한다. 그러나 B와의 특약으로 A가 D에 대한 B의 채무(피담보채무)를 인수하거나 그 이행을 인수하였다면 B는 피담보채권을 변제하여 저당권을 소멸케 할 채무를 부담하지 않을 수도 있다. 따라서 이러한 특약의 유무에 따라 저당권의 소멸절차가 달라질 수 있다. 한편 저당권이 실행되어 甲주택이 경매되는 경우 매수인 A는 그 주택의 소유권을 취득하지 못하거나, 이미 취득한 소유권을 잃게 되므로 매도인 B의 담보책임이 문제된다(제576조). 물론 이때에도 A와 B 사이에 채무인수 내지 이행인수의 특약이 있다면 문제의 양상이 달라질 수 있다.

Ⅱ. 설문(1): A와 B 사이의 법률관계

1. 급부불능인 경우의 법률관계

매매계약(쌍무계약)의 성립 후 이행이 있기 전에 채무자의 급부가 불능으로 되었다면 그 법적 효과는 채권자 및 채무자의 귀책사유의 유무에 따라 달라진다(이행불능과 위험부담에 관하여 보다 자세한 것은 별도의 [사례 33] 참고). 즉, 채무자의 귀책사유가 있는 경우에는 이행불능에 의한 채무불이행책임이 발생한다(제390조). 그러나 채권자와 채무자, 양 당사자의 귀책사유 없이 불가항력에 의하여 급부가 불능으로 된 경우에는 위험부담의 문제가 발생한다(제537조). 즉, 불능으로 된 급부에 대해서 채무자의 채무가 소멸하는 동시에 상대방에 대한 반대급부청구권도 소멸한다(즉, 급부를 받지 못하는 급부위험은 채권자가 부담하고, 반대급부를 청구하지 못하는 반대급부위험은 채무자가 부담한다(채무자위험부담주의)). 채권자의 귀책사유에 의한 급부불능의 경우에는 채무자의 채무는 소멸하지만 상대방에 대한 반대급부청구권은 소멸하지 않는다(제538조 제1항 전단)(채권자위험부담주의: 채권자에게 귀책사유가 있다는 점에서 엄격한 의미의 위험'부담'이라고 할 수 없다. 이에 관하여 자세한 것은 김형배, 채권각론[계약법], 170면 이하 참조).

2. 사안의 검토

(1) B에게 귀책사유가 있는 경우

사례에서 매수인 A의 대금지급의무와 매도인 B의 소유권이전의무는 매매계약(쌍무계약)에 의한 것으로 서로 존속상의 견련관계에 있다. B가 甲주택에 관한 소유권이전등기의무를 이행하지 않은 상태에서 그 주택이 소실되었으므로 A에 대한 B의 소유권이전은 불능(급부불능)이 되었다. 따라서 B의 귀책사유의 유무에 따라 이행불능 또는 위험부담의 문제가 발생한다.

B의 귀책사유로 인하여 주택이 소실되었다면 B는 이행불능에 따른 채무불이행책임을 부담한다. 따라서 A는 B에 대하여 주택소유권이전의무의 이행에 갈음하는 전보배상을 청구할 수 있다(제390조, 제393조 제1항). 또한 A는 B의 채무불이행을 이유로 매매계약을 해제하고(제546조), 자신의 대금지급의무를 면함과 동시에 손해배상을 청구할 수도 있다(제551조).

(2) 양 당사자의 귀책사유가 없는 경우

매매계약의 양 당사자인 매수인 A와 매도인 B의 귀책사유 없이, 예컨대 甲주택이 지진이나 이웃집의 화재로 인하여 소실되었다면 B의 주택소유권이전채무는 이행불능으로 소멸하는 한편, B의 A에 대한 반대급부청구권, 즉 대금지급청구권도 채무자위험부담의 원칙(제537조)에 따라 마찬가지로 소멸한다.

(3) A에게 귀책사유가 있는 경우

甲주택이 매수인, 즉 채권자인 A의 귀책사유로 소실되었다면 B는 주택소유권이전채무를 면하지만, A에 대한 반대급부청구권을 상실하지 않는다(제538조 제1항 전단). 따라서 B는 A에 대하여 매매대금전부의 지급을 청구할 수 있다.

Ⅲ. 설문(2): A와 B 및 C 사이의 법률관계

A와 B 및 C 사이의 법률관계는 甲주택의 매수인 A가 주택의 소유권을 이미 취득하였는지 여부에 따라 그 내용이 달라진다.

1. A가 주택소유권을 아직 취득하지 않은 경우

A가 甲주택의 소유권을 아직 취득하지 않았다면 A와 C 사이에는 아무런 권리·의무관계가 존재하지 않는다. 다만, 매매계약에 기초하여 B에 대해서 甲주택에 관한 소유권이전채권을 가질 뿐이다.

2. A가 주택소유권을 이미 취득한 경우

(1) C가 대항력을 갖는 경우

1) **A의 임대인 B의 지위승계** 본래 임차권은 채권이므로 임대물의 소유권이 제3자에게 이전되면 임차인은 임차권을 가지고 새 소유권자에 대항할 수 없다(매매에 의한 처분행위는 임대차관계를 깨뜨린다). 그러나 임차인의 부동산임차권이 등기되어 있거나(제621조) 또는 주임보법의 보호(동법 제3조 제1항)를 받는 때, 즉 주택임차인이 주택의 인도를 받고 주민등록을 마친 때에는 그 다음 날로부터 임차권을 가지고 제3자(특히 임차목적물의 양수인)에게 대항할 수 있다.

이렇게 임차인의 임차권이 대항력을 갖추었을 때에는 그 주택의 양수인은 임차인과의 약정이 없더라도 법률상 당연히 임대인의 지위를 승계한다(주임보법 제3조 제2항 참조). 따라서 양수인은 양도인의 임대인으로서의 권리와 의무(특히 임차보증금반환채무 등)를 가진다. 다만 양도인의 연체차임에 대한 권리는 승계하지 않는 것으로 해석된다.

사례에서 C가 '거주하고 있음'이 판명되었으므로 주택의 인도가 있었다고 볼 것이며, 따라서 C의 주민등록이 A의 소유권이전등기보다 먼저 마쳐진 경우에는 C는 자기의 임차권을 가지고 A에게 대항할 수 있다. 그러므로 A는 C에게 소유권에 기하여 甲주택의 명도를 청구할 수 없다.

2) **A에 대한 B의 담보책임** C의 임차권이 대항력을 갖추었을 경우에 A는 C에게 甲주택의 명도를 청구할 수 없으므로 흠없는 완전한 소유권의 이전을 받을 수 없게 된다. 즉, A는 주택의 소유권자로서 마땅히 누려야 할 주택의 사용·수익·처분권능 중에서 사용권의 제한을 받게 된다. 따라서 매도인 B는 매수인 A에 대하여 제한물권이 있는 경우의 담보책임을 지게 된다(주임보법 제3조 제3항에 의한 민법 제575조 제1항 및 제3항의 준용). 다만, 대항력 있는 임차권의 존재에 관한 매수인 A의 선의·악의에 따라 B가 부담하는 담보책임의 내용이 달라진다.

A가 선의인 경우 매매계약의 목적을 달성할 수 없다면 A는 계약을 해제하고 손해배상을 청구할 수 있다. 그러나 A가 대항력 있는 임차권이 있다고 해서 매매계약의 목적을 달성함에 지장이 없다면, 예컨대 A가 임차권의 소멸 후에 그 주택을 사용하여도 지장이 없거나 또는 투자의 목적으로 주택을 매입한 경우라면, A는 B에 대하여 손해배상만을 청구할 수 있다(제575조 제1항). 이때 A는 임차권의 존재 사실을 안 날로부터 1년 이내에 그 권리를 행사해야 한다(제575조 제3항).

그러나 A가 처음부터 대항력 있는 임차권의 존재를 알고 있었던 경우, 즉 악의였던 경우에는 손해배상도 청구할 수 없다(제575조 제2항·제1항). B의 담보책임이 성립하지 않기 때문이다.

(2) C가 대항력을 갖지 않는 경우

사례에서는 B에 대한 C의 임차권이 등기되었는지 또는 주임보법상의 대항요건을 구비하였는지 여부가 분명하지는 않다. 만일 C의 임차권이 제3자에 대한 대항력을 갖추지 못했다면 매수인 A는 소유권에 기한 소유물반환청구권을 행사할 수 있을 것이다(제213조). 이 경우 A와 B 사이에는 특별한 문제가 발생하지 않을 것이다. 오히려 B는 임대인으로서 임차인 C에 대하여 이행불능으로 인한 채무불이행책임을 진다(제390조).

Ⅳ. 설문(3): B 및 D에 대한 A의 권리

1. 설문(3-1): D에 대한 A의 저당권등기말소청구권

B는 A와 매매계약을 체결하기 전에 이미 D에게 자신의 채무담보를 위해 甲주택에 대하여 저당권을 설정하여주었다. 그 주택의 매수인 A가 그 저당권을 소멸시키기 위한 방법은 저당권에 의해 담보되어 있는 D에 대한 B의 채무에 관하여 A, B, D 사이에 어떤 약정이 존재하느냐에 따라 달라진다.

(1) 채무인수의 특약 등이 없는 경우

이 경우 매도인 B는 매수인 A에 대하여 저당권의 제한을 받지 않는 완전한 소유권을 이전해줄 의무를 부담한다(제568조). 따라서 매도인 B는 자신의 채무를 변제하여 저당권을 소멸시킴으로써 A가 소유권을 상실하는 일이 없도록 할 의무를 진다.

다만, A는 주택의 매수인으로서 B와 이해관계 있는 제3자이므로 그의 소유권이전청구권을 보전하기 위하여 B의 의사에 반하여서도 D에게 피담보채권을 변제하고 저당권을 소멸시킬 수는 있다(제469조). 또한 A가 이미 주택의 소유권을 취득한 경우에도 제3취득자의 변제로서 D에게 피담보채권을 변제하고 저당권의 소멸을 청구할 수 있다(제364조).

(2) 채무인수의 특약 등이 있는 경우

A와 B 사이에 채무인수(제453조, 제454조 참조) 또는 이행인수(판례 [3-4] 참조)의 특약이 있는 경우에는 D의 저당권을 소멸시키는 방법이 달라진다.

거래실제에서는 매수인이 매매대금액으로부터 피담보채권액을 공제하고, 나머지 잔액만을 이행하기로 하는 약정이 드물지 않다. 이와 같은 형태로 A와 B 사이에 채무인수 또는 이행인수의 특약이 있는 경우 B는 A에 대하여 피담보채권을 변제하여 저당권을 소멸케 할 채무를 부담하지 않는다. 즉, 매수인 A는 자기의 출재로 피담보채권을 변제하여야 한다. 따라서 이때 매도인 B는 매수인 A에 대해서 제576조에 의한 담보책임을 부담하지 않는다.

채무인수의 특약은 병존적이거나 면책적일 수 있으며, 어느 경우라도 인수인 A는 채권자 D에게 직접 채무를 부담한다. 그러나 매도인에 대한 관계에서 매수인의 채무인수가, 매도인의 채권자이자 저당권자인 D에 대한 관계에서도 면책적 채무인수가 되기 위해서는 채권자의 승낙이 있어야 한다(제454조 참조). 왜냐하면 채무자의 변경은 채권자의 입장에서는 채권실현의 가능성에 변동을 가져올 수 있기 때문이다. 채무인수가 채권자에 대한 관계에서도 면책적으로 이루어지지 않는 한, 매도인도 그의 채권자에 대한 피담보채무를 면할 수 없다. 병존적 채무인수 내지 이행인수가 있을 뿐이기 때문이다(판례 [3-2] 내지 [3-4] 참조). 그러나 어느 경우라도 A는 자기의 채무로서 피담보채권을 변제하고 저당권등기의 말소를 청구할 수 있다.

한편 이행인수의 특약은 채무자 B와 인수인 A의 합의로 이루어지는 것이므로 B가 A에게 인수한 채무의 이행을 촉구할 수 있으나 채권자 D는 A에게 직접 이행을 청구하지는 못한다. 이때에도 인수인 A는 자기가 인수한 채무를 이행함으로써, 즉 피담보채권을 변제하고 저당권등기의 말소를 청구할 수 있다.

2. 설문(3-2): B의 담보책임을 이유로 한 A의 권리

(1) 저당권설정에 따른 담보책임

매매목적부동산인 주택에 저당권이 설정되어 있다는 사실 자체만으로는 매도인이 담보책임을 지지는 않는다(판례 [2-20]·[3-1] 참조). 저당권은 담보물권이지만 저당권자가 담보목적물을 점유하지는 않으므로 저당권이 설정되어 있다는 것만으로는 매수인이 주택의 소유권을 취득하여 이를 이용하는 데 전혀 방해되지 않기 때문이다. 그러나 저당권이 실행되어 매수인이 그 주택의 소유권을 취득할 수 없게 되거나, 일단 취득한 소유권을 잃게 되는 경우에는 매도인의 담보책임이 문제된다(제576조 참조).

(2) 채무인수의 특약 등이 있는 경우

앞서 살펴본 바와 같이 매수인과 매도인 (또는/및 채권자) 사이에 피담보채권에 관한 채무인수 내지 이행인수의 특약이 존재하는 경우에는 매도인의 담보책임이 문제되지 않는다. 왜냐하면 그러한 특약이 있을 때에는 매수인이 자기의 출재로 매매목적물의 소유권을 보전하겠다는 합의가 있는 것으로 볼 수 있으며, 따라서 피담보채권의 변제는 채무자의 채무가 아닌 인수인 자신의 채무가 되기 때문이다.

그러나 이러한 특약이 존재하지 않는 때에는 채무자인 매도인이 피담보채권을 변제하여야 할 채무를 여전히 부담하며, 이를 이행하지 않아 저당권이 실행된다면 그는 매수인에 대하여 담보책임을 져야 한다. 이 경우에 매수인의 선의·악의는 문제되지 않는다. 매도인이 설정된 저당권을 말소하여 완전한, 즉 '제한물권의 부담'이라는 '흠'없는, 완전한 소유권을 이전해야 할 채무는 매수인이 제한물권의 존재를 알았는지 여부에 영향을 받지 않을 것이기 때문이다(판례 [2-17] 참조). 따라서 매도인이 매수인에게 소유권을 이전하기 전 또는 이미 이전한 후에라도 저당권을 말소하지 않은 것은 일종의 채무불이행이 될 것이다(김형배, 채권총론, 331면; 김형배, 채권각론[계약법], 318면 이하 참조).

(3) 사안의 검토

사례에서 매도인 B가 매수인 A에 대하여 담보책임을 부담하는 경우에 그 효과로서 A는 B를 상대로 매매계약을 해제할 수 있고, 손해를 입은 때에는 그 배상을 청구할 수 있다(제576조 제1항·제3항). 그리고 매수인 A가 저당권자 D의 저당권실행을 자신의 출재로 저지한 경우에는 매도인 B에게 그 상환을 청구할 수 있다(제576조 제2항, 판례 [2-17] 참조).

Ⅳ. 설문(1), (2) 및 (3)에 대한 해답

설문(1)에서 첫째, 주택의 소실이 매도인 B의 귀책사유로 인한 경우에는 이행불능에 따른 채무불이행책임이 발생한다(제390조). 따라서 A는 B에게 그 주택의 소유권이전의무의 이행에 갈음하는 전보배상을 청구하거나(제390조, 제393조 제1항), B의 채무불이행을 이유로 매매계약을 해제하여(제546조) 자신의 대금지급의무를 면함과 동시에 급부한 것이 있으면 그 반환을 청구할 수 있고(제548조 제1항 본문) 손해가 있으면 그 배상을 청구할 수 있다(제551조). 둘째, 주택의 소실이 양 당사자의 귀책사유 없이 발생한 경우에는 B의 소유권이전의무는 소멸하고, 또한 A에 대한 대금지급청구권도 채무자위험부담의 원칙(제537조)에 따라 소멸한다. 셋째, 주택이 A의 귀책사유로 소실된 경우에는 B가 주택의 소유권이전의무를 면하면서 A에 대하여는 대금지급을 청구할 수 있다(제538조 제1항 전단).

설문(2)에서 먼저, A가 그 주택의 소유권을 취득하지 않은 경우에는 C에 대하여 아무런 권리·의무가 없다. 그러나 A가 주택의 소유권을 취득한 경우에는 첫째, 임차인 C가 대항력을 갖춘 경우 A는 C에게 소유권에 기한 주택명도청구를 할 수 없고, 단지 매도인 B가 매수인 A에 대하여 담보책임을 지게 된다(주임보법 제3조 제3항에 의한 민법 제575조 제1항 및 제3항의 준용). 매도인 B의 담보책임의 내용은 A가 선의이냐 악의이냐에 따라 달라진다. 둘째, C가 대항력이 없는 경우 매수인 A는 자기의 소유권에 기한 소유물반환청구권을 행사할 수 있다(제213조). 이때 B는 임대인으로서 임차인 C에 대하여 채무불이행책임을 부담한다.

설문(3-1)에서 A와 B 사이에 채무인수의 특약 등이 없는 경우에는 매도인 B가 매수인 A에 대하여 저당권의 제한을 받지 않는 완전한 소유권을 이전해줄 의무가 있으며(제568조), A가 D에게 피담보채권을 변제하고 저당권을 소멸시킬 수도 있다(제469조). 매수인 A가 저당권자 D의 저당권실행을 자신의 출재로 저지한 경우에는 매도인 B에게 그 상환을 청구할 수도 있다(제576조 제2항). 그러나 채무인수의 특약 등이 있는 경우에는 A가 자기의 채무로서 피담보채권을 변제하고 저당권등기의 말소를 청구할 수 있다. 특히 이행인수의 특약만 있다면 D는 A에게 직접 이행을 청구하지는 못한다.

설문(3-2)에서 B가 A에 대하여 담보책임을 부담하는 경우에는 A는 B를 상대로 매매계약을 해제할 수 있고, 손해를 입은 때에는 그 배상을 청구할 수 있다(제576조 제1항·제3항).

≪판 례≫

[1] 매도인의 재산권이전의무

[1-1] (대판 1967.7.11, 67다813) 매매부동산에 대하여 매도인의 세금체납으로 인한 압류등기가 되어 있는 이상 당사자간에 다른 특별한 특약이 있다거나 그 체납된 세금이 극히 근소한 금액에 불과하므로 소유권

취득에 지장이 없다고 보통 인정할 수 있는 경우를 제외하고는 원칙적으로 매도인은 아무 부담없는 완전한 소유권을 매수인에게 이전하여야 할 의무가 있다 할 것이므로, 매도인이 위와 같은 압류의 해제가 있기 전에는 잔대금지급을 거절하였다 하더라도 매수인의 의무불이행에 해당된다 할 수 없다.

[1-2] (대판 2000. 11. 28, 2000다8533) 부동산의 매매계약이 체결된 경우에는 매도인의 소유권이전등기의무, 인도의무와 매수인의 잔대금지급의무는 동시이행의 관계에 있는 것이 원칙이고, 이 경우 매도인은 특별한 사정이 없는 한 제한이나 부담이 없는 완전한 소유권이전등기의무를 지는 것이므로 매매목적 부동산에 가압류등기 등이 되어 있는 경우에는 매도인은 이와 같은 등기도 말소하여 완전한 소유권이전등기를 해주어야 하는 것이고, 따라서 가압류등기 등이 있는 부동산의 매매계약에 있어서는 매도인의 소유권이전등기 의무와 아울러 가압류등기의 말소의무도 매수인의 대금지급의무와 동시이행관계에 있다고 할 것이다.

[2] 권리하자에 따른 매도인의 담보책임

*제569조, 제570조

[2-1] (대판 1993. 9. 10, 93다20283) 특정한 매매의 목적물이 타인의 소유에 속하는 경우라 하더라도, 그 매매계약이 원시적 이행불능에 속하는 내용을 목적으로 하는 당연무효의 계약이라고 볼 수 없다.

[2-2] (대판 1972. 11. 28, 72다982) 부동산을 매수한 후 그 소유권이전등기를 하지 아니한 채 이를 다시 제3자에게 매도한 경우는 제569조에서 말하는 '타인의 권리의 매매'라고는 할 수 없으며(동지: 대판 1996. 4. 12, 95다55245), (다만, 대판 1982. 1. 26, 81다528: 매수부동산을 이전등기 아니한 채 전매한 경우는 타인의 권리의 매매라고 할 것이고, 매수인이 이러한 전매사실을 알고, 매매계약을 체결하였다면 그는 매매목적 부동산의 소유권이 매도인에게 속하지 아니함을 알고 있었다고 할 것이다) [이러한 경우] 부동산의 매도인은 그 매수인에 대한 소유권이전등기절차 이행의무의 이행불능이 자기의 귀책사유에 의한 것이 아니라는 주장과 입증을 하지 않는 한 그로 인하여 발생한 매수인의 손해를 배상할 의무가 있다.

[2-3] (대판[전] 1967. 5. 18, 66다2618) 매매의 목적이 된 권리가 타인에게 속한 경우에 매도인이 그 권리를 취득하여 매수인에게 이전할 수 없을 때에는 매매의 목적이 된 권리가 매도인에게 속하지 아니함을 알지 못한 매수인이 매도인에게 대하여 손해배상을 청구함에는 매도인은 계약이 완전히 이행된 것과 동일한 경제적 이익을 배상함이 상당할 것이므로 그 손해는 매수인이 입은 손해뿐만 아니라 얻을 수 있었던 이익의 상실도 포함된다고 해석할 것이다. 이 경우의 손해액의 산정은 일반 채무불이

행으로 인한 손해배상액의 확정시기와 마찬가지로 원칙으로 매매의 목적이 된 권리를 취득하여 이전함이 불능하게 된 때의 시가를 표준으로 하여 결정할 것이다.

[2-4] (대판 1993. 11. 23, 93다37328) 타인의 권리를 매매의 목적으로 한 경우에 있어서 그 권리를 취득하여 매수인에게 이전하여야 할 매도인의 의무가 매도인의 귀책사유로 인하여 이행불능이 되었다면 [악의의] 매수인이 매도인의 담보책임에 관한 제570조 단서의 규정에 의해 손해배상을 청구할 수 없다 하더라도 채무불이행 일반의 규정(제546조, 제390조)에 좇아서 계약을 해제하고 손해배상을 청구할 수 있다(대판 1970. 12. 29, 70다2449: 매매계약 당시 그 토지의 소유권이 매도인에 속하지 아니함을 알고 있던 매수인은 매도인에 대하여 그 이행불능을 원인으로 손해배상을 청구할 수 없고, 다만 그 이행불능이 매도인의 귀책사유로 인하여 이루어진 것인 때에 한하여 그 손해배상을 청구할 수 있는 것이므로 그 이행불능이 매도인의 귀책사유로 인한 것인가는 매수인이 입증해야 한다).

*제571조

[2-5] (대판 1993. 4. 9, 92다25946) 제571조의 취지는 선의의 매도인에게 무과실의 손해배상책임을 부담하도록 하면서 그의 보호를 위하여 특별히 해제권을 부여한다는 것인바, 그 해제의 효과에 대하여 특별한 규정은 없지만 일반적인 해제와 달리 해석할 이유가 없다 할 것이므로 매도인은 매수인에게 손해배상의무를 부담하는 반면에 매수인은 매도인에게 목적물을 반환하고 목적물을 사용하였으면 그 사용이익을 반환할 의무를 부담한다 할 것이다.

[2-6] (대판 2004. 12. 9, 2002다33557) 제571조 제1항은 선의의 매도인이 매매의 목적인 권리의 전부를 이전할 수 없는 경우에 적용될 뿐 매매의 목적인 권리의 일부를 이전할 수 없는 경우에는 적용될 수 없고, 마찬가지로 수개의 권리를 일괄하여 매매의 목적으로 정하였으나 그 중 일부의 권리를 이전할 수 없는 경우에도 위 조항은 적용될 수 없다.

*제572조

[2-7] (대판 1989. 11. 14, 88다카13547) 매매의 목적이 된 권리의 일부가 타인에게 속한 경우의 매도인의 담보책임에 관한 제572조의 규정은 단일한 권리의 일부가 타인에 속하는 경우에만 한정하여 적용되는 것이 아니라 수개의 권리를 일괄하여 매매의 목적으로 정한 경우에도 그 가운데 이전할 수 없게 된 권리부분이 차지하는 비율에 따른 대금산출이 불가능한 경우 등 특별한 사정이 없는 한 역시 적용된다.

[2-8] (대판 1981. 5. 26, 80다2508) 매매의 목적이 된 권리의 일부가 타인에게 속함으로 인하여 매도인이 그 권리를 취득하여 매수인에게 이

전할 수 없을 때에는 매수인은 그 부분의 비율로 대금의 감액을 청구할 수 있고, 또 매수인이 잔존한 부분만이면 이를 매수하지 아니하였을 때에는 선의의 매수인은 계약 전부를 해약할 수 있다는 제572조 제1항 및 제2항의 규정은 매매에 있어서 매수인의 보호를 위한 규정으로 일반 사회거래통념상 매수인에게 감액청구나 계약해제권을 행사시키는 것이 형평에 타당하다고 인정되는 정도의 이행장애만 있으면 이를 행사케 하는 것이 상당하다고 해석할 것이므로 국가의 토지수용결정이 있었다면 그 절차와 그 소유권이 언제 확정적으로 국가에 귀속되느냐를 가릴 필요없이 매매의 목적이 된 권리의 일부가 타인에 속하므로 인하여 매도인이 그 권리를 취득하여 매수인에게 이전할 수 없는 때에 해당한다고 할 것이며, 매도인의 하자담보책임과 위의 감액청구권이나 계약해제권과는 그 요건을 달리하는 것으로 선의·악의에 따라 그 권리행사의 제척기간의 기산이 다를 뿐 매수인의 일방적 의사에 의하여 감액청구 또는 계약해제를 하는 제572조 소정의 경우 제580조 단서 적용의 여지가 없음은 명문상 분명하다.

[2-9] (대판 1993.1.19, 92다37727) 매매의 목적이 된 권리의 일부가 타인에게 속함으로 인하여 매도인이 그 권리를 취득하여 매수인에게 이전할 수 없게 된 때에는 선의의 매수인은 매도인에게 담보책임을 물어 이로 인한 손해배상을 청구할 수 있는바, 이 경우에 매도인이 매수인에 대하여 배상하여야 할 손해액은 원칙적으로 매도인이 매매의 목적이 된 권리의 일부를 취득하여 매수인에게 이전할 수 없게 된 때의 이행불능이 된 권리의 시가, 즉 이행이익 상당액이라고 할 것이어서, 불법등기에 대한 불법행위책임을 물어 손해배상청구를 할 경우의 손해의 범위와 같이 볼 수 없다.

*제573조

[2-10] (대판 1991.12.10, 91다27396) 제573조 소정의 권리행사기간의 기산점인 선의의 매수인이 '사실을 안 날'이라 함은 단순히 권리의 일부가 타인에게 속한 사실을 안 날이 아니라 그 때문에 매도인이 이를 취득하여 매수인에게 이전할 수 없게 되었음이 확실하게 된 사실을 안 날을 말하는 것이다.

*제574조

[2-11] (대판 2002.4.9, 99다47396) 부동산매매계약에 있어서 실제면적이 계약면적에 미달하는 경우에는 그 매매가 수량지정매매에 해당할 때에 한하여 제574조, 제572조에 의한 대금감액청구권을 행사함은 별론으로 하고, 그 매매계약이 그 미달 부분만큼 일부무효임을 들어 이와 별도로 일반 부당이득반환청구를 하거나 그 부분의 원시적 불능을 이유로 제535조가 규정하는 계약체결상의 과실에 따른 책임의 이행을 구할 수 없다.

[2-12] (대판 2001.6.12, 99다34673) 경매절차의 진행중에 경매목적물인 자수기로부터 중요부품의 대부분인 원심 판시 부품이 분리되어 반출됨으로써 자수기가 작동될 수 없게 되었다면 이는 경매목적물의 일부가 이미 멸실된 경우에 해당하므로 경락인은 제578조, 제574조, 제572조 제2항에 따라 계약을 해제할 수 있다.

[2-13] (대판 2001.4.10, 2001다12256) 부동산매매계약에 있어서 매수인이 일정한 면적이 있는 것으로 믿고 매도인도 그 면적이 있는 것을 명시적 또는 묵시적으로 표시하며, 나아가 계약당사자가 면적을 가격을 정하는 여러 요소 중 가장 중요한 요소로 파악하고, 그 객관적 수치를 기준으로 가격을 정하는 경우라면 특정물이 일정한 수량을 가지고 있다는 데에 주안을 두고, 대금도 그 수량을 기준으로 하여 정한 경우에 속하므로 제574조에 정한 '수량을 지정한 매매'에 해당한다.

[2-14] (대판 1995.7.14, 94다38342) 건물 일부의 임대차계약을 체결함에 있어 임차인이 건물면적의 일정한 수량이 있는 것으로 믿고 계약을 체결하였고, 임대인도 그 일정 수량이 있는 것으로 명시적 또는 묵시적으로 표시하였으며, 또한 임대차보증금과 월임료 등도 그 수량을 기초로 하여 정하여진 경우에는, 그 임대차는 수량을 지정한 임대차라고 봄이 타당하다.

[2-15] (대판 2002.11.8, 99다58136) 목적물이 일정한 면적(수량)을 가지고 있다는 데 주안을 두고 대금도 면적을 기준으로 하여 정하여지는 아파트분양계약은 이른바 수량을 지정한 매매라 할 것이다(다만, 대판 1996.12.10, 94다56098: 아파트 분양계약이 수량을 지정한 매매에 해당된다 하더라도, 이전등기된 공유대지지분이 부족하게 된 원인이 분양계약 당시 분양계약자들과 주택건설사업자가 공유지분 산정의 기초가 되는 아파트 대지를 실제와 다르게 잘못 알고 있었기 때문이 아니라, 주택건설사업자가 분양계약 당시 공유지분 산정의 기초가 된 아파트 대지 중 일부를 분양계약 후에 비로소 공용시설용 대지에 편입하여 시에 기부채납하였기 때문이라면, 주택건설사업자에 대하여 제574조에 의한 담보책임을 물을 수는 없다).

[2-16] (대판 1991.4.9, 90다15433) 토지의 매매에 있어 목적물을 등기부상의 평수에 따라 특정한 경우라도 당사자가 그 지정된 구획을 전체로서 평가하였고 평수에 의한 계산이 하나의 표준에 지나지 아니하여 그것이 당사자들 사이에 대상토지를 특정하고 그 대금을 결정하기 위한 방편이었다고 보일 때에는 이를 가리켜 제574조에서 규정하는 '수량을 지정한 매매'라 할 수 없다.

*제576조

[2-17] (대판 1996.4.12, 95다55245) 부동산의 매수인이 소유권을

보존하기 위하여 자신의 출재로 피담보채권을 변제함으로써 그 부동산에 설정된 저당권을 소멸시킨 경우에는, 매수인이 그 부동산 매수시 저당권이 설정되었는지의 여부를 알았든 몰랐든 간에 이와 관계없이 제576조 제2항에 의하여 매도인에게 그 출재의 상환을 청구할 수 있다.

[2-18] (대판 1992.10.27, 92다21784) 가등기의 목적이 된 부동산을 매수한 사람이 그 뒤 가등기에 기한 본등기가 경료됨으로써 그 부동산의 소유권을 상실하게 된 때에는 매매의 목적부동산에 설정된 저당권 또는 전세권의 행사로 인하여 매수인이 취득한 소유권을 상실한 경우와 유사하므로, 이와 같은 경우 제576조의 규정이 준용된다고 보아 같은 조 소정의 담보책임을 진다고 보는 것이 상당하고 제570조에 의한 담보책임을 진다고 할 수 없다.

*제578조

[2-19] (대판 1993.5.25, 92다15574) 제578조 제1항, 제2항은 매매의 일종인 경매에 있어서 목적물의 하자로 인하여 경락인이 경락의 목적인 재산권을 완전히 취득할 수 없을 때에 매매의 경우에 준하여 매도인의 위치에 있는 경매의 채무자나 채권자에게 담보책임을 부담시켜 경락인을 보호하기 위한 규정으로서 그 담보책임은 매매의 경우와 마찬가지로 경매절차는 유효하게 이루어졌으나 경매의 목적이 된 권리의 전부 또는 일부가 타인에게 속하는 등의 하자로 경락인이 완전한 소유권을 취득할 수 없거나 이를 잃게 되는 경우에 인정되는 것이고 경매절차 자체가 무효인 경우에는 경매의 채무자나 채권자의 담보책임은 인정될 여지가 없다.

[2-20] (대판 1999.9.17, 97다54024) 제578조에 의하여 경매신청 채권자가 경락인에게 부담하는 손해배상책임은 반드시 신청채권자의 경매신청행위가 위법한 것임을 전제로 하는 것은 아니지만, 경매절차에서 소유권이전청구권 가등기가 경료된 부동산을 경락받았으나 가등기에 기한 본등기가 경료되지 않은 경우에는 아직 경락인이 그 부동산의 소유권을 상실한 것이 아니므로 민법 제578조에 의한 손해배상책임이 성립되었다고 볼 여지가 없다.

[2-21] (대판 1988.4.12, 87다카2641) 제578조 제1항의 채무자에는 임의경매에 있어서의 물상보증인도 포함되는 것이므로 경락인이 그에 대하여 적법하게 계약해제권을 행사했을 때에는 물상보증인은 경락인에 대하여 원상회복의 의무를 진다.

[2-22] (대판 1996.7.12, 96다7106) 경매의 목적물에 대항력 있는 임대차가 존재하는 경우에 경락인이 이를 알지 못한 때에는 경락인은 이로 인하여 계약의 목적을 달성할 수 없는 경우에 한하여 계약을 해제하

고 채무자 또는 채무자에게 자력이 없는 때에는 배당을 받은 채권자에게 그 대금의 전부나 일부의 반환을 구하거나, 그 계약해제와 함께 또는 그와 별도로 경매목적물에 위와 같은 흠결이 있음을 알고 고지하지 아니한 채무자나 이를 알고 경매를 신청한 채권자에게 손해배상을 청구할 수 있을 뿐, 계약을 해제함이 없이 채무자나 경락대금을 배당받은 채권자들을 상대로 경매 목적물상의 대항력 있는 임차인에 대한 임대차보증금에 상당하는 경락대금의 전부나 일부를 부당이득하였다고 하여 바로 그 반환을 구할 수 있는 것은 아니다.

[2-23] (대판 2003. 4. 25, 2002다70075) 선순위 근저당권의 존재로 후순위 임차권이 소멸하는 것으로 알고 부동산을 낙찰받았으나, 그후 채무자가 후순위 임차권의 대항력을 존속시킬 목적으로 선순위 근저당권의 피담보채무를 모두 변제하고 그 근저당권을 소멸시키고도 이 점에 대하여 낙찰자에게 아무런 고지도 하지 않아 낙찰자가 대항력 있는 임차권이 존속하게 된다는 사정을 알지 못한 채 대금지급기일에 낙찰대금을 지급하였다면, 채무자는 민법 제578조 제3항의 규정에 의하여 낙찰자가 입게 된 손해를 배상할 책임이 있다.

[2-24] (대판 1996. 4. 23, 95다42621) 경매목적물의 소유자가 경매로 인하여 입게 된 손해의 범위는 소유권을 상실할 당시의 그 목적물의 객관적인 교환가치이며, 비록 그 경매절차에서 경매신고인이 없어 2차에 걸쳐 최저경매가격이 저감된 후에야 경락되었다고 하더라도 제1차 경매기일에서의 평가액(최저경매가격)을 그 객관적인 교환가치로 볼 것이다.

[3] 저당권이 설정된 부동산의 매수

[3-1] (대판 1996. 5. 10, 96다6554) 매도인이 말소할 의무를 부담하고 있는 매매목적물상의 근저당권을 말소하지 못하고 있다면 매수인은 그 위험의 한도에서 매매대금의 지급을 거절할 수 있고, 그 결과 민법 제587조 단서에 의하여 매수인이 매매목적물을 인도받았다고 하더라도 미지급 대금에 대한 인도일 이후의 이자를 지급할 의무가 없으나, 이 경우 지급을 거절할 수 있는 매매대금이 어느 경우에나 근저당권의 채권최고액에 상당하는 금액인 것은 아니고, 매수인이 근저당권의 피담보채무액을 확인하여 이를 알고 있는 경우와 같은 특별한 사정이 있는 경우에는 지급을 거절할 수 있는 매매대금은 확인된 피담보채무액에 한정된다.

[3-2] (대판 1990. 1. 25, 88다카29467) 근저당권이 설정된 부동산에 관하여 그 매수인이 소유자 겸 채무자와의 계약으로 그 피담보채무를 인수하는 경우 그 채무인수에 관하여 채권자의 묵시의 승낙이 있는 것으로 보아야 할 경험칙이 있다고 할 수 없고, 또 그러한 거래의 사정이 있다고 인정할 증거도 없다면 채권자의 승낙이 없는 이상 채무자를 면책시키는

채무인수로 볼 수 없고 이행인수로 보아야 한다.

[3-3] (대판 1997.6.24, 97다1273) ① 부동산의 매수인이 매매목적물에 관한 임대차보증금 반환채무 등을 인수하는 한편 그 채무액을 매매대금에서 공제하기로 약정한 경우, 그 인수는 특별한 사정이 없는 이상 매도인을 면책시키는 면책적 채무인수가 아니라 이행인수로 보아야 하고, 면책적 채무인수로 보기 위하여는 이에 대한 채권자의 승낙이 있어야 한다. ② 이행인수의 경우에 매도인이 매수인의 인수채무 불이행으로 인하여 또는 임의로 매수인을 대신하여 매수인의 인수채무를 변제한 때에는 매도인은 매수인에 대하여 그로 인한 손해배상채권 또는 구상채권을 가지고, 매도인이 위 채무를 변제하고 매수인에 대하여 그 변제액만큼의 매매대금의 지급을 구하는 경우 이는 손해배상채권 또는 구상채권을 청구하는 것이다.

[3-4] (대판 2003.7.11, 2002다59825) 저당권이 설정된 부동산을 매수하면서 동시에 저당권에 의하여 담보되는 채무를 인수하여 변제하는 것은 자기 채무의 변제이므로 구상권이나 변제자대위권이 발생할 여지가 없고, 그후 매매계약이 해제되고 그 채무의 인수도 해제되어 그 채무가 매도인의 채무로 환원되었다 하더라도 그 채무의 변제가 새삼스럽게 이해관계 있는 제3자의 변제로 되는 것은 아니다.

[3-5] (대판 2004.7.9, 2004다13083) 부동산의 매수인이 매매목적물에 관한 근저당권의 피담보채무를 인수하는 한편, 그 채무액을 매매대금에서 공제하기로 약정한 경우, 다른 특별한 약정이 없는 이상 이는 매도인을 면책시키는 채무인수가 아니라 이행인수로 보아야 하고, 매수인이 위 채무를 현실적으로 변제할 의무를 부담한다고 해석할 수 없으며, 특별한 사정이 없는 한 매수인은 매매대금에서 그 채무액을 공제한 나머지를 지급함으로써 잔금지급의무를 다하였다고 할 것이다.

관련사례 47-1 種類物賣買에 있어 賣渡人의 擔保責任

≪설 문≫

중개인 A는 자동차 실린더에 쓰이는 스풀(spool)을 만드는 데 사용되는 부품을 B에게 100만원에 팔았고, B는 다시 이를 C에게 150만원에 전매하였다. 그 부품에는 정품표시가 되어 있었다. 그러나 C는 이 부품이 탄소함유량이 부족하고 강도가 떨어지는 불량품이어서 도저히 사용할 수 없다면서 B에 대하여 상품대금(150만원), 운송대금(10만원) 기타 부대비용(40만원) 등의 반환 및 배상을 청구하였다. B는 전문가에게 부품의 성분분석을 의뢰하였고(감정비용 30만원), C의 주장이 사실임이 확인되자 C에게 200만원을 지급하였다.

A의 책임을 검토하시오.

풀이제안

Ⅰ. 논점분석

1) 부품에 관하여 B에 대한 A의 채무불이행책임과 종류물매도인으로서의 담보책임의 성립여부를 검토하고,

2) 아울러 매수인으로서 B가 하자검수의무를 부담하는지를 검토해야 한다.

Ⅱ. B에 대한 A의 책임

1. B에 대한 A의 채무불이행책임

(1) 종류물매도인의 '하자없는 종류물' 소유권이전의무

A는 일정한 종류의 물건을 B에게 매도하였다(제563조, 제568조). 그가 ―나름대로 특정하여(제375조 참조)― B에게 인도한 부품은 통상 정품표시로 보증되는 탄소함유량, 즉 강도를 갖추지 못하였다. 하자개념과 관련하여서는 견해가 나뉜다(하자의 개념에 관하여 보다 자세한 것은 김형배, 민법학강의(제6판), 1311면 이하 참조). 객관적 하자설에 따르면 권리 및 물건 자체에 결함이 있는지 여부를 판단하는 기준은 해당 종류의 권리 또는 물건이 통상 갖추고 있어야 할 상태·품질·성능이라고 한다(곽윤직, 채권각론, 179면 등). 이에 대해 주관적 하자설은 매매목적물이 계약에 의하여 합의된 성상에 적합하지 않은 경우, 즉 당사자 쌍방이 계약체결 당시 전제로 한 성상이 목적물에 결여된 경우에 비로소 하자가 있다고 한다(이은영, 채권각론, 219면 등).

하자 존부의 판단은 결국 의사표시로 정한 채무내용에 관한 해석문제이므로 주관적 하자설이 보다 설득력을 가진다(판례 참조 [1])(사례 [49]의 Ⅲ 참조). 사례에서는 매도인의 보증이나 당사자 사이의 특약에 관한 정보가 주어지지 않았으므로 객관적 하자설에 따르더라도 하자가 존재한다고 판단할 수 있다.

(2) 사안의 검토

A는 자신이 매매계약상 부담하는 '하자없는 완전한 목적물'의 소유권을 이전할 채무를 제대로 이행하지 않았다. 따라서 ―A의 하자담보책임의 유무에 불구하고― 제품의 하자에 관하여 A에게 고의·과실 등의 귀책사유를 인정할 수 있다면 A는 불완전이행의 채무불이행책임(제390조)을 부담해야만 한다.

그러나 사례에서 A가 위 부품을 스스로 제작하지 않았을 뿐만 아니라, 그가 부품의 하자 유무를 성질분석을 통해 쉽게 확인할 수 있는 지위에 있다고 볼 수도 없으므로 부품하자에 관한 한 A에게 귀책사유를 인정하기 어렵다.

2. B에 대한 A의 하자담보책임

(1) 종류물매도인의 하자담보책임의 법적 성질

부품하자에 관한 과실의 유무에 상관없이 A는 종류물의 매도인으로서 제581조에 따라 하자담보책임을 부담해야 한다. 하자담보책임이란 매매 등 유상계약에 기하여 인도된 목적물에 하자가 있을 때, 매수인을 보호하고 일반거래의 동적 안전을 보장하기 위하여 매매계약의 과실의 유무를 묻지 않고 일정한 책임을 지우는 제도를 말한다(판례 참조 [2]). 종류물의 매도인은 '하자없는 종류물'의 소유권을 이전할 채무를 부담하므로, 하자있는 종류물의 인도는 불완전이행으로서 채무를 제대로 이행하지 않은 것이 된다. 따라서 종류물하자에 관하여 매도인이 부담하는 담보책임은 불완전이행에 따른 채무불이행책임(제390조)에 대하여 ―특히 고의·과실 없이도 손해배상책임을 지거나 계약해제가 가능하다는 의미에서― 특별규정이다(이에 관하여 자세한 것은 김형배, 채권각론[계약법], 350면).

(2) A에 대한 매도인 B의 권리

우선 B는 제581조 제2항에 따라 A에 대하여 완전물급부청구권을 행사함으로써 하자없는 완전한 부품의 인도를 요구할 수도 있었다. 그러나 B는 C에게 손해를 배상하였으므로 A에 대한 완전물급부청구는 무의미하게 되었다. 따라서 B는 A와 체결한 매매계약의 목적을 달성할 수 없게 되었으므로 계약을 해제하고 아울러 손해배상을 청구하면 될 것이다(곽윤직, 채권각론, 149면. 그러나 담보책임의 내용으로 해제와 손해배상을 결합할 수 있는지에 관해서는 의문이 전혀 없지 않다. 자세한 것은 김형배, 채권각론[계약법], 251면 참조).

(3) A의 손해배상책임의 범위

A가 담보책임으로서 지게 되는 손해배상의 범위는 B가 A로부터 매입한 부품에 하자가 없다고 믿었기 때문에 입은 손해, 즉 신뢰이익으로서, A가 B에게 하자없는 부품을 인도하였을 경우에 B가 얻게 되는 이익, 즉 이행이익을 그 한도로 한다.

사례의 경우 B는 C에게 부품을 150만원에 전매하였으므로 B가 얻을 수 있었던 이행이익은 전매이익 50만원이다. 따라서 B는 A에 대하여 이러한 이행이익(150만원)을 한도로, 하자가 없다고 전제한 매매대금(하자율 0%에 대해 100만원)에서 하자가 있다면 전제되었을 매매대금(하자율 100%에 대해 0원)을 공제한 100만원과 하자 여부를 검사하기 위한 감정비용(30만원), 즉 합계 130만원을 손해배상으로 청구할 수 있다(판례 [3-1], [3-2] 참조). 물론 B는 A에게 부품을 반환해야 한다.

B의 일실이익인 C로부터 얻을 수 있었던 전매이익(50만원)과 C에게 지급한 손해배상액(50만원), 즉 합계 100만원은 하자 자체로 인하여 B에게 발생한 손해가 아닌, 이른바 확대손해 내지 2차손해에 해당한다. 따라서 이러한 손해는 부품하자에 대하여 A에게 귀책사유가 있다는 전제 아래 제390조를 경유하여서 그 배상을 청구할 수 있을 뿐이다(판례 [3-3] 참조). 물론 이때에도 전매에 따른 전매이익의 상실과 전매수인에 대한 손해배상책임을 이행함으로써 발생하는 손해는 특별한 사정으로 인한 손해이므로(제393조 제2항) 원매도인 A가 이러한 사정을 알았거나 알 수 있었을 경우에 한하여 A의 손해배상책임이 인정될 것이다(판례 [4] 참조). B가 A에게 완전물급부청구권을 행사하여 하자없는 물건을 인도받아 C에게 다시 인도하였다면 사정은 달라졌을 것이다.

3. B가 검수의무를 부담하는지 여부

매수인인 B가 위의 부품을 수령하면서 이를 점검하고, 곧바로 그 하자를 매도인인 A에게 통지할 의무 내지는 책무를 부담하지 않는가 하는 의문이 들 수 있다. 상사매매의 경우라면 상법 제69조의 적용을 받아 매수인은 이러한 '의무'를 부담한다. 그러나 A와 B 사이의 매매가 상인간의 매매인지는 사례로부터 분명하지가 않다.

만약 A와 B 사이의 계약이 도급계약이라면 도급인은 수급인이 제작·완성한 목적물을 수령하면서 '드러난' 하자의 존재 여부를 점검하고 수령해야 하는바, 이러한 검수'책무'를 게을리한 도급인은 수급인에게 담보책임을 추궁할 권리를 상실하게 된다(이에 관하여 상세한 것은 이어지는 [사례 49] 참조). 그러나 사례에서 A와 B 사이의 계약은 매매이다.

Ⅲ. 설문에 대한 해답

A는 B에 대하여 종류물매수인으로서 담보책임을 부담한다. 따라서 B는 제581조 제2항에 따라 A에 대하여 완전한 부품의 인도를 요구할 수도 있으나, 이는 이미 B에게 무의미하므로 A와의 계약을 해제하고 아울러 손해배상을 청구할 수밖에 없다. 그러나 A에게 부품하자에 대한 과실을 인정하기 어려우므로 B는 A의 채무불이행책임(제390조)을 추궁할 수는 없다.

한편 사례에서는 B에게 검수의무 내지 검수책무를 부담시킬 수는 없을 것으로 보인다.

≪관련판례≫

[1] 하자의 판단규준

[1-1] (대판 1995.6.30, 95다2616·2623) 매매계약 당시 매수인 스스로 매도인이 제공하는 카탈로그 등에 의하여 자신이 매수하여 가공·완성할 제품의 제원과 사용목적, 사용 방법을 검토·고려하여 성능과 용량이 서로 다른 여러 종류의 제품 중 특정 종류를 선택하였다면, 매수인으로서는 매도인에게 매매목적물에 관한 성능과 용량의 차이로 인한 결함을 들어 하자담보책임을 물을 수 없다.

[1-2] (대판 2000.10.27, 2000다30554·30561) 매도인이 매수인에게 공급한 기계가 통상의 품질이나 성능을 갖추고 있는 경우, 그 기계에 작업환경이나 상황이 요구하는 품질이나 성능을 갖추고 있지 못하다 하여 하자가 있다고 인정할 수 있기 위하여는, 매수인이 매도인에게 제품이 사용될 작업환경이나 상황을 설명하면서 그 환경이나 상황에 충분히 견딜 수 있는 제품의 공급을 요구한 데 대하여, 매도인이 그러한 품질과 성능을 갖춘 제품이라는 점을 명시적으로나 묵시적으로 보증하고 공급하였다는 사실이 인정되어야만 할 것임은 물론이나, 매도인이 매수인에게 기계를 공급하면서 당해 기계의 카탈로그와 검사성적서를 제시하였다면, 매도인은 그 기계가 카탈로그와 검사성적서에 기재된 바와 같은 정도의 품질과 성능을 갖춘 제품이라는 점을 보증하였다고 할 것이므로, 매도인이 공급한 기계가 매도인이 카탈로그와 검사성적서에 의하여 보증한 일정한 품질과 성능을 갖추지 못한 경우에는 그 기계에 하자가 있다고 보아야 한다.

[1-3] (대판 2001.4.10, 99다70945) ① 종묘업자가 생산한 종자가 현재의 기술수준과 경제성에 비추어 합리적으로 예견할 수 있는 재배조건에서 재배될 경우 소비자인 농민이 정상적인 생육과정을 통하여 적정한 수확량을 거둘 수 있는 품질을 갖추고 있는 경우라면, 특수한 품질을 그 품종특성으로 등록하거나 설명하는 등 이를 보증하고 공급하지 아니한 이상 종자에 하자가 있다고 할 수 없다. ② 구종묘관리법(1995.12.6. 법률 제5024호 종자산업법 부칙 제2조로 폐지)은 제8조 5호에서 종묘업자가 종묘의 포장에 기재하여야 할 사항으로 종묘의 특성과 재배력 및 재배상의 주의사항을 들고 있고, 구소비자보호법(1995.12.29. 법률 제5030호로 개정되기 전의 것) 제16조 제2항에서 물품을 제조·판매하는 사업자는 소비자로 하여금 물품의 사용에 있어 표시나 포장 등으로 인하여 선택이 잘못되는 일이 없도록 그 물품에 대하여 그 표시가 사실상 곤란하거나 불가능하지 않는 한 사용방법, 사용 및 보관상의 주의사항 및 경고사항을 기재하도록 규정하고 있는바, 위 규정들의 취지 및 씨앗의 판매봉투에 재배상 '유의사항'과 '재배방법 등에 따라 결과가 다르게 나타날 수 있으므로 … 유의사항을 반드시 지켜주시기 바랍니다'라고 기재되어 있던 점, 그리고 종묘상에서 씨앗을 구입하면서 입수할 수 있었던 품종설명서에 그 품종특성, 온도 및 수분관리, 가식·정식, 비배관리 및 병충해 방제 등 재배시 유의사항에 관하여 매우 구체적이고 상세히 기재되어 있는 점 등 제반 사정에 비추어 보면, 위 씨앗이 신품종이고 매수인들로서는 씨앗의 특성과 재배방법에 대하여 생산자가 제공하는 정보에 의존할 수밖에 없었다 하더라도, 위 판매봉투 및 품종설명서의 기재로써 위 법에서 요구하는 종자의 특성 및 재배상 주의사항에 관한 설명 내지 경고의무를 다하였다고 봄이 상당하다.

[2] 물건의 하자로 인한 매도인의 담보책임의 법적 성질

[2-1] (대판 1957.10.31, 4290민상552) 매매목적물의 숨은 하자로 인하여 선의의 매수인이 배상을 청구하는 경우 매도인은 고의·과실이 없다 하더라도 그 손해를 배상하여야 한다.

[2-2] (대판 1995.6.30, 94다23920) ① 제581조, 제580조에 기한 매도인의 하

자담보책임은 법이 특별히 인정한 무과실책임으로서 여기에 제396조의 과실상계 규정이 준용될 수는 없다 하더라도, 담보책임이 민법의 지도이념인 공평의 원칙에 입각한 것인 이상 하자 발생 및 그 확대에 가공한 매수인의 잘못을 참작하여 손해배상의 범위를 정함이 상당하다. ② 하자담보책임으로 인한 손해배상 사건에 있어서 배상 권리자에게 그 하자를 발견하지 못한 잘못으로 손해를 확대시킨 과실이 인정된다면 법원은 손해배상의 범위를 정함에 있어서 이를 참작하여야 하며, 이 경우 손해배상의 책임을 다투는 배상의무자가 배상권리자의 과실에 따른 상계항변을 하지 않더라도 소송에 나타난 자료에 의하여 그 과실이 인정되면 법원은 직권으로 이를 심리·판단하여야 한다.

[3] 물건하자로 인한 하자손해 자체와 확대손해에 대한 매도인의 배상의무

[3-1] (대판 1977. 4. 12, 76다3056) 매수인이 매수한 채소종자를 파종한 결과 30퍼센트만 발아되고 나머지는 발아되지 아니한 경우 채소종자와 같이 그 일부가 불량한 경우 그를 양호한 것과 분류할 수 없는 상태로 상호 혼합되어 있는 물건의 거래에 있어서는 특별한 사유가 없는 한 그 일부가 불량한 경우에 그로 인하여 매수인이 받게 되는 손해를 일률적으로 불량한 부분에 대한 비율에 상당한 채소종자의 가격이라 할 수 없고 그 전량이 불량성을 갖게 된다고 봄이 상당하다.

[3-2] (대판 1989.11.14, 89다카15298) 매수인이 매도인으로부터 매수한 감자종자가 잎말림병에 감염된 것이어서 이를 식재한 결과 거기에서 자란 감자가 같은 병 등에 감염되어 수확량이 예년에 비하여 현저하게 준 경우 매수인이 입은 손해는 감자를 식재, 경작하여 정상적으로 얻을 수 있었던 평균수입금에서 실제로 소득한 금액을 제한 나머지가 되어야 할 것이고, 매수인이 평균수입금을 기준으로 하여 손해액을 산정, 청구하고 있는 사안에서 그 같은 산정방식에 따르지 않고 실제로 들인 비용에서 소득한 금액을 공제한 금액을 기준으로 하여 손해액을 산정할 것은 아니다.

[3-3] (대판 1997.5.7, 96다39455) 매도인이 매수인에게 공급한 부품이 통상의 품질이나 성능을 갖추고 있는 경우, 나아가 내한성이라는 특수한 품질이나 성능을 갖추고 있지 못하여 하자가 있다고 인정할 수 있기 위하여는, 매수인이 매도인에게 완제품이 사용될 환경을 설명하면서 그 환경에 충분히 견딜 수 있는 내한성 있는 부품의 공급을 요구한 데 대하여, 매도인이 부품이 그러한 품질과 성능을 갖춘 제품이라는 점을 명시적으로나 묵시적으로 보증하고 공급하였다는 사실이 인정되어야만 할 것이고, 특히 매매목적물의 하자로 인하여 확대손해 내지 2차 손해가 발생하였다는 이유로 매도인에게 그 확대손해에 대한 배상책임을 지우기 위하여는 채무의 내용으로 된 하자없는 목적물을 인도하지 못한 의무위반 사실 외에 그러한 의무위반에 대하여 매도인에게 귀책사유가 인정될 수 있어야만 한다.

[4] 특별사정으로 인한 손해에 대한 배상책임(제393조 제2항)

[4-1] (대판 1991. 10. 11, 91다25369) 매도인이 매수인으로부터 매매대금을 약정된 기일에 지급받지 못한 결과 제3자로부터 부동산을 매수하고 그 잔대금을 지급하지 못하여 그 계약금을 몰수당함으로써 손해를 입었다고 하더라도 이는 특별한

사정으로 인한 손해이므로 매수인이 이를 알았거나 알 수 있었던 경우에만 그 손해를 배상할 책임이 있다.

[4-2] (대판 1985.9.10, 84다카1532) 제393조 제2항 소정의 특별사정으로 인한 손해배상에 있어서 채무자가 그 사정을 알았거나 알 수 있었는지의 여부를 가리는 시기는 계약체결 당시가 아니라 채무의 이행기까지를 기준으로 판단하여야 한다.

[4-3] (대판 1994.11.11, 94다22446) 채무불이행자 또는 불법행위자는 특별한 사정의 존재를 알았거나 알 수 있었으면 그러한 특별사정으로 인한 손해를 배상하여야 할 의무가 있는 것이고, 그러한 특별한 사정에 의하여 발생한 손해의 액수까지 알았거나 알 수 있었어야 하는 것은 아니다.

[4-4] (대판 1964.6.9, 63다1023) 불법행위로 의한 손해는 특별한 사정이 없는 한 그 불법행위 당시를 표준으로 하여 그 손해액을 결정하여야 하고 특별사정으로 인한 특별손해는 그것을 주장하는 자에게 입증책임이 있다 할 것인바 원고의 고용인이 구입하였던 원고소유 미역을 피고가 그날에 절취하여 원고에게 손해를 가한 경우에는 구입가격을 기준으로 손해액을 결정하여야 하고 위 특별사정에 대한 입증이 없는 한 미역의 판매가격(청구 당시의 시가)을 기준으로 손해액을 인정할 것이 아니다.

事例 48

賃借人의 費用償還請求權, 附屬物買受請求權, 權利金, 保證金返還請求權

≪설 문≫

A는 B소유 상가건물 중 2층 전체를 보증금 3억원, 월차임 300만원에 1년을 기간으로 임차하였으며, 보증금과 함께 권리금 3,000만원을 지급하였다. 다음 설문에 답하시오(단, 각 사안은 내용적으로 서로 별개임).

(1) 임대차계약의 체결 당시 A와 B는 "임차인은 임대인의 동의를 얻어 위 상가를 증·개축할 수 있으나, 임대차가 종료하면 임차인이 설치한 건물 내부의 시설물 등 일체의 시설을 원상으로 복구한다"고 약정한 바 있다. 임대차기간 동안 A는 B가 운영하던 PC방을 계속하고자, B의 동의를 얻어 내부시설을 개수(改修)하였고(소요비용 2,000만원), 현관에 철재로 된 출입통제장치구조물(소요비용 400만원)을 새로이 설치하는 한편, 광고를 위하여 입간판(소요비용 100만원)도 새로 설치하였다. 그러나 장사가 잘 안 되던 A가 3개월분의 차임을 지급하지 못하자, B는 이를 이유로 임대차계약을 해지하였다. A와 B 사이의 법률관계를 검토하시오.

(2) 계약기간 1년이 거의 다 되어갈 즈음 A의 채권자 C은행(차용원리금 3억원)이 위 임차보증금반환채권 중 일부를 압류하고 전부명령을 받았다(*). 그후 임대차기간이 만료하고 A가 위 상가 2층을 B에게 반환할 당시, A는 사업부진을 이유로 이미 3개월분의 차임을 연체하고 있다. C는 B에게 임차보증금(3억원)을 자신에게 지급하라고 요구할 수 있는지를 검토하시오.

*민사집행법

제227조 제1항: 금전채권을 압류할 때에는 법원은 제3채무자에게 채무자에 대한 지급을 금지하고 채무자에게 채권의 처분과 영수를 금지하여야 한다.

제229조 제3항: 전부명령이 있는 때에는 압류된 채권은 지급에 갈음하여 압류채권자에게 이전된다.

제231조: 전부명령이 확정된 경우에는 전부명령이 제3채무자에게 송달된 때에 채무자가 채무를 변제한 것으로 본다. 다만, 이전된 채권이 존재하지 아니한 때에는 그러하지 아니한다.

목차제안

Ⅰ. 논점분석

Ⅱ. 설문(1): A와 B 사이의 법률관계

1. A에 대한 B의 권리
    - (1) 차임지급청구권, 보증금으로부터의 차임충당권 및 법정질권
        - 1) 차임지급청구권
        - 2) 보증금으로부터의 차임충당권
            - 가) 보증금
            - 나) 보증금의 효력
        - 3) 법정질권
    - (2) 계약해지권 및 임차물반환청구권
    - (3) 사안의 검토
2. B에 대한 A의 권리
    - (1) 권리금반환청구권
        - 1) 권리금의 의의와 법적 성질
        - 2) 사안의 검토
    - (2) 보증금반환청구권
        - 1) 보증금의 반환
            - 가) 문제점
            - 나) 보증금의 반환시기
            - 다) 임차인의 채무와 보증금반환청구권의 관계
            - 라) 사안의 검토
        - 2) 임차물반환채무와 보증금반환채무의 관계
            - 가) 문제점
            - 나) 사안의 검토

3) 보증금반환채권의 담보를 위한 A의 유치권행사 가부
가) 학설 및 판례
나) 검 토
다) 사안의 검토
(3) 비용상환청구권
1) 필요비상환청구권
2) 유익비상환청구권
가) 유익비의 의의
나) 행사요건
다) 유익비상환청구권포기의 특약
3) 사안의 검토
가) 필요비상환청구권
나) 유익비상환청구권
(4) 부속물매수청구권
1) 부속물매수청구권
가) 의의와 법적 성질
나) 행사요건
다) 사안의 검토
2) 부속물매수청구권배제의 특약
가) 문제점
나) 검 토
3) 채무불이행으로 인한 해지의 경우 부속물매수청구권
가) 문제점
나) 판례의 태도
다) 사안의 검토
3. 설문(1)에 대한 해답
Ⅲ. 설문(2): C의 임차보증금반환채권의 행사에 대한 B의 항변
1. 문제점
2. 임차인의 전부채권자에 대한 임대인의 대항 가부
(1) 학 설
(2) 판례의 태도
3. 설문(2)에 대한 해답

풀이제안

Ⅰ. 논점분석

설문(1)에서는 임대차관계가 해지에 의하여 종료된 후 임대차관계의 청산이 주된 문제가 된다. 이 경우 우선 임대인의 입장에서는 차임연체를 이유로 임차인에게 채무불이행책임을 물을 수 있는지, 특히 그 일환으로 임대차계약을 해지하고 임차물의 반환을 청구할 수 있는지를 검토해야 한다. 반면 임차인의 입장에서는 임대차종료 후 권리금 또는 보증금을 전액 또는 일부 반환받을 수 있는지, 임대인이 이를 반환하지 않는 경우 임차물의 반환을 거부할 수 있는지와 관련하여 동시이행항변권과 유치권의 행사 여부를 검토해야 한다. 또한 임차인이 임대인의 동의를 얻어 내부시설 등을 개수한 경우 그 지출한 비용의 상환을 위해 비용상환청구권(제626조 제1항)을 행사할 수 있는지 여부와 이러한 권리를 사전에 특약으로 포기할 수 있는지도 문제된다. 끝으로 임차인이 설치한 출입통제장치구조물이나 입간판이 임차건물의 부속물에 해당함으로써 임차인이 임대인에 대하여 부속물매수청구권(제646조)을 행사할 수 있는지를 검토해야 한다. 이때는 특히 차임연체 등의 채무불이행을 한 임차인의 부속물매수청구가 가능한지, 부속물매수청구권이 인정된다면 이의 담보를 위해 임차인이 동시이행항변권과 유치권을 주장하여 건물의 명도를 거부할 수 있는지도 검토해야 할 것이다.

설문(2)에서는 임차보증금반환채권에 대한 압류 및 전부명령이 있는 경우에 임차보증금반환채무를 부담하는 임대인이 임차인에게 대항할 수 있는 사유로 전부채권자에게 대항할 수 있는지의 여부를 검토해야 한다.

Ⅱ. 설문(1): A와 B 사이의 법률관계

1. A에 대한 B의 권리

사례에서 임차인 A는 3개월분에 해당하는 차임의 지급을 지체하고 있다. 이에 대한 임대인의 법적 구제수단은 다음과 같다.

(1) 차임지급청구권, 보증금으로부터의 차임충당권 및 법정질권

1) **차임지급청구권** 유효한 임대차계약에 기하여 임대인은 임차인이 임차물을 사용·수익하도록 하는 대가로 차임의 지급을 청구할 수 있다(제618조 참조). 다시 말하면 임대인은 그가 수령한 보증금으로부터 연체차임을 충당할 수 있는지 여부와 상관없이, 임차인에 대하여 변제기에 달한 당해 차임은 물론 연체차임의 지급을 청구할 수 있다. 이때 임차인은 보증금을 지급했음을 이유로 건물명도시까지 차임지급채무의 이행을 거절할 수 없다(판례 [1-1] 참조).

2) **보증금으로부터의 차임충당권**

가) 보 증 금 임대차계약에 기하여 임차인은 임차목적물보관의무와 차임지급의무를 부담한다(제618조 참조). 이러한 임차인의 주된 채무의 이행을 담보하기 위하여 거래현실에서 임대인은 차임 이외에 또는 차임 없이 임차인으로부터 보증금을 받는다. 민법에는 보증금에 관한 별도의 규정이 없지만, '주택임대차보호법'(이하 '주임보법')에서는 보증금의 회수(동법 제3조의2), 그 증감청구(동법 제7조), 일정액의 우선변제(동법 제8조), 미등기전세에의 준용(동법 제12조) 등에 관한 규정을 두어 보증금과 관련하여 주택임차인을 보호하고 있다. 상가용 건물에도 '상가건물임대차보호법'(이하 '상임보법')에서 상가임차인을 보호하는 규정들(동법 제2조, 제5조, 제9조 제2항, 제12조, 제14조)을 둠으로써 상가건물에 관한 임대차계약시에도 보증금이 수수되는 거래관행을 고려하고 있다.

다만, 사례의 경우에서는 임차보증금이 3억원이기 때문에 상임보법이 직접 적용될 수는 없다(동법 시행령 제2조 참조: 동법의 적용을 받는 최고 보증금액은 2억 4,000만원이다).

나) 보증금의 효력 보증금은 차임지급의 지체, 용도 위반에 의한 임차물의 멸실·훼손 등으로 인한 손해와 같이 임대차관계에서 발생되는 임차인의 모든 채무를 담보하는 기능을 수행한다(판례 [1-2], [1-3] 참조).

보증금이 수수된 경우 특히 임차인이 차임지급을 연체한 때 임대인이 그 금액만큼을 보증금으로부터 당연히 공제할 수 있으며, 이에 관하여 당사자 사이에 사전 또는 사후 특약이나 기타의 행위가 필요하지 않다(판례 [1-4] 내지 [1-6] 참조).

3) **법정질권** 차임채권을 포함하여 임대차관계로부터 발생한 채권의 보전을 위하여 임대인이 임차목적의 건물 기타 공작물에 부속한 임차인소유의 동산을 압류한 때에는 그 동산에 대하여 법률의 규정에 의한 질권을 취득한다(제650조).

다만, 연체차임이 보증금을 초과하지 않은 경우에도 임대인이 임차인 소유의 동산을 압류함으로써 법정질권을 취득하는 것을 허용할 것인지에 관해서는 의문이 있을 수 있다. 그러나 보증금에 의한 차임채권의 확보와 법정질권에 의한 차임지급의무이행의 확보는 별개의 제도이므로 이를 긍정하는 것이 타당하다고 판단된다.

(2) 계약해지권 및 임차물반환청구권

임차인이 차임지급을 지체하면 이는 이행지체의 채무불이행에 해당한다(제390조). 특히 연체액이 2기의 차임액에 달한 때에는 임대인은 임대차계약을 해지할 수 있다(제640조). 임대인의 해지권행사에 의해 임대차관계가 종료되면 임차인은 임차목적물을 임대인에게 반환해야 한다(제654조→제615조 및 제613조 유추적용). 이 의무는 계약상의 의무이므로, 임차인이 이를 게을리하면 그는 다시 채무불이행에 따른 손해배상책임(제390조)을 부담하게 된다. 또한 임대인이 동시에 임차목적물의 소유권자인 경우에는 계약상의 임차물반환청구권이라는 채권 외에, 소유권에 기하여 소유물반환청구권(제213조)을 행사할 수도 있다.

(3) 사안의 검토

임대인 B는 임차인 A가 연체한 3개월분의 차임 및 그 지체에 따른 법정이자(제397조, 제379조 참조)의 지급을 청구할 수 있으며, 보증금으로부터 충당할 수도 있다. 또한 차임지급청구권을 담보하기 위하여 임차물에 부속한 A소유의 동산을 압류하여 질권을 취득할 수 있다. A가 이미 3개월째 차임을 지급하지 못하고 있으므로 B는 A의 채무불이행책임을 물어 계약을 해지할 수 있다.

한편, 임대인의 임차물반환청구권과 임차인의 보증금반환채권과의 상관관계는 임대인의 임차물반환청구소송에 영향을 미칠 수 있다. 이에 관해서는 항을 바꾸어 서술한다.

2. B에 대한 A의 권리

(1) 권리금반환청구권

1) **권리금의 의의와 법적 성질** 권리금이란 주로 도시의 토지 또는 상가건물의 임대차에 부수하여, 그 부동산이 갖는 특수한 장소적 이익 내지 특수한 권리이용의 대가로 임차인으로부터 임대인에게, 임차권의 양수인으로부터 그 양도인에게 또는 전차인으로부터 전대인에게 지급되는 금전 등을 말한다.

이는 권리금계약에 의해 지급되며, 임대차계약, 임차권양도계약 또는 전대차계약에 부종한다. 권리금에 관한 명문의 법률규정은 없으며, 거래관행에 의하여 규율되고 있다.

거래관행에 따르면 임대차관계 또는 전대차관계가 해소되더라도 임대인, 임차권의 양도인 또는 전대인(임차인)은 권리금을 지급한 각 상대방에 대하여 권리금을 반환할 의무를 지지 않는다(판례참조 [2-1]). 그러나 임차인은 ── 임대차계약에서 임차권의 양도 또는 임차물의 전대에 대하여 반대약정이 없는 한 ── 임차권양도 또는 전대차의 기회에 부수하여 임차권을 다른 사람에게 양도하거나 또는 목적물을 전대함으로써 권리금 상당액을 회수할 수 있다. 따라서 임대인의 사정으로 임대차계약이 중도해지됨으로써 당초 보장된 기간 동안의 이용이 불가능하였다는 등의 특별한 사정이 있다면 임대인은 임차인에 대하여 권리금의 반환의무를 진다(판례참조 [2-2]). 물론 이 경우 임대인은 권리금을 임대차계약이 종료될 때까지의 경과기간과 잔존기간에 대응하는 것으로 나누어, 잔존기간에 대응하는 부분만을 반환하면 된다(판례참조 [2-3]).

2) **사안의 검토** 사안에서 A와 B의 임대차관계는 임차인 A의 차임연체를 이유로 해지되었다. 즉, 임대인 B의 사정으로 임대차관계가 중도해지된 경우에 해당하지 않는다. 따라서 A는 B에 대하여 권리금으로 지급한 3,000만원 또는 그 일부의 반환을 청구할 수 없다.

(2) 보증금반환청구권

1) **보증금의 반환**

가) 문 제 점 차임연체를 이유로 임대차계약이 해지되고,

임대차관계가 종료하면 임대인은 임차물반환청구권을 가지는 반면, 임차인에게 임차보증금을 반환해야 한다. 임차인이 차임을 연체하지 않았으며 또한 부적절한 용익으로 인한 손해가 발생하지도 않는 한 보증금은 그 전액이 반환되어야 한다. 그러나 연체차임 및 기타 손해배상채무 등 임차인의 모든 채무는 공제되어 잔액만이 반환될 수 있다.

다만, 임대인의 보증금반환채무의 변제기와 관련하여 논란이 있고, 다른 한편으로 임차인이 보증금반환채권을 행사하기 위하여 자신의 반대채무가 없을 것을 정지조건으로 하는지, 아니면 자신의 반대채무가 있을 것을 해제조건으로 하여 그 행사가 제약을 받는지에 관하여 논란이 있다(다음에서 자세히 설명함).

나) 보증금의 반환시기 우선 보증금의 반환시기와 관련하여서는 임대차관계 종료 후에도 임차인이 임차물을 반환하고 있지 않는 한, 실제 목적물을 반환하는 시점까지 발생한 임차인의 채무불이행으로 인한 손해배상채무도 보증금으로부터 공제될 수 있어야 한다고 판단된다. 따라서 판례(판례 [1-2], [1-3] 참조)와 다수설(곽윤직, 채권각론, 223면; 김주수, 채권각론, 299면; 김형배, 채권각론[계약법], 493-494면 등. 이견: 이은영, 채권각론, 354면)은 보증금의 반환시기를 임대차관계가 기간만료 또는 해지로 종료하는 시점이 아니라, 임차목적물의 반환 등 사실상의 청산관계가 종료하는 시점으로 본다. 이 견해에 따르면 임차인의 임차보증금반환채권의 성립시기는 임대차관계가 종료하는 시점이지만, 그 변제기는 청산관계가 사실상 종료하는 시점이 된다.

다) 임차인의 채무와 보증금반환청구권의 관계 이 문제와 관련하여 다수설(대표적으로 곽윤직, 채권각론, 221면)은 임차인이 임차보증금반환채권을 그 변제기에 행사할 수 있기 위해서는 자신에게 차임연체나 그 밖의 채무불이행이 없음을 주장·입증해야 한다는 정지조건설을 취한다. 반면 해제조건설은 임차인이 임차목적물을 반환할 때 임차보증금반환채권을 행사할 수 있으며, 보증금의 반환을 전부 또는 일부 거부하려는 임대인이 임차인의 채무불이행을 이유로 한 채무의 존재를 주장·입증해야 한다고 한다(대표적으로 이은영, 채권각론, 353면).

통상 고액의 보증금은 그 이자가 차임으로 충당된다고 이해되는 우리나라의 보증금제도의 실제를 고려한다면, 차임연체 또는 기타 채무불이행행위, 경우에 따라서는 불법행위가 있었는지에 대해서는 임대인이 이를 주장·입증하도록 하는 후자의 견해가 타당하다고 판단된다(김형배, 채권각론[계약법], 494-495면). 판례도 같은 취지이다(판례 [1-6] 참조).

라) 사안의 검토 사례에서 임차인 A는 3개월분의 차임을 지급하지 않았고, 임대인 B는 이를 이유로 임대차계약을 해지하였다(제640조). B의 해지통고로 인한 임대차관계의 종료시 B에 대한 임차인 A의 임차보증금반환채권은 성립하지만, B가 A의 3개월분의 차임연체를 주장·입증함으로써 해제조건이 성취되고, A가 임차물인 상가건물을 사실상 명도하는 시점에 임차보증금반환채권을 비로소 행사할 수 있다. A는 지급한 보증금 3억원에서 연체차임(900만원) 및 그에 따른 지연이자(제379조 참조)를 공제한 금액만을 반환청구할 수 있다.

2) **임차물반환채무와 보증금반환채무의 관계**

가) 문제점 임차인이 보증금반환청구권을 행사하기 위해서 임대인에게 먼저 임차물을 반환해야 하는가, 그렇지 않으면 임대인이 보증금을 지급하지 않는 한 임차인이 임차물의 반환을 거절할 수 있는가의 문제이다. 원래 보증금반환채무와 임차물반환채무가 반드시 동시에 상환으로 이행되어야 하는 성질을 갖는 쌍무적 견련성이 있는 채무는 아니기 때문이다.

그러나 우리나라에서 보증금이 실제로는 목적물의 사용·수익의 대가로 지급되는 것이 보통이므로 목적물의 반환시에 보증금도 동시에 반환·청산되는 것이 타당하다(판례 [1-2], [1-3]도 참조)(예컨대, 보증금 손해에 대한 담보의 기능만을 가지는 소액에 지나지 않는 독일에 있어서는 건물임대차의 경우 임차인이 먼저 건물을 인도하고 상당한 기간 동안 임대인이 건물의 훼손 또는 부분멸실 등을 확인한 후에 보증금을 반환한다). 따라서 보증금의 반환이 있을 때까지 임차인이 동시이행항변권을 행사하여 임차물의 명도를 거절하면서 임차물을 계속 점유하는 것은 불법점유가 아니며, 따라서 불법점유의 불법행위를 이유로 한 손해배상책임을 지지도 않는다(판례 [1-8] 참조).

나) 사안의 검토 A는 동시이행항변권을 행사함으로써, 연체차임 등을 공제한 보증금을 B가 반환할 때까지 상가건물의 명도를 거절할 수 있다.

3) **보증금반환채권의 담보를 위한 A의 유치권행사 가부**

가) 학설 및 판례 보증금반환채권을 담보하기 위한 임차인의 유치권행사를 긍정하는 견해(김학동, '임차인의 보증금반환채권 등과 유치권', 판례월보 1996년 12월호, 14면)에 따르면 임대인이 임차목적물을 제3자에게 양도한 경우 임차인이 제3자의 명도청구를 거절할 수 없게 되는 결과가 초래될 위험이 있으므로 보증금반환채권도 제320조의 '그 물건에 관한 채권'으로 보아 임차인에게 유치권을 인정해야 한다고 한다. 그러나 판례는 보증금반환채권은 제320조에서 말하는 '그 물건에 관한 채권'이 아니라는 이유에서 유치권의 성립을 부정한다(판례 [3] 참조).

나) 검 토 임대인이 임대차기간중에 목적물의 소유권을 제3자에게 양도하면 양수인은 그 물건에 관하여 배타적 소유권을 취득한다. 임대차계약의 당사자가 아닌 양수인이 소유권자로서 임차인이 점유하고 있는 자신의 물건의 반환을 요구하고, 임차인이 이에 응해야 하는 것은 물권이 채권에 대하여 우위적 효력을 가지는 데서 오는 당연한 결과이다. 즉, 보증금반환채권을 담보하기 위하여 임차인이 임차건물에 유치권을 행사할 수는 없다고 판단된다.

다만, 주택임대차의 경우 주임보법 제3조 제1항에 따라 대항력을 갖춤으로써 동법 제3조 제2항 및 제8조에 의하여 임차인이 보증금을 반환받지 못하는 위험을 막을 수 있다. 또한 상가건물임대차의 경우 상임보법 제3조 제1항에 따라 대항력을 갖춤으로써 동법 제3조 및 제14조에 의하여 마찬가지로 그 위험을 막을 수 있다.

다) 사안의 검토 사례에서 A는 자신의 보증금반환채권을 담보하기 위해서 임차건물에 대하여 유치권을 행사할 수는 없다.

(3) 비용상환청구권

1) **필요비상환청구권** 임차물의 보존에 관한 필요비를 임차인이 지출한 때에는 임대인에 대하여 그 상환을 '즉시' 청구할 수 있다(제626조 제1항). 필요비란 임대차계약의 목적에 따라 임차물을 사용·수익하는 데 적당한 상태를 보존·유지하기 위하여 지출한 모든 비용을 말하며(판례 [4-1] ① 참조), 그 가치가 현존할 필요도 없다. 임차인은 목적물을 반환한 날로부터 6개월 이

내에 필요비상환청구권을 행사해야 하며, 법원은 임대인의 청구에 의하여 상환기간을 허여할 수 있다.

2) **유익비상환청구권**

가) 유익비의 의의 임차인이 임차물과 관련하여 유익비를 지출한 경우에 임대인은 '임대차종료시에' 그 가액의 증가가 현존한 때에 한하여 임차인이 지출한 금액이나, 그 증가액을 상환해야 한다(제626조 제2항 본문). 유익비란 목적물 자체의 개량이나 목적물 이외에 가해진 개량이 목적물의 가치를 증가시킨 경우에 소요된 비용을 말한다(판례 [4-1] ① 참조).

필요비와 달리 유익비는 임대인이라도 반드시 그 비용을 지출했어야 했던 것은 아니지만, 임대인에게 상환의무를 면제시키면 목적물의 가치증가에 의하여 임대인이 부당하게 이득을 얻는 결과를 가져오므로 이를 상환하도록 한 것이다. 따라서 유익비는 임대인의 동의가 없거나, 임대인의 의사에 반해서 지출된 경우에도 그 반환을 청구할 수 있다.

한편 임대인의 청구가 있는 경우 법원은 상당한 상환기간을 허락할 수 있으며(제626조 제2항 제2문), 이때는 임차인이 유치권을 행사할 수 없고 임차물을 먼저 반환해야 한다.

나) 행사요건 임차인이 유익비상환청구권을 행사하기 위해서는 두 가지 요건이 충족되어야 한다. 첫째는 임차인이 비용을 투입하여 임차물에 물건을 부가 내지 설치하였다면, 이 물건이 부속물매수청구권의 대상이 되어서는 안 된다(판례 [5-1] 내지 [5-3] 참조). 즉, 부가한 물건이 독립성이 없기 때문에 건물의 구성부분으로 되어 부합됨으로써 임대인의 소유로 된 물건에 관한 비용이어야 한다(판례 [4-2], [4-1] ② 참조). 둘째로 그 비용은 임차물의 가치를 증가시키는 비용이어야 하며, 또한 그 가치의 증가가 현존하여야 한다. 지출한 금액은 물론, 가치의 현존증가액에 관하여서도 임차인이 증명책임을 부담한다(판례 [4-3] 참조).

유익비상환청구권도 임차인이 임차물을 반환한 날로부터 6개월 내에 행사해야 한다(제654조→제617조).

다) 유익비상환청구권포기의 특약 유익비상환청구권의 행사요건을 갖춘 경우에도 임대인과 임차인 사이에 유익비상환청구권포기의

특약이 있었는지 여부와 그 유효성이 문제된다. 일관된 판례에 따르면 임대차계약에서 임차인이 임대차종료시 임차건물을 '원상으로 복구해 임대인에게 인도하기로 약정'한 경우, 이는 유익비상환청구권을 미리 포기하기로 한 취지의 특약으로 보는 것이 타당하다(판례 [4-4] 내지 [4-6] 참조). 제626조는 임의규정이므로 이러한 특약은 유효하다고 할 것이다(유익비상환청구권의 포기를 의미하는 '원상회복'조항이 임차인에게 불리하다는 이유로 이러한 특약의 무효를 주장하는 견해로는 김학동, 앞의 논문, 15면). 다만, 주의할 것은 유익비상환면제의 특약이 있다고 해서 임차인이 곧 원상회복의무도 면하는 것은 아니라는 점이다(판례 [4-7] 내지 [4-9] 참조).

3) **사안의 검토**

가) 필요비상환청구권 사례에서 우선 임차인 A가 PC방의 운영을 위해 내부시설을 개수하는 데 투입한 비용(700만원)은 임차물의 보존·유지에 반드시 필요한 비용이 아니며, 현관에 설치한 출입통제장치구조물 및 건물 외부에 설치한 입간판(소요비용 300만원)에 지출한 비용 역시 필요비로 볼 수는 없을 것이다. 따라서 A는 B에 대하여 필요비상환청구권을 행사할 수 없다.

나) 유익비상환청구권 유익비상환청구권과 관련하여서는 A가 지출한 비용 중 무엇을 유익비로 할 것인지에 관해서 구체적으로 판단해야 한다. 사례에서는 개수된 내부시설물, 출입통제장치구조물 및 입간판에 투입된 비용이 유익비에 해당하는지가 문제된다. 필요비는 물론 유익비도 임대차목적물에 대해 지출된 것에 한정되므로 임차인이 자신의 점포운영을 위해 특수장치를 하거나, 부착한 간판 등에 지출된 비용은 이에 해당하지 않는다.

따라서 우선 건물 외부에 설치된 입간판에 소요된 비용은 건물의 구성부분도 아니며, A 자신의 영업을 위하여 투하된 비용이므로 유익비로 인정될 수 없다(판례 [4-2] 참조). 또한 B의 동의를 얻어 건물 현관에 설치된 출입통제장치구조물도 A가 건물사용의 편익을 위하여 부속시킨 것이기는 하지만, 반드시 건물의 구성부분이 되었다고 할 수도 없을 것이다. 따라서 부속물매수청구권의 행사는 별론으로 하더라도, 유익비상환청구의 대상은 될 수 없다.

반면 개수된 내부시설물은 그 중에 독립성을 지닌 것을 제외하고는(이 경우에 임차인은 부속물의 철거권을 가지거나(제654조→제615조 제2문), 또는 부속물매수청구권을 행사할 여지가 있게 된다(다만, 이에 관하여는 이어지는 설명 참조)) 모두 건물의 구성부분이 되었다고 판단할 수 있다. 더구나 A는 B가 운영하던 PC방과는 전혀 다른 영업을 운영하기 위하여 내부시설을 개조한 것이 아니라, 개수된 시설은 종전의 PC방으로 사용되던 건물에 부가된 것이므로 이로써 임차물의 객관적 가치가 증가되었으며, B가 그 건물을 PC방으로 계속 운영하는 한 가치증가가 현존하는 것으로 판단할 수 있다. 따라서 원칙적으로 A는 내부시설의 개수에 소요된 비용(700만원) 또는 현존 가치증가액의 상환을 B에게 청구할 수 있다.

그러나 사례의 경우 A와 B 사이에는 '임대차가 종료하면 임차인이 설치한 건물 내부의 시설물 등 일체의 시설을 원상으로 복구한다'는 특약이 있었다. 이러한 특약은 판례에 따라 A가 사전에 유익비상환청구권을 포기한 것으로 판단될 수 있다. 그렇다면 A는 내부시설 개수(改修)를 위한 투하비용 700만원 또는 현존 가치증가액의 상환을 B에게 요구할 수 없게 된다.

(4) 부속물매수청구권

1) **부속물매수청구권**

가) 의의와 법적 성질 건물 기타 공작물의 임차인이 그 사용의 편익을 위하여 임대인의 동의를 얻어 이에 부속시킨 물건이 있거나 또는 임대인으로부터 매수한 부속물이 있는 경우에 임차인은 임대차 종료시에 임대인에 대하여 그 부속물의 매수를 청구할 수 있다(제646조).

임차인의 부속물매수청구권은 임차인이 투하한 자본의 회수를 보장하는 한편, 부속물을 철거함으로써 발생하는 사회경제적인 손실을 방지하기 위하여 인정된다. 그런 의미에서 제646조는 강행규정이며, 이에 위반하여 임차인에게 불리한 특약은 무효가 된다(제652조, 다만 판례 [5-3]도 참조). 부속물매수청구권은 형성권이므로 임차인의 일방적 의사표시에 의하여 임대인의 승낙을 기다리지 않고 임대인에게 매수할 채무가 발생한다(박준서, 주석민법, 채권각론(3), 463면).

나) 행사요건 부속물매수청구권을 행사하기 위해서는 (i) 임대차가 종료해야 하며, (ii) 매수청구권의 대상은 임차건물의 편익을 위

한 부속물로서, 비용상환청구권과 달리 건물의 구성부분이 아닌 독립성을 가진 물건이어야 하고(판례 참조 [5-1]), (iii) 임대인의 동의를 얻어 부속시켰거나(제646조 제1항) 또는 임대인으로부터 매수한 것이어야 한다(동조 제2항)(임대인으로부터 매수한 것이라도 건물에 대하여 사용상의 편익이 없는 부속물은 매수청구권의 대상이 될 수 없다. 왜냐하면 이 요건은 부속물이 임차물의 '사용상의 편익'에 기여해야 한다는 요건에 부가·병행되는 것이기 때문이다. 김형배, 채권각론[계약법], 466면. 이견: 곽윤직, 채권각론, 214면; 김주수, 채권각론, 309면). 특히 (ii)의 요건과 관련하여 판례는 부속물의 설치경위, 상태, 용도 그리고 건물의 구조와 주위환경을 고려하여 구체적으로 판단해야 한다고 하면서도, 임차인의 특수목적을 위하여 부속시킨 물건(판례 참조 [5-1]) 또는 임대인의 소유에 속하기로 한 부속물(판례 참조 [5-3])에 관해서는 부속물매수청구권을 인정하지 않는다.

다) 사안의 검토 위의 요건을 사례에 비추어 판단하면 다음과 같다. 우선 임대인 B의 적법한 해지통고로 임차인 A와 B 사이의 임대차관계는 종료하였으므로 (i)의 요건은 충족되었다(위의 나) 참조). A는 이미 B의 동의를 얻어 부속물을 설치하였으므로 (iii)의 요건도 충족한다.

문제는 부속물인지 여부를 판단하는 (ii)의 요건의 충족 여부이다. 첫째, 광고를 위하여 건물 외부에 설치한 입간판(소요비용 100만원)은 A의 특수목적에 기여하는 것으로 보이며, 따라서 판례에 의하면 이는 부속물매수청구권의 대상이 될 수 없다.

둘째, 출입통제장치구조물의 경우는 상가건물의 구조와 주위환경이 어떠한지는 구체적으로 알 수 없으나, 기존에 없던 구조물을 외부인의 출입통제와 도난방지를 위하여 설치함으로써 건물사용에 객관적인 편익을 가져다주는 물건으로 볼 수 있을 것이다. 따라서 그 구조물이 건물의 구성부분을 이루는 것이 아니라면 임차인은 유익비상환청구권을 행사할 수 있을 것이다.

2) **부속물매수청구권배제의 특약**

가) 문 제 점 A가 원칙적으로 부속물매수청구권을 가진다고 하더라도 사례의 경우 A와 B는 임대차계약을 체결할 당시 '임차인은 임대인의 동의를 얻어 위 상가를 증·개축할 수 있으나, 임대차가 종료하면 임차인이 설치한 건물 내부의 시설물 등 일체의 시설을 원상으로 복구한다'고 약정하였기 때문에 부속물매수청구권도 이 특약으로 배제되는

가 하는 의문이 있을 수 있다.

나) 검 토 임차인의 비용상환청구권을 규정하는 제626조와는 달리 그의 부속물매수청구권을 규정한 제646조는 강행규정이다(제652조). 이는 임차인의 보호를 위하여 강행적으로 적용되며, 따라서 임차인에게 불리한 특약, 예컨대 임대인이 건물에 물건을 부속시키는 것에는 동의하지만, 매수의무를 부담하지 않는다거나, 또는 조건부로 동의한다는 특약은 그 효력이 없다고 할 것이다. 따라서 사례의 경우 A는 위의 특약에도 불구하고 원칙적으로는 여전히 부속물매수청구권을 갖는다.

3) **채무불이행으로 인한 해지의 경우 부속물매수청구권**

가) 문 제 점 A의 부속물매수청구권과 관련하여 또 다른 의문은 A의 채무불이행(차임지급의무의 지체)을 이유로 임대인 B가 계약을 해지하여 임대차관계가 종료된 경우에도 임차인에게 여전히 이러한 권리를 인정할 수 있을 것인가 하는 점이다.

나) 판례의 태도 판례는 성실한 임차인만을 보호한다는 취지 아래 토지임차인의 채무불이행을 이유로 임대차계약이 해지된 경우 그 지상물에 대한 매수청구권을 부정하며(판례 [5-4] 참조), 같은 맥락에서 건물임차인의 채무불이행을 이유로 임대차계약이 해지된 경우에도 임차인의 부속물매수청구권을 부인한다(판례 [5-5] 참조)(임차인의 부속물매수청구권이 인정될 경우 당사자 사이의 법률관계에 관해서는 판례 [5-6] 내지 [5-9] 참조).

다) 사안의 검토 판례의 태도에 따른다면 사례에서는 임차인 A의 차임연체라는 채무불이행을 이유로 임대차관계가 종료된 것이므로 A의 부속물매수청구권은 인정될 수 없다. 오히려 A는 임차물을 반환하면서 부속물을 철거하여 원상으로 회복해야 한다. A와 B 사이의 '원상회복'의 특약이 유효한 것과 같은 결과가 된다.

3. 설문(1)에 대한 해답

설문(1)에서 우선 임대인 B는 임차인 A가 연체한 3개월분의 차임 및 그 지체에 따른 법정이자(제397조, 제379조 참조)를 보증금으로부터 충당할 수 있으나, 이와는 별도로 차임의 지급을 청구할 수 있고, 이러한 차임지급청구권을 담보하기 위하여 임차물에 부속한 A소유의 동산을 압류하여 질권을 취득할 수 있다. 또한 A가 이미 3개월째 차임을 지급하지 못하고 있으므로 B는 A의 채무불이행책임을 물어 계약을 해지할 수 있다.

반면 임차인 A는 지급한 권리금 3,000만원의 그 일부에 대해서도 반환을 청구할 수 없으며, 내부시설의 개수, 입간판 설치 및 출입통제장치 구조물에 관하여 투입한 비용을 회수하기 위해 필요비 내지 유익비의 반환청구권은 물론, 부속물매수청구권도 행사할 수 없다. 다만 임대인 B의 해지통고로 인한 임대차관계의 종료시 B에 대한 임차인 A의 임차보증금반환채권은 성립하지만, B가 A의 3개월분의 차임연체를 주장·입증함으로써 해제조건이 성취되고, A가 임차물인 상가건물을 사실상 명도하는 시점에 임차보증금반환채권을 비로소 행사할 수 있다. A는 지급한 보증금 3억원에서 연체차임(900만원) 및 그에 따른 지연이자(제379조 참조)를 공제한 금액의 반환을 청구할 수 있다.

Ⅲ. 설문(2): C의 임차보증금반환채권의 행사에 대한 B의 항변

1. 문 제 점

임대인 B에 대한 임차인 A의 임차보증금반환채권에 대해서 A의 채권자 C가 채권압류 및 전부명령을 받은 경우 임대인 B가 연체된 차임을 임차보증금으로부터 당연히 충당할 수 있는지, 따라서 C가 자신에게 보증금을 지급하라는 요구를 그러한 한도내에서 거절할 수 있는지가 문제된다. 즉, 임대인이 임차인에게 대항할 수 있는 사유로 임차인과 법률관계에 있는 제3자에게도 대항할 수 있는지가 문제된다.

2. 임차인의 전부채권자에 대한 임대인의 대항 가부

(1) 학 설

임차인에게 대항할 수 있는 사유로 임대인이 전부채권자에게도 대항할 수 있는지에 관해서는 명문의 규정이 없다. 여기서 다음과 같은 해석이 가능할 것이다. 즉 임차인의 임차보증금반환청구권도 채권의 하나로서 채권양도에 의해서 제3자에게 이전될 수 있는 것이므로 채무자인 임대인(양수인인 제3자에 대한 관계에서 채무자임)은 구 채권자인 임차인에 대항할 수 있는 사유로서 채권의 양수인인 제3자에게 대항할 수 있다(제451조 참조)고 볼 수 있을 것이다. 제3자에로의 채권이전이 법률규정에 의하여 이루어지거나 법원의 명령에 의하더라도 달리 해석할 이유가 없기 때문이다. 따라서 채무자인 임대인은 구 채권자인 임차인에 대항할 수 있는 사유로서 전부채권자, 즉 신 채권자에게 대항할 수 있다고 해야 한다.

(2) 판례의 태도

판례도 임차보증금반환채권에 대한 전부명령과 이에 의한 집행채권 소멸의 효력은 임차물 명도시 구체적으로 청산절차를 거치고 남은 금액을 기준으로 하여 발생하는 것이라는 태도를 취한다. 즉 임대인의 보증금반환채무에서 임차인이 지급하지 않은 채무의 금액을 공제하고 남는 것이 없으면, 임차인의 채권자가 받은 전부명령의 효력이 발생할 수 없다고 한다(판례 [6-1] 참조). 따라서 보증금 중 임대인의 채권을 공제한 잔액에 대해서만 전부명령이 유효하다(판례 [6-2] 참조).

또한 임차인의 (잔존)임차보증금반환청구채권이 전부된 경우에도 채권의 동일성은 그대로 유지된다. 그러므로 동시이행관계 역시 당연히 그대로 존속하게 되고, 임대인이 보증금반환채무를 현실적으로 이행하거나 그 채무이행을 제공하지 않는 한, 임차인의 목적물에 대한 점유는 불법점유가 아니다(판례 [6-3] 참조).

3. 설문(2)에 대한 해답

임대인 B는 임차인 A가 연체한 차임 등 임차인의 모든 채무를 보증금으로부터 당연히 충당할 수 있다(이상은 설문 (1)의 1에서 상술하였다). 따라서 B는 A에 대한 모든 채권을 보증금으로부터 공제할 수 있는 한도에서 전부채권자 C의 지급청구를 거절할 수 있다. 즉, B는 3억원의 보증금에서 연체차임 및 그 지연이자, 손해배상금, 부당이득금 등 A가 자신에게 부담하는 모든 채무를 공제한 금액만을 C에게 지급하면 된다.

≪판 례≫

[1] 임차보증금의 의의, 임차보증금반환채권의 발생

*임차인의 차임지급의무

[1-1] (대판 1994.9.9, 94다4417) 임차인이 임대차계약을 체결할 당시 임대인에게 지급한 임대차보증금으로 연체차임 등 임대차관계에서 발생하는 임차인의 모든 채무가 담보된다 하여 임차인이 그 보증금의 존재를 이유로 차임의 지급을 거절하거나 그 연체에 따른 채무불이행 책임을 면할 수는 없다(동지: 대판 1999.7.27, 99다24881).

*임차보증금채무의 발생시기와 범위 및 임차물반환의무에 대한 관계(동시이행)

[1-2] (대판 1987.6.23, 87다카98) 부동산임대차에 있어서 임차인이 임대인에게 지급하는 보증금은 임대차관계가 종료되어 목적물을 반환하는 때까지 그 임대차관계에서 발생하는 임차인의 모든 채무를 담보하는 것으로서 임차인의 채무불이행이 없으면 그 전액을 반환하고 만약 임차인이 차임을 지급하지 아니하거나 목적물을 멸실·훼손하여 부담하는 손해배상채무 또는 임대차종료 후 목적물반환시까지 목적물사용으로 인한 손해배상 내지 부당이득반환채무 등을 부담하고 있다면 임대인은 그 보증금 중에서 이를 공제하고 나머지 금액만을 반환하면 되는 것이므로 임대인의 보증금반환의무는 임대차관계가 종료되는 경우에 그 보증금 중에서 목적물을 반환받을 때까지 생긴 연체차임 등 임차인의 모든 채무를 공제한 나머지 금액에 관하여서만 비로소 이행기에 도달하여 임차인의 목적물반환의무와 서로 동시이행의 관계에 있다(이미 대판[전] 1977.9.28, 77다1241·1242).

[1-3] (대판 1988.1.19, 87다카1315) 건물임대차에 있어서의 임차보증금은 임대차존속중의 임료뿐만 아니라 건물명도의 불이행에 이르기까지 발생한 손해배상채권 등 임대차계약에 의하여 임대인이 임차인에 대하여 갖는 일체의 채권을 담보하는 것으로서 임대차종료 후에 임대인에게 명도할 때 체불임료 등 모든 피담보채무를 공제한 잔액이 있을 것을 조건으로 하여 그 잔액에 관한 임차인의 보증금반환청구권이 발생한다.

*임차인의 채무상당액의 당연공제 여부(적극)와 입증책임(임대인)

[1-4] (대판 2004.12.23, 2004다56554) 부동산임대차에 있어서 수수된 보증금은 차임채무, 목적물의 멸실·훼손 등으로 인한 손해배상채무 등 임대차에 따른 임차인의 모든 채무를 담보하는 것으로서 그 피담보채무 상당액은 임대차관계의 종료 후 목적물이 반환될 때에 특별한 사정이 없는 한 별도의 의사표시 없이 보증금에서 당연히 공제되는 것이므로, 임대보증금이 수수된 임대차계약에서 차임채권에 관하여 압류 및 추심명령

이 있었다 하더라도, 당해 임대차계약이 종료되어 목적물이 반환될 때에는 그때까지 추심되지 아니한 채 잔존하는 차임채권 상당액도 임대보증금에서 당연히 공제된다.

[1-5] (대판 2002.12.10, 2002다52657) 부동산임대차에 있어서 임차인이 임대인에게 지급하는 임대차보증금은 임대차관계가 종료되어 목적물을 반환하는 때까지 그 임대차관계에서 발생하는 임차인의 모든 채무를 담보하는 것으로서, 임대인의 임대차보증금반환의무는 임대차관계가 종료되는 경우에 그 임대차보증금 중에서 목적물을 반환받을 때까지 생긴 연체차임 등 임차인의 모든 채무를 공제한 나머지 금액에 관하여서만 비로소 이행기에 도달하는 것이므로, 그 임대차보증금반환채권을 양도함에 있어서 임대인이 아무런 이의를 보류하지 아니한 채 채권양도를 승낙하였어도 임차 목적물을 개축하는 등 하여 임차인이 부담할 원상복구비용 상당의 손해배상액은 반환할 임대차보증금에서 당연히 공제할 수 있다 할 것이나, 임대인과 임차인 사이에서 장래 임대목적물 반환시 위 원상복구비용의 보증금 명목으로 지급하기로 약정한 금액은, 임대차관계에서 당연히 발생하는 임차인의 채무가 아니라 임대인과 임차인 사이의 약정에 기하여 비로소 발생하는 채무에 불과하므로, 반환할 임대차보증금에서 당연히 공제할 수 있는 것은 아니라 할 것이어서, 임대차보증금 반환 채권을 양도하기 전에 임차인과 사이에 이와 같은 약정을 한 임대인이 이와 같은 약정에 기한 원상복구비용의 보증금청구채권이 존재한다는 이의를 보류하지 아니한 채 채권양도를 승낙하였다면 민법 제451조 제1항이 적용되어 그 원상복구비용의 보증금청구채권으로 채권양수인에게 대항할 수 없다(또한 같은 판결에서: '임대차계약서에 임차인의 원상복구의무를 규정하고 원상복구비용을 임대차보증금에서 공제할 수 있는 것으로 약정하였다 하더라도 임대인이 원상복구할 의사없이 임차인이 설치한 시설을 그대로 이용하여 타에 다시 임대하려 하는 경우에는 원상복구비용을 임대차보증금에서 공제할 수 없다').

[1-6] (대판 2005.9.28, 2005다8323·8330) 임대차계약의 경우 임대차보증금에서 그 피담보채무 등을 공제하려면 임대인으로서는 그 피담보채무인 연체차임, 연체관리비 등을 임대차보증금에서 공제하여야 한다는 주장을 하여야 하고 나아가 그 임대차보증금에서 공제될 차임채권, 관리비채권 등의 발생원인에 관하여 주장·입증을 하여야 하는 것이며, 다만 그 발생한 채권이 변제 등의 이유로 소멸하였는지에 관하여는 임차인이 주장·입증책임을 부담한다.

[1-7] (대판 1998.7.14, 96다17202) ① 임대차보증금반환채권이 가압류 또는 압류된 후 임차권이 양도된 경우에 임대인이 위 임차권의 양

도를 승낙하였다면 임대인과 구 임차인과의 임대차관계는 종료되어 구 임차인은 임대차관계로부터 이탈하게 되고, 구 임차의 임대차보증금반환채권은 구 임차인과 임대인과의 임대차관계의 종료로 인하여 임대인의 임차권 양도 승낙시에 이행기에 도달하게 된다고 보아야 한다. ② 위 경우 임대차보증금에 관한 구 임차인의 권리의무관계는 구 임차인이 임대인과 사이에 임대차보증금을 신 임차인의 채무불이행의 담보로 하기로 약정하거나 신 임차인에 대하여 임대차보증금반환채권을 양도하기로 하는 등의 특별한 사정이 없는 한 신 임차인에게 승계되지 아니하며, 구 임차인이 임대인과 사이에 임대차보증금을 신 임차인의 채무의 담보로 하기로 약정하거나 신 임차인에 대하여 임대차보증금반환채권을 양도하기로 한 때에도 그 이전에 임대차보증금반환채권이 제3자에 의하여 가압류 또는 압류되어 있는 경우에는 위와 같은 합의나 양도의 효력은 압류권자 등에게 대항할 수 없으므로, 신 임차인이 차임지급을 연체하는 등 새로운 채무를 부담하게 되었다고 하여 그 연체차임 등을 구 임차인에게 반환할 임대차보증금에서 공제할 수는 없다. ③ 임대인이 임차권의 양도를 승낙하여 신 임차인이 구 임차인으로부터 임차목적물을 명도받았다면 구 임차인이 임대인에게 명도하여 임대인이 다시 신 임차인에게 명도하는 대신 구 임차인이 임대인의 승낙하에 직접 신 임차인에게 명도하는 것으로서 명도의무의 이행을 다한 것으로 보아야 한다.

*동시이행항변권을 가지는 임차인의 임차물점유가 불법점유인지 여부(소극) 및 그 사용수익이 부당이득인지 여부(한정 적극)

[1-8] (대판 1994.9.30, 94다20389·20396) 임대차계약의 종료에 의하여 발생된 임차인의 임차목적물 반환의무와 임대인의 연체차임을 공제한 나머지 보증금의 반환의무는 동시이행의 관계에 있는 것이므로, 임대차계약 종료 후에도 임차인이 동시이행의 항변권을 행사하여 임차목적물을 계속 점유하여 온 것이라면 임차인의 그 건물에 대한 점유는 불법점유라고 할 수 없으므로, 임차인이 임차목적물을 계속 점유하였다고 하여 바로 불법점유로 인한 손해배상책임이 발생하는 것은 아니라고 보아야 한다.

[1-9] (대판 1998.5.29, 98다6497) 법률상의 원인없이 이득하였음을 이유로 한 부당이득의 반환에 있어 이득이라 함은 실질적인 이익을 의미하므로, 임차인이 임대차계약관계가 소멸된 이후에도 임차목적물을 계속 점유하기는 하였으나 이를 본래의 임대차계약상의 목적에 따라 사용·수익하지 아니하여 실질적인 이득을 얻은 바 없는 경우에는 그로 인하여 임대인에게 손해가 발생하였다 하더라도 임차인의 부당이득반환의무는 성립되지 않는다(대판 2002.11.22, 2002다38828: 임대차계약 해지 후의 계속 점유를 원인으로 차임 상당액을 부당이득으로 반환하는 경우에 종전 임대차에

서 약정 차임에 대한 부가가치세 상당액을 공급을 받는 자인 임차인이 부담하기로 하는 약정이 있었다면, 달리 특별한 사정이 없는 한 부당이득으로 지급되는 차임 상당액에 대한 부가가치세 상당액도 계속 점유하는 임차인이 부담하여야 하는 것으로 봄이 상당하다).

*임차목적물의 소유권변동과 임차보증금반환채무의 귀속주체

[1-10] (대판 1989. 10. 24, 88다카13172) 주택의 임차인이 제3자에 대하여 대항력을 구비한 후에 그 주택의 소유권이 양도된 경우에는 그 양수인이 임대인의 지위를 승계하게 되는 것으로 임대차보증금반환채무도 주택의 소유권과 결합하여 일체로서 이전하는 것이며 이에 따라 양도인의 임차보증금반환채무는 소멸하는 것이다.

[1-11] (대판 1996. 11. 22, 96다38216) 주택의 임차인이 제3자에 대한 대항력을 갖춘 후 임차주택의 소유권이 양도되어 그 양수인이 임대인의 지위를 승계하는 경우에는, 임대차보증금의 반환채무도 부동산의 소유권과 결합하여 일체로서 이전하는 것이므로 양도인의 임대인으로서의 지위나 보증금반환채무는 소멸하는 것이고, 대항력을 갖춘 임차인이 양수인이 된 경우라고 하여 달리 볼 이유가 없으므로 대항력을 갖춘 임차인이 당해 주택을 양수한 때에도 임대인의 보증금반환채무는 소멸하고 양수인인 임차인이 임대인의 자신에 대한 보증금반환채무를 인수하게 되어, 결국 임차인의 보증금반환채권은 혼동으로 인하여 소멸하게 된다.

[2] 권리금의 의의와 권리금반환채무

[2-1] (대판 2000. 4. 11, 2000다4517·4524) 통상 권리금은 새로운 임차인으로부터만 지급받을 수 있을 뿐이고 임대인에 대하여는 지급을 구할 수 없는 것이므로 임대인이 임대차계약서의 단서 조항에 권리금액의 기재없이 단지 '모든 권리금을 인정함'이라는 기재를 하였다고 하여 임대차 종료시 임차인에게 권리금을 반환하겠다고 약정하였다고 볼 수는 없고, 단지 임차인이 나중에 임차권을 승계한 자로부터 권리금을 수수하는 것을 임대인이 용인하고, 나아가 임대인이 정당한 사유없이 명도를 요구하거나 점포에 대한 임대차계약의 갱신을 거절하고 타에 처분하면서 권리금을 지급받지 못하도록 하는 등으로 임차인의 권리금 회수 기회를 박탈하거나 권리금 회수를 방해하는 경우에 임대인이 임차인에게 직접 권리금 지급을 책임지겠다는 취지로 해석해야 할 것이다.

[2-2] (대판 2000. 9. 22, 2000다26326) 영업용 건물의 임대차에 수반되어 행하여지는 권리금의 지급은 임대차계약의 내용을 이루는 것은 아니고 권리금 자체는 거기의 영업시설·비품 등 유형물이나 거래처, 신용, 영업상의 노우하우(know-how) 또는 점포 위치에 따른 영업상의 이점 등 무형의 재산적 가치의 양도 또는 일정기간 동안의 이용대가라고 볼 것이

어서, 그 유형·무형의 재산적 가치의 양수 또는 약정기간 동안의 이용이 유효하게 이루어진 이상 임대인은 그 권리금의 반환의무를 지지 아니하며, 다만 임차인은 당초의 임대차에서 반대되는 약정이 없는 한 임차권의 양도 또는 전대차의 기회에 부수하여 자신도 그 재산적 가치를 다른 사람에게 양도 또는 이용케 함으로써 권리금을 지급받을 수 있을 것이고, 따라서 임대인이 그 임대차의 종료에 즈음하여 그 재산적 가치를 도로 양수한다든지 권리금 수수 후 일정한 기간 이상으로 그 임대차를 존속시켜 그 가치를 이용케 하기로 약정하였음에도 임대인의 사정으로 중도 해지됨으로써 약정기간 동안의 그 재산적 가치를 이용케 해주지 못하였다는 등의 특별한 사정이 있을 때에만 임대인은 그 권리금 전부 또는 일부의 반환의무를 진다.

[2-3] (대판 2002. 7. 26, 2002다25013) 임대인의 사정으로 임대차계약이 중도해지됨으로써 당초 보장된 기간 동안의 이용이 불가능하였다는 등의 특별한 사정이 있을 때에는 임대인은 임차인에 대하여 권리금의 반환의무를 진다고 할 것이고, 그 경우 임대인이 반환의무를 부담하는 권리금의 범위는, 지급된 권리금을 경과기간과 잔존기간에 대응하는 것으로 나누어, 임대인은 임차인으로부터 수령한 권리금 중 임대차계약이 종료될 때까지의 기간에 대응하는 부분을 공제한 잔존기간에 대응하는 부분만을 반환할 의무를 부담한다고 봄이 공평의 원칙에 합치된다.

[3] 임차인의 보증금반환청구권 또는 손해배상청구권과 유치권의 행사(소극)

(대판 1976. 5. 11, 75다1305) 건물의 임대차에 있어서 임차인의 임대인에게 지급한 임차보증금반환청구권이나 임대인이 건물시설을 아니하기 때문에 임차인에게 건물을 임차목적대로 사용 못한 것을 이유로 하는 손해배상청구권은 모두 제320조 소정 소위 그 건물에 관하여 생긴 채권이라 할 수 없다.

[4] 임차인의 비용상환청구권

*필요비 또는 유익비의 상환청구권

[4-1] (대판 1993. 10. 8, 93다25738, 93다25745) ① 제626조에서 임대인의 상환의무를 규정한 유익비라 함은 임차인이 임차물의 객관적 가치를 증가시키기 위하여 투입한 비용이고, 필요비라 함은 임차인이 임차물의 보존을 위하여 지출한 비용을 말한다. ② 임차인이 임차건물에서 삼계탕집을 경영하기 위하여 보일러, 온돌방, 방문틀, 주방내부, 합판을 이용한 점포장식, 가스, 실내전등, 계단전기 등을 설치하고 페인트 도색을 하는 등의 공사를 하고 현재 그 가치가 남아 있더라도 임차건물의 본래의 용도 및 임차인의 이용실태 등에 비추어 이 비용은 어디까지나 임차인이 위 건물에서 삼계탕집을 경영하기 위한 것이지, 건물의 보존을 위한다거나 그 객

관적 가치를 증가시키기 위한 것은 아니므로 이를 필요비 또는 유익비라고 할 수 없다([cf.] 대판 1993.2.26, 92다41627: 5층 건물 중 공부상 용도가 음식점인 1, 2층을 임차하여 대중음식점을 경영하면서 음식점영업의 편익을 위하여 한 시설물은 건물의 사용에 객관적인 편익을 가져오게 하는 것이므로 제646조가 규정하는 건물임차인의 매수청구권의 대상이 되는 부속물이다).

[4-2] (대판 1994. 9. 30, 94다20389·20396) 제626조 제2항에서 임대인의 상환의무를 규정하고 있는 유익비란 임차인이 임차물의 객관적 가치를 증가시키기 위하여 투입한 비용을 말하는 것이므로, 임차인이 임차건물부분에서 간이음식점을 경영하기 위하여 부착시킨 시설물에 불과한 간판은 건물부분의 객관적 가치를 증가시키기 위한 것이라고 보기 어려울 뿐만 아니라, 그로 인한 가액의 증가가 현존하는 것도 아니어서 그 간판설치비를 유익비라 할 수 없다.

[4-3] (대판 1962. 10. 18, 62다437) 임차한 가옥에 대한 유익비의 상환을 청구할 경우에는 지출한 금액은 물론 현존 증가액에 대하여도 임차인에게 입증책임이 있다

*유익비상환청구권의 포기특약

[4-4] (대판 1975. 4. 22, 73다2010) 건물의 임차인이 임대차관계 종료시에는 건물을 원상으로 복구하여 임대인에게 명도하기로 약정한 것은 건물에 지출한 각종 유익비 또는 필요비의 상환청구권을 미리 포기하기로 한 취지의 특약이라고 볼 수 있어 임차인은 유치권을 주장을 할 수 없다.

[4-5] (대판 1995. 6. 30, 95다12927) 임대차계약에서 '임차인은 임대인의 승인하에 개축 또는 변조할 수 있으나 부동산의 반환기일 전에 임차인의 부담으로 원상복구키로 한다'라고 약정한 경우, 이는 임차인이 임차목적물에 지출한 각종 유익비의 상환청구권을 미리 포기하기로 한 취지의 특약이라고 봄이 상당하다.

[4-6] (대판 1998. 10. 20, 98다31462) 임야 상태의 토지를 임차하여 대지로 조성한 후 건물을 건축하여 음식점을 경영할 목적으로 임대차계약을 체결한 경우, 비록 임대차계약서에서는 필요비 및 유익비의 상환청구권은 그 비용의 용도를 묻지 않고 이를 전부 포기하는 것으로 기재되었다고 하더라도 계약당사자의 의사는 임대차 목적 토지를 대지로 조성한 후 이를 임차 목적에 따라 사용할 수 있는 상태에서 새로이 투입한 비용만에 한정하여 임차인이 그 상환청구권을 포기한 것이고 대지조성비는 그 상환청구권 포기의 대상으로 삼지 아니한 취지로 약정한 것이라고 해석하는 것이 합리적이다.

*임차인의 원상회복의무와 그 전부 또는 일부의 면제특약

[4-7] (대판 2002. 12. 6, 2002다42278) 임대차계약이 중도에 해지되어 종료하면 임차인은 목적물을 원상으로 회복하여 반환하여야 하는 것이고, 임대인의 귀책사유로 임대차계약이 해지되었다고 하더라도 임차인은 그로 인한 손해배상을 청구할 수 있음은 별론으로 하고 원상회복의무를 부담하지 않는다고 할 수는 없다(같은 판례에서 '임차인이 자신의 영업을 위하여 설치한 시설에 관한 비용을 임대인에게 청구하지 않기로 약정한 사정만으로 원상복구의무를 부담하지 아니하기로 하는 합의가 있었다고 볼 수 없고, 임대차계약서상 기재된 임차인의 원상복구의무에 관한 조항이 단지 부동문자로 남아 있는 무의미한 내용에 불과하다고 볼 수 없다').

[4-8] (대판 1983.2.24, 80다589) '임차인이 임차건물을 증·개축하였을 시는 임대인의 승낙 유무를 불구하고 그 부분이 무조건 임대인의 소유로 귀속된다'고 하는 약정은 임차인이 원상회복의무를 면하는 대신 투입비용의 변상이나 권리주장을 포기하는 내용이 포함되었다고 봄이 상당하다 할 것이고 이러한 약정의 특별한 사정이 없는 한 유효하다([cf.] 대판 1983.5.10, 81다187: 토지임대차계약을 체결함에 있어서 임차인이 토지 위에 정구장 시설 및 그 부대시설인 가건물 등을 임차인의 비용으로 설치, 건축하여 정구장을 운영하되 임대차가 종료되었을 때에는 주위시설물 및 가건물을 임대인에게 증여하기로 약정한 사실이 인정된다면 이는 임차인이 유익비상환청구를 할 수 없다는 취지를 약정한 것으로 볼 것이다).

[4-9] (대판 2002. 11. 22, 2002다38828) 임대차계약에서 임대차계약이 해제(종료를 포함)된 때에는 임차인은 자기의 비용으로 임차한 목적물을 원상복구하여 임대인에게 명도하여야 한다고 정하여져 있으나, 그 임대차계약에서 임차인은 목적물 관리 및 유지·보존에 따른 관리비와 수리비, 조세공과금 등 일체의 유지비를 부담하기로 약정한 사실에 비추어 임차인은 시설비용이나 보수비용의 상환청구권을 포기하는 대신 원상복구의무도 부담하지 않기로 합의를 한 것이라고 보아야 한다.

[5] 임차인의 부속물매수청구권

*부속물의 의미

[5-1] (대판 1993. 10. 8, 93다25738, 93다25745) 제646조가 규정하는 매수청구의 대상이 되는 부속물이란 건물에 부속된 물건으로서 임차인의 소유에 속하고, 건물의 구성부분으로는 되지 아니한 것으로서 건물의 사용에 객관적인 편익을 가져오게 하는 물건이라 할 것이므로, 부속된 물건이 오로지 임차인의 특수목적에 사용하기 위하여 부속된 것일 때에는 이에 해당하지 않는다고 할 것이고, 당해 건물의 객관적인 사용목적은 그 건물 자체의 구조와 임대차계약 당시 당사자 사이에 합의된 사용목적, 기타 건물의 위치, 주위환경 등 제반사정을 참작하여 정하여지는 것이다.

[5-2] (대판 1983. 2. 24, 80다589) ① 건물 자체의 수선 내지 증·개축부분은 특별한 사정이 없는 한(대판 1999. 7. 27, 99다14518: 임차인이 임차한 건물에 그 권원에 의하여 증축을 한 경우에 증축된 부분이 부합으로 인하여 기존 건물의 구성부분이 된 때에는 증축된 부분에 별개의 소유권이 성립할 수 없으나, 증축된 부분이 구조상으로나 이용상으로 기존 건물과 구분되는 독립성이 있는 때에는 구분소유권이 성립하여 증축된 부분은 독립한 소유권의 객체가 된다) 건물 자체의 구성부분을 이루고 독립된 물건이라고 보이지 않으므로 임차인의 부속물매수청구권의 대상이 될 수 없다. ② 임차인이 건물을 임차하여 상당한 부분을 증·개축하였다 하여도 특별한 사정이 없는 한 그 사실만으로는 건물의 소유권이 임차인에게 귀속된다고 볼 수 없으므로 이러한 사정만으로 임대인으로부터 건물을 매수하여 소유권보존등기를 경료한 자가 그 소유권에 기하여 명도를 구하는 것이 권리남용이 된다고 할 수 없다.

[5-3] (대판 1982. 1. 19, 81다1001) ① 기존 건물과 분리되어 독립한 소유권의 객체가 될 수 없는 증축 부분이나 임대인의 소유에 속하기로 한 부속물은 매수청구의 대상이 될 수 없다. ② 건물임차인인 피고들이 증·개축한 시설물과 부대시설을 포기하고 임대차 종료시의 현상대로 임대인의 소유에 귀속하기로 하는 대가로 임대차계약의 보증금 및 월차임을 파격적으로 저렴하게 하고, 그 임대기간도 장기간으로 약정하고, 임대인은 임대차계약의 종료 즉시 임대건물을 철거하고 그 부지에 건물을 신축하려고 하고 있으며 임대차계약 당시부터 임차인도 그와 같은 사정을 알고 있었다면 임대차계약시 임차인의 부속시설의 소유권이 임대인에게 귀속하기로 한 특약은 단지 부속물매수청구권을 배제하기로 하거나 또는 부속물을 대가없이 임대인의 소유에 속하게 하는 약정들과는 달라서 임차인에게 불리한 약정이라고 할 수 없다.

*채무불이행을 한 임차인의 부속물매수청구권(소극)

[5-4] (대판 1968. 11. 19, 68다1780) 2기 이상 차임을 지급하지 않아 지연하고 있는 임차인은 제643조에 의한 매수청구권을 행사할 수 없다.

[5-5] (대판 1990. 1. 23, 88다카7245·7246·7252) 임대차계약이 임차인의 채무불이행으로 인하여 해지된 경우에는 임차인은 제646조에 의한 부속물매수청구권이 없다.

*부속물매수청구권 행사에 따른 효과

[5-6] (대판 1998. 5. 8, 98다2389) 토지 임차인의 매수청구권행사로 지상 건물에 대하여 시가에 의한 매매 유사의 법률관계가 성립된 경우에는 임차인의 건물명도 및 그 소유권이전등기의무와 토지 임대인의 건물대금지급의무는 서로 대가관계에 있는 채무가 되므로, 임차인이 임대인

에게 매수청구권이 행사된 건물들에 대한 명도와 소유권이전등기를 마쳐 주지 아니하였다면 임대인에게 그 매매대금에 대한 지연손해금을 구할 수 없다.

[5-7] (대판 1981.11.10, 81다378) 임차인이 임대인의 동의를 얻어 전대한 경우에 전차인은 임대인에 대하여 그 사용의 편익을 위하여 임대인의 동의를 얻어 시설한 부속물의 매수청구권을 행사할 수 있고, 임대인을 대위하여 명도청구를 하는 원고에 대하여도 부속물 매수대금지급시까지의 연기적 항변권을 주장할 수 있다.

[5-8] (대판 1977.12.13, 77다115) 임차인의 부속물매수청구권은 그가 건물 기타 공작물을 임대차한 경우에 생기는 것(제646조)이고, 보증금반환청구권은 본조에서 말하는 그 건물(유가증권)에 관하여 생긴 채권이 아니기 때문에, 토지임차인은 임차지상에 해 놓은 시설물에 대한 매수청구권과 보증금반환청구권으로서 임대인에게 임차물인 토지에 대한 유치권을 주장할 수 없다.

*임차권양수인의 부속물매수청구권

[5-9] (대판 1995.6.30, 95다12927) 점포의 최초 임차인이 임대인측의 묵시적 동의하에 유리출입문, 새시 등 영업에 필요한 시설을 부속시킨 후, 그 점포의 소유권이 임차보증금반환채무와 함께 현 임대인에게 이전되고 점포의 임차권도 임대인과의 사이에 시설비지급 여부 또는 임차인의 원상회복의무에 관한 아무런 논의없이 현 임차인에게 전전승계되어 왔다면, 그 시설대금이 이미 임차인측에 지급되었다거나 임차인의 지위가 승계될 당시 유리출입문 등의 시설은 양도대상에서 특히 제외하기로 약정하였다는 등의 특별한 사정이 인정되지 않는 한, 종전 임차인의 지위를 승계한 현 임차인으로서는 임차기간의 만료로 임대차가 종료됨에 있어 임대인에 대하여 부속물매수청구권을 행사할 수 있다.

[6] 임차보증금반환채권에 관한 압류·전부명령의 효력

[6-1] (대판 1987.6.23, 87다카98) 임차인 A의 채권자 C가 A의 임대인 B에 대한 임차보증금반환청구채권을 전부받았다고 하더라도, 그 전부명령과 이에 의한 집행채권 소멸의 효력은 명도시에 구체적으로 청산절차를 거치고 남은 금액을 기준으로 하여 발생하는 것이므로, B의 위 보증금반환채무는 거기에서 A의 미지급 채무금을 공제하고 나면 남는 것이 없어, C가 받은 위 전부명령은 그 효력을 발생할 수 없다.

[6-2] (대판 1988.1.19, 87다카1315) 임차보증금을 피전부채권으로 하여 전부명령이 있을 경우에도 제3채무자인 임대인은 임차인에게 대항할 수 있는 사유로서 전부채권자에게 대항할 수 있는 것이어서 건물임대차보증금의 반환채권에 대한 전부명령의 효력이 그 송달에 의하여 발생

한다고 하여도 위 보증금반환채권은 임대인의 채권이 발생하는 것을 해제조건으로 하는 것이므로 임대인의 채권을 공제한 잔액에 관하여서만 전부명령이 유효하다.

[6-3] (대판 2002.7.26, 2001다68839) 임차인의 임차보증금반환청구채권이 전부된 경우에도 채권의 동일성은 그대로 유지되는 것이어서 동시이행관계도 당연히 그대로 존속한다고 해석할 것이므로 임대차계약이 해지된 후에 임대인이 잔존 임차보증금반환청구채권을 전부받은 자에게 그 채무를 현실적으로 이행하였거나 그 채무이행을 제공하였음에도 불구하고 임차인이 목적물을 명도하지 않음으로써 임차목적물반환채무가 이행지체에 빠지는 등의 사유로 동시이행의 항변권을 상실하게 되었다는 점에 관하여 임대인이 주장·입증을 하지 않은 이상 임차인의 목적물에 대한 점유는 동시이행의 항변권에 기한 것이어서 불법점유라고 볼 수 없다.

관련사례 48-1 賃借權의 無斷讓渡와 賃借土地의 無斷轉貸

≪설 문≫

건물의 소유를 목적으로 A는 B로부터 그 소유 丙토지를 임차하고, 그 위에 甲건물을 신축한 후 건물을 C에게 임대하였다. 그후 C는 A의 동의를 얻어 자신의 비용으로 甲건물과 벽을 공동으로 하여 별도의 乙건물을 증축하고 여기에서 음식점을 경영하였다. B는 A가 무단으로 C의 증축을 인정한 것은 토지임차권의 무단양도 혹은 임차토지의 무단전대라고 주장하면서 甲 및 乙건물의 철거 및 토지인도를 청구하였다.

이러한 B의 청구가 인용될 수 있는지를 검토하시오.

풀이제안

Ⅰ. 논점분석

(1) 乙건물이 甲건물에 부합되었는지 여부를, (2) A의 C에로의 임

차권의 무단양도 및 임차토지의 무단전대가 성립하는지 여부를, (3) (2)의 물음이 긍정되는 경우 그에 따른 법률효과로서 B의 임대차관계의 해지가 적법한지를 순차적으로 검토해야 한다.

Ⅱ. A와 C의 권리

신축된 甲건물의 소유자 A는 丙토지의 소유자 B와 건물의 소유를 목적으로 한 丙토지에 관한 임대차계약을 체결하였다(제618조). A가 甲건물의 보존등기를 하였다면 B에 대한 토지임차권은 등기되지 않은 경우라도 제3자에 대하여 대항력을 갖는다(제622조 제1항 참조). 한편 A와 C는 甲건물에 대한 임대차계약을 체결하였는바(제618조), 건물의 임대차는 그 건물의 소유를 목적으로 하는 토지의 임차권을 수반한다. 왜냐하면 '종물은 주물의 처분에 따른다'는 제100조 제2항은 주종관계가 성립하는 권리 상호간에도 유추적용되기 때문이다(판례 참조 [1]). 그러므로 A는 甲건물의 소유를 목적으로 임차한 B 소유의 丙토지를 C에게 전대한 것으로 볼 수 있다(제629조 참조). 이때에 토지소유자 B의 동의가 필요한지는(제629조) 의문이다. 제100조 제2항의 입법취지를 고려하거나 건물의 소유를 목적으로 임차한 토지를 건물과 함께 임대하더라도 토지임대인에게는 하등의 불이익이 없음을 고려할 때 B의 동의가 있어야만 전대가 유효하다고 볼 것은 아니다. 이러한 맥락에서 A와 C 사이의 토지에 관한 전대차는 적법한 것으로 유효하며, 따라서 甲건물의 임차인 C는 A가 갖는 토지임차권의 범위내에서 그 토지를 사용·수익할 수 있다(제654조, 제610조 제1항).

Ⅲ. A에서 C에로의 토지임차권의 무단양도 또는 A의 C에 대한 무단전대 성립 여부

1. 문 제 점

사례에서 丙토지의 임차인 A가 그 토지의 소유자 B와 아무런 상의도 없이 자신 소유의 甲건물의 임차인 C에게 甲건물의 증축에 동의하였다면 이를 토지임차권의 무단양도 또는 토지임차권에 기한 무단전대로 볼 수 있는지가 문제된다. 이는 A, B, C 사이의 기초적 법률관계를 바탕으로 하여 C가 증축한 부분(乙건물)의 소유권이 누구에게 귀속되느냐를 기준으로 해결되어야 할 것이다. 다시 말하면 건물의 증·개축부분이 기존건물에 부합되느냐(제256조) 하는 문제로 귀착된다. 왜냐하면 증축부분이 부합에 의하여 A의 소유로 되면 토지임차권의 무단양도 또는 토지임차권에 기한 무단전대의 문제는 발생하지 않으나, 증축부분이 C의 소유로 되면 무단양도 또는 무단전대가 문제될 수 있기 때문이다. 따라서 우선 제256조의 요건이 충족되는지 여부를 검토하여야 한다.

2. 부합인지 여부

(1) 부합의 의의

부합은 소유자를 달리하는 수개의 물건이 사회경제상 하나의 물건과 같이 결합된 경우에 이를 원상으로 복귀시키는 것이 불가능하지는 않더라도 이를 분리하는 것이 사회경제상 커다란 불이익을 가져올 때 이를 어느 한 사람의 소유에 귀속시키는 제도이다. 따라서 예컨대 사례와 같이 증·개축된 부분은 부합의 법리에 따라 기존건물의 소유자에게 귀속되는 것이 원칙이다(제256조 본문). 그러나 건물소유자의 동의를 얻어 증·개축한 경우에는 처음부터 증·개축이 '권원'에 의한 것이라 할 수 있으므로 증·개축된 부분의 소유권은 증·개축한 자에게 귀속될 수 있다(제256조 단서). 다만 권원에 의하여 증·개축한 경우라 하더라도 증·개축한 자의 소유로 되기 위해서는 그 부분이 독립성을 갖추어야 한다(판례 [2-3] 참조).

(2) 독립성의 판단

중·개축부분의 독립성 유무를 판단하는 데 있어서는 구조상의 독립성과 기능상의 독립성이 기준으로 된다(판례 [2-1], [2-2] 참조). 구조상의 독립성이란 증·개축부분이 기존건물과 확정적으로 차단되어 전유부분이 존재하고 독립된 출입구가 존재하는 것 등을 말하며, 기능상의 독립성이란 증·개축부분이 경제적으로 독립된 효용가치를 보유하고 있음을 말한다. 그러나 구조상의 독립성과 기능상의 독립성은 명확하게 구별되지 않으며 대개 후자가 전자를 전제로 하는 불가분적 일체관계에 있다. 이상의 판단기준에 의하여 증·개축부분의 독립성이 인정되면 증·개축부분은 기존건물의 소유권과는 독립된 별개의 소유권의 객체로 된다(제256조 단서). 그러나 증·개축부분이 독립성을 갖지 않는다고 판단되면 제256조 단서의 '권원에 의하여 부속된 것'이라고 하여도 기존건물에 부합된다(제256조 본문).

(3) 사안의 검토

사례에서 甲건물의 임차인 C는 임대인이자 건물소유자인 A의 동의를 얻어 건물을 증축하였으므로 일단 제256조 단서를 충족하였다. 따라서 증축부분은 그 독립성이 인정되는 한 C의 소유로 되고, 독립성이 부정되면 A의 소유로 된다(제256조 본문).

사례의 지문에 따르면 C가 A의 동의를 얻었을 뿐만 아니라, 乙건물을 자신의 비용으로 증축하여 음식점으로 사용하고 있다는 점으로 미루어 ―비록 甲건물과 벽을 공동으로 하고 있기는 하지만― 출입구의 구조나 사회경제상의 관점에서 독립성을 가지고 있을 가능성이 크다고 판단된다. 따라서 C는 A의 동의를 얻어, 다시 말하면 권원에 의하여 乙건물을 증축한 것이고, 그 건물이 독립성을 가지고 있으므로 증축부분의 소유권은 그 건물의 임차인 C에게 귀속한다.

Ⅳ. 설문에 대한 해답

사례에서 C가 증축한 부분은 권원에 의하여 증축되었고 독립성을 가진다. 따라서 그 부분, 즉 乙건물의 소유권자는 C가 되고, A와 C는 B 소유의 토지 위에 동일한 건물을 구분소유하고 있는(제215조 참조) 관계에 놓이게 된다. 비록 A와 C 사이에 甲건물의 임대차를 통하여 B의 丙토지 중 甲건물이 놓인 부지부분에 대한 전대차가 적법하게 이루어졌다고 하더라도, 그 주변에 다시 독립한 소유권의 객체인 乙건물에 의해 丙토지를 이용하는 이러한 결과는 명백히 A의 토지임차권의 범위를 벗어난 것이라고 볼 수 있다(제654조→제610조 제1항 참조).

이러한 결과를 초래한 乙건물의 증축에 대한 A의 동의는 임차목적물(B의 丙 토지)의 무단전대 또는 토지임차권의 무단양도(제629조 제1항)로 판단된다. 따라서 B는 ─임대인의 동의없는 임차권의 양도나 전대차와 관련하여 임대인의 해지권은 일정한 경우에 제한을 받기는 하지만(판례 [3-1], [3-2] 참조)─ 원칙적으로 A와의 임대차계약을 해지하고(제629조 제2항), 해지에 따른 원상회복청구권에 기하여 또는 토지소유권에 기하여(제213조, 제214조) A와 C에게 甲건물과 乙건물의 철거 및 丙토지의 인도를 청구할 수 있다.

≪관련판례≫

[1] 제100조 제2항의 '종된 권리'에의 유추적용 여부(적극)

(대판 1996.4.26, 95다52864) 저당권의 효력이 저당부동산에 부합된 물건과 종물에 미친다는 제358조 본문을 유추하여 보면 건물에 대한 저당권의 효력은 그 건물에 종된 권리인 건물의 소유를 목적으로 하는 지상권에도 미치게 되므로, 건물에 대한 저당권이 실행되어 경락인이 그 건물의 소유권을 취득하였다면 경락 후 건물을 철거한다는 등의 매각조건에서 경매되었다는 등 특별한 사정이 없는 한, 경락인은 건물 소유를 위한 지상권도 제187조의 규정에 따라 등기없이 당연히 취득하게 되고, 한편 이 경우에 경락인이 건물을 제3자에게 양도한 때에는, 특별한 사정이 없는 한 제100조 제2항의 유추적용에 의하여 건물과 함께 종된 권리인 지상권도 양도하기로 한 것으로 봄이 상당하다.

[2] 증·개축부분의 기존건물에의 부합 여부

[2-1] (대판 1977.5.24, 76다464) 기존건물 위에 거의 같은 넓이와 크기의 2층을 증축한 경우 증축부분이 기존가옥 부분과의 관계에 있어서 구조상으로 경계가 명확하고 피차 차단되어 있어 그 자체의 전용부분이 있다고 보이며 이것이 이용상으로 보아서 소유권의 객체가 될 만한 것이라면 이를 기존부분에 종속되거나 부종되었다고 볼 이유가 없고 이 부분이 구분소유권의 객체가 된다고 할 것이다.

[2-2] (대판 1991.4.12, 90다11967) 주건물에 부합된 건물인가 하는 판단기준의 하나는 과연 부속된 부분이 독립한 건물로서의 가치와 기능을 시인할 수 있는가 아니면 오로지 주건물에 부착되어 분리하여서는 독립된 건물로서의 가치가 없고 주건물의 사용편의에 제공될 뿐인가 하는 것이다.

[2-3] (대판 1999.7.27, 99다14518) 임차인이 임차한 건물에 그 권원에 의하여 증축을 한 경우에 증축된 부분이 부합으로 인하여 기존건물의 구성부분이 된 때에는 증축된 부분에 별개의 소유권이 성립할 수 없으나, 증축된 부분이 구조상으로나 이용상으로 기존건물과 구분되는 독립성이 있는 때에는 구분소유권이 성립하여 증축된 부분은 독립한 소유권의 객체가 된다.

[3] 임차권의 무단양도 또는 임차물의 무단전대와 임대인의 해지권 제한

[3-1] (대판 1993.4.27, 92다45308) ① 제629조는 임차인은 임대인의 동의없이

그 권리를 양도하거나 전대하지 못하고, 임차인이 이에 위반한 때에는 임대인은 계약을 해지할 수 있다고 규정하고 있는바 이는 민법상의 임대차계약은 원래 당사자의 개인적 신뢰를 기초로 하는 계속적 법률관계임을 고려하여 임대인의 인적 신뢰나 경제적 이익을 보호하여 이를 해치지 않게 하고자 함에 있으며, 임차인이 임대인의 승낙없이 제3자에게 임차물을 사용·수익시키는 것은 임대인에게 임대차관계를 계속시키기 어려운 배신적 행위가 될 수 있는 것이기 때문에 임대인에게 일방적으로 임대차관계를 종지시킬 수 있도록 하고자 함에 있다. ② 임차인이 임대인으로부터 별도의 승낙을 얻은 바 없이 제3자에게 임차물을 사용·수익하도록 한 경우에 있어서도 임차인의 당해 행위가 임대인에 대한 배신적 행위라고 인정할 수 없는 특별한 사정이 있는 경우에는 위 법조항에 의한 해지권은 발생하지 않는다(임차권의 양수인이 임차인과 부부로서 임차건물에 동거하면서 함께 가구점을 경영하고 있는 등의 사정은 이러한 '특별한 사정'에 해당한다).

[3-2] (대판 1995.7.25, 94다46428) 건물 소유를 목적으로 한 대지 임차권을 가지고 있는 자가 위 대지상의 자기소유건물에 대하여 제3자에 대한 채권담보의 목적으로 제3자명의의 소유권이전등기를 경료하여 준 이른바 양도담보의 경우에는, 채권담보를 위하여 신탁적으로 양도담보권자에게 건물의 소유권이 이전될 뿐 확정적·종국적으로 이전되는 것은 아니고 또한 특별한 사정이 없는 한 양도담보권자가 건물의 사용수익권을 갖게 되는 것도 아니므로, 이러한 경우 위 건물의 부지에 관하여 제629조 소정의 해지의 원인인 임차권의 양도 또는 전대가 이루어지지 않았다고 해석함이 상당하다.

[債　權　法]

事例　49

製作物供給契約, 受給人의 擔保責任

≪설 문≫

A는 자신의 공장에서 필요한 부품을 일정규격의 설계에 따라 제조하여 납품해줄 것을 B에게 의뢰하였다.

(1) B의 공장에서 발생한 원인불명의 대형화재로 부품이 전부 멸실된 경우, 부품제조완료 이전의 시점과 제조완료 후 A에로의 인도 이전의 시점으로 구분하여 A가 약정한 보수를 B에게 지급해야 하는지를 검토하시오.

(2) B가 납품한 부품이 설계상의 규격에 맞지 않은 경우 A를 위한 법적 구제방법을 검토하시오.

목차제안

2. 도급관계에 있어서의 위험부담
(1) 문제의 소재
(2) 제작물의 완성 전에 목적물이 멸실된 경우
1) 재제작이 불가능한 경우
2) 재제작이 가능한 경우
3) 사안의 검토
(3) 제작물의 완성 후 인도 전에 목적물이 멸실된 경우
1) 제작물의 소유권귀속과 수급인의 기본의무
2) 사안의 검토
3. 소 결
Ⅲ. 설문(2): B의 하자담보책임을 이유로 한 A의 권리
1. A에 대한 B의 하자담보책임
(1) 수급인의 담보책임의 성립요건
(2) 도급인의 검수의무 인정 여부
(3) 수급인의 담보책임의 내용
1) B에 대한 A의 하자보수청구권
2) B에 대한 A의 손해배상청구권
가) 견해의 대립
나) 견해의 검토
3) B에 대한 A의 보수감액(청구)권
4) A의 계약해제권
가) 상당기간을 정한 최고가 필요한지 여부
나) 도급인의 손해배상청구 가부
2. 소 결
Ⅳ. 설문(1) 및 (2)에 대한 해답

풀이제안

Ⅰ. 논점분석

제작공급자인 B는 부품의 제작이라는 일을 완성해야 하고 완성된 물건(부품)의 소유권을 주문자인 A에게 이전하여야 한다. 즉, A와 B 사이

에는 제작물공급계약이 체결된 것으로 보인다. 제작물공급계약이 문제되는 경우 그 해결은 제작자가 완성하여 공급해야 할 제작물이 대체물인가 부대체물인가의 판단 여하에 좌우된다. 왜냐하면 전자의 경우에는 전적으로 매매에 관한 규정이, 후자의 경우에는 도급에 관한 규정도 적용될 여지가 있기 때문이다.

설문(1)의 경우 제작물이 불가항력에 의해 멸실되었으므로, 우선은 제작자의 제작물공급의무가 존속하는지 여부가, 이를 부정하는 경우 주문자의 보수지급의무가 존속하는지를 검토해야 한다. 후자의 경우 주문자의 보수지급의무의 존부는 반대급부(대가)위험부담의 문제와 관련된다. 설문에 따라 제작물이 완성되기 전의 시점과 제작은 완성되었으나 아직 도급인에게 제작물이 인도되지 않은 시점으로 구분하여 이 문제를 검토하기로 한다.

설문(2)에서는 주문자에게 공급한 제작물의 하자에 따른, 제작자의 책임이 문제된다. A와 B 사이의 제작물공급계약에 관하여 도급에 관한 법률규정이 적용될 수 있다면 매매에 관한 규정 이외에도 수급인의 담보책임에 관한 특별규정인 제667조 내지 672조의 적용을 고려하여 B의 법적 구제수단을 검토하기로 한다.

Ⅱ. 설문(1): A에 대한 B의 보수지급 내지 보수증액의 청구권

1. A와 B의 제작물공급계약관계

(1) 제작물공급계약의 의의

A와 B는 물건의 제작 및 공급에 관한 계약을 체결하였다. 이 계약은 부품의 제작이라는 일의 완성과 그 완성품의 공급이라는 재산권의 이전(제664조)을 그 내용으로 한다. 제작물공급계약은 제작자가 자기의 재료를 사용하여 주문자가 주문한 물건을 제작·완성하여 도급인(주문자)에게 그 목적물의 소유권을 이전해야 할 의무를 부담하는 한편, 주문자는 이에 대해 보수를 지급할 의무를 부담하는 쌍무·유상계약이다. 물론 민법에 실

제로 규율된 전형계약의 한 종류는 아니다.

(2) 문 제 점

주문받은 것과 동종·동규격의 물건을 만들어서 급부하는 경우 제작자가 자신의 재료를 사용하여 물건을 제작·공급하는 때에는 일의 완성뿐만 아니라, 그 물건의 소유권도 이전해야 하므로 매매에 관한 규정을 적용할 것인가, 도급에 관한 규정을 적용할 것인가가 문제된다. 반면 예컨대 병의 치료, 주택의 수리, 도급인이 공급한 재료로 물건을 만드는 경우와 같이 일의 완성만을 목적으로 하는 이른바 순수한 도급의 경우에는 물건소유권의 이전문제는 발생하지 않으며 도급규정만이 적용된다.

따라서 A와 B가 체결한 제작물공급계약의 유형과 법적 성질이 우선 검토되어야 한다. 제작물공급계약을 어떤 성질의 계약유형으로 볼 것인가에 따라 위험부담규정(제537조, 제538조)과 하자담보책임규정(제580조, 제581조, 제667조)의 적용여부가 달라질 수 있다.

(3) 제작물공급계약의 법적 성질

1) **견해의 대립** 제작물공급계약의 법적 성질에 관하여는 민법에 명문규정이 없기 때문에 견해가 나뉜다. 첫째 당사자의 의사를 표준으로 하여 일의 완성을 계약의 목적으로 하는 때에는 도급이고, 목적물의 소유권이전을 목적으로 하는 때에는 매매로 보는 견해, 둘째 도급과 매매에 관한 양 규정을 모두 적용해야 할 혼합계약으로 파악하는 견해(이은영, 채권각론(제3판), 511면), 셋째 제작물이 대체물인 경우는 매매이고 부대체물인 경우는 도급으로 파악해야 한다는 견해(곽윤직, 채권각론, 252면 이하), 넷째 거래의 성질에 따라서 당사자의 의사를 유형화하고 각 유형에 따라 그것이 도급이냐 매매냐의 어느 한쪽으로 구별해야 한다는 견해(김증한, 채권각론, 309면)가 있다.

2) **판례의 태도** 판례에 따르면 제작물공급계약에는 도급의 성질과 매매의 성질이 병존하며 제작물공급계약의 목적물이 대체물일 때에는 매매로 보아 매매에 관한 규정이 적용된다고 보아도 무방할 것이나, 그 목적물이 특정주문자의 수요를 충족시키기 위한 부대체물인 때에는 그 제조가 계약의 주목적이 되어 도급의 성질이 강하므로 이에는 매매의 규정이 당연히 적용된다고 할 수 없다고 한다(판례참조 [1-1]). 즉, 제작물이 부대

체물인 경우에는 당해 물건의 공급과 함께 그 제작이 계약의 주목적이 되어 도급의 성질을 띤다고 한다(판례 [1-2], [1-3] 참조).

3) **견해의 검토** 제작물공급계약은 일종의 혼합계약이다(김형배, 채권각론 [계약법], 664면 이하 참조). 수급인이 자기 재료를 사용하여 제작한 물건을 도급인에게 공급해야 할 의무를 부담하는 경우를 널리 제작물공급계약으로 이해하면 수급인이 부대체물뿐만 아니라, 대체물의 제작을 의뢰받은 경우도 모두 제작물공급계약으로 파악하게 된다. 그러나 수급인이 대체물의 제작을 주문받은 경우에 이미 제작된 재고품이 있거나, 다른 동업자로부터 그와 같은 물건을 조달받을 수 있을 때에는 수급인이 주문받은 물건을 직접 제작하여 공급하지 않았다고 해서 이를 채무불이행이라고 할 수는 없다. 따라서 이때에는 수급인의 물건의 제작 내지 일의 완성이라는 행위는 계약의 필수적 요소가 되지 않기 때문에 이러한 경우를 제작물공급계약에 포함시킬 필요는 없다.

따라서 본래적 의미의 제작물공급계약은 수급인이 자기의 재료를 사용하여 도급인이 주문한 부대체물을 제작·완성하여 도급인에게 그 목적물의 소유권을 이전해야 할 의무를 부담하고, 도급인은 이에 대하여 보수를 지급할 의무를 지는 쌍무계약으로서 일의 완성과 소유권이전이라는 도급계약과 매매계약의 두 요소가 합체된 혼합계약으로 파악하는 것이 타당하다. 이러한 맥락에서 수급인이 도급인으로부터 제작을 의뢰받은 목적물이 대체물인 경우에는 일반상품으로서의 성질이 많으므로 소유권이전을 목적으로 하는 매매로 보아야 하고, 부대체물인 경우에는 도급으로 해석하는 것이 타당하다(판례 [1] 참조). 주의할 것은 부대체물에 관한 제작물공급계약은 도급계약으로서의 성질 이외에도 재산권의 이전이라는 매매의 요소도 함께 보유하고 있다는 점이다. 즉, 제작된 부대체물의 소유권이전에 관해서는 매도인의 권리하자에 관한 담보책임이 적용된다. 도급계약에는 권리하자에 관한 규정이 존재하지 않기 때문이기도 하다.

4) **사안의 검토** 사례에서 A가 주문한 것은 시장에서 일반적으로 유통되고 있는 객관적 규격의 제품이 아니라, 공장에서 특정한 제품의 생산을 위하여 일정규격의 설계에 따라 제작될 부품이므로 이는 특

정주문자(A)의 수요를 충족시키기 위한 부대체물이라고 판단된다. 따라서 A와 B의 제작물공급계약의 주목적은 제작이며, 공급이 아니기 때문에 그들 사이에는 원칙적으로 도급관계가 성립하고(제664조), 물건의 제작에 관한 한 도급규정이 적용된다(제665조 내지 제674조). 다만, B는 제작물의 소유권을 매매규정에 따라 A에게 이전해야 한다.

2. 도급관계에 있어서의 위험부담

(1) 문제의 소재

도급관계에 있어서 위험부담의 문제(자세한 것은 김형배, 채권각론[계약법], 645면 이하 참조)는 수급인의 '일을 완성할 채무'가 수급인의 책임없는 사유로 불능이 되어 소멸한 경우에 도급인의 보수지급의무는 어떻게 되는가 하는 것이다. 사례의 경우 제작물의 완성과 공급의무를 부담하고 있는 B의 급부가 원인불명의 화재(불가항력)로 불능이 되었으므로 누가 반대급부(보수지급)위험을 부담해야 하는지가 문제된다.

(2) 제작물의 완성 전에 목적물이 멸실된 경우

이미 설명한 바와 같이 부대체물의 경우 도급규정이 적용되어야 하지만, 민법에는 이에 관한 규정이 없다. 따라서 도급도 쌍무계약이므로, 계약에 관한 민법의 일반규정에 따라 채무자위험부담의 원칙이 적용되어야 한다(제537조). 다만, 특정회사의 특정제품을 위한 부품은 부대체물이나, 그 부품이 다시 제작이 가능한지 여부에 따라 권리상황이 달라진다.

1) **재제작이 불가능한 경우** 우선 제작중이던 부품이 수급인의 귀책사유 없이 멸실되고 그 부품의 재제작이 사회통념상 불가능하게 된 경우, 수급인은 자신의 채무를 면하지만 지출한 비용은 물론이고 보수도 청구할 수 없다. 즉, 급부위험은 도급인이 부담하지만, 반대급부위험은 수급인이 부담하게 된다(곽윤직, 채권각론, 264면; 김주수, 채권각론, 393면; 김형배, 채권각론[계약법], 646면).

2) **재제작이 가능한 경우** 반면 제작중이던 부품이 수급인의 귀책사유 없이 멸실되고, 그 부품의 재제작이 여전히 가능한 경우에는 수급인의 '일을 완성할 의무'는 원칙적으로 소멸하지 않는다. 또한 제537조의 취지에 비추어 수급인은 보수의 증액을 도급인에게 요구할 수도 없다. 즉,

급부위험과 대가위험(반대급부위험)을 모두 수급인이 부담하게 된다(김형배, 채권각론[계약법], 647면).

3) **사안의 검토** 사례에서 제작중이던 부품이 B의 귀책사유 없이(즉, 양 당사자의 귀책사유 없이) 멸실된 경우, 그 부품의 재제작이 불가능하다면 B는 제작의무는 면하지만, A에 대한 B의 보수지급청구권은 인정되지 않는다. 만일 B가 이미 보수의 일부 또는 전부를 지급받았다면 이를 부당이득으로서 A에게 반환하여야 한다.

부품의 제작이 여전히 가능하다면 A는 제작의무를 면하지 못한다. 그렇다고 재제작에 들어가는 비용을 보수증액의 형태로 요구할 수도 없다.

(3) 제작물의 완성 후 인도 전에 목적물이 멸실된 경우

1) **제작물의 소유권귀속과 수급인의 기본의무** 부대체물에 관한 제작물공급계약에 있어서는 수급인이 재료의 전부 또는 주요 부분을 제공한 경우에 완성된 물건의 소유권은 원시적으로 수급인에게 귀속한다는 것이 판례(판례 [2-1] 내지 [2-3] 참조)와 학설(예컨대 곽윤직, 채권각론, 256면; 김형배, 채권각론[계약법], 618-619면 참조. 다만 신축된 건물의 소유권귀속의 문제와 관련하여서는 관련판례 [2-4] 내지 [2-6] 참조)의 일치된 견해이다. 따라서 이 경우에 수급인은 도급인에 대하여 일을 완성할 의무뿐만 아니라 목적물인도 및 소유권이전의무를 부담한다.

제작물의 완성 후 특히 인도를 요하는 경우에 이 목적물인도의무는 수급인의 기본의무인 '일을 완성할 의무'의 한 연장된 내용으로 이해될 수 있다. 이러한 이유에서 목적물의 인도를 요하는 경우에 보수는 그 완성된 목적물의 인도와 동시에 지급하도록 규정되어 있으며(제665조), 인도하기 전에는 완성된 제작물이라 할지라도 여전히 수급인이 그 멸실에 따른 위험을 부담해야 한다. 즉, 제665조에 따라 그 위험의 이전시기는 목적물의 인도시점이라고 할 수 있다(본래적 의미의 제작물공급계약의 도급계약적 성격을 감안할 때, 이는 '도급인의 검수가 있을 때'로 수정 해석될 수 있다. 자세한 것은 김형배, 채권각론[계약법], 649면 이하 참조). 결국 제작물이 완성된 후 인도 전에 양 당사자의 귀책사유 없이 멸실된 경우에도 수급인은 반대급부위험을 부담해야 한다. 다만 위 (1)에서 설명한 것과 마찬가지로 물건의 재제작이 여전히 가능한지의 여부에 따라 수급인의 제작의무의 존속 여부가 달라질 뿐이다. 그러나 어느 경우에도 도급인에 대한 수급인의 보수지급 내지 보수증액의 청구권은 인정될 수 없다(제537조).

2) **사안의 검토** 사례에서는 제작물의 완성과 소유권이전이 결

합되어 있는 제작물공급계약이 체결된 것이므로 수급인 B가 제작물을 완성하였다는 것만으로는 그의 채무를 이행하였다고 할 수 없고, 제작물을 A에게 인도하여 소유권을 이전함으로써 비로소 그의 채무는 이행된다. 부품이 제작완료 후 인도 전에 전부 멸실되었으므로 B는 A에 대하여 보수의 지급을 청구할 수 없다.

3. 소 결

A와 B는 부대체물의 제작 및 공급을 목적으로 하는 제작물공급계약을 체결하였다. 이는 혼합계약으로서 '물건의 제작'이라는 측면에서는 도급계약의 요소를, '물건의 소유권이전'이라는 측면에서는 매매계약의 요소를 가진다.

부대체물로서의 특정물인 부품이 완성되기 전에 수급인 B의 귀책사유 없이 멸실되었다. 이러한 경우, 그 재제작이 불가능하면 B의 일을 완성할 채무는 소멸한다. 반면 부품의 재제작이 가능하면 B의 채무는 소멸하지 않고 존속한다. 어느 경우에나 B는 A에게 보수지급 또는 보수증액의 청구를 할 수 없다.

부대체물로서의 특정물인 부품이 완성되었으나(김형배, 채권각론[계약법], 618, 642면 참고), 수급인 B의 귀책사유 없이 도급인에게 인도되기 전 내지는 도급인이 이를 검수하기 전에 멸실된 경우에도 B의 권리상황은 동일하다.

Ⅲ. 설문(2): B의 하자담보책임을 이유로 한 A의 권리

1. A에 대한 B의 하자담보책임

(1) 수급인의 담보책임의 성립요건

제작물공급에 관한 도급계약관계가 인정되는 경우 도급에 관한 규정(제664조 이하)이 적용된다. 도급은 유상계약이므로 제567조에 의하여 매도인의 담보책임에 관한 규정(제575조 이하)이 준용되어야 할 것이지만, 수급인의 담보책임에 대해서는 민법이 특별규정(제667조 내지 제672조)을 두고 있다.

수급인이 담보책임을 부담하기 위해서는 (i) 완성된 목적물 또는 완성 전의 성취된 부분에 하자가 존재해야 한다(제667조, 제668조, 판례 [3-1] 참조). 하자의 개념과 관련하여서는 견해가 나뉜다(하자의 개념에 관하여 보다 자세한 것은 김형배, 민법학강의(제6판), 1311면 이하 참조). 객관적 하자설에 따르면, 권리 및 물건 자체에 결함이 있는지 여부를 판단하는 기준은 해당 종류의 권리 또는 물건이 통상 갖추고 있어야 할 상태·품질·성능이라고 한다(곽윤직, 채권각론, 179면 등). 이에 대해 주관적 하자설은 목적물이 계약에 의하여 합의된 성상에 적합하지 않은 경우, 즉 당사자 쌍방이 계약체결 당시 전제로 한 성상이 결여된 경우에 비로소 하자가 있다고 한다(이은영, 채권각론, 219면 등). 하자존부의 판단은 결국 의사표시로 정한 채무내용에 관한 해석문제이므로 주관적 하자설이 보다 설득력을 가진다(판례 [3-2], [3-3] 참조)(주관적 하자설을 따르더라도 당사자 쌍방의 의사가 불분명한 경우에는 객관적으로 그 물건이 지녀야 할 것으로 기대되는 품질이나 성능이 결여된 때에 하자가 존재하는 것이 된다. 김형배, 채권각론[계약법], 351면 이하 참조). (ii) 목적물의 하자가 도급인이 제공한 재료의 성질 혹은 도급인의 지시에 기인하는 경우가 아니어야 한다(판례 [3-4] 참조). (iii) 수급인의 귀책사유는 요구되지 않는다. 즉 수급인의 담보책임은 과실을 요구하지 않는 결과책임이다. 끝으로 (iv) 당사자 사이에 면책특약이 없어야 한다(판례 [3-5] 참조).

(2) 도급인의 검수의무 인정 여부

제작물공급계약이 가지는 도급계약으로서의 특성상 목적물의 하자는 목적물의 인도와 동시에 행해지는 목적물에 대한 도급인의 점검과정, 즉 이른바 검수(檢收)에서도 발견될 수 있다. 수급인이 계약내용에 좇아 완성한 목적물을 인도한 때에는 도급인은 이를 점검하여 일의 결과가 계약내용에 합치하는지를 살펴보고 하자가 있는 때에는 이를 수급인에게 알리거나, 어떤 하자도 없는 경우에는 이를 계약이행의 목적물로서 시인하고 수취함으로써 도급계약관계를 종결시키면서 수급인이 불이행으로 인한 책임을 면할 수 있도록 적극적으로 협력할 책무가 있다.

물론 민법에는 도급인의 목적물 점검 내지 검수에 관한 명문규정이 없지만, 이는 '도급인이 주문한 일을 수급인이 제대로 완성한다'는 도급계약의 특성으로부터 당연히 추론될 수 있다. 도급인에게 계약상 부과되는 검수 '의무'는 채무라기보다는 책무(責務)로 이해해야 한다. 따라서 도급인이 필요한 점검을 하지 않은 채 목적물을 수취한 때에는 그로 인하여 발생한 불이익은 도급인에게 귀속하며, 도급인이 필요한 점검을 실시하지 않음으로써 발견하지 못한 '드러난 하자'와 관련하여서는 수급인에게 담보책임을 물을 수 없다고 해석해야 한다(그 밖의 도급인의 검수에 따른 법률효과와 관련하여서는 김형배, 채권각론[계약법], 644면 참조).

(3) 수급인의 담보책임의 내용

수급인이 납품한 부품을 도급인이 점검 내지 검수하는 단계에서 계약내용이나 거래관념의 객관적 기준에 비추어 완성된 부품에 하자가 발견된 경우, 또는 숨겨진 하자가 검수 이후 담보책임의 제척기간내에 발견된 경우에 수급인은 담보책임을 부담하며, 도급인은 하자보수청구권(제667조 제1항 본문), 손해배상청구권(제667조 제2항), 그리고 계약해제권(제668조)을 가질 수 있다.

이미 설명했듯이 A가 검수과정에서 부품에 하자있음을 알면서 아무런 이의를 보류함이 없이 부품을 인도받았다면, 이는 B가 계약내용에 좇아 일을 완성하였음을 A가 시인한 것으로 해석되므로 B의 하자담보책임은 성립하지 않는다.

1) **B에 대한 A의 하자보수청구권** 수급인이 제작하여 납품한 목적물에 하자가 있는 경우에 도급인 A는 상당한 기간을 정하여 그 하자의 보수를 청구할 수 있으며(제667조 본문), 그와 함께 보수를 하여도 남게 되는 손해의 배상을 청구할 수 있다(제667조 제2항). 또한 수급인 B가 그 기간내에 하자를 보수하지 않은 경우에도 도급인 A가 보수청구권을 포기한다는 의사표시가 없는 한 기간이 경과하더라도 여전히 하자의 보수를 청구할 수 있다(예컨대 곽윤직, 채권각론, 259면 참조).

또한 A가 하자의 보수를 청구한 경우에 그 보수가 끝날 때까지는 B의 채무는 완전히 이행된 것이 아니므로 A의 하자보수청구권과 B의 보수지급청구권은 동시이행의 항변관계에 있다(판례 [6] 참조). 따라서 이 경우 A는 B에 대하여 보수의 지급을 거절할 수 있다.

다만, 중요하지 않은 하자의 보수에 과다한 비용을 요할 때에는 A는 하자보수 또는 하자보수에 갈음하여 손해배상을 청구할 수 없고(제667조 제1항 및 제2항 참조), 단지 그 하자로 인하여 발생한 손해만을 청구할 수 있을 뿐이다(판례 [4-1], [4-2] 참조).

2) **B에 대한 A의 손해배상청구권** 사례의 경우 A는 하자의 보수에 갈음하여 또는 보수와 함께 손해배상을 청구할 수 있다(제667조 제2항 및 판례 [4-3] 내지 [4-

5] 참조). 따라서 A는 손해배상청구와 하자보수청구 중 어느 하나를 선택적으로 행사할 수 있음은 물론(예컨대 곽윤직, 채권각론, 260면. 그러나 하자보수가 어렵지 않고, 이로 인하여 도급인에게 특별한 손해가 남지 않는 경우에는 신의칙상 도급인은 하자보수를 먼저 청구해야 한다는 견해로서 김주수, 채권각론, 399면; 김형배, 채권각론[계약법], 631면), 하자보수가 있음에도 전보되지 않는 손해가 있는 경우에는 손해배상을 아울러 청구할 수 있다. 그러나 A가 이미 하자보수를 청구한 때에는 상당한 기간이 경과해도 B가 보수를 게을리하는 경우에만 보수에 갈음하는 손해배상을 청구할 수 있다. 한편, A의 손해배상청구권도 B의 보수지급청구권과 동시이행의 관계에 있다(제667조 제3항→제536조).

수급인의 손해배상의무의 범위에 관하여 견해의 대립이 있다.

가) 견해의 대립 손해배상의 범위에 관하여는 크게, (i) 도급의 본질상 수급인은 일을 하자없이 완성해야 할 채무를 부담하므로 그의 책임은 하자있는 일의 완성으로 생긴 모든 손해에 미치고, 따라서 손해배상의 범위는 신뢰이익에 한하지 않고 이행이익의 배상에 미친다는 견해와(김주수, 채권각론, 375면; 이은영, 채권각론, 393면) (ii) 수급인의 하자담보책임은 무과실책임이므로 손해배상은 신뢰이익에 한하고, 수급인의 귀책사유가 있는 경우에만 불완전이행을 이유로 이행이익의 배상을 인정해야 한다는 견해(곽윤직, 채권각론, 258면)가 대립하고 있다.

나) 견해의 검토 매매의 경우에는 매도인이 스스로 제작한 것이 아닌 물건을 목적물로 하는 것이지만, 도급의 목적물은 수급인이 스스로 일을 해서 완성한 물건이며, 또한 수급인은 흠이 없는 일의 완성을 해야 하기 때문에 도급의 목적물에 흠이 생긴 것은 수급인이 일을 제대로 하지 않음으로써 발생한 것이라고 할 수 있다. 따라서 매매의 하자담보책임에 관한 규정은 도급의 경우에 적용되지 않는다. 이와 같은 도급의 담보책임의 성질을 감안할 때 손해배상의 범위는 신뢰이익에 그치지 않는다고 해석하는 것이 타당하다(제667조 제2항 및 판례 [4-4] 참조)(자세한 것은 김형배, 채권각론[계약법], 628면 이하 참조).

3) **B에 대한 A의 보수감액(청구)권** 부품에 하자가 있는 경우 도급인 A는 수급인 B의 보수를 형성적으로 감액하거나 또는 적어도 하자로 인한 손해를 청구할 수 있는지가 문제된다.

현행민법은 이에 관한 명문규정이 없다. 하자의 보수가 불가능하나 중요하지 않으며 그 하자를 그냥 두더라도 계약목적을 달성할 수 있는 경우라면, 도급인은 그 하자에 해당하는 부분의 비율만큼을 보수에서 공제하고 나머지 금액에 해당하는 보수만을 지급할 수 있다고 해야 할 것이다. 민법에서는 보수공제의 대상이 되는 하자부분을 손해로 파악하고 있으나(제667조 참조), 하자에 해당하는 부분의 비율로 보수를 공제할 때에는 보수감액이라는 개념이 담보책임의 내용에 더욱 적합한 것으로 판단된다(김형배, 채권각론[계약법], 635면 참조).

4) A의 계약해제권

가) 상당기간을 정한 최고가 필요한지 여부 완성된 제작물의 하자가 중대하여 계약의 목적을 달성할 수 없는 때에는 A는 계약을 해제할 수 있다(제668조 본문 및 판례 [5] 참조). 다만 도급인이 계약을 해제하기 전에 상당한 기간을 정하여 이행을 최고해야 하는가 하는 문제에 대해서는 경우를 나누어 판단해야 한다.

우선 하자가 중대하고 그 보수가 불가능한 경우 또는 수급인이 하자보수를 거부하거나, 보수가 가능하더라도 장시간이 요구되어 도급인이 계약목적을 달성할 수 없고 따라서 도급인에게 이를 기대할 수 없는 경우에는 최고없이 계약을 해제할 수 있다고 판단된다(제545조 및 제546조 참조). 반면 설령 하자가 중대하더라도 용이한 보수를 통하여 계약목적이 여전히 달성될 수 있는 경우라면 도급인은 먼저 상당한 기간을 정하여 최고를 하여야 하고, 이 상당기간이 경과하여도 수급인이 보수를 하지 않거나 또는 보수의 시도가 좌절된 경우에 비로소 계약을 해제할 수 있다고 해석해야 한다(김형배, 채권각론[계약법], 632면 참조).

나) 도급인의 손해배상청구 가부 도급인 A가 제668조 본문에 따라 계약을 해제한 경우에도 B에 대하여 손해배상을 청구할 수 있는지가 문제이다. 현행민법에는 이에 대한 명문규정이 없다. 다수설(김형배, 채권각론, 260면; 김주수, 채권각론, 378면; 이은영, 채권각론, 393면 등)은 이때에도 제551조가 적용되어 도급인은 손해배상을 청구할 수 있다고 이해한다.

그러나 제551조는 ―오히려 다수설에 따른다면― 채무자(수급인)에게 귀책사유가 있는 경우에만 적용되는 규정이다. 도급인의 해제권은 담보책임의 한 내용으로서 하자에 대한 수급인의 귀책사유를 요건으로 하지 않고 인정되는 권리이므로, 제551조는 수급인에게 하자에 대한 귀책사유가 있는 경우에 한하여 적용될 수 있는 규정으로 이해해야 한다(김형배, 채권각론[계약법], 633면 참조). 따라서 A는 하자에 대한 B의 귀책사유의 유무에 불구하고 해제권을 행사할 수 있지만, 이와 동시에 손해배상을 청구할 수 있기 위해서는(제551조) 하자에 대하여 B에게 귀책사유가 있을 것이 요구된다.

2. 소 결

이상에서 보듯이 도급인 A에게는 하자보수청구권, 손해배상청구권, 계약해제권과 경우에 따라서는 보수감액청구권이 인정된다. 다만, 수급인의 담보책임에 관한 규정(제667조 내지 제671조)은 임의규정이므로 당사자는 약정에 의하여 담보책임을 면제하거나 경감한다는 특약을 할 수 있다. 그러나 이러한 특약이 있더라도 수급인이 알면서 고지하지 않은 사실에 대해서는 그 책임을 면하지 못한다(제672조). B의 하자담보책임은 1년의 제척기간에 걸리므로 A는 목적물을 인도받은 날로부터 1년 이내에 위의 권리들을 행사해야 한다(제670조 제1항).

Ⅳ. 설문(1) 및 (2)에 대한 해답

설문(1)에서 A와 B 사이의 제작물공급계약을 혼합계약으로 이해한다면, 이는 도급계약의 요소와 매매계약의 요소를 함께 가진다. 또한 제작물인 부품은 부대체물로서 특정물이다. 따라서 부품이 완성되기 전에 수급인 B의 귀책사유 없이 멸실된 경우, 재제작이 불가능하면 B의 채무는 소멸하는 반면 부품의 재제작이 가능하면 B의 채무는 소멸하지 않고 존속한다. 어느 경우에나 B는 A에게 보수지급 또는 보수증액의 청구를 할 수 없다. 이는 부품이 완성되었으나, 도급인에게 인도되기 전 또는 도급인이 이를 검수하기 전에 멸실된 경우에도 동일하다. B가 반대급부위험을 부담하기 때문이다.

설문(2)에서 도급인 A에게는 하자보수청구권, 손해배상청구권, 계약해제권이 인정되고, 경우에 따라 보수감액청구권도 인정된다.

≪판 례≫

[1] 제작물공급계약에 적용되는 법률규정

[1-1] (대판 1987. 7. 21, 86다카2446) 당사자의 일방이 상대방의 주문에 따라 자기 소유의 재료를 사용하여 만든 물건을 공급할 것을 약정하고 이에 대하여 상대방이 대가를 지급하기로 약정하는 이른바 제작물공급계약은 그 제작의 측면에서는 도급의 성질이 있고 공급의 측면에서는 매매의 성질이 있어 이러한 계약은 대체로 매매와 도급의 성질을 함께 가지고 있는 것으로서 그 적용법률은 계약에 의하여 제작공급하여야 할 물건이 대체물인 경우에는 매매로 보아서 매매에 관한 규정이 적용된다고 할 것이나 물건이 특정의 주문자의 수요를 만족시키기 위한 부대체물인 경우에는 당해 물건의 공급과 함께 그 제작이 계약의 주목적이 되어 도급의 성질을 강하게 띠고 있다 할 것이므로 이 경우에는 매매에 관한 규정이 당연히 적용된다고 할 수 없다.

[1-2] (대판 1996. 6. 28, 94다42976) 제작물공급계약에서 물건이 특정의 주문자의 수요를 만족시키기 위한 부대체물인 경우에는 당해 물건의 공급과 함께 그 제작이 계약의 주목적이 되어 도급의 성질을 띠는 것이다.

[1-3] (대판 1990. 3. 9, 88다카31866) ① A가 B의 주문에 따라서 A 소유의 재료를 사용하여 특수하게 만든 자동차부품을 공급하고 B로부터 이를 수입하여 가는 외국의 C 외에는 이를 타에 매각처분하기가 불가능한 부대체물의 제작공급계약의 경우에는 당해 물건의 공급과 함께 그 제작이 계약의 주목적이 되어 도급의 성질을 띠게 되고 그와 같은 수급인의 하자담보책임은 무과실책임이므로 매매에 관한 제580조 제1항 단서의 조항이 적용될 여지가 없다. ② 수급인의 하자담보책임에 관한 제667조는 법이 특별히 인정한 무과실책임으로서 여기에 민법 제396조의 과실상계규정이 준용될 수는 없다 하더라도 담보책임이 민법의 지도이념인 공평의 원칙에 입각한 것인 이상 하자발생 및 그 확대에 가공한 도급인의 잘못을 참작하여 손해배상의 범위를 정함이 상당하다. ③ 제670조의 하자담보책임에 관한 제척기간은 재판상 또는 재판 외의 권리행사기간이며 재판상 청구를 위한 출소기간이 아니다. ④ 하자로 인하여 계약의 목적을 달성할 수 없어 제작물공급계약이 해제되고 그 결과 원상회복의무가 있다고 인정되는 경우, 그 회복에 목적물의 시가보다 많은 비용이 소요된다고 해서 그 이유만으로 구체적인 원상회복의무가 없다고 할 수도 없고, 또한 채무의 이행으로 물건이 인도된 경우 원상회복의 범위는 그

수령한 원물을 반환하는 것이 원칙이나 수령한 원물이 멸실 등으로 반환할 수 없게 되었을 때에는 예외적으로 그 가격을 반환하여야 한다.

[2] 완성된 제작물, 특히 건물의 소유권귀속

[2-1] (대판 1962.10.11, 62다460) 수급인이 건축재료의 전부 또는 주요부분을 제공하여 완성한 건물소유권은 원칙적으로 수급인에게 귀속되고 도급인은 수급인으로부터 그 소유권을 이전받음으로써 소유권을 취득한다.

[2-2] (대판 1985.5.28, 84다카2234) 건물건축도급계약에 있어서는 준공된 건물을 도급인에게 인도하기까지에는 그 건물은 수급인의 소유라고 함이 일반이라고 할 것이나 사법자치의 원칙에 따라 어떠한 경우에나 그 건물의 소유권을 수급인이 원시취득하는 것이라고는 할 수 없고 당사자의 약정에 의하여 그 소유권의 귀속도 달라질 것이므로 그 소유권의 귀속을 가리려면 도급인과 수급인의 약정내용을 살펴보아야 하고 도급계약이라는 사실만으로 그 소유권이 수급인에게 귀속한다고는 할 수 없다.

[2-3] (대판 1990.4.24, 89다카18884) ① 도급계약에서 수급인이 자기의 노력과 재료를 들여 건물을 완성하더라도 도급인과 수급인 사이에 도급인명의로 건축허가를 받아 소유권보존등기를 하기로 하는 등 완성된 건물의 소유권을 도급인에게 귀속시키기로 합의한 것으로 보일 경우에는 그 건물의 소유권은 도급인에게 원시적으로 귀속된다. ② 단지 채무의 담보를 위하여 채무자가 자기 비용과 노력으로 신축하는 건물의 건축허가명의를 채권자명의로 하였다면 이는 완성될 건물을 담보로 제공하기로 하는 합의로서 법률행위에 의한 담보물권의 설정에 다름 아니므로, 완성된 건물의 소유권은 일단 이를 건축한 채무자가 원시적으로 취득한 후 채권자명의로 소유권보존등기를 마침으로써 담보목적의 범위내에서 위 채권자에게 그 소유권이 이전된다고 보아야 한다.

[2-4] (대결 1994.12.9, 94마2089) ① 공사도급계약서에 의하면, 공사대금지불은 공사 후 기성고에 의하여 도급인이 검수 후 지불하기로 하였고, 기성고에 따라 부분불을 하고 도급인이 인도를 받은 부분에 대한 위험부담은 공사가 완성되어 전부 인도를 받을 때까지 수급인이 지기로 약정하였으며, 도급인은 공사의 기성고에 맞추어 수급인에게 공사대금의 95%에 이르는 금액을 이미 지급한 경우라면, 도급인과 수급인 사이에는 공사도급계약 당시부터 완성된 건축물의 소유권을 원시적으로 도급인에게 귀속시키기로 하는 묵시적 합의가 있었다고 봄이 상당하다. ② 도급인이 수급인에게 공사를 도급함에 있어 수급인은 도급인의 승인이 없이는 공사의 어떠한 부분도 하도급을 시킬 수 없도록 약정하였음에도 수급인이 도급인의 승인을 받지 아니하고 제3자에게 공사의 일부씩을 하도

급하였고, 도급인과 수급인의 사이에 신축 건축물의 소유권을 도급인에 귀속시키기로 하는 합의가 있었다면, 설사 그 제3자가 자신의 자재와 노력을 들여 하도급받은 공사를 하였다 하더라도 원도급인에 대한 관계에 있어서는 수급인이 직접 공사를 시행한 경우와 마찬가지로 그 공사로 신축한 건축물의 소유권은 당연히 도급인에 귀속한다.

[2-5] (대판 1997. 5. 9, 96다54867) 건축주의 사정으로 건축공사가 중단되었던 미완성의 건물을 인도받아 나머지 공사를 마치고 완공한 경우, 건물이 공사가 중단된 시점에서 사회통념상 독립한 건물이라고 볼 수 있는 형태와 구조를 갖추고 있었다면 원래의 건축주가 그 건물의 소유권을 원시취득한다.

[3] 수급인 하자담보책임의 성립 여부

[3-1] (대판 2001. 9. 18, 2001다9304) 도급계약에 따른 수급인의 하자보수책임은 완성 전의 성취된 부분에 관하여도 성립되는바, 완성 전의 성취된 부분이라 함은 도급계약에 따른 일이 전부 완성되지는 않았지만 하자가 발생한 부분의 작업이 완료된 상태를 말하는 것이고, 도급인이 하자보수를 주장하는 경우 법원은 보수하여야 할 하자의 종류와 정도를 특정함과 아울러 그 하자를 보수하는 적당한 방법과 그 보수에 요할 비용 등에 관하여 심리하여 봄으로써, 그 하자가 중요한 것인지 또는 그 하자가 중요한 것은 아니더라도 그 보수에 과다한 비용을 요하지 않는 것인지를 가려보아 수급인의 하자보수책임을 인정할 수 있는지 여부를 판단하여야 할 것이다.

[3-2] (대판 2000. 10. 27, 2000다30554·30561) 매도인이 매수인에게 공급한 기계가 통상의 품질이나 성능을 갖추고 있는 경우, 그 기계에 작업환경이나 상황이 요구하는 품질이나 성능을 갖추고 있지 못하다 하여 하자가 있다고 인정할 수 있기 위하여는, 매수인이 매도인에게 제품이 사용될 작업환경이나 상황을 설명하면서 그 환경이나 상황에 충분히 견딜 수 있는 제품의 공급을 요구한 데 대하여, 매도인이 그러한 품질과 성능을 갖춘 제품이라는 점을 명시적으로나 묵시적으로 보증하고 공급하였다는 사실이 인정되어야만 할 것임은 물론이나, 매도인이 매수인에게 기계를 공급하면서 당해 기계의 카탈로그와 검사성적서를 제시하였다면, 매도인은 그 기계가 카탈로그와 검사성적서에 기재된 바와 같은 정도의 품질과 성능을 갖춘 제품이라는 점을 보증하였다고 할 것이므로, 매도인이 공급한 기계가 매도인이 카탈로그와 검사성적서에 의하여 보증한 일정한 품질과 성능을 갖추지 못한 경우에는 그 기계에 하자가 있다고 보아야 한다.

[3-3] (대판 1997. 12. 23, 97다44768) 건물 신축공사의 미완성과 하

자를 구별하는 기준은 공사가 도중에 중단되어 예정된 최후의 공정을 종료하지 못한 경우에는 공사가 미완성된 것으로 볼 것이지만, 그것이 당초 예정된 최후의 공정까지 일단 종료하고 그 주요 구조부분이 약정된 대로 시공되어 사회통념상 건물로서 완성되고, 다만 그것이 불완전하여 보수를 하여야 할 경우에는 공사가 완성되었으나 목적물에 하자가 있는 것에 지나지 않는다고 해석함이 상당하고, 개별적 사건에 있어서 예정된 최후의 공정이 일단 종료하였는지의 여부는 당해 건물 신축공사 도급계약의 구체적 내용과 신의성실의 원칙에 비추어 객관적으로 판단할 수밖에 없다.

[3-4] (대판 1996. 5. 14, 95다24975) 건축도급계약의 수급인이 설계도면의 기재대로 시공한 경우, 이는 도급인의 지시에 따른 것과 같아서 수급인이 그 설계도면이 부적당함을 알고 도급인에게 고지하지 아니한 것이 아닌 이상, 그로 인하여 목적물에 하자가 생겼다 하더라도 수급인에게 하자담보책임을 지울 수는 없다.

[3-5] (대판 1999. 9. 21, 99다19032) ① 제672조가 수급인이 담보책임이 없음을 약정한 경우에도 알고 고지하지 아니한 사실에 대하여는 그 책임을 면하지 못한다고 규정한 취지는 그와 같은 경우에도 담보책임을 면하게 하는 것은 신의성실의 원칙에 위배된다는 데 있으므로, 담보책임을 면제하는 약정을 한 경우뿐만 아니라 담보책임기간을 단축하는 등 법에 규정된 담보책임을 제한하는 약정을 한 경우에도, 수급인이 알고 고지하지 아니한 사실에 대하여 그 책임을 제한하는 것이 신의성실의 원칙에 위배된다면 그 규정의 취지를 유추하여 그 사실에 대하여는 담보책임이 제한되지 않는다고 보아야 한다. ② 수급인이 도급받은 아파트 신축공사 중 지붕 배수로 상부부분을 시공함에 있어 설계도에 PC판으로 시공하도록 되어 있는데도 합판으로 시공하였기 때문에 도급계약시 약정한 2년의 하자담보책임기간이 경과한 후에 합판이 부식되어 기와가 함몰되는 손해가 발생한 경우, 그와 같은 시공상의 하자는 외부에서 쉽게 발견할 수 없는 것이고, 하자로 인한 손해가 약정담보책임기간이 경과한 후에 발생하였다는 점을 감안하면, 도급인과 수급인 사이에 하자담보책임기간을 준공검사일부터 2년간으로 약정하였다 하더라도 수급인이 그와 같은 시공상의 하자를 알고 도급인에게 고지하지 않은 이상, 약정담보책임기간이 경과하였다는 이유만으로 수급인의 담보책임이 면제된다고 보는 것은 신의성실의 원칙에 위배된다고 볼 여지가 있고, 이 경우 제672조를 유추적용하여 수급인은 그 하자로 인한 손해에 대하여 담보책임을 면하지 못한다고 봄이 옳다.

[4] 도급인의 하자보수청구권 또는/및 손해배상청구권

[4-1] (대판 1997. 2. 25, 96다45436) 건물 신축 도급계약에 있어서

수급인이 신축한 건물의 하자가 중요하지 아니하면서 동시에 그 보수에 과다한 비용을 요하는 경우에는 도급인은 하자보수나 하자보수에 갈음하는 손해배상을 청구할 수 없고 그 하자로 인하여 입은 손해의 배상만을 청구할 수 있다 할 것인데, 이러한 경우 그 하자로 인하여 입은 통상의 손해는 특별한 사정이 없는 한 도급인이 하자없이 시공하였을 경우의 목적물의 교환가치와 하자가 있는 현재의 상태대로의 교환가치와의 차액이 되고, 그 하자있는 목적물을 사용함으로 인하여 발생하는 정신적 고통으로 인한 손해는 수급인이 그러한 사정을 알았거나 알 수 있었을 경우에 한하여 특별손해로서 배상받을 수 있다.

[4-2] (대판 1998. 3. 13, 97다54376) 교환가치의 차액을 산출하기가 현실적으로 불가능한 경우의 통상의 손해는 하자없이 시공하였을 경우의 시공비용과 하자있는 상태대로의 시공비용의 차액이라고 봄이 상당하다.

[4-3] (대판 1998. 3. 13, 95다30345) 하자가 중요한 경우에는 그 보수에 갈음하는 즉 실제로 보수에 필요한 비용이 손해배상에 포함된다.

[4-4] (대판 1996. 9. 20, 96다4442) 수급인은 목적물이 하자로 인하여 훼손된 경우 그 훼손된 부분을 철거하고 재시공하는 등 복구하는 데 드는 비용 상당액의 손해를 배상할 의무가 있고, 공사도급계약의 목적물인 건물에 하자가 있어 이로부터 화재가 발생한 경우 그 화재 진압시 사용한 물이 유입됨으로써 훼손된 부분을 복구하는 데 드는 비용 상당액도 그 하자와 상당인과관계가 있는 손해에 해당한다.

[4-5] (대판 2000. 3. 10, 99다55632) 제667조 제2항의 하자보수에 갈음한 손해배상청구권은 보수청구권과 병존하여 처음부터 도급인에게 존재하는 권리이고, 일반적으로 손해배상청구권은 사회통념에 비추어 객관적이고 합리적으로 판단하여 현실적으로 손해가 발생한 때에 성립하는 것이므로, 하자보수에 갈음한 손해배상청구권은 하자가 발생하여 보수가 필요하게 된 시점에서 성립된다고 봄이 상당하다.

[5] 일의 하자로 인한 도급인의 해제권

[5-1] (대판 1996. 7. 30, 95다7932) 소프트웨어 개발·공급계약은 일종의 도급계약으로서 수급인은 원칙적으로 일을 완성하여야 보수를 청구할 수 있으나, 도급인 회사에 이미 공급되어 설치된 소프트웨어 완성도가 87.87%에 달하여 약간의 보완을 가하면 업무에 사용할 수 있으므로 이미 완성된 부분이 도급인 회사에게 이익이 되고, 한편 도급인 회사는 그 프로그램의 내용에 대하여 불만을 표시하며 수급인의 수정, 보완 제의를 거부하고 나아가 수급인은 계약의 당사자가 아니므로 상대하지 않겠다고 하면서 계약해제의 통보를 하였다면, 그 계약관계는 도급인의 해제통보로 중도에 해소되었고 수급인은 당시까지의 보수를 청구할 수 있다.

[5-2] (대판 1997. 2. 25, 96다43454) 건축공사도급계약에 있어서는 공사 도중에 계약이 해제되어 미완성부분이 있는 경우라도 그 공사가 상당한 정도로 진척되어 원상회복이 중대한 사회적·경제적 손실을 초래하게 되고 완성된 부분이 도급인에게 이익이 되는 때에는 도급계약은 미완성부분에 대해서만 실효되어 수급인은 해제된 상태 그대로 그 건물을 도급인에게 인도하고, 도급인은 그 건물의 기성고 등을 참작하여 인도받은 건물에 대하여 상당한 보수를 지급하여야 할 의무가 있다.

[5-3] (대판 1992. 12. 22, 92다30160) 건물의 완성부분이 도급인에게 이익이 되지 아니하고 원상회복이 중대한 사회적, 경제적 손실을 초래하지 않는다면 계약해제의 소급효를 인정하는 것이 정당하다.

[5-4] (대판 2003. 11. 14, 2002다2485) 집합건물의 소유 및 관리에 관한 법률 제9조 제1항이 위 법 소정의 건물을 건축하여 분양한 자의 담보책임에 관하여 수급인에 관한 민법 제667조 내지 제671조의 규정을 준용하도록 규정한 취지는 건축업자 내지 분양자로 하여금 견고한 건물을 짓도록 유도하고 부실하게 건축된 집합건물의 소유자를 두텁게 보호하기 위하여 집합건물의 분양자의 담보책임에 관하여 민법상 수급인의 담보책임에 관한 규정을 준용하도록 함으로써 분양자의 담보책임의 내용을 명확히 하는 한편 이를 강행규정화한 것으로서 분양자가 부담하는 책임의 내용이 민법상 수급인의 담보책임이라는 것이지 그 책임이 분양계약에 기한 것이라거나 아니면 분양계약의 법률적 성격이 도급이라는 취지는 아니며, 통상 대단위 집합건물의 경우 분양자는 대규모 건설업체임에 비하여 수분양자는 경제적 약자로서 수분양자를 보호할 필요성이 높다는 점, 집합건물이 완공된 후 개별분양계약이 해제되더라도 분양자가 집합건물의 부지사용권을 보유하고 있으므로 계약해제에 의하여 건물을 철거하여야 하는 문제가 발생하지 않을 뿐 아니라 분양자는 제3자와 새로 분양계약을 체결함으로써 그 집합건물 건축의 목적을 충분히 달성할 수 있는 점 등에 비추어 볼 때 집합건물의 소유 및 관리에 관한 법률 제9조 제1항이 적용되는 집합건물의 분양계약에 있어서는 민법 제668조 단서가 준용되지 않고 따라서 수분양자는 집합건물의 완공 후에도 분양목적물의 하자로 인하여 계약의 목적을 달성할 수 없는 때에는 분양계약을 해제할 수 있다.

[6] 하자로 인한 도급인의 권리와 수급인의 (잔) 보수지급청구권 사이의 관계 (동시이행)

[6-1] (대판 1965. 11. 16, 65다1711) 도급계약에 있어서 완성된 목적물에 하자가 있을 경우 수급인의 채무는 아직 완전히 이행되었다고는 할 수 없으므로 쌍무계약의 원칙에 따라 특단의 사정이 없는 한 도급인은

하자의 보수를 청구하여 보수가 될 때까지 공사대금의 지급을 거절할 수 있는 동시이행의 항변권을 가지고 있다.

[6-2] (대판 1989. 12. 12, 88다카18788) 도급계약에 있어서 완성된 목적물 또는 완성 전의 성취된 부분에 하자가 있는 경우에는 도급인은 수급인에게 하자의 보수를 청구할 수 있고 하자보수에 갈음하거나 하자보수와 함께 손해배상을 청구할 수 있으며 이들 청구권은 특별한 사정이 없는 한 수급인의 공사대금채권과 동시이행의 관계에 있는 것이므로 이와 같은 하자가 있어 도급인이 하자보수나 손해배상청구권을 보유하고 이를 행사하는 한에 있어서는 도급인의 공사비 지급채무는 이행지체에 빠지지 아니하고, 도급인이 하자보수나 손해배상채권을 자동채권으로 하고 수급인의 공사 잔대금채권을 수동채권으로 하여 상계의 의사표시를 한 다음 날 비로소 지체에 빠진다고 보아야 할 것이다.

[6-3] (대판 1990. 5. 22, 90다카230) 도급인이 하자의 보수에 갈음하여 손해배상을 청구할 경우 도급인은 그 손해배상의 제공을 받을 때까지 손해배상액에 상당하는 보수액의 지급만을 거절할 수 있는 것이고 그 나머지 보수액의 지급은 이를 거절할 수 없는 것이라고 보아야 할 것이므로 도급인의 손해배상채권과 동시이행관계에 있는 수급인의 공사 잔대금채권은 위 손해배상채권과 동시이행관계에 있다고 할 수 없다.

[6-4] (대판 2001. 9. 18, 2001다9304) 기성고에 따라 공사대금을 분할하여 지급하기로 약정한 경우라도 특별한 사정이 없는 한 하자보수의무와 동시이행관계에 있는 공사대금지급채무는 당해 하자가 발생한 부분의 기성공사대금에 한정되는 것은 아니라고 할 것이다. 왜냐하면, 이와 달리 본다면 도급인이 하자발생사실을 모른 채 하자가 발생한 부분에 해당하는 기성공사의 대금을 지급하고 난 후 뒤늦게 하자를 발견한 경우에는 동시이행의 항변권을 행사하지 못하게 되어 공평에 반하기 때문이다.

관련사례 49-1 受給人의 擔保責任

≪설 문≫

A는 건축업자 B와 주택건축에 관한 도급계약(도급정액 1억원)을 체결하였다. A가 공사대금(보수) 9,600만원을 지급하였을 때 공사가 완성되었고, 주택의 인도

가 이루어졌지만 주택에는 곳곳에 하자가 발견되었다(손해추정액 약 500만원).

(1) A를 위한 법적 구제수단을 검토하시오.

(2) A의 권리와 A에 대한 B의 공사 잔대금(보수)지급청구권과의 관계를 검토하시오.

풀이제안

Ⅰ. 논점분석

설문(1)에서는 수급한 일에 하자가 있을 때 수급인이 부담하는 담보책임의 내용을 살펴보고, 이 책임과 불완전이행에 따른 일반 채무불이행책임과의 관계를 검토해야 한다.

설문(2)에서는 특히 수급인에 대한 도급인의 손해배상청구권과 그에 대한 수급인의 잔대금지급청구권 사이의 상관관계를 동시이행항변권과 상계가능성을 중심으로 검토하기로 한다.

Ⅱ. 설문(1): A를 위한 법적 구제수단

1. 수급인의 담보책임의 적용규준

도급은 유상계약이므로 매도인의 담보책임에 관한 규정이 준용되었어야 할 것이나(제567조), 민법은 제667조 내지 제672조에 걸쳐 수급인이 행한 일에 하자가 있는 경우 그 수급인이 져야 할 책임에 관하여 별도의 특별규정을 두고 있다. 도급에 있어서 완성된 일의 하자는 재료의 하자에 의해서 생길 뿐만 아니라, 수급인에 의한 일의 완성과정에서 그의 잘못으로 생길 수도 있기 때문이다.

수급인의 담보책임은 완성된 목적물 또는 완성 전에 성취된 부분에 하자가 존재하는 때에 성립하는 무과실책임(판례참조 [1])이다.

2. 담보책임의 내용

(1) 하자보수의무 및 손해배상의무

수급인의 담보책임으로는 우선 하자보수의무(제667조 본문)와 손해배상의무(제667조 제2항)를 들 수 있다. 완성된 목적물 또는 완성 전에 성취된 부분에 하자가 존재하는 경우에 도급인은 통상적으로 그 하자의 보수를 청구할 수 있다. 그러나 수급인이 스스로 그 하자를 보수하지 않거나 하자의 평가 자체에 대하여 도급인과 수급인간에 의견이 일치하지 않는 경우에는 도급인은 다른 동종업자에게 하자의 보수를 의뢰할 수도 있다. 이러한 경우에 도급인은 수급인에 대해 하자의 보수에 갈음하여 손해배상을 청구할 수 있다(제667조 제2항). 그런데 도급인은 수급인에 대하여 먼저 하자의 보수를 청구하고 그것이 이행되지 않는 경우에만 비로소 손해배상을 청구할 수 있는가라는 의문이 있을 수 있다. 도급인의 하자보수청구권이나 손해배상청구권은 모두 도급인의 구제를 목적으로 하는 것이므로 도급인은 양자 중 어느 하나를 선택적으로 행사할 수 있다는 것이 다수설이다(곽윤직, 채권각론, 260면 참고). 따라서 도급인은 하자의 보수가 가능하더라도 보수를 청구하지 않고서 곧바로 보수에 갈음하여 손해의 배상을 청구할 수 있다.

(2) 도급인의 계약해제권

완성된 목적물의 하자로 인하여 계약의 목적을 달성할 수 없는 경우에 도급인은 계약을 해제할 수도 있다(제668조 본문). 그러나 건물 기타 토지의 공작물에 관해서는 중대한 하자가 존재하여도 계약을 원칙적으로 해제할 수 없다(동조 단서).

3. 수급인의 채무불이행(불완전이행)책임 성립 여부

건물의 하자가 수급인의 '귀책사유로 인하여' 발생한 경우에는 수급인에게 담보책임과 병행하여 (귀책사유를 요건으로 하는) 채무불이행책임(불완전이행책임)이 발생하는지가 문제된다. 이에 대하여 수급인의 담보책임에 관한 특별규정에 의하여 불완전이행의 일반책임은 배제된다고 하는 견해(김주수, 채권각론, 375면)가 있으나, 도급계약에 있어서도 급부행위의 하자에 대해서 수급인의 귀책사유가 인정되면 불완전이행책임을 인정하는 것이 타당하다

(곽윤직, 채권각론, 259면; 김형배, 채권각론[계약법], 629면). 특히 하자 자체에 그치지 아니하고 하자로 인해서 도급인에게 발생한 이른바 확대손해에 관한 손해배상은, 하자담보책임을 넘어서 수급인이 도급계약의 내용에 따른 의무를 제대로 이행하지 않음으로써 도급인의 신체·재산에 발생하게 된 손해의 배상이기 때문에 불완전이행의 채무불이행책임과 하자담보책임은 별개의 권원에 의하여 경합적으로 인정된다는 것이 판례의 태도이다(판례 참조 [2]).

4. 사안의 검토

사례에서 우선 도급인 A는 수급인 B에 대하여 직접 건물의 하자를 보수해 줄 것을 청구할 수 있다(제667조 본문). 또는 A는 B에 대하여 건물의 하자의 보수를 청구하지 않고 곧바로 그 하자로 인한 손해액 500만원의 배상을 청구할 수도 있다(제667조 제2항). 그러나 도급계약의 목적물이 건물이므로 A는 B에 대하여 원칙적으로는 계약을 해제할 수는 없다(제668조 단서).

한편 사례에서 주택의 하자로 인하여 A에게 확대손해가 발생하였는지는 알 수 없으므로 불완전이행에 따른 일반채무불이행책임은 문제되지 않는다.

Ⅲ. 설문(2): A의 손해배상청구권과 B가 가지는 권리의 관계

1. A의 손해배상청구권과 B의 공사 잔대금(보수)지급청구권의 동시이행

도급계약에 있어서 수급인에게는 먼저 일을 완성해야 할 선이행의무가 있지만, 수급인의 완성된 목적물의 인도의무와 도급인의 보수지급의무는 동시이행관계에 있다(제665조 제1항). 그러나 이 사례에서 수급인 B는 이미 목적물을 인도하고 있으므로 B로서는 동시이행의 항변을 할 수 없다. 다만, A는 B의 하자보수의무 또는 손해배상의무와 자신의 공사 잔대금지급의무와의 동시이행을 주장할 수 있다(제667조 제3항).

2. A의 손해배상청구권과 B의 공사 잔대금(보수)지급청구권과의 상계 가부

A는 하자보수청구권과 손해배상청구권 중 후자를 선택하여 그것을 자동채권으로 하고 B의 공사 잔대금(보수)지급청구권을 수동채권으로 하여 상계를 주장할 수 있는지가 문제된다.

A와 B 쌍방의 채권이 모두 금전채권이고 이행기도 같지만 동시이행항변권이 붙어 있다는 점에서 상계적상을 인정하기에는 곤란한 점이 없지 않다(제492조 제1항 단서). 그러나 위 사례와 같이 본래 하나의 쌍무계약관계에서 발생하여 서로 이행상의 견련관계에 있었던 채권이 모두 금전채권으로 변한 경우에는 상계금지의 필연성은 재검토되어야 한다. 사례에서와 같은 경우 A의 상계를 인정하면 A와 B의 법률관계가 간단히 처리될 수 있고, B로서도 특별히 동시이행을 주장하여 본래의 이행을 확보하지 않으면 안 될 이해관계가 없기 때문이다.

한편, 위 사례와 같이 A와 B 쌍방의 채권액이 상이한 때에는 어느 일방의 상계를 인정하면 불공정한 결과가 초래될 수도 있다. A와 B 중 누가 먼저 상계를 하든 A의 채권 500만원 중 100만원은 동시이행항변의 대상이 되지 않는 채권이 되는데, B가 상계한 때에는 그러한 결과가 B에게 불리하더라도 공평의 관념에 어긋날 것이 없으나, A가 상계한 때에는 B 스스로가 초래하지 않은 불이익을 B만이 감수하는 것이 되어 공평하지 않다. 왜냐하면 사례에서 만일 A가 무자력인 경우, A의 상계가 없었다면 B는 A에 대한 400만원의 공사 잔대금(보수)청구권을 가지고 A의 500만원의 손해배상청구권에 대하여 동시이행의 항변을 주장할 수 있었기 때문이다(제667조 제3항 참조). 그러나 A가 무자력이라고 하여 B가 자기의 채권액을 초과하는 액수에 대해서까지 지급을 거절할 수 있도록 하는 것은 불합리하다고 하겠다. 오히려 채권액이 서로 다른 경우에도 A와 B 모두에게 상계를 인정함으로써 A와 B 사이의 법률관계를 간단하게 처리할 수 있도록 함이 타당할 것이다(판례 참조 [3-2]).

≪관련판례≫

[1] 수급인 담보책임의 법적 성질

(대판 1980.11.11, 80다923·924) ① 수급인의 하자담보책임에는 과실상계의 규정이 준용될 수 없다고 하더라도 그 담보책임은 공평의 원칙에 입각한 것이므로 원심이 손해액을 산정함에 있어 그 하자의 확대에 가공한 도급인의 잘못을 참작하였음은 정당하다. ② 하자보수비는 하자보수청구시 또는 보수에 갈음하는 손해배상청구시를 기준으로 산정하여야 한다.

[2] 수급인의 하자담보책임과 불완전이행의 채무불이행책임의 관계(경합 내지 병존)

(대판 2004.8.20, 2001다70337) ① 액젓 저장탱크의 제작·설치공사 도급계약에 의하여 완성된 저장탱크에 균열이 발생한 경우, 보수비용은 제667조 제2항에 의한 수급인의 하자담보책임 중 하자보수에 갈음하는 손해배상이고, 액젓 변질로 인한 손해배상은 위 하자담보책임을 넘어서 수급인이 도급계약의 내용에 따른 의무를 제대로 이행하지 못함으로 인하여 도급인의 신체·재산에 발생한 손해에 대한 배상으로서 양자는 별개의 권원에 의하여 경합적으로 인정된다. ② 수급인의 하자담보책임은 법이 특별히 인정한 무과실책임으로서 여기에 제396조의 과실상계 규정이 준용될 수는 없다 하더라도 담보책임이 민법의 지도이념인 공평의 원칙에 입각한 것인 이상 하자발생 및 그 확대에 가공한 도급인의 잘못을 참작할 수 있다.

[3] 도급인의 하자보수청구권 내지 손해배상청구권과 수급인의 보수지급청구권의 관계 (비례적 동시이행)

[3-1] (대판 1989.12.12, 88다카18788) 도급계약에 있어서 완성된 목적물 또는 완성 전의 성취된 부분에 하자가 있는 경우에는 도급인은 수급인에게 하자의 보수를 청구할 수 있고 하자보수에 갈음하거나 하자보수와 함께 손해배상을 청구할 수 있으며 이들 청구권은 특별한 사정이 없는 한 수급인의 공사대금채권과 동시이행의 관계에 있는 것이므로 이와 같은 하자가 있어 도급인이 하자보수나 손해배상청구권을 보유하고 이를 행사하는 한에 있어서는 도급인의 공사비 지급채무는 이행지체에 빠지지 아니하고, 도급인이 하자보수나 손해배상채권을 자동채권으로 하고 수급인의 공사잔대금채권을 수동채권으로 하여 상계의 의사표시를 한 다음 날 비로소 지체에 빠진다고 보아야 할 것이다.

[3-2] (대판 2001.9.18, 2001다9304) 미지급 공사대금에 비해 하자보수비 등이 매우 적은 편이고 하자보수공사가 완성되어도 공사대금이 지급될지 여부가 불확실한 경우, 도급인이 하자보수청구권을 행사하여 동시이행의 항변을 할 수 있는 기성 공사대금의 범위는 하자 및 손해에 상응하는 금액으로 한정하는 것이 공평과 신의칙에 부합한다.

[債 權 法]

事例 50

事務管理, 不當利得

≪설 문≫

A와 B는 이웃이며, 경계를 같이하는 丙토지와 丁토지 위에 각각 甲주택과 乙주택을 소유하고 있다. A가 사망하였을 때 그의 단독상속인 C는 장기여행중이었다. A의 甲주택은 낡은 古家로서(시가 5,000만원) 간밤의 폭풍우로 신속하게 수리하지 않으면 곧 붕괴될지도 모르는 상태였다. 평소 C가 B에게 A가 돌아가시면 甲주택을 대대적으로 수리해서 살겠다는 말을 수차례 한 탓에 B는 甲주택의 손실이 더 커지는 것을 방지하기 위하여 건물리모델링업자인 D에게 대금 500만원에 주택의 수리를 의뢰하였고, D는 이를 완성하였다. 그러나 C가 여행에서 돌아온 후 E를 단독의 포괄수증자로 하는 A의 유언이 확인되었다. 역시 A와 이웃인 E는 A의 丙토지 위에 甲주택을 철거하고 자신의 戊토지의 일부와 함께 보다 넓은 정원을 조성하였다.

(1) 건물리모델링업자 D는 그가 수행한 주택수리작업에 관하여 누구를 상대로 어떠한 청구를 할 수 있는지를 검토하시오.

(2) B는 누구를 상대로 어떠한 청구를 할 수 있는지를 검토하시오.

목차제안

Ⅰ. **논점분석**

Ⅱ. **설문(1): B, C 및 E에 대한 D의 권리**

1. B에 대한 D의 보수지급청구권

2. E에 대한 D의 청구권

(1) E의 법적 지위
(2) 사무관리에 의한 비용상환청구권
1) 문 제 점
2) 사무관리의 성립요건
3) 자기·타인사무 동시관리의 인정 여부
4) 사안의 검토
(3) 부당이득반환청구권
1) 문 제 점
2) 부당이득반환청구권의 성립요건
3) 전용물소권의 문제
가) 문 제 점
나) 판례의 태도
다) 검 토
4) 사안의 검토
3. C에 대한 D의 청구권
(1) 사무관리에 의한 비용상환청구권
(2) 부당이득반환청구권

Ⅲ. 설문(2): C 및 E에 대한 B의 권리

1. C에 대한 B의 청구권
(1) 사무관리에 의한 비용상환청구권
(2) 부당이득반환청구권
2. E에 대한 B의 청구권
(1) 사무관리에 의한 비용상환청구권
1) E에 대한 B의 사무관리 성립 여부
2) E에 대한 B의 비용상환청구권
3) 사안의 검토
(2) 부당이득반환청구권
1) E에 대한 B의 부당이득반환청구권의 성립 여부
2) 강요된 부당이득
3) 사안의 검토

Ⅳ. 설문(1) 및 (2)에 대한 해답

풀이제안

Ⅰ. 논점분석

설문(1)에 있어 D는 B와 甲주택의 수리를 일의 완성으로 하는 내용의 도급계약을 체결하였다. 따라서 우선 수급인으로서 D가 도급인 B에 대하여 주택수리의 완료와 함께 어떠한 권리를 가지는지를 검토해야 한다. 또한 A의 단독상속인 C 또는 A의 포괄수증자 E에 대한 관계에서 D는 아무런 계약관계가 없기 때문에 사무관리에 기초한 비용의 상환청구 또는 부당이득의 반환청구가 문제될 수 있다. 이 경우 C 또는 E 중 누가 甲주택의 소유자인지를 확정하는 것이 선결문제이다.

설문(2)에서는 D에게 주택수리를 도급함으로써 타인의 사무를 관리한 B가 C 또는 E를 상대로 어떠한 청구를 할 수 있는지를 검토해야 한다. 이때에도 C 또는 E 중 누가 甲주택의 소유자인지를 확정하는 것이 문제해결의 관건이 될 것이다.

Ⅱ. 설문(1): B, C 및 E에 대한 D의 권리

1. B에 대한 D의 보수지급청구권

D가 甲주택의 수리를 완성함으로써 도급계약상의 수급인의 주된 채무를 다하였으므로 B에 대하여 보수 500만원의 지급을 청구할 수 있다(제664조, 제665조).

2. E에 대한 D의 청구권

(1) E의 법적 지위

사례에서 E는 사망한 A의 유언에 의하여 A의 단독포괄수증자로 확인되었다. 따라서 E는 유언의 효력이 발생한 A의 사망 시점에서(제1073조 제1항) 상속인과 동일한 권리의무를 가지기 때문에(제1078조), E는 상속이 개시된 때로부터 A의 一身에 전속한 것을 제외한 재산에 관하여 포괄적으로 권리의무를 승계하게 된다(제1005조).

유증의 목적물이 상속재산으로서 일단 상속인에게 귀속되고 (특정)수증자는 상속인에 대한 유증이행의 채권적 청구권을 취득하게 되는 특정유증의 경우와는 달리, 포괄유증의 경우에는 수유자(受遺者)가 유언의 효력발생과 동시에 상속재산의 전부 또는 그 分數的 부분을 등기 또는 인도없이 법률상 당연히 승계한다. 따라서 이때에는 부동산물권의 변동에 관한 한 제187조가 적용되어 물권적 효력이 발생한다(판례 [1] 참조).

그러므로 A의 사망시점에 E는 A로부터 직접 E에게, 또는 A로부터 C를 경유하여 E에게 소유권이전등기 없이 甲주택 및 丙토지의 소유자가 된다(C가 E를 상대로 유류분의 반환을 청구하는 문제(제1112조 및 제1115조 제1항 참조)는 별개의 문제이다).

(2) 사무관리에 의한 비용상환청구권

1) **문 제 점** D는 E소유의 주택을 수리하였으므로, 결과적으로는 타인의 사무를 처리하였다고 볼 수 있다. 설령 D가 甲주택을 B 또는 C의 소유로 잘못 알고(본인에 대한 誤想의 사무관리) 사무를 관리하였다고 하더라도 본인에 대한 오상 자체가 실제 소유자인 E에 대한 관계에서 사무관리의 성립을 원천적으로 배척할 수는 없다. 그러나 과연 D가 법률적 관점에서도 실제로 타인의 사무를 수행하였는가는 의문이다. 왜냐하면 D는 B와의 계약관계에 기초한 자신의 채무를 이행하였기 때문이다.

2) **사무관리의 성립요건** 사무관리가 성립하기 위해서는 (i) 타인의 사무를, (ii) 법률규정이나 계약에 기한 의무없이, (iii) 타인을 위하여 해야 한다(즉 타인사무의 관리의사가 필요하며 본인의 이익과 의사에 명백히 반하지 않아야 한다(판례 [2]도 참조)).

사례에서 D는 E를 위하여 사무를 관리할 의무는 물론 권한도 없다. D가 E소유의 주택을 수리한 것이 객관적·사실적으로는 타인사무라고 할 수 있을지 모르나, 이는 B와의 도급계약상의 채무를 이행하기 위한 것이므로, D의 주택수리는 B에 대하여 부담하는 채무의 이행에 해당한다. 따라서 D의 행위는 타인사무의 관리가 아니라 자기 자신의 사무를 처리한 것에 지나지 않는다. 다만, 이 경우 자기·타인사무 동시관리의 경우에도 사무관리의 성립을 인정할 것인지가 문제될 수 있다.

3) **자기·타인사무 동시관리의 인정 여부** 학설 중에는 관리자가 계약관계에 있는 채권자에 대해서 이행의무가 존재하더라도, (계약관계 밖에 있는) 본인에 대하여 사무관리의 성립요건이 충족되면 이를 함께 인정해야 한다는 견해(die Lehre vom 'auch-fremden Geschäft')가 있다.

그러나 D가 수행한 사무의 관리가 자기 자신의 고유사무를 행한 것에 지나지 않느냐, 이와 함께 타인을 위한 사무(동시사무관리)를 (동시에) 처리한 것이냐는 D의 단순한 주관적 의사에 의해서가 아니라 전체적 법률관계의 평가에 의하여 판단해야 한다. 제3자의 위임을 받아 타인의 사무를 처리하는 경우에는 그 사무처리가 본인의 의사와 이익에 적합한 경우라도 제3자(도급인)와 관리자(수급인) 사이의 법률관계에 의하여 처리되어야 할 것이다(예컨대, 특히 공공기관이 붕괴직전의 교량을 수리하는 것처럼 공법상의 의무를 수행하는 경우에 그 교량이 마을 사람들의 빈번한 이용으로 퇴락하였다 하더라도 공공기관이 그 교량을 보수하는 것은 공법상의 의무를 수행하는 것에 지나지 않는다. 이 경우에 지출되는 비용은 세금으로 충당되는 것이고, 마을사람들이 私財로 부담해야 할 성질의 것은 아니다. 따라서 공공기관과 마을사람들 사이에는 사무관리의 법률관계가 성립할 수 없다). 따라서 이 경우 E에 대한 D의 직접적인 청구(Druch-griff)가 인정될 수는 없다(제739조 제2항 참조).

4) **사안의 검토** 이 사례에서 D는 B에 대한 의무를 이행하기 위하여 집을 수리한 것이고, E를 위하여 타인사무를 수행한 것이 아니다. 따라서 D는 E에 대하여 사무관리를 기초로 비용상환청구를 할 수 없다(제734조, 제739조 참조).

(3) 부당이득반환청구권

1) **문 제 점** E는 B로부터 도급을 받은 D의 주택수리행위로 인하여 그의 재산이 증가하는 이익을 얻었다고 볼 수 있다. D는 E의 건물(부동산)에 수리를 위한 자재(물건)를 부합함으로써 E가 자재에 관한 소유권을 취득했을 뿐만 아니라(제256조 참조), 수리로 인하여 주택의 가액도 증가하였기 때문이다. 따라서 D에 대한 E의 부당이득반환의무의 성부가 문제될 수 있다.

2) **부당이득반환청구권의 성립요건** 손실자가 이득자를 상대로 부당이득반환청구권을 행사할 수 있기 위해서는 (i) 이익의 취득(수익자에게), (ii) 손실의 발생(손실자에게), (iii) 이득과 손실 사이의 인과관계 및 (iv) 법률상 원인의 결여라는 요건이 충족되어야 한다(판례 [3] 참조).

사례에서 E는 수리자재의 소유권자였던 D의 손실로 법률상 원인없이 이득을 취하였다. 따라서 일견 D의 E에 대한 부당이득반환청구권의 성립요건을 충족한 것으로 보인다. 다만, D는 B와의 도급관계에 기초하여 급부를 실현한 것이기 때문에 이에 따른 손실의 전보를 자신의 계약상대방 B가 아닌, 결과적으로 이득을 취득한 제3자 E에게 요구할 수 있는지 여부가 문제된다. 즉, 이른바 轉用物訴權의 문제가 제기된다.

3) **전용물소권의 문제**

가) 문 제 점 전용물소권(actio de in rem verso)은 계약상의 급부가 계약상대방에 대해서뿐만 아니라 제3자에게도 이익이 되는 경우에 급부자가 그 제3자에 대해서 부당이득의 반환을 청구하는 권리로 이해되고 있다.

따라서 사례에서 도급계약의 일방당사자 D로부터 타방당사자 B에게 급부(일의 완성)가 행하여지고 그 급부가 계약당사자가 아닌 제3자 E의 이익으로 귀속된 경우에 D가 직접 E에 대하여 그 이득의 반환을 청구할 수 있는지의 문제가 제기된다.

나) 판례의 태도 판례에 따르면 전용물소권은 인정되지 않는다. 우선 도급계약의 당사자 D는 그 상대방인 B에게 반대급부 전부(500만원)의 지급을 청구할 수 있으므로 그에게 발생한 손실이 없기 때문이다(판례 [4-1] 참조). 또한 만약 전용물소권을 인정한다면 자기책임 아래 체결된 계약에 따른 위험부담(예컨대 B의 행방불명 또는 파산)을 제3자인 E에게 전가시키는 것이 될 뿐만 아니라, 채권자 D가 B의 다른 일반채권자들에 비해 우대를 받는 결과가 되어 그들의 이익을 해하는 결과가 되기 때문이다(판례 [4-2] ① 참조)(김형배, 민법학강의(제6판), 1545면 이하 참조).

다) 검 토 D의 수리자재에 대한 소유권 상실로 E가 이득을 취한 결과는 사실적 현상에 지나지 않는다. 법률적 관점에서 D는 도급계약에 기초하여 B에 대하여 부담하고 있는 일의 완성이라는 채무를 이행하였을 뿐이며, D가 E에게 어떤 급부를 실현한 것은 아니다. 따라서 D는 계약당사자인 B를 상대로 보수지급청구권을 행사할 수 있을 뿐이다.

4) **사안의 검토** E에 대하여 D는 부당이득반환청구권을 행사할 수 없다. 다만, B가 E에 대하여 사무관리를 기초로 비용상환청구권을

취득할 수 있다고 하면(이에 관해서는 아래 Ⅲ 참조) D는 일정한 요건 아래 B에 대한 자신의 보수지급청구권을 보전하기 위하여 B의 E에 대한 비용상환청구권을 대위행사할 수는 있을 것이다(제404조 참조).

3. C에 대한 D의 청구권

(1) 사무관리에 의한 비용상환청구권

D는 B와의 도급계약에 기초하여 일을 완성한 것이므로, 甲주택의 소유자가 아닌 C에 대한 관계에서 사무관리가 성립할 수는 없다. 설령 D가 C의 이익을 위하여 C소유의 주택을 수리하는 것으로 생각하고 일을 수행했다 하더라도 마찬가지다. 왜냐하면 관리자가 본인이 누구인지를 잘못 판단하고 있더라도 이러한 오상관리행위로 인한 법률관계는 실제로 이익을 얻는 자(E)와의 사이에서 문제되기 때문이다.

따라서 C에 대해서 D는 비용상환청구권을 행사할 수 없다(제734조, 제739조 참조)(독일민법 제686조는 이에 관하여 직접 규정하고 있으나, 우리 민법은 이러한 규정을 두고 있지 않다. 타인사무의 관리의사가 있더라도 본인에 대한 착오가 있는 한 실제로 이익을 얻는 본인과 관리자 사이에 사무관리가 인정되어야 할 것이다. 김형배, 사무관리·부당이득, 26면 주1) 참조).

(2) 부당이득반환청구권

D에 의하여 수리된 甲주택은 C의 소유가 아니기 때문에 C의 부당이득은 처음부터 성립할 여지가 없다(제741조 참조).

Ⅲ. 설문(2): C 및 E에 대한 B의 권리

1. C에 대한 B의 청구권

(1) 사무관리에 의한 비용상환청구권

D에게 주택수리를 의뢰함으로써 B는 원래 'C를 위한' 사무를 관리하려는 의사를 가지고 있었다고 볼 수 있다. 그러나 관리자가 본인으로 誤想한 자에 대해서 사무관리는 성립하지 않는다. 이 경우 본인은 E이기 때문이다.

따라서 B는 C에 대하여 사무관리를 기초로 비용의 상환을 청구할 수 없다(제734조, 제739조 참조).

(2) 부당이득반환청구권

甲주택의 소유자가 아닌 C는 B의 급부(주택의 수리)를 통해서 이득을 얻은 것이 없으므로 C에 대한 B의 부당이득반환청구권은 성립하지 않는다(제741조 참조).

2. E에 대한 B의 청구권

(1) 사무관리에 의한 비용상환청구권

앞서 검토한 바와 같이 사무관리가 성립하기 위한 요건으로는 (i) 타인의 사무를, (ii) 법률규정이나 계약에 기한 의무없이, (iii) 타인사무관리의 의사를 가지고 본인의 이익과 의사에 명백히 반함이 없이 행해져야 한다. 여기서는 특히 세 번째 요건과 관련하여 E에 대한 B의 사무관리가 성립하는지를 구체적으로 검토해야 한다.

1) **E에 대한 B의 사무관리 성립 여부** B는 D로 하여금 E소유의 주택을 수리하도록 하였으므로 B는 객관적으로 보아도 타인의 사무, 즉 E를 위한 사무를 수행하였다. 그리고 B는 타인의 사무를 수행하려는 의사, 즉 이타적 관리의사를 가지고 사무를 수행하였으며, 그에게는 자신 고유의 사무를 수행한다는 의사는 없었다. 또한 B가 비록 C를 본인으로 잘못 인식하고 있었더라도 E에 대한 사무관리가 성립하는 데는 아무 지장이 없다.

이러한 사무관리의 개시와 수행은 본인 E의 '객관적' 이익에 '적합한' 것으로 볼 수 있다. 그러나 사무관리가 E의 이익에 합당한 것이냐(요건 (iii)) 하는 것은 전체적 사정을 종합적으로 고려하여 판단해야 한다. 즉, 경제적 관점에서 객관적으로만 판단하면 붕괴직전의 주택을 수리하는 행위는 주택소유자에게 이익이 되고, 존재하는 주택을 철거하는 것은 불이익이 될 것이다. 그러나 토지 위에 새 건물을 신축할 것인지 또는 기존의 주택을 수리할 것인지, 아니면 기존의 건축물을 철거하고 토지를 다른 용도로 사용할 것인지는 주택 및 토지의 소유자인 E 자신의 의사결정에 따라 행하여질 문제이다. 따라서 甲주택의 수리는 甲주택을 헐고 丙토지에 보다 넓은 정원을 조성한 E의 의사에 반하는 관리행위로 평가될 수 있다.

2) **E에 대한 B의 비용상환청구권** 제739조 제1항에 의하면 관리자는 '본인을 위하여' 필요비 또는 유익비를 지출한 때에 본인에 대하여 그 상환을 청구할 수 있다고 규정하고 있다. B가 붕괴위험이 있는 주택의 수리를 위하여 지출한 비용이 필요비 또는 유익비에 해당한다는 데는 의문의 여지가 없다. 그러나 이러한 비용의 지출이 과연 본인 E의 의사에 부합하는 것인지는 의문이다.

사무관리의 성립과 관련해서 제734조 제2항에 의하면 관리자는 본인의 의사를 알았거나 '알 수 있었을 때에는' 그 '의사'에 적합하도록 관리하여야 한다고 규정하고 있다. 사례에서 E소유의 주택을 수리하는 것이 객관적으로는 E의 이익에 반한다고 볼 수 없으나, E는 그 주택을 헐고 정원으로 조성하려 했으므로 B가 D로 하여금 주택을 수리하도록 한 행위는 E의 '의사에 적합한' 사무관리라고 볼 수 없다. 또한 B가 E의 이러한 의사를 알지 못하였고 또한 알 수 없었다 하더라도 제734조 제2항에서 말하는 '알 수 있는 때'라 함은 비록 B에게는 인식될 수 없었더라도 E의 의사가 인식 가능한 것으로 존재하고 있었던 때라고 해석되어야 하므로(김형배, 사무관리·부당이득, 300면; 강형중, 사무관리, 주석민법[채권각칙(5)], 364면 참조) 마찬가지로 평가된다. 즉, 본인의 의사가 관리자 개인에게 인식 가능한 것이냐 하는 것은 문제되지 않으며, 관리자의 주관적 판단이 본인의 의사를 결정하지도 않는다.

3) **사안의 검토** 사례에서 B의 집수리는 사무관리의 성립요건인 '본인의 의사에의 적합성'을 갖추지 못한 것으로 보이므로 B는 E에 대하여 비용상환청구권을 행사할 수 없다(제734조 참조).

(2) 부당이득반환청구권

1) **E에 대한 B의 부당이득반환청구권의 성립 여부** B는 E에게 법률상 원인없이 급부를 한 것이므로 E에 대하여 부당이득반환을 청구할 수 있는지가 문제된다.

B가 E소유의 주택을 D로 하여금 수리하게 한 행위는 E와의 계약상의 의무를 이행하기 위하여 행한 것은 아니다. 만약 B가 E와의 위임계약(제680조) 등에 의하여 주택을 수리하도록 하였으나, 그 계약이 무효 또는 취소되었다면 E의 급부부당이득이 문제될 수 있다. 즉, 여기서는 착

오 또는 (중)과실 선의의 비채변제로 인한 부당이득은 문제되지 않는다(악의의 비채변제로 인한 부당이득반환청구권의 배제에 관하여는 별도의 [관련사례 51-1] 참조). B는 처음부터 E를 급부의 상대방으로 하고 있지 않기 때문이다.

B가 주택을 수리하도록 한 것은 비용상환이라는 결과를 기대하고 타인을 위하여 사무관리를 한 것인데, 그 사무관리가 본인(E)의 의사에 적합한 것이 아니어서 기대한 결과(비용상환청구)가 발생하지 않게 되었다. 이처럼 B에 의한 (E에의) 급부가 비채변제(제742조, 제741조 참조)에는 해당하지 않지만, 이를 부당이득법의 유형에 비추어 보면 목적부도달에 의한 부당이득(condictio ob rem)이 문제될 수 있다(김형배, 사무관리·부당이득, 107면 이하; 김상용, 채권각론(하), 42면. 독일민법 제812조 제1항 후단은 목적부도달에 의한 부당이득에 관하여 규정하고 있다). 즉, B는 급부(주택수리)를 통하여 E에게 이익을 주었고, 그의 비용지출을 제739조에 의하여 보상받을 것(목적)을 기대하였다고 볼 수 있으나, 그 목적을 달성할 수 없게 되었다. 따라서 B가 기대했던 급부목적의 실현은 사무관리에 관한 규정(제734조, 제739조 등 참조)에 의해서는 좌절되었지만, E는 B의 급부를 통하여 법률상 원인없이 이득을 얻은 것이라고 볼 수 있다(목적부도달에 의한 부당이득에 관해서도 [관련사례 51-1] 참조).

2) **강요된 부당이득** 사례에서 E는 그 甲주택을 매수하거나 직접 주거할 의사를 가지고 있지 않았으며, 처음부터 주택을 철거하고 정원을 조성하려는 의사를 가지고 있었고 실제로도 수리된 주택을 철거하였으므로 E는 실질적 이득을 얻은 바 없다. 따라서 여기서는 이른바 '강요된 부당이득'(aufgedrängte Bereicherung)이 문제된다(김형배, 사무관리·부당이득, 194면 이하 참조). '강요된 부당이득'이라 함은 이득자가 원하지 않은 이익에 대하여 그 이익반환이 강요될 수 있는 경우를 말한다.

사례에서 B가 주택을 수리케 함으로서 증가된 주택의 가치는 E에게 전혀 이익이 되지 않는다. 따라서 E가 이를 부당이득으로서 반환해야 한다면 이는 강요된 부당이득을 반환해야 하는 결과가 될 것이다. E가 甲주택에 거주하거나 또는 이를 매도함으로써 증가된 가치를 향유하거나 회수할 수도 있으나, E는 丙토지를 정원으로 조성하여 보유할 의사를 가지고 있으므로 아무도 그의 자유로운 의사에 반하는 결과나 상태를 그에게 강요할 수는 없다.

사례에서 E가 실질적 이익을 획득했느냐의 여부는 B에 의한 급부의 가치를 객관적으로 판단할 것이 아니라, 이득자의 재산관계를 고려하면서 이득자의 주관적 의사 및 이해관계를 중심으로 판단해야 한다(김형배, 사무관리·부당이득, 195면 이하 참고). E는 수중한 丙토지에 정원을 조성하려고 계획하였으며, 이를 위해 甲주택을 철거하였다. 따라서 그 주택의 수리는 E에게 무용한 것이었다고 판단할 수 있다.

3) **사안의 검토** E는 B의 손실로 일응 급부부당이득을 얻은 것으로 보이나 이는 강요된 부당이득으로서, B는 E에 대하여 부당이득의 반환을 청구할 수 없다. 통일설(공평설)에 의하더라도 강요된 부당이득을 E의 실질적 이득으로 보아 B에게 부당이득반환청구권을 인정하는 것은 공평의 관념에 어긋난다고 할 것이다.

Ⅳ. 설문(1) 및 (2)에 대한 해답

설문(1)에서 일을 완성한 수급인 D는 도급인 B에 대하여 약정한 보수 500만원의 지급을 청구할 수 있다. 甲주택 및 丙토지의 소유자 E에 대해서 D는 사무관리를 기초로 한 비용상환청구권 또는 부당이득반환청구권을 행사할 수 없다. C에 대해서도 D는 아무 권리가 없다.

설문(2)에서 B는 C에 대하여 사무관리에 기초한 비용상환청구권 또는 부당이득반환청구권을 행사할 수 없다. E에 대해서도 B는 아무 권리가 없다.

≪판 례≫

[1] 포괄유증 및 단독유증에 있어서 유증목적물의 소유권귀속

(대판 2003.5.27, 2000다73445) ① 포괄적 유증을 받은 자는 제187조에 의하여 법률상 당연히 유증받은 부동산의 소유권을 취득하게 되나, 특정유증을 받은 자는 유증의무자에게 유증을 이행할 것을 청구할 수 있는 채권을 취득할 뿐이므로, 특정유증을 받은 자는 유증받은 부동산의 소유권자가 아니어서 직접 진정한 등기명의의 회복을 원인으로 한 소유권이전등기를 구할 수 없다. ② 유증이 포괄적 유증인가 특정유증인가는 유언에 사용한 문언 및 그 외 제반사정을 종합적으로 고려하여 탐구된

유언자의 의사에 따라 결정되어야 하고, 통상은 상속재산에 대한 비율의 의미로 유증이 된 경우는 포괄적 유증, 그렇지 않은 경우는 특정유증이라고 할 수 있지만, 유언공정증서 등에 유증한 재산이 개별적으로 표시되었다는 사실만으로는 특정유증이라고 단정할 수는 없고 상속재산이 모두 얼마나 되는지를 심리하여 다른 재산이 없다고 인정되는 경우에는 이를 포괄적 유증이라고 볼 수도 있다.

[2] 사무관리의 성립요건(타인사무, 타인사무관리의사, 본인의 이익 또는 의사에 반하지 않을 것)

[2-1] (대판 1998. 5. 12, 97다54222) 사용자가 근로자의 업무상 부상에 대한 치료비를 지급하는 것은 근로기준법에 따라 부담하는 사용자 자신의 채무를 이행하는 것으로 이는 자신의 사무처리라 할 것이고, 타인의 사무를 처리하는 것으로 볼 수는 없다.

[2-2] (대판 1995. 9. 15, 94다59943) 사무관리라 함은 의무없이 타인을 위하여 그의 사무를 처리하는 행위를 말하는 것이므로, 만약 그 사무가 타인의 사무가 아니라거나 또는 사무를 처리한 자에게 타인을 위하여 처리한다는 관리의사가 없는 경우에는 사무관리가 성립될 수 없다.

[2-3] (대판 1997. 10. 10, 97다26326) 사무관리가 성립하기 위하여는 우선 그 사무가 타인의 사무이고 타인을 위하여 사무를 처리하는 의사, 즉 관리의 사실상의 이익을 타인에게 귀속시키려는 의사가 있어야 함은 물론 나아가 그 사무의 처리가 본인에게 불리하거나 본인의 의사에 반한다는 것이 명백하지 아니할 것을 요한다.

[2-4] (대판 1975. 4. 8, 75다254) 사무관리는 의사표시를 요소로 하는 법률행위가 아니므로 본인이 사무관리의 목적이었던 사무를 본인이 직접 관리하려면 사무관리자에게 그 관리를 종료하여 줄 것을 내용으로 하는 의사표시를 하여야 하는 것이 아니고 본인 자신이 직접 관리하겠다는 의사가 외부적으로 명백히 표현된 경우에는 사무관리는 그 이상 성립할 수 없다.

[3] 부당이득의 성립요건

*이득의 발생

[3-1] (대판 1996. 11. 22, 96다34009) 법률상 원인없이 타인의 재산 또는 노무로 인하여 이익을 얻고 그로 인하여 타인에게 손해를 가하는 이른바 부당이득은 그 수익의 방법에 제한이 없음은 물론, 그 수익에 있어서도 그 어떠한 사실에 의하여 재산이 적극적으로 증가하는 재산의 적극적 증가나 그 어떠한 사실의 발생으로 당연히 발생하였을 손실을 보지 않게 되는 재산의 소극적 증가를 가리지 않는 것으로, 채권도 물권과 같이 재산의 하나이므로 그 취득도 당연히 이득이 되고 수익이 된다.

[3-2] (대판 1997.12.9, 96다47586) 부동산을 점유·사용함으로써 받은 이익은 특별한 사정이 없는 한 임료 상당액이라 할 것이므로, 매수인이 부동산을 인도받아 그 용도대로 사용한 경우, 매수인은 임료 상당의 이익을 받았다고 할 것이고, 가사 그 부동산을 사용하여 영위한 영업이 전체적으로 적자였다고 하더라도 사용으로 인한 이익 자체를 부정할 수는 없다.

[3-3] (대판 1998.7.10, 98다8554) 법률상의 원인없이 이득하였음을 이유로 한 부당이득의 반환에 있어 이득이라 함은 실질적인 이익을 의미하므로, 임차인이 임대차계약관계가 소멸된 이후에 임차건물부분을 계속 점유하기는 하였으나 이를 본래의 임대차계약상의 목적에 따라 사용·수익하지 아니하여 실질적인 이득을 얻은 바 없는 경우에는, 그로 인하여 임대인에게 손해가 발생하였다고 하더라도 임차인의 부당이득반환의무는 성립하지 아니하는 것이고, 이는 임차인의 사정으로 인하여 임차건물부분을 사용·수익을 하지 못하였거나 임차인이 자신의 시설물을 반출하지 아니하였다고 하더라도 마찬가지이다.

[3-4] (대판 1995.12.5, 95다22061) 부당이득이 성립되는 경우 그 부당이득의 반환은 법률상 원인없이 이득한 것을 반환하여 원상으로 회복하는 것을 말하므로, 법률상 원인없이 제3자에 대한 채권을 취득한 경우, 만약 채권의 이득자가 이미 그 채권을 변제받은 때에는 그 변제받은 금액이 이득이 되어 이를 반환하여야 할 것이나, 아직 그 채권을 현실적으로 추심하지 못한 경우에는 손실자는 채권의 이득자에 대하여 그 채권의 반환을 구하여야 하고 그 채권 가액에 해당하는 금전의 반환을 구할 수는 없으며, 이는 결국 부당이득한 채권의 양도와 그 채권양도의 통지를 그 채권의 채무자에게 하여 줄 것을 청구하는 형태가 된다.

[3-5] (대판[전] 1975.4.22, 74다1184) 부당이득은 현재의 부당이득뿐만 아니라 장래의 부당이득도 그 이행기에 지급을 기대할 수 없어 미리 청구할 필요가 있으면 미리 청구할 수 있다.

[3-6] (대판 1977.1.25, 76다2096) 건물의 점유자가 그 건물의 점유중 그 건물에 지출한 비용을 상환받기 위하여 유치권을 행사하였을 경우에 계속 그 건물을 점유사용하는 것이 불법행위가 되지는 아니하나 그 점유사용으로 인한 실질적 이익은 이로 인하여 건물소유자에게 손해가 있는 한 이를 상환해야 한다(동지: 대판 1981. 2. 10, 80다1495).

*이득과 사회통념상의 인과관계에 놓이는 손해의 발생

[3-7] (대판 1966.10.4, 66다1441) 피고는 소외인으로부터 1963.10.26. 광업권이전등록을 마쳤고 원고는 1963.6.7. 동 소외인으로부터 본건 광산에 대한 운영권을 양수받아 피고에게 광산을 인도한 동년 11.11.까지

노임과 시설자재비를 출연한 경우에 특별한 사정이 없는 한 피고가 광업권이전등기를 마친 후(1963.10.26.) 광산을 인수한 날(1963.11.11.)까지 원고의 위 지급으로 인하여 이익을 얻었을 때에는 원고의 손해와 피고의 이익간에는 사회관념상 인과관계가 있다고 볼 것이다.

*법률상 원인의 결여

[3-8] (대판 1971.7.27, 71다494) 소멸시효의 완성으로 채권이 소멸된 경우에는 그 채무자가 그로 인하여 채무를 면하게 된 것이 법률상 원인없는 이득이라고는 할 수 없는 것이니 그 채무자가 부당이득을 한 것이라고는 할 수 없다.

[3-9] (대판 1990.11.13, 90다카17153) 원고가 비록 피고들의 강박에 의한 하자있는 의사표시에 기하여 금원을 교부하였다 할지라도 그 의사표시가 소멸되지 않는 한 피고들의 위 금원보유가 법률상 원인이 없다고 볼 수 없으므로 피고들은 이를 반환할 의무가 없다.

[3-10] (대판 1991.6.14, 90다카22575) 토지구획정리사업시행자가 토지구획정리사업을 시행하여 환지처분을 함에 있어 인접한 원고 및 피고 소유의 각 토지에 관하여 착오로 감보율을 잘못 적용하여 원고는 그 소유의 토지에 관하여 실제 감보되어야 할 면적보다 더 감보된 토지를 환지받은 반면 피고는 그 소유의 토지에 관하여 감보되어 실제 받을 수 있는 면적보다 더 많은 넓이의 토지를 환지받은 경우, 피고가 수익한 원인은 토지구획정리사업에 의한 환지처분의 결과에 의한 것이지만, 환지처분 그 자체로는 아무런 권리의 득상, 변동을 생기게 하는 것은 아니고 이런 효과는 직접 법률의 규정에 의하여 생기는 것이므로 피고의 이득은 토지구획정리사업법의 규정에 의하여 취득한 것이어서 법률상 원인없이 취득한 것이라고 보기 어려우므로 피고가 원고에 대한 관계에서 부당이득한 것이라고는 할 수 없고, 원고와 피고사이의 손익의 조정문제는 청산금제도와 당해 사업자에 대한 불법행위로 인한 손해배상청구제도 등에 의하여 해결되어야 한다.

[3-11] (대판 1993.7.27, 91다33766) 국토이용관리법상의 규제구역내의 토지에 대하여 관할 도지사의 허가를 받기 전에 체결한 매매계약이 허가받을 것을 전제로 체결되었다면 그 계약은 일단 허가를 받으면 소급하여 유효한 계약이 되고 이와 달리 불허가가 된 때에는 무효로 확정되므로 허가를 받기까지는 유동적 무효의 상태에 있다고 보아야 할 것이며, 이러한 유동적 무효상태에 있는 계약을 체결한 당사자는 쌍방 그 계약이 효력있는 것으로 완성될 수 있도록 서로 협력할 의무가 있다고 할 것이므로, 허가를 배제하거나 잠탈하는 내용이 아닌 유동적 무효상태의 매매계약을 체결하고 매도인이 이에 기하여 임의로 지급한 계약금은 그

계약이 유동적 무효상태로 있는 한 이를 부당이득으로 반환을 구할 수는 없고 유동적 무효상태가 확정적으로 무효로 되었을 때 비로소 부당이득으로 그 반환을 구할 수 있다.

[3-12] (대판 2001. 9. 4, 2001다22604) 구분건물의 전유부분에 대한 소유권이전등기만 경료되고 대지지분에 대한 소유권이전등기가 경료되기 전에 전유부분만에 관하여 설정된 근저당권에 터잡아 임의경매절차가 개시되었고, 집행법원이 구분건물에 대한 입찰명령을 함에 있어 대지지분에 관한 감정평가액을 반영하지 않은 상태에서 경매절차를 진행하였다고 하더라도, 전유부분에 대한 대지사용권을 분리처분할 수 있도록 정한 규약이 존재한다는 등의 특별한 사정이 없는 한 낙찰인은 경매목적물인 전유부분을 낙찰받음에 따라 종물 내지 종된 권리인 대지지분도 함께 취득하였다 할 것이므로, 구분건물의 대지지분 등기가 경료된 후 집행법원의 촉탁에 의하여 낙찰인이 대지지분에 관하여 소유권이전등기를 경료받은 것을 두고 법률상 원인없이 이득을 얻은 것이라고 할 수 없다.

[3-13] (대판 2003. 6. 13, 2003다8862) 부당이득제도는 이득자의 재산상 이득이 법률상 원인을 결여하는 경우에 공평·정의의 이념에 근거하여 이득자에게 그 반환의무를 부담시키는 것인바, 채무자가 피해자로부터 횡령한 금전을 그대로 채권자에 대한 채무변제에 사용하는 경우 피해자의 손실과 채권자의 이득 사이에 인과관계가 있음이 명백하고, 한편 채무자가 횡령한 금전으로 자신의 채권자에 대한 채무를 변제하는 경우 채권자가 그 변제를 수령함에 있어 악의 또는 중대한 과실이 있는 경우에는 채권자의 금전 취득은 피해자에 대한 관계에 있어서 법률상 원인을 결여한 것으로 봄이 상당하나, 채권자가 그 변제를 수령함에 있어 단순히 과실이 있는 경우에는 그 변제는 유효하고 채권자의 금전 취득이 피해자에 대한 관계에 있어서 법률상 원인을 결여한 것이라고 할 수 없다.

[4] 이른바 轉用物訴權

[4-1] (대판 1970. 11. 24, 70다1012) 원고가 고양군수 및 벽제면장으로부터 제방공사를 도급받아 그 공사를 완공함으로써 피고 경기도가 법률상 원인없이 이득하였다 할지라도 원고는 그 보수금전액을 위 도급인들로부터 지급받을 권리를 가지고 있는 것이라 할 것이어서 원고에게는 아무런 손해도 있었다고 할 수 없으니 원고의 피고에 대한 부당이득반환청구는 성립할 수 없다.

[4-2] (대판 2002. 8. 23, 99다66564·66571) ① 계약상의 급부가 계약의 상대방뿐만 아니라 제3자의 이익으로 된 경우에 급부를 한 계약당사자가 계약상대방에 대하여 계약상의 반대급부를 청구할 수 있는 이외에 그 제3자에 대하여 직접 부당이득반환청구를 할 수 있다고 보면, 자기

책임하에 체결된 계약에 따른 위험부담을 제3자에게 전가시키는 것이 되어 계약법의 기본원리에 반하는 결과를 초래할 뿐만 아니라, 채권자인 계약당사자가 채무자인 계약상대방의 일반채권자에 비하여 우대받는 결과가 되어 일반채권자의 이익을 해치게 되고, 수익자인 제3자가 계약상대방에 대하여 가지는 항변권 등을 침해하게 되어 부당하므로, 위와 같은 경우 계약상의 급부를 한 계약당사자는 이익의 귀속주체인 제3자에 대하여 직접 부당이득반환을 청구할 수는 없다고 보아야 한다. ② 유효한 도급계약에 기하여 수급인이 도급인으로부터 제3자소유 물건의 점유를 이전받아 이를 수리한 결과 그 물건의 가치가 증가한 경우, 도급인이 그 물건을 간접점유하면서 궁극적으로 자신의 계산으로 비용지출과정을 관리한 것이므로, 도급인만이 소유자에 대한 관계에 있어서 제203조에 의한 비용상환청구권을 행사할 수 있는 비용지출자라고 할 것이고, 수급인은 그러한 비용지출자에 해당하지 않는다고 보아야 한다.

관련사례 50-1 他人事務의 管理

≪설 문≫

A는 자기 소유의 甲주택이 몹시 퇴락하여 전면 수리하였다. A는 그 수리비용의 일부를 현재 甲주택에 거주하고 있는 임차인 B와 그 甲주택에 저당권을 설정하고 대부를 해준 은행 C로 하여금 보상받기를 바란다. A는 주택의 수리가 B와 C에게도 이익이 되는 것으로 생각하고 있기 때문이다.

A의 판단은 법적으로 정당한지를 검토하시오.

풀이제안

Ⅰ. 논점분석

사례에서 A의 甲주택이 전면 수리를 할 정도로 퇴락한 것은 A가 주택을 장기간 수리하지 않고 방치한 데서 비롯된 것으로 생각된다. 따라서 임대인이 부담하는 임차물의 사용·수익에 필요한 상태유지의무 및 저당권설정자의 저당물보충의무와 관련하여 A의 주택수리가 자신의 고유사무인지, 혹은 타인의 사무를 겸유하고 있는지를 검토해야 한다.

Ⅱ. A에 대한 C의 원상회복청구권

1. 임차물 내지 저당물의 유지 · 보존의무

물건에 대한 유지·보존은 원칙적으로 그 소유자가 행하여야 한다. 이러한 원칙은 임차인 또는 저당권자와의 관계에 있어서도 마찬가지로 적용된다. 제623조에 의하면 임대인은 계약존속중 그 사용·수익에 필요한 상태를 유지할 의무를 부담하며, 제362조에 의하면 저당권설정자의 책임있는 사유로 인하여 저당물의 가액이 현저히 감소된 때에는 저당권자는 저당권설정자에 대하여 그 원상회복을 청구할 수 있다.

다만, 이 규정들은 강행규정이 아니므로 당사자 사이에 별도의 특약을 할 수는 있다(통설)(학설에 대립에 대하여는 김형배, 채권각론[계약법], 477면). 예컨대 임대차에 있어서는 이른바 간단한 수리(김형배, 채권각론[계약법], 446면 주2) 참조)에 관해 별단의 합의를 하는 것이 거래실정이기도 하다(뒤 판례 참조).

2. A에 대한 B의 수선청구권 또는 A에 대한 C의 저당물보충청구권

사무관리가 성립하기 위해서는 그 사무가 타인사무이어야 한다(제734조 제1항, 앞의 [사례 50]의 판례 [2] 참조).

주택의 소유권자가 그의 주택(사례의 경우 임차물이자 저당물)을 수리하는 것은 그의 고유사무에 해당한다. 따라서 소유권자가 임차물인 동시에 저당물인 그의 집을 수리하는 관리행위는 소유권자만이 그 권리와 의무를 가지고 있으므로 사무관리가 성립할 수 없다. 따라서 소유권자에 의한 집수리가 임차인과 저당권자에게 유익한 것이라 하더라도 그 지출비용의 상환을 청구할 수 없다. 이 경우에 제739조 제1항 및 제2항은 적용되지 않는다. 다만, 소유권자(임대인)는 임차인에 대하여 집수리로 인한 임차물의 시설개선에 대하여 장래에 차임증액을 청구할 수 있을 것이다(제628조 참조).

Ⅲ. 설문에 대한 해답

임차물 또는 저당목적물이 전면적 수리를 요할 정도의 훼손 또는 일부멸실이 있다면 임대인 또는 저당권설정자로서 甲주택의 소유자 A는 (임차인 B에 대한 관계에서) 수선의무 내지 (훼손 또는 일부멸실에 관하여 A에게 귀책사유가 있는 경우 저당권자 C에 대한 관계에서) 원상회복의무를 부담한다. 따라서 A가 그 소유의 甲주택을 수리한 것은 그의 고유사무의 처리에 해당한다.

A에 의한 주택의 전면수리가 설령 임차인 B 및 저당권자 C에게 유익하더라도 지출비용에 대한 상환을 청구할 수 없다.

≪관련판례≫

[1] 임대인의 수선의무

[1-1] (대판 1994.12.9, 94다34692) ① 임대차계약에 있어서 임대인은 목적물을 계약 존속중 그 사용·수익에 필요한 상태를 유지하게 할 의무를 부담하는 것이므로, 목적물에 파손 또는 장해가 생긴 경우 그것이 임차인이 별 비용을 들이지 아니하고도 손쉽게 고칠 수 있을 정도의 사소한 것이어서 임차인의 사용·수익을 방해할 정도의 것이 아니라면 임대인은 수선의무를 부담하지 않지만, 그것을 수선하지 아니하면 임차인이 계약에 의하여 정해진 목적에 따라 사용·수익할 수 없는 상태로 될 정도의 것이라면 임대인은 그 수선의무를 부담한다(동지: 대판 2000.3.23, 98두18053). ② 임대인의 수선의무는 특약에 의하여 이를 면제하거나 임차인의 부담으로 돌릴 수 있으나, 그러한 특약에서 수선의무의 범위를 명시하고 있는 등의 특별한 사정이 없는 한 그러한 특약에 의하여 임대인이 수선의무를 면하거나 임차인이 그 수선의무를 부담하게 되는 것은 통상 생길 수 있는 파손의 수선 등 소규모의 수선에 한한다 할 것이고, 대파손의 수리, 건물의 주요 구성부분에 대한 대수선, 기본적 설비부분의 교체 등과 같은 대규모의 수선은 이에 포함되지 아니하고 여전히 임대인이 그 수선의무를 부담한다고 해석함이 상당하다.

[1-2] (대판 1983.9.27, 83도2096) 피고인이 피해자에게 임대한 방의 바닥에 있는 균열(중앙에 97cm, 아궁이 쪽으로 30cm의 실금형태)은 위 방을 사용할 수 없을 정도의 파손상태라 할 수 없고, 반드시 임대인에게 수선의무가 있는 대규모의 것이라고도 할 수 없어, 이는 임차인의 통상의 수선 및 권리의무에 속하므로 위 균열로 인해 가스 중독사고가 발생한 경우 임대인에게 과실이 없다.

관련사례 50-2 他人을 위한 事務의 管理

≪설 문≫

B는 A의 헌 자전거를 절취한 즉시 C에게 5만원에 매도하였다. B와 C의 거래행위는 평온·공연하게 이루어졌으며, C는 자전거가 盜品임을 과실없이 알지 못했다. 구입 직후 C는 5만원을 들여 그 자전거를 수선하였다. 거래행위 후 1년이 지날 무렵 A는 C가 자신의 자전거를 가지고 있는 것을 알게 되었고, 그에게 자전거의 인도를 요구하였다. 이에 C는 수리비용 5만원의 상환을 청구하고 있다.

C의 청구가 인용될 수 있는지를 검토하시오.

풀이제안

Ⅰ. 논점분석

선의취득에 있어서 목적물이 도품인 경우 그 소유권의 귀속관계를 검토하여, 도품에 대한 원소유자의 반환청구(제250조 본문)가 있을 때 도품에 관한 선의취득자의 비용지출로 사무관리가 성립하는지 또는 부당이득이 성립하는지를 각각 검토해야 한다.

Ⅱ. C의 자전거 소유권의 선의취득

1. C의 선의취득의 가부

선의취득이 성립하기 위해서는 (i) 선의취득의 객체가 동산이어야 하고, (ii) 목적물을 무권리자인 前主가 점유하고 있었어야 하며, (iii) 평온·공연하게 선의이며 과실없이 양수인의 점유취득이 있어야 한다(제249조 참조)(선의취득에 관하여 자세한 것은 앞선 [사례 19] 참조).

C는 평온·공연하게 선의이며 과실없이 자전거를 양수하여 점유하므로 비록 B가 자전거의 소유자가 아니더라도 원칙적으로는 자전거의 소

유권을 취득할 수 있다(제249조 참조). 다만, 자전거가 도품이므로 제250조 본문에 따라 원소유자 A는 도난당한 날로부터 2년 내에는 C에 대하여 자전거의 반환을 청구할 수 있다. 따라서 C가 자전거를 선의취득할 수 있다 하더라도 A가 반환청구를 할 수 있는 기간 동안 자전거의 소유권이 A 또는 C 중 누구에게 귀속하는지 문제된다.

2. 소유권의 귀속

통설에 따르면 피해자 또는 유실자가 '반환 청구할 수 있는 기간' 동안에 도품·유실물의 소유권은 선의취득자에게 귀속한다(곽윤직, 물권법, 181면; 이영준, 한국민법론[물권편], 269면; 장경학, 물권법, 467면). 도품·유실물이라 하더라도 선의취득과 동시에 일단 소유권은 선의취득자에게 귀속하고, 원소유자는 도난·유실한 날로부터 2년간 소유권의 반환을 청구할 수 있을 뿐이다. 즉, 제250조 본문의 취지는 피해자나 유실자가 제249조에 의한 선의취득자로부터 목적물의 점유 및 소유권을 회수하여 도난이나 유실 당시의 본권관계를 회복할 수 있도록 하는 데에 있다.

따라서 자전거의 소유권이 A에게 회복되기 전까지는 C가 자전거의 소유자이며, 처분권자이다.

Ⅲ. 사무관리 성립 여부

1. 사무관리 성립요건

사무관리가 성립하기 위한 요건으로는 (i) 타인의 사무를, (ii) 법률상, 즉 법률규정이나 계약에 기한 의무없이, (iii) 타인을 위하여 할 것, 즉 타인사무의 관리의사를 가지고 본인의 이익과 의사에 명백히 반하지 않아야 한다(앞의 [사례 50] 판례 [2] 참조).

2. C의 사무관리 성립 여부

사례에서 C는 자전거를 선의취득하였으며, 자전거가 비록 도품이더라도 그 점유와 소유권을 A가 회복하기 전까지 그 소유권은 C에게 귀속한다. 따라서 C가 자전거의 수리에 투입한 비용은 자기소유의 물건을 위한 것이다. 이는 사무관리의 성립요건 중 하나인 '타인사무의 관리일 것'이라는 요건을 충족하지 못하게 된다. 따라서 A와 C 사이에는 사무관리가 성립할 수 없다.

Ⅳ. C의 부당이득반환청구권

A가 제250조 본문에 기초하여 C에게 자전거의 반환을 청구하면, C는 이를 거절할 수 없다. 점유가 C에서 A로 회복하는 때에 소유권은 A에게로 귀속된다. 이때 C가 이미 지출한 자전거의 수리비용을 A에 대하여 부당이득으로서 반환청구 할 수 있는지가 문제된다(선의취득된 도품의 소유권이 선의취득자에게 귀속하고, 원소유자는 제250조 본문에 따라 원상회복청구권을 행사하여 비로소 소유권을 회복할 수 있다고 하는 통설에 따르면 원소유자의 점유회복시 점유자와 회복자 사이의 법률관계에 관한 제201조 내지 제203조의 적용은 고려될 수 없다. 동 규정들은 소유권자가 점유를 회복할 때 적용되는 부당이득법에 관한 특칙이기 때문이다).

사례에서 C가 자전거를 5만원에 구입하고 그 직후 수리비용으로 5만원을 지출한 것은 그 자전거가 이미 수리를 요할 만큼 많이 훼손되는 등의 사정이 있는 것으로 보인다. 또한 1년이 지나서도 A가 그 자전거의 반환을 청구하는 것으로 보아 A에게 자전거의 필요성도 인정될 수 있다. 즉, 자전거의 수리가 A에게 강요된 부당이득이 되지 않는 것으로 판단된다(강요된 부당이득에 관해서는 앞선 [사례 50] 참조). 따라서 C는 A에 대하여 원칙적으로 수리비용에 해당하는 부당이득의 반환을 청구할 수 있다. 다만, A는 선의의 수익자로 볼 것이므로 현존이익의 한도내에서 그 비용의 전부 또는 일부를 반환하면 될 것이다(제748조 제1항 참조).

Ⅴ. 설문에 대한 해답

자전거의 수리로 C와 A 사이에 사무관리가 성립하지 않기 때문에 C는 A에 대하여 사무관리에 의한 비용상환청구권을 행사할 수 없다. 그러나 자전거의 수리가 A의 의사에 반하지 않는 한, C는 수리비용 중 A에게 현존하는 이익을 한도로 부당이득의 반환을 청구할 수 있다.

[債　權　法]

事例　51

加工, 侵害不當利得

≪설 문≫

인접한 축산농가 A의 소유인 한우 1마리(시가 400만원)를 자신 소유의 것으로 착각한 축산농가 B는 이를 고급 한우갈비세트 등으로 가공하여 유통시킴으로써 약 1,000만원의 수익을 올렸다. B의 이러한 실수는 축산농가조합의 공동도축장에서 도살된 한우에 그 소속을 표시하는 표찰이 떨어져 나갔기 때문임이 후에 밝혀졌다.

A와 B 사이의 법률관계를 검토하시오.

목차제안

Ⅰ. 논점분석

Ⅱ. B에 대한 A의 불법행위를 이유로 하는 손해배상청구권

1. 불법행위의 성립요건
2. 사안의 검토

Ⅲ. B에 대한 A의 부당이득반환청구권

1. B의 加工에 의한 A의 소유권의 상실
   (1) 가공의 요건과 효과
   (2) 사안의 검토
2. A의 소유권상실과 B의 부당이득
   (1) 가공에 따른 이해의 조정
   (2) B의 부당이득의 유형
   (3) C의 부당이득반환의무의 내용

Ⅳ. 설문에 대한 해답

풀이제안

Ⅰ. 논점분석

B는 A소유의 한우를 자신 소유의 것으로 착각하여 이를 고급 한우 갈비세트 등으로 가공하여 판매함으로써 1,000만원의 수익을 창출하였다. B의 이러한 가공행위를 통해 한우에 대한 소유권의 귀속주체가 달라지는지 여부를 검토한 후, 이를 긍정할 수 있다면 한우의 소유권을 상실함으로써 손해를 입게 된 A의 B에 대한 권리를 검토해야 한다.

Ⅱ. B에 대한 A의 불법행위를 이유로 하는 손해배상청구권

1. 불법행위의 성립요건

불법행위가 성립하기 위해서는 (i) 손해의 발생, (ii) 가해행위와 손해발생 사이의 인과관계, (iii) 가해행위의 객관적 위법성 및 (iv) 가해자의 책임능력의 구비 및 그의 고의 또는 과실이 있어야 한다(불법행위의 성립요건에 관한 보다 자세한 것은 김형배, 민법학강의(제6판), 1574면 이하 참조).

2. 사안의 검토

B는 타인 A소유의 한우를 자신의 소유로 착각하여 이를 가공하여 유통시킴으로써 A의 소유권을 침해하는 위법행위로 A에게 손해를 발생케 하였다. 따라서 책임능력이 있는 것으로 판단되는 B의 이러한 착각이 과실에 기한 것이라면 B는 A에 대하여 불법행위책임을 부담해야 한다. 즉, A는 B에 대하여 불법행위 당시 한우의 시가인 400만원의 손해배상을 청구할 수 있을 것이다.

그러나 설문에서 도살된 한우는 그 소속을 표시하는 표찰이 떨어져 나간 상태였으므로, 서로 이웃하여 축산농가를 운영하는 B가 거래생활에 필요한 주의를 충분히 하였다 하더라도 자신 소유의 한우가 아님을 알기는 쉽지 않았다고 판단된다. 따라서 B의 과실을 인정할 수 없다면 그의 불법행위책임은 성립하지 않을 것이다.

Ⅲ. B에 대한 A의 부당이득반환청구권

1. B의 加工에 의한 A의 소유권의 상실

(1) 가공의 요건과 효과

가공이란 타인의 재료를 쓰거나 또는 타인의 물건에 변경을 가하는 공작이 있고, 그 결과 새로운 물건이 성립함을 말한다(곽윤직, 물권법, 203면; 이영준, 물권법, 504면; 이은영, 물권법, 487면). 제259조 제1항에 따르면 타인의 동산에 가공이 있는 경우 그 물건의 소유권은 원칙적으로 원재료의 소유자에게 귀속되지만(동조 동항), 예외적으로 가공으로 인한 가액의 증가가 원재료의 가액보다 현저히 다액인 때에는 가공자의 소유가 된다(동조 동항 단서). 제259조 제1항 단서의 현저한 가액의 증가에 대해서는 새로 제조·가공된 물건의 가액에서 원재료의 가액을 공제한 차액을 가지고 판단해야 하며, 가공에 첨가된 기타 재료는 물론 설비이용비용, 인건비 등이 모두 증가된 비용 속에 포함된다. 새 물건인지의 여부는 사회경제상의 관념에 의하여 결정된다(김형배, 민법학강의(제6판), 634면).

(2) 사안의 검토

사례에서 B는 한우를 원재료로 하여 원재료의 가액보다 현저히 고가인 고급 한우갈비세트 등을 가공하였다. 갈비세트 등은 사회경제상의 관념에 비추어 한우와는 전혀 다른 새로운 물건이라 할 수 있으며, 그 가액도 한우 자체의 가액보다 현저히 다액인 것으로 판단된다(원재료의 가액과 증가된 가액 사이의 차액이 어느 정도인 경우에 현저한 가액의 증가를 인정할 것인지에 관해서는 학설과 판례는 구체적 기준을 제시하지 않는다. 예컨대 독일민법 제950조 제1항은 가공(Verarbeitung)과 재료(Umbildung)의 가액이 원자재의 가액보다 현저히 소액이 아닌 경우에 가공자는 새 물건의 소유권을 취득한다고 규정하고 있다. 그리고 판례는 가공물의 가액이 원자재 가액의 60%에 미치지 못할 때 가공물 가액은 현저히 소액인 것으로 판단한다(BGH JZ 1972, 165(166): BFHZ NJW 1995, 2633)).

따라서 사례의 경우 B의 가공행위는 제259조 단서의 요건을 충족하는 것으로 보아야 한다. 따라서 B는 가공된 제품, 즉 갈비세트의 소유권을 취득하고, A는 한우에 대한 소유권을 상실한다.

2. A의 소유권상실과 B의 부당이득

(1) 가공에 따른 이해의 조정

가공에 의하여 손해를 받은 자, 즉 한우의 소유권을 상실한 A는 제261조에 따라 부당이득에 관한 규정에 의하여 B에게 보상을 청구할 수 있다. 즉, A와 B 사이의 보상관계의 내용은 부당이득의 규정의 요건과 효과에 의하여 정하여진다.

(2) B의 부당이득의 유형

우선 A와 B 사이에 부당이득반환관계가 급부부당이득에 의한 것인가, 침해부당이득에 의한 것인지가 문제된다(자세한 내용은 김형배, 민법학강의(제6판), 1531면, 1538면 이하 참조). 사례에서 A가 어떤 채무를 이행할 목적으로, 즉 A의 의식적 및 목적지향적 출연행위에 의하여('급부'개념에 관해서는 김형배, 사무관리·부당이득, 91면 이하 참조) B가 한우의 소유권을 취득한 것이 아니므로 급부부당이득은 문제될 수 없다.

B가 한우를 갈비세트 등으로 가공할 당시 그 한우는 B의 소유가 아니라 A의 소유였다. 따라서 B의 한우 가공행위는 A의 소유권을 침해하는 행위로서 재산귀속질서에 반한다. B는 결과적으로 A에 귀속하는 한우의 소유권을 법률상의 원인없이 소멸케 함으로써(타인의 권리귀속 내용을 침해하는 때에는 법률상의 원인을 결하는 것이 된다. 김형배, 사무관리·부당이득, 176면 참조) A에게 손해를 주었고, 그 결과 이득을 얻었다. B가 제259조 제1항 단서에 의해 사후적으로, 즉 가공의 결과로서 육가공품에 대한 소유권을 취득하더라도, 그것은 A의 한우소유권양도행위에 의해서가 아니라 법률규정에 의한 것이다. 그러나 이 법률규정이 한우소유권의 이전을 정당화하는 규정은 아니므로 B는 A의 한우소유권을 소멸케 하면서 법률상의 원인없이 이득을 취득한 것이 되며, 이와 같은 부당이득은 침해부당이득(Eingriffs-kondiktion)에 해당한다.

즉, B는 한우에 대하여 A의 소유권을 침해하는 위법한 행위로 A에게 손실을 주면서 이득을 얻었기 때문에 A에게 침해부당이득으로 인하여 얻은 이득을 반환해야 한다(침해부당이득의 반환이 부정된 판례 [1] 및 긍정된 판례 [2]도 참조).

(3) C의 부당이득반환의무의 내용

B는 법률상 원인없이 A의 재산으로 이익을 얻었고 이로 인해서 A에게 손해를 가했으므로 그 이익을 반환해야 한다(제741조). 그러나 한우가

이미 도살되어 원물반환이 불가능하므로 B는 그 가액을 반환해야 할 것이다(제747조 제1항).

이때 B가 A에게 반환할 가액은 원칙적으로 원자재(한우)에 관한 A의 소유권상실시점을 기준으로 하는 목적물의 객관적 가치(즉, 市價)로 이해해야 한다(김형배, 사무관리·부당이득, 216면, 273면). 따라서 B는 A에게 400만원의 가액을 반환해야 한다. 그러나 가공에 의하여 B가 운용이익(B의 능력이나 적절한 처리에 의하여 객관적 가치(400만원)보다 많은 수익(1,000만원)을 얻은 경우)을 얻은 것으로 본다면 그 반환범위를 어떻게 정할 것이냐가 문제된다. 학설은 전부반환설과 객관적 가치반환설로 나뉜다(김형배, 사무관리·부당이득, 213면 참고. 이영준, 물권법 509면은 가공에 의하여 증가된 가치도 반환범위에 속한다고 한다). 판례(판례 참조 [3])는 '사회통념상 수익자의 행위가 개입하지 아니하였더라도 부당이득된 재산으로부터 손실자가 당연히 취득하였으리라고 생각되는 범위내의 것이 아닌 한, 수익자가 반환해야 할 이득의 범위에서 공제되어야 한다'고 한다. 따라서 만일 A가 가공을 했더라도 얻을 수 있었던 운용이익이 생길 수 있는 경우이면 그 이익은 객관적 가치(400만원)에 더하여 반환의 대상이 될 수 있을 것이다. B의 고유한 능력과 처리방법에 의하여 증가된 운용이익만이 반환범위에서 제외된다고 보아야 한다.

Ⅳ. 설문에 대한 해답

A는 B에 대하여 B에게 과실이 없다면 불법행위로 인한 손해배상을 청구할 수 없다. 그러나 B의 가공에 의한 부당이득의 반환은 청구할 수 있다고 보아야 한다.

≪판 례≫

[1] 침해부당이득의 반환이 부정된 예

[1-1] (대판 1993.5.25, 92다51280) 부동산에 대한 취득시효가 완성되면 점유자는 소유명의자에 대하여 취득시효완성을 원인으로 한 소유권이전등기절차의 이행을 청구할 수 있고 소유명의자는 이에 응할 의무가 있으므로 점유자가 그 명의로 소유권이전등기를 경료하지 아니하여 아직

소유권을 취득하지 못하였다고 하더라도 소유명의자는 점유자에 대하여 점유로 인한 부당이득반환청구를 할 수 없다.

[1-2] (대판 1998. 3. 27, 97다32680) 채무자 이외의 자의 소유에 속하는 동산을 경매한 경우에도 경매절차에서 그 동산을 경락받아 경락대금을 납부하고 이를 인도받은 경락인은 특별한 사정이 없는 한 소유권을 선의취득한다고 할 것이지만, 그 동산의 매득금은 채무자의 것이 아니어서 채권자가 이를 배당받았다고 하더라도 채권은 소멸하지 않고 계속 존속한다고 할 것이므로, 배당을 받은 채권자는 이로 인하여 법률상 원인 없는 이득을 얻고 소유자는 경매에 의하여 소유권을 상실하는 손해를 입게 되었다고 할 것이니, 그 동산의 소유자는 배당을 받은 채권자에 대하여 부당이득으로서 배당받은 금원의 반환을 청구할 수 있다고 할 것인바, 이와 같은 이치는 제3자소유의 기계·기구가 그의 동의없이 공장저당법 제4조, 제5조의 규정에 의한 저당권의 목적이 되어 같은 법 제7조의 목록에 기재되는 바람에 공장에 속하는 토지 또는 건물과 함께 일괄경매되어 경락되고 채권자가 그 기계·기구의 경락대금을 배당받은 경우에도 경락인이 그 기계·기구의 소유권을 선의취득 하였다면 마찬가지라고 보아야 한다.

[1-3] (대판 2001. 11. 13, 99다32905) 소송당사자가 허위의 주장으로 법원을 기망하고 상대방의 권리를 해할 의사로 상대방의 소송관여를 방해하는 등 부정한 방법으로 실체의 권리관계와 다른 내용의 확정판결을 취득하여 그 판결에 기하여 강제집행을 하는 것은 정의에 반하고 사회생활상 도저히 용인될 수 없는 것이어서 권리남용에 해당한다고 할 것이지만, 위 확정판결에 대한 재심의 소가 각하되어 확정되는 등으로 위 확정판결이 취소되지 아니한 이상 위 확정판결에 기한 강제집행으로 취득한 채권을 법률상 원인없는 이득이라고 하여 반환을 구하는 것은 위 확정판결의 기판력에 저촉되어 허용될 수 없다.

[2] 침해부당이득의 반환이 긍정된 예

[2-1] (대판 1962. 2. 16, 64다1544) 경매대금을 후순위근저당채권자가 선순위저당채권자에 우선하여 배당을 받음으로 인하여 선순위저당권자가 당연히 받을 수 있는 배당을 받지 못할 경우에는 전자는 후자에 대하여 부당이득반환의 책임이 있다(동지: 대판 2002. 10. 22, 2000다59678).

[2-2] (대판 1998. 5. 8, 98다2389) 타인소유의 토지 위에 권한없이 건물을 소유하고 있는 자는 그 자체로써 특별한 사정이 없는 한 법률상 원인없이 타인의 재산으로 인하여 토지의 차임에 상당하는 이익을 얻고 이로 인하여 타인에게 동액 상당의 손해를 주고 있다고 보아야 한다.

[2-3] (대판 2002. 10. 11, 2000다17803) 토지의 공유자는 각자의 지

분 비율에 따라 토지 전체를 사용·수익할 수 있지만, 그 구체적인 사용·수익 방법에 관하여 공유자들 사이에 지분 과반수의 합의가 없는 이상, 1인이 그 전부를 배타적으로 점유·사용할 수 없는 것이므로, 공유자 중의 일부가 그 전부를 배타적으로 점유·사용하고 있다면, 다른 공유자들 중 지분은 있으나 사용·수익은 전혀 하지 않고 있는 자에 대하여는 그 자의 지분에 상응하는 부당이득을 하고 있다.

[2-4] (대판 2003. 6. 27, 2002다38538) 채권자인 주택은행이 이행청구기한이 지나도록 보증채무의 이행청구를 하지 않아 주택금융신용보증기금 관리기관인 신용보증기금의 보증채무가 면책되었음에도 불구하고, 주택은행은 신용보증기금으로부터 보증업무를 위탁받아 처리하고 있음을 기화로 이행청구기한이 경과한 후 채권자의 지위에서 보증업무의 수탁기관인 주택은행에 보증채무의 이행을 청구하고, 수탁기관인 주택은행으로부터 보증채무의 이행을 받는 형식으로 신용보증기금이 관리하는 기금에서 미상환 대출원리금을 인출하여 그 변제에 충당한 경우, 주택은행이 수탁기관의 지위에서 위탁기관인 신용보증기금을 대신하여 보증채무를 이행한 관계로 비록 외형상으로는 신용보증기금이 보증채무의 면책사실을 알면서도 보증채무를 이행한 것처럼 되어 있으나, 주택은행과 신용보증기금 사이에 있어서는 주택은행이 신용보증기금의 부담하에 이득을 취하였고, 이는 신용보증업무위탁계약상의 선관주의의무에 위반하는 것으로 주택은행은 이로 인하여 신용보증기금이 입게 된 손해를 배상할 책임이 있다는 점에서 신용보증기금과의 사이에서 주택은행에 귀속된 이득을 그대로 보유시키는 것은 공평의 원칙 내지 이념에 반하고, 주택은행에 귀속된 이득을 부당이득으로 신용보증기금에게 반환하는 것이 부당이득제도의 목적에 합당하다 할 것이며, 신용보증기금이 주택은행에 대하여 선관주의의무 위반을 이유로 손해배상을 청구할 권리가 있다 하더라도 위와 같이 부당이득반환청구권이 성립하는 데에는 장애가 되지 않는다.

[2-5] (대판 2003. 11. 28, 2003다37136) 지입계약의 종료에 따른 지입회사의 지입차량에 대한 소유권이전등록절차 이행의무와 지입차주의 연체된 관리비 등의 지급의무는 서로 동시이행관계에 있다고 봄이 형평의 원칙에 비추어 상당하므로, 지입회사가 동시이행의 항변권을 가지고 지입차량의 소유명의를 보유하고 있는 동안에 지입차주가 지입회사의 화물자동차운송사업 등록명의를 이용하여 지입차량을 계속 운행하여 화물자동차운송사업을 영위하여 왔다면, 지입차주는 특별한 사정이 없는 한 법률상 원인없이 지입회사의 화물자동차운송사업 등록명의를 이용하여 화물운송사업을 영위함으로써 지입계약에서 약정한 지입료 상당의 이익을 얻고 있었다고 할 것이고, 지입차주가 얻은 위와 같은 이익은 부당이

득으로서 지입회사에게 반환하여야 한다.

[2-6] (대판 2004. 4. 9, 2003다32681) 확정된 배당표에 의하여 배당을 실시하는 것은 실체법상의 권리를 확정하는 것이 아니므로 배당을 받아야 할 자가 배당을 받지 못하고 배당을 받지 못할 자가 배당을 받은 경우에는 배당에 관하여 이의를 한 여부 또는 형식상 배당절차가 확정되었는지 여부에 관계없이 배당을 받지 못한 채권자는 배당받은 자에 대하여 부당이득반환을 청구할 수 있다.

[3] 운용이익의 반환의 반환범위

(대판 1995. 5. 12, 94다25551) 일반적으로 수익자가 법률상 원인없이 이득한 재산을 처분함으로 인하여 원물반환이 불가능한 경우에 있어서 반환하여야 할 가액은 특별한 사정이 없는 한 그 처분 당시의 대가이나, 이 경우에 수익자가 그 법률상 원인없는 이득을 얻기 위하여 지출한 비용은 수익자가 반환하여야 할 이득의 범위에서 공제되어야 하고, 수익자가 자신의 노력 등으로 부당이득한 재산을 이용하여 남긴 이른바 운용이익도 그것이 사회통념상 수익자의 행위가 개입되지 아니하였더라도 부당이득된 재산으로부터 손실자가 당연히 취득하였으리라고 생각되는 범위 내의 것이 아닌 한 수익자가 반환하여야 할 이득의 범위에서 공제되어야 한다.

관련사례 51-1 非債辨濟

≪설 문≫

A는 B로부터 자동차를 매수하면서 운전면허시험에 합격한 후에 사용할 것이라는 뜻을 밝혔다. 그러나 A는 운전면허시험에 번번이 낙방하였다. 한편 A는 자동차매매계약 당시 만약 운전면허시험에 불합격하면 매매계약을 취소해야겠다고 내심 생각하고 있었다.

A는 B에게 자동차를 반환하고 대금의 반환을 청구할 수 있는지를 검토하시오.

풀이제안

Ⅰ. 논점분석

(1) 목적부도달에 의한 부당이득의 반환을 청구할 수 있는지, (2) 비채변제로 인한 부당이득반환청구권을 인정할 수 있는지를 검토해야 한다.

Ⅱ. B에 대한 A의 목적부도달에 의한 부당이득반환청구권

1. 목적부도달에 의한 부당이득의 의의

목적부도달에 의한 부당이득이란 당사자가 합의에 의하여 장래 일정한 결과의 발생을 기대하면서 그 일방이 타방에 대하여 급부를 하였으나, 목적한 결과가 발생하지 않은 경우에 급부자가 급부한 것을 부당이득으로서 반환받을 수 있는 급부부당이득을 말한다(김형배, 사무관리·부당이득, 107면 이하 참고).

2. 사안의 검토

A는 그가 자동차를 사려는 목적이 스스로 자동차를 운전하기 위한 것이라는 뜻을 B에게 밝혔으며, B는 이에 대하여 이의를 제기하지 않았다. 그러나 A는 운전면허시험에 계속 합격하지 못함으로써 자동차를 사려는 목적이 이루어지지 않았다. 그렇지만 A가 기대했던 결과는 상대방 B로부터 얻을 수 있었던 것이 아니라, A 스스로가 임의로 설정한 것이었다. 따라서 목적부도달의 부당이득을 원용하여 A의 운전면허시험합격 또는 불합격의 위험(Risiko)을 B에게 부담시키는 것은 부당하므로, A에 대한 B의 부당이득반환의무는 인정될 수 없다. 즉 A가 추구하는 목적(운전면허 시험합격)의 부도달이 법률행위에 의한 해제조건이 아닌 한 A는 매매계약을 소멸시킬 수 없다.

Ⅲ. A의 B에 대한 비채변제의 부당이득반환청구권

1. 비채변제의 의의

비채변제라 함은 채무가 없음에도 불구하고 채무가 있는 것으로 잘못 알고 변제한 경우를 말한다(condictio indebiti: 존재하지 않는 채무의 반환청구)(김형배, 사무관리·부당이득, 97면 이하 참조). 비채변제의 경우 급부자(손실자)는 수령자(이득자)에게 급부한 것을 부당이득으로서 그 반환을 청구할 수 있다(판례 [1] 참조). 그러나 변제자가 변제 당시에 채무없음을 알면서 변제한 때에는 그 급부의 반환을 청구할 수 없다(제742조, 판례 [2], [3] 참조).

2. 사안의 검토

사례에서 A가 비채변제를 이유로 B에게 대금의 반환을 청구할 수 있으려면, A가 법률상의 원인이 없음을 모르고 대금을 지급했어야 한다(제741조, 제742조의 반대해석). 그러나 A는 B와의 매매계약상의 채무를 변제하기 위하여 대금을 지급한 것이므로 법률상의 원인있는 채무변제를 한 것이다. 따라서 A의 B에 대한 부당이득의 반환청구가 성립할 여지가 없다.

다만 A와 B 사이의 매매계약이 무효이거나 A가 유효하게 성립한 매매계약을 취소한 경우, A는 비채변제를 이유로 자신이 급부한 대금의 반환을 청구할 수 있다. 즉 매매계약에 무효원인이 존재하거나 A에게 취소사유와 취소권의 행사가 있어야 한다. 그러나 사례에서 매매계약은 무효가 아니며, A가 자동차매매계약 당시에 운전면허증을 취득하지 못할 경우 계약을 취소할 것이라는 내심의 의사만으로는 취소권 또한 인정되지 않는다. A가 면허시험에 합격할 것을 기대하였다는 것은 제109조 제1항 본문의 착오에 해당될 수 없으며 단순한 내심적 동기에 지나지 않는다. 따라서 A는 B에 대하여 부당이득을 이유로 대금의 반환을 청구할 수 없다.

Ⅳ. 설문에 대한 해답

사례에서 A가 면허시험에 계속 합격하지 못함으로써 자동차를 사려는 본래의 목적이 이루어지지 않았다. 그러나 A가 기대했던 운전면허시험의 합격이라는 결과는 계약상대방인 B로부터 얻을 수 있는 것이 아니고 A 스스로가 임의로 설정한 것에 지나지 않기 때문에 A는 목적부도달에 의한 부당이득반환을 B에게 청구할 수 없다.

또한 B에 대한 A의 매매대금의 지급은 법률상 원인있는 급부이므로, A는 B에 대하여 비채변제의 부당이득반환을 청구할 수 없다.

≪관련판례≫

[1] 과실로 채무없음을 알지 못하고 한 비채변제의 경우 부당이득반환청구권(긍정)

(대판 1998.11.13, 97다58453) ① 제742조 소정의 비채변제에 관한 규정은 변제자가 채무없음을 알면서도 변제를 한 경우에 적용되는 것이고, 채무없음을 알지 못한 경우에는 그 과실 유무를 불문하고 적용되지 아니한다. ② 지방자치단체가 이미 하천구역으로 편입된 토지에 대하여는 보상금을 지급하여야 할 아무런 의무가 없음에도 불구하고, 이러한 토지에 대하여도 법령을 잘못 해석하여 자신에게 보상책임이 있는 것으로 잘못 알고 위 토지에 대한 보상금을 변제공탁하고 토지소유자가 공탁금을 출급한 경우, 지방자치단체가 자신에게 위 토지에 대한 보상의무가 없음을 알지 못한 데에 어떠한 과실이 있다 하더라도 토지소유자에 대하여 그 반환을 청구할 수 있다고 보아야 한다. ③ 위 경우는 채무자 아닌 자가 착오로 인하여 타인의 채무를 변제한 것이므로, 특별한 사정이 없는 한 그 반환을 청구할 수 있는바, 위 토지가 하천구역으로 편입됨으로써 토지소유자가 소유권을 상실하였고 위 공탁금이 위 토지에 대한 보상금으로 공탁된 것이라고 하더라도 그러한 사유만으로 채무자도 아닌 지방자치단체가 한 위 변제공탁이 도의관념에 적합한 비채변제에 해당하는 것이라고 볼 수는 없다. ④ 위 경우 공탁금의 출급으로 인한 지방자치단체의 부당이득반환청구권은 토지소유자가 공탁금을 출급하여 지방자치단체가 이를 회수할 수 없게 된 때에 발생하고 그 소멸시효 또한 그때부터 진행한다.

[2] 악의의 비채변제의 경우 부당이득반환청구권(부정)

(대판 1980.11.11, 80다71) 원고가 채무부존재확인의 소를 제기하여 계속중 그 채무에 대한 경매가 진행중이어서 부득이 그 채무를 변제하였다고 하더라도 이는 채무없음을 알면서 채무를 변제한 것이 되어 그 반환을 구할 수 없다.

[3] 비자발적인 악의의 비채변제의 경우 부당이득반환청구권(긍정)

(대판 1988.2.9, 87다432) 제742조 소정의 비채변제는 지급자가 채무없음을 알면서도 임의로 지급한 경우에만 성립하고 채무없음을 알고 있었다 하더라도 변제를 강제당한 경우나 변제거절로 인한 사실상의 손해를 피하기 위하여 부득이 변제하게 된 경우 등 그 변제가 자기의 자유로운 의사에 반하여 이루어진 것으로 볼 수 있는 사정이 있는 때에는 지급자가 그 반환청구권을 상실하지 않는다(동지: 대판 2004.1.27, 2003다46451).

관련사례 51-2 指示關係 및 二重無效

≪설 문≫

촬영기계 제조업자 A는 도매상 B에게 특수용 카메라를 판매하였다. 그러나 A가 B에게 인도하기 전에 B는 그 카메라를 C에게 전매하였고, B는 A로 하여금 직접 C에게 인도할 것을 지시하였다. A는 B를 거치지 않고 C에게 인도하였다.

A·B 사이의 매매계약이 무효인 경우, B·C 사이의 계약이 무효인 경우, 마지막으로 A·B 및 B·C 사이의 매매계약이 모두 무효인 경우로 나누어 A와 B 및 C 사이의 법률관계를 검토하시오(단, 각 당사자들 사이의 불법행위 성립 여부는 논외로 한다).

풀이제안

Ⅰ. 논점분석

급부연쇄형과 단축인도형의 다수당사자관계를 기초로 물권행위가 채권행위의 법적 운명에 有因인 경우에 급부관계 중심의 부당이득반환을, 특히 이중무효의 경우 '부당이득반환청구권의 부당이득반환청구권'에 관한 이론과 C에 대한 A의 직접청구의 문제점을 검토해야 한다.

Ⅱ. A, B 및 C 사이의 부당이득반환관계

사례에서는 하나의 특수용 카메라에 대하여 A, B 사이 그리고 B, C 사이에 매매계약이 연쇄적으로 행해졌으나, A가 B의 지시로 C에게 직접 인도하였으므로 단축인도형의 다수당사자의 관계가 이루어지고 있다. 이러한 사안에 있어서도 원칙적으로 '매매계약관계가 있었던 당사자 사이'에서 부당이득반환이 행하여져야 한다. 따라서 A와 B 및 B와 C 사이의 매매계약이 모두 무효인 경우에는 원칙적으로 A는 C에게 직접 부당이득을 원인으로 한 목적물의 반환을 청구할 수 없다. 왜냐하면 부당이득의 반환은 급부관계(Leistungs-verhaltnis), 즉 의식적이고 목적지향적으로 타인재산의 증가(급부)가 행하여진 관계를 기초로 그 청산이 이루어져야 하기 때문이다.

Ⅲ. 목적물반환청구권의 기초에 관한 이론구성

급부된 목적물의 반환을 요구하는 데 있어서 목적물의 소유권을 이전하는 물권행위(처분행위)가 무인적이냐 유인적이냐에 따라 그 청구권의 기초가 달라질 수 있다. 판례는 유인론의 태도를 취하고 있다. 즉 물권행위의 원인행위(매매계약)가 무효로 되면 물권행위도 무효가 되므로, 소유권은 매도인에게 그대로 머물러 있게 된다(또는 '복귀한다'). 따라서 매도인은 매수인에 대하여 소유물반환청구권(제213조)을 기초로 목적물의 반환을 청구할 수 있다(물권행위가 무인일 때에는 매수인은 원인행위(매매계약)가 무효이더라도 소유권을 취득하게 된다. 따라서 이때에 매수인(양수인)은 법률상의 원인없이 소유권을 취득하게 되므로 그 목적물을 제747조 제1항에 의하여 원물로 반환해야 한다). 반면 무인론에 따르면 물권행위의 원인행위가 무효이더라도 물권행위는 유효하므로 매수인은 소유권을 취득한다. 그러나 이때에 매수인은 법률상의 원인없이 소유권을 취득한 것(부당이득)이 되므로 그 목적물을 반환하여야 한다.

Ⅳ. 사안의 검토

1. A와 B 사이의 매매계약이 무효인 경우

유인론에 의하면 A는 B에 대하여 원칙적으로 물권적 청구권을 행사할 수 있다. A, B 사이의 계약이 무효가 되어 B가 소유권을 취득하지 못하였다면 B에게는 목적물의 처분권이 없으므로 C도 소유권을 취득할 수 없다. 다만 C가 선의취득(제249조)을 한 때에는 A는 C에 대하여 물권적 청구권을 행사할 수 없고, B에 대하여 부당이득반환을 청구해야 할 것이다. 이때에 A는 B에 대하여 가액반환을 청구할 수밖에 없다(제747조 제1항 참조). 반면 무인론에 의하면 A와 B 사이의 채권계약인 매매가 무효이더라도 물권행위는 영향을 받지 않으므로 B는 소유권을 취득하고, 그 목적물을 유효하게 C에게 양도할 수 있다. 따라서 A는 C에게 부당이득반환청구나 물권적 반환청구를 할 수 없고, 목적물의 가액만을 B에게 청구할 수 있을 뿐이다.

2. B와 C 사이의 매매계약이 무효인 경우

유인론에 의하면 B는 C에 대하여 물권적청구권(제213조)에 기초하여 특수용 카메라의 반환을 청구할 수 있다. 무인론에 의할 경우에는 부당이득반환청구권을 기초로 그 반환을 청구할 수 있다.

3. A, B 및 B, C 사이의 매매계약이 모두 무효인 경우

(1) 문 제 점

첫 번째 문제는 최초양도인 A가 최종양수인 C에 대하여 직접 목적물의 반환을 청구할 수 있는가 하는 점이다. 만일 B가 매매계약의 당사자로서 특수용 카메라의 소유권을 중간단계에서 취득한 일이 없이, C가 A로부터 그 소유권을 직접 취득했다면 A는 직접 C에 대해서 목적물의 반환을 청구할 수 있음은 당연하다. 그러나 사례에서는 A와 B 사이 및 B와 C 사이의 두 개의 계약이 모두 무효가 된 이중하자의 경우가 문제된다.

두 번째 문제는 A가 B에 대하여 가지는 부당이득반환청구권의 내용을 어떻게 이해하느냐 하는 것이다.

(2) 이중무효(하자)의 문제

유인론에 의하면 B는 A로부터 소유권을 취득할 수 없으므로 C에게 소유권을 양도할 수 없으며, B와 C 사이의 계약도 무효이므로 목적물의 소유권은 A에게 그대로 존속한다고 보아야 한다. 따라서 A는 C에게 물권적 청구권(제213조)을 기초로 목적물의 반환을 청구할 수 있다. 반면 무인론에 의하면 물권행위는 여전히 유효하므로 C에서 B로, B에서 A로의 부당이득반환의 순차적 청구가 실현되어야 할 것이다.

(3) B에 대한 A의 부당이득반환청구권의 내용

종래의 지배적 견해에 의하면 A는 B에 대하여 B가 C에 대해서 가지는 원물반환청구권의 양도(채권양도)를 부당이득반환청구의 내용으로 이해하였다. 이를 이른바 부당이득반환청구권의 부당이득반환청구권(Kondiktion der Kondiktion)이라고 한다(이에 관해서는 김형배, 사무관리·부당이득, 287면 이하 참고). 다시 말하면 A는 B가 C에 대하여 가지는 부당이득반환청구권을 부당이득으로 양도받아 B를 대위할 수 있다는 것이다. 목적물이 이미 B의 점유로부터 이탈해 있고 C가 B의 반환청구에 응하지 않을 때에는 위와 같이 A가 B를 대위하는 것이 실효성이 있다고 생각할 수도 있다.

그러나 부당이득반환청구권의 부당이득반환청구권은 다음과 같은 문제점을 가지고 있다. 즉, 이를 인정하게 되면 제451조 제2항이 (유추)적용되어 A는 B에 대한 C의 항변사유에 의한 대항을 면할 수 없게 된다. 또한 A는 C의 무자력위험까지 떠맡게 되어, 결국 B와 C의 위험을 중첩적으로 부담하게 될 것이다. 이와 같이 A가 C에 대한 B의 부당이득반환청구권을 부당이득으로 양도받아 B를 대위하여 C에게 청구할 수 있다고 하면, 오히려 A에게 부당한 부담이 주어지기 때문에 A는 순차적(二段的) 반환청구의 방법에 따라 B에게 청구하는 도리밖에 없을 것이다. 이 경우에 B가 원물반환을 할 수 없을 때에는 A는 가액반환을 청구할 수 있을 뿐이다.

V. 설문에 대한 해답

첫째 A와 B 사이의 매매계약이 무효인 경우, 물권행위의 유인론에 기초한다면 B와 C는 목적물의 소유권을 취득할 수 없다. 다만 C가 선의취득(제249조)의 요건을 갖추었다면 A는 B에 대하여 가액반환을 청구할 수밖에 없다(제747조 제1항 참조). 반면 무인론에 의하면 B와 C는 유효하게 소유권을 취득하므로 A는 B에게 목적물의 가액만을 청구할 수 있다(제747조 제1항).

둘째 B와 C 사이의 매매계약이 무효인 경우, 유인성론에 의하면 물권적 청구권(제213조)을 기초로, 무인론에 의하면 부당이득반환청구권(제741조, 제747조 제1항)을 기초로 B는 C에게 특수용 카메라의 반환을 청구할 수 있다.

셋째 A와 B 및 B와 C 사이의 매매계약이 모두 무효인 경우, 유인론에 의하면 A는 C에게 물권적 청구권(제213조)을 기초로 목적물의 반환을 청구할 수 있다. 반면 무인론에 의하면 C에서 B로, B에서 A로의 부당이득반환의 순차적 청구를 인정하는 것이 타당할 것이다.

≪관련판례≫

지시관계에 있어서의 부당이득

(대판 2003.12.26, 2001다46730) 계약의 일방당사자가 계약상대방의 지시 등으로 급부과정을 단축하여 계약상대방과 또 다른 계약관계를 맺고 있는 제3자에게 직접 급부한 경우, 그 급부로써 급부를 한 계약당사자의 상대방에 대한 급부가 이루어질 뿐 아니라 그 상대방의 제3자에 대한 급부로도 이루어지는 것이므로 계약의 일방당사자는 제3자를 상대로 법률상 원인없이 급부를 수령하였다는 이유로 부당이득반환청구를 할 수 없다.

[債　權　法]

事例 52

責任無能力者의 不法行爲와 監督者責任 및 使用者責任

≪설 문≫

D로부터 임차한 甲건물 2층 한쪽에서 식당을 운영하는 친구 A에게 E는 중학생 아들 B(만 13세)가 여름방학 동안 식당에서 일하면서 '인생을 배울 수 있도록 해 달라'고 부탁하였고, A는 이를 흔쾌히 승낙하였다. A의 주방에서 일을 돕던 B는 프로판가스의 밸브를 열어놓은 사실을 잊고 성냥을 켰고, 이로 인해 가스가 폭발하여 화재가 발생하였다. 이 화재로 A의 식당 일부가 심하게 훼손되었고, 식사 중이던 손님 C가 2도 화상을 입는 사고를 당하였다.

C 및 D에 대한 A와 B 및 E의 책임의 유무와 그 근거에 관하여 검토하시오.

목차제안

Ⅲ. **E에 대한 C와 D의 손해배상청구권**

1. 문제점
2. 미성년자의 책임능력 유무에 대한 판단
3. B에게 책임능력이 없다고 판단되는 경우의 감독자책임
   (1) 감독자의 범위
   (2) 책임의 성립요건 및 효과
   (3) 사안의 검토
4. B에게 책임능력이 있다고 판단되는 경우의 감독자책임
   (1) 문제점
   (2) 책임능력 있는 미성년자에 대한 감독자책임의 인정 여부
      1) 견해의 대립
      2) 판례의 태도
      3) 검 토
   (3) 책임능력 있는 미성년자에 대한 감독자책임의 성립요건
   (4) 사안의 검토

Ⅳ. **A에 대한 C와 D의 손해배상청구권**

1. A에 대한 C의 채무불이행을 이유로 한 손해배상청구권
   (1) 문제점
   (2) B가 A의 이행보조자인지 여부
   (3) 사안의 검토
2. A에 대한 C의 불법행위를 이유로 한 손해배상청구권
   (1) C에 대한 A의 감독자책임
   (2) B에게 책임능력이 있는 경우 A의 사용자책임(제756조)
      1) 문제점
      2) 사용자배상책임의 근거
      3) 책임의 성립요건
      4) 사안의 검토
3. A에 대한 D의 채무불이행을 이유로 한 손해배상청구권
4. A에 대한 D의 불법행위를 이유로 한 손해배상청구권
5. 청구권의 경합

Ⅴ. **설문에 대한 해답**

풀이제안

Ⅰ. 논점분석

가스폭발로 인한 화재는 B의 부주의로 발생하였다. 이로 인해 D는 자신 소유의 甲건물의 일부가 심하게 훼손되는 손해를 입었으며, 손님 C에게는 화상을 입는 손해가 발생하였다. 따라서 우선 C와 D에 대한 관계에서 B의 불법행위책임이 성립하는지를, 특히 실화책임에 관한 법률(이하 '실화책임법'으로 줄임)과 관련하여 검토해야 한다. 동시에 미성년자인 B의 법정대리인 E의 무능력자에 대한 감독자책임이 검토되어야 한다.

식당주인 A와 손님 C의 관계를 보면 A는 C가 주문한 음식을 제공하고, C는 식대를 지불해야 하는 부대체물제작공급관계에 있다고 볼 수 있다. 채무자로서 A는 피용자인 미성년자 B의 행위로 인하여 채무이행과정에서 손님 C의 신체를 침해하였다. 고객에 대한 안전배려의무의 위반으로 인한 A의 채무불이행책임(제391조, 제390조)의 성립 여부는 피용자 B가 사용자 A의 이행보조자인가의 여부에 따라 달라진다. 동시에 C에 대하여 A는 불법행위책임을 부담할 수 있으므로 A 자신의 불법행위책임(제750조), 미성년자인 B의 대리감독자로서의 감독자책임(제755조) 및 피용자 B의 사용자로서의 책임(제756조)의 성립 여부를 검토해야 한다.

식당주인 A와 건물주 D는 화재로 소실된 甲건물의 일부를 목적으로 한 임대차관계에 있다. A는 임대인 D에 대하여 임차인으로서 임차기간중 선량한 관리자의 주의로 임차목적물을 보존할 보관의무를 부담하므로(제654조, 제615조, 제374조 참조), 임차물의 훼손에 대하여 임대인 D에게 채무불이행책임(제618조, 제654조, 제615조, 제390조 참조) 또는 불법행위책임(제750조)을 부담하게 된다. 그런데 임차물의 소실이 피용자인 B에 의하여 발생하였으므로 이행보조자의 고의·과실에 대한 채무자의 책임(제392조, 제390조)과 피용자에 대한 사용자책임(제756조)이 함께 검토되어야 한다.

Ⅱ. B에 대한 C와 D의 불법행위를 이유로 한 손해배상청구권

1. 불법행위의 성립요건 및 효과

불법행위가 성립하기 위해서는 (i) 고의·과실에 의한 가해행위가 있을 것, (ii) 가해행위가 위법할 것, (iii) 손해가 발생할 것, (iv) 가해행위와 손해발생 사이에 인과관계가 있을 것, (v) 가해자에게 책임능력이 있을 것이 요구된다.

위 요건을 충족되면 피해자는 가해자에 대하여 불법행위를 이유로 한 손해배상청구권을 가진다(제750조).

2. 실화책임법

(1) 입법취지 및 적용범위

실화책임법은 실화로 인하여 일단 화재가 발생한 경우에는 부근 가옥 기타 물건에 연소됨으로써 그 피해가 예상 외로 확대되어 실화자의 책임이 과다하게 되는 점을 고려하여 그 책임을 제한함으로써 실화자를 지나치게 가혹한 부담으로부터 구제하고자 하는 데 그 입법취지가 있다. 이러한 입법취지에 비추어 이 법률은 발화점과 불가분의 일체를 이루는 물건의 소실, 즉 직접 화재에는 적용되지 않으며, 그로부터 연소한 부분에만 적용되는 것으로 해석된다(판례 [1-1], [1-2] 참조).

(2) 실화책임법에 있어서의 과실

실화법의 적용을 받기 위해서는 가해자의 과실이 '중대한 과실'일 것을 요한다. 이때 중과실이란 선량한 관리자의 주의를 현저히 결한 경우를 말한다. 즉 통상인에게 요구되는 정도의 상당한 주의를 하지 않더라도 약간의 주의를 한다면 손쉽게 위법·유해한 결여한 예견할 수 있는 경우임에도 만연히 이를 간과함과 같은 거의 고의에 가까운 현저한 주의를 결여한 상태이다(판례 [1-3] 참조)(실화책임법은 일본의 그것을 모범으로 하고 있다. 일본은 목조건물이 많아 실화자의 책임을 경감할 필요성이 존재하여 실화책임법률을 제정하게 되었으나, 우리나라의 현실에서는 실화책임법이 오히려 실화자를 과도하게 보호하고 있기 때문에 피해자에게 가혹하다는 비판이 없지 않다. 곽윤직, 채권각론, 476면; 이은영, 채권각론, 797면). 다만, 실화책임법은 중과실이 없는 한 불법행위법에 의한 손해배상책임을 실화자에게 부담시키지 않는 것이고, 채무불이행상의 손해배상에는 적용되지 않는다(판례 [1-5] 참조).

3. 사안의 검토

사례에서 B는 프로판가스의 밸브를 열어놓은 것을 잊어버리고 성냥을 켬으로써 가스폭발로 인한 화재를 발생시켰다. 그러나 이러한 직접 화재에 대해서는 실화책임법이 적용되지 않는다(판례 [1-4]도 참조). 즉 화재에 관한 B의 불법행위책임이 성립하기 위해서는 그에게 경과실이 있는 것으로 충분하다. 가스의 사용이 빈번한 식당에서 그 누출에 따른 사고를 방지할 의무가 있는 식당주인 A를 보좌하는 B가 가스밸브를 열어놓은 채 그냥 성냥을 켜는 행위에는 중대한 과실은 아니더라도, 적어도 경과실을 인정할 수는 있다고 판단된다.

따라서 B는 일단 화재로 인한 D소유 건물의 일부훼손과 C의 화상에 대하여 불법행위에 의한 손해배상책임을 부담해야 할 것으로 평가된다. 문제는 B가 아직 중학생이고 만 13세밖에 되지 않았다는 점이다.

Ⅲ. E에 대한 C와 D의 손해배상청구권

1. 문 제 점

사례에서 문제된 화재의 발생시점 당시 B는 만 13세의 미성년자이다. 제753조는 미성년자가 타인에게 손해를 가한 경우에 그 행위의 책임을 변식할 능력이 없는 때에는 배상의 책임이 없다고 규정한다. 따라서 미성년자에 의해 손해를 입은 피해자는 미성년자를 감독할 법정의무 있는 자(법정감독의무자) 또는 그에 갈음하는 자(대리감독자)에 대하여 손해배상을 청구하는 수밖에 없다(제755조 참조).

2. 미성년자의 책임능력 유무에 대한 판단

어느 정도의 연령을 기준으로 하여 미성년자의 책임능력을 판단해야 할 것인지는 일률적으로 말할 수 없다. 판례는 대체로 12세까지의 자에 대하여는 책임능력을 부인하고, 15세 이상의 자에 대하여는 책임능력을 인정하는 것으로 보인다.

그러나 13세 내지 14세인 자에 대하여는 경우에 따라 달리 판단한다. 예컨대 13세 3개월 된 자에 대하여 책임능력을 인정한 경우가 있는가 하면(판례 참조 [3-1]), 14세 2개월 된 자에 대하여 책임능력을 부인한 경우도 있다(판례 참조 [3-2]). 이러한 판례에 따르면, 사례에서 13세의 B에게 책임능력이 있다고 판단될 수 있는지는 불확실하다. 따라서 경우를 나누어 살펴보아야 한다.

3. B에게 책임능력이 없다고 판단되는 경우의 감독자책임

(1) 감독자의 범위

B에게 책임능력이 없는 경우 제755조에 따라 B에 대한 감독의무자의 책임이 문제될 수 있다. 여기서 감독의무자라 함은 법정대리인과 같은 법정감독의무자(동조 제1항, 판례 [4-1] 참조)와 그와의 계약에 의하여 감독의무를 부담하는 대리감독의무자(예컨대 탁아소보모, 유치원장, 초등학교교원 등)를 포함한다(동조 제2항, 판례 [4-2]도 참조).

(2) 책임의 성립요건 및 효과

감독자책임이 성립하기 위해서는 우선 책임능력이 없는 피감독자에게 불법행위책임을 귀속시킬 수 없어야 한다(제753조, 제754조 및 제755조 제1항 본문 참조). 또한 감독자가 면책되기 위해서는 감독의무를 해태하지 않았음을 증명해야 한다(제755조 제1항 단서). 즉 피감독자에게 책임능력이 없고 감독자가 감독의무를 해태하지 않았음을 입증하지 못하면, 비로소 감독의무자가 피감독자의 가해행위에 따른 손해의 배상의무를 부담한다. 다시 말하면 가해자가 책임능력을 가지고 있는 때에는 감독의무자는 그 피해자에게 손해배상책임을 부담하지 않는 것이 원칙이다(이른바 '감독자책임의 보충성').

책임무능력자의 실화로 인하여 손해가 발생한 경우 판례(판례 참조 [1-6])는 감독자의 배상책임의 성립을 다음과 같이 판단하고 있다. 즉, 중대한 과실에 의한 책임무능력자의 실화행위에 대하여 감독의무자는 그의 감독의무를 해태하지 않았음을 주장·입증하지 못하는 한 손해배상책임을 면할 수 없다고 한다. 이 판례에 의하면 (i) 실화책임법상의 '중대한 과실'의 요건은 행위자인 책임무능력자에게 있어야 하고, (ii) 감독의무자는 중과실이 있는 때에만 책임을 지는 것이 아니라 경과실에 의한 감독의무의 해태가 있으면 그에게 손해배상책임이 발생한다고 한다.

(3) 사안의 검토

사례에서 만일 B에게 책임능력이 없는 것으로 판단되면 그는 C와 D에 대하여 손해배상책임을 부담하지 않는다(제753조). 그러나 B의 부친 E는 B의 법정감독의무자로서 C와 D에 대하여 손해배상책임을 부담한다(제755조 제1항, 판례 [4-1], [4-2]도 참조)(만일 실화책임법의 적용이 문제되는 사안으로서 B가 중과실이 있는 때에만 불법행위책임을 지는 경우라 하더라도 감독의무자는 감독상의 중과실이 있는 때에 한하여 배상책임을 지는 것은 아니다(판례 [1-6] 참조)). B는 실화에 의한 가해행위를 한 것이므로 B에게 중대한 과실이 있어야 하고 E는 감독의무를 해태하지 않았음을 입증하지 못하여야 한다(제755조 제1항 단서, 판례 [1-6] 참조).

4. B에게 책임능력이 있다고 판단되는 경우의 감독자책임

(1) 문 제 점

제755조의 반대해석에 의하면 책임능력 '있는' 미성년자의 불법행위에 대하여는 원칙적으로 감독의무자가 아무 책임을 부담하지 않게 된다. 이와 같은 법의 해석·적용은 실제로 미성년자의 배상능력을 고려할 때 피해자에게 불리한 결과를 가져오게 되고, 감독의무를 해태한 감독의무자를 과보호하는 결과가 초래되는 불합리한 문제점을 남긴다. 책임능력 있는 미성년자의 감독자의 책임에 관해서는 다음과 같은 학설과 판례가 있다.

(2) 책임능력 있는 미성년자에 대한 감독자책임의 인정 여부

1) **견해의 대립** 우선 미성년자에게 책임능력이 있을 때에는 감독의무자는 감독을 해태했더라도 책임을 지지 않는다는 견해는 제755조의 법문에 충실한 것으로서, 감독의무자가 책임능력 있는 미성년자의 불법행위에 대해 책임을 질 이유가 없다는 자기책임의 원리를 그 논거로 한다(곽윤직, 채권각론, 413면; 김주수, 채권각론, 667면; 이은영, 채권각론, 622면).

반면 제755조의 감독의무는 널리 제913조의 친권자의 보호감독의무를 의미하는 것으로 감독자는 신원보증인과 같은 법적 지위에 있다고 보면서 피해자에게 미성년자와 연대하여 배상책임을 져야 한다고 해석하는 견해도 있다(조규창, 미성년자의 불법행위에 대한 친권자의 책임, 판례연구(고려대 법학연구소), 제2집, 145면 이하 참고). 그러나 다수설은 제3자에 대한 미성년자의 불법행위가 감독자의 의무해태에 기인한다면 감독자는 의무해태라는 자신의 과실에 기하여 자기 고유의 일반불법행위책임(제750조)을 져야 한다고 한다.

2) **판례의 태도** 종전 판례는 모순되는 태도를 보였다. 즉, 가해자가 책임능력이 있기 때문에 스스로 제750조에 따른 불법행위책임을 지는 경우에도 피해자의 손해발생과 감독의무자의 감독의무위반 사이에 상당인과관계가 인정되는 경우에는 감독자 자신도 제750조에 따른 불법행위책임을 부담한다는 판례가 있었다(예컨대 대판 1975. 1. 14, 74다1795(총포화약류단속법 제13조에 의하면 미성년자는 총기취급사용이 금지되어 있어 총기를 취급함은 범죄행위인 불법행위이므로 이러한 범죄행위를 안 부친이 총기사용을 제지 감독하지 아니하여 불법행위가 발생하였다면 부친은 자기 고유의 입장에서 불법행위로 인한 손해배상책임을 면할 수 없다); 대판 1989. 5. 9, 88다카2745(책임능력이 있는 미성년자의 불법행위로 인하여 손해가 발생한 경우에 그 발생된 손해가 당해 미성년자의 감독의무자의 의무위반과 상당인과관계가 있을 경우에는 감독의무자는 일반불법행위자로서 손해배상의무가 있다)). (이 경우 가해자와 그 감독의무자는 공동불법행위자로서 책임을 진다. 판례 [4-6], [4-7] 참조). 반면 불법행위자에게 행위 당시에 책임능력이 있었느냐의 여부에 불구하고 감독책임자는 제755조에 따라 배상책임을 지며, 따라서 감독의무자의 책임은 피감독자의 책임을 보충하는 것이 아니라 이와 병존하는 것으로서 불법행위 자체에 관한 과실이 아닌 피감독자에 대한 일반적 감독 및 교육을 게을리한 과실로서 위험책임과 같은 성질을 가지는 것으로 이해하기도 하였다(이에 따르면 가해자에게 책임능력이 없는 경우 감독의무위반의 감독자'만'이 제755조에 따라 '감독자책임'을 부담하는 반면, 가해자에게 책임능력이 있는 경우 가해자는 제750조에 따라 일반불법행위책임을, 감독의무위반의 감독자는 제755조에 따라 '감독자책임'을 부담하며, 후자의 경우 양 책임은 병존하는 것으로 풀이되었다. 판례 [4-3] 참조).

그러나 이러한 판례의 혼선은 1994년 전원합의체판결(판례 [4-4] 참조)에 의하여 해소되었고, 그후 판례는 첫 번째 견해에 따라 감독의무자의 책임을 판단하고 있다(판례 [4-5] 참조).

3) **검 토** 판례의 태도를 정리하면 우선 제755조에 따른 감독자책임은 책임무능력자를 감독해야 하는 감독의무자의 책임으로서 가해자인 피보호자의 불법행위책임이 책임능력의 결여를 이유로 성립하지 않는 때 한하여 보충적으로, 감독의무자 자신이 감독의무를 게을리하지 않았음을 증명하지 못한 때 성립하는 책임이다. 그러나 미성년자인 가해자에게 책임능력이 있어 그 스스로 불법행위책임을 부담하는 경우 제755조 감독자책임은 문제되지 않지만, 피해자의 손해와 감독의무자의 감독의무위반 사이에 상당인과관계가 있을 때 감독의무자는 제750조에 따라 일반불법행위책임을 진다.

이러한 판례의 태도에 대해서는 우선 두 번째 태도(판례 [4-6], [4-7] 참조)를 따를 때 보다 피해자구제에 미흡할 수도 있다는 평가가 있을 수 있다. 왜냐하면 입증책임의 분배가 다르기 때문이다. 즉, 제755조에 따라 감독자책임을 인정할 경우 감독자가 감독의무위반이 없음을 증명해야 하지만, 감독자가 제750조에 따라 불법행위책임을 지려면 피해자가 자신의 손해와 감독의무위반 사이에 상당인과관계가 있음을 증명해야 하기 때문이다.

(3) 책임능력 있는 미성년자에 대한 감독자책임의 성립요건

판례와 다수설에 따라 미성년자에게 책임능력이 있는 경우 제750조에 따른 감독의무자의 일반불법행위책임이 성립하기 위해서는 (i) 책임능력 있는 미성년자의 제750조에 따른 일반불법행위책임이 성립할 것, (ii) 감독의무자가 감독의무를 게을리할 것, (iii) 이러한 의무위반과 손해발생 사이에 상당인과관계가 존재할 것이라는 요건이 충족되어야 한다.

(4) 사안의 검토

사례의 경우 첫째, B가 책임능력이 있는 경우 과실있는 위법한 행위로 C와 D에게 신체침해 및 건물소실이라는 손해를 각각 발생시켰다. 따라서 B는 C와 D에 대하여 일반불법행위책임을 진다(제750조). 둘째, E는 B의 법정감독의무자로서 C와 D에 대하여 손해배상책임을 부담한다. 즉, E가 B를 A의 식당에서 일하게 하면서 화기취급에 관한 주의를 당부하는 등의 감독의무를 게을리한 사실을 인정할 수 있으므로 B의 감독의무위반과 C 및 D에게 발생한 손해 사이에도 상당인과관계를 인정할 수 있기 때문에 E는 제750조에 따라 불법행위책임을 진다(그러나 제750조에 의한 감독의무자의 책임을 인정하게 되면 상당인과관계가 확대해석될 위험이 없지 않다).

결국 B와 E는 C 및 D에 대하여 공동불법행위책임을 부담하며, 그들에 대한 손해배상채무에 관하여 부진정연대채무의 관계에 놓이게 된다(공동불법행위에 관해 자세한 것은 별도의 [사례 56] 참조).

Ⅳ. A에 대한 C와 D의 손해배상청구권

1. A에 대한 C의 채무불이행을 이유로 한 손해배상청구권

(1) 문 제 점

C와의 부대체물의 제작·공급계약관계에서 채무자 A는 계약의 주된 급부의무인 음식물제공의무 이외에 일반적인 계약상의 부가적 의무로서 안전배려의무, 즉 보호의무를 부담한다(보호의무에 관한 보다 자세한 내용은 김형배, 민법학강의(제6판), 897면 이하 참조).

그런데 B의 과실로 화재가 발생하고 C가 화상을 입는 손해가 발생하였다. 채무자의 법정대리인이 채무자를 위하여 이행하거나, 채무자가 타인을 사용하여 이행하는 경우 법정대리인 또는 피용자의 고의나 과실은 채무자의 고의나 과실로 간주되며(제391조), 채무자는 자신의 법정대리인 또는 이행보조자의 채무불이행에 대한 고의·과실에 대해서도 채무불이행책임을 부담하게 된다. 따라서 B를 A의 이행보조자로 볼 수 있다면 A는 C에 대하여 채무불이행책임을 부담하게 된다(C에 대한 신체침해와 같은 가해행위에 대하여는 불법행위책임만을 인정하여야 하며, 계약책임은 문제가 되지 않는다는 견해가 주장될 수 있다. 그러나 고용계약, 유아원에서의 유아보호계약, 음식업소에서 손님에게 음식을 제공하는 계약 등과 같이 채무자가 채권자의 신체의 완전성을 훼손할 위험이 높은 계약유형에 있어서는 특히 안전배려의무가 주된 급부와 더불어 계약관계의 중요한 내용이라고 파악해야 한다. 이에 관해 자세한 것은 이미 별도의 [사례 35] 참조).

(2) B가 A의 이행보조자인지 여부

이행보조자에는 협의의 이행보조자와 이행대행자가 있다. 협의의 이행보조자는 채무자가 스스로 채무를 이행함에 있어 마치 수족처럼 사용하는 자이다. 다수설에 따르면 제391조가 적용되기 위해서는 협의의 이행보조자의 행위에 대한 채무자의 간섭가능성, 즉 채무자가 보조자에 관하여 선임·감독·지휘할 수 있는 지위에 있을 것을 요건으로 하고 있다(채무자에게로의 책임귀속근거에 비추어 간섭가능성의 요건은 실질적으로 문제되지 않는다는 견해로서 김형배, 채권총론, 161면; 이은영, 채권총론, 253면). 판례는 이행보조자가 종속적인가 독립적인 지위에 있는가를 문제삼지 않으나, 일반적으로 채무자의 의사관여가 있으면 족하다고 본다(대판 1999. 4. 13, 98다51077; 대판 2002. 7. 12, 2001다44338).

사례에서 B는 A와의 관계에서 사용종속관계에 있으며, 또한 A의 간섭가능성 내지 의사관여 아래에 있는 것으로 볼 수 있다.

(3) 사안의 검토

B는 채무자인 A를 위하여 이행행위를 보조하고 있는 A의 이행

보조자이다. 여기서 보조자의 이행보조행위는 채무자의 주된 급부의무에 한정되는 것이 아니라 부수적 주의의무(또는 보호의무), 예컨대 물건의 운송, 보관 또는 시설유지에 대해서도 행해질 수 있기 때문에(김형배, 채권총론, 158면; 이은영, 채권총론, 256면 참조) B가 (경)과실로 프로판가스 밸브를 잠그지 않아 A의 채권자 C에게 손해를 입힌 경우에도 채무자 A는 면책되지 않는다(제391조)(설령 사례가 실화책임법의 적용이 문제되는 제2차 화재(연소부분)라 하더라도, 동법은 채무불이행책임에 관한 한 그 적용이 없다는 점에 주의할 것이다(판례 [1-5] 참조)). 따라서 A는 C에 대하여 안전배려의무 위반으로 인한 손해배상책임을 부담한다(제390조).

이때 이행보조자의 과실 여부는 채무자를 기준으로 해야 하므로(김상용, 채권총론, 137면; 김형배, 채권총론, 158면; 이은영, 채권총론, 256면) 이행보조자의 (채무불이행)책임능력 유무는 고려되지 않는다. 다만, 피용자 B의 행위가 불법행위를 구성하는 경우 B의 불법행위책임에 따른 손해배상채무와 A의 채무불이행책임에 따른 손해배상채무는 부진정연대채무의 관계에 놓이게 된다(대판 1994. 11. 11, 94다22446).

2. A에 대한 C의 불법행위를 이유로 한 손해배상청구권

(1) C에 대한 A의 감독자책임

A는 그의 친구 E의 동의를 얻어 B로 하여금 일을 하도록 한 것이므로 계약에 의해 감독을 위임받은 것으로 판단된다. 또한 식당일에 미숙한 13세인 미성년자 B로 하여금 가스를 조작하도록 방치한다는 것 자체가 감독의무위반에 해당한다고 볼 수 있다.

따라서 B가 책임능력이 없는 경우 A는 C에 대하여 B의 대리감독자로서 손해배상책임을 부담한다(제755조 제2항). 또한 B가 책임능력이 있는 경우라도 B의 부친 E와 마찬가지로 A는 감독의무위반과 손해발생 사이에 상당인과관계를 인정할 수 있기 때문에 제750조에 따라 C에 대하여 손해배상책임을 진다(자세한 것은 전술한 Ⅲ 4 참고).

결국 전자의 경우에는 A와 E가 C에 대하여 공동불법행위를 구성하며, C에 대한 손해배상채무에 관하여 부진정연대채무의 관계에 놓인다. 반면 후자의 경우에는 B, E 및 A가 C에 대하여 공동불법행위(대판 1991. 4. 9, 90다18500 참조)를 구성하며, C에 대한 손해배상채무에 관하여 부진정연대채무의 관계에 놓인다.

(2) B에게 책임능력이 있는 경우 A의 사용자책임(제756조)

1) **문 제 점** 사용자가 그의 사무 또는 영업에 피용자를 사용하여 사무 또는 사업을 수행하게 하던 중 피용자가 제3자에게 손해를 발생시킨 때에 사용자는 피해자에 대하여 손해배상책임을 부담한다(제756조 제1항). 따라서 A와 B가 사용자와 피용자의 관계에 있다면 A는 C에 대하여 사용자책임을 부담할 수 있다(사용자책임에 관해 자세한 것은 별도의 [사례 53] 참조).

2) **사용자배상책임의 근거** 사용자책임의 성립이 피용자 자신의 불법행위의 성립을 전제로 하는가에 대해서는 논란이 있다.

다수설인 대위책임설에 의하면 사용자책임은 타인의 불법행위책임을 대위해서 부담하는 것이므로 사용자가 책임을 부담하기 위해서는 피용자 자신의 불법행위책임이 성립해야 한다고 한다. 이에 반해 자기책임설 내지 고유책임설에 의하면 사용자는 피용자의 불법행위책임과는 독립해서 피해자에 대한 관계에서 사용자 자신의 배상책임을 부담하는 것이므로 피용자의 불법행위 성립 여부는 그 전제가 아니라고 한다.

3) **책임의 성립요건** 피용자가 제3자에 대하여 발생시킨 손해를 사용자가 부담하기 위해서는 (i) 피용자의 가해행위의 존재, (ii) 사용관계의 존재, (iii) 가해행위의 사무집행 관련성, (iv) 선임·감독상의 주의의 무위반이라는 요건을 충족해야 한다.

다만, 피용자의 과실이 요구되느냐와 관련하여 대위책임설에서는 피용자의 고의·과실 및 책임능력도 사용자책임의 요건이라고 하나(대판 1992. 6. 23, 91다43657; 1989. 8. 11, 81다298 등: 곽윤직, 채권각론, 517면), 자기책임설에서는 사용자책임의 성립에 피용자의 고의·과실 및 책임능력은 필요하지 않다고 한다(김형배, 민법학강의(제6판), 1610면: 이은영, 채권각론, 853면).

4) **사안의 검토** 사례에서 A와 B 사이에는 사용관계가 존재한다. 사용자와 피용자 사이의 사용관계는 법률관계로서의 고용관계일 필요는 없으며 사실상의 지휘감독관계로 충분하다(이에 관해서도 별도의 [사례 53] 참조). 따라서 '여름방학중 음식점의 일을 도와 준다'는 것도 사용관계가 될 수 있다는 것은 더 말할 필요가 없다. 식당의 주방에서 행한 프로판가스의 조작은 불가결한 것이므로 '사무집행관련성'의 요건 역시 충족되었다고 판단된다.

따라서 C는 A에 대하여 사용자책임에 따른 손해배상을 청구할 수 있다. 그러나 피용자 B는 실화로 인하여 제3자 C에게 손해를 가했으므로 B에게 중대한 과실이 있는 경우에 A는 사용자책임을 진다(김형배, 민법학강의(제6판), 940면 사례 문제와 판례 [2] 참조). 다만, B에게 책임능력이 있는 경우라도 C는 A에게 감독소홀을 이유로 일반불법행위책임(제750조)을 물을 수 있기 때문에 사용자책임의 규정을 원용하는 의의는 크지 않을 것이다.

3. A에 대한 D의 채무불이행을 이유로 한 손해배상청구권

A와 D는 甲건물의 일부에 관한 임대차계약관계의 당사자이다. A는 선량한 관리자의 주의로써 점포를 관리·보관하여 계약종료시에 이를 반환할 의무가 있다(제618조, 제654조, 제615조). 따라서 A는 D에 대하여 B의 임차물훼손에 따른 채무불이행책임을 부담한다(제618조, 제390조, 제391조).

4. A에 대한 D의 불법행위를 이유로 한 손해배상청구권

여기서도 감독자책임(제755조), 일반불법행위책임(제750조) 그리고 사용자책임(제756조)이 문제될 수 있다. 이 문제에 관해서는 C에 대한 A의 불법행위책임을 논한 위 1. 및 2.에서의 설명이 그대로 타당하다.

5. 청구권의 경합

채무불이행책임과 불법행위책임이 공존하는 경우 양 책임의 상호관계에 대해서는 견해가 나뉜다. 소수설인 법조경합설에 따르면 불법행위규범이 일반적인 사회관계에서 발생하는 가해·피해관계를 규율하는 데 반하여, 계약규범은 구체적인 특정인 사이의 관계를 규율하는 것이므로 계약규범을 불법행위규범에 우선하여 적용해야 한다고 한다(이에 관한 자세한 것은 김형배, '청구권규범통합론 ―방법론적 재구성을 위하여―', 민법학연구, 422면 이하; 김형배, 채권총론, 200면 이하 참조). 그러나 판례(대판 1967. 12. 5, 67다2251; 대판[전] 1983. 3. 22, 82다카1533 등)와 다수설(예컨대 곽윤직, 채권각론, 384면)에 따르면 채권자(동시에 피해자)는 양 청구권을 자유롭게 선택하여 행사할 수 있다고 한다(청구권경합설).

Ⅴ. 설문에 대한 해답

가스폭발사고로 신체훼손의 손해를 입은 C는 제750조에 의하여 B가 책임능력자인 경우 그에게 불법행위를 이유로 한 손해배상청구권을 가진다. 또한 C는 B의 법정감독의무자인 E에 대하여, B가 책임무능력인 경우 제755조 제1항에 따라, 그에게 책임능력이 있는 경우 제750조에 따라 손해배상청구권을 가진다. 한편 C는 A에 대하여 제작물공급계약관계에 기한 안전배려의무위반의 채무불이행을 이유로 한 손해배상청구권을 가진다(제390조, 제391조, 제393조). C는 B의 대리감독자인 A에 대하여, B가 책임무능력인 경우 제755조 제1항에 따라, 그에게 책임능력이 있는 경우 제750조에 따라 손해배상청구권을 가진다. 또한 B는 A의 이행보조자인 동시에 피용자이므로, C는 A에 대하여 사용자책임을 이유로 한 손해배상청구권을 가진다(제756조). C는 B의 실화로 손해를 입은 것이므로 B에게 중과실이 있는 경우에 한하여 A는 사용자책임을 부담한다(판례 참조 [1-6]).

건물훼손의 손해를 입은 D도 A, B 및 E에 대하여 C와 동일한 권리를 가진다.

B가 책임능력이 있는 경우에는 그를 포함하여 A와 E는 C 및 D에 대한 불법행위에 있어서는 공동불법행위를 구성하며, 그들에 대한 손해배상채무에 있어서는 부진정연대채무의 관계에 놓인다.

≪판 례≫

[1] 실화책임법(실화책임에 관한 법률)

*입법취지와 적용범위

[1-1] (대판 2000.5.26, 99다32431) ① 실화책임법은 실화로 인하여 일단 화재가 발생한 경우에는 부근 가옥 기타 물건에 연소함으로써 그 피해가 예상 외로 확대되어 실화자의 책임이 과다하게 되는 점을 고려하여 그 책임을 제한함으로써 실화자를 지나치게 가혹한 부담으로부터 구제하고자 하는 데 그 입법취지가 있다. ② 실화책임법은 발화점과 불가분의 일체를 이루는 물건의 소실, 즉 직접 화재에는 적용되지 아니하고, 그로부터 연소한 부분에만 적용되는 것으로 해석함이 상당하다(교통사고로

화물차의 엔진 부위에서 화재가 발생하여 그 적재함 및 적재물이 소훼된 경우는 그 화재가 직접 화재에 해당하므로 실화책임법이 적용되지 않는다).

[1-2] (대판 2002.12.10, 2001다9298) 화재를 진압하기 위하여 화재현장에 출동하여 진화활동을 하는 소방공무원들의 경우, 일단 화재가 발생한 다음 그 현장에 임하게 되므로, 그 진화과정에서의 잘못으로 말미암아 다시 제2차적인 화재가 발생하게 되었다고 하더라도, 이는 통상의 실화와는 달리 이미 발생한 화재로 인한 피해를 막으려는 과정에서 발생한 것이고, 소방공무원들의 화재진압활동은 국가나 지방자치단체의 공권력적 활동의 성격을 가지는 한편 화재를 당한 국민 개개인의 재산과 생명을 보호하기 위한 측면도 가지고 있으며, 또한 소방공무원들은 그 직책상 화재진압에 전문적인 식견과 기술을 지닌 사람들로서 고도의 주의의무를 과함이 상당한 반면에 자신의 신체적 위험을 무릅쓰고 화재진압에 임하게 된다는 점 등을 종합해 보면, 소방공무원들이 화재를 진압하는 과정에서 행위에 대하여도 그 과실의 경중을 따지는 기준에 관하여 소방공무원의 특수성을 고려함은 별 문제로 하고, 실화책임법이 적용된다고 보는 것이 타당하고, 따라서 화재진압과정에서 소방공무원의 잘못으로 인하여 제2차적인 화재가 발생하여 손해가 발생하였다고 하더라도, 해당 소방공무원에게 중과실이 인정되지 않는다면, 소방공무원 자신이나 그 사용자인 지방자치단체는 그로 인한 민사상의 손해배상책임을 지지 않는다고 보아야 할 것이다(소방공무원이 화재진압과정에서 미처 모든 불씨를 제거하지 못하여 3시간여 경과 후 1차화재 발생지점과 칸막이로 분리된 다른 곳에서 2차화재가 발생한 사안에서 소방공무원들에게 실화책임법을 적용하고, 그들에게 중과실이 없음을 이유로 손해배상책임을 부정하였다).

[1-3] (대판 1996. 2. 23, 95다22887) 실화책임법에서 말하는 중대한 과실이란, 통상인에게 요구되는 정도의 상당한 주의를 하지 않더라도 약간의 주의를 한다면 손쉽게 위법·유해한 결과를 예견할 수 있는 경우임에도 만연히 이를 간과함과 같은 거의 고의에 가까운 현저한 주의를 결여한 상태를 말한다.

[1-4] (대판 1994. 6. 10, 93다58813) 가스의 폭발사고에 의하여 직접 피해자가 상해를 입은 경우에 있어서는 실화책임법이 적용되지 아니한다.

[1-5] (대판 1999. 4. 13, 98다51077·51084; 대판 1987. 12. 8, 87다카898) 실화책임에관한법률은 실화자에게 중대한 과실이 없는 한 불법행위상의 손해배상책임을 부담시키지 아니한다는 데에 불과하고, 채무불이행상의 손해배상청구에는 그 적용이 없다.

[1-6] (대판 1972. 1. 31, 71다2582) 책임무능력자의 중과실에 기한 실화로 인한 손해에 대하여 그 감독자는 감독을 해태치 않았음은 주장·

입증하지 않는 한 그 배상책임(제755조)을 면할 수 없으며 감독상 중과실이 있는 때에 한하여 배상책임을 지는 것은 아니다.

[1-7] (대판 1996. 2. 23, 95다22887) 공작물 자체의 설치 보존상의 하자에 의하여 직접 발생한 화재로 인한 손해배상책임에 관하여는 민법 제758조 제1항을 적용하고, 그 화재로부터 연소한 부분에 대한 손해배상책임에 대하여는 실화책임법을 적용함이 상당하다(목재소에서 화재가 발생하여 인근 건물 벽에 세워 놓은 목재를 통해서 그 건물이 소실되었으나 그 화재의 발생원인이 밝혀지지 않은 사안에서 실화책임의 성립요건인 중과실이 없다는 이유로 그 책임을 부정하였다).

[2] 피용자의 실화로 인한 사용자책임의 성립 여부

[2-1] (대판 1987. 4. 28, 86다카1448) 피용자가 사무집행에 관하여 그 실화로 제3자에게 손해를 가한 경우에 있어서는 사용자는 피용자의 중대한 과실이 있는 경우에 한하여 제3자에 대하여 그 손해를 배상할 책임이 있다.

[2-2] (대판 1983. 2. 8, 81다428) 피용자가 그 사무집행상의 과실로 화재를 발생케 하여 제3자에게 손해를 가한 경우에는 사용자는 피용자에게 중대한 과실이 있는 경우에 한하여 그 손해를 배상할 책임이 있다 할 것이다.

[3] 미성년자의 책임능력

[3-1] (대판 1969. 7. 8, 68다2406) 가해 당시 연령이 각각 18년 7개월, 17년 7개월, 16년 10개월 및 중학교 2학년에 재학중인 13년 3개월이 된다면 특단의 사정이 없는 한 불법행위의 책임을 변식할 능력이 있다고 볼 것이다.

[3-2] (대판 1978. 11. 28, 78다1805) 사고 당시 가해자가 14년 2개월 된 중학생이라고는 하나 사고 당시가 야간에 레슬링놀이를 한 장소가 다치기 쉬운 콘크리트로 된 다리의 맨바닥이었으며 그러한 맨바닥 위에서 얼굴을 지면으로 향하여 엎드려 있는 피해자를 갑자기 아무런 예고없이 발로 밀어버렸다면 다른 사정이 없는 한 책임을 변식할 수 있는 지능을 가진 사람의 행위라고 볼 수 없다.

[3-3] (대판 2000. 4. 11, 99다44205) 만 14세 4개월의 중학교 2년생이 체육시간에 피해자의 잘못으로 체육교사로부터 단체기합을 받았다는 이유로 그 직후의 휴식기간에 피해자를 폭행하여 상해를 가한 경우, 가해자의 성행, 피해자와의 관계, 단체기합의 정도 등에 비추어 체육교사 또는 담임교사 등에게 사고에 대한 예측가능성이 없었다.

[4] 미성년자 등에 대한 감독의무자의 책임

*미성년자 등에게 책임능력이 없는 경우(제755조의 직접적용)

[4-1] (대판 1964. 10. 28, 64다693) 4세에 불과한 유아를 낮에 사람

과 마차의 교통량이 많아 교통이 복잡한 노상에서 보호자나 감시인의 보호 감시없이 배회함을 방치하여 자동차사고로 사망케 하였다면, 특단의 사유가 없는 한 부모로서 유아의 보호·감독을 함에 있어 주의를 다하였다고 단정하기 곤란하며, 그 모가 그의 아들인 위 유아와 사실상 동거하지 아니하였다 하여도 그를 보호할 의무가 제1차로 있는 친권자로서 친권을 행사할 수 없는 입장에 있음이 인정되지 않는 한 보호·감독자로서의 주의의무를 다하였다고 할 수 없는 것이다.

[4-2] (대판 1996.8.23, 96다19833) ① 학교의 교장이나 교사는 학생을 보호·감독할 의무를 지는 것이나, 그러한 보호·감독의무는 교육법에 따라 학생들을 친권자 등 법정감독의무자에 대신하여 보호·감독하여야 하는 의무로서 학교의 교육활동중에 있거나 그것과 밀접불가분의 관계에 있는 생활관계에 있는 학생들에 대하여 인정되며, 보호·감독의무를 소홀히 하여 학생이 사고를 당한 경우에도 그 사고가 통상 발생할 수 있다고 예상할 수 있는 것에 한하여 교사 등의 책임을 인정할 것인바, 그 예견가능성은 학생의 연령, 사회적 경험, 판단능력 등을 고려하여 판단하여야 한다. ② 생후 4년 3개월 남짓 되어 책임능력은 물론 의사능력도 없고, 유치원에 입학하여 45일 정도 되어 유치원 생활에 채 적응하지도 못한 상태에 있는 유치원생들에 있어서는 다른 각급학교 학생들의 경우와 달리 유치원 수업활동 외에 수업을 마치고 그들이 안전하게 귀가할 수 있는 상태에 이르기까지가 유치원 수업과 밀접불가분의 관계에 있는 생활관계에 있는 것으로 보아야 하며, 따라서 유치원 담임교사는 원생들이 유치원에 도착한 순간부터 유치원으로부터 안전하게 귀가할 수 있는 상태에 이르기까지 법정감독의무자인 친권자에 준하는 보호·감독의무가 있다. ③ 교육공무원의 교육업무상 발생한 불법행위로 인한 손해배상책임은 국가배상법 제1조, 제2조 소정의 배상책임이고, 공무원이 직무수행에 당하여 고의 또는 과실로 타인에게 손해를 가한 것으로 주장하는 경우는 특별법인 국가배상법이 적용되어 민법상의 사용자책임에 관한 규정은 그 적용이 배제된다. ④ 공무원이 직무상 불법행위를 한 경우에 국가 또는 지방자치단체가 배상책임을 부담하는 외에 공무원 개인도 고의 또는 중과실이 있는 경우에는 불법행위로 인한 손해배상책임을 지지만, 공무원에게 경과실뿐인 경우에는 공무원 개인은 손해배상책임을 부담하지 않는바, 그 경우 공무원의 중과실이라 함은 공무원에게 통상 요구되는 정도의 상당한 주의를 하지 않더라도 약간의 주의를 한다면 손쉽게 위법, 유해한 결과를 예견할 수 있는 경우임에도 만연히 이를 간과함과 같은 거의 고의에 가까운 현저한 주의를 결여한 상태를 의미한다(유치원생이 귀가 도중 교통사고로 사망한 사안에서 담임교사가 귀가에 관한 일정한 조치

를 취하는 등 유치원 교사로서 통상 요구되는 주의를 현저히 게을리한 것으로 볼 수는 없다고 하여 교사 개인의 손해배상책임을 부정하고 소속 지방자치단체의 손해배상책임만을 인정하였다).

*미성년자 등에게 책임능력이 있는 경우(제755조의 확대적용)

[4-3] (대판 1984.7.10, 84다카474) ① 제755조는 무능력자가 책임능력이 없다는 이유로 그의 불법행위에 관하여 배상책임을 지지 않는 경우에는 부모 등 법정의 감독의무가 있는 사람은 그 감독의무를 게을리하지 않았다는 것을 입증하지 않는 한 스스로 손해배상책임을 진다고 규정하고 있는바, 이 배상책임은 가족적 생활협동체의 단체주의적 책임을 근대적 개인책임형태로 수정한 것으로 행위자 자신에 책임능력이 있었는지의 여부가 명백하지 않고 행위자에게 책임능력이 있는 경우라고 하더라도 자신의 재산을 가지고 있지 않은 때가 많아 소송상의 어려움과 그 실효를 기대하기 어렵다는 점에서 피해자 보호를 위하여 불법행위자에게 그 행위 당시에 책임능력이 있었느냐의 여부에 불구하고 감독책임자는 그 배상책임을 지는 것이며 감독의무자의 책임은 피감독자의 책임을 보충하는 것이 아니라 감독의무자의 책임과 피감독자의 책임은 병존하는 것이라고 풀이함이 상당하다. 따라서 이 감독의무자의 책임은 그 불법행위 자체에 관한 과실이 아니라 피감독자에 대한 일반적 감독 및 교육을 게을리한 과실로서 실질적으로는 위험책임과 같은 성질을 가지고 있어 이 과실은 추정되므로 감독의무자가 그 감독을 게을리하지 않았다는 것을 증명하지 않는 한 배상책임을 면할 수 없다. ② 책임무능력자에 대한 감독의무자의 배상책임의 요건인 과실은 피감독자에 대한 일반적 감독 및 교육을 게을리한 과실로서 추정되므로 감독의무자가 그 감독을 게을리하지 않았다는 것을 증명하지 않는 한 배상책임을 면할 수 없다. ③ 미성년자인 피감독자와 감독의무자의 책임이 병존하는 경우에 있어서 피해자가 피감독자들이 본래 배상금으로 변제공탁한 돈을 손해배상금의 일부로 수령한다는 유보의 의사표시 없이 수령하였다고 하여 감독의무자에 대한 손해배상채권까지 소멸하였다고 판단한 것은 공탁금 수령의 효과에 관한 법리를 오해한 것이다.

*미성년자 등에게 책임능력이 있는 경우(제750조의 직접적용)

[4-4] (대판 1994.2.8, 93다13605) 미성년자가 책임능력이 있어 그 스스로 불법행위책임을 지는 경우에도 그 손해가 당해 미성년자의 감독의무자의 의무위반과 상당인과관계가 있으면 감독의무자는 일반불법행위자로서 손해배상책임이 있고 이 경우에 그러한 감독의무위반사실 및 손해발생과의 상당인과관계의 존재는 이를 주장하는 자가 입증하여야 한다.

[4-5] (대판 1997.3.28, 96다15374) 사고 당시 18세 남짓한 미성년

자가 운전면허가 없음에도 가끔 숙부 소유의 화물차를 운전한 경우 부모로서는 미성년의 아들이 무면허운전을 하지 못하도록 보호·감독하여야 할 주의의무가 있음에도 이를 게을리하여 화물차를 운전하도록 방치한 과실이 있고, 부모의 보호감독상의 이러한 과실이 사고발생의 원인이 되었으므로 부모들은 피해자가 입은 손해를 배상할 책임이 있다(동지: 대판 1998.6.9, 97다49404).

*책임주체 상호간의 관계

[4-6] (대판 1991.4.9, 90다18500) 책임능력 있는 미성년자들의 부모인 감독의무자에게 친권자로서의 감독의무를 현저히 해태한 과실이 있으면 감독의무자는 미성년자들의 불법행위에 대하여 일반불법행위자로서 미성년자들과 공동불법행위책임을 진다.

[4-7] (대판 1984.7.10, 84다카474) 미성년자인 피감독자와 감독의무자의 책임이 병존하는 경우에 있어서 피해자가 피감독자들이 본래 배상금으로 변제공탁한 돈을 손해배상금의 일부로 수령한다는 유보의 의사표시없이 수령하였다고 하여 감독의무자에 대한 손해배상채권까지 소멸하였다고 판단한 것은 공탁금 수령의 효과에 관한 법리를 오해한 것이다.

[債 權 法]

事例 53

使用者責任 및 使用者의 求償權

≪설 문≫

2005. 11. 1. 춘천에 위치한 A회사에 운전기사로 입사한 B(22세)는 입사 후 보름이 지난 새벽에 A회사의 트럭에 자갈을 싣고 시속 60km로 도로를 운행하다가 트럭의 진행방향 오른쪽 차도로부터 이 트럭의 진행로를 가로질러 좌회전하는 개인택시와 충돌하여 운전기사 C와 승객 D가 부상하고 택시는 수리가 불가능할 정도로 파손되었다. 다음의 정황을 고려하여 아래 설문에 답하시오.

[정황 ①] 사고지점은 신호기가 설치되어 있지 않은 교차로로서, 사고당시 B는 사고지점 약 100m 전방에서 C의 택시가 오른쪽 차도로부터 좌회전신호를 주면서 진행해 나오는 것을 발견했으나, 같은 속도(그곳의 제한속도는 시속 50km)로 계속 주행하였으며, C 역시 약 100m 거리에 있는 위 트럭의 불빛을 발견했는데도 불구하고 그대로 좌회전하였다.

[정황 ②] 목포에서 온 B는 춘천 지방의 지리에 어두울 뿐만 아니라, A회사에 고용된 후 하루 평균 12시간 운전에 종사하였다.

(1) B와 C, B와 D 및 C와 D의 법률관계를 검토하시오.

(2) C와 D에 대한 A의 책임을 검토하시오.

(3) A가 전액배상을 한 경우 A와 B의 법률관계를 검토하시오.

목차제안

Ⅰ. **논점분석**

Ⅱ. **설문 (1): B에 대한 C의 손해배상청구권, B 및 C에 대한 D의 손해배상청구권**

1. B에 대한 C의 손해배상청구권
   (1) 불법행위의 성립요건(제750조)
   (2) 과실상계
   (3) 사안의 검토
      1) B의 불법행위 성립 여부
      2) 과실상계에 따른 B의 손해배상책임의 축소
2. B 및 C에 대한 D의 손해배상청구권
   (1) C에 대한 D의 손해배상청구권
   (2) B에 대한 D의 손해배상청구권
   (3) D에 대한 B와 C의 공동불법행위책임의 성립 여부
      1) B와 C에 대한 D의 각 청구권간의 관계
      2) 공동불법행위책임의 성립

Ⅲ. 설문(2): A에 대한 C 및 D의 손해배상청구권

1. A의 사용자책임
   (1) 문제점
   (2) 사용자책임의 성립요건
   (3) 책임근거에 관한 견해의 대립
      1) 대위책임설
      2) 자기책임설
      3) 견해의 검토
   (4) 사안의 검토
   (5) B에 대한 C와 D의 청구권과의 관계
2. 자배법 제3조에 따른 A의 운행자책임
   (1) 운행자책임의 요건 및 효과
   (2) 사안의 검토
   (3) 민법과의 관계

Ⅳ. 설문(3): B에 대한 A의 구상권

1. A가 사용자책임을 부담하는 경우
   (1) 대위책임적 구성
   (2) 자기책임적 구성
   (3) 사안의 검토
2. A가 자동차운행자책임을 부담한 경우

Ⅴ. 설문(1), (2) 및 (3)에 대한 해답

풀이제안

Ⅰ. 논점분석

설문(1)에서 C 및 D에 대하여 B는 일반불법행위책임(제750조)을 부담할 수 있다. 이 경우 B에 대한 C의 손해배상청구권과 관련하여서는 과실상계가 고려될 수 있다. 한편 C는 D에 대하여 채무불이행책임(제390조)과 불법행위책임(제750조)을 부담할 수 있다. D의 부상이라는 하나의 손해에 대하여 B와 C가 각각 배상책임을 부담하는 결과가 된다면 이들의 사이의 공동불법행위책임의 성립 여부를 검토해야 한다.

설문(2)에서 C 및 D에 대하여 A는 B의 사용자로서 사용자책임(제756조)을 부담할 수 있다. 이때 사용자책임의 성립이 피용자 B의 불법행위책임의 성립, 특히 그 요건 중 B의 고의·과실 또는 책임능력의 구비를 전제로 하는가를 검토해야 한다.

설문(3)에서 C 및 D에 대하여 B는 제750조에 따라, A는 제756조에 따라 각각 불법행위책임을 부담하는 경우 양자의 책임은 부진정연대채무의 관계에 놓이게 된다. 이때 피해자 C, D에게 손해의 전부를 배상한 사용자 A가 피용자 B에 대하여 가지는 구상권(제756조 제3항)을 제한할 수 있는지 여부를 검토해야 한다.

어느 경우에나 자동차에 의하여 손해(C 및 D의 부상)가 발생하였으므로 특별법인 자동차손해배상보장법(이하 '자배법'으로 줄임)의 적용 여부를 동시에 검토해야 한다.

Ⅱ. 설문(1): B에 대한 C의 손해배상청구권, B 및 C에 대한 D의 손해배상청구권

1. B에 대한 C의 손해배상청구권

(1) 불법행위의 성립요건(제750조)

제750조의 불법행위가 성립하기 위해서는 (i) 가해행위에 의한 손

해의 발생, (ii) 가해행위와 손해 사이의 인과관계, (iii) 가해행위의 객관적 위법성, (iv) 가해자의 과책, 즉 고의 또는 과실 및 가해자의 책임능력의 요건이 충족되어야 한다.

(2) 과실상계

과실상계는 불법행위의 성립 또는 손해발생의 확대에 피해자의 유책행위가 존재하는 경우에 손해발생책임의 유무 또는 그 범위를 결정하는 데 이를 참작하는 제도이다. 채무불이행에서 인정되는 과실상계에 관한 제396조는 불법행위에도 준용된다(제763조).

(3) 사안의 검토

1) **B의 불법행위 성립 여부** 사례에서 B는 일단 제한속도(50km)를 넘어 과속으로 주행하였다. 이는 도로교통법 제17조라는 보호법규를 위반하였으므로 형식적 위법판단규준(위법성평가에 대하여 통설은 실정법질서 및 사회질서를 표준으로 하여 객관적·실질적으로 행해진다고 하나(이른바 '실질적 위법성론'), 실정법질서를 위반하는 행위는 이미 형식적으로도 위법하다(이른바 '형식적 위법성론'). 김형배, 민법학강의(제6판), 1575면 이하 참조)에 비추어 보더라도 위법성이 인정된다. 또한 이때 B는 약 100m 앞 지점에서 C의 택시가 오른쪽 차도로부터 좌회전신호를 주면서 진행해 나오는 것을 발견하고도 운행속도를 법정제한속도 이하로 감속하지 않았으므로 B의 이러한 운행은 이미 위법할 뿐만 아니라(행위불법론), 나아가 B의 이러한 부주의한 운행행위로 말미암아 C의 개인택시와 추돌하는 사고가 발생하여 기사 C(및 승객 D)의 부상과 택시의 전파라는 손해가 발생하였으므로 결과불법론에 따르더라도 이러한 B의 행위는 위법하다.

가해행위와 손해발생 사이에는 조건적 인과관계는 물론 사물의 통상의 경과에 따라 판단되는 상당인과관계도 인정된다.

B에게는 거래생활(여기서는 차량운행에 따른 교통생활)에서 객관적으로 요구되는, 즉 평균적 운전자에게 요구되는 주의의 정도를 기울이지 않은 부주의가 인정되므로 과실이 있다고 판단된다(객관적 과실론). 또한 사고 당시 22세인 B에게는 특별한 사유가 없는 한 책임능력이 인정된다고 볼 수 있다. 이상을 종합하건대 B의 행위는 제750조의 불법행위를 구성한다.

따라서 재산손해와 신체손해를 입은 C는 B에 대하여 불법행위를 이유로 한 손해배상청구권을 가진다(제750조).

2) **과실상계에 따른 B의 손해배상책임의 축소** 한편 C에게도 과실이 인정된다. 즉, 모든 차량은 교차로에서 좌회전할 때 그 교차로를 직진하거나 우회전하려는 다른 차량이 있는가를 확인하고 그 차의 진행을 방해해서는 안 된다(도로교통법 제25조, 제26조 참조). 그럼에도 불구하고 이를 무시하고 좌회전하였으므로 C의 운행은 위법한 과실있는 행위이다. 따라서 C의 과실은 B가 C에게 배상할 손해액을 산정함에 있어 참작되어야 한다(제763조, 제396조).

2. B 및 C에 대한 D의 손해배상청구권

(1) C에 대한 D의 손해배상청구권

D의 부상이라는 측면에서 보면 택시기사 C는 목적지까지 승객을 안전하게 운송해야 할 보호의무(운송계약상의 부수적 주의의무)를 부담하고 있으며, 이를 위반하여 D를 부상케 한 것에 대하여 그의 과실이 인정되므로 채무불이행책임을 부담한다(제390조). 동시에 C는 자신의 과실에 의한 위법한 운행행위(직진차량을 방해한 좌회전)로 B의 트럭과 충돌함으로써 D의 신체의 완전성을 침해하였으므로 불법행위책임을 부담한다(제750조).

한편 개인택시기사 C는 스스로를 위하여 자동차를 운행하는 자(보유자)라 할 수 있다(자배법 제2조 제3호 참조). 따라서 D는 C에 대하여 자배법 제3조에 따른 손해배상청구권을 가진다. 자배법은 민법의 특별법이므로 일정한 경우 민법에 우선하여 적용된다.

결국 D는 C에 대하여 (i) 채무불이행을 이유로 한 손해배상청구권(제390조), (ii) 불법행위를 이유로 한 손해배상청구권(제750조) 그리고 (iii) 자배법 제3조에 따른 손해배상청구권을 행사할 수 있다. 이때에 D는 (C가 의무적으로 가입해야 할 책임보험의) 보험자에게 직접 보험금의 지급을 청구할 수도 있으며(자배법 제12조), 보험금으로부터 피해를 충분히 배상받지 못하거나 또는 물적 손해가 발생한 경우에는 (i) 또는 (ii)의 청구권에 기초하여 민법에 따라 손해배상을 청구할 수 있다.

(2) B에 대한 D의 손해배상청구권

B의 과실에 의한 위법행위로 D에게 부상이라는 손해가 발생하였으므로 D는 B에 대하여 불법행위를 이유로 한 손해배상청구권(제750조)을

가진다(전술한 1 참조).

한편 B는 A를 위하여 자동차를 운전하는 운전자(자배법 제2조 4호 참조)로서 운행지배가 없고 또한 운행이익도 없기 때문에 운행자가 아니다. 따라서 D는 B에 대하여 자배법 제3조에 따른 손해배상청구권을 행사할 수는 없다.

(3) D에 대한 B와 C의 공동불법행위책임의 성립 여부

1) **B와 C에 대한 D의 각 청구권간의 관계** 이미 (1)에서 살펴본 바와 같이 택시기사 C는 D에 대하여 운송계약상의 보호의무위반에 따른 채무불이행책임과 과실있는 위법행위로 인한 손해 야기에 따른 불법행위책임을 진다. 이 경우 판례와 다수설(청구권 경합설)에 따르면 D는 C에 대하여 채무불이행을 이유로 한 손해배상청구권과 불법행위를 이유로 한 손해배상청구권 중 택일하여 이를 행사할 수 있다. 반면 법조경합설에 따르면 C와 D 사이에는 운송계약이라는 특별구속관계가 존재하므로 계약규범이 불법행위규범에 우선한다고 보아 D의 부상에 대해서는 채무불이행을 이유로 한 손해배상청구권만을 행사할 수 있다.

어느 견해에 의하든 D가 C에 대하여 채무불이행을 이유로 한 손해배상청구권을 행사할 경우 D에 대한 C의 채무불이행책임과 D에 대한 B의 불법행위책임이 경합하는 것은 아닌가 하는 의문이 생길 수 있다. 그러나 '청구권의 경합'은 '하나의 행위'가 책임발생원인을 달리하여 2개 이상의 청구권을 근거지우는 경우에 발생하는 문제일 뿐이다. 따라서 B와 C의 두 개의 서로 다른 행위로 D의 부상이라는 하나의 결과가 발생한 것이므로 하나의 손해에 대한 B와 C의 공동의 책임이 문제되며, 이는 부진정연대채무의 관계로 이해되어야 한다.

2) **공동불법행위책임의 성립** 1)에서 검토한 것은 D에 대한 B의 행위와 C의 행위를 별개의 것으로 보고, 각각의 청구권을 별도로 검토한 후 D에 대한 B와 C의 각각의 손해배상채무를 규범적으로 판단하여 부진정연대채무관계로 평가한 결과이다.

그러나 D의 부상이라는 결과발생의 측면에서 본다면 B와 C는 동시에, 공동으로 D에게 가해를 한 셈이다. 제760조 제1항의 공동불법행위에 관하여 관련공동성을 객관적으로 판단하면(공동불법행위에 관하여 자세한 것은 [사례 56] 참조) 가해자 B와

C 사이에 공모 내지는 인식의 공동이 없어도 공동불법행위가 성립한다. 따라서 동 조항에 따라 B와 C는 D에 대하여 협의의 공동불법행위책임을 부담한다(운전자 쌍방과실에 의한 승객의 死傷의 경우에 운전자들은 '공동불법행위자가 아니'라고 한 판례로는 대판 1988. 4. 27, 87다카1012). 이 경우 부진정연대채무의 관계에 놓이는 B와 C는 D에게 모든 손해를 배상하여야 한다. 다만 B와 C 사이에서 내부적으로는 추돌사고에 대한 각자의 과실의 비율에 따라 책임부담부분 및 구상권의 범위가 정해질 수 있다(판례 [1] 참조).

Ⅲ. 설문(2): A에 대한 C 및 D의 손해배상청구권

1. A의 사용자책임

(1) 문 제 점

사용자가 그의 사무 또는 영업에 피용자를 사용하여 사업을 수행하던 중 그 피용자가 제3자에게 손해를 발생시킨 경우 사용자는 피해자에 대하여 손해배상책임을 부담한다(제756조 제1항). 사례에서 A회사는 B에 대한 관계에서 사용자의 지위에 있다고 보이므로 A가 C 및 D에 대하여 사용자책임(제756조)을 부담하는지가 문제된다.

(2) 사용자책임의 성립요건

사용자책임이 성립하기 위해서는 일반적으로 (i) 사용자가 어떤 사무에 종사시키기 위하여 타인을 사용할 것(판례 [2-7] 내지 [2-12] 참조), (ii) 피용자가 '사무집행에 관하여' 제3자에게 손해를 주었을 것(판례 [2-13] 내지 [2-15] 참조), (iii) 피용자의 가해행위가 고의·과실·책임능력(판례 [2-5] 참조) 등의 불법행위의 일반요건을 갖출 것, (iv) 사용자가 면책사유를 입증하지 못할 것(판례 [2-3], [2-4] 참조)의 요건을 필요로 한다. 특히 (iii)의 요건이 충족되어야 하는가에 관해서는 견해가 대립한다.

(3) 책임근거에 관한 견해의 대립

1) **대위책임설** 다수설(대표적으로 곽윤직, 채권각론, 416면, 418면)이자 판례인 대위 내지 (이른바) 보상책임설(판례 [2-1] 참조)은 피용자의 불법행위의 성립을 사용자책임의 전제요건으로 보고 있다(판례 [2-5], [2-6] 참조). 이 견해에 따르면 피용자의 행위가 불법행위에 해당되는 것을 전제로 하여 사용자책임이 성립한다.

2) **자기책임설** 자기책임설에 따르면 사용자책임이 성립하기

위해서 ⅲ의 요건이 반드시 필요하지는 않다고 하며, 사용자가 피용자의 선임·감독상의 의무를 제대로 수행했음을 입증하지 못하는 한 사용자책임이 인정될 수 있다고 한다(김형배, 사용자책임과 구상권의 제한, 민법학연구, 532면, 537면 이하; 이은영, 채권각론, 629면). 즉, 사용자의 과실은 추정되며, 사용자가 책임을 면하려면 피용자의 선임·감독상의 주의를 다했음을 입증해야 한다. 이 견해에 따르면 사용자는 그의 사무집행을 위하여 피용자를 사용함으로써 그 피용자가 타인에게 손해를 가했다는 객관적 요건과 피용자의 선임·감독에 있어서 상당한 주의를 다하지 못했다는 주관적 요건(=자기과실)이 갖추어지면 제756조에 의한 사용자책임이 인정된다.

3) **견해의 검토**　피용자의 가해행위 자체에 있어서의 고의·과실의 문제는 피해자에 대한 피용자의 불법행위의 성립요건(제750조)에 지나지 않는다. 따라서 사용자책임과 피용자책임은 전혀 별개의 것이다(판례 [2-2]도 참조). 사용자책임은 사용자에게 피용자의 선임·감독상의 주의를 다하지 못한 과실이 있으면 성립하는 것으로서, 피용자의 불법행위의 성립을 반드시 그 전제로 하는 것은 아니라고 생각된다.

(4) 사안의 검토

사례의 경우 어느 견해에 의하든 피용자 B의 불법행위가 이미 성립하고 있기 때문에 A의 사용자책임은 부정되지 않는다. A는 B를 고용하여 운전에 종사시켰으며, B는 A의 지시에 따라 트럭에 자갈을 싣고 운행하던 중 사고로 C와 D를 부상케 하였으므로 '사무집행에 관하여' 제3자에게 손해를 가한 것이 된다. 또한 A는 B의 가해행위의 발생을 방지하는 데 필요한 조치를 강구했어야 함에도 불구하고 지리에 어둡고 고용된 지 불과 보름밖에 되지 않은 B를 장시간 운행에 종사케 하였으므로 피용자의 사무감독과 관련한 주의의무를 다하지 않은 것으로 판단된다. 따라서 A가 B의 업무집행에 대한 감독상의 주의를 다하였다는 것을 입증하지 못하는 한 A는 면책되지 않는다. 또한 판례는 사용자의 면책주장을 좀처럼 인정하지 않는 경향이라고 일반적으로 평가되고 있다.

결론적으로 C 및 D는 A에 대하여 사용자책임을 이유로 한 손해배상청구권을 가진다.

(5) B에 대한 C와 D의 청구권과의 관계

판례(판례 [2-2], [2-16], [2-17] 참조)와 통설(대표적으로 곽윤직, 채권각론, 421면)에 따르면 피용자와 사용자는 부진정연대채무의 관계에 있다. 따라서 C와 D는 A나 B에게 동시에 또는 순차로 손해 전부를 배상받을 때까지 배상청구를 할 수 있고, C 및 D가 A와 B의 어느 한쪽으로부터의 일부 또는 전부의 손해배상을 받은 때에는 그 범위내에서 타방의 배상책임은 소멸한다(제413조, 제414조 참조).

2. 자배법 제3조에 따른 A의 운행자책임

(1) 운행자책임의 요건 및 효과

자배법 제3조상의 운행자책임이 성립하기 위해서는 (i) 자기를 위하여 자동차를 운행할 것(판례 [3-4] 내지 [3-8] 참조), (ii) 다른 사람의 인체에 대하여 손해가 발생할 것(판례 [3-9] 내지 [3-11] 참조), (iii) 인체손해가 자동차의 운행으로 생길 것(판례 [3-12] 내지 [3-16] 참조), (iv) 면책사유가 없을 것 등의 요건을 충족해야 한다.

위의 요건을 충족하여 자동차운행자에게 자배법상의 운행자책임이 인정되면, 피해자는 운행자로서 자동차보유자의 책임보험자에 대하여 보험금의 지급을 청구할 수 있다(동법 제9조 참조). 배상액은 책임보험액을 한도로 한다(동법 제5조 참조).

(2) 사안의 검토

B의 자동차운행은 A회사의 지시에 의한 것이고, A는 트럭의 소유자로서 운행지배와 운행이익을 가지는 운행자이므로 C와 D에 대해 자배법 제3조 본문에 따른 손해배상책임을 부담한다. 이 경우 A가 면책되기 위해서는 동조 단서의 각호의 사실을 입증해야 한다. 즉 (i) 승객이 사상한 경우 그 승객이 고의 또는 자살행위로 사망 또는 부상하였다는 것을 입증하거나(동조 단서 2호, 판례 [3-17] 참조), (ii) 승객 이외의 자가 사상한 경우에는 자기와 운전자가 자동차의 운행에 관하여 주의를 게을리하지 아니하고, 피해자 또는 자기 및 운전자 외의 제3자에게 고의 또는 과실이 있으며, 자동차의 구조상의 결함 또는 기능에 장해가 없었다는 것 모두를 입증한 때(동조 단서 1호)에 A는 면책될 수 있다.

(3) 민법과의 관계

자배법은 민법에 대하여 특별법이므로 민법에 우선하여 적용된다(판례 [3-1] 참조). 따라서 D는, A가 자동차손해배상책임보험 또는 이른바 통합보험에 가입하였을 것이므로(자배법 제5조 제1항 참조) 직접 보험자에게, 그렇지 않은 경우에는 A에게 자배법상의 손해배상을 우선적으로 청구할 수 있다. 또한 피해자인 D가 자배법상의 청구를 소구하는 주장을 하지 않았더라도, 법원은 당연히 동법을 민법에 우선해서 적용해야 한다는 것이 판례의 태도이다(판례 [3-2]). 다만 자배법상의 손해배상의 대상은 인적 손해(C와 D의 부상)에 한정되므로, C의 차량 전파로 인한 손해와 D에게 소지품, 의복 등의 물적 손해가 발생한 경우에 C와 D는 민법상 손해배상을 청구할 수밖에 없다(자배법 제4조, 판례 [3-3] 참조). 또한 인적 손해의 경우에도 자배법상의 배상액은 법정되어 있으므로 그 법정액을 초과하는 손해액에 대해서는 민법에 따라 그 배상을 청구할 수 있다(동지: 곽윤직, 채권각론, 436면. 이견: 이은영, 채권각론, 653면).

Ⅳ. 설문(3): B에 대한 A의 구상권

1. A가 사용자책임을 부담하는 경우

A가 피해자에게 사용자책임에 따른 손해를 배상한 경우에는 B에 대하여 구상권(제756조 제3항)을 갖는다. 그러나 제756조 제3항이 사용자에게 전액 구상을 인정하는 규정인가에 대해서는 견해가 갈려 있다.

(1) 대위책임적 구성

다수설은(대표적으로 곽윤직, 채권각론, 416면, 418면) 사용자책임의 법적 성질을 피용자의 불법행위에 대한 대위책임에서 이해한다. 대위책임은 타인의 불법행위책임을 대신해서 부담하는 것이므로 사용자가 사용자책임을 부담하기 위해서는 피용자의 불법행위책임의 성립을 전제로 한다고 하며, 사용자가 피용자의 불법행위책임을 대신하여 피해자에게 손해를 배상했을 경우에는 피용자에 대하여 구상할 수 있다고 한다.

이 견해에 따르면 제756조는 단순히 피해자를 보호하기 위해서 사용자가 피용자에 갈음하여 특별히 대외적으로 배상책임을 부담하도록 한 규정에 지나지 않으며, 사용자의 부담부분은 0이고 피용자의 그것은 100이 된다. 특히 동조 제1항 단서는 사용자의 과실규정이 아니라 대위책임에 대한 면책규정이라고 한다. 그런 의미에서 다수설은 사용자책임을 대외적 면책조건부 대위책임 내지 피해자에 대한 배상책임과 관련해서 무과실책임에 가까운 중간책임이라고 한다.

대위책임적 구성에 있어서는 피해자에 대한 대외적 관계에서만 사용자책임과 피용자책임을 연대채무로 보고, 피용자와 사용자의 내부적 관계에서는 원칙적으로 사용자의 고유채무(부담부분)를 인정하지 않으며 피용자의 책임만을 인정한다. 그리하여 사용자가 피해자에게 전액배상한 경우에는 피용자에게 전액구상할 수 있다는 것을 원칙으로 한다. 다만 사용자와 피용자 사이의 구체적 사정을 고려하여 신의칙, 공평의 관념 또는 권리남용론에 따라 구상권을 제한할 수 있다고 한다.

(2) 자기책임적 구성

이 견해는(김형배, 사용자책임과 구상권의 제한, 민법학연구, 532면, 537면 이하; 이은영, 채권각론, 629면) 사용자책임을 보상책임 내지 위험책임(Risiko-haftung)으로 전제하면서 하나의 독립되고 객관화된 책임유형으로 파악한다. 사용자가 피용자를 사용하여 그 자신의 (사업)활동을 확대하고, 이 과정에서 피용자에 의하여 발생된 침해행위는 사용자의 행위의 범주내에서 판단되어야 하는 것이다. 따라서 침해행위에 피용자의 과실이 없는 경우에도 사용자책임은 성립할 수 있다고 한다.

사용자의 고유한 책임부분의 존재(채무)를 인정하는 이 견해는 구상권의 제한, 즉 법리적으로 보다 정확하게는 '구상권의 한정적 성립'을 당연한 것으로 생각하며, 그 근거를 사업조직의 존재형식인 피용자와 사용자의 내부관계에서 찾는다. 또한 사용자의 부담부분을 인정하는 전제로서 사용자의 고유한 과실(피용자의 선임·감독상의 과실)을 인정한다. 이 과실은 사용자가 선임·감독상의 주의를 다했음을 입증하지 못하는 한 추정되는 것으로서 예컨대 기능이 없는 피용자를 채용했다거나, 잘못된 작업지시를 했거나, 적절하지 않은 도구나 재료를 사용하게 했거나, 작업감독을 소홀히 한 때에 인정된다. 이 모든 경우에 있어서 사용자는 제3자에게 손해가 발생할 수 있는 가능성을 미리 회피해야 할 주의의무를 부담하고, 주의의 정도는 업무의 위험성에 따라 구체적으로 판단되어야 한다.

이때에 제3자의 손해가 피용자의 '불법행위'로 인하여 발생하였는가는 문제되지 않는다. 물론 사용자책임이 '피용자의 불법행위와 함께' 성립할 때에는 사용자의 과실과 피용자의 과실을 비교·교량함으로써 구상권의 범위를 결정하게 된다.

오늘날 사용자와 피용자 사이의 내부관계에 있어서 피용자(근로자)를 보호해야 한다는 의미에서 사용자의 구상권은 제한되고 있다.

(3) 사안의 검토

대위책임적 구성에 따르면 사례의 경우 A는 B에게 전액구상할 수 있다. 다만 B가 그 지역의 지리에 어둡고 하루 12시간의 고된 운전작업에 종사한 점, B에 의한 사고가 자정이 넘는 시간까지 과로운전을 하던 도중에 발생한 점, B에게 경과실은 있으나 고의 또는 중과실을 인정하기 어렵다는 점, 사고는 입사 후 보름 만에 발생하였을 정도로 B는 그가 맡은 운전작업에 미숙한 상태였다는 점 등을 고려하여 신의칙상 A의 구상권을 제한할 수 있다고 한다(판례 [2-18]. [2-19] 참조). 반면 자기책임적 구성에 따르면 A는 B의 사용자로서 제3자에게 손해가 발생할 수 있는 가능성을 미리 회피해야 할 주의의무를 부담하고 있음에도 불구하고 그 지역 지리에 익숙하지 못한 B를 자정이 넘도록 과도하게 운전케 하여 사고를 발생하게 하였으므로 선임·감독상의 주의의무를 다하였다고 볼 수 없다. 따라서 C와 D에게 발생한 손해에 대하여 A의 과실이 인정되므로 B의 불법행위가 성립하는지의 여부와 관계없이 A는 사용자책임을 부담한다. 이때에 A가 C와 D에게 전액배상하였다 할지라도 '원칙적으로' B에게 구상할 수가 없다. 그러나 사례의 경우 B에게도 과실이 인정되어 C와 D에 대한 B의 불법행위 역시 성립하고 있기 때문에 A의 과실과 B의 과실을 비교·교량하여 각자의 부담부분을 정해야 한다. A의 구상권은 그의 부담부분의 비율에 따라 상대적으로 정하여진다. 다시 말하면 그의 과실비율부분을 공제한 나머지 B의 과실비율에 해당하는 부분에 대해서만 구상권을 행사할 수 있다.

사례에 있어서는 사용자책임을 대위책임으로 구성하든 자기책임으로 구성하든 결과적으로는 A가 B에 대해서 전액구상을 할 수 없고 일정한 범위내에서 제한적으로 구상할 수 있을 뿐이다. 다만 자기책임설에 의하면 원칙적으로 사용자인 A가 자신의 손해배상책임을 부담해야 하며, 다만 B에 대하여 그의 과실로 인한 부담부분에 대해서만 구상할 수 있을 뿐이다. 반면 대위책임설에 의하면 A와 B 사이의 제반사정을 고려하여 신의칙에 따라 B에 대한 A의 구상권의 범위를 정하게 된다. A는 C에 대해서도 구상할 수 있는 경우가 생길 수 있다. 피용자인 B와 운전자 C는 공동불법행위로 피해자 D에게 손해를 가한 것이므로 B와 C는 부진정연대채무관계에 있고, 한편 사용자 A의 손해배상책임은 B의 배상책임에 대한 대체적(대위적) 책임이므로 A도 C와 부진정연대관계에 있다고 볼 수 있다. 따라서 A가 B와 C의 책임비율에 의하여 정해진 B의 부담부분을 초과하여 D에게 손해를 배상한 경우에는 A는 C에 대하여도 구상권을 행사할 수 있고, 그 구상의 범위는 제3자의 부담부분에 국한될 것이다(판례참조 [2-21]).

2. A가 자동차운행자책임을 부담한 경우

자배법에는 A가 운행자책임을 부담하여 배상한 경우에 구상관계에 대하여 직접적인 규정을 두고 있지 않다. 그러나 이때에도 B에 대한 A의 구상권이 문제된다.

B는 A와의 근로계약에 따라 피용자로서 성실하고 안전하게 자동차를 운전할 채무를 부담한다. 그러나 사고가 발생하였고 사고에 대한 B의 과실이 인정되므로 B는 A에 대하여 채무불이행책임을 진다. 자배법이 적용되더라도 B의 채무불이행책임이 인정되면 그러한 범위, 즉 사고 발생에 대한 B의 고의·과실의 한도에서 B에 대한 A의 구상권이 인정될 수 있다.

오늘날의 입법례 또는 법이론에 의하면 근로자의 보호를 위해서 피용자의 책임이 경감되고 있다.

Ⅴ. 설문(1), (2) 및 (3)에 대한 해답

설문(1)에서 우선 재산손해와 신체손해를 입은 C는 B에 대하여 불법행위를 이유로 한 손해배상청구권을 가진다. 그러나 C에게도 과실이 인정되므로 B가 C에게 배상할 손해액을 산정함에 있어 이는 참작되어야 한다. 한편 D는 C에 대하여 채무불이행을 이유로 한 손해배상청구권, 불법행위를 이유로 한 손해배상청구권, 자배법 제3조에 따른 손해배상청구권을 행사할 수 있다. 또한 D는 B에 대하여 불법행위를 이유로 한 손해배상청구권(제750조)을 가진다. B와 C는 D에 대해서 부진정연대채무관계에 있게 된다. 그리고 B와 C는 D에 대하여 공동불법행위책임을 부담하므로, 연대하여 D에게 모든 손해를 배상하여야 한다. 다만 B와 C의 내부적인 책임의 분담은 추돌사고에 대한 각자의 과실의 비율에 따라 정한다.

설문(2)에서 C 및 D는 A에 대하여 사용자책임을 이유로 한 손해배상청구권을 가진다(제756조). 이때 B와 A는 부진정연대채무관계에 있다. 또한 A가 면책사유를 증명하지 못하면 C와 D에 대해 자배법 제3조 본문에 따른 손해배상책임을 부담한다. 자배법은 민법에 대하여 특별법이므로 민법에 우선하여 적용된다.

설문(3)에서 사용자책임을 대위책임으로 구성하든 자기책임으로 구성하든 결과적으로는 A가 B에 대해서 전액구상을 할 수 없고 일정한 범위내에서 제한적으로 구상할 수 있을 뿐이다. 다만 제한의 근거와 범위에 있어서 차이를 보일 수 있다. 한편 A가 운행자책임을 부담하여 배상한 경우라도 B의 채무불이행책임이 인정되면 사고 발생에 대한 B의 고의·과실의 한도내에서 B에 대한 A의 구상권이 인정된다. B와 C는 D에 대하여 공동불법행위자로서 부진정연대관계에 있으며 A는 B의 책임부담부분에 대하여 사용자책임을 부담하지만 이를 초과하여 손해를 배상한 때에는 C에 대해서도 구상할 수 있다.

≪판 례≫

[1] 공동불법행위자의 책임부담부분 및 구상권의 범위

(대판 1989.9.26, 88다카27232) 공동불법행위자는 채권자에 대한 관계에 있어서는 연대책임(부진정연대채무)이 있으나 그 공동불법행위자의 내부관계에 있어서는 일정한 부담부분이 있고 이 부담부분은 공동불법행위자의 과실의 정도에 따라 정하여지는 것이며 공동불법행위자 중의 한 사람이 자기의 부담부분 이상을 변제하여 공동의 면책을 얻게 하였을 때에는 다른 공동불법행위자에게 그 부담부분의 비율에 따라 구상권을 행사할 수 있다.

[2] 사용자책임

*책임의 법적 성질

[2-1] (대판 1985.8.13, 84다카979) 민법이 불법행위로 인한 손해배상으로서 특히 사용자의 책임을 규정한 것은 많은 사람을 고용하여 스스로의 활동영역을 확장하고 그에 상응하는 많은 이익을 추구하는 사람은 많은 사람을 하나의 조직으로 형성하고 각 피용자로 하여금 그 조직내에서 자기의 담당하는 직무를 그 조직의 내부적 규율에 따라 집행하게 하는 것이나, 그 많은 피용자의 행위가 타인에게 손해를 가하게 하는 경우도 상대적으로 많아질 것이므로 이러한 손해를 이익귀속자인 사용자로 하여금 부담케 하는 것이 공평의 이상에 합치된다는 보상책임의 원리에 입각한 것이므로 사용자의 책임과 그 면책 및 그 책임의 한도 등을 가릴려면 이와 같은 원리에 따라 구체적 사안마다 그 구성요건을 따져 가려야 할 것이다.

[2-2] (대판 1960.8.18, 4292민상772) 사용자의 배상책임은 피용자의 배상채무와는 전연 별개인 사용자 자신의 독자적 책임이라 할 것이나 다만 피해자가 어느 편으로부터의 배상에 의하여 일부 또는 전부의 만족을 얻었을 때에는 그 범위내에서 타방의 배상책임이 소멸하는 데 불과하다 할 것이다.

*사용자책임의 면책

[2-3] (대판 1998.5.15, 97다58538) ① 제756조 제1항 및 제2항의 책임에 있어서 사용자나 그에 갈음하여 사무를 감독하는 자는 그 피용자의 선임과 사무감독에 상당한 주의를 하였거나 상당한 주의를 하여도 손해가 있을 경우에는 손해배상의 책임이 없으나, 이러한 사정은 사용자 등이 주장 및 입증을 하여야 한다. ② 제756조 제2항에 정한 '사용자에 갈음하여 사무를 감독하는 자'란 객관적으로 볼 때 사용자에 갈음하여 현실적으로 구체적인 사업을 감독하는 지위에 있는 자를 뜻한다.

[2-4] (대판 1999.1.26, 98다39930) 피용자의 불법행위가 외관상 사

무집행의 범위내에 속하는 것으로 보이는 경우에 있어서도 피용자의 행위가 사용자나 사용자에 갈음하여 그 사무를 감독하는 자의 사무집행행위에 해당하지 않음을 피해자 자신이 알았거나 중대한 과실로 인하여 알지 못한 경우에는 사용자책임을 물을 수 없다고 할 것인바, 이 경우 중대한 과실이라 함은 거래의 상대방이 조금만 주의를 기울였더라면 피용자의 행위가 그 직무권한내에서 적법하게 행하여진 것이 아니라는 사정을 알 수 있었음에도 만연히 이를 직무권한내의 행위라고 믿음으로써 일반인에게 요구되는 주의의무에 현저히 위반하는 것으로 거의 고의에 가까운 정도의 주의를 결여하고, 공평의 관점에서 상대방을 구태여 보호할 필요가 없다고 봄이 상당하다고 인정되는 상태를 말한다.

*책임의 성립요건으로서 피용자의 불법행위

[2-5] (대판 1981. 8. 11, 81다298) 책임무능력자(국민학교 1학년생)의 대리감독자(담임교사)에게 민법 제755조 제2항에 의한 배상책임이 있다고 하여 위 대리감독자의 사용자 또는 사용자에 갈음한 감독자(위 학교를 설립 경영하는 지방자치단체)에게 당연히 민법 제756조에 의한 사용자책임이 있다고 볼 수는 없으며, 책임무능력자의 가해행위에 관하여 그 대리감독자에게 고의 또는 과실이 인정됨으로써 별도로 불법행위의 일반요건을 충족한 때에만 위 대리감독자의 사용자 또는 사용자에 갈음한 감독자는 제756조의 사용자책임을 지게 된다.

[2-6] (대판 1982. 12. 28, 80다3057) 제760조 제1항 소정의 공동불법행위가 성립하려면 각자의 고의·과실에 기한 행위가 권리침해에 대하여 객관적으로 공동원인이 되는 것임을 요한다고 할 것인바, 행원(피용자)이 고객으로부터 위탁받은 예금불입금을 횡령한 불법행위에 대하여 지점장(사용자)으로서의 단순한 감독 불충분만으로는 곧 지점장 자신의 불법행위가 되는 과실이 있었다고는 할 수 없고 지점장의 과실을 인정하려면 행원의 불법행위가 지점장의 감독 불충분에 기인하고 그가 감독함에 있어 상당한 주의를 하였더라면 그 손해를 방지할 수 있었던 경우라야 할 것이다.

*사용관계의 존재

[2-7] (대판 1979. 2. 13, 78다2245) A회사의 기중기를 사용하는 부두하역작업에서 A회사 직원의 지휘감독 아래 회사소유 기중기조종에 대한 신호를 하게 하였다면 B가 계속적인 근무가 아니고 보수를 지급한 것도 아니며 법률상 사용관계가 있었는가의 여부에 불구하고 위와 같은 사실상의 사용관계만으로 B를 A회사의 피용자라고 보아야 한다(대판 1996. 10. 11, 96다30182: 이삿짐센터와 고용관계에 있지는 않았으나, 오랫동안 그 이삿짐센터의 이삿짐 운반에 종사해 온 이른바 '고정직' 작업원들을 사용자

의 손해배상책임에 있어서 피용자로 보아야 한다).

[2-8] (대판 1998. 4. 28, 96다25500) 불법행위에 있어 사용자책임이 성립하려면 사용자와 불법행위자 사이에 사용관계 즉 사용자가 불법행위자를 실질적으로 지휘·감독하는 관계가 있어야 하는 것으로, 위임의 경우에도 위임인과 수임인 사이에 지휘·감독관계가 있고 수임인의 불법행위가 외형상 객관적으로 위임인의 사무집행에 관련된 경우 위임인은 수임인의 불법행위에 대하여 사용자책임을 진다(대판 1998. 8. 21, 97다13702: 타인에게 위탁하여 계속적으로 사무를 처리하여 온 경우 객관적으로 보아 그 타인의 행위가 위탁자의 지휘·감독의 범위내에 속한다고 보이는 경우 그 타인은 제756조에 규정한 피용자에 해당한다).

[2-9] (대판 2000. 10. 13, 2000다20069) 지입차량의 차주 또는 그가 고용한 운전자의 과실로 타인에게 손해를 가한 경우에는 지입회사는 명의대여자로서 제3자에 대하여 지입차량이 자기의 사업에 속하는 것을 표시하였을 뿐 아니라, 객관적으로 지입차주를 지휘·감독하는 사용자의 지위에 있다 할 것이므로 이러한 불법행위에 대하여는 그 사용자책임을 부담한다고 할 것이다([cf.] 대판 2000. 10. 6, 2000다30240: 자기명의로 사업자등록을 하고 사업소득세를 납부하면서 기사를 고용하여 지입차량을 운행하고, 지입회사의 배차담당직원으로부터 물건을 적재할 회사와 하차할 회사만의 지정을 받아온 지입차주는 지입회사의 지시·감독을 받는다거나 임금을 목적으로 지입회사에 종속적인 관계에서 노무를 제공하는 근로자라고 할 수 없으므로 지입회사와 지입차주 사이에 대내적으로 사용자와 피용자의 관계가 있다고 볼 수 없다).

[2-10] (대판 2003. 10. 9, 2001다24655) 파견근로자는 사용사업주의 사업장에서 그의 지시·감독을 받아 근로를 제공하기는 하지만 사용사업주와의 사이에는 고용관계가 존재하지 아니하는 반면, 파견사업주는 파견근로자의 근로계약상의 사용자로서 파견근로자에게 임금지급의무를 부담할 뿐만 아니라, 파견근로자가 사용사업자에게 근로를 제공함에 있어서 사용사업자가 행사하는 구체적인 업무상의 지휘·명령권을 제외한 파견근로자에 대한 파견명령권과 징계권 등 근로계약에 기한 모든 권한을 행사할 수 있으므로 파견근로자가 일반적으로 지휘·감독해야 할 지위에 있게 되고, 따라서 파견사업주와 파견근로자 사이에는 제756조의 사용관계가 인정되어 파견사업주는 파견근로자의 파견업무에 관련한 불법행위에 대하여 파견근로자의 사용자로서의 책임을 져야 하지만, 파견근로자가 사용사업주의 구체적인 지시·감독을 받아 사용사업주의 업무를 행하던 중에 불법행위를 한 경우에 파견사업주가 파견근로자의 선발 및 일반적 지휘·감독권의 행사에 있어서 주의를 다하였다고 인정되는 때에는 면

책된다고 할 것이다.

[2-11] (대판 2005. 2. 25, 2003다36133) 타인에게 어떤 사업에 관하여 자기의 명의를 사용할 것을 허용한 경우에 그 사업이 내부관계에 있어서는 타인의 사업이고 명의자의 고용인이 아니라 하더라도 외부에 대한 관계에 있어서는 그 사업이 명의자의 사업이고 또 그 타인은 명의자의 종업원임을 표명한 것과 다름이 없으므로, 명의사용을 허용받은 사람이 업무수행을 함에 있어 고의 또는 과실로 다른 사람에게 손해를 끼쳤다면 명의사용을 허용한 사람은 제756조에 의하여 그 손해를 배상할 책임이 있다고 할 것이고, 명의대여관계의 경우 제756조가 규정하고 있는 사용자책임의 요건으로서의 사용관계가 있느냐 여부는 실제적으로 지휘·감독을 하였느냐의 여부에 관계없이 객관적·규범적으로 보아 사용자가 그 불법행위자를 지휘·감독해야 할 지위에 있었느냐의 여부를 기준으로 결정하여야 할 것이다.

[2-12] (대판 2005. 11. 10, 2004다37676) 일반적으로 도급인과 수급인 사이에는 지휘·감독의 관계가 없으므로 도급인은 수급인이나 수급인의 피용자의 불법행위에 대하여 사용자로서의 배상책임이 없는 것이지만, 도급인이 수급인에 대하여 특정한 행위를 지휘하거나 특정한 사업을 도급시키는 경우와 같은 이른바 노무도급의 경우에는 비록 도급인이라고 하더라도 사용자로서의 배상책임이 있다.

*사무집행관련성

[2-13] (대판 1999. 1. 26, 98다39930) 제756조에 규정된 사용자책임의 요건인 '사무집행에 관하여'라는 뜻은 피용자의 불법행위가 외형상 객관적으로 사용자의 사업활동 내지 사무집행행위 또는 그와 관련된 것이라고 보일 때에는 행위자의 주관적 사정을 고려함이 없이 이를 사무집행에 관하여 한 행위로 본다는 것이고, 외형상 객관적으로 사용자의 사무집행에 관련된 것인지의 여부는 피용자의 본래 직무와 불법행위와의 관련정도 및 사용자에게 손해발생에 대한 위험창출과 방지조치결여의 책임이 어느 정도 있는지를 고려하여 판단하여야 한다(동지: 대판 1988. 11. 22, 86다카1923; 대판 2003. 12. 26, 2003다49542).

[2-14] (대판 2000. 2. 11, 99다47297) 피용자가 고의에 기하여 다른 사람에게 가해행위를 한 경우 그 행위가 피용자의 사무집행 그 자체는 아니라 하더라도 사용자의 사업과 시간적·장소적으로 근접하고, 피용자의 사무의 전부 또는 일부를 수행하는 과정에서 이루어지거나 가해행위의 동기가 업무처리와 관련된 것일 경우에는 외형적·객관적으로 사용자의 사무집행행위와 관련된 것이라고 보아 사용자책임이 성립한다고 할 것이고, 이 경우 사용자가 위험발생 및 방지조치를 결여하였는지도 손해

의 공평한 부담을 위하여 부가적으로 고려할 수 있다(사무집행관련성이 인정된 사례: 대판 1991.1.11, 90다8954(택시회사의 운전기사가 승객을 강간한 예); 대판 1997.10.10, 97다16572(음료수로 오인하고 피용자가 건네준 농약을 마시고 고객이 사망한 예); 대판 2000.2.11, 99다47297(호텔종업원이 고객을 상대로 사행행위를 한 예); 대판 2001.3.9, 2000다66119(퇴직한 증권회사 투자상담사가 고객의 금원을 인출한 예)).

[2-15] (대판 1998.2.10, 95다39533) 국립대학교 교수의 성희롱행위는 그 직무범위내에 속하지 아니함은 물론 외관상으로 보더라도 그의 직무권한내의 행위와 밀접하여 직무권한내의 행위로 보여지는 경우라고 볼 수 없으며, 따라서 성희롱행위가 사무집행에 관련된 것임을 전제로 대한민국에 대하여는 사용자 본인으로서의, 동 대학교 총장에 대하여는 사용자의 대리감독자로서의 각 사용자 책임을 묻는 청구는 이유없다.

*사용자책임과 피용자책임의 관계

[2-16] (대판 1995.7.14, 94다19600) ① 공동불법행위자로서 타인에게 손해를 연대하여 배상할 책임이 있는 경우 그 불법행위자들의 손해배상 채무액이 동일한 경우에는 불법행위자 1인이 그 손해액의 일부를 변제하면 절대적 효력으로 인하여 다른 불법행위자의 채무도 변제금 전액에 해당하는 부분이 소멸하나, 불법행위자의 피해자에 대한 과실비율이 달라 배상할 손해액의 범위가 달라지는 경우에는 누가 그 채무를 변제하였느냐에 따라 소멸되는 채무의 범위가 달라진다. 즉 적은 손해액을 배상할 의무가 있는 자가 불법행위의 성립 이후에 손해액의 일부를 변제한 경우에는 많은 손해액을 배상할 의무 있는 자의 채무가 그 변제금 전액에 해당하는 부분이 소멸하는 것은 물론이나, 많은 손해액을 배상할 의무가 있는 자가 손해액의 일부를 변제하였다면 그 중 적은 범위의 손해액을 배상할 의무가 있는 자의 채무는 그 변제금 전액에 해당하는 채무가 소멸하는 것이 아니라 적은 범위의 손해배상책임만을 부담하는 쪽의 과실비율에 상응하는 부분만큼만 소멸하는 것으로 보아야 할 것이다. ② 이러한 이치는 사용자의 손해배상책임에 있어서 피용자 본인이 손해액의 일부를 변제한 경우에도 동일하고, 이러한 법리는 피용자 본인이 불법행위의 성립 이후에 피해자에 대하여 일부 금원을 지급함에 있어서 명시적으로 손해배상의 일부 변제조로 지급한 것은 아니고 그 불법행위를 은폐하거나 또는 기망의 수단으로 지급한 경우에도 마찬가지로 적용되어, 그 변제금 중 사용자의 과실비율에 상응하는 부분만 채무소멸의 효과가 있다.

[2-17] (대판[전] 1992.6.23, 91다33070) 피용자와 제3자가 공동불법행위로 피해자에게 손해를 가하여 그 손해배상채무를 부담하는 경우에 피용자와 제3자는 공동불법행위자로서 서로 부진정연대관계에 있고, 한

편 사용자의 손해배상책임은 피용자의 배상책임에 대한 대체적 책임이어서 사용자도 제3자와 부진정연대관계에 있다고 보아야 할 것이므로, 사용자가 피용자와 제3자의 책임비율에 의하여 정해진 피용자의 부담부분을 초과하여 피해자에게 손해를 배상한 경우에는 사용자는 제3자에 대하여도 구상권을 행사할 수 있으며, 그 구상의 범위는 제3자의 부담부분에 국한된다고 보는 것이 타당하다.

*피용자에 대한 사용자의 구상권

[2-18] (대판 1987. 9. 8, 86다카1045) 사용자가 피용자의 업무집행으로 행해진 불법행위로 인하여 직접 손해를 입었거나 또는 사용자로서의 손해배상책임을 부담한 결과로 손해를 입게 된 경우에는 사용자는 그 사업의 성격과 규모, 사업시설의 상황, 피용자의 업무내용, 근로조건이나 근무태도, 가해행위의 상황, 가해행위의 예방이나 손실의 분산에 관한 사용자의 배려정도 등의 제반사정에 비추어 손해의 공평한 분담이라는 견지에서 신의측상 상당하다고 인정되는 한도내에서만 피용자에 대하여 위와 같은 손해의 배상이나 구상권을 행사할 수 있다.

[2-19] (대판 1996. 4. 9, 95다52611) ① 일반적으로 사용자가 피용자의 업무수행과 관련하여 행하여진 불법행위로 인하여 직접 손해를 입었거나 그 피해자인 제3자에게 사용자로서의 손해배상책임을 부담한 결과로 손해를 입게 된 경우에 있어서, 사용자는 그 사업의 성격과 규모, 시설의 현황, 피용자의 업무내용과 근로조건 및 근무태도, 가해행위의 발생원인과 성격, 가해행위의 예방이나 손실의 분산에 관한 사용자의 배려의 정도, 기타 제반사정에 비추어 손해의 공평한 분담이라는 견지에서 신의칙상 상당하다고 인정되는 한도내에서만 피용자에 대하여 손해배상을 청구하거나 그 구상권을 행사할 수 있다. ② 피용자가 업무수행과 관련한 불법행위로 사용자가 입은 손해 전부를 변제하기로 하는 각서를 작성하여 사용자에게 제출한 사실이 있다고 하더라도, 그와 같은 각서 때문에 사용자가 공평의 견지에서 신의칙상 상당하다고 인정되는 한도를 넘는 부분에 대한 손해의 배상까지 구할 수 있게 되는 것은 아니다.

[2-20] (대판 1991. 5. 10, 91다7255) 렌트카회사의 야간경비원이 업무수행과 관련하여 회사소유의 렌트카를 운전하다가 일으킨 교통사고로 인하여 회사가 사용자로서 손해배상책임을 부담한 경우 피용자인 경비원의 가해행위가 지니는 책임성에 비하여 사용자의 가해행위에 대한 기여도 내지 가공도가 지나치게 큰 점 등에 비추어 피용자의 상속인과 그 신원보증인에 대한 사용자의 구상권행사는 신의칙상 부당하다.

[2-21] (대판[전] 1992. 6. 23, 91다33070) 사용자의 손해배상책임은 피용자의 배상책임에 대한 대체적 책임이어서 사용자도 제3자와 부진정

연대관계에 있다고 보아야 할 것이므로, 사용자가 피용자와 제3자의 책임비율에 의하여 정해진 피용자의 부담부분을 초과하여 피해자에게 손해를 배상한 경우에는 사용자는 제3자에 대하여도 구상권을 행사할 수 있으며, 그 구상의 범위는 제3자의 부담부분에 국한된다고 보는 것이 타당하다.

[3] 자배법 제3조에 따른 운행자책임

*자배법의 적용범위

[3-1] (대판 1969.6.10, 68다2071) 자기를 위하여 자동차를 운행하는 자가 그 운행으로 타인의 생명 또는 신체를 사상한 때의 손해배상에 관하여는 민법의 해당 법조에 우선하여 본법이 적용된다고 보아야 하고, 위 자동차의 운행으로 승객이 부상한 경우에는 그 승객에게 고의가 있다는 것이 입증되지 않는 한 그 운행자는 자기의 고의·과실의 유무에 불구하고 손해배상책임을 진다.

[3-2] (대판 1977.10.11, 77다978) 자배법의 규정은 민법 제750조의 특별규정이므로 당사자의 주장 유무에 불구하고 민법에 우선하여 적용한다(동지: 대판 1997.11.28, 95다29390).

[3-3] (대판 2001.6.29, 2001다23201·23218) 자동차사고로 인한 손해배상청구사건에서 자배법이 민법에 우선하여 적용되어야 할 것은 물론이지만 그렇다고 하여 피해자가 민법상의 손해배상청구를 하지 못한다고는 할 수 없으므로, 자배법상의 손해배상책임이 인정되지 않는 경우에도 민법상의 불법행위책임을 인정할 수는 있다.

*자동차운행자성('자기를 위하여 자동차를 운행하는 자')

[3-4] (대판 1990.4.25, 90다카3062) ① 자배법 제3조 소정의 '자기를 위하여 자동차를 운행하는 자'는 자동차에 대한 운행을 지배하여 그 이익을 향수하는 책임주체로서의 지위에 있는 자를 의미하고, 한편 자동차의 소유자 또는 보유자는 통상 그러한 지위에 있는 것으로 추인된다 할 것이므로 사고를 일으킨 구체적 운행이 보유자의 의사에 기하지 아니한 경우에도 그 운행에 있어 보유자의 운행지배와 운행이익이 완전히 상실되었다고 볼 특별한 사정이 없는 한 보유자는 당해 사고에 대하여 위 법조 소정의 운행자로서의 책임을 부담하게 된다. ② 자동차보유자의 운행지배와 운행이익의 상실 여부는 평소의 차량관리상태, 보유자의 의사와 관계없이 운행이 가능하게 된 경위, 보유자와 운전자의 차량반환의사의 유무와 무단운행 후의 보유자의 승낙가능성, 무단운전에 대한 피해자의 주관적 인식 유무 등 여러 사정을 사회통념에 따라 종합적으로 평가하여 이를 판단하여야 한다. ③ 피해자가 사고차량에 무상으로 동승하다가 사고를 당한 경우 운행의 목적, 호의동승자와 운행자와의 인적 관계,

피해자가 차량에 동승한 경위 등 제반사정을 비추어 사고차량의 운전자에게 일반의 교통사고와 같은 책임을 지우는 것이 신의칙이나 형평의 원칙에 비추어 매우 불합리한 것으로 인정되는 경우에는 그 배상액을 감경할 사유로 삼을 수 있다.

[3-5] (대판 1997. 11. 14, 95다37391) 자배법 제3조 소정의 '자기를 위하여 자동차를 운행하는 자'는 자동차에 대한 운행을 지배하여 그 이익을 향수하는 책임주체로서의 지위에 있는 자를 의미하므로 통상적으로 그러한 지위에 있다고 인정되는 자동차의 소유자는 비록 제3자가 무단히 그 자동차를 운전하다가 사고를 내었다고 하더라도 그 운행에 소유자의 운행지배와 운행이익이 완전히 상실되었다고 볼 특별한 사정이 없는 경우에는 그 사고에 대하여 이 법조 소정의 운행자로서 책임을 부담하게 된다.

[3-6] (대판 1994. 4. 15, 94다5502) 자동차의 소유자 또는 보유자가 주점에서의 음주 기타 운전장애사유 등으로 인하여 일시적으로 타인에게 자동차의 열쇠를 맡겨 대리운전을 시킨 경우, 위 대리운전자의 과실로 인하여 발생한 차량사고의 피해자에 대한 관계에서는 자동차의 소유자 또는 보유자가 객관적·외형적으로 위 자동차의 운행지배와 운행이익을 가지고 있다고 보는 것이 상당하고, 대리운전자가 그 주점의 지배인 기타 종업원이라 하여 달리 볼 것은 아니다.

[3-7] (대판 1998. 6. 23, 98다10380) 자동차 보유자와 고용관계 또는 가족관계가 있다거나 지인(知人) 관계가 있는 등 일정한 인적 관계가 있는 사람이 자동차를 사용한 후 이를 자동차 보유자에게 되돌려 줄 생각으로 자동차 보유자의 승낙을 받지 않고 무단으로 운전을 하는 협의의 무단운전의 경우와 달리 자동차 보유자와 아무런 인적 관계도 없는 사람이 자동차를 보유자에게 되돌려줄 생각없이 자동차를 절취하여 운전하는 이른바 절취운전의 경우에는 자동차 보유자는 원칙적으로 자동차를 절취당하였을 때에 운행지배와 운행이익을 잃어버렸다고 보아야 할 것이고, 다만 예외적으로 자동차 보유자의 차량이나 시동열쇠 관리상의 과실이 중대하여 객관적으로 볼 때에 자동차 보유자가 절취운전을 용인하였다고 평가할 수 있을 정도가 되고, 또한 절취운전중 사고가 일어난 시간과 장소 등에 비추어 볼 때에 자동차 보유자의 운행지배와 운행이익이 잔존하고 있다고 평가할 수 있는 경우에 한하여 자동차를 절취당한 자동차 보유자에게 운행자성을 인정할 수 있다.

[3-8] (대판[전] 2002. 4. 18, 99다38132) 책임보험 또는 책임공제에 가입되어 있는 2 이상의 자동차가 공동으로 하나의 사고에 관여한 경우 각 보험자는 피해자의 손해액을 한도로 하여 각자의 책임보험 또는 책임공제

한도액 전액을 피해자에게 지급할 책임을 지는 것이라고 새겨야 한다.

*자배법의 보호범위

[3-9] (대판 1999. 9. 17, 99다22328) 자배법 제3조에서 말하는 '다른 사람'이란 '자기를 위하여 자동차를 운행하는 자 및 당해 자동차의 운전자를 제외한 그 이외의 자'를 지칭하므로, 당해 자동차를 현실로 운전하거나 그 운전의 보조에 종사한 자는 같은 법 제3조 소정의 타인에 해당하지 아니한다고 할 것이나, 당해 자동차의 운전자나 운전보조자라도 사고 당시에 현실적으로 자동차의 운전에 관여하지 않고 있었다면 그러한 자는 같은 법 제3조 소정의 타인으로서 보호된다.

[3-10] (대판 2000. 3. 28, 99다53827) 사고 당시 당해 자동차를 운전한 자는 자배법 제3조에서의 '다른 사람'에 포함되지 않으며, 사고 당시 현실적으로 운전을 하지 않았더라도 당해 자동차를 운전하여야 할 지위에 있는 자가 법령상 또는 직무상의 임무에 위배하여 타인에게 운전을 위탁하였고, 상대가 운전무자격자나 운전미숙자인 때에는 역시 마찬가지로 보아야 한다.

[3-11] (대판 2002. 12. 10, 2002다51654) 동일한 자동차에 대하여 복수로 존재하는 운행자 중 1인이 당해 자동차의 사고로 피해를 입은 경우에도 사고를 당한 그 운행자는 다른 운행자에 대하여 자신이 자배법 제3조 소정의 타인임을 주장할 수 없는 것이 원칙이고, 다만 사고를 당한 운행자의 운행지배 및 운행이익에 비하여 상대방의 그것이 보다 주도적이거나 직접적이고 구체적으로 나타나 있어 상대방이 용이하게 사고의 발생을 방지할 수 있었다고 보이는 경우에 한하여 비로소 자신이 타인임을 주장할 수 있을 뿐이다(차량 소유자의 이혼한 전처가 사고 차량에 대하여 실질적으로 운행지배와 운행이익을 가지는 경우 자배법 제3조 소정의 '타인'에 해당한다고 볼 수 없다).

*자동차의 운행

[3-12] (대판 1993. 4. 27, 92다8101) 자배법 제2조 제2호에 의하면 운행이라 함은 사람 또는 물건의 운송 여부에 관계없이 자동차를 당해 장치의 용법에 따라 사용하는 것을 말한다고 규정되어 있는바, 당해 장치란 운전자나 동승자 및 화물과는 구별되는 당해 자동차에 계속적으로 고정되어 있는 장치로서 자동차의 구조상 설비되어 있는 당해 자동차 고유의 장치를 말하는 것이고 이와 같은 각종 장치의 전부 또는 일부를 각각의 사용목적에 따라 사용하는 경우에는 운행중에 있다고 할 수 있다(인부가 통나무를 화물차량에 내려놓는 충격으로 지면과 적재함 후미 사이에 걸쳐 설치된 발판이 떨어지는 바람에 발판을 딛고 적재함으로 올라가던 다른 인부가 땅에 떨어져 입은 상해는 자동차의 운행으로 말미암아 일어난 사고가 아니다).

[3-13] (대판 2004. 7. 9, 2004다20340·20357) 자배법 제2조 제2호에서 '자동차를 그 용법에 따라 사용한다.'는 것은 자동차의 용도에 따라 그 구조상 설비되어 있는 각종의 장치를 각각의 장치목적에 따라 사용하는 것을 말하는 것으로서, 자동차가 반드시 주행상태에 있지 않더라도 주행의 전후단계로서 주·정차 상태에서 문을 열고 닫는 등 각종 부수적인 장치를 사용하는 것도 포함하는 것이고, 한편 자동차의 용도에 따라 그 구조상 설비되어 있는 각종의 장치는 원칙적으로 당해 자동차에 계속적으로 고정되어 사용되는 것이지만 당해 자동차에서 분리하여야만 그 장치의 사용목적에 따른 사용이 가능한 경우에는, 그 장치가 평상시 당해 자동차에 고정되어 있는 것으로서 그 사용이 장치목적에 따른 것이고 당해 자동차의 운행목적을 달성하기 위한 필수적인 요소이며 시간적·공간적으로 당해 자동차의 사용에 밀접하게 관련된 것이라면 그 장치를 자동차에서 분리하여 사용하더라도 자동차를 그 용법에 따라 사용하는 것으로 볼 수 있다(구급차로 환자를 병원에 후송한 후 구급차에 비치된 들것(간이침대)으로 환자를 하차시키던 도중 들것을 잘못 조작하여 환자를 땅에 떨어뜨려 상해를 입게 한 경우는 자동차의 운행으로 인하여 발생한 사고에 해당한다).

[3-14] (대판 1996. 5. 31, 95다19232) 화물하차작업 중 화물고정용 밧줄에 오토바이가 걸려 넘어져 사고가 발생한 경우, 화물고정용 밧줄은 적재함 위에 짐을 실을 때에 사용되는 것이기는 하나 물건을 운송할 때 일반적·계속적으로 사용되는 장치가 아니고 적재함과 일체가 되어 설비된 고유장치라고도 할 수 없으므로, 그 사고는 자동차의 운행으로 인한 것이라고는 볼 수 없다.

[3-15] (대판 2000. 1. 21, 99다41824) 자동차에 타고 있다가 사망하였다 하더라도 그 사고가 자동차의 운송수단으로서의 본질이나 위험과는 전혀 무관하게 사용되었을 경우까지 자동차의 운행중의 사고라고 보기는 어렵다(승용차를 운행하기 위하여 시동과 히터를 켜 놓고 대기하고 있었던 것이 아니라 잠을 자기 위한 공간으로 이용하면서 다만 방한목적으로 시동과 히터를 켜놓은 상태에서 잠을 자다 질식사한 경우는 자동차 운행중의 사고에 해당하지 않는다).

[3-16] (대판 2005. 3. 25, 2004다71232) 자동차의 당해 장치의 용법에 따른 사용 이외에 그 사고의 다른 직접적인 원인이 존재하거나, 그 용법에 따른 사용의 도중에 일시적으로 본래의 용법 이외의 용도로 사용한 경우에도 전체적으로 위 용법에 따른 사용이 사고발생의 원인이 된 것으로 평가될 수 있다면 역시 운행중의 사고라고 보아야 한다(활선자동차의 버킷을 수리할 목적으로 화물자동차를 운전하여 회사의 자재창고에 도착하여 창고 정문 안쪽의 내리막 경사지에 주차한 후 하차하여 수리하다가 날이 어두

워지자 화물자동차에 시동을 걸고 전조등을 켜서 그 불빛을 이용하여 작업을 계속하던 중 화물자동차가 경사지에서 굴러내려와 충격하는 바람에 운전자가 사망한 경우는 자동차의 운행중의 사고에 해당한다).

*운행자의 면책사유

[3-17] (대판 1997.11.11, 95다22115) ① 자배법의 목적이 자동차의 운행으로 사람이 사망하거나 부상한 경우에 있어서의 손해배상을 보장하는 제도를 확립함으로써 피해자를 보호하고 자동차 운송의 건전한 발전을 촉진함에 있음에 비추어 보면, 같은 법 제3조 단서 소정의 '승객의 고의 또는 자살행위'는 승객의 자유로운 의사결정에 기하여 의식적으로 행한 행위에 한정된다. ② 운전자가 그 동안 정을 통해오던 여자의 변심을 알고 찾아가 차에 태운 후 강제적인 성행위, 폭행, 감금 등을 하면서 여자의 정차 요구에도 계속 이를 거절하자 여자가 달리는 차에서 무작정 뛰어내려 사고를 당한 경우, 이는 급박한 범죄적 불법행위를 벗어나기 위한 행위로서 비록 여자가 여러 시간 전에 일시적으로 자살을 기도했다는 사정을 감안하더라도 그의 자유로운 의사결정에 따라 의식적으로 행한 자살행위라고 단정하기는 어렵고 오히려 운전자의 범죄행위로 유발된 자동차 사고일 뿐이므로, 이를 '승객의 고의 또는 자살행위'에 해당한다고 볼 수 없다.

관련사례 53-1 責任無能力, 代理監督者責任, 使用者責任과 工作物責任

≪설 문≫

빌딩의 리모델링을 의뢰받은 회사 A의 작업장에서 A 소속의 기사 B가 작업도중 갑자기 빈혈로 졸도하였다. B가 쓰러지는 충격으로 작업안전시설물의 파이프 몇 개가 떨어져 내렸으며, 근처를 지나던 C를 덮쳤다. C는 이로 인하여 3주가량 회사에 출근도 못한 채 입원하여 치료를 받았다.

A 및 B와 C 사이의 법률관계를 검토하시오.

풀이제안

Ⅰ. 논점분석

(1) 원인에 있어서 자유로운 행위를 고려하여 B의 불법행위책임의 성립 여부를, (2) A의 대리감독자의 책임, 사용자책임 및 공작물책임을 검토해야 한다.

Ⅱ. B에 대한 C의 손해배상청구권

1. 불법행위를 이유로 한 손해배상청구권(제750조)

부상을 당한 C가 우선 작업중 졸도하여 피해사고의 원인을 제공한 B에 대하여 일반불법행위책임(제750조)을 물을 수 있는지가 문제된다. 불법행위책임이 성립하기 위해서는 (i) 고의·과실에 의한 위법한 가해행위로, (ii) 타인에게 손해가 발생해야 하고, (iii) 가해행위와 손해 사이에 인과관계가 존재해야 하며, (iv) 가해자에게 책임능력이 있어야 한다.

2. 심신상실자의 책임능력(제754조)

원칙적으로 책임능력이 없는 상태인 심신상실중에 타인에게 손해를 가한 자는 배상책임을 부담하지 않지만, 고의·과실에 의해 심신상실을 초래한 경우(이른바 형법학에서 말하는 원인에 있어서 자유로운 행위)에는 면책되지 않는다. 이때의 고의·과실은 가해행위와 관련된 것이 아니라 '심신상실을 초래한 데' 관한 고의·과실이라고 새기는 것이 타당하다(곽윤직, 채권각론, 396-397면; 이은영, 채권각론, 811면). 가해행위 자체에 관하여 고의·과실이 있는 때에는 제750조가 적용되어야 할 것이기 때문이다.

3. 사안의 검토

B는 졸도로 인한 심신상실에 있었으므로 책임능력이 없는 상태에서 일어난 일이라는 항변을 할 수 있다(제754조 본문). 그러나 C 역시 B가 빈혈로 인한 졸도는 B의 부주의한 건강관리에 기인한 것이고, B 스스로도 자기

의 건강상태로 미루어 작업중에 빈혈로 졸도할 수도 있음을 예견할 수 있었다고 주장할 수 있다. 즉, B는 그의 과실로 인하여 심신상실을 초래하였다(제754조 단서)고 주장할 수 있다.

사례에서는 B에게 작업안전시설물의 관리에 관한 부주의를 인정할 만한 특별한 사정을 발견할 수 없을 뿐만 아니라, 특히 빈혈로 인한 졸도는 우발적으로 일어나는 것이므로 이를 예견하는 것은 일반적으로 불가능하다. 따라서 심신상실에 대한 고의나 과실은 인정될 수 없다. C는 B에 대하여 불법행위를 이유로 한 손해배상책임을 물을 수 없게 된다(제754조 본문).

Ⅲ. A에 대한 C의 손해배상청구권

1. B에 대한 A의 대리감독의무자 성립 여부

B가 빈혈로 졸도(심신상 실상태)한 데 대해 과실이 없는 경우 C가 A에게 B의 대리감독의무자로서의 감독자책임(제755조 제2항)을 추궁할 수 있는지 문제된다.

이를 긍정하기 위해서는 우선 A가 B의 대리감독의무자일 것이 요구된다. B가 심신상실의 상태에 있는 자이거나 미성년자인 경우에는 사용자인 A가 B의 법정감독의무자를 대리하여 B를 감독해야 한다. 그러나 사례에서와 같이 B의 심신상실이 빈혈에 의하여 우발적으로 초래된 경우에는 A가 B의 대리감독의무자라고 할 수 없다. 설령 A가 B의 대리감독의무자라고 하여도 그가 감독의무를 다하였으나 사고가 우발적으로 발생한 경우에는 면책된다(제755조 제1항 단서). 따라서 A는 C에 대하여 대리감독의무자의 감독자책임(제755조 제2항)을 부담하지 않는다.

한편 B에 대한 A의 감독의무의 위반을 긍정할 수 없기 때문에 A의 일반불법행위책임(제750조)도 문제되지 않는다(이에 관해서는 전술한 [사례 52] 참조).

2. B에 대한 A의 사용자책임 성립 여부

C가 B의 가해행위에 대해서 A에게 사용자책임(제756조 제1항 본문)을 추궁할 수 있는지도 문제된다.

B는 A의 피용자이고, 사고는 회사의 작업중에 발생한 것이며, B의

가해행위는 A의 업무집행에 관한 것이므로 사용자책임의 성립요건을 충족하고 있다. 그런데 A의 사용자책임이 성립하기 위해서는 피용자 B에게 불법행위책임이 성립할 것을 전제로 하는가라는 문제가 있다(이에 관해서는 전술한 [사례 53] 참조). 이에 대하여 판례와 다수설은 피용자의 가해행위가 불법행위의 일반적 요건(고의·과실, 책임능력, 위법성, 인과관계)을 구비할 것을 요구한다. 따라서 B의 불법행위책임이 성립하지 않는 경우에는 A의 사용자책임이 발생하지 않는다(대위책임설). 그러나 자기책임설에 의하면 B가 책임능력이 없어 불법행위책임을 부담하지 않는 경우에도 A의 사용자책임이 성립할 수 있다. B에게 빈혈이 자주 발생한다는 사실을 알면서 A가 B를 작업에 배치했다면 그로 인한 사고 위험은 A가 부담해야 할 것이기 때문이다. 물론 어느 견해에 의하든 A가 B의 선임 및 사무감독에 상당한 주의를 한 때 또는 상당한 주의를 하여도 손해가 발생할 경우에는 면책될 수 있다(제756조 제1항 단서).

3. A의 공작물책임

A는 빌딩의 수리를 위한 공사설비, 특히 작업안전설비의 점유자이자 소유자이다. 우선 A는 점유자로서 C에게 발생한 손해를 배상하여야 하고, 점유자로서 손해의 방지에 필요한 주의를 다하여 면책된 경우에는 소유자로서 무과실책임을 부담한다(제758조 제1항).

사례에서 B가 졸도하여 쓰러지는 충격만으로 안전시설의 일부가 도로에 떨어졌다는 사실로부터 그 공사설비에 하자가 있음을 인정하는 것이 타당할 것이다(판례 참조 [1]). 빌딩의 외부공사는 주변도로를 지나는 행인이나 차량 등의 안전에 위험을 줄 수 있으며, 따라서 A가 그 위험성에 비례하여 사회통념상 일반적으로 요구되는 방호조치의무를 다하여(판례 참조 [2]) 작업안전시설의 설치를 했다고 보기 어렵기 때문이다. 그러므로 작업안전시설의 점유자인 동시에 소유자인 A는 C가 입은 상해(손해)에 대하여 공작물책임을 부담한다. 설령 그가 손해의 발생을 방지하기 위해서 필요한 주의를 다하였다 하더라도 공작물의 소유자로서 A는 면책되지 않는다(제758조 제1항 단서, 판례 [3], [4] 참조).

4. A의 불법행위 성립 여부

공사설비의 설치와 보존에 관하여 A에게 과실이 인정되고, C가 입은 손해 사이에 상당인과관계가 성립되는 경우에 C는 A에 대하여 직접, 즉 제758조를 경유하지 않고 일반불법행위책임(제750조)을 물을 수 있다(판례참조 [5]). 그러나 이러한 주장은 입증책임과 관련하여 볼 때 그리고 특히 소유자의 공작물책임이 무과실책임임을 고려할 때 실익이 크지 않다.

Ⅳ. 설문에 대한 해답

설문에서 B에게 심신상실의 초래에 대한 고의나 과실을 인정할 수 없다. 따라서 C는 B에 대하여 불법행위를 이유로 한 손해배상청구권을 행사할 수 없다.

A는 C에 대하여 대리감독의무자책임을 부담하지 않는다. 다수설과 판례가 취하는 대위책임설에 의하면, B의 불법행위가 성립하지 않으므로 A의 사용자책임도 성립되지 않는다. 그러나 자기책임설에 따르면 A의 사용자책임이 성립할 여지가 없지 않다. 또한 A가 B의 선임 및 사무감독에 상당한 주의를 한 때 또는 상당한 주의를 기울여도 손해가 발생했다고 판단되면 면책된다(사용자책임의 책임의 근거에 관한 자기책임설에 의할 때 예컨대 A가 B를 선임할 때 건강상태를 점검하지 않은 부주의가 인정되거나 B를 감독함에 있어서 부주의가 있는 경우, 즉 B가 종종 빈혈로 졸도하였음을 A가 알았음에도 불구하고 이에 대한 적절한 조치없이 작업에 종사케 한 경우 B의 불법행위책임의 성립 여부와 관계없이 A의 사용자책임이 발생한다). 그러나 A는 빌딩의 수리를 위한 공사설비, 특히 작업안전설비의 점유자이자 소유자로서 그것의 설치 및 보존에 하자가 있어 그로 인하여 C에게 손해가 발생한 경우에는 공작물책임을 부담한다.

따라서 C는 A에 대해서 공작물 등의 점유자·소유자의 책임을 물어 손해배상을 청구할 수 있다(제758조).

≪관련판례≫

제758조에 따른 공작물책임

[1] (대판 1988.10.24, 87다카827) 공작물의 설치 및 보존의 하자라 함은 공작물이 그 용도에 따라 본래 갖추어야 할 안전성을 결여한 것을 말하는 것으로 여기에서 본래 갖추어야 할 안전성이라 함은 그 공작물 자체만의 용도에 한정된 안전성

만이 아니라 그 공작물의 현실적으로 설치되어 사용되고 있는 상황에서 요구되는 안전성을 뜻한다.

[2] (대판 1996. 2. 13, 95다22351) 민법 제758조 제1항 소정의 공작물의 설치 또는 보존상의 하자라 함은 공작물이 그 용도에 따라 통상 갖추어야 할 안전성을 갖추지 못한 상태에 있음을 말하는 것으로서, 이와 같은 안전성의 구비 여부를 판단함에 있어서는 당해 공작물의 설치보존자가 그 공작물의 위험성에 비례하여 사회통념상 일반적으로 요구되는 정도의 방호조치의무를 다하였는지의 여부를 기준으로 삼아야 한다.

[3] (대판 1982. 8. 24, 82다카348) 민법 제758조 제1항에 규정된 공작물의 설치 또는 보존의 하자라 함은 그 공작물 자체가 통상 갖추어야 할 안전성을 결여한 상태를 의미하는 것으로서 그 하자의 존재에 관한 입증책임은 피해자에게 있으나, 일단 하자있음이 인정되는 이상 손해발생이 천재지변의 불가항력에 의한 것으로서 위와 같은 하자가 없었다고 하여도 불가피한 것이었다는 점에 대한 입증책임은 이를 주장하는 공작물의 점유자에게 있다.

[4] (대판 1975. 3. 25, 73다1077) 공작물의 설치 또는 보존의 하자로 인하여 타인에게 손해를 가한 때에는 공작물점유자가 제1차적으로 책임을 지고 그 점유자가 손해의 방지에 필요한 주의를 해태하지 아니한 때에 비로소 그 소유자가 책임을 진다.

[5] (대판 1996. 11. 22, 96다39219) 민법 제758조는 공작물의 설치·보존의 하자로 인하여 타인에게 손해를 가한 경우 그 점유자 또는 소유자에게 일반불법행위와 달리 이른바 위험책임의 법리에 따라 책임을 가중시킨 규정일 뿐이고, 그 공작물 시공자가 그 시공상의 고의·과실로 인하여 피해자에게 가한 손해를 민법 제750조에 의하여 직접 책임을 부담하게 되는 것을 배제하는 취지의 규정은 아니다.

[債　權　法]

事例 54

瑕疵擔保責任, 不完全履行 및 製造物責任

≪설 문≫

2005. 6. 5. A는 B자동차회사가 같은 해 2. 2. 생산한 신형 자동차(모델 X10)를 B 생산 자동차의 판매를 전담하는 C자동차판매회사로부터 2,200만원에 현금 일시불로 구입하는 내용의 매매계약을 체결하고, 이를 같은 해 6. 25. 인도받았다.

아래의 정황 아래 B 및 C에 대한 A의 권리를 검토하시오.

[정황 ①] 며칠 후 A는 자동차의 가속기(엑셀러레이터)가 제대로 작동하지 않아서 가속이 불규칙할 뿐만 아니라, 페달에서 발을 떼었을 때도 감속이 더딤을 느낄 수 있었다. A가 정비센터에 문의한 결과 가속기에 결함이 있음을 알게 되었다(가속기교체비용 200만원).

[정황 ②] 가속기에 대한 조치가 여전히 이루어지지 않고 있던 같은 해 7. 5. 밤, 주차를 위해 후진하던 A가 가속기 페달에서 발을 떼었음에도 불구하고 자동차가 원래의 속도로 후진하는 바람에 A는 가로등을 들이받았다. A는 자신의 치료비용으로 100만원, 가로등 변상비용으로 50만원 및 자동차수리비용으로 100만원을 지출하였다.

목차제안

Ⅰ. 논점분석

Ⅱ. 자동차 X10의 매도인 C에 대한 A의 권리

1. 물건하자에 대한 담보책임을 이유로 한 권리

(1) 종류물의 하자에 대한 담보책임의 성립

풀이제안

Ⅰ. 논점분석

A는 B가 제조한 물건, 즉 제조물인 자동차를 C로부터 구입하였다. A와 B 사이에는 계약관계가 존재하지 않으나, A와 C 사이에는 매매계약관계가 존재한다(제563조, 제568조). 매매대금지급의무를 부담하는 매수인 A는 매매대금을 현금일시불로 완납하여 자신의 채무를 이행하였다. 매매목적물인 자동차(모델 X10)는 일정한 디자인에 일정한 사양을 갖춘 종류물이며, 따라서 매도인 C는 논란의 여지없이 '하자없는 물건'의 '하자없는 소유권'을 이전할 채무를 부담한다. 그러나 C는 가속기가 객관적으로 기대할 수 있는 기능을 수행하지 못하는, 즉 하자있는 자동차를 A에게 인도함으로써 자신의

채무를 불이행하였다(불완전한 이행). 따라서 우선 물건의 하자에 대한 매도인의 담보책임이 문제된다. 이때 매수인으로서 A의 권리를 검토해야 한다.

또한 자동차의 하자로 말미암아 A에게 발생한 이른바 후속손해(치료비용, 가로등변상비용, 자동차수리비용의 250만원)와 관련하여 C의 불완전이행에 따른 일반 채무불이행책임이 문제된다. 이때 채권자로서 A의 권리를 검토해야 한다.

다른 한편 B자동차회사는 A와 직접적인 계약관계는 없으나, '결함있는' 자동차를 거래에 유통시킨 탓에 그 물건의 매수인이 제조물의 결함으로 인하여 입은 손해에 대하여 어떤 책임을 부담할 것이지가 문제된다. 즉, 2002. 7. 1.부터 시행된 제조물책임법에 의한 B의 제조물책임(내지 생산자책임)을 검토하여 피해자인 A의 권리를 확정해야 한다.

끝으로, 이 사안은 자동차에 의하여 손해가 발생한 사례지만 자가 운전자로 보이는 A 자신의 인체사고 외에 타인에 대하여 인신손해를 가하지 않았다. 따라서 자동차손해배상보장법의 특별규정은 적용될 여지가 없다(동법 제3조 본문 참조).

Ⅱ. 자동차 X10의 매도인 C에 대한 A의 권리

1. 물건하자에 대한 담보책임을 이유로 한 권리

(1) 종류물의 하자에 대한 담보책임의 성립

매도인은 자신이 매수인에게 인도한 종류물에 하자가 있는 경우 담보책임을 부담한다(제581조). 종류물매도인의 담보책임의 본질은 매도인이 부담한 완전한 물건의 소유권을 이전할 채무를 이행하지 않은데 따른 채무불이행책임이지만, 일반 채무불이행책임(제390조)과는 달리 무과실책임으로 구성되어 있다(지배적 견해)(이에 관하여 자세한 것은 별도의 [사례 34] 및 [관련사례 47-1] 참조). 즉, 하자에 관하여 매도인에게 귀책사유가 있는지 여부를 묻지 않고 책임귀속이 이루어진다. 따라서 C는 가속기의 결함이라는 기능상의 하자에 관하여 법률이 정한 담보책임을 부담한다. 하자에 관하여 선의이며 이에 과실이 없는 것으로 보이는 A는 매매계약의 목적을 달성할 수 없는 경우 계약을 해제할 수 있으며, 그렇지 않은 경우 손해배상만을 청구할 수 있다(제581조 제1항→제580조 제1항→제575조 제1항).

(2) 손해배상의 범위

손해배상의 범위와 관련하여서는 견해의 대립이 있는바, 판례와 다수설은 이행이익을 넘지 않는 범위에서 신뢰이익에 한정된다고 한다. 신뢰이익이란 매수인이 물건에 하자가 없다고 믿었기 때문에 입은 손해, 달리 말하면 급부와 반대급부 사이의 대가적 균형의 파괴에 따르는 손해이다. 사례의 경우 A는 하자없는 자동차라고 생각하고 2,200만원을 반대급부로 제공하였으나, 하자가 있기 때문에 입은 손해는 가속기교체비용(200만원)이 될 것이다.

그런데 C가 하자있는 자동차를 A에게 인도함으로써 그 하자로 말미암아 자동차가 후진 중 가로등을 들이받는 사고가 발생하였다. 이로 인하여 A에게 발생한 신체손해(치료비용) 및 물적 손해(가로등변상비와 자동차수리비)의 재산적 손해(총 250만원) 및 신체손해에 따른 정신적 손해(위자료)는 담보책임에 의한 손해배상의 범위에 포함되지 않는다. 담보책임에 기초한 손해배상청구권의 사정거리는 하자 자체에 대한 손해(신뢰이익)에 국한되고, 부가적 손해 내지 하자후속손해에 대해서는 미치지 않기 때문이다.

(3) C에 대한 A의 완전물급부청구권

A는 계약해제권 또는 손해배상청구권을 행사하는 대신에 하자없는 물건, 즉 완전물을 요구할 수 있는, 이른바 완전물급부청구권을 행사할 수 있다(제581조 제2항). 따라서 A는 C에 대하여 원칙적으로 가속기의 결함이 없는 모델 X10의 자동차를 인도하라고 요구할 수 있다.

A는 '새'차를 구입하였으므로 결함없는 새 차를 요구하는 것은 당연한 것이라고 생각되지만, 간단한 수리 또는 부품교체만으로도 가속기의 그 결함이 제거될 수 있는 경우라면 A도 이를 감수해야 할 것이다. 그렇게 하더라도 A는 원래의 계약목적을 달성할 수 있으며, 따라서 C의 완전이행의무에 반하지 않기 때문이다.

2. 불완전이행의 채무불이행을 이유로 한 손해배상청구권

(1) 문 제 점

C는 A와의 종류물매매계약에 의하여 자동차의 인도를 완료하였

으나, 자동차의 하자로 인하여 A에게 하자 자체의 손해 이외의 재산적 손해까지 발생케 하였다. B는 적극적으로 이행행위를 하였으나 그것이 채무의 내용에 좇은 완전한 이행이 아니었기 때문에 B의 불완전이행책임이 성립할 수 있다.

(2) 불완전이행의 채무불이행책임의 성립요건

불완전이행이 성립하기 위해서는 (i) 이행행위가 있었을 것, (ii) 이행이 불완전할 것, (iii) 채무자의 귀책사유가 있을 것, (iv) 손해가 발생했을 것의 요건을 갖추어야 한다.

(3) 사안의 검토

불완전이행의 채무불이행책임의 성립과 관련하여 사례에서는 특히 C의 고의·과실이 인정될 수 있는지가 문제된다. 다시 말하면 B자동차회사가 제조한 차량을 전시·판매하는 C에게 가속기결함에 관하여 과실을 인정할 수 있을지는 의문이다. 판매, 즉 마케팅만을 책임지는 C로서는 자동차를 생산한 회사를 신뢰하여 자동차에 하자가 없다고 믿는 것이 일반적일 것이다. 육안으로 보아도 명백한 하자가 아니었다면 판매인으로서 C가 기울여야 할 일반적 주의의무를 게을리했다고 판단하기 어렵다.

따라서 C가 하자있는 자동차를 매도한 것에 대하여 과실이 인정될 수 없으며, 불완전이행의 채무불이행책임(제390조)이 성립되지 않는다. 결국 A가 C에 대하여 위에서 열거한 재산적 손해와 정신적 손해의 배상을 청구할 수 있는 법적 근거는 없다고 보아야 한다.

자동차의 하자에 관하여 C에게 과실이 없다고 하면 C의 불법행위책임(제750조)도 문제될 수 없다.

3. C의 제조물책임 성립 여부

제조물책임의 귀속주체와 관련하여 판매업자 C에게 제조물책임을 물을 수 있는지 문제된다. 제조물의 제조업자를 알 수 없는 경우 영리를 목적으로 제조물을 판매·대여 등의 방법으로 공급한 자는 제조물의 제조업자 또는 제조물을 자신에게 공급한 자를 알았거나 알 수 있었음에도 불구하고 상당한 기간내에 그 제조업자 또는 공급한 자를 피해자 또는 그 법정대리인에게 고지하지 아니한 때에는 배상책임을 진다(제조물책임법 제3조 제2항).

사례에서는 A가 제조업자를 이미 알고 있다고 보이므로, A는 C에게 제조물책임을 물을 수 없다.

4. 소 결

A는 C에 대하여 하자담보책임을 이유로 자동차의 하자 그 자체에 따른 손해, 즉 가속기교체비용(200만원)의 배상을 요구할 수 있다(제581조 제1항→제580조 제1항→제575조 제1항 단서). 문제된 하자가 계약의 목적을 달성할 수 없을 정도로 판단되지는 않으므로 A가 C와의 매매계약을 해제하고 원상회복을 요구할 수는 없다(제581조 제1항→제580조 제1항→제575조 제1항 본문).

자동차의 하자에 대한 C의 과실을 인정할 수 없기 때문에 A는 C에게 일반 채무불이행책임(제390조) 또는 불법행위책임(제750조)을 추궁할 수 없으며, 따라서 발생한 재산적 손해(총 250만원)와 정신적 손해(위자료)의 배상을 C에게 청구할 수는 없다.

그러나 만일 A가 C에 대하여 하자담보책임을 추궁하는 일환으로 완전물급부청구권을 행사하는 것이 허용된다면(제581조 제2항), A는 이를 통하여 가로등추돌사고로 발생한 후속손해 중 자동차수리비의 손해(100만원)만큼은 전보를 받는 것이 된다. 완전물의 급부청구는 부품의 교체만으로는 완전이행이 불가능한 경우, 예컨대 기존의 하자와 연관해서 다른 하자(손해)가 발생할 수 있는 경우에 인정될 수 있을 것이다. 이러한 해석이 신의칙에 합치하기 때문이다.

끝으로 A는 C에게 제조물책임을 물을 수는 없다.

Ⅲ. 자동차 X10의 제조자 B에 대한 A의 권리

1. 제조물책임의 의미와 제조물책임법

제조물책임(Product Liability, PL)이란 시장에 유통시킨 상품의 결함으로 그의 이용자나 제3자에게 신체상의 손해 또는 상품 이외의 다른 재산에 물적 손해를 입힌 경우 그 상품의 제조자나 (보충적으로, 또한 과실 있는) 판매업자에게 손해배상책임을 부담하게 하는 것을 말한다(제조물책임법 제3조)(김형배, 민법학강의(제6판), 1665면 이하 참고). 제조자의 책임을 동법 제3조 제1항에서 무과실책임인 위험책임으로 규정하고 있는 제조물책임법은 제조업자가 동법 시행일인 2002. 7. 1. 이후 '최초로 공급한'('최초로 공급한 제조물'이란 물건의 제조시점은 그 이전이어도 무방하다는 것을 의미하는 한편, 공급받은 자 각각을 기준으로 공급시점이 달리 판단된다는 점을 의미한다) 제조물부터 적용된다(동법 부칙 참조). 따라서 그 이전시점에 공급된 제조물에 관해서는 여전히 민법에 따른 제조자의 불법행위책임(제750조)이 문제될 수 있다(판례 [1] 참조).

2. B의 제조물책임을 이유로 한 A의 권리

(1) 제조물책임을 이유로 하는 손해배상청구권(제조물책임법 제3조 제1항)

1) **결함의 의의** 제조물(제조물책임법 제2조 제1호)의 결함이란 물건이 마땅히 갖추어야 할 조건이나 성상을 갖추지 못하여 '후속'손해를 발생시킬 위험성을 지닌 것을 말하며, 결함 유무를 판단하는 기준은 그 상품의 사용상의 안전성에 관하여 구체적인 기술적·기능적 수준에 따라 상대적으로 판단된다(동법 제2조 제2호 참조).

제조물 자체의 상품적합성의 결여는 동법에서 말하는 결함이 아니라 물건의 '하자'에 해당하며 이는 민법의 하자담보책임에 관한 규정에 따라 규율된다(판례 [1-1]도 참조).

2) **입증책임** 제조물의 결함의 존재와 그 결함이 제조자의 지배영역에서 발생하였다는 것을 제조과정에의 접근이 용이하지 않은 피해자가 입증한다는 것은 곤란하다. 따라서 제조물의 이용에 따른 손해의 발생시 결함의 증명은 표현증명 또는 간접증명으로 충분하며, 결국 제조자가 결함의 부존재를 구체적으로 증명하거나 다른 원인이 개입하여 손해가 발생하였다는 등 인과관계의 단절을 증명함으로써 스스로 면책해야 한다(판례 [1-2] 참조). 또한 제조물책임법은 제조자가 책임을 면제받을 수 있는 사유를 제4조에서 규정하고 있다.

3) **손해배상의 범위** 제조업자 등(제조물책임법 제3조 제1항, 제2조 제3호)은 결함과 인과관계 있는 모든 손해에 대하여 피해자에게 배상하여야 한다. 다만, '당해 제조물에 대해서만 발생한 손해', 즉 일종의 하자손해와 관련하여서는 제조물책임법이 적용되지 않는다(제조물책임법 제2조 제1항).

4) **'자동차수리비'에 대한 제조물책임법 적용 여부** 사례에서 자동차수리비용은 제조물책임법이 적용되지 않는 이른바 '당해제조물에 대해서만 발생한 손해'에 해당하지 않는가 하는 의문이 있을 수 있다. 자동차가 제조물이고, 그 물건이 파손된 손해이기 때문이다. 그러나 피해자보호라는 제조물책임법의 주된 입법목적(teleo legis)을 고려할 때 형식적 문언논리에 집착할 것이 아니라, 제조물의 결함(결함이 있는 부분) 으로 인하여 제조물의 다른 부분에 발생한 손해는 이 경우에 해당하지 않는다고 판단해야 할 것이다. 즉, '당해 제조물에 대해서만 발생한 손해'는 결함 그 자체의 손해만을 의미한다고 축소해석해야 한다. 제조물책임법이 '당해 제조물에 대해서만 발생한 손해'를 배상범위에서 제외한 것은 매도인의 하자담보책임과의 중복을 피하기 위한 것으로 판단된다. 그렇게 해석한다면 '당해 제조물에 대해서만 발생한 손해'는 민법상의 매매하자담보책임법이 규정하고 있는 하자 그 자체를 말하는 것으로 보아야 할 것이다. 달리 해석한다면 자동차의 파손은 제조물책임법과 민법의 하자담보책임법 중 그 어느 것에 의해서도 구제받을 수 없는 피해자(매수인)부담의 손해가 되어 부당한 결과를 가져오기 때문이다.

(2) 소 결

A는 가속기의 결함으로 발생한 후속손해인 치료비, 가로등변상비 및 자동차수리비의 총 250만원의 손해의 배상을 B회사에게 청구할 수 있다(제조물책임법 제3조 제1항). 물론 A는 민법에 의하여 신체손해에 따른 정신적 손해로서 위자료의 배상을 청구할 수 있다(제조물책임법 제8조; 민법 제751조).

Ⅳ. 설문에 대한 해답

설문에서 먼저, 문제된 하자가 계약의 목적을 달성할 수 없을 정도의 것으로 판단되지는 않으므로 A는 C에 대하여 계약의 해제를 청구할 수는 없고, 하자담보책임을 이유로 자동차의 하자 그 자체에 따른 손해인 가속기교체비용(200만원)만의 배상을 요구할 수 있다. 물론 A는 원칙적으로 완전물, 즉 하자없는 모델 X10로의 교환을 요구할 수도 있다.

그러나 C에 대해서 A는 가속기결함으로 발생한 후속손해인 치료비, 가로등변상비 및 자동차수리비의 재산적 손해와 정신적 손해의 배상을 청구할 수는 없다. C에게 자동차의 가속기결함에 관한 과실을 인정할 수 없기 때문이다. 이러한 손해에 대해서 A는 자동차 X10의 제조자인 B에게 제조물책임을 물어 그 배상을 요구할 수 있다.

≪판 례≫

[1] 불법행위로 파악된 제조물책임의 성립요건과 하자담보책임과의 관계

[1-1] (대판 2000.7.28, 98다35525) 제조물책임이란 제조물에 통상적으로 기대되는 안전성을 결여한 결함으로 인하여 생명·신체나 제조물 그 자체 외의 다른 재산에 손해가 발생한 경우에 제조업자 등에게 지우는 손해배상책임이고, 제조물에 상품적합성이 결여되어 제조물 그 자체에 발생한 손해는 제조물책임의 적용대상이 아니므로, 하자담보책임으로서 그 배상을 구하여야 한다.

[1-2] (대판 2000. 2. 25, 98다15934) ① 무릇 물품을 제조·판매하는 제조업자 등은 그 제품의 구조·품질·성능 등에 있어서 그 유통 당시의 기술수준과 경제성에 비추어 기대가능한 범위내의 안전성과 내구성을 갖춘 제품을 제조·판매하여야 할 책임이 있고, 이러한 안전성과 내구성을 갖추지 못한 결함으로 인하여 소비자에게 손해가 발생한 경우에는 불법행위로 인한 손해배상의무를 부담한다. ② 물품을 제조·판매한 자에게 손해배상책임을 지우기 위하여서는 결함의 존재, 손해의 발생 및 결함과 손해의 발생과의 사이에 인과관계의 존재가 전제되어야 하는 것은 당연하지만, 고도의 기술이 집약되어 대량으로 생산되는 제품의 경우, 그 생산과정은 대개의 경우 소비자가 알 수 있는 부분이 거의 없고, 전문가인 제조업자만이 알 수 있을 뿐이며, 그 수리 또한 제조업자나 그의 위임을 받은 수리업자에 맡겨져 있기 때문에, 이러한 제품에 어떠한 결함이 존재하였는지, 나아가 그 결함으로 인하여 손해가 발생한 것인지 여부는 전문가인 제조업자가 아닌 보통인으로서는 도저히 밝혀 낼 수 없는 특수성이 있어서 소비자측이 제품의 결함 및 그 결함과 손해의 발생과의 사이의 인과관계를 과학적·기술적으로 완벽하게 입증한다는 것은 지극히 어려우므로, 텔레비전이 정상적으로 수신하는 상태에서 발화·폭발한 경우에 있어서는, 소비자측에서 그 사고가 제조업자의 배타적 지배하에 있는 영역에서 발생한 것임을 입증하고, 그러한 사고가 어떤 자의 과실없이는 통상 발생하지 않는다고 하는 사정을 증명하면, 제조업자측에서 그 사고가

제품의 결함이 아닌 다른 원인으로 말미암아 발생한 것임을 입증하지 못하는 이상, 위와 같은 제품은 이를 유통에 둔 단계에서 이미 그 이용시의 제품의 성상이 사회통념상 당연히 구비하리라고 기대되는 합리적 안전성을 갖추지 못한 결함이 있었고, 이러한 결함으로 말미암아 사고가 발생하였다고 추정하여 손해배상책임을 지울 수 있도록 입증책임을 완화하는 것이 손해의 공평·타당한 부담을 그 지도원리로 하는 손해배상제도의 이상에 맞는다.

[2] 제조물책임법에 따른 제조물책임(책임성립요건; 입증책임; 제조·설계·표시상의 결함)

(대판 2004.3.12, 2003다16771) ① 물품을 제조·판매하는 제조업자는 그 제품의 구조·품질·성능 등에 있어서 그 유통 당시의 기술수준과 경제성에 비추어 기대가능한 범위내의 안전성과 내구성을 갖춘 제품을 제조·판매하여야 할 책임이 있고, 이러한 안전성과 내구성을 갖추지 못한 결함으로 인하여 소비자에게 손해가 발생한 경우에는 불법행위로 인한 손해배상의무를 부담한다. ② 고도의 기술이 집약되어 대량으로 생산되는 제품의 결함을 이유로 그 제조업자에게 손해배상책임을 지우는 경우 그 제품의 생산과정은 전문가인 제조업자만이 알 수 있어서 그 제품에 어떠한 결함이 존재하였는지, 그 결함으로 인하여 손해가 발생한 것인지 여부는 일반인으로서는 밝힐 수 없는 특수성이 있어서 소비자측이 제품의 결함 및 그 결함과 손해의 발생과의 사이의 인과관계를 과학적·기술적으로 입증한다는 것은 지극히 어려우므로 그 제품이 정상적으로 사용되는 상태에서 사고가 발생한 경우 소비자측에서 그 사고가 제조업자의 배타적 지배하에 있는 영역에서 발생하였다는 점과 그 사고가 어떤 자의 과실없이는 통상 발생하지 않는다고 하는 사정을 증명하면, 제조업자측에서 그 사고가 제품의 결함이 아닌 다른 원인으로 말미암아 발생한 것임을 입증하지 못하는 이상 그 제품에게 결함이 존재하며 그 결함으로 말미암아 사고가 발생하였다고 추정하여 손해배상책임을 지울 수 있도록 입증책임을 완화하는 것이 손해의 공평·타당한 부담을 그 지도원리로 하는 손해배상제도의 이상에 맞다. ③ 급발진사고가 운전자의 액셀러레이터 페달 오조작으로 발생하였다고 할지라도, 만약 제조자가 합리적인 대체설계를 채용하였더라면 급발진사고를 방지하거나 그 위험성을 감소시킬 수 있었음에도 대체설계를 채용하지 아니하여 제조물이 안전하지 않게 된 경우 그 제조물의 설계상의 결함을 인정할 수 있지만, 그러한 결함의 인정 여부는 제품의 특성 및 용도, 제조물에 대한 사용자의 기대의 내용, 예상되는 위험의 내용, 위험에 대한 사용자의 인식, 사용자에 의한 위험회피의 가능성, 대체설계의 가능성 및 경제적 비용, 채택된 설계와 대

체설계의 상대적 장단점 등의 여러 사정을 종합적으로 고려하여 사회통념에 비추어 판단하여야 할 것이다. ④ 제조자가 합리적인 설명·지시·경고 기타의 표시를 하였더라면 당해 제조물에 의하여 발생될 수 있는 피해나 위험을 줄이거나 피할 수 있었음에도 이를 하지 아니한 때에는 표시상의 결함에 의한 제조물책임이 인정될 수 있지만, 그러한 결함 유무를 판단함에 있어서는 제조물의 특성, 통상 사용되는 사용형태, 제조물에 대한 사용자의 기대의 내용, 예상되는 위험의 내용, 위험에 대한 사용자의 인식 및 사용자에 의한 위험회피의 가능성 등의 여러 사정을 종합적으로 고려하여 사회통념에 비추어 판단하여야 한다.

事例 55

醫療過誤責任

≪설 문≫

C는 B종합병원에 입원하여 성형외과전문의 A의 시술로 '코를 높이는' 수술을 받았다. 수술 전 A는 C에게 '연골을 삽입해야 코를 높일 수 있다'는 것 외에는 별다른 설명없이 수술을 집도하였다. 그런데 해당부위를 절개하고 연골을 삽입한 후 봉합하는 일련의 수술과정에서 세균이 침투한 탓인지 C의 수술부위 및 얼굴이 붓고, 콧물이 멈추지 않는 후유증이 발생하였다.

의사 A 및 병원 B와 환자 C 사이의 법률관계를 검토하시오.

목차제안

1) 설명의무의 내용
2) 설명의무위반의 법적 성격과 그 효과
가) 견해의 대립
나) 판례의 태도
다) 평 가
(4) 사안의 검토
Ⅲ. B에 대한 C의 권리
1. B의 채무불이행을 이유로 한 권리
(1) 계약책임
1) 진료(의료)계약의 내용
2) 불완전이행의 성립
(2) 이행의 불완전성
1) 급부의 종류
2) 채무이행의 불완전성에 대한 입증책임
3) 사안의 검토
(3) 채무자의 귀책사유
1) 책임의 주체
2) 귀책사유에 대한 입증책임
3) 사안의 검토
2. B의 불법행위를 이유로 한 손해배상청구권
(1) 사용자책임의 성립요건
(2) 사안의 검토
3. A와 B의 내부적 법률관계
(1) A에 대한 B의 구상권
(2) B에 대한 A의 채무불이행책임
Ⅳ. 설문에 대한 해답

풀이제안

Ⅰ. 논점분석

의료과오는 의료인이 진단·주사·투약·수술·수혈·마취·간호 등의 과정에서 발생하는 것으로, 보건위생상 위해를 야기할 우려가 있는 행위를 함에 있어서 평균수준의 의료인이라면 당연히 행하였을 주의를 게을리함으로써 발생한 잘못을 의미한다. 따라서 의료과오책임이란 의료행위 중 의사 기타 의료인의 이러한 과실로 인하여 발생된 사고에 대한 손해배상책임을 말한다.

사례에서 담당의사 A는 병원에 고용되어 있는 피고용인이다. 따라서 담당의사로서 A는 어떠한 책임을 부담하는지가 문제된다. 이 경우 담당의사의 사용자인 B병원의 사용자책임(제756조 제1항)과 피용자에 대한 사용자의 구상권(제756조 제3항)이 함께 검토되어야 한다. 또한, 병원 B와 환자 C의 법률관계에서는 의료계약의 당사자와 관련하여 B병원이 어떠한 책임을 부담하는지 검토해야 한다.

Ⅱ. A에 대한 C의 권리

1. A의 채무불이행을 이유로 한 권리

(1) 의료계약의 당사자

담당의사가 개인병원을 운영하는 개업의인 경우에는 그 의사 자신이 의료계약의 당사자가 된다. 그러나 담당의사가 병원에 고용된 경우에는 의료기관(특히 종합병원)의 개설자 또는 경영주체인 국가·지방자치단체·의료법인·비영리법인·정부투자기관·지방공사·한국보훈복지공단이 의료계약의 당사자가 된다(의료법 제30조 제2항 참조). 의료계약의 당사자를 병원과 담당의사 양자로 파악하는 견해도 있으나(예컨대 이은영, 채권각론, 706면), 의료계약의 당사자는 환자와 병원이고, 담당의사는 병원의 의료채무이행에 관한 이행보조자라고 보는 것이 타당하다(김형배, 채권각론[계약법], 863면; 김상용, 채권각론, 366면). 다만 의료업무의 독자성·재량성·전문성을 고려할 때 담당의사를 협의의 이행보조자로 볼 수는 없으며, 병원에 갈음하여 환자에 대한 치료채무의 전부 또는 일부를 이행하는 이행대행자로 이해해야 할 것이다.

(2) 사안의 검토

사례에서 의료계약의 당사자는 병원 B와 환자 C이므로, 성형시술을 담당한 의사 A와 C 사이에는 계약관계가 존재하지 않는다. 의사 A

는 의료계약관계의 채무자인 병원 B의 이행대행자로서 B와의 고용 내지 근로계약관계에 기초해서 B에 대하여 노무를 제공할 채무를 부담할 뿐, 환자 C에 대해서는 계약에 기초한 의무를 부담하지 않는다(병원과 의사의 근로계약을 '제3자를 위한 계약'으로 구성할 여지가 없다). 그러므로 의료계약의 당사자가 아닌, 담당의사 A에 대하여 환자 C는 계약에 기초한, 채무불이행(불완전이행)을 이유로 한 어떠한 권리도 가지지 않는다.

2. A의 불법행위를 이유로 한 손해배상청구권

(1) 의료과오의 불법행위 성립요건

불법행위는 타인에게 손해를 가하는 고의 또는 과실에 기인한 위법행위를 의미한다. 담당의사에게 불법행위책임이 귀속되기 위해서는 (i) 환자의 생명, 건강 등의 침해에 따른 손해의 발생, (ii) 의사의 의료과오행위와 그 행위의 위법성, (iii) 의사의 의료과오와 환자의 생명, 건강 등의 침해에 따른 손해 사이의 인과관계 등의 요건이 충족되어야 한다.

(2) 의사의 일반적 주의의무

1) **업무상 과실의 내용과 인과관계의 입증** 의료행위에 있어서의 과실은 의사 기타 의료종사자로서의 직업인에게 요구되는 주의의무를 위반한 업무상 과실을 의미한다. 따라서 의료업무에 종사하는 의사가 의학지식과 기술을 가진 평균적 의사에게 요구되는 결과예견의무 및 결과회피의무를 제대로 수행하지 못하는 경우에는 과실이 인정될 수 있다. 즉, 결과발생을 예견할 수 있었음에도 불구하고 이를 예견하지 못하였고, 그 결과발생을 회피할 수 있었음에도 불구하고 이를 회피하지 못한 경우에는 의사의 과실이 인정된다(판례 [2-1], [2-2], [2-3] 참조).

한편 의료행위에 있어서는 의료행위의 성질상 결과예견가능성이 있다고 하여 반드시 결과회피가능성이 있는 것은 아니다. 따라서 일정한 경우에는 '허용된 위험(erlaubtes Risiko)의 법리'에 의하여 결과를 예견하였지만 이를 회피하지 못하였더라도 과실이 성립하지 않게 된다. 예컨대 암환자의 경우에 대수술을 해야 하는데 대수술로 인하여 오히려 더 나쁜 결과가 발생할지도 모른다고 인식하거나, 이러한 예견가능성이 있었더라도 그 수술만이 암을 치료하기 위한 유일한 방법이라면 대수술을 시행하지 않을 수 없다. 만약 이러한 수술을 받고 그 환자가 사망하였고 그것이 어쩔 수 없는 것이었다면 '허용된 위험의 법리'에 의하여 결과회피를 하지 못한 데에 과실이 있다고 할 수 없다.

인과관계의 입증과 관련하여 의료과오에 있어서도 원칙적으로 의사의 과실과 손해의 발생 사이의 인과관계는 피해자측이 그 입증책임을 부담한다(판례 참조 [4-1]). 그러나 의료과오책임은 그 특성상 보통인으로서 의사의 의료행위상의 주의의무위반과 손해발생 사이의 인과관계를 입증하기가 매우 어렵다. 따라서 피해자측에서 진료행위와 손해발생 사이의 상당한 개연성을 입증하는 경우에는 의사측에서 손해결과가 의료행위로 인한 것이 아니라는 것을 입증하지 않는 한 인과관계가 추정된다고 할 것이다(판례 참조 [4-2]).

2) **사안의 검토** 사례에서 의사 A가 C를 위한 미용성형수술을 하던 중 코의 절개, 연골삽입 및 봉합 등의 일련의 과정에서 세균이 침투하여 C의 얼굴이 붓는 결과 등이 발생하였다. 이는 의사가 수술시 세균감염을 막기 위하여 수술기구를 철저히 소독하고 세균이 침투하지 않도록 세심한 주의를 기울여야 할 의무를 게을리한 것이라고 볼 수 있다. 또한 수술 후 계속 콧물이 멈추지 않는 등의 후유증이 발생하였다면, 이러한 후유증은 환자의 특이체질에 기인한 것이라 볼 수 없고, 또한 이러한 종류의 수술에서 통상 수반되는 부작용도 아니라고 판단되므로 의사 A의 시술상의 과실에 기인하는 것이라고 판단된다. 따라서 A는 수술시 요구되는 일반적 주의의무를 위반하여 잘못 수술함으로써 환자 C에게 후유증을 발생하게 하였다. 그러므로 환자 C는 A에 대하여 신체의 완전성을 침해하는 불법행위를 이유로 한 손해배상청구권을 가진다(제750조). 코와 얼굴이 붓고, 콧물이 계속 흐르는 증상을 치료하기 위하여 추가로 비용이 들거나, 치료기간 동안 일을 할 수 없는 데서 발생하는 일실이익 등의 재산손해는 물론, 이러한 증상으로 인해 C가 정신상의 고통을 입었다면 그 위자료도 A가 배상할 손해에 포함된다(제751조).

(3) 의사의 설명의무

1) **설명의무의 내용** 수술에 대한 환자의 승낙이 유효한 것으

로 되기 위해서는, 의사는 환자에게 행해질 의료행위에 대하여 충분하고 완전한 설명을 하여야 한다. 이러한 설명이 불완전하거나, 설명이 전혀 이루어지지 않은 경우에는 의사의 시술행위는 위법하다(판례 [3-1], [3-2] 참조).

2) **설명의무위반의 법적 성격과 그 효과** 설명의무를 의사에게 부과하는 이유는 자기 신체에의 침습(侵襲)에 관한 환자의 자기결정권을 보장하기 위함이다. 다시 말하면 의사는 환자 또는 가족이 의료행위의 필요성이나 위험을 충분히 고려하여 그 의료행위를 받을 것인가의 여부를 선택할 수 있도록 할 의무가 있다(판례 [3-2] 참조). 설명의무위반을 어떻게 이해할 것인가에 따라 그 위반에 따른 효과도 달리 파악될 수 있다(이에 관하여 자세한 것은 김형배, 채권각론[계약법], 868면, 특히 각주 4) 참조).

가) 견해의 대립 우선 설명의무위반으로 환자의 자기결정권을 침해하면 설령 의료행위가 의료기술적 정당성과 의학적 적응성을 구비하더라도 그로 인하여 발생한 생명 또는 신체의 침해로 인한 손해에 대하여 의사의 배상책임을 인정해야 한다는 견해가 있다(이른바 신체침해설)(권오승, 의료과오와 의사의 주의의무, 민사판례연구 제4권, 107면 참조). 이 견해에 따르면 의료행위에 의한 환자의 신체에 대한 침습의 적법성요건으로서 의료기술적 정당성과 의학적 적응성 이외에 환자의 승낙을 요구한다.

반면 설명의무위반에 따른 환자의 자기결정권에 대한 침해는 환자의 신체에 대한 침해가 아니라, 일반적 인격권에 대한 침해에 지나지 않는다는 견해도 있다(이른바 자유권침해설)(이은영, 채권각론, 941면 참조). 이 견해에 의하면 의료행위가 의료기술적 정당성과 의학적 적응성을 구비하고 있는 한, 의사에 대한 환자의 위자료청구권만이 인정될 뿐이라고 한다.

나) 판례의 태도 판례에 따르면, 의사가 설명의무를 위반한 채 수술하여 환자에게 손해가 발생한 경우 환자측에서 승낙권침해에 대한 위자료만을 청구하는 경우에는 의사의 설명 결여로 선택의 기회를 상실하였다는 사실만을 입증하면 충분하다고 한다. 그러나 설명의무위반에 따른 모든 손해를 청구하는 경우에는 설명의무위반과 손해 사이에 상당인과관계가 존재하여야 하며, 그때의 설명의무위반은 환자의 생명, 신체에 대한 구체적 치료과정에서 요구되는 의사의 주의의무위반과 동일시

할 정도의 것이어야 한다(판례 참조 [3-3]).

다) 평 가 의사의 설명의무위반이 반드시 나쁜 결과만을 가져오는 것은 아니므로, 이러한 경우에까지 손해배상의무를 인정하는 것은 의사 내지 병원의 책임영역을 지나치게 확대하는 것이라고 판단된다(응급환자의 경우나 나쁜 결과발생의 위험이 전혀 예측되지 않는 경우). 그러나 의사가 설명의무를 다하지 않고 환자의 승낙없이 시술을 하는 것은 치료상의 과실이 없더라도 환자의 승낙권 위반이라는 위법한 행위(침습 행위)가 될 수 있다(대판 2002. 1. 11, 2001다27449). 따라서 이러한 상황에서는 설명의무위반과 나쁜 결과의 발생, 즉 손해 사이의 인과관계의 존부를 검토하여 손해배상책임의 유무를 구체적으로 판단해야 할 것이다.

(4) 사안의 검토

사례에서 의사 A는 의사로서 요구되는 일반적 주의의무를 위반하여, 즉 업무상과실로 인하여 환자 C를 잘못 수술함으로써 코와 얼굴이 붓고 콧물이 계속 흐르는 후유증을 발생케 하였다. 따라서 C는 A에 대하여 불법행위를 이유로 한 손해배상청구권을 가진다(제750조). 코와 얼굴이 붓고, 콧물이 계속 흐르는 증상을 치료하기 위하여 추가로 비용이 들거나, 치료기간 동안 일을 할 수 없는 데서 발생하는 일실이익 등의 재산손해는 물론, 이러한 증상으로 인해 C가 정신상의 고통을 입었다면 그 위자료도 A가 배상할 손해에 포함된다(제751조).

또한 의사 A는 설명의무와 관련하여 성형수술에 긴급성이 없고(판례 [3-2] ① 참조) 반드시 수술이 필요한 것도 아니므로 수술하는 경우에 발생할 수 있는 부작용, 수술의 효과, 후유증 등에 관하여 보다 구체적이고 상세한 설명을 해야 한다(판례 [3-1], [3-2] 참조). 그러나 A가 단지 '성형수술을 위해 연골을 삽입한다'는 것만을 설명하였다면, 이는 충분하고 적절한 설명으로 판단되지 않는다. 다만, 이 경우 성형수술의 부작용 등과 관련한 의사 A의 설명의무위반은 구체적 치료과정에서 요구되는 주의의무위반과 동일시할 만한 것은 아니라고 판단된다. A가 충분한 설명을 했더라도 환자 C에게는 동일한, 나쁜 결과가 발생했을 것이다. 즉, 주의의무위반의 수술로 인하여 존재하고 있던 위험성이 현실화된 것에 지나지 않는다. A가 설명의무를 해태함으로써 결과적으로 C의 자기결정권이 침해되기는 하였으나,

A의 충분한 설명이 있었더라도 환자 C가 미용성형수술을 포기했을 개연성은 없다. 따라서 A의 설명의무위반과 수술로 인하여 발생한 손해 사이에 상당인과관계가 인정되지 않는다(판례 [3-3] 참조). 환자 C는 '신체침해'에 따른 불법행위를 이유로 한 손해배상청구권(제750조)을 가지지 않는다. 다만 C는 A에 대하여 설명의무위반에 따른 '자기결정권의 침해'라는 불법행위를 이유로 한 정신적 손해의 배상청구권, 즉 위자료청구권(제751조)을 가질 뿐이다.

Ⅲ. B에 대한 C의 권리

1. B의 채무불이행을 이유로 한 권리

(1) 계약책임

1) **진료(의료)계약의 내용** 진료계약 내지 의료계약은 의사가 환자를 진료·치료하고 환자는 이에 대한 보수를 지급하기로 약정하는 쌍무·유상계약이다. 의사의 진료의무는 환자의 질병을 완전히 치유하는 것까지에는 이르지 않고, 환자의 질병에 대하여 선관주의의무를 가지고 진료 당시의 의학지식과 의학기술을 기초로 가능한 치료를 다하는 것을 그 내용으로 한다.

2) **불완전이행의 성립** 성형수술의 시행에 있어서 수술 도중 세균의 침투로 인한 의료과오사고가 발생한 경우, 이행은 있었으나 그 이행이 채무의 내용에 좇은 이행이 되지 않았으므로 채무불이행의 한 유형인 불완전이행(적극적 채권침해)에 따른 침해배상책임이 발생한다(불완전이행에 관한 구체적 사례로서 [사례 34], [사례 35] 참조). 불완전이행에 의한 손해배상책임이 성립하기 위해서는 (i) 적극적인 이행이 있었으나 불완전할 것, (ii) 채무자에게 귀책사유가 있을 것, (iii) 손해가 발생할 것 등의 요건이 충족되어야 한다. 다수설(곽윤직, 채권총론, 72면; 김주수, 채권총론, 108면)에 따르면 이 외에도 위법성을 채무불이행책임에 대한 요건으로 제시하고 있다. 그러나 채무불이행의 구성부분인 고의·과실 있는 행위 속에는 이미 '위법성'이라는 요소가 포함되어 있는 것이므로 별도로 위법성 문제를 따질 필요가 없다(김형배, 채권총론, 173면 이하; 이은영, 채권총론, 246면).

(2) 이행의 불완전성

1) **급부의 종류** 의료채무는 금전의 지급이나 물건의 인도를 목적으로 하는 채무와 같이 일정한 결과를 달성해야 하는 '결과채무'가 아니라, 환자의 병상에 따라 선관주의의무를 가지고 현재의 의료수준에 비추어 필요하고 적절한 진료조치를 다해야 할 '수단채무'이다(판례참조 [1]). 따라서 병원 또는 그의 이행대행자인 담당의사가 환자의 병상에 따라 자기의 판단과 재량하에 적정하다고 인정되는 의학적 조치를 취함으로써 의료채무는 완전하게 이행되었다고 해야 한다. 즉, 의사인 이행대행자는 합의된 결과에 도달하기 위하여 가능한 모든 방법을 활용할 채무를 부담하는 데 그치기 때문에, 그가 활용할 수단과 방법에 관한 주의의무위반에 대해서만 과실이 인정된다.

2) **채무이행의 불완전성에 대한 입증책임** 의료채무의 이행이 선관주의의무에 위반하여 흠이 있는 의학상의 조치(진료, 수술, 투약 등)에 의하여 행하여졌다는 것은 원칙적으로 채권자인 환자쪽에서 입증하여야 한다. 그러나 의학지식이 없는 환자에게 의사가 행한 전문적·기술적 수술에서의 흠을 증명하게 하는 것은 부당하다. 따라서 피해자측에서 환자에게 의료행위 이전에 발생한 결과의 원인이 될 만한 건강상의 결함이 없었다는 사정을 증명한 경우, 의료행위를 직접 수행한 병원(의사)측에서 시술과정에 잘못이 없음을 입증해야 한다(판례참조 [4]). 이는 증거와의 거리·입증의 난이도에 비추어 채무자인 병원이 시술상의 잘못이 없음을 스스로 증명하는 것이 타당하기 때문이다.

3) **사안의 검토** 환자 C는 성형수술과정에서 코 수술부위에 세균이 침투하여 신체의 상해를 입었다. 환자 C에게 발생한 결과로 미루어 볼 때 일단 병원 B의 치료채무의 이행이 불완전하였다는 것은 추정된다. 따라서 병원 B는 치료채무이행의 완전성을 입증하지 못하는 한 채무이행의 불완전성에 따른 책임을 면할 수 없다.

(3) 채무자의 귀책사유

1) **책임의 주체** 이행대행자인 의사의 고의·과실 있는 행위에 대하여는 채무자인 병원이 그 책임을 부담해야 한다(제391조). 계약상의 채

무는 당연히 이행되어야 하는 것이므로 채무가 제대로 이행되지 않은 경우에는 채무자의 귀책사유가 있는 것이라고 인정할 수 있기 때문이다.

2) **귀책사유에 대한 입증책임** 귀책사유에 대하여는 채무자인 병원쪽에서 그 부존재의 입증책임을 부담하게 된다. 따라서 채무자가 자신 또는 이행보조자의 고의·과실이 없음을 입증한 경우에는 채무불이행책임을 면할 수 있다. 그러나 의료과오에 있어서 불완전한 이행은 귀책사유의 존재와 표리관계에 있으므로, 불완전한 이행이 인정될 수 있는 경우에는 귀책사유가 사실상 추정된다. 이러한 추정을 번복하기 위해서는 추정의 기초가 되는 사실과 다른 사실을 입증해야 한다.

3) **사안의 검토** 사례에서 담당의사 A는 그의 책임있는 사유로 인하여 수술시 필요한 주의의무를 다하지 않았으며, 이로 인하여 환자에게 손해가 발생하였으므로 채무자인 병원은 배상책임을 부담해야 한다. 채무자인 병원 C가 책임을 면하기 위해서는, 병원 혹은 의사측이 수술 후에 환자에게 규칙적인 소독을 할 것을 지시했음에도 불구하고 환자가 이를 지키지 않고 수술부위를 불결하게 방치하여 세균에 감염되었다거나 또는 수술부위에 충격을 가한 것 등 후유증의 다른 원인사실을 입증해야 할 것이다. 이러한 병원의 반증만이 병원쪽의 과실에 대한 사실상의 추정을 번복할 수 있을 것이다.

2. B의 불법행위를 이유로 한 손해배상청구권

(1) 사용자책임의 성립요건

사용자인 병원 B가 피용자인 담당의사 A의 불법행위에 대하여 사용자책임을 부담해야 하는가를 확인하기 위해서는 다음과 같은 요건을 검토해야 한다. (i) 사용자가 그의 사무집행에 관하여 타인을 사용할 것, (ii) 피용자가 사무집행과 관련하여 제3자에게 침해행위를 했을 것, (iii) 피용자의 침해행위가 불법행위요건을 갖추고 있을 것, (iv) 사용자에게 면책사유가 없을 것 등이다(세 번째 요건에 관해서는 대위책임설과 자기책임설이 견해를 달리한다. 이에 관하여 자세한 것은 이미 [사례 52] 및 [사례 53] 참조).

(2) 사안의 검토

사례에서 병원에 고용된 성형외과 담당의사인 A의 주의의무를 위반한 수술에 의하여 환자 C에게 신체상의 장애가 발생하였다. 따라서 사용자책임에 관하여 어떤 이론구성을 하더라도 앞의 세 가지 요건은 충족된다. 다만, 제756조 단서에 의하여 병원쪽이 담당의사의 선임·감독상의 주의의무를 다한 경우 또는 상당한 주의를 하여도 손해가 발생한 경우에는 사용자책임이 배제된다. 병원의 선임·감독상의 주의의무와 관련하여, 의사는 의료법 소정의 과정을 이수하고 국가시험에 합격하여 보건복지부장관의 면허를 받은 자, 즉 국가로부터 의사의 자격을 부여받은 자이기 때문에 이러한 자를 병원이 선임하였다면 병원은 선임상의 주의의무를 다했다고 할 수 있을 것이다. 그러므로 사례에서는 병원의 감독상의 주의의무위반 여부만이 문제된다.

의사의 의료행위는 고도의 전문지식을 요하는 직업으로서 특히 담당환자의 진료에 대한 의사의 판단은 의학지식에 근거하여 광범위한 자유재량에 의해서 독립적으로 행해진다. 따라서 병원은 전문적인 영역일수록 의사의 진료행위를 일일이 지시·감독할 수는 없으며, 병원의 감독의무는 일반적인 것에 한정될 것이다. 그렇다고 하여 병원이나 병원장의 일반적 감독의무가 부인되는 것은 아니다. 판례도 병원장이 담당의사에게 개괄적 주의표시만을 하고 외국에 나간 경우에 병원의 감독의무위반에 따른 사용자책임이 있음을 인정함으로써(판례 참조 [5-1]) 사용자인 병원에게 면책사유를 인정하는 데 엄격한 태도를 취하고 있다. 이에 비추어 본다면 병원 B는 환자 C에게 담당의사 A에 대한 감독상의 주의의무를 해태한 데 대한 사용자책임을 면할 수 없을 것이다.

3. A와 B의 내부적 법률관계

(1) A에 대한 B의 구상권

사용자인 병원 B가 C에 대하여 손해를 배상한 경우에 병원 B는 피용자인 의사 A에 대하여 구상권을 행사할 수 있다(제756조 제3항). 사용자책임을 대위책임으로 파악하든 자기책임으로 구성하든 병원 B는 담당의사 A에 대하여 배상액 전액을 구상할 수 없을 것이고, 일정한 범위내에서만 제한적으로 구상할 수 있을 뿐이다. 자기책임설에 의하면 사용자인 병원 B

가 C에 대하여 손해를 전부 배상한 경우에는 사용자의 감독상의 과실을 전제로 하여 A와 B의 부담부분을 확정하고, A의 부담부분에 대해서만 구상할 수 있다. 반면 대위책임설에 의하면 제반사정을 고려하여 신의칙에 따라 B의 A에 대한 구상권의 범위가 정하여진다(이에 관하여 자세한 것은 [사례 52] 및 [사례 53] 참조).

(2) B에 대한 A의 채무불이행책임

고용계약에 의하여 A는 B에 대하여 노무를 제공할 채무를 부담한다(제655조). 이때 노무자는 선량한 관리자의 주의로써 노무를 제공해야 하고, 이에 위반하면 사용자에 대하여 채무불이행책임(제390조)을 부담한다.

사례에서 피용자 A의 과실로 환자 C에게 발생한 손해는 노무자인 A가 부담하는 선관주의의무의 위반으로 생긴 것으로 볼 수 있다. 따라서 노무자 A는 사용자 B에 대하여 채무불이행을 이유로 한 손해배상책임을 진다(제390조). 실질적으로 A에 대한 B의 구상권과 A의 채무불이행을 원인으로 하는 B의 손해배상청구권은 중첩되는 것으로 보아야 할 것이다. 왜냐하면 A와 B 사이에는 내부적으로 하나의 손해만이 존재하기 때문이다.

Ⅳ. 설문에 대한 해답

환자 C는 담당의사 A에 대하여 일반적 주의의무위반의 불법행위를 이유로 한 손해배상청구권(제750조)과 위자료배상청구권(제751조)을 가지며, 설명의무위반에 따른 자기결정권의 침해라는 불법행위를 이유로 한 위자료청구권(제751조)도 가진다.

환자 C는 병원 B에 대하여 진료계약상의 진료채무의 불완전이행을 이유로 하는 손해배상청구권(제390조)을 가지는 한편, 사용자책임을 이유로 한 손해배상청구권(제750조)도 가진다. 판례와 다수설인 청구권경합설에 따르면 양 청구권은 동시에 성립하며, 환자 C는 양 청구권을 자유로이 선택하여 행사할 수 있다.

의사 A의 불법행위책임과 병원 B의 사용자책임은 각각의 책임발생원인을 달리하기 때문에 A와 B는 환자 C에 대하여 부진정연대채무를 부담한다(대판 1960. 8. 18, 4292민상772). B가 C에 대하여 손해를 배상하였다면 B는 A에 대하여 구상을 할 수 있다. B는 사용자로서 피용자인 A에 대하여 고용계약상의 채무불이행을 이유로 한 손해배상청구권을 가질 수 있다. 그러나 A에 대한 B의 구상권과 손해배상청구권은 중첩된다고 보아야 한다.

≪판 례≫

[1] 진료채무의 법적 성질

(대판 1988.12.13, 85다카1491) 의사가 환자에게 부담하는 진료채무는 질병의 치유와 같은 결과를 반드시 달성해야 할 결과채무가 아니라 환자의 치유를 위하여 선량한 관리자의 주의의무를 가지고 현재의 의학수준에 비추어 필요하고 적절한 진료조치를 다해야 할 이른바 수단채무라고 보아야 하므로 진료의 결과를 가지고 바로 진료채무불이행사실을 추정할 수는 없으며 이러한 이치는 진료를 위한 검사행위에 있어서도 마찬가지다.

[2] 의사의 일반적 주의의무

[2-1] (대판 1984.6.12, 82도3199) 의료과오사건에 있어서의 의사의 과실은 결과발생을 예견할 수 있었음에도 불구하고 그 결과발생을 예견하지 못하였고 그 결과발생을 회피할 수 있었음에도 불구하고 그 결과발생을 회피하지 못한 과실이 검토되어야 할 것이고 특히 의사의 질병 진단의 결과에 과실이 없다고 인정되는 이상 그 요법으로서 어떠한 조치를 취하여야 할 것인가는 의사 스스로 환자의 상황 기타 이에 터잡은 자기의 전문적 지식, 경험에 따라 결정하여야 할 것이고 생각할 수 있는 몇 가지의 조치가 의사로서 취할 조치로서 합리적인 것인 한 그 어떤 것을 선택할 것이냐는 당해 의사의 재량의 범위내에 속하고 반드시 그 중 어느 하나만이 정당하고 이와 다른 조치를 취한 것은 모두 과실이 있는 것이라고 할 수는 없다.

[2-2] (대판 1997.2.11, 96다5933) 인간의 생명과 건강을 담당하는 의사에게는 그 업무의 성질에 비추어 보아 위험방지를 위하여 필요한 최선의 주의의무가 요구되고, 따라서 의사로서는 환자의 상태에 충분히 주의하고 진료 당시의 의학적 지식에 입각하여 그 치료방법의 효과와 부작용 등 모든 사정을 고려하여 최선의 주의를 기울여 그 치료를 실시하여야 하며, 이러한 주의의무의 기준은 진료 당시의 이른바 임상의학의 실천에 의한 의료수준에 의하여 결정되어야 하나, 그 의료수준은 규범적으로 요구되는 수준으로 파악되어야 하고, 당해 의사나 의료기관의 구체적 상황에 따라 고려되어서는 안 된다.

[2-3] (대판 1998.2.27, 97다38442) 의사가 진찰·치료 등의 의료행위를 함에 있어서는 사람의 생명·신체·건강을 관리하는 업무의 성질에

비추어 환자의 구체적인 증상이나 상황에 따라 위험을 방지하기 위하여 요구되는 최선의 조치를 행하여야 할 주의의무가 있고, 의사의 이와 같은 주의의무는 의료행위를 할 당시 의료기관 등 임상의학 분야에서 실천되고 있는 의료행위의 수준을 기준으로 판단하여야 하며, 특히 진단은 문진·시진·촉진·청진 및 각종 임상검사 등의 결과에 터잡아 질병 여부를 감별하고 그 종류, 성질 및 진행 정도 등을 밝혀내는 임상의학의 출발점으로서 이에 따라 치료법이 선택되는 중요한 의료행위이므로 진단상의 과실 유무를 판단함에 있어서는 그 과정에 있어서 비록 완전무결한 임상진단의 실시는 불가능하다고 할지라도 적어도 임상의학 분야에서 실천되고 있는 진단 수준의 범위내에서 그 의사가 전문직업인으로서 요구되는 의료상의 윤리와 의학지식 및 경험에 터잡아 신중히 환자를 진찰하고 정확히 진단함으로써 위험한 결과 발생을 예견하고 그 결과발생을 회피하는 데에 필요한 최선의 주의의무를 다하였는지 여부를 따져 보아야 하고, 아울러 의사에게는 만일 당해 의료기관의 설비 및 지리적 요인 기타 여러 가지 사정으로 인하여 진단에 필요한 검사를 실시할 수 없는 경우에는 특단의 사정이 없는 한 당해 환자로 하여금 그 검사를 받을 수 있도록 해당 의료기관에 전원을 권고할 의무가 있다(동지: 대판 2003.1.24, 2002다3822).

[2-4] (대판 1995. 12. 5, 94다57701) 일반적으로 의료행위는 고도의 전문적 지식을 필요로 하는 분야로서 그 의료의 과정은 대개의 경우 환자 본인이 그 일부를 알 수 있는 외에 의사만이 알 수 있을 뿐이고, 치료의 결과를 달성하기 위한 의료기법은 의사의 재량에 달려 있기 때문에, 손해발생의 직접적인 원인이 의료상의 과실로 말미암은 것인지 여부는 전문가인 의사가 아닌 보통인으로서는 도저히 밝혀낼 수 없는 특수성이 있어서 환자측이 의사의 의료 행위상의 주의의무위반과 손해의 발생 사이의 인과관계를 의학적으로 완벽하게 입증한다는 것은 극히 어려우므로, 환자가 치료 도중에 사망한 경우에 있어서는 피해자측에서 일련의 의료행위과정에 있어서 저질러진 일반인의 상식에 바탕을 둔 의료상의 과실있는 행위를 입증하고 그 결과와 사이에 일련의 의료행위 외에 다른 원인이 개재될 수 없다는 점을 증명한 경우에 있어서는, 의료행위를 한 측이 그 결과가 의료상의 과실로 말미암은 것이 아니라 전혀 다른 원인으로 말미암은 것이라는 입증을 하지 아니 하는 이상, 의료상 과실과 결과 사이의 인과관계를 추정하여 손해배상책임을 지울 수 있도록 입증책임을 완화하는 것이 손해의 공평, 타당한 부담을 그 지도 원리로 하는 손해배상 제도의 이상에 맞는다(동지: 대판 2005.9.30, 2004다52576).

[3] 의사의 설명의무

[3-1] (대판 1987.4.28, 86다카1136) 의사로서는 성형수술이 그 성질

상 긴급을 요하지 아니하고 성형수술을 한다 하더라도 외관상 다소간의 호전이 기대될 뿐이며 다른 한편으로는 피부이식수술로 인한 피부제공처에 상당한 상처로 인한 후유증이 발생할 가능성이 있음을 고려하여 수술전에 충분한 검사를 거쳐 환자에게 수술 중 피부이식에 필요하거나 필요하게 될 피부의 부위 및 정도와 그 후유증에 대하여 구체적인 설명을 하여 준 연후에 그의 사전동의를 받아 수술에 임하였어야 할 업무상 주의의무가 있음에도 불구하고 이에 이르지 아니한 채 막연한 두피이동술 및 식피술 등의 수술에 관한 동의만 받았을 뿐 양 대퇴부의 피부이식에 대한 내용 및 그 후유증 등에 대하여 구체적으로 설명하여 주지 아니하고 수술에 이르렀다면 이 사건 성형수술로 피해자가 입은 상해는 의사의 위와 같은 주의의무를 다하지 아니한 과실로 인한 것이라고 할 것이다.

[3-2] (대판 1994.4.15, 93다60953) ① 일반적으로 의사는 환자에게 수술 등 침습을 가하는 과정 및 그후에 나쁜 결과발생의 개연성이 있는 의료행위를 하는 경우 또는 사망 등의 중대한 결과발생이 예측되는 의료행위를 하는 경우에 있어서 응급환자의 경우나 그 밖에 특단의 사정이 없는 한 진료계약상의 의무 내지 위 침습 등에 대한 승낙을 얻기 위한 전제로서 당해 환자 또는 그 가족에게 질병의 증상, 치료방법의 내용 및 필요성, 발생이 예상되는 위험 등에 관하여 당시의 의료수준에 비추어 상당하다고 생각되는 사항을 설명하여 당해 환자가 그 필요성이나 위험성을 충분히 비교하여 그 의료행위를 받을 것인가 여부를 선택할 수 있도록 하는 의무가 있다. ② 피해자가 의사의 치료상의 과실이 없더라도 그의 설명의무위반으로 투약 여부에 대한 승낙권을 침해당하였다면 그 위법행위 때문에 예기치 못한 의약품의 부작용으로 인한 정신적 고통을 입었다 할 것이고, 가족들도 위 고통을 함께 입었다 할 것이므로, 이러한 경우 병원을 경영하는 법인은 위 피해자에게 신체장애 등에 의한 재산적 손해를 배상할 책임은 없다 하더라도 위 피해자와 그의 가족들에게 위 정신적 고통에 대한 위자료는 지급할 책임이 있다.

[3-3] (대판 2002.1.11, 2001다27449) 설명의무를 위반한 채 수술이나 투약을 하여 환자에게 사망 등의 중대한 결과가 발생한 경우에 환자측에서 선택의 기회를 잃고 자기결정권을 행사할 수 없게 된 데 대하여 위자료만을 청구하는 경우에는 설명결여 내지 부족으로 선택의 기회를 상실하였다는 사실만을 입증함으로써 족하나, 위자료만이 아닌 전 손해의 배상을 구하는 경우에는 그 설명의무의 위반이 구체적 치료과정에서 요구되는 의사의 주의의무의 위반과 동일시할 정도의 것이어야 하고 그러한 위반행위와 환자의 사망과의 사이에 인과관계가 존재함이 입증되어야 한다(동지: 대판 2004.10.28, 2002다45185).

[4] 인과관계의 입증책임

(대판 2006.9.28, 2004다61402) 의료진의 주의의무위반으로 인한 불법행위의 책임을 묻기 위해서는 의료행위상 주의의무의 위반, 손해의 발생 및 그 양자 사이에 인과관계가 존재한다는 점이 각 입증되어야 할 것인바, 의료행위의 속성상 환자의 구체적인 증상이나 상황에 따라 위험을 방지하기 위하여 요구되는 최선의 조치를 취하여야 할 주의의무를 부담하는 의료진이 환자의 기대에 반하여 환자의 치료에 전력을 다하지 아니한 경우에는 그 업무상 주의의무를 위반한 것이라고 보아야 할 것이지만, 그러한 주의의무위반과 환자에게 발생한 악결과(惡結果) 사이에 상당인과관계가 인정되지 않는 경우에는 그에 관한 손해배상을 구할 수 없다. 다만, 그 주의의무위반의 정도가 일반인의 처지에서 보아 수인한도를 넘어설 만큼 현저하게 불성실한 진료를 행한 것이라고 평가될 정도에 이른 경우라면 그 자체로서 불법행위를 구성하여 그로 말미암아 환자나 그 가족이 입은 정신적 고통에 대한 위자료의 배상을 명할 수 있으나, 이때 그 수인한도를 넘어서는 정도로 현저하게 불성실한 진료였다는 점은 불법행위의 성립을 주장하는 피해자들이 이를 입증하여야 한다(동지: 대판 2000.9.8, 99다48245; 대판 1995.2.10, 93다52402).

[5] 책임주체의 확대

[5-1] (대판 1964.6.2, 63다804) 의사는 고도의 전문지식을 요하는 직업이므로 의사의 진료에 관하여 담당의사의 판단이 상당한 중요성을 가지는 결과 개개의 진료내용이 상당한 독립성을 가지는 것도 인정할 수 있으나 진료치료의 실질면에 있어서 사용자가 외국에 나가 있어 부재중이라 하더라도 피용자인 의사에 대하여 일반적 감독을 못할 바도 아니라 할 것이다.

[5-2] (대판 2005.9.30, 2004다52576) ① 다수의 의사가 의료행위에 관여한 경우 그 중 누구의 과실에 의하여 의료사고가 발생한 것인지 분명하게 특정할 수 없는 때에는 일련의 의료행위에 관여한 의사들 모두에 대하여 제760조 제2항에 따라 공동불법행위책임을 물을 수 있다고 봄이 상당하다. ② 산재사고로 인하여 상해를 입은 피해자가 치료를 받던 중 치료를 하던 의사의 과실 등으로 인한 의료사고로 증상이 악화되거나 새로운 증상이 생겨 손해가 확대된 경우에는, 다른 특별한 사정이 없는 한 그와 같은 손해와 산재사고 사이에도 상당인과관계가 있다고 보아야 하므로, 산재사고와 의료사고가 각기 독립하여 불법행위의 요건을 갖추고 있으면서 객관적으로 관련되고 공동하여 위법하게 피해자에게 손해를 가한 것으로 인정된다면, 공동불법행위가 성립되어 공동불법행위자들이 연대하여 그 손해를 배상할 책임이 있다.

事例 56

環境汚染責任, 共同不法行爲, 慰藉料

≪설 문≫

A공장은 미량의 독성을 함유하고 있는 폐수를 甲하천에 흘려보냈으나 하천에 피해를 줄 정도는 아니었다. 하지만 부근에 신설된 B공장이 A와 동일한 정도의 독성을 갖는 폐수를 방출하게 되자, 두 공장의 폐수가 합쳐져 甲하천의 수질을 오염시키게 되었다. 그런데 이 하천의 수심이 깊지 않은 물가에서 물장난을 하며 놀던 5세 된 여자아이 C가 온몸에 심한 피부병에 걸리게 되었고 그 결과 얼굴에 흉터까지 생기게 되었다(피부병치료비 약 50만원 및 흉터제거수술비 200만원). 또한 甲하천의 고수부지에서 C의 부모인 D와 E가 경작하던 배추밭이 전혀 못쓰게 되었다(추정손해액 약 500만원. 다만 그해 배추값의 폭등으로 D 및 E가 실제 입은 손해액은 약 800만원에 달한다).

C, D 및 E에 대한 A와 B의 책임을 검토하시오.

목차제안

Ⅰ. 논점분석

Ⅱ. A와 B에 대한 C, D 및 E의 손해배상청구권

1. A와 B의 손해배상책임의 법적 근거
2. A와 B의 공동불법행위의 성립 여부
   (1) 공동불법행위의 유형
   (2) 협의의 공동불법행위의 성립요건
      1) 각자 불법행위의 성립요건을 구비할 것

2) 행위의 관련공동성
3) 사안의 검토
3. 공동불법행위책임의 법적 성질
(1) 견해의 대립
(2) 사안의 검토
4. A 및 B에 대한 C, D 및 E의 손해배상청구권의 내용
(1) 불법행위를 이유로 한 손해배상청구권의 내용
(2) 재산손해에 대한 배상청구권
1) C의 손해에 대한 배상청구권
2) A 및 B에 대한 D와 E의 손해배상청구권
(3) 비재산적 손해에 관한 배상청구권(위자료청구권)
1) A 및 B에 대한 C의 위자료청구권
2) A 및 B에 대한 D와 E의 위자료청구권
가) 문 제 점
나) 견해와 판례
다) 사안의 검토
5. A, B 측과 C, D 및 E측의 과실상계
(1) 과실상계
(2) 과실상계에서 과실의 의미
(3) 책임능력의 요부
(4) 사안의 검토
Ⅲ. 설문에 대한 해답

풀이제안

Ⅰ. 논점분석

오염된 甲하천에서 놀다 피부병에 걸린 C와 하천고수부지에서 배추농사를 하던 D 및 E의 손해와 관련하여 A와 B는 하천오염에 공동의 원인을 제공하였다. 따라서 이 사례에서는 A와 B의 환경정책기본법에 따른 환경오염책임(동법 제31조) 및 그들의 공동불법행위책임, 특히 협의의 공동불법행위책임(제760조 제1항)의 성립요건과 그 내용(효과, 배상범위, 구상관계)이 문제된다.

또한 D와 E는 5세 된 어린 딸 C가 하천에 빠져 피부병에 걸리고 그 결과 얼굴에 흉터까지 생긴 데 대하여 재산적 손해 및 정신적 손해의 배상을 청구할 수 있는지가 문제된다. 이에 대해서는 제752조가 제750조 및 제751조와 어떤 관계에 있는가를 검토해야 한다. 한편 나이 어린 C가 하천에서 물놀이한 것과 관련하여 그의 부모 D와 E, 즉 피해자측의 과실 인정 여부를 불법행위에 있어서의 과실상계 문제(제763조→제396조)와 관련하여 검토해야 한다.

Ⅱ. A와 B에 대한 C, D 및 E의 손해배상청구권

1. A와 B의 손해배상책임의 법적 근거

1990. 8. 1. 제정된 환경정책기본법에 의하면, 사업장 등에서 발생되는 '환경오염으로 인하여 피해'가 발생한 때에는 당해 사업자는 그 피해를 배상하여야 한다(동법 제31조 제1항). 사업장이 2개 이상 있는 경우에 이러한 피해가 어느 사업장에 의하여 발생한 것인지 알 수 없을 때에는 각 사업자는 연대하여 이를 배상하여야 한다(동법 제31조 제2항)(자세한 것은 김형배, 민법학강의(제6판), 1461면 이하 참고). 동법은 과거 환경보전법과는 달리 손해발생원인사실을 '오염물질'에 한정하고 있지 않을 뿐만 아니라, 그 손해도 '인체손해'에 국한시키고 있지 않다(구 환경보전법 제60조 제1항: 사업장 등에서 발생되는 오염물질로 인하여 사람의 생명 또는 신체에 피해가 발생한 때에는 당해 사업자는 그 피해를 배상하여야 한다). 이러한 환경정책기본법에 따른 손해배상책임은 그 조문의 표제에서도 알 수 있듯이 무과실책임(이른바 위험책임)이다. 따라서 피해자는 손해배상을 청구함에 있어서 가해자인 사업자의 귀책사유(고의·과실)는 입증할 필요가 없게 되었다(판례 [1-1] ① 참조). 그만큼 피해자의 배상청구가 용이해졌다고 할 수 있다.

이하에서는 본 사례가 공동불법행위의 성질을 갖는다는 점에 착안하여 이를 중심으로 사례를 풀기로 한다.

2. A와 B의 공동불법행위의 성립 여부

(1) 공동불법행위의 유형

손해발생의 원인을 제공한 사람이 복수인 경우에는 공동불법행위의 성립 여부가 문제된다. 공동불법행위에는 협의의 공동불법행위(제760조 제1항), 가해자 불명의 공동불법행위(동조 제2항), 교사 또는 방조에 의한 공동불법행위(동조 제3항)가 있다. 이 사례에서는 공동불법행위 중에서도 협의의 공동불법행위가 문제되고 있으므로 이에 대하여만 검토하기로 한다.

(2) 협의의 공동불법행위의 성립요건(김형배, 민법학강의(제6판), 1599면 참조)

1) **각자 불법행위의 성립요건을 구비할 것** 협의의 공동불법행위가 성립하기 위해서는 먼저 각자의 행위가 각각 독립하여 일반불법행위(제750조)의 요건을 충족해야 한다. 즉, 가해자 각자의 행위가 고의·과실, 책임능력, 위법성 및 인과관계의 요건을 충족해야 한다.

첫째, 협의의 공동불법행위가 성립하기 위한 고의·과실은 자기의 원인행위의 존재를 인식하고 그러한 행위가 손해를 발생시킬 것을 예견했거나 혹은 예견이 가능한 경우에 인정된다. 이미 설명한바, 환경정책기본법에 따른 환경오염책임은 행위자의 고의·과실 유무에 관계없이 성립한다.

둘째, 행위의 위법성은 자기의 행위가 다른 행위와 결합하여 위법한 결과를 발생하게 하는 경우에 인정된다. 환경오염책임과 관련하여서는 허용치 이하의 오염물질을 배출했다 하더라도 그 유해의 정도가 사회생활상 통상의 수인한도를 일탈할 경우에 그 행위는 위법한 것으로 판단된다(판례 [1-1] ②, [1-2] 참조).

셋째, 인과관계는 각자의 행위가 독자적으로 손해를 발생시키지 않는 경우라도 서로 결합하여 손해를 발생시킬 수 있는 것이면 그 성립이 인정된다. 즉, 당해 행위만으로 손해가 발생하였을 것을 요하지는 않는다. 환경오염책임에 있어서도 환경오염의 피해자가 (불법행위의 일반원칙에 따른다면) 원칙적으로 가해자의 행위가 오염물질 배출과 인과관계가 있다는 사실 및 피해자의 피해가 그 오염물질과 인과관계가 있다는 사실을 입증해야 한다. 그러나 판례는 일찍이 피해자가 인과관계의 존재의 '개연성'을 증명하면 충분하고 가해자는 반증으로서 인과관계의 부존재를 증명하는 경우에 한하여 면책된다고 판단하였다(판례 [1-3] 참조). 이러한 '개연성설'은 후에 사실관계를 보다 구체화함으로써 (i) 피해발생의 메커니즘과 원인물질, (ii) 원인물질이 피해자에게 도달한 점, (iii) 가해공장에서의 원인물질의 생성 및 배출이라는 세 유형의 사실 가운데 피해자가 어느 두 가지 사실만 증명하면 가해자가 다른 간접사실을 증명함으로써 인과관계의 존부가 불분명(non liquet)해지지 않는 한, 법원은 인과관계의 존재를 인정할 수 있다는 이른바 간접반증설(신개연성설)로 정착되었다(판례참조 [1-4]). 더 나아가 근래에는 가해기업은 자신이 배출하는 물질이 유해하지 않다는 것을 입증할 사회적 의무를 부담한다고까지 판시한 바 있다(판례참조 [1-5]).

2) **행위의 관련공동성** 협의의 공동불법행위가 성립하기 위해서는 각자의 행위가 서로 관련공동성을 가지고 손해의 원인을 이루고 있어야 한다. 여기서 관련공동성이라 함은 가해자 사이에 공모 내지 공동의 인식을 의미한다는 견해(주관적공동설)(예컨대 김증한, 채권각론, 511면)와 객관적 공동성을 중심으로 주관적 관련공동성을 참작하여 판단해야 한다는 견해가 있으나, 가해행위 사이에 객관적인 관련공동성이 있음을 의미한다는 견해(객관적공동설)가 판례(판례 [2-1] 내지 [2-4] 참조)의 태도이자 다수설(예컨대 곽윤직, 채권각론, 429면)의 견해이다.

객관적 공동설에 의하면 각 행위자가 인접한 지역에서 조업하고 있는 사실만으로도 객관적 관련공동성이 인정된다. 더욱이 가해자들이 자본이나 조업상의 결합 또는 인적인 결합을 맺고 있는 경우에는 보다 강한 객관적 관련공동성이 인정된다. 한편 주관적 공동관계설에 의하면 가해자 사이에 공모 내지 인식의 공동이 있는 경우에만 협의의 공동불법행위(제760조 제1항)가 성립하고, 가해자 사이에 공모없이 가해행위에 객관적 공동관련성만이 존재하는 경우에는 가해자 불명의 공동불법행위(제760조 제2항)가 성립하게 된다. 따라서 객관적 공동관계설에 의할 때 협의의 공동불법행위가 성립할 여지가 많다.

3) **사안의 검토** 사례에서 먼저 A와 B가 방류한 폐수가 합쳐져 甲하천을 오염시켰고, 그로 인해 하천에서 놀던 C가 피부병에 걸렸으며 D와 E의 배추농사를 망쳐 놓았다. A와 B가 방류한 각각의 폐수만으로는 하천이 오염되지 않는다고 하여도 A와 B 중에서 어느 누가 폐수를 방류하지 않았더라면 하천은 오염되지 않았을 것이고, C 및 D와 E의 피해도 발생하지 않았을 것이다. 그러므로 A와 B의 폐수방류는 각각 독립하여 C의 피부병 및 D와 E의 망쳐진 배추농사와 인과관계가 있다. 또

한 하천을 오염시켜 타인에게 손해를 발생케 할 정도로 폐수를 방류하는 행위는 사회생활상 통상의 수인한도를 일탈하는 위법한 행위(인근의 다른 공장으로부터 추가적인 폐수가 유입될 수 있는 점을 감안한다면, 소량의 폐수방류라도 다른 공장의 폐수와 합쳐져 타인에게 직접적인 피해를 줄 수 있으므로 어느 한 공장의 폐수방류가 소량에 그치더라도 사회생활상 통상의 수인한도를 일탈하는 것이 될 수 있다)로 평가될 수 있다. 따라서 A와 B의 폐수방류는 협의의 공동불법행위가 성립하기 위한 첫째의 요건(각자 불법행위의 성립요건을 구비할 것)도 충족하고 있다.

A와 B에게 폐수를 방류하여 하천오염을 야기하자는 공모 내지 공동의 인식이 있었는지 여부는 정확히 알 수 없으나, A와 B는 서로 인접한 지역에서 조업을 하면서 폐수를 방류하여 하천을 오염시키고 있다는 점에서 양자의 행위에는 손해발생에 대한 가해행위의 객관적 관련공동성이 인정된다. 따라서 객관적 공동설에 따르면 A와 B의 행위는 협의의 공동불법행위(제760조 제1항)의 성립을 위한 두 번째 요건(행위의 관련공동성)도 충족된다.

3. 공동불법행위책임의 법적 성질

(1) 견해의 대립

행위자 사이에 주관적 공동이 있는 제760조 제1항과 제3항에 따른 공동불법행위자의 연대채무는 진정한 연대채무이지만, 주관적 공동이 없는 동조 제2항에 따른 공동불법행위자의 연대채무는 부진정연대채무라고 이해하는 견해가 있다(이태재, 채권각론신강, 505면). 그러나 객관적 공동설을 따르는 판례(판례 [2-5], [2-6] 참조)와 다수설(곽윤직, 채권각론, 530면; 이은영, 채권각론, 835면)에 의하면 제760조의 '연대하여'라는 문언은 단순히 각자가 채무의 전부에 관한 배상의무를 부담한다는 것을 의미하는 데 지나지 않으며, 공동불법행위자의 연대채무는 그 성질상 부진정연대채무라고 한다.

공동불법행위자의 손해배상책임을 제760조 제1항의 문언에 충실하게 연대책임(제413조 이하)으로 구성할 여지가 없지 않지만, 동조의 존재의의가 피해자를 보다 두텁게 보호하는 데에 있다는 점을 고려할 때, 부진정연대채무관계로 이해하는 것이 타당할 것이다.

(2) 사안의 검토

A와 B는 공동불법행위자로서 C 및 D와 E의 손해를 연대하여 배상할 책임이 있다(제760조 제1항). 즉, A와 B의 손해배상채무는 부진정연대채무

의 관계에 놓인다. A와 B 중에서 어느 한 사람이 손해를 배상하여 공동으로 면책된 경우에는 다른 사람에게 그 부담부분에 대해서 구상할 수 있다(판례 [2-5], [2-6] 참조). 사례에서 A와 B가 방류한 폐수의 양이 동일한 정도이므로 각자의 부담부분도 동일하다고 판단된다.

4. A 및 B에 대한 C, D 및 E의 손해배상청구권의 내용

(1) 불법행위를 이유로 한 손해배상청구권의 내용

가해자의 불법행위를 이유로 하는 피해자의 손해배상청구권은 제763조에 의하여 금전배상의 원칙을 규정하고 있는 제394조가 준용되기 때문에 법률에 다른 규정이 있거나 당사자가 다른 의사표시를 하는 등의 특별한 사정이 없는 한, 가해자에 대하여 원상회복의 청구를 할 수는 없다(판례 [3-1] 참조). 한편 고의에 의한 불법행위의 경우에는 피해자의 손해배상청구권을 수동채권으로 하는 상계는 금지된다(제496조, 판례 [3-2]도 참조). 불법행위를 이유로 하는 손해배상채권은 피해자나 그 법정대리인이 그 손해 및 가해자를 안 날로부터 3년(제766조 제1항, 판례 [3-3] 내지 [3-5]도 참조), 법률행위를 한 날로부터 10년(동조 제2항, 판례 [3-6]도 참조)의 소멸시효에 걸린다.

가해자는 피해자에게 가해행위와 상당인과관계에 놓이는 손해, 즉 재산손해로서 적극적 손해(판례 [3-8] 내지 [3-11]도 참조)와 소극적 손해(이른바 '일실이익', 판례 [3-13] 내지 [3-19] 참조) 및 비재산적 손해로서 정신적 고통에 따르는 정신적 손해(이른바 '위자료', 판례 [3-20] 내지 [3-23] 참조)를 배상해야 한다(제763조→제393조 제1항, 판례 [3-7] 참조). 특별한 사정으로 인한 손해는 가해자가 사고 당시에 이러한 사정을 알았거나 알 수 있었을 때에만 그 배상의 책임을 부담한다(제763조→제393조 제2항, 판례 [3-12] 참조).

(2) 재산손해에 대한 배상청구권

1) **C의 손해에 대한 배상청구권** 우선 C는 자신의 치료비와 수술비 등 총 250만원의 재산손해에 관하여 A 및 B의 불법행위를 이유로 한 손해배상청구권을 가진다(제750조). 친권자인 D와 E에게는 미성년자인 C를 보호해야 할 의무가 있기는 하지만(제913조), D와 E가 치료비 및 수술비를 이미 지급한 경우에도 직접 피해를 입은 C는 스스로 A 및 B를 상대로 손해의 배상을 청구할 수 있다(대판 1967.10.31, 67다1898: 타인의 불법행위로 인하여 중상을 입고 치료를 받은 경우 병원에 대한 치료비는 특별한

사정이 없는 한 피해자가 부담하여야 할 일이며 그 아버지가 부담할 성질의 것은 아니다).

한편 C의 피부병 및 흉터를 치료하기 위하여 비용을 지출한 D와 E가 공동불법행위자인 A 및 B에 대하여 직접 손해배상청구(제750조)를 할 수 있는지는 의문이다. 왜냐하면 A와 B는 C 및 D의 법익을 직접 침해한 것이 아니며, D 및 E가 치료비를 지출했다고 해서 A·B에 대한 C의 청구권이 소멸되지는 않기 때문이다. D와 E는 법정대리인으로서 C의 손해배상청구권을 대리행사할 수 있을 뿐이라고 생각된다. D와 E가 C의 치료비를 지출했다고 해서 A·B의 C에 대한 채무가 소멸하지는 않으므로 D와 E의 비용지출이 제3자에 의한 변제가 될 수 없고, 이를 기초로 A·B에 대한 D·E의 부당이득반환청구권이 생기지도 않는다.

2) **A 및 B에 대한 D와 E의 손해배상청구권** D와 E는 배추농사를 망침으로써 입은 재산손해(약 500만원)에 대하여 A와 B에게 그 배상을 청구할 수 있다(제750조). 그런데 하천오염사고가 날 당시 배추값이 폭등하여 D와 E가 입은 실제손해는 약 800만원이었다. 이는 특별한 사정으로 인한 손해(제763조→제393조 2항)에 해당하므로, A 및 B가 배추값이 폭등할 것이라는 사정을 불법행위 당시 알았거나 알 수 있었던 경우에 한하여 그 배상을 청구할 수 있다(판례 [3-12] 참조). 사례의 경우 A 및 B의 예견가능성을 인정하기는 곤란할 것이다.

(3) 비재산적 손해에 관한 배상청구권(위자료청구권)

1) **A 및 B에 대한 C의 위자료청구권** 정신적 손해에 관하여 C가 받은 정신적 고통에 대해서 A 및 B를 상대로 위자료를 청구할 수 있음은 물론이다(제751조). 불법행위로 입은 정신적 고통에 대한 위자료 액수는 사실심 법원이 제반사정을 참작하여 직권으로 재량에 의하여 이를 확정할 수 있다(판례 [3-20] ② 참조).

2) **A 및 B에 대한 D와 E의 위자료청구권**

가) 문제점 D와 E는 자녀 C가 피부병에 걸려서 얼굴에 흉터까지 생겨 받은 정신적 고통에 대하여 고유의 위자료청구권을 가질 수 있는지가 문제된다. 이는 제752조가 손해배상의 일반원칙을 정하고 있는 제750조 및 제751조와 어떠한 관계에 있는가 하는 문제와 관련된다.

나) 견해와 판례 제752조를 제750조 및 제751조의 예외적 규정이라고 본다면 '생명침해의 경우에 한하여' '동 규정에 제한적으로 열거되고 있는 자만이' 위자료청구권을 갖는다고 해석된다. 그러나 제752조를 제750조 및 제751조의 예시적·주의적 규정으로 본다면 '생명침해 이외의 경우에도' 그리고 '동 규정에 예시적으로 열거되어 있는 자 이외의 사람들도' 위자료청구권을 가질 수 있다고 해석된다.

판례는 제752조의 존재의의가 생명침해의 경우에 피해자의 입증책임을 경감하기 위해서 있는 것이고 제750조 및 제751조의 적용에 어떤 제한을 두는 것은 아니라고 하여 후자의 견해에 따르는 것으로 판단된다. 그리하여 자녀의 신체침해가 있는 때에 부모의 위자료청구권을 인정한 많은 판례가 있다(판례 [3-20] ①. [3-21] 참조).

다) 사안의 검토 판례에 따르면 이 사례에서 D와 E에게도 위자료청구권이 인정된다. 반면 제752조를 제750조 및 제751조의 예외적 규정으로 보는 견해에 따른다면, 사례에서는 처음부터 생명침해가 문제된 경우가 아니므로 D 및 E는 자신들의 고유한 위자료청구권을 가질 수 없게 된다.

5. A, B 측과 C, D 및 E측의 과실상계

(1) 과실상계

과실상계란 불법행위의 성립 또는 손해발생의 확대에 대하여 피해자의 유책행위가 존재하는 경우, 손해배상책임의 유무 또는 그 범위를 결정함에 있어서 이를 참작하는 제도이다(제763조→제396조. 판례 [4-1] 참조). 피해자에게 과실이 인정되면 법원은 손해배상의 책임 및 그 금액을 정함에 있어서 이를 참작해야 하며, 배상의무자가 피해자의 과실을 주장하지 않더라도 소송자료에 의하여 과실이 인정되면 법원이 직권으로 심리·판단해야 한다(판례 [4-1] 참조). 과실상계 사유에 관한 사실 인정이나 그 비율을 정하는 것은 형평의 원칙에 비추어 현저히 불합리하다고 인정되지 않는 한 사실심의 전권사항이다(판례 [4-2] 참조).

(2) 과실상계에서 과실의 의미

과실상계에 있어서의 과실은 통상의 과실과 다를 바 없다는 견해도 있으나, 피해자에게 타인에 대한 법률적 의무를 전제로 하지 않는다는 점에서 통상의 과실과는 그 성질을 달리한다고 본다(김형배, 민법학강의(제6판), 1648면 참조). 다수설(곽윤직, 채권각론, 468면; 김주수, 채권각론, 789면 등) 역시 피해자의 과실을 넓게 해석하여 사회생활을 함에 있어서 일반적으로 요구되는 협동정신에 어긋나는 경우까지도 포함하며, 특히 판례는 '과실상계에 있어서의 과실이란 사회통념상, 신의성실의 원칙상, 공동생활상 요구되는 약한 부주의'를 의미한다고 한다(판례 [4-3], [4-4] 참조).

또한 피해자 본인의 과실뿐만 아니라, 사회공평의 이념상 피해자와 신분상 내지는 생활상 일체로 볼 수 있는 관계에 있는 자의 과실도 피해자측의 과실로 포함된다(판례 [4-5] 참조).

(3) 책임능력의 요부

피해자의 과실을 인정하기 위해서는 피해자에게 책임능력이 있어야 하는지가 문제된다. 이에 책임능력이 필요하다는 견해(김중한, 채권법총론, 219면)도 있으나, 책임능력보다도 낮은 정도의 판단능력이 있더라도 피해자의 과실을 인정할 수 있다는 견해(대표적으로 곽윤직, 채권각론, 468면)가 타당하다(판례 [4-6] 참조). 어느 견해에 따르건 피해자에게 책임능력 또는 판단능력이 없어서 과실이 인정될 수 없는 경우라도, 그 감독의무자에게 과실이 있는 경우에는 감독의무자의 과실이 '피해자측'의 과실로서 참작되어야 한다(판례 [4-5] 참조).

(4) 사안의 검토

사례의 경우 D 및 E에게 C가 입은 사고 및 자신들이 입은 사고와 관련하여 과실이 있다고 판단할 수 있는지는 의문이다. 어린아이들이 집근처 하천에서, 그것도 수심이 깊지 않은 물가에서 물장난하며 노는 것은 일상을 벗어난 비상상태가 아닐 뿐만 아니라, 하천가에서 물장난을 한다고 해서 모두 심한 피부병에 걸리지도 않는다. 또한 예전처럼 배추씨를 뿌리고 수확을 기대하는 일에 '거래상 요구되는 주의'를 결여했다는 판단을 내리기도 곤란하다. 따라서 이 사례의 경우 과실상계에서 고려될 수 있는 피해자측의 과실은 인정되지 않는다(사례에서는 A 및 B의 공동불법행위가 문제되므로, 만일 피해자측의 과실을 인정해야 할 경우 과실상계에 관하여는 판례 [4-7] 내지 [4-9] 참조).

Ⅲ. 설문에 대한 해답

하천오염으로 C가 입은 재산손해(피부병치료비 약 50만원 및 흉터제거수술비 200만원)에 관하여 C는 공동불법행위자 A 및 B에 대하여(제760조 제1항) 불법행위를 이유로 한 손해배상을 청구할 수 있다(제750조). C의 법정대리인인 D 및 E도 C를 대리하여 손해배상을 청구할 수 있다고 보아야 한다.

하천오염으로 배추수확을 할 수 없게 되어 D와 E가 입은 재산손해(약 500만원)에 관하여 D와 E는 공동불법행위자 A 및 B에 대하여(제760조 제1항) 불법행위에 기한 손해배상청구권을 행사할 수 있다(제750조). 그러나 배추값 폭등으로 발생한 특별손해 약 300만원에 관해서는 A 및 B의 예견가능성을 인정하기 어려우므로(제763조→제393조 제2항 참조) 이의 배상을 청구할 수는 없다. 즉, 재산손해 500만원에 관하여 (부진정)연대채무를 부담하는 공동불법행위자 A 및 B에 대하여 D와 E는 (부진정)연대채권을 가진다.

신체상해에 따른 정신적 고통에 관하여 C는 공동불법행위자 A 및 B에 대하여 위자료청구권을 가진다(제750조, 제751조). C의 부모인 D와 E도 C의 신체상해로 말미암아 입은 정신적 고통에 관하여 공동불법행위자 A 및 B에 대하여 고유한 위자료청구권을 가진다(제752조). A와 B가 C, D 및 E 각자에게 배상할 위자료는 법원의 재량으로 산정될 것이다.

끝으로 A와 B가 (부진정)연대하여 배상할 손해액을 산정함에 있어서 법원은 피해자측인 C와 D 및 E의 과실을 이유로 과실상계를 할 수는 없을 것이다. 그들에게 생활상 요구되는 약한 의미의 부주의가 있었다고 보기는 어렵기 때문이다.

≪판 례≫

[1] 환경오염소송에서 위법성판단 및 인과관계의 증명

* 위법성판단

[1-1] (대판 2001. 2. 9, 99다55434) ① 환경정책기본법 제31조 제1항 및 제3조 제1호, 제3호, 제4호에 의하면, 사업장 등에서 발생되는 환경오염으로 인하여 피해가 발생한 경우에는 당해 사업자는 귀책사유가 없더

라도 그 피해를 배상하여야 하고, 위 환경오염에는 소음·진동으로 사람의 건강이나 환경에 피해를 주는 것도 포함되므로, 피해자들의 손해에 대하여 사업자는 그 귀책사유가 없더라도 특별한 사정이 없는 한 이를 배상할 의무가 있다. ② 불법행위 성립요건으로서의 위법성은 관련행위 전체를 일체로만 판단하여 결정하여야 하는 것은 아니고, 문제가 되는 행위마다 개별적·상대적으로 판단하여야 할 것이므로 어느 시설을 적법하게 가동하거나 공용에 제공하는 경우에도 그로부터 발생하는 유해배출물로 인하여 제3자가 손해를 입은 경우에는 그 위법성을 별도로 판단하여야 하고, 이러한 경우의 판단기준은 그 유해의 정도가 사회생활상 통상의 수인한도를 넘는 것인지 여부라고 할 것이다.

[1-2] (대판 1991. 7. 23, 89다카1275) ① 농장의 관상수들이 고사하게 된 직접원인은 한파로 인한 동해이지만 인근공장에서 배출된 아황산가스의 일부가 대기를 통하여 위 농장에 도달됨으로 인하여 유황이 잎내에 축적되어 수목의 성장에 장해가 됨으로써 동해에 상조작용을 한 경우에 있어 공장주에게 손해배상책임이 인정된다. ② 위 경우에 있어 공장에서 배출된 오염물질(아황산가스)의 농도가 환경보전법에 의하여 허용된 기준치 이내라 하더라도 그 유해의 정도가 통상의 수인한도를 넘어 인근 농장의 관상수를 고사케 하는 한 원인이 되었다면 그 배출행위로 인한 손해배상책임을 면치 못한다(같은 판례에서 '공해사건에서 피해자의 손해가 한파, 낙뢰와 같은 자연력과 가해자의 과실행위가 경합되어 발생된 경우 가해자의 배상의 범위는 손해의 공평한 부담이라는 견지에서 손해에 대한 자연력의 기여분을 제한부분으로 제한하여야 한다.').

*인과관계의 증명

[1-3] (대판 1974. 12. 10, 72다1774) (피해자는) 공해로 인한 불법행위에 있어서의 인과관계에 관하여 당해행위가 없었더라면 결과가 발생하지 아니 하였으리라는 정도의 개연성, 즉 침해행위와 손해와의 사이에 인과관계가 존재하는 상당정도의 가능성이 있다는 입증을 함으로써 족하다.

[1-4] (대판 1984. 6. 12, 81다558) ① 일반적으로 불법행위로 인한 손해배상청구사건에 있어서 가해행위와 손해발생간의 인과관계의 입증책임은 청구자인 피해자가 부담하나, 수질오탁으로 인한 이 사건과 같은 공해로 인한 손해배상청구소송에 있어서는 기업이 배출한 원인물질이 물을 매체로 간접적으로 손해를 끼치는 수가 많고 공해문제에 관하여는 현재의 과학수준으로 해명할 수 없는 분야가 있기 때문에 가해행위와 손해발생간의 인과관계의 고리를 모두 자연과학적으로 증명하는 것은 곤란 내지 불가능한 경우가 대부분이므로 피해자에게 사실적 인과관계의 존재에 관한 엄밀한 과학적 증명을 요구함은 공해의 사법적 구제의 사실상 거부

가 될 우려가 있는 반면에 가해기업은 기술적·경제적으로 피해자보다 원인조사가 훨씬 용이할 뿐 아니라 그 원인을 은폐할 염려가 있어, 가해기업이 배출한 어떤 유해한 원인물질이 피해물건에 도달하여 손해가 발생하였다면 가해자측에서 그 무해함을 입증하지 못하는 한 책임을 면할 수 없다고 봄이 사회형평의 관념에 적합하다. ② 수질오탁으로 인한 공해소송인 이 사건에서 ① 공장에서 김의 생육에 악영향을 줄 수 있는 폐수가 배출되었고, ② 그 폐수 중 일부가 유류를 통하여 이 사건 김 양식장에 도달하였으며, ③ 그후 김에 피해가 있었다는 사실이 각 모순없이 증명된 이상 A공장의 폐수배출과 양식 김에 병해가 발생함으로 말미암은 손해간의 인과관계가 일응 증명되었다고 할 것이므로, 공장은 ① 공장폐수 중에는 김의 생육에 악영향을 끼칠 수 있는 원인물질이 들어 있지 않으며, ② 원인물질이 들어 있다 하더라도 그 해수 혼합률이 안전농도 범위내에 속한다는 사실을 반증을 들어 인과관계를 부정하지 못하는 한 그 불이익은 공장에 돌려야 마땅할 것이다(동지: 대판 1997. 6. 27, 95다2692; 대판 2002. 10. 22, 2000다65666·65673).

[1-5] (대판 2004. 11. 26, 2003다2123) 공해로 인한 손해배상청구소송에 있어서는 가해행위와 손해발생 사이의 인과관계의 고리를 모두 자연과학적으로 증명하는 것은 곤란 내지 불가능한 경우가 대부분이고, 가해기업은 기술적·경제적으로 피해자보다 원인조사가 용이할 뿐 아니라 자신이 배출하는 물질이 유해하지 않다는 것을 입증할 사회적 의무를 부담한다고 할 것이므로, 가해기업이 배출한 어떤 물질이 피해 물건에 도달하여 손해가 발생하였다면 가해자측에서 그 무해함을 입증하지 못하는 한 책임을 면할 수 없다고 봄이 사회형평의 관념에 적합하다.

[2] 공동불법행위

*성립요건

[2-1] (대판 1963. 10. 31, 63다573) 공동불법행위를 구성하는 데는 통과 또는 의사의 공통은 필요치 아니하나 권리침해에 대하여 객관적으로 공통원인이 있고 손해발생에 있어서 인과관계가 있어야 한다.

[2-2] (대판 1998. 9. 25, 98다9205) 공동불법행위의 성립에는 공동불법행위자 상호간에 의사의 공통이나 공동의 인식이 필요하지 아니하고 객관적으로 그들의 각 행위에 관련공동성이 있으면 족하고 그 관련공동성 있는 행위에 의하여 손해가 발생하였다면 그 손해배상책임을 면할 수 없는 것인바, 동산인 장물의 취득행위는 원소유자의 점유회복을 곤란 또는 불능케 한다는 관점에서 횡령행위와의 관련공동성이 검토되어야 하고, 제760조 제1항의 이른바 협의의 공동불법행위의 구성범위를 한계지우기 위하여 객관적 관련공동성의 유무를 판단함에 있어서는 그 제2항의

독립행위의 경합의 경우와 그 제3항의 교사방조행위를 공동불법행위의 범주에 넣어 같은 법률효과를 부여하는 것을 감안하여 그 점과의 균형이 맞도록 해석되어야 한다([cf.] 대판 1998.2.13, 96다7854: 에이즈 바이러스에 감염된 혈액을 환자가 수혈받음으로써 에이즈에 감염될 위험을 배제할 의무 및 그와 같은 결과를 회피할 의무를 다하지 아니하여 감염된 혈액을 수혈받은 환자로 하여금 에이즈 바이러스 감염이라는 치명적인 건강 침해를 입게 한 대한적십자사의 과실 및 위법행위는 신체상해 자체에 대한 것인 데 비하여, 수혈로 인한 에이즈 바이러스 감염 위험 등의 설명의무를 다하지 아니한 의사들의 과실 및 위법행위는 신체상해의 결과발생 여부를 묻지 아니하는 수혈 여부와 수혈 혈액에 대한 환자의 자기결정권이라는 인격권의 침해에 대한 것이므로, 대한적십자사와 의사의 양 행위가 경합하여 단일한 결과를 발생시킨 것이 아니고 각 행위의 결과발생을 구별할 수 있으니, 이와 같은 경우에는 공동불법행위가 성립한다고 할 수 없다).

[2-3] (대판 1998.11.24, 98다32045) 교통사고로 인하여 상해를 입은 피해자가 치료를 받던 중 치료를 하던 의사의 과실로 인한 의료사고로 증상이 악화되거나 새로운 증상이 생겨 손해가 확대된 경우, 의사에게 중대한 과실이 있다는 등의 특별한 사정이 없는 한 확대된 손해와 교통사고 사이에도 상당인과관계가 있고, 이 경우 교통사고와 의료사고가 각기 독립하여 불법행위의 요건을 갖추고 있으면서 객관적으로 관련되고 공동하여 위법하게 피해자에게 손해를 가한 것으로 인정되면 공동불법행위가 성립한다.

[2-4] (대판 2003.1.10, 2002다35850) 수인이 공동하여 타인에게 손해를 가하는 제760조의 공동불법행위의 경우 행위자 상호간의 공모는 물론 공동의 인식을 필요로 하지 아니하고 객관적으로 그 공동행위가 관련공동되어 있으면 족하며, 그 관련공동성 있는 행위에 의하여 손해가 발생함으로써 공동불법행위가 성립하고, 같은 조 제3항의 방조라 함은 불법행위를 용이하게 하는 직접·간접의 모든 행위를 가리키는 것으로서 형법과 달리 손해의 전보를 목적으로 하여 과실을 원칙적으로 고의와 동일시하는 민법의 해석으로서는 과실에 의한 방조도 가능하다고 할 것이며, 이 경우의 과실의 내용은 불법행위에 도움을 주지 않아야 할 주의의무가 있음을 전제로 하여 이 의무에 위반하는 것을 말한다(대판 1998.12.23, 98다31264: 방조자에게 공동불법행위자로서의 책임을 지우기 위해서는 방조행위와 피방조자의 불법행위 사이에 상당인과관계가 있어야 한다).

*공동불법행위 성립에 따른 법률효과

[2-5] (대판 1972.11.28, 72다939) 공동불법행위로 인한 손해배상책임은 불법행위자 상호간에 부진정연대채무관계가 성립되므로 피해자에

대하여 각자 연대책임을 부담하고 불법행위자 1인에게 배상금 전부를 청구할 수 있다.

[2-6] (대판 1997.10.10, 97다28391) 피해자가 공동불법행위자 중 1인에 대하여 한 채무면제 또는 합의의 효력은 다른 공동불법행위자에게는 미치지 아니하므로, 피해자가 공동불법행위자 중 A로부터 손해배상의 일부를 변제받고 나머지 손해배상채권은 모두 포기하기로 하는 합의를 하였으나 그 사실을 모르는 공동불법행위자 B가 손해배상금 및 위자료 명목으로 금원을 지급한 경우, B가 A의 변제사실을 확인해보지 않았다고 하여 그 지급이 위법 또는 무효라고 할 수는 없는 것으로서, B는 공동면책된 위 금원 중 A의 부담비율에 해당하는 구상권을 자동채권으로 하여 A의 B에 대한 구상채권과 대등액에서 상계할 것을 주장할 수 있다.

*공동불법행위에 따른 손해배상책임의 범위

[2-7] (대판 2000.9.29, 2000다13900) 피해자의 부주의를 이용하여 고의로 불법행위를 저지른 자가 바로 그 피해자의 부주의를 이유로 자신의 책임을 감하여 달라고 주장하는 것은 허용될 수 없다.

[2-8] (대판 2001.9.7, 99다70365) 공동불법행위책임은 가해자 각 개인의 행위에 대하여 개별적으로 그로 인한 손해를 구하는 것이 아니라 그 가해자들이 공동으로 가한 불법행위에 대하여 그 책임을 추궁하는 것이므로, 공동불법행위로 인한 손해배상책임의 범위는 피해자에 대한 관계에서 가해자들 전원의 행위를 전체적으로 함께 평가하여 정하여야 하고, 그 손해배상액에 대하여는 가해자 각자가 그 금액의 전부에 대한 책임을 부담하는 것이며, 가해자 1인이 다른 가해자에 비하여 불법행위에 가공한 정도가 경미하다고 하더라도 피해자에 대한 관계에서 그 가해자의 책임범위를 위와 같이 정하여진 손해배상액의 일부로 제한하여 인정할 수는 없다.

[2-9] (대판 2000.12.26, 2000다38275) 자동차가 충돌하여 승객이 피해를 입은 경우 각 가해차량의 운행자들은 피해자에 대하여 부진정연대채무를 부담하나, 그 내부관계에 있어서는 각 운전자의 과실의 정도에 따라 부담부분이 정하여지고, 운행자 중 일방이 자기의 부담부분을 초과하여 변제함으로써 공동의 면책을 얻게 하였을 때에는 다른 운행자에 대하여 상대방의 부담부분에 상당하는 금액을 구상할 수 있는바, 이 경우 채권의 목적을 달성시키는 변제와 같은 사유는 채무자 전원에 대하여 절대적 효력이 발생하지만 그 밖의 사유는 상대적 효력을 발생하는 데 그치는 것이므로, 가해운행자 중 일방이 피해자와 운행지배 및 운행이익을 어느 정도 공유하여 그와의 관계에서 손해배상액이 감액되어야 한다는 사정은 운행자성을 가지는 피해자에 대한 관계에서만 주장할 수 있는 것

으로서, 자신과 부진정연대의 관계에 있는 다른 채무자와의 구상관계에서 감액된 금액을 기준으로 면책범위를 정하거나 자기의 부담부분을 산정하여야 한다고 주장할 수는 없다.

*공동불법행위자 상호간의 구상권

[2-10] (대판 1989. 9. 26, 88다카27232) 공동불법행위자는 채권자에 대한 관계에 있어서는 연대책임(부진정연대채무)이 있으나 그 공동불법행위자의 내부관계에 있어서는 일정한 부담부분이 있고 이 부담부분은 공동불법행위자의 과실의 정도에 따라 정하여지는 것이며 공동불법행위자 중의 한 사람이 자기의 부담부분 이상을 변제하여 공동의 면책을 얻게 하였을 때에는 다른 공동불법행위자에게 그 부담부분의 비율에 따라 구상권을 행사할 수 있다.

[2-11] (대판 1998. 6. 26, 98다5777) 제426조가 연대채무에 있어서의 변제에 관하여 채무자 상호간에 통지의무를 인정하고 있는 취지는, 연대채무에 있어서는 채무자들 상호간에 공동목적을 위한 주관적인 연관관계가 있고 이와 같은 주관적인 연관관계의 발생근거가 된 대내적 관계에 터잡아 채무자 상호간에 출연분담에 관한 관련관계가 있게 되므로, 구상관계에 있어서도 상호 밀접한 주관적인 관련관계를 인정하고 변제에 관하여 상호 통지의무를 인정함으로써 과실없는 변제자를 보다 보호하려는 데 있으므로, 이와 같이 출연분담에 관한 주관적인 밀접한 연관관계가 없고 단지 채권만족이라는 목적만을 공통으로 하고 있는 부진정연대채무에 있어서는 그 변제에 관하여 채무자 상호간에 통지의무관계를 인정할 수 없고, 변제로 인한 공동면책이 있는 경우에 있어서는 채무자 상호간에 어떤 대내적인 특별관계에서 또는 형평의 관점에서 손해를 분담하는 관계가 있게 되는 데 불과하다고 할 것이므로, 부진정연대채무에 해당하는 공동불법행위로 인한 손해배상채무에 있어서도 채무자 상호간에 구상요건으로서의 통지에 관한 민법의 위 규정을 유추적용할 수는 없다.

[2-12] (대판 2000. 12. 26, 2000다38275) 자동차가 충돌하여 승객이 피해를 입은 경우 각 가해차량의 운행자들은 피해자에 대하여 부진정연대채무를 부담하나, 그 내부관계에 있어서는 각 운전자의 과실의 정도에 따라 부담부분이 정하여지고, 운행자 중 일방이 자기의 부담부분을 초과하여 변제함으로써 공동의 면책을 얻게 하였을 때에는 다른 운행자에 대하여 상대방의 부담부분에 상당하는 금액을 구상할 수 있는바, 이 경우 채권의 목적을 달성시키는 변제와 같은 사유는 채무자 전원에 대하여 절대적 효력이 발생하지만 그 밖의 사유는 상대적 효력을 발생하는 데 그치는 것이므로, 가해운행자 중 일방이 피해자와 운행지배 및 운행이익을 어느 정도 공유하여 그와의 관계에서 손해배상액이 감액되어야 한다는

사정은 운행자성을 가지는 피해자에 대한 관계에서만 주장할 수 있는 것으로서, 자신과 부진정연대의 관계에 있는 다른 채무자와의 구상관계에서 감액된 금액을 기준으로 면책범위를 정하거나 자기의 부담부분을 산정하여야 한다고 주장할 수는 없다.

[2-13] (대판 1996. 11. 29, 95다2951) 공동불법행위자 중의 1인이 피해자로부터 손해배상청구소송을 제기당함에 따라 응소하여 적극적으로 다투었으나 패소함에 따라 그 판결에서 인정된 금원을 손해배상금으로 지급함으로써 공동면책된 때에는, 그것이 부당응소라는 등의 특별한 사정이 없는 한 공동면책된 금액 중 다른 공동불법행위자의 과실비율에 상당하는 금액은 물론이고 그에 대한 공동면책일 이후의 법정이자 및 피할 수 없는 비용 기타의 손해배상을 구상할 수 있는바, 여기서의 피할 수 없는 비용 기타 손해배상에는 소송을 제기당한 공동불법행위자가 피해자에게 지급한 소송비용상환액뿐만 아니라 위 소송을 수행하는 과정에서 지출한 소송비용도 포함되고, 그가 지출한 변호사비용 중에서 변호사보수의 소송비용 산입에 관한 규칙에 의한 보수기준, 소속변호사회의 규약, 소송물가액, 사건의 난이도, 소송진행과정, 판결결과 등 여러 가지 사정을 참작하여 합리적으로 판단하여 상당하다고 인정되는 범위내의 금원은 피할 수 없는 비용 기타 손해로서 구상할 수 있다.

[3] 불법행위를 원인으로 한 손해배상청구권

[3-1] (대판 1997. 3. 28, 96다10638) 제763조에 의하여 불법행위에 준용되는 제394조가 금전배상의 원칙을 규정하고 있으므로, 법률에 다른 규정이 있거나 당사자가 다른 의사표시를 하는 등 특별한 사정이 없는 이상 불법행위자에 대하여 원상회복청구는 할 수 없다.

[3-2] (대판 1994. 2. 25, 93다38444) 고의의 불법행위로 인한 손해배상채권을 수동채권으로 하는 상계는 허용되지 않는 것이며, 이는 그 자동채권이 동시에 행하여진 싸움에서 서로 상해를 가한 경우와 같이 동일한 사안에서 발생한 고의의 불법행위로 인한 손해배상채권인 경우에도 마찬가지이다.

[3-3] (대판 1994. 4. 26, 93다59304) 불법행위로 인한 손해배상청구권의 단기소멸시효의 기산점이 되는 제766조 제1항 소정의 '손해 및 가해자를 안 날'이라 함은 손해가 가해자의 불법행위로 인한 것임을 안 때라고 할 것이므로, 가해행위와 손해의 발생 사이에 인과관계가 있으며 위법하고 과실이 있는 것까지도 안 때이다.

[3-4] (대판 2001. 1. 19, 2000다11836) 가해행위와 이로 인한 현실적인 손해의 발생 사이에 시간적 간격이 있는 불법행위에 기한 손해배상채권에 있어서 소멸시효의 기산점이 되는 불법행위를 안 날이라 함은 단지

관념적이고 부동적인 상태에서 잠재하고 있던 손해에 대한 인식이 있었다는 정도만으로는 부족하고 그러한 손해가 그후 현실화된 것을 안 날을 의미한다.

[3-5] (대판 1999. 3. 23, 98다30285) 불법행위가 계속적으로 행하여지는 결과 손해도 역시 계속적으로 발생하는 경우에는 특별한 사정이 없는 한 그 손해는 날마다 새로운 불법행위에 기하여 발생하는 손해로서 제766조 제1항을 적용함에 있어서 그 각 손해를 안 때로부터 각별로 소멸시효가 진행된다고 보아야 한다.

[3-6] (대판 1993. 7. 27, 93다357) 불법행위에 기한 손해배상채권에 있어서 제766조 제2항에 의한 소멸시효의 기산점이 되는 '불법행위를 한 날'이란 가해행위로 인한 손해의 결과발생이 현실적인 것으로 되었다고 할 수 있을 때를 의미하고 그 소멸시효는 피해자가 손해의 결과발생을 알았거나 예상할 수 있는가 여부에 관계없이 가해행위로 인한 손해가 현실적인 것으로 되었다고 볼 수 있는 때로부터 진행한다.

*손해 개념

[3-7] (대판 1976. 10. 12, 76다1313) 불법행위로 말미암아 신체의 상해를 입었기 때문에 가해자에게 대하여 손해배상을 청구할 경우에 있어서는 그 소송물인 손해는 통상의 치료비 따위와 같은 적극적 재산상 손해와 일실수익상실에 따르는 소극적 재산상 손해 및 정신적 고통에 따르는 정신적 손해(위자료)의 3가지로 나누어진다고 볼 수 있다.

*적극적 (재산)손해에 대한 배상청구권

[3-8] (대판 2003. 1. 10, 2000다34426) 특정물에 대한 소유권을 침해하고 그 목적물이 현존하지 아니함을 원인으로 하는 손해배상청구에 있어서는 원칙적으로 불법행위시를 기준으로 하여 그때의 교환가격에 의하여 손해액을 산정하여야 한다.

[3-9] (대판 1984. 12. 11, 84다카1125) 타인의 불법행위로 인하여 사망한 자를 매장하기 위하여 묘지를 구입한 경우, 그 묘지구입비는 손해배상의 대상이 되는 장례비에 해당된다(대판 1976. 2. 24, 75다1088: 장례 때 조객으로부터 받는 부의금은 손실을 전보하는 성질의 것이 아니므로 이를 재산적 손해액산정에서 참작할 것이 아니다).

[3-10] (대판 1987. 7. 7, 87다카178) 사고로 인한 후유장애로 말미암아 평생 동안 개호인의 조력을 받아야 하는 신체장애자에 대한 개호비는 개호인이 하루에 실제로 개호에 종사한 시간에 상응한 액수만을 인정하면 되는 것이 아니고 하루의 일용노동임금 전액을 기준으로 하여 산정하는 것이 타당하다.

[3-11] (대판 2000. 7. 28, 2000다11317) 인신사고의 피해자가 치료

종결 후에도 개호가 필요한지의 여부 및 그의 정도에 관한 판단은 전문가의 감정을 통하여 밝혀진 후유장해의 내용에 터잡아 피해자의 연령, 정신상태, 교육정도, 사회적·경제적 조건 등 모든 구체적인 사정을 종합하여 경험칙과 논리칙에 비추어 규범적으로 행하는 평가이어야 한다.

[3-12] (대판 1995.12.12, 95다11344) 불법행위의 직접적 대상에 대한 손해가 아닌 간접적 손해는 특별한 사정으로 인한 손해로서 가해자가 그 사정을 알았거나 알 수 있었을 것이라고 인정되는 경우에만 배상책임이 있다고 할 것인바, 가해차량이 전신주를 충격하여 전선을 절단케 함으로써 그 전선으로부터 전력을 공급받아 비닐하우스 내 전기 온풍기를 가동하던 피해자가 전력공급의 중단으로 전기온풍기의 작동이 중지됨으로 인하여 입은 손해는 특별한 사정으로 인한 손해로서 가해자가 사고 당시에 이러한 사정을 알았거나 알 수 있었을 때에만 그 책임을 부담한다.

*소극적 (재산)손해(=일실이익)에 대한 배상청구권

[3-13] (대판 1986.2.25, 85다카1954) 불법행위로 인하여 사망하거나 또는 신체상의 장애를 입은 사람이 장래 얻을 수 있는 수입의 상실액은 그 수익이 장차 증가될 것임이 상당한 정도로 확실시되는 객관적인 자료가 없는 한 원칙적으로 그 불법행위로 인하여 손해가 발생할 당시에 그 피해자가 종사하고 있었던 직업으로부터 수익하고 있는 금액을 기준으로 하여 산정하여야 하고 불법행위 당시 일정한 수입이 없는 피해자의 장래의 수입상실액은 보통 일반사람이면 누구나 종사하여 얻을 수 있는 일반노동임금을 기준으로 하여야 하며 피해자의 학력이나 경력 등을 참작하여 그 수입을 책정할 수는 없다.

[3-14] (대판 1985.9.24, 85다카449) 피해자가 노동능력의 일부상실로 종전 직업에 종사할 수 없게 된 경우 그 사실만으로 바로 장래 일용노동에만 종사하게 될 것이라고 추정할 수는 없는 것이고 피해자의 연령, 교육정도, 경력, 종전 직업과 기술자격의 유무, 후유장애의 부위정도, 직업선택에 의한 장애회피의 가능성, 사회적 조건 등에 비추어 그 피해자는 일용노동임금보다 소득이 많은 직업이나 직종에 종사하기 어렵고 일용노동에만 종사할 수밖에 없을 것이라고 예측되는 특별한 사정이 있을 때에 한하여 그의 장래의 소득을 일용임금 상당액이라고 추정할 수 있다.

[3-15] (대판 1989.1.17, 87다카2970) 타인의 불법행위로 상해를 입은 피해자의 일실이익을 산정하는 방법으로는 사고 당시 소득과 사고 후 향후소득과의 차액을 산출하는 방법과 사고로 상실된 노동능력의 가치를 사고 당시의 소득이나 추정소득에 의하여 평가하는 방법이 있을 수 있는바, 일실이익과 같은 장래의 기대수익의 인정은 불확정한 미래사실의 예측이므로 어느 방법에 의하든 합리적이고 객관성 있는 기대수익을 산정

할 수 있으면 그로서 족한 것이고 반드시 어느 한쪽의 방법에 따라야 하는 것은 아니다.

[3-16] (대판[전] 1989. 12. 26, 88다카16867) 우리나라의 사회적, 경제적 구조와 생활여건이 급속하게 향상 발전됨에 따른 제반사정의 변화에 비추어 보면 이제 일반육체노동 또는 육체노동을 주된 내용으로 하는 생계활동의 가동연한이 만 55세라는 경험칙에 의한 추정은 더 이상 유지되기 어렵다고 하지 않을 수 없으며 오히려 일반적으로 만 55세를 넘어서도 가동할 수 있다고 보는 것이 경험칙에 합당하다고 할 것이다.

[3-17] (대판[전] 1989. 12. 26, 88다카6761) 불법행위로 인하여 노동능력을 상실한 급여소득자의 일실이득은 원칙적으로 노동능력상실 당시의 임금수익을 기준으로 산정할 것이지만 장차 그 임금수익이 증가될 것을 상당한 정도로 확실하게 예측할 수 있는 객관적인 자료가 있을 때에는 장차 증가될 임금수익도 일실이득을 산정함에 고려되어야 할 것이고 이와 같이 장차 증가될 임금수익을 기준으로 산정된 일실이득 상당의 손해는 당해 불법행위에 의하여 사회관념상 통상 생기는 것으로 인정되는 통상손해에 해당하는 것이라고 볼 것이므로 당연히 배상범위에 포함시켜야 하는 것이고, 피해자의 임금수익이 장차 증가될 것이라는 사정을 가해자가 알았거나 알 수 있었는지의 여부에 따라 그 배상범위가 달라지는 것은 아니다.

[3-18] (대판 1999. 11. 26, 99다18008) 불법행위의 피해자가 사고 당시 두 가지 이상의 수입원에 해당하는 업무에 동시에 종사하고 있는 경우 각 업무의 성격이나 근무형태 등에 비추어 그들 업무가 서로 독립적이어서 양립 가능한 것이고, 또 실제로 피해자가 어느 한쪽의 업무에만 전념하고 있는 것이 아닌 경우에는 각 업종의 수입상실액을 모두 개별적으로 평가하여 합산하는 방법으로 피해자의 일실수입을 산정할 수 있다.

[3-19] (대판 1998. 9. 18, 97다47507) 사고로 상해를 입은 피해자가 다른 사고로 인하여 사망한 경우 그 두 사고 사이에 1차사고가 없었더라면 2차사고도 발생하지 않았을 것이라고 인정되는 것과 같은 조건적 관계가 존재하는 경우 1차사고의 가해자는 2차사고로 인한 피해자의 사망을 고려함이 없이 피해자가 가동연한에 이를 때까지의 일실수입을 배상하여야 한다(기존에 우측 고관절 장애를 가진 피해자가 교통사고로 다시 골절상을 입어 두 다리를 모두 못쓰게 된 것을 비관하여 매일 술을 마시는 등으로 체력이 떨어지고 거동이 불편한 상태에서 목욕탕에서 넘어져 사망한 경우, 교통사고와 사망사고간에는 조건적 인과관계가 있고, 따라서 위 교통사고의 가해자는 피해자가 기대여명 내에서 가동연한에 이를 때까지의 일실수입을 배상할 의무가 있다).

*정신적 손해에 대한 위자료청구권

[3-20] (대판 1999.4.23, 98다41377) ① 제752조는 생명침해의 경우에 있어서의 위자료청구권자를 열거 규정하고 있으나 이는 예시적 열거규정이라고 할 것이므로 생명침해 아닌 불법행위의 경우에도 불법행위 피해자의 부모는 그 정신적 고통에 관한 입증을 함으로써 일반원칙인 같은 법 제750조, 제751조에 의하여 위자료를 청구할 수 있다고 해석하여야 한다. ② 불법행위로 입은 정신적 고통에 대한 위자료 액수에 관하여는 사실심 법원이 제반사정을 참작하여 그 직권에 속하는 재량에 의하여 이를 확정할 수 있다.

[3-21] (대판 1999.6.22, 99다7046) 교통사고의 경우, 피해자 본인과는 별도로 그의 부모들도 그 사고로 말미암아 그들이 입은 정신적 손해에 대하여 고유의 위자료청구권을 가진다 할 것이므로, 피해자 본인이 합의금을 수령하고 가해자측과 나머지 손해배상청구권을 포기하기로 하는 등의 약정을 맺었다 하더라도 그의 부모들이 합의당사자인 피해자 본인과 가해자 사이에 합의가 성립되면 그들 자신은 별도로 손해배상을 청구하지 아니하고 손해배상청구권을 포기하겠다는 뜻을 명시적 혹은 묵시적으로 나타낸 바 있다는 등의 특별한 사정이 없는 한 위 포기 등 약정의 효력이 당연히 고유의 손해배상청구권을 가지는 그의 부모들에게까지 미친다고는 할 수 없다.

[3-22] (대판 1984.11.13, 84다카722) 재산상 손해의 발생이 인정되는데도 입증곤란 등의 이유로 그 손해액의 확정이 불가능하여 그 배상을 받을 수 없는 경우에 이러한 사정을 위자료의 증액사유로 참작할 수 있다고 할 것이나, 이러한 위자료의 보완적 기능은 재산상 손해의 발생이 인정되는데도 손해액의 확정이 불가능하여 그 손해전보를 받을 수 없게 됨으로써 피해회복이 충분히 이루어지지 않는 경우에 이를 참작하여 위자료액을 증액함으로써 손해전보의 불균형을 어느 정도 보완하고자 하는 것이므로 함부로 그 보완적 기능을 확장하여 그 재산상 손해액의 확정이 가능함에도 불구하고 편의한 방법으로 위자료의 명목 아래 사실상 손해의 전보를 꾀하는 것과 같은 일은 허용되어서는 안 될 일이다.

[3-23] (대판 2004.9.23, 2003다49009) 윤락녀들이 윤락업소에 감금된 채로 윤락을 강요받으면서 생활하고 있음을 쉽게 알 수 있는 상황이었음에도, 경찰관이 이러한 감금 및 윤락강요행위를 제지하거나 윤락업주들을 체포·수사하는 등 필요한 조치를 취하지 아니하고 오히려 업주들로부터 뇌물을 수수하며 그와 같은 행위를 방치한 것은 경찰관의 직무상 의무에 위반하여 위법하므로 국가는 이로 인한 정신적 고통에 대하여 위자료를 지급할 의무가 있다

[4] 손해배상책임과 과실상계

*과실상계

[4-1] (대판 1996.10.25, 96다30113) 민법상의 과실상계제도는 채권자가 신의칙상 요구되는 주의를 다하지 아니한 경우 공평의 원칙에 따라 손해의 발생에 관한 채권자의 그와 같은 부주의를 참작하게 하려는 것이므로 단순한 부주의라도 그로 말미암아 손해가 발생하거나 확대된 원인을 이루었다면 피해자에게 과실이 있는 것으로 보아 과실상계를 할 수 있고, 피해자에게 과실이 인정되면 법원은 손해배상의 책임 및 그 금액을 정함에 있어서 이를 참작하여야 하며, 배상의무자가 피해자의 과실에 관하여 주장하지 않는 경우에도 소송자료에 의하여 과실이 인정되는 경우에는 이를 법원이 직권으로 심리·판단하여야 한다.

[4-2] (대판 2000.1.21, 98다50586) 불법행위로 인한 손해배상청구사건에서 과실상계 사유에 관한 사실 인정이나 그 비율을 정하는 것은 그것이 형평의 원칙에 비추어 현저히 불합리하다고 인정되지 않는 한 사실심의 전권에 속하는 사항이다.

*과실상계에서 과실의 의미

[4-3] (대판 1999.2.26, 98다52469) 불법행위에 있어서 피해자의 과실을 따지는 과실상계에서의 과실은 가해자의 과실과 달리 사회통념이나 신의성실의 원칙에 따라 공동생활에 있어 요구되는 약한 의미의 부주의를 가리키는 것으로 보아야 한다(채무불이행에 있어서의 과실상계에 관한 동지: 대판 2001.3.23, 99다33397).

[4-4] (대판 1999.9.21, 99다31667) 불법행위로 인한 손해배상에 있어서의 피해자의 과실이라는 것은 엄격한 법률상 의의로 새길 것은 아니라고 하더라도 그것이 손해배상액 산정에 참작된다는 점에서 적어도 신의칙상 요구되는 결과발생 회피의무로서 일반적으로 예견가능한 결과 발생을 회피하여 피해자 자신의 불이익을 방지할 주의를 게을리함을 말한다 할 것인바, 단순히 같은 자동차에 동승하여 가고 있는 승객들 사이에는 다른 승객이 그 자동차의 운행에 위험을 초래할 만한 행동을 하고 있거나, 앞으로 그와 같은 행동을 할 것이고, 그로 인하여 상당한 정도로 사고발생의 위험성이 있다는 것을 인식할 수 있다는 등의 특별한 사정이 없는 한, 상호간에 예상할 수 있는 모든 위험에 대하여 미리 경고하고 주의를 환기시킬 신의칙상 주의의무가 있다고 할 수는 없다.

[4-5] (대판 1994.6.28, 94다2787) 제763조, 제396조 소정의 피해자의 과실에는, 피해자 본인의 과실만이 아니라, 사회공평의 이념상 피해자와 신분상 내지는 생활상 일체로 볼 수 있는 관계에 있는 자의 과실도 이른바 피해자측의 과실로 포함된다.

[4-6] (대판 1971. 3. 23, 70다2986) 미성년자의 과실능력은 그에게 사리를 변식함에 족한 지능을 구유하고 있으면 족하고 책임을 변식함에 족한 지능을 구유함을 요하지 아니한다.

*공동불법행위에 있어서 과실상계

[4-7] (대판 1998. 6. 12, 96다55631) 공동불법행위책임은 가해자 각 개인의 행위에 대하여 개별적으로 그로 인한 손해를 구하는 것이 아니라 가해자들이 공동으로 가한 불법행위에 대하여 그 책임을 추궁하는 것으로, 법원이 피해자의 과실을 들어 과실상계를 함에 있어서는 피해자의 공동불법행위자 각인에 대한 과실비율이 서로 다르더라도 피해자의 과실을 공동불법행위자 각인에 대한 과실로 개별적으로 평가할 것이 아니고 그들 전원에 대한 과실로 전체적으로 평가하여야 한다.

[4-8] (대판 2000. 8. 22, 2000다29028) 공동불법행위자 중의 1인이 다른 공동불법행위자와 공동불법행위자로서 제3자에게 손해배상책임을 짐과 동시에 피해자로서 다른 공동불법행위자에게 불법행위로 인한 손해배상을 구하는 경우에 피해자로서의 과실상계의 대상이 되는 과실 내용이나 비율은 공동불법행위자 사이에 제3자에 대한 가해자로서의 부담부분을 정하기 위한 과실 내용이나 비율과 반드시 일치되어야 하는 것은 아니라고 할 것이다.

[4-9] (대판 2001. 2. 9, 2000다60227) 피해자가 공동불법행위자들을 모두 피고로 삼아 한꺼번에 손해배상청구의 소를 제기한 경우와 달리 공동불법행위자별로 별개의 소를 제기하여 소송을 진행하는 경우에는 각 소송에서 제출된 증거가 서로 다르고 이에 따라 교통사고의 경위와 피해자의 손해액산정의 기초가 되는 사실이 달리 인정됨으로 인하여 과실상계비율과 손해액도 서로 달리 인정될 수 있는 것이므로, 피해자가 공동불법행위자들 중 일부를 상대로 한 전소에서 승소한 금액을 전부 지급받았다고 하더라도 그 금액이 나머지 공동불법행위자에 대한 후소에서 산정된 손해액에 미치지 못한다면 후소의 피고는 그 차액을 피해자에게 지급할 의무가 있다.

事例 57

夫婦間의 財産關係와 離婚

≪설 문≫

부부 사이인 A男과 B女는 공동으로 노력하여 甲주택을 구입하고 A명의로 이전등기를 해두었다. B는 C로부터 200만원에 장롱을 매수하고 대금의 일부인 80만원을 지불하면서 장롱을 인도받았으나, 잔대금 120만원을 지불하지 않고 있었다.

한편 남편 A의 간통사실을 B가 우연히 알게 되면서 A와 B는 자주 다투었고, A는 사죄하는 뜻으로 혼인 전부터 가지고 있었던 乙토지를 B의 명의로 이전해주었다. 그런데 그후 A는 B와 이혼하고 D女와 결혼하겠다고 하며 D와 동거생활을 하였다.

(1) 이혼 전 A는 B의 동의없이 甲주택을 처분하였다. A의 주택처분행위의 유효성 여부를 검토하시오.

(2) B는 A를 간통죄로 고소하는 한편 이혼소송을 제기하였는데, 이에 화가 난 A는 부부간의 증여계약을 취소하면서 사죄의 뜻으로 명의이전한 乙토지를 돌려달라고 한다. A와 B의 법률관계를 검토하시오.

(3) 이혼을 포기한 B는 A가 이혼을 원하고 있음에도 불구하고 A와 D가 결혼하는 것을 방해하고자 A의 이혼요구를 계속해서 거절하였다. 이에 A는 이혼소송을 제기하였다.

(3-1) A의 이혼청구가 인용될 수 있는지를 검토하시오.

(3-2) 이혼청구가 인용될 경우 A에 대하여 B가 재산분할 및 위자료를 요구할 수 있는지를 검토하시오(이때, B는 재산분할의 내용으로 A가 향후 받을 퇴직금과 연금수급권도 함께 요구하고 있으며, 이에 대해 A는 자신이 자녀들의 부양의무를 부담한다는 것을 이유로 재산분할의 가액에서 부양료 부분을 제외할 것을 주장하고 있음을 고려하시오).

(3-3) 만일 B와 협력하여 형성한 재산을 A가 낭비하여 무자력

이 된 경우 또는 A가 재해로 그 재산을 잃은 경우 B가 A의 장래 수입으로부터 재산분할을 구할 수 있는지를 검토하시오.

(4) 장롱의 매매와 관련하여 이혼 후의 A, B 및 C 사이의 법률관계를 검토하시오.

(5) 사실상 혼인관계에 있음을 내세워 D는 A가 B와 이혼하기 전 또는 그 이후 A에 대하여 사실혼관계의 해소를 원인으로 재산분할을 청구할 수 있는지를 검토하시오.

목차제안

Ⅰ. 논점분석
Ⅱ. 설문(1): 주택을 처분한 A에 대한 B의 권리
　1. 부부별산제와 특유재산의 추정
　2. 설문에 대한 해답
Ⅲ. 설문(2): A와 B 사이의 증여계약에 대한 A의 취소권
　1. '혼인중' 체결된 부부 사이의 계약에 대한 취소권
　　(1) 원　칙
　　(2) 예　외
　2. 설문에 대한 해답
Ⅳ. 설문(3): A에 대한 B의 재산분할청구권과 위자료청구권
　1. 설문(3-1): A의 이혼청구의 인용 여부
　　(1) 문제점
　　　1) 제한긍정설
　　　2) 긍정설
　　(2) 판례의 태도
　　(3) 설문에 대한 해답
　2. 설문(3-2): 이혼한 A에 대한 B의 재산분할청구권 및 위자료청구권
　　(1) B의 재산분할청구권
　　　1) 재산분할의 대상적격과 분할산정의 기초
　　　2) 사안의 검토
　　(2) A에 대한 B의 위자료청구권 및 재산분할청구권과의 관계
　3. 설문(3-3): 무자력인 A에 대한 B의 재산분할청구권
　　(1) 재산분할의 산정시기에 무자력인 배우자에 대한 재산분할청구

(2) 설문에 대한 해답

Ⅴ. 설문(4): 부부의 일상가사에 대한 연대책임

1. 일상가사에의 해당 여부

(1) 일상가사와 그에 관한 법률행위에 따른 법률효과

(2) 사안의 검토

(3) 이혼의 경우 연대책임의 성질변화

2. 설문에 대한 해답

Ⅵ. 설문(5): 사실혼 당사자의 재산분할청구권

1. 사실혼의 요건과 효과

2. 사안의 검토

(1) A가 이혼하기 전의 D의 권리

(2) A가 이혼한 후의 D의 권리

풀이제안

Ⅰ. 논점분석

설문(1)과 관련하여 A의 처분행위가 유효하기 위해서는 A에게 처분권한이 있어야 한다. 등기부상 소유명의자인 A는 정당한 소유권자로서 추정을 받기 때문에 B로서는 A의 처분행위가 정당한 권원에 기한 것이 아님을 증명해야 할 것이다. 이를 위해서는 부부 사이에 있어서 고유재산과 특유재산을 구별하고, 특히 특유재산의 추정력을 검토해야 한다.

설문(2)와 관련하여서는 제829조에서 말하는 부부재산계약제도와 혼인중에 이루어지는 부부재산계약은 전혀 다르다는 점에 유의하면서 '혼인중 체결한' 재산계약을 취소할 수 있는지 여부를(제828조), 특히 실질적으로 혼인이 파탄된 경우를 중심으로 검토해야 한다.

설문(3)과 관련하여 (3-1) 유책배우자의 이혼청구가 가능한지, 가능하다면 어떤 요건 아래 그 청구가 인용될 수 있는지를 살피고, (3-2) 재판상 이혼에 따른 재산분할과 위자료소송의 내용, 절차 및 범위를 구체적으로 검토한 후, (3-3) 재산분할의무를 부담하는 자가 무자력인 경우에도 재산분할청구권이 행사될 수 있는지를 검토해야 한다.

설문(4)에서는 일상가사의 범위와 그에 대한 배우자의 연대책임의 내용, 그리고 이혼 후에 그 책임이 어떻게 되는지를 검토해야 한다.

마지막으로 설문(5)에서는 사실혼의 여부 및 그 보호범위를 설명하고 재산분할과 위자료청구권과의 관계를 검토해야 한다.

Ⅱ. 설문(1): 주택을 처분한 A에 대한 B의 권리

1. 부부별산제와 특유재산의 추정

구민법은 부부재산 관리공동제를 취하고 있었으나, 현행민법은 부부별산제를 기본으로 채택하였다. 부부별산제는 가(家)제도를 배제하고 개인주의적 법리를 바탕으로 처의 재산에 관한 독립성을 인정하여 부부평등을 실현하는 제도라 할 수 있다. 현행민법상 부부별산제의 기본구조는 제830조와 제831조를 근간으로 한다. 즉, 부부의 일방이 혼인 전부터 가진 고유재산과 혼인중 자기명의로 취득한 재산은 그 특유재산으로 하며(제830조 제1항), 이는 부부가 각자 관리·사용·수익한다(제831조). 그러나 귀속불명의 재산은 부부의 공유재산으로 추정한다(제830조 제2항). 이 규정에 의하면 주택의 등기부상 명의자인 A는 주택을 처분할 수 있을 것이다. 왜냐하면 우선 A는 혼인중에 甲주택을 자기명의로 취득하였고, 또한 등기가 형식적으로 존재하면 ── 심지어 무효인 등기라도 ── 등기에 부합하는 권리가 실체적으로도 존재하는 것으로 추정되기 때문이다(대판 1966. 1. 31, 65다186: 등기된 권리관계의 부존재 또는 무효를 주장하는 자는 그것을 입증하여야 한다). 따라서 甲주택의 소유권이 A와 B의 공유로 등기되어 있지 않는 한 甲주택은 A의 단독소유로 추정된다.

그러나 사례에서 A의 명의로 되어 있는 甲주택은 부부 A와 B가 공동의 노력에 의하여 형성한 재산이다. 이와 같이 부부 일방의 명의로 되어 있는 재산이지만 다른 일방의 협력이 있는 경우 그 재산은 달리 평가되어야 한다. 그런데 막연히 재산취득에 상대방이 협력하였다거나 혼인생활에 내조하였다는 사유만으로 A명의로 되어 있는 재산의 특유재산 추정력이 번복되지는 않는다(판례 [1-1], [1-2] 참조). 즉, 부부의 일방이 혼인중에 자기 명의로 취득한 재산은 그 명의자의 특유재산으로 추정되지만, 실질적으로 다른 일방 또는 쌍방이 그 재산의 대가를 부담하여 취득한 것이 증명된 때에는 특유재산의 추정은 번복되어 다른 일방의 단독소유이거나 쌍방의 공유라고 보아야 한다(판례 [1-3] 참조). 또한 일방의 적극적인 재산증식 노력이 있었던 경우에도 이를 부부의 공유재산으로 볼 여지가 있다(판례 [1-4], [1-5] 참조).

2. 설문에 대한 해답

사례에서 B는 남편의 부동산처분을 막아야 하는 사정이 있고, B가 대가를 부담한 사실이나 또는 적극적인 재산증식의 노력이 있었다는 사실을 증명할 수 있을 경우에는 그 증거를 확보하여 위 부동산에 대해 처분금지가처분절차를 취함과 동시에 남편 A를 상대로 그 부담정도에 따라 고유지분권이전등기청구를 제기하여 남편의 처분을 제한적으로 저지할 수 있다.

만약, 특유재산의 추정이 번복되었음에도 불구하고 일방명의로 되어 있는 부동산을 처분한 경우 외부적 관계에서 소유권은 명의자인 A에게 속하므로(부부명의신탁, 판례 [1-6] 참조) 제3자인 매수인은 등기를 완료함으로써 유효하게 소유권을 취득한다. 이 경우 B는 부당이득반환을 청구하거나(제741조 참조) 또는 지분이전의 이행불능을 이유로 손해배상을 청구할 수 있으나(제390조, 제393조 참조), 부부관계가 계속되고 있는 이상 현실적 대안은 아닐 것이다.

Ⅲ. 설문(2): A와 B 사이의 증여계약에 대한 A의 취소권

1. '혼인중' 체결된 부부 사이의 계약에 대한 취소권

(1) 원 칙

혼인중에 이루어진 부부간의 계약은 언제든지 부부의 일방이 이를 취소할 수 있다(제828조 본문)(제829조의 혼인 전 부부재산계약제도와 부부의 혼인 후 재산계약의 구별: 제829조에서 말하는 부부재산계약제도와 혼인중에 이루어지는 부부재산계약은 전혀 다르다. 즉, 전자는 혼인 전 혼인당사자들의 자유로운 재산계약에 대한 의사를 존중하고 이를 혼인 후에도 보호하기 위한 제도인 반면, 혼인 후에 형성된 부부재산은 민법의 규정(제829조 이하)에 의하여 특별한 취급을 받게 된다(특히 제830조 내지 제833조 참조). 다시 말하면 제829조의 부부재산계약은 혼인 후 재산적 법률관계를 대상으로, 혼인신고 전에 체결된 계약이어야 한다. 그리고 부부재산계약은 혼인신고 전에 등기하지 아니하면 부부의 승계인 및 제3자에게 대항할 수 없다(제829조 제4항)). 이 규정을 형식적으로 해석한다면 A와 B는 아직 이혼을 하지 않았고 '혼인중'에 있으므로 B는 계약을 취소할 수 있을 것이다.

이러한 부부 사이의 계약취소권은 혼인중이면 언제든지 행사할 수 있으므로 총칙규정인 취소권의 소멸에 관한 제146조는 적용되지 않는다. 다만, 계약이 사기·강박으로 체결되었다면 제828조는 적용되지 않고, 총칙의 취소에 관한 규정이 적용될 수 있다. 이러한 계약취소권은 일신전속권이므로 채권자대위권의 객체가 될 수 없다. 또한 부부 사이의 권리와 시효정지에 관한 제180조 제2항은 취소권에 관하여는 적용되지 않으나, 혼인중의 계약에 기한 청구권에 대해서는 적용된다. 계약취소의 방법은 상대방에 대한 의사표시로 하며, 계약이 취소되면 계약은 처음부터 성립하지 않은 것으로 된다(제141조 참조). 다만 제3자는 선의·악의를 불문하고 그 권리를 해하지 못한다(제828조 단서).

(2) 예 외

제828조에서 말하는 '혼인중'의 의미를 형식적으로 혼인관계가 계속되고 있는 상태를 가리키는 것이라고 해석하는 것은 부당하다. 판례도 '혼인중'이라 함은 형식적으로 뿐만 아니라 실질적으로도 원만한 혼인관계가 계속되는 상태를 말한다고 한다(판례 참조 [2]). 따라서 아무리 형식적으로는 '혼인중'이라 하더라도 혼인관계가 실질적으로는 파탄이 되었다면 취소권 행사는 인정되지 않는다(김형배, 민법학강의(제6판), 1749면).

2. 설문에 대한 해답

사례에서 만일 A에게 계약취소권이 인정된다면 A는 乙토지에 관한 B와의 증여계약을 취소하고 토지의 반환을 B에게 요구할 수 있을 것이다. 다만 B가 이미 그 부동산을 제3자에게 처분하였다면(제3자가 물권을 취득한 경우), A는 그 제3자로부터 토지를 반환받을 수 없다(제828조 본문).

그러나 사례의 경우 A가 간통죄로 고소당하였고 다른 여자 D와 동거하는 등의 사정을 감안한다면 A와 B의 부부관계는 실질적으로 파탄되었다고 할 수 있으므로, A의 계약취소권은 인정될 수 없다고 판단된다.

Ⅳ. 설문(3): A에 대한 B의 재산분할청구권과 위자료청구권

1. 설문(3-1): A의 이혼청구의 인용 여부

(1) 문 제 점

재판상 이혼에 관하여 현행민법은 상대적 이혼원인주의를 채용함으로써(구민법은 이혼원인을 한정적으로 표시하였다. 구민법 제813조 참조), 예시한 개별적 이혼원인(제840조 제1호 내지 제5호: 절대적·구체적 이혼원인) 이외에 혼인을 계속하기 어려운 중대한 사유(제840조 제6호: 상대적 이혼원인)가 있는 때에도 이혼을 인정하고 있다.

따라서 A가 이혼을 청구하기 위해서는 제840조 제6호에 해당하는 기타 중대한 사유가 존재해야 한다. 그러나 부정행위의 당사자(스스로 혼인을 파탄에 이르게 한 자), 즉 유책배우자로서 A가 재판상 이혼을 청구할 수 있는지에 대하여는 학설이 대립한다(판례 [4-1], [4-2] 참조).

1) **제한긍정설** 다수설은 부정적이다(김주수, 친족·상속법, 203면 이하; 김형배, 민법학강의(제6판), 1763면 이하; 박병호, 가족법, 121면; 이경희, 가족법, 2006, 112면). 즉, 유책배우자의 이혼청구를 원칙적으로 부정하되, 다만 엄격한 요건 아래서 이혼청구를 제한적으로 인정한다. 그 논거로는 혼인의 파탄을 자초하면서 이혼을 요구하는 것은 신의칙과 권리남용의 원칙 및 도덕률에 반하고, 또한 유책배우자가 남자인 경우가 많은 우리나라에서는 축출이혼을 시인하는 결과를 가져올 우려가 있으며, 나아가 피해자가 혼인을 계속해서 공동재산을 이용하고 부양을 받는 것이 오히려 유리할 수도 있다는 점 등을 들고 있다.

2) **긍 정 설** 반면 유책배우자의 이혼청구를 긍정하는 견해에 따르면 혼인은 자유의사를 기초로 하므로 그 계속을 강제하는 것은 도의에 반하고, 나아가 유책배우자의 이혼청구를 부정하는 것은 사실혼을 증가시켜 결국 여자의 행복을 박탈하는 결과를 가져오므로 유책배우자의 이혼청구를 부정적으로만 볼 것은 아니라고 한다(김용한, 친족·상속법, 111면).

(2) 판례의 태도

판례는 유책배우자의 이혼청구를 배척하는 것이 기본입장이다(판례 [4-3] 참조). 그러나 다음과 같은 경우에는 제한적으로 유책배우자의 이혼청구를 인정하고 있다. 즉, 쌍방유책인 경우 또는 상대배우자가 이혼의 반소를 제기하고 있거나, 혹은 오기나 보복적 감정에서 표면상으로는 이혼에 불응하지만 실제에 있어서는 혼인의 계속과는 양립할 수 없는 행위를 하는 등과 같은 명백한 이혼의사가 있는 경우에는 유책배우자의 이혼청구를 허용하고 있다(판례 참조 [4-4]). 한편 일응 유책배우자라 하더라도 혼인이 이미 다른 원인에 의하여 파탄되고 있는 경우에는 그 유책배우자도 이혼청구가 가능하다고 한다(대판 1970. 2. 24, 69므13; 박동섭, 친족상속법, 2006, 176면 이하 참고).

(3) 설문에 대한 해답

사례에서 A가 유책배우자인 경우에는 원칙적으로 이혼청구가 받아들여지지 않지만, 혼인관계가 심각하게 파탄되어 다시는 혼인에 적합한 생활공동관계를 회복할 수 없는 정도에 이른 객관적 사실이 있고, 이러한 경우에 혼인생활의 계속을 강요하는 것이 일방배우자에게 참을 수 없는 고통이 되며, 타방이 오로지 상대방을 괴롭힐 목적으로만 이혼에 응하지 않는 경우에는 이혼청구가 인용될 수 있다(판례 참조 [4-4]). 즉, A의 청구가 인용되기 위해서는 A가 혼인을 계속할 의욕을 상실했다고 하는 주관적 혼인계속 불능만으로는 부족하고 혼인계속불능사실의 정도가 같은 처지에 놓인 사람이면 누구나 혼인계속의 의욕을 상실했을 것이라고 판단될 단계에 있어야 하며, 이는 제840조 제1호 내지 제5호의 구체적 이혼원인에 필적할 정도의 것이어야 한다(판례 참조 [3-1]).

따라서 사례에서 A가 이러한 사실을 입증하지 못하는 한 그의 이혼청구는 받아들여지지 않을 것이다.

2. 설문(3-2): 이혼한 A에 대한 B의 재산분할청구권 및 위자료청구권

(1) B의 재산분할청구권

1) **재산분할의 대상적격과 분할산정의 기초** 혼인중 형성된 재산은 부부 중 어느 일방의 특유재산(제830조 제1항)이 되거나 쌍방의 공유재산이 된다. 제830조 제1항에 해당하는 특유재산과 그 재산으로부터 증가된 재산, 혼인중 일방이 상속·증여·유증받은 재산 등은 재산분할청구권의 대상에서 제외된다. 따라서 재산분할대상이 되는 재산은 당사자 쌍방의 협력으로 이룩한 재산이라고 할 수 있다.

문제는 혼인중 취득한 재산이 일방(특히 夫)의 명의로 되어 있는 경우이다. 제839조의2에 규정된 재산분할제도는, 부부가 혼인중에 취득한 실질적인 공동재산(공유재산뿐만 아니라 협력의 반증이 있는 특유재산까지 포함)을 청산 분배하는 것을 주된 목적으로 하는 것이므로 부부가 협의에 의하여 이혼할 때 쌍방의 협력으로 이룩한 재산이 있는 한, 처가 가사노동을 분담하는 등으로 내조함으로써 夫의 재산의 유지 또는 증가에 기여하였다면 그 재산은 분할대상이 된다(판례 [5-4] ①·[5-5] 참조)고 할 수 있다. 이러한 맥락에서 부부 일방의 명의로 명의신탁된 재산이라도 실질적으로 부부 중 일방의 소유에 속하는 한 재산분할의 대상이 된다(판례 [5-6] 참조).

분할을 위한 산정의 기초가 되는 재산의 가액은 반드시 시가감정에 의해야 하는 것은 아니지만, 객관적이고 합리적인 자료에 의하여 평가되어야 한다(판례 [5-4] ② 참조).

2) **사안의 검토** 사례에서 A와 B 사이에 재산분할 여부 및 그 액수와 방법 등에 관하여 협의가 있었다거나 조정이 있었던 것으로 보이지는 않는다(가사소송법 제2조 제1항 마류 제4호 참조). 따라서 가정법원은 당사자의 청구에 의하여 당사자 쌍방의 협력으로 이룩한 재산의 액수 기타 사정을 참작하여 분할의 액수와 방법을 정할 것이다(제839조의2 제2항 참조).

재산분할청구의 대상인 甲주택이나 기타 재산이 비록 남편 A의 명의로 되어 있더라도 그 재산 형성에 B의 적극적 협력이 있었음이 확인된다면 A에 대한 B의 재산분할청구는 인정될 것이다.

B는 재산분할의 대상으로 A가 장래 받을 퇴직금이나 연금에 대해서도 재산분할을 요구하고 있다. 이미 수령한 연금, 퇴직금 등은 분할대상이 될 수 있지만, 향후 수령할 개연성만 있는 경우에는 이를 기타 사정으로 참작할 수 있을 뿐이라는 판례의 태도(판례 [5-7]·[5-8] 참조)에 따른다면 이 부분에 대한 B의 청구는 곧바로 인용될 수 없고 전체적으로 재산분할액수를 정하는데 참고가 될 뿐이다(취득한 일정한 자격에 의한 재산취득능력도 이러한 참작사항에 해당한다(판례 [5-9] 참조)).

A는 자녀들의 부양의무를 부담하는 것을 이유로 장래 들어갈 부양료만큼을 B에게 지불할 재산분할의 총액에서 제외할 것을 요구하고 있다. 통설에 따르면 재산분할은 부부 사이의 재산관계의 청산적 요소뿐만

이 아니라 부양적 요소도 포함한다고 본다(김주수, 친족상속법, 222면; 박병호, 가족법, 133면). 이러한 통설에 따른다면 A의 주장은 인용될 수 있을 것이다. 그러나 자녀들이 성년에 달한 경우라면 이를 부정해야 할 것이다(판례 [5-10] 참조).

(2) A에 대한 B의 위자료청구권 및 재산분할청구권과의 관계

A는 혼인중에 있으면서 다른 여자와 간통함으로써 아내 B에게 정신상의 고통을 주었으므로 B에 대하여 불법행위책임을 부담한다. 따라서 B는 A에 대하여 위자료청구권을 갖는다(제750조, 제751조, 판례 [6] 참조). 그렇다면 B는 이러한 위자료청구권을 재산분할의 내용에 포함시켜 함께 청구할 수 있는가?

통설에 따르면 혼인관계 해소로 인한 상대방의 정신적 고통에 대한 위자료는 재산분할과는 그 근거와 성질을 달리하는 것으로서 양자는 별개의 권리라고 한다(김주수, 친족상속법, 222면; 박병호, 가족법, 133면. 이경희, 가족법, 123면). 그런데 최근의 판례에 따르면 재산분할이 청산 및 부양 이외에 나아가 분할자의 유책행위로 인한 이혼의 경우에는 이에 대한 손해배상의 성격도 가지는 것으로 이해한다(판례 [5-1] 참조).

생각건대, 위자료청구권은 위법행위에 대한 가해자의 유책성을 전제로 하는 손해배상의 성격을 갖는 것이고, 재산분할청구권은 당사자의 유책성과는 무관하게 자신의 기여분의 상환이나 이혼 후 생활배려를 위한 성질을 갖는다. 또한 재산분할청구권은 2년의 제척기간(제839조의 2 제3항)에 걸리나, 위자료청구권은 단기 3년의 시효기간(제843조에 의한 제806조의 준용, 제766조: 장기소멸시효 10년은 무의미)에 걸린다. 따라서 위자료청구권과 재산분할청구권은 별개의 것으로 취급하는 것이 타당할 것이다. 다만 판례가 설시한 바와 같이 위자료청구를 포함하는 재산분할청구를 완전히 배척할 것은 아니며, 재산분할 속에 위자료가 포함된 부분을 구체적으로 특정하는 것으로 충분하다고 할 것이다.

결국 사례의 경우 B는 A에 대하여 재산분할청구권과 위자료청구권을 개별적·순차적으로 청구하는 것이 원칙이지만, 이를 재산분할청구에 포괄하여 청구하더라도 법원은 구체적으로 석명하여 재산분할의 구체적인 내용을 정할 수 있다 할 것이다.

3. 설문(3-3): 무자력인 A에 대한 B의 재산분할청구권

(1) 재산분할의 산정시기에 무자력인 배우자에 대한 재산분할청구

재산분할의 산정시기에 관해서 이혼확정의 시점 또는 이에 선행하는 별거의 시점이라는 견해가 없지 않으나(김주수, 친족·상속법, 230면 참조), 판례는 재판상이혼에 관한 한 이혼소송의 사실심 변론종결일을 기준으로 한다(판례 [5-12]·[5-13] 참조). 따라서 협의이혼의 경우라면 이혼의사를 가정법원의 확인을 받아 호적법에 정한 바에 의하여 신고한 때(제836조 제1항 참조)가 그 기준시점이 될 것이다(판례 [5-14] 참조). 어느 시점을 기준으로 하든지 이 시점에 자력이 없는 배우자를 상대로 '재산'의 분할을 청구할 수는 없다. 왜냐하면 재산분할을 청산적 성질로 보면 협력에 의해 조성된 재산이 현존하지 않는 것이고, 부양적 성질로 보더라도 무자력에 의하여 부양가능상태가 없기 때문이다. 따라서 재산분할기준시점에 협력에 의한 재산이 존재하는 경우에 한하여 재산분할청구를 할 수 있다(판례 [5-15] 참조).

한편 분할기준시점으로부터 재산분할의무의 이행기 사이에 자신의 귀책사유로 무자력으로 된 경우 원칙적으로는 권리자의 재산분할청구가 가능하다고 풀이해야 할 것이다. 반면 자신의 귀책사유 없이 무자력으로 되었다면 재산분할의무자는 그 의무를 면하는 것으로 해석해야 할 것이다(제537조 참조).

(2) 설문에 대한 해답

사례의 경우 자기 책임으로 돌릴 수 있는 사유, 즉 낭비로 인하여 A가 무자력이 되었다면 A는 원칙적으로 재산분할의무를 면할 수 없다. 반면 재해 등에 의하여 귀책사유 없이 A가 무자력이 되었다면 분할기준시점에 부부 공동의 협력에 의한 재산이 존재하지 않으므로 A의 재산분할 의무는 성립하지 않는다.

Ⅴ. 설문(4): 부부의 일상가사에 대한 연대책임

1. 일상가사에의 해당 여부

(1) 일상가사와 그에 관한 법률행위에 따른 법률효과

제829조 제1항 및 제832조에서 말하는 일상가사란 '부부가 공동

체로서 가정생활상 항시 행하는 행위'이며(판례 참조 [7-2]), '일상가사에 관한 (대리행위를 포함한) 법률행위'는 부부가 공동생활을 영위하는데 통상 필요한 법률행위를 말한다. 그 내용과 범위는 그 부부공동체의 생활구조, 정도와 그 부부의 생활장소인 지역사회의 사회통념에 의하여 결정되며, 문제가 된 구체적인 법률행위가 당해 부부의 일상의 가사에 관한 것인지를 판단함에 있어서는 그 법률행위의 종류·성질 등 객관적 사정과 함께 가사처리자의 주관적 의사와 목적, 부부의 사회적 지위·직업·재산·수입능력 등 현실적 생활상태를 종합적으로 고려하여 사회통념에 따라 판단해야 한다는 것이 판례이다(판례 참조 [7-1]).

일상의 가사에 관하여 부부 일방이 제3자와 법률행위를 한 때에는, 미리 제3자에 대하여 부부의 다른 일방의 책임없음을 명시하지 않는 한, 그 다른 일방은 이로 인한 채무에 대하여 연대책임을 부담한다(제832조).

(2) 사안의 검토

장롱과 같은 가구의 구입은 그 가격 등이 현실적인 생활상태와 비교하여 적당하다고 판단되면 일상가사로 볼 수 있으며, 따라서 B가 행한 장롱의 매수행위는 일상가사에 관한 법률행위에 해당한다고 평가할 수 있다. 그렇다면 A는 B의 가구매수행위로 인하여 발생한 매매대금지급채무에 대하여 연대책임을 부담하게 된다(제832조).

(3) 이혼의 경우 연대책임의 성질 변화

일상가사에 관한 법률행위로 발생한 채무에 대하여 부부는 연대책임을 지지만 이때에는 부담부분에 관한 연대채무의 규정(제418조 제2항, 제419조, 제421조 참조)이 적용되지 않기 때문에 부부의 일방은 타방의 채권으로 무제한 상계할 수 있고, 채무면제의 효과도 전면적으로 발생하며, 시효로 인한 일방의 채무의 소멸은 타방의 채무도 소멸시킨다(김형배, 민법학강의(제6판), 1755면 참조).

한편 혼인이 해소되더라도 이미 발생한 부부의 연대책임은 보통의 연대채무로 변경되어 존속한다(김형배, 민법학강의(제6판), 1754면; 박동섭, 친족상속법, 2006, 167면). 즉, 일상가사와 관련하여 A와 B가 혼인중에 부담한 연대채무는 A와 B가 이혼함으로써 통상의 연대채무로 된다(제413조, 제414조 참조).

2. 설문에 대한 해답

B의 장롱매수행위에 따른 매매대금지급채무(200만원)에 대하여 혼인중의 A와 B는 일단 연대책임을 부담하였지만, 혼인이 해소된 이후에 A와 B는 잔대금지급채무(120만원)에 대하여 통상의 연대책임을 진다. 따라서 A와 B 사이에서 내부적으로는 각자의 부담부분에 관해서만 C에 대한 관계에서 연대책임을 진다(제424조 이하 참조).

한편 A와 B의 잔대금지급채무가 B의 이행지체로 인하여 지체상태에 빠지면 C는 계약을 해제할 수 있다(제544조). 이러한 잔대금지급채무는 이혼 후 통상의 연대채무가 되므로, C는 A 또는 B 중 일방에 대해서만 최고(이행청구)를 하여도 A와 B 모두에 대하여 최고의 효과를 주장할 수 있다(제416조).

Ⅵ. 설문(5): 사실혼 당사자의 재산분할청구권

1. 사실혼의 요건과 효과

사실혼이라 함은 당사자 사이에 혼인의 의사가 있고, 객관적으로 사회관념상 가족질서의 면에서 부부공동생활을 인정할 만한 혼인생활의 실체가 있는 경우를 말한다. 부부재산의 청산의 의미를 갖는 재산분할에 관한 규정은 부부의 생활공동체라는 실질에 비추어 인정되는 것이므로 사실혼관계에도 준용 또는 유추적용할 수 있다(판례 [5-3] ① 참조).

2. 사안의 검토

(1) A가 이혼하기 전의 D의 권리

A와 B가 이혼하기 전이라면 D가 A와의 동거생활이 사실상 혼인의 실체관계에 있었음을 증명하더라도 중혼적 사실혼에 불과하다. 중혼적 사실혼의 상태에서는 재산분할청구권이 인정되지 않으므로 D는 재산분할청구권을 행사할 수 없다(판례 [5-3] ② 참조).

(2) A가 이혼한 후의 D의 권리

중혼적 사실혼이 아닌 한 사실혼배우자도 재산분할청구권을 행사할 수 있다(판례 ① [5-3] 참조). 따라서 A와 B가 이혼한 후라면 D는 A와의 동거생활이 사실상 혼인의 실체관계에 있었음을 증명하여 재산분할을 청구할 수 있을 것이다.

≪판 례≫

[1] 특유재산의 추정

*특유재산을 인정한 예

[1-1] (대판 1992. 12. 11, 92다21982) 부부의 일방이 혼인중에 자기 명의로 취득한 재산은 명의자의 특유재산으로 추정되고, 다만 실질적으로 다른 일방 또는 쌍방이 그 재산의 대가를 부담하여 취득한 것이 증명된 때에는 특유재산의 추정은 번복되어 다른 일방의 소유이거나 쌍방의 공유라고 보아야 할 것이지만 재산을 취득함에 있어 상대방의 협력이 있었다거나 혼인생활에 있어 내조의 공이 있었다는 것만으로 위 추정을 번복할 사유가 된다고 할 수 없다.

[1-2] (대판 1998. 6. 12, 97누7707) 부부 중 일방의 명의로 된 농지나 예금 등 재산은 그의 특유재산으로 추정되는바, 그 취득에 상대방 배우자가 대가나 채무를 부담하였다거나 적극적인 재산증식의 노력이 있었다는 등의 실질적인 사유에 관한 아무런 입증이 없는 이상 상대방 배우자가 가정주부로서 남편의 약국 경영을 도왔다는 것만으로는 그 추정을 번복하기에 부족하다.

*특유재산의 추정이 번복된 예

[1-3] (대판 1994. 12. 22, 93다52068) 사실혼관계에 있는 부부의 일방이 사실혼중에 자기명의로 취득한 재산은 그 명의자의 특유재산으로 추정되나 실질적으로 다른 일방 또는 쌍방이 그 재산의 대가를 부담하여 취득한 것이 증명된 때에는 특유재산의 추정은 번복되어 그 다른 일방의 소유이거나 쌍방의 공유라고 보아야 할 것이다.

[1-4] (대판 1990. 10. 23, 90다카5624) 부동산 매입자금의 원천이 남편의 수입에 있다고 하더라도 처가 남편과 18년간의 결혼생활을 하면서 여러 차례 부동산을 매입하였다가 이익을 남기고 처분하는 등의 방법으로 증식한 재산으로써 그 부동산을 매입하게 된 것이라면 위 부동산의 취득은 부부 쌍방의 자금과 증식노력으로 이루어진 것으로서 부부의 공유재산이라고 볼 여지가 있다.

[1-5] (대판 1995. 10. 12, 95다25695) 처 명의 부동산의 주된 매입 자금이 부의 수입이지만 처의 적극적인 재산증식 노력이 있었던 경우 이를 부부 공동재산으로 볼 여지가 있다([cf.] 대판 1998. 6. 12, 97누7707: 가정주

부가 특별한 재산이 없거나 가사 일정한 수입이 있었다고 하더라도 그 소득의 정도가 자신의 명의로 취득된 각 부동산의 가치에 상당한 정도에 미달하여 그 소득이나 재력만으로는 위 각 부동산을 자신의 힘으로 마련하였다고 보기 어려운 반면, 자신의 남편은 위와 같은 자금을 대주기에 충분한 소득과 자력을 갖추었다고 인정된다면 그 출처가 밝혀지지 아니한 자금 부분은 남편으로부터 증여받은 것으로 추정함이 상당하다).

[1-6] (대판 1998.12.22, 98두15177) ① 부부의 일방이 혼인중 단독 명의로 취득한 부동산은 그 명의자의 특유재산으로 추정되므로, 다른 일방이 그 실질적인 소유자로서 편의상 명의신탁한 것이라고 인정받기 위하여는 자신이 실질적으로 당해 재산의 대가를 부담하여 취득하였음을 증명하여야 하고, 단지 그 부동산을 취득함에 있어서 자신의 협력이 있었다거나 혼인생활에 있어서 내조의 공이 있었다는 것만으로는 위 추정이 번복되지 아니한다. ② 혼인중 부부의 일방 명의로 취득되어 그의 특유재산으로 추정되는 부동산을 다른 일방이 형식적인 재판절차를 통하여 명의신탁해지를 원인으로 한 소유권이전등기를 경료받았다고 한다면, 그 특유재산의 추정을 번복할 만한 주장·입증이 없는 이상, 그 등기시에 명의신탁해지의 형식을 빌려 부부 사이에 당해 부동산의 증여가 이루어진 것으로 보아야 한다.

[2] 제828조에서 말하는 '혼인중'의 의미

(대판 1993.11.26, 93다40072) 제828조에서 '혼인중'이라 함은 단지 형식적으로 혼인관계가 계속되고 있는 상태를 의미하는 것이 아니라, 형식적으로는 물론 실질적으로도 원만한 혼인관계가 계속되고 있는 상태를 뜻한다고 보아야 하므로 혼인관계가 비록 형식적으로는 계속되고 있다고 하더라도 실질적으로 파탄에 이른 상태라면 위 규정에 의한 계약의 취소는 할 수 없다.

[3] 제840조 제6호 소정의 이혼사유

[3-1] (대판 1987.7.21, 87므24) 제840조 제6호 소정의 이혼사유인 혼인을 계속하기 어려운 중대한 사유가 있는 때라 함은 부부간의 애정과 신뢰가 바탕이 되어야 할 이혼의 본질에 상응하는 부부공동생활 관계가 회복할 수 없을 정도로 파탄되고 그 혼인생활의 계속을 강제하는 것이 일방배우자에게 참을 수 없는 고통이 되는 경우를 말하며, 이를 판단함에 있어서는 그 파탄의 정도, 혼인계속의사의 유무, 파탄의 원인에 관한 당사자의 책임 유무, 혼인생활의 기간, 자녀의 유무, 당사자의 연령, 혼인 후의 생활보장 기타 혼인관계의 제반사정을 두루 고려하여야 한다.

[3-2] (대판 2004.9.13, 2004므740) ① 부부의 일방이 정신병적 증세를 보여 혼인관계를 유지하는 데 어려움이 있다고 하더라도 그 증상이

가벼운 정도에 그치는 경우라든가, 회복이 가능한 경우인 때에는 그 상대방 배우자는 사랑과 희생으로 그 병의 치료를 위하여 진력을 다하여야 할 의무가 있는 것이고, 이러한 노력을 제대로 하여 보지 않고 정신병 증세로 인하여 혼인관계를 계속하기 어렵다고 주장하여 곧 이혼청구를 할 수는 없다. ② 가정은 단순히 부부만의 공동체에 지나지 않는 것이 아니고 그 자녀 등 모든 구성원의 공동생활을 보호하는 기능을 가진 것으로서 부부 중 일방이 불치의 정신병에 이환되었고, 그 질환이 단순히 애정과 정성으로 간호되거나 예후가 예측될 수 있는 것이 아니고 그 가정의 구성원 전체에게 끊임없는 정신적·육체적 희생을 요구하는 것이며, 경제적 형편에 비추어 많은 재정적 지출을 요하고 그로 인한 다른 가족들의 고통이 언제 끝날지 모르는 상태에 이르렀다면, 온 가족이 헤어날 수 없는 고통을 받더라도 타방 배우자는 배우자간의 애정에 터잡은 의무에 따라 한정없이 참고 살아가라고 강요할 수는 없는 것이므로, 이러한 경우는 민법 제840조 제6호 소정의 재판상 이혼사유에 해당한다.

[4] 유책배우자의 이혼청구

*혼인파탄에 대한 유책성

[4-1] (대판 2004. 2. 27, 2003므1890) 혼인파탄에 있어 유책성은 혼인파탄의 원인이 된 사실에 기초하여 평가할 일이며 혼인관계가 완전히 파탄된 뒤에 있은 일을 가지고 따질 것은 아니다(같은 취지의 판례로서 대판 1987. 12. 22, 86므90: 혼인파탄의 원인이 직접적으로는 甲 男의 다른 여자와의 동거에 있다 하더라도 다른 여자와의 동거가 배우자와 사이에 이혼합의가 있은 후의 일이라면 이를 가리켜 위 혼인파탄의 주된 책임이 甲에게 있다고 할 수 없다).

[4-2] (대판 1987. 4. 14, 86므28) 부정행위를 저지른 배우자를 간통죄로 고소할 수 있음은 혼인의 순결을 보장하기 위하여 법률이 인정한 권리이고 부정행위를 저지른 배우자가 그 잘못을 뉘우친다 하여 반드시 고소를 취소하여 용서하여 주고 혼인을 계속하여야 할 의무가 발생하는 것도 아니므로 상대배우자가 부정행위를 저지른 배우자를 끝내 용서하지 아니하였다 하더라도 그 혼인의 파탄에 관하여 상대배우자에게도 그 책임이 있다고는 볼 수 없다.

*유책배우자의 이혼청구의 원칙적 부정

[4-3] (대판 1987. 4. 14, 86므28) 혼인의 파탄에 관하여 유책배우자는 그 파탄의 원인으로 이혼을 청구할 수 없는바, 이는 혼인의 파탄을 자초한 자에게 재판상 이혼청구권을 인정하는 것은 혼인제도가 요구하고 있는 도덕성에 근본적으로 배치되고 배우자 일방의 의사에 의한 이혼 내지는 축출이혼을 시인하는 부당한 결과가 되므로 혼인의 파탄에도 불구

하고 이혼을 희망하지 않고 있는 상대배우자의 의사에 반하여 이혼을 할 수 없도록 하려는 것일뿐, 상대배우자에게도 그 혼인을 계속할 의사가 없음이 객관적으로 명백한 경우에까지 파탄된 혼인의 계속을 강제하려는 취지는 아니다.

*유책배우자의 이혼청구가 가능한 경우

[4-4] (대판 1987.4.14, 86므28; 대판 2004.9.24, 2004므1033) 유책자의 이혼제기에 대하여 상대배우자도 이혼의 반소를 제기하거나 오기나 보복적 감정에서 표면적으로는 이혼에 불응하고 있기는 하나 실제에 있어서는 혼인의 계속과는 도저히 양립할 수 없는 행위를 하는 등 그 이혼의 의사가 객관적으로 명백한 경우에는 비록 혼인의 파탄에 관하여 전적인 책임이 있는 배우자의 이혼청구라 할지라도 이를 인용함이 상당하다.

[5] 재산분할청구권

*법적 성질

[5-1] (대판 2005.1.28, 2004다58963) 이혼에 있어서 재산분할은 부부가 혼인중에 가지고 있었던 실질상의 공동재산을 청산하여 분배함과 동시에 이혼 후에 상대방의 생활유지에 이바지하는 데 있지만, 분할자의 유책행위에 의하여 이혼함으로 인하여 입게 되는 정신적 손해(위자료)를 배상하기 위한 급부로서의 성질까지 포함하여 분할할 수도 있다고 할 것인바, 재산분할의 액수와 방법을 정함에 있어서는 당사자 쌍방의 협력으로 이룩한 재산의 액수 기타 사정을 참작하여야 하는 것이 제839조의2 제2항의 규정상 명백하므로 재산분할자가 이미 채무초과의 상태에 있다거나 또는 어떤 재산을 분할한다면 무자력이 되는 경우에도 분할자가 부담하는 채무액 및 그것이 공동재산의 형성에 어느 정도 기여하고 있는지 여부를 포함하여 재산분할의 액수와 방법을 정할 수 있다고 할 것이고, 재산분할자가 당해 재산분할에 의하여 무자력이 되어 일반채권자에 대한 공동담보를 감소시키는 결과가 된다고 하더라도 그러한 재산분할이 제839조의2 제2항의 규정 취지에 반하여 상당하다고 할 수 없을 정도로 과대하고, 재산분할을 구실로 이루어진 재산처분이라고 인정할 만한 특별한 사정이 없는 한 사해행위로서 채권자취소권의 대상이 되지 아니하고, 위와 같은 특별한 사정이 있어 사해행위로서 채권자취소권의 대상이 되는 경우에도 취소되는 범위는 그 상당한 부분을 초과하는 부분에 한정된다고 할 것이다.

*재산분할청구권의 권리자

[5-2] (대결 1993.5.11, 93스6) 혼인중에 부부가 협력하여 이룩한 재산이 있는 경우에는 혼인관계의 파탄에 대하여 책임이 있는 배우자라도 재산의 분할을 청구할 수 있다.

[5-3] ① (대판 1995.3.10, 94므1379) 사실혼이라 함은 당사자 사이에 혼인의 의사가 있고, 객관적으로 사회관념상 가족질서 면에서 부부공동생활을 인정할 만한 혼인생활의 실체가 있는 경우이므로 법률혼에 대한 민법의 규정 중 혼인신고를 전제로 하는 규정은 유추적용할 수 없으나, 부부재산의 청산의 의미를 갖는 재산분할에 관한 규정은 부부의 생활공동체라는 실질에 비추어 인정되는 것이므로 사실혼관계에도 준용 또는 유추적용할 수 있다. ② (대결 1995.7.3, 94스30) 법률상 배우자 있는 자는 그 법률혼 관계가 사실상 이혼상태라는 등의 특별한 사정이 없는 한 사실혼 관계에 있는 상대방에게 그와의 사실혼 해소를 이유로 재산분할을 청구함은 허용되지 않는다.

*재산분할의 대상적격과 분할산정의 기초

[5-4] (대결 2002.8.28, 2002스36) ① 제839조의2에 규정된 재산분할제도는 혼인중에 취득한 실질적인 공동재산을 청산 분배하는 것을 주된 목적으로 하는 것이므로, 부부가 이혼을 할 때 쌍방의 협력으로 이룩한 재산이 있는 한, 법원으로서는 당사자의 청구에 의하여 그 재산의 형성에 기여한 정도 등 당사자 쌍방의 일체의 사정을 참작하여 분할의 액수와 방법을 정하여야 하는바, 이 경우 부부 일방의 특유재산은 원칙적으로 분할의 대상이 되지 아니하나 특유재산일지라도 다른 일방이 적극적으로 그 특유재산의 유지에 협력하여 그 감소를 방지하였거나 그 증식에 협력하였다고 인정되는 경우에는 분할의 대상이 될 수 있다. ② 재산분할액 산정의 기초가 되는 재산의 가액은 반드시 시가감정에 의하여 인정하여야 하는 것은 아니지만 객관성과 합리성이 있는 자료에 의하여 평가하여야 한다.

[5-5] (대판 1994.5.13, 93므1020) ① 특유재산이라 할지라도 다른 일방이 적극적으로 그 특유재산의 유지에 협력하여 그 감소를 방지하였거나 그 증식에 협력하였다고 인정되는 경우에는 재산분할의 대상이 될 수 있다. ② 가사를 전담하는 외에 가업으로 24시간 개점하는 잡화상연쇄점에서 경리업무를 전담하면서 잡화상 경영에 참가하여 가사비용의 조달에 협력하였다면 특유재산의 감소방지에 일정한 기여를 하였다고 할 수 있으므로 그 특유재산은 재산분할의 대상이 된다.

[5-6] (대판 1993.6.11, 92므1054·1061) 다른 사람 명의로 명의신탁된 재산이라도 실질적으로 부부 중 일방의 소유에 속하는 한 재산분할의 대상이 된다.

[5-7] (대판 1995.3.28, 94므1584) 퇴직금은 혼인중에 제공한 근로에 대한 대가가 유예된 것이므로 부부의 혼인중 재산의 일부가 되며, 부부 중 일방이 직장에서 일하다가 이혼 당시에 이미 퇴직금 등의 금원을 수령하여 소지하고 있는 경우에는 이를 청산의 대상으로 삼을 수 있다

([cf.] 대결 2000.5.2, 2000스13: 이혼소송의 사실심 변론종결일 후 부부 일방이 퇴직하여 퇴직금을 수령하였고 재산분할청구권의 행사기간이 경과하지 않았으면 수령한 퇴직금 중 혼인한 때로부터 위 기준일까지의 기간중에 제공한 근로의 대가에 해당하는 퇴직금 부분은 분할의 대상인 재산이 된다).

[5-8] (대판 1997.3.14, 96므1533) 향후 수령할 퇴직연금은 여명을 확정할 수 없으므로 이를 바로 분할대상 재산에 포함시킬 수는 없고, 이를 참작하여 분할액수와 방법을 정함이 상당하다(동지: 대판 1998.6.12, 98므213: 부부 일방이 아직 퇴직하지 아니한 채 직장에 근무하고 있을 경우 그의 퇴직일과 수령할 퇴직금이 확정되었다는 등의 특별한 사정이 없다면, 그가 장래 퇴직금을 받을 개연성이 있다는 사정은 제839조의2 제2항 소정의 재산분할의 액수와 방법을 정하는 데 필요한 기타 사정으로 참작되면 족하다).

[5-9] (대판 1998.6.12, 98므213) 박사학위를 소지한 경제학교수로서의 재산취득능력은 민법 제839조의2 제2항 소정의 재산분할의 액수와 방법을 정하는 데 필요한 '기타 사정'으로 참작함으로써 충분하다.

[5-10] (대판 2003.8.19, 2003므941) 이혼하는 부부의 자녀들이 이미 모두 성년에 달한 경우, 부(父)가 자녀들에게 부양의무를 진다 하더라도 이는 어디까지나 부(父)와 자녀들 사이의 법률관계일 뿐, 이를 부부의 이혼으로 인하여 이혼 배우자에게 지급할 위자료나 재산분할의 액수를 정하는 데 참작할 사정으로 볼 수는 없다.

[5-11] (대판 1998.2.13, 97므1486) 부부 일방이 혼인중 제3자에게 부담한 채무는 일상가사에 관한 것 이외에는 원칙으로 그 개인의 채무로서 청산의 대상이 되지 않으나 그것이 공동재산의 형성에 수반하여 부담한 채무인 경우에는 청산의 대상이 된다(동지: 대판 2006.9.14, 2005다74900: 채무로 인하여 취득한 특정 적극재산이 남아있지 않더라도 그 채무부담행위가 부부 공동의 이익을 위한 것으로 인정될 때에는 혼인중의 공동재산의 형성·유지에 수반하는 것으로 보아 청산의 대상이 된다).

*재산분할의 산정시기

[5-12] (대판 2000.9.22, 99므906) 재판상 이혼시의 재산분할에 있어 분할의 대상이 되는 재산과 그 액수는 이혼소송의 사실심 변론종결일을 기준으로 하여 정하여야 하므로, 법원은 변론종결일까지 기록에 나타난 객관적인 자료에 의하여 개개의 공동재산의 가액을 정하여야 하고, 부부 각자에게 귀속하게 한 재산가액의 비율과 법원이 인정한 그들 각자의 재산분할 비율이 다를 경우에는 그 차액을 금전으로 지급·청산하게 하여야 한다.

[5-13] (대판 2001.9.25, 2001므725·732) 이혼으로 인한 재산분할청구권은 이혼을 한 당사자의 일방이 다른 일방에 대하여 재산분할을 청구

할 수 있는 권리로서 이혼이 성립한 때에 그 법적 효과로서 비로소 발생하는 것일 뿐만 아니라, 협의 또는 심판에 의하여 그 구체적 내용이 형성되기까지는 그 범위 및 내용이 불명확·불확정하기 때문에 구체적으로 권리가 발생하였다고 할 수 없으므로, 당사자가 이혼이 성립하기 전에 이혼소송과 병합하여 재산분할의 청구를 하고 법원이 이혼과 동시에 재산분할로서 금전의 지급을 명하는 판결을 하는 경우 그 금전지급채무에 관하여는 그 판결이 확정된 다음날부터 이행지체책임을 지게 되고, 따라서 소송촉진등에관한특례법 제3조 제1항 단서에 의하여 같은 조항 본문에 정한 이율이 적용되지 아니한다.

[5-14] (대판 2006. 9. 14, 2005다74900) 협의이혼을 예정하고 미리 재산분할 협의를 한 경우 협의이혼에 따른 재산분할에 있어 분할의 대상이 되는 재산과 액수는 협의이혼이 성립한 날(이혼신고일)을 기준으로 정하여야 한다(대판 2003. 3. 14, 2002므2230 참조).

*총재산가액에서 청산대상인 채무를 공제하고 잔액이 없는 경우의 재산분할(소극)

[5-15] (대판 2002. 9. 4, 2001므718) ① 제839조의2 제2항의 취지에 비추어 볼 때, 재산분할비율은 개별재산에 대한 기여도를 일컫는 것이 아니라, 기여도 기타 모든 사정을 고려하여 전체로서의 형성된 재산에 대하여 상대방 배우자로부터 분할받을 수 있는 비율을 일컫는 것이라고 봄이 상당하고, 또한, 부부 일방이 혼인중 제3자에게 채무를 부담한 경우에 그 채무 중에서 공동재산의 형성에 수반하여 부담하게 된 채무는 청산의 대상이 되는 것이므로, 부부 일방이 위와 같이 청산의 대상이 되는 채무를 부담하고 있어 총재산가액에서 위 채무액을 공제하면 남는 금액이 없는 경우에는 상대방의 재산분할 청구는 받아들여질 수 없다. ② 법원이 합리적인 근거없이 적극재산과 소극재산을 구별하여 분담비율을 달리 정한다거나, 분할대상 재산들을 개별적으로 구분하여 분할비율을 달리 정함으로써 분할할 적극재산의 가액을 임의로 조정하는 것은 허용될 수 없다.

[6] 이혼에 따른 유책배우자에 대한 위자료청구권

[6-1] (대판 1993. 5. 27, 92므143) 이혼위자료청구권은 상대방 배우자의 유책불법한 행위에 의하여 혼인관계가 파탄상태에 이르러 이혼하게 된 경우 그로 인하여 입게 된 정신적 고통을 위자하기 위한 손해배상청구권으로서 이혼시점에서 확정, 평가되고 이혼에 의하여 비로소 창설되는 것이 아니며, 이혼위자료청구권의 양도 내지 승계의 가능 여부에 관하여 제806조 제3항은 약혼해제로 인한 손해배상청구권에 관하여 정신상 고통에 대한 손해배상청구권은 양도 또는 승계하지 못하지만 당사자간에 배상에 관한 계약이 성립되거나 소를 제기한 후에는 그러하지 아니하다

고 규정하고 제843조가 위 규정을 재판상 이혼의 경우에 준용하고 있으므로 이혼위자료청구권은 원칙적으로 일신전속적 권리로서 양도나 상속 등 승계가 되지 아니하나 이는 행사상 일신전속권이고 귀속상 일신전속권은 아니라 할 것인바, 그 청구권자가 위자료의 지급을 구하는 소송을 제기함으로써 청구권을 행사할 의사가 외부적 객관적으로 명백하게 된 이상 양도나 상속 등 승계가 가능하다.

[6-2] (대판 2004.7.9, 2003므2251·2268) 유책배우자에 대한 위자료 수액을 산정함에 있어서는, 유책행위에 이르게 된 경위와 정도, 혼인관계 파탄의 원인과 책임, 배우자의 연령과 재산상태 등 변론에 나타나는 모든 사정을 참작하여 법원이 직권으로 정한다.

[6-3] (대판 1983.9.27, 83므20·21) 협의이혼약정시에 청구인이 피청구인에게 이혼위자료조로 소정의 금원을 지급할 것을 약정한 후에 피청구인이 위 금원 등을 지급받은 경우라면, 위 금원 등 수수에 관한 당사자 쌍방의 의사는 어디까지나 협의의 이혼이건 재판상 이혼이건 간에 그 부부관계를 완전히 청산하는 것을 전제로 그 위자료조로 지급한 취지라고 볼 것이므로 피청구인의 위자료청구권은 소멸하였다.

[7] 일상가사에 있어서 대리권과 연대책임

*일상가사의 의미

[7-1] (대판 1999.3.9, 98다46877) 일상의 가사에 관한 법률행위라 함은 부부가 공동생활을 영위하는데 통상 필요한 법률행위를 말하므로 그 내용과 범위는 그 부부공동체의 생활구조, 정도와 그 부부의 생활장소인 지역사회의 사회통념에 의하여 결정되며, 문제가 된 구체적인 법률행위가 당해 부부의 일상의 가사에 관한 것인지를 판단함에 있어서는 그 법률행위의 종류·성질 등 객관적 사정과 함께 가사처리자의 주관적 의사와 목적, 부부의 사회적 지위·직업·재산·수입능력 등 현실적 생활상태를 종합적으로 고려하여 사회통념에 따라 판단하여야 한다.

*일상가사대리권

[7-2] (대판 1993.9.28, 93다16369) 제827조 제1항의 부부간의 일상가사대리권은 부부가 공동체로서 가정생활상 항시 행하여지는 행위에 한하는 것이므로, 처가 별거하여 외국에 체류중인 부의 재산을 처분한 행위를 부부간의 일상가사에 속하는 것이라 할 수는 없다.

[7-3] (대판 1997.4.8, 96다54942) 부부간에 서로 일상가사대리권이 있다고 하더라도, 일반적으로 처가 남편이 부담하는 사업상의 채무를 남편과 연대하여 부담하기 위하여 남편에게 채권자와의 채무부담약정에 관한 대리권을 수여한다는 것은 극히 이례적인 일이라 할 것이고, 채무자가 남편으로서 처의 도장을 쉽사리 입수할 수 있었으며 채권자도 이러한 사

정을 쉽게 알 수 있었던 점에 비추어 보면, 채무자가 채권자를 자신의 집 부근으로 오게 한 후 처로부터 위임을 받았다고 하여 처 명의의 채무부담약정을 한 사실만으로는 채권자가 남편에게 처를 대리하여 채무부담약정을 할 대리권이 있다고 믿은 점을 정당화할 수 있는 객관적인 사정이 있다고 할 수 없다.

*일상가사로 인한 채무의 연대책임

[7-4] (대판 1999.3.9, 98다46877) 금전차용행위도 금액, 차용목적, 실제의 지출용도, 기타의 사정 등을 고려하여 그것이 부부의 공동생활에 필요한 자금조달을 목적으로 하는 것이라면 일상가사에 속한다고 보아야 할 것이므로, 아파트 구입비용 명목으로 차용한 경우 그와 같은 비용의 지출이 부부공동체 유지에 필수적인 주거 공간을 마련하기 위한 것이라면 일상가사에 속한다고 볼 수 있다.

[7-5] (대판 2000.4.25, 2000다8267) ① 구체적인 법률행위가 제832조에서 말하는 일상의 가사에 관한 법률행위인지 여부를 판단함에 있어서는 그 법률행위를 한 부부공동체의 내부사정이나 그 행위의 개별적인 목적만을 중시할 것이 아니라 그 법률행위의 객관적인 종류나 성질 등도 충분히 고려하여 판단하여야 한다. ② 처가 부담한 금 40,000,000원의 계금채무는 혼인공동체의 통상의 사무에 포함되는 일상의 가사로 인한 채무라가보다 처 자신의 사업상의 필요에 의한 채무라 할 것이다.

관련사례 57-1 認 知

≪설 문≫

(1) A男을 상대로 B女는 C가 A의 子임을 認知하라는 訴를 제기하였다.

(1-1) B가 C를 포태한 기간중에 A와 B가 情交하였다는 점, C의 혈액형이 A의 子로 인정될 수 있다는 점이 잠정적으로 확인되었으나, A는 'B가 포태기간에 D男과도 정교하였다'고 주장한다. A와 B 및 C 사이의 법률관계를 검토하시오.

(1-2) 위 경우 C가 15세에 달할 때까지의 양육비로 1,000만원을 주겠다고 A가 제안하자, B가 이를 받고 소를 취하하였다면 그후에 B 또는 C가 다시 認知의 訴를 제기할 수 있는지를 검토하시오.

(1-3) C에 대한 인지가 이루어지기 전에 A가 갑자기 사망하여 그 재산을 A의 형제들이 상속받았고, A의 상속재산뿐만 아니라 A의 채무자들로부터 판결로 확정된 채권 역시 이미 변제받은 경우 그 상속재산이나 변제된 채권에 대한 C의 권리는 어떻게 되는지를 검토하시오.

(2) 위 (1)과는 달리, A는 C를 임의로 인지하였다.

(2-1) 그후 C가 A의 子가 아님이 판명되었을 경우 또는

(2-2) C가 자신의 친자가 아님을 알고도 A가 C를 인지한 경우에 A가 認知를 다툴 수 있는지를 검토하시오.

풀이제안

Ⅰ. 논점분석

우선 사안(1)과 관련하여 (1-1) 강제인지의 요건과 관련하여 친자관계의 증명방법과 절차, 인지의 효과와 관련하여 과거부양료 문제, (1-2) 인지청구권의 포기합의의 효력, (1-3) 인지의 효과로서 소급효와 그 제한에 대해서, 사안(2)에서는 인지취소청구 및 認知異議 내지 인지무효의 訴를 각각 검토해야 한다.

Ⅱ. 설문(1-1): 인지청구의 소(강제인지)

1. 의의 및 절차

인지란 혼인외에 출생한 자와 그 부 또는 모 사이에 법률상의 친자관계를 형성하는 것을 말한다. 모자관계는 분만과 해산이라는 외형적 사실에 의해 객관적으로 확정될 수 있기 때문에 보통 생부가 자를 인지하는 것이 문제된다(판례 [1-1] 참조). 부가 임의인지(제855조 제1항 및 제859조, 후술하는 설문 (2) 참조)를 하지 않을 때 재판으로 인지를 강제할 수 있다(제863조 참조).

인지청구의 소는 子와 그 직계비속 또는 그 법정대리인이 부 또는 모를 상대로 제기할 수 있으며(제863조), 부 또는 모가 사망하였다면 그 사망을 안 날로부터 2년 내에 檢事를 상대로 제기할 수 있다(제864조, 판례 [2] 참조). 다

만, 인지청구를 위해서는 가정법원에 우선 조정을 신청해야 한다(가사소송법 제50조, 제2조 제1항 가. 나류 9호)

2. 혈연상의 친자관계의 증명문제

제863조는 인지의 訴에 관하여 그 요건사실이나 그 입증방법·정도에 관하여 규정하고 있지 않기 때문에 인지를 인정하기 위한 입증방법이 문제된다. 이와 관련하여 우선 법원은 직권에 의해 사실조사 및 필요한 증거조사를 한 후, 자유로운 심증에 기초하여 판단해야 한다(판례 [3-1] 참조). 이 때 혈연상의 친자관계라는 주요사실의 존재를 증명함에 있어서는 (i) 부와 친모 사이의 정교관계의 존재 여부, (ii) 다른 남자와의 정교의 가능성이 존재하는지 여부, (iii) 부가 자를 자기의 자로 믿을 것을 추측하게 하는 언동이 존재하는지 여부, (iv) 부와 자 사이에 인류학적 검사나 혈액형검사 또는 유전자검사를 한 결과 친자관계를 배제하거나 긍정하는 요소가 있는지 여부 등 주요사실의 존재나 부존재를 추인시키는 간접사실을 통하여 경험칙에 의한 사실상의 추정에 의하여 주요사실을 추인하는 간접증명의 방법에 의한다(판례 [3-2], [3-3] 참조).

3. 설문에 대한 해답

사례에서는 B가 C를 포태한 기간에 A가 B와 정교가 있었다는 점과 C의 혈액형이 A의 子로 인정될 수 있다는 점에서 C는 A의 子로 추정된다. 이러한 추정은 B가 포태기간중 다른 남자와도 성적 교섭이 있었다는 단순한 주장만으로 번복되지는 않는다. 즉, B가 평범한 보통의 母인 이상 C는 A의 子로 추정되고, A는 추정을 뒤집을(번복할) 만한 반증을 제시하지 않는 한 A의 不貞의 항변은 부인될 것이며, B의 청구는 인용될 것이다.

인지의 효력은 소급하므로(제860조) 子 C는 출생한 때로부터 A로부터 부양을 받을 권리가 있다. 부양은 부모가 각자의 자력에 따라 분담했어야 함에도 불구하고, 결과적으로 인지판결이 있을 때까지 母인 B만이 C를 부양하였다면, B는 A에 대하여 부당이득반환청구권을 갖는다(판례 [4] 참조).

Ⅲ. 설문(1-2): 母 B의 인지청구권포기에 따른 법률효과

1. 인지청구권포기약정의 유효성

설문(1-2)에서는 母가 체결한 인지청구권의 포기를 내용으로 하는 계약의 유효성 여부가 문제이다.

자연적 친자관계는 천륜이고, 인지청구권의 포기를 인정한다면 이는 혼외자의 불이익으로 될 염려가 있으므로, 강제인지제도의 취지를 고려하더라도 특히 子의 법정대리인이 하는 인지청구권의 포기를 허용해서는 안 될 것이다.

판례도 인지청구권을 신분관계상의 권리이자 일신전속권이라 하고, 母가 한 인지청구권의 포기는 본인인 子에게 미칠 수 없으며, 生母가 인지청구권을 포기하기로 하는 재판상의 화해가 이루어졌더라도 효력이 없다고 한다(판례 참조 [5-1]). 또한 인지청구권의 포기가 허용되지 않는다면 이에 실효의 법리가 적용될 여지도 없다고 한다(판례 참조 [5-2]).

2. 설문에 대한 해답

A와 B 사이에서 이루어진 인지청구권의 포기를 내용으로 하는 계약은 강행법규인 제863조에 위반한 계약으로서 무효이다. 또한 이러한 계약을 이행하기 위해 급부한 재산 등(사례의 경우 양육비 1,000만원)은 불법원인급여가 되어 그 반환의 청구를 할 수 없다고 보아야 할 것이다(제746조 본문).

따라서 모 B의 이러한 행위와 상관없이 B 또는 C는 A를 상대로 다시 인지청구의 소를 제기할 수 있다.

Ⅳ. 설문(1-3): 인지의 효과

1. 소 급 효

인지는 피인지자의 출생시부터 소급하여 효력이 있으므로 인지로써 피인지자는 출생시부터 상속권을 갖는다(제860조 본문). 다만 제3자가 취득한 권리를 해하지 못한다(제860조 단서). 인지로써 이러한 피인지자 이외의 동순위 상속인들이 이미 상속재산을 처분한 경우 피인지자는 그 상속분에 상당한 가액의 지급을 청구할 권리를 갖는다(제1014조). 그리고 피인지자보다 후순위 상속인은 피인지자의 인지에 의하여 그 상속권이 상실된다.

2. 설문에 대한 해답

인지로써 C는 출생한 때로부터 A의 상속재산에 대하여 상속권을 갖게 되며, A의 상속재산을 포괄승계한 A의 형제들은 상속권을 상실한다. 또한 A의 형제들은 제860조의 단서에 의하여 보호받는 제3자의 범위에 속하지 않기 때문에(판례 [4-3] ① 참조), C는 A의 형제들을 상대로 상속회복청구권을 행사하여 상속재산을 반환받을 수 있다. 그리고 채무자가 후순위상속권자에게 변제한 후에 피인지자가 그 이행을 청구하더라도 그 변제는 채권의 준점유자에 대한 변제로서 유효하므로(판례 [4-3] ② 참조), 이러한 경우 C는 후순위상속권자(표현상속권자)에게 부당이득반환청구권을 행사할 수 있을 뿐이다.

V. 설문(2): 혼인외 출생자 아닌 자가 인지된 경우의 법률관계

1. 임의인지

혼인외 출생자를 그 생부나 생모가 인지할 수 있다. 인지의 의사표시는 인지능력 있는(제856조 참조) 생부 또는 생모의 일방적 의사표시인 단독행위로서 신분행위이다(김형배, 민법학강의(제6판), 1790면 참조).

생전에 하는 인지의 경우 인지자가 호적법에 따라 신고함으로써, 유언에 의한 인지의 경우 유언집행자가 이를 신고함으로써 인지의 효력이 발생하며(제859조), 그 효력은 자의 출생시에 소급한다(제860조).

2. 설문(2-1): 중대한 착오로 인한 경우

인지자는 일단 인지를 한 이상 이를 취소할 수 없음이 원칙이다. 그러나 인지가 중대한 착오로 인하여 행해진 때에는 착오를 안 날로부터 6개월 내에 가정법원에 그 취소를 청구할 수 있다(제861조: 가사소송법 제2조 제1항 나류 7호, 제26조 및 제28조).

취소의 효과는 소급하며, 취소되면 호적을 정정해야 한다(호적법 제123조).

3. 설문(2-2): 악의인 경우

(1) 문 제 점

여기서는 인지자 A가 C와 혈연상의 친자관계가 없음을 알았음에도 불구하고 인지한 경우 인지의 효력을 다툴 수 있는지가 문제된다. 일단 사안의 성격상 강박에 의한 경우가 아니라면 A는 인지취소를 법원에 청구할 수 없다(제861조 참조). 따라서 고려되는 것은 인지이의의 소 또는 인지무효의 소이다.

(2) 인지이의의 소

子 기타 이해관계인이 인지신고가 있음을 안 날로부터 1년 내에 인지에 대한 이의의 소를 제기할 수 있으나(제862조, 제864조), 인지자 자신은 여기에 포함되지 않는다(판례 [6] 참조).

따라서 A 자신이 인지이의의 소로 인지의 효력을 다툴 수는 없다(임의인지는 인지자의 자유의사에 따르고 피인지자 등의 의사는 문제되지 않기 때문에, 인지가 피인지자 기타 이해관계인의 의사에 반하는 것이라는 사유로 인지이의의 소를 제기할 수는 없다. 따라서 인지자의 인지신고가 실체관계에 부합하지 않는 경우, 예를 들면 인지신고를 무단으로 한 경우 등의 이유만이 피인지자나 이해관계인(실질적인 부 등)의 인지이의 사유가 될 수 있다).

(3) 인지무효의 소

인지자에게 ① 의사능력이 흠결된 경우, ② 인지자의 의사에 반하여 인지신고가 된 경우 또는 ③ 인지가 사실에 반하는 경우에는 그 인지는 무효이다. 사례의 경우에는 세 번째 무효원인이 문제된다.

인지무효의 소에는 두 가지가 있다. 우선 무효원인이 있는 인지는 당연무효이기 때문에(A를 포함한) 누구나 이를 주장할 수 있으며, 이를 확인하는 소를 제기할 수 있다(판례 [7] ① 참조). 또한 가사소송법에서도 인지무효의 소를 규정하고 있는데(동법 제2조 제1항 가. 가류 제3호), 이에 따르면 ―인지이의의 소와는 달리― 인지자도 인지무효의 소를 제기할 수 있다(제28조에 의한 제23조의 준용).

(4) 설문에 대한 해답

인지자 A는 인지무효의 소로써 인지를 다투어 이를 부정할 수 있다(인지에 의해 상속권이 침해당하는 자, A의 처, A의 형제자매 등의 이해관계인은 인지무효의 訴는 물론 제862조에 기한 인지이의의 訴로써 인지를 다툴 수 있다).

≪관련판례≫

[1] 인지청구의 소

[1-1] (대판 1967.10.4, 67다1791) 기아와 같은 특수한 경우를 제외하고는 혼인의 생모자관계는 분만하였다는 사실로써 명백한 것이며 생부의 혼인외의 출생자에 대한 인지가 형성적인 것에 대하여 생모의 혼인외의 출생자에 대한 인지는 확인적인 것인 점을 고려하면 혼인외의 출생자와 생모간에는 그 생모의 인지나 출생신고를 기다리지 아니하고 자의 출생으로 당연히 법률상의 친족관계가 생긴다고 해석하는 것이 타당하다.

[1-2] (대판 2000.1.28, 99므1817) 제844조의 친생추정을 받는 자는 친생부인의 소에 의하여 그 친생추정을 깨뜨리지 않고서는 다른 사람을 상대로 인지청구를 할 수 없으나, 호적상의 부모의 혼인중의 자로 등재되어 있는 자라 하더라도 그의 생부모가 호적상의 부모와 다른 사실이 객관적으로 명백한 경우에는 그 친생추정이 미치지 아니하므로, 그와 같은 경우에는 곧바로 생부모를 상대로 인지청구를 할 수 있다.

[2] 父가 사망한 때 인지청구의 소

[2-1] (대판 1965.7.6, 65므27·28) 죽은 아버지를 상대로 인지청구를 할 경우에는 검사를 상대로 하여 그 소를 제기하여야 하고 생모를 상대로 하여 제기하여서는 안 된다.

[2-2] (대판 1997.2.14, 96므738) 혼인외 출생자에 있어서 부자관계는 부의 인지에 의하여서만 발생하는 것이므로, 부(父)가 사망한 경우에는 그 사망을 안 날로부터 1년(현행 2년) 이내에 검사를 상대로 인지청구의 소를 제기하여야 하고, 생모가 혼인외 출생자를 상대로 혼인외 출생자와 사망한 부(父) 사이의 친생자관계존재확인을 구하는 소는 허용될 수 없다.

[2-3] (대판 1977.6.24, 77므7) 제864조의 부모의 사망을 안 날로부터 1년(현행 2년)내에 인지청구 등의 소를 제기할 수 있다는 것은 그 청구인이 아들인 경우 그 연령이나 능력 여하를 불문하는 것이 아니고 사망사실을 알고서 인지청구 등 자기의 신문행위를 할 수 있는 의사능력이 있는 자가 사망사실을 안 때로부터 1년내에 인지청구 등의 소를 제기할 수 있는 뜻으로 해석함이 타당하다(미성년자의 소송능력을 인정하는 특별규정이 없는 현행법상으로는 의사능력이 아닌, 소송능력을 기준으로 할 것이다. 사법연수원 刊, 가족법연구(2005), 69면 각주 127) 참조).

[3] 인지청구소송에 있어서 사실상 친생자의 입증

[3-1] (대판 1985.11.26, 85므8) 인지소송은 부와 자와의 간에 사실상의 친자관계의 존재를 확정하고 법률상의 친자관계를 창설함을 목적으로 하는 소송으로서 친족, 상속법상 중대한 영향을 미치는 인륜의 근본에 관한 것이고 공익에도 관련되는 중요한 것이기 때문에 이 소송에서는 당사자의 처분권주의를 제한하고 직권주의를 채용하고 있는 것이므로 당사자의 입증이 충분하지 못할 때에는 가능한 한 직권으로 사실조사 및 필요한 증거조사를 하여야 한다.

[3-2] (대판 1986.7.22, 86므63) 청구인이 생모와 피청구인 사이의 출생자인지 여부에 관한 혈액검사를 실시한 결과 적혈구, 혈액형, 표면항원검사에서 ABC형, RH형, Duffy형, Ki-dd형 검사는 생모와 피청구인의 결합으로 청구인의 혈액형 표현이 가능한 것으로 나타났고 다만 MN형에서만 피청구인이 친부일 가능성이 배제된 것으로 나타났으나, MN혈액 중 M항원이나 N항원의 어느 하나가 반응성이 약하면 반응성이 약한 항원은 쉽게 검출되지 않기 때문에 MN형 재검에 의한 재확인이 필요하였는데 피청구인이 불응하여 더 이상의 확인이 불가능하게 되었고, 같은 혈액검사의 조직적 합성항원검사 결과는 피청구인과 생모의 결합으로 청구인의 조직적 합성항원형 표현이 가능한 것으로 나타났다면 이에 다른 증거를 종합하여 청구인을 피청구인의 자로 인정한 것은 정당하다.

[3-3] (대판 2002.6.14, 2001므1537) ① 혈연상의 친자관계라는 주요사실의 존재를 증명함에 있어서는, 부와 친모 사이의 정교관계의 존재 여부, 다른 남자와의 정교의 가능성이 존재하는지 여부, 부가 자를 자기의 자로 믿은 것을 추측하게 하는 언동이 존재하는지 여부, 부와 자 사이에 인류학적 검사나 혈액형검사 또는 유전자검사를 한 결과 친자관계를 배제하거나 긍정하는 요소가 있는지 여부 등 주요사실의 존재나 부존재를 추인시키는 간접사실을 통하여 경험칙에 의한 사실상의 추정에 의하여 주요사실을 추인하는 간접증명의 방법에 의할 수밖에 없는데, 여기에서 혈액형검사나 유전자검사 등 과학적 증명방법이 그 전제로 하는 사실이 모두 진실임이 증명되고 그 추론의 방법이 과학적으로 정당하여 오류의 가능성이 전무하거나 무시할 정도로 극소한 것으로 인정되는 경우라면 그와 같은 증명방법은 가장 유력한 간접증명의 방법이 된다. ② 인지소송은 부와 자 사이에 사실상의 친자관계의 존재를 확정하고 법률상의 친자관계를 창설함을 목적으로 하는 소송으로서 친족·상속법상 중대한 영향을 미치는 인륜의 근본에 관한 것이고 공익에도 관련되는 중요한 것이기 때문에 이 소송에서는 직권주의를 채용하고 있는 것이므로 당사자의 입증이 충분하지 못할 때에는 가능한 한 직권으로도 사실조사 및 필요한 증거조사를 하여야 한다.

[4] 인지의 효과

[4-1] (대결[전] 1994.5.13, 92스21) [다수의견] ① 어떠한 사정으로 인하여 부모 중 어느 한 쪽만이 자녀를 양육하게 된 경우에, 그와 같은 일방에 의한 양육이 그 양육자의 일방적이고 이기적인 목적이나 동기에서 비롯한 것이라거나 자녀의 이익을 위하여 도움이 되지 아니하거나 그 양육비를 상대방에게 부담시키는 것이 오히려 형평에 어긋나게 되는 등 특별한 사정이 있는 경우를 제외하고는, 양육하는 일방은 상대방에 대하여 현재 및 장래에 있어서의 양육비 중 적정금액의 분담을 청구할 수 있음은 물론이고, 부모의 자녀양육의무는 특별한 사정이 없는 한 자녀의 출생과 동시에 발생하는 것이므로 과거의 양육비에 대하여도 상대방이 분담함이 상당하다고 인정되는 경우에는 그 비용의 상환을 청구할 수 있다. ② 한쪽의 양육자가 양육비를 청구하기 이전의 과거의 양육비 모두를 상대방에게 부담시키게 되면 상대방은 예상하지 못하였던 양육비를 일시에 부담하게 되어 지나치고 가혹하며 신의성실

의 원칙이나 형평의 원칙에 어긋날 수도 있으므로, 이와 같은 경우에는 반드시 이행청구 이후의 양육비와 동일한 기준에서 정할 필요는 없고, 부모 중 한 쪽이 자녀를 양육하게 된 경위와 그에 소요된 비용의 액수, 그 상대방이 부양의무를 인식한 것인지 여부와 그 시기, 그것이 양육에 소요된 통상의 생활비인지 아니면 이례적이고 불가피하게 소요된 다액의 특별한 비용(치료비 등)인지 여부와 당사자들의 재산 상황이나 경제적 능력과 부담의 형평성 등 여러 사정을 고려하여 적절하다고 인정되는 분담의 범위를 정할 수 있다.

[4-2] (대판 2006.7.4, 2006므751) ① 이혼한 부부 사이에서 자(子)에 대한 양육비의 지급을 구할 권리는 당사자의 협의 또는 가정법원의 심판에 의하여 구체적인 청구권의 내용과 범위가 확정되기 전에는 '상대방에 대하여 양육비의 분담액을 구할 권리를 가진다'라는 추상적인 청구권에 불과하고 당사자의 협의나 가정법원이 당해 양육비의 범위 등을 재량적·형성적으로 정하는 심판에 의하여 비로소 구체적인 액수만큼의 지급청구권이 발생한다고 보아야 하므로, 당사자의 협의 또는 가정법원의 심판에 의하여 구체적인 청구권의 내용과 범위가 확정되기 전에는 그 내용이 극히 불확정하여 상계할 수 없지만, 가정법원의 심판에 의하여 구체적인 청구권의 내용과 범위가 확정된 후의 양육비채권 중 이미 이행기에 도달한 후의 양육비채권은 완전한 재산권(손해배상청구권)으로서 친족법상의 신분으로부터 독립하여 처분이 가능하고, 권리자의 의사에 따라 포기, 양도 또는 상계의 자동채권으로 하는 것도 가능하다. ② 이혼한 부부 사이에 자(子)의 양육자인 일방이 상대방에 대하여 가지는 양육비채권은 가정법원의 심판에 의하여 구체적으로 확정된 양육비채권 중 이미 이행기가 도달한 부분에 한하여 이를 자동채권으로, 상대방의 양육자에 대한 위자료 및 재산분할청구권과 상계할 수 있다.

[4-3] (대판 1993.3.12, 92다48512) ① 민법 제860조는 인지의 소급효는 제3자가 이미 취득한 권리에 의하여 제한받는다는 취지를 규정하면서 민법 제1014조는 상속개시 후의 인지 또는 재판의 확정에 의하여 공동상속인이 된 자는 그 상속분에 상응한 가액의 지급을 청구할 권리가 있다고 규정하여 제860조 소정의 제3자의 범위를 제한하고 있는 취지에 비추어 볼 때, 혼인외의 출생자가 부의 사망 후에 인지의 소에 의하여 친생자로 인지받은 경우 피인지자보다 후순위상속인인 피상속인의 직계존속 또는 형제자매 등은 피인지자의 출현과 함께 자신이 취득한 상속권을 소급하여 잃게 되는 것으로 보아야 하고, 그것이 민법 제860조 단서의 규정에 따라 인지의 소급효 제한에 의하여 보호받게 되는 제3자의 기득권에 포함된다고는 볼 수 없다. ② (대판 1995.1.24, 93다32200) 혼인외의 자의 생부가 사망한 경우, 혼인외의 출생자는 그가 인지청구의 소를 제기하였다고 하더라도 그 인지판결이 확정되기 전에는 상속인으로서의 권리를 행사할 수 없고, 그러한 인지판결이 확정되기 전의 정당한 상속인이 채무자에 대하여 소를 제기하고, 나아가 승소판결까지 받았다면, 채무자로서는 그 상속인이 장래 혼인외의 자에 대한 인지판결이 확정됨으로 인하여 소급하여 상속인으로서의 지위를 상실하게 될 수 있음을 들어 그 권리행사를 거부할 수 없으므로, 그러한 표현상속인에 대한 채무자의 변제는, 특별한 사정이 없는

한, 채무자가 표현상속인이 정당한 권리자라고 믿은 데에 과실이 있다 할 수 없으므로, 채권의 준점유자에 대한 변제로서 적법하다.

[5] 인지청구권의 포기

[5-1] (대판 1987. 1. 20, 85므70) 인지청구권은 본인의 일신전속적인 신분관계상의 권리로서 포기할 수 없고 포기하였다 하더라도 그 효력이 발생할 수 없는 것이므로 비록 인지청구권을 포기하기로 하는 화해가 재판상 이루어지고 그것이 화해조항에 표시되었다 할지라도 동 화해는 그 효력이 없다(동지: 대판 1999. 10. 8, 98므1698).

[5-2] (대판 2001. 11. 27, 2001므1353) 인지청구권은 본인의 일신전속적인 신분관계상의 권리로서 포기할 수도 없으며 포기하였더라도 그 효력이 발생할 수 없는 것이고, 이와 같이 인지청구권의 포기가 허용되지 않는 이상 거기에 실효의 법리가 적용될 여지도 없다.

[6] 인지이의의 소

[6-1] (대판 1969. 1. 21, 68므41) 제862조에 규정한 인지에 대한 이의의 소는 인지할 수 있는 자가 그의 의사에 따라 인지하였을 경우에 그 인지자 이외의 피인지자를 비롯한 다른 이해관계인들이 그 인지의 효력을 다투는 이의 소를 말하는 것이고, 인지자로 되어 있는 자가 그 인지를 자신의 의사에 반하여 무효한 것이었다 하여 인지무효를 청구하는 소는 이의의 소 중에 포함되는 것이라고 할 수 없음이 동조의 문리상 명백하다.

[6-2] (대판 1981. 6. 23, 80므109) 재판상 인지의 경우에는 그 심판에 대한 재심의 소로서 이를 다투어야 하고, 인지에 대한 이의의 소로서 위 인지심판의 효력을 다툴 수는 없다.

[7] 인지무효의 소

(대판 1992. 3. 23, 92다29399) ① 친생자가 아닌 자에 대하여 한 인지신고는 당연무효이며 이런 인지는 무효를 확정하기 위한 판결 기타의 절차에 의하지 아니하고도, 또 누구에 의하여도 그 무효를 주장할 수 있는 것이다. ② 위 ①항의 인지라도 그 신고 당시 당사자 사이에 입양의 명백한 의사가 있고 기타 입양의 성립요건이 모두 구비된 경우라면 입양의 효력이 있는 것으로 해석할 수 있다.

[親族·相續法]

事例 58

相續, 親子關係, 相續回復請求

≪설 문≫

홀어머니 B를 모시고 살던 A는 처(X) 및 딸(Y)과 함께 해외여행을 갔다가 비행기 추락사고로 사망하였다. A와 처(X)는 동시에 사망하였음이 확인되었으나, A와 딸(Y)도 동시에 사망하였는지는 분명하지 않다.

(1) A의 처(X)는 딸(Y)의 계모로서 A와 혼인하여 P를 출산하였다.

(2) 딸(Y)의 배우자인 C는 장인 A의 사망 소식을 듣고 자기가 모든 재산을 상속한다고 생각하고, 상속재산 대부분을 차지하는 토지를 제3자인 Q에게 처분하였고 Q는 그에 대한 소유권이전등기를 경료하였다.

(3) B는 손녀사위 C가 A의 재산을 모두 처분했다는 소식을 듣고, 손녀딸(Y)이 사고로 사망하기 직전까지 C는 다른 여자와 동거하는 등 사실상 손녀딸(Y)과 별거하고 있어 상속권이 없다는 점과, 손녀딸(Y)의 계모(X)가 낳은 P는 A의 子가 아니라는 사실을 들어 자신만이 A의 재산을 상속할 수 있다고 주장한다.

(4) A의 사망 1개월 후 R이 나타나, 자신은 A의 '숨겨진 자식'이라고 주장한다.

위의 사안들을 고려하여 C의 토지처분을 중심으로 C와 B, P 및 R 사이의 법률관계를 검토하시오.

목차제안

Ⅰ. 논점분석

Ⅱ. 선결문제: A 및 Y를 피상속인으로 하는 상속권자 및 상속분의 확정

1. P가 A의 친생자라고 가정하고, 혼외자 R을 고려하지 않은 경우
   (1) 문제점
   (2) A가 먼저 사망한 경우
   (3) Y가 먼저 사망한 경우
   (4) A와 Y가 동시에 사망한 경우
2. P가 A의 친생자가 아님이 확정되고, 혼외자 R을 고려하지 않는 경우
   (1) P가 친생추정을 받는 혼생자인 경우
      1) B의 친생부인의 소
      2) 사안의 검토
      3) B의 친생자관계존부확인의 소
   (2) P가 친생추정을 받지 않는 혼생자인 경우
      1) B의 친생관계부존재확인의 소
      2) 친생관계존부확인의 소의 대상
      3) 친생관계존부확인의 소의 제소권자
      4) 사안의 검토
   (3) P가 A의 친자가 아님이 확정된 경우의 상속인과 상속분
3. R의 인지청구가 있는 경우
   (1) R의 인지청구의 소와 확정판결에 따른 효과
   (2) C에 대한 R의 권리
   (3) 사안의 검토

Ⅲ. C에 대한 다른 공동상속인(들)의 권리

1. 수인의 공동상속인 사이의 법률관계
2. C에 대한 다른 공동상속인들의 상속회복청구권
3. C에 대한 다른 공동상속인들의 소유권에 기한 청구
   (1) 문제점
   (2) 견해의 대립
   (3) 판례의 태도
   (4) 사안의 검토

Ⅳ. Q에 대한 다른 공동상속인(들)의 상속회복청구권

1. R의 권리: C에 대한 부당이득반환청구권
2. Q에 대한 다른 공동상속인의 상속회복청구권

Ⅴ. 설문에 대한 해답

풀이제안

Ⅰ. 논점분석

A소유였던 재산에 관한 C의 처분행위가 유효하기 위해서는 C에게 정당한 처분권한이 있어야 하고, 이는 상속권의 유무에 의한다. 따라서 A의 상속권자를 확정하는 것이 선결되어야 한다. 우선 피상속인인 A와 Y의 사망시점의 이동에 따라 본위상속이나 대습상속이 문제될 수 있다. 또한 부모와 자 사이의 혈연관계의 존부와 그에 따른 재산상속 여부도 문제되므로 이를 병행하여 검토해야 한다. 즉, C의 상속권의 존부 및 범위와 관련하여 B에게 상속권이 있는지 또는 P와 R이 A의 親生子인지의 여부에 따라 상속권자와 상속분이 달라질 수 있다. B 또는 P와 R에게 상속권이 인정된다면 각 상속권자들은 각자의 상속분에 기하여 C에 대해서 상속회복을 청구할 수 있을 것이다.

한편 C는 상속재산인 토지를 Q에게 매각하고 이미 이전등기를 경료해준 상태이므로 P와 R 또는 B가 Q를 상대로 직접 상속회복청구권을 행사할 수 있는지, 있다면 그 근거가 무엇인지를 검토해야 한다.

Ⅱ. 선결문제: A 및 Y를 피상속인으로 하는 상속권자 및 상속분의 확정

1. P가 A의 친생자라고 가정하고, 혼외자 R을 고려하지 않은 경우

(1) 문 제 점

C에게 상속권이 존재하는가를 판단하기 위해서는 피상속인 A와 Y의 사망시기가 검토되어야 한다. 이들 사이의 사망시기가 불분명한 경우 동시사망의 추정이 이루어진다(제30조). 동시사망추정에 따른 법적 효과는 동시사망으로 추정되는 자들 사이에는 상속이 이루어지지 않는다는 점이다. 다만, 대습상속에 의하여 상속인의 배우자나 직계비속도 상속권을 갖

는다(제1001조, 제1003조 제2항).

A와 그의 처(X) 그리고 딸(Y)이 여행중 비행기 추락사고로 모두 사망하였다면 상속과 관련하여 동시사망추정과 대습상속의 여부가 문제된다. A에게는 母인 B와 子인 P가 있으므로 상속순위와 관련하여 A가 먼저 사망한 경우, A의 딸 Y가 먼저 사망한 경우, 동시사망의 추정을 받는 경우로 나누어서 살펴보기로 한다. 우선 P가 A의 친자라고 가정하면 상속인과 상속분은 다음과 같다.

(2) A가 먼저 사망한 경우

A가 딸 Y보다 먼저 사망한 경우 상속인은 Y와 P이다. 따라서 A의 상속재산을 100으로 볼 때 Y와 P가 1:1의 비율로 A를 상속한다. 그후 Y도 사망하였으므로 그 결과 Y의 상속재산은 다시 조모인 B와 C가 1:1.5의 비율로 상속한다. 결국 A의 상속재산에 대해서는 P:B:C가 각각 50:20:30의 비율로 상속하게 된다.

(3) Y가 먼저 사망한 경우

만약 Y가 A보다 먼저 사망하였다면 C는 제1003조 제2항에 따라 대습상속인으로서 A의 재산을 상속받게 된다. 대습상속이란 상속인이 될 직계비속 또는 형제자매가 상속개시 전에 사망하거나 결격자가 된 경우에 그 직계비속이나 배우자가 있는 때에는 그 직계비속이나 배우자가 사망하거나 결격된 자의 순위에 갈음하여 상속인이 되는 것을 말한다(제1001조, 제1003조 제2항). 즉 대습상속이 이루어지려면 상속인이 상속개시 전에 사망하거나 결격자가 되어야 하고(제1001조, 제1003조 제2항), 대습상속인은 피대습자의 직계비속이나 배우자이어야 하며, 상속인의 자격을 잃지 않아야 한다. 이러한 요건을 갖추면 대습상속의 결과 대습자가 피대습자의 순위에서 피대습자의 상속분을 상속하게 된다(제1010조)(따라서 B는 Y의 직계존속이므로 대습상속인이 될 수 없다).

그러므로 Y가 먼저 사망한 경우 A의 상속재산에 대해서는 P와 C가 각각 50:50의 비율로 상속하게 된다.

(4) A와 Y가 동시에 사망한 경우

동일한 위난으로 사망한 자들 사이에 사망시기를 확인할 수 없는 경우 그들은 동시에 사망한 것으로 추정된다(제30조). 동시사망의 추정을 받는 한 A와 Y 사이에는 상속이 일어나지 않고 P가 상속인이 된다.

그러나 동시사망으로 추정될 경우라도 판례는 제1003조 제2항의 요건, 즉 A의 '사망(상속개시) 前에' Y가 사망해야만 C가 대습상속할 수 있다는 요건을 완화하여 Y의 사망과 동시에 A가 사망한 경우에도 대습상속을 인정할 수 있다고 판시하고 있다(판례참조 [1]). 따라서 동시사망의 경우에도 상속인은 P와 C이고 상속비율은 50:50이다(다만, 사례에서 A와 Y가 비행기사고로 사망하기 직전까지 C가 다른 여자와 동거하는 등 사실상 Y와 별거하고 있어 혼인관계를 인정하기 곤란한 경우에도 C에게 대습상속권을 인정하는 것에 대해서는 의문의 여지가 있다).

2. P가 A의 친생자가 아님이 확정되고, 혼외자 R을 고려하지 않는 경우

동시사망의 추정에 따라 상속인이 누구이고 각자의 상속지분이 어떻게 되는지가 밝혀졌다고 하더라도 사안에서 B는 P가 A의 친자가 아니라는 주장을 하고 있기 때문에 P의 친자 여부가 검토되어야 한다. A와 P의 친자관계를 부인하는 방법에는 친생부인의 소와 친생자관계존부확인의 소가 있다.

(1) P가 친생추정을 받는 혼생자인 경우

1) **B의 친생부인의 소**　우선 P가 친생추정을 받는 혼생자인지 아니면 친생추정을 받지 않는 출생자인지가 문제된다. 父와 母가 혼인관계에 있고 母가 夫의 妻인 경우 혼인성립의 날(혼인신고의 날)로부터 200일 후 또는 혼인관계 종료의 날로부터 300일 이내에 출생한 자는 혼인중에 포태한 것으로 추정한다(제844조 제2항). 또한 혼인중에 포태한 子는 夫와의 性的 交涉에 의해서 포태한 것으로 추정한다(제844조 제1항). P가 이와 같은 요건을 충족하고 있는 경우 친생자관계존부확인의 소나 인지청구, 임의인지, 별소 등에서 그 선결문제로 친생부인을 주장하는 것은 모두 적법하지 않다.

2) **사안의 검토**　사례에서 A 또는 X가 민법 제847조 제1항의 기간내에 사망한 경우 B는 A의 직계존속으로서 A의 사망을 안 날로부터 2년내에 검사를 상대로 친생부인의 소를 제기할 수 있을 것이다(제851조, 제847조).

사안에서 친생부인의 상대방은 P이나, P가 아직 미성년자인 경우에는 법원이 선임한 특별대리인을 상대로 한다. 그리고 친생부인의 소를 제기할 수 있는 제척기간은 '자의 출생을 안 날로부터 2년내'이다(제847조 제1항)(2005.3.31. 개정되기까지 출소기간을 '1년'으로 규정하던 동 규정은 '친자관계를 부인할 수 있는 기회를 극단적으로 제한하는 것'이라 하여 헌법불합치결정을 받은 바 있다(판례 [3] 참조)). 이러한 친생부인의 주장이 판결에 의하여 확정됨으로써 子가 혼인외의 출생자로 되는 효과는 형성적이며, 제3자에 대해서도 효력을 가진다(가사소송법 제21조 참조). 그 이전에는 제3자가 선결문제로서도 夫의 子가 아님을 주장할 수 없다(판례 [2-2] 참조). 그러나 B가 위와 같은 명백한 사유들에 대하여 증명을 하지 못하는 한 P는 A의 상속인이 된다.

3) **B의 친생자관계존부확인의 소** 친생추정을 받는 혼인중의 출생자라 할지라도 P가 A의 子가 아님이 명백하다면 夫의 친생자로서의 추정은 깨어지는 것으로 보아야 한다. 즉, 夫에 의한 포태가능성이 없는 경우로서 子의 포태기간중에 夫가 행방불명 또는 생사불명인 때, 夫가 입대·수감·입원·외국체재 등으로 부재중인 때, 또는 혼인이 파탄하여 사실상 이혼상태로 별거중인 때 등이 그러하다.

종전의 판례는 '오직 친생부인의 소로 확정판결을 받아야 친생부인이 가능하다'고 하였으나, 변경된 판례에 따르면 同棲의 결여로 妻가 夫의 子를 포태할 수 없는 것이 외관상 명백한 사정이 있는 경우에는 친생추정이 미치지 않고 친생자관계존부확인의 소의(제865조)의 제기가 가능하다(판례 [2-1] 참조).

(2) P가 친생추정을 받지 않는 혼생자인 경우

1) **B의 친생관계부존재확인의 소** 혼인성립의 날로부터 200일이 되기 전에 출생한 夫의 子는 친생추정을 받지 못한다. 따라서 이 경우에는 친생부인의 소가 아닌 친생자관계부존재확인의 소에 의하여 친생자임을 부정할 수 있다(다만, 혼인신고 전에 사실혼관계가 선행하여 그 출생이 사실혼성립의 날로부터 200일 후인 경우에는 친생자의 확정을 받는다고 해석하여 이러한 子는 친생부인의 訴에 의하지 않는 한 친생자임을 부인할 수 없다는 것이 통설이다. 김형배, 민법학강의(제6판), 1785면). 사례에서 A와 X가 혼인 후 200일 전에 P가 출생하였거나, 친생추정기간에 태어났더라도 A의 子가 아님이 명백하다면 친생추정을 받지 않는 혼인중의 출생자가 되고, 따라서 B는 P가 A의 자가 아님을 다투는 친생자관계존부확인의 소를 제기할 수 있을 것이다.

2) **친생관계존부확인의 소의 대상** 친생관계존부확인의 소의 대상

(訴訟物)은 친자관계 그 자체이고, 그것은 친생부인의 소, 父를 정하는 소, 인지이의의 소, 인지청구의 소의 목적과 다른 사유이어야 한다(제865조). 예컨대 혼생친자관계인 경우이지만 출생신고가 허위이기 때문에 부모와 子 사이에 호적상의 혼생친자관계가 존재하지 않는 경우, 제844조의 친생추정을 받지 않는 혼인중의 子와의 친자관계를 다투는 경우, 친생추정이 미치지 않는 혼인중의 子와의 친자관계를 다투는 경우이다.

3) **친생관계존부확인의 소의 제소권자** 친생관계존부확인의 訴를 제기할 수 있는 자는 父를 정하는 訴(제845조), 친생부인의 소(제846조, 제848조, 제850조, 제851조), 인지이의의 소(제862조), 인지청구의 소(제863조)의 규정에 의하여 소를 제기할 수 있는 자(제865조 제1항)이다. 즉 夫, 夫의 후견인, 夫의 유언집행자, 夫의 직계존속 및 직계비속, 母, 子, 子의 직계비속 또는 그 법정대리인, 이해관계인이다. 친족이 소를 제기하는 경우 당연히 이해관계인에 포함되는지에 관해서는 訴의 이익과 관련하여 견해가 나뉜다. 종래의 판례는 訴의 이익이 있기 위해서는 단순히 당사자와 친족관계가 있다는 것만으로는 부족하고, 친생자관계부존재로 인하여 특정한 권리를 가지게 되거나 의무를 면탈하게 되는 등의 이해관계가 있어야 한다(판례 [4-1])고 했으나, 변경된 판례에 따르면 제777조에 의한 친족은 친생자관계존부확인의 訴를 제기할 수 있으며, 위 친족은 다른 사정이 없는 한, 그와 같은 신분을 가졌다는 사실만으로써 당연히 원고로서 친생자관계존부확인의 訴를 제기할 소송상의 이익이 있다고 한다(판례 [4-2] 참조).

4) **사안의 검토** B뿐만 아니라 C도 원고적격이 인정되고, 친생자임이 부정되면 P는 재산상속으로부터 배제된다.

(3) P가 A의 친자가 아님이 확정된 경우의 상속인과 상속분

R의 인지청구가 없다고 가정하고, P가 A의 친자가 아님이 확정된 경우 상속인과 상속분은 다음과 같이 결정된다.

A가 먼저 사망하면 상속인은 Y의 직계존속인 B와 Y의 배우자인 C가 각각 40:60으로 상속하게 된다. 그러나 Y가 먼저 사망한 경우에는 Y의 대습상속배우자로서 C만이 상속인이 되고, B는 상속권이 없다. A와 Y의 동시사망의 경우에도 마찬가지이다.

3. R의 인지청구가 있는 경우

(1) R의 인지청구의 소와 확정판결에 따른 효과

R은 A가 사망한 이후라도 그 사망을 안 날로부터 2년내에 檢事를 상대로 하여 인지청구의 소를 제기할 수 있다(제864조). 강제인지의 경우에는 인지판결이 확정된 때에 父와 혼인외의 출생자 사이의 법률상의 친자관계가 출생시로 소급하여 발생하지만, 제3자가 이미 취득한 권리를 해하지는 못한다(제860조).

(2) C에 대한 R의 권리

사례에서 강제인지로 피인지자인 R은 그 출생시로 소급하여 상속권을 갖는다. 피인지자보다 후순위 상속인(피상속인의 직계존속, 형제자매)은 상속권을 상실하고, 이들은 제860조 단서로 보호되는 제3자의 범위에 포함되지 않는다(판례 [5] 참조). R은 인지가 확정된 이후 다른 공동상속인들에 대하여 상속재산의 분할을 요구할 수 있다. 그런데 사례에서 인지 전에 이미 생부의 사망으로 상속이 개시된 후, C가 상속재산의 대부분을 차지하는 토지를 이미 제3자 Q에게 처분하였다. 상속분이 제3자에게 처분된 경우 인지의 소급효는 제3자가 취득한 권리를 해하지 못하므로(제860조 단서 참조) 문제가 제기된다.

민법은 이 경우에 '상속개시 후 인지에 의하여 공동상속인이 된 자가 상속재산의 분할을 청구할 경우에 다른 공동상속인이 이미 분할 기타 처분을 한 때에는 그 상속분에 상당한 가액의 지급을 청구할 권리를 갖는다'(제1014조)고 규정하고 있으므로 R은 자신의 상속분에 상당한 가액의 지급을 C에게 요구할 수 있을 것이다.

(3) 사안의 검토

R의 인지청구가 인용되었다고 가정하고 각자의 상속분을 계산하면 다음과 같다.

1) P가 A의 친자임이 확정된 경우 추락사고로 인한 A 및 Y의 각 사망시점과 관련하여 정리하면, A가 먼저 사망한 경우 A의 상속인은 P, R, Y이고 각자의 상속분은 1:1:1이 된다. 그런데 다시 Y가 사망하였으므로 P, R, C, B 각자의 상속분은 5:5:3:2가 된다. Y가 먼저 사망하거나 동시사망의 경우 P, R, C 각자의 상속분은 1:1:1이 된다.

2) P가 A의 친자가 아님이 확정된 경우 A가 먼저 사망한 경우 A의 상속인은 R, Y이고 각자의 상속분은 1:1이 된다. 그런데 다시 Y가 사망하였으므로 R, C, B 각자의 상속분은 5:3:2가 된다. Y가 먼저 사망하거나 동시사망의 경우 R, C 각자의 상속분은 1:1이 된다.

Ⅲ. C에 대한 다른 공동상속인(들)의 권리

1. 수인의 공동상속인 사이의 법률관계

A소유의 부동산에 대해서는, A의 사망으로 상속인은 등기없이도 부동산의 소유권을 상속하게 된다(제1005조, 제187조). 사례에서 P가 A의 친자임이 확정되고 R의 인지청구가 인용된 것으로 본다면 이미 설명한 바와 같이 A가 먼저 사망한 경우 P, R, C, B 각자의 상속분은 5:5:3:2가 된다. Y가 먼저 사망하거나 동시사망의 경우 P, R, C 각자의 상속분은 1:1:1이 된다(C가 다른 여자와 동거한 사실은 여기서 고려하지 않기로 한다. 또한 다른 경우의 수(P가 친자임이 부정되고 R의 인지청구가 인정된 경우, 그 반대인 경우, 모두 다 친자임이 부정된 경우) 등은 여기서 고려하지 않는다). 상속인이 다수일 경우 공동상속인들은 각자의 상속분에 상응하여 피상속인의 권리의무를 승계하나(제1007조), 분할을 할 때까지는 상속재산을 공유로 한다(제1006조). 공동상속의 법적 성질에 관하여 공유설(곽윤직, 상속법, 129면; 김용한, 친족상속법, 353면; 김주수, 친족·상속법, 561면)에 따르면 공동상속인들은 저마다의 공유지분을 가지고 있으므로 공동상속인들을 필요적 공동소송인으로 삼아야할 이유가 없다(판례 [8] 참조). 따라서 공동상속인들 중의 일부가 공유물에 대한 보존행위로서 공동상속재산에 관한 원인무효등기의 전부 말소를 구할 수 있다.

2. C에 대한 다른 공동상속인들의 상속회복청구권

위의 어떠한 경우이든 공동상속인 중 1인에 불과한 C는 상속재산인 토지를 제3자에게 처분하였기 때문에 다른 공동상속인의 상속권을 그 지분의 한도에서 침해하고 있다.

상속권이 '참칭단독'상속인에 의하여 침해된 때에는 다른 공동상속인 또는 그 법정대리인은 상속회복의 訴를 제기할 수 있다(제999조 제1항). 다만, 상속회복청구권은 그 침해를 안 날로부터 3년, 상속권의 침해행위가 있은 날로부터 10년을 경과하면 소멸된다(동조 제2항).

3. C에 대한 다른 공동상속인들의 소유권에 기한 청구

(1) 문 제 점

상속인은 등기없이도 부동산의 소유권을 취득하므로(제187조), 여기서 다른 공동상속인들이 자기의 지분을 등기한 일이 없이 참칭단독상속인에 대하여 소유권에 기한 상속재산의 인도 또는 원인무효를 이유로 소유권 이전등기말소를 청구할 수 있는가 하는 문제가 제기된다.

(2) 견해의 대립

이는 상속회복청구권의 법적 성질을 어떻게 보느냐에 따라 결론이 달라진다.

독립권리설은 소유권에 기한 물권적 청구권과 상속회복청구권의 경합을 인정한다(곽윤직, 상속법, 163면; 박병호, 가족법, 316면). 즉, 이 견해에 따르면 상속회복청구의 소에서 패소하더라도 상속인은 소유권에 기하여 참칭상속인에게 소유물의 반환을 청구할 수 있다(제213조). 그러나 경합을 부정하는 집합권리설은 물권적 청구권에 기한 등기말소 등을 구하더라도 그것이 상속을 원인으로 하는 한 청구원인 여하에 상관없이 상속회복청구의 소라고 할 수 있으므로 제999조의 제척기간을 적용하고 있다(김주수, 친족·상속법, 505면).

(3) 판례의 태도

종전의 판례는 상속회복청구 외에도 진정상속인에게 물권에 기한 상속재산의 반환을 인정하였으나, 변경된 판례에 따르면 일관되게 소유권에 기한 반환청구 내지 등기말소청구라 할지라도 청구원인이 상속에 기한 것인 한, 그 청구는 모두 제999조의 단기제척기간이 적용되는 상속회복청구권에 해당한다고 한다(판례 [6] 참조).

(4) 사안의 검토

집합권리설의 견해에 따라 판단하면 참칭단독상속인 C에 대한 진정공동상속인들의 반환청구의 소는 그 청구원인에 상관없이 제999조의 제척기간의 적용을 받는 상속회복청구의 소에 해당한다.

Ⅳ. Q에 대한 다른 공동상속인(들)의 상속회복청구권

1. R의 권리: C에 대한 부당이득반환청구권

R의 인지청구가 인용된 경우 R은 다른 공동상속인에 대하여 상속재산의 분할을 요구할 수 있다. 그런데 앞에서 설명한 바와 같이 인지 전에 이미 생부 A의 사망으로 상속이 개시된 후, C가 상속재산의 대부분을 차지하는 토지를 제3자 Q에게 처분하였다면, 인지의 소급효는 제3자가 취득한 권리를 해하지 못하기 때문에(제860조 단서), 그 상속분에 상당한 가액에 대하여 C에게 부당이득반환청구권(제741조)을 행사할 수 있을 뿐이다.

2. Q에 대한 다른 공동상속인의 상속회복청구권

위 1.에서 알 수 있듯이, 전득자인 Q에 대하여 직접 상속재산을 되돌려받을 수 있는 가능성이 있는 자는 R를 제외한 다른 공동상속인들이다.

일부의 상속분밖에 갖지 않는 공동상속인 중 1인인 C로부터 상속재산을 양수한 제3자인 전득자 Q를 상대로 다른 공동상속인들이 상속회복청구권을 행사할 수 있는가 하는 문제에 대하여 판례는 이를 긍정한다(판례 참조 [7]). 다만, 상속회복청구권의 단기의 제척기간은 참칭상속인에게뿐만 아니라 상속재산을 양수한 제3자에게도 적용된다는 점에 유의해야할 것이다.

Ⅴ. 설문에 대한 해답

설문에서 주어진 정황을 고려할 때 C가 대습상속자로서 단독상속을 하지 않는 한(즉 Y가 A보다 먼저 사망하고, P가 A의 子가 아님이 확정되었으며, R이 인지청구를 하지 않은 경우), C는 A의 단독상속인이 아니다. 따라서 상속재산을 Q에게 처분한 C는 결과적으로 다른 공동상속인들의 상속분의 한도내에서 그들의 상속권을 침해한 것이다. 따라서 다른 공동상속인들은 Q를 상대로 상속회복청구권을 행사할 수 있다. 다만, 강제인지로 상속권을 취득한 R은 C를 상대로 자신의 상속분에 해당하는 부당이득의 반환을 청구할 수 있을 뿐이다.

≪판 례≫

[1] 동시사망과 대습상속

(대판 2001.3.9, 99다13157) ① 우리나라에서는 전통적으로 오랫동안 며느리의 대습상속이 인정되어 왔고, 1958.2.22. 제정된 민법에서도 며느리의 대습상속을 인정하였으며, 1990.1.13. 개정된 민법에서 며느리에게만 대습상속을 인정하는 것은 남녀평등·부부평등에 반한다는 것을 근거로 하여 사위에게도 대습상속을 인정하는 것으로 개정한 점, 헌법 제11조 제1항이 누구든지 성별에 의하여 정치적·경제적·사회적·문화적 생활의 모든 영역에 있어서 차별을 받지 아니한다고 규정하고 있고, 헌법 제36조 제1항이 혼인과 가족생활은 양성의 평등을 기초로 성립되고 유지되어야 하며 국가는 이를 보장한다고 규정하고 있는 점, 현대사회에서 딸이나 사위가 친정 부모 내지 장인 장모를 봉양, 간호하거나 경제적으로 지원하는 경우가 드물지 아니한 점, 배우자의 대습상속은 혈족상속과 배우자상속이 충돌하는 부분인데 이와 관련한 상속순위와 상속분은 입법자가 입법정책적으로 결정할 사항으로서 원칙적으로 입법자의 입법형성의 재량에 속한다고 할 것인 점, 상속순위와 상속분은 그 나라 고유의 전통과 문화에 따라 결정될 사항이지 다른 나라의 입법례에 크게 좌우될 것은 아닌 점, 피상속인의 방계혈족에 불과한 피상속인의 형제자매가 피상속인의 재산을 상속받을 것을 기대하는 지위는 피상속인의 직계혈족의 그러한 지위만큼 입법적으로 보호하여야 할 당위성이 강하지 않은 점 등을 종합하여 볼 때, 외국에서 사위의 대습상속권을 인정한 입법례를 찾기 어렵고, 피상속인의 사위가 피상속인의 형제자매보다 우선하여 단독으로 대습상속하는 것이 반드시 공평한 것인지 의문을 가져볼 수는 있다 하더라도, 이를 이유로 곧바로 피상속인의 사위가 피상속인의 형제자매보다 우선하여 단독으로 대습상속할 수 있음이 규정된 제1003조 제2항이 입법형성의 재량의 범위를 일탈하여 행복추구권이나 재산권보장 등에 관한 헌법규정에 위배되는 것이라고 할 수 없다. ② 원래 대습상속제도는 대습자의 상속에 대한 기대를 보호함으로써 공평을 꾀하고 생존 배우자의 생계를 보장하여 주려는 것이고, 또한 동시사망추정규정도 자연과학적으로 엄밀한 의미의 동시사망은 상상하기 어려운 것이나 사망의 선후를 입증할 수 없는 경우 동시에 사망한 것으로 다루는 것이 결과에 있어 가장 공평하고 합리적이라는 데에 그 입법취지가 있는 것인바, 상속인이 될 직계비속이나 형제자매(피대습자)의 직계비속 또는 배우자(대습자)는 피대습자가 상속개시 전에 사망한 경우에는 대습상속을 하고, 피대습자가 상속개시 후에 사망한 경우에는 피대습자를 거쳐 피상속인의 재산을 본위상속을 하므로 두 경우 모두 상속을 하는데, 만일 피대습자가 피상속인의

사망, 즉 상속개시와 동시에 사망한 것으로 추정되는 경우에만 그 직계비속 또는 배우자가 본위상속과 대습상속의 어느 쪽도 하지 못하게 된다면 동시사망추정 이외의 경우에 비하여 현저히 불공평하고 불합리한 것이라 할 것이고, 이는 앞서 본 대습상속제도 및 동시사망추정규정의 입법취지에도 반하는 것이므로, 제1001조의 '상속인이 될 직계비속이 상속개시 전에 사망한 경우'에는 '상속인이 될 직계비속이 상속개시와 동시에 사망한 것으로 추정되는 경우'도 포함하는 것으로 합목적적으로 해석함이 상당하다.

[2] 친생부인의 소

[2-1] (대판[전] 1983.7.12, 82므59) [다수의견] 제844조는 부부가 동거하여 처가 부의 자를 포태할 수 있는 상태에서 자를 포태한 경우에 적용되는 것이고 부부의 한쪽이 장기간에 걸쳐 해외에 나가 있거나 사실상의 이혼으로 부부가 별거하고 있는 경우 등 동서의 결여로 처가 부의 자를 포태할 수 없는 것이 외관상 명백한 사정이 있는 경우에는 그 추정이 미치지 아니하므로 이 사건에 있어서 처가 가출하여 부와 별거한 지 약 2년 2개월 후에 자를 출산하였다면 이에는 동조의 추정이 미치지 아니하여 부는 친생부인의 소에 의하지 않고 친자관계부존재확인소송을 제기할 수 있다([종전 판례] 대판 1968.2.27, 67므34: 법률상 타인의 친생자로 추정되는 자에 대하여서는 그 부로부터 친생부인의 소에서의 판결이 확정되기 전에는 아무런 인지를 할 수 없는 것이고, 또 법률상 부부관계가 계속중에 처가 포태한 자는 부의 자로 추정된다 함이 제844조 제1항에서 규정하고 있는 바이고, 이러한 자의 친생을 부인하려면 제847조 제1항의 규정에 의하여 확정판결을 받는 도리밖에 없으며, 부부가 사실상 이혼하여 여러 해에 걸쳐 별거생활을 하던 중에 자를 포태한 경우에도 위 추정은 번복되지 않는다 할 것이다). [반대의견] 제844조는 제846조 이하의 친생부인의 소에 관한 규정과 더불어 혼인중에 포태한 자를 일률적으로 부의 자로 추정하는 일반원칙을 정하고 부가 이를 부인하는 예외적 경우에는 친생부인의 소에 의하여 사실을 입증하여 이를 번복할 수 있게 하고 있으므로 일반원칙에 어긋난 예외적 경우를 미리 상정하여 위 추정을 제한적으로 해석하는 것은 위 법조의 근본취지에 반하고, 위 제844조 소정의 혼인은 모든 법률혼을 의미하므로 그 추정범위를 부부가 정상적인 혼인생활을 영위하는 경우로 제한함은 법조의 명문에 반하고, 나아가 친생부인의 소의 제기기간의 제한은 부자관계의 신속한 확정을 위한 것임에도 이를 이유로 오히려 친생추정의 규정을 제한적으로 해석하려고 하는 것은 본말을 전도한 것이다.

[2-2] (대판 1975.7.22, 75다65) 처가 혼인중에 포태하여 출생한 자는 부의 자로 추정되므로 가사 처가 부가를 나와서 제3자와 동거생활을

하던 중에 그 자를 포태한 것이라 할지라도 부만이 친생부인의 소로서 위 친생자의 추정을 깨뜨릴 수 있는데 그 친생부인의 소로서 위 추정이 깨뜨려지지 아니하는 한 제3자는 그 자가 자기의 자라고 주장할 수 없다.

[3] 제847조 제1항의 헌법불합치 여부

(헌재결 1997.3.27, 95헌가14) 제847조 제1항은 친생부인의 소의 제척기간과 그 기산점에 관하여 '그 출생을 안 날로부터 1년내'라고 규정하고 있으나, 일반적으로 친자관계의 존부는 특별한 사정이나 어떤 계기가 없으면 이를 의심하지 아니하는 것이 통례임에 비추어 볼 때, 친생부인의 소의 제척기간의 기산점을 단지 그 '출생을 안 날로부터'라고 규정한 것은 부에게 매우 불리한 규정일 뿐만 아니라, '1년'이라는 제척기간 그 자체도 그 동안에 변화된 사회현실여건과 혈통을 중시하는 전통관습 등 여러 사정을 고려하면 현저히 짧은 것이어서, 결과적으로 위 법률조항은 입법재량의 범위를 넘어서 친자관계를 부인하고자 하는 부로부터 이를 부인할 수 있는 기회를 극단적으로 제한함으로써 자유로운 의사에 따라 친자관계를 부인하고자 하는 부의 가정생활과 신분관계에서 누려야 할 인격권, 행복추구권 및 개인의 존엄과 양성의 평등에 기초한 혼인과 가족생활에 관한 기본권을 침해하는 것이다.

[4] 친생자관계존부확인청구를 할 수 있는 이해관계인의 범위

[4-1] ([종전 판례] 대판 1966.7.26, 66므11): 친자관계가 없음에도 불구하고 호적상 친자관계가 있는 것처럼 등재되어있는 경우에 제3자가 그 친자관계부존재확인을 구하려면 단순히 당사자와 친족관계가 있다는 것만으로는 부족하고 친자관계의 부존재로 인하여 특정한 권리를 갖게 되거나 특정한 의무를 면탈하게 되는 등의 이해관계가 있음이 필요하다.

[4-2] (대판 1981.11.24, 81므38) 제865조의 친생관계의 존부확인을 구할 수 있는 이해관계인으로서 민법 제777조의 규정에 의한 친족은 특단의 사정이 없는 한 그와 같은 신분관계를 가졌다는 사실만으로써 당연히 친자관계 존부확인의 소를 제기할 소송상의 이익이 있다(대판 1967.9.19, 67므22 참조).

[5] 제860조에서의 제3자의 범위

(대판 1993.3.12, 92다48512) 제860조는 인지의 소급효는 제3자가 이미 취득한 권리에 의하여 제한받는다는 취지를 규정하면서 제1014조는 상속개시 후의 인지 또는 재판의 확정에 의하여 공동상속인이 된 자는 그 상속분에 상응한 가액의 지급을 청구할 권리가 있다고 규정하여 제860조 소정의 제3자의 범위를 제한하고 있는 취지에 비추어 볼 때, 혼인외의 출생자가 부의 사망 후에 인지의 소에 의하여 친생자로 인지받은 경우 피인지자보다 후순위 상속인인 피상속인의 직계존속 또는 형제자매

등은 피인지자의 출현과 함께 자신이 취득한 상속권을 소급하여 잃게 되는 것으로 보아야 하고, 그것이 제860조 단서의 규정에 따라 인지의 소급효 제한에 의하여 보호받게 되는 제3자의 기득권에 포함된다고는 볼 수 없다.

[6] 상속회복청구권의 법적 성질

(대판[전] 1991.12.24, 90다5740) [다수의견] 민법(1990.1.13. 법률 제4199호로 개정되기 전의 것)이 규정하는 상속회복의 소는 호주상속권이나 재산상속권이 참칭호주나 참칭재산상속인으로 인하여 침해된 때에 진정한 상속권자가 그 회복을 청구하는 소를 가리키는 것이나, 재산상속에 관하여 진정한 상속인임을 전제로 그 상속으로 인한 소유권 또는 지분권 등 재산권의 귀속을 주장하고, 참칭상속인 또는 자기들만이 재산상속을 하였다는 일부 공동상속인들을 상대로 상속재산인 부동산에 관한 등기의 말소 등을 청구하는 경우에도, 그 소유권 또는 지분권이 귀속되었다는 주장이 상속을 원인으로 하는 것인 이상 그 청구원인 여하에 불구하고 이는 제999조 소정의 상속회복청구의 소라고 해석함이 상당하다. [반대의견 1] 부동산의 진정한 소유자가 원인무효등기의 말소를 청구하는 것은 소유권 그 자체에 터잡아서 방해의 배제나 소유물의 반환을 청구하는 것으로서 소유권이 있는 한 항상 행사할 수 있는 것인데, 그 소유권을 취득하게 된 원인이 상속이라고 하여 그리고 그 상대방이 상속인을 참칭하여 등기를 한 사람이라고 하여, 상속회복의 소라는 이름을 붙이고 그 권리의 행사를 제한하여야 할 이유는 없는 것으로서 진정상속인이 참칭상속인을 상대로 상속재산에 관한 원인무효의 등기의 말소를 청구하는 것은 상속을 원인으로 하여 취득한 소유권 그 자체를 행사하는 것이지, 재산상속권의 회복을 청구하는 것으로 보아 특별히 취급할 것은 아니며, 위 민법 제999조 소정의 상속회복청구권은 이와 같은 개별적 청구권과 다른 독립된 별개의 권리라고 보아야 할 것인바, 위의 청구는 상속회복청구의 소에 해당하지 아니한다고 해석하는 것이 옳다. [반대의견에 덧붙이는 의견] 만일 이와 같은 소도 재산상속회복청구의 소라고 해석하여야 한다면 그 제척기간은 참칭상속이 개시된 날, 다시 말하면 상속권의 침해가 있었을 때부터 기산하는 것으로 해석하는 것이 상당하다([종전 판례] 대판 1977.11.22, 77다1744: 민법상 상속권회복청구의 소에 관한 제도가 있다 하더라도 이와 별도로 상속재산에 관한 물권에 기한 소송을 제기할 수 있으며 이 소는 상속권회복청구에 관한 민법규정에 영향을 받지 아니한다). [반대의견 2] 상속회복청구의 상대방이 되는 '참칭상속권자'라 함은 상속이 개시될 당시에 정당한 상속권자가 아님에도 불구하고 진정한 상속권자로 믿게 할 만한 외관을 지니고 정당한 상속권자의 상속권을 침해하고 있는 자만을 의미한

다고 보아야 하므로 상속이 개시될 당시에는 상속권자로 믿게 할 만한 외관을 갖추지 못하였는데 그후에 문서를 위조하는 등의 방법으로 정당한 상속권자인 것처럼 가장한 자 또는 다른 공동상속인의 상속권을 부인하고 자기(들)만이 상속하였다고 주장하는 공동상속인 중의 1인 또는 수인이나, 다른 공동상속인의 상속권을 부정하지는 아니한 채 사실상 상속재산을 배타적으로 점유, 관리하고 있는 공동상속인 등은 상속회복청구의 상대방인 '참칭상속권자'에 해당한다고 볼 수 없는바 위의 청구에 있어 상속이 개시될 당시 호적부에 피고 한 사람만이 상속인처럼 기재되어 있는 등의 사유로 피고만이 진정한 상속권자인 것 같은 외관을 지니고 있지 않은 한 피고가 다른 공동상속인들의 상속분에 대한 관계에서 참칭상속권자에 해당한다고 볼 수 없으므로 이를 상속회복청구로 볼 수 없는 것이다. [반대의견 3] 위의 청구의 경우와 같은 공동상속인 상호간의 지분권침해를 둘러싼 분쟁에 관하여는 상속회복청구에 관한 민법규정의 적용이 없다고 풀이하여야 한다.

[7] 상속회복청구의 소의 상대방

(대판[전] 1981. 1. 27, 79다854) 진정상속인이 참칭상속인으로부터 상속재산을 양수한 제3자를 상대로 등기말소청구를 하는 경우에도 상속회복청구권의 단기의 제척기간이 적용되는 것으로 풀이하여야 할 것이다. 왜냐하면 상속회복청구권의 단기의 제척기간이 참칭상속인에게만 인정되고 참칭상속인으로부터 양수한 제3자에게는 인정되지 않는다면 거래관계의 조기안정을 의도하는 단기의 제척기간제도가 무의미하게 될 뿐만 아니라 참칭상속인에 대한 관계에 있어서는 제척기간의 경과로 참칭상속인이 상속재산상의 정당한 권원을 취득하였다고 보면서 같은 상속재산을 참칭상속인으로부터 전득한 제3자는 진정상속인의 물권적 청구를 감수하여야 한다는 이론적 모순이 생기기 때문이다.

[8] 공동상속의 법적 성질

(대판 1996. 2. 9, 94다61649) 공동상속재산은 상속인들의 공유이고, 또 부동산의 공유자인 한 사람은 그 공유물에 대한 보존행위로서 그 공유물에 관한 원인무효의 등기 전부의 말소를 구할 수 있다.

관련사례 58-1 共同相續

≪설　문≫

P는 유산으로 토지 1,000평을 남기고 사망하였다. 유족으로는 子 A, B, C가 있다. A는 임의로 부동산소유권이전등기등에관한특별조치법상 매매를 원인으로 하여 단독으로 소유권이전등기를 경료하였다.

B의 권리를 검토하시오.

풀이제안

Ⅰ. 논점분석

(1) 다른 공동상속인 C의 협력없이 B가 단독으로 A에게 소유권이전등기말소등기를 청구할 수 있는지, (2) 부동산소유권이전등기등에관한특별조치법(이하 '이전등기특별조치법'으로 줄임)에 기한 매매의 효력과 관련하여 A를 상대로 언제까지 권리를 행사할 수 있는지를 각각 검토해야 한다.

Ⅱ. A에 대한 B의 소유권말소등기청구권

A, B 및 C는 공동상속인들로서 토지 1,000평을 공유한다(제1006조, 제1007조). 공유로 된 토지를 A가 그 지분의 범위를 초과하여 단독으로 소유권이전등기를 함으로써 다른 공유자인 B와 C의 지분권을 침해하고 있다.

따라서 B는 공유물의 보존행위로서 다른 공유자인 C의 동의없이도 A의 지분권을 제외한 나머지 공유지분 전부에 관하여 소유권이전등기 말소등기절차의 이행을 구할 수 있다(판례 참조 [1]).

Ⅲ. 부동산소유권이전등기등에관한특별조치법에 기한 매매의 효력

A는 부친 P의 사망 이후 부동산소유권이전등기특별조치법상 매매에 기하여 단독으로 소유권이전등기를 하였다. 이러한 등기가 다른 공동상속인들로부터 각자의 상속분을 포기받고 단독으로 등기한 것으로 추정되지는 않는다(판례 [2] 참조).

그러나 부동산소유권이전등기등에관한특별조치법에 의하여 소유권이전등기가 경료된 경우 그 등기는 일반적으로 그 법에 규정된 절차에 따라 적법하게 된 것으로서 실체적 권리관계에도 부합되는 등기로 추정된다. 따라서 그 등기의 기초가 된 부동산소유권이전등기등에관한특별조치법상의 보증서나 확인서가 위조되었거나 허위로 작성된 것이라든지 그 밖의 다른 사유로 인하여 그 등기가 부적법하다는 것을 B는 증명하여야 추정을 번복할 수 있게 된다(판례 [2-2] ① 참조). 이때 A의 매매사실이 허위임을 다투어 소유권이전등기의 말소를 구하는 소송은 상속회복청구의 소가 아니다(판례 [2-2] ② 참조).

Ⅳ. 설문에 대한 해답

A를 상대로 B는 단독으로 원인무효로 인한 소유권말소등기청구를 할 수 있고, 그 소송이 매매사실을 다투는 경우는 상속회복청구의 소가 아니기 때문에 상속회복청구권과 관련된 제소기간, 즉 '그 침해를 안 날로부터 3년, 상속권의 침해행위가 있은 날로부터 10년'이라는 제999조 제2항의 제한을 받지 않는다. B는 특별조치법상의 보증서나 확인서가 위조되었거나 허위로 작성되었음을 증명함으로써 소유권이전등기의 말소를 구할 수 있다.

≪관련판례≫

[1] 공유물의 보존행위

(대판 1988. 2. 23, 87다카961) 부동산의 공유자의 1인은 당해 부동산에 관하여 제3자명의로 원인무효의 소유권이전등기가 경료되어 있는 경우 공유물에 관한 보존행위로서 제3자에 대하여 그 등기 전부의 말소를 구할 수 있으므로 상속에 의하여 수인의 공유로 된 부동산에 관하여 그 공유자 중의 1인이 부정한 방법으로 공유물 전부에 관한 소유권이전등기를 그 단독명의로 경료함으로써 타의 공유자가 공유물에 대하여 갖는 권리를 방해한 경우에 있어서는 그 방해를 받고 있는 공유자 중의 1인은 공유물의 보존행위로서 위 단독명의로 등기를 경료하고 있는 공유자에 대하여 그 공유자의 공유지분을 제외한 나머지 공유지분 전부에 관하여 소유권이전등기말소등기절차의 이행을 구할 수 있다.

[2] 공동상속인 중 1인의 소유명의로 된 상속부동산등기의 추정력

(대판 1966. 4. 26, 66다428) 본건 임야의 소유권명의가 피상속인으로부터 피상속인의 사망일자 이후에 매매된 것을 원인으로 하여 공동상속인 중 1인에게 모든 상속분에 관하여 소유권이전등기가 경유되었다 하여 그 공동상속인 중 1인이 다른 공동상속인들로부터 각자의 상속분을 포기받아 단독으로 등기한 것이라고 확정할 수는 없다.

[3] 이전등기특별조치법에 의하여 소유권이전등기

(대판 1993. 9. 14, 93다12268) ① 이전등기특별조치법에 의하여 소유권이전등기가 경료된 경우 그 등기는 일반적으로는 그 법에 규정된 절차에 따라 적법하게 된 것으로서 실체적 권리관계에도 부합하는 등기로 추정되는 것이나, 그 등기의 기초가 된 위 특별조치법상의 보증서나 확인서가 위조되었거나 허위로 작성된 것이라든지 그 밖의 다른 어떤 사유로 인하여 그 등기가 위 특별조치법에 따라 적법하게 된 것이 아니라는 점이 주장·입증되면 그와 같은 추정은 번복된다. ② 상속인 중 1인이 피상속인의 생전에 그로부터 토지를 매수한 사실이 없음에도 불구하고 이를 매수하였다고 하여 이전등기특별조치법에 의한 이전등기를 경료하였음을 이유로 나머지 상속인들을 대위하여 그 말소를 청구하는 소는 상속회복청구의 소에 해당한다고 볼 수 없다.

[親族 · 相續法]

事例 59

寄與分, 特別受益分, 遺留分

≪설 문≫

X의 상속인으로 처 Y와 子 A, B, C가 있다. X는 상속개시 4년 전 A에게 주택(가액 2억원) 및 금 1억 5,000만원을 주고, 상속개시 2년 전 내연의 관계에 있던 甲에게 9,000만원을 주었으며, 토지(가액 1억 9,000만원)를 B에게 유증하고 예금 6,000만원이 남았다. 한편 C는 X의 재산형성에 30%의 기여를 한 바가 있었고, X가 사망한 후에도 Y를 모시고 있다. Y는 상속을 포기하였다.

(1) C가 기여분을 주장할 경우와 그렇지 않을 경우 그의 상속분과 유류분권을 검토하되, Y가 상속을 포기하면서 자기의 상속지분은 C에게 주라고 한 사정을 고려하시오.

(2) 주택과 토지가 이미 乙에게 소유권등기가 이전된 상태에서 상속재산의 분할관계를 검토하시오.

(3) 만약 상속재산보다 알려지지 않은 負債가 훨씬 많은 경우 상속인들 및 상속인 중 1인의 채권자 G의 구제수단을 검토하시오.

목차제안

Ⅰ. 논점분석

Ⅱ. 설문(1): C의 상속분과 유류분권

1. C가 寄與分을 주장한 경우

(1) 기여분제도

(2) 기여분의 산정

풀이제안

Ⅰ. 논점분석

설문(1)에서는 기여분에 따라 상속재산의 범위가 달라지므로 기여분과 특별수익분과의 관계 및 유류분과의 관계를 고려하여 특히 유류분을 결정하는 과정에서 공동상속인이 아닌 자에 대한 증여나 유증이 있었을 경우 유류분산정의 기초가 되는 상속재산이 어떠한 조건에서 결정되는가를 검토해야 한다. 동시에 기여분, 상속분 또는 유류분이 침해된 경우 상속재산분할청구와 기여분반환청구 및 상속회복청구절차가 검토되어야 한다.

설문(2)에서는 공동상속인으로부터 상속재산을 전득한 제3자에 대한 법적 관계를 검토해야 한다.

설문(3)에서는 상속재산보다 숨겨진 부채가 많은 경우 상속인들의 구제수단과 관련하여 상속포기 내지 한정승인이 검토될 수 있다. 또한 상속채권자나 유증받은 자, 상속인의 채권자를 위한 재산분리의 요건 및 그 효력도 검토되어야 한다.

Ⅱ. 설문(1): C의 상속분과 유류분권

1. C가 寄與分을 주장한 경우

(1) 기여분제도

공동상속인 가운데 피상속인의 재산의 유지·증가에 기여하거나 특별히 피상속인을 부양한 자가 있을 때에 상속분 산정에 그러한 특별한 기여나 부양을 고려하는 것을 기여분이라고 한다. 기여분은 먼저 공동상속인의 협의로 정하고(제1008조의2 제1항), 협의가 되지 않거나 불가능한 경우에는 가정법원이 기여자의 청구에 의하여 정한다(제1008조의2 제2항; 가사소송법 제2조 제1항 마류 4호). 기여분의 결정은 가정법원의 調停事項이다(가사소송법 제50조).

기여분의 결정은 상속재산분할의 전제가 되므로 상속재산분할심판이 진행되는 가운데 기여분결정의 심판청구를 별도로 할 수도 있지만, 상속재산분할심판청구와 기여분결정심판청구를 동시에 할 수도 있다(판례 참조 [6]).

(2) 기여분의 산정

상속개시 당시의 피상속인의 상속재산가액에서 위와 같이 정해진 기여분을 공제한 것을 상속재산으로 보고, 제1009조 및 제1010조의 규정에 의하여 산정한 상속분에 기여분을 가산한 액으로써 기여상속인의 상속분으로 한다(제1008조의2 제1항). 기여분의 산정은 현재 남아있는 상속액에 다른 공동상속인들에게 이루어진 증여와 유증한 상속가액을 더한 후에 기여자의 기여율을 적용하여 계산하며, 공동상속인이 아닌 자에게 이루어진 증여나 유증은 제외한다.

따라서 C의 기여분은 (주택 + 토지 + 1억 5,000만원 + 6,000만원) × 0.3이다. 이 기여분은 상속가액에서 유증의 가액을 공제한 액을 넘지 못하는데(제1008조의2 제3항), 토지가격이 전체비율에서 70% 이상을 차지하지 않는 한 C의 기여분은 인정될 수 있을 것이다.

(3) C의 상속분의 산정

사례에서는 공동상속인 중에 기여상속인과 특별수익자가 병존하고 있다. 이 경우, 기여분을 확정하여 기여분을 공제한 유산을 상속재산으로 정한 다음 이 상속재산을 기초로 하여 특별수익자의 상속분을 산정하여야 한다는 견해(김주수, 친족·상속법, 582면)와 상속개시시의 상속재산에 생전증여를 가산한 가액에서 기여분의 가액을 공제한 것을 상속재산으로 보아서 상속분을 계산하며 기여자의 상속분은 계산한 상속분가액에 기여분을 합친 것으로 된다고 하는 견해(동시적 용설)(박병호, 가족법, 373면)가 있다.

전자의 견해에 의할 경우 C의 상속분은 [(주택+토지+1억 5,000만원+6,000만원)−(주택+토지+1억 5,000만+6,000만원)×0.3]×2/9가 된다(甲에 대한 증여부분은 상속재산에서 제외되지만 유류분산정에 포함될 수 있다). 후자의 견해에 따르면 C의 상속분은 (주택+토지+1억 5,000만원+6,000만원)×0.3+[(주택+토지+1억 5,000만원+6,000만원)−(주택+토지+1억 5,000만원+6,000만원)×0.3]×2/9가 된다. 여기서 Y의 상속포기를 어떻게 볼 것인지가 문제되는데, 공동상속인 중 특정인에게 상속재산을 귀속하게 할 목적으로 상속을 포기할 수 있는가에 관하여 민법은 아무런 규정을 두고 있지 않지만, 자기의 상속분을 특정인을 위하여 포기하는 것은 인정되지 않는다고 보아야 할 것이다(이견 없음). 상속분의 양도로써 그러한 목적의 달성이 가능하기 때문이다(제1011조 참조). 주택과 토지의 가액을 각각 2억원과 1억 9,000만원으로 가정하고 계산하면 C의 기여분은 1억 8,000만원이고 기여분을 제외한 상속분은 4억 2,000만원×2/9이다. 여기에다 母 Y가 양도한 상속분까지 합치면 실질적인 C의 상속분은 4억 2,000만원×3/9(母의 상속분)+1억 8,000만(기여분)+4억 2,000만원×2/9(C의 상속분)가 된다.

이에 C는 다른 공동상속인들에 대하여 상속재산분할청구와 동시에 기여분반환청구소송을 함께 제기할 수 있을 것이다. 그리고 필요하다면 상속회복청구권도 행사할 수 있을 것이다.

(4) 母 Y와 C의 유류분권

기여분과는 별도로 母 Y와 C는 유류분권을 침해한 자에게 자신의 유류분권에 기하여 유류분반환청구권을 행사할 수 있다. 母 Y와 C는 유류분권을 가지는 피상속인의 배우자와 직계비속에 해당하고(제1112조 참조), 상속권의 상실원인인 상속인결격이나 상속포기가 없으므로 당연히 유류분권을 갖는다. 피상속인의 배우자이자 직계비속은 자신의 법정상속분의 2분의 1에 해당하는 만큼의 유류분권을 갖는다(제1112조).

유류분을 산정할 때 주의할 것은 기여분에서 상속재산을 결정할 때와는 달리 공동상속인이 아닌 자에 대한 증여 중 유류분권을 침해하는 것을 알고 있는 경우에는 상속개시 1년 전의 증여라도 상속재산에 편입된다는 점이다. 사안에서 甲은 상속인이 아니기 때문에 甲에 대한 증여는 제1114조(산입될 증여)의 적용을 받는다. 그런데 X의 사망 2년 전에 증여가 이루어졌기 때문에 유류분산정시 상속재산에 산입되는가의 여부는 당사자 쌍방(X와 甲)이 유류분권리자에게 손해를 가한다는 것을 알고 있는가에 달려 있다. 따라서 사안의 경우 X가 곧 사망할 것이라는 사정을 예견할 수 있었음을 母 Y와 C가 증명하지 못하는 한 X가 甲에게 한 증여는 유류분 산정의 기초가 되는 재산에 산입되지 않는다.

A와 B에 대한 증여와 유증을 보면, 피상속인 X는 A에게 상속개시 4년 전 주택과 1억 5,000만원을 주었다. 그런데 공동상속인이 상속재산 중에서 증여를 받았다면 이는 상속인의 특별수익분으로서 1년보다 먼저 증여한 것이라도 모두 산입대상이 된다(제1118조에 의한 제1008조의 준용). 따라서 증여 당사자 쌍방의 선의·악의에 상관없이 그 증여는 모두 산입대상이 된다. 그리고 B에 대한 유증분인 토지는 당연히 산입대상이 된다.

따라서 甲에 대한 증여와 C의 기여분을 제외한 母 Y와 C의 상속분은 (주택과 토지의 가액을 2억원과 1억 9,000만원으로 계산할 때) 각각 4억 2,000만원×3/9과 4억 2,000만원×2/9이므로 母 Y와 C의 유류분은 각각 약 7,000만원과 4,600만원이다. 따라서 6,000만원이 남아 있는 상황에서 母 Y의 유류분권이 C에게 양도되었다는 전제하에 4억 2,000만원/9+7,000만원만큼의 액수에 대하여 C는 유류분의 반환을 A와 B에게 청구할 수 있다. 반환은 각자가 증여나 유증받은 액수에 비례한 범위에서 이루어진다.

2. C가 寄與分을 주장하지 않는 경우

C가 기여분을 주장하지 않는 경우 Y, A, B, C 각자의 상속분은 1.5:1:1:1이므로 母 Y는 약 2억원, C는 4/3억원(약 1억 3,000만원)이 된다. 유류분권침해에 대한 甲의 고의를 증명하지 못하는 경우 母 Y와 C의 유류분

권액은 각각 1억원과 2/3억원이다. 따라서 6,000원이 남아있는 상황에서 母 Y의 유류분권이 C에게 양도되었다는 전제하에 4,000만원+2/3억원의 액수에 대하여 C는 유류분의 반환을 A와 B에게 청구할 수 있다.

Ⅲ. 설문(2): A, B 및 乙에 대한 C의 권리

1. A 및 B에 대한 C의 상속재산분할청구권

사례에서 C가 자신의 기여분이나 상속분, 나아가 母 Y로부터 양도받은 상속분을 이전받기 위해서는 먼저 상속재산에 대한 분할청구를 하여야 한다. 만약 피상속인 X가 분할방법이나 분할금지에 대한 유언을 하지 않았으면, 공동상속인들은 언제든지 협의분할을 할 수 있다(제1003조). 협의는 공동상속인 전원의 동의가 있어야 한다. 협의분할이 이루어지지 않는 경우 각 공동상속인은 먼저 가정법원에 조정을 신청하고, 조정이 성립하지 않으면 심판을 청구하여 심판분할을 하게 된다. 심판분할은 현물분할을 원칙으로 하지만 현물분할이 불가능하거나 가치가 현저하게 감소하는 경우에는 환가나 경매에 의하여 분할할 수 있다.

사례에서 만약 다른 공동상속인들이 분할에 응하지 않는 경우 주택과 토지에 관하여 C는 자신의 기여분과 母 Y로부터 받은 유류분 및 자신의 유류분의 법정지분등기를 신청하거나 또는 C 자신의 지분을 단독으로 청구할 수 있는지를 검토하여야 한다. 상속재산을 상속인들 명의로 공유등기를 하는 것이 제265조에서 말하는 공유물의 관리로 본다면, 공동상속인들의 지분의 과반수에 의해서만 등기를 청구할 수 있을 것이다. 이에 반해 공유등기가 제265조 단서의 공유물의 보존행위에 해당한다고 보면 공유자 각자가 단독으로 청구할 수 있다. 결국 C는 1억 8,000만원(기여분)에다 6,000만원이 남아있는 상황에서 4억 2,000만원/9+7,000만원만큼의 유류분의 반환지분을 주택과 토지에, A와 B 각자가 증여나 유증받은 액수에 비례한 범위에서 지분등기를 할 수 있다(여기서 A가 증여받은 1억 5,000만원에 대해서는 가액반환의 대상으로 가정한다). 이러한 상속분할청구는 상속회복청구와 그 성질을 같이하므로(판례참조 [1]), 상속재산분할을 청구하였더라도 그것은 상속회복청구권의 단기 제척기간의 제한을 받아 C가 상속권을 침해당한 사실을 안 날로부터 3년, 상속권의 침해행위가 있은 날로부터 10년을 경과하면 소멸한다 할 것이다(제982조, 제999조).

그런데 문제는 주택과 토지가 이미 제3자에게 양도된 경우이다. 상속재산분할은 상속이 개시된 때로 소급하여 그 효력이 생기지만 분할 전에 등기를 마친 제3자의 권리를 침해할 수 없다. 상속권의 침해에 대한 제3자의 선의나 악의는 묻지 않는다. 이러한 경우 C는 현실적으로 A나 B에게 가액반환을 청구할 수 있을 것이고, 전득자인 乙에 대하여는 상속회복청구권을 별도로 검토할 수 있을 것이다.

2. 乙에 대한 C의 상속회복청구권

공동상속인 A와 B는 주택과 토지를 乙에게 매각하였기 때문에 이들은 C의 상속분을 침해하였다. 만약 참칭상속인으로부터 제3자가 상속재산을 전득하였다면 이 제3자를 상속회복청구의 상대방으로 인정할 수 있으며, 이에 대해서는 다툼이 없다. 즉, 통설과 판례에 따르면 공동상속인으로부터 상속재산을 취득한 제3자 乙에 대하여 C는 소유권반환 내지 등기말소 등의 청구를 할 수 있으나, 청구원인이 상속에 기하는 한 이는 상속회복청구의 소라고 한다([사례 58]의 판례 [7] 참조). 따라서 C의 청구는 상속침해를 안 날로부터 3년, 침해행위가 있은 날로부터 10년이 경과하면 소멸한다.

Ⅳ. 설문(3): 상속재산보다 부채가 과다한 경우의 법률관계

1. 상속인들의 대응수단

상속재산보다 부채가 많은 경우 상속인들은 상속포기를 할 수 있다(제1019조 제1항 참조). 또한 상속개시 당시 피상속인의 부채규모가 적극적인 상속재산보다 많다고 우려되는 경우 한정승인을 할 수 있다(제1028조). 한정승인은 상속개시 있음을 안 날로부터 3개월 내에 하는 것이 원칙이지만, 상속인이 상속채무가 상속재산을 초과한다는 사실을 중대한 과실없이 3개월의 기간(고려기간)내에 알지 못하고 단순승인을 한 경우에는 그 사실을 안 날로부터 3개월내에 한정승인을 할 수 있는 길이 열려 있다(제1019조 제3항). 만약 상속인들이 이 기간마저 지나쳤다면 母 Y를 제외한 A, B, C는 자신들의 상속이익의 비율로 각자가 채무를 부담하는 수밖에 없다.

2. 상속인 중 1인의 채권자 G의 대응수단

피상속인의 사망과 동시에 피상속인의 상속재산과 상속인의 재산은 뒤섞이게 된다. 이러한 경우 피상속인의 채권자와 상속인의 채권자는 서로의 이해를 달리한다. 만약 피상속인의 상속재산이 채무초과이면 상속인의 채권자는 불이익을 받게 되고, 그 반대로 상속인의 고유재산이 채무초과이면 피상속인의 채권자가 불이익을 받게 된다. 이러한 경우 상속인의 채권자 또는 피상속인의 채권자는 재산분리를 청구할 수 있다.

즉, G는 재산분리제도를 이용하여 상속개시된 날로부터 3월 이내에 상속재산과 상속인의 고유재산의 분리를 청구할 수 있다. 물론 상속인이 상속의 승인이나 포기를 하지 않는 동안은 3월의 기간이 경과한 후에도 재산분리청구가 가능하다(제1045조 제2호). 상속재산분리신청이 인용되면 상속채권자나 유증받은 자는 상속재산으로부터 먼저 채권의 전액을 변제받아야 한다. 다만 상속채권자나 유증받은 자가 상속재산으로부터 전액의 변제를 받을 수 없는 경우에 한하여 상속인의 고유재산으로부터 변제를 받을 수 있는데(제1052조 제2호), 이 경우에 상속인의 채권자는 상속인의 고유재산으로부터 우선변제를 받을 권리가 있다.

≪판 례≫

[1] 상속분할청구와 상속회복청구의 관계

(대판 1982. 9. 28, 80므20) 상속회복청구의 소로 인정되는 이상 그것이 개개의 재산에 대한 구체적인 권리를 행사하는 경우와 일반적인 상속인의 지위 회복이나 상속재산 전체에 관한 상속인간의 분할을 의미하는 일반 상속회복청구의 경우를 나누어 제척기간의 기산점을 달리 볼 수는 없는 것이다.

[2] 특별수익자가 있는 경우 상속재산의 평가

(대결 1997. 3. 21, 96스62) 공동상속인 중에 피상속인으로부터 재산의 증여 또는 유증 등의 특별수익을 받은 자가 있는 경우에는 이러한 특

별수익을 고려하여 상속인별로 고유의 법정상속분을 수정하여 구체적인 상속분을 산정하게 되는데, 이러한 구체적 상속분을 산정함에 있어서는 상속개시시를 기준으로 상속재산과 특별수익재산을 평가하여 이를 기초로 하여야 할 것이고, 다만 법원이 실제로 상속재산분할을 함에 있어 분할의 대상이 된 상속재산 중 특정의 재산을 1인 및 수인의 상속인의 소유로 하고 그의 상속분과 그 특정의 재산의 가액과의 차액을 현금으로 정산할 것을 명하는 방법(소위 대상분할의 방법)을 취하는 경우에는, 분할의 대상이 되는 재산을 그 분할시를 기준으로 하여 재평가하여 그 평가액에 의하여 정산을 하여야 한다.

[3] 공동상속인들 중 특별수익자가 있는 경우 상속분의 산정방법

(대판 1995. 3. 10, 94다16571) 공동상속인 중에 특별수익자가 있는 경우의 구체적인 상속분의 산정을 위하여는, 피상속인이 상속개시 당시에 가지고 있던 재산의 가액에 생전증여의 가액을 가산한 후, 이 가액에 각 공동상속인별로 법정상속분율을 곱하여 산출된 상속분의 가액으로부터 특별수익자의 수증재산인 증여 또는 유증의 가액을 공제하는 계산방법에 의하여 할 것이고, 여기서 이러한 계산의 기초가 되는 '피상속인이 상속개시 당시에 가지고 있던 재산의 가액'은 상속재산 가운데 적극재산의 전액을 가리키는 것으로 보아야 옳다.

[4] 유언에 의한 상속재산의 분할방법

(대판 2001. 6. 29, 2001다28299) 피상속인은 유언으로 상속재산의 분할방법을 정할 수는 있지만, 생전행위에 의한 분할방법의 지정은 그 효력이 없어 상속인들이 피상속인의 의사에 구속되지는 않는다.

[5] 상속분에 따르지 않은 협의분할의 법적 성격

(대판 1985. 10. 8, 85누70) 공동상속인 상호간에 상속재산에 관하여 제1013조의 규정에 의한 협의분할이 이루어짐으로써 공동상속인 중 1인이 고유의 상속분을 초과하는 재산을 취득하게 되었다고 하여도 이는 상속개시 당시에 피상속인으로부터 승계받은 것으로 보아야 하고 다른 공동상속인으로부터 증여받은 것으로 볼 것이 아니다.

[6] 기여분의 결정청구

(대결 1999. 8. 24, 99스28) 기여분은 상속재산분할의 전제문제로서의 성격을 갖는 것이므로 상속재산분할의 청구나 조정신청이 있는 경우에 한하여 기여분결정청구를 할 수 있고, 다만 예외적으로 상속재산분할 후에라도 피인지자나 재판의 확정에 의하여 공동상속인이 된 자의 상속분에 상당한 가액의 지급청구가 있는 경우에는 기여분의 결정청구를 할 수 있다고 해석되며, 상속재산분할의 심판청구가 없음에도 단지 유류분반환청구가 있다는 사유만으로는 기여분결정청구가 허용된다고 볼 것은 아니다.

관련사례 59-1 遺贈과 遺留分

≪설 문≫

X는 妻 Y와 子 A, B를 남기고 사망하였다. X의 유산으로는 시가 1억 4,000만원 상당의 집과 2억 1,000만원 상당의 토지가 있다. X는 유언으로 집은 가족에게 물려주고 토지는 사회봉사단체에 증여하였다.

X의 유족들의 권리를 검토하시오.

풀이제안

Ⅰ. 논점분석

(1) 유증과 법정상속인의 권리, (2) 유류분의 산정방법 및 (3) 유류분반환청구권을 각각 검토해야 한다.

Ⅱ. 사회봉사단체에 대한 X의 유족들의 유류분반환청구권

1. 유류분반환청구권

유류분반환청구권의 행사는 유류분권자의 자유로운 의사에 달려 있다. X의 유증이 상속인들의 유류분권을 침해하고 있는지를 검토한 후, 그 결과 유증이 상속인들의 유류분권을 초과하는 경우에 상속인들에게 유류분반환청구권이 인정된다. 유류분권자는 유류분에 부족한 한도에서 유증 또는 증여된 재산의 반환을 청구할 수 있다(제1115조). 구체적으로 각자의 유류분반환청구액이 얼마인지를 산정하여야 한다.

2. 유 류 분

제1112조에 의하여 피상속인의 배우자와 직계비속의 유류분은 그 법정상속분의 1/2이다. 우선 각자의 법정상속분을 제1009조에 의하여 계산

하면 다음과 같다. 처 Y, 子 A 및 子 B의 상속비율은 각각 1.5:1:1이 된다. 사례에서 유증한 재산은 모두 상속재산에 포함되므로 상속인들의 법정상속분은 Y가 1억 5,000만원(3억 5,000만원×3/7), A와 B가 각각 1억원(3억 5,000만원×2/7)이 된다. 유류분은 법정상속분의 1/2이므로 Y의 유류분액은 7,500만원이고 A와 B의 유류분액은 5,000만원이다.

그런데 유증을 제외한 실제 상속받은 재산을 보면 Y가 6,000만원(1억 4,000만원×3/7), A와 B가 각각 4,000만원(1억 4,000만원×2/7)이다. 부족한 유류분은 Y가 1,500만원, A와 B가 각각 1,000만원이다.

Ⅲ. 설문에 대한 해답

X의 유족들은 부족한 유류분의 한도에서 사회봉사단체에 대하여 재산의 반환을 청구할 수 있다. 이러한 유류분반환청구권은 상속의 개시와 반환하여야 할 증여 또는 유증을 한 사실을 안 때로부터 1년내, 상속이 개시된 때로부터 10년내에 행사하지 아니하면 소멸한다(제1117조).

≪관련판례≫

[1] 유류분산정의 기초재산

[1-1] (대판 1996. 8. 20, 96다13682) 유류분산정의 기초가 되는 재산의 범위에 관한 제1113조 제1항에서의 '증여재산'이란 상속개시 전에 이미 증여계약이 이행되어 소유권이 수증자에게 이전된 재산을 가리키는 것이고, 아직 증여계약이 이행되지 아니하여 소유권이 피상속인에게 남아 있는 상태로 상속이 개시된 재산은 당연히 '피상속인의 상속개시시에 있어서 가진 재산'에 포함되는 것이므로, 수증자가 공동상속인이든 제3자이든 가리지 아니하고 모두 유류분산정의 기초가 되는 재산을 구성한다.

[1-2] (대판 2001. 11. 30, 2001다6947) 유류분반환청구의 목적인 증여나 유증이 병존하고 있는 경우에는 유류분권리자는 먼저 유증을 받은 자를 상대로 유류분침해액의 반환을 구하여야 하고, 그 이후에도 여전히 유류분침해액이 남아 있는 경우에 한하여 증여를 받은 자에 대하여 그 부족분을 청구할 수 있는 것이며, 사인증여의 경우에는 유증의 규정이 준용될 뿐만 아니라 그 실제적 기능도 유증과 달리 볼 필요가 없으므로 유증과 같이 보아야 할 것이다.

[1-3] (대판 2005. 6. 23, 2004다51887) ① 우리 민법은 유류분제도를 인정하여 제1112조부터 제1118조까지 이에 관하여 규정하면서도 유류분의 반환방법에 관하여 별도의 규정을 두지 않고 있는바, 다만 제1115조 제1항이 '부족한 한도에서 그 재산의 반환을 청구할 수 있다.'고 규정한 점 등에 비추어 반환의무자는 통상적으로

증여 또는 유증대상 재산 그 자체를 반환하면 될 것이나 위 원물반환이 불가능한 경우에는 그 가액 상당액을 반환할 수밖에 없다. ② 유류분반환범위는 상속개시 당시 피상속인의 순재산과 문제된 증여재산을 합한 재산을 평가하여 그 재산액에 유류분청구권자의 유류분비율을 곱하여 얻은 유류분액을 기준으로 하는 것인바, 이와 같이 유류분액을 산정함에 있어 반환의무자가 증여받은 재산의 시가는 상속개시 당시를 기준으로 산정하여야 하고, 당해 반환의무자에 대하여 반환하여야 할 재산의 범위를 확정한 다음 그 원물반환이 불가능하여 가액반환을 명하는 경우에는 그 가액은 사실심 변론종결시를 기준으로 산정하여야 한다. ③ 유류분으로 반환하여야 할 대상이 주식인 경우, 반환의무자가 피상속인으로부터 증여받은 주권 그 자체를 보유하고 있지 않다고 하더라도 그 대체물인 주식을 제3자로부터 취득하여 반환할 수 없다는 등의 특별한 사정이 없는 한 원물반환의무의 이행이 불가능한 것은 아니다.

[1-4] (대판 2006.5.26, 2005다71949) 우리 민법은 유류분제도를 인정하여 제1112조부터 제1118조까지 이에 관하여 규정하면서도 유류분의 반환방법에 관하여 별도의 규정을 두지 않고 있으나, 증여 또는 유증대상 재산 그 자체를 반환하는 것이 통상적인 반환방법이라고 할 것이므로, 유류분권리자가 원물반환의 방법에 의하여 유류분반환을 청구하고 그와 같은 원물반환이 가능하다면 달리 특별한 사정이 없는 이상 법원은 유류분권리자가 청구하는 방법에 따라 원물반환을 명하여야 한다.

[2] 유류분청구권의 행사

(대판 2002. 4. 26, 2000다8878) ① 유류분반환청구권의 행사는 재판상 또는 재판 외에서 상대방에 대한 의사표시의 방법으로 할 수 있고, 이 경우 그 의사표시는 침해를 받은 유증 또는 증여행위를 지정하여 이에 대한 반환청구의 의사를 표시하면 그것으로 족하며, 그로 인하여 생긴 목적물의 이전등기청구권이나 인도청구권 등을 행사하는 것과는 달리 그 목적물을 구체적으로 특정하여야 하는 것은 아니다. ② 유류분반환청구권의 행사에 의하여 반환되어야 할 유증 또는 증여의 목적이 된 재산이 타인에게 양도된 경우 그 양수인이 양도 당시 유류분권리자를 해함을 안 때에는 양수인에 대하여도 그 재산의 반환을 청구할 수 있다고 보아야 한다.

[3] 공동상속인 상호간의 유류분반환청구

(대판 1995.6.30, 93다11715) ① 유류분권리자가 유류분반환청구를 하는 경우에 증여 또는 유증을 받은 다른 공동상속인이 수인일 때에는, 민법이 정한 유류분제도의 목적과 같은 법 제1115조 제2항의 규정취지에 비추어 유류분권리자는 그 다른 공동상속인들 중 증여 또는 유증을 받은 재산의 가액이 자기 고유의 유류분액을 초과하는 상속인을 상대로 하여 그 유류분액을 초과한 금액의 비율에 따라 반환청구를 할 수 있다고 보아야 한다. ② 공동상속인 중에 피상속인으로부터 재산의 증여에 의하여 특별수익을 한 자가 있는 경우에는 민법 제1114조의 규정은 그 적용이 배제되고, 따라서 그 증여는 상속개시 전의 1년간에 행한 것인지 여부에 관계없이 유류분산정을 위한 기초재산에 산입된다.

[4] 유류분반환청구권의 소멸시효

[4-1] (대판 2001.9.14, 2000다66430) 제1117조는 유류분반환청구권은 유류분권

리자가 상속의 개시와 반환하여야 할 증여 또는 유증을 한 사실을 안 때로부터 1년 내에 하지 아니하면 시효에 의하여 소멸한다고 규정하고 있는바, 여기서 '반환하여야 할 증여 등을 한 사실을 안 때'라 함은 증여 등의 사실 및 이것이 반환하여야 할 것임을 안 때라고 해석하여야 하므로, 유류분권리자가 증여 등이 무효라고 믿고 소송상 항쟁하고 있는 경우에는 증여 등의 사실을 안 것만으로 곧바로 반환하여야 할 증여가 있었다는 것까지 알고 있다고 단정할 수는 없을 것이나, 민법이 유류분반환청구권에 관하여 특별히 단기소멸시효를 규정한 취지에 비추어 보면 유류분권리자가 소송상 무효를 주장하기만 하면 그것이 근거없는 구실에 지나지 아니한 경우에도 시효는 진행하지 않는다 함은 부당하므로, 피상속인의 거의 전 재산이 증여되었고 유류분권리자가 위 사실을 인식하고 있는 경우에는, 무효의 주장에 관하여 일응 사실상 또는 법률상 근거가 있고 그 권리자가 위 무효를 믿고 있었기 때문에 유류분반환청구권을 행사하지 않았다는 점을 당연히 수긍할 수 있는 특별한 사정이 인정되지 않는 한, 위 증여가 반환될 수 있는 것임을 알고 있었다고 추인함이 상당하다.

[4-2] (대판 2002. 4. 26, 2000다8878) ① 유류분반환청구권의 행사는 재판상 또는 재판 외에서 상대방에게 침해를 받은 유증 또는 증여행위를 지정하여 이에 대한 반환청구의 의사를 표시하면 그것으로 족하며, 제1117조에 정한 소멸시효의 진행도 그 의사표시로 중단된다. ② 상속재산분할심판절차에서 종전에 하였던 유류분반환 주장을 철회한 것이 유류분반환청구가 가정법원의 관할에 속하지 않는 점을 고려한 데서 비롯된 법원에 대한 의사표시일 뿐 사법상의 유류분반환청구의 의사표시를 취소하거나 철회한 것으로 볼 수는 없다.

[4-3] (대판 2006. 11. 10, 2006다46346) ① 제1117조가 규정하는 유류분반환청구권의 단기소멸시효기간의 기산점인 '유류분권리자가 상속의 개시와 반환하여야 할 증여 또는 유증을 한 사실을 안 때'는 유류분권리자가 상속이 개시되었다는 사실과 증여 또는 유증이 있었다는 사실 및 그것이 반환하여야 할 것임을 안 때를 뜻한다. ② 해외에 거주하다가 피상속인의 사망사실을 뒤늦게 알게 된 상속인이 유증사실 등을 제대로 알 수 없는 상태에서 다른 공동상속인이 교부한 피상속인의 자필유언증서 사본을 보았다는 사정만으로는 자기의 유류분을 침해하는 유증이 있었음을 알았다고 볼 수 없고, 그후 유언의 검인을 받으면서 자필유언증서의 원본을 확인한 시점에 그러한 유증이 있었음을 알았다고 보아야 한다.

[5] 유류분반환의 범위

(대판 2006. 11. 10, 2006다46346) 유류분권리자가 유류분반환청구를 함에 있어 증여 또는 유증을 받은 다른 공동상속인이 수인일 때에는 각자 증여 또는 유증을 받은 재산 등의 가액이 자기 고유의 유류분액을 초과하는 상속인에 대하여 그 유류분액을 초과한 가액의 비율에 따라서 반환을 청구할 수 있고, 공동상속인과 공동상속인 아닌 제3자가 있는 경우에는 그 제3자에게는 유류분이 없으므로 공동상속인에 대하여는 자기 고유의 유류분액을 초과한 가액을 기준으로 하여, 제3자에 대하여는 그 증여 또는 유증받은 재산의 가액을 기준으로 하여 그 각 가액의 비율에 따라 반환청구를 할 수 있다.

判例索引

著者略歷

高麗大學校 法科大學 卒業
同 大學院(法學碩士)
獨逸 Marburg大學校 法科大學(法學博士)
司法試驗委員·行政考試委員 歷任
高麗大學校 法科大學 敎授(1969年-1999年)
現 高麗大學校 名譽敎授

著書·論文

Das Streikpostenstehen als rechtmäßiges oder rechtswidriges Verhalten gegenüber dem bestreikten Arbeitgeber, 1969
Zur Verletzung von Forderungsrechten durch Dritte, Festschrift für Ernst Wolf, 1985
Gegenwärtige Regelung und Tendenz der Produkthaftung in Korea, RIW, 1989
Fehlerbegriff und Haftungsgrund in der Produkthaftung, Festschrift für Kitakawa, 1992
Moderne Arbeitsverhältnisse und die Reform des Arbeitsrechts in Korea, KOREANA Magazin der Deutsch-Koreanischen Gesellschaft, 1998
Das deutsche BGB und das koreanische Zivilrecht, Archiv für die civilistische Praxis, Bd. 200(2000), S. 511ff.
Geschäftsherrenhaftung im Spiegel der koreanischen Rechtsprechung —Aus rechtsvergleichender Perspektive—, Festschrift für Horst Konzen, 2006, S. 413ff.

「民法要點講義 Ⅰ~Ⅴ」, 新潮社, 2000
「第8版 民法學〔短答式 問題解說〕」, 新潮社, 2005
「第9版 勞動法講義」, 新潮社, 2005
「必須的 公益事業과 職權仲裁制度」, 新潮社, 2002
「新版 民法演習」, 新潮社, 2007
「第6版 民法學講義」(理論·判例·事例), 新潮社, 2007
「第2版 債權總論」, 博英社, 1998
「新訂版 債權各論」(契約法), 博英社, 2001
「事務管理·不當利得」(債權各論 Ⅱ), 博英社, 2003
「新版 第3版 勞動法」, 博英社, 2007
「民法學硏究」, 博英社, 1989
「勞動法硏究」, 博英社, 1991
「第8版[增補新版] 勤勞基準法」, 博英社, 2001

新 版
民 法 演 習

2007年 6月 10日 新 版 第1刷印刷
2007年 6月 20日 新 版 第1刷發行

著 者 金 亨 培
發行人 李 明 載
發行處 **新 潮 社**
서울특별시 마포구 염리동 161-5 201호
電 話 (02) 713-0402 FAX (02) 713-0403
登 錄 1994. 7. 4. 제 17-179호(倫)
E-mail: sinjosa@sinjosa.co.kr
http://www.sinjosa.co.kr

定價 35,000원 ISBN 978-89-86093-97-1